中华国学经典文库

三十六計

名家评点案例解秘版

主　编：毛国强
副主编：彭智博　王和鸣

智谋宝典

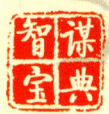

上卷

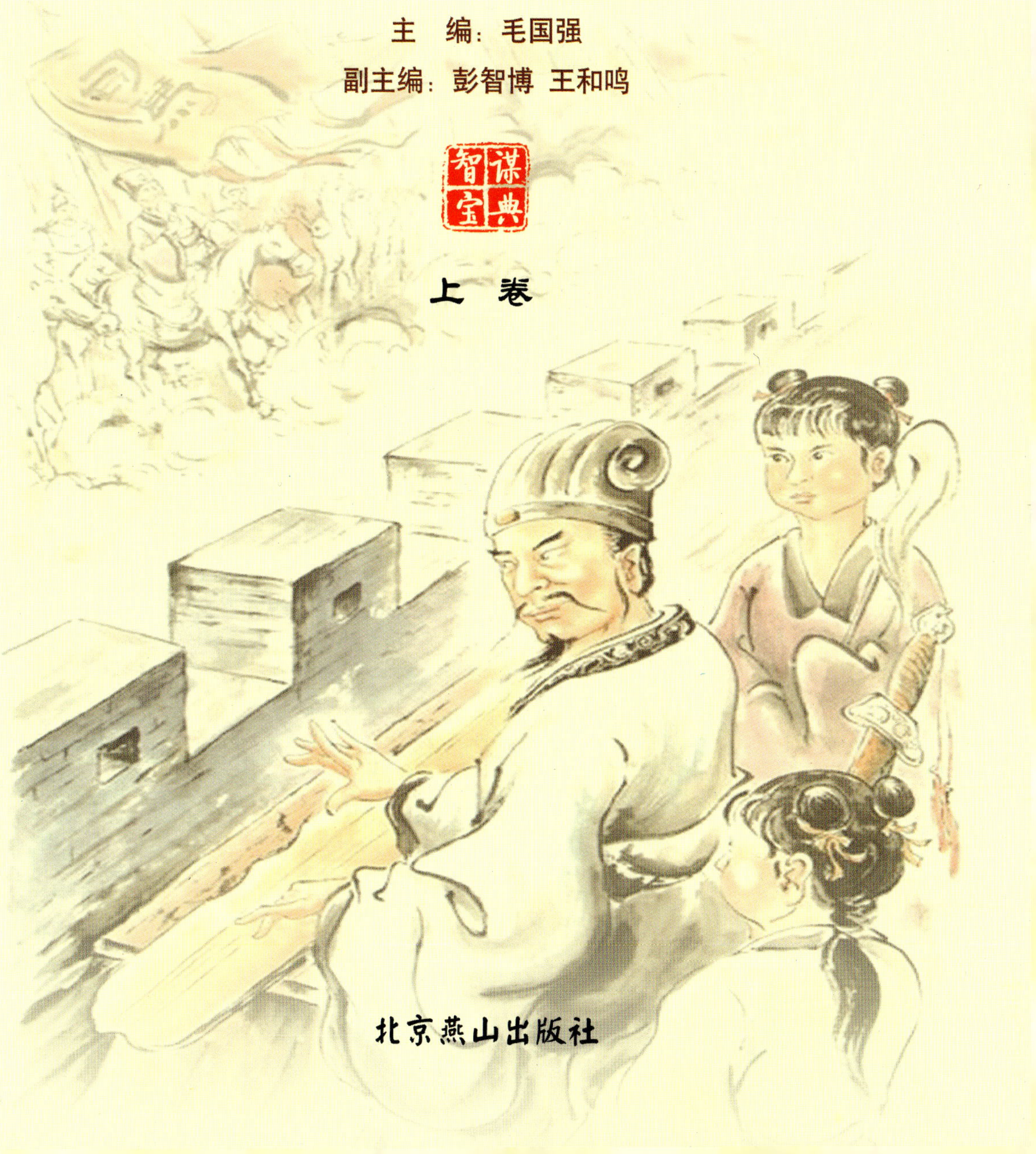

北京燕山出版社

图书在版编目（CIP）数据

　　三十六计／毛国强主编．—北京：北京燕山出版社，
1995.5
　　（2009年10月重印）
　　ISBN 978-7-5402-0092-3

　　Ⅰ.三…　Ⅱ.毛… 　Ⅲ.政权－谋略－中国－古代
Ⅳ.D691

　　中国版本图书馆CIP数据核字（95）第 05865 号

三十六计

主　　编：毛国强
责任编辑：里　功
出版发行：北京燕山出版社
社　　址：北京市宣武区陶然亭路53号
邮　　编：100054
经　　销：全国各地新华书店
印　　刷：北京彩虹伟业印刷有限公司
开　　本：710mm×1040mm　1／16
字　　数：1535千字
印　　张：65印张
印　　数：1-1000册
版　　别：2009年10月北京第2版
印　　次：2009年10月北京第4次印刷
书　　号：ISBN 978-7-5402-0092-3
定　　价：390.00元（全二卷）

董卓入朝议事。吕布执戟相随，见卓与献帝共谈，便乘间提戟出内门，寻见貂蝉。两个偎偎倚倚，不忍相离。

却说董卓在殿上，回头不见吕布，心中怀疑，连忙辞了献帝，登车回府；见布马系于府前，卓径入后堂中，寻貂禅不见，唤貂蝉，蝉亦不见。急问侍妾，侍妾曰："貂蝉在后园看花。"卓寻入后园，正见吕布和貂蝉在凤仪亭下共语，画戟倚在一边。卓怒，大喝一声。布见卓至，大惊，回身便走。卓抢了画戟，挺着赶来。吕布走得快，卓肥胖赶不上，掷戟刺布。布打戟落地。卓拾戟再赶，布已走远。从此两人互相猜忌，王允便说动吕布，剪除了董卓。正是：冲天怒气高千丈，仆地肥躯做一堆。

美人计——凤仪亭

借刀杀人——刘备借刀杀吕布

汉建安三年，曹操部队攻打吕布的根据地——下邳，由于吕布无谋而多猜忌，诸将各自猜疑，故每战多败。曹操围攻三个月，上下离心，其部下侯成、宋宪、魏续反叛。当时吕布与其麾下登上白门楼，曾命其左右取下他的首级去见曹操，但是左右不忍，于是下来投降曹操。投降后吕布请求曹操留用而免死，刘备却提醒曹操吕布为人无信，多次背叛，最后曹操将吕布缢死。

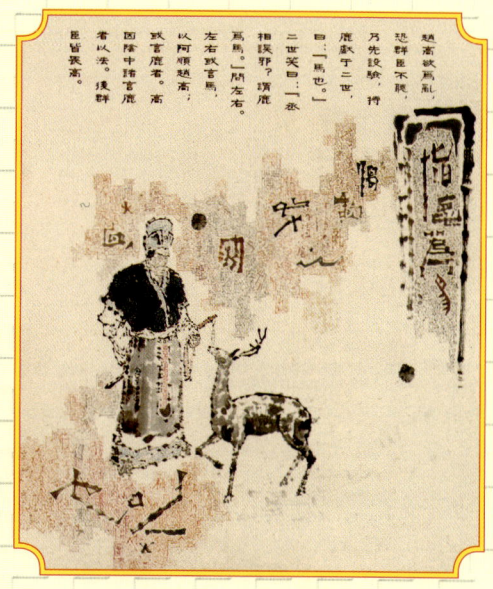

臣皆畏高。
后群臣皆畏言鹿者以法，
高因阴中诸
言马，以阿顺赵高，或言鹿者。
或言鹿者，相误耶？问左右，左右
曰："马也。"
二世笑曰："丞相误耶？谓鹿为马，"
持鹿献于二世，
乃先设验，
恐群臣不听，
赵高欲为乱，

趁火打劫——关云长水淹七军

关羽引襄江水淹于禁七军。于禁、庞德率将士登上小土山躲避，关羽带大军冲杀而来，于禁见四下无路，投降关羽。庞德顺流西去，却被周仓的大筏撞到水中，后被生擒。

欲擒故纵——赵高指鹿为马除异己

赵高欲为乱，恐群臣不听，乃先设验，持鹿献于二世，曰："马也。"二世笑曰："丞相误邪？谓鹿为马。"问左右。左右或言马，以阿顺赵高，或言鹿者。高因阴中诸言鹿者以法。后群臣皆畏高。

釜底抽薪——四面楚歌攻心战

项王军壁垓下，兵少食尽，汉军及诸侯兵围之数重。夜闻汉军四面皆楚歌，项王乃大惊，曰："汉皆已得楚乎？是何楚人之多也。"项王则夜起，饮帐中。有美人名虞，常幸从；骏马名骓，常骑之。于是项王乃悲歌慷慨，自为诗曰："力拔山兮气盖世，时不利兮骓不逝。骓不逝兮可奈何！虞兮虞兮奈若何！"歌数阕，美人和之。项王泣数行下。左右皆泣，莫能仰视。

金蝉脱壳——曹植七步成诗脱危难

项羽笑道："上天要亡我，我还渡江干什么？况且我项羽当初带领江东的子弟八千人渡过乌江向西挺进，现在无一人生还，即使江东的父老兄弟怜爱我而拥我为王，我又有什么脸见他们呢？或者即使他们不说，我项羽难道不感到内心有愧吗？"说完就自杀身亡了。

关门捉贼——垓下之围败项羽

偷梁换柱——燕王"靖难"夺皇位

　　明代初年，燕王朱棣（明成祖）以"靖难"为名而发动的争夺皇位的战争。始发于建文元年（1399年）。四年，朱棣攻陷南京，建文帝失踪，朱棣即位，是为明成祖。

空城计——孔明抚琴退仲达

　　三国时期，魏国派司马懿挂帅进攻蜀国街亭，诸葛亮派马谡驻守失败。司马懿率兵乘胜直逼西城，诸葛亮无兵迎敌，但沉着镇定，大开城门，自己在城楼上弹琴唱曲。司马懿怀疑设有埋伏，引兵退去。等得知西城是空城回去再战，赵云赶回解围，最终大胜司马懿。

苦肉计——周瑜打黄盖

　　曹操用的反间计，而周喻以其人之道还治其人之身，先苦肉黄盖然后去诈降顺道去烧曹操。赤壁之战，东吴大胜。

声东击西——诸葛亮七擒孟获

　　东汉末年，南蛮犯蜀，诸葛亮南征。首战擒南蛮首领孟获。孟获不服，放了，后六擒六纵，最终孟获归降，蜀遂平定南方。七擒孟获，千古佳话。

"三十六计"历史影响及重大价值

　　《三十六计》是一部凝聚了中国五千年卓越的军事思想和丰富的斗争经验的智谋全书，集中国兵家韬略计谋之大成，蕴涵了丰富的哲理和无穷的智慧，对我们今天的生活仍然具有指导和借鉴意义。几千年来，《三十六计》不仅广泛运用于各种军事战争中，也常用于政治、经济、外交、情报等方面的斗争。许多著名的军事家、政治家、企业家等都从《三十六计》的韬略中受益，从而获得成功。

篆书"三十六计"

竹简版《三十六计》书影

总　序

传承华夏文明　营造书香社会

中国是一个世界级的文明古国，中华民族是一个最注重文化传承的优秀民族，其藏书历史悠久，举世闻名，留给后世的优秀典籍数量众多，门类纷繁，博大精深，涵盖的时空之广、包罗万象，是超级文明古国最具体、最形象、最生动的象征，是世界上任何一个国家和民族所无法超越的。

"虽有嘉肴，弗食，不知其旨也；虽有至道，弗学，不知其善也。"读好书可以使人进步，让人生充实。纵观古今，无数伟人之所以谱写了辉煌的人生，正是因为他们博览群书，储备了渊博的知识，为未来发展打下了坚实的基础。时至今日，阅读仍是人们获取知识、增广见闻、提高才干的必要途径。在漫长的历史演化过程中，我们的祖先创造了灿烂辉煌的民族文化，留下了泽被后世的中华经典。"百工居肆以成其事，君子学以致其道。"先人创造的经典不该被束之高阁，应当融入人们的生活，得以传承和发扬光大，成为强国富民的利器。为此，我们特别邀请了"十一五"规划国家重点古籍文献出版工程部分权威编校人员，在学界泰斗、国学大师、专家学者的全程指导下，精心组织编撰了这一大型古籍文献整理出版工程——《中华国学经典文库》。

《中华国学经典文库》是撷取了中华文化领域中最富盛名的系列经典名著，她们是中华文明精华的缩影，是五千年华夏儿女智慧的集体结晶。今天，我们更应该本着"洋为中用，古为今用，取其精华，去其糟粕"的指导原则，加强阅读、学习和宣传中华传世国学经典。这些先祖们智慧的结晶，蕴涵着无数深刻的哲理，对于当今的社会乃至未来，都有很好的教益。"为学大益，在自求变化气质"。任何人要提高自己的综合素质，都必须用科学知识武装头脑。中华国学经典博大精深，它可以满足不同人群的需要。通过阅读，人们可以在其中找到自己的精神归属。

为了适应当代读者阅读的高需求、高标准和高品位，《中华国学经典文库》版本收集经过精心选择，参校各家所长，聚纳大家精华而成。文字精当完善，很多名著内文配图均为传世绣像珍品或名家秘藏版画，均是当时创作人员完全切合各章节内容的传世佳作，其图像经过现代高科技精心处理，视觉效果更佳，在版式制作和图文色彩上均采用当前国际最流行的时尚元素和工艺装帧，使其更充分地体现了图文的互动传神和视觉的完美震撼，达到更加赏心悦目的神奇效果。希望这一系列经典名著能为读者带来更多的惊喜和收获。

任何一个国家的持续发展，都需以精神文明为助推器。没有深厚文化积淀为背景的国家，其生命力就不能算强大，发展也必然会受到影响。《中华国学经典文库》是中华民族精神的结晶，它可以拉近人与人之间的距离，亦能增加我们的民族凝聚力。阅读中华国学经典不仅对经济发展超速、文化领域滞后的倾向有所修正，还能使全民重视先祖的优秀精神，使中华国学经典得以传承、发扬光大。当阅读特别是阅读中华国学经典成为一种习惯，成为一种自发的学习乃至快乐有益的生命体验时，我们的精神家园将不断充盈，国家的软实力也将大大增强。

《中华国学经典文库》历时十余载，屡次论证研讨，反复筛选校对，五易其稿，集思广益，择优而集，珍中取极，参与整理编校人员达千人之多，得到海内外众多学界泰斗、专家学者、相关研究院所及著名馆藏机构等的鼎力支持和热忱帮助，在此我们表示最真挚的谢意。另外，因资料范围广泛、精选难度较高、编辑工作十分繁杂等诸多原因，书中难免存在疏漏与不足之处，恳请广大读者不吝赐教和批评指正，以期我们再版时修订，使其更趋完善。

《中华国学经典文库》编辑委员会

二〇〇九年十月于北京西山

前　言

　　《三十六计》是我国古代一部著名的军事谋略佳作，从古至今传习久远，集中历代"韬略""诡道"之大成，被兵家广为援用，素有千年传世兵法、谋略奇书之美誉。书中不少计名、语汇竟能妇孺皆知，吟诵如流，脍炙人口，绝唱千古。

　　《三十六计》的成书年代和作者至今都是一个谜团，但可以肯定，它是在历史上长期流传，经过多人不断整理完善，才成为现在这个模样，可以说是中国古代先哲圣贤智慧的集体结晶。此外，三十六计的各个具体名称，多半采用人们熟知的经典成语、传世典故和民间流传的锦囊妙计，似乎也并非全部出自作者的原创。

　　《三十六计》具有浓郁的华夏文明的人文气息。全书原文短小精悍，而且广引《易经》语辞，颇为难解，于是有了"按语"，引经据典，以资佐证。"三十六计"共分为六套，依次"胜战"、"敌战"、"攻战"、"混战"、"并战"、"败战"而列，每套又分为六计，每计基本上是用民间俗语或成语定名，六六三十六，终成此书。显而易见，《三十六计》深深汲取了中华古老《易经》阴阳互变、辩证统一思想的精髓，谋篇布局，大有讲究。

　　三十六计是我国古代兵家计谋的总结和军事谋略学的宝贵遗产，为便于人们熟记这三十六条妙计，有位学者在三十六计中每取一字，依序组成一首诗：金玉檀公策，借以擒劫贼，鱼蛇海间笑，羊虎桃桑隔，树暗走痴故，釜空苦远客，屋梁有美尸，击魏连伐虢。全诗除了檀公策外，每字包含了三十六计中的一计，依序为：金蝉脱壳、抛砖引玉、借刀杀人、以逸待劳、擒贼擒王、趁火打劫、关门捉贼、浑水摸鱼、打草惊蛇、瞒天过海、反间计、笑里藏刀、顺手牵羊、调虎离山、李代桃僵、指桑骂槐、隔岸观火、树上开花、暗渡陈仓、走为上、假痴不癫、欲擒故纵、釜底抽薪、空城计、苦肉计、远交近攻、反客为主、上屋抽梯、偷梁换柱、无中生有、美人计、借尸还魂、声东击西、围魏救赵、连环计、假道伐虢。

　　《三十六计》虽然是一部军事著作，但它绝不仅仅具有军事上的重大意义和传承价值。其中的谋略智慧，已超出军事本身，诸如虚实、劳逸、刚柔、攻防等军事术语，经过历史的打磨，已不仅仅局限于在战争中使用。《三十六计》用途之广博达于社会、军事、经济、外交、人生等各个层面，即使《孙子兵法》在这一点上也难于企及，故古书上有称："用兵如孙子，策谋《三十六》。"

当然，《三十六计》文字艰深，微言大义，一般读者很难掌握其丰富的谋略蕴涵。而且，以往《三十六计》阐释解析中军事范例偏多，在本书中，我们尽量压缩了军事范例的引用，而代之以政治哲学、经济管理、处世绝学、居家生活中用计智谋和实战范例，读来不但会让人觉得兴趣盎然，活泼生动，而且会感到与现实生活紧密相连、息息相关。千古奇谋，百用百灵，但愿"三十六计"能成为你成功一生的三十六个台阶！吸其精华，去其糟粕，努力创造一个属于你自己的更加灿烂辉煌的完美人生。

《三十六计》编委会
二〇〇九年十月于北京西山

目　录

上　卷

第三计　借刀杀人

经典案例　锦囊妙计

第四计　以逸待劳

经典案例　锦囊妙计

第五计　趁火打劫

经典案例　锦囊妙计

第六计　声东击西

经典案例　锦囊妙计

下　卷

第二十计　混水摸鱼

第二十一计　金蝉脱壳

第二十二计　关门捉贼

经典案例　锦囊妙计

第二十三计　远交近攻

经典案例　锦囊妙计

第三十四计　苦肉计

经典案例　锦囊妙计

第三十五计　连环计

经典案例　锦囊妙计

第三十六计　走为上

总　说

【原典】六六三十六①，数②中有术③，术中有数。阴阳④燮理⑤，机⑥在其中。机不可设，设则不中。

【按语】解语重数不重理。盖理，术语自明；而数则在言外。若徒知术之为术，而不知术中有数，则术多不应。且诡谋权术，原在事理之中，人情之内。倘事出不经⑦，则诡异⑧立见，诧世惑俗，而机谋泄矣。

或曰：三十六计中，每六计成为一套。第一套为胜战计，第二套为敌战计，第三套为攻战计，第四套为混战计，第五套为并战计，第六套为败战计。

【注释】①六六三十六：借用《易经·坤卦》之极阴数"六六"代表三十六计，指诡计多端。

②数：易数，本义是推演卦底的依据，此处引申为客观实际规律。

③术：计谋方略。

④阴阳：一阴一阳，是中国传统哲学中构成事物的两大要素。传统哲学中的阴阳规律是事物发展变化的基本规律。阴阳是对立统一的。

⑤燮理：谐调，调和。

⑥机：机谋，机变。

⑦不经：经，常规，原则，常理。不经，即违背常理，违背原则。

⑧诡异：诡，奇异。不正常，奇特怪异。

【原典译文】六乘六等于三十六，在实际规律中蕴藏着计谋，而计谋的运用也离不开实际规律。阴阳法则的调理与转化，机谋权变便从中产生。所以，机谋不可以任意设计，否则就会失败。

【按语译文】以上解语重视的是实际规律而不是一般道理。因为道理通过语言的表达自然会明白，而实际规律却是在语言之外的。如果只知为计谋而计谋，却不知计谋离不开实际规律，计谋的运用往往就不应验。而且，诡诈的计谋和权变的手段，本来就在事理之中、人情之中，如果违背这一原则，奇异之处立刻就会显现，引起人的惊疑，计谋也就暴露了。

三十六计按战争形势的不同，每六计组成一套。第一套为胜战计，第二套为敌战计，第三套为攻战计，第四套为混战计，第五套为并战计，第六套为败战计。

第一套　胜战计

第一计　瞒天过海

【原典】备周①则意怠②，常见则不疑。阴在阳之内，不在阳之对。太阳，太阴③。

【按语】阴谋作为，不能于背时秘处行之。夜半行窃，僻巷杀人，愚俗之行，非谋士之所为也。如：开皇九年④，大举伐陈⑤。先是弼⑥请缘江防人，每交代⑦之际，必集历阳⑧，大列旗帜，营幕蔽野。陈人以为大兵至，悉发国中士马，既而知防人交代，其众复散。后以为常，不复设备。及若弼以大军济江，陈人弗之觉也。因袭南徐州⑨，拔之。

【原典注释】①备周：防备周密。

②意怠：思想松懈。

③太阳，太阴：根据阴阳互相转化的规律，阳极而阴生，阴极而阳动。

④开皇：隋文帝建国年号，九年即公元589年。

⑤陈：南朝之陈国，陈霸先建于公元557年，建都建康，今南京。

⑥弼：隋朝大将贺若弼。

⑦交代：即调防。

⑧历阳：地名，今安徽和县。

⑨南徐州：即江苏镇江。

【原典译文】自以为防备极其周密，其思想就容易松懈；平时看惯了的，就不容易引起怀疑。阴往往深藏在阳之中，依存于阳，并不互相排斥。阳极生阴，阴极生阳。这就是易理中阴阳变换的原则。

【按语译文】要想阴谋有所作为，就不能在阴暗偏僻的地方施用。半夜偷东西，在偏僻的小巷里杀人，这是愚蠢庸俗的人的行为，不是谋士所应做的事。比如，隋朝开皇九年（589），隋大举进攻陈国。在此以前，隋将贺若弼命令那些沿江的守备部队，每次调防时，都要在历阳集中，插上很多旗帜，军营帐篷遍地都是。陈国以为隋军大队人马集结，要来进犯，便马上集结国内全部兵力进行防御。事后才知道是隋军的守备部队调防，于是又把部队撤了回去。如此反复，陈国对隋军的做法习以为常，也就不再防备了。后来，等到贺若弼率领大军渡过长江，陈国人还没有察觉，隋军便很顺利地袭击并占领了南徐州。

【传世典故　计名探源】瞒天过海：瞒：隐瞒，隐藏实情，不让别人知道。天：天子；即皇帝。瞒天过海原意是指用各种巧妙的伪装，遮挡住皇帝的视听，瞒骗他上船，使其在不知不觉中跟随大队人马安全顺利地渡过大海。引申为用伪装的手段作掩护，暗中活动。

典故出自《永乐大典·薛仁贵征辽事略》。唐太宗御驾亲征，统兵三十万，欲取高丽。

路过辽东，见到距长安五千余里的辽河水，皇帝即产生了后悔之心。不数日，来到海边，那波浪滔天的汪洋大海，又使皇帝产生恐惧。后悔当初没有听从谋士们的劝告。东望高丽，隔海千里，皇帝找来前部总管张士贵问计。张士贵无奈，只好请教于薛仁贵帐下。薛仁贵献计说：现在天子只是担忧大海难渡，无法征讨高丽，我有一计，可以让千里海水，到明天就不见了半点，无论是太宗皇帝，还是士兵，都如同在平地上一样，平平安安地渡过大海。接着他们见了皇帝禀告说：在附近的海上，居住着一位豪富老人，愿为您的三十万兵马提供粮草。太宗皇帝非常高兴，宣豪富老人进见，豪富老人让太宗皇帝前去海边亲验。当文武百官随太宗皇帝来至海边时，只见眼前上万间房屋都用彩幕遮围着。老人将皇帝请进一间四壁挂着彩绣、地上铺着地毯的屋子。皇帝入座，百官进酒，说说笑笑，好不热闹。过了一会儿只觉得四面的帷幕被风吹得呼呼作响，哗哗的涛声如雷震响，桌子上的杯子盘子翻落在地，身体也坐不稳。这时皇帝心生疑惑，命人揭开帷幕观看，只见一望无际的涛涛海水，分不清东西南北，太宗皇帝惊恐地问道："这是什么地方？"张士贵起身回答说："这就是我们过海的计谋，借着风势，已快到东岸了。"就这样，太宗皇帝在不知不觉中被人渡过大海。

【名家评点 破解方略】"瞒天过海"是使用伪装的手段作掩护，利用机会、乘人不备来获得成功的策略。所谓"瞒"，就是一种示假隐真的疑兵之计，军事上称之为"佯动"或"佯攻"。在现实生活中有瞒人和被瞒之分，如果为了达到目的，有意去瞒住对方，就要看瞒得是否高明。善瞒的人，总是把诡计深藏心中，每一计都能牵制敌人。"瞒"只是一种手段，"过海"才是最终目的。

经典案例　锦囊妙计

孙膑减灶杀庞涓

战国时魏惠王派太子申和庞涓集中全国兵力，再次攻打韩国。韩哀侯向齐国求救。齐威王派田忌为将、孙膑为军师，发兵救韩。孙膑建议采取"围魏救赵"的策略。田忌说："军师上次用过此计，这次再用恐怕被敌人识破。"孙膑笑着答道："这次我另有计谋让敌人上当。"田忌听从了孙膑的建议，率军直逼魏国都城大梁。

魏惠王听说齐军来攻大梁，急忙令太子申和庞涓回兵救魏。

孙膑与庞涓曾是同学，深知他有勇无谋，可以智取，不宜硬拼。于是他向田忌献上"减灶诱敌"的计策。

魏齐两军刚刚遭遇，孙膑就命令齐军撤退。庞涓追到齐军驻地时，清点齐军的灶头，十万有余。第二天齐军又急急退却，只留下了五万个灶头。到了第三天，齐军的灶头只剩下二万个。庞涓见状，非常高兴，命令魏军加紧追赶齐军。太子申问他为什么这样做，庞涓说："我早就听说齐军胆小怕死，三天之内就逃走了大半。我军穷追不舍，定能取胜。"

后来，齐军撤到了两山之间的马陵道，孙膑见这里谷深路窄，宜于设兵埋伏，就命令士兵砍下树木作为路障，又把路旁一棵大树的树皮剥去，在上面刻了一行大字。接着他吩咐一万弓箭手夹道埋伏，只等庞涓前来送死。

黄昏时分，庞涓带领疲惫不堪的魏军来到马陵道。士兵清理路障时，有人发现了树上的字，忙向庞涓报告。庞涓赶来持火把一照，见上面写着"庞涓死于此树下"这几个大字，不由得大惊失色。未及庞涓回过神来齐军已是万箭齐发，魏军顿成瓮中之鳖。庞涓中箭负伤，自知生还无望，于是拔剑自刎。

五张羊皮赎贤臣

公元前659年，秦穆公得到王位后，从政治、经济到文化都进行了整治，使秦国很快成为春秋时期的霸主之一。秦穆公用五张羊皮换回虞国亡臣百里奚，并任为相国之举，实为千古美谈。

百里奚原为虞国大夫，晋国灭掉了虞国之后，百里奚成了晋国的俘虏。此前，百里奚曾力谏虞君应看透晋国的亡虞阴谋。此时被俘后，当然不愿为晋国服务。对于这样一个人，晋献公无奈，只得把他作为自己女儿的陪嫁奴仆，送往秦国。在赴秦的路上，百里奚乘人不备，偷偷地逃往楚国宛县。结果，楚人把他当作别国诸侯派来的奸细抓了起来，后来看他上了岁数，又挺老实，便让他去放牛、放马。

秦穆公娶来晋献公的女儿后，在翻看陪嫁奴仆的名单时，发现少了一个叫百里奚的人，于是，便问了起来。经别人介绍，秦穆公才了解到百里奚是个很有才能的谋士，只可惜虞君昏庸，英雄无用武之地，才落到今天这个地步。秦穆公十分惋惜，立即派人四下打听百里奚的下落，很快，他知道了百里奚此刻正在楚国放马，便想用重金去楚国把百里奚赎回来。

有人劝谏秦穆公说："楚人让百里奚放马，是因为不知道他是个有本事的人。要是您重金去赎，还不是告诉楚王百里奚是个能人吗？那他还会放百里奚回来吗？"秦穆公一听有理，便按照当时普通奴隶的身价，派人拿上五张公羊皮，去楚王那儿说："敝国有个奴隶叫百里奚，逃到了贵国，请让我们赎回他，治他的罪。"楚王痛痛快快地答应放百里奚回秦。

这时，百里奚已是七十多岁的老翁了。归秦后，秦穆公亲自为他解开绳索，请入宫中，待为上宾，并向他请教治国之道。百里奚百般推辞，说："我是个亡国之臣，怎配与国君谈论国家大事！"秦穆公却诚恳地说："虞君不重用你，所以亡国，这不是你的过错。"经秦穆公再三诚请，百里奚深为感动，倾其所知，和秦穆公谈了三天。秦穆公大喜，见其果然贤能，遂任命百里奚为相国，授之以大权。举国尽知，他是国君用五张羊皮换回来的，称之为"五羖大夫"。

百里奚深受知遇之恩，见秦穆公如此看重贤才，便又热情地向穆公推荐了他的好友蹇叔。这蹇叔也是治国的贤才。此后，百里奚和蹇叔一起辅佐秦穆公，提出不少治国兴邦的谋略，为秦国的兴旺发展出了不少力，使秦国逐渐强大起来。

楚庄王隐忍观变

在楚庄王即位之前，楚国的内政可谓经历了长期的混乱。楚庄王的爷爷楚成王意图争霸中原，被晋国在城濮之战中打败，不久却又祸起萧墙。起初，原定商臣为太子，但不知怎的，楚成王居然发现商臣眼如黄蜂，声如豺狼，生性残忍，想改立王子职为太子。为了把事情弄清楚，他故意设宴招待姑母，席间又轻侮姑母。商臣的姑母果然愤怒地说："怪不得你父亲要杀了你另立太子！"因为楚成王遇事总与妹妹商量，所以，商臣认为姑母的话证实了传言。商臣连忙向老师潘崇问计，潘崇问："你愿意事奉公子职吗？"商臣说："不愿。"又问："你能逃出楚国吗？"回答说："不能！"潘崇最后问道："你能成大事吗？"商臣坚定地说："能！"

公元前262年，商臣率领宫廷卫队冲进成王的宫殿，成王喜吃熊掌，这时红烧的熊掌尚未烧熟，成王请求等吃了熊掌再杀他，商臣说："熊掌难熟。"他怕夜长梦多，外援到来，就催促成王上吊自杀。自己即位为楚穆王。穆王在位12年，死后由其子侣即位，是为楚庄王。

楚庄王即位时很年轻，即位之始，他并未像其他新君上任那样雷厉风行地干一些事情，而是不问国政，只顾纵情享乐。他有时带着卫士姬妾去云梦等大泽游猎，有时在宫中饮酒观舞，浑浑噩噩，无日无夜地沉浸在声色犬马之中。每逢大臣们进宫汇报国事，他总是不耐烦地回绝，任凭大夫们自己办理。他根本不像个国君，朝野上下也都拿他当昏君看待。

看到这种情况，朝中一些正直的大臣都感到十分着急，许多人都进宫去劝谏，可楚庄王不仅不听劝告，反觉得妨碍了他的兴趣，对这些不着边际的劝告十分反感。后来干脆发了一道命令：谁再来进谏，杀无赦。

三年过去了，朝中的政事乱成一团，但楚庄王仍无悔改之意。

大夫伍参忧心如焚，再也忍不下去，冒死去晋见庄王。来到宫殿一看，只见纸醉金迷，钟鼓齐鸣，庄王左手抱着郑国的姬妾，右手搂着越国的美女，案前陈列美酒珍馐，面前是轻歌曼舞。庄王看到伍参进来，当头问道："你难道不知道我的命令吗？是不是来找死呢？"

伍参抑制住慌张，连忙赔笑说："我哪敢来进谏，只是有一个谜语，猜了许久也猜不出，知道大王天生聪慧，想请大王猜一猜，也好给大王助兴。"

楚庄王这才放下脸，说道："那你就说说看。"

伍参说：
高高山上，
有只奇怪的鸟，
身披鲜艳的五彩，
美丽而又荣耀，
只是一停三年，
三年不飞也不叫，
人人猜不透，
实在不知是只什么鸟……

当时的人喜欢说各种各样的谜语，称作"隐语"，这些"隐语"往往有一定的寓意，不像今天的谜语这样单纯，因此，人们多用这些"隐语"来讽谏或劝谏。楚庄王听完了这段话，思考了一会说：

三年不飞，
一飞冲天；
三年不鸣，
一鸣惊人。
此非凡鸟，
凡人莫知。

伍参听后，知道庄王心中有数，非常高兴，就又乘机进言道："还是大王的见识高，一猜就中，只是此鸟不飞不鸣，恐怕猎人会射暗箭哪！"

楚庄王听后身子一震，随即就叫他下去了。

伍参回去后就跟大夫苏从商量，认为庄王不久即可觉悟，没想到几个月过去后，楚庄王仍一如既往，不仅没有改过，还越发不成体统了，苏从见状不能忍耐，就闯进宫去对庄王说："大王身为楚国国君，即位三年，不问朝政，如此下去，恐怕会像桀、纣一样招致亡国灭身之祸啊！"

庄王一听，立刻竖起不逊眼，露出一副暴君的形象，抽出长剑指着苏从的心窝说："你难道没听到我的命令，竟敢辱骂我，是不是想死？"

苏从沉着从容地说："我死了还能落个忠臣的美名，大王却落个暴君之名。如果我死能使大王振作起来，能使楚国强盛，我甘愿就死！"说完，面不改色，请求庄王处死他。

楚庄王等待多年，竟无一个冒死净谏之臣，他的心都快凉了。这时，他凝视了几分钟，突然扔下长剑，抱住苏从激动地说："好哇，苏大夫，你正是我多年寻找的社稷栋梁之臣！"

庄王说完，立刻斥退那些惊恐莫名的舞姬妃子，拉着苏从的手谈起来。两人竟是越谈越投机，竟至废寝忘食。

苏从惊异地发现，庄王虽三年不理朝政，但对国内外事无巨细都非常关心，对朝中大事及诸侯国的情势都了如指掌，对于各种情况也都想好了对策。这一发现使苏从不禁激动万分。

原来，这是庄王的韬光养晦之策。他即位时十分年轻，不明世事，朝中诸事尚不明白，也不知如何干，况且人心复杂，尤其是若敖氏专权，不明所以，他更不敢轻举妄动。无奈之中，想出了这么一个自污以掩人耳目的方法，静观其变。在这三年中，他默默地考察了群臣的忠奸贤愚，也测试了人心。他颁布劝谏者死的命令，也是为了鉴别哪些是甘冒杀身之险而正直敢言的耿介之士，哪些是只会阿谀奉承只图升官发财的小人。如今，三年过去，他年龄已长，经历已丰，才干已成，人心已明，他也就露出庐山真面目了。

第二天，他就召集百官开会，任命了苏从、伍参等一大批德才兼备的大臣，公布了一系列的法令，还采取了削弱若敖氏的措施，并杀了一批罪大恶极的犯人以安定人心。从此，这只"三年不鸣"的"大鸟"开始励精图治，争霸中原，终于成为春秋五霸之一。从其所作所为及对霸业的认识水平来看，都应该算是首屈一指的。

楚庄王的韬光养晦并非在遭到失败与挫折时才被迫进行的，而是为了更好地掌握未来而主动地进行的，这尤其需要耐心、修养、智谋和胆识。

在中国历史上，像楚庄王这样做的人还不算太多，但这足以给我们提供一个有益的启示：即使在一帆风顺的时候，也要注意使用各种方法增长自己的见识，砥砺自己的才能。

信陵君窃符救赵

公元前259年9月，秦昭王想包围赵国都城邯郸，一举灭亡赵国。秦王派王龁和郑安平为进攻邯郸的主将。

当邯郸被围时，赵国派人向魏国求救。

魏公子信陵君无忌，是魏安厘王同父异母的弟弟，他的姐姐是赵惠文王弟弟平原君的夫人。由于这种关系，公元前257年，魏王派将军晋鄙带了10万军队去相救。

秦王得知魏将出兵，就派使者去警告魏王。魏王非常恐惧，马上派人阻止晋鄙进军，要他在魏、赵边境的邺驻扎下来，观望事态发展。

邯郸非常危急。平原君见魏救兵迟迟不到，不断派遣使者去催促，并且责难信陵君："即使你看不起我平原君赵胜，抛弃他，你难道不同情自己的姐姐吗？"

信陵君使用种种方式去向魏王游说，但魏王害怕秦的报复，始终按兵不动。信陵君不能说服魏王，而眼看赵国要灭亡，信陵君决计不苟且偷生，便把自己门下食客、家臣等都约来准备和这些人一道去和秦决一死战。

信陵君率领志愿军经过东门，见到了守门的老头侯生，把自己要去跟秦军决一死战的话告诉了他。分手的时候，侯生只冷冷地这么说："你努力去干吧，我老了，不能跟你一道去！"

走了一段路程，信陵君心里想："我平时没有得罪侯生的地方，现在我要去和人拼命，怎么没有半句话劝阻我或鼓励我，这确实奇怪。"便叫大家停下来，独自跑回去。

这时侯生站在门外，一见信陵君回来，便笑着说："我早就料到你一定会回来找我的。"

"你怎么会知道的？"信陵君问。

"那还不简单！"侯生说，"你一向对我好，现在你要去送死，我反不给你送行，你心里一定不愉快，所以我料定你必然回来问我个明白！"

信陵君说："很好，你猜得不错，我怕我有什么对不起先生的地方，会使你对我这么冷淡，所以想问个明白！"

"我知道你一向器重人才，养了这么多门客，但现在遇到了为难的事情，却毫无办法可想，光去跟秦军拼命，这正如把肥肉丢进虎口里，试问有什么益处呢？"

"我也知道没有什么益处，"信陵君答，"但平原君是我的姐夫，交情又深，眼下，他危在旦夕，我不能见死不救呀！虽然明知这样行动是无济于事的，实属万不得已，不知老先生有没有别的办法可想？"

"请进屋里去坐吧，大家商量商量！"

侯生把旁人遣开，细声问信陵君："我听说现在魏王最宠幸的一个美人叫做如姬，是不是？"

"是的！"

"又听说如姬的父亲被人杀害，她怀恨了三年，从国王以下，都想为她报仇，却总是没有办法找到这个仇人。有一次她为这件事向你哭诉，你立刻派门客去侦查，很快就把仇人的头弄到了手，献给如姬，是否有这件事？"

"不错，真有此事。"

"那就好办了。"侯生的老眼一闪，继续说出了他的计划，"你能替如姬报了杀父之仇，她感激不已，就是为你牺牲生命，也决不会推辞的，你正好利用这个机会，从她身上打主意！"

"她是一个女流，有什么主意可打的？她又不能撒豆成兵！"信陵君表示失望。

"我再请问一句，"侯生说："魏王是不是已派晋鄙统率了十万大军去救赵国？"

"是呀！可是魏王叫他在半路上停下来，不准前进。"

"且不必过问部队不进军的理由，但你可知道用什么办法会叫晋鄙进军吗？"

"自然是魏王的命令啦！"

"那么魏王下的命令凭什么做证据呢？"

"兵符。"

"这就对啦！"侯生霍然起身，信心十足地对信陵君说："只要能把兵符弄到手，晋鄙的军权就归了你，魏军就可以立即开到邯郸去，赵国的危机不就解决了吗？喏，你听我说，魏王的兵符藏在卧室里，那地方只有如姬一个人才可以接近。你现在即刻去见她，只要你一开口，求她帮助，把兵符偷出来，她没有不答应的。这样你便可以把晋鄙的军权夺到手，就可以指挥大军，北面救了赵国，西面击败秦军，这可是了不起的功勋，是千载难逢的机会呀！"

信陵君果然采纳了侯生的意见，去请如姬想办法，如姬毫不推辞地说："公子过去对我有大恩典，我正想找个机会报答你，何况这是公子的侠义行为，我无论如何都要完成这个任务。"

当晚，如姬特别设便宴把魏王灌醉，乘机盗窃了兵符，用一个花盒密封好，托近身的侍女连夜送到信陵君手里。

信陵君非常高兴，即刻去见侯生，并请教他还有什么高见。侯生说："一个统帅在前线是绝对的权威，就是君主的命令也可以拒不接受。现在你拿了兵符前去，晋鄙仍然可以不把兵权交给你的，如果他说要再向大王请示一番，那事情就糟了。在这个危急关头，惟有断然处置才行。我有一个好友叫朱亥，是卖猪肉的，臂力过人，他可以帮这个忙。到时晋鄙能顺利地交出兵权来，那是最好不过的；要是拒绝的话，叫朱亥当场将他打死便了。"

信陵君听了这番话，不由得心里一酸，当场哭了起来。

"怎么啦，你哭了？是怕死吗？"侯生惊奇地问。

"不，"信陵君说，"我并不怕死，是可怜晋鄙白白送了性命。"

"俗话说'无毒不丈夫'，这是国家大事，不这样又怎能达到目的呢？走吧！"

他们一同去找着了朱亥，把来意说

了。朱亥便笑了起来，说："我不过是一个卖肉的，承公子你这般看得起，几次亲自来照顾我，过去我一直没有答谢过你，是觉得这种小礼小节没有多大意义；现在公子有了急难，这才是我报答你的时候。"立即答应下来。

信陵君要出发了，来向侯生辞行。侯生告诉他："照情理说，我也应该跟你一块儿去的，可惜年纪老了，去了也不中用。还是留在这儿，计算着你到晋鄙军中的那一天，我只有以自杀来报答你平生对我的知遇之恩了！"

信陵君率队到了邺城，假传魏王命令，要接替晋鄙的军权，晋鄙把兵符一验，的确不错，可是心里非常疑惑，两眼不停地打量信陵君，说："我领兵十万驻守在国境上，责任是很重大的，现在你单身到来接替兵权，究竟是怎么一回事？我要请示一下魏王才能把兵权移交给你，好吗？"

朱亥在旁看到晋鄙明显不愿意接受信陵君的命令，迅速拿出事先藏在衣袖里面的那个四十斤重的铁锤，冷不防朝晋鄙头上打去，晋鄙当场毙命。信陵君于是夺取了晋鄙的军权。

信陵君控制了部队以后，挑选精兵八万人，并下令向邯郸进军。

到进军的这一天，信陵君身先士卒，如出笼的猛虎，直闯秦国的军营，平原君也乘机倾城出击，杀得秦军措手不及，血流成河，仓仓皇皇地逃回秦国去。

就这样，邯郸的围解了，赵国也转危为安。从此，秦军再也不敢轻举妄动了。

蔺相如完璧归赵

赵惠文王时（前283），搜集到以前楚国的和氏璧。秦昭王一听说，就派人送书信给赵王，表示愿以十五座城来交换和氏璧。

赵王召集大臣商议，要给秦国嘛，怕秦国不割让城池，空被欺凌；不给嘛，又怕秦国部队大军压境，于是派人寻求可以出使秦国的人选。

当时，宦官统领缪贤推荐蔺相如。解国君，该先看看他差遣的使臣。"赵仓唐一出使，就使文侯成为慈父，使击成为孝子，这话难道不可信吗？

赵王召见蔺相如，问说："秦王希望用十五座城来交换和氏璧，可以给吗？"

蔺相如说："秦国强，赵国弱，不能不答应。秦国用城交换和氏璧，而赵国不答应，理亏的是赵国；如赵国给了和氏璧而秦国不割让城池，理亏的是秦国。我愿带着和氏璧去秦国，如果秦国不割让城池，我就带着和氏璧回赵国。"

于是赵王派蔺相如出使秦国，秦王一拿到和氏璧，很高兴，就传下去给后宫美人及左右大臣观赏，根本没有意思要用城池来偿付赵国。

蔺相如于是向前说："和氏璧有此瑕疵，我指给大王看。"

秦王交出和氏璧，蔺相如就捧着和氏璧，退了几步，靠着柱子，怒发冲冠，对着秦王说："赵王派我捧着和氏璧来秦国，但我看大王并没有意思要以城池偿付赵国。一般人交往，都不会被欺蒙，何况是大国呢？所以我就取回和氏璧，

大王如果想动武，我的头与和氏璧会一起碎在这根柱子下。"

蔺相如说着，一边斜视着柱子，做出冲撞的姿态。秦王怕蔺相如破坏和氏璧，只好谢罪。

蔺相如就对秦王说："赵王送走和氏璧的时候，斋戒了五天，大王也应该斋戒五天再接受和氏璧。"

秦王心想不能强夺和氏璧，只好答应了，并将蔺相如安置在广咸的宾馆内。

蔺相如心想秦王绝对会毁约，于是派他的随从带着和氏璧，走捷径先回赵国。

五天后，蔺相如对秦王说："我怕被大王蒙骗而辜负赵国，所以就派人带着和氏璧回赵国了。再说秦强赵弱，秦国如果先割让十五座城池给赵国，赵国怎敢留住和氏璧而得罪大王呢？我知道欺瞒大王，罪该受死，请大王杀我吧！"

秦王听了，对臣子们说："现在杀蔺相如，也得不到和氏璧，却断了秦、赵的友谊，不如对他好一些，让他回赵国。"

蔺相如回到赵国之后，赵王认为他很贤明，任命他当上大夫。由于秦国并未割让城池，赵国自然也没有交出和氏璧。

司马懿装病夺权

曹魏景初三年，魏明帝死，幼子齐王曹芳即位。根据明帝遗诏，大将军曹爽、太尉司马懿共同辅政。

起初，曹爽由于司马懿德高望重，又是自己的前辈，每有军国大事，不敢

自专，都要由司马懿决断。后来，曹爽为了扩张自己的势力，引荐了一些人为心腹，架空了司马懿。司马懿面对这种情形，一时也无可奈何。自己虽然受明帝遗诏与曹爽共同辅政，但毕竟曹爽是宗室贵族，而自己毕竟只是臣属，太尉兵权又被夺去，做了一个有名无实的太傅，无法与曹爽抗争。此后，司马懿便称病在家，以躲避曹爽的锋芒。

司马懿居家不出，正中曹爽下怀，心病一去，得意忘形。不过，正在放纵欢乐的曹爽也没有忘记司马懿的存在。没过多久，曹爽的心腹李胜出任荆州刺史，曹爽便让他去司马懿处告辞，借机窥探一下司马懿的动静。

司马懿已经知道李胜的真实用意，便让两婢女搀扶着，自己坐在床上。见李胜之后，用手拿衣服，衣服掉在地上，又向婢女示意口渴，婢女送上一碗粥，司马懿喝粥时，粥汁又都顺着口角流到胸前。

看到司马懿如此衰朽不堪，李胜装模作样地哭说："方今主上尚幼，天下人都依赖明公，过去人们只听说您重病复发，可是没想到病得这么严重。"这时，司马懿长吁了一口气说："我年老沉疾，危在旦夕。君屈当并州，并州离胡人很近，好自为之，恐怕我们不能再见面了。"

李胜连忙纠正说："我是赴任本州，不是并州。"司马懿又装作昏谬地说："君将要去并州，努力自爱。"这时的李胜，再也顾不得用那些文雅的交际语言了，说："我是去荆州，不是并州。"司马懿这才稍稍地明白过来，说："君还本州做刺史，盛德壮烈，好建功勋，我与你分别以后，以后恐怕再也见不到面了。"

接着司马懿又把两个儿子司马师、司马昭叫出来，并让他们与李胜结为朋友，求李胜在他死后多多照顾，说着，司马懿又呜咽起来。其实，司马懿这时身体状况很好，故意装作昏聩的样子来迷惑李胜，李胜是荆州人，所以把到荆州做刺史说作"当忝本州"，本、并音近，正好被司马懿钻了空子。

李胜从司马懿家出来，复见曹爽，乐不可支地说："太傅语言错误，口不摄杯，指南为北，肯定活不长了。"从此，曹爽不复以司马懿为意，更加肆无忌惮地恣意弄权。岂知这正是司马氏的诡计。

翌年正月，幼主曹芳按惯例到高平陵去祭祀祖先，曹爽兄弟都随驾出行。司马懿立即在城中部署兵马，先占据了武库，控制了都城。随后，屯兵在洛水浮桥，派人向曹爽等送信说："大将军曹爽北弃顾命，败乱国典，内则僭拟，外专威权，破坏诸营，尽据禁兵，群官要职，皆置所亲，天下汹汹，人心危惧。过去赵高极意，秦氏以灭；吕、霍早断，汉祚永世。现在皇太后命令臣救主者及黄门，令罢免曹爽兄弟官职，自回家中，不得在外逗留，如果胆敢稽留车驾便以军法从事。"曹爽兄弟回家之后，司马懿征发民工八百人，在曹家宅第四围筑高墙，布置人在上面观察曹爽举动。曹爽兄弟不知道司马懿究竟做什么打算，便给司马懿写了封信，说家中没有粮食了，求司马懿接济一些。司马懿接到书信，马上令人送来一百斛粮，并且又送了一些肉脯、盐、大豆,曹爽兄弟见司马懿送粮给他,又都欢喜起来,以为自己可以免死了。

曹爽又一次上了司马懿的当。这期间,司马懿在朝中翦除曹爽的党羽,将其投入监中;不久,又将曹爽兄弟下狱,以谋反大逆的罪名,诛杀尽净。从而,司马氏与曹氏的权力之争以司马氏的胜利而告终。

李渊父子固皇位

李渊父子在建立唐王朝的时候,运用瞒天过海之计保存了自己的势力。

李渊出身于西魏、北周以来的关陇贵族集团。他的祖父李虎,帮助宇文泰建立关中政权,是北周的开国功臣,死后追封唐国公。李渊袭封唐国公,先后担任过州刺史,郡太守,中央卫尉少卿。617年,隋炀帝任命他为军事重镇太原的留守。

隋炀帝的残暴统治,使得农民贫困破产,大量死亡,再加上水旱灾害连年不断地发生,更使广大人民民不聊生。由此,爆发了全国性的农民起义。到617年,农民军基本上摧毁了隋王朝的统治力量。官僚和地主纷纷起来窃取农民起义军的胜利果实。

豪族梁师都在朔方(今横山)、刘武周在马邑(今朔县)、薛举在金城(今兰州)、李轨在武威、萧铣在巴陵(今岳阳),相继打起反隋的旗号,并自立为王,建立割据政权。

李渊在太原残酷地镇压农民起义,扩大了武装,巩固了在太原的地位。随

着全国反隋斗争形势的巨大变化,李渊看到利用武力阻挡不住农民起义的浪潮,隋政权已不能支持多久。因此,他准备利用形势,打出反隋的旗号,建立新的统治集团。

公元617夏,李氏父子在太原起兵反隋。

由于李渊的社会关系和政治地位,起兵后迅速取得了地主阶级的支持,首先是得到了士族地主官僚的支持。李渊父子也“卑身下士”,竭力争取庶族地主的支持。

为避免广泛树敌和扩大力量,李渊父子从对农民军的大力镇压转为竭力利用农民军的力量。在向长安进军的过程中,瓦岗军李密曾给李渊写信,约以共同灭隋。李渊卑辞答谢,并假意推李密为主,这样,李密的兵力阻挡了东部洛阳的隋军,自己则可顺利西进。李渊进军到黄河东岸时,派人和关中几支起义军联系,得以顺利地渡过黄河。关中一带的起义军多被骗归附。李渊在极短时间内得到精兵九万,军事力量大大加强。

617年11月,李渊父子迅速攻下长安,并控制了渭水流域。

当时,各地起义军的势力也在壮大,地方割据势力也蠢蠢欲动,再加上隋朝的残余势力,李渊父子如果此时建立新政权,无疑会成为众矢之的,区区九万人的队伍,根本抵挡不住各种势力的冲击。因此,李氏父子又以借刀杀人之计缓和冲突,减少压力。

打下长安后,李渊父子立隋炀帝13岁的孙子西京留守代王杨侑做皇帝,称恭帝,改元义宁,并遥遵炀帝为太上皇。

尊炀帝为太上皇，实际上取消了隋炀帝的合法地位，立杨侑为皇帝，实际上树了一个傀儡。李渊父子只不过是利用恭帝的名义和隋朝的旗号来招降隋官，同时，又使敌对势力得不到讨伐的借口，而大权则在李氏父子手中。

经过一年的准备，时机基本成熟。618年，隋炀帝被杀，继而又废了恭帝，李渊在长安称帝，建立唐朝，年号武德。

唐朝建立以后，秦王李世民和皇太子李建成为争夺皇位继续展开了激烈的斗争。

李建成以嫡长子被立为皇太子，除得到传统的合法地位外，还取得了李渊所领有的士族地主官僚集团的支持。他长期留守关中，在关中地区打下了相当坚固的基础。宫中妃嫔和一般贵戚也拥戴他。他手中的文官有魏征、王珪等，武将有冯立、薛万彻等，又招募四方勇士2000多人做东宫卫士，实力比秦王府充足。为了对付李世民，他和四弟元吉联合在一起。

李世民是李渊的次子。从太原起兵到统一全国，李世民的战功最大。实际上，他是唐朝的实际缔造者。在进行统一战争过程中，李世民连续镇压农民起义军和平定地主武装割据势力，罗致了大批人才。秦王府有尉迟敬德、秦叔宝、程咬金等大批赫赫有名的战将。秦王府文学馆更有著名的18学士，房玄龄、杜如晦多谋善断，陆德明、孔颖达是经学名家，姚思廉精通文字，虞世南长于书法，其余也都为一时俊秀。从李世民的实际才能看来，文武双才，堪为一代天子，但按传统来说，皇位则应由长子李建成来继承。

建成、元吉接近高祖，经常在高祖面前说李世民的坏话。高祖昏庸无能，对世民猜疑甚至憎恶。在建成等人的鼓动下，高祖把李世民的心腹一一调到外地做官，逐步削弱李世民集团的势力。

建成元吉在借助皇上力量的同时，又用大量财宝收买李世民的部将，等待时机，除掉李世民。秦王府僚属房玄龄、杜如晦等人也力劝李世民快下杀手除掉建成和元吉。

两大集团长期的明争暗斗，终于演成"玄武门之变"。

武德九年（626）六月四日这一天，李世民率长孙无忌等人，伏兵于玄武门。当天守卫玄武门的将领叫常何，他原是建成的心腹，但已经被世民收买。建成不了解情况，毫无防备。当他和元吉经过玄武门去朝见李渊时，李世民乘机带尉迟敬德等少数骑士，发动袭击。他亲手射死李建成，元吉被敬德射杀。东宫和齐王府的将士闻讯赶来，猛攻玄武门，形势十分危急。

李世民一面组织抵抗，一面派尉迟敬德带甲进宫，逼迫高祖下"诸军并受秦王处分"的命令。

有了高祖的这道命令，东宫和齐王府的兵将只好罢手。一场政变也就迅速结束了。

六天以后，高祖只好立李世民为太子。

八月，高祖被迫让位，自称太上皇，李世民当上皇帝，称唐太宗，第二年，改元贞观。

元世祖计退纳颜

元世祖至元二十四年（1287）七月初三，忽必烈率军到辽东的萨尔都噜征讨叛王纳颜。纳颜率其官兵六万人，在元世祖的住地附近摆开了阵势，忽必烈派左丞李庭等人率汉军，采用汉族的兵法与纳颜交战。不久，纳颜的党羽金嘉努和塔布岱也号称拥兵十万，围逼元世祖乘坐的轿车。忽必烈亲自指挥大军将纳颜包围起来。纳颜遂坚固壁垒不出。司农卿特尔格对元世祖说："敌众我寡，当用疑兵计退敌。"于是忽必烈传令张开仪仗用的曲柄伞，自己倚靠着胡床而坐，由司农卿特尔格陪侍进酒。纳颜的同伙塔布岱扎营后暗中侦察元世祖的大营，看到如此情景后不敢贸然挺进。左丞李庭说："纳颜深夜当逃跑。"于是亲率十余人带着火炮，趁黑夜潜入敌阵，发炮攻击。纳颜的官兵果然四散溃逃。忽必烈问李庭："你根据什么知道纳颜的军队将溃逃？"李庭说："纳颜的军队虽然人很多，但无纪律，看到陛下的乘舆在此驻扎下来而不急于交战，必然是怀疑还有大军陆续赶到，所以料定他们将溃逃。"忽必烈于是命令李庭率领汉族军，御史大夫率领蒙古军一起出击。他们追击纳颜到实列门林将其擒获，献给元世祖。接着就将纳颜诛杀了。

朱棣装病起义兵

明太祖朱元璋死后，因继承人皇太子朱标早已亡故，由长孙继位，是为惠帝，改年号建文，亦即建文皇帝。建文年纪虽小，却相当精明，他知道自己的环境，在十多个王叔的威胁之下，地位处于动摇未稳之势，为使皇权免于受控制，在黄子澄等策划下，大刀阔斧地来个削藩运动，把那班老叔父按其危险性程度，流放的流放，杀的杀，逐步把这批对皇朝有威胁的势力肃清，只有宁王和燕王因环境特殊，还未敢遽然下手。

燕王朱棣眼见各位王兄王弟一个个倒了。兔死狐悲，此趋势迟早要轮到自己，与其等死，不如先发制人。他的军师道衍以军备未足，时机尚未成熟，劝他再等机会，因此暂时隐忍，秘密练兵，预备行事。

有一次，燕王照例派亲信葛诚入京奏事，见了建文帝，建文帝有意收买葛诚，便召他进入密室，对他说："如果你能把燕王的活动情况及时报告于我，将来升你为公卿。"葛诚说："食君之禄，担君之忧，臣愿效犬马之劳，此次回去，必密报燕王举动，为陛下做内应。"

葛诚回到燕京后，怂恿燕王入京（南京）见帝，以释嫌疑，此计无非想驱羊虎口。燕王与道衍商议，道衍力主不去，燕王却说："此时我举兵，便当举兵，若不能举兵，不如暂往一回，料他也无奈我何。"因此便毅然进京，果然有人怂恿建文帝将他扣留，但建文帝犹豫，一时又找不到借口，于一个月后，便放燕王返回燕京。

燕王相当精明，他最清楚自己的处境，一回来就诈病，并且病得很厉害，此举无非使朝廷不疑他有变。

建文帝虽放走燕王，却也时刻防备，

并不因他"病重"而松懈。用了一个调虎离山计，以边境防卫为名，把燕王所属的劲旅调了一部分离开北京，派亲信工部侍郎张昺为燕京布政使（行政长官），谢贵为都指挥（城防司令），把文武两权夺了过来。又制造借口把燕王的得力部属于谅、周铎两人杀了，罪名是阴谋叛变。

燕王眼见这种夺权把戏，无非因自己而发，为保全性命起见，便诈癫扮傻，溜出王府，整天在街边游荡，口出狂言，见物就抢，十足一个疯子。有一次，出门几天都没有回来，众人到处寻找，只见他睡在泥淖里，扶起来他还在骂："我好好睡在床上，干吗要抬我出去？"

张昺和谢贵知道此事，便入宫去探病，想看个究竟。这时是暑天，只见燕王穿起皮袄，围炉而坐，还身子发抖，牙关打战，不停地说天气太冷了。

他们认定燕王是真病，防备稍为放松，但葛诚认为燕王根本没病，这是装病扮傻，用意难测，切勿让他瞒过。

张昺于是具报明廷，建文帝便立即采取行动，密令城防副司令张信下手。那张信过去乃燕王的亲信。接到密令，犹豫不决，他的母亲见此情形，问明底细，劝他要饮水思源，不可忘恩负义，他便把事情拖延下去。

建文帝见还没有消息，又再下密旨催张信，张信火了，说："朝廷为何逼人太甚？"乃愤然去见燕王。守门的不准他进去，张信大声说："你们只管去传报，说我张某有要紧事求见！"

燕王召见张信，却仍卧在床上，不说半句话。左右说："殿下正患风疾。"

张信明知其诈，便说："殿下不必这样，有什么事，可对老臣直说无妨。"燕王打量他的神气，并无恶意，才开口说："这场病真惨，已有几个月了。"张信见他仍不肯露真情，心一急，便流起泪来，直接告诉燕王："殿下，事到如今，还不说真话，大祸真的已临头了。"顺手拿出建文帝的手谕来，说："朝廷命我擒拿殿下，如果你有意，就要坦诚相告，让大家想个办法，否则便肉在砧上，宰割由人。"

燕王一见连忙下床，向张信叩谢，急召军师道衍入室，商量救急之计。密议结果，由张信增兵王宫，说是严密监视，实际上是保护燕王的安全，进一步定计要除掉张昺和谢贵这两位朝廷命官。

外弛内张的情势，已到一触即发的地步，张信暗里要保护同党人的安全，即晚下令把燕王的部将全体逮捕，说是有造反嫌疑，要押赴朝廷处决。这一着无非掩人耳目，他又暗中派出精壮士兵，埋伏在东殿两旁，宫门内外，密布便衣警探。第二天，说燕王的病已好了，要召见张昺和谢贵，商议如何把这批阴谋造反的将领押解入朝。

张谢两人虽然不疑，但也有防备，带了很多卫兵前往，到了礼端门，燕王扶杖把他们迎进去，卫队却被拒于门外。宴会行酒间，一片欢乐气氛，左右献进几个西瓜，大家都吃起来，燕王忽像有所感，停食站起来，气愤地说："想起我目前的处境，有吃都难以下咽，就是做老百姓，兄弟叔侄间也应该互相怜恤。我身为皇帝叔父，反而要惶恐度日，今皇帝待我这样，国家还有什么希望呢？"

说完将手上的西瓜往地上一摔。

这原来是个暗号，两旁埋伏的士兵一见，即拥了出来，不由分说就把张昺、谢贵等斩首，再揪出葛诚来，一同处斩示众。随即宣言，起义兵，清君侧，直向南京进军，不久便攻破皇城，建文帝不知所终。燕王抢了帝位，是为明成祖。

严嵩用计斥异己

夏言，字公谨，号桂洲，江西贵溪人，1482 年出生，1517 年中进士，1539 年就任内阁首辅。他的同乡，江西分宜人严嵩，1480 年出生，1505 年中进士，1542 年才进入内阁，当然位在夏言之下。严嵩虽然比夏言早为进士，但地位不如夏言。在这种情况下，严嵩对夏言是毕恭毕敬，"如子之奉严君，唯诺趋承，无复僚友之体。"夏言对严嵩的谦卑毫不设防，不但恣意凌辱，乃至"以门客畜之"。面对夏言的凌辱，严嵩谦恭益甚，曾一而再、再而三地置办酒席，邀请夏言赴宴，甚至亲临夏府，跪读请柬。而夏言却常辞而不见，即便是去赴宴，进酒三勺一汤，取略沾唇而已，然后傲然离去，使严嵩所备山珍海味俱付之乌有。夏言洋洋得意，认为严嵩实在是不如自己，不予怀疑，不存戒心。实际上，严嵩对夏言的傲慢早就耿耿于怀，时刻准备取其位而代之，将他置于死地。

首先夏言因奏疏误写字号，遭到嘉靖皇帝的申斥；其后又因修建太子东宫事再触帝怒；尔后又因拒绝戴嘉靖皇帝所赐道冠而为帝所不喜。在这种处境不妙之际，夏言还不知收敛，尚自孤傲。

到此时，严嵩感到机会到来，一方面迎合嘉靖皇帝的爱好，专以柔媚事主，一方面又广结内援，巴结嘉靖皇帝所喜欢的道士陶仲文，图谋将夏言赶走。夏言素轻严嵩，本不为备，当得知严嵩计谋时，意欲反击，但为时已晚，早被严嵩在嘉靖皇帝面前"顿首雨泣"所中伤，被削夺首辅之职，回到老家江西。

夏言去后，严嵩进入内阁，并且花费不少力气将继任首辅翟銮赶下台去，荣任首辅。一时间，严嵩踌躇满志，专心固宠。孰料夏言回籍，"遇元旦、圣寿，必上表贺，称草土臣"。嘉靖皇帝原本曾对夏言有好感，一时动了恻隐之心，诏令夏言回京复职。

明代的首辅是按入阁先后而定的，夏言原比严嵩早入内阁，此次复职，当然还为首辅。然而夏言并没有接受以前遭严嵩谗害的教训，却急于报复，根本不把严嵩放在眼里。在职务上，夏言是首辅，严嵩是次辅，虽有上下之分，但也有同僚关系。然而夏言直凌严嵩，凡所批答，概不顾及严嵩的面子。在盛气之下，严嵩"嗫不敢吐一语"。按规定，入直阁臣由朝廷供应膳食，夏言则不食宫中之食，家中自备，甚为丰盛。以此丰盛饮食面对严嵩所食供应之饭，夏言"不曾以一匕及嵩也"，凌人之气无所不至。尤其夏言侦知严嵩之子严世藩贪污盐银，收索贿赂，扬言要向皇帝告发。严嵩得知，自觉不妙，亲率其子，贿通夏府门役，直入夏言卧榻之前，父子一齐跪下，哭泣谢罪。夏言见此，不由心软起来，认为他们是屈服于他了，将此事按下来。其实这不是严嵩屈服，而是因此产生更大的仇恨。严嵩这次的计谋，不再是以赶走夏言为目的了，而是酝酿杀机，落井下石。

夏言为人慷慨，以经邦济世为己任。在恢复首辅地位之后，思建立不世之功以自固。适逢总督陕西三边军务曾铣主张收复被俺答汗占领的河套地区，夏言赞同，并征得嘉靖皇帝的同意。严嵩表面上附合夏言，暗地里却构置陷阱，密谋驱逐夏言，争回首辅之权。

嘉靖二十六年腊月，兵部呈递收复河套的方案。恰在此时，北京狂风骤起，阴霾蔽日。这本是北方冬天常见的现象，然而嘉靖皇帝迷信道教，相信占卜。占卜认为这是边境有警之兆。也正在此时，严嵩将本年七月，陕西澄城县麻陂山山崩之事呈上。阴霾之天，山崩之事，这对于正在祈祷长生的嘉靖皇帝来说，是非常懊恼之事。在懊恼之时，询问左右。那左右之人都受到严嵩货贿，按严嵩意思，反对收复河套，并以灾异乃是首辅之过，须免之以应天变为辞，将矛头指向夏言。嘉靖皇帝听信左右之言，反对收复河套之议。

一夜之间，情况全变，夏言毫无准备，一时不知如何处置。严嵩心知其故，连忙上疏，按嘉靖皇帝的意图，向夏言发动进攻。严嵩先将嘉靖皇帝吹捧一番，又言河套之役非上策，最后归罪于夏言。面对攻击，夏言上疏争辩。河套之议是嘉靖皇帝赞许的，夏言反击，不得不涉及嘉靖皇帝。在专制政体下，专制君主是神圣英明的，岂容臣下指出己过！于是以"诈称上意"之名，申斥夏言。严嵩此时又顺从嘉靖皇帝意思，上疏攻击夏言。夏言不堪其恶毒攻击，上疏反驳，并以"乞赠骸骨，归田里"相威胁。孰料嘉靖皇帝并不买账，下诏削夺夏言的少师、太子太师、大学士官职，让他以礼部尚书衔致仕，夏言被第四次罢免官职。

夏言三起三落，对嘉靖皇帝还抱有希望，希图嘉靖皇帝垂怜，恢复其官职。因此放慢回籍的时间，从北京到天津走了一二天。在路上他上万言书，为自己辩白，并指出严嵩等人的险恶用心，以期感化嘉靖皇帝。这种做法，不得不使多次为夏言凌辱的严嵩心惊肉跳。因为一旦喜怒无常的嘉靖皇帝一时心血来潮，将夏言官复原职，其后果将不堪设想。于是，严嵩加紧谋划，欲置夏言于死地。

攻击夏言，莫若河套事件，河套事又离不开曾铣。为此，严嵩鼓动曾铣部下仇鸾诬告，将曾铣打入诏狱，百般罗织，以"隐匿边情，交结近侍官员"的罪名，从重议处，定为死刑，斩于北京西四闹市。一个智勇双全、廉洁公正的大将，在首辅之争，在严嵩的计谋下丧生，时人冤愧。虽然曾铣在后来被昭雪，但饮恨而亡是千古之憾。夏言是在归途上得曾铣死讯的，一听罪名是"交接近侍官员"，当时就从车上掉下来，长叹道："噫，我死矣！"这位争强好胜的才子，到此时才知道自己回天无术了，彻底败给自己最看不上眼的严嵩了。果然，他才到丹阳，锦衣卫官骑赶到，将之打入囚车，押解回京。夏言此时不无感叹的看着路边的白杨树道："白杨，白杨，尔能知我此去不返乎？"

到了京城，罪名已定，夏言上疏辩

白，并不得报。不过朝廷律条有"议能"、"议贵"之条，杀与不杀，嘉靖皇帝尚拿不定主意。夏言一日不死，就有死灰复燃的可能，严嵩对此寝食不安。不过他在首辅的位置，机会总是有的。嘉靖二十七年，俺答汗率众数万抵居庸关，京师震动。严嵩将此说是夏言欲收复河套，俺答汗报复。正好京城又发生地震，迷信道教的嘉靖皇帝，最怕天地有变，再加上严嵩说这是夏言怨望所致，只有杀他以息灾变。1548 年 11 月 1 日，年已六十七岁的夏言，被斩于北京西四闹市。时人叹道：自古圣贤多薄命，奸雄恶少皆封侯。大骂严嵩，并编歌谣云：

可恨严介溪，做事忒心欺，常将冷眼观螃蟹，看你横行能几时？

可笑严介溪，金银如山积，刀锯信手施，常将冷眼观螃蟹，看你横行能几时？

可恨严介溪，作事忒心欺，善恶到头终有报，只争来早与来迟。

不管人们怎么骂，在夏言下野之后，严嵩第二次成为首辅，并且连任十几年，成为嘉靖年间任期最长，影响最大的权臣。虽然严嵩"无他才略，惟一意媚上，窃权罔利。"但他多次使用瞒天过海之计，不露痕迹地来打击异己势力。

康熙用智擒鳌拜

康熙皇帝幼年即位，朝政大权由顾命辅政大臣索尼、苏克萨哈、遏必隆、鳌拜四大臣操纵，其中鳌拜最为跋扈。鳌拜在执掌朝政大权的同时，野心勃勃，多方广织党羽，排除异己。他重私轻公，对于讨好者积极荐举提拔，对于有不同政见或不相好者设法加以陷害，从中央到地方安插了不少心腹。

在鳌拜威势日趋显赫的情况下，他日益骄横，不但对下属百官，乃至对部院大臣也是轻则辱骂，重则治罪；康熙不允，他竟然"攘臂上前，强奏累日"，挥拳捶胸，疾言厉色，根本不把康熙当皇帝看在眼里，所作所为有甚于太上皇。

康熙是具有特殊才能和远大抱负的帝王，虽然这时年轻，备受以鳌拜为首的大臣制约、要挟，但他不会甘心充当傀儡的。尤其是对鳌拜身穿黄袍，席下藏刀，欲加害自己的做法，自然是不能容忍的。当然，针对私党满天下，权力倾朝野的鳌拜，康熙如果与之公开斗争是绝对不行的。这种情况下，康熙只能暂时忍受屈辱，寻机智取，因此他不得不采取瞒天过海之计。

在经常的君臣会面时，康熙对鳌拜总是毕恭毕敬，表现出很谦恭的样子。在鳌拜托病不朝之时，还亲自去鳌拜家里探视，好言慰劳。在这些表面现象的隐蔽下，康熙积极培植自己的势力。为了除掉鳌拜且不让鳌拜觉察，康熙佯装年轻好玩，挑选了一批少年侍卫，在宫中练习布库戏（满语，即摔跤），故意让鳌拜看见，致使鳌拜认为康熙只不过是个"弱而好玩"的孩子。放松了对康熙的戒备之心。康熙还顺着鳌拜弄权的心理，将鳌拜的党羽，以各种名义放派到外地，实则为了减轻宫中鳌拜势力对自己的压力，然后寻找机会治鳌拜于死地。

一天，在鳌拜毫无戒备的情况下，康熙诏鳌拜上朝议事。当鳌拜上朝后，康熙指挥这些少年侍卫将鳌拜擒获，并列举了他的三十大罪状。鳌拜开始十分傲慢，还想教训康熙，但经少年侍卫们几个回合的"训练"，他终于低了头。随后，康熙火速出击，仅用十天时间便将鳌拜党羽驱逐铲除了。

洪秀全排除异己

洪秀全在广西成立"拜上帝会"后，在金田起义。从1850年开始，在东王杨秀清指挥下，一年内占领南京，成立太平天国。洪秀全立为天王，杨秀清封为东王。

洪秀全自称王之后，整天沉溺于宫廷之内，过着宗教生活，而东王杨秀清则进一步把持了全部的军政大权。杨秀清也可称得上一代枭雄，不仅富有谋略，而且野心勃勃，不甘人下。

早在金田起义之前，杨秀清就曾阴谋窃取教权，现在手握军政大权，自然专横跋扈，不仅对同等地位的其他诸王傲慢无理，颐指气使，而且，把洪秀全也不看在眼里，甚至有时当众凌辱，企图取而代之。"拜上帝会"是洪秀全等借助上帝名义以"鬼上身"的伎俩组织起来的宗教迷信组织。杨秀清经常借此捉弄或羞辱洪秀全。比如，杨秀清经常以"鬼上身"法宝，假传上帝意旨，权责王兄洪仁发，并公开要洪秀全下跪，来接受上帝惩罚。有一次，杨秀清以天父附体假借天父之口问："秀全，你有过错，你知否？"由于他们所设立的宗教组织的信仰和形式，洪秀全只好惟命是从，即使心怀怨恨也不得不回答："小子知错，

求天父开恩赦宥。"尽管天王求饶，东王杨秀清也不放过机会，而是以天父的名义来惩罚和羞辱洪秀全："你既知道，即杖打四十。"北王韦昌辉等，均为天王求宥，并愿为天王代受惩罚，杨秀清并不罢休，而且还要借题发挥继续训斥洪秀全，直至天王屈服"小子遵旨，俯伏受杖"才罢了手。通过这次事件以后，满朝文武被杨秀清的淫威所震慑，皆敢怒而不敢言，洪秀全也忍辱度日。

当时，太平军在军事上节节胜利，尤其是在杨秀清亲自督战下的中央军，击破了在周围围困太平军长达三年之久的清军大营，逼使主帅钦差大臣向荣在战败后上吊自杀。东王的声势由此更大，同时也更坚定了他篡夺王位的信心。

首先，东王杨秀清为清除障碍先用调虎离山之计，将诸王调离南京：翼王石达开回湖北督战；燕王秦日纲去丹阳扫荡清军残余张国梁；北王韦昌辉到江西。

七月初，杨秀清又故伎重演，假传圣旨，令天王洪秀全亲自到他的王府，诡称天父下凡，逼迫洪秀全："你与东王俱为我子，东王又有这样大的功劳，何只称九千岁？"天王只好跪答："东王打江山，亦当是万岁。"杨秀清假天父之名，进一步逼问："东世子（东王之子），岂只是千岁？"天王没有办法，只好应称："东王即万岁，世子亦便是万岁，且世代万岁。"此时，附东王之体的天父异常高兴："或回天矣！"面对这种情况，洪秀全明知是计，但慑于东王的势力，不得不答应他的要求，便定于8月25日东王生日这一天正式封典。

按照天朝体制，惟有天王是至尊的，称呼万岁。在天王之下设五王：东王、西王、南王、北王和冀王，尊称上依次减一千岁，北王韦昌辉为六千岁，翼王石达开为五千岁。东王本九千岁，现在东王要求封为万岁，与天王齐尊，其目的就是要与洪秀全齐掌天下。但由于大权旁落，受制于人，洪秀全只有应允，徐图对策。

虽然已定于8月25日封典，但杨秀清害怕在这一个多月的时间内生出变故，便决定提前发难，逼天王让位，独享天下，如果天王不肯让位就杀而代之。并选定了登基大典的日子——8月25日。由于天王登基是在寿辰时，杨秀清也选中了这个日子。千虑而有一失，正在他秘密策划和进行时，作为他的同谋之一的胡以晃却向天王告密，将他的阴谋和盘托出，并发誓效忠天王，诛奸卫主。

在生死关头，洪秀全不可能俯首听命，束手待毙。既然清楚了目前的处境，只能与之搏斗。但他也明白自己不具备与东王抗衡的实力，只能不露声色，秘密下诏，派自己的亲信飞召韦昌辉、石达开、秦日纲三人迅速统兵回朝救驾。

在丹阳驻守的秦日纲因离南京最近，率先到达南京，但由于实力与杨秀清相差甚远，未敢轻举妄动。等到8月3日，北王韦昌辉才率兵船二十艘及精兵三千从江西赶到南京，为防杨秀清发觉，在深夜秘密进城。韦昌辉来到南京马上入宫拜见天王，并立即部署兵力，扼守全城要害和通往东王府的街道。然后亲自率兵以迅雷不及掩耳之势闯入东王府，秦日纲亲手刺死了杨秀清，粉碎了东王篡位的阴谋。

然而，一波未平一波又起。杨秀清被刺死以后，韦昌辉被胜利冲昏了头脑大肆杀戮。府内所有人等，除东王第五幼子之外无一幸免。府外的围兵，在听到府内得手的信号后也同时发难，乱杀东王党羽及将士，全城喊杀连声、炮弹轰鸣，一片混乱，乱伤无数。照天王洪秀全的想法，只要杀掉东王杨秀清兄弟二人，除了心头之患，也就达到了目的。但是，韦昌辉因对杨秀清等早有芥蒂，含有积怨，便趁此大开杀戒，结果株连遇害的有三万余众。洪秀全虽明白此事太过，但他却未想到韦昌辉也早有谋位的想法，这次大动干戈，也是为他以后掌权铺平道路——铲除异己，消除障碍。

石达开在事变发生十天以后才赶到南京，此时，整个南京已被韦昌辉、秦日纲所控制。见过天王以后，对韦秦大肆杀戮很是不满。所以见到韦昌辉、秦日纲后就责问："东王罪固当诛，其部下何罪？如此自残手足，倘敌军知之，乘我之危，将何以抵御？"石达开本从大局为天国的安危着想，韦昌辉却认为石达开偏袒东王，就厉声回答说："你是同情东王，要杀我来报仇吗？"石达开见此时的韦昌辉根本听不进别人的劝告，便忿忿地走了。石达开想到韦昌辉平素为人凶狠，做事不择手段，恐怕加害自己，凭实力不能与他较量，所以不敢久留，连家门也没进就带几名亲信，趁夜出城，返回自己的防地安徽。

果然没出石达开所料，就在当夜，韦昌辉就率兵包围翼王府，将石达开全家老小，一个不留，统统杀死。

石达开得知全家被韦昌辉杀害的消息以后，悲愤填膺，发誓一定要报这一不共戴天之仇。便命令各省所属队伍，集中于芜湖一带，准备回师讨伐韦昌辉，并要求天王将韦、秦二人以正法典。

韦昌辉见石达开调集部队，有回师进攻的企图，便先发制人，立即派秦日纲率兵1万多人向西击进，准备消灭石达开及所属部队。秦日纲自量不是石达开的对手，只作守势犹豫观望，驻足不前。

天王自此已经看清，韦昌辉包藏祸心，并不亚于东王杨秀清，便责问他："你不听石达开劝告也罢了，因何要杀他全家？岂不太过绝情寡义？"韦昌辉根本不服，以为天王袒护石达开，共谋图己，便愤愤不平，并决定"一不做，二不休"，起了斩草除根，把天王也一起干掉，由自己独享太平天下之意。遂率兵围攻天王宫。

既然天王已经看出了北王的不轨之心，哪能不做准备？天王宫早有戒备，不仅在宫内加强了守卫，而且已经密诏城外的义军及东王余党入城救驾。韦昌辉率兵攻打天王宫，屡攻不下，天王救兵又到，这时，韦昌辉的同党秦日纲又率兵一万去应付石达开。在内外夹击下，韦昌辉势孤力薄，仅支持两天，便束手就擒。

天王将韦昌辉与家族及余党二百余人尽数杀死。又诏回秦日纲处死。

清除北王韦昌辉以后，天王召翼王石达开回京主政。石达开文武双才，深得满朝文武及军民的热烈拥戴。他本是一位旷世英雄，回京后，就迅速收拾了残局，重新建立了比以前更为优化的领导核心。天王也当他左膀右臂，推心置腹，甚是倚重。然而却为王亲洪仁法、洪仁达所忌，必除之而后快。他们谗奏天王说："授人以柄，恐为杨、韦之继，终非王朝之福。"洪秀全志大才疏、优柔寡断，本非高瞻远瞩、英明果断的创业之主，闻听此言后，渐生戒惧之心，对翼王宠信日减。

年方二十六岁的石达开对此"三日以前温又暖，三日以后冷如冰"的遭逢，前思后虑，为免遭毒手，便自领一军离京别辟战场。

俄舰队巧胜土军

1853年，南欧爆发了克里米亚战争。由于利益所在，英、法、埃及等国联合土耳其向俄国开战，进攻高加索。11月中旬，联军海军主力从黑海撤回博斯普鲁斯海峡，留下土耳其海军元帅奥斯曼统率的混合舰队运送粮食、弹药前往高加索西海岸的巴统。途中，土耳其舰队遭到俄舰堵截，不得已只好退入锡诺普湾暂避，等待联军援救。

11月30日早晨，锡诺普湾被大雾所笼罩。为防敌军偷袭，奥斯曼命令舰队尽量靠近海岸锚泊，以便能得到海岸上的炮火掩护。他特别让装载弹药、粮食的运输船呆在内侧、火力较强的巡航舰在外侧警戒。到了中午，轻风吹散了迷雾，忽见6艘战列舰和两艘巡航舰张着满帆驶近港口，成"八"字形抛锚在土耳其舰队外侧。8艘舰艇上都悬挂着英国"米"字国旗。奥斯曼见是友军英国的舰只，大喜过望，以为援军终于来了，一颗悬着的心放了下来。

12时30分，8艘英国军舰突然一齐转身，同时将黑森森的炮口对准土舰队。瞬时间，"米"字旗落下，白"十"字的俄国旗迅速升起。土军大惊失色，奥斯曼急令土军准备开战，但为时已晚。

土耳其16艘舰上共有510门小口径炮，他们的炮手还没有到位，俄国舰队的720门大、中口径轰击炮就打响了。刹那间，浓烟四起，炮声震天。俄舰队凭借舰体三层护甲和火力优势，借助顺风、背光的有利阵位向土舰发起猛烈攻击。几分钟后，措手不及的木结构的土舰大部起火，两艘弹药船中弹爆炸。海面上火光冲天，碎木横飞，尸体漂浮。这时岸上的38座土耳其炮台赶忙开火救应，但俄舰迅速驶入土炮射击死角。土炮打不着俄舰，加上海面硝烟迷漫，视野不清，许多炮弹还打到自家军舰身上。奥斯曼见大势已去，下令断锚突围。不久舰沉人伤，被俄军俘虏。一时未被击中的土舰官兵舍死反击，但很快被全部歼灭。

希特勒空喊"和平"

第二次世界大战之初，希特勒为了麻痹英美等国，迷惑人民，一再散布"和平"论调。在"和平"的幌子下加紧完成备战，在对付"东方布尔什维克的威胁"的招牌下，突然间宣布对西方国家作战。

希特勒在他上台之初就对纳粹党徒说过："凡尔赛体系各强国的经济势力如此强大，我开始时不能与之抗衡"，必须"借布尔什维克主义的幻影，以遏制凡尔赛体系的势力"，"这是度过紧急时期，消灭凡尔赛体系与重整军备的惟一办法。我口头上可以讲讲和平，我内心却想着战争。"1933年2月1日，他上台后的第二天，就宣称德国"新国民政府"决心"协力维持和加强人类目前最急迫需要的和平"。5月16日，美国总统罗斯福向44国首脑发出了呼吁"和平"的信件，希特勒第二天就发表演说，表示"积极响应"，而且他的调子比罗斯福还要动听。他诅咒战争"是疯狂透顶的事"，表白德国与西方列强"没有任何原则的、生死攸关的或重要的纷争"，要实行"和平合作"。并且扬言"愿意放弃一切进攻性武器"。在高唱"和平"的同时，他声称"德国对俄国的武装感到非常不安"，因此要求在军备方面与英美等国"享有平等的权利"。

1935年，当德国大规模扩军备战的事实暴露出来后，希特勒又赶忙向当时访德的英国外交大臣西蒙解释说：德国之所以重整军备，完全是为了对付"苏联的威胁"。1938年希特勒看到英法对他侵吞捷克的要求步步退让，认为英法已经"心照不宣地遗弃了捷克人"。于是进一步施展麻痹英法，转移人们视线的假象。声称捷克斯洛伐克"背后的是莫斯科"，言外之意，德国的一切军事活动都是针对苏联的。慕尼黑协定签字后，德国还同英法分别签署了"互不侵犯"宣言。1939年6—7月间英德双方又进行了缔结互不侵犯条约的秘密谈判。

希特勒搞的这一切"和平"阴谋，

使西方一些国家心醉神迷。英、美、法等国都逐渐丧失了对德国的警惕。罗斯福曾对希特勒表示接受他的"和平"建议感到欢欣鼓舞。英国报刊也认为希特勒的姿态"使惶惶不安的西方有了新的希望"。当希特勒大肆扩军备战时，许多西方国家首脑都以为他是针对苏联而采取的行动。

希特勒的"和平"口号，实际是掩盖与美英法等国争夺霸权，加紧战争准备的一种假象。在这一假象掩盖下，德国军事力量迅速膨胀，并完成了进攻作战的各种准备。1939年8月22日，英德缔结互不侵犯条约的秘密谈判刚刚结束，"和平"声波还未消失，希特勒就召开了法西斯军事首脑会议，公然宣布"摧毁英国霸主地位的行动已经开始了"，"每一个人都必须认清我们已经下定决心，从一开始就同西方国家作战"。希特勒的这一战争举动，突如其来，使英、美、法西方各国措手不及，一开始就陷于被动。这一战争举动正是在一派假象的掩盖下，突然出现的。

德军冒险渡海峡

1941年底，希特勒想把驻泊在法国布雷斯特港的一批战舰转移到挪威海面。这批战舰包括两艘战列舰，一艘重巡洋舰，以及许多驱逐舰，航行目标极大。从法国布雷斯特到挪威海需要冲过英吉利海峡北上。英吉利海峡是当时英国空军、海军等诸多兵种层层封锁的地段，早已在英军监视之下。德军大批编队舰想要通过英军严密监视和封锁的英吉利海峡，实在是十分危险的军事行动。但是，封锁最严密的地方往往又是最为人们忽视的地方。希特勒再三考虑，决定其舰队编队通过英吉利海峡，以求出其不意地完成兵力机动和转移。选择的时间是：夜晚启航，白天通过海峡最关键、最危险地段——多佛尔和加来之间。一支浩浩荡荡的水面舰艇编队，要想瞒过英国人的眼睛是极不可能的，问题的关键是在人们认为极为不可能的情况下设法瞒过英国人的大脑，在其意料不及的情况下突然出现，眼睁睁地来不及采取有效行动即安然脱身。此举能否成功，就在于使敌意料不及、反应不及。为此，希特勒采取了许多瞒天过海的措施。

1942年2月11日晚20时，德军舰艇编队按计划悄悄驶离布雷斯特港。接着德军第一批夜间战斗机在黑暗中起飞，以协同舰队，防止不测。为了不让英国雷达站发现目标，德国飞机在很低的高度上飞行，水面航行的舰队与飞机的所有无线电器材一律保持静默。一夜航行平安无事，舰队驶过了海峡的一大半航程。

第二天上午11时，一架英国战斗机发现了德军舰艇编队。这时，如果英国空军和海军能够快速反应，迅速采取行动的话，完全可以给德军以沉重打击，甚至挽回被动局面。可是，当英国飞行员将获取的情报送达英军统帅部时，那里的指挥官们不以为然，都对情报深表怀疑，不相信在大白天内，又在自己的眼皮底下会有德军如此浩荡的舰队。都不相信德国人会如此大胆地通过自己严密封锁的海峡。因此，接到情报后，英国人仍然按兵不动。德军抓住这个时机，在光天化日之下越发全力行驶。12 时 05 分，德军闯入海峡最窄、最危险地段时，英国另一架侦察机又发现了这一情况。可是，这一情报仍没引起英国指挥官们的重视，他们还是蒙在鼓里，满腹疑惑，这样又拖延了一个多小时。而这一个多小时，恰恰是德军摆脱最危险的时候。直到 13 时 34 分，才有英军 6 架鱼雷机和 10 架战斗机向德军发起阻击，结果被德国担负警戒的飞机挫败。后来，虽然英军海、空部队多次发起拦击，但为时已晚，又加仓促上阵，准备不周，战果甚微。13 日，德国舰队终于摆脱了险境，安全抵达目的地，惊险地完成了预定的兵力转移任务。德军的成功，正是采用瞒天过海之计的成功。

苏军反攻胜德军

1943 年 1 月，苏联红军彻底击败了围攻斯大林格勒的德国部队，取得了斯大林格勒战役的伟大胜利。希特勒为了扭转战争败局，在国内实行了总动员，于 1943 年四五月份在苏联的库尔斯克地区展开了所谓"夏季攻势"，企图一举打垮苏军，夺回失去的战略主动权。

苏军在德军进犯的方向上，布置了大量部队和武器装备，挖掘堑壕，构筑阵地，埋设地雷，建起难以突破的防线。苏德双方的步兵、坦克兵、装甲兵、炮兵、航空兵经过反复激烈的鏖战，到了 8 月份，德军的进攻已被扼制住，苏军掌握了战争主动权，转入全面反击。

1943 年 8 月初，苏军决定发动别尔哥罗德—哈尔科夫战役，计划以重兵向别尔哥罗德—哈尔科夫一带的 30 万德军发起总攻，将其分割、包围、歼灭。

战前，苏军详尽周密地制定了用兵方略。苏军决定，在进攻中最大限度地迷惑敌人，使敌人不能确知苏军的主攻地点、方向。为此，苏军经过精密准备，在主力部队右翼，投入了 1 个步兵师、1 个工兵营和 1 个伪装连，动用了 18 辆载重汽车、8 辆坦克、3 架侦察机、1 列铁路列车和 7 部无线电台，并赶制了 450 个坦克和自行火炮模型、500 个火炮模型投入使用。这些真真假假的部队和武器，伪装成一支极其逼真的庞大的机械化兵团。这支庞大的机械化兵团白天大张旗鼓地沿公路铁路向前方运动，黑夜又悄悄地返回原处。这样日复一日，给德军的印象是，苏军正源源不断地向德军拒守的苏梅方向运动。德军在空中进行了摄影，又派轰炸机群轰炸了苏军假造的卸载地域和集结地域，并在苏梅地区部署了大批兵力。而苏军却乘机在另一处战线向德军发动了大规模进攻。

1944 年 8 月，法西斯德国陷入困境，苏联最高统帅部计划不失时机地在雅西和基什尼奥夫地域实施一次大规模战略性进攻战役，以粉碎这一地区的法西斯军队，解放沦入敌手的摩尔达维亚苏维埃社会主义加盟共和国，迫使罗马尼亚退出与法西斯结盟的战争。

为了隐蔽进攻的真实意图和准备工作，使敌人弄不清苏军突击集团的真正集结地域，苏联军队参加作战的各方面军都采取措施和计谋，欺骗、迷惑德军。苏军投入力量，模拟了坦克和火炮的集结、军队的调动、突破的准备等，并用重炮破坏了预备发射工事。乌克兰第三方面军则将在基茨坎登陆场的突击集团严密隐蔽起来，而在基什尼奥夫方向建立了假的军队集团。为了使伪装更加生动逼真，使德军深信不疑，乌克兰第三方面军还在基什尼奥夫方向的假集结地域内突击构筑了5305个各种形式的掩体和104个仓库，安放了514个坦克、火炮、自行火炮、迫击炮和汽车模型。更为绝妙的是，苏军还在该地域内派高炮部队和航空兵部队进行掩护。结果，法西斯德军统帅部和"南乌克兰"集团军司令部上了当，完全错误地判断了苏军实施突击的时间和地点。欺骗工作获得巨大成功。一直到苏军已全面发动进攻的头3天，德军还深信不疑地认为苏军的主攻地点是基什尼奥夫，而对实际上苏军的主攻地宾杰里以南的战斗不予重视。十几万大军整装待命，等候着基什尼奥夫方向苏军的突击。

"兵不厌诈"，这是军家常用之语。"诈"是用兵的重要方法。高超的军事指挥员必须随时采用各种手段，迷惑、诱骗敌军，使敌军搞不清我方的真实目的与计划、方略，对我军的行动地点、时间、目标、步骤得出错误的判断，从而完全陷入被动境地。

长城饭店巧扬名

1983年，中国第一家五星级宾馆，也是第一家中美合资的宾馆——北京长城饭店正式开张营业。开业伊始，面临的首要问题就是如何招徕顾客。按照通常的做法，应该在中外报刊、电台、电视台做广告等。这笔费用是十分昂贵的，国内电视广告每30秒需数千元，每天需插播几次，一个月最少需要几十万元。但由于北京长城饭店的基本客户来自香港、澳门及海外各国，这就需要海外的宣传，而香港电视台每30秒钟的广告费最少是3.8万港元，若按内地方式插播，每个月需几百万元人民币。至于外国的广告费，一个月下来更是个天文数字了。一开始，北京长城饭店也曾在美国的几家报纸上登过几次广告，后来因为经费不足，收效又不佳，只得停止广告攻势。

广告攻势虽然停止了，北京长城饭店宣传自己的公关活动却没有停止，他们只不过是改变了策略。

北京市为了缓解八达岭长城过于拥挤之苦，整修了慕田峪长城。当慕田峪长城刚刚修复、准备开放之际，北京长城饭店不失时机地向慕田峪长城管理处提出由他们来举办一次招待外国记者的活动，一切费用都由北京长城饭店负担。双方很快便达成了协议。在招待外国记者的活动中，有一项内容是请他们浏览整修一新的慕田峪长城，目的当然是想借他们之口向国外宣传新开辟的慕田峪长城。这一天，北京长城饭店特意在慕田峪长城脚下准备了一批小毛驴。毛驴是中国古代传统的代步工具，既能骑，也能驮东西。如果长城、毛驴被这些外国记者传到国外，更能增加中国这一东方文明古国的神秘感。这次北京长城饭店准备的毛驴，除了一批供愿意骑的记者外，大部分是用来驮饮料和食品。当外国记者们陆续来到山顶之际，主人们从毛驴背上取下法国香槟酒，在长城上打开，供记者们饮用。长城、毛驴、香槟、洋人，记者们觉得这个镜头对比太鲜明了，连连叫好，纷纷举起了照相机。照片发回各国之后，编辑们也甚为动心。于是，第二天世界各地的报纸几乎都刊登了慕田峪长城的照片。北京这家以长城命名的饭店名声也随之大振。

通过这次活动，北京长城饭店的公关经理、一位当过记者的美国小姐，尝到了通过编辑、记者的笔头、镜头，把长城饭店介绍给世界各国，不仅效果远远超过广告，而且还可少花钱的甜头。于是，精明的公关小姐心中盘算起举办一次更大规模的公关活动。

机会终于来了。1984年4月26日到5月1日，美国总统里根将访问中国。北京长城饭店立即着手了解里根访华的日程安排和随行人员。当得知随行来访的有一个500多人的新闻代表团，其中包括美国的三大电视广播公司和各通讯社及著名的报刊之后，北京长城饭店的这位公关经理真是喜出望外，她决定把早已酝酿的计谋有步骤地付诸实施。

首先，争取把500多人的新闻代表团请进饭店。他们三番五次免费邀请美国驻华使馆的工作人员来长城饭店参加品尝，在宴会上由饭店的总经理征求使馆对服务质量的意见，并多次上门求教。在这之后，他们以美国投资的一流饭店，应该接待美国的一流新闻代表团为理由，提出接待随同里根的新闻代表团的要求，经双方磋商，长城饭店如愿以偿地获得接待美国新闻代表团的任务。

其次，在优惠的服务中实现潜在动机，长城饭店对代表团的所有要求都给予满足。为了使代表团各新闻机构能够及时把稿件发回国内，长城饭店主动在楼顶上架起了扇形天线，并把客房的高级套房布置成便利发稿的工作间。对美国的三大电视广播公司，更是给予特殊的照顾。将富有中国园林特色的"艺亭苑"茶园的六角亭介绍给CBS公司、将中西合璧的顶楼酒吧"凌霄阁"介绍给NBC公司、将古朴典雅的露天花园介绍给ABC公司，分别当成他们播放电视新闻的背景。这样一来，长城饭店的精华部分，尽收西方各国公众的眼底。为了使收看、收听电视、广播的公众能记住长城饭店这一名字，饭店的总经理提出，如果各电视广播公司只要在播映时说上一句"我是在北京长城饭店向观众讲话"，一切费用都可以优惠。富有经济头脑的美国各电视广播公司自然愿意接受这个条件，暂当代言人、做免费的广告，把长城饭店的名字传向世界。

有了这两步成功的经验，长城饭店又把目标对准了高规格的里根总统的答谢宴会，要争取到这样高规格的答谢宴会是有相当大难度的，因为以往像这样的宴会，都要在人民大会堂或美国大使馆举行，移到其他地方尚无先例。他们决定用事实来说话。于是，长城饭店在向中美两国礼宾司的首脑及有关执行部门的工作人员详细介绍情况、赠送资料的同时，把重点放在了邀请各方首脑及各级负责人到饭店参观考察上，让他们亲眼看一看长城饭店的设施、店容店貌、酒菜质量和服务水平，不仅在中国，即使是在世界上也是一流的。到场的中美官员被事实说服了，当即拍板，还争取到了里根总统的同意。

获得承办权之后，饭店经理立即与中外各大新闻机构联系，邀请他们到饭店租用场地，实况转播美国总统的答谢宴会，收费可以优惠，但条件当然是：在转播时要提到长城饭店。

答谢宴会举行的那一天，中美首脑、外国驻华使节、中外记者云集长城饭店。电视上在出现长城饭店宴会厅豪华的场面时，各国电视台记者和美国三大电视广播公司的节目主持人异口同声地说："现在我们是在中国北京的长城饭店转播里根总统访华的最后一项活动——答谢宴会……"在频频的举杯中，长城饭店的名字一次又一次地通过电波飞向了世界各地，长城饭店的风姿一次又一次地跃入各国公众的眼帘。里根总统的夫人南希后来给长城饭店写信说："感谢你们周到的服务，使我和我的丈夫在这里度过了一个愉快的夜晚。"

通过这一成功的公关活动，北京长城饭店的名声大振。各国访问者、旅游者、经商者慕名而来；美国的珠宝号游艇来签合同了；美国的林德布来德旅游公司来签订合同了；几家外国航空公司也来签合同了。后来，有38个国家的首脑率代表团访问中国时，都在长城饭店举行了答谢宴会，以显示自己像里根总统一样对这次访华的重视和成功的表示。从此，北京长城饭店的名字传了出去。

福特汽车巧行销

1908年3月18日由亨利·福特和柯冉斯亲自策划的福特T型销售计划，是采取秘密拟定的方式进行的。

福特不声不响的印发了T型车的商品目录，T型车的照片也被印在上面，然后秘密地将这些目录散发给福特汽车公司的主要经销商，经销商们收到福特邮寄来的信封有些莫名其妙，等拆开信封，仔细看过里面的商品目录、说明书和价格表之后，才醒悟过来，都赞同这是个难得的奇妙的构思。

商品目录上的T型车较之尚未售完的R型车和S型车，是介于有篷车和敞篷车之间的一种造型，款式更新颖。

根据商品目录上的销售宣传，T型车有如下几个显著特征：一是使用了软质坚固的钒钢合金材料制造；二是4个汽缸都在由两个半椭圆形的钢板支撑着的同一个铸模内，发动机体积较小；三是变速器全部隐蔽在车体内，不像以前那样露在外面；四是方向盘设计安装在左边，与欧洲车方向盘的位置相反。

难以置信的是，福特给经销商们的定价竟然只有825美元。

"等一等！就决定买这种车了！但是要等到把R型车和S型车的库存扫光为止，否则推出这种车是会破产的！"

当福特得知经销商们的兴奋之情时，毫不犹豫地作出断然决定，立刻选定了推出新车的发售日期。

10月1日（星期五），亨利·福特断然拉开了一场新车宣传战的帷幕，这出其不意的一举着实令世人震惊，这是史无前例的创举。

先不说报纸、杂志上那些大篇幅的目不暇接的宣传，仅以邮寄广告方式，在全美展开的声势浩大、规格空前的宣传活动，就连席亚斯和鲁巴克也自叹不如、甘拜下风。亨利·福特并不满足于以邮寄广告的方式所获得的效果，他还通过电报和电话的方式，直接迅速地告知消费者。

亨利·福特抓住一切机会进行宣传，在同年春天即将创刊的《福特时间》这一杂志上，福特同时作了宣传，在杂志中，福特的广告写道："自从T型车发售以来，凡是购买T型车的顾客均可以享受邮资免费的优待。"这本杂志相当畅销，到了1910年，这本杂志相继用法文、西班牙文、葡萄牙文、俄文等几种文字大量发行，到了1916年，其发行量已达60万份。

T型车为福特带来了高额利润。仅一年的时间，销售量已达6000部，创下了历史最高纪录，所获得净利润比过去5年的总销售额还高出200万美元以上，尽管为了T型车投入了巨额宣传费用，但将其减除掉，剩余量仍是相当可观的。毋庸置疑，这一盛举为亨利·福特写下了一生中灿烂夺目的一页。

次日清晨，也就是10月2日，1000多封邮寄的汽车订单被送到福特公司，隔周的星期一，所收到的订单更是多不胜数，销售部的工作人员几乎力不能支了。

截至1909年3月31日，也就是T型车销售后的第6个月，共计有2500辆车被售出，之后，亨利·福特立即下达命令，改变T型车的颜色和外型。

车的颜色一改过去单调的黑色，根据车的用途将颜色分为三种：充满活力的红色的旅行车、朴实实用的灰色的一般大众代步车和气派高雅的绿色的豪华车。

在车子面前锃亮的散热器上，镶嵌着一个经过注册的"福特"的商标，这个商标煞是醒目，在半英里（约800公尺）外就能清楚地看到，同时，它还产生了相当美观的效果，因此，颇受用户青睐。

好广告要发挥理想效力必须依赖于恰当的时机。厂庆活动往往是企业宣传企业产品、树立企业形象的好机会，也自然成为广告的良机。

企业发展过程中一个个里程碑似的纪念日，是值得庆祝的，厂庆活动可增强企业内部职工的荣誉感、责任心，更可以借机向社会传递许多企业信息，某些主要信息还可以随着年年的庆祝活动产生延续性，为企业树立巩固的市场地位。因此，许多企业纷纷用细致周密、形式多样的厂庆活动来充分利用这个时机。福特公司就曾精心开展了这创建75周年的庆祝活动。

公司专门成立了指挥机构，指定由12个人组成的工作班子在4年前就开始准备。每个人负责一个具体项目，如新闻媒介、广告、公关活动、视听与出版等。在福特世界总部举办"福特世界的旗帜"展览；印刷福特年历广告，拍摄电影，举行特别午餐等等，花费达500万美元。

另外还有一些不需要增加开支的活动，包括公司的所有印刷品、电视广告以及宣传资料中都使用75周年庆祝标记；将正在研制中心设计制造的几台先进型号的车辆用作厂庆展览车，一年一度的股东会议和年度报告则以厂庆为主题等。所有这些都对公众产生了很大的影响。

厂庆宗旨被定为：以福特人为荣，以福特产品为荣。通过厂庆提醒人们，福特在个人交通和经济发展方面长期以来所作的贡献，在公司所在社区提高公司形象。

公司表扬管理人员、职工、汽车商的忠诚，提高他们的自豪感。

公司最大程度地加强公众对福特公司历史上重大事件与重大成就的认识，显示其目前的实力与发展前景。

为此，福特主要依靠新闻媒介向世界尽可能多地发布厂庆消息。在庆祝期间，每个月至少发布一次新闻消息，每隔2个星期便有5套新闻资料袋寄给四五百家主要新闻媒介代表。

这些资料被全国有关媒介广泛采用，制作成录音、录像带，特别是拍了一部28分钟名为《福特世界》的电影，配了十几种语言，在世界各国放映。

福特没忘发动各汽车商、供应商乃至全国顾客的参与。在纽约，市长与福特的高级职员共同切开巨大的庆祝蛋糕；在乔治亚，一辆914牌号的福特车和公众见面；在明尼苏达，和1930年建立的分公司联系起来，双重庆祝；在许多社区，为政府及商界领袖举行午餐聚会，并在聚会前安排车队游行。这些活动吸引了大量顾客，利润达到了前所未有的突破。

瞒天过海抢市场

日本精工与卡西欧两家公司，曾是手表制造业的竞争对手。精工公司发现瑞士人发明并研制了石英电子表以后，预测到在未来的一段时间内，市场将大量需求这种物美价廉的手表。便以仿造瑞士表为主，推陈出新，很快占据了国际市场，卡西欧公司在这一竞争中成了败将。然而，卡西欧公司并不气馁，经过分析，卡西欧公司老板认为尾随精工之后，难以与之争胜，必须另谋出路。一方面便装作若无其事的样子，并放出风去，说准备转产；另一方面却在暗中以石英晶体为震荡器的显示技术为目标，大力进行研制，经过反复实验，终于开发了精确度更高、造价更低的石英电子手表。使得精工公司不得不采取新的策略，以迎接卡西欧公司的挑战。

此后，卡西欧公司又以石英震荡器为中心，开发出了一系列新的电子产品，除电子手表之外，还大量生产收录机、电子钟、文字处理机、计时器和电视机等，公司效益日益提高。

这一例中，卡西欧公司在与精工公司竞争中处于劣势，所以公司领导层故意放风说要转产，实则是为了掩盖其研制廉价电子表的目的，从而在竞争对手没有注意的情况下，占领手表市场，成为精工公司的劲敌。

用假情报胜对手

近几年来，美国环球航空公司在服务方面狠下功夫，增设了电话订票、特价优惠等服务项目，在广大消费者心中树立起良好的形象和声誉，颇受旅客的欢迎。环球公司的繁荣势头，引起了太平洋航空公司的关注。

太平洋公司为打探对方的底细，便派出间谍帕克前往环球公司。帕克经常乔装成旅客，前往环球公司搜集情报。

环球公司每周统计一次载客人数，并在候机楼的大厅里公布出来。帕克对这些统计数字尤其感兴趣。经过一段时间的侦察，帕克没发现什么异常情况。因为，近两年来环球公司的生意较为平稳。以最近一个月为例，第一周载客量1万，第二周为1.1万人，第三周为0.9万人，第四周为1.2万人。

帕克的情报，给太平洋公司吃了一颗定心丸。以为环球航空公司在近期内不会对自己构成威胁。那些所谓的推广"优质服务"的措施，只不过是糊弄旅客的一种手段。

然而两年后，环球公司每周的乘客人数突然达到3万左右。太平洋公司得到帕克的报告，大为吃惊，立即召开董事会，紧急商讨对策。经过激烈的争论，董事会终于作出决定：公司所有机票降低10%。就在太平洋公司公布决定第二天，环球公司宣布减价15%。

太平洋公司气急败坏，为打倒对手，于是又宣布降价25%。环球公司也毫不示弱，立即宣布降价35%，并宣称，凡电话订购环球公司机票的旅客，电话费一律由该公司支付。

几经压价，太平洋公司元气大伤。但是在这种优胜劣汰的竞争中再没有第二条路。太平洋公司只好硬着头皮与对手血战到底，于是宣布了同样的决定。

一年后，太平洋公司终因飞机陈旧、安全系数小、服务质量落后等原因，无力支撑下去，而宣布破产。

其实，环球公司两年中提供的情报数据全是假的。当每周乘客人数达2万多，环球公司却显示为1万左右。两年来，环球公司使对手放松警惕，悄悄地积蓄实力。两年后，环球公司羽毛丰满，实力雄厚，已有能力与对手正面硬拼。于是，突然显示乘客人数已达3万人，以此引蛇出洞。果然，太平洋公司针对收到的情报，被迫"应战"。其实，此时的环球公司每周乘客数仅2万左右。环球公司从容地将对手打垮。环球公司在这里运用的就是"瞒天过海"之计，一开始制造假象，使太平洋公司放松警惕的时候，突然出击，一举打败对手。

儒商钻空登王位

香港景泰蓝大王陈玉书有"儒商"立称，他在功成名就之后，感慨万端，笔走龙蛇，写出自传《商旅生涯不是梦》，风靡了内地。因为他是一位印尼归国华侨，1964年毕业于北京师范学院历史系，后来在北京一所中学教书，1972年开始迁入香港，成就了一番事业。

陈氏真正发达，是做景泰蓝生意。平常除了卖景泰蓝工艺品，还把景泰蓝工艺运用在打火机、钢笔、手表、灯罩等日用品及常见礼品的制作上，生意时好时坏，仅能度日而已。突然在北京的好友，传来一个惊人的消息：北京景泰蓝，准备削价大清仓！深知大陆计划经济"一刀切"、"一窝蜂"习惯的陈玉书感到机会来了。因为惟有在上级指示"一刀切"的时候，北京工艺品公司才有

"跳楼货"抛出，血本牺牲也在所不惜。若在平时，想打它个七折八折的，磨破嘴皮也难。他马上直飞北京了解实际情况，发现按批发价足足有1000万元的货物囤在仓库里。摸清底牌后，陈玉书大喜过望，但他不露声色地进入了谈判。他问北京工艺品公司的负责人："如果我买100万货物，可以几折卖给我？"对方回答："八折。""500万呢？""七折。""全买呢？""六折。""付现金买呢？""可以对折。"陈玉书就这样用"瞒天过海"的手法轻而易举地取得了千万元人民币的货物，把北京的景泰蓝仓库搬到了香港，从而登上了世界级的景泰蓝大王的宝座。

真假熊猫引游客

投资甚巨的台南动物园，在1987年底曾展出一只看似"熊猫"的动物，引得大众传播媒体、专家学者一阵忙乱，一时间成为热门的话题。

这只黑白相间的小动物，到底是不是熊猫，动物专家们各有所见，难有定论。民众则受好奇心驱使，纷纷前往观看，甚至有许多人专程由台北南下一探究竟。游客原本不多的动物园，则趁机大大地捞了一把。

事实上，为引起轰动，该园曾在"熊猫"事件前，就在电视上密集广告，主题即围绕这只"熊猫"身上，目的是引起注意。当"熊猫"引起注意之后，有关部门通过台南市政府表示将派员前往鉴定时，园方即故作神秘，对它的来源不愿详加说明。其真正的来历越神秘，当然就越能引起好奇。华视"顽皮家族"的节目制作人员前往录影时，受到园方亲切热烈的招待。而东海大学生物系讲师林良恭和师大教授李琳琳欲前往观察了解，不但备受冷落，甚至遭到拒绝。显然，这是有无广告效益与宣传价值的差别。园方负责人许登聪的太太，很率直地对记者说，是真是假游客来看就知道了嘛！园方公共关系组长韩明哲表示，如果"自然生态保护协会"理事长张丰绪来到该园，园方将提出详细报告，并揭开"黑白熊猫"的谜底。显然该园希望另一次免费的新闻广告。这只"熊猫"受到极周到的照顾和保护，但其他动物则大多营养不良、骨瘦如柴。这种差别待遇，当然是因利用价值而定。

由此可以看出台南动物园的良苦用心。这也是"瞒天过海"计谋的一个应用典范。

新书广告有奇招

随着人类社会的发展，每年世界上都有许多新的书籍出版，怎样激发读者的购买欲成为一大难题。那些性感的封面、古怪离奇的标题、惊心动魄的画面，都已经习以为常、司空见惯，许多售书广告也无心一览。有人想出了一些绝招，以诈读者，结果新出版的书，像湖水一样流进千家万户，被人抢购一空，以下仅介绍3例新书广告，以供参考。

一是我是位刚30出头的亿万富翁，英俊能干，善于理财，有意成家，想征求一位温柔美丽的女性为妻，先友后婚。关于我的详情，请参阅某书局出版的

《白手起家》。（按：此系作者所写，系实情，促销书籍与征婚广告合而为一，实在异想天开。）

二是某印刷厂装订出版公司出版的《心事有谁知》时，一位技工不慎将1000元美钞夹在书中忘了拿出来，这个技工心急如焚。发现它的人，请您做好事还给他。他们将会奉送您500元，并登报致谢。（按：此系编造，纯属骗局，应予惩处。）

三是您是否看过世界上最昂贵的邮票？是1861年在盖亚纳发售的，时价为4000万美元。这张世界上绝无仅有的珍邮，持有者是位寓居纽约的美国大亨。他怕这张珍邮会使他惹来麻烦，因此一直不敢发表他的名字。

我们这次费了九牛二虎之力，终于找到了这位富豪，又支付巨资，经他同意，特从银行保险箱将珍邮拿出来拍照制版，另有其他价值连城的稀世古董。

您如有意一睹为快，请一阅本社出版的《世界奇珍大观》。（按：此系实情，以悬念故事为广告，很有吸引力。）

推销商品可以根据其用途、特点等进行宣传促销，推销书籍就较为枯燥、单调。推销书籍更应该多出怪招，诱发人们的好奇心和购买欲。

以假代真闯硅谷

硅谷，地处美国西海岸加利福尼亚州旧金山海边，它是目前全球遥遥领先的微电子工业中心。近十几年，全球电子方面几乎每一样新产品，都是从硅谷问世的。由此，硅谷受到举世瞩目。克格勃也把目光瞄准那里，把手伸进那里。

克格勃少将涅克拉索夫亲自负责这项工作。他通过苏联驻美大使馆的克格勃负责人，命令苏联潜伏在美国的3名老牌间谍"A"、"B"、"C"，要他们不惜一切代价，采用各种方法，马上获取硅谷的电子技术最新情报和配件。同时他下令调拨重金，全力以赴配合这一行动。

间谍"B"接到任务后，紧张活动起来，试图搜集到集成电路方面的最新设备和情报。但是，他十分不走运，到处碰壁。一天，他满怀愁烦地走进电影院，打算一散心怀，他偶一抬头发现一个正在走入影院的人相貌非常像自己，几乎俩人就是一对孪生兄弟。他感兴趣地走过去，和这人攀谈起来。谈话之间，他得知这个人是硅谷某公司绝密金库的司机。代号"B"的尤里加就像绝处逢生，顿时心胸大释。尤里加同司机成了亲密朋友。不久，随着交往的不断加深，尤里加熟知了司机的全部生活和工作情况、性格以及家庭状况。同时对司机工作的公司仓库的位置、集成电路设备存放的地点、进出的路线也几乎都了如指掌。克格勃看到时机已经成熟，便决定下手，很快，司机神秘地失踪了。而司机的汽车，从此便由尤里加驾驶。他自如地进出绝密仓库。没有人怀疑他，更没有人看出破绽。他神不知鬼不觉、顺利地将克格勃所需要的一切，全部送到了莫斯科。

以迂为直获成功

1959年，富勒公司由于其内部矛盾

尖锐，终于宣告破产。

几经努力，乔治·约翰逊接替了富勒公司的债务人位置，从而扩充了自己的"约翰逊制造公司"。

公司刚刚扩充不久，正是美国黑人解放运动高潮到来之际。那时的美国各大化妆品公司都瞄准了这个好时机，他们把本来为白人生产的化妆品稍加改造，卖给黑人，这些公司在这个时期赚了大钱。

公司的几家债权银行眼看其他公司迅速发展，惟独约翰逊偃旗息鼓，不飞不鸣，因而对他的经营能力产生怀疑，各种议论、抱怨纷纷而来，使约翰逊面临着一场严峻的考验。

对此，约翰逊认为，倘若此时公司好歹也推出几样常用化妆品应市，凭着公司已有的名气，一定会赚一些钱，可是那样一来，他的公司就谈不上什么权威，以后再想创出牌号就困难了。他的想法得到了曾帮助过他的银行常务董事希拉尔的支持，希拉尔帮助约翰逊渡过了这次信任危机。

约翰逊借助希拉尔为他赢得的时间，集中精力开发新产品。针对黑人头发卷曲干燥、色泽灰暗的特点，他组织力量研制出了乌发乳和卷曲蜡。乌发乳是专门用来把黑人的灰褐色头发染黑的；卷曲蜡也是专为黑人的卷发增加光泽的一种发蜡。这两种产品不仅妇女能用，而且男子也能用。随着黑人化妆知识的增长，那些低劣的产品逐渐没人感兴趣了。约翰逊的产品推出后，马上引起消费者的注意，通过比较，他们得出结论：还是约翰逊的货地道。

两项新产品在市场上供不应求，使约翰逊的事业突飞猛进般地发展。不到4年的时间，他在纽约、洛杉矶等大城市都兴建了子公司。销售网点则遍布全国各地，到1969年公司股票上市为止，它的资产已超过8000万美元，成为美国最大的黑人专用化妆品生产企业。

设悬念巧计宣传

梅派京剧艺术的创始人梅兰芳在北京唱戏红透了京城，上海丹桂戏院的老板觉得把梅兰芳请到上海来，让上海人一睹梅兰芳的"芳"容和一"聆"梅兰芳的金嗓，自己绝不会有亏吃。老板向梅兰芳发出了邀请，梅兰芳欣然应允。这时候，戏院老板才突然想起上海人对梅兰芳几乎是一无所知，于是苦思良策。

几天后，上海一家大报纸头版的整个广告牌面登出了广告的全部内容——仅三个赫然大字："梅兰芳"，而且一连三天都是这样。

一石激起千层浪。上海人被这三个字吸引住了——"梅兰芳？是个'女人'？什么样的'女人'？为什么要登这么大的广告？"人们议论纷纷，大街小巷、酒馆茶馆，到处都听到有人在询问、在议论。登广告的那家报馆更是忙得不亦乐乎，询问电话一个跟着一个，不少人还登门造访，但报馆的答复是"无可奉告！"

人们把目光再一次聚集到报纸上。果然，到了第四天，还是那家报纸，还是头版版面，在人们已熟悉的"梅兰芳"三个大字下面出现了几行清晰的小字

"京剧名旦,假座丹桂第一大戏院演出《彩楼配》、《玉堂春》、《武家坡》。"三天来的疑团刚刚融解,一个新的疑团又涌上心头:"梅兰芳到底是个什么样的人?……"于是,上海人争先恐后地涌至丹桂大戏院。

首场演出:爆满。

丹桂大戏院的老板就是以这种方式把梅兰芳介绍给上海人的。

梅兰芳的高超演技令上海人称绝!此后,大戏院场场爆满,梅兰芳名扬上海,戏院老板也乐得合不拢嘴。

假装探险窃情报

1892 年的一天,日本驻柏林武官福岛和一群德国军官相聚对饮。酒过三巡之后,福岛乘着微微的醉意,口出狂言道:他能骑着自己的马,从柏林走到海参崴。一语惊座,大家纷纷议论开了——

"哈哈,福岛君,这是不可能的事"。一位德军中校端着酒杯,笑着对福岛说。"从柏林到海参崴,横贯欧亚两大洲,路程太遥远了,更不用说沿途数不清的穷山恶水和变幻莫测的鬼天气。你就是骑上一匹千里马,也肯定到不了终点,更何况你那条瘦骨嶙峋的老马!这个玩笑是开不得的,哈哈……"

"福岛是个吹牛大王,这么远的路程连探险家也要望而却步的。他要能到达海参崴。岂不成了神话了?"

"不可能,这绝对是天方夜谭!"

"我们不相信,我们不相信,这一定是福岛君酒后胡言。"

……

"诸位!我们大家都口说无凭,我看还是请人来做证人,大家各下赌注,谁输谁赢,咱们几个月后就见分晓"。在争论不休中,有人提议道。

此时,福岛已喝得脸红脖子粗,握酒杯的手也微微颤抖了。听到要打赌,他不假思索地用喝得发硬的舌头吐出话来:"好——赌就赌……我下一万。"

"我下一万二!"

……

德国军官们纷纷投下重注,他们很得意,认为福岛这个酒鬼这下是输定了!

福岛跟德国军官们打赌探险之事,立即被新闻媒介广为传播,各国报纸都争相作了绘声绘色的报道。成千成万的人们好奇地睁大着双眼,注视着此事的发展;而德国政府和俄国政府也视其为壮举,都表示尽可能地为他提供便利和支持。就这样,福岛在举世的注目中,骑着他的瘦马开始了这次万里之行。

在德国境内,福岛被人们当作富于传奇色彩的英雄,受到热情的欢迎和款待,男女老幼都争相一睹为快。福岛很快就来到了德俄的边境。

进入俄境后,福岛的旅行更为顺畅。由于这位日本"探险家"的大半行程是在俄国境内,他那从柏林骑马到海参崴的海口能否兑现,将在这里见分晓,因此,俄国政界军界更是热情非凡。他们怀着强烈的好奇心和虚荣心,守候在必经的路口,翘首盼望着福岛的到来。当迎来了这位英雄后,他们为他举办各种欢迎仪式和难以计数的大小宴会,以能陪同这位骑士到自己的家乡参观为荣幸,并毫无保留地为这位英雄介绍当地的各方面情况。而福岛本来就精通俄语，这就更便利了他与俄国上下各界人物的接触，增进了对俄国各方面情况的了解。就这样，福岛走走停停，东访西问，受尽了各式盛情的礼遇，尝遍了无数的美酒佳肴，直养得人肥马壮，只用了一年零三个月的时间，就顺顺当当地骑马横穿俄罗斯、西伯利亚，顺利抵达海参崴。

福岛赢了！

正当东京各界为福岛的成功而欢庆不已、柏林军官为自己下错了赌注而患得患失时，有关德国、俄国的一大摞重要军事情报，已悄悄地送到了参谋总部的日军情报头子的手里。谁能料到，就在他们狂热地欢迎"探险家"的到来的时候，一场不为人知的间谍活动就在他们的眼皮底下悄悄地进行着。

第二计　围魏救赵

【原典】共敌①不如分敌②，敌阳③不如敌阴④。

【按语】治兵如治水：锐者避其锋，如导流⑤；弱者塞其虚，如筑堰⑥。如当齐救赵时，孙子谓田忌曰："夫解杂乱纠纷者不控拳⑦，救斗者，不搏击。批亢捣虚⑧，形格势禁⑨。则自为解耳。"

【原典注释】①共敌：集中的敌人。也作使敌人兵力集中。

②分敌：分散的敌人。也作使敌人兵力分散。

③敌阳：正面攻击敌人。

④敌阴：背后偷袭敌人。

⑤导流：疏导、分流。《孙子·虚实篇》："夫兵形象水。水之形，避高而趋下；兵之形，避实而击虚。水因地而制流。兵因地而制胜。故兵无常势，水无常形；能因敌变化而取胜者，谓之神。"

⑥筑堰：修筑堤坝。

⑦控拳：用拳头砸。

⑧批亢捣虚：亢，咽喉部位，形容要害；虚，虚弱的地方。批，用手打，引申为攻击。攻击其要害和虚弱点。

⑨形格势禁：格，阻止，阻碍。禁，禁止，禁阻。即被形势所阻碍。

【原典译文】与其攻打集中的强敌，不如迫使敌人分散兵力。应该避免与敌人正面交锋，而迂回到敌人的后方，偷袭敌人。

【按语译文】对敌作战如同治水：对于来势凶猛的敌人，要避开它的锋芒，如同疏导洪水；对于弱小的敌人，却要堵绝它的漏洞，如同筑堤修坝一样，一举围歼。例如战国时当齐国去营救赵国时，孙膑对田忌说："要解开杂乱纠结的一团绳索，不能用拳头去打；要劝解打架，不能自己动拳打人。攻击敌人的要害和空虚部位，使他们受到危急形势的阻碍和逼迫，战事就自然而然地解决了。"

【传世典故 计名探源】魏、赵是战国时期中原地区的两个国家。其中魏都大梁在今河南开封，赵都邯郸在今河北邯郸。原意是指在魏国包围了赵国的时候，不直接去赵国解围，而是通过反过来包围魏国国都的办法，迫使其回救而自己解赵之围。引申为通过围攻来犯之敌的后方据点，迫使其撤回兵力的作战方法。

典故出自《史记·孙子吴起列传》记载的齐魏桂陵之战。公元前 354 年（周显王十五年），魏国派将军庞涓带领八万军队进攻赵国，包围了赵国的首都邯郸。赵国派人到齐国求救，齐威王任命田忌为统帅，孙膑为军师，带兵八万去救援赵国。

田忌接受了齐威王的命令后，立即集中军队，准备粮草，军械。一切准备工作就绪后，便召集全军将领商议进军。

将领们到齐以后，田忌说道："大王命令我们去援救赵国，我们准备工作已经就绪，明天大军兵发邯郸，与魏军决战，救援赵国。"

"是！"众将一齐应道。

这时，军师孙膑却急忙说道："田将军！我们的大军不应去到邯郸。"

田忌听后，吃了一惊，忙问："大军不去邯郸，去哪里？军师快说。"

"大军应当到大梁去。"孙膑说道。

田忌惊讶地说："军师！这就奇怪了。魏国八万大军正在邯郸城下攻城，我们军队不去邯郸城下找魏军作战，却跑到大梁干什么？"

孙膑笑道："请问将军，大王命我们带兵八万去完成什么任务？"

田忌道："解邯郸之围。"

孙膑道："要想解开一团乱丝，不能用拳头去乱打；要想替别人拉架，不能去参加搏斗。现在要去解救赵国的危难，直接去死打硬拼也是不合算的。眼下魏国精兵都在攻打赵国，国内防御必定空虚，我们如发大军直捣大梁，大梁是魏国首都，庞涓必然要回军自救。庞涓一撤军，邯郸的围不就解开了吗？等到庞涓急忙赶回本国时，我们再在半路上打他个突击，不正好以逸待劳吗？"

田忌一听，恍然大悟，连叫："好计！好计！"众将也都高兴地赞成。于是，齐国军队不去邯郸，而直接去魏国首都大梁（今开封）。

魏国军队虽在攻打邯郸，但与国内联系却十分密切。庞涓突然接到探马报告，说齐国大队人马浩浩荡荡袭击魏国首都大梁去了。这一惊非同小可。他慌慌张张地带领部队撤离邯郸，日夜行军，回师自救。当魏军赶到桂陵（今山东菏泽东北）时，中了齐军的埋伏。魏军长期在外奔波作战，现在又是急行军，十分劳累；齐国军队却以逸待劳，锐气正盛。魏军抵挡不住，被齐军打得落花流水。齐国军队没有花大力气，就打了大胜仗，解了赵国之围，凯旋而归。

【名家评点　破解方略】此计语出自战国时代孙膑"围魏救赵"的故事。"围魏救赵"之计给人的很多启示：针对纷乱的乱局，智者善于去把握整个局势的要脉，或者选择攻击敌人的薄弱之处牵制它，或者选择袭击敌人的要害部位威胁它，或者绕到敌人的背后偷袭它。只有这样，敌人才会放弃原来的目标。这是一种转化敌我双方地位的迂回策略。在此计中，不管采取何种手段"围魏"，必须导致"救赵"这一结果。否则，"围魏"不但救不了"赵"，还会引火上身，得不偿失。

经典案例　锦囊妙计

佯攻襄陵真攻梁

孙膑在准备采取围大梁以逼迫庞涓回救的行动时，并未直接进取大梁而是要田忌率兵向南佯攻襄陵（今河南睢县西）。他向田忌解释到："襄陵城小而管辖地盘大，兵强马壮，是魏东阳地区的军事要地，当然一时难以攻下。我们之所以这样做，就是有意让敌人迷惑不解，我们攻打襄陵，南有宋国，北有卫国，路上还有魏国的蔡丘城（今河南省兰考县），这意味着我们的粮草断绝了通路。魏军必然错认为我们战法笨拙，就会麻痹轻敌。"田忌领会了孙膑的妙计，立即拔寨启程，向南直扑襄陵。

这一障眼法果然奏效。当庞涓闻知齐国竟然出兵进攻魏国时，恐国内空虚，经不起齐军的攻击，先是一惊，正准备休整部队，回师抵御齐军，忽又闻报齐军正扑向襄陵，不禁大笑道："简直是糊涂将军！襄陵极难攻下，待我攻下赵国的卫国，回救也不迟。"于是又命令魏军继续进攻卫国。

齐军到达襄陵的时候，孙膑忽然又改变了策略，这时田忌正要派兵攻城。孙膑问道："率兵前来的都大夫当中，谁最不会打仗？"田忌道："率领齐城（今山东省临淄）、高唐（今山东省高唐）部队的两位都大夫。"孙膑说："那就派这两个大夫兵分两路强攻襄陵。"从齐城、高唐两地来的部队，在不会打仗的两个都大夫率领下，分兵攻打襄陵，结果自然被魏军守军打败。

庞涓闻讯，高兴得手舞足蹈，更加放松了对齐军的警惕。这时孙膑从容地指挥齐军，集中兵力，秘密绕道直插大梁。这样一来，迫使魏军来不得丝毫休整便火速撤兵回援。这说明，若想运用围魏救赵之计打击敌人，一定不要让对手过早知道自己的真实意图，也就是要隐蔽行事，否则很可能招致失败。

刘秀献计救昆阳

王莽新朝时，农民起义的绿林军攻占了昆阳（今河南叶县北）等重要城市，对王莽构成严重威胁。

公元 23 年 5 月，王莽令大司徒王寻、大司空王邑率精兵四十二万，团团围住昆阳。新军挖地道攻城，用冲车撞击城门，用十多丈高的楼车向城内发射箭和石块。而守城的农民军只有八九千人，军情十分危急。

西汉皇族出身的将领刘秀在绿林军中很有威望，他说服了众将，由主帅王凤守昆阳，派刘秀等 11 名精兵，于深夜从南门冲出重重包围向东南调援兵去了。

为了减轻昆阳的压力，王匡率绿林军攻下军事重镇宛城（今河南南阳），大大挫伤了新军的士气；同时，刘秀率几千援军赶到。昆阳城上的农民军士气大振。城内与城外的绿林军里应外合以一当百地大战新军。刘秀杀死了不可一世的王寻，时值狂风大作，雷雨交加，河水暴涨，新军土崩瓦解，大败而逃。

战后，农民军缴获的车马、兵器、盔甲、仪仗、珍宝一个多月还没运完，只好把剩下的烧了。接着，乘胜进攻洛阳、长安。十月，王莽被杀，新王朝被推翻了。

司马献计分吴蜀

公元 219 年，蜀国大将关羽乘刘备夺取汉中之声势，与孙权联合，共同伐曹，关羽自江陵北伐，孙权进攻合肥。关羽率军，于樊城水淹曹仁部下于禁等七军。兵临樊城，华夏震恐。曹操不敌，准备迁都以避敌锋。这时曹操的军师司马懿、西曹属蒋济献计曰："于禁等为水所没，非战攻之失，于国家大计未足有损。刘备、孙权，外亲内疏，关羽得志，权必不愿也。可遣人劝孙蹑其后，许割江南以封权，则樊围自解。"此计便是分散政敌，削其势而驱之的谋略，也自然被曹操所采纳。

面对曹操的谋略，孙权并不是不知，但为利益所诱，又兼关羽拒绝了孙权为其子的求婚，况且孙权袭破关羽夺取荆州之心早有。于是借曹操派人来游说之时，作书与曹操，愿讨关羽以自效，并要求曹操不要透露消息，以免关羽有所防备。谋士董昭认为暴露这个消息为好，这样"可使两贼相对衔掎持，坐待其毙。"再者关羽为人好强，兵围樊城期望大功，必然犹豫不退，曹军知此却能提高士气。果不然如董昭所料，关羽围而不撤，荆州反为孙吴袭破。关羽腹背受

敌，最后败走麦城，被孙权所杀。曹操利用孙刘之间的矛盾，诱之以利，使双方的联盟破坏。当然受损失最大的是蜀国，因为自此以后，蜀很难再发展了。然而孙权也没有得到太多利益。他虽然得到荆州，并在吴蜀夷陵之战，火烧刘军连营 700 里，大获全胜，但自此也失去北上争夺天下的机会，也只有在江南发展了。曹魏因孙刘联盟破坏，稳住阵脚，逐渐取得优势，孙刘再度联合，也无灭曹实力。三国自此形成鼎足之势，而魏最强。

晋伐曹卫解宋围

公元前 633 年，楚成王与诸侯围攻宋国，宋国求救于晋。大夫先轸对晋文公说："报答施舍，救援患难，取得威望以成就霸业，都在这里了。"接着，大夫狐偃又献上了一个不曾有恩于晋国的楚国发生正面冲突的谋略。他说："楚国刚刚得到曹国，楚成王最近又娶了个卫国妻子，如果我们发兵去攻打曹国和卫国，楚国一定会去救援，那么，宋国的危险也就解除了。"

晋文公依从了这个计谋，不久，就派兵进攻曹、卫二国，抓住了曹侯，并把曹、卫二国的土地分给宋国。

楚国看到曹、卫皆已为晋所伐，自知再进攻宋国已无益。但又觉得当年楚国待晋文公不错，现在晋国明明知道楚国与曹、卫的关系而又偏偏要伐晋、卫二国，所以总咽不下这口气。于是就派宛春到晋国去要求晋文公放回卫侯并恢复曹国，晋文公没有答应，楚将得臣就

率兵伐晋。

晋文公不违当年所许的诺言，先是退避三舍（九十里）礼让楚军，以报答当年楚成王厚遇文公之礼。但得臣仍不肯罢兵，于是，晋楚二军大战于城濮，楚师大败而归，果如狐偃所言，宋国之围也因此而被解。

晋国为避免与曾有恩于己的楚国进行正面冲突，首先攻打了他的必救——曹国和卫国，迫使楚军撤兵回救。晋国虽退避了九十里，但由于楚军从宋国撤军后日夜奔波，身体异常疲惫，最终被以逸待劳的晋军杀得大败、晋军运用歼其必救、围敌打援的策略，赢得了这场争霸战争的胜利。

围魏救赵平诸吕

汉高祖刘邦的皇后吕氏，是女中豪杰。在刘邦去世后，牢牢地控制住了政权。在她当政的十余年间，她妒杀戚夫人、毒死赵王如意、削弱刘姓宗室势力、分封吕姓诸王。但刘姓宗室势力与开国功臣集团尚无法清除，因此她处心积虑与刘姓诸王及功臣势力抗衡，试图巩固自己的统治。

吕后八年七月，吕后病重，于是下令任命赵王吕禄为上将军，统帅北军；吕王吕产统帅南军。太后告诫吕产、吕禄说："封立吕氏为王，大臣心中多不服。我一旦去世，皇帝年幼，恐怕大臣们乘机向吕氏发难。你们务必要统率禁军，严守宫廷，千万不要为送丧而轻离重地，以免被人所制！"辛巳（三十日），太后去世，留下遗诏：大赦天下，

命吕王吕产为相国，以吕禄之女为皇后。吕后丧事处理完毕，诸吕本打算乘机发难，因惧怕大臣周勃、灌婴等人，不敢贸然行事。朱虚侯刘章娶吕禄之女为妻，所以得知吕氏的阴谋，就暗中派人告知其兄齐王刘襄，让齐王统兵西征，朱虚侯、东牟侯为他做内应，图谋诛除吕氏，立齐王为皇帝。齐王就与他舅父驷钧、郎中令祝午、中尉魏勃暗中密谋发兵。齐国丞相召平反对举兵。八月，丙午（二十六日），齐王准备派人杀丞相召平；召平得知，就发兵包围了王宫。魏勃欺骗召平说："齐王没有汉朝廷的发兵虎符，就要发兵，这是违法之罪。您发兵包围了王宫本是好办法，我请求为您带兵入宫软禁齐王。"召平信以为真，让魏勃指挥军队。魏勃掌握统兵权之后，就命令包围相府；召平自杀。于是，齐王命驷钧为相，魏勃为将军，祝午为内史，征发齐国的全部兵员。齐王派祝午到东面的琅琊国，欺骗琅琊王刘泽说："吕氏在京中发动变乱，齐王发兵，准备西入关中诛除吕氏。齐王因为自己年轻，又不懂得军旅战阵之事，自愿把整个齐国听命于大王的指挥。大王您在高祖时就已统兵为将，富有军事经验；请大王光临齐都临淄，与齐王面商大事。"琅琊王信以为真，迅速赶往临淄见齐王。齐王乘机扣留了琅琊王，而指令祝午全部征发琅琊国的兵员，并由自己统帅。琅琊王对齐王说："大王是高皇帝的嫡长孙，应当立为皇帝；现在朝中大臣对立谁为帝犹豫不定，而我在刘氏宗室中年龄最大，大臣们本来就等着由我决定择立皇帝的大计。现在大王留我在此处，我无

所作为，不如让我入关计议立帝之事。"齐王认为他说得有道理，就准备了许多车辆为琅琊王送行。琅琊王走后，齐王就出兵向西攻济南国；齐王还致书于各诸侯王，历数吕氏的罪状，表明自己起兵灭吕的决心。

相国吕产等人闻讯齐王举兵，就派颍阴侯灌婴统兵征伐。灌婴率军行至荥阳，与其部下计议说："吕氏在关中手握重兵，图谋篡夺刘氏天下，自立为帝。如果我们现在打败齐军，回报朝廷，无异于助了吕氏一臂之力。"于是，灌婴就在荥阳屯兵据守，并派人告知齐王和诸侯，约定互通声气，静待吕氏发起变乱，即联合诛灭吕氏。齐王得知此意，就退兵到齐国的西部边界，待机而动。

吕禄、吕产想发起变乱，却又惧怕朝中绛侯周勃、朱虚侯刘章等人难以控制，畏惧关外有齐国和楚国等宗室诸王的重兵，更恐怕手握军权的灌婴背叛吕氏，打算等灌婴所率汉兵与齐军交战之后再动手，所以犹豫未决。

此时，济川王刘太、淮阳王刘武、常山王刘朝及鲁王张偃，都年幼，没有就职于封地，居住于长安；赵王刘禄、梁王吕产分别统率南军和北军，是吕氏一党。列侯群臣都无法掌握自己的命运。

太尉绛侯周勃手中没有军权。曲周侯郦商年老有病，其子郦寄与吕禄结为密友。绛侯就与丞相陈平商定一个计策，派人劫持了郦商，让他儿子郦寄去欺骗吕禄说："高帝与吕后共同安定天下，立刘氏九人为诸侯王，立吕氏三人为诸侯王，都是经过朝廷大臣议定的，并已向天下诸侯公开宣布，上下都认为理应如

此。现在太后去世，皇帝年幼，您身佩赵王大印，不立即返回封国镇守，却出任上将，在京师统率禁军，必然会受到大臣和诸侯王的猜忌。您为何不交出将印，把军权还给太尉，请梁王归还相国大印给朝廷，您二人与朝廷大臣盟誓结好，各归封国。这样，齐兵就会撤走，大臣也得以心安，您就可以高枕无忧地去做方圆千里的一国之王了。这是造福于子孙后代的事。"吕禄认为郦寄说得有道理，想把军队交给太尉统率；派人把这个打算告知吕产及吕氏长辈，有人同意，有人反对，一时难下决断。

吕禄信任郦寄，经常结伴外出游猎，途中曾前往拜见其姑母吕媭。吕媭大怒说："你身为上将而轻易地离军游猎，吕氏难以保全了！"吕媭把家中珍藏的珠玉、宝器全拿出来，抛散到堂下，说："也不必为别人珍藏这些东西了！"

九月，庚申（初十）清晨，行使御史大夫职权的平阳侯曹窋，前来与相国吕产议事。被派往齐国的使臣郎中令贾寿，自齐国返回。贾寿批评吕产说："大王不早些去封国，现在即便是想去，还来得及吗？"贾寿把灌婴已与齐、楚两国联合欲诛灭吕氏的内幕告诉了吕产，并且督促吕产迅速入据皇宫，设法自保。平阳侯曹窋听到了贾寿的话，快马加鞭，赶来向丞相和太尉报告。

太尉想进入北军营垒，但被阻止不得入内。襄平侯纪通负责典掌皇帝符节，太尉命令他手持信节，伪称奉皇帝之命接纳太尉进入北军营垒。太尉又命令郦寄和典客刘揭先去劝说吕禄："皇帝指派太尉代行北军指挥职务，要您前去封国。

立即交出将印，离京赴国！否则，必然大祸临头！"吕禄认为郦寄是至交，不会欺骗自己，就解下将军印绥交给典客刘揭，而把北军交给太尉指挥。太尉进入北军时，吕禄已经离去。太尉进入军门，下令军中说："拥护吕氏的祖露右臂膀，拥护刘氏皇室的祖露左面臂膀！"军中将士全都祖露左部臂膀。太尉就这样取得了北军的指挥权。但是，还有南军未被控制。丞相陈平命令朱虚侯刘章辅佐太尉。太尉令朱虚侯严守军门，又令平阳侯曹窋转告统率宫门禁卫军的卫尉说："不许相国吕产进入殿门！"

吕产不知吕禄已离开北军，进入未央宫，准备发起军事政变。吕产来到殿门前，禁卫军士阻止他入内，急得他在殿门外徘徊往来。平阳侯恐怕难以制止吕产入宫，策马告知太尉。太尉还怕未必能战胜诸吕，没敢公开宣称诛除吕氏，就对朱虚侯说："立即入宫监护皇帝！"朱虚侯请求派兵同往，太尉拨给他一千多士兵。朱虚侯进入未央宫门，见到吕产正站立于庭中。时近傍晚，朱虚侯立即率兵向吕产冲击，吕产逃走。天空狂风大作，吕产所带党羽亲信慌乱，都不敢接战搏斗；朱虚侯等人追杀吕产，在郎中府的厕所中将吕产杀死。朱虚侯已杀吕产，皇帝派谒者持皇帝之节前来慰劳朱虚侯。朱虚侯要夺皇帝之节，谒者拼死不放手，朱虚侯就与持节的谒者共乘一车，以皇帝之节为凭借，驱车进入长乐宫，斩长乐卫尉吕更始。事毕返回，驰入北军，报知太尉。太尉起立向朱虚侯表示祝贺说："最令人担忧的就是吕产。现在吕产被杀，天下已定！"于是，

太尉派人分头逮捕所有吕氏男女，不论老小一律处斩。辛酉（十一日），捕斩吕禄，将吕媭乱棒打死，派人杀燕王吕通，废除鲁王张偃。戊辰（十八日），周勃、陈平等决定改封济川王刘太为梁王，派朱虚侯刘章去告知齐王，吕氏已被诛灭，令齐罢兵。

综观这次事变，陈平、周勃两次实施的都是避实就虚的策略。第一次是让吕禄交出兵权，避开吕禄握有能征善战的北军指挥权的实，就吕禄意欲保全利禄的虚，乘机夺得兵权，将不利化为有利。第二次是阻挡吕产进入未央宫，避开吕产指挥南军的权力之实，就吕产犹豫不决之虚，乘其不备而突施进攻，最终掌握胜券。这就是避开凶险，以己之长攻敌之短的成功事例。

关羽大意走麦城

汉献帝建安二十四年，关羽令南郡太守糜芳守卫江陵，将军士仁守公安，他亲自率军向樊城的曹仁进攻。曹仁派左将军于禁，立义将军庞德等人驻守樊城北面。八月，天降大雨，汉水泛滥，平地水数丈深，于禁等七路兵马都被大水所淹。于禁和将领们登到高处避水，关羽则乘大船向曹军进攻，于禁等无处可逃，只好投降。庞德站在堤上，身穿铠甲，手挽弓箭，箭无虚发，自清晨拼力死战。至过午，关羽的进攻愈来愈急。庞德的箭射尽了，又与关羽等短兵相接，愈战愈怒，胆气愈壮，而水势愈来愈大，部下的官员和士兵都投降了。庞德欲图乘小船回到曹仁的军营，小船被大水冲

翻，弓箭也掉在水里，只有他一人在水中抱住翻船。在被关羽俘虏后，不肯屈服下跪。关羽对他说："你的兄长在汉中，我准备以你为我的将领，为什么不早早投降呢？"庞德大骂说："小子，为什么投降你！魏王统帅百万大军，威震天下；你家刘备不过是个庸才，岂能对抗魏王！我宁可做国家的鬼，也不做你们这些贼人的将领！"关羽杀掉了庞德。魏王曹操闻知此事，说："我和于禁相知三十年，为什么在紧急关头，于禁反而不如庞德呢！"于是封庞德的两个儿子为列侯。

关羽向樊城发起猛攻，城中进水，城墙被水冲坏，城中士兵们惊恐不安。有人对曹仁说："现在的危险，靠我们的力量很难解除，应该趁关羽的包围尚未完成，乘轻便船只连夜退走。"汝南太守满宠说："山洪来得快，去得也快，我想不会滞留很久。据说关羽已经派别的部队至郏下，许都以南百姓混乱不安。关羽之所以不敢急于北进，是顾虑我们攻击他的后路。如果我军退走，黄河以南地区，就不再为国家所有了，您应该在这里坚守以待。"曹仁说："你说得对！"于是将白马沉入河中，与将士们盟誓，齐心合力，坚守樊城。城中将士只有数千人，未被水淹没的城墙也仅有几尺高。关羽乘船至城下，重重将樊城包围，使其内外断绝。关羽又派别的将领把将军吕常包围在襄阳。荆州刺史胡修、南乡太守傅方都投降了关羽。

关羽水淹七军，威震华夏。曹操不敌，准备迁都以避敌锋。这时曹操的司马司马懿、西曹属蒋济献计曰："于禁等

为水所没，非战攻之失，于国家大计未足有损。刘备、孙权，外亲内疏，关羽得志，权必不愿也。可遣人劝孙权蹑其后，许割江南以封权，则樊围自解。"此计便是分散政敌，削其势而驱之的谋略，也自然被曹操所采纳。

面对曹操的谋略，孙权并不是不知，但为利益所诱，又兼关羽因孙权为子求婚其女不许，孙权袭破关羽，夺取荆州之心早有。于是借曹操派人来游说之时，作书与曹操，愿讨关羽以自效，并请求不要把消息泄漏出去，使关羽有所防范。谋士董昭却认为暴露这个消息为好，这样"可使两贼相对衔持，坐待其敝。"再者关羽为人好强，兵围樊城期望大功，必然犹豫不退，曹军知此却能提高士气。果然，被围将士得知消息后，士气倍增，关羽却对是否撤围，犹豫不决。

孙权暗地派征虏将军孙皎和吕蒙为左右两路军队的最高统帅，暗地袭击关羽。

吕蒙到达寻阳，把精锐士卒都埋伏在名为艨艟的船中，招募一些平民百姓摇橹，令将士化装成商人，昼夜兼程，关羽设置在江边的守望官兵，都被捉了起来，所以关羽对吕蒙的行动一无所知。麋芳、士仁一直都不满意关羽轻视他们，关羽率兵在外，麋芳、士仁供给的军用物资不能全部送到，关羽说："回去后，一定治罪。"麋芳、士仁都感到恐惧。于是吕蒙命令原骑都尉虞翻写信游说士仁，为其指明得失，士仁得到虞翻信后，便投降了。虞翻对吕蒙说："这种隐秘的军事行动，应该带着士仁同行，留下将士守城。"于是带着士仁至南郡。麋芳守

城，吕蒙要士仁出来与他相见，麋芳因而也开城投降了。吕蒙到达江陵，把囚禁的于禁释放，得到关羽和将士们的家属，给以抚慰，对全军下令："不得骚扰百姓和向百姓索求财物。"吕蒙还在早晨和晚间派亲近的人慰问和抚恤老人，询问他们生活有什么困难，给病人送去医药，给饥寒的人送去衣服和粮食。关羽官府中的财物、珍宝，全部封闭起来，等候孙权前来处理。

关羽得知南郡失守后，立即向南撤退。曹仁召集各位将领商议，都说："如今趁关羽身陷困境，内心恐惧，应派兵追击，将他擒获。"赵俨说："孙权乘关羽和我军鏖战之机，试图进攻关羽后路，又顾忌关羽率军回救，我军趁其双方疲劳，从中取利，所以才言辞和顺地愿意为我军效力，不过是乘事变从中渔利罢了。如今关羽势孤奔走，我们更应让他继续存在，去危害孙权。如果对关羽穷追不舍，孙权将会由防备关羽，转而防范我们，这将对我们很不利，魏王也一定会有这种考虑。"于是，曹仁下令不要再穷追关羽。魏王曹操知道关羽退走，惟恐将领们追击他，果然迅速给曹仁下达命令，内容正如赵俨所说。

关羽多次派使者要求与吕蒙通消息，吕蒙每次都热情款待关羽的使者，允许他在城中各处游览，关羽部下将士的家属看见使者，都上前询问，还有人托他给自己的亲人带去书信。使者返回，关羽部属私下里询问家中情况，尽知家中平安，所受对待超过以前，因此关羽的将士都无心再战了。

正在此时，孙权到达江陵，荆州的文武官员都归附了；只有治中从事武陵人潘濬称病不见，孙权派人带着床把他从家中抬来，潘濬脸朝下爬在床上不起，涕泪纵横，哽咽不能自止。孙权诚恳热切地慰问，让左右亲近的人用手巾为他擦脸。潘濬起身，下地拜谢，孙权当即任命他为治中，有关荆州的军事，全都听取他的意见。武陵部从事樊伷引诱少数部族，欲图使武陵依附汉中王刘备。有人上书请求派遣统帅率领一万人征讨樊伷，孙权不同意；特别召见潘濬询问，潘濬回答："派兵五千人，就可以擒获樊伷。"孙权说："你为什么如此轻敌？"潘濬回答说："樊伷是南阳的世家，只会摇唇鼓舌，实际上没有才智、胆略。我之所以了解他，是因为过去樊伷曾为州中的人设宴，直至中午，客人仍无饭菜可吃，十余个人只得起身离去，这如同观看侏儒演戏，看一节就可知道他有多少伎俩了。"孙权大笑，立即派潘濬率兵五千人前去征讨，果然将樊伷等人斩首，平定了叛乱。孙权任命吕蒙为南郡太守，封为孱陵侯，赏赐一亿钱，黄金五百斤；任命陆逊兼任宜都太守。

十一月，汉中王刘备设置的宜都太守樊友放弃宜都郡而走，各城的长官以及各少数部族的酋长都归降了陆逊。陆逊请求以金、银、铜制的官印授与刚刚归附的官吏，并将进攻刘备的将领詹晏等人和世居秭归、拥兵自重的大家族将其击溃、归降，前后斩首、俘获以及招降数以万计。孙权任命陆逊为右护军、镇西将军，进封为娄侯，率兵驻扎夷陵，守卫峡口。

关羽自知孤立困穷，便向西退守麦

城。孙权派人诱降，他伪装投降，把幡旗做成人像立在城墙上，借机逃遁，士兵都跑散了，跟随他的只有十余名骑兵。孙权已事先命令朱然、潘璋切断了关羽的去路。十二月，潘璋手下的司马马忠在章乡擒获关羽及其儿子关平，予以斩首，于是，孙权占据荆州。

吕蒙借关羽进攻樊城兵力空虚之机，袭击关羽后方，不仅曹操之围得解，而且吞并荆州，擒杀关羽，这正是围魏救赵之计的巧妙运用。

班超夜袭匈奴使

东汉初年，汉明帝派大将军窦固率军西进攻打匈奴。为联络西域一些受匈奴欺侮的小国一起围攻匈奴，窦固派班超为使者远赴西域。

班超一行三十六人历尽艰苦，来到了西域的鄯善国。开始时鄯善王对他们很友好，可不久就变得冷淡了。原来，与汉朝为敌的匈奴也派使者来到鄯善，不断向鄯善王施加压力。

班超立刻召集大家商议对策。他说："我们来到西域，无非是想立功报国，现在鄯善王因匈奴使者到来而变得优柔寡断。我们该怎么办呢？"大家都说："如今到了紧要关头，我们听从您的决定。"班超语气变得坚定起来："不入虎穴，焉得虎子。今晚我们趁夜色发动进攻，消灭匈奴使者，这样鄯善王就不会再犹豫与我们结好了。"

夜幕低垂。班超率领手下人直奔匈奴使者的宿营地。班超让十个人擂鼓呐喊，制造人多的声势，其余的人放火烧帐，冲杀进去。一时间匈奴使者的营帐大火熊熊，鼓声和喊杀声响成一片。匈奴人从睡梦中惊醒，四处抱头鼠窜，大都做了班超一班人的刀下鬼。

战斗结束后，班超把鄯善王请来，叫他看匈奴使者的首级。鄯善王吓得面如土色。班超乘机说服他与汉朝建立友好关系。为表示诚意，鄯善王还把儿子送到洛阳去做人质。

鄯善王想结交匈奴是因为有匈奴使者的逼迫。班超夜袭匈奴使者，不但保全了自身，也达到了出使的目的，可谓一举两得。

有许多时候、许多事，直接去做付出再大努力也难有成效，此时撤出身来静观细察，以迂为直，旁敲侧击，反倒能马到成功。

孙策用计袭王朗

早在公元196年，孙策为夺取中原，出兵向王朗发起进攻。王朗的军队正在固陵坚守防御，孙策连续数次从水上发动进攻，均未成功。这时，孙静向孙策献计道："王朗凭借坚固的工事进行防御，我们很难尽早攻打下来，查渎以南离此地几十里，有一条重要的道路，最好从那里发起进攻，也就是说，'攻其不备，出其不意'。"孙策觉得言之有理。于是就向士兵假传命令说："最近阴雨连绵，饮水污浊，士兵们喝了多数腹痛，赶紧准备一百口大缸，用以澄清饮水。"黄昏之后，又命令士兵点起一堆堆烟火，好似军队仍然集在这里，制造假象以蒙骗王朗。夜幕降临之后，孙策悄悄地转移主力部队，从查渎之路进发，突然袭击高迁屯。王朗毫无准备，惊慌失措，赶紧派兵迎敌，但已来不及了，结果只能是兵败国亡。孙策则大获全胜。

徐庶分兵取樊城

在新野防御战中，初战，徐庶设谋打败了窥探虚实的曹兵，杀了吕旷、吕翔二将，并预料这一定会引起敌军的疯狂报复。刘备一听，心里顿时没了主意，忙问徐庶说："我们新野军马只有千余，如果曹仁率樊城几万大军来进攻，这可怎么办呢？"

徐庶说："这也无妨，兵书云：'兵形似水'，如果曹仁尽倾樊城军马来攻我们，他的樊城必然空虚，我们可以乘机攻取他的樊城。况且，他大军不攻我们，我也有了退敌妙策。我们可既败敌军，又取樊城。"说罢，令关羽率百余军兵去取樊城。

关羽依计率兵从小路向樊城进发。一路上不断派人哨探樊城方向的动静，得知曹仁已会同李典尽起樊城三万大军去新野后，便率轻锐之兵直抵樊城。守城的官兵见曹仁大军刚去，关羽就率兵来到，城内又无御敌的能力，只好开门投降。

曹仁的三万军马被徐庶用火攻的计谋打败后，带败军就往樊城逃。及待来到城下，才发现城池早被关羽夺取，只好率残兵败将回许昌向曹操请罪去了。

用计不当招祸害

唐朝末年，藩镇割据，宦官专权，朝臣分党，尤其是经过黄巢大起义之后，"王室日卑，号令不出国门"，唐王朝已经名存实亡。即便如此，朝廷内的政治斗争也没有因"朝廷日卑"而停息片刻。

公元888年，唐僖宗死后，宦官杨复恭拥立僖宗之弟李晔为帝，是为昭宗。昭宗"体貌明粹，有英气，喜文学，以僖宗威令不振，朝廷日卑，有恢复前烈之志，尊礼大臣，梦想贤豪，践阼之始，中外忻忻焉。"不过，这时的宦官与朝官之间的斗争达到白热化，他们各自拉拢藩镇为援助，昭宗虽有大志，很难伸其意，而且还要为逃避藩镇争斗，而避难他方。昭宗即位多年，非但没有夺回权力，反被宦官勾结藩镇，屠杀宗室十一个王。昭宗痛恨宦官，乃与宰相崔胤相谋铲除宦官。崔胤外结宣武节度使朱全忠为援，内引左神策军指挥使孙德昭为助。宦官也不示弱，他们内控昭宗，外结强藩为援。双方旗鼓相当，各不相让，都很难除掉对方。昭宗感到渺茫，也就变得"多纵酒，喜怒无常"。宦官感觉到昭宗难以控制，乃阴相谋曰："主上轻佻多变诈，难奉事；专听任南司（朝官），吾辈终罹其祸。不若奉太子立之，尊主上为太上皇，引岐（李茂贞）、华（韩建）兵为援，控制诸藩，谁能害我哉！"

公元900年12月，宦官的左军中尉刘季述、右军中尉王仲先、枢密使王彦范、薛齐偓（当时号为四贵）等发动宫廷政变，陈兵于殿廷，威胁百官联名署状，将昭宗幽禁少阳院，立太子李裕为帝。崔胤虽在兵锋之下联名署状，但内心不甘，暗地侦察四贵之短，于公元901年正月元旦发起攻击，诛除四贵，迎昭宗复位，平定这场宫廷政变。

唐王朝内部冲突不断之际，朱全忠已兼并河北，染指河中，控制河东，向关中地区发展了。就在诛除四贵之后，神策军指挥权又落到得到凤翔节度使李茂贞支持的宦官韩全诲手中，而崔胤又因欲得军权而得罪李茂贞，只好全心投靠朱全忠。这样，"全忠欲迁都洛阳，茂贞欲迎驾凤翔，各有挟天子令诸侯之意。"崔胤欲诛除宦官，致书朱全忠，让他发兵迎昭宗赴洛阳。韩全诲闻朱全忠发兵，乃勒逼昭宗前往凤翔往依李茂贞。公元903年，朱全忠数败李茂贞，进军凤翔城下，以兵相逼。李茂贞无奈，只好杀宦官韩全诲等70余人，交出昭宗，欲与朱全忠和解。

昭宗回到长安，实际上是出了狼窝又入虎穴，转为朱全忠所控制。崔胤自以为得计，认为诛除宦官时机已到，乃指责宦官"夺百司权，上下弥缝，共为不法，大则构煽藩镇，倾危国家；小则卖官鬻狱，蠹害朝政。"朱全忠以此为由，"以兵驱宦官王可范等数百人于内侍省，尽杀之，冤号之声，彻于内外。"宦官集团在崔胤内引外联的压迫下，遭到毁灭性的打击。

崔胤依靠朱全忠的势力，诛灭宦官，排除异己，专权自恣，自鸣得意。孰知前门拒狼，后门引虎。朱全忠自攻破李茂贞，兼并关中，威镇朝野，篡夺之意已经昭彰于内外。在这种情况下，崔胤开始害怕，乃奏请昭宗，重建天子六军，每军步兵六百人，骑兵百人，共六千六百人，以分番侍卫。这一举动引起朱全忠的猜疑，便派朱友谅将崔胤杀死，解

散六军，迁昭宗于洛阳，篡夺之势完成。

唐昭宗时的统治集团内部冲突，无论是宦官还是朝臣，都以外引藩镇为援，内控君主以为令，固然都是内引外联的手法，但此时利于相安，保持平衡，谁也不易有大动作，这正是"不可涉大川"的内涵；再加上他们谋夺对方目标明确，不注意、也不会掩饰，这就失去使用这种手法的成功之本，即使在表面上获得一些成功，肯定是难以持久，乃至招来灭顶之灾。

杨广计得太子位

隋文帝杨坚有五个儿子，即杨勇、杨广、杨俊、杨秀、杨谅。杨坚自夺得帝位以后，便立长子杨勇为太子，"军国政事及尚书奏死罪以下，皆令勇参决之"，颇受重用。史称杨勇"颇好学，解属词赋，性宽仁和厚，率意任情，无矫饰之行。"他作为长子，又出身富贵之家，早早立为储嗣，志骄意满，也就种下祸机。

杨坚尚节俭，自己使用的东西，或坏或旧，"随令补用，皆不改作"。本人平日所食，"不过一肉而已"。在他的提倡下，那时的"丈夫不衣绫绮，而无金玉之饰，常服率多布帛，装带不过铜铁骨角而已"。然而，他"天性沉猜，素无学术，好为小数，不达大体"。而杨勇则截然不同，好奢华，文饰蜀铠，养马千匹，"春夏秋冬，作役不辍，营起亭殿，朝造夕改。"在冬至时，"百官朝勇，勇张乐受贺"，大张旗鼓地与百官来往，怎能不使"天性沉猜"的父亲心疑？但杨

勇又不会矫饰，稍有不满，便"形于颜色"；其父派人"以伺动静，皆随事奏闻"；那些善于逢迎势利的群臣，得知杨坚生疑，自然趋奉当今君主，"于是内外喧谤，过失日闻"，使杨勇处在危机之中。

杨勇的所作所为，引起父母的猜疑，这就给其弟弟杨广谋夺储位带来希望。本来杨广身为次子，没有成为继承人的可能，但他"每矫情饰行，以钓虚名，阴有夺宗之计"。于是，杨广先使用瞒天过海之计，骗取父母的信任，然后便使用围魏救赵之计的内引外联的手法，暗中密谋，伺机夺储。

于内，杨广深知父亲颇听信母亲的话，便千方百计骗取母亲的好感，期为内助。有一次，杨广要回扬州镇守时，拜见母亲独孤皇后。几句离别话未竟，便"哽咽流涕，伏不能兴'。惹得独孤皇后"泫然泣下"。趁母亲悲伤之时，杨广开始进谗言："臣性识愚下，堂守平生昆弟之意，不知何罪，失爱东宫，恒蓄盛怒，欲加屠陷。每恐谗潜生于投杼，鸩毒遇于杯勺，是用勤忧积念，惧履危亡。"这一番话，引起独孤皇后对杨勇素日的不满，不由忿然说道："睍地伐（杨勇小名）渐不可耐，我为伊索得元家女，望隆基业，竟不闻作夫妻，专宠阿云，使有如许豚犬（指云氏所生诸子）。前新妇（指元氏）本无病痛，忽而暴亡，遣人投药，致此夭逝。事已如是，我亦不能穷治。何因复于汝处发如此意？我在尚尔，我死后，当鱼肉汝乎？每思东宫竟无正嫡，至尊千秋万岁之后，遣汝兄弟向阿云儿前再拜问讯，此是几许大苦

痛邪！"杨广闻言，"呜咽不能止"，独孤皇后见状，"亦悲不自胜"。杨广终于取得内援。尔后，"中使至第，无贵贱，皆曲承颜色，申以厚礼。婢仆往来者，无不称其仁孝。"杨广运用这种方法，牢牢地巩固住内线。

于外，杨广在朝臣中看中了"兼文武之资，包英奇之略，志怀远大，以功名自许"的杨素，便"倾心与交"，将谋夺储位之意告之。杨素跟随杨坚，立下许多功勋，史家评论："考其夷凶静乱，功臣莫居其右；览其奇策高文，足为一时之杰。然专以智诈自立，不由仁义之道。"杨素得知如此重大计谋，也不由权衡再三。于是，他先探明独孤皇后的心意，认为杨广有为储贰的可能；又以为"诚能因此时建大功，王（杨广）必镂铭于骨髓，斯则去累卵之危，成泰山之安也。"便甘心为杨广的外援。

杨广运用内引外联的手法，使杨勇内失父母之爱，外寡群臣之助，削夺杨勇的内外势力，最终废掉杨勇，而代之为太子。在整个谋夺储位过程中，杨广"示无私宠，取媚于后。大臣用事者，倾心与交。"自己很少出面竞争，故上取爱于父母，下得心于群臣，这正是按爻辞"居贞吉"的卦象而行事的。如果杨广公开谋夺，这便不是"居"，其成功的可能就很少了，这也是爻辞"不可涉大川"所示。

使用围魏救赵之计的内引外联的手法，重点在于掩饰真实目的，暗中活动，不宜公开，这也是使用这种手法获得成功的根本。如果不是这样，很容易走向反面，非但难以获胜，而且凶险必至。

不忽木巧言除奸

元世祖忽必烈晚年，重用丞相桑哥，"桑哥既专政，凡铨调内外官，皆由于己"。大权在握，使一些"谀佞之徒"尽力逢迎，欲为桑哥树立德政碑。按常情，这种做法会触动君主忌讳，但对桑哥宠任有加的忽必烈，非但不生疑虑，反而说："民欲立则立之，仍以告桑哥，使其喜也。"这说明忽必烈对桑哥信任不疑，桑哥固宠有术。

桑哥弄权专宠，自然要遭到政敌的嫉恨，发动攻击也在情理之中。桑哥也深明此理，率先以"人必窃议"为名，奏请忽必烈恩准，笞杖御史，堵塞言论，隔断群臣面见君主的途径，控制间奏文书，使政敌所言无从进入。有幸能见到忽必烈的也先帖木儿等，多次向忽必烈诉说桑哥弄权黩货，"以刑爵为货贩"。忽必烈并不把此事放在心上，依然信任桑哥。这时有位叫不忽木的，受也先帖木儿等人的嘱托，借出使觐见忽必烈之机，弹劾桑哥。

不忽木是深明专制君主心态的，见众人攻击桑哥无效，早已成竹在胸。在觐见忽必烈时，寻机进言道："桑哥壅蔽聪明，紊乱政事，有言者即诬以他罪以杀之。今百姓失业，盗贼蜂起，召乱在旦夕，非亟诛之，恐为陛下忧。"不忽木并不攻击桑哥恶迹，只讲他蒙蔽君主；不讲君主之过，只讲桑哥弄权的后果是将危及君主的统治。这些都是忽必烈所关注的事情，自然引起忽必烈的警觉，忽必烈"始决意诛之"。政敌们多次攻击

桑哥不成，被不忽木三言两语就解决了。不忽木此举，不仅除去了奸臣，同时也免遭了杖笞及遭贬之苦，更为重要的是，他的一番"肺腑之言"博得了忽必烈的好感，为他以后的升迁奠定了基础，可谓是一举三得。

王守仁奇策平叛

公元1519年6月，明宗藩室宁王朱宸濠起兵叛乱。7月，朱宸濠率六万大军出鄱阳湖，顺江东下，直趋安庆。安庆危在旦夕。

江赣巡抚、金都御史王守仁此时率州府兵8万人行至丰城，得知安庆告急，立即召部下众将商议对策。会上，推官王晖提议道："宁王攻打安庆，连日不下，说明他兵疲气沮。若此刻率大军救援，与安庆守军前后夹攻，必能取胜。在安庆打败朱宸濠之后，南昌城唾手可得。"听了王晖分析，众将议论纷纷，有的赞成，有的反对。王守仁此时站出来说："王君只知其一，不知其二。试想我军欲攻安庆，必要越过叛军镇守的南昌，困难情形暂且不说，就是到了安庆与朱宸濠相持江上，势均力敌，胜负也未可知。况且安庆守军已经连日激战，一定疲惫不堪，不足为我援应。假如此时南昌之敌出现于我军背后，绝我饷道，南康、九江的敌人趁机进逼，使我军腹背受敌，我们岂不是自蹈危地吗？依我之见，不如先攻打叛军老巢南昌。宁王的精锐之师已东下安庆，南昌守军一定脆弱。而我军新集，气势正盛，不难攻破南昌，宁王闻说南昌危急，必定不肯坐

失巢穴，安庆之围自可解除。等朱宸濠回到南昌，我们已将城夺下，这样一来，叛军的士气必会非常低落。我军再乘势攻击，必大获全胜。"听了王守仁的分析，王晖与众将官都心悦诚服，一致同意攻打南昌。

临行之时，有侦骑来报：叛军在南昌城南预置伏兵，作为城援。王守仁立即派五千骑兵，连夜出发，抄近路掩袭叛军伏兵。

王守仁率大军来到城下，即刻发动进攻。果不出王守仁所料，叛军势单力孤，逐渐不支。城南伏兵欲来援助，被5000骑兵冲得落花流水，四处逃散。几天后，王守仁攻克了南昌。

这时的宁王正日夜督军进攻安庆，由于守军顽强抵抗，战事进展很小。南昌失守令他大惊失色，急令撤兵回救南昌。谋士讲谏说："现在回南昌已经来不及了。我们应一鼓作气，即刻起兵直取南京。"朱宸濠沉吟半响，方说道："南昌乃我之根本，金银钱谷，积储颇多。我无论如何要夺回南昌。"

朱宸濠率军乘船顺江而上，直扑南昌。王守仁先把叛军先锋船队引进埋伏圈，然后出奇兵大败叛军。朱宸濠增兵再战，结果还是败绩。不死心的朱宸濠收拢各部船舰，在江面上连成方阵以求固守。王守仁见状遂决定用火攻，结果朱宸濠的船队成为灰烬。

东乡海战奏奇功

1904年初，日军进攻中国的旅顺口。当时，旅顺口在俄国人的手中。日俄两军在旅顺口前的礁岩上展开了血腥惨烈的大战。在日军一轮轮不停息的进攻下，旅顺的守军难以抵挡，拼命向沙皇请求援兵。而日军由于是登陆作战，伤亡更加惨重，也同样要求国内急速增兵。旅顺口之战，实际上成了双方的增援部队之战。

俄皇亚历山大为了守住这个环太平洋的出海口，急令波罗的海舰队组成第二太平洋分舰队，任命罗热特文斯基中将为舰队司令，率领舰队从波罗的海赶往旅顺口，以增援驻港的守军。

日军大将东乡平八郎获悉这一情况后，立即放弃了紧急驰援进攻旅顺口日军的计划，把攻击的重点，由旅顺口转往俄军的舰队。

为了迎击前来增援的俄太平洋第二舰队，东乡大将将其联合舰队的主力集结在对马海峡北岸的朝鲜镇南湾，然后进行极其秘密、紧张的应急训练。东乡拟定的作战计划是：在俄国第二太平洋舰队抵达海参崴港之前，日军战舰趁其长途舰行、舰船失修、人员疲惫而造成战斗力低下时，采取以近待远、以逸待劳的策略，在日本海与俄军庞大舰队进行决战，从而使驻守旅顺港的俄军在无援无助的情况下彻底投降。

为了达到这一目的，东乡平八郎采取了一系列伪装措施，他把自己的庞大舰队悄悄隐蔽在对马海峡，另外派出一些大商船伪装成铁甲舰，故意在台湾以北海域游弋，造成日本海军主力要在这一带截击俄国军队的假象，诱使俄军舰队为消极避战而转道对马海峡。

俄国舰队果然中计，5月下旬，俄

国第二太平洋舰队航行至台湾以北海域时发现了日本的伪装舰队，罗热斯特文斯基错认为这是日本海军主力，决定暂时先避开它，待赶到旅顺口，巩固了海港的防务后，再同日军进行决战不迟。于是转道对马海峡，直奔海参崴。他哪里会料到，他这一改道，恰恰钻进了东乡平八郎早布好的口袋阵，从而成就了东乡在海战史上的威名。

5月27日凌晨，俄国海军舰队驶进了风平浪静的对马海峡，罗热斯特文斯基正在暗暗庆幸这次远洋航行所创造的大舰队远征的史无前例的纪录，东乡平八郎指挥的日本联合舰队突然出现在俄国舰队的面前，在最初的一刻，罗热斯特文斯基几乎惊叫起来："天哪，他们是从哪里冒出来的，日本的舰队不是还在台湾海峡游弋吗？怎么这儿又钻出一支庞大的舰队来？"

俄国舰队司令的惊慌失措是可以理解的，试想，一支在海上已经航行了7个多月、1万多海里，还有两天就可以到达目的地的庞大舰队，突然要就地展开战斗队形，同一支与自己不相上下的对手去进行一场生死搏杀，不是说他们缺乏思想准备，整个舰队连一个应急计划都没有。

一场史无前例的大海战就这样爆发了。

在日本舰队的凶猛攻击面前，俄国的军舰只能奋起自卫。交战的第一回合，命运之神并没有偏袒处于优势的日本舰队，日本的旗舰"三笠"号首先中弹起火。站在指挥舱里的东乡沉着镇定，从容指挥，他令舰队全速前进，靠近俄舰，

以便近战歼敌，然后利用早已改装的速射炮和装有黄色炸药的炮弹频频向俄舰进行轰击。速射炮的发射速度远远高于普通炮，而黄色炸药比黑色炸药的优越处是前者能很快消散，不遮挡视线，而黑色炸药烟雾太大，半天也难以消失，极大地影响连续射击。

在日军的优势火力的轰击下，俄国的先头战舰"奥斯里亚比亚"号中弹沉没，"苏沃洛夫"号和二号舰"亚历山大三世"遭到重创。日本海上，炮火惊天，硝烟弥漫，战舰奔突，雪浪拍岸……不时有巨舰沉没，有成片的尸体被抛上浅滩。

经过两天的激战，炮声渐渐停息下来，一场大海战告一段落，战斗以日本海军的大胜，俄国舰队的覆灭而结束。这一战，俄军损失装甲舰8艘，雷击舰5艘，运输船数艘，罗热斯特文斯基中将受伤被俘。仅有3艘舰船突围开到了海参崴，6艘逃到了中立港口，阵亡的将士高达5000多人，被俘6000多人。

这一战，几乎打掉了俄罗斯海军全部的家当和精华。

日本海军仅损失雷击舰3艘，死伤70余人。显然，胜利是极为辉煌的。

由于这致命的一击，杀得旅顺口的俄军丧失了斗志，没有几天，旅顺口要塞便被日本乃木将军的敢死队攻打下来。

直击本土制敌机

史巴兹是第二次世界大战中美国空军军官，也是二战中著名的军事家之一。

诺曼底登陆之前，德国空军仍然十

分强大。它无疑是盟军的一大障碍，不仅会使大批登陆士兵伤亡，而且会直接影响战役的成败。

如何确立空中优势呢？盟军中出现了两种意见。一种以艾森豪威尔为首，他们坚决主张用重轰炸机攻击法国北部和比利时的运输系统，以孤立登陆地区，并认为这是登陆成功的最佳保证。史巴兹则主张盟军的轰炸机攻击德国本土，尤其是攻击德军的生命线——石油设施，迫使德空军将主要力量放在保护本土上，无力顾及诺曼底方面。他认为，如果仅攻击那些运输目标，则德国为保存实力，可能不会起飞应战，当盟军在诺曼底登陆时，就会遭到德国战斗机的拼死拦截。

艾森豪威尔固执己见。史巴兹只好同意自己所属的轰炸机去攻击运输目标，但却要求艾森豪威尔允许当兵力可以抽调时，仍可使用自己的轰炸机去攻击德国境内的石油目标，否则决心辞职不干。

事实证明史巴兹的想法是正确的。由于第八航空队对德国石油设施的攻击，使大批的德国战斗机保留在远离大西洋海岸的国内，所以盟军在诺曼底登陆时，德国空军已成了一个无足轻重的因素。

史巴兹的策略与我国历史上的围魏救赵相类似。为了确保一场战役的胜利，不让敌方形成拳头状是十分重要的。而分散敌方兵力最好的方法即是打击敌人的要害部位，迫使其抽调兵力以自保。

妙计拓开大市场

1923年，罗伯特·伍德鲁夫当上了可口可乐公司的第二任董事长。

可口可乐自1886年问世以来，到现已有100多年的历史。它所以能在世界各地畅销不衰，一个重要原因就是该公司拥有几位雄才大略、精明强干的主管人。

使可口可乐成为国际饮料的功臣，当首推伍德鲁夫。他1890年生于美国乔治亚州的哥伦布市，受过军事教育。20岁时便离开大学出外谋生，阅历颇广。

他当上董事长后的第一个惊人设想，就是"要让全世界的人都喝可口可乐"。显然，伍德鲁夫的这种设想是考虑到美国国内市场已接近饱和，必须另辟市场。

但是，如果他没有过人的胆识与魄力，这个设想是很难变成现实的。要把一种略带药味的饮料推销到国际市场，使各种人都能接受和欢迎，谈何容易。

难怪可口可乐公司董事会的元老们，对伍德鲁夫上任后就增设一个"国际市场开发部"持有异议。一位名叫杜吉尔的董事是个保守的元老派，他怒气冲冲地找伍德鲁夫"兴师问罪"。

伍德鲁夫争辩说："美国的食品能在国外销售，这么好的饮料为什么就不能推销呢？"杜吉尔说："食品与饮料完全两样。不管是什么人，对食品主要考虑的是营养成分。只要有营养，他们是愿意让自己的口味迁就食品的。而饮料只是消暑解渴，喝不喝两可，外国人怎会放弃自己的传统的习惯去迁就饮料呢？"

"你说得有道理，但是请不要忘记，人，不管哪个国家的人都有好奇心和习惯两个因素。"

杜吉尔答道："好奇心难以持久，如果不能从好奇变成习惯，那么国外的推销就会失败。现在国内市场看好，犯不着去国外冒险。我知道你上任后想显示一番，但你不能用公司全体人员的利益，为自己的虚荣和好强孤注一掷。"

这场争论不欢而散。杜吉尔的指责使伍德鲁夫陷入了痛苦之中。他反复思考着"让全世界的人都喝可口可乐"的设想，自信一定能行得通。他记得一次在旧金山参加宴会时，看到不少中国人喝可口可乐，手不离杯，津津有味。可见外国人也能像美国人一样接受和欢迎这种饮料。只要推销方式恰当、手段得法，国际市场一定能够打开。他树立了这种信心后，就有了努力的方向。他公开表明自己向国际市场进军的坚定态度，并专门成立了一个公司，负责国际市场的开发。

伍德鲁夫希望自己做一个开创者，而不只是沿着别人老路走下去的继承者。

1941 年，日本奇袭珍珠港后，美国参加了第二次世界大战。紧张的战事影响了民用经济发展。可口可乐的经营陷入困境。国内的销售情况不佳，国外的销路更是一筹莫展。这使伍德鲁夫焦虑万分，以至胃病复发。

正在"内外交困"的时候，来了一位"救星"——班塞。他是伍德鲁夫的老同学，在麦克阿瑟部下当上校参谋，临时从菲律宾战区回国述职。班塞在同国防部紧张的接洽公事之际，抽空给伍德鲁夫打来了电话。伍德鲁夫说："难得你还想着我啊？""我不是想你，我是天天在想你的可口可乐！"

班塞豪爽地大笑道："好长时间没喝上你那个深红色的'头疼药'了，在菲律宾热得要命的丛林中，真想喝呵！一下飞机，我就先喝了两大瓶。可惜我不是骆驼，不然真想灌上一肚子带回去慢慢消化。"

班塞的一席话，使伍德鲁夫心中豁然一亮：如果前线的将士都能喝到可口可乐，那么当地的人自然也可以喝到这种饮料，这样销路还用发愁吗？伍德鲁夫憧憬着、思考着、计划着，兴奋得坐立不安。他下决心抓住这个千载难逢的好机会。

伍德鲁夫立刻赶往华盛顿，去找美国国防部的官员商洽。但是，五角大楼的官员对这个问题连想也没想过。他们不相信伍德鲁夫所说的可口可乐能"鼓舞士气"，"调剂前线将士的艰苦生活"。

乘兴而来，扫兴而归。伍德鲁夫得到的回答是"研究研究"。但是，可口可乐公司的困境已无法等待国防部的研究结果了。因为内销减少，外销无门，1/3的生产已停顿，再拖下去非关门不可。等待不如主动进攻。伍德鲁夫横下一条心，决定开展一场宣传攻势：公开宣传可口可乐对前线将士的重要不亚于枪弹。他相信，只要舆论界动起来，五角大楼也会坐不住的。

公司三名一流的宣传人员起草的一份宣传提纲，伍德鲁夫看后很不满意地给退了回去。命令他们用满腔热情的语言，重新写过。他说："一定要把可口可乐与前方将士的战地生活紧紧联系起来，还要写清饮料对胜利的影响。公司的成败在此一举，各位要用尽全力，使宣传动人，一举成功。"

三个"刀笔吏"的确文思敏捷，不

负所望，洋洋洒洒写了5万余言，配上精选的照片，编了一套图文并茂的"前方来信"、"士兵心愿"的小册子。伍德鲁夫亲自伏案修改，浓缩成2万字。随即用彩色印刷，取名为《完成最艰苦的战斗任务与休息的重要性》。

小册子强调指出：在紧张的战斗中，应尽可能调剂战士的生活。当一个战士在完成任务后，精疲力竭，口干舌燥，喝一瓶清凉的可口可乐，该是何等惬意啊！伍德鲁夫改写的那段文字更是形象："各位可以闭上眼睛想想看，在烈日当空、挥汗如雨的环境中执行作战任务，喉咙干得像着了火。战士们最向往、最需要的是什么东西？不用说，这当然是他们以前经常喝的，清凉如冰的可口可乐。"

小册子的结论是："由于在战场上出生入死的战士们的需要，可口可乐对他们已不仅是消闲饮料，而是生活必需品了，与枪炮弹药同等重要。"伍德鲁夫的这一"宣传战"居然打响了，在记者招待会上，博得了国会评论员、军人家属，还有国防部官员们的阵阵掌声。

国防部的官员不但同意把可口可乐列为军需用品，还支持在军队驻地办饮料生产厂。这时，伍德鲁夫反而提出战地建厂，投资风险太大，也需要"研究研究"，实际上是不肯自己出钱。

由于宣传的作用，前方将士早已迫不及待地等着喝可口可乐，其反应之强烈，使国防部官员欲罢不能了。最后国防部公开宣布："不论在世界任何一个角落，凡是有美军驻扎的地方，务必使每一个战士都能以5美分喝到一瓶可口可乐。这一供应计划需要的全部设备与经费，国防部将给予全力支持。"

在五角大楼雄厚财力的支持下，可口可乐公司在1941年后的不到3年内，就向海外输出了64家生产加工厂。到大战结束时，可口可乐作为"军需用品"的消费量，已达到50亿瓶左右。

由于伍德鲁夫使用围魏救赵之计，给五角大楼施压，从而使可口可乐在各种消费品的经营十分困难的战争期间生产不仅没有受到影响，反而大大发展了。而且，广泛地开辟了国际市场，为战后的新发展奠定了坚实基础。可口可乐的名字很快传遍了世界。

里根巧招赢竞选

1966年，里根作为共和党的候选人竞选加利福尼亚州州长。当时，里根的形势很不利。加利福尼亚民主党和共和党的人数比例是5比3。竞选对手是老州长、民主党人埃蒙德·布朗。布朗从1958年起就担任加利福尼亚州州长。他是一个老练的政客，1962年，布朗曾同尼克松争夺加利福尼亚州州长，把尼克松打得溃不成军，落荒而逃。此外，当时的总统约翰逊是布朗的好朋友，他表示全力支持布朗连任。老州长本人也认为，自己在加利福尼亚有基础，压倒"二流影星"里根不在话下。

里根虽然地位低下，没有政治经验，但也有长处。他身材魁梧，五官端正，容貌俊美，风流潇洒，可以算上一个标准的美男子。他还做过电影演员、电台广播员。他讲起话来声音宏亮，娓娓动听。

于是里根利用自己善于演说的优势，经常在电视台、电台和一些公众集会上亮相，发表演说，以争取更多的选票。由于缺少从政经验，因此，他尽量少谈政治，多讲一般老百姓关心的社会、生活问题，把自己打扮成一个"平民政治家"。

当时美国家庭中已经普及电视。就拿加利福尼亚州来说，平均每户有 1.5 台电视机。选民在电视机上看到的里根是一个生气勃勃、精力充沛，能说会道的政治家，因而对他产生了好感。里根谈的问题又是普通老百姓关心的物价、工资、就业等问题，所以颇受一般老百姓的欢迎。

选举的结果，里根比布朗多得近 100 万张选票，很多民主党人也投了里根的票。里根终于如愿以偿，登上了加利福尼亚州州长的宝座。

奇招迭出讨欠款

西方某个国家有一个负责为别人讨回债款的公司——蒙特利讨债公司。这家公司不论在什么样的情况下，都能出色地完成讨债任务，因而经常是顾客盈门。这家公司的讨债方式，更是五花八门。

蒙特利讨债公司在帮助债权人讨债当中，并不像人们想象的那样，对债务人铁面无情，如果他们发现债务人确无还债能力时，会帮他们想办法，而且不要任何报酬。其实这也是蒙特利讨债公司的一种经营策略，帮助债权人讨回了欠款，一切报酬不也就在其中吗？

蒙特利讨债公司里有一位名叫亨利特的高级雇员，他以前在警察局里干过，很有一些办案经验，而且颇具正义感，遇到不平的事，他总要管一管。

1992 年 6 月，公司让他去帮弗雷斯游乐园收回 100 万元欠款。

亨利特接受任务后，立即行动。他先把有关材料看了一遍，然后才去找债务人——阿贝尔多游艺场的老板。

亨利特来到游艺场，发现这里已经关了门。他费了半天劲，才找到了老板阿贝尔多的家。可是，他来晚了，阿贝尔多刚刚在家里自杀了，他的妻子麦丽昂和女儿，正守在他的尸体旁哭泣。

麦丽昂听说亨利特是讨债公司的，立刻低下头说："对不起，阿贝尔多自杀了，留下我们母女二人，我们实在没钱还债。"

亨利特说："我看了有关你们的一些材料，我不明白，你丈夫开的游艺场，开始生意不是挺红火吗？怎么后来竟会倒闭？"

麦丽昂眼里忽然流出泪水，说："是的，开始生意不错，可是后……"她看了一眼自己的女儿，摇了摇头，没有再往下说。

亨利特这时才发现，阿贝尔多的女儿长得十分美丽。他忽然感到，一定是有什么意想不到的灾难降临到这个家里，所以才逼迫得阿贝尔多自杀。亨利特请求麦丽昂把话说下去。

麦丽昂告诉亨利特，当地的烟草大王古斯曼看中了她的女儿，非要娶她为妻不可。可是，古斯曼已经是个 60 岁的老人了,而且听说,他和地方上的黑社会有勾结,因此,她和丈夫都不同意。

没想到,这下竟得罪了这个老色鬼,他指使一帮歹徒,三天两头到游艺场乱打一通,吓得谁还敢去?就这样,游艺场倒闭了。亨利特听完,气得紧握拳头,心中暗说:古斯曼,我决饶不了你!他安慰母女二人,不要着急,债款的事,他会帮他们想办法。

麦丽昂听了,只是苦笑笑。她以为亨利特这样说,只是为了安慰她们母女,因为,这笔债款可不是个小数目。

亨利特找到旧日警察局里的朋友,请他们帮忙提供有关古斯曼的材料。亨利特知道,凡是这样的人,他们的材料都会掌握在警察手里。

朋友们给了亨利特很大帮助,他们告诉他,古斯曼不仅和黑社会有联系,而且还有走私毒品嫌疑,很长时间了,警方一直在找寻他的罪证,可是一直也没有发现。不过,有一个人很值得注意,就是古斯曼的私人秘书斯耐特,警方怀疑他在毒品交易中担任着一个重要的角色。

得到这些材料后,亨利特心里十分高兴。他决定跟踪斯耐特,摸清他们的底细。

亨利特利用当警察时学到的一些侦察手段,把一枚微型窃听器,趁斯耐特到海滨游泳时,巧妙地安装在他的鞋跟里。

掌握了这些可靠证据后,亨利特找到古斯曼,让他包赔阿贝尔多游艺场的全部损失,不然,他就把录像带交给警方。亨利特同时警告古斯曼,不要耍花招,他今天带来的录像带只是一个复制品,如果他出了事,原带就会落到警方手中。

古斯曼知道自己遇到了一个强有力的对手,为了保证自己不进监狱,他只得交出一大笔钱给阿贝尔多的夫人麦丽昂。麦丽昂用这笔钱不仅还清了所有欠款,而且还使游艺场重新开张。

后来,麦丽昂的女儿嫁给了亨利特。有的朋友说,亨利特当初帮助麦丽昂母女,是因为看中了人家的女儿。对此,亨利特只是笑笑,并不反驳。

不管亨利特当初是否有那种动机,可是他最终帮助麦丽昂母女还清欠款这件事,是否可是算做"围魏救赵"的好典范呢?

指左趋右妙谈判

1993年8月,我国某进出口公司从国外进口200万吨DW产品,我方考虑到该产品质优价廉,颇受消费者欢迎,各大厂家竞相订货,该公司通过经营该商品也获利颇丰,尽管由于对方延期交货使该公司失去几次展销良机,蒙受了一定量的经济损失,但为了双方长久友好的贸易往来,并未对外商提出制裁。

此后不久,DW产品在国内供不应求,该公司准备进一步同外商洽谈重复进口该产品事宜。为给国家节约外汇资金,同时也为了降低进口商品的采购成本,提高公司的盈利水平,该公司欲向对方提出降低价格10%的要求。他们当然知道,在国际市场未发生变化的情况下,若在双方谈判一开始就提出该要求肯定会遭到对方拒绝，对方断难接受，而这就必须采用一定的谈判技巧，迫使其就范。

于是，我方经过研究，找到了问题的突破口，设计了一套颇为周密的谈判方案。谈判伊始，我方就在上次那200万吨货物延期交货一事上大做文章。我方说："由于你们上次延期交货，使我方失去了几次展销良机，从而导致我方遭受了重大的经济损失。"对方听罢，以为我方会提出索赔要求，自然心慌意乱，忙不断地对延期交货问题加以解释，表示歉意，尔后便诚惶诚恐地、心神不安地等着我方的反应，看看时机已成熟，我方趁机提出削价的要求，明确指出希望上次延期交易的损失能通过这次减价10%来弥补，对方无奈，只好表示同意。

于是，我方又乘胜追击，提出由原来的预定的200万吨增加到500万吨，对方最终不得不在合同上签字，谈判圆满成功。

老练的谈判者在谈判中常常避免就自己真正关心的问题进行强攻，而是指左趋右，绕道迂回前进，使对方顾此失彼，首尾不能相接，最终不得不妥协。我方谈判者正是巧妙地运用了"围魏救赵"之计，使谈判一举成功，达到了预期的目的。

"围魏救赵"的"围"是手段，"救"才是目的，要达到"救"的目的，就要分散对方注意力。商业谈判中，成功地运用此计，既要注意积蓄力量，等待时机，又得讲究"阴功吹火"，确实搔在对方的"痒处"，避免"明火执仗"，过早地暴露自己。

扬长避短获发展

《孙子兵法·虚实篇》中说："夫兵形像水，水之形，避高而趋下；兵之形，避实而击虚。"意思是：用兵规律像水的流动，水流动的规律是避开高处而流向低处；用兵的规律是避开敌人的坚实之处而攻击其虚弱的地方。

战场上如此，商场上亦如此。商战中的各方往往会各有所长，各有所短。即使在实力上劣于对手的情况下，只要能够充分发挥自己的优势，并且针对对手的弱点，巧做文章，使自己的经营更具有特色。比如在产品造型、功能或质量上有所改革创新，或避实击虚，善于钻市场的空档，也能使企业经营取得成功。

在这方面，河南平顶山棉纺厂运用得很成功，并总结出钻空档要准、早、快的经验。平顶山棉纺厂是一个5000余人的大企业，建厂时就背负一座沉重的债山。国家没投一分钱，全靠个人集资和银行贷款，债务高达4900万元，平均每人近万元。90年代第一个阳春三月，商品市场还飘浮着一团团滞销的阴云，然而在平顶山棉纺厂却呈现出产品供不应求的喜人局面。奥秘何在？就是紧盯市场空档，用热门产品吸引用户，搞活资金。如何钻空档？他们在实践中总结出三个字：准、早、快。短短6年时间，平顶山棉纺厂先后上过19个棉纱品种和9个坯布品种，每个品种钻的都是市场空档，每个品种都适销对路，取得了显著的经济效益。6年回收资金8133万元，回收率高达171%，等于赚回了1.71个同样的厂。经济效益在全省14个大中型棉纺企业中名列前茅。

又如，与同行业竞争对手较量，我有余力而对手不足，我实彼虚，即可以我之实击彼之虚，以我之有余击对手之不足。实力雄厚的大厂也有缺点，瞄准它开发新产品就能取胜。日本的石桥正二郎开始做丫巴鞋时，怎么也赶不上大厂家。于是，他着手寻找对手的主要虚弱之点作为突破口。结果发现他们生产的鞋，冬天穿时潮气从侧面渗入鞋内，寒气彻骨。于是，他在鞋下部侧面涂上了3厘米宽的一层橡胶，有效地防止了潮气渗透。该鞋以不冻脚的声名获得巨大成功。

可见，"击竞争对手短处之虚"是现代商战中常用的手法。如中国航空技术进出口公司在中东发展中国家，参加国际工程投标竞争中，以"守约、高质、薄利、重义"为指导原则，一举获得成功，顺利进入国际建筑市场。他们成功的窍门在哪里？"进而不可御者，冲其虚也。"他们以我国各企业劳动力价格低廉，施工成本低及社会主义企业计划经济优势，铺之以友好的报价，因而连续中标，"仗"越打越大。

总而言之，用兵之道是，水趋下则流，兵击虚则利；商战之道是，路走空处则顺，货卖缺处则畅。这就是"魏围救赵"之计的巧妙运用。

松下老谋胜索尼

索尼公司的大老板盛田昭夫对电器十分内行，是一名出色的科研管理人才。因为他抓科研很有办法，索尼公司抢先研制了一台家用录像机。

盛田希望找一个伙伴合作，使他的录像机可以立刻摆遍全部家用电器商店，如此一来，其他厂家就不得不根据他开拓的路子走，他自然就可以操纵局势大发其财。盛田选中了松下电器，他派人把录像机搬到松下总部，并要求见松下。

松下是世界上头号家用电器厂家，当时录像机是最有前途的产品，松下为此也倾注了大量心血，可目前索尼抢先一步，这件事让松下的部下十分伤心和失望。不过他们又觉得幸运，索尼上门邀请合作，终归还是有利可图啊！而松下老谋深算称有事不见，让盛田等待答复。

盛田左等没有答复，右等还是没有，他终于感到事情不妙，决定向外界公布录像机研制成功的消息。

这一消息果然引起轰动。

可是遗憾的是，松下集团也公开宣布与索尼不同型号的录像机研制成功了，并大量推出自己的产品，靠自己强大的销售力量，.使新产品迅速占领了市场，在竞争中领先了一步！

抓冷门出奇制胜

北京市红星汽车装具厂的设计者发现汽车驾驶室内缺乏固定饮水装置，司机深感不便。当时一般厂家都不注意这点，他们于是抓住这一"冷门"，设计出汽车固定暖瓶架，并迅速投入生产，大受用户欢迎。一些厂家看到后，一哄而上，"冷门"变成了"热门"，红星厂马上改进花样，设计出双汽压暖瓶架，另配置小茶叶盒，司机可根据自己爱好泡茶，也可用来盛汽水等。后来，他们又设计出汽车饮水装置系列产品，靠避实击虚站稳了脚跟。

在美国，玩具行业一直竞争很激烈。玩具制造商们一度都在如何将玩具做得精巧漂亮上下功夫，从而使玩具在品种、样式、色彩等方面长期显得很单调，有的企业也因此生意萧条。这时，艾士隆公司却突然设计制造出橡皮做的粗鲁村夫等一套精制的丑陋玩具。结果一上市，就成了抢手货，在美国掀起了一股不大不小的丑陋玩具热。该公司因此名声大噪，财源滚滚而来。这两家企业成功的奥秘在于，它不是在原有产品的框架内小改小革与对手竞争，而是打破了旧的思路，避实击虚，另辟蹊径，出奇制胜。红星厂抓住了人们追求方便、舒适的心理；艾士隆公司迎合了青少年不拘一格、异想天开、求新求奇的反传统心理，在"美"成了俗时，"丑"便成了美，因而获得了成功。

直线难行走曲线

如果遇到面色阴沉、冷峻，不易接近的上司，想和他联络感情就比较困难些。尽管如此，也不能放弃，毕竟你要在他手下做事，得不到他的关照，你的日子只能在惶恐中度过，更谈不上其他了。

碰到这样的上司，想和他接近，你必须想点办法，用些策略。譬如，直线

难行走曲线、前门不通走后门。所谓"直线难行走曲线"，即是说，和上司正面难以接触，可以借助其他关系使他对你有所了解，达到他认识你、重用你的目的。

某区邮政局局长任萌是个不苟言笑的人。他神情严肃、冰冷，给人一种拒人于千里之外的感觉。全局上下没有不怕他的。

宋欣是该局营业班的一个普通职工，他是接父亲的班来到邮政局的。上班后宋欣总想就局里的问题，与局长见面谈一谈自己的想法。可是一看到局长那副不易接近的样子，他话到嘴边也都咽了回去。

一个偶然的机会，宋欣从别人那里得知局长和一个叫聂作连的人关系很好。了解到了这个情况，宋欣通过其他人先是认识了聂作连。和聂作连经过几次接触后，在一次吃饭时，他说："聂哥，我有件事想请你帮个忙，不知道你肯不肯？"

聂作连是个性格豪爽的人，听宋欣说请他帮忙，便问："有什么事尽管说，只要我能帮上忙，我决不含糊。"

于是，宋欣对他谈了希望能引荐自己与任局长见面谈一谈工作。聂作连听后笑着说："我还以为什么事呢？这样吧，今天晚上咱们就去他家。"

经过聂作连的引荐，宋欣终于和任局长做了一次长谈，不仅自己的想法得到局长的肯定，同时，也让局长对自己有了一个深刻印象。

这个事例说明，走曲线，同样能够到达目的地。如果看到直线难行，不想办法，恐怕只能在原地逗留。

第三计　借刀杀人

【原典】敌已明，友未定，引友杀敌，不自出力。以《损》①推演。

【按语】敌相已露，而另一势力更张，将有所为，便应借此力以毁敌人。如：郑桓公将袭郐②，先问郐之豪杰、良臣、辨智、果敢之士，尽与姓名，择郐之良田赂之，为官爵之名而书之；因为设坛场③郭门④之外而埋之，衅⑤之以④鸡豭⑥，若盟状。郐君以为内难⑦也，而尽杀其良臣。桓公袭郐，遂取之。诸葛亮之和吴拒魏及关羽围樊、襄，曹⑧欲徙都，懿⑨及蒋济说曹曰："刘备、孙权外亲内疏，关羽得志，权必不愿也。可遣人劝蹑其后，许割江南以封权，则樊围自解。"曹从之，羽遂见擒。

【原典注释】①《损》：《易经·损卦》："彖曰：损下益上，其道上行。"意思是说：减损下方，增益上方。其方向是由下向上进行的。有所损必有所得。
②郑桓公：西周末年，郑国的君主。郐，当时的一个小国。
③坛场：祭坛，用来祭祀天地、表明心愿的祭祀场所。
④郭门：郭，古代的城市建筑时，在城的外围加筑一道城墙即为郭。郭门，指城门。
⑤衅：古代的一种祭祀天地仪式，

用牲畜的血涂在新制的器物上，引申为涂抹。
⑥豭：公猪。
⑦内难：难，灾难，祸乱。内部叛乱。
⑧曹：曹操，东汉丞相，封魏王。魏建立后追尊魏武帝。
⑨懿：司马懿，曹操的重要谋士。时为主簿。
⑩蹑：跟踪，追随。

【原典译文】敌人的情况已经明确，友军的情况还不确定。这时，就要诱导友军去消灭敌人，自己避免作战，从而保存实力。此计从损卦推算而出。

【按语译文】敌人的情况已经显露，而另一股势力也正在扩张，并将有所作为。便应当借用这股势力去消灭敌人。

例如：西周末年，郑桓公想要袭击郐国。事前，他先问明郐国有哪些英雄豪杰、贤良大臣、能言并善于分辨是非的智谋之士和有胆有识的勇士，一一记了他们的姓名，并选择郐国的良田分送给他们，还封他们官爵，并且都注明在名单上；为此还在城外筑起祭坛，把这张名单埋在地下，杀鸡宰猪，举行了涂血的仪式，仿佛订下盟约似的。郐国国君以为内部发生叛变，就把他们都杀了。郑桓公袭击并占领了郐国。又如：三国时诸葛亮联吴抗魏，以及关羽围困樊城、襄阳时，曹操想要迁都，司马懿和蒋济却劝曹操说："刘备、孙权表面上亲密，骨子里却是疏远的。关羽如果得志，孙权必然不愿意的。我们可派人劝孙权跟踪攻击关羽的后方，并答应把江南地方分封给孙权。这样，樊城的围困自然会得到解救。"曹操采纳了他们的意见，结果关羽被孙权所擒。

【传世典故 计名探源】借刀杀人原指不用自己的刀而借用别人的刀去杀人，这样自己既可以不被发现，又可以在危急的时候，嫁祸于人。引申为了保存自己的实力，而利用矛盾，巧妙借用第三力量击破敌人，达到自己的目的。

《兵经百字·借字》中说："艰于力则借敌之力，难于诛则借敌之刃。"借他人之手除掉对手，自己却不抛头露面，这种间接杀人的计谋，就叫"借刀杀人"。

此计是根据《周易》六十四卦中《损》卦推演而得。象曰："损下益上，其道上行。"此卦认为，"损"、"益"，不可截然划分，二者相辅相成，充满辩证思想。此计谓借人之力攻击我方之敌，我方虽不可避免有小的损失，但可稳操胜券，大大得利。

春秋末期，齐简公派国书为大将，兴兵伐鲁。鲁国实力不敌齐国，形势危急。孔子的弟子子贡分析形势，认为惟吴国可与齐国抗衡，可借吴国兵力挫败齐国军队。于是子贡游说齐相田常。田常当时蓄谋篡位，急欲铲除异己。子贡以"忧在外者攻其弱，忧在内者攻其强"的道理，劝他莫让异己在攻弱鲁中轻易

主动，扩大势力，而应攻打吴国，借强国之手铲除异己。田常心动，但因齐国已作好攻鲁的部署，转而攻齐，怕师出无名。子贡说："这事好办。我马上去劝说吴国救鲁伐齐，这不是就有了攻齐的理由了吗？"田常高兴地同意了。子贡赶到吴国，对吴王夫差说："如果齐国攻下鲁国，势力强大，必将伐齐。大王不如先下手为强，联鲁攻齐，吴国不就可抗衡强晋，成就霸业了吗？"子贡马不停蹄，又说服赵国，派兵随吴伐齐，解决了吴王的后顾之忧。子贡游说三国，达到了预期目标，他又想到吴国战胜齐国之后，定会要挟鲁国，鲁国不能真正解危。于是他偷偷跑到晋国，向晋定公陈述利害关系：吴国伐鲁成功，必定转而攻晋，争霸中原。劝晋国加紧备战，以防吴国进犯。公元前484年，吴王夫差亲自挂帅，率十万精兵及三千越兵攻打齐国，鲁国立即派兵助战。齐军中吴诱敌之计，陷于重围，齐师大败，主帅及几员大将均死于乱军之中。齐国只得请罪求和。夫差大获全胜之后，骄狂自傲，立即移师攻打晋国。晋国因早有准备，击退吴军。子贡充分利用齐、吴、越、晋四国的矛盾，巧妙周旋，借吴国之"刀"，击败齐国；借晋国之"刀"，灭了吴国的威风。鲁国损失微小，却能从危难中得以解脱。

【名家评点 破解方略】借刀杀人，谓借他人之力攻击我方之敌，我方虽不可避免有小的损失，但可稳操胜券，坐收渔翁之利。

本计的核心要点是：借他人的手来除掉某个对手，引诱别人去杀人；利用

间接的方法去伤害别人，自己却不抛头露面；利用自己以外的人或事达到目的，借的刀不一定是人，也可能是一种物或一种势力。

"借刀杀人"往往被认为是阴险之计，但是，在《三十六计》中，"借刀杀人"之计的本义却是为了试友，实际上有"投石问路、一箭三雕"等多层含义。

此计主要强调要善于利用第三者的力量，包括制造和利用敌人的内部矛盾。在使用上也没有固定的方式，要因地、因时、因势而"借刀"，才能达到预期目的。

经典案例 锦囊妙计

晏子借桃杀三士

齐景公即位后，齐国的国力已极大地削弱了。外部，齐景公面对赵、燕等国的"蚕食"，束手无策；内部一些权臣不把国君放在眼中，特别是公孙捷、田开强、古冶子三人，他们都身壮如牛、力大无比，自恃有功，横行无忌。齐景公重用贤臣晏婴，力图使齐国得以振兴。

晏婴上任后，决心除掉公孙捷、田开强、古冶子三个"害群之马"，严肃国纪国法。公孙捷三人有一身奇勇，派人去抓，不成；派刺客行刺，也不成。晏婴想来想去，觉得惟一的办法还是用"计"。

一天，齐景公设盛宴款待文武大臣。酒过三巡之后，文臣武将们都带了几分醉意，晏婴命令一名漂亮的侍女用大盘子端着两个硕大的桃子走到众人面前，传下话说："谁能说明自己是天下最有名的勇士，谁就可以吃掉一颗桃子。"

公孙捷觉得这是表现自己的好时机，立刻站了起来，说："我能接连和两只猛兽搏斗，把它们打死，像我这样的勇力，天下没有第二个，我是天下最有名的勇士，我可以吃掉一枚桃子！"说完，向四周看看，见无人反对，伸手拿走一枚桃子。

古冶子离开酒桌，站了起来，说："我曾经冒着生命危险，在黄河的惊涛骇浪中浮沉九里，斩妖龟之头，保护国君平安地渡过了黄河。当时，见到我的人都说我是河神，像我这样的勇力，难道称不上是天下最有名的勇士吗？"古冶子说完，也向四周看看，见无人反对，伸手拿走了剩下的一枚桃子。

田开强急了，他走到众人面前，愤慨地说："我在跟敌人的战争中，曾多次冲入敌阵，砍杀敌壮，夺取战车和大纛。攻打徐国时，我俘虏500多人，逼迫徐国纳款投降，威震邻国，为国家立下汗马功劳。难道这么大的功劳还不能分到一枚桃子吗？"

晏婴急忙走出来，对齐景公说："田将军的功劳和勇气天下皆知，可惜桃子已没有了，可否请大王赐一杯美酒，待桃子再熟时，补赐给田将军如何？"

齐景公也对田开强说："田将军，算起来，你该是天下最有名的勇士，可惜你说得太迟。"

田开强怒火攻心，道："打虎杀龟，固然有勇有功，但我为国家立下如此赫赫战功，反而遭到冷落，为人耻笑，以后还有何面目见人！"说完，不容分说，拔剑自刎。

公孙捷见状，面红耳赤，道："我功劳不如田将军，反拿了桃子，致使田将军自刎，我还怎样活在世上！"说完，也拔剑自杀。

古冶子跳了起来，信誓旦旦地说："我们三人是结拜兄弟，誓同生死，如今我也不能活了！"说完，也自刎而死。

齐景公见齐国一下子失去了三位勇

士，心中有些惋惜，下令用士大夫之礼厚葬了这三个人。三个害群之马已除，晏婴就可以放开手脚，大胆地治理国家了。

巧周旋救鲁却齐

春秋末期，齐简公派国书为大将，兴兵伐鲁。鲁国实力不敌齐国，形势危急。孔子的弟子子贡分析形势，认为惟吴国可与齐国抗衡，可借吴国兵力挫败齐国军队。于是子贡游说齐相田常。田常当时蓄谋篡位，急欲铲除异己。子贡以"忧在外者攻其弱，忧在内者攻其强"的道理，劝他莫让异己在攻弱鲁中轻易成功，扩大势力，而应攻打吴国，借强国之手铲除异己。田常心动，但因齐国已作好攻鲁的部署，转而攻吴，怕师出无名。子贡说："这事好办。我马上去劝说吴国救鲁伐齐，这不是就有了攻吴的理由了吗？"田常高兴地同意了。子贡赶到吴国，对吴王夫差说："如果齐国攻下鲁国，势力强大，必将伐吴。大王不先下手为强，联鲁攻齐，吴国不就可抗衡强劲，成就霸业了吗？"子贡马不停蹄，又说服赵国，派兵随吴伐齐，解决了吴王的后顾之忧。子贡游说三国，达到了预期目标，他又想到吴国战胜齐国之后，定会要挟鲁国，鲁国不能真正解危。于是他偷偷跑到晋国，向晋定公陈述利害关系：吴伐鲁成功，必定转而攻晋，争霸中原。劝晋国加紧备战，以防吴国进犯。公元前484年，吴王夫差亲自挂帅，率十万精兵及三千越兵攻打齐国，鲁国立即派兵助战。齐军中吴军诱敌之计，

陷于重围，齐师大败，主帅图书及几员大将死于敌军之中。齐国只得请罪求和。夫差全胜之后，妄狂自傲，立即移师攻打晋国。晋国因早有准备，击退吴军。子贡充分利用齐、吴、越、晋四国的矛盾，巧妙周旋，借吴国之"刀"，击败齐国；借晋国之"刀"，灭了吴国的威风。使鲁国从危险中得以解脱。

子胥借兵报大仇

楚平王有个太子名叫建，平王派伍奢做太傅，费无忌任少傅。费无忌对太子建不忠实，……日夜在平王面前说太子的坏话。……伍奢知道费无忌在平王面前对太子进谗言，于是便说："大王为什么因谗贼小人的话而疏远骨肉的关系呢？"费无忌说："现在大王不制止，他的阴谋便要得逞了，大王将会被逮捕。"于是平王发怒，把伍奢囚禁起来。……

费无忌对平王说："伍奢有两个儿子，都很贤能，如不及时杀掉，对楚国将有后患。可以把他们的父亲作为人质，把他们召来。"平王派使者对伍奢说："你能把你两个儿子叫来，就让你活命；如果叫不来便叫你死。"伍奢回答说："长子伍尚为人仁慈，我叫他，一定会来。次子伍子胥为人刚暴忍辱，能完成大事业，他看到来了一并被捉，势必不来。"平王不听伍奢的话，派人去召伍奢的两个儿子，并说："来了，我让你父亲活；不来，现在即杀伍奢。"伍尚想要前往，伍子胥便说："楚王叫我们兄弟去，并不是想保全我们父亲的生命，恐怕杀了父亲后，我们兄弟有逃脱的，会留后

患，因此拿父亲当人质，用欺骗手段叫我们二人前往。我们两个去了，就同父亲一块被处死。我们去了，对父亲的死有什么益处？真的前去了，反而使杀父之仇报不了！不如逃奔到其他国家，借别国的力量为父报仇雪耻；跟父亲一块儿死，没有意义。"伍尚说："我知道去了也不能保全父亲的生命，但是，令人恨憾的是，父亲为保全性命叫我去，我不去，以后又不能报仇雪耻，终究被天下人所耻笑。"并对伍子胥说："你可以逃走了，你能报杀父之仇，我将去投身就死。"伍尚已经被捕，使者又要逮捕伍子胥。伍子胥拉满了弓，装上箭，使者不敢前进，伍子胥便逃跑了。他听说太子建在宋国，就前往宋国跟随他。伍奢听说伍子胥逃跑了，便说："楚国的君臣们将要被战争所苦恼了。"伍尚到了楚国，楚国就一块儿杀了伍奢和伍尚父子二人。

伍子胥已经到了宋国，正碰上宋国发生华氏作乱，他就与太子建共同逃到郑国。郑国人热情地接待了他们。太子建又到晋国，晋顷公对他说："太子既然与郑国关系很好，郑国又相信太子。如果太子能当我的内应，而我从外面进攻郑国，一定能使郑国灭亡。灭了郑之后，我便加封太子。"太子又回到郑国，事情还未准备妥当，恰好太子因私事的缘故，想要杀死跟随他的侍者。侍者知道太子的阴谋，就向郑国报告了。郑定公与国相子产杀死了太子建。太子建有个儿子名叫胜。伍子胥害怕了，就与胜一同奔向吴国。到了昭关，昭关的守吏想要拘捕他们，伍子胥就与胜只身徒步逃跑，

差一点儿未能脱身。追赶他们的人就在后面，来到江边，江边上有一个渔父乘着船，知道伍子胥急于逃跑，就把伍子胥渡过江。伍子胥已经过了江，就解下宝剑说："此剑价值百金，我把它赠给您。"渔父说："楚国的法令是能捕到伍子胥的，赐给粟五万石，封给执珪的官爵，又岂只仅仅值一百金的宝剑呢？"没有接受。伍子胥还未到吴国，在中途就病了。沿路乞讨。到了吴国，吴王僚正当权，公子光为大将。伍子胥便借与公子光的关系求见吴王。……

等到吴国军队攻入楚国郢都，伍子胥搜寻昭王。没有找到，就挖掘楚平王的坟墓，拖出他的尸体，鞭打三百，然后罢手。

李斯奸妒害韩非

韩非看到韩国日趋衰弱，便屡次上书劝谏韩王，但始终没有被韩王采纳。他很痛恨韩王治国不致力于法制，不能凭借君主的权势驾驭下臣，不能求贤任能、富国强兵；反而提拔任用了一些轻浮淫侈的"五蠹"之辈，使他们的地位高出了那些对国家有实际功劳的人。韩非认为儒家以文献典籍扰乱国家的法度，而游侠之士则凭借武力冒犯国家的禁令。当国家太平时，君王就宠爱那些名声显赫的学者，在国家危难时则使用那些披甲戴盔的武士。现在国家供养的人不是所要用的，而所任用的人又不是应该供养的。所以他悲愤廉洁正直的人被当权的奸邪不正之臣排斥，而考察了历史上的得失变化，撰写了《孤愤》、《五蠹》、

《内外储》、《说林》、《说难》等十余万字的著作。

有人把韩非的这些著作传到秦国，秦王嬴政看了《孤愤》、《五蠹》等书，十分感慨地说："唉，如果我能见到此人并与之交往，死而无憾了。"李斯在一旁说："这是韩非写的著作。"秦王遂即出兵攻打韩国。韩王开始仍没有起用韩非，直到战事危急时，才派韩非出使秦国。秦王很高兴，但也没有马上任用韩非。李斯和姚贾看到秦王重视韩非而生妒心，于是在秦王面前谗毁说："韩非是韩国的公子。现在大王想吞并各诸侯国，韩非终归要帮助韩国而不会为秦国效力，这是人之常情。如今大王不能任用他，久留而后送他回国，必然是自留祸患，不如寻找他的过错，以法杀之。"秦王认为也有道理，就下令将韩非拘捕治罪。李斯派人送去毒药，让韩非自杀。韩非还想面见秦王陈述己见，但无法见到。此后不久，秦王也悔悟了，急忙派人赦免韩非，然而他已经死了。

秦王嬴政读了韩非的著作，佩服得五体投地，当他得知此人是韩国的贵公子时，又急忙发动军事进攻。显然目的不仅仅是攻城略地，而在于得到韩非这样的人才，因此韩非使秦后他非常高兴。这一切李斯都看在眼里，他和韩非一起师事荀子，对韩非高于自己的才能是十分了解的。李斯因贪求富贵而事秦王，如果韩非一旦被秦王重用，势必直接影响他的功名利禄，于是妒嫉生奸，利用自己近侍和宠臣的双重身份，摆出一副替秦王忧国忧天下的模样，趁秦王还未和韩非进一步接触，便说以人为其主，不可养痈遗患的谗言，致使秦王上当受骗。察其言，观其行，李斯进谗陷害同窗，摧残人才实在是暴露了他极端卑鄙自私的品行。

陈平解围白登山

西汉初年，汉高祖刘邦率领大军与匈奴交战。刘邦求胜心切，带领骑兵追击敌军，把大队人马丢在后面，不料刚刚追到平城，便中了匈奴的埋伏，刘邦被迫困守白登山，等待援兵的到来。然而，汉军的后续部队已经被匈奴军队分头阻挡在各要路口，无法前来解围，形势十分危急。

到了第四天，被围困的汉军粮草越来越少。伤亡的将士不断增加，刘邦君臣急得像热锅上的蚂蚁，坐立不安。

跟随刘邦的谋士陈平连日以来，无时不在苦思冥想着突围之计。这天，他正在山上观察敌营的动静，看见山下敌军中有一男一女指挥着匈奴兵。一打听才知道，这一男一女是匈奴王单于和他的夫人阏氏。

他灵机一动，从阏氏身上想出一条计策，回去和刘邦一说，马上得到了允许。

陈平派一名使者，带着金银珠宝和一幅图画秘密地去见阏氏。使用高价买通了阏氏帐下的小番，得到进见阏氏的机会。见到阏氏后，使者指着礼物说："这些珠宝都是大汉皇帝送给您的，大汉皇帝想与贵族和好，所以送来礼物，请务必与匈奴王疏通疏通。"

阏氏的心被这份厚礼打动了，全部

收下。

使者又献上一幅图画，打开一看，原来上面画的是一位娇美无比的美女。使者说：

"大汉皇帝怕匈奴王不答应讲和，准备把中原头号美人献给他，这就是她的画像，请您先过目。"

阏氏接过画像一看，图上的美女就像天仙一般漂亮，她想，如果自己的丈夫得到如此美丽的中原女子，还有心思宠爱自己吗？想到这里，她摇晃着头说："这用不着，拿回去吧！我请单于退兵就是了。"

使者卷起图画，告辞了。

阏氏送走汉军使者后，去见匈奴王，她说：

"听说汉军的援军快打过来了，这里的汉军阵地又攻不下来。一旦他们的援军赶来，咱们就被动了。不如接受汉朝皇帝讲和的条件，乘机向他们多要些财物。"

匈奴王经过反复考虑，终于同意了夫人的意见。后来，双方的代表经过多次谈判，达成了停战协议。

曹操抹书间韩遂

在曹操与马超的渭水之战中，曹操用计强渡渭水，在渭北形成了犄角之势。马超见势不妙，一面考虑韩遂提出的与曹军议和的主意，一面与韩遂分头轮番防御曹操和徐晃东西两面的魏军。

曹操利用他们两人分头御敌的机会，在韩遂与他对阵时，阵前故意解甲弃枪，在阵上扯了几个时辰的家常，企图以此引起马超对韩遂的怀疑，等待二人相互争斗。

谋士贾诩对曹操说："主公在阵前与韩遂闲叙的意图我知道，但仅仅如此并不足以离间他们，我有一计可以致使他们之间相互仇杀。"曹操忙问其计，贾诩说："马超是个武夫，不懂机谋，丞相可亲笔写封书信给韩遂，使书信中字迹模糊，在涉及军机要害的地方，故意涂改抹去，然后封好送给韩遂。并且送信时可不必保密，让马超知道你有信给他。事后，马超必然向韩遂要这封信，如果他见信上把要紧的语言部分都抹去了，必然猜疑是韩遂自己改抹的。这样与你在阵前与韩遂闲叙的事情相呼应，马超必然疑心更重。我们在暗中收买韩遂部将，让他们相互离间，大事一定能成功。"曹操听后依计而行。

曹操派人把信送给韩遂后，果然有人报告了马超。马超对上次韩遂与曹操阵前闲聊已经产生了怀疑，便问韩遂要这封信看。马超见信上有涂抹，便问韩遂道："书上为什么有涂抹。"韩遂说："原书就是这样，我也不知道为什么，也许是曹操误把草稿捎来了。"马超说："哪有把书稿送给他人的道理呢？一定是你怕我知道详情，先涂抹了。再说，曹操是很精细的人，怎么会有这样的纰漏？你我共同讨伐曹操，为什么此刻突然产生异心呢？"韩遂无法解释，只好对马超说："你如果不信，明天我在阵前叫曹操说话，你突然从营中冲出，一枪把他刺死算了。"马超说："如果这样，我才信你的真心。"

第二天，韩遂出阵喊曹操出营答话，

可是曹操不出阵。只见曹洪率数十军马来到阵上对韩遂大声说："昨夜丞相信中拜托将军的事，请将军不要有误。"未等韩遂反应过来，曹洪已经率兵回阵了。马超听到后，骑马从营中冲出，挺枪向韩遂刺来。韩遂手下众将急举枪拦住，劝解二人各自回寨。

韩遂回寨后，问众将这件事该如何处理。众将说："马超自恃勇力过人，目中无人，常不把将军放在眼里。现在就这样，将来胜了曹操，对我们有什么好处呢？不如去投曹操，你也不失封侯的机会。"韩遂说："我和其父是结义兄弟，怎么能这样做呢？"众将说："事情已经如此，不这么做也不行了。"于是派人去曹营中通消息，约好今夜营内以放火为号，里应外合，虚设宴请马超和解，欲在席间把马超杀掉。

马超回寨后，也派人去韩遂寨中盯梢，韩遂要杀他的打算，马超也全知道了。当韩遂派人请马超时，马超吩咐庞德、马岱做后应，亲自带十人先行，去往韩遂大寨。这时韩遂手下一位将官见马超只带十人入寨，便先动手杀马超。马超挥剑直刺韩遂面门，韩遂未及招架，慌忙中用手迎剑，结果左手被砍掉。这时韩遂周围五员大将一齐向马超围过来，马超一人力敌五将，顷刻之间杀死二将，其余三将料敌不过马超，各自逃跑，韩遂也乘机逃走。曹操见营中燃起了大火，率大军乘乱向营中杀来。马超未料到曹军会突然到来，一时被打乱了阵脚，大败而去。

就这样，曹操用离间计，赢得了渭水之战的胜利。

楚汉相争刘计胜

在政治斗争中，政敌之间为了扩大自己的政治势力，往往会结成政治同盟。通过同盟势力来打击政敌，这是政治斗争中常有的现象。面对政敌的同盟，使用借刀杀人之计的一方，最有效的手段是破坏政敌的同盟。这样，既可削弱政敌的力量，又可扩大自己的同盟，同时还有可能形成各个击破的态势。使用者能得到盟友的相助，这是使用者比较满意的结果；使用者能得到盟友相助，并能造成政敌同盟之间的相互残杀，这是使用者所能得到的最好结果。

楚汉战争时，项羽与刘邦之间争斗不息。项羽"力能扛鼎，才气过人"，在战争初期以西楚霸王的名义号令诸侯，兵多将广，更兼善战，处于优势地位。刘邦"仁而爱人，喜施，意豁如也"，虽勇不及项羽，地不如楚多，但他能采纳部下建议，分化项羽同盟，故常能败而复振，逐渐化劣势为优势。

公元前205年，刘邦趁项羽东征田齐之时，率兵五十六万伐楚，一举攻克楚都彭城（今江苏徐州市）。项羽得知，亲率精兵三万回援，连续作战，收复彭城，驱赶汉军，竟连连斩获汉军二十万。刘邦慌忙逃窜，在途中竟将子女推下战车，老父也被项羽俘虏。刘邦逃至荥阳，幸赖萧何等征发关中老弱全数赶来，方才稳住阵脚。

公元前204年，楚汉在荥阳对峙，"项王数侵夺汉甬道，汉王食乏，恐，请和，割荥阳以西为汉。"项羽厌烦战争，想允许刘邦的请和。项羽谋士范增说："汉易与耳，今释弗取，后必悔之。"项羽听从，急攻荥阳，刘邦愁极无奈。这时，刘邦的谋士陈平设计，等项羽使者来时，提供丰盛的饭食，在入席时，故意问使者是谁的使者，然后假装惊愕地说："吾以为亚父（范增）使者，乃反项王使者？"叫人将美食撤下，另换粗劣的食物。使者回报项羽，项羽果然疑心。范增大怒，对项羽说："天下事大定矣，君王自为之。愿赐骸骨归卒伍。"这本是气话，希望项羽能感悟。孰料项羽不同意，范增只得离去，在回彭城的路上，连气带病，竟恨然离世。陈平又造谣言，说项羽的勇将钟离昧等欲降汉而求分封为王，使项羽对他的"骨鲠之臣"都失去信任，彼此相互猜疑，战斗力自然下降。

刘邦一面用陈平的离间计来离间项羽的亲信，一面听从张良的计谋，趁项羽同盟者，九江王英布、魏相国彭越与项羽"有隙"之时，利诱彭越，使他在楚后方绝楚粮道；派使者随何前去九江游说英布。英布此时与项羽虽有矛盾，但畏惧项羽强横，还不敢与项羽为敌。随何凭三寸不烂之舌，说得英布心动，但英布仍然狐疑不安。于是，随何借楚使者前来九江催英布发兵之时，公开英布与汉又谋的事实，迫使英布最终下定反楚的决心。这样，项羽分兵去攻打英布，减轻刘邦的压力；英布兵败来投刘邦，也只能死心踏地助汉攻楚。刘邦不断地削弱项羽的同盟，扩大自己的同盟，这是成功地应用借刀杀人之计的扰其同盟，借政敌狐疑而弱之的手法。

刘备借刀除吕布

在三国时，吕布骁勇过人，但为人反复无常。吕布原为荆州刺史丁原的义子，后丁原与董卓交恶，董卓用一匹赤兔马将吕布收买，吕布杀了丁原，拜董卓为义父。

董卓入京之后，势力扩大，自称太师。后来王允等人巧用连环计，使董卓死在吕布之手。

在罗贯忠的《三国演义》第十九回中，刘备巧用借刀杀人之计除掉了吕布。请见原文：

且说曹操得了徐州，心中大喜，商议起兵攻下邳。程昱曰："布今止有下邳一城，若逼之太急，必死战而投袁术矣。布与术合，其势难攻。今可使能事者守住淮南径路，内防吕布，外挡袁术。况今山东尚有臧霸、孙观之徒未曾归顺，防之亦不可忽也。"操曰："吾自挡山东诸路。其淮南径路，请玄德挡之。"玄德曰："丞相将令，安敢有违。"次日，玄德留糜竺、简雍在徐州，带孙乾、关、张引军住守淮南径路。曹操自引兵攻下邳。

且说吕布在下邳，自恃粮食足备，且有泗水之险，安心坐守，可保无虞。陈宫曰："今操兵方来，可乘其寨栅未定，以逸击劳，无不胜者。"布曰："吾方屡败，不可轻出。待其来攻而后击之，皆落泗水矣。"遂不听陈宫之言。过数日，曹兵下寨已定。操统众将至城下，大叫吕布答话，布上城而立，操谓布曰："闻奉先又欲结婚袁术，吾故领兵至此。

夫术有反逆大罪，而公有讨董卓之功，今何自弃其前功而从逆贼耶？倘城池一破，悔之晚矣！若早来降，共扶王室，当不失封侯之位。"布曰："丞相且退，尚容商议。"陈宫在布侧大骂曹操奸贼，一箭射中其麾盖。操指宫恨曰："吾誓杀汝！"遂引兵攻城。

宫谓布曰："曹操远来，势不能久。将军可以步骑出屯于外，宫将余众闭守于内；操若攻将军，宫引兵击其背；若来攻城，将军为救于后，不过旬日，操军食尽，可一鼓而破；此乃掎角之势也。"布曰："公言极是。"遂归府收拾戎装。时方冬寒，吩咐从人多带棉衣，布妻严氏闻之，出问曰："君欲何往？"布告以陈宫之谋。严氏曰："君委全城，捐妻子，孤军远出，倘一旦有变，妾岂得为将军之妻乎？"布踌躇未决，三日不出。宫入见曰："操军四面围城，若不早出，必受其困。"布曰："吾思远出不如坚守。"宫曰："近闻操军粮少，遣人往许都去取，早晚将至。将军可引精兵往断其粮道。此计大妙。"布然其言，复入内对严氏说知此事。严氏泣曰："将军若出，陈宫、高顺安能坚守城池？倘有差失，悔无及矣！妾昔在长安，已为将军所弃，幸赖庞舒私藏妾身，再得与将军相聚；孰知今又弃妾而去乎？将军前程万里，请勿以妾为念！"言罢痛哭。布闻言愁闷不决，入告貂蝉。貂蝉曰："将军与妾作主，勿轻身自出。"布曰："汝无忧虑。吾有画戟、赤兔马，谁敢近我！"乃出谓陈宫曰："操军粮至者，诈也。操多诡计，吾未敢动。"宫出，叹曰："吾等死无葬身之地矣！"布于是终日不出，

只同严氏、貂蝉饮酒解闷。

谋士许汜、王楷入见布，进计曰："今袁术在淮南，声势大振。将军旧曾与彼约婚，今何不仍求之？彼兵若至，内外夹攻，操不难破也。"布从其计，即日修书，就着二人前去。许汜曰："须得一军引路冲出方好。"布令张辽、郝萌两个引兵一千，送出隘口。是夜二更，张辽在前，郝萌在后，保着许汜、王楷杀出城去。抹过玄德寨，众将追赶不及，已出隘口。郝萌将五百人，跟许汜、王楷而去。张辽引一半军回来，到隘口时，云长拦住。未及交锋，高顺引兵出城救应，接入城中去了。

且说许汜、王楷至寿春，拜见袁术，呈上书信。术曰："前者杀吾使命，赖我婚姻！今又来相问，何也？"汜曰："此为曹操奸计所误，愿明上详之。"术曰："汝主不因曹兵困急，岂肯以女许我？"楷曰："明上今不相救，恐唇亡齿寒，亦非明上之福也。"术曰："奉先反复无信，可先送女，然后发兵。"许汜、王楷只得拜辞，和郝萌回来。到玄德寨边，汜曰："日间不可过。夜半吾二人先行，郝将军断后。"商量停当。夜过玄德寨，许汜、王楷先过去了。郝萌正行之次，张飞出寨拦路。郝萌交马只一合，被张飞生擒过去，五百人马尽被杀散。张飞解郝萌来见玄德，玄德押往大寨见曹操。郝萌备说求救许婚一事。操大怒，斩郝萌于军门，使人传谕各寨，小心防守：如有走透吕布及彼军士者，依军法处治。各寨悚然。玄德回营，吩咐关、张曰："我等正当淮南冲要之处。二弟切宜小心在意，勿犯曹公军令。"飞曰："捉了一员

贼将，操不见有甚褒赏，却反来唬吓，何也？”玄德曰：“非也。曹操统领多军，不以军令，可能服人？弟勿犯之。”关、张应诺而退。

却说许汜、王楷回见吕布，具言袁术先欲得妇，然后起兵救援。布曰：“如何送去？”汜曰：“今郝萌被获，操必知我情，预作准备。若非将军亲自护送，谁能突出重围？”布曰：“今日便送去，如何？”汜曰：“今日乃凶神值日，不可去。明日大利，宜用戌、亥时。”布命张辽、高顺：“引三千军马，安排小车一辆；我亲送至二百里外，却使你两个送去。”次夜二更时分，吕布将女以棉缠身，用甲包裹，负于背上，提戟上马。放开城门，布当先出城，张辽、高顺跟着。将次到玄德寨前，一声鼓响，关、张二人拦住去路，大叫：“休走！”布无心恋战，只顾夺路而行。玄德自引一军杀来，两军混战。吕布虽勇，终是缚一女在身上，只恐有伤，不敢冲突重围。后面徐晃、许褚皆杀来，众军皆大叫曰：“不要走了吕布！”布军见来太急，只得仍退入城。玄德收军，徐晃等各归寨，端的不曾走透一个。吕布回到城中，心中忧闷，只是饮酒。

却说曹操攻城，两月不下。忽报：“河内太守张杨出兵东市，欲救吕布；部将杨丑杀之，欲将头献丞相，却被张杨心腹将睦固所杀，反投犬城去了。”操闻报，即遣史涣追斩睦固。因聚众将曰：“张杨虽幸自灭，然北有袁绍之忧，东有表、绣之患，下邳久围不克，吾欲舍布还都，暂且息战，何如？”荀攸急止曰：“不可。吕布屡败，锐气已堕，军以将为

主，将衰则军无战心。彼陈宫虽有谋而迟。今布之气未复，宫之谋未定，作速攻之，布可擒也。”郭嘉曰：“某有一计，下邳城可立破，胜于二十万师。”荀彧曰：“莫非决沂、泗之水乎？”嘉笑曰：“正是此意。”操大喜，即令军士决两河之水。曹兵皆居高原。坐视水淹下邳。下邳一城，只剩得东门无水；其余各门，都被水淹。众军飞报吕布。布曰：“吾有赤兔马，渡水如平地，又何惧哉！”乃日与妻妾痛饮美酒，因酒色过伤，形容消减；一日取镜自照，惊曰：“吾被酒色伤矣！自今日始，当戒之。”遂下令城中，但有饮酒者皆斩。

却说侯成有马十五匹，被后槽人盗去，欲献与玄德。侯成知觉，追杀后槽人，将马夺回；诸将与侯成作贺。侯成酿得五六斛酒，欲与诸将会饮，恐吕布见罪，乃先以酒五瓶诣布府，禀曰：“托将军虎威，追得失马。众将皆来作贺。酿得些酒，未敢擅饮，特先奉上微意。”布大怒曰：“吾方禁酒，汝却酿酒会饮，莫非同谋伐我乎！”命推出斩之。宋宪、魏续等诸将俱入告饶。布曰：“故犯吾令，理合斩首。今看众将面，且打一百！”众将又哀告，打了五十背花，然后放归。众将无不丧气。

宋宪、魏续至侯成家来探视，侯成泣曰：“非公等则吾死矣！”宪曰：“布只恋妻子，视吾等如草芥。”续曰：“军围城下，水绕壕边，吾等死无日矣！”宪曰：“布无仁无义，我等弃之而走，何如？”续曰：“非丈夫也。不若擒布献曹公。”侯成曰：“我因追马受责，而布所倚恃者，赤兔马也。汝二人果能献门擒

布，吾当先盗马去见曹公。"三人商议定了。是夜侯成暗至马院，盗了那匹赤兔马，飞奔东门来。魏续便开门放出，却佯作追赶之状。侯成到曹操寨，献上马匹，备言宋宪、魏续插白旗为号，准备献门。曹操闻此信，便押榜数十张射入城去，其榜曰：

大将军曹，特奉明诏，征伐吕布。如有抗拒大军者，破城之日，满门诛戮。上至将校，下至庶民，有能擒吕布来献，或献其首级者，重加官赏。为此榜谕，各宜知悉。

次日平明，城外喊声震地。吕布大惊，提戟上城，各门点视，责骂魏续走透侯成，失了战马，欲待治罪。城下曹兵望见城上白旗，竭力攻城，布只得亲自抵敌。从平明直打到日中，曹兵稍退。布少憩门楼，不觉睡着在椅上。宋宪赶退左右，先盗其画戟，便与魏续一齐动手，将吕布绳缠索绑，紧紧缚住。布从睡梦中惊醒，急唤左右，却都被二人杀散，把白旗一招，曹兵齐至城下。魏续大叫："已生擒吕布矣！"夏侯渊尚未信。宋宪在城上掷下吕布画戟来，大开城门，曹兵一拥而入。高顺、张辽在西门，水围难出，为曹兵所擒。陈宫奔至南门，为徐晃所获。

曹操入城，即传令退了所决之水，出榜安民；一面与玄德同坐白门楼上。关、张侍立于侧，提过擒获一干人来。吕布虽然长大，却被绳索捆作一团，布叫曰："缚太急，乞缓之！"操曰："缚虎不得不急。"布见侯成、魏续、宋宪皆立于侧，乃谓之曰："我待诸将不薄，汝等何忍背反？"宪曰："听妻妾言，不听

将计，何谓不薄？"布默然。须臾，众拥高顺至。操问曰："汝有何言？"顺不答。操怒命斩之。徐晃解陈宫至。操曰："公台别来无恙！"宫曰："汝心术不正，吾故弃汝！"操曰："吾心不正，公又奈何独事吕布？"宫曰："布虽无谋，不似你诡诈奸险。"操曰："公自谓足智多谋，今竟何如？"宫顾吕布曰："恨此人不从吾言！若从吾言，未必被擒也。"操曰："今日之事当如何？"宫大声曰："今日有死而已！"操曰："公如是，奈公之老母妻子何？"宫曰："吾闻以孝治天下者，不害人之亲；施仁政于天下者，不绝人之祀。老母妻子之存亡，亦在于明公耳。吾身既被擒，请即就戮，并无挂念。"操有留恋之意。宫径步下楼，左右牵之不住。操起身泣而送之。宫并不回顾。操谓从者曰："即送公台老母妻子回许都养老。怠慢者斩。"宫闻言，亦不开口，伸颈就刑。众皆下泪。操以棺椁盛其尸，葬于许都。后人有诗叹之曰：

生死无二志，丈夫何壮哉！不从金石论，空负栋梁材。

辅主真堪敬，辞亲实可哀。白门身死日，谁肯似公台！

方操送宫下楼时，布告玄德曰："公为坐上客，布为阶下囚，何不发一言而相宽乎？"玄德点头。及操上楼来，布叫曰："明公所患，不过于布；布今已服矣。公为大将，布副之，天下不难定也。"操回顾玄德曰！"何如？"玄德答曰："公不见丁建阳、董卓之事乎？"布目视玄德曰："是儿最无信者！"操令牵下楼缢之。布回顾玄德曰："大耳儿！不记辕门射戟时耶？"忽一人大叫曰："吕

布匹夫！死则死耳，何惧之有！"众视之，乃刀斧手拥张辽至。操令将吕布缢死，然后枭首。

刘备一句话，送了吕布的命，刘备为什么非要杀吕布呢？

原来，刘备是暂时栖身在曹营，心怀大计。曹操与吕布联合必给刘备未来的事业带来重大阻力。吕布英勇过人，武功盖世。先前，虎牢关一战，吕布一人独战刘备、关羽、张飞，且进退自如。如果他与曹操联合，天下哪有敌手呢？

投其所好用吕布

曹操总揽朝政后，在确定连横大策的同时，对吕布这支董卓的残部也做了具体分析，确定了对吕布所采取的策略。

吕布，字奉先。五原郡九原人（九原即五原的治所。位于今包头市西北）。他弓马娴熟，膂力过人。在群雄联盟讨伐董卓时，显露了他一身天下无双的好武艺。最初，他在并州（今山西太原西南）刺史丁原手下做主簿，曾认丁原为义父。当董卓进犯京都时，吕布被董卓买通，杀了丁原。接着，吕布又认董卓为义父，被封为都亭侯。后来，吕布又为司徒王允所使，亲手杀了董卓，与王允共秉朝政，封为奋威将军，温侯。及至李傕，郭汜攻破长安时，吕布势败，走投无路投奔张邈，在陈宫辅佐下攻取曹操山东诸地，最后被曹操打败，只好投奔徐州刘备，驻在徐州之侧的沛城，充当刘备的羽翼。

曹操此刻暗想，吕布这个人，见利忘义，反复无常，野心又很大，不除掉他实是我的心腹大患。但这个人武艺高强，现在又投奔了刘备，构成了战略犄角之势，欲除掉他也不是轻而易举的事。但依其本性，他与刘备在一起也不会长久，待二人发生内讧时再图他也不迟。若有条件利用他为我去除袁术岂不更妙？想到这，他便用荀彧所说的"二虎觅食""引虎吞狼"之计加速吕布与刘备的反目。果然未出所料，尽管刘备以委曲求全之策，尽量避免双方争斗，但最终还是被吕布打败。

曹操见刘备兵败未来相投，便欲兴兵攻打吕布。不料这时张绣又联结刘表欲攻许都。曹操便与众谋臣计议说："现在袁术未除，剿吕布的时机又未成熟，张绣此刻却又来作乱，宜如何是好？"荀彧说："这很容易，既然吕布已和刘备闹翻，他孤军在徐州，什么时候伐之均可。还是先讨伐张绣为上策。吕布这个人，有勇而无谋，见利忘义。主公可遣使去徐州，为吕布加官进赏。并劝他与刘备和解，仍让刘备屯于沛城，用刘备牵制于他。他怕刘备夺他徐州，必不敢乘机来犯我许都。这样我们可以安心地去先剿除张绣了。"曹操听罢，即刻遣奉军都尉王则为使，带上官诰及亲笔写的书信去徐州见吕布。

吕布听说朝中使臣到，亲自将其接入府中。王则入府后，端起朝使的架子开读诏书，封吕布为平东将军。接着又拿出曹操写给他的书信，并说曹操如何器重于他。把吕布哄得十分高兴。欣然地按信中的要求，答应于曹操，令刘备仍居沛城。

正在这时，袁术又派使臣来到府上，

并对吕布说："袁公现在已继帝位，特来催将军入约，早送你女儿去淮南入宫，临皇妃之位。"吕布听后，见王则在侧，实在感到难为情。心想，当初袁术提亲，是为其子提亲，今反欲让我女儿充宫。今我既受封为平东将军，主要使命就是攻伐袁术，又如何甘居袁术之下与其联姻呢？于是当即变了脸色大怒道："反贼竟敢如此自不量力。"挥手斩了来使，并把在此处为媒的韩胤也用枷钉了起来，遣陈登为使，随朝使王则一同向天子及曹操去许都谢恩，并把韩胤也一同押往许都，以示其与袁术断绝关系。

曹操见吕布斩使押媒与袁术绝了婚约，十分高兴地对诸臣说："吾封其为平东将军就是欲使他与袁术绝交，以便日后用他去讨伐袁术耳。"

后来，曹操见袁术四面树敌，便约江东孙策，携刘备，令吕布去共同讨伐袁术。吕布念曹操加封进赏之情及袁术攻他之恨，应约前往，助曹操打败了袁术。

代题反诗再栽赃

蔡瑁企图用先斩后奏之策瞒过刘表暗害刘备扑空后，站在人去屋空的馆驿中懊悔地自责道："我怎么只考虑如何瞒过刘表，却让刘备溜掉了！"沮丧之余，不由心中又生一计。他想，你刘备不是寄居在我荆州吗？我让你逃得了初一躲不过十五。看我让刘表来除掉你！想到这，在馆驿的墙壁上写了一首诗。诗云："数年徒守困，空对旧山川，龙岂池中物，乘雷欲上天！"写毕，回去对刘表

说："刘备不辞而别，留在馆驿墙上一首诗，众人不解其意，请主公前往一视。"

刘表来到刘备住过的馆舍，一见墙上的诗句，不由大怒道："这个无义狂徒，竟敢题反诗于此，我一定杀了他！"蔡瑁一听，马上应声说："我即刻便召集兵马去铲除这个逆贼。"说着扭头便去。

刘表面对诗文心想，难怪他昨日与我饮酒时口出狂言，原来他竟怀有这么大的野心！当他跨出馆驿之际又一想，我和刘备相处这么久，从来没见他吟过什么诗。这也许是有人欲离间我们吧。想到这儿，回到馆舍，用剑尖削去此诗，上马回府。

此刻蔡瑁已召集完兵马正欲起程，见刘表迎面而来便问道："兵已点齐，是不是马上去新野擒刘备？"刘表挥了挥手说："不可造次，容我缓图之。"蔡瑁见此计又未成，登时又泄了气。

诸葛亮三气周瑜

周瑜取得赤壁一战的大胜之后，大犒三军，然后进兵攻取南郡。前队临江下寨，前后分五营，周瑜居中。周瑜正与众将商议征进之事，忽然听到刘备、诸葛亮已先期进驻油江，便判明刘备亦有攻取南郡之意，心里十分气恼，对众人说："赤壁一战，我们费了许多军马，用了许多钱粮，眼下南郡好不容易反手可得，而刘备却想坐享其成，除非我周瑜死了，他们才能做这个美梦！"于是立即亲自去刘备营中质问。经过一番交涉，两家确定，先由周瑜领兵去攻取南郡，倘若攻之不取，再由刘备的人马去攻占。

周瑜心想，曹操八十三万人马被我赶得如鸟兽散，曹操本人已退归许都，我取区区南郡不是易如反掌的事吗？谁知两军交手之后，不是想象中的那么容易，不但南郡一时未攻克，反而中了曹仁等设下的诱兵之计。损失了许多军马不说，周瑜本人还自临前线亲冒矢石，甚至身负箭伤，几乎丧命。后来好不容易将计就计，杀败了魏军，正准备回头来接受南郡时，刘备和诸葛亮趁吴、魏两军在别处厮杀之际，乘虚得了南郡。不仅得了南郡，还用假兵符赚得荆州、襄阳二城，连同南郡，一共三处城池，全不费力，皆属刘备了，周瑜一听，大叫一声，金疮迸裂，半天方才苏醒过来，这是诸葛亮一气周公瑾。

周瑜好不容易咽下这口气，又与孙权共同商定设下一个"假招亲"的圈套，想把刘备骗到东吴，然后除掉他。没想到诸葛亮计高一筹，分别对刘备、赵云面授机宜，不仅屡次化险为夷，而且还真的让刘备当上了新郎，做了孙权的"妹夫"，致使周郎"赔了夫人又折兵"，周瑜第二次受了诸葛亮的窝囊气，心想："我的第二条计策又落空，还有何面目去见孙权！"大叫一声，又是金疮迸发，昏倒于战船之上。

前两次失算，更加坚定了周瑜取荆州、杀孔明的决心。但硬拼又不可取，于是又心生一个"假途灭虢"的计谋来。那是孙权令鲁肃到刘备处，索要荆州。诸葛亮授意刘备答应鲁肃："等到自己取西川胜利之后，立即将荆州归还于东吴。"鲁肃回来一讲，周瑜就知道这完全是诸葛亮和刘备混赖荆州的遁词，但事已至此，只好将计就计，说："孙、刘两家，既结为亲，便是一家了，也不必烦劳刘备去取西川，我东吴纵兵去取西川，待取得西川后，权当作孙权妹妹的嫁资送给刘备，刘备也好归还荆州了。"实际上，他只是想让诸葛亮不做准备，当东吴兵马借着进取西川的名义，直逼荆州，等刘备出城劳军之际，便好"乘势杀之，夺取荆州，以雪心中之恨。"不曾想诸葛亮视周瑜惨淡经营的"假途灭虢"计策如同儿童游戏，一眼望穿，嘴里满口答应，暗地里却叫刘备"准备窝弓以擒猛虎，安排香饵以钓鳌鱼"，直等周瑜上钩。周瑜自以为得计，依计行事，率军来到荆州地界，却见不到刘备出迎劳军的影子，待到荆州城下，赵云站在城头，当众揭穿周瑜的"西洋镜"，然后，万箭齐发，不让周瑜近前。周瑜见自己又一次败在诸葛亮手下，终于发出了"既生瑜，何生亮！"的长叹，气绝而亡，时年只有36岁。

三气周公瑾，诸葛亮事先与之都未发生正面冲突，而是利用周瑜爱激动的弱点，施展近似一种"太极拳"的功夫，以柔克刚而制胜。

应该说，作为三军主帅，周瑜有胆有识，斗志很旺，这是很可贵的。但是他急于事成，碰不得钉子，一碰钉子，就失去了自制力，不是焦急不安，就是大动肝火，这样的毛病，却又正是三军主帅的致命伤，是万万不能有的，而周瑜不但有，而且很严重。这个弱点，在赤壁之战的过程中也经常表现出来。当他和诸葛亮初次相见时，诸葛亮采用"入门犯俗"的方法，巧用情报，编造曹操百万军队南下，是冲着"二乔"而来，激他抗曹，劝他把乔公二女送与曹操以求和，这一下不但鄙视他的无能，而且伤了他的所爱，于是根本不考虑诸葛亮的话是真是假，也不顾及场面上有些什么人，就"勃然大怒，离座指北而骂曰：'老贼欺吾太甚！'"这一来，就在诸葛亮面前暴露了他爱冲动，不容易控制情绪及容易上当受骗的弱点。好在这时的诸葛亮，还是以盟军军师的身份，目的是激他抗曹，效果是化消极因素为积极因素。还有一次那是在孙刘同盟结成以后，周瑜与诸葛亮共同确定了"火攻"的决策后，"万事俱备，只欠东风"。如果没有东南风，"火攻"计划只能告吹。由于事先没有考虑，骤然想起又是十分着急，这一急非同小可，于是"大叫一声，往后便倒，口吐鲜血"，诸葛亮掌握了这一点，在他后来的三气周瑜的斗智斗勇中，诸葛亮正是针对他这一致命的弱点，或者是火上浇油，或者是乘虚而入，每次都没有发生正面冲突和激烈争吵，反而表现得彬彬有礼，处处让步，但每一次都是胜券在握，终于活活气死了周瑜。

周瑜借刀杀二将

汉献帝建安十三年（208年），曹操出动水陆大军二十万南征刘表。刘表去世，刘表之子刘琮以荆州投降曹操。曹操统水陆大军顺江陵东下，征伐东吴的孙权。

这时，曹操写信给孙权说："最近，我奉天子之命，讨伐有罪的叛逆，军旗指向南方，刘琮降服。如今，我统领水军八十万人，将要与将军在吴地一道打猎。"孙权把这封书信给部属们看，他们无不惊惶失色。这时，都督周瑜对孙权说："众人只看到曹操信中说有水、陆军八十万而各自惊恐，不再去分析其中的虚实，就提出向曹操投降的意见，这完全没有意义。现在咱们据实计算一下，曹操所率领的中原部队不过十五六万人，而且长期征战，早已疲惫；新接收刘表的部队，至多有七八万人，仍然三心二意。以疲惫的士卒，驾驭三心二意的部众，人数虽多，却并没有什么可怕的。我只要有五万精兵，就足以制服敌军，望将军不要顾虑！"孙权拍着周瑜的背说："周公瑾，你说到这个地步，非常合我的心意。张昭、秦松等人，各顾自己的妻子儿女，怀有私心，非常使我失望。只有你与鲁肃和我的看法相同，这是上天派你们两个人来辅佐我。五万精兵一时难以集结，已挑选了三万人，战船、粮草及武器装备都已备齐，你和鲁肃、程普率兵先行，我当继续调集人马，多运辎重、粮草，作为你的后援。你能战胜曹军，就当机立断；如果万一失利，就退到我这里来，我当与曹操决一胜负。"于是，孙权任命周瑜、程普为左、右都督，率兵与刘备合力迎战曹操；又任命鲁肃为赞军校尉，协助筹划战略。

孙刘联军驻扎在赤壁，与曹操隔江对峙。由于要进行水战，因此周瑜趁夜往观曹军水寨。周瑜大吃一惊。（下文可见罗贯中《三国演义》第四十五回）：

周瑜收拾楼船一只，带着鼓乐，随

行健将数员，各带强弓硬弩，一齐上船迤逦前进。至操寨边，瑜命下了矴石，楼船上鼓乐齐奏。瑜暗窥他水寨，大惊曰："此深得水军之妙也！"问："水军都督是谁？"左右曰："蔡瑁、张允。"瑜思曰："二人久居江东，谙习水战，吾必设计先除此二人，然后可以破曹。"正窥看间，早有曹军飞报曹操，说："周瑜偷看吾寨。"操命纵船擒捉。瑜见水寨中旗号动，急叫收起矴石，两边四下一齐轮转橹棹，往江面上如飞而去。比及曹寨中船出时，周瑜的楼船已离了十数里远。追之不及，回报曹操。

操问众将曰："昨日输了一阵，挫动锐气。今又被他深窥吾寨。吾当作何计破之？"言未毕，忽帐下一人出曰："某自幼与周郎同窗交契，愿凭三寸不烂之舌，往江东说此人来降。"曹操大喜，视之，乃九江人，姓蒋，名干，字子翼，现为帐下幕宾。操问曰："子翼与周公瑾相厚乎？"干曰："丞相放心。干到江左，必要成功。"操问："要将何物去？"干曰："只消一童随往，二仆驾舟，其余不用。"操甚喜，置酒与蒋干送行。干葛巾布袍，驾一只小舟，径到周瑜寨中，命传报："故人蒋干相访。"周瑜正在帐中议事，闻干至，笑谓诸将曰："说客至矣！"遂与众将附耳低言，如此如此。众皆应命而去。

瑜整衣冠，引从者数百，皆锦衣花帽，前后簇拥而出。蒋干引一青衣小童，昂然而来。瑜拜迎之。干曰："公瑾别来无恙！"瑜曰："子翼良苦，远涉江湖，为曹氏作说客耶？"干愕然曰："吾久别足下，特来叙旧，奈何疑我作说客也？"

瑜笑曰："吾虽不及师旷之聪，闻弦歌而知雅意。"干曰："足下待故人如此，便请告退。"瑜笑而挽其臂曰："吾但恐兄为曹氏作说客耳！既无此心，何速去也？"遂同入帐。叙礼毕，坐定，即传令悉召江左英杰与子翼相见。

须臾，文官武将，各穿锦衣；帐下偏裨将校，都披银铠：分两行而入。瑜都叫相见毕，就列于两旁而坐。大张筵席，奏军中得胜之乐，轮换行酒。瑜告众官曰："此吾同窗契友也。虽从江北到此，却不是曹家说客。公等勿疑。"遂解佩剑付太史慈曰："公可佩我剑作监酒，今日宴饮，但叙朋友交情；如有提起曹操与东吴军旅之事者，即斩之！"太史慈应诺，按剑坐于席上。蒋干惊愕，不敢多言。周瑜曰："吾自领军以来，滴酒不饮；今日见了故人，又无疑忌，当饮一醉。"说罢，大笑畅饮。座上觥筹交错。饮至半酣，瑜携干手，同步出帐外。左右军士，皆全装惯带，持戈执戟而立。瑜曰："吾之军士，颇雄壮否？"干曰："真熊虎之士也。"瑜又引干到帐后一望，粮草堆如山积。瑜曰："吾之粮草，颇足备否？"干曰："兵精粮足，名不虚传。"瑜佯醉大笑曰："想周瑜与子翼同学业时，不曾望有今日。"干曰："以吾兄高材，实不为过。"瑜执干手曰："大丈夫处世，遇知己之主，外托君臣之义，内结骨肉之恩，言必行，计必从，祸福共之。假使苏秦、张仪、陆贾、郦生复出，口似悬河，舌如利刃，安能动我心哉！"言罢大笑。蒋干面如土色。瑜复携干入帐，会诸将再饮；因指诸将曰："此皆江东之英杰。今日此会，可名'群英会'。"饮至天晚，点上灯烛，瑜自起舞剑作歌。歌曰：

丈夫处世兮立功名；立功名兮慰平生。慰平生兮吾将醉；吾将醉兮发狂吟！

歌罢，满座欢笑。至夜深，干辞曰："不胜酒力矣！"瑜命撤席，诸将辞出。瑜曰："久不与子翼同榻，今宵抵足而眠。"于是佯作大醉之状，携干入帐共寝。瑜和衣卧倒，呕吐狼藉。蒋干如何睡得着？伏枕听时，军中鼓打二更，起视残灯尚明。看周瑜时，鼻息如雷。干见帐内桌上，堆着一卷文书，乃起床偷视之，却都是往来书信。内有一封，上写"蔡瑁张允谨封"。干大惊，暗读之。书略曰：

某等降曹，非图仕禄，迫于势耳。今已赚北军困于寨中，但得其便，即将操贼之首，献于麾下。早晚人到，便有关报。幸勿见疑。先此敬复。

干思曰："原来蔡瑁、张允结连东吴！"遂将书暗藏于衣内。再欲检看他书时，床上周瑜翻身，干急灭灯就寝。瑜口内含糊曰："子翼，我数日之内，叫你看操贼之首！"干勉强应之。瑜又曰："子翼，且住！……叫你看操贼之首！……"及干问之，瑜又睡着。干伏于床上，将近四更，只听得有人入帐唤曰："都督醒否？"周瑜梦中做忽觉之状，故问那人曰："床上睡着何人？"答曰："都督请子翼同寝，何故忘却？"瑜懊悔曰："吾平日未尝饮醉，昨日醉后失事，不知可曾说甚言语？"那人曰："江北有人到此。"瑜喝："低声！"便唤："子翼。"蒋干只装睡着。瑜潜出帐。干窃听之，只闻有人在外曰："张、蔡二都督

道：'急切不得下手，……'"后面言语颇低，听不真实。少顷，瑜入帐，又唤："子翼。"蒋干只是不应，蒙头假睡。瑜亦解衣就寝。干寻思："周瑜是个精细人，天明寻书不见，必然害我。"睡至五更，干起唤周瑜，瑜却睡着。干戴上巾帻，潜步出帐，唤了小童，径出辕门。军士问："先生哪里去？"干曰："吾在此恐误都督事，权且告别。"军士亦不阻挡。

干下船，飞棹回见曹操。操问："子翼干事若何？"干曰："周瑜雅量高致，非言词所能动也。"操怒曰："事又不济，反为所笑！"干曰："虽不能说周瑜，却与丞相打听得一件事。乞退左右。"干取出书信，将上项事逐一说与曹操。操大怒曰："二贼如此无礼耶！"即便唤蔡瑁、张允到帐下。操曰："我欲使汝二人进兵。"瑁曰："军尚未曾练熟，不可轻进。"操怒曰："军若练熟，吾首级献于周郎矣！"蔡、张二人不知其意，惊慌不能回答。操喝武士推出斩之。须臾，献头帐下，操方省悟曰："吾中计矣！"后人有诗叹曰：

曹操奸雄不可当，一时诡计中周郎。蔡张卖主求生计，谁料今朝剑下亡！

众将见杀了张、蔡二人，入问其故。操虽心知中计，却不肯认错，乃谓众将曰："二人怠慢军法，吾故斩之。"众皆嗟呀不已。操于众将内选毛玠、于禁为水军都督，以代蔡、张二人之职。

细作探知，报过江东。周瑜大喜曰："吾所患者，此二人耳！今既剿除，吾无忧矣！"肃曰："都督用兵如此，何愁曹贼不破乎？"瑜曰："吾料诸将不知此计，

独有诸葛亮识见胜我，想此谋亦不能瞒也。子敬试以言挑之，看他知也不知，便当回报。"

周瑜巧用借刀杀人之计，除去了自己的心腹大患蔡瑁、张允，令曹操后悔莫及。

孔明设计收姜维

孔明首伐中原，在用"调虎离山"计取天水郡时，被姜维的将计就计所破；在率兵强攻天水郡时，又中了姜维'虚则实之'的计谋，贻误了战机。同时还中了姜维以攻为守的计策，被姜维打败。再听赵云夸赞姜维枪法极妙。孔明心想，姜维是一位文武双全的将才，如果能使他归降，胜过取十个天水郡。于是便开始谋划招降姜维的主意。

孔明打听到，姜维是天水郡冀城人，姓姜名维，字伯约。父亲姜同过去曾是天水郡的功曹，因羌人暴乱而亡。姜维从小博览群书，兵法武艺无所不精，并且特别孝敬其母，其母现在居住冀城。姜维在天水郡任中郎将，参议军事。

孔明依情筹划完毕后，吩咐魏延率一支军马去虚张声势攻冀城，引诱姜维离开天水去冀城；吩咐赵云去佯攻上邽，引诱敌军分兵去守上邽。孔明自引一军窥视天水郡。果然不出孔明所料，天水郡中闻讯孔明要攻冀城、上邽，便派姜维去守冀城，遣梁虔去守上邽。

接着，孔明便把在南安群俘获的驸马夏侯楙押出来审问说："你怕死吗?"夏侯楙一听，孔明的口气不对，以为要杀他，便乞求饶命。孔明对他说："你既

然想活命，你快去冀城把姜维招来归降。他已派人捎书说："如果留得驸马在，不受伤害，我愿归降，去伺奉夏侯都督。"夏侯楙满口答应而去。

夏侯楙在去往冀城时，见途中有数十百姓奔走而来，都说是姜维已降了孔明。魏延在城内放火劫舍。城中百姓都纷纷逃出，去上邽避难。夏侯楙一想，既然孔明已把我放出，我怎能降他再去入虎口呢? 于是便向天水郡走来，途中也遇到些从冀城去投天水的百姓。

夏侯楙来到天水郡城下，城上人忙开门迎入。夏侯楙向太守梁绪说了姜维投降孔明的事。梁绪说："这是姜维要救都督不得已而降的。"到了夜间，军兵报告："蜀军又来攻城了。"众军将上城一看，是姜维率军在城外喊夏侯都督说话。夏侯楙上城后，姜维说："我为都督而降蜀，都督为什么背信前言，只身离去，反把我陷在蜀地?"夏侯楙说："我是皇帝的驸马怎么能降蜀呢? 你既然误降蜀军，可快入城来，我出兵接你。"姜维说："我母亲也与我同归于蜀，我被封上将军，怎么还有还魏的道理? 我今天要攻城立功。"说罢下令军兵一齐攻城。打了一个时辰才收兵回营。由此，城里的军兵才相信姜维真的降了蜀军。可他们哪曾料到，夜间攻城的是蜀军假扮的姜维。

孔明在天水郡作戏的同时，魏延依孔明之计在冀城外，用大张旗鼓的运粮备草的诱兵计，引诱姜维出城劫粮，结果用调虎离山计夺取了冀城。

姜维无家可归，只好投奔天水郡。天水郡守军以为姜维单枪匹马而来是想

骗开城门，一阵乱箭把他射走。他走投无路，两眼含泪，似吞铅块，只好拨马望长安方向走去，却中了孔明的埋伏。姜维见孔明为招降自己下了这么大的功夫，料也无法逃脱，只好下马投降。

孙权用计烧曹操

东吴孙权杀害关羽后，惧西蜀报仇，采用献首级于曹操的"嫁祸于人"之计以避祸。谁知曹操却"将计就计"重殓了关羽。自己仍处于时刻被蜀进攻的危机之中。

为了摆脱这种危机，孙权绞尽了脑汁，又想出一则转嫁危机的办法。提笔写了一封书信，遣使赍书去见曹操。

曹操在许都听说又有吴使到，便亲自召见。曹操接过使书，只见书中云："臣孙权已知天命必归主上，伏望早正大位，遣将剿除刘备，扫平两川，臣即率群下纳土归顺矣。"曹操看罢大笑说："孙权这小子，是想把我往火炉上推呀！"听了这话，众臣均不解其意。陈群问曹操说："丞相此话何意？"曹操说："孙权来书劝吾称帝。"陈群说："现在汉室已名存实亡，主公早正大位也无不可。"曹操说："我虽有功于百姓，但我位已极矣，如何再有他望？孙权劝我早正大位，是要让刘备来攻我，以消其灾之谋啊！"众卿听罢方才恍然大悟。

这时，司马懿对曹操说："主公可再给孙权来个"将计就计"。他不是已经称臣归附了吗？主公可封其官，赐其爵，然后令他去伐备。"曹操大喜，马上依计而行，表奏孙权为骠骑将军，南昌侯，

领荆州牧。并当即遣使前往东吴，送去印绶，同时令其伐蜀。

孙权遣使去许都后，自忖道："吴蜀间最大也不过是杀了刘备义弟之仇。如果曹操肯称帝，刘备必兴兵去讨伐曹操，治其篡汉之罪。我便可以超脱了。曹操久欲篡汉，我今写书前去，他必中我计。"正在他拨弄如意算盘时，忽听说有魏使来到，册封爵位后却令他去伐蜀。孙权见自己的计谋又落空了，只好按兵不动，以待时变。

王羲之计惩恶绅

王羲之四十来岁的时候曾任过临沂太守，后来他虽辞官归里，但他巧判的一个案子却在当地广为流传。

有一个后生叫唐兴，家住城东唐家湖，唐兴从小丧母，全靠父亲把他拉扯大，五年前，老爹爹进山采石，不小心摔死在山涧里，唐兴想选择一块好地安葬父亲，以报养育之恩，无奈自家穷得无立锥之地，小唐兴为此哭得死去活来。有好心的乡亲对他说："财主牛鲁家的祖坟前有一块空地，现在还在荒着，你不妨找牛大财主去说说，他今天正逢老母八十大寿，若看你可怜，念你一片孝心，也许施舍于你。"

唐兴没有别的办法，只好去求牛鲁。

牛鲁装模作样地说："俺家向来以行善为本，今儿个老母八十大寿，乡邻有了难处，俺岂能坐视不问。好吧，看在众乡亲的面子上，俺就舍一块空地给你葬父，不过，你要送一壶好酒来给俺娘祝寿。"

乡亲们听了，都夸牛大财主心好，忙叫唐兴叩谢过牛鲁，然后先帮唐兴安葬了父亲，又凑钱买了一壶好酒，让唐兴送到牛鲁的府上。

这件事本来就算了，谁想到五年之后，却又起了风波。

这五年间，小唐兴是豁出命去的苦干，攒了一笔钱，置了几亩山地，盖了三间草房，又娶了媳妇，小日子过得挺红火，牛鲁一见有油水可榨，便开始动了心思。

怎么样才能把他的田产夺过来呢？

牛鲁忽然想起五年前施舍坟地的事，对，就在五年前那档子事上做文章。

这一天，牛鲁领着一帮狗腿子进了唐兴的家，牛鲁拱拱手说："恭喜唐兄弟发福发财，这几年你的日子好过了，俺家里可是赔光了本钱。没法子，你原先借的一笔小帐，咱今天就清了吧！"

唐兴听了不解地问："牛老爷，俺啥时欠过你的债啊？"

牛鲁冷笑着说："真是贵人多忘事，俺来问你，五年前，你爹葬在何处？"

唐兴仍然不解地说："俺爹是葬在你家的荒地里，可当时讲好你舍给俺那块地，俺送一壶好酒给你老母祝寿就算结了。那壶酒俺当天就送到你府上了。"牛鲁陡然唬起脸说："说得轻巧！我说的是一'湖'美酒，你却只送了一壶酒，且不说闻名天下的太湖、洞庭湖，就是咱们村前的唐家湖，你算算能盛多少壶酒？"

唐兴听了差一点气炸肚皮，跺着脚说："你这是仗势欺人，这样的冤枉债就是不还。"

"给我抢，不给他点厉害，他就不知道马王爷是几只眼。"牛鲁咆哮着喊。

狗腿子们一拥而上，拳打脚踢，横抢竖夺，最后，把房里的东西抢的精光，然后扬长而去。

小伙子告到县里，县里没等他诉完冤情就轰出了大堂；告到州里，州官说他诬赖好人，打了他四十大板；小伙子听说新任太守为官清正，便告到王羲之这儿来了。

王羲之看完诉状后，气得剑眉倒竖。想到牛鲁乃地方一霸，为人刁滑，且又强词夺理。应须巧判才能收到惩霸之效。王羲之听说牛鲁家养了一大群鹅，顿时计上心来。

第二天，王羲之来到牛鲁家，牛鲁见太守来府，受宠若惊。王羲之说："下官生性爱鹅，听说员外喂养了好多鹅，于是想用下官亲笔手书的《乐毅书》来换员外的一活鹅，不知员外意下如何？"

牛鲁知道王羲之一字能值千金，万没想到他用一幅字来换他的一只鹅，真是飞来的福气。乐得他心花怒放，一夜没睡好觉。

第二天一大早，他就挑了一只上好的大白鹅，用笼子装上，拎到了太守府。

王羲之见鹅，拍手笑着说："真是千里挑一的好鹅，不知其他鹅也像这一只这么好看嘛？"

牛鲁媚笑着说："小人家的鹅都是这样，大人吩咐要一只活鹅所以小人今天只带来这一只，大人如果喜欢，小人改日再送几只。"

王羲之闻言，把脸一翻，拍着惊堂木说："胡说，本官要的是'一河鹅'，谁要'一活鹅'来？难道本官亲笔书写的一部《乐毅书》，只值一只鹅钱么？大胆牛鲁，诈骗本官，该当何罪？"

牛鲁听了，连忙跪倒在地，不服地强辩说："请问大人，天下买鹅卖鹅只论个、十、百、千，哪有论沟论河的道理呢？小民实在冤枉。"

王羲之听了，抚掌大笑，将唐兴唤上大堂，厉声喝问道："鹅不论河应论只，那么酒又岂能论湖呢？"

牛鲁这才知道自己不知不觉间上了王太守的圈套了。无奈自知理屈，只得苦苦哀求，请太守老爷宽恕。

王羲之提笔判道："牛鲁抢占唐兴家产应如数偿还，另外罚银五百两，以抵偿唐兴惊吓奔波之苦。本官'清正'为本，焉要劣绅的白鹅，着令牛鲁将本官《乐毅书》奉还，堂上白鹅退回，若有半点差错，罪上加罪。"

此判一宣，当地的百姓传为佳话，无不赞许王羲之理案之巧妙。其实，王羲之在这里也暗地做了一个结，只因牛鲁的劫强横无理，所以大老爷的劫便也顺理成章了。

杨广竭虑施离间

杨广和安州军事总管宇文述一向要好，希望他在靠近自己的地方做官，因而奏请父王隋文帝调他出任寿州的军政长官。杨广还特别亲近信任自己的总管司马张衡，张衡曾为他谋划争夺皇位继承权的计策。杨广便按照张衡的计策向宇文述问计。宇文述说："皇太子杨勇失去宠爱已经很长时间了，他的美德也不

闻于天下。而大王以仁孝著称，才能盖世，又多次率领将士们征战，屡建大功。因此皇上和皇后都非常喜爱你，四海臣民的心愿所归也都在大王身上。不过改立太子是国家的大事，况且又是处在父子骨肉之间，实在是不易筹谋的。然而能够改变君王旨意的人只有他的宠臣杨素，经常和杨素议定谋略的人也只有他的弟弟杨约。臣下一向了解杨约的为人，请让我借进京朝拜的机会与杨约相见，一起图谋大计。"杨广听罢大喜，于是送给宇文述许多金玉珍宝，作为入关进京的费用。

杨约当时是大理寺的判官。杨素每当做某事之前，总要先和杨约筹谋计议而后行。宇文述进京后邀请杨约叙旧，并陈列了许多玩器珍宝，在和杨约一起酣饮畅谈之后，玩博弈游戏。宇文述又常常假装玩不过杨约，便将杨广赠送的金宝玉器全都输给了杨约。杨约因所得甚多而向宇文述略表谢意。宇文述趁机说："这都是晋王杨广的赏赐，让我和你一起高兴高兴。"杨约大惊说："为何这样？"宇文述遂又向杨约通报了杨广的心思说："严守本分和遵行正道，本来是人臣应该经常做到的；然而，虽然违背常道但仍合义理，也是通达事理的人的一种美好追求。自古以来，贤人君子没有不随着时局的变化、朝代的兴亡而调整自己以避免祸患的。如今你们兄弟功名盖世，执掌朝政多年，但朝臣被足下及族人所屈辱的也不可胜数了；还有，皇太子因其所欲得不到施行，也常对执政大臣心怀切齿之恨。你们兄弟虽然自结于皇上，颇受宠爱，然而想危害你们的

人本来也是很多的。皇上一旦驾崩而去，你们又将靠什么庇护自己？现在太子失去了皇太后的宠爱，皇上也常有废黜的打算，这也是你们所知道的。如果请立晋王为皇太子，全在贤兄之口。果真能趁此时建立大功，晋王必然对你兄弟二人的功劳刻骨铭心。这样就可以解除你们的累卵之危，而保全你们像泰山那样平安。"杨约认为说得有理，于是回禀了哥哥杨素。杨素听罢大喜，高兴地拍着手说："我的智慧与思虑确实没有想到这一点，多亏你启发了我。"杨约得知计谋已被哥哥认可，就又进一步对杨素说："现在皇后的话，皇上没有不听的，应该抓住机会尽早和她结盟相托。这样就可以永保荣华福禄，并将它传给子孙后代。如果再迟疑下去，时局一旦发生变化，让太子执掌了朝政，恐怕灾祸的降临就没有几天了。"杨素听从了杨约的告诫。

此后不几天，杨素入宫侍宴，便在皇后面前稍稍称赞，"晋王杨广孝顺父母，敬爱兄长，恭敬士人，约束自己，很像皇上"，以此揣度她的心思。皇后听罢悲泣地说："你说得很对。我儿杨广一向是非常孝顺和仁爱的。每当听说皇上和我打发内使前往，总要到门外迎接；每逢说到远离没有不悲伤流泪的。还有他新婚的媳妇也很令人同情，我经常让奴婢过去和她同床共枕，一起饮食解闷。哪里能像睨地伐和阿云那样相对而坐，整日酗饮欢宴，亲近世俗小人，怀疑和怨谤自己的同胞骨肉。我所以越来越同情阿㦝，就是因为时常担心他被秘密地杀害。"杨素于是明白了皇后的心思，遂大胆地谗毁太子不才。皇后也便送给杨素许多金玉珍宝，唆使他诱导皇上废黜太子，另立新储。

太子杨勇略知他们的阴谋后，十分恐惧，但又想不出好计策，就让新丰的方术之士王辅贤为他诅咒，以图遏制仇人。同时又在后花园搭造庶人村，屋室房舍都很卑陋，杨勇经常在里面寝卧休息。他穿着粗布衣服，躺在草褥子上，希望能以此抵挡诽谤。隋文帝在仁寿宫避暑时知道杨勇疑惧不安，就派遣宠臣杨素观察杨勇的所作所为。杨素来到太子杨勇住的东宫，已是夜间安卧但尚未入眠的时间。杨勇听说后便整饰衣冠，束紧衣带，等候杨素。杨素则故意拖延时间不进宫，以激怒杨勇。杨勇心怀怨恨，并在言谈神态中表现出来。杨素回去后向隋文帝谗毁说："杨勇心怀不满，恐怕有意想不到的事变，希望能深入察防！"隋文帝听了杨素的谗毁，更加疑忌杨勇，因而又相继派人到东宫暗中侦察，不大点儿的琐细小事都上奏皇上，趁机诬陷夸大，网罗太子的罪名。

于是，隋文帝越来越疏远和怀疑杨勇，并在大兴宫的玄武门到至德门之间酌情部署了侦探，以窥伺杨勇的动静，听见所闻都要随时上奏。同时，东宫的宿卫人员，侍官以上的都由各卫府登籍注册，其中勇猛强健的卫士一律摒弃废黜，还调走了东宫的属官左卫率苏孝慈，出任浙州刺史。杨勇更加不高兴。太史令袁充又趁机向隋文帝说："臣观天文显示，皇太子当废黜。"隋文帝说："天象显示已经很长时间了，只是群臣不敢说罢了。"袁充是袁君正的儿子。

晋王杨广又让督王府军事姑臧县人

段达私下贿赂东宫的宠臣姬威。让他伺探太子的动静，及时密告杨素。于是宫廷内外喧哗四起，诽谤横生，太子的过失当天就会传遍每个角落。段达还胁迫姬威说："太子的过失，皇上都知道了。我已接到密诏，皇上一定要改换太子。如果你能随时告发太子的过错，则将大富大贵。"姬威遂答应段达，并立即上书诬告太子。

开皇二十年（600）秋天，九月二十六日，隋文帝在仁寿宫召会群臣，……令杨素陈述东宫太子的过错，以通报给群臣。杨素遂明目张胆地谗毁说："先前臣奉诏到京师，传令皇太子查处刘居士的余党。太子接诏后勃然大怒，容颜突变，骨肉飞腾。对下臣说：'刘居士的同党都已伏法，让我到哪里去深追讨伐；你身为右仆射，皇上委托的职责着实不轻，你自己去查核好了，关我什么事？'又说：'以前封我作太子，帝业尚未继承，就要诛杀我；如今身为天子的圣王竟然使我不如其他的弟弟，没有一件事让我称心如意地去做。'还长叹回视道：'我终于明白了，我身为长子是妨碍了他们。'"隋文帝说："此儿不能承嗣大业已经很久了，皇后也常劝我废掉他。我以为是自己做平民时生的他，况且他也处在长子的地位，总希望他能逐渐改正过失，所以隐忍到现在。杨勇还曾指着母后的奴仆侍从对他人说：'这都是我的猎物。'这话是多么的异乎寻常。他的元妃死的时候，我就很怀疑是遭他人的毒害，也曾责备过杨勇。他却怨恨地说：正该诛杀元孝矩。'这是想谋害我而借此发怒啊！杨勇的长子长宁刚出生的时候，

我和皇后一起抱回宫中抚养，可他们夫妇怀有二心，接连派人来索取。况且云定兴的女儿，是他当年在外野合而生，想到出身由来，该不会是父母的遗传所致吧！从前晋惠帝司马衷因为娶了屠户的女儿谢玖，他们的儿子司马遹便喜好屠割。如今倘若子孙不像祖辈，便乱了宗庙社稷。我虽然德惭唐尧、虞舜，但终不能将天下托付给不肖子孙。我常担心杨勇加害于我，就像防备大敌那样，因此我想废黜他以安天下！"

在这场争夺皇权的斗争中，晋王杨广以矫情饰貌和谄媚取宠的手段骗取了母后的宠爱，又不惜以金玉珍宝行贿下臣和隋文帝与太子的近臣，极尽威逼利诱之能事，在皇帝周围形成了一个强大的谗言集团，使本来就宽仁和厚、率意任情，无矫饰之行的皇太子陷入了重重包围。已经对太子有偏见的隋文帝在接二连三的谗毁面前更加猜忌疑惑，终于颠倒了是非曲直，废黜了跟随他南征北战、筹谋治国大计二十年的皇太子。早年他曾以五子同母，不会出现孽子纷争的局面感到自慰，岂料竟中了次子晋王的谗间诡计，最终甚至连他自己也被晋王弑杀。靠谗言而谋国篡位的晋王杨广，挟天子之威，锄诛骨肉，屠剿忠良，十年而亡宗庙，足以说明谗间可以害人而难以成事，可以得逞于一时而难以得逞于一世。

杀女嫁祸除皇后

武则天被唐高宗收入内宫时，只封了个昭仪，还没达到妃子的级别。当时

的王皇后、萧妃也在皇帝面前争宠，高宗虽然偏爱武则天，但还没有废掉王皇后的意思。武则天为此使用了一系列手段。

她首先针对皇后的缺陷，倾心收买对皇后不满的人，收集了不少"黑材料"。

后来，武则天生了一个女儿。高宗、皇后很喜欢这个女婴，常来看望。武则天就此谋划了一个阴谋。有一次，皇后来看孩子，武则天借故离开了一会儿，让皇后独自逗孩子玩。皇后一走，武则天马上进屋把自己的亲生女儿扼死，再用被子原样盖上。

隔了一会儿，高宗来看婴儿，武则天假装与高宗说说笑笑，等皇帝要她抱孩子时，她才打开被子，假装惊叫，立即大哭起来。高宗上前一看，原来这位小公主已死去多时。高宗因此龙颜大怒，叫来宫女、太监询问此前有谁来过。宫女、太监只得说是皇后不久前来过。高宗于是认定这是王皇后因与武则天不和而下的毒手。装得悲痛至极的武则天边哭边向皇帝倾诉了她收集的王皇后的过错，促使皇帝产生了废掉王皇后的打算。

最后，武则天如愿以偿，当了皇后，然后又当了中国惟一的女皇帝。

借刀斩将削敌臂

"借刀斩将"是宋太祖赵匡胤在统一南唐的战争中所采用的弱敌谋略。

北宋王朝建立后，开始进行统一全国的军事行动。宋太祖赵匡胤采取北守南攻，先南后北的方针，西平蜀，南平汉，声势大振。公元963年，宋军乘胜进攻南唐。南唐后主李煜虽感势孤难敌，但大将林仁肇，智勇兼备，极力主战，率军拒敌。宋太祖也素闻林仁肇骁勇善战，未敢轻进，于是双方夹江自守。

赵匡胤根据南唐内部战和不定，后主李煜狐疑游移等情况，决定施以"借刀斩将"之谋，先除掉林仁肇，然后再进军南唐。于是，他采取一系列谋略行动：首先，他派遣画师为亲善使臣过江拜见敌守将林仁肇，私下绘制了林的画像；在朝廷修建离宫别馆，装修内部，把林仁肇的画像装挂其间；领南唐的"客卿"入室，有意制造林仁肇已答应归宋的情况。

一切布置就绪，恰于此时，南唐后主李煜遣其弟李从善以上表请降为名，入朝探听虚实。赵匡胤有意将其留住，授职为泰宁节度使，此后，李煜常派使臣到从善处探听消息，赵匡胤任其出入，从不盘查。一天，赵匡胤令廷臣引李从善入新建离馆。李从善见室内挂林仁肇画像，惊诧不已，询问廷臣。廷臣故作神秘，含糊应语，被逼无奈才透露：皇上因怜林将军之才，诏谕归降，林将军已应允，这是为林将军修建的宫宅。李从善迅速将此消息转告李煜。李煜十分恼怒，遂设宴毒死了林仁肇。

赵匡胤运用"借刀斩将"之计，借敌之刃，使其自残，从而削弱了敌人的力量，为平定南唐创造了条件。在现代战争中，迷惑敌人，造成敌人部别、上下之间的错觉，使其互误为敌，自相残杀，以借敌刃弱敌，已成为普遍采用的一种军事谋略。

"莫须有"害死岳飞

公元1127年，宋高宗赵构建立南宋政权后，中国历史上又出现南北对峙的局面。金朝统治者几度发兵南下，准备消灭南宋王朝。在岳飞、韩世忠等爱国将领和广大人民群众的奋勇抵抗下，金兵几次都被迫退回北方，但以宋高宗为代表的一小撮特权官僚集团，为保存苟安一隅的既得利益，不惜向金朝屈膝求和。金朝统治者则采取"以和议佐攻战"的策略，于公元1130年把俘去的秦桧一家大小放回南宋，秦桧隐瞒真相，说是从金朝的虎口里逃出来的，得到了宋高宗的信任。宋高宗还说秦桧"朴忠过人"，给他连连升官，几个月就由礼部尚书升任宰相。

公元1139年（绍光九年），秦桧代表宋高宗接受和议：南宋皇帝向金朝皇帝称臣，金朝则把它占领的陕西、河南等地方"赐给"南宋；南宋每年向金朝贡银25万两，绢25万匹。但仅隔一年，金兵又大举南侵，结果被"岳家军"和广大人民群众的抗金武装打得大败。抗金斗争的胜利使秦桧十分惊恐，竟在一天之内，用皇帝的名义连下12道紧急命令，勒令岳飞火速退兵。金兀术也派人给秦桧送去书信说："你们宋朝朝朝夕夕都要请和，而岳飞却在策划恢复河北，进取中原，必须杀死岳飞，方能议和。"

秦桧也深知不杀死岳飞，议和终会受阻，这样势必危及自身的利益。于是唆使谏议大夫万俟卨等弹劾岳飞，说岳飞在金人攻取淮西时逗留而不前进，后又想放弃山阳。这样未能达到将岳飞治罪的目的，秦桧便又勾结张俊，唆使岳家军内部的将领王贵、王俊诬告岳飞的部将张宪想占据襄阳，发动兵变，帮助岳飞夺取兵权，还捏造说岳飞的儿子岳云曾经写信给张宪，秘密策划过这件事。秦桧以此为借口，把张宪、岳飞、岳云等逮捕送进了监狱。

秦桧派御史中丞何铸审问岳飞。岳飞一句话也不说，扯开上衣，露出脊梁让何铸看，只见岳飞背上刺着"精忠报国"四个大字，痕迹很深。何铸一看，吓得不敢再审，就把岳飞押回监狱，再看了一些案卷，觉得说岳飞谋反实在没有证据，只好向秦桧如实回报。秦桧不甘心，又派万俟卨刑讯逼供，但三个人什么都不承认，案子拖了两个月毫无结果，有些官员替岳飞伸冤，结果一一遭到陷害。韩世忠愤愤不平，忍不住亲自前去找秦桧，责问他凭什么证据说岳飞谋反。秦桧说："岳飞的儿子与张宪的谋反书信'莫须有'。"韩世忠气愤地说："'莫须有'三个字，何以服天下！"韩世忠反复力争，没有结果，而秦桧的夫人王氏却在背后极力唆使秦桧早日杀死岳飞，说"缚虎容易放虎难"，不果断行事就会危及自身。于是，在公元1142年1月的一天，秦桧亲手写了一个小纸条交给狱吏，令狱吏毒死了岳飞。

借刀杀人交官运

唐代"安史"之乱的重要人物史思明也曾用借刀杀人计得交官运。

史思明是突厥人。本名宰干。史书记载他天生瘦弱，头发早秃，弯腰耸肩，其貌不扬。他是安禄山的同乡，比安禄山早一天出生。长大之后，以作战勇猛、足智多谋而闻名遐迩。曾得幽州节度史张守圭器重。其中有一段故事。

公元736年，史思明因欠官债而走投无路，逃到北方奚人地区。奚人想杀死他。他一本正经地说："我是大唐王朝派来与奚王和亲的使者。你们杀了我，可要惹下大祸。"奚王一看史思明气度非凡，还当他真是大唐使者呢，于是以贵宾礼接待他。

奚王畏惧唐王朝势力，便决定派100人随史思明去朝拜大唐皇帝。史思明对奚王说："你派去人不少，只是没有高人，我听说你有一个才华超越的琐高，何不派他去呢？"奚王就派了琐高为首的300人随史思明朝拜大唐皇帝。

他们一行人快走到平卢时，史思明派人欺骗平卢守将裴休子说："奚人派琐高与精兵来了，他们嘴上说朝拜天子，其实是偷袭平卢，你要赶快备战。"裴休子信以为真，在奚人毫无防备的情况下杀了300人，单留下琐高一个人。

史思明把琐高绑好押往幽州，送到节度史张守圭那里。

张守圭一看，史思明把奚人中最有威名的大将军琐高捉住了，非同小可，以为他为唐朝立了大功，因此，给朝廷奏折中大大赞赏他。史思明因此而官运亨通。

唐玄宗因此而召见他，给他赐坐，认为他是世间奇才。授予他大将军、北平太守的职务。

史思明与奚人的斗争是急中生智。他沉着冷静地把奚王戏弄了一番。而且巧妙地把奚人的高级将领捉住。在此一过程中，他顺手牵羊，借裴休子之力，达到了个人目的，因而受到张守圭的器重，是"借刀杀人"克敌制胜的成功之例。

伶官谗间害友谦

五代时后唐王朝，宦官和伶人受宠僭位，干预朝政，并多次贿赂执掌朝政的重臣朱友谦，以图谋私欲。朱友谦不准许而予以拒绝，于是宦官和伶人都怨恨他。后唐王朝举兵攻打前蜀国，朱友谦曾检阅其精锐部队，并让自己的儿子朱令德随同将帅出征。等到副帅郭崇韬遭谗被杀后，伶人景进向庄宗谤毁说："刚出兵攻打前蜀时，朱友谦以为是讨伐自己，所以阅兵自备。"又说："朱友谦与郭崇韬图谋反叛。"而且进一步诬陷道："郭崇韬所以在征伐前蜀时谋反，是因为有朱友廉作内应。朱友谦见郭崇韬被杀，又图谋和郭的女婿李存乂为郭申冤报屈。"庄宗开始时还怀疑这些事是否真实可信，可一群伶人和宦官整日整夜地围着庄宗说三道四，极尽诬陷谗毁之能事。朱友谦闻听后非常恐惧，遂打算入朝亲自向庄宗说明事实的真相，其他的将吏都劝他别去。朱友谦痛心地说："郭崇韬对国家有大功，却遭谗毁被杀，我不亲自向皇帝奏明，又有谁替我说呢？"于是独自登车入朝。伶人景进使人伪造朱友谦叛变的文告，先行向庄宗告发他反叛。庄宗迷惑了，遂改迁朱友谦为义成军节度使，又派宠臣朱守殷连夜率兵包围他的馆舍，把朱友谦驱逐到洛阳的徽安门外斩首，恢复他的原名朱友谦。事后，庄宗还下诏让魏王李继岌诛杀朱的长子朱令德于遂州，让郑州刺史王思同诛杀朱的次子朱令锡于许州，让河阳节度使夏鲁奇诛杀朱友谦的家人于河中。夏鲁奇率兵赶到朱友谦的家中，他的妻子张氏率其宗族等二百余人拜见夏鲁奇说："朱氏宗族可以受死，请不要滥杀无辜的平民。"于是和她的奴仆百余人诀别，与亲族百人受刑。张氏还回到居室中取出庄宗皇帝赐予的免除死罪的铁券给夏鲁奇看，并说："这是庄宗皇帝亲自赏赐的，如今真不知道说些什么好。"夏鲁奇也为朝廷的失信而羞愧。

朱友谦死后，和他平素要好的文臣武将等还有七人受株连，遭杀害。天下人都认为他们死得冤屈。

借力打力得首辅

张居正字叔大，号太岳，湖广江陵人，嘉靖二十六年（1547年）进士。他两岁识字，五岁入学读书，十岁通晓六经，十二岁府试得中为生员，十三岁参加乡试。在那个时代，可谓是神童。张居正在春风得意之时，开始遇到人为的挫折。当时的湖广巡抚顾璘看到张居正的文章，认为是"国器也"。但他认为张居正少年得志，不知敛迹，是取败之道，应使他小受挫折，以磨练其意志，故嘱咐主考官不录取他。果然，张居正自此以后，不再争强好胜，变得"深沉有城府，莫能测也"的人，从而奠定了立身

官场而不败的根基。

张居正进入官场，正是严嵩当权，忌恨徐阶的时候，"善（徐）阶者皆避匿"，张居正照常与徐阶往来，其中行为非但未激怒严嵩，反被严嵩器重。张居正在两大政敌之中立住脚，在官场上初试锋芒。徐阶任首辅之后，"倾心委居正"，使他很快进入内阁，而比他先进内阁的是曾与他同僚的高拱。按明代制度，先入内阁的在前，为首辅者必是最早进入内阁的。

高拱是河南新郑人，嘉靖二十年（1541年）进士，入仕比张居正早，而且"负才自恣"。张居正在与高拱同在国子监任职时，"相期以相业"，关系相当密切，故张居正帮助高拱争夺首辅之职，彼此合作得很好，但不久便发生了矛盾。矛盾的起因是因为徐阶的三个儿子"事居正谨"，而高拱因徐阶起草遗诏不与他相商，与徐阶结下怨恨，徐阶死，高拱欲罪及徐阶诸子。张居正念与徐家的关系，便向高拱为徐家说情，高拱说张居正受徐家贿赂，"二人交遂离"。张居正谋倒高拱之心是在此时萌生的。恰在此时，高拱又与太监冯保产生了矛盾，张居正的借刀杀人之计便以此为契机而制定了。

冯保，深州（今河北深县）人，在嘉靖年间就是司礼监秉笔太监，隆庆元年（1567年）为提督东厂，兼掌御马监事。当时司礼监掌印太监缺员，冯保按资序应该递升。司礼监掌印太监是宦官中最高最有权的职位，正是冯保梦寐以求的。然而，高拱却推荐了御用监陈洪代补，冯保自然不快。不久，陈洪罢职，

高拱又推荐尚膳监孟冲，冯保再次受排挤，使理应获得的职位落空，对高拱的怨恨，刻骨铭心，势不两立。

隆庆六年（1572 年）五月，明穆宗因纵情声色，病死于乾清宫，年方九岁的朱翊钧即位。穆宗之病，陈皇后和李贵妃痛恨陈洪、孟冲引导纵情所致，冯保就趁此时，借陈皇后和李贵妃之力，取代孟冲，充任为司礼监掌印太监。这当然使高拱不满，便想利用内阁和言官的力量除掉冯保。

在高拱与冯保相争时，张居正决定利用冯保之力除掉高拱。明穆宗去世，内阁只有高拱、张居正、高仪三人，高仪入阁不久，当然要看首辅眼色行事；张居正工于心计，隐而不发，善操胜券。高拱性格外向，又为首辅，对当前政局尤为操心；九岁皇帝在位，不得不使他感觉重任在肩，又感局势艰难，便向同僚感叹道："十岁太子，如何治天下？"说者无心，听者有意，张居正如获至宝，将此语告之冯保。冯保将此语衍变为："太子为十岁孩子，如何做人主。"而告知陈皇后、李贵妃和九岁的朱翊钧，这不得不使皇室警惕，感觉高拱擅权，除掉高拱的决心也由此下定了。

高拱自以为是顾命大臣，于是奏请黜司礼之权，将之归给内阁。又让给事中雒尊等上疏弹劾冯保，必欲除掉冯保而后快。计划拟定，高拱便告之张居正。希望得到张居正支持。张居正表面答应，暗地里却报告了冯保，使冯保有所防备，率先与陈皇后、李贵妃和小皇帝拟下谕旨。

公元 1572 年 7 月 25 日，小皇帝召见群臣，这是他即位以后第一次接见臣僚。高拱非常高兴，以为驱逐冯保的奏章生效了，快步上朝。然而，当他赶到朝堂时，目睹此情此景便愕然了。只见小皇帝端然上坐，身边站着冯保，手捧诏书。待群臣齐集，冯保开始宣读：

"告尔内阁、五府、六部诸臣：大行皇帝宾天先一日，召内阁三臣御榻前，同我母子三人，亲受遗嘱曰：'东宫年少，赖尔辅导。'大学士高拱揽权擅政，夺威福自专，通不许皇帝主管，我母子日夕惊惧。便令回籍闲住，不许停留。尔等大臣受国厚恩，如何阿附权臣，蔑视幼主！自今宜洗涤忠报，有蹈往，辄典刑处之。"

高拱惊呆了，几乎晕厥，"伏地不能起"，亏得张居正扶掖，才勉强走出朝堂，租辆骡车，出宣武门归籍。张居正与高仪上书请留高拱，当然不许；乃请给高拱以公车送还，得到允许。尔后，冯保欲加害高拱，张居正不许，使高拱得以在家亡故。这些手段，使高拱对张居正心怀感激，至死也不知害己者为谁，这正是张居正的高明之处。

由上可见，使用侦其谋略的手段，是借刀杀人之计的最好手段，也是最危险的手段。趋利避害固是人之常情，但利之所在，还是有许多人不顾其害而为之。兵行诡道，在于出奇制胜；将设权谋，在于欺人耳目。在政治斗争中，政敌双方都不甘任人宰割，都在为争夺有利态势而努力。因此，运用各种手段探测对方的真意，制定应付的对策，这就使侦其谋略，以政敌之谋而灭之的手法成为政敌之间争胜的重要战略。

王熙凤逼死二姐

《红楼梦》中的凤姐是个诡计多端的女人，为除掉自己的对手尤二姐，她阴险地使用了借刀杀人之计。

凤姐一直没为贾家生得一男半女，加之近来她又总是病病歪歪的，因此她的丈夫贾琏对她感到十分厌倦。于是贾琏以先奸后娶的手段收俏丽的尤二姐做了二房。凤姐虽然容不下尤二姐，可表面上却十分亲热，只等一有机会再惩治她。

凤姐认为机会来到了是因为贾琏从外归来时，其父贾赦赏给他一个17岁的女孩秋桐。贾琏整日与秋桐厮混，凤姐自是切齿痛恨，可这也是一个除掉尤二姐的机会。

凤姐开始挑唆秋桐去与尤二姐作对："你年轻不知事儿。她现在是二房奶奶，你爷心坎上的人。我还让她三分，你去硬碰她，岂不是自寻死路？"

几次三番煽风点火，秋桐越发恼怒，口里骂道："奶奶是软弱人，那等贤惠，我做不来！奶奶素日的威风怎么都没有了？奶奶宽宏大量，我眼里却揉不得沙子。让我和这娼妇做一回，她才知道呢！"秋桐说话时故意放大嗓门，以便让邻屋的尤二姐听见。尤二姐被气得日日在自己房内哭泣，饭也吃不下，又不敢告诉贾琏。

尤二姐是个极善良极软弱的人，经不住秋桐的骂，便恹恹地病了，一日日黄瘦下去，夜夜恶梦连连。此时她已身怀六甲，可请来看病的偏又是个庸医，服药过后竟流了产。

凤姐又要叫先生来给尤二姐算卦，结果说这是"属兔的阴人冲犯的"，恰恰秋桐属兔。凤姐于是劝道："你暂且别处躲几日，免得惹下祸事。"秋桐气得又哭又骂，道："理那饿不死的杂种，混嚼舌根！我和她井水不犯河水，怎么就冲了她？在外头什么人不见？偏来就冲了！我倒要问问她，到底哪里来的孩子？她不过哄我们那个棉花耳朵的爷罢了，纵有孩子，也不知是张姓王姓的呢！奶奶稀罕那杂种羔子，我不喜欢！谁不会养？一年半载养一个倒还是一点搀杂都没有的呢！"

尤二姐听了这番话，又想起往日所受的屈辱，越发觉得世间人情的淡漠，活着的痛苦。于是在一个凄寂的夜晚吞金自杀了。

秋桐气死了尤二姐，自然令贾琏生出厌倦来，秋桐终也被弃置一边。

借刀杀人诛异己

天京大屠杀是太平天国由盛而衰的一个转折点。酿成事变的根源不难索解，事变的爆发点却始终是个谜。东王府直到事变前夕还是很平静的，致使韦昌辉的屠刀挥舞得那么如心如意，这明明是在东王毫无防范的条件下的突袭。所谓"逼封万岁"一事，真实性颇多疑问。一则杨秀清要夺权，何必做得如此猴急；二则，大权在握，要个"万岁"何用？三则，既然做了这种必然遭忌的事，为什么竟是毫不警戒地在东王府睡他的大头觉？

论者说，这故事是在惨案发生后对东王的"欲加之罪"，用以平息某些人的困惑、怀疑和愤恨，它是天王府编造出来的。据石达开的回忆说："达开领众在湖北，闻有内乱之信。韦昌辉请洪秀全诛杨秀清，洪秀全不许，转加杨秀清伪号；韦昌辉不服，便将杨秀清杀死"。杀杨本是极密事件，只有在洪、杨、韦三人心底里最明白；当时李秀成尚未封王，石达开西征在外，他俩说的都算不上第一手材料。但石达开一直是主要当事人之一，他所了解的应该较能接近实际。尽管他说得略而不详，且有某些歧义，但有一点很清楚，是天王主动加了东王封号，与逼封之说恰恰相反。本来，这种争夺权位的肮脏勾当最容易产生政治谣言，后来石达开出走了不是又产生所谓"诛杨密议"的吗？东王被杀，北王受诛，翼王又出走，群情惶惑，人心离散，洪秀全只好给东王平反来平息众议，于是"开诏擅杀"和"诛杨密议"两项新的内幕新闻，相继占领了谣言市场，前者是加重北王罪名的，后者是让翼王分担杀杨责任的。诏书上还说："妄为推测有何益，可怜叛爷成臭虫。"出了怪事，怎能禁得住群众的"妄为推测"呢？不论怎样添注涂改，逼封万岁的谣言已经广泛流传，再也收不回来的了。

不管"逼封万岁"有无其事，反正洪、杨矛盾已发展到了不可调和的地步，冰冻三尺，非一日之寒。起义初因军令需要集中，杨秀清做事又极能干，因此洪秀全指定诸王一律"听东王将令"。东王不识字而极聪明，从事判断敌情，决策进退，颇多独到见解。他多次出奇制胜，化险为夷，在军中威望极高，这些原都是正常的事情。可是，由于杨秀清握有假托天父附身传言的特权，他的神权高过了洪秀全的王权，这就成了准备子孙万代相传的洪家王室之大忌。建都以后，东王府权势显赫，威风张扬，杨秀清一切专擅，几乎重要的事都得通过他决定。

1856年杨秀清把他的战功推到了最高点。天京受南、北大营的困扰已久，这次东王下决心全力加以扫除，高度发挥了他的指挥艺术。过程中运筹准确，计日程功，号令严峻，"不奉令者斩"，这是他一贯作风。历时五月，从江北横扫到江南，江苏巡抚吉尔杭阿在高资战败自杀，从孝陵卫东逃的钦差大臣向荣在丹阳自缢身亡。在天京外围纠缠了三年多的一支威慑力量宣告瓦解，清廷大受震动。

太平军第一次打了个大规模的歼灭战，而且打得漂亮，这是值得称道的。东王自以为了不起，志得意满，骄傲了。其实，清廷经此挫折，更识得了太平军的厉害，正在重新部署，准备卷土重来，严重的拼死决战就在眼前，而天国领袖却相反地陶醉了起来。老话说，"兄弟阋于墙，外御其侮"，现在对外打了一个对于消灭清廷实力而言并不具有决定意义的胜仗，竟然祸起萧墙，实在是令人惋惜的。天京热烈举行祝捷大会，享有最大光荣的当然是班师回朝的东王。东王出门，坐48人抬的大轿，（天王洪秀全坐64人大轿）由27节的龙灯开道。龙灯五色洋绉长达数十丈，高丈余，行不见人，鼓乐从其后，谓之"东龙"。东王仪仗次于天王，排场的豪华煊赫，"侯相为之侧目"。自信心特强的东王自我陶醉的热度狂烈地高升了，天王和其他各王怎能看得过去。

仅仅为巩固权力而除掉一个东王，只要不多牵动其他将士，影响自亦不大。可是动手的北王韦昌辉做法极蠢，杀了东王一家后就此大开杀戒。先用计诱集东王部属和关系人，聚歼在东王府；再转到外边，大肆株连屠杀有关士兵和家属，据说总数至少两万余，以致从观音门内漂流出江的"长发尸骸数日不断，江流因血污为之变色"。内讧接着演出第二幕。石达开返京不满韦昌辉所为，韦即图谋杀石；石星夜缒城逃出南京，韦又把石全家老小杀了。第三幕，惩办韦昌辉和秦日纲，由幸存的东王部属来动手了，先杀了几百人，正要按照北王方式继续杀下去，幸经陈玉成及时赶到劝阻。他说："太平军皆东、北王旧部，如欲株连，非杀尽太平军不可。"一场大屠杀才算告一段落。

在这场历史上罕见的内讧屠杀中，不少转战万里的起义将士，农民军骨干，不是死在与清军鏖战的沙场，而是倒在自相残杀的血泊之中。石达开惊叹："自攻自杀，从此元气大伤，十年未可即复。"说得多么痛心！正如后来李秀成所追忆的，从此"人心改变，政事不一，人各一心，……各有散意"。这是上层的反应。下层呢？当时流行起一首歌谣说："天父杀天兄，总归一场空，打打包裹回家转，还是做长工。"

天京事变的真相是洪秀全排除异己，巩固自己统治地位的一次行动。他借韦

昌辉、秦日纲之手除掉了对自己威胁最大的杨秀清。又借东王余党诛杀了韦昌辉、秦日纲，借刀杀人之计可谓用到极至了。

借刀离间除劲敌

现代战争中也经常使用借刀杀人的计谋。1936年冬天，欧洲大陆笼罩着战争的阴云，希特勒正酝酿着挑起世界大战。这时他收到情报部门送来的一份报告，说苏联元帅屠哈切夫斯基可能发动政变。希特勒认为这份情报证据不足，但仔细一掂量，觉得有文章可做。

屠哈切夫斯基元帅是苏联国防委员会副人民委员，是苏军杰出的领导人，在未来战争中将是德国的重要对手。希特勒决定施用离间计，除掉这位元帅。

希特勒下令德情报机构组织搜集，编造屠哈切夫斯基反苏的"证据"，他们伪造了屠哈切夫斯基和他的同事与德军高级将领间的来往信件，内容是屠哈切夫斯基的政变计划已获德国国防军某些人的支持，以及政变时请求德国配合的具体方案；还伪造了屠哈切夫斯基等人向德国出卖情报及出卖情报后所获巨款的收据，以及德国情报部门给屠的复信抄本。每一份文件都伪造得天衣无缝，非常逼真。

希特勒很欣赏这类材料，巧妙地将有关的信息透露给苏联谍报人员。苏联谍报人员不知是计，迅速向国内作了报告，斯大林指示以300万卢布的巨款买下了这份情报。苏安全部门中计，迅速逮捕屠哈切夫斯基等八名高级将领，在

"确凿证据"面前，屠哈切夫斯基有口难辩，审讯只用了几十分钟就对他们判处死刑，执行枪决。苏军失去了这几位能征善战的将领，给苏联卫国战争初期造成了不可挽回的损失。

希特勒巧用借刀杀人之计，铲除了将来发动战争时的强劲对手。

借宣传瓦解德军

1941 年 6 月 22 日，当欧洲大陆还弥漫着呛人硝烟的时候，希特勒又向苏联这个北方大国祭起了战刀。苏联军队和人民被迫投入到关系国家、民族危亡的卫国战争之中，同法西斯德国展开了一场亘古罕见的厮杀。在这场全方位、立体化的残酷血战中，苏联凭借其雄厚的物质力量和凌厉的心理攻势，终于反败为胜，将纳粹德国这头怪兽置于死地。回首二战期间苏联的心理战，人们看到了坚韧顽强、不屈不挠的精神力量，也领略到了击敌意志、无坚不摧的攻心威力。

苏联的心理战带有强烈的政治性质。这些宣传的主题都是向敌方士兵讲解反法西斯战争的正义性质，揭露纳粹德国进行战争的目的。

同英美盟国一样，苏联在宣传心理战中也牢牢遵循着"真实性原则"。

苏联的宣传机构常常引用大量事实和数据，以此来打击和破坏希特勒及其同伙的威信。1942 年，苏军曾向德国居民印发了一大批这样的传单，如"希特勒是个什么人？"、"希特勒执政的 9 年是欺骗工人的 9 年"、"德国苦役制度的历史"、"希特勒执政后使整个世界成为德国的敌人"，等等。其中，"希特勒在东方战线枪杀了多少德国人？"这一传单尤其令人信服。它巧妙地引用了希特勒向但泽市参议院主席拉乌什科提出的关于他为达到自己目的不惜牺牲百万生命的吹牛声明，这份声明中出现了苏德战场上德国人损失的一些数字。

为了提高宣传的可信度，苏联心理战部门还成功地利用了政府和军队的一些官方文件。用这些文件来说明问题，往往使德军官兵觉得这不是一般的"宣传材料"，而是具有法律效力的重要信息。这种含有官方文件的传单约占了对敌宣传材料总数的 18%。例如，在战争初期，苏联曾引用 1939 年 8 月苏德签订的互不侵犯条约，来说明德国背信弃义发动战争的可耻行为；为了消除外界关于战俘在苏联俘虏营中的生活状况的臆测，1942 年 3 月，苏联曾印发了苏联人民委员会颁布的《战俘条例》和西南方面军司令员关于战俘法律地位的命令，等等。

苏联在进行宣传心理战时，尤其擅长运用带有政治色调的感伤主义手法。一份给德军前线士兵的传单中这样深情地写道："你们的家庭在等着你们，你们的亲人在等着你们。难道让他们白白地等待吗？你们年过花甲，白发苍苍的母亲焦虑地询问每一个从前线回来的人：'我的孩子在哪里？'然而她得到的回答却是：'我不知道，也许在苏联的某个地方……'你们在苏联某地干什么?! 为什么要呆在这儿?!"这些充满天伦之情的传单在德军中引起了普遍的强烈震动。

一名德国战俘（二级下士）曾经讲述过他看了一份传单后思想情感所发生的变化。该传单的题目是："爸爸，我不愿看到你被杀死。"传单的正面是一位小姑娘正在寻找在前线的爸爸，另一面则是关于斯大林格勒近郊德军被围官兵走投无路的短文。在小姑娘天真无邪的眼神里，充满了令人战栗的忧伤和哀悉。它使这位德国士兵不由自主地想起了自己的孩子，并被感动得流下了眼泪。于是，对家人的深深同情和强烈眷恋，很快促使他作出了缴械投降的决定。1941年圣诞节前夕，苏联宣传机构经过精心设计，向德国妇女空投散发了一种特别的圣诞卡。这张圣诞卡通体白色，上面画着圣诞之夜，一具德国士兵的尸体正静静地躺在皑皑白雪之中，身旁则是一棵圣诞树。图画下方用德文写道："他是谁的丈夫？"当众多德国妇女从地上拾到这份不期而至的"礼物"时，无不掩面痛哭。生与死的鲜明对比，在她们的心灵深处激起一种强烈的反战情感。她们纷纷给前线的丈夫和孩子写信，拍电报，有的妇女甚至飘洋过海，前去寻找亲人的踪迹。许多德军士兵见到亲人的来信后，思乡盼归之情油然而生，一时间，苏德前线的德军士气大受冲击。1943年，苏军总政治部还印发过一份题为"想想自己的孩子"的传单，在传单的画面上，一个孩子正在为战死的父亲痛哭，旁边则配有著名反法西斯诗人艾里希·维奈特悲婉凄哀的抒情诗。诗画相映，生动地表达出战争所造成的不幸和人类对和平的渴望。这份传单受到了德军士兵的普遍认同。

苏联广播还积极利用音乐手段，勾起敌军官兵和民众的忧郁情绪，仅用德语灌制的宣传音乐唱片就达240种，6.7万余张，其中包括配乐诗歌、散文、民间歌曲、革命歌曲及已被纳粹所禁止的音乐等。此外，还有用罗马尼亚、匈牙利、芬兰、意大利等其他语种灌制的唱片，总数多达372处，7.2万多张。

利用电台、广播等电讯器材，对敌大搞"电波楚歌"，是苏联心理战部门的传统绝活。早在大战前夕，苏联的对外广播就拥有用12种语言向40个国家播音的实力。其节目内容主要是介绍苏联的社会主义建设成就，揭露法西斯分子的战争阴谋。从1941年起，苏联对外广播迅速发展到21个语种，每昼夜广播50余小时。其中，除了莫斯科对德国广播之外，还有从第比利斯对意大利的广播；从古比雪夫对巴尔干国家的广播；从共青城对中国的广播，等等。无线广播，成了苏联心理战机构手中频频出招的一只铁拳。

苏联的广播宣传极富自己的特色。绝大多数播音员感情充沛，爱憎分明，给人以强烈的感染力。其中，有一位名叫列维坦的播音员，以其深厚、沉稳的男中音和独特的性格魅力赢得了包括敌人在内的几乎所有人的赞誉，成为二战期间心理宣传战中屈指可数的杰出英雄。苏联著名作家波列伏依曾经这样描写列维坦："时至今日，无论元帅还是士兵，无论男人还是女人，只要一听到这个熟悉的男中音，就会按捺不住自己激动的心情，深深回忆起那段难忘的岁月。"列维坦刚满17岁时便成为苏联中央电台的播音员，他音色极佳，声音洪亮，具有优秀播音员的独到天赋。战时，他主要负责播送苏联发布的重要新闻和最高统帅部的命令，他那充满激情的声音和慷慨昂扬的语调，不时回荡在苏联辽阔的大地上，激励着人们去勇敢地战斗。在平时生活中，列维坦是个热情奔放的人，然而一站到话筒前，他的言谈举止马上就像教堂里的祭司一样，严肃端庄，毕恭毕敬。每次接到稿件，他总是要认真复诵几遍，直到基本记住为止。对特别重要的稿件，他几乎可以全文背诵下来。正因为如此，他播发的稿件从来没有出现过口误。他的声音常常使人情不自禁地联想到苏联政府的声音，联想到俄罗斯困难临头时或举国大庆之日莫斯科市议会钟楼上响起的悠扬钟声。列维坦的名字在苏联家喻户晓，成为人们衷心爱戴的偶像，但同时也使法西斯分子恨之入骨。1941年冬，当莫斯科会战正酣之际，纳粹德国的头目竟然公开宣布，他们一旦攻占了苏联的首都，将首先绞死3个人，除了斯大林和莫洛托夫之外，列维坦赫然名列第三位，由此可见，这位杰出的电台播音员在敌人心目中引起了多么大的惊慌和恐惧。

战争期间，苏联心理战部门将广播对象划分为敌国、同盟国、中立国和德国占领区四种类型进行宣传。他们十分善于借用来自各个地区的人进行宣传。当时旅居苏联的各国共产党领导人如季米特洛夫、皮克、乌布利希、多利士、伊巴露丽等人经常在电台上向本国人民发表广播讲话，仅1943年，就有596篇这样的讲话向德国作了广播，89篇向意大利作了广播。

苏联在积极进行对敌广播攻心战的同时，还采取了一系列有效措施，反击轴心国发动的广播宣传，在这方面，苏联心理战部门同样展现出了高超的艺术和卓越的技术能力。

1941年8月的一个夜晚，德国柏林广播电台的播音员正在兴致勃勃地向全国播放新闻："根据最新战报，苏联红军主力受到重创，目前正向第聂伯河以东节节败退。"

突然，德国的听众惊奇地听到另一个陌生的声音插了进来："谎言，可耻的谎言！"

播音员继续说："德军已经取得了新的决定性的胜利。"

"不错，但是在坟墓里。"神秘的声音再次插入。

之后，播音员每读一条新闻，都会随之传来几句讽刺挖苦的声音。最后，播音员不得不被迫停止播音，换上音乐。

几天之后，那个用尖刻而机智的语言同德国新闻广播针锋相对的神秘声音又出现了。

德国播音员："现在报告新闻。"

神秘的声音："现在开始撒谎。"

播音员："德国轰炸机昨晚再次投入战斗。"

神秘声音："你们还有轰炸机吗？"

播音员："15架苏联飞机被摧毁。"

神秘声音："可你们损失多少？"

播音员："新闻报告完毕。"

神秘声音："但谎言明天还会继续。"

戈培尔得知这一情况后，不禁大为恼怒。他立即命令德国广播公司经理格拉斯密尔采取对策。格拉斯密尔先是让播音员加快播音速度，但神秘的声音反应更快。当播音员想偷偷在播放音乐的间隙插播新闻时，神秘的播音却早早地在那里等着他们。狂怒的戈培尔气极无奈，干脆取消了所有的新闻节目，改为不间断地播放音乐，但神秘的声音依然频繁出现。一天晚上，他居然维妙维肖地模仿起希特勒的咆哮："我是几个世纪乃至1000年来最伟大的德国人。我也是世界历史上嘴巴最大的人。"

人们一直弄不清楚这神秘的声音究竟来自何方，直到战后，苏联政府才披露，原来它是苏联心理战部门"干扰电台"的杰作。这座设在莫斯科附近诺津斯克的无线发射台，专门聘请了一位被称作"艾艾同志"的人负责监听和干扰德国电台的广播。每当德国广播的空隙，这位德语流利的"艾艾"就以辛辣、挖苦的口吻评论对方似是而非的谎言，从而压倒和干扰德国的播音。由于苏联干扰台采用了与德国电台相同的频率，且功率更加强大，很多德国听众收听"艾艾"的声音竟和德国电台一样清晰。纳粹德国的宣传部门对这一独特的反宣传战术又气又惧，将其称作"可怕的伊凡"。

苏联卓有成效的心理宣传严重破坏了德军士兵的士气，同时也动摇了德国上下对战争胜利的信念。这不仅仅表现在随着战争的发展，自愿投诚当俘虏的人数日益增多，而且还表现在部队中的失败情绪不可遏止地四处蔓延。它迫使希特勒在同苏联宣传影响的斗争中不得不采取紧急措施。1942年初，德国第6军参谋长发布了题为《同敌人宣传作斗争》的命令。命令指出，士兵搜集和阅读苏联传单，并在信中将传单邮给自己亲属和熟人，已经发展到了"不能容忍的地步"。命令规定要严惩扩散传单者，以此恫吓士兵和居民。同年12月，德军总司令部发布特别通报，惊呼"敌人浸透毒汁的宣传，是瓦解军心的武器。目前敌人频繁地使用这种宣传武器，应当认真对待，决不能掉以轻心"。一名德军中尉在日记里写道："苏联人很注意对我们部队的宣传。我们6个月前所讥笑的传单和简报，现在已变成了一种可怕的精神利刃。每当我们的部队后撤时，他们马上就会觉察出问题，并迅速印发出针对性的传单。"

苏联的宣传也深深打动了轴心国其他军队士兵的心。他们的战斗力日益下降，主动投诚当俘虏的人数不断增加。在斯大林格勒保卫战被俘的罗马尼亚第20旅旅长季米特里夫坦率地承认："俄国人的宣传比德国宣传具有更大的影响力。俄国的宣传真实、生动，它不仅影响了罗马尼亚的士兵，而且也影响了罗马尼亚的军官。"

巧用谋逃脱吞并

微点公司是美国一家经营状态较好的中型企业。该公司的管理部门深知其他颇具实力的大公司对它早有吞并之心，特别害怕此类事件的发生。然而微点公司终于未能逃脱这种厄运的打击。一天下午，公司总裁艾伯特收到了美国通用电缆公司打来的电话，声称要以每股17

美元的价格收购微点公司的全部股票，这实际上就是通用电缆公司准备吞并微点公司。

艾伯特总裁听到这个电话后，立刻召见公司投资关系处处长蒙威尔紧急磋商反吞并对策，制定出了以下应急措施：

第一，严密控制公司影印机，防止公司文件被窃。

第二，雇请警卫人员全天24小时把守公司办公设施。

第三，召请技术专家检查全公司办公室及电话通讯设备，看是否有人装设窃听装置。

第四，与公司所有职工对话，以寻求反击通用电缆公司的各种信息与情报。

第五，立即拟定一份对外宣传材料，向社会各界及传播媒介广为散发，材料中指出："如果通用电缆公司能成功，那就意味着将来再也不会有 IBM、全禄、拍立得等这种公司出现，因为小型公司刚刚开始真正成长时，就像微点公司一样被扼杀了。"

在确立了上述处理原则的基础上，微点公司开展了一系列公共关系活动，试图阻止通用电缆公司的吞并企图，这些活动主要有：

首先，寻求舆论的支持。微点公司在报纸上登出一连串的广告，其主题是"下一个会不会不轮到你？"登这种广告的目的就是要引起那些中小型公司的同情与共鸣。同时，给64家绩效好的中小型公司主管去信，主题是"下一个会不会轮到你？"请求他们对微点公司给予明确支持，并把那些支持微点公司的回信印成小册子广为散发。

其次，与新闻界、银行机构直到政府部门保持密切的联系与沟通，请求他们的干预和支持，微点公司给全国最大的 50 家银行主管去信，表明自己的观点，指出倘若通用电缆公司的阴谋得逞，这将对美国经济产生危害，要求这些银行发表声明支持微点公司。微点公司还向国会申诉，成功地使参议院银行听证委员会紧急召开了一次听证会。在听证会上，微点公司代表激昂的讲演，获得了议员们的同情。

另外，微点公司始终同公司的股东们保持密切的联系，寻求他们的支持。在历时两个多月的危机中，微点公司平均每个星期给股东们发两封信，请股东们写信给通用电缆公司的董事们，立法委员会证券交易委员会的委员们，抗议通用电缆公司的不公平的行为，并且提高了公司股票的价格，同时也向股东们明确解释此举的重要性，求得了股东们的合作与支持。

经过两个多月的激烈交锋，微点公司的公共关系活动产生了巨大效果，舆论的天平倒向了微点公司。迫于舆论的压力，通用电缆公司被迫宣布停止对微点公司的吞并活动，一场震动全国的吞并与反吞并事件平息了。

微点公司在面临吞并的危急关头，利用舆论的力量攻击通用公司，并博得公众的同情，最后达到自己的目的，这也是借刀杀人之计在商场上的运用。

借刀杀人败怡和

这是一条非常著名的毒计。不须自

已出面，巧借第三者之力，轻轻巧巧地除掉对手。既去了自己的心腹大患，又不承担任何风险。

正应了"无毒不丈夫"的古训，善使此计者大多阴险狡诈，心狠手辣。

这突出地体现出了一个"黑"字，对敌人，只有彻底消灭，决无通融的余地。

面对面地交锋，即便有取胜的把握，我方势必也要付出一定的代价，而不动声地借用第三者的利"刀"，机智地将对手除去，可收一举两得的奇效。

不仅战争中如此，在激烈竞争的市场中此计更是广泛运用。

我们不能苛责此计的狠毒，也无法诅咒使用此计的人的狡诈，因为市场从来以成败论英雄，只有成功，才是最重要的。

事实上，一些声名卓著、德高望重的商界大亨也同样对此计运用得得心应手，只不过他们善恶分明，对付的都是不义之辈，因此，虽说手段狠辣，却仍为世人所称道。

香港巨富李嘉诚曾成功地运用此计，既回避了风险，又取得了巨大的收益，还获得了广泛的赞誉。

在那场震动全香港的九龙仓收购大战之前，他早就开始暗暗行动了。

九龙仓是一块风水宝地，具有得天独厚的地理优势，英资怡和财团独霸已久。

当李嘉诚的长江塑胶厂更名为长江工业有限公司时，他自己的实力已成倍剧增，作为备受英资怡和财团排挤欺压的华资企业的佼佼者，他决心收购九龙仓，以报往日的一箭之仇。

正当他挪用巨额资金，暗暗吸纳九龙仓股票时，号称"船王"的环球航运公司总裁包玉刚开始实施"登陆计划"，也看中了九龙仓，他大量抢购九龙仓股票，并宣布收购九龙仓，致使九龙仓股票大幅飙升，由10余元升至40多元。

包玉刚的"登陆计划"使李嘉诚为之一怔。怡和财团大为恐慌，急忙寻找靠山，江丰银行凭借雄厚的实力，给怡和财团坚实的支持，使怡和财团吃了一颗定心丸。

分析敌我形势，李嘉诚果断地作出了决定：自己的实力不如怡和，如果硬拼，势必损耗自己，何不让与包玉刚，由包玉刚与怡和拼个你死我活呢？

李嘉诚高明地采用了"借刀杀人"，将自己暗中吸纳的1000多股九龙仓股票卖给了包玉刚，获利五千余万港元。作为报答，包玉刚把自己持有和记黄埔股票出让给李嘉诚，让李嘉诚美美地赚了一把。

结果，一场空前惨烈的拼杀在包玉刚与怡和之间展开了。

为取得超过49%的股份，以便控股九龙仓，包玉刚动用了高达30亿港元的巨额资金。怡和财团为保住九龙仓，不惜孤注一掷，也动用巨资，进行疯狂的反收购，居然开出了1股90多元的高价。

包玉刚毫不示弱，以105元1股的天价强行收购，终于胜利地控制了九龙仓，广大香港市民无不欢欣雀跃，无数华资企业扬眉吐气。

为感谢李嘉诚的鼎力支持，包玉刚

以极其优惠的条件，让李嘉诚设计西环的货仓大厦，使李嘉诚又得了不少的好处。

李嘉诚借助包玉刚这把利"刀"，痛快淋漓地"杀"败了自己的心腹大患怡和财团，九龙仓落入包玉刚之手，华资企业从此扬眉吐气，英资财团逐步丧失了控制香港经济命脉的能力。

借刀杀人，既使李嘉诚除去了心腹大患，又避免了正面交锋的风险，同时还获得了巨额的收益，赢得了包玉刚和香港市民的广泛赞誉。

一举数得，李嘉诚这招"借刀杀人"实在高明。可见，只要运用得当，同样能大获成功。

九龙仓收购战由于带有更多的民族主义色彩，打破英资财团套在华资企业身上的枷锁，是香港华人的共同愿望，因此李嘉诚"借刀杀人"却广受赞誉，更受港人的尊敬。

奇特的是，李嘉诚由于退出九龙仓收购战的争夺，反而获得了汇丰银行的好感，增进了与江丰银行的业务往来，为今后自己争夺和记黄埔打下了良好的基础。

"借刀杀人"运用到这种境界，才够得上是经典之作。而众多使用此计的商家反而因为应用不得法，虽也攫取了一定的好处，却被人斥为"奸商"，背上了恶名，对今后企业的进一步发展大大不利。

李嘉诚的经典之作，值得我们反复玩味。

尼斯借刀除内间

1982年，在美国加福尼亚州盛传着这样一件事情：曾在尼斯电脑公司担任工程师的本·大卫因找不到职业而自杀身亡。熟悉他的人们不禁奇怪，并非平庸之辈的本·大卫为什么竟找不到受聘单位走上绝路呢？这一切都是尼斯电脑公司实施"死间"计谋的结果。

本·大卫曾在尼斯电脑公司担任工程师，为该公司占领电脑市场立下了大功。不过，本·大卫有两个致命的弱点，一是虚荣心强，二是人品不佳。这两条使他走上了为别家电脑公司充当间谍的道路，曾使尼斯电脑公司险些破产。尼斯公司发觉本·大卫的间谍行为后，还没处分他，本·大卫就先下手了，带走了一部分机密资料，投靠了耐克电脑公司。

尼斯电脑公司闻言十分吃惊，为了不使公司的机密落入他人之手，他们不动声色，悄悄实施了借刀杀人之计。

从此以后，本·大卫时常接到一个陌生人的电话或者预约，那人的表情总是隐秘的，让人看见总觉得在做一件秘密交易。这种现象引起了耐克公司的注意。因为本·大卫是带着对方的机密资料来投靠自己的，这种行为无论是从道德上、法律上，还是品质上、行规上，都是被人看不起的。对这种"叛逃"人员，不论是谁，都是怀有戒心的，事实似乎在为耐克公司的怀疑作注释，很快，他们截获的寄给本·大卫的信件，信中写道："你得到了他们的信任，这很好，本部急需他们的决策资料，望速告。"

本·大卫马上受到了耐克公司的盘查和不信任，不准他接近任何机密资料，这无疑严重打击了本·大卫的虚荣心。

他感到受到了污辱，决心另谋职业。可是，不管他走到哪里，身受其害的尼斯公司总不放过他。终于，尼斯公司的"死间"计谋立竿见影，任何一家聘任本·大卫的公司都不愿意将公司的机密资料让他接触，虚荣心极强的本·大卫忍受不了这样的轻视，只好自绝于人世。

五粮魔法显神威

座落在南京夫子庙的聚星商场，一直都不太惹人注意。商场总经理听说五粮液酒厂搞了个绝世之作：请了位民间老艺人，用神秘高超的工艺，将五粮液的商标刻在酒瓶中央的晶体上。当时只制得两瓶，老人双眼就瞎了。这两瓶就成了绝世之作，十分贵重，有重大收藏价值。

聚星商场总经理闻讯，想高价买一瓶，但五粮液酒厂不卖。后来他好不容易租到了一瓶，趁五粮液的轰动势头还没有过去，立即摆到自己的商场里。

此酒是3000毫升，相当于6瓶普通瓶装五粮液。商场总经理标价10000元，此举引来了无数顾客。有慕名而来的，有想一睹风采的。议购价一翻再翻，最后有人愿意出五万元。但总经理仍然不能卖。有的大款临走时还气愤地声称要上法院去告状：标了10000元的价格却不卖。

聚星商场因摆了这瓶举世闻名的酒而成为远近闻名的商场，每天人来人往，销售额在一个月内增加了几百万元。

索尼借皇家入英

索尼公司董事长盛田昭夫，利用一

次天赐良机，成了威尔士亲王等英国皇室显贵的座上宾。

1970年，英国威尔士亲王到日本参加国际博览会，英国大使馆委托索尼公司在亲王的套间里安一台电视机。索尼公司以其高质量的服务使亲王大为满意。

在使馆举办的招待会上，盛田昭夫经人介绍认识了亲王。亲王对索尼公司提供的方便深表感谢，并流露出若盛田昭夫决定在英国开办工厂，不要忘记设在亲王的领地上。

不久盛田昭夫果然去了英国。经过调查了解，他决定把企业扩展到这里。在公司的开工盛典上，盛田昭夫请威尔士亲王大驾光临。为了感谢亲王的光顾，他让人在厂门口树起了一块纪念匾，以示永远铭记。

80年代伊始，这家工厂决定扩大生产，盛田昭夫再次邀请威尔士亲王前来助兴。亲王因日程安排已满，派戴安娜王妃前往。王妃此时正有孕在身，盛田昭夫更是鞍前马后照顾周到，让王妃巡视工厂时戴上了工作帽，帽子上却用大字写上"索尼"二字。

随着摄影师们的"咔嚓"拍照声，英国各界和世界各地都知道了——王妃参观了索尼在英国的分厂。

从此以后，世界各地到此一游者，都可以通过"匾"和"照片"了解索尼公司的历史，活生生地再现其主人与英皇室的友谊，如此一来，对皇家的尊重不就带给了索尼吗？

就这样，索尼公司借英国皇家成功地杀入了英国市场。

第四计　以逸待劳①

【原典】困敌之势，不以战。损刚益柔②。

【按语】此即致敌③之法也。兵书云："凡先处战地而待敌者佚，后处战地而趋战④者劳。故善战者，致人而不致于人。"兵书论敌，此为论势，则其旨非择地以待敌，而在以简驭繁⑤，以不变应变，以小变应大变，以不动应动，以小动应大动，以枢应环也⑥。

如管仲寓军令于内政，实而备之。孙膑于马陵道伏击庞涓，李牧守雁门，久而不战，而实备之，战而大破匈奴。

【原典注释】①以逸待劳：逸，安逸；劳，疲劳。出自《孙子·军争篇》："以近待远，以佚待劳，以饱待饥，此治力者也。"

②损刚益柔：《易经·损卦》："象曰：损，损下益上，其道上行。……损刚益柔有时，损益盈虚，与时偕行。"意思说："减损下的阳刚以增益上之阴柔要适时，事物的减损增益，盈满亏虚，都要与时机相配合。"在作战时，刚，指进攻的士气和态势。柔，指防御的心理和形势。

③致敌：致，招引、调动。调动敌人。

④趋战：趋，奔赴、奔向。仓促奔赴战场。

⑤以简驭繁：简，简单；繁，繁琐，复杂。驭，驾御，控制。用简单的方法而控制复杂的局面。

⑥以枢应环：枢，枢纽，中心环节，关键部位；环，围绕，指四周。以中心转动应付四周活动。

【原典译文】困扰敌人的兵势，不直接采取战斗。适时适当地采取防御态势，疲惫拖垮敌人，变被动为主动。

【按语译文】这就是调动敌人的方法。兵书上说："凡是先到战场等候敌人的，从容安逸；后到战场仓促应战的，疲劳不堪。所以善于作战的人，能调动敌人而不被敌人调动。"兵书讲的是如何打仗，这里探讨的却是如何掌握主动权。其宗旨不在于选择地形等待时机打击敌人，而是在于阐明用简单的方法控制复杂的局面，用不变化的心态对付变化的形势，用小变化对付大变化，用不动对付活动，用小的运动对付大的变动，这种战术规则，就好像枢纽用转动来对付不断活动的边围一样。

比如：春秋时期，管仲管理齐国，实行军政合一，在农闲时就从事军事训练，实际上是在备战。战国时，孙膑在马陵道伏击庞涓。赵将李牧镇守雁门关时，长期不同匈奴作战，其实是在积极备战，后来一战而大败匈奴。

【传世典故 计名探源】以逸待劳：逸：安闲；劳：疲劳；待：等待、等候。指养精蓄锐，痛击远来进犯的疲惫之敌。

以逸待劳，语出于《孙子·军争篇》："故三军可夺气，将军可夺心。是故朝气锐，昼气惰，暮气归。故善用兵者，避其锐气，击其惰归，此治气者也。以治待乱，以静待哗，此治心者也。以近待远，以佚（同逸）待劳，以饱待饥，此治力者也。"又，《孙子·虚实篇》："凡先处战地而待敌者佚（同逸），后处战地而趋战者劳，故善战者，致人而不致于人。"原意是说，凡是先到战场而等待敌人的，就从容、主动，后到达战场的只能仓促应战，一定会疲劳、被动。所以，善于指挥作战的人，总是调动敌人，而绝不会被敌人调动。

战国末期，秦国少年将军李信率二十万军队攻打楚国，开始时，秦军连克数城，锐不可挡。不久，李信中了楚将项燕伏兵之计，丢盔弃甲，狼狈而逃，秦军损失数万。后来，秦王又起用已告老还乡的王翦。王翦率领六十万军队，陈兵于楚国边境。楚军立即发重兵抗敌。老将王翦毫无进攻之意，只是专心修筑城池，摆出一派坚壁固守的姿态。两军对垒，战争一触即发。楚军急于击退秦军，相持年余。王翦在军中鼓励将士养精蓄锐，吃饱喝足，休养生息。秦军将士人人身强力壮，精力充沛，平时操练，技艺精进，王翦心中十分高兴。一年后，楚军绷紧的弦早已松懈，将士已无斗志，认为秦军的确防守自保，于是决定东撤。王翦见时机已到，下令追击正在撤退的楚军。秦军将士人人如猛虎下山，只杀得楚军溃不成军。秦军乘胜追击，势不可挡。公元前223年，秦灭楚。

【名家评点 破解方略】以逸待劳，是"无往不胜"之法。本计强调：使敌人处于困难被动局面，并不是非用进攻之法不可。关键在于掌握主动权，伺机而动，以不变应万变，以静制动，积极调动敌人，创造战机，不让敌人左右自己，而要努力牵着敌人的鼻子走，最终争取胜利。

经典案例 锦囊妙计

赵军换将败长平

　　春秋战国时期，赵国和秦国在长平（今山西高平县）发生了一场大战。由于赵军主帅赵括，只知生吞活剥地照搬书本，被秦军战胜，所率45万军队被坑杀。赵括也在战斗中丧生，给后人留下了纸上谈兵的历史教训。

　　公元前260年4月，秦王派兵进攻赵国。赵王闻讯后，派大将廉颇率赵军开往长平迎战敌人。廉颇抵达前线后，立即向秦军发起攻击。但是秦强赵弱，赵军损兵折将，一连几战都失利。于是廉颇便及时改变战术，转攻为守，避而不战，依托有利地形，以逸待劳，疲惫消耗秦军。这一来，两军在长平形成对峙局面。

　　赵王不理解廉颇的用意，以为他胆怯害怕，心里很不高兴。秦王趁机派人暗中使反间计，收买赵王身边见利忘义的权臣，让他散布流言蜚语，说："秦国最怕赵括，廉颇比赵括好对付，而且他准备向秦国投降了。"赵王听信了谣言，就把廉颇从赵军主帅的位置上撤下来，由赵括出任赵军统帅。

　　那么赵括何许人也？他是赵国大将赵奢的儿子。此人从小学习兵法，能将一本本兵书倒背如流，谈起兵法口若悬河，自以为天下没人能与他匹敌。他和父亲赵奢争论起兵法时，连赵奢也说不过他。但赵奢认为："用兵是关系到生死存亡的大事，赵括把它说得轻而易举，如让他当统帅，赵军必败。"蔺相如也说："赵括虽读兵法，不知灵活运用，只能学舌。"

　　秦国在搞乱赵国的同时，也适时调整自己的军事部署：增派部队，起用白起统率秦军。这个白起是个非同寻常的人物，他骁勇善战，久经沙场，曾斩杀韩、魏联军24万，杀得两国肝胆俱裂。只会背诵几句兵书的赵括，根本不是他的对手。

　　公元前260年7月，赵括率领援兵来到长平，接替廉颇。赵括一到长平，便立即准备进攻，企图一举击败秦军，占据上党。8月，赵括率军大举出击。秦军佯装败退，赵军迅速展开成左右两路攻击秦军，打了小胜仗，尔后乘胜追击，一直追到秦军阵地前。秦军依托壁垒，坚决扼守，赵军几次进攻未能得手。

　　秦军把赵军调出壁垒后，以2.5万人出其不意地切断了赵军退路，又派一支5000人的骑兵队伍，拦腰插入赵军营垒之间，赵军被断为两截。白起又下令突击队不断地突击，赵军被迫就地筑垒防御，固守待援。秦昭王得知赵军后方的联系被断，便亲自到河内（今河南省黄河以北地区），征发15岁以上的青年，全部开往长平，断绝了赵军的后路和粮道，形成合围态势。

　　到了9月，赵军在内无粮草，外无救兵的情况下，苦撑46天，内部互相残

杀，甚至人吃人。赵括决定从突围上找条生路，于是兵分四路，轮番突击秦军阵地，企图打开缺口，但经过艰苦努力，仍然无效。最后，赵括亲率精兵猛攻，还没有冲到秦军阵地前，就被秦军用乱箭射死。赵军失去主帅，纷纷投降。秦军俘虏赵军 40 余万，秦军从来没见过这么多俘虏，恐他们哗变，就决定坑杀。就这样 40 余万被俘赵军除 240 个小孩返归赵国外，其余全都被坑杀，赵国上下无不为之骇然。

秦军取得长平大捷后，统一六国的道路也就畅通无阻了。

晋军设伏败强秦

春秋时期，秦穆公不顾上大夫蹇叔和老臣百里奚的再三劝告，不远千里去进攻晋国东面的郑国。这一次东征，秦穆公派百里奚的儿子孟明视、蹇叔的儿子西乞术和白乙丙三人为将。出发前，蹇叔哭着告诫儿子："我看着你们出发，再也看不到你们回来了。这次远征，晋国人一定在殽山截杀你们。殽山有两座山，那南边的山是夏帝皋的坟墓；那北边的山，是周文王避风雨的地方。你一定死在这中间，我到那里收你的尸骨吧。"

孟明视率秦军进入滑国地界向郑国疾进，忽然有人拦住去路，说他是郑国派来的使者，要见秦军主将。孟明视大惊失色，连忙接见"使者"。"使者"说："我叫弦高，我们的国君听说三位将军要到郑国来，特派我送上四张熟牛皮和十二头肥牛来犒赏贵军将士。"说罢献

上熟牛皮和肥牛。

孟明视原来打算去偷袭郑国，现在一听郑国已知道了他们来袭击的消息，只好收下牛皮和肥牛，敷衍了弦高几句，灭掉滑国，班师回国。

其实，弦高不过是个牛贩子，他在滑国遇到孟明视，发现秦军的企图纯属偶然。弦高用计编得孟明视相信后，连夜派人回郑国报告消息去了。

晋国得知秦军远袭郑国的消息，十分愤怒。如今见秦军无功而返，果然不愿意错过消灭秦军生力军的机会，在东殽山、西殽山之间和殽陵关裂谷两侧的高地设下埋伏，专等秦军进入"口袋"。

公元 627 年 4 月 13 日，疲惫不堪的秦军从滑国返归本国，抵达殽山。殽山地形险恶，山路崎岖狭窄，特别是东、西殽山之间，人走都很吃力，车马行进更是难上加难。西乞术望着险峻的山岭，不安地对孟明视说："临出发时，父亲再三警告我，过殽山要小心，说晋人肯定会在这里设下埋伏，消灭我们。我们的队伍拉得太长，再不收拢一些，就很危险了！"孟明视叹道："我何尝不想这样做？只是道路太窄，做不到啊！"

孟明视率领部队小心地进入山谷，突然，金鼓齐鸣，一支强悍的异族部队率先杀出——原来，这是晋国南部羌戎的兵马，羌戎是晋国的附庸，一直听从晋国的调遣。随后，在晋襄公的亲自指挥下，晋军大将先轸率晋军一涌而出，以排山倒海之势将秦军分割、包围、消灭，孟明视、白乙丙、西乞术三人都成了晋军的浮虏。

以逸待劳退匈奴

春秋战国时期，位于中国北方蒙古高原的匈奴族逐渐强大起来。匈奴部族也有悠久的历史。在商代，中原人称之为"鬼方"；西周时期又称为猃狁（或狎狁），至战国时期始称匈奴。匈奴实际上是蒙古高原许多个部族的总称。他们都是游牧民族，惯于骑马，逐水草放牧牛羊。男子从小骑羊持弓射猎兔、鹿，长大则骑马。当时的匈奴部族还处于奴隶制初期，习惯于从别的部族抢掠财物。急则上马冲杀，成年男子皆为战士；败则溃散而逃，丝毫不以为耻。而进退神速，来去如风，给中原北方秦、赵，燕等诸侯国造成很大威胁。赵武灵王胡服骑射，仿照胡人习俗，组建起强大的骑兵部队，转而用之进攻匈奴分支之一的林胡等部，开地千里，收到了很好的效果。到战国末年，各胡人部落在匈奴的旗帜下逐渐统一起来，形成一支巨大的力量，严重威胁赵、秦、燕等国北方边境的安全。因此，这三个诸侯国在北方各自修筑长城的同时，又都驻扎有大量的防御部队，以抵御匈奴族的入侵。同时，也出现了一些抗匈奴的名将。赵国的李牧便是其中最有名的一位。

李牧前半生的生平，由于缺乏史料，无法知道。我们只知道他是赵国北方边境的名将，曾经在赵国的代郡（治今河北蔚县西南）和雁门郡（治今山西右玉南）一带防御匈奴。因匈奴兵皆为骑兵，来去如风，不易捕捉战机，必须一战得胜，才能赢得战场上的主动权。否则便

会东追西挡，疲于奔命。为达此目的，李牧首先致力于团结将士，使上下齐心协力。他根据边境的实际情况设置官吏，开辟商业市场，然后把从市场上征收来的租税都输入幕府，作为军费开支，每天都买些牛来杀掉，犒劳士兵。平日加紧督促士兵练习骑马射箭，提高战斗能力。在边防线上则命令军兵提高警惕，完善烽火等报警设施，并派出许多间谍侦探匈奴人的动向。但李牧却不准士兵出去和匈奴人交战，并向全军下令："如果匈奴兵来侵扰，立即收拾畜产、驱赶牛羊入城自保。谁敢出去抓匈奴者斩！"匈奴兵一进入赵国边地，赵军立即点燃烽火，入城据守，拒不出战。这样过了几年，赵国方面也并没有什么损失。匈奴人都认为李牧是个胆小鬼。就连赵国的边防士兵，也都这样看待李牧。为此，赵王派使者责斥李牧，李牧却不听命令，依然故我。赵王见李牧如此，十分恼怒，便撤了李牧的职，改派他人指挥边防。在以后的一年多时间里，赵军屡次出战，却往往战败，死伤了不少人马，边郡地区也不能正常地耕田放牧。赵王不得已，又请李牧出任边将，李牧却紧闭家门，称病不出。赵王大急，强行请李牧出任，李牧说："如果一定要用我为将，一定要照我说的办，我才敢奉命。"赵王答应了李牧的要求。李牧到边郡后，还采取以前的办法，匈奴连续几年里都没有抢到什么，却始终认定李牧胆怯。李牧又经常赏赐将士。赏赐多了，将士们无功受禄，于心不安，不愿意再接受赏赐，而都愿意和匈奴人大战一场。李牧见将士们士气已经养成，便从边防军中挑出一

千三百辆战车，一万三千名精锐骑兵，能擒敌杀将的精锐步兵五万人，善射的弓箭兵十万人，把他们全部调集在一起，准备作战。然后，李牧下令大开城门，将牛羊都驱赶到田野里。一时间，牧畜、人民，布满山野。匈奴人闻讯后，立即前来抢掠。赵军佯装不胜，让匈奴人俘去数十人。匈奴单于见赵军不过如此，便率领大军进入边塞，想大捞一把。李牧见匈奴兵来到，便布下奇阵，命中军诱敌，左、右两军从侧翼包抄进击，形成包围，大败匈奴人，杀匈奴兵十多万人。之后，李牧率军乘胜消灭了襜褴部落，击破了东胡，并迫使林胡投降赵国。匈奴单于被打得抱头鼠窜，十几年都不敢靠近赵国边境。

王翦重兵攻败楚

公元前226年，秦将王贲进攻楚国，攻陷十多座城。秦王嬴政询问将军李信说："我想要夺取楚国，根据你的推测，需要出动多少人的军队才够？"李信说："不过用二十万人。"秦王嬴政又询问王翦，王翦说："非六十万人的大军不可。"秦王说："王将军已经老了，怎么如此胆怯啊！"便派李信、蒙恬率领二十万人进攻楚国。王翦于是称病辞职，返回故乡频阳。

秦将李信进攻平舆县，蒙恬攻击寝县，大败楚军。李信再攻鄢郢，攻克了该城，于是率军西进，到城父与蒙恬的队伍会合。楚军趁机尾随在后，三天三夜不停宿休息，反击中大败李信的军队，攻入秦军的两个营地，斩杀了七个都尉。

李信率残部逃奔回秦国。

秦王嬴政闻讯，暴跳如雷，亲自前往频阳向王翦道歉说："我没有采用将军你的计策，而李信果然使秦军蒙受了耻辱。现在将军你虽然患病，但难道就忍心抛下我不管吗?!"王翦仍推辞道："我实在病得不能领兵打仗了。"秦王嬴政说："好啦，不要再这么说了！"王翦说："如果不得已一定要用我的话，非用六十万人的军队不可！"秦王嬴政答道："就听从将军你的主张行事吧。"于是王翦率领六十万大军征伐楚国，秦王亲自送行到霸上。王翦请求秦王赏赐他相当多的良田美宅。秦王说："你就出发吧，为什么还要担心日后贫穷呀！"王翦说："身为大王您的将领，虽立下战功，但最终仍不能被封侯，所以趁着大王现在正看重我，请求赏赐田宅，好为子孙留下产业啊。"秦王嬴政听后大笑不止。王翦率军开拔，抵达武关，又陆续派遣五位使者向秦王嬴政请求赏赐良田。有人说："将军您向秦王求讨东西也已是太过分了吧！"王翦答道："不是这样。大王心性粗暴而多猜忌，如今将国中的武装士兵调拨一空，专门托付给我指挥，我若不借多求赏赐田宅为子孙谋立产业，表示坚决为大王效力，大王反倒要无缘无故地对我有所怀疑了啊。"

秦将王翦率大军取道陈丘以南抵达平舆。楚国人闻讯王翦增兵而来，便出动国中的全部兵力抵抗秦军。王翦下令坚守营寨不与楚军交锋。楚人多次到营前挑战，秦军始终也不出战。王翦每天让士兵休息、洗沐，享用好的饮食，安抚慰问他们，并亲自与他们共同进餐。

这样过了很长一段时间，王翦派人打听："军中进行什么嬉戏啊？"回答说："军士们正在玩投石、跳跃的游戏。"王翦便说："这样的军队可以用来作战了！"此时楚军既然无法与秦军交锋，就挥师向东而去。王翦即率军尾追，令壮士们发起突击，大败楚军，直至蕲县之南，斩杀楚国将军项燕，楚军于是溃败逃亡。王翦乘胜夺取并平定了楚国的一些城镇。

曹刿论战胜强齐

公元前 684 年，齐桓公任命鲍叔牙为大将，领兵攻打鲁国，鲁庄公带着曹刿在长勺与齐军相遇。

齐国的鲍叔牙因为指挥乾时大战，曾打败过鲁军，所以这次根本不把鲁国军队放在眼里。他求胜心切，两军才一接触，便下令擂鼓进攻。鲁庄公听到齐军鼓声震天，沉不住气，也要下令擂鼓冲锋。曹刿赶忙拦住道："且慢！"随后便请鲁庄公传下命令："有吵嚷叫喊，随意行动，不听指挥的，一律处死！"这时候，齐军随着鼓声冲了过来，鲁军却纹丝不动。齐军见无隙可乘，只好退回去。过了一会儿，齐军鼓声又起，鲍叔牙催着士兵再次冲锋，鲁军还是不动，齐军只好又退了回去。这样连冲两次，又不见鲁军出动，鲍叔牙更得意了。对手下的人说："鲁军怕是吓破了胆，不敢出战，我们再冲一次，他们准垮无疑。"说着就又传令擂鼓。这时候，眼看齐军逼到鲁军的阵前了，鲁军憋足了气，要决一死战。曹刿手提宝剑，向北指道："打败齐军，在此一举！"随后，立即请鲁庄公下令擂鼓冲锋。

齐军连冲了两次，见鲁军不还手，都以为这第三次还跟过去一样，所以一个个拖着戈矛，扛着刀枪，无精打采地跑过来，全没把鲁军放在心上。不料，这时鲁军阵内鼓声大作，鲁兵如猛虎下山般地冲了过来，刀劈箭射，直杀得齐军七零八落，狼狈而逃。

鲁军大获全胜。鲁庄公却不明白，问曹刿："齐军头两次擂鼓，你不让我军迎战，他们第三次擂鼓，你才叫我军还击，这是为什么呢？"曹刿回答说："打仗最要紧的是士气，士气旺盛，就会胜利；士气衰落，就要失败。擂鼓是鼓舞士气的。擂第一次鼓，士气最旺盛；擂第二次鼓，士气开始下降；等到第三次擂鼓，就没有多少士气了。我们不急着擂鼓，就是为了让士兵保持旺盛的士气，等他们二鼓一过，士兵们士气最低落的时候，我们一鼓作气地攻过去，还愁不打败他们吗？"……

韩信妙计破龙且

韩信的军队已攻下临淄，就向东追击齐王田广。项羽派龙且率领军队援救，号称二十万，与齐王田广的军队在高密会合。有人向龙且建议："汉军千里求战，每战都拼命，攻势难以抵挡。而齐、楚联军在自己的国土上作战，稍受挫折，就会瓦解。不如坚守营垒，让齐王派使者去联络已经落入汉军掌握中的城市，这些城市的军民知道他们的王还在，又有楚军来救援，就会背叛汉军。汉军离他们的根据地有二千多里，在齐国完全孤立，城市纷纷反叛，他们的粮草势必断绝，就可以不战而降伏他们。"龙且说："我很了解韩信的为人，他是容易对付的！他靠洗衣的老太婆养活，连自己养活自己的办法都没有，被人在胯下侮辱，说明他生性懦弱，没有一点丈夫气概，这种人根本不值得畏惧。况且我奉命救齐，假如不打仗就降服了他们，我还有什么功劳？我打败了汉军，就可获得齐国的一半国土。"高帝四年十一月，齐、楚联军隔着潍水布阵。韩信在夜里下令准备一万多个袋子，满塞泥沙，在潍水的上游垒起一堤坝，率领军队的一半渡过潍水向龙且的军队发起攻击，假装被打败，向后逃跑。龙且果然大喜说："我就知道韩信是个胆小鬼！"就挥师追击，韩信命令人将那道拦河坝拆开，河水奔流而下，龙且的军队大部分被拦在河对岸。韩信又指挥大军向已经渡过河来的龙且军队发动猛攻，斩杀龙且。留在潍水那边的楚军纷纷逃走，齐王田广也逃跑，韩信追到城阳，终于俘虏了田广。汉将灌婴乘机挺进到博阳。田横听说田广已死，就自立为齐王，反攻灌婴，在嬴下（今山东莱芜县）会战，又被击败，就逃亡到魏地，投奔彭越。灌婴又乘胜在千乘（今山东高青县）攻击齐将田吸，曹参在胶东（今山东平度县）攻击齐将田既，都取得胜利，齐国就全部被汉军征服了。

刘邦用计擒韩信

汉王朝六年，天下太平，刘邦却心病未除，大臣中他最放心不下的是齐王韩信。韩信足智多谋，善领兵打仗，若韩信反，则是天下大祸。

项羽的大将钟离昧，在项羽失败后，投奔韩信。韩信与钟离昧同是楚人，韩信就收留了他。

刘邦听说韩信收留了钟离昧，更不放心了，一个韩信已难对付，再加上一个钟离昧，更难对付。刘邦派使者持诏书，要韩信交出钟离昧，韩信接到诏书，谎称钟离昧不在他处，不肯交出钟离昧。

高祖接到韩信的书信，心中怀疑，就派暗探察访，暗探到了下邳，恰逢韩信出巡，车马隆隆，前后护卫，不下三五千人，声势很是威赫。侦探回报刘邦，说韩信有反意。

高祖召集众将，商讨对付韩信的方法，众将主张讨伐，高祖沉默不语，诸将退出。陈平进见，高祖向他问计。

陈平知韩信未反，只是不肯替韩信辩护，但称事在缓图，不宜从速。

高祖着急道："这事如何从缓？你总要为朕设法呀！"

陈平道："诸将怎么说。"

刘邦说："都要我发兵征讨。"

陈平说："陛下如何知道韩信谋反？"

刘邦说："有人密报，谋反属实。"

陈平说："除有人上书外，是否还有人知他谋反的情况？"

刘邦说："没有。"

陈平又问："韩信知道有人告他谋反吗？"

"不晓。"

"陛下现有的士卒，能胜过楚兵吗？"

"不能！"

"陛下用兵，必欲派遣得力大将，现

在诸将中有人才能比得上韩信吗?"

"没有人能及。"

"兵不能胜楚,将又不及韩信,若突然起兵攻击,激成战争,恐怕韩信不想反也得反了。臣以为陛下此举,未必万全。"

"这却如何是好?"

陈平踌躇多时,才献一策说:"古时天子巡狩,必大会诸侯。臣听说南方有云梦泽,是好风景。陛下只说出游云梦,遍召诸侯,会集陈地,陈与楚西境相近,韩信既为楚王,且闻陛下无事出游,必定然前来谒见,趁他谒见的时候,只需一二武夫,便好将他拿下,这岂不是垂手而得吗?"

高祖大喜,连说:"妙计!妙计!"

高祖派出使节,先向各国传诏书,说将南游云梦,令诸侯会集陈地,诸侯王怎知有诈,一律从命。

只有韩信得了使命,心中生疑,他被高祖两夺兵权,知道刘邦多诈。此次游云梦,令诸侯会集阵地,更觉其中有疑。陈楚地界毗连,应先去迎谒,但又恐事有不测,意外惹祸,因此迟疑莫决。手下将士见他纳闷,想为他解忧,贸然进言说:"大王并无过失,引皇上怀疑的,只有收留钟离昧一事,今若斩其首级,持谒主上,主上必喜,还有什么忧虑呢?"

韩信听了此言,觉得有理,便召入钟离昧,模模糊糊地说了数语。钟离昧听出了话的意思,又看他面有怒容,不似从前,因此试探道:"你莫非忧虑我在此处,得罪汉帝么?"

韩信点点头,钟离昧说:"汉之所以

下来攻楚,是怕我们二人相连,同心抗拒,若杀我献汉,昧今日死,公亦明日亡!"

钟离昧一面说,一面观察韩信的脸色,仍然如故,于是起座骂韩信道:"你是反复小人,我不应投奔你。"说罢拔剑自刎而死。

韩信割了钟离昧的首级,带了数名随从,直到陈地,进见高祖。

高祖到达陈地,韩信已等候多时,一见御跸前来,便伏谒道旁,呈上钟离昧的首级。只听高祖高声道:"快与我拿下韩信!"话未说完,已有武士上前,把韩信绑了起来。

韩信叹道:"果如人言,狡兔死,走狗烹,飞鸟尽,良弓藏,敌国破,谋臣亡,天下已定,我固当烹。"

高祖说:"有人告你谋反,所以拘捕你。"韩信也不多辩,任他绑在后车。高祖计谋得成,还会什么诸侯,遂又颁诏四方,托词韩信谋叛,无暇往游云梦,各诸侯不必来会。此诏一传,即带着韩信,仍由原路驰回洛阳。

借利天时退曹兵

建兴八年秋,诸葛亮获悉魏兵马总督曹真病愈后,奏明魏主曹睿,率军兵四十万,由长安进兵剑阁,欲攻打汉中。

诸葛亮吩咐王平、张嶷说:"你们二人先率一千军马去守住陈仓古道,挡住魏军,一月之后,我再率师出兵伐魏。"王平、张嶷说:"魏军这次出兵四十万,再加上郭淮、孙礼所率边关兵马,共有八十万之多。丞相为何只遣我一千军马去御敌？"诸葛亮说："一夫挡关，万夫莫开，如果多派军马，恐怕军兵白费辛苦。"张嶷、王平面面相觑，谁也不敢答应。诸葛亮又说："如果有失防守，不是你们之过，不必多言，快去就是了。"二人又说："丞相如果想杀我二人，现在就杀算了，何必让我们去送死呢？"诸葛亮见二人不去，只好说："吾准备不言明此事，我昨天看了天文，算定这个月必有大雨。魏军纵然有八十万，怎敢冒大雨深入险地呢？因此，无需用许多军马便可阻挡魏军。我们在汉中休整备战，待魏军在大雨泥泞之中受一个月苦之后，那时我再率军出师，以逸击其劳，乘势再攻中原，岂不更妙？这本是军事绝密，不便言明，你二人知之即可。"二将听罢恍然大悟，欣喜地率一千军马，去守陈仓古道。

果未出诸葛亮所料，魏军刚至陈仓，就遇上了连日的秋雨，一连竟下了一个月。魏军见天时不利，只好率军回师。

诸葛亮在此，借助天时之利，在战略上行以逸待劳之谋，巧为伐魏的攻势，令人称绝。

坐山劳敌以火攻

孔明得知曹操欲兴五十万大军讨伐新野后，便准备在新野用火烧敌，先挫败曹操的先锋部队，以遏止曹操大队人马的进击，为战略转移创造条件。

在谋划如何火烧曹仁的过程中，孔明心想：迁动新野百姓去樊城，然后在民宅上放置燃火之物，点燃大火并不难，可关键在于火须借助风势。经预测，及

至夜间才有风起。欲火烧敌军，只有在夜间进行。但敌军何时到来，敌军居主动地位。他若昼间来，还必须拖延时间，使之疲困后入城才能行此大计。于是便策划出了一则以逸劳敌的计谋，以辅助火攻敌军计谋的实施。

次日中午，曹将许诸率三千铁甲军来到鹊尾坡。孔明先布疑兵牵延敌军。当敌军将近新野时，孔明下令山上齐鸣鼓角。敌将向山上一看，只见孔明与刘备正坐在山上对饮。许诸乘怒率兵向山上冲去。曹仁后续部队到后，也一齐攻山。孔明在山上令蜀军凭险拒守，炮石擂木满山翻滚，直至日落西山，也未能攻克。曹仁见军兵经一天跋涉，又进行一场激烈进攻，都已疲惫，便下令向新野进兵，弃山不攻。

曹兵在疲困之际，又得令去攻新野，都感到苦不堪言。谁知来到新野一看，竟是空城一座，于是便抢夺民宅，歇息造饭。不料，随着晚风乍起，城内突然燃起大火，整个新野，变成了火海……

孔明用以逸劳敌之谋，致敌疲困，迁延了曹军入城时间，有效地实现了其"以火佐攻"计谋。

邓艾以守待姜维

邓艾在抵御姜维第五次犯境时，面对蜀军横跨两山为营，进可攻，退可守的战势，觉得不宜与其决战。便采取以守待攻的策略，等候司马昭援军到后，再也长城内的守军三面夹攻姜维大营。

几日后，姜维派人来下战书，约邓艾来日决战。邓艾想，如果不应姜维之

约，姜维必来搔扰我寨及长城郡，不如佯应为上策。于是便在战书上批道"来日决战"。

姜维第二天凌晨率兵布阵，只候邓艾出阵决战。谁知等了一天，也未见邓艾出来，只好率军回营。次日，又派人去下战书，谴责邓艾失约。邓艾对使者说："我昨天偶患小疾，身体不适，有误日期，请你们将军原谅，明天我们再战。"次日，姜维出营再次候战，结果又未见邓艾出营。如此支吾有五六次。

姜维见此情景，对傅佥说："邓艾屡次推诿不战，一定是在拖延时间，等关中司马昭打败变乱的诸葛诞后，三面夹击我军。我们可再派人去东吴，约孙綝，诸葛诞并力攻打司马昭，把他拖在关中。我们在这主动出击，先克长城郡，再打邓艾。这样魏军必败。傅佥说："这样甚好。"

姜维正准备派人去东吴送信，这时却听说诸葛诞兵败，已死于寿春。司马昭率兵来救长城。姜维见无克敌之机，只好率军回到了汉中。

陆逊火攻退刘备

在《三国演义》第八十三回和八十四回中写道：说先主欲发兵前进，忽近臣奏曰："东吴遣使送张车骑之首，并囚范疆、张达二贼至。"先主两手加额曰："此天之所赐，亦由三弟之灵也。"即令张苞设飞灵位。先主见张飞首级在匣中面不改色，放声大哭。张苞自仗利刃，将范疆、张达万剐凌迟，祭父之灵。祭毕，先主怒气不息，定要灭吴。马良奏曰："仇人尽戮，其恨可雪矣。吴大夫程秉到此，欲还荆州，送回夫人，永结盟好，共图灭魏，伏候圣旨。"先主怒曰："朕切齿仇人乃孙权也。今若与之连和，是负二弟当日之盟矣。今先灭吴，次灭魏。"便欲斩来使，以绝吴情，臣下苦告方免。程秉抱头鼠窜，回奏吴主曰："蜀不从讲和，誓欲先灭东吴，然后伐魏，众皆苦谏不听，如之奈何？"权大惊，举止莫措。阚泽出班奏曰："见有擎天之柱，如何不用耶？"权急问何人。泽曰："昔日东吴大事，全任周郎；后鲁子敬代之；子敬亡后，决于吕子明。今子明虽丧，见有陆伯言在荆州。此人名虽儒生，实有雄才大略。以臣论之，不在周郎之下。前破关公，其谋皆出于伯言。主上若能用之，破蜀必矣。如或有失，臣愿与同罪。权曰："非德润之言，孤几误大事。"张昭曰："陆逊乃一书生耳，非刘备敌手，恐不可用。"顾雍亦曰："陆逊年幼望轻。恐诸公不服。若不服，则生祸乱，必误大事。"步骘亦曰："逊才堪治郡耳，若托以大事，非其宜也。"阚泽大呼曰："若不用陆伯言，则东吴休矣！臣愿以全家保之！"权曰："孤亦素知陆伯言乃奇才也。孤意已决，卿等勿言。"于是命召陆逊。

逊本名陆议，后改名逊，字伯言，乃吴郡吴人也；汉城门校尉陆纡之孙，九江都尉陆骏之子。身长八尺，面如美玉；官领镇西将军。当下奉召而至，参拜毕，权曰："今蜀兵临境，孤特命卿总督军马，以破刘备。"逊曰："江东文武，皆大王故旧之臣；臣年幼无才，安能制之？"权曰："阚德润以全家保卿，孤亦素知卿才。今拜卿为大都督，卿勿推辞。"逊曰："倘文武不服，何如？"权取所佩剑与之曰："如有不听号令者，先斩后奏。"逊曰："荷蒙重托，敢不拜命。但乞大王于来日会聚众官，然后赐臣。"阚泽曰："古之命将，必筑台会众，赐白旄黄钺、印绶兵符，然后威行令肃。今大王宜遵此礼，择日筑台，拜伯言为大都督，假节钺，则众人自无不服矣。"权从之，命人连夜筑坛完备，大会百官，请陆逊登坛，拜为大都督、右护军、镇西将军，进封娄侯，赐以宝剑印绶，令掌六郡八十一州兼荆楚诸路军马。吴王嘱之曰："阃以内孤主之，阃以外将军制之。"逊领命下坛，令徐盛、丁奉为护卫，即日出师；一面调诸路军马，水陆并进。

文书到猇亭，韩当、周泰大惊曰："主上如何以一书生总兵耶？"比及逊至，众皆不服。逊升帐议事，众人勉强参贺。逊曰："主上命吾为大将，督军破蜀。军有常法，公等各宜遵守。违者王法无亲，勿致后悔。"众皆默然。周泰曰："目今安东将军孙桓，乃主上之侄，见困于彝陵城中，内无粮草，外无救兵，请都督早施良策，救出孙桓，以安主上之心。"逊曰："吾素知孙安东深得军心，必能坚守，不必救之。待吾破蜀后，彼自出矣。"众皆暗笑而退。韩当谓周泰曰："今此孺子为将，东吴休矣！公见彼所行乎？"泰曰："吾聊以言试之，早无一计，安能破蜀也？

次日，陆逊传下号令，教诸将各处关防，牢守隘口，不许轻敌。众皆笑其懦，不肯坚守。次日，陆逊升帐唤诸将曰："吾钦承王命，总督诸军。昨已三令五申，令汝等各处坚守。俱不遵吾令，何也？韩当曰："吾自从孙将军平定江南，经数百战；其余诸将，或从讨逆将军，或从当今大王，皆披坚执锐，出生入死之士。今主上命公为大都督，令退蜀兵，宜早定计，调拨军马，分头征进，以图大事。乃只令坚守勿战，岂欲待天自杀贼耶？吾非贪生怕死之人，奈何使吾等堕其锐气？'于是帐下诸将皆应声而言曰："韩将军之言是也。吾等情愿决一死战！"陆逊听毕，掣剑在手，厉声曰："仆虽一介书生，今蒙主上托以重任者，以吾有尺寸可取，能忍辱负重故也。汝等只各守隘口，牢把险要，不许妄动，加违令者皆斩！"众皆愤愤而退。

却说先主自猇亭布列军马，直至川口，接连七百里，前后四十营寨，昼则旌旗蔽日，夜则火光耀天。忽细作报说："东吴用陆逊为大都督，总制军马。逊令诸将各守险要不出。"先主问曰："陆逊何如人也？"马良奏曰："逊虽东吴一书生，然年幼多才，深有谋略；前袭荆州皆系此人之诡计。"先主大怒曰："竖子诡计，损朕二弟，今当擒之！"便传令进兵。马良谏曰："陆逊之才，不亚周郎，未可轻敌。"先主曰："朕用兵老矣，岂反不如一黄口孺子耶？"遂亲领前军，攻打诸处关津隘口。韩当见先主兵来，差人报知陆逊。逊恐韩当妄动，急飞马自来观看，正见韩当立马于山上；远望蜀兵，漫山遍野而来，军中隐隐有黄罗盖伞。韩当接着陆逊，并马而观。当指曰："军中必有刘备，吾欲击之。"陆逊曰："刘备举兵东下，连胜十余阵，锐气正盛；今只乘高守险，不可轻出，出则不利。但以奖励将士，广布守御之策，以观其变。今彼驰骋于平原旷野之间，正自得志；我坚守不出，彼求战不得，必移屯于山林树木间。吾当以奇计胜之。"韩当口虽应诺，心中只是不服。先主使前队搦战，辱骂百端。逊令塞耳休听，不许出迎；亲自遍历诸关隘口，抚慰将士，皆令坚守。

先主见吴军不出，心中焦躁。马良曰："陆逊深有谋略。今陛下远来攻战，自春历夏，彼之不出，欲待我军之变也。愿陛下察之。"先主曰："彼有何谋，但怯敌耳。向者数败，今安敢再出？"先锋冯习奏曰："即今天气炎热，军屯于赤火之中，取水深为不便。"先主遂令各营皆移于山林茂盛之地，近溪傍涧，待过夏到秋，并力进兵。冯习遂奉旨，将诸寨皆移于林木阴密之处。马良奏曰："我军若动，倘吴兵骤至，如之奈何？"先主曰："朕令吴班引万余弱兵，近吴寨平地屯住；朕亲选八千精兵，伏于山谷之中。若陆逊知朕移营，必乘势来击，却令吴班诈败，逊若追来，朕引兵突出，断其归路，小子可擒矣。"文武皆贺曰："陛下神机妙算，诸臣不及也。"马良曰："近闻诸葛丞相在东川点看各处隘口，恐魏兵入寇。陛下何不将各处移居之地，画成图本，问于丞相？"先主曰："朕亦颇知兵法，何必又问丞相？"良曰："古云'兼听则明，偏听则蔽'，望陛下察之。"先主曰："卿可自去各营，画成四至八道图本，亲到东川去问丞相。如有不便，可急来报知。"马良领命而去。于是先主移兵于森木阴密处避暑。早有细

作报知韩当、周泰。二人听得此事，大喜，来见陆逊曰："目今蜀兵四十余营，皆移于山林密处，依溪傍涧，就水歇凉。都督可乘虚击之。"韩当、周泰探知先主移营就凉，急来报知陆逊。逊大喜，遂引兵自来观看动静。只见平地一屯，不满万余人，大半皆是老弱之众，大书"先锋吴班"旗号。周泰曰："吾视此等兵如儿戏耳。愿同韩将军分两路击之。如其不胜，甘当军令。"陆逊看了良久，以鞭指曰："前面山谷中，隐隐有杀气起。其下必有伏兵，故于平地设此弱兵，以诱我耳。诸公切不可出。"众将听了，皆以为懦。

次日，吴班引兵到关前搦战，耀武扬威，辱骂不绝。多有解衣卸甲，赤身裸体，或睡或坐。徐盛、丁奉入帐禀陆逊曰："蜀兵欺我太甚！某等愿出击之。"逊笑曰："公等但恃血气之勇，未知孙吴兵法，此彼诱敌之计也。三日后必见其诈矣。"徐盛曰："三日后，彼移营已定，安能击之乎？"逊曰："吾正欲令彼移营也。"诸将哂笑而退。过三日后，会诸将于关上观望，见吴班兵已退去。逊指曰："杀气起矣，刘备必从山谷中出也。"言未毕，只见蜀兵皆全装惯束，拥先主而过，吴兵见了，尽皆胆裂。逊曰："吾之不听诸公击班者，正为此也。今伏兵已出，旬日之内，必破蜀矣。"诸将皆曰："破蜀当在初时，今连营五六百里，相守经七八月，其诸要害，皆已固守，安能破乎？"逊曰："诸公不知兵法。备乃世之枭雄，更多智谋，其兵始集，法度精专。今守之久矣，不得我便，兵疲意阻，取之正在今日。"诸将方才叹服。后人有

诗赞曰：

虎帐谈兵按《六韬》，安排香饵钓鲸鳌。三分自是多英俊，又显江南陆逊高。

却说陆逊已定了破蜀之策，遂修笺遣使奏闻孙权，言指日可以破蜀之意。权览毕，大喜曰："江东复有此异人，孤何忧哉！诸将皆上书言其懦，孤独不信。今观其言，果非懦也。"于是大起吴兵来接应。

却说先主于猇亭尽驱水军，顺流而下，沿江屯扎水寨，深入吴境。黄权谏曰："水军沿江而下，进则易，退则难。臣愿为前驱，陛下宜在后阵。庶万无一失。"先主曰："吴贼胆落，朕长驱大进，有何碍乎？"众官苦谏，先主不从。遂分兵两路：命黄权督江北之兵，以防魏寇，先主自督江南诸军，夹江分立营寨，以图进取。细作探知，连夜报知魏主，言："蜀兵伐吴，树栅连营，纵横七百余里，分四十余屯，皆傍山林下寨。今黄权督兵在江北岸，每日出哨百余里，不知何意。"

魏主闻之，仰面笑曰："刘备将败矣！"群臣请问其故，魏主曰："刘玄德不晓兵法：岂有连营七百里而可以拒敌者乎？包原隰险阻屯兵者，此兵法之大忌也。玄德必败于东吴陆逊之手。旬日之内，消息必至矣。"群臣犹未信，皆请拨兵备之。魏主曰："陆逊若胜，必尽举吴兵去取西川。吴兵远去，国中空虚，朕虚托以兵助战，令三路一齐进兵，东吴唾手可取也。"众皆拜服。魏主下令，使曹仁督一军出濡须，曹休督一军出洞口，曹真督一军出南郡："三路军马会合日期，暗袭东吴。朕随后自来接应。"调遣已定。

不说魏兵袭吴。且说马良至川，入见孔明，呈上图本而言曰："今移营夹江，横占七百里，下四十余屯，皆依溪傍涧。林木茂盛之处，皇上令良将图本送来与丞相观之。"孔明看讫，拍案叫苦曰："是何人教主上如此下寨？可斩此人！"马良曰："皆主上自为，非他人之谋。"孔明叹曰："汉朝气数休矣！"良问其故，孔明曰："包原隰险阻而结营，此兵家之大忌。倘彼用火攻，何以解救？又岂有连营七百里而拒敌乎？祸不远矣！陆逊拒守不出，正为此也。汝当速去见天子，改屯诸营，不可如此！"良曰："倘今吴兵已胜，如之奈何？"孔明曰："陆逊不敢来追，成都可保无虞。"良曰："逊何故不追？"孔明曰："恐魏兵袭其后也。主上若有失，当投白帝城避之。吾入川时，已伏下十万兵在鱼腹浦矣。"良大惊曰："某于鱼腹浦往来数次，未尝见一卒，丞相何作此诈语？"孔明曰："后来必见，不劳多问。"马良求了表章，火速投御营来。孔明自回成都，调拨军马救应。

却说陆逊见蜀兵懈怠，不复提防，升帐聚大小将士听令曰："吾自受命以来，未尝出战。今观蜀兵，足知动静，故欲先取江南岸一营。谁敢去取？"言未毕，韩当、周泰、凌统等应声而出曰："某等愿往。"逊教皆退不用，独唤阶下末将淳于丹曰："吾与汝五千军，去取江南第四营，蜀将傅彤所守。今晚就要成功。吾自提兵接应。"淳于丹引兵去了，又唤徐盛、丁奉曰："汝等各领兵三千，屯于寨外五里。如淳于丹败回，有兵赶来，当出救之，却不可追去。"二将自引军去了。

却说淳于丹于黄昏时分，领兵前进，到蜀寨时，已达三更之后。丹令众军鼓噪而入。蜀营内傅彤引兵杀出，挺枪直取淳于丹。丹敌不住，拨马便回。忽然喊声大震，一彪军拦住去路，为首大将赵融。丹夺路而走，折兵大半。正走之间，山后一彪蛮兵拦住，为首番将沙摩柯。丹死战得脱。背后三路军赶来。比及离营五里；吴军徐盛、丁奉二人两下杀来，蜀兵退去，救了淳于丹回营。丹带箭入见陆逊请罪。逊曰："非汝之过也，吾欲试敌人之虚实耳。破蜀之计，吾已定矣。"徐盛、丁奉曰："蜀兵势大，难以破之，空自损兵折将耳。"逊笑曰："吾这条计，但瞒不过诸葛亮耳。天幸此人不在，使我成大功也。"

遂集大小将士听令，使朱然于水路进兵，来日午后东南风大作，用船装载茅草，依计而行；韩当引一军攻江北岸，周泰引一军攻江南岸，每人手执茅草一把，内藏硫黄焰硝，各带火种，各执枪刀，一齐而上，但到蜀营，顺风举火；蜀兵四十屯，只烧二十屯，每间一屯烧一屯。各军预带干粮，不许暂退，昼夜追袭，只擒了刘备方止。众将听了军令，各受计而去。

却说先主正在御营寻思破吴之计，忽见帐前中军旗幡，无风自倒。乃问程畿曰："此为何兆？"畿曰："今夜莫非吴兵来劫营？"先主曰："昨夜杀尽，安敢再来？"畿曰："倘是陆逊试敌，奈何？"正言间，人报山上远远望见吴兵尽沿山望东去了。先主曰："此是疑兵。"

令众休动。命关兴、张苞各引五百骑出巡。黄昏时分，关兴回奏曰："江北营中火起。"先主急令关兴往江北，张苞往江南，探看虚实。"倘吴兵到时，可急回报。"二将领命去了。

初更时分，东南风骤起，只见御营左屯火发。方欲救时，御营右屯又火起。风紧火急，树木皆着，喊声大震。两屯军马齐出，奔离御营中，御营军自相践踏，死者不知其数。后面吴兵杀到，又不知多少军马。先主急上马，奔冯习营时，习营中火光连天而起，江南、江北，照耀如同白日，冯飞慌上马引数十骑而走，正逢吴将徐盛军到，敌住厮杀。先主见了拨马投西便走。徐盛舍了冯习，引兵来追。先主正慌，前面又一军拦住，乃是吴将丁奉。两下夹攻，先主大惊，四面无路。忽然喊声大震，一彪军杀入重围，乃是张苞，救了先主，引御林军奔走。正行之间，前面一军又到，乃蜀将傅彤也。合兵一处而行。背后吴兵追至。先主前到一山，名马鞍山。张苞、傅彤请先主上的山时，山下喊声又起。陆逊大队人马将马鞍山围住。张苞、傅彤死据山口。先主遥望遍野火光不绝，死尸重叠，塞江而下。

次日，吴兵又四下放火烧山、军士乱窜，先主惊慌。忽然火光中一将引数骑杀上山来，视之，乃关兴也。兴伏地请曰："四下火光逼近，不可久停。陛下速奔白帝城，再收军马可也。"先主曰："谁敢断后？"傅彤奏曰："臣愿以死当之。"当日黄昏，关兴在前，张苞在中，留傅彤断后，保着先主，杀下山来。吴兵见先主奔走，皆要争功，各引大军，遮天盖地，往西追赶，先主令军士尽脱袍铠，塞道而焚，以断后军。正奔走间，喊声大震，吴兵朱然引一军从江岸边杀来，截住去路。先主叫曰："朕死于此矣！"关兴、张苞纵马冲突，被乱箭射回，各带重伤，不能杀出。背后喊声又起，陆逊引大军从山谷中杀来。

先主正慌急之间，此时天色已微明，只见前面喊声震天，朱然军纷纷落涧，滚滚投岩。一彪军杀入，前来救驾。先主大喜，视之，乃常山赵子龙也。时赵云在川中江州，闻吴、蜀交兵，遂引军出。忽见东南一带火光冲天，云心惊，远远探视。不想先主被困，云奋勇冲杀而来。陆逊闻是赵云，急令军退。云正杀之间，忽遇朱然，便与交锋。不一合，一枪刺朱然于马下。杀散吴兵，救出先主，望白帝城而走。先主曰："朕虽得脱，诸将士将奈何？"云曰："敌军在后，不可久迟。陛下且入白帝城歇息，臣再引兵去救应诸将。"此时先主仅存百余人入白帝城。

这就是三国时期有名的吴蜀夷陵之战，同时也是刘备、陆逊双方各使用以逸待劳之计一败一胜的典型战例。

曹孟德守隘待机

曹操在官渡以七万军马与袁绍七十万大军决战时，考虑己方粮草不济，不宜久战的不利因素，遵循"利在急战"的作战原则，主动出击迎击袁军。但由于未得到有利战机，结果首战受挫，不得不由主动进攻转为战略防守。

双方在官渡相峙近两月时，曹操见军中粮草难支，军力渐乏，想回军许昌。但又恐袁绍乘机追击。一时进退两难，骑虎难下。周围众谋臣又无良策。曹操只好派人去许都向荀彧求计。

荀彧见曹操千里来书求谋，受宠若惊。急回书陈述己见说："丞相既然令我对战局态势的进退大策陈述愚见，那我就遵命了。依我看，袁绍这次率所有军队皆聚于官渡，这是欲与我们决一胜负的重大军事举动。这次我们如果不能以弱胜强，则必被袁军所打败。因此，进或退对战局的胜负关系重大。从两军的主将来看，袁军虽军多，但袁绍不会用兵。而你明机谋，善用兵，在军事指挥上胜过袁绍。一遇战机，一定会打败袁绍的。当然，现在迫在眉睫的是我军粮草匮乏，这同昔日楚汉相争在荥阳、成皋的战役一样。可敌方也有他不利的因素。你现在以少量的兵力，凭借险要，守住了袁绍进攻许昌的隘口，扼住咽喉要地，使敌人不能前进，他七十万大军受阻，比我们还会着急。况且他七十万大军的粮草供应也不是小数目，往来粮草运输也一定十分频繁。在这种情况下，战场上的军情必然会发生变化。我们只要注意观察，发现战机，设奇谋出奇兵，以守待攻，一定能胜敌，望明公裁察。"

曹操得荀彧书后，心中豁然开朗，于是积极寻找可以打击敌人的微小战机，先劫了敌方运粮车仗，又劫了袁绍屯粮之所，最后用劫敌之谋，打败了袁绍的七十万大军。

李世民杀兄继位

唐王朝建立后，李世民与太子李建

成之间，便开始了皇位继承权之争。

李建成以嫡长子被立为皇太子，取得了传统的合法地位，并得到了陇西士族势力的支持，他长期留守关中，在政治上打下了坚固的基础，受到宫中妃嫔和贵戚的拥戴。他的手下有魏征、王珪等文臣，又有冯立、薛万彻等武将，又招募四方勇士2000余人守卫东宫。

李世民虽是李渊次子，但从最初的谋划起兵，到统一天下，他一直起着决定性的作用，实际上是大唐帝国的真正缔造者。长期的征战，使他的手下也是人才济济。秦王府中，既有尉迟敬德、秦叔宝、程咬金等威名赫赫的骁将，又有房玄龄、杜如晦、徐茂公等足智多谋的文士。他们希望秦王李世民取代建成，成为太子。

齐王李元吉是李渊第四子，他生性凶狠、残暴，不甘居人之下。有人说他的名字合在一起，正是一个"唐"字，是坐天下的征兆。他得知后高兴地说："只要除去秦王，做太子易如反掌。"

可见，一场权力之争已不可避免。李世民早已看到，自己已处在这场斗争的漩涡之中，或者鱼死，或者网破，已是身不由己。但时机尚未成熟，不能轻举妄动。为了保存自己、防备意外变故发生，便预先安排一条退路，使自己立于不败之地。东都洛阳殷实险要，是历代兵家必争之所，李世民势力主要集中在此。为慎重起见，派大行台工部尚书温大雅镇守洛阳，派秦王府车骑将军荥阳人张贤亮率一千多人回到家乡，在洛阳协助温大雅，暗中结纳当地豪杰，积蓄力量，以备不测。李世民又交给他们

大量金银布帛，由他们随意使用。

李元吉向李渊诬告张贤亮图谋不轨，当官府审讯时，张贤亮一言不发，只得无罪释放。张贤亮又回到洛阳，继续为李世民筹备力量。建成、元吉一计不成，又生一计。一天夜间，建成假意召李世民饮酒，在酒中下了毒药。饮酒后，李世民突感心痛如绞，吐了好多血，由淮安王李神通挽扶回到弘义宫。李渊得知，到弘义宫探问李世民的病况。李渊心里明白，但不希望他们兄弟之间彻底决裂，公开对立，于是假装糊涂，责骂建成说："秦王平时不能喝酒，从今以后，你们不许再夜饮。"他对世民说："从谋划起兵，到平定海内，都是你的功劳。从前我想立你为皇嗣，你总是坚意推辞。如今建成长大了，做太子很长时间了，我不忍废掉。我看你们兄弟之间互不相容，同在都城，必然会有纷争，我想让你回到行台任上，驻守洛阳，从陕西以东，归你节制，你可以打起天子的旗号，就像汉景帝赐封梁孝王一样。"李世民哭得很伤心，一再说不愿离开父皇。李渊说："天下都是我们李家的，东西两都，相距不远，我想你的时候，说去就去，你不要过于悲伤。"

建成、元吉认为：秦王一旦到了洛阳，占据地盘，积蓄力量，再想约束他，就不容易了。不如留他于长安，困于无援之地，纵有本领，也难施展，与普通人无别，对付起来轻而易举。于是暗地联络几个大臣，密奏李渊，声言"秦王部下听说去洛阳，高兴得连蹦带跳，看情形，恐怕再不想回长安了。"随后，又派亲近李渊的大臣，到李渊面前陈说利

害，终于使李渊改变了主意。

对太子与齐王的一再挑衅，李世民几乎处处退让，让人觉得他似乎真的是虎落平川，软弱可欺。其实他表面上怯懦，正是为了掩盖深远的计谋。建成、元吉必欲置李世民于死地而后快，串通后宫嫔妃，不断地吹枕边风，诬陷李世民。李渊偏听偏信，想治李世民的罪。大臣陈叔达谏阻说："秦王有大功于天下，千万不能随意处治，况且他生性刚强，如无故贬损，怕受不了忧愤的折磨，也许会染重病，到那时陛下后悔也来不及了。"李渊这才回心转意。元吉密奏李渊，请求杀死秦王，李渊说："他有平定天下的大功，罪名没有落实，拿什么向天下人解释？"元吉说："秦王刚打下东都时，徘徊观望，迟迟不回京都，广施钱财收买人心，对皇上的话充耳不闻，这不是造反是什么？只应尽早将他杀掉，难道还担心没有理由吗？"李渊也感到秦王李世民功高盖主，难以驾驭，只是他为人远比元吉深沉，对杀秦王的做法，并不赞同。政治风云诡谲莫测，秦王府大有黑云压城之势，秦王府里的官员部属，个个胆战心惊不知所措。李世民的心情并不比别人更轻松，凭着自己征战多年带出的文臣武将，本可与建成、元吉一决雌雄。所以迟迟不动手，只是在等待时机，以逸待劳，等待他们多行不义，罪证昭然之时，名正言顺，一举成功。谋士房玄龄对李世民的妻舅长孙无忌说："现在仇怨已经结下了，一旦祸乱突发，岂止秦王府玉石俱焚，这实在是国家的灾难，不如劝秦王效法古人，就像周公诛杀管叔、蔡叔一样，诛灭太子，

以确保大唐江山的稳固。生死关头不容迟疑，应该即刻动手。"长孙无忌说："我有此想法已久，只是未敢言明。如今先生的话，正合我心，正应明告秦王。"于是赶紧前去禀告李世民。李世民把房玄龄也召来，共同商议。房玄龄说："大王功高盖世理应继皇帝位。别看现在情形危急，其实这是上天在逼迫你这样做，请大王切勿犹豫。"于是和王府幕僚杜如晦一道，极力劝说李世民，要他早下决心，诛除建成、元吉。

建成、元吉知道秦王府有一大批骁勇善战的大将，想收买几个人，为自己效力。于是悄悄派人把一车金银赠给尉迟敬德，并写信劝他说："这些东西希望您老人家能够喜欢，我期待着有一天能加深我们的交情。"尉迟敬德回信时拒绝说："我出身于贫寒人家，在隋末乱世中，误投贼人，罪过之大，早该处死。是秦王给了我再生的机会，现在又得以随侍秦王，大恩大德，只有以死相报。我对殿下没有任何功劳，不敢接受你的重赏，若私交殿下，便是不忠之臣，见利忘义，殿下要这样的人有什么用！"建成见信后大怒，于是和他断绝了往来。尉迟敬德将此事如实地禀告李世民，李世民说："您的忠心，重如泰山，纵然别人把金子堆得高过北斗星，我也确信你也不会动摇。既然人家愿意给你，只管收下，怕什么嫌疑呢？况且与太子往来，或许能预知他的阴谋，这不是将计就计的好办法么？您做得太绝，将会招来祸患。"事后元吉果然派刺客夜袭尉迟敬德，尉迟敬德预先知觉，将家里的门一重重全部打开，自己安然地卧在床上，

刺客有好几次来到门口，因畏惧他的神勇，始终不敢进来。元吉杀敬德不成，就在李渊面前说他的坏话。李渊下诏将尉迟敬德逮捕入狱，想杀掉他，在李世民的坚决辩护和请求下，总算免除一死。元吉又陷害程咬金，李渊将其远逐康州，降为刺史。程咬金对李世民说："大王的得力部下，都不在身边了，您的安全怎能有保障呢？我死也不走，希望您及早定夺。"

元吉还用金银布帛引诱另一位将军段志玄，也没有得逞。建成对元吉说："秦王府里的谋略之士，可怕的只是房玄龄、杜如晦。"于是在他的挑唆下，李渊把房、杜二人也逐出了秦王府。

就在建成、元吉收买、排挤秦王府部将的时候，他们却没有察觉到，李世民已经成功地结纳了太子的心腹部将何常及其府中的属官王晊等人，他们作为秦王的间谍，在政变的关键时刻，起了极大的作用。

秦王府中，最后只剩下长孙无忌一个谋臣。长孙无忌与尉迟敬德、高士廉、侯君集等将领一再劝李世民，要他下决心杀掉建成、元吉。李世民想了解秦王府外其他大臣的看法，于是就去征求李靖和李勣（徐茂公）的意见。这两人是唐高祖李渊的重臣，手握兵权，而且阅历丰富，足智多谋。他们对秦王与太子之间的争夺，洞若观火，但因为他们的身分都是外臣，不好参与宫廷里的事，所以李世民左问右问，两人均是一言不发。李世民却由此对他们更加敬重了。

正当太子与秦王针锋相对，一场政治风暴蓄而未发的时候，恰好赶上突厥又一次进犯大唐边境，建成借机加紧了对李世民的迫害，秦王与太子两股势力的正面交锋，终于导致了皇子之间争夺皇位继承权的流血事件——"玄武门之变"。在这次政变中，李世民以他超群的智谋，沉勇果决，先机制敌，取得了最后的胜利。

突厥犯边的消息传来，建成不失时机地推荐元吉，由他代替李世民统军北征。在他们的阴谋布置下，李渊命尉迟敬德、程知节（咬金）、段志玄、秦叔宝等秦王府诸将随军出征，并调秦王帐下精锐，以充实元吉的力量。建成、元吉的阴谋被王晊发觉，他偷偷潜入秦王府，密告李世民："太子对齐王说：'现在你控制了秦王的猛将精兵，拥数万之众，可以相机行事了。我和秦王在昆明池为你饯行，到时候，你安排杀手将秦王就地处死，然后报告父皇说他突然病死，父皇不会不信的。我乘机派人劝说父皇，把皇位让给我。至于尉迟敬德等人，既然捏在你的手心里，应该把他们全部活埋。大局既定，谁还敢说个不字。'"李世民把王晊的这番话告诉了长孙无忌。长孙无忌等人建议李世民先发制人。李世民叹息说："同胞手足之间相互残杀，自古以来都是最可恨的事。我早就知道会有这一天。我想等他们先动手，做出理亏的事，然后再讨伐他们，这还能合乎点道义，这样做不也可以吗？"尉迟敬德说："生死大事，谁不慎重！现在大家情愿以一死拥立大王，这是天赐良机呀。大祸即将临头，您却安闲自在，无忧无虑。大王即使不拿自己的性命当回事，也应该为社稷着想啊！大王若不听我的话，我就出去占山为王，不能留在你的身边，束手待毙！"长孙无忌也说："不听敬德的劝告，必然事败。敬德一定不会再跟随于大王，无忌也应该随他们而去，不能再辅佐大王了。"李世民说："我的话也不能一概不采纳，请你们再重新商量一下吧。"尉迟敬德说："大王今天处事迟疑不定，从前的谋略哪里去了？大难临头不做决断，从前的勇气怎么都没有了？如今，你平日养在府中的八百勇士，外面的均已相继入宫，他们都披上铠甲，拿好兵器，整装待命。事情已无可挽回，你想罢手也不行了。"

李世民又询问王府幕僚，有何意见。众人都说，齐王与太子阴谋作乱，如果让他们得手，暴乱非但不能结束，还会导致大唐的覆灭，望大王为国家着想。众人问李世民，上古时的舜是怎样的人，李世民回答说是圣人。众人说："假如舜挖井时出不来，早已被他父兄害死在井里了。修粮仓时下不来，早已被他父兄烧死在粮仓上。如果他死了，怎么能为苍生造福呢？这就是孔子称赞'小仗则受，大仗则走'的缘故。舜不想坐以待毙，是因为他胸中怀有大志啊！"李世民命人占卜吉凶，幕僚张公瑾从外面进来，一把抢过龟甲，扔在地上，说："占卜是为了解决疑难，眼下的事毫无疑问可言，还占卜干什么！占卜的结果不吉利，你难道能放弃这次行动吗？"李世民的顾虑，是有理由的，事情并不像众人所说的那么简单，他不想落个杀害手足兄弟的恶名，被天下人乃至后世指责。然而险恶的形势，使他不得不早下决心。

计议已定，李世民暂时放下了心里

的负担，又恢复了他沉勇果决的秦王本色。首先，他命令长孙无忌将房玄龄、杜如晦召回王府议事。两人不知道秦王的主意如何，于是回话试探李世民说："皇帝不让我们跟随你，今天如果私自拜见，定犯死罪，我们不敢接受你的命令。"李世民大怒，对尉迟敬德说："玄龄、如晦难道背叛我了吗？"立即解下佩刀，交给尉迟敬德，说："您去看看，如果真的不想来，就把两人的头给我提回来。"尉迟敬德与长孙无忌一同前往，告诉房、杜两人："大王已下决心，赶快回去商量大事吧。咱们四人，不能走在一起。"于是让房、杜穿上道士衣服，跟随长孙无忌、尉迟敬德绕道一起回到秦王府。然后，授意朝臣傅奕上奏李渊："太白星出现在秦地的分野，预示秦王执掌天下。"最后，李世民到李渊面前抛出掌握已久的一张王牌：揭发建成、元吉淫乱后宫的事实。待李渊火起，乘机进言："儿臣无半点亏负兄弟之处，现在兄弟欲杀儿臣，像要替王世充、窦建德报仇。儿臣今日冤死，再也见不到父皇，魂归地下，也耻于见到这些贼臣。"李渊恍然大悟，十分震惊。告诉世民："明天审讯他们，你早些上朝。"

武德九年（626年）六月四日，长孙无忌等人随李世民潜入禁宫。这天玄武门守将正是何常。李世民与部将得以顺利伏兵于玄武门，建成对此毫无察觉。他与元吉走到临湖殿，才觉得情形不对，立即拨转马头，想赶回东宫和齐王府搬兵。李世民率众追杀，元吉张弓射李世民，由于心中慌急，无法将弓拉满。李世民弯弓搭箭，将建成射死。70余名秦王府骑兵在尉迟敬德率领下，随后赶来，分左右攒射元吉，元吉坠马。李世民坐骑受惊，驰入林中，人马被树枝绊倒，元吉急速赶到近前，夺过李世民的弓，想用弓弦把李世民勒死，尉迟敬德跃马来救，元吉转身逃走，尉迟敬德紧紧追赶，一箭射死元吉。

建成部将冯立得知太子与齐王死讯，与薛万彻、谢叔方带领东宫与齐王府2000精兵涌至玄武门。张公瑾自恃神力，独自关门拒守，东宫与齐王府兵将被暂时挡在门外。薛万彻命手下士兵擂鼓呐喊，声言要攻打秦王府，秦王府将士非常惊慌。尉迟敬德出示建成、元吉首级，东宫和齐王府士兵见主人已死，一哄而散。

当双方激战的时候，李渊正在海池的船上，与大臣裴寂、萧瑀、陈叔达等人准备查问建成、元吉的罪状。李世民派尉迟敬德到宫中"警戒"，尉迟敬德披甲持矛直接面见李渊，李渊大惊，问："今天是谁作乱，你来这里干什么？"尉迟敬德回答说："秦王因太子、齐王作乱，举兵诛灭了他们，怕惊动了陛下，特派我前来护卫。"萧瑀、陈叔达等大臣历数建成、元吉的罪行，盛赞秦王的功德，劝李渊顺水推舟，立世民为太子，委之以国事。这时外面双方士兵仍在交战，尉迟敬德要求李渊下达"诸军并受秦王处分"的诏旨。李渊见木已成舟，只好派人分头宣读圣旨，将玄武门和东宫中的建成旧部遣散，一场政变很快就结束了。

六天后，唐高祖李渊立李世民为太子，武德九年（626年）八月，高祖退位，李世民登基为帝，称唐太宗。次年，改年号为"贞观"。

李世民即位后，及时根治了隋末战乱留下的疮痍，恢复和发展了社会经济，稳定了社会秩序。他的谋略眼光从以往的武力征服转向政治、军事、经济诸方面的整顿和改革。从贞观元年（627年）起，经过二十余年的励精图治，取得了巨大的成功。这段时间，史称"贞观之治"。

蒙哥急战殒性命

蒙哥继位做了蒙古可汗后，采用迂回的策略，绕道西南，向南宋发起进攻。蒙哥先派其弟忽必烈攻克了云南，然后亲率西路主力四万人马，经六盘山进入四川，苦战一年，抵达钓鱼城（今四川合川县）下。

钓鱼城地处嘉陵江、涪江、渠江的汇合之处，山城的四周尽是悬崖绝壁，犹如刀削，真可谓是"一夫当关，万夫莫开"。蒙哥企图越过钓鱼城，进军重庆，与蒙古南路军会师，直取南宋都城临安，钓鱼城因此成为蒙哥的必争之地。

钓鱼城的守将王坚忠于南宋朝廷，抗蒙志坚。早在蒙哥到达之前就已储备了足够的粮食，开拓了水源。山城中有百姓约十万人，守城将士也有一万余人。

蒙哥先派降将晋国宝入钓鱼城劝降。王坚命士卒将晋国宝押至演武场上斩首示众，并对众将士说："今后谁再敢说一个'降'字，晋国宝就是他的榜样！如果我有背叛朝廷的行为，大家就砍下我的头颅！"自此以后，钓鱼城中再无一人敢说"降"。

蒙哥见劝降无效，一面派将军纽璘到涪州的蔺市建造浮桥阻止宋军的增援，一面亲率大军使用种种手段向钓鱼城发起一次又一次的进攻。王坚率全城军民据险而战，一连数月，蒙古军死伤惨重，但钓鱼城则岿然不动。

这期间，南宋理宗皇帝派四川制置副使吕文德率战舰千艘增援钓鱼城，但行至合川附近，战舰遭到蒙古军的拦截，无功而还。

蒙哥击败南宋的援军，派前锋大将汪德臣到钓鱼城下劝降。汪德臣单人匹马来到城下，没喊上几句话，城上飞下一块巨石打中了他的肩膀，当天晚上，汪德臣就在营中吐血而死。

蒙哥久攻钓鱼城不下，又损失一员大将，心中十分焦灼。为了观察钓鱼城内的虚实，蒙哥命令士兵在钓鱼城前修造起一座高高的瞭望台。王坚发现蒙哥在城下亲自督建，吩咐将士准备炮石轰击瞭望台。蒙哥不知道钓鱼城城上的情况，瞭望台建好后，连忙登上台顶，王坚心中大喜，连忙命令士兵发炮。在大炮的连续轰击下，瞭望台被摧毁，蒙哥本人也被飞石击成重伤，不久即死去。蒙古人只好载着蒙哥的尸体解钓鱼城之围北撤。

钓鱼城之战使日薄西山的南宋王朝又得以延续了二十多个春秋。

避实击虚定四方

成吉思汗，名叫铁木真，他出身于蒙古贵族家庭。少年的铁木真遭遇坎坷，多次受到异族敌人的袭击和搜捕。后来他起兵统一蒙古各部落，经历了无数次战争，征服了一个个对手，成为蒙古族的民族英雄。

南宋宁宗嘉泰年间，活动在蒙古西部的乃蛮部落实力越来越大，部落酋长不鲁欲罕非常嚣张，经常带兵骚扰边境，掠夺铁木真的部族。嘉泰二年春，乃蛮部落道领不鲁欲罕大举入侵铁木真部，诸将无不惊恐。铁木真鼓励将士，奋勇杀敌。他率军以何兰塞为壁垒，在阙亦坛旷野与乃蛮军展开大规模的殊死搏斗。这时天气陡变，狂风卷着鹅毛大雪，呼啸而来，两军不能交战。一会儿，风向直扑乃蛮阵地，乃蛮军欲战不能，拨马而逃。铁木真驱兵掩杀，大败乃蛮。乃蛮部急功近利，过于急躁，只想获胜，不考虑实际的可能性，仗着自己势力强于对手，想一举歼灭铁木真，结果大败。

不久，太阳罕接替哥哥不鲁欲罕的酋长职位，决心重振乃蛮部落。他联合周围部落，招降纳叛，实力逐渐扩大。太阳罕又派使者与白达达部主阿剌忽思商量，要阿剌忽思助他一臂之力，共同打败铁木真。阿剌忽思不但没有听他的话，反而投向铁木真，向铁木真告了密。铁木真非常气愤，誓灭乃蛮。

南宋开禧元年春，铁木真在帖麦该川举行大会师，讨论攻伐乃蛮的计划。有的说，乃蛮部落势力大，战恐不胜；有的认为，眼下是荒春，不宜出征，等秋高马肥再作打算。铁木真果断地说："该做的事情应该及早做出决断，何必以马瘦为辞？乃蛮骄横放肆，我们志在必灭，关键是如何消灭他们！"大将别里古台说："乃蛮多次掠夺我们部族的弓马，这是藐视我们。只要我们同仇敌忾，视死如归，出其不意，攻其不备，就一定能够消灭他们。"铁木真的弟弟斡赤斤接着说："乃蛮网罗了不少乌合之众，实际上是外强中干。如果我们在战略战术上认真对待，知己知彼，打败乃蛮还是有把握的！"

铁木真听了二人的意见，高兴地说："用这样的将士与敌作战哪有不胜的道理？"于是任命虎必来、哲别二人为先锋，率军数万进剿乃蛮。铁木真满怀信心地说："我们选择建忒该山的有利地形，诱敌深入，必获大胜！"太阳罕会合蔑里乞、克烈、畏剌、秀鲁班、哈答斤、散只兀各部，在沆海山结营拒敌，兵势强盛。两军对峙，剑拔弩张。

仲春的建忒该山，杜鹃花漫山遍野，一片火红。山坡下到处生长着嫩嫩的、茸茸的绿草，正是放牧、演武的好地方。这时清风传来一阵急促的马蹄声，蒙古营中有一匹瘦马跑入乃蛮营中。太阳罕对众将说："原来蒙古的马是这样的瘦弱！现在，诱敌深入，定可一战而胜，擒获铁木真。"部将大力速八赤进一步鼓动说："兵贵神速。先王作战勇往直前，哪像现在盘马藏弓，偃旗息鼓，拖延逗留，贻误战机。难道是心中害怕？如果心中害怕，何不让后妃女子来统筹呢？"只知兵贵神速，却忘了躁兵必败的道理，想的是一鼓作气消灭对方，但实际上却是盲动。

太阳罕被激怒了，扬鞭跃马，出营挑战。铁木真以逸待劳，以静制动。敌将扎木合看见铁木真军容整肃，便对左

右说："乃蛮初起兵的时候，视蒙古兵好像羔羊，而今看来他们看错了。"于是带着本部人马逃去。

太阳罕气愤极了，拍马舞马，奋勇进攻。铁木真见太阳罕率领怒师拼命，决定采用"避其锐气，击以惰归"的战术，选择有利的地势依山布阵，伺机打击敌人。太阳罕仗着势众，便上山讨战。蒙古军诱敌至山坳之中，居高临下，声东击西，四面夹攻。太阳罕奋力厮杀，仍然冲不出重围。战斗打得十分激烈，太阳罕渐渐势孤力穷，支撑不住。蒙古军慢慢地缩小包围圈。最后，太阳罕矢尽力绝，铁木真活捉并杀掉了他。其他诸部落军队全被打败，四处逃命。朵鲁班、塔塔儿、哈答斤等部落，都投降了铁木真，铁木真大获全胜。乃蛮部落的主力遭到毁灭性的打击，从此一蹶不振。铁木真正是利用了太阳罕等人急于求成，自恃力量强大的弱点，打败了对手。

四处袭扰灭僧王

清同治三年（1864），太平天国都城天京（今南京）告急，扶王陈得才、遵王赖文光率西北太平军并会合捻军东下救援。清廷急令平捻钦差大臣僧格林沁率蒙古骑兵及鄂豫皖军至鄂东拦截。

正当两军于鄂东激战之时，天京陷落，太平军与捻军一时乱了阵脚，主帅陈得才自杀殉职。遵王赖文光率残部突出重围，隐蔽于鄂豫边界山林之中。

太平军与捻军公推赖文光为统帅。赖文光临危受命，毅然负起领导重任，将溃败的太平军与捻军合编一起，增加

骑兵，减少步兵，认真教育训练，迅速恢复了军力，誓死保卫天国。

整编后的捻军，突然挥师向西，直趋襄阳。僧格林沁以为捻军已是残兵败将，拒绝湘淮军协助，独自追剿，揽功邀赏。谁知在襄阳、邓州两战两败。清军还在溃退之际，捻军又疾速北上，取道南阳府（今河南南阳），到达河南鲁山地区。僧格林沁以为捻军要北攻洛阳，急忙率军堵截。当清军进至汝州（今河南临汝），又得知捻军去了嵩县；待清军赶至嵩县，又听说捻军折回了鲁山。清军疲于奔命，怨声载道。但僧格林沁邀功心功，又赶至鲁山。捻军渡过潆水，清军渡河追击。当清军渡河上岸之际，忽见捻军骑兵连天接地，红色头巾如同海潮一般，排山倒海而来，清军掉头就跑，急先恐后，不是刀下毙命，便是水中淹死。僧格林沁突围逃脱。

鲁山大胜后，捻军能胜则战，不能胜则走。僧格林沁虽疲惫不堪，仍仗着人多势众，穷追不舍，一定要赶尽杀绝。捻军拖着清军，由河南而山东，行程几千里。清军不少人倒毙路旁，僧格林沁自己连缰绳都举不起来了。这时，神出鬼没的捻军已于高楼寨（今菏泽市北）布下天罗地网，等待清军到来。僧格林沁以为捻军前有黄河，后有追军，已经进入死地。正在僧格林沁得意之际，忽听一声炮响，号角齐鸣，几十里黄河堰上，柳林之中，捻军如黄河决堤滚滚而出，首先夹击西路清军，然后再歼东路清军，僧格林沁落荒而逃，至吴家店，被捻军乱刀砍死于麦垄之中。就这样，一支屠杀人民的清廷王牌铁骑军，被赖文光率领的"动于九天之上"的捻军全部歼灭。

随机应变守为战

"以守为战"是林则徐在领导查禁鸦片和组织抵抗英国侵略军的斗争中，所产生的积极抵抗西方资本主义入侵的谋略思想。清道光十八年（1838）十一月，清政府任命湖广总督林则徐为钦差大臣，节制广东水师，前往广州查禁鸦片。

林则徐在查禁鸦片的同时，积极加强战备，随时准备抵抗英国侵略者的入侵。他通过对英国海军和清军水师的分析对比，提出了不在远洋与敌接战，而在近海、陆地歼敌，以守为战、以逸待劳的重要谋略思想。

早在1839年8月，林则徐就指出英国舰队虽然能够在大洋中破浪乘风，耀武扬威，但它的兵船吃水深，一旦进入内河，就会运转不灵，遇到浅水沙滩，更难转动。1840年3月，他在给清廷的奏折中进一步指出：英国舰船惯于在波涛巨浪中行驶，而清军水师则难以在大海中游弋，因此，与其冒险出海作战，造成意外损失，不如以守为战，以逸待劳。为此，他决定重兵固守虎门、尖沙嘴、官涌等要隘，待敌船驶近以后，清军水陆配合与敌交锋，以己之长、击敌之短。

在这一思想指导下，林则徐首先加强虎门一带海防设施，在虎门要塞的南山与横挡山之间设置木排铁链，防止敌舰长驱直入；密购外国大炮200多门，配置在虎门及珠江沿岸各炮台，增强远射火力；与此同时，他还大力整顿水师，强调抓好部队的训练，督促水陆官兵认真操练，切实掌握作战技艺。其次，他还主张正规战与游击战相结合，号召沿海居民组织团练，购买武器、保家自卫；并发布悬赏告示，鼓励群众，人人持刀杀敌。他还将大小火船交给雇用的渔民，每船由士兵一二人带领，先练好火攻战法，然后潜伏在沿海各岛屿之间，等到风顺潮顺的夜晚，一齐出动，出其不意地火攻敌船。另外，他还提出了守险攻暇、随机应变的方针，主张在切实加强防御的同时，积极寻找敌人的弱点，主动打击敌人。这些，都进一步体现了林则徐积极防御的战略思想。

林则徐能够充分认识到海上敌强我弱的基本事实，具体分析双方的强点与弱点，并据此制定出"以守为战"的积极防御战略方针，特别是他能够依靠群众的力量，实行军民结合，共同打击敌人，更是难能可贵。虽然英国侵略者到达中国不久，他就被撤职，并没有和英国侵略者正式交战，但他所提出的抗敌方略，却是在深入研究、认真分析、实事求是的基础上产生的。

不列颠防空有术

1940年7月至10月，英国为抗击德国的空中进攻，进行了被称之为"不列颠之战"的战役性防空作战。在这次大规模的激烈空战中，英国之所以能彻底粉碎希特勒企图以大规模空袭来迫使英国投降，或在摧毁英空军后再从海上入侵英国的计划，其中的重要原因之一就是英国空军采用了避实击虚的空战战术，并将气球和钢绳成功地用于防空作战。

1940年6月下旬，法国投降之后，德国控制了北起挪威南迄西班牙的全部西欧海岸，英伦三岛随之陷入三面被围的困境。加上英国在敦刻尔克撤退中虽然撤出了大部分远征军，但却损失了大量的武器装备，英国陆军只剩下500门火炮和200辆坦克。空军在西欧作战中损失了1000余架飞机和大批有经验的飞行员，仅有1300架作战飞机了。海军也已失去了与法国舰队合作的有利条件。在这种严峻的形势下，英军统帅部已经预料到了法西斯德国的空军必将对英国实施大规模的空中突袭。

早在1940年5月19日，英国充分考虑到法国可能"退出战争"这一难于避免的特殊情况，因而在英军参谋长联席会议上审议了一份称之为"英国在一定情况下的战略"的报告草案。该报告就英国对德国的各项防御措施，特别是防敌空中突袭的措施，作出了具体的规定。5月27日，英国战时内阁批准了这个报告，并将有关的防御措施开始付诸实施。

希特勒先是在所谓"和平建议"的名义下，企图拉拢英国，诱使英国妥协。遭到丘吉尔政府拒绝后，遂于1940年7月16日作出对英登陆作战的决定，并下达了关于代号为"海狮计划"的第16号指令。计划分为两个阶段实施，第一阶段为战略轰炸和海上封锁；第二阶段为登陆。德军实施空中进攻的主要目的是：夺取制空权，为实现"海狮计划"创造更有利的条件；同时破坏英国的军事经济潜力和国家的管理体系，迫使英国屈服。因为，希特勒认为，英国在孤立无援、物资缺乏的情况下不可能坚持抗战，只要用航空兵实施空中进攻，就可迫使英军投降。为此，德国最高统帅部计划使用约2400架作战飞机（其中轰炸机为1480架）来对英国实施突袭。

德军航空兵对英国的空袭，实际上从法国投降就已开始，但当时的规模还比较小，主要目的是为了对英国施加压力。到了1940年8月1日，希特勒下达作战命令，强调"为创造最后打败英国的必要条件，我打算加强对英国本土的海上和空中作战"，要求"德国空军要使用其拥有的所有兵力尽快打败英国空军"，即"空军必须全力以赴支援海狮行动"。很显然，德国空军的首要任务就是消灭英国空军，夺取制空权。

同德国空军力量相比，英国的防空力量处于相对劣势的地位。在不列颠空战开始时，英国防空体系拥有56个战斗机中队，700余架歼击机；7个高炮师，约2000门高射炮；另有轰炸机约500架。但是，在德国方面，到这次战役开始时，由戈林指挥集结起来的作战飞机总数已达2669架，其中轰炸机1300多架，其飞机数量不仅突破了原计划的需求，而且明显地优于英军的数量，加上作为实施进攻的德军，掌握着选择攻击时间和目标的主动权，因而优势更加明显。

面对德国空军绝对优势兵力的进攻，英国在战前即采取了一系列的防空措施。一是建立统一的防空指挥系统。英国在空军部之下专门设立了防空指挥部，统一指挥战斗机部队、高射炮兵、雷达分队、警报和观察分队。空军司令道丁上将把英国本土划分6个防空区，每个大队负责3—8个防空分区。每个防空分区指挥2—3个战斗机中队。大队只下达出击命令，战斗机起飞后的具体作战指挥引导由各分区指挥所实施。二是按照全面防御、突出重点的原则，合理部署高射炮兵。除了重点加强伦敦地区的防御外，还将1/3大口径高射炮集中用于保卫飞机工厂。三是建立全国性雷达网，在全国范围内共配置了51座雷达站，其中在东南沿海地区配置了38座，以期构成严密的雷达警戒屏幕，准确测知德国飞机的来袭时间和大致方向，进而弥补歼击机不足的缺陷。

在整个不列颠空战期间，英国十分注重于采取机动灵活、避实击虚的战术手段。

1940年7月10日至8月12日，是德国空军实施大规模空袭前的"试探"阶段。德国空军于7月10日下午袭击了英国沿海的一支商船队，由此揭开了不列颠空战的序幕。7月19日，希特勒"以胜利者的身份讲话"，发出最后的所谓"诉诸理智"的威胁，要求英国投降。8月2日，戈林在发布"不列颠之战"命令的同时，声称"英国空军将在4周之内逐出整个英国上空"。自此之后，德国飞机不分昼夜地飞往英国上空。其中，8月8日，德国空军大规模袭击英舰船、先后数个波次，每波次均在100架飞机以上；8月11日袭击波特兰——韦茅斯和怀特岛。在此阶段内，英国根据多方面情况判明了德国空军的作战目的是要查明英空军的实力和部署，了解其防空能力，通过攻击英吉利海峡的英国舰船和英国南部港口，以引诱英国战斗机出战。在这种情况下，道丁上将以静制动，决不上戈林的圈套。一方面，尽力避免同敌方战斗机单独交战，只是派遣小部队执行警戒任务，而把大部分战斗机留待对付敌方的轰炸机。另一方面，利用敌方"试探"这一不可多得的良机，抓紧试验英国雷达的效能，进一步研究和完善在地面雷达引导下进行空中截击的方法。

8月13日起，德军空军开始对英国发起猛烈的空中突袭，在战斗机的掩护下，轰炸机倾巢出动。8月15日，德军3个航空大队的大部分飞机都投入了战斗，共出动1950架次，袭击英国东北和南部海岸。在这种情况下，英国的战斗机无疑是要升空反击的。但是，由于德国用于掩护的战斗机拥有数量上的优势，如果英国的战斗机升空之后按惯例首先对付德国的战斗机，其结果不仅不能达到防空的目的，而且极有可能使本来就处于劣势的战斗机力量迅速遭到削弱。因此，道丁上将采取了避实击虚的战术，即令英国的战斗机竭力避开德国的战斗机，专打其轰炸机。在地面雷达的引导下，巧妙地插入德国的轰炸机群，充分发挥战斗机轻便灵活、空中攻击火力强的优势，最为有效地利用轰炸机自身防护能力弱和相对笨重的不利因素。这样，不仅可以最大限度地减少英方战斗机的损失，而且可以更加有效地通过打击轰炸机来实现防空的目的。反之亦然，正如"釜底抽薪"一样，随着德军轰炸机的递减，德国对英国的空中威胁也就逐

步降低。英国空军采用此种战法，继8月13日以损失飞机20余架的代价，取得击落德国飞机47架的战果之后，8月15日又击落德军飞机72架，英国仅损失34架。

在此以后，德国空军对英国进行了连续一个多月的疯狂轰炸，并且采取昼夜连续出击的"车轮战术"。英国则一面运用以战斗机专打敌轰炸机的"专攻"战法，逐步转变空中力量的对比，一面在北方战区组建、保留一支精锐的预备队，待机实施坚决的空中反击。至9月7日下午，先是德国空军对伦敦进行闪电空袭，同时集结兵力准备从海上入侵英国。但仅在伦敦上空的激战中，英军就击落了德军飞机41架，且其中大部分为轰炸机，而英国仅损失飞机29架。更为重要的是，鉴于德国空军力量的损失已经惨重，且其海上入侵部队已经不可能真正掌握制空权了。因此，在当天晚上，英国迅即出动轰炸机开始对德军入侵出发地（法国的各港口）实施空中突袭。这种空袭持续了两个星期，不仅炸毁了12%的德军入侵舰船，而且摧毁了港口附近的登陆器材和通信设施等。

面对德国空军的疯狂轰炸，英国除了实施积极的空中打击外，在消极防御措施方面，还曾将气球用于防空作战之中。早在德军实施大规模空袭之前，英军组建了5个防空气球大队，并装备了1500个拦阻氢气球和2700具探照灯。在整个不列颠空战期间，英军为加强飞机工业和其他要害目标的对空防御，先后使用了2000多个氢气球。为使气球部队快速机动，并尽可能缩短施放准备时间，

在移动时，采取了将气球收回距地面数米高，另一端系在卡车上，以便气球与卡车同步机动到新的施放地点。同时，使用"伞用拦阻钢绳"的设备，在德国飞机可能来袭的方向上，预先利用火箭将这种设备发射到空中，火箭的一端系上钢绳，另一端装上降落伞。当火箭发射到空中约200米高度后，降落伞自行张开，钢绳随着降落伞在空中摇晃不定，构成一道防敌飞机的低空障碍物。

不列颠空战的史实证明，英军采用的避实击虚和将气球、钢绳巧妙地用于对空防御的措施是十分奏效的。战至9月17日，德国空军几乎一筹莫展，士气大为低落。希特勒也不得不承认，英国空军"仍然丝毫未被击败"，并决定"海狮计划"暂不实施，"以后待命"。到10月12日，希特勒被迫放弃"海狮计划"。在历时百余天的空战过程中，德国空军共出动飞机4.6万多架次，向英国投掷炸弹约6万吨。尽管如此，德军非但没能实现其预期的作战目的，反而接连遭受英军给予的重创。在英国方面，经过艰苦卓绝的奋战，以损失飞机915架，飞行员414名的代价，击落德军飞机1733架，击伤943架，击毙和俘虏德军飞行员6000多名，从而粉碎了德军从海上入侵英国和通过空袭迫使英国投降的罪恶目的。

不攻自破马其诺

第一次世界大战后不久，德国重新崛起。法国又面临着德国侵略的威胁。鉴于大战期间马恩河和索姆河防线的经验，法国军界的贝当和甘末林认为：防御可以赢得时间，以改变法国经济和军事上的劣势。在这种思想指导下，法国开始修筑马其诺防线。这是一个庞大而复杂的防御系统，其设计之周密，工程之浩大，配备之齐全，不能不令人惊叹。它南起与瑞士北部边境城市巴塞尔相对的法国地界，沿莱茵河左岸朝正北方向延伸，在法德两国莱茵河天然边界的北部尽头折向西北。一直延伸到法比交界的阿登山区以南的梅蒙迪。1930年防线开工以后，数以万计的技术工人和军事工程师昼夜奋战，到1937年竣工时，先后挖土1200万立方米，耗资2000亿法郎，相当于法国1919年到1939年全部国防经费的1/2。

第二次世界大战爆发后，希特勒德国以强大的坦克、飞机组成的高度机动化部队，迅速击溃和占领了波兰、丹麦和挪威。1940年4—5月，比利时和法国已面临德国的重兵压境，西欧危如累卵。然而，此时的法国统帅部认为，德军攻击重点将是马其诺防线，因此将兵力着重部署在防线和色当以西到海峡的法比边境上。法国防线的中央部分是森林密布、道路难行的山区，法国视此为"天险"。法国统帅部认为，有了马其诺防线，再加上阿登山区天险，法国的边防可谓固若金汤，无须担忧了。因此，大战爆发后，几十万法军按兵不动，整天吃喝玩乐，一片升平景象。

然而，希特勒并没有按照法国统帅部的预想行事。1940年5月10日凌晨，希特勒调集136个师，分A、B、C三个军团，对荷兰、比利时、卢森堡发动大规模进攻。德军 A 军团 45 个师从左翼发动主攻；B 军团 29 个师越过荷兰和比利时，作为右翼插入法国，仅以 C 军团 19 个师部署在法、卢边界到瑞士巴塞尔的一条 350 公里长的防线上，虚张声势地对马其诺防线作钳制性进攻，迷惑和牵制了法军。德军的坦克部队在施图卡式俯冲轰炸机的配合下，猛攻从亚琛到摩泽尔河一线宽 170 公里的阿登山区。3 天后，德军突破了阿登山区的天然防线，进逼马斯河。一星期内占领了色当要塞，向西一直推进到英吉利海峡。40 万英法联军丢盔弃甲，溃不成军，被压缩到敦刻尔克，前临大海，后有追兵，狼狈不堪。马其诺防线被德军迂回绕过，没有发挥一点作用，徒费了大量人力物力。

水无常形，兵无定式，战争中有进攻，也有防御。但消极防守绝非良策，它限制了自己的自由，捆住了自己的手脚，反而使敌人有了回旋之地。法国军界的错误决策，使法国遭致亡国的悲惨命运。而马其诺防线则成为世界战争史上的笑料。

速战不成反其害

人的承受能力有限，即使是训练有素，又能吃苦耐劳的部队，长时间不停的远距离奔袭也会疲劳不堪，大量减员，以致丧失战斗力。

1940 年 6 月，德军在西线取得了胜利，希特勒便认为可以腾出手来进攻苏联了。命令德军总参谋部制定进攻苏联的"巴巴罗萨计划"。企图先以突然袭击消灭苏联西部军队，尔后在空军支援下，以坦克为先导，分兵三路攻占莫斯科、列宁格勒和基辅，于 1941 年入冬以前灭亡苏联，结束战争。

1941 年 6 月 22 日（星期日）法西斯德国集中了 190 个师，550 万人，4980 架作战飞机，4300 辆坦克，4.72 万门火炮，分为北方集团军群，中央集团军群，南方集团军群，于一千公里正面上，向苏联发起突然袭击。开战后，德军一刻不息，昼夜兼程，三个星期时间，德军推进 350 至 600 公里。德军北方集团军群包围了列宁格勒，南方集团军群占领了基辅，中央集团军群进至距莫斯科 400 公里的斯摩棱斯克。为了保卫莫斯科，苏军集中三个方面军 95 个师，约 80 万人，坦克 780 辆，飞机 545 架，火炮 6800 门，构筑三道防线，准备大量消耗敌人有生力量，争取时间，集中预备队，创造反攻条件。

德军劳师远袭，伤亡失踪达 174 万余人，已经疲劳不堪，加之严寒提前到来，德军无御寒准备，冻伤无数。9 月 30 日，德军以疲惫之师进攻莫斯科，在苏军反击下，又损失兵力及装备各一半，于是彻底丧失了进攻能力，被迫转入防御。12 月 6 日，苏军开始反攻，迫使德军后退 120 至 400 公里，歼德军 70 个师，仅击毙者即达 30 余万人，缴获各种火炮 7800 余门，坦克 2700 余辆，击毁德机 1100 架。1944 年 1 月，苏军展开全面战略反攻，大量消灭德军，收复全部失地，最后攻克柏林，迫使德国无条件投降。

德军欲数千公里之外去征服一个大国，结果不能不损兵折将，一败涂地。

第五计　趁火打劫

【原典】敌之害大，就势取利。刚决柔也①。

【按语】敌害在内，则劫其地；敌害在外，则劫其民；内外交害，则劫其国。如越王②乘吴国内蟹稻不遗种③而谋攻之。后卒乘吴北会诸侯于黄池④之际，国内空虚，因而捣之，大获全胜。

【原典注释】①刚决柔也：《易经·夬卦》："象曰：夬，决也，刚决柔也。"意思是说：夬，就是决断，犹如阳刚君子果断地制裁阴柔小人。运用到军事上，当战争形势对自己有利时，要果断地进攻战胜敌人。

②越王：春秋时越王勾践，曾因战争失败而甘做吴王奴隶，卧薪尝胆，以图复仇，后果然打败吴王夫差，得偿所愿。

③蟹稻不遗种：螃蟹死光，水稻颗粒无收。指大灾害。

④黄池：地名，今河南封丘县内。前482年，吴王夫差和晋、鲁等国到黄池会盟，争当霸主。越王勾践趁吴国空虚，出兵吴国。

【原典译文】敌人内部祸患严重，就要乘机出兵夺取利益。当形势对自己有利时，就要果断地战胜对方。

【按语译文】敌人的内部有忧患，就抢占他的土地；敌人的外部有忧患，就掠夺他的百姓；敌方既有内忧又有外患，就劫掠他的国家。比如：春秋时，越王勾践乘吴国遭受大的自然灾害，连螃蟹、稻子都死绝时，谋划进攻吴国。后来终于趁吴王夫差北上黄池与各国诸侯会盟之际，因其国内空虚，便大举进攻吴国，终于大获全胜。

【传世典故 计名探源】趁火打劫原意是趁别人家里发生火灾，正处于一片混乱时，乘机抢夺人家的东西。比如趁别人危难时刻，从中捞一把或乘机害人。也就是乘敌人有危机而加以攻击的策略。

本计出自《孙子兵法》"乱而取之"的思想。

《西游记》中有个故事是说唐僧——唐玄奘离开大唐国，前往西天去取《大乘真经》，一天晚上，他和大弟子孙悟空来到一座庙中投宿。庙里上下房间七十多间，僧客二百余人，甚是红火。唐僧等入内后，庙中老方丈命人敬茶，闲谈间，得知唐僧有一大唐宝物——袈裟。方丈欲开开眼，请唐僧拿出一见。唐僧恐惹事端，执意不肯拿。孙悟空看不过，耐不住方丈的苦苦恳求，于是把带来的袈裟拿出来向僧人炫耀。就在解包袱时，万道霞光透过两层包袈裟的油纸迸射而出，当悟空抖开袈裟时，只见红光满室，彩气盈庭，瑞气千条，真是件世所罕见的宝贝袈裟呀！

方丈一见，顿生歹念，他当即跪倒在地，眼中含泪，苦苦哀告着对唐僧说："我年老体弱，老眼昏花，实在无法欣赏宝物，可否拿到后房仔细观赏？"

唐僧一时心软，便允了老方丈的请求。

老方丈将袈裟拿到后房后，越看越爱，越看越想据为己有，于是就和手下的僧人商议怎样才能将袈裟夺取过来。一个名叫广谋的和尚说："何不放一把火，将禅堂烧掉，好将他们师徒二人烧死。就算他们逃得出来，也说袈裟被大火烧在了里面，谅他们无可奈何，无非给他们些银两了事。"

方丈觉得此计甚妙，于是就将众僧唤来，用柴草把禅堂圈了个密不透风。悟空此时尚未睡着，听见门外声响，便变成一只小蜜蜂飞出禅堂。只见四圈大火突起，放火的和尚还在手执火把得意地狂笑。悟空一怒之下，一个斤斗翻到南天门，向广目王借了"避火罩"，回去罩住了唐僧、白马；然后又念了个咒语，一口气吹过去，霎时间狂风大作，火势向四周蔓延开来，愈烧愈旺，把个观音庙烧得通红，唯有唐僧和白马所在的禅堂得以幸免。

在反转扑来的大火面前，众僧侣抱头乱窜，哭天嚎地，现在成了他们引火烧身，自食其果了。

没想到，螳螂捕蝉，黄雀在后，这场大火惊动了四周山上所有的野兽和鬼怪。风音院正南二十里处有一座山，叫黑风山；山中有一洞，叫黑风洞；洞中有一妖怪，叫黑风怪。它与这方丈素有交情，见院中起火，急忙前去相救。赶到观中，见到那方丈屋里的璀璨袈裟，认得是佛门之宝，顿时起了贪念，于是便不再救火，拿起那袈裟，趁火打劫，驾起黑云，径直返回了它的山洞。

趁火打劫一词即由此而来。

【名家评点 破解方略】《孙子兵法》早就说过"乱而取之"的观点，趁火打劫就是这个战争思想的形象表达，其道理是相通的。"趁火打劫"的方式多种多样：明助暗夺、入伙分利、乘危取利、落井下石等。采用此计时既须等待对方遭火之时，又须己方确实强于敌手之力。

另外，我们还注意到，"趁火打劫"是"以刚克柔"，与"以逸待劳"那样的"以柔克刚"明显不同，两者的战略部署也有区别，施计时须仔细研究。

经典案例　锦囊妙计

武灵王趁乱制敌

在兵法上讲，敌有内忧，可以攻而夺之。其内忧是内部遇到的困难，诸如天地灾变，经济危机，政治昏暗，内战纷争等等。在政治斗争中，各种政治势力在相互倾轧时，内部的纷争相对减少；当在利益分配上不均衡时，内部的纷争就多。只要有政治权益和经济利益存在，不论是哪种政治势力，都会为此产生矛盾，在矛盾尖锐时，内乱就出现了。如果在此时政敌趁机发难，本集团则难以齐心协力，其衰败也就势在必然。

公元前299年，赵武灵王为了经略西北军事，将王位传给年仅十岁的少子何，即赵惠文王，以肥义为相国辅政，自称主父。赵武灵王胡服骑射，加强边防，充实赵军的战斗力，在诸国纷争中难以雄立一方。然而，赵武灵王做事武断，偏听偏信，宠爱不定，这就使其能去外患，而难去内忧。

少子何是赵武灵王所宠爱的吴娃所生之子，爱屋及乌，因其喜母而爱其子，把原已立为太子的长子公子章废掉，而改立少子何，为使少子何能巩固王位，又提前传位。不想吴娃不久死去，屋不存焉，乌将何及？在这种情况下，赵武灵王又可怜起长子公子章来，认为废他有些对不住他。在传位三年后，赵武灵王把东安阳（今河北阳原县境内）封给公子章，称为代安阳君，并派田不礼为

辅佐，准备征服代地而封公子章为代王。本来公子章就不服其弟为王，此时有实力在手，其不臣之心顿增。这时在赵国还有一大政治势力，就是公子成。公子成是赵武灵王的叔叔，在赵武灵王欲改胡服骑射时，他持反对意见，赵武灵王亲至其家说服，可见其有相当的势力，何况他手下还有一位谋士李兑。

公子成的谋士李兑清楚地看到赵武灵王的内忧，便找到相国肥义游说道："公子章强壮而志骄，党众而欲大，殆有私乎？田不礼之为人也，忍杀而骄。二人相得，必有谋阴贼起，一出身徼幸。夫小人有欲，轻虑浅谋，徒见利而尖了其害，同类相推，俱入祸门。以吾观之，必出不久矣。子任重而势大，乱之所始，祸之所集也，子必先患。仁者爱万物而智者备祸于未形，不仁不智，何以为国？子奚不称疾毋出，传政于公子成？毋为怨府，毋为祸梯。"肥义也心知此事之棘手，但以"昔昔主父以王属义"为由，不肯将辅政之权出让，而准备以身迎难。异日肥义对左右说："公子章与田不礼声善而实恶，内得主而外为暴，矫令以擅一旦之命，不难为也。今吾忧之，夜而忘寐，饥而忘食，盗出入不可以不备。自今以来，有召王者必见吾面，我将以身先之，无故而后王可入也。"而李兑与公子成却早已做好事变的准备。

公元前295年，赵主父与赵惠文王出游至沙丘（今河北巨鹿县境内）时，公子章与田不礼诈称赵主父之令召赵惠

文王，准备借此时杀掉赵惠文王，不想肥义先来，便先杀掉肥义。因没有除掉赵惠文王，赵惠文王的部下便与公子章混战起来。就在这时，早已准备好的公子成和李兑，"乃起四邑之兵入距难，杀公子章及田不礼，灭其党贼而定王室。"于是，公子成为相，封号安平君；李兑为司寇，封号奉阳君。公子章在初败时，走奔沙丘宫去投主父，主父开门纳之。公子成和李兑就派兵围困沙丘宫，等公子章被杀死之后，公子成和李兑认为："以章故，围主父；即解兵，吾属夷矣！"便围住主父不放。"主父欲出不得，又不得食，探雀觳而食之，三月余，饿死沙丘宫。"这时赵惠文王年少，公子成和李兑专权，尔后李兑又为相，长期专断国政。

在赵主父因继承人问题上发生困惑而犹豫不决时，公子成和李兑抓住赵主父的内忧，不失时机地发起进攻，这就是使用了趁火打劫之计的敌有内忧，趁其难以自全而攻之的手法。如果公子成和李兑在攻杀公子章以后，就此罢手，则是劫而不全，其难免失去已经得到的利益。他们坚持围杀主父，最终才得到全胜。亦可见使用这种手法的变化，非善于掌握时机是难以获全胜的。因为劫而夺之是在别人难以自顾之时，被劫者当然不甘心情愿，如果让被劫者有还手之力，必然以死相拼。所以在使用此种手法时，关键要掌握"刚决柔"的根本，失此将难获成功。

齐劫燕国反害己

战国时，燕王哙在位，子之为燕国的丞相。苏代为齐国出使到燕国，燕王问他说："齐王这个人怎么样？"苏代回答说："一家不能称霸。"燕王问："为什么呢？"苏代说："不信任他的臣子。"苏代说这些话的目的是想激使燕王尊重子之。于是燕王非常信任子之。

鹿毛寿向燕王说："不如把国家让给宰相子之。人民认为尧贤圣的原因，便是由于他把天下让给许由，许由不肯接受，结果尧有了让天下的美名而实际上并没有失去天下。现在大王如果把国家让给子之，子之必定不敢接受，如此以来，大王的行为就和尧一样了。"燕王于是把国家托付给子之。有人向燕王说："夏禹推荐伯益，接着以启的臣子当伯益的官吏。等到年老时，又以为启不能治理天下，把天下传给伯益。接着启和他的朋党攻打伯益，夺取了天下。所以天下人说夏禹名分上把天下传给伯益，接着实际上又命令启自己夺了天下。现在大王说把国家托付给子之，然而官吏没有一个不是太子的臣子，这种情形名分上是托付子之，然而实际上是太子在管事呀！"燕王于是把俸禄三百石以上的官吏的印信收起来，然后交给子之。子之于是坐在南面的君位上执行君王的事务，燕哙直到死不但不能治理国事，反而当了子之的臣子，所有国事都要取决于子之。

经过三年，燕国大乱，百姓非常恐惧。将军市被和太子平计谋，准备攻打子之。齐国诸将便向齐王说："乘现在赶到燕国，必定可以攻破燕国。"齐王于是派人向燕太子平说："我听说太子的义气，是要废私立公，整饬君臣的名义，明辨父子的地位。我的国家很小，不能追随左右。虽然如此，但凭太子差遣好了。"太子于是邀集党羽徒众，将军市被包围王官，攻打子之，无法获胜。将军市被和百姓反过来攻打太子平，将军市被乱军中战死。这场战争拖延好几个月，战死的有好几万人，大家都非常恐惧，百姓纷纷背叛。孟轲这时向齐王说："现在攻打燕国，就如周武王要完成周文王的伟业而攻打商纣王一样。这种机会不可以失去。"齐王于是命令章子率领五都的军队，并且利用北边的众兵，一起去攻打燕国。燕国的士兵根本就不想作战，城门也不关闭，燕王哙战死，齐国大胜，燕国子之也被杀。然而齐国并没有按燕人所想的另立新君，而是占据燕国为己有，所以燕人又起而驱逐齐兵，并与齐国结下怨仇。

经过两年后，燕国人共立太子平，这就是燕昭王。燕昭王即位后，非常谦恭，并且以优厚的待遇来招致贤人。他向郭隗说："齐国乘着我国混乱的时候，袭击打败我国，我非常了解燕国土地少力量小，无法报仇。然而如果能得到贤人来共同治理国家，雪洗先王的耻辱，这是我的愿望。先生你认为可以的话，我会亲身侍奉你的。"郭隗说："大王如果一定要招致贤士，可以先从我郭隗开始。那么比我郭隗更贤的人，难道会以千里为远而不来吗？"于是燕昭王替郭隗改建宫室，并以老师的礼节侍奉他，果然乐毅从魏国前往，邹衍从齐国前往，剧辛从赵国前往，各地的士人都争着奔赴燕国。燕王吊祭死者，慰问孤儿，和百姓同甘共苦。

经过多年准备，燕国殷实富足了，士兵快乐安逸，愿意作战，于是就以乐毅为上将军，和秦、楚以及韩、赵、魏三晋共同计谋，攻打齐国。齐军大败，齐王逃往国外。燕国的军队单独追逐败兵，进入齐国的都城临淄，搜取齐国所有的宝物，焚烧齐国的宫室和宗庙。这时齐国的城市没有被攻下的，只有卿、莒、即墨三个地方。后来昭王死，惠王立，和乐毅有仇隙，便派骑劫代替乐毅为将军。乐毅逃到赵国才使齐国逃脱了亡国的命运。

齐国趁火打劫燕国，大获全胜，但没能杀死太子平，燕国喘息甫定，大败齐国。由此可见，乘人之危是险道，即使胜利，也需要修饰和巩固；否则便会前功尽弃，而后患无穷。

挑敌内乱安鲁国

春秋时期，田常欲作乱于齐，但又怕齐国内的高、国、鲍、晏等强族反对，便想立功于外而兴兵伐鲁。孔子为使自己的国家不遭到涂炭，便派高足子贡前往游说，以化解危难。

子贡受命前往齐国，对田常说："你伐鲁是不对的。鲁国是难伐之国，城薄地狭，国君愚而不仁，大臣伪而无用，士兵又不善战，此为不易攻。你不如伐吴。吴国城高地广，兵器精良，士气高昂，又使良将把守，此为易攻。"田常听此不由大怒说道："子之所难，人之所易；子之所易，人之所难；而以教常，何也！"子贡不慌不忙说道："忧在内者攻强，忧在外者攻弱。你现在是内忧。

听说你三次求封而不成，大臣也有不听你的。现在你去破鲁以广齐地，战胜以骄主，破国以尊臣，而君得不到什么功劳，则与君主交情日疏。这是你上骄君主之心，下恣凌群臣，要想成大事，难矣！再说君主骄则恣，臣骄则争，这是你上与君主有嫌隙，下与大臣交争的事。如此，你在齐国的处境就很危险了。所以说不如伐吴。如果伐吴不胜，民人外死，大臣内空，这是你上无强臣之敌，下无民人之过，孤立君主而控制齐国的只有你了。"田常说："很好。可我已经派兵去鲁国，如果现在攻吴，大臣怀疑我怎么办？"子贡说："你先按兵不动，请派我去吴国，叫他们救鲁而伐齐，你因此率兵迎击吴军。"田常接受这个建议，便派子贡去吴国游说。

子贡到了吴国，对吴王说："作为王者不绝世，霸者无强敌，千钧平衡之重，一边加上铢两则倾斜。现在强大的齐国想要吞并弱小的鲁国，与吴国争强，犹如齐国加重，这是大王争霸的危险所在。何况大王救鲁，是显名之事；伐齐，是获大利之事。如果抚泗上诸侯，诛暴齐以服强晋，利莫大焉。这是名存亡鲁，实困强齐，智者不疑的事。"吴王听罢说："很好。可是我曾经与越国打过仗，越王苦身养士，有袭击我之心。你等待我征伐越国以后再按你所说的去办。"子贡说"越之劲不过鲁，吴之强不过齐，大王放弃齐而伐越，则齐已平鲁矣。何况大王方以存亡继绝为名，伐小越而畏强齐。非勇也。夫勇者不避难，仁者不穷约，智者不失时。王者不绝世，以立其义。现在大王存越示

诸侯以仁，救鲁伐齐，威加晋国，诸侯必相率而朝吴，霸业成矣。如果大王畏恶越国，臣请东见越王，令其出兵以从，此名为有诸侯相从伐齐，而实空越，其忧可去。"吴王很高兴地派子贡出使越国。

越王勾践正处于兵败身辱之时，因此屈身恭迎子贡，而至馆舍向子贡问所来之由。子贡说："这次我来游说吴王救鲁伐齐。吴王心里以越为患，乃说：'待我伐越乃可'。果真这样，破越必矣。何况无报人之志而令人疑，拙之；有报人之志，使人知之，殆也；事未发而先闻，危也。三者举事之大患。"子贡的话戳到越王勾践的痛处，使勾践不由顿首再拜说："孤尝不料力，乃与吴战，困于会稽，痛入骨髓，日夜焦唇干舌，徒欲与吴王接踵而死，孤之愿也。"子贡说："吴王为人猛暴，群臣不堪，国家敝以数战，士卒弗忍。百姓怨上，大臣内变，是残国之治也。您现在应当卑辞厚礼以悦其心，发士兵助他出战以骄其志，其必伐齐。如果吴王战不胜，是您之福。吴王战胜，必去进攻晋。臣请北见晋君，令其出兵攻之，弱吴必矣。吴之锐兵尽于齐，重兵困于晋，而您制其敝，此灭吴必矣。"勾践极为高兴，大谢子贡，子贡不受而去。

子贡又来到吴国，向吴王汇报说："我将大王的话告诉越王，越王大恐，说：'孤不幸，少失先人，内不自量，抵罪于吴，军败身辱，栖于会稽，国为虚莽，赖大王之赐，使得奉俎豆而修祭祀，死不敢忘，何谋之敢虑！'"此话先使吴王放心，几天以后，越国助征之兵赶到，

吴王大悦，问子贡说："越王欲身从寡人伐齐，可乎?"子贡怕谎言被戳穿，便回答说："不可。夫空人之国，悉人之众，又从其君，不义。君受币，许其师，而辞其君。"吴王便没有让勾践随征，而亲率九郡兵马伐齐。

吴军出动，子贡又来到晋国，对晋君说："臣闻之，考虑不定不可以应卒变，兵不先办不可以胜敌。现在齐与吴将开战，吴战齐不胜，越国必攻吴；吴战齐获胜，必以其兵临晋。"晋君大恐，问："为之奈何?"子贡说："您且修兵休卒以静观待变。"晋君应许，子贡便回到鲁国静等其变。

果然，吴国与齐国战于艾陵，大破齐军之后，以战胜之师攻晋国，双方战于黄池，吴军大败。越国闻吴军战败，涉江袭吴，与吴军战于五湖，吴王夫差兵败被杀，越王勾践东向中原称霸。司马迁在总结这段历史时说："子贡一出，存鲁，乱齐，破吴，强晋而霸越。子贡一使，使势相破，十年之中，五国各有变。"子贡以一个普通人，为了鲁国的生存而游说各国，并获得如此成功。这是他掌握趁火打劫之计的造敌外患，趁其他顾不防而夺之的手法的技巧，有意识地给各方制造外患，使各方都成为顾此失彼之势。他促吴为齐的外患，促越、晋为吴的外患，改变整个政治态势，也就使弱小的鲁国有了一个安全环境。子贡给各方制造外患时，总是设身处地为对方着想，抓住各方的弱点，引诱或迫使对方就范，巧妙地掩饰自己真正的意图，这就抓住使用本计的要点，也说明使用这种手法的隐蔽性。

王莽巧立女为后

"趁火打劫"术在军政活动中，先要制造一种"气氛"，即烧起对方之"火"，然后"趁火打劫"。

西汉末，王莽就这样，制造"环境"，将女儿立为皇后。

王莽为政时，汉平帝只有十几岁，没有成亲。他想把自己的女儿嫁给汉平帝。他女儿当上皇后，他的地位就会越发巩固了。

有一天，他向太后建议："皇帝即位已三年了，还没有立皇后，现在应该操办此事了。"

皇太后一听，当然应允。达官贵人都想把自己的女儿嫁给皇帝。王莽心想，许多女孩都比自己的女儿强，不费心思，是当不上皇后的。

他于是亲见皇太后，说："我无功无德，女儿才貌也平常，请您下令不要让我女儿入选吧。"太后没有看他的真意，反觉他"真诚"，就下诏："安汉公（王莽的封号）之女，乃是我娘家的女儿，就不用入选了。"

这一道诏书，反而突出了王莽的女儿，使她引起朝野的同情。不少人为王莽的女儿说话，甚至要求把王莽的女儿选为王后。这样气氛出现之后，王莽反派人去劝止，越劝，说情的越多。太后无法，只好收回诏书让王莽的女儿入选。

王莽抓住这个时机，假惺惺地说："应从征召的女子中，挑选最合适的人，立为皇后。"引得朝廷的大臣们力争："立安汉公之女为皇后乃是人心所向。"

王莽看到时机已成熟，不再推辞。不久，王莽之女选入汉宫，立为汉平帝皇后。

王莽为自己的女儿争立皇后事件，就是在制造气氛中，"趁火打劫"，一举成功的。

趁火打劫杀主父

公元前299年，赵武灵王为了经略西北军事，策立年仅十岁的少子何为王，即赵惠文王。以肥义当相国辅佐王。武灵王自己号称为主父。主父胡服骑射，加强边防，充实赵军的战斗力，在诸国纷争中得以雄立一方。然而赵武灵王做事专断，偏听偏信，宠爱不定，这就留下了为敌所乘的缺口。

少子何是赵武灵王所宠爱的娃嬴所生之子，爱屋及乌，因喜其母而爱其子，赵武灵王把原已立为太子的长子公子章废掉，而改立少子何。为使少子何能巩固王位，又提前传位。不想娃嬴不久死去，屋之不存，乌将何及？在这种情况下，赵武灵王又可怜起长子公子章来，认为废他有些对不住他。在惠王三年，赵国消灭中山国。赵武灵王赐臣民欢乐饮宴五天，封长子章为代安阳君，封地东安阳。公子章本来就不服其弟的即位，偏偏主父又派田不礼辅相章，章的杀弟即位之心陡增。这时，赵国还有一大政治势力，就是公子成。公子成是赵武灵王的叔叔，在赵武灵王欲改为胡服骑射时，他持反对意见。赵武灵王亲至其家说服，可见其有相当的实力，何况他手下还有一位谋士李兑。

公子成的谋士李兑清楚地看到赵武灵王的忧患之处，便找到相国肥义游说道："公子章强壮而且志意骄纵，党徒众多而且欲望强大，恐怕有阴谋呢？田不礼为人残忍狠毒而且纵恣不驯。两人彼此契合，一定有狠戾刻毒的阴谋滋生，会突然作乱谋求非分的权益。小人一旦有了贪欲，往往考虑得不够深远，只看到好处却看不到坏处；同类的人又在一起互相推移鼓动，到头来都将掉进灾祸的深渊。依我看来，一定不会久了，你担负重任而且权势大，是变乱开始的目标，也是灾祸集中的地方啊！你必定先遭祸害。仁者怜爱万物，而智者在灾祸未形成之前加以防备；要是不仁不智，怎么治理国家呢？您为什么不称病不出门，把国政交给公子成呢？不要成为众怒聚集的地方，不要成为灾祸攀登的阶梯啊！"肥义说："不可以。以前主父把王托付给我时说到：'不要改变你的念头；不要改变你的思考，坚决固守专心一志，以终竟你的一生。'我拜了再拜接受命令，而记录在简册上。假如畏惧不礼的作乱而忘掉我的简册去变心，还有哪一样比这个更严重的呢？挺身接受了严厉的命令，过后却不能圆满执行而负心，还有哪一样比这个更厉害的呢？变心负心的臣子，罪大恶极到刑罚都不能容纳。谚言说：'就是让死去的人再活过来，在世的人面对他也要毫不惭愧。'我的诺言已经说到前面了；我要成全我的话，怎能保全我的身体！况且那贞节之臣必待灾祸临身然后操守才显现，尽心之臣必待牵累临头然后行事才彰明。您倒是有所赐予，对我颇尽心了；虽然如此，我已经有话讲在前头，终竟不敢违背。"李兑说："好吧！您尽力吧！我看您只过完今年罢了。"李兑流着泪哽咽而出。李兑常常去找公子成，防备田不礼的叛乱。

改天，肥义跟信期说："公子跟田不礼在一起真令人担忧啊！田不礼对我表面上友善而实际上厌恶。他的为人，子不像子，臣不像臣。我听说过：'要是奸诈之臣在朝廷里，那是国家的害虫；要是谗谄之臣在宫中，那是主君的蠹鱼。'这个人贪婪而欲望大，在里面投合王君之意，却在外面胡作乱为。像他这样矫托命令行事放纵，那么专擅一刹那的诏命，并不困难啊！灾祸将要逼临到国家，因此我很担忧；担忧得夜晚忘了睡觉，饥饿了也不知吃饭。凡是国君的进出不可不防备盗贼。从今以后，假如有召见王的，一定要先见我的面；我将先拿身体去承当它，没有变故然后王才进去。"信期说："好极了，我能够听到这番话！"

惠文王四年，群臣朝见，安阳君也来朝见。主父令王处理政事，自己从旁边偷看群臣宗室的礼仪。看到他的长子章垂头丧气，向他的弟弟北面称臣，心里可怜他，因此想分割赵国，使章在代称王，只是计划未曾决定就停止了。

公元前 295 年，赵主父与惠文王游览于沙丘（今河北巨鹿县境内）时，公子章就率自己的兵徒和田不礼作乱，拿赵主父诏令欺诈召见惠文王。肥义先进去，被杀了。赵惠文王的部下高信就帮着惠文王与公子章的叛兵作战。就在这时，早已准备好的公子成和李兑从国都邯郸赶来，发动四邑的军队进入沙丘抵拒变乱，杀了公子章和田不礼，歼灭他

们的党羽而安定王室。于是公子成为相国，号称安平君；李兑当司寇。公子章被挫败后逃到主父处，赵主父开门收容了他。公子成和李兑就包围主父宫室。等公子章被杀死后，公子成，李兑相互商量道："为了公子章的缘故而包围主父，如果解散军队，我们将被诛除了。"于是就包围主父不放，下令宫室中的人"慢出来的诛杀"；宫室中的人都出来了。主父既不能出来，又得不到食物，饿得到处找雀雏吃；三个多月终于饿死在沙丘宫。这时赵惠文王年少，公子成和李兑专权，尔后李兑又为相，长期专断国政。

在赵主父因继承人问题上发生困惑而犹豫不决时，公子成和李兑抓住公子章和田不礼作乱与惠文王混战之机，果断地发起进攻，这就是使用了趁火打劫之计。如果公子成和李兑在攻杀公子章后，就此罢手，则是劫而不全，违备了"刚长乃终"的原则，不仅会失去已经得到的利益，而且会大祸临头。他们坚持围杀主父，最终才获得全胜。

刘邦"趁火"灭项羽

秦始皇死后，天下群雄，一时蜂起，争夺霸权，鏖战不息。其中以项羽和刘邦争战最激烈，史称"楚汉之争"。这种局面持续了三年多，最初项羽因兵强马壮，赢得压倒刘邦的优势，于是，刘邦屡战屡败，经常被打得溃不成军。

但刘邦却从不泄气，败后又重整旗鼓，依然保持坚强的斗志，加上身边有良臣勇将的协助，终于变劣势为优势，

情况大大改观。第三年，项羽已陷于孤立的状态，刘邦虽然在兵力上占了优势，但由于历经三年的争战，也显得疲惫不堪。于是，双方达成了停战协定，项羽率军返国，刘邦也撤军回返。

就在此时，军师张良和陈平向刘邦进言道：

"现在天下大半已在我们的掌握之中，各方诸侯也大多倾向我方，如今项羽却是兵力折损，粮食即将告罄，这正是天赐良机，如果不趁这个机会攻击，则将'养虎遗祸'。"

刘邦听后，觉得有理，虽然手下军队也饱受连年征战的辛劳，但从数量、士气、兵械、粮草等等都大大占了优势，便毁约与项羽重新开战，挥师乘势追击，项军措手不及，被打得落花流水，终于灭亡。

卧薪尝胆灭吴国

公元前494年，吴王夫差兴倾国之兵，取水道伐越。吴、越两军在夫椒（今太湖椒山）会战，吴国一举打败越国军队。勾践带领五千余残兵败将逃于会稽山上，遂被夫差以重兵围困。在万般无奈之际，勾践只好接受文仲"卑辞厚礼"向吴求和的建议，演出了一场韬略的戏剧。

为了取信于吴王，勾践先派文仲携带美女宝器，贿赂了夫差的宠臣伯嚭，让伯嚭在夫差面前进言，允许越国求和；随后带上妻子和范蠡等人，作为人质，来到吴国首都会稽，在夫差先父阖闾大墓房的石屋里，为夫差当马夫。勾践精

心侍奉夫差，夫差每次外出，都由勾践牵马；夫差病了，勾践不但送茶送饭，端屎端尿，而且口尝夫差拉下的粪便，以确诊其病情的阴阳寒热。勾践的行动，终于赢得了夫差的信任，于公元前491年将他释放回越国。

勾践当着夫差的面，忠心耿耿，忍屈受辱，但骨子里却雄心未泯，时刻不忘复仇大业。他返回国后没有回到王宫，而是到农民中间询问疾苦，与有才之士共商大计。为了鞭策自己，他卧薪尝胆，过着百姓的生活，励精图治，为富国强民煞费心机。同时他还向吴国年年进贡，还挑选、训练了西施等绝色佳人送给夫差，以麻木吴国对越国的戒备。就这样，勾践双管齐下，使本国日渐振兴。

后来，吴国名将伍子胥被杀害，国内又遭严重旱灾，连螃蟹、水稻都干死了，国内一片混乱的景象，百姓怨声四起。恰在这时，吴王夫差又北上，和中原各国诸侯在黄池盟会，国内空虚，越王勾践趁火打劫，亲自率兵数万，彻底打败了吴国。吴王夫差被困在阳山，最后掩面自杀。

越王勾践从失败中吸取教训，忍辱负重二十年，又能在夫差得意忘形之际，在适时的时间里抓住机会趁火打劫，一举消灭了吴国。此举堪称多计并用，也是趁火打劫之计的妙用，毕竟这场"火"让勾践等了二十年。

曹操趁乱定河北

汉献帝建安七年（202年）袁绍自从官渡大败之后，羞愧愤恨不已，发病

吐血不止。夏季，五月，袁绍去世。

袁绍有三个儿子：袁谭、袁熙、袁尚。袁绍后妻刘氏偏爱袁尚，经常在袁绍面前称赞袁尚。袁绍想让袁尚做自己的继承人，但没有明说，就把长子袁谭过继给自己已死去的哥哥，让他离开邺城，去担任青州刺史。沮授劝阻袁绍说："世人常说，一万个人追逐一只野兔，一个人捉到后，其他人即使贪心，也全停止下来，这是因为所有权已经确定。袁谭是您的长子，应当做继承人，而您却把他排斥在外，灾祸将由此开始。"袁绍说："我想让儿子们各自主持一州的事务，以考察他们的能力。"于是，他委派次子袁熙为幽州刺史，外甥高干为并州刺史。

逢纪、审配一向被袁谭所忌恨，辛评、郭图则拥护袁谭，而与逢纪、审配有矛盾。等到袁绍死后，大家都认为袁谭是长子，打算拥立他继承袁绍。审配等人恐怕袁谭掌权后，会受到辛评等人的报复，就假传袁绍的遗命，遵奉袁尚做袁绍的继承人。袁谭自青州赶来奔丧，不能接替父亲的职位，就自称车骑将军，驻军黎阳。袁尚拨给袁谭很少一部分兵力，还派逢纪随军前去监视袁谭。袁谭请求再增加兵力，审配等人商议后又予以拒绝。袁谭大怒，杀死逢纪。秋季，九月，曹操渡守黄河，进攻袁谭。袁谭向袁尚求救，袁尚留审配守邺城，亲自率军去救袁谭，与曹军对抗。两军交战数次，袁谭、袁尚连续失败，只好退守营寨。

建安八年（203 年）春季，二月，曹操进攻黎阳，与袁谭、袁尚在黎阳城下展开大战，袁谭、袁尚败走，退回邺城。夏季，四月，曹操大军追到邺城，收割了邺城周围田地里的小麦。曹军将领都提出要乘胜攻打邺城，郭嘉说："袁绍生前喜欢这两个儿子，没能决定让谁做继承人。如今，他们权力相等，各有党羽辅佐。情况危急，就相互援救；局势稍有缓和，就又会争权夺利。不如先向南进取荆州，等待他们兄弟内讧，然后再进攻，可以一举平定。"曹操说："好！"曹操回到许都，留部将贾信驻守黎阳。

袁谭对袁尚说："我的部下铠甲不够精良，所以先前被曹军战败。现在曹军撤退，上下将士，人人思归，在他们未完全渡过黄河以前，出兵追击，可使他全军溃散，这种时机，万万不可错过。"袁尚疑心袁谭另有打算，既不增加他的兵马，也不肯给他部下更换铠甲。袁谭大怒，郭图、辛评乘机对袁谭说："使已故袁公把你过继给哥哥的，全是审配的主意。"袁谭就率军进攻袁尚，在邺城门外大战起来，袁谭战败，率军退回南皮。

袁谭的别驾、北海人王修，率领官吏和百姓从青州来援救袁谭。袁谭打算再次进攻袁尚，王修劝阻说："兄弟之间的关系，好比是人的左、右手。假如一个人要与别人争斗，先砍断自己的右手，还说'我一定能胜'，难道对吗？抛弃兄弟而不亲近，天下还有谁能亲近？那些进谗言的小人，离间别人的骨肉，只是为了追求眼前的一点小利，希望您塞住耳朵，不要听信。如果能下决心杀掉几个奸佞小人，与兄弟重相和睦，齐心协力，抵御四方，可以横行于天下。"袁谭不听。袁谭部将刘询在漯阴起兵，背叛袁谭，各县城纷纷响应刘询。袁谭叹息说："如今全州都起来叛变，莫非是我缺少恩德吗？"王修说："东莱郡太守管统，虽然远在海滨，但这个人不会反叛，一定前来追随。"又过了十余天，管统果然抛弃家眷来投奔袁谭，他的家眷被叛军杀死。袁谭又委任管统为乐安郡太守。

袁尚亲自统帅大军进攻袁谭，袁谭大败，逃到平原，据城固守。袁尚团团围住，连续猛攻。袁谭派辛评的弟弟辛毗到曹操那里求救。

刘表写信劝袁谭说："君子遇到危难，也不会逃到敌国；即使与人绝交，也不会进行辱骂。何况忘掉使你父亲羞愤而死的深仇大恨，抛弃兄弟的手足之情，作出这种万世都会引以为戒的事情，使同盟之人都为你感到耻辱。如果袁尚有不尊重兄长的傲慢举动，你也该委曲求全，以大局为重。等到大局已定，再由天下人来评论曲直，不也是高风亮节吗？"刘表又给袁尚写信，说："金、木、水、火四种物质，以刚柔互配，才能相辅相成，为人所用。袁谭天性急躁，不能明辨是非，你器量宽弘，包容他还绰绰有余，应当以大容小，以优容劣，先除去曹操，以了却你父亲的遗恨。等到大事已定，再来评论谁是谁非，不好吗？如果执迷不悟，则连不讲礼义的外族人都会讥笑你们，何况我们这些盟友，还会再尽力为你作战？这正是韩卢狗和东郭兔互相追逐，先行自困，而耕田老农不劳而获故事的再现！"袁谭、袁尚都不听刘表的劝解。

辛毗到西平拜见曹操，转达袁谭求救的请求。曹操部下官员多认为刘表势大，应当先消灭刘表，袁谭、袁尚自相残杀，不足忧虑。荀攸说："目前，正是天下英雄争霸之机，而刘表坐守江、汉之间，可知他胸无大志。袁氏家族占据四州之地，有兵马数十万，袁绍以宽厚而得民心，假如他的两个儿子和睦相处，共守已有的基业，则天下灾难，仍不能平息。如今他们兄弟相争，势不两立，如果一个人吞并了另一个人，则力量就会集中起来，力量集中后，再想进取就困难了。应该乘他们相持不下时动手夺取，天下就可以平定了。这个机会难得，不能失去。"曹操表示同意。

过了几天，曹操又打算先平定荆州，让袁谭、袁尚自相残杀，两败俱伤后再下手。辛毗观察曹操脸色，知道他又改变主意，就去告诉郭嘉。郭嘉报告曹操，曹操问辛毗说："袁谭求救一定可信吗？袁尚是一定能被攻克吗？"辛毗说："您不必问是否有诈，只应看整个形势的发展变化。袁谭、袁尚兄弟相争，并未考虑到别人会乘机利用，只是认为天下可由自己平定。如今，袁谭向您求救，表明他已走投无路；袁尚看到袁谭陷入困境，却不能一举攻破袁谭，说明袁尚也已智穷力竭。他们的形势是军队在外战败，谋士在内被杀，兄弟内讧，土地割裂，连年征战，将士的甲胄里都长出虱子。再加上旱灾与蝗灾，造成饥荒，天灾人祸，上下交应，百姓无论智慧或是愚笨，都已知道袁氏统治将要土崩瓦解，这正是上天要灭亡袁尚的时机。如今您去攻打邺城，袁尚不撤军回救，则邺城不保；袁尚退军，则袁谭会在后夹击。

以您的军威，对付穷困之敌，进击疲惫之军，犹如疾风去吹秋叶一般。上天把灭袁尚的时机赏赐给您，您却不去进攻袁尚，而要讨伐荆州。荆州地区百姓安居，官府富强，没有机会可供您利用。从前仲虺说：'敌人有内乱则夺取，敌人有覆亡迹象则侵入。'如今，袁氏兄弟不顾长远大局，而自相攻击，可称为内乱；居民饥饿，行人无粮，可称为覆亡的迹象。黄河以北的百姓朝不虑夕，性命全无保障，而您不立即去安抚，却要等到以后。以后如果赶上丰收，袁氏兄弟又醒悟到已濒于危亡，而痛改前非，则您就将失去用兵的机会。现在，利用袁谭求救而去援助，对您是最有利的。而且您的敌人，没有比占据黄河以北的袁氏更强大的了。您平定黄河以北后，军威大盛，足以震动天下。"曹操说："对！"于是，答应出兵救援。

冬季，十月，曹操进军到黎阳。袁尚听到曹军渡过黄河的消息，解除对平原的包围，撤回邺城。袁尚部将吕旷、高翔背叛袁尚，投降曹操。袁谭又暗中刻好将军的印信，送给吕旷、高翔。曹操知道袁谭并非真心归降，便为儿子曹整聘娶袁谭的女儿为妻，以安袁谭之心，然后，曹操班师回朝。

建安九年（204年），曹操围攻邺城，八月城破，审配被杀。

曹操围攻邺城时，原已归降曹操的袁谭又背叛曹操，攻取甘陵、安平、勃海、河间等地。袁谭又进攻据守中山的袁尚，袁尚抵挡不住，败走故安，投奔幽州刺史袁熙。袁谭将袁尚的残部全部收编，回军驻扎龙凑。曹操写信给袁谭，责备他违背誓约，与他断绝婚姻关系，把已嫁给自己儿子曹整为妻的袁谭女儿送回后，出军讨伐袁谭。十二月，曹军到达其门，袁谭自平原撤出，退守南皮，在清河沿岸布防。曹操进入平原，派军占领周围诸县。

建安十年（205年）春季，正月，曹操进攻南皮，袁谭率军出战，曹军伤亡惨重。曹操准备稍微减缓攻势，议郎曹纯说："如今，咱们孤军深入，难以持久，如果进不能攻克敌城，一后退就会大损军威。"曹操于是亲自擂动战鼓，命令部下猛攻，遂攻陷南皮。袁谭出逃，被曹军追上，杀死。

袁熙受到他自己部将焦触、张南的攻击，与袁尚一起投奔辽西郡的乌桓部落。

建安十二年（207年），曹操出兵征讨乌桓，曹操出奇兵，乌桓大败。

辽东单于速仆丸与袁尚、袁熙投奔辽东郡大守公孙康，跟随他们的还有数千名骑兵。有人劝曹操乘势追击，曹操说："我将使公孙康送来袁尚、袁熙的人头，不必再劳师动众。"九月，曹操率大军从柳城班师。公孙康想要杀死袁尚、袁熙，作为对朝廷立下的功劳，于是先埋伏精兵在马厩中，然后请袁尚、袁熙进来，他们还没来得及入座，公孙康召出伏兵，把他们捉住。于是斩杀袁尚、袁熙，连同速仆丸的人头一起送给曹操。将领中有人问曹操："您已退军而公孙康杀死袁尚、袁熙，这是为什么？"曹操说："公孙康一向畏惧袁尚、袁熙，我如果率军急攻，他们就会合力抵抗；稍一缓和时就会自相残杀；是形势使他们这样做的。"曹操把袁尚的头颅悬挂起来示众，号令三军："有敢于哭泣的，处斩！"牵招却独自祭奠，放声悲哭，曹操认为他是忠于故主的义士，推荐他为茂才。曹操从此平定了北方。

袁氏兄弟在袁绍死后，不齐心协力一致对外，反而自相残杀，曹操因此得以乘虚而入，趁火打劫，消灭了袁氏。

善度势周瑜胜曹

周瑜与吴国的孙策同年，从少年时代起，关系就很密切。孙策继承了死于沙场的父亲孙坚的遗志，在率领千余人举兵起义的时候，周瑜也渡过长江，前来助战。孙策的军队所到之处，敌人望之披靡，转眼间，孙策的势力越来越强。

攻陷曲阿之后，孙策的兵力已达数万人。于是，孙策说：

"我只有这些兵力，就可以压得住江南一带，你回丹阳去镇守吧！"周瑜听后，立即引兵折返丹阳。

可是，丹阳郡为同盟军的袁术所统辖，袁术有意要提拔周瑜为将军。但是，对人观察敏锐的周瑜认为：袁术并非霸者之才，难有所成。于是，自己请调为居巢县的长官，而袁术也不怀疑他，遂答应他的要求。

居巢位于东边，周瑜假装要赴任就职的样子，却中途折回吴郡，回到孙策的身边。孙策亲自迎接周瑜的归来，并且立刻封他为建威中郎将，这时周瑜年仅24岁。

吴国以东南地方作为讨伐群雄的根据地，建安五年（200）孙策病逝，其弟孙权随后继位。

孙策临死之前，将军权交给孙权，并且交代：

"率领江东的大军临战上阵，必须审慎地筹谋计划，一举将敌人消灭，同天下的群雄争强斗弱，你比不上我。然而，任用贤者，提拔能者，让每个人都能尽全力贡献自己的才能，以保卫江东半壁江山，我就比不上你。"这就是孙策鼓励孙权日后审慎处事，任用贤能所留下的遗言。

周瑜得知孙策死亡的消息后，立刻带兵前往奔丧，从此就滞留吴国，任中护军，与张昭共同参与政事。

在决定最后胜负的官渡之战中，一举将袁军10万精兵击溃，兵威日盛的曹操，在建安七年（202），下书责备孙权扣押魏的人质，强迫吴国交出人质。

孙权因此召集群臣进行讨论，群臣都犹豫不决，而孙权本意也不想遣回人质。这时，周瑜向孙权进言：

"今天，将军您继承了父兄的遗业，获得了六郡的民众。兵器精锐，军粮富足，将士用命，何苦将人质送回呢？人质一旦遣回曹氏阵营，从此就不得不附属于曹氏手下，一切都得听命于他们。而且，曹操充其量只不过是个诸侯而已，仆从十余人，车数乘，马数匹，怎能自称为王？这是很严重的错误。不如将人质暂时扣留，静观其变。如果曹操真能以正义匡服天下，将军再听命于他不迟。如果他行暴乱图谋不轨，终必引火自焚。将军韬勇抗威，以待天命，何以要遣送人质呢？"孙权听后，遂打消向魏遣送人质的念头。

建安十三年（208），荆州落入曹操手中，曹操得到船、水兵、步兵数十万，于是，兴起攻吴的念头。

孙权知道后，召集群臣，以谋对策。与会的群臣一致认为：大军当前，只有投降才是上策。周瑜力排众议，他以为："曹操虽托名汉相，实乃汉贼。北方若已平定，则曹操无内忧，自可旷日持久，南来与我争疆域，与我一较水师船战的胜负。然而，今日北方纷乱依然，加之马超等人仍在关西，为曹操的后患。而且，舍弃鞍马，倚仗舟楫与吴越之国争衡，本非中原之所擅长。况且，远征疲劳，不习水土，必生疾病，以上几点乃兵家禁忌，而曹操皆冒然行之。将军欲擒曹操，宜在今日，只要给周瑜精兵三万，进驻夏口，一定为将军立功破敌。"

孙权听后起身，突然用刀将前面的小桌子砍成两半，瞪眼瞧着群臣说："今后，你们当中任何人，若再有提及归降曹操的事，下场就跟这个小桌子一样。"

在这之前，孙权也与诸葛孔明会过面，希望能知道，若与刘备的军队联合起来的话，对曹操的胜算有多少？孔明说了以下的话："曹操军队从北方南下必定疲劳，正像软弱无力的强弩之末，连一块薄绢布也无法穿透，而且，敌军不习水战，更是他们的弱点。"

周瑜根据通报，得知曹军营内瘟疫大流行，舰队因此动弹不得，于是乘机袭击，这就是历史上有名的"赤壁之战"。此一战役，周瑜的军队大胜，曹操的水师全部溃败。

赤壁之战结束后，同盟的刘备却独自占领荆州，而讨伐曹军的主力毕竟是吴军，因此，周瑜向孙权上奏，要他对付刘备。

但是，孙权并未采纳谏言。他冷静思考的结果，认为曹操再度挥军南下未尝不可能，到时候，光凭吴军的军力将无法有效地抵制，如能与荆州的刘备联合，刘备就首当其冲，成为众矢之的。而且，刘备的身边有智将孔明，要一举歼灭，恐不容易。于是，孙权仔细盘算之下，索性认为巩固彼此的同盟关系才是上上之策。

因此，孙权在得知刘备的妻子病亡之后，就将自己的妹妹嫁给刘备为妻。

周瑜因有所顾忌，于是亲自带兵占领荆州的中枢江陵，与南郡太守一起严密地监视刘备军队的一切动静。

不久，从汉中直到巴蜀，形势紧急。据有汉中的张鲁，威胁渐增，巴蜀（四川省）的刘璋也伺机而动，不论曹操或刘备，都已陷入紧张之中。周瑜对于任何新情况都不敢掉以轻心。

于是，周瑜急忙见孙权，献上自己的谋略："现在，曹操战败，恐怕会让张鲁及刘璋等人的势力壮大。不如趁此机会，让在下与奋威将军一起袭击蜀地，得蜀地后，合并张鲁，再留奋威将军固守其地，好与马超结援。然后，我再引兵会合将军占据襄阳，以襄阳为根据地讨伐曹操，就可以轻易地进击北方了。"孙权采纳了周瑜的意见。

周瑜束装回江陵，为远征之事作准

备，可是，不幸却在归途中的巴丘地，因突发疾病而死亡，时年 36 岁。

历史因此有了极大的转变，这也是无可奈何的事。

周瑜所献的计策略显大胆，但却命中要害。周瑜每次见到敌人时，一点也不含糊。他最厌恶与人妥协，做事公正不阿，是个很有气概的男子。

周瑜与孙权结识的时候，孙权的名义是将军，因此，与周围的人相交往不拘泥于礼法。惟独周瑜，始终以君臣之礼事奉孙权。

周瑜的个性直爽、宽宏大量，受到许多人的爱戴。他身高体壮，是一个典型的美男子。而且，连细致的感觉也超乎一般常人之上。

周瑜精于音乐，即使在酒宴上有了醉意，只要音乐有错误，一定知道，一知道就必定要纠正。因此，当时有人以："曲有误，周郎顾"的歌谣戏称周瑜。

在音乐之中，不论是细微的变化，或并不太严重的错误，对神经敏锐的周瑜而言，都能立刻察觉出来。

但是，周瑜不会直接严厉地责怪演奏者，只是柔和地让演奏者知错停止演奏。他这样做，有时让人觉得很恳切，有时却也让人心生畏惧。他这种作风，让人感到意味深远。

周瑜经常大胆地向孙权献策进言，也许从少年时代起，就与孙氏兄弟友善相处，在意识上已将自己与孙氏兄弟视为手足的缘故吧。于是，一方面保持为臣民的礼节，一方面又没有顾虑地将自己的意见向孙权提出。由于提议之事严肃认真，且有真实的内容，所以，可以毫无顾忌地畅所欲言。

单是臣下与国君之间微妙的关系，一般说来，情形都很平凡，内容也不足为奇。然而，处于战乱的政局中，很平常的判断，往往会超越其原有的本质，而值得付诸实行。

"二虎竞食"曹谋利

曹操战败吕布后，便乘着军阀混战之机将汉献帝迎到了许昌。自此，曹操挟天子以令诸侯，比之其他军阀势力，在政治上赢得了主动。当时，刘备率领人马驻扎在徐州，收留了被曹操打败的吕布，并把徐州附近的小沛让于吕布屯兵。曹操生怕刘、吕二人联合起来对付自己，便召集手下文武，共商大计。许褚说："愿借精兵五万，斩刘备、吕布之头，献于丞相。"谋士荀彧坚决反对："将军勇则勇矣，不知用谋。今许都新定，未可造次用兵，或有一计，名曰'二虎竞食'之计。今刘备虽领徐州，未得诏命。明公可奏请诏命实授备为徐州牧，因密与一书，教杀刘备。事成则备无猛士为辅，亦渐可图；事不成，则吕布必杀刘备矣：此乃'二虎竞食'之计也。"曹操从其言，立即奏请诏命，遣使前往徐州，封刘备为征东将军、宜城亭侯，领徐州牧；并附密信一封。

刘备在徐州听到使者到来，立即迎接入城。接受诏命后，刘备设宴为使者洗尘。使者说："君侯得此恩命，实曹将军于帝前保荐之力也。"刘备称谢。使者才拿出密信给刘备。刘备看完说："此事尚容计议。"刘备连夜与众人商议此事，识破了曹操的奸计。第二天，吕布前来祝贺，刘备拿出密信给吕布看。吕布大惊，说："此乃曹贼欲令我二人不和耳！"刘备说："兄勿忧，刘备誓不为此不义之事。"

第二天，刘备送使回许都，拜表谢恩，并回信与曹操，只说过一段时间再做不迟。使者见到曹操，说刘备不杀吕布。曹操问荀彧说："此计不成，奈之何？"荀彧说："又有一计，名曰'驱虎吞狼'之计。可暗令人往袁术处通问，报说刘备密表，要略南郡。术闻之，必怒而攻备；公而明诏刘备讨袁术。两边相并，吕布必生异心：此'驱虎吞狼'之计也。"曹操大喜，先派人到袁术处告密；再假用天子的诏令，使人去徐州催刘备起兵。

刘备在徐州，听到有使而来，出城迎接；却是要刘备起兵讨袁术。刘备明知是计，但"王命不可违也。"遂带领军队，准备起程。留张飞守徐州城。

袁术听说刘备上表，想要征讨他，心中大怒说："汝乃织席编屦之夫，今辄占据大郡，与诸侯同列；吾正欲伐汝，汝却反欲图我！深为可恨！"于是让上将纪灵带兵十万，杀向徐州。两只军队在盱眙相遇。刘备兵少，依山傍水驻扎营寨。纪灵为山东人，引兵出战，大骂："刘备村夫，安敢侵吾境界！"刘备说："吾奉天子诏，以讨不臣。汝今敢来相拒，罪不容诛！"纪灵大怒，拍马直奔刘备。关公接住厮杀，纪灵不敌。刘备挥军猛攻，纪灵大败，退守淮阴河口，两军对垒，相持不下。

张飞自从刘备走了之后，一切杂事都交给陈元龙管理；军机大事，则一切由自己做主。一天，张飞设宴请各位官员。众人到齐后，张飞说："我兄临去时，吩咐我少饮酒，恐致失事。众官今日尽此一醉，明日都各戒酒，帮我守城。——今日却都要满饮。"说完，分别给别人敬酒。到了曹豹面前时，曹豹说："我天生不饮酒。"张飞强让曹豹喝了一杯。张飞敬完各位以后，自己又连喝了几十大杯，喝得大醉，却又敬酒给别人。到了曹豹面前，曹豹说："某实不能饮矣。"张飞酒后发怒说："你违我命令，该打一百！"陈元龙说："玄德公临去时，吩咐你甚来？"张飞说："你文官，只管文官事，休来管我！"曹豹没有办法，只好告饶说："翼德公，看我女婿之面，且恕我吧。"张飞问："你女婿是谁？"曹豹说是吕布。张飞大怒，说："我本不欲打你；你把吕布来吓我，我偏要打你！我打你，便是打吕布！"众人都来劝。将曹豹打了五十鞭才止。曹豹回家后，深恨张飞，连夜派人送信给小沛的吕布，说：玄德已往淮南，今夜可乘飞醉，引兵来袭徐州，不可错此机会。

吕布便与谋士陈宫商议。陈宫说："小沛原非久居之地。今徐州既有可乘之隙，失此不取，悔之晚矣。"吕布听从他的主意，立即引兵五百进攻徐州；陈宫率大军继进。小沛离徐州很近，上马便到。吕布到城下时，刚过半夜，月色明亮，城上的人都不知道。吕布到城门外喊："刘使君有机密使人至。"城上有人报告曹豹，曹豹到城一看，便令军士开门。吕布带领人马一齐攻入，喊声振天。张飞被士兵摇醒，但酒劲未过，不能力战，被十几名人保着，从东门杀出。

自此，刘备、袁术、吕布各有仇恨，互相斯杀不断，曹操乘三人自相残杀力量消弱之时，各个击破，最终统一中原。

从荀彧的具体策划看，所谓"二虎竞食"之计，就是投之以小利，引起两支敌对势力的争斗，使其两败俱伤，然后再趁火打劫，一举而猎两"虎"。刘备识破此计，拿曹操的信给吕布看，企图换来吕布的信任，但在吕布心中也埋下了"疑虑"的种子。曹操一计未成，又用"驱虎吞狼"之计。"驱虎吞狼"之计的实质仍是挑起各家纷争，制造他们之间的矛盾。从这条计的内容看，"虎"指的是"刘备、袁术二人；"狼"指吕布。所谓"驱虎吞狼"，就是利用造谣挑拨的手段，制造矛盾，驱二"虎"相对，给"狼"造成机会，吞并徐州。一计投出，三家相互残杀。但这些都成为曹操观火打劫之计的一部分。曹操最终看到三家战火烧得差不多时，一举诛吕布，败袁术，追刘备，取得最后胜利。

趁火打劫灭袁尚

袁绍死后，袁氏兄弟之间为争夺承袭之位反目为仇。曹操正以"隔岸观火"之谋，坐视袁氏兄弟自相残杀时，袁尚竟把袁谭很痛快地打败，将其围困在平原城中。袁谭途穷，便用谋士郭图'以敌借敌'之谋，遣使来与曹操议降，求曹操出兵去伐袁尚。

众将都看出了袁谭的诡计，一致表示说："袁谭走投无路来议降，一定不是真心。是'以敌借敌'之计，当我破了

袁尚，他定会与我反目为仇的，我们不必出兵，让他们兄弟自裁就是了。"谋臣荀攸力排众议，向曹操奏说："目前刘表虽然居长江、汉水一带，地域较大，但这个人胸无大志，成不了什么气候。现在我们可以乘袁氏兄弟不睦，先除袁尚，再灭袁谭。当初我们所以用'隔岸观火'之谋，是因为他们见我去攻取，互相还有救助之意。现在，他们之间已难以相互救助，出兵伐袁是时机了。"听了荀攸一席话，曹操又问替袁谭为使的辛毗说："袁谭是真来投降我呢？还是其中有诈？"辛毗说："明公不要问袁谭是真降还是假降，我看这关系不大。你可分析一下形势就知该不该进兵了。荀攸先生说的很对。现在袁氏连年失败，兵将在外作战疲惫不堪，谋臣都被袁氏忌杀，其兄弟之间不睦演到目前这种难以合作的程度，是合该袁氏灭亡啊！你现在如果去攻邺郡，袁尚如果不回救，便失去了巢穴；如果他回救，袁谭就会出兵随后尾追。军势如此有利，平定河北就在眼下，明公还犹豫什么呢？"

曹操听了荀攸、辛毗的分析后，马上起兵去攻冀州。事态发展果然未出所料。袁氏兄弟在外敌入侵情况下，各不相救。袁尚见曹操去攻冀州，急撤平原之围回救。袁谭乘势从平原城内尾追。袁尚见势不妙，退居冀州城内拒守。

后来，曹操先稳住袁谭，打败袁尚，攻取了冀州，又消灭袁谭，统一了河北全境。

此例充分体现了"敌之害大"的特点。其害已大到在外势力进攻情况下不能相互救助的程度。因此，曹操便停止

使用"隔岸观火"之谋，不再待其自决，而要迅速参战，"以刚夬柔"。这是尽快统一河北的需要，同时也是防止一方得胜之后，胜者势力会强大起来。

挟天子曹操迁都

曹操奉帝诏率师赴洛阳护驾，打败李傕、郭汜后，并没像昔日董卓那样恃强入宫把持朝政，而是规规矩矩地屯兵于洛阳城外。

一天，曹操正在营中歇息，忽闻有天使至，曹操忙起身出帐迎入，天使告曰："天子有诏，请将军明日入宫议事。"

曹操接过帝诏，细细打量了这位使者，只见他眉清目秀，精神充足。不由心中纳闷道：如今洛阳之地大荒，官僚及百姓们都面带饥色，这个人为什么竟如此白胖丰腴？于是随口问道："公尊严充腴，是循什么养生之道，以致如此？"

使者说："在下别无什么养生之道，只不过坚持食淡三十年之故。"

曹操点了点头又问："公在朝中任何职？"

使者回答说："某原来在袁绍、张杨麾下任从事。如今听说天子得还东都，特来朝觐见，被帝官封为正议郎。某姓董名昭，字公仁，济阴定陶人氏。"

曹操得知他便是董昭，于是欠身施礼道："我早就听说公之大名了，想不到竟有缘于此相见。"

二人言来语去谈得很投机，曹操便借故探问他对朝中大事的看法。董昭见曹操礼贤下士，深明大义，便倾心而论地说："明公兴义兵扫除贼党，临朝辅佐王室，此乃王霸之功也。但明公客居此地，人地两生，短时间内未必使朝中诸公服从。久留此地，恐多有不便。吾以为只有护驾迁都于许昌为上策。"

曹操见董昭道出此语，惊喜地拉着董昭的手说："公真乃吾之知己也！不过朝中诸卿若知吾欲迁都，不会有什么变故吧？"

董昭说："如今朝廷到处流亡，臣民百姓都希望有个安定的局面，乘此机会迁都，百姓不会因此而躁动。洛阳之地正值荒年，各地往洛阳转运粮食又极不便。旧宫室又荒废已久，朝中众卿谁有回天之力解此危难？明公护驾至许都，那里宫室无缺，粮草丰足，庶民无欠缺悬隔之忧，大臣们听说应欣喜才是。再说，明公于许昌多年，迁都西去，更有助明公之势，何乐而不为呢？常言说：'欲成不寻常之功，须为不寻常之事。'望将军速作抉择。"

曹操高兴地与董昭谢别说："日后凡操有所图，一定请公教之！"

第二天，曹操入朝见献帝说："现在京都已荒废好久了，修葺起来十分不易。今日又值荒年，更不可劳民擅动土木。不如请陛下幸临许昌。那里地近鲁阳，转运粮食极便。且城郭宫室钱粮完好充足，陛下之意如何？"

献帝见曹操言之近情入理，欣然应允。群臣之中虽然有窥破曹操心迹的，因其无策可以解脱当时之困境，也无人提出什么异议。于是便择日起驾，迁都赴许昌，朝中文武百官皆相随而去。

献帝到了许昌，曹操便主持着修盖宫室殿宇，立宗庙社稷、省台司院衙门，建城郭府库，封赏众卿。凡朝中大事，都得先禀告曹操，然后再奏知天子。自此，朝政皆归于曹操。

司马懿得陇望蜀

建安二十年，曹操率军进攻汉中张鲁，所到之处攻无不克，未用一年时间，就平定了整个汉中地域。

西川的臣民百姓得到消息后，料定曹操必定来取西川，于是相互奔走相告，街谈巷议，惶惶不可终日。

消息传到许都后，主簿司马懿向曹操进谏，说："刘备用欺诈的手段，刚刚攻取了西川，蜀中的军民尚未归顺，现在我们既然得了汉中，正是向西川进攻的大好时机，乘刘备、孔明还未来得及治国安邦，我们打他个内外难顾，贵贱不相救，兵合而不齐。此机不可失，时不再来呀！"刘晔也劝曹操说："仲达说得很有道理，如果一旦让刘备有了喘息之机，诸葛亮又精通治国，关羽、张飞又勇冠三军，当蜀中军民人心所向后，西蜀就很难攻克了。乘现在蜀中部分军民对刘备荆州兵尚怀敌意，我们去攻蜀，再易不过了。"

曹操见群臣都劝他一鼓作气进兵西蜀，叹了口气说："人哪！是最不知足的，怎么能得了陇，复望蜀呢？军兵现在已长期作战劳困，应暂且罢兵休整以后再说。"于是率军回师。

后来，当刘备率师伐汉中时，曹操眼看着天荡山、定军山等战略要地连连失守，后悔地对刘晔说："我真悔恨当初没听你和仲达的话，以致现在处于如此

被动地位。"

由于曹操未及时伐蜀，结果导致后来汉中被西川刘备吞并。

诸葛乘乱取南郡

《三国演义》第五十一回讲曹仁与周瑜在争夺军事要地南郡时，双方斗智，先是周瑜误入圈套，后又曹仁中埋伏，吴曹两家打得难分难解，乱成一团。当周瑜杀败曹仁后，率军直取南郡。不料，当他来到城下时，却见城上"旌旗布满"，大将赵子龙威风凛凛地站立在南郡城头："都督少罪！吾奉军师将令，已取城了。"周瑜大怒，挥军攻城，却被乱箭射下。

周瑜在起兵攻打南郡时，听说刘备也欲取此城，非常恼火，曾亲自带领兵马，来找刘备交涉。刘备按照孔明的吩咐，答应由周瑜先取南郡，若取不下时，"备必取之"。周瑜一听此话，满口应承，十分高兴，放心大胆地攻打南郡去了。原来，孔明之所以让周瑜先打，是因为对战局的发展早已胸中有数了。他不仅算计到曹操回许都时，对南郡必有安排，求胜心切的周瑜必然中计，同时也预料到周瑜吃了败仗一定会对曹仁报复。先让他们双方拼杀吧，我好乘机取利。两虎相斗不死也伤。当周、曹双方在南郡激烈争夺时，孔明在一旁持重待机，乱而取之。周瑜、曹仁只顾了当面的敌情，却忘记了在他们背后正站着一位"渔翁"等着取利。

诸葛亮这次能乘虚入南郡，最重要的一条是乘周、曹两军乱战一团，除了

双方损失惨重外，乱则有虚可入，诸葛亮正是乘乱拣了一个便宜。

关羽借势淹七军

单刀赴会之后，关羽派人向刘备汇报了同鲁肃会谈的经过和对方的要求。正在这时，曹操以夏侯渊为先锋，亲统大军，征讨张鲁，威胁益州。为了避免两线作战，刘备权衡了一下利害得失，决定让步，派人向孙权请和。孙权自己也想到长江下游去和张辽继续争夺合淝，就拟定了议和条件，派诸葛瑾为使，去公安进行孙、刘两家分割荆州、坚持联盟、共同抗曹的谈判。结果双方谈定：以湘水为界，平分荆州。湘水以东的江夏、长江、桂阳三郡归孙权，湘水以西的南郡、零郡、武陵三郡属刘备。实际上，等于刘备以长沙、桂阳两郡，换来孙权的南郡，这一年是建安二十年（215年）。

荆州一共有七个郡：南阳郡和南郡的北部在曹操手中；长沙、江夏、桂阳三郡在孙权手里；刘备实际上只有武陵、零陵两郡，和南郡的半个郡。诸葛亮《隆中对策》的重要一环：“占据荆州，直下宛洛”，目前尚未实现，特别是直下宛、洛的通路襄阳、樊城还在曹操手中，现由曹仁守卫。因此，镇守荆州的关羽有意北攻襄、樊，一场大战役又在酝酿之中。

公元218年，曹操以六十五岁的高龄，带领大军从长安出发，南下汉中，进行他一生中最后一次远征。不想这次，他败给了刘备，失掉了刚从张鲁手中夺得的汉中。

刘备本来已得到益州，现在又有了汉中，还有关羽控制的荆州的一部分，进入了刘备历史的鼎盛时期。于是在219年自封为汉中王，封关羽为前将军，并命他攻打襄、樊。关羽接受了前将军的印绶，一看时机成熟，立即就统率荆州大军北上攻打襄、樊，以便打开“直下宛洛”的通道。

关羽带着关平、周仓，一直攻过襄江（汉水下游也叫襄江），把曹仁和谋士满宠围在樊城里。曹操刚从汉中败退回来，听说关羽又从荆州发动了进攻，慌忙派大将于禁和庞德带领七队人马火速驰援。曹仁在城内，于禁、庞德在樊城之北，关羽的军队在曹仁、于禁之间，一时攻城难下，十分焦急。

当时正值秋凉季节，秋雨不断，汉水暴涨。关羽是个熟读兵书的大将，面对河水，自然想起历史上一系列“水攻”的战例。在一个通宵暴雨后的早晨，关羽登高瞭望水势，当即定下了水淹敌军之计。他不把计谋告诉任何人，只是命令部队赶造船只和竹木筏，又命令关平到上游去堵江口。于禁、庞德一点儿也没有发觉，继续在樊城以北的低地驻扎。

一天夜里，又是连降暴雨。于禁、庞德出帐看时，地下水已经有好几尺深，而且还一个劲儿地往下涨，把营帐都渐渐淹没了。于禁的七军一片混乱，争着望高堤和小丘上跑。到天亮时，水已经五六丈深，周围变成了一片汪洋。魏军除了淹死的，一个个缩在高处，浑身瑟瑟发抖。再远望樊城，水浪都快要打上城楼了。

于禁、庞德正被洪水围得进退无路，忽然远处传来阵阵鼓声、杀声，只见关羽的大军乘坐舟船、筏子先向樊北杀来。于禁哪里还有招架之力，只得举手投降。关羽把于禁关进船舱，又去捉庞德。庞德身边只有少数士兵，被关羽的军马一阵乱箭，射死不少。可是庞德却临死不屈，他亲手杀死了两个劝他投降的将军，带领不多的士兵，竟然从早晨一直坚持到下午。最后，他同身边的三个将士跳上了荆州军的小船，把船上的士兵杀死，想要划向樊城去找曹仁。关羽这边驶出一只大船，"咚"地把小船撞翻，庞德终于被俘。他临死不降，被关羽杀害了。

关云长奉命进攻襄、樊二座城池，不仅城中守备森严，一时难下，而且曹操又派了七路大军来救援，使关羽处于腹背受敌的境地。他不仅不慌张，而且利用敌军驻地低洼，又值秋雨连绵，设计了"水攻"的计策，水淹曹操派来的七支人马，并降于禁，杀庞德，从而威震华夏。这一战的胜利，使得曹操阵营中的荆州刺史胡修、南乡太守傅芳投降了关羽，许昌以南地区纷纷派人来和关羽联系，准备归顺。连曹操本人都慑于关羽的军势，曾经准备把首都从许昌迁到黄河以北。这次战争胜利的原因，可以说是充分表现出关云长善于因地制宜因时灵活用计的结果。

孔明失策败陈仓

孔明率师第二次伐魏时，鉴于首次伐魏，街亭要路失守的教训，考虑位于陈仓正北的街亭是大军进出汉中的咽喉，

于是令先锋魏延率军首攻陈仓，然后再取街亭。

不料，还在孔明备战时，魏大将军司马懿就料定孔明再次伐魏，必然会首攻陈仓。因此，早已派得力的大将郝昭在陈仓道口筑城把守。

几天后，魏延回报说："陈仓道口已筑起城堡，周围布满鹿角，壕深城坚，城内早有准备，连攻几日未能攻克。"孔明听罢，十分恼怒，要杀魏延。

这时靳祥主动出来解围说："我与郝昭是故友，我去劝他降我们如何?"孔明转怒为喜，马上遣靳祥去说降郝昭。并率军马，亲自来到陈仓城下。

靳祥来到陈仓城下，郝昭不放他入城。在城外，无论靳祥如何劝说，郝昭硬是不降。孔明见状，怒火又起，问当地土人说："陈仓城内有多少人马?"土人说："也就三千左右。"孔明说："这么大的小城，怎能挡住我大军?"于是亲自指挥攻城。

孔明先遣军兵造云梯爬墙。结果，云梯被守军用火箭烧毁，城上矢石俱下，军兵死伤惨重。接着，又用"冲车"之法攻城。郝昭又令军兵凿石穿眼，再用葛索穿好来打"冲车"，结果"冲车"又被打断。孔明再令军兵掘土填壕，企图夜间掘地道入城。郝昭又指挥其军，在城内挖壕沟横向截断。如此这样，一直攻打了二十多天，也未能攻克陈仓。

这时，魏军又派大将王双来应援郝昭。孔明暂令军退回三十里安营，遣谢雄、龚起两位偏将去迎战王双。结果被王双全部杀死在阵前。孔明又令廖化、王平、张嶷三员上将一同出战迎敌，结

果三将均被打败，张嶷被打成重伤。同时，又得到回报说：王双英勇无敌，现在已带二万军兵在陈仓城外安下营寨，周围立起排栅，筑起重城，又掘壕堑，防守十分严密。

孔明见陈仓的确难攻，又与王双互成犄角之势，且二将又英勇无敌。只好损兵折将后，另寻他路去取中原了。

张任守城退张飞

拒守雒城的川将吴懿见张飞从荆州杀了过来，又折了两员守城大将，感到形势紧迫，与众将计议说："现在刘备的援军已到，我们应该马上派人去成都向主公求援。"刘璝说："现在我们城中将少，而刘备将多且勇，死守城池恐怕要被动，不如待机以攻为守，同时等待应援。"大将张任听了二人的主张，一面派人去成都求援，一面等机挫敌。

张任估计张飞刚来此地，锐气正盛，可用诈败诱敌战术引他中计。于是对吴懿说："我明日率军出城挑战，张飞必率军迎战，我诈败引他到城北，城内再有一将率军冲出截断张飞后军，前后夹击可以打败张飞。"吴懿说："刘将军明日辅公子守城，我引兵出城助战。"

第二天，张任率数千军马出城挑战，张飞见张任出城，上马就来迎战，二人战了几个回合，张任诈败绕城而走，张飞乘势追击。这时城内吴懿率军冲出，截断了张飞军马，张任率军杀回，把张飞困在核心，进退不得。在此关键时刻，蜀将赵云从江边方向杀了过来，救出了张飞，擒获了吴懿。张任只好从东门退

入城中。

张任此举虽败，是逢赵云相助的缘故，不然此谋将大功告成。因此，不失为一则好计。

拓跋施计乱燕军

东晋时，北方的鲜卑族建立了后燕和北魏政权。后燕为鲜卑慕容氏，北魏为鲜卑拓跋氏。

燕主慕容垂于东晋太元二十年5月，派太子慕容宝、赵王慕容麟，率兵8万进攻北魏。

魏主拓跋圭采纳部下建议，决定先"示弱避其锐气，骄纵对方，待敌疲劳后再打"。他率部落西渡黄河，远远地避开燕军。

后燕军至五原时，降伏了北魏其余部落，将战利品尽放于黑城（呼和浩特市西北）。然后，兵临黄河，并砍木造船，准备南渡。此时已是9月，拓跋圭这才在黄河南岸摆出迎战的架势。

慕容宝好容易才造好船只，一夜暴风，竟有几十条渡船刮到南岸。北魏兵截住渡船，擒燕士卒三百多人。为了表示虚弱胆怯，又全数遣返。

一天，拓跋圭的伏兵擒住了后燕的使者，一审问，才知燕主慕容垂得了重病，太子慕容宝心中挂念，派人回去深望。拓跋圭欣喜异常，决定用此机会，采用攻心之策，使后燕军混乱。从这天起，拓跋圭即命人于路上，把回燕都的使者全部截获，一一押在军营。

慕容宝不时派人回京问候，但始终不见一人回还，数月不知父王消息，焦

虑万分。这一天，派出的使者们突然出现在河岸上，高声呼告慕容宝："你父已死，何不早归！"

这无异于晴天霹雳。顿时，慕容宝六神无主，全军将士惶惶不安。慕容麟的几个部将以为燕王真的死了，竟然密谋废太子，拥立慕容麟，被太子查知斩首。慕容宝与慕容麟之间因此互相猜忌。

为防有变，慕容宝下令撤军。他烧毁了所有渡船，见黄河水尚未封冻，遂不留断后部队。岂料一夜之间，气温骤降，河面立刻封冻。拓跋圭率二万精兵越过封冻的冰面，人衔枚，马束口，悄无声息地在参合陂（今内蒙丰县）追上了燕军。

天明之时，燕军准备拔营赶路，猛听得山上鼓角齐鸣，仰首望去，只见无数魏兵正从山腰冲下来。燕军士兵双腿发软，各自逃命。前有大河，后有追兵。初冻的黄河经不住众多人马的一再践踏，冰面碎裂，狂奔的燕兵竟有无数人落入水中。慕容宝率领残兵败将逃回国，见到父王慕容垂方知中了拓跋圭的诡计，后悔莫及。

藩镇制度乱唐朝

公元 779 年，唐德宗即位，他所承接的政局是"征师日滋，赋敛日重，内自京邑，外泊边陲，行者有锋刃之忧，居者有诛求之困。"可称是内外交困。所以即位伊始，便想改变这种形势。

首先，德宗听从宰相杨炎的建议，实行两税法，使国家收支情况有很大改观，朝廷的经济实力得到增强。其次对

藩镇态度强硬，如不服从中央，即举兵征讨。这些措施如能按德宗预想施行，当然可以使君主专制制度加强。然而，事情并不像德宗预期的那样发展，反而变得更加内外交困，连德宗的性命都差点丢掉。这是因为德宗用人不当，对形势估计不足，自履险境所致。

德宗即位，便任用杨炎，但此人爱以报复个人恩怨为能事，让他独任大政，必使朝内的党争更加激烈。而杨炎最大的失策，莫若打击陷害当时出色的理财家刘晏。"晏有精力，多机智，变通有无，曲尽其妙。常以厚直募善走者，置递相望，觇报四方物价，虽远方，不数日皆达使司，食货轻重之权，悉制在掌握，国家获利而天下无甚贵贱之忧。"国家财赋"在晏所统则增，非晏所统则不增也。"对这样一位出色的理财家，杨炎却诬陷他在代宗时阿附宦官，意欲策立独孤氏为皇后，别立独孤氏之子李迥为太子，以废现任太子（即德宗）。德宗听信谗言，贬杀刘晏。不料这件事竟使朝野侧目，引起内外的不满，以山东强藩李正己为首的各藩镇要朝廷公布刘晏之罪，且讥斥朝廷。杨炎见势不妙，竟遣腹心宣慰，将杀刘晏之事推在德宗身上，德宗获悉，也就恨起杨炎，"由是有诛炎之志"。不久，德宗任卢杞为宰相，贬杨炎为崖州（今海南省内）司马，于中途缢杀之。而卢杞为人"阴狡，欲起势立威，小不附者必欲置之死地"。德宗即位不久，连杀两位干练大臣，却又任用卢杞这样的险恶之人，使"中外失望"，也使本来就存在的内忧，更加危机四伏。

德宗对藩镇态度强硬，这本是矫正

自肃、代以来对藩镇姑息政策的必要手段，但必须以其有一定军事实力为前提。以当时的形势来看，藩镇大概有四种：一是地处河北、山东的诸镇，大都是安史之乱平定以后的安史余部，或是在平乱之后拥有重兵的悍将，表面上尊奉朝廷，实际上是供赋不入，自行任命下属，有自己一套法令和制度。其位或父死子继、兄终弟及，或部下拥立、叛而夺之，朝廷难以更改，故最为跋扈，可称为反叛型藩镇。二是地处中原的诸镇，大都是在平定安史之乱时为朝廷所任命，虽统有一定数量的军队，但其将帅的任命调动，中央尚能掌握控制，使他们担负着抗拒或平定反叛，屏卫关中，保护各地输入长安的财赋的重要使命，是王朝所依赖的基本力量，可称为基本型藩镇。三是地处关内和西北的诸镇，主要防遏周边少数民族的入侵，如内地有事，朝廷经常调其来援，但此类藩镇虽比较善战，也比较骄蹇，朝廷很难驾驭，可称为边疆型藩镇。四是地处东南地区的诸镇，因这些地方战事少、养兵少、军费少，势力也相对小，在中央的强压之下，他们所在地的税收大部分上供中央，是王朝的财赋的来源地，可称为财赋型藩镇。这些藩镇不论势力大小，都要看朝廷是否强大，邻镇是否强横，观望图利自全是他们的共同点，如果朝廷处置不当，无论哪种藩镇都能成为王朝的外患。

德宗即位之初，"崔佑甫为相，务崇宽大，故当时政声蔼然，以为有贞观之风"，中外皆悦。反叛的藩镇军士大多欢呼："明主出矣，吾属犹反乎！"然德宗即位不久，杀两大臣，内已不安，外又

生乱。就在这时，成德节度使李宝臣死，其子李惟岳接任其位，要朝廷承认，德宗不许。为了维护世袭特权，魏博节度使田悦、淄青节度使李纳、山南东道节度使梁崇义和李惟岳联合起来，共同抗唐。不久，梁崇义和李惟岳兵败被杀，田悦和李纳也被唐军打败。但卢龙节度使朱滔和成德镇降将王武俊为了争权夺地，又勾结田悦、李纳发动叛乱，曾经参加征讨李惟岳的淮南节度使李希烈也参加进来。一时间五人都称王，李希烈还自称天下都元帅。朝廷告急，德宗只好调动关内诸镇兵前往平叛。

建中四年（783）十月，泾原节度使姚令言率泾原兵五千至长安。这些"军士冒雨，寒甚，多携子弟而来，冀得厚赐其家，既至，一无所赐。"第二天又让他们出发，路上皇家犒师，"惟粝食菜饭"。这引起士兵的愤怒，把饭菜踢翻，扬言道："吾辈将死于敌，而食且不饱，安能以微命拒白刃邪！闻琼林、大盈二库，金帛盈溢，不如相与取之。"于是回兵长安。德宗忙召禁军抵御，竟没有一人前来，只好仓促带领部分近侍，狼狈逃往奉天（今陕西乾县）。泾原兵便拥立朱滔的兄弟朱泚为主，不久，朱泚又在长安称帝，国号为秦（后改为汉）。此后，经过一年多时间，德宗依靠李晟率领唐军援助，艰难地收复了长安，逐杀朱泚，但不得不与朱滔、王武俊、田悦、李纳等藩镇妥协，算是勉强平定了这场叛乱，然在此期间，德宗忧虑异常，唐王朝的命运在险恶万状中渡过，朝政更加不振了。

从德宗即位之初的所作所为来看，

颇想振作一番，结果是兵祸连结，这是他不仅不了解自己处在内忧外患之中，而且"内信奸邪，外斥良善"，使内忧外患的形势加剧，乃至"几至危亡"。

孙权审势兵伐魏

刘备刚攻取西川不久，曹操也相继夺取了汉中。刘备怕曹操乘他立足未稳，攻取西川，便依孔明的计谋，遣伊籍为使，去东吴见孙权，唆使他进攻曹操的合淝，布设战略上的掎角之势，以牵制曹操。

孙权见过伊籍后，召集众谋臣商议说："刘备遣使答应兑现归还我们江夏、桂阳、长沙三郡的许诺。并要求我们去攻打曹操的合淝，待他攻取汉中之后，便把荆州全境还给我们，众卿以为如何？"

张昭说："这是刘备惧曹操攻取西川的战略计谋。不过，虽是如此，我们乘曹操大军在汉中，进攻他的合淝也是上策。这样，我们不仅可以接纳回荆州三郡，随时窥取荆州，一旦攻克合淝，还可随时兵指许昌，图谋中原。不论刘备如何打算，与我们有利，我们就要为之。"

孙权见张昭的话很有道理，便依其言。先遣鲁肃去接收长沙、江夏、桂阳三郡，然后兴师向合淝大举进攻。

后来，由于孙权在攻打合淝战役中轻敌冒进，结果中了张辽"以攻为守"的计谋而失败。但是，他遵循"非利不动"的谋略思想，兴师进军合淝的战略决策则是无可指责的。

斗智勇黄巢起义

黄巢系曹州冤句县（今山东荷泽县西南）人。祖辈靠贩卖私盐，家财富有。黄巢年轻时喜爱读书，屡次应进士考试，被抑不得及第；曾练过击剑骑射，武艺颇佳；乐于扶危救急，收养过各地来投奔的逃命人，很有豪侠之气。在他成年后，继承祖业，贩卖私盐。盐是民众的生活必需品，价贵也得购买。朝廷为取得巨额盐利，实行官卖；规定各种苛法，禁止私盐。为了争夺巨利，上有政策，下有对策，朝廷出卖官盐，豪强出卖私盐，双方斗争异常激烈。凡是敢和朝廷争利贩卖私盐的人，必须结交一批伙伴合力行动，还必须有一定的计谋和勇力，否则就会在朝廷的严刑苛法下破产甚至丧命。贩卖私盐的规模越大，上述条件也越应具备。黄巢就是在贩卖私盐的实践中，增进了自己的智慧和能力，并加深了对朝廷的了解，这些东西一旦运用于起义的指导之中，就使黄巢比其他起义领袖谋高一筹。

"安史之乱"以后，黄河流域陷入战乱之中，江南成了朝廷租税的惟一榨取地，民众负担剧增。官逼民反，公元761年，袁晁在台州（浙江临海县）率众起义；公元859年，宁国人（安徽宁国县）裘甫又在浙东起义；公元864年，朝廷派往岭南西道（今广西南宁市）对付南诏兵的徐州军在庞勋的领导下作乱，自动从岭南打回徐州。这时，黄河中下游连年遭灾，赤地千里。唐懿宗咸通十四年（873），关东（指潼关以东）大旱，几乎颗粒无收，"天下百姓哀号于道路，逃窜于山泽，夫妻不相活，父子不相救"。但唐王朝置民众的生命于不顾，搜刮军费更加残酷。于是，关东民众担负起用大规模起义的方式反抗唐王朝腐朽统治的重任。作为失意士人和有势豪侠的黄巢，亲眼目睹了这一切。

于是，在王仙芝于唐僖宗乾符二年（875）在长垣（今属河南）起义后，黄巢也很快在冤句起义，响应王仙芝共同行动。

王仙芝立名号为"天补平均大将军兼海内诸豪都统"并发布檄文，声讨朝廷任用贪官、赋税繁重、赏罚不平等罪恶，深得民众拥护，"民之困于重敛者争归之"，起义队伍很快发展到数万人，连克濮（今山东濮阳）、曹（今山东定陶）二州，击败天平节度使薛崇，攻入郓州，威震山东。淮南（驻扬州）、忠武（驻许州，今河南许昌）、宣武（驻汴州，今河南开封）、义成（驻滑县东）、天平（驻郓州，今山东东平北）等节度使所辖地区的民众也纷纷起义，大部有千余人，小部数百人，攻击州县。农民起义的烈火在关东地区呈燎原之势。

唐廷见状，急令上述五镇节度使加意防守本境，又以平卢（驻青州，今山东益都）节度使宋威为"诸道行营招讨草贼使"，指挥禁军300及五镇抽调的部分兵力，坐镇沂州（今山东临沂），镇压王仙芝、黄巢起义军。同时，组织地主武装，抵御民众起义。

黄巢、王仙芝率起义部队转战中原，连克唐朝百座城市，军威大振。后王仙芝兵败被杀，黄巢率其余部队进入江南，

攻占两广及福建，动摇了唐王朝的经济命脉。乾符六年（879）10月，经准备后起义军开始北伐，意图直指两京，推翻唐王朝。

唐僖宗广明元年（880）12月5日，黄巢的前锋部队进入长安，唐金吾大将军张直方率文武百官到灞上迎接义军，唐僖宗、田令孜带500名神策军和眷属向成都逃去。义军"甲骑如流，辎重塞途，千里络绎不绝"，声势浩大。长安城内外，民众夹路观看，尚让向民众宣告说："黄王起兵，本为百姓，非如李氏不爱汝曹，汝曹但安居无恐。"义军士卒，遇贫苦百姓，即赠送财物；对唐宗室、权贵、富商则一抓就杀，没收他们的财产。

12月23日，黄巢在长安即皇帝位，国号大齐，年号金统。他规定唐官三品以上停职，四品以下登记投降的留用（不问害民轻重）以尚让为首相，组成了起义军文武官与唐投降官混合的大齐朝廷。

金统三年（882）正月，唐廷重新调整部署，再次向长安进逼，从南、西、北三面对长安形成了包围。接着，又先后出现了对起义军不利的三件大事：粮荒、朱温叛变投唐，善于骑射、慓悍善战的沙陀兵参加攻打义军。

金统四年（883）正月，四万沙陀兵在李克用的率领下，由晋北出发渡过黄河进入同州朱温（投唐后改名朱全忠）所辖地，联合唐河中、忠武等镇后，在梁田陂一带与尚让的15万人大战，起义军牺牲数万，撤出战斗。李克用进逼长安。4月8日，黄巢率军退出他曾呆了两

年半的长安，经蓝田关（在今陕西蓝田县）、武关（在今陕西商南县）向东南而去，称要经过河南向徐州进军。

黄巢在河南蔡州（今河南汝南）打了一个胜仗，唐奉国军（驻蔡州）节度使秦宗权战败投降。转攻蔡州东北的陈州，黄巢的爱将孟楷牺牲。黄巢遂与秦宗权合兵围陈州，从6月一直围到次年（884）4月，长达三百天之久，进行了数百次战斗，攻占了几十个州县，付出极大的代价。当时河南大灾，树皮草根都已吃尽。在围攻陈州的300天期间，汴州刺史、唐宣武节度使朱温、忠武（驻许州）节度使周岌、感化（驻徐州）节度使时溥先后救援陈州，对黄巢也无可奈何。金统五年（884）4月，唐廷又把李克用调到战场，与朱温等一齐进攻义军。义军数战不利，乃解围向北面的汴州而去。5月8日，义军在汴州以西、中牟以北的王满强渡汴河，被追上的李克用半渡而击。尚让等义军将领投降唐军。黄巢率残部越过汴水，经封丘、匡城逃往兖州。唐军紧迫不舍。黄巢率少数人逃入泰山，7月，被叛徒杀死。领导唐末农民起义达九年之久（875年6月—884年7月）的明星殒落了。最后，由朝廷的宣武节度使朱温，窃取了农民起义的果实，结束了唐朝的统治。

断粮蓄势败明军

1627年，明末农民大起义爆发。1629年，陕西米脂贫农李自成参加起义军。他智勇双全，很快被推为"闯将"、"闯王"，所部成为起义军主力。1641年至1642年，李自成起义军与明军在中原地区展开了五次大战，连战连捷，不战而入襄阳。1643年五月，起义军公推李自成为新顺王，改襄阳为襄京，建立起农民革命政权。

这时，形势对农民军非常有利。李自成起义军控制了河南全省和湖北大部、湖南北部地区；张献忠起义军于同年5月占领武昌，称大西王，也建立了农民革命政权，并向李自成通书称属，供助银饷。

明朝在河南五次惨败后，军力大为削弱，只存总兵吴三桂、左良玉、督帅孙传庭三支军队，尚有一定战斗力。但吴三桂远驻宁远，受清军牵制，无法抽调；左良玉屡遭歼灭性打击，不敢同起义军交锋；孙传庭实力削弱，退据关中，准备顽抗。起义军如继续歼灭明军残余力量，即可最后推翻明王朝。在此形势下，李自成采纳了顾君恩的建议，决定将主力转向豫西，准备西入关中。

正当李自成准备入关中时，明王朝命孙传庭向农民军发动了大规模的进攻。本来，孙传庭认为农民军众至百万，供给困难，利在速战，故决心利用关中天险，"固守敝敌"，企图持久顽抗，伺机反扑。但明思宗朱由检不同意，命其总督陕西、山西、山东、四川、贵州、河南、湖广等7省军务，反守为攻，出兵河南，进据荆襄。

孙传庭被迫放弃原计划，集结十万大军，于1643年八月初六出潼关，部署如下：1、自率主力，以牛成虎为前锋，高杰为中军，王定、官抚民为后继，白广恩统"火车"营，趋洛阳，会合河南明军陈永福、卜从善部，转攻汝宁。2、命左良玉率兵自九江趋汝宁，夹击农民军。3、命四川总兵秦翼明率兵出商（今陕西商县）、雒（今陕西洛南）策应；企图三路合击，会攻汝、襄，歼灭农民军主力。但由于秦翼明不出商、雒，左良玉不离九江，只有陈永福、卜从善如期相会，结果形成孤军东进。

李自成分析情况，决定采取诱敌远离关中、陷敌孤立无援后聚而歼之的方针，将主力集中于襄城一带，并隐伏精锐，只以老弱迎战，诱孙军东进。农民军一再佯败，先后放弃阌乡、陕州、渑池、洛阳。他们在襄城、郏县间筑土城20余座，城门暗伏大炮；城前一二里掘深堑以阻敌；骑兵列阵于城后机动。

孙传庭冒险轻进，九月初八进至汝州（今河南临汝）附近的长阜镇。这时，农民军将领李养纯叛变投敌，泄露了农民军后方在唐县、将史屯宝丰、精锐尽聚襄城的情况。孙传庭于九月初十集中全力攻破宝丰，又分兵攻陷唐县，残杀农民将士眷属。

这时，李自成一方面深沟高垒，坚壁不战，以疲惫敌军；一方面派轻骑绕出敌后，截断了明军的粮道。

孙传庭为破城取粮，九月十四日攻占郏县，仅得骡、羊二百余头，很快吃光。接着连续七天大雨，明军更加饥疲不堪。九月二十一日，明后军哗变于汝州，溃逃潼关。

九月二十三日农民军开始反击，前锋以骑兵三队、每队7200人，向屯于郏县东南的明军轮番猛攻。明将白广恩见势不利，率所部八千人不战而退，逃往潼关。明将高杰迎战失利，损失三四千人。孙传庭企图转移到南阳一带就食，尔后相机再战，遂留陈永福军断后，自率大军南退。但前军一移，后军立刻大乱，陈永福制止不住，也随即撤退。

农民军除分兵一部追击白广恩外，李自成率主力猛追孙传庭。追到南阳时，孙传庭会同攻占唐县的明军回军还战。农民军列阵五重，明军突破三重；到第四重时，农民军的精锐骁骑全部投入战斗，一鼓作气，击败明军。明军的骑兵拼命向北逃跑，步兵则溃散四窜。农民军的骑兵乘胜猛追，一昼夜追击四百里，歼敌步骑四万余。孙传庭仅率少量残兵败卒逃至孟津，渡过黄河，退保潼关。

经过郏县一战，起义军扫除了西进关中的障碍。孙传庭逃到潼关后，尚有残兵四万，决定由白广恩、高杰率兵守潼关，命陕西巡抚冯师孔率四川、甘肃兵守商雒。李自成率大军自洛阳直逼潼关，另派右营十万人自南阳出淅川，下商州，迂回入关中。

1643年十月初六，农民军主力进攻潼关，明军据险顽抗。李自成分军由南山迂回潼关背后，东西夹击，明军大败，孙传庭战死，白广恩逃往固原，高杰逃往延安，农民军占领潼关。十月初八，南路农民军攻克商州，冯师孔率残兵逃回西安。

占领潼关后，数十万农民军结阵西进，势如破竹，连克华州、渭南、临潼。十月十二日，南北两路大军会师于西安。冯师孔赶忙部署防御。但明军衣食皆缺，寡弱难敌。在西安的秦王朱存枢"富甲天下"，军士们要求他每人发一件棉衣，他竟不给，军心顿时瓦解。十月十二日，农民军发起猛攻，冯师孔战败被俘斩，守将王根子开城投降，李自成进入西安。

吴三桂泄愤献关

明朝末年，李自成领导的起义军攻陷京城，崇祯皇帝跑到万寿山，在一棵老槐树上自缢而死，李自成自称为帝。当时，起义军在京城内到处抄没明朝大臣的宅院，抢掠富贵人家的财宝，搜抓皇亲国戚及其余党，搞得人心惶惶，鸡犬不宁。

李自成称帝后，将明将吴三桂的爱妾陈圆圆接进宫去，而后又将吴三桂的老父吴骧关押起来，以此威胁吴三桂投降。

吴三桂乃明朝名将，统领数十万人马镇守边关，抵御满族的入侵，此时接到父亲发来的劝降书，得知李自成已在京都称帝，定国号为"顺"，自忖大势已去，意欲归降，正在回信写降书之时，有逃难的家僮从京城赶来，吴三桂得知后，立刻传见。

吴三桂问："家里的情形怎样？"

家僮大放悲声地说："老大人已经被下进了大牢。"

三桂开始不以为然地说："这无妨，我这一封书信过去老人家立刻就会出狱的。"

三桂又淡淡地问："夫人呢，她现在何处？"

家僮顿时禁住了哭声，嗫嚅着说不出话来。

三桂一见此情，心中焦躁，厉声喝

问道："她究竟怎样，你可照实说来，我不怪你，倘若有半句假话，我定不饶你。"

家僮一边拼命叩头，一边涕泪横流地说："是小的们不中用，没能保护好夫人，夫人早已于半月前被叛军抢去，现关押在李自成的宫中。"

"气死我也！"吴三桂怒发冲冠，拍案而起，"嗖"的一声拔出剑来，"呛啷"将书案劈下一角。

"夺妻之仇，押父之恨，此仇此恨不报，枉为人世。不杀李自成誓不为人！"

吴三桂把将原本已写好的降书撕得粉碎，然后重新铺开纸张，他在给吴骧的信中写道："父既不能为忠臣，儿安能为孝子？……"

此时的吴三桂已经把国家大业弃置脑后，心里头想的都是如何报一家之私仇了。

他一边操练人马，准备回师讨伐，一边暗地进行部署和谋划。风闻闯王有雄兵四十余万，猛将如云，谋士如雨，自己只有十余万大军，兵力单薄，未必是闯军的对手，怎么办？

被仇恨之火煎熬得失去了理智的吴三桂，把救助的目光瞄向了昔日的死对头、自己领兵为将以来一直与之死战的满清军队。

那时满清顺治帝即位，因年方七岁，一切军机大事皆由摄政王多尔衮做主。多尔衮见中原烽火不断，明王朝与太平军正在火拼，早就想趁火打劫，混水摸鱼了，只是惮于吴三桂精兵十万镇守边关，因此一直未敢轻举妄动。

这一天，多尔衮听说吴三桂来访，

他对中原发生的事情也了解个大概，约摸猜测出吴三桂的来意，心中大喜，立刻传令以嘉宾之礼召见。

多尔衮见吴三桂额头紧锁、愁眉不展，便明知故问地说："吴将军驾临，不知有何见教？"

吴三桂经过一翻痛苦的内心交战后，终于横下一条心，宁可落个万世骂名，也要先解心头之恨，于是便直截了当地说："明清两国，世通修好，当年清国内部自相侵扰，我明朝也曾发兵相助过。今日明朝不幸，盗贼横行，京都沦陷，君王晏驾，百姓涂炭，此仇此恨，不共戴天，勤王起师，原是我辈本分，怎奈兵微将寡，难挡乌合之众。清国如尚念邻邦之谊，亦应举国发兵，助我一臂之力。"

多尔衮久欲入侵中原，只是苦于边关有精兵悍将当道，如今，非但面前关隘皆除，且自己竟成堂堂正义之师，内心狂喜。但脸上却故现难色，推搪拒绝地说："贵国内乱，按说应尽邻邦救援之谊，只是我国国小兵弱，恐救助不成，于事无补，将来反自受其累，落得千古骂名。此事本军乃力所不及，实难如愿，请将军多谅解。"

吴三桂苦苦哀求着说："贼军虽然人数很多，但都是些乌合之众，只要贵国肯出兵相助，无不奏凯之理。"

但多尔衮不轻易松口。

这样谈谈扯扯，转眼已是半月，多尔衮虽然嘴上一直未说出兵，但暗地里却早已开始秣马厉兵，进行作战的准备了。

待一切都已备妥之后，多尔衮才假惺惺地说："既然将军连番数次恳求，本帅亦被将军忠心所感动，不管我国有多大困难，都以邻国之难为己难，决定出兵相助。"

吴三桂闻言大喜，立即回来收拾兵马，与多尔衮的清军合兵一处，浩浩荡荡穿过山海关，向着中原大举杀来。

行至一片石积如山的地方，清军与闯军相遇，双方进行了激烈的搏杀。战斗结果，闯军大败，清军乘胜追击，几天之间便直捣京城。李自成只好弃城西遁，清兵占据了京城后，完全把当初相助的许诺抛到一边，竟然大大方方当起皇帝来，从此中原大好河山，尽归满人之手。

李自成领导的闯军被平定之后，清军又挥戈向着明朝的官兵杀来，血屠扬州七日，杀得满城老幼无存。再血洗嘉定，将一城男女全部屠戮，明王朝的遗臣或被收买，或被杀害。中原人民罹难之惨，牺牲之多，死伤之重，均为史所罕见。

至此，吴三桂见大罪铸成，已经悔之晚矣，他也只好为虎作伥，成为清军阵前的一个马前卒。当大好河山尽归清兵之后，清王朝怕他谋反，将他封了平西王，让他偏安于一隅，做他的地头蛇去了。

步步受逼签条约

第一次世界大战时，中国宣告中立。日本则参加协约国，对德宣战，却不派兵赴欧洲战场，而出兵攻打德国在中国租占之青岛。当时驻守青岛之德军约

2000多人。日军采用包围战术，通过中国其他地区进兵潍县西境，抄入青岛背后，以便腹背夹攻。此举违反了国际法的中立条规，日本却悍然不顾，且扬言"此次攻取青岛，是帮中国之忙，为中国收复失地，青岛得手后当归还中国！"

窃国大盗袁世凯明知此"假途灭虢"诡计会严重侵犯中国主权，但当时他的力量敌不过日本，自己又想仰仗日本势力扶助他当"中华帝国"的皇帝，于是他划出数十里地方为中立地带，让日本自由运兵，因此，青岛很快就落入日军手中。

日本占领了青岛，不仅不把青岛交还中国，且趁西欧战事正酣，列强无暇东顾，中国军阀混战割据，袁世凯急于称帝之际，抓住有利时机，步步向袁世凯进逼，向中国提出二十一条款，要袁世凯签字承认。此条款内容，是要将中国主权让与日本，做日本的保护国。日本一方面要求袁世凯保守秘密，从速解决；一方面向东北三省、山东、福建、大沽等地增兵，进行恐吓。1915年5月7日，日本政府忽致最后通牒，限于48小时内签订条约，否则诉诸武力。跟着下动员令，宣布关东戒严；派出军舰在渤海口游弋，造成紧张局面。

此时袁世凯正热心帝制，欲借助日本势力，而不顾国人反对唾骂，签订了此卖国条款。

在日本的最后通牒中有几句堂皇冠冕之话："查胶州湾为东亚商业上、军事上要地之一。日本帝国因取得该地，所费之血与财，自属不少。既为日本取得之后，毫无交还中国之义务，然为将来

两国国交亲善起见，竟拟以此交还中国，而中国政府不加考虑，且不谅本国政府之苦心，实属遗憾……"

卖国条约一签，全国哗然，在舆论攻击之下，负责交涉之外长陆征祥及黎元洪、段棋瑞等纷纷辞职。

此条款在一战结束，1919年开巴黎和会时，日本提出此项要求，北洋卖国政府准备签字，引起中国国内群众尤其是青年学生的激烈反对，遂爆发震惊中外的"五四运动"。

在这个案例中，日本从参战之初就没安好心。它先在欧洲列强打的不可开交之时，明知德国无力顾及远在万里之外的租地青岛。便打着"替天行道"为中国夺回青岛的旗号，夺取了战略要地青岛。日本并没有就此满足，而是利用当时北洋军阀的腐败统治造成的中国政局动荡，民不聊生的情况，借袁世凯称帝，在国内外急于寻求支持之机，大肆讹诈，步步紧逼，又是下动员令，又是发最后通牒，要求袁世凯签订丧权辱国的"二十一条"。在此战例中，日本两次利用趁火打劫之计，先后占领了青岛；强迫袁世凯签订了日本独霸中国的"二十一条"，可谓志得意满。日本之所以会成功，就是抓住德国后院起"火"之机和袁世凯急于当皇帝寻求支持的弱点，趁火打劫，步步紧逼，速战速决，不给对方以喘息之机，终于达到了自己的侵略目的。

"水门事件"倒总统

理查德·尼克松是美国第36任、第

37 任总统，是当代最著名的政治家之一，他是因"水门事件"而被迫辞去总统职务的。

1972 年 6 月 18 日，《华盛顿邮报》在三版一个角落上以"水门大厦遭夜闯，神秘客身份费猜疑"为题第一次报道了"水门事件"，大意是：6 月 17 日清晨，有五名男子携带无线电对讲机、摄影机、电子监听器材闯入华盛顿水门饭店民主党全国总部办公室，被有关人员逮捕。

这不过是一起司空见惯的"盗窃案"，没有任何人对此引起重视。但是，不久，邮报上又披露，被捕的五人中有一名叫做詹姆斯·麦科德的人自称是中央情报局雇员，受聘于尼克松，此事件与"争取总统连任委员会"有关联。在野党——民主党人立即开动舆论机器，紧紧盯住了尼克松总统，挟击尼克松无视"民主"，窃听民主党有关总统竞选机密，企图以此为缺口，搞垮尼克松。

尼克松在事件发生之始，错误地认为这不过是一桩小事，认为掩盖一下就会过去。但是，在任命格雷为联邦调查局局长的听证会上，格雷在谈到白宫与水门事件的关系时，将白宫律师迪安牵连进去。为彻底摆脱水门事件的困扰，尼克松不得不解除了自己的四个最亲密助手——联邦调查局长格雷、司法部长克兰恩丁斯特以及霍尔德曼、埃利希曼的职务，而迪安为了保住自己竟不惜把白宫的所有机密大白于天下，尼克松的防线崩溃了。

民主党人乘胜猛改，不给尼克松一点喘息的机会，他们推举哈佛大学法学院教授考克斯为处理水门事件特别检察官。国务卿基辛格大吃一惊，对尼克松说："考克斯是一大祸害，他是一直反对你的！"

基辛格不幸言中。当尼克松免去考克斯的职务时，不但为时已晚，还造成了更恶劣的影响。民主党人利用考克斯提供的九盘录音带——其中，有"18 分半钟的空白"——这些录音带是安装在尼克松的办公室中，自动记录尼克松在办公室的谈话内容的。尼克松无法向人们澄清他在这"18 分钟"内都说了些什么。正是这一致命"空白"把尼克松逼到了悬崖的边缘。

1974 年 8 月 8 日，尼克松被迫宣布"辞职"，民主党人"胜利"了。

百事可乐占市场

自从班伯顿药师于 1886 年配制出可口可乐的秘方，可口可乐渐渐深入人心，成为美国家喻户晓的饮料品牌。

1915 年，可口可乐公司推出包装战术，将可口可乐的生产和销售推向顶峰。一种最新设计的、容量为 6.5 盎司的细颈圆腹瓶登台亮相。这种瓶子一出现就表现出它无以伦比的魅力。用这种瓶子装可口可乐，与原包装相比，不但显得体积大、容量多，而且便于手握。配合着新包装的上市，公司采取了轰炸式的广告宣传，可口可乐的销量出现了前所未有的好势头，更加巩固了它在全美饮料行业的霸主地位。这种新瓶子被可口可乐公司看作有史以来最完美的设计。

可口可乐公司的事业蒸蒸日上，大有走遍天下无敌手的派头。

斗转星移，20多年过去了，一件令可口可乐公司意想不到的事发生了。可口可乐公司发现，自己花费多年心血创来的江山，却被百事可乐轻易地分享。1939年，百事可乐以"一样价格，双倍享受"的价格战术，一举击中了可口可乐的要害。用5美元，买可口可乐只有6.5盎司，买百事可乐却有12盎司。

对消费者来说，购物时价格是第一位的，其次才是品质。百事可乐公司成功地利用了消费者的购物心理，不能不说是棋高一招。强大的广告宣传，不但打击了对方宣传了自己，而且使百事可乐一举成名。

百事可乐公司的这一招，真可谓一箭双雕。使可口可乐公司陷入进退两难的境地。如果采用削价的办法，那么市面上数不胜数的自动贩卖机中的可口可乐将无法处理；如果增加容量，则必须放弃大约10亿瓶6.5盎司装的可口可乐。

百事可乐脱颖而出，超过了露西可乐和胡椒博士，直逼可口可乐的王座。

20世纪60年代，在"百事新生代"的战略引导下，百事可乐公司推出一个又一个的新创意，将可乐争霸战引向高潮。

"喝百事可乐，永远是年轻一族。"

"百事可乐，是生龙活虎的新生代。"

百事可乐企图借自己的"新"，以反衬可口可乐的"沉旧"、"落伍"。

1983年，百事可乐公司以500万美元的代价使天王巨星迈克尔·杰克逊成为自己的广告明星，此举一出，震撼世界。然后又请出来诺·李奇、唐·强生、蒂娜·托娜及麦当娜等一连串的巨星上台表演，使百事可乐的声势如日中天。百事可乐公司使出浑身解数，终于在1985年底夺得了可乐世界的王位。

然而1985年过后，可口可乐依然是可乐市场的老大。

50年来，百事可乐使出浑身解数，仍未能彻底打赢这场战争。不过，百事可乐的总裁罗杰·恩瑞说：

"战争不一定得你死我活。"

恩瑞接着说，持续的战争，旨在维持大众的好奇心，只有这样，两家公司才能不断地推出新招，招数越多，喝可乐的人就越多。两家经过"火并"使竞争双方都获利，有利于双方相互促进、各自发展。

第六计　声东击西

【原典】敌志乱萃①，不虞②。坤下兑上之象③。利其不自主而取之。

【按语】西汉，七国反④，周亚夫⑤坚壁不战。吴兵奔壁之东南陬，亚夫便备西北。已而，吴王精兵果攻西北，遂不得入。此敌志不乱，能自主也。

汉末，朱隽⑥围黄巾⑦于宛⑧，张围结垒，起土山以临城内，鸣鼓攻其西南，黄巾悉众赴之。隽自将精兵五千，掩其东北，遂乘虚而入。此敌志敌萃，不虞也。

然则声东击西之策，须视敌志乱否为定。乱，则胜；不乱，将自取败亡。险策也！

【原典注释】①乱志乱萃：萃，丛生的草，象征聚集之意。《易经·萃卦》："象曰：乃乱乃萃也，其志乱也。"其意是：行动混乱并与人杂聚一起，其心志已经迷乱。

②不虞：意料不到。指将会有预料不到的事情发生。

③坤下兑上之象：指泽地萃卦的卦象。坤象征地，兑象征泽。《易经·萃卦》："象曰：泽上于地，萃；君子以除戎器，戒不虞。"意思是说：水聚集在地上而成泽，象征聚集。君子应当修治兵器，以防意外之事发生。《六十四卦经解·萃》："泽上于地，则聚水者堤防耳。故有溃决之虞。"意思是说：水聚在地上成泽，要依赖堤防储积，但是，水越聚越多，堤防就有溃决的危险。这是整条计谋的依据。

④七国反：指西汉七国之乱。公元前154年，以吴王刘濞为首的七个分封国王，反对汉景帝采纳晁错的"削藩"建议，联合反叛中央，历时三个月，叛乱平息。

⑤周亚夫：西汉名将，沛（今江苏省沛县）人，绛侯周勃的儿子，初封条侯。景帝三年（前154）率兵平定吴、楚等七国之乱，后升丞相职位。

⑥朱隽：即朱俊，东汉会稽上虞（今浙江省上虞）人。公元184年黄巾起义，东汉朝廷派他为右中郎将，与皇甫嵩等镇压黄巾军。后封钱塘侯。

⑦黄巾：东汉末年，以张角为首创立"太平道"，号召组织农民大起义。公元184年起义，义军头缠黄巾，称黄巾军。后遭政府军和各地豪强、地主武装的血腥镇压而失败。

⑧宛：宛城，今河南南阳。

【原典译文】敌人的意志已经混乱，随时都有意料不到的灾祸发生。这是根据萃卦推算的结果。应当抓住敌人失去控制之有利时机而消灭它。

【按语译文】西汉景帝时，吴、楚等七国联合叛乱。西汉名将周亚夫坚守城堡，拒不出战。围城的吴国军队去攻打城的东南角，周亚夫便守备西北角。不久，吴王的精锐部队果然攻打西北角，终究攻不进去。这是敌人将领的意志不乱，能够自主的战例。

东汉末，右中郎将朱隽把黄巾军围困在宛城（今河南省南阳）。他在城外建立包围工事，并垒起小土山来俯视城内的情况。然后，他擂起战鼓，命令军队向城的西南方进攻，黄巾军便奔去守卫西南角。朱隽却亲自率领五千精兵进攻东北角，于是，趁虚攻进城去。这就是敌人的意志已经混乱，不能预料突然事变的战例。

这样说来，声东击西之计，必须要以敌人将领的意志是否迷乱作为基础，敌人意志乱了，便能成功，敌人意志不乱，便将会自取失败。这是一条冒险的计策呀！

【传世典故 计名探源】声东击西是指表面上声张着去打东边，实际上却攻打西边。军事上是指忽东忽西，巧妙诱敌，给对方制造错觉，乘机消灭敌人的出奇制胜的战术。

声东击西出自《淮南子、兵略训》："用兵之道，示之以柔而迫之以刚，示之以弱而乘之以强，为之以歙而应之以张，将欲西而示之以东，先忤而后合，前冥而后明。"这段话的大意是：用兵的原则，对敌人先佯做柔弱的样子，而以强大的军事力量去打击它，将要发展，先做出收缩的样子，准备向西面进攻，而先佯做向东进攻，先示以与意图相悖的

行动，然后再完成实现意图的行动。先隐藏自己的计划，然后再进行公开行动。

东汉时期，班超出使西域，目的是团结西域诸国共同对抗匈奴。为了使西域诸国便于共同对抗匈奴，必须先打通南北通道。地处大漠西线的莎车国，煽动周边小国，归附匈奴，反对汉朝。班超决定首先平定莎车。莎车国三北向龟兹求援，龟兹王亲率五万人马，援救莎车。班超联合于阗等国，兵力只有二万五千人，敌众我寡，难以力克，必须智取。班超遂定下声东击西之计，迷惑敌人。他派人在军中散布对班超的不满言论，制造打不赢龟兹，有撤退的迹象。并且特别让莎车俘虏听得一清二楚。这天黄昏，班超命于阗大军向东撤退，自己率部向西撤退，表面上显得慌乱，故意让俘虏趁机脱逃。俘虏逃回莎车营中，急忙报告汉军慌忙撤退的消息。龟兹王大喜，误认班超惧怕自己而慌忙逃窜，想趁此机会，追杀班超。他立刻下令兵分两路，追击逃敌。他亲自率一万精兵向西杀班超。班超胸有成竹，趁夜幕笼罩大漠，撤退仅十里地，部队就地隐蔽。龟兹王求胜心切，率领追兵从班超隐蔽处飞驰而过。班超立即集合部队，与事先约定的东路于阗人马，迅速回师，杀向莎车。班超的部队如从天而降，莎车猝不及防，迅速瓦解。莎车王惊魂未定，逃走不及，只得请降。龟兹王气势汹汹，追赶一夜，未见班超部队踪影，又听得莎车已被平定，人马伤亡惨重的报告，大势已去，只有收拾残部，悻悻然返回龟兹。

【名家评点 破解方略】"声东击西"

之计，是一种制造假象佯动诱敌的战术。它通过佯攻，伪装进攻方向，造成敌方的错觉，吸引并分散敌方兵力，以便在真正的进攻方向上，出奇制胜。

"声东击西"之计的发动之处仍在于"出其不意"和"攻其不备"。其主旨与"明修栈道，暗度陈仓"基本相同。此计的一个关键环节，就是对敌方情报的准确掌握，施计之前必须知己知彼，千万不可主观臆断，尤其"声东"，一是要有的放矢，二是要选择适当的方式。虽然此计属于第一套"胜战计"，是克敌制胜的智谋，但不妨有可以在我方不利的情况下使用，比如我方突围中，也可以"声东"调集敌军于错误的方向，然后再"击西"敌人的不设围之处，实现突围，赢得胜利。

经典案例　锦囊妙计

赵高设谋害李斯

李斯是楚国上蔡人。年轻时，做过郡的小官吏，看到官吏宿舍厕所中的老鼠吃粪便，一见人或狗接近，总是惊恐万状。李斯进入粮仓，观察仓库中的老鼠，吃着囤积的粮食，住在周围宽大的廊檐底下，不见有人或狗接近的骚扰。对此李斯不禁感叹道："人的有出息没出息，犹如老鼠啊，只在于自己所处的环境罢了。"李斯乃从荀卿学习帝王之术。学成之后，开始走向政治角斗场。

李斯走向何方呢？纵观当时形势，楚国是贵族的天下，没有他立足涉身的机会；而其他国家固然有可谋之机，但又弱小，很难有建功立业的机会；此时秦王有吞并天下之志，国力又强；于是李斯作出西行入秦的决定。

一个不知名的外乡人，来到一个陌生的国度，怎样才能使自己这个"久处卑贱之位，困苦之地"的人进入高贵富足之乡呢？李斯权衡之后，不得不采用峰回路转的手法，迂回地向秦王身边靠拢，率先找门路投到吕不韦门下充当舍人。

当时，秦王嬴政年少即位，大权操在相国吕不韦手里。如果李斯直接找门路靠近秦王，一定会引起权势正热的吕不韦的忌恨，以吕不韦当时的能力，铲除李斯易如反掌。投靠吕不韦固然可得到一定的地位，改变困苦的生活，但要

为显贵而成其大志，则是不容易的。为不招吕不韦忌恨，也为在此能有机会见到秦王，李斯投靠了吕不韦，并得到吕不韦的信任，升任为郎。郎为侍从之职，官虽不大，但可以接近秦王，这正是李斯的本意。李斯借接近秦王之便，将自己所学的帝王之术向秦王倾诉，使秦王为之心动，先授长史，后拜客卿，开始他的奔向富贵之路。

秦始皇统一六国，李斯也荣升丞相，达到人臣之极。在一次迎接自己长子、三川守李由的家宴上，"百官长皆前为寿，门庭车骑以千数。"睹此盛况，李斯不无感叹地说道："嗟乎！吾闻之荀卿曰：'物禁大盛'。夫斯乃上蔡布衣，闾巷黔首，上不知其驽下，遂擢至此。当今人臣之位无居臣之上者，可谓富贵矣。物极则衰，吾未知所税驾也！"其保位固贵之心越来越强烈，这就给人以可乘之机。

公元前210年，秦始皇外出巡游，病死在沙丘（今河北巨鹿县境内），因秦始皇在死前没有把继承人定下来，这就给赵高谋立胡亥留下可乘之机。拥立新主大事，作为丞相的李斯是至关重要的人物，赵高不得不找李斯谋议。赵高所采用的也是声东击西之计的峰回路转，以可为而不为曲而得之的手法。

首先赵高对李斯讲："定太子在君侯与高之口耳。"说明李斯和他在这次安排继承人所起的决定作用。李斯惧祸，乃推托道："安得亡国之言！此非人臣所当

议也!"貌似恼怒,实是心虚。于是赵高将李斯与太子扶苏的亲信蒙恬相比,使李斯知"此五者皆不及蒙恬"。然后以"君侯终不怀通侯之印归于乡里明矣"相威胁,迫李斯就范。

其次,在李斯就范之后,将自己所考虑的计谋披露,在李斯尚有顾虑之时,赵高乃说:"今释此而不从,祸及子孙,足以为寒心。善者因祸为福,君何处焉?"在利与害的面前,使李斯妥协了,竟然仰天而叹,垂泪叹息,成为赵高的俘虏。

再次,赵高在册立胡亥成功,居中用事,以"沙丘之谋,诸公子及大臣皆疑焉,而诸公子尽帝兄,大臣又先帝之所置也。今陛下初立,此其属意怏怏皆不服,恐为变"为名,开始"尽除去先帝之故臣"。李斯自然也难免其祸,公元前208年的夏天,全家大小被押赴咸阳市问斩。在赴法场的路上,李斯对二儿子说:"吾欲与若复牵黄犬俱出上蔡东门逐狡兔,岂可得乎!"父子相哭,是后悔?是伤逝?还是想厕中之鼠虽有人犬之惊恐而无被灭之祸?个中滋味留给后人去猜想吧!

为实现自己的政治目的,李斯采用迂回的策略,巧妙地避开吕不韦的权势,实际上是声东击西。当他该能得到的都已得到的时候,预感到自己的危险,发出未知今后吉凶止泊在何处的感叹,这本是一个清醒的政治家所能察觉的问题。但其太留恋所得,计较所失,也就给赵高以利用他的机会。赵高攻李斯必救,以这可为而取其不为,使之进入彀中,也算是成功地使用此种手法。司马迁在

评论李斯时说:"斯知六艺之归,不务明政以补主上之缺,持爵禄之重,阿顺苟合,严威酷刑,听(赵)高邪说,废嫡立庶。诸侯已畔,斯乃欲谏争,不亦末乎!"亦可见胜人之计,人亦可以之胜己,使用者岂能不慎重行之,切莫"乃乱乃萃"。

张良避势保太子

汉高祖刘邦在即位第二年就册立了太子刘盈。刘盈是吕后所生之子。后来刘邦得到定陶戚姬,爱幸备至。爱乌及屋,因宠爱戚夫人,便欲立戚夫人之子刘如意为太子。本来刘邦以刘盈仁弱,认为他不像自己,常欲废之而立刘如意。废立大事,在当时是事关国本之事,群臣焉能不争?刘盈之母吕后岂能罢休?可刘邦身为天子,大权在握,戚夫人又"日夜啼泣,欲立其子",占有优势。在这种情况下,大臣虽力争,但"未能得坚决也"。吕后虽是女中强人,但也"不知所为"。在无可奈何的情况下,吕后找到"运筹于帷幄中,决胜千里外"的张良。

张良是开创汉王朝的功臣,深知功高震主,祸离不远。所以开国不久,就自称:"家世相韩,及韩灭,不爱万金之资,为韩报仇强秦,天下震动。今以三寸舌为帝者师,封万户,位到侯,此布衣之极,于良足矣。愿弃人间事,欲从赤松子游下。"乃学道,远离政治纠纷,实际上是自我保全的一种手段。在这种情况下,吕后找到张良,张良当然不会卷入这场危险的政治斗争中去。于是吕

后指使诸吕劫持了张良，对他说："君尝为上谋臣，今上且欲易太子，君安得高枕而臣？"张良推托说："始上数在急困之中，幸用臣策；今天下安定，以爱欲易太子，骨肉之间，虽臣等百人何益！"诸吕此时只好强行问计。张良度不能脱身，再说他也偏向于众大臣的意见，乃出谋道："此难以口舌争也。顾上有所不能致者四人。四人年老矣，皆以上慢侮士，故逃匿山中，义不为汉臣。然上高此四人。今公诚能毋爱金玉璧帛，令太子为书，卑辞安车，因使辩士固请，宜来。来，以为客，时从入朝，令上见之，则一助也。"这四人便是所谓的"商山四皓"，即东园公、骑里委、夏黄公、角里先生。张良此时使用的就是声东击西之计，名为助太子，实欲打消刘邦易太子之心。

商山四皓果然不凡，在公元前196年时，淮南王英布反叛，此时刘邦正患病在身，欲使太子刘盈将兵前往平叛。四皓认为：太子带兵打仗，有功也没什么好处，无功反受其祸；何况这些将领资历与刘邦差不多，"今使太子将之，此无异使羊将狼，皆不肯为用，其无功必矣。"再说君上正宠戚夫人，刘如意又在身边，一但出现情况，其顶替太子地位定会成为既定事实。于是出谋让吕后哭请于帝，让刘邦亲自率军去平叛，吕后和太子留守京师，暂时躲过易太子的危机。

刘邦亲逢率军出征，群臣送行，张良扶病强起赶到，请刘邦以太子为将军，监关中兵。刘邦对张良是言听必从的，自然答应张良的请求说："子房虽病，强

卧而傅太子。"此时叔孙通正为太傅，乃以张良行少傅事。张良此计是安太子的关键，因为刘邦正病，脱有不测，太子掌握兵权，其位自固。

不料刘邦成功地镇压了英布的叛乱，又回到京师，因病情加剧，易太子之心甚急，张良劝说已不管用，叔孙通以死相争，虽得到刘邦的面许，但没有打消刘邦易太子之念。就在这时，刘邦见到商山四皓，乃惊而问道："吾求公，避逃我，今公何自从吾儿游乎？"四人答道："今闻太子仁孝，恭敬爱士，天下莫不延颈愿为太子死者，故臣等来。"这一番话，不得不使刘邦想到诸大臣的拼死相争，何况还有"天下莫不延颈愿为太子死者"之说。刘邦开始感觉太子的地位难以动摇了，不无伤感地对戚夫人说："我欲易之，彼四人为之辅，羽翼已成，难动矣。"戚夫人听此，不由啼泣。刘邦强颜安慰道："为我楚舞，吾为若楚歌。"歌云："鸿鹄高飞，一举千里。羽翼已就，横绝四海。横绝四海，又可奈何！虽有矰缴，尚安所施！"老夫少妻，且歌且舞，嘘唏流涕，好不伤感。

面对"虽臣等百人何益"的易太子事，运筹帷幄的张良，明知不可为而为之，凭借他的聪明才智，调动各方面的力量，巧妙地避开刘邦的权势，此乃声东击西之计的运筹帷幄，以不可为而为谋而破之手法的成功应用者。《史记·索引述赞》云："人称三杰，辩推八难。"张子房真奇才也。

声东击西败联军

卫、鲁、蔡、陈、宋等五国曾联合

攻打郑国。地处中原，位属大国的郑庄公平息了这场战乱后，仍很气愤，觉得这几个小国之所以胆敢进犯郑国，全因宋国从中搞鬼，便决定攻打宋国。这天，他召来群臣问计。

祭足分析当时的形势说："卫鲁等五国既然曾经联合攻打我们，现在我们一旦攻打宋国，他们也必然会联兵救宋的。这几个国家虽然小，但联合起来的力量也不能小觑。以一敌五，正如俗话说的，双拳难敌四掌，我们恐怕不容易取胜。"

"无论如何我都要狠狠地教训宋国一顿，让它知道我们郑国不是好欺侮的，否则，以后它还会兴风作浪。请各位多给我想想办法！"郑庄公气咻咻地打断祭足的话。

祭足沉思片刻，说："大王一定要攻打宋国，不如先与陈国结盟，再用重金收贿鲁国。这样，剩下的卫蔡两个弹丸小国，就算它们援救宋国，也不足为虑了。只有用这样的离间方法，破坏他们五国的联盟，把宋国孤立，我们才能稳操胜券。请大王三思。"

郑庄公采纳了他的意见，立即派使者到陈国，要跟陈国结盟。陈侯知道郑庄公为人老奸巨猾，不能轻信，便拒绝了郑国的结盟要求。郑庄公又按照祭足的计谋，首先指使将士在两国边界频频惹起争端，乘机入侵陈国，大肆掳掠陈国的人和物，借以恐吓威迫陈侯；随后又再派遣使者到陈国，把原先掳掠的东西全部还给陈国，以示联络通好，最后终于用这种软硬兼施的手段，迫使陈国与之签订了盟约。接着又用重金贿赂收买了鲁国。结果，原先的五国之盟就只剩下卫蔡宋三国了。

于是，郑庄公打着周王室的旗号，联合了齐、鲁两国，三国联军浩浩荡荡地大举进攻宋国。双方在边境交战几场后，宋军大败，三国联军长驱直进，兵分几路攻打宋国几处重要城池。宋国境内一时烽烟频起，楚歌四奏，宋殇公吓得胆战心惊，面如土色，急召群臣问计。当下众大臣议论纷纷：有说分兵迎敌的，有说外请救兵的，有说投降的……

掌管全国军政重权的司马孔父嘉力排众议，说："我们原先的五国联盟中，除了陈鲁两国被诱迫而附从了郑国外，尚有卫、蔡两国与我国保持友好关系。我们应当充分利用这种关系，以重金为酬，说服卫蔡援助我们。郑国集中了大部分兵力在这里，国内必定空虚，如果能借助卫蔡的力量去袭击郑国，一定能够成功。而郑庄公闻知本国受困，也一定会停止对这里的进犯，赶回去解国内之围。郑军既退，齐鲁两国就自然不会再留在这里了，我们也就可以不必与敌人死战了。"

宋殇公闻言虽喜，却仍忧心忡忡："你的计策虽好，但如果不是你亲自前往卫国，卫宣公也未必肯出兵帮助我们。"

孔父嘉慨然应允："国家兴亡，匹夫有责。臣愿领一支精兵前往卫蔡求取救兵袭击郑国京城荥阳！"

宋殇公十分高兴，立即调遣精兵，命孔父嘉为将，携带黄金碧玉锦缎等重礼，连夜奔赴卫国求援。

卫宣公受了宋国的重礼，兼之与宋国的盟国关系，立即派遣大将率精兵随同孔父嘉，取小道出其不意地直逼郑国的京城荥阳。郑国留守的太子和祭足不敢出城接战，急忙传令加强防守，并派人飞报郑庄公。

孔父嘉见郑太子不敢应战，又生一计，率宋卫两国精兵在城外大肆掳掠，所抢劫的人和物不计其数，以激怒郑太子下城应战。郑太子果然被激怒了，披挂妥当，就要出城，却给祭足死死拦住。

卫将见郑国毫无反应，便要一鼓作气攻打荥阳，孔父嘉却劝他说："大凡偷袭，只不过是乘人不备而侥幸成功；稍有所获，就应当知足而退。而且我们此次的目的是逼郑国退兵，而不是与他们交战。如果郑将出城与我们决战，我们尚可与之一战；如果我们在这里强攻，荥阳是郑国的都城，固若金汤，守备精良，更兼有祭足这样老谋深算的人守城，我们能轻易攻进去吗？万一郑庄公的大队兵马撤了回来，那时，我们就处于腹背受敌的绝境了。反正我们来偷袭郑国，已大有所获，不如见好就收，取道戴国，全军而退，顺便打戴国一个措手不及。估计我们离开郑国时，郑军也应该离开宋国了。我们的目的也就达到啦。"

于是他们率军离开了郑国，转而围攻戴国。

郑庄公统帅三国联军在宋国攻城略地，连战皆捷，忽然接到国内告急文书，大惊失色，急忙下令班师。齐鲁两国军队杀得性起，正欲乘胜前进，却闻郑庄公要退兵，十分困惑，便问郑庄公何故。老奸巨猾的郑庄公没有向他们透露本国京城受困的消息，只是说："我们这次攻打宋国，仰仗贵国的兵威，已取占城掠地之利，足以惩戒宋国了。我们是周天子辖下的仁义之师，就不要斩尽杀绝了。"

于是，三国分别退兵，宋国之危得以解决。

宋、卫两国合兵围攻小小的戴国，满以为一战可胜，焉知戴国军民奋力抵抗，至两军呈相持状态。统率联军的宋将孔父嘉又向蔡国借兵，三国大军把戴国围得水泄不通，眼看破城在即，忽闻：郑国派遣上将公子吕领兵救戴，已被戴侯（即戴国君）接进戴城去了。孔父嘉大怒：戴城本已唾手可得，现在则不但难以获胜，而且还得准备迎战戴、郑两国联军的反攻，郑庄公太可恶了！他十分气愤，立即与卫蔡两国将领一起前往前线阵地，观察戴郑两军的动静，部署对付戴郑联军。

就在这时，却听得戴城连声炮响，眨眼间，城楼遍插郑国旗号，公子吕戎装披挂，正在城头拱手大声说："有劳三国将士连日苦战，我主庄公已取戴城多时了。多多致谢！"

原来郑庄公闻三国联军伐戴，即设计：令公子吕率兵假装救戴，庄公则混在军中，骗得戴侯开了城门，他们就杀进戴城。戴军已跟三国联军激战多日，战斗力大为减弱，而且一心以为郑军是真正来救援的，从心理到防御都没有跟郑军作战的准备。结果，郑军入城后，立即倒戈杀向戴军，其势如破竹，打得戴军溃不成军。随后，把戴侯驱逐出境。这样，庄公混水摸鱼，不费吹灰之力，就把一个传子几百年的戴国轻易吞并了。

公子吕一番话，把孔父嘉气得把头盔狠狠摔在地上，大怒道："今天誓与你郑庄公决一死战！"

宋将公子丑说："庄公是大奸雄，最善用兵。如果他在我军后面埋有伏兵，我们就被前后夹击了。"

孔父嘉正在气头上，狠狠地瞪了他一眼，说："你太胆怯了——"话未说完，士兵就来报告：郑国派人送来战书。孔父嘉当即批复：明天决战！

为了不致被郑军从城中突然冲出袭击，他指挥三国联军后退了20里地，与卫、蔡两国将领分左中右三营驻扎，每营间隔3里左右，结成互为犄角之势，自己居中，好及时照应救援左右两侧。到傍晚时分，三军刚分立营寨完毕，兵将还未解下兵甲，战马也未除下鞍鞯，就闻中军寨后一声炮响，接着火光冲天，兵车隆隆，似有千军万马杀将过来。士兵慌张来报：郑军杀到了。孔父嘉立即登车迎战。他才出营房，那火光车声却突然消失，就像根本没有发生过任何事一样。孔父嘉四处巡查一番，仍不见任何动静，只好吩咐回营。

谁知刚入营门不久，又闻左营炮声震耳，火光冲天，杀声不绝，仿如两军混战得难分难解一般。他暴跳如雷，立刻又领兵往左营救应。焉知出得营来，还没走得多远，左营刚才的炮火又已经烟消云散，刚才的一切又好像根本没有发生过似的，把他气得嗷嗷大叫。吸取上次的教训，他派遣将士分散四处警戒，准备随时给干扰的郑军以迎头痛击。

岂料他刚部署完毕，右营那边却又传来隆隆炮声，熊熊烈火又起，人喊马嘶声也隐约从林处传出。

孔父嘉明白：这是庄公的疑兵之计。

他当即下令："各路兵马不得乱动，违令者斩！"

不一会儿，左营火光重现，杀声震天。他冷笑道："庄公老贼，任由你疑兵四布，我就是巍然不动，看你能奈我何！"就在这时，士兵来报：左营蔡军被劫。

"立即去救！"孔父嘉立即传令驾驭的士兵把战车驶往左营。战车甫动，右营火光又起，喊杀声惊天动地，地动山摇，也不知多少兵马在混战。驾驭的士兵停了车，征询他欲往何处。孔父嘉两眼喷火，大声喝道："别理右营，只管往左，一定要与庄公老贼决一死战！"焉知驾驭战车的士兵方寸大乱，竟晕头转向地把战车往右边驶去。

路上恰遇一队兵马，已被庄公的疑兵弄得无名火起却又无处发作的孔父嘉立即命令向对方发动进攻，双方当即厮杀起来。混战了近两个小时，才发现对方原来是卫军。只是到了这时，双方均已精疲力尽，损兵折将不少了。从卫将口中，孔父嘉才知道，在左营的蔡军遭郑军劫营后，一片混乱，很快就被郑军打得一败涂地，主将身亡，几乎全军覆没，所剩下的一些散兵游勇也逃回蔡国去了。孔父嘉闻讯恼恨交加，却又无可奈何，只好把两军合为一军，欲回中营，中营却又已被郑军袭取。孔急令回军，可是已经迟了，早被郑军从左右两边夹攻。孔父嘉只好与卫军主将分兵迎敌。不一会儿，卫军主将阵亡，卫军溃散。孔父嘉见大势已去，再也无心恋战，拼死杀出一条血路，狼狈而逃。到彻底摆脱郑军时，天已黎明。检点一下随从自己杀出重围的士兵，只剩得二十多人了。

至此，郑庄公用声东击西之计，击败了宋卫蔡三国联军，大获全胜。

触龙巧说赵太后

那是公元前265年的战国时代，赵惠文王驾崩，其子赵孝成王继位，因其年幼，其母赵太后代成王执政。秦国见有机可乘，发兵攻打赵国。赵向齐国求救，齐国答复道要让长安君做人质，才能出兵。

长安君是赵太后最宠爱的小儿子，说什么也不让他去齐国当人质。但"救兵如救火"，大臣们不能坐视赵国灭亡，纷纷向赵太后陈述利害。结果，太后大怒，拍案告诫众臣："有复言令长安君为质者，老妇必唾其面。"

众臣强谏失败后，左师触龙来见太后。太后以为他又要讲人质之事，正满脸怒气地等着他。

"老臣病足，曾不能疾走，不得见久矣，窃自恕。而恐太后体之有所苦也，故愿望见太后"。触龙的一席问候语，使太后蓄足的怒气释放了一半。

触龙与太后拉起了家常，问起她的饮食起居，并介绍起自己的养身之道。太后开始和颜悦色起来。

触龙说，他最爱自己的15岁的小儿子，希望在他未死之前托太后找个工作。这下有了共同语言：

"丈夫亦怜爱其少子乎？"太后问。

"甚于妇人。"触龙煞有介事地说道。

"妇人异甚。"太后辩解道，步入触龙的圈套。

触龙开始收拢绳套，说老臣以为你其实更爱姑娘而不是小儿子。太后自然竭力反对。

触龙步入正题："父母爱子，则为之计深远。"为儿子的将来考虑才是真正的爱。你是流着泪把你的姑娘远嫁给燕王，为的是好有子孙相继为王，是真正的爱。

太后情不自禁地答道："是这样。"

触龙不慌不忙，问太后："从现在往上溯，三世以前，在赵国的王侯贵戚，他们的子孙有继承王位的吗？"

太后摇头道："没有。"

触龙说，不仅赵国如此，诸侯国也是这样。你把自己的小儿子封为长安君，但却没有让他有功于国，等你百年后他能保持自己的地位吗？你对他考虑太近，所以我说你对他不如对你姑娘爱得深。

太后恍然大悟，马上送长安君去齐国当人质，赵国终于得救了。

公孙假仁除政敌

西汉初年的官制，基本上沿秦之旧，没有大的改变。汉高祖以功臣封侯者为丞相，丞相位望甚隆。景帝时，高祖功臣死尽，陶青、刘舍等人以功臣之子受封为列侯，继为丞相，丞相位望有所削弱，但是皇帝与丞相在权力问题上仍然潜伏着矛盾。因此，削弱丞相权力是加强皇权的一个迫切问题。

汉武帝刘彻为强化皇帝的权力，压抑以丞相为首的公卿的权力，有意提高大将军的职权，重用侍中、大夫等文武侍从之臣，使用原在宫中主管收发的尚书掌管机要，将一些朝臣封以"加官"，使他们可以在宫中行走，渐次形成以大司马大将军领尚书事为首的中朝官体系。每次商议大政，领尚书事先行参议，而公卿大臣却不能与闻，使以丞相为首的公卿们成为奉诏执行人员。在这种情况下，中朝官和以丞相为首的外朝官之间的权力之争日益尖锐。

汉武帝时代经济繁荣，军事强大，国力强盛，汉武帝本人又雄才大略，不甘固守祖宗成法。于是，在他的指挥下，内外政策发生了剧烈的变化。然而作为辅政重臣的丞相，大多是以列侯继嗣。"无所能发明功名有著于当世者"。这对雄心勃勃的汉武帝来说，当然是不能够满意的，故一生杀十余名丞相。在元朔五年（前124），汉武帝选中非贵族出身的公孙弘为丞相。这位没有家世渊源的公孙弘，在汉武帝数杀大臣的情况下，能守住丞相之位，老死于是职，可谓深知为相之道。公孙弘，淄川薛（今山东曲阜）人，年轻时为狱吏，因有罪被罢职。四十多岁才开始学习春秋杂说，六十岁才以贤良文学应召，得为太常博士。然而，奉使匈奴时，不合汉武帝的意愿，以其不能，公孙弘只好以病回乡。到七十岁时，他再应贤良文学之举，被汉武帝拔为第一，重为太常博士。因上疏称旨，一年间便升为左内史。不久又为后母守孝三年，回来再任内史，很快升为御史大夫，身居副丞相之职，时年七十四岁。两年后，他得升为丞相，并封为平津侯，开创丞相封侯的先例。公孙弘在六年中（除去为其后母守孝三年，实为三年），由一名普通儒生，荣升为丞相，这固然有他的机遇，当然也有他为官之道。

首先，公孙弘善于窥测君主之意，从来不暴露自己的真实意图。"每朝会议，开陈其端，使人主自择，不肯面折廷争。"有不能不议的事，他常怂恿别人上言，自己从旁观察君主的倾向，知道君主的倾向之后，自己再上奏言事，因此常得到君主的欢心。在与公卿们商议国事时，本来他赞成大家的意见，但一到君主面前，"皆背其约以顺上旨"。公孙弘认为："人主病不广大，人臣病不俭节。"所以身行节俭，虽身居高位，布被蔬食，夫人亲自劳作，俨然是穷老儒生的样子。史书称他"其行慎厚，辩论有余，习文法吏事，缘饰以儒术"，才得到汉武帝的欢心。其次，公孙弘善于在群臣中发现谁对自己有利，谁对自己有害。不论利害，他都能与他们和善相处，但内心知道他们可否对自己构成威胁，对不利于己的，总能不露声色地将他们除掉。正因为如此，他才博得"儒雅之名"。

再次，公孙弘深明君主和臣下的心理，能够用别人难以发现的谋略，多次使自己转危为安。例如，主爵都尉汲黯曾在武帝面前攻击他："（公孙）弘位在三公，奉禄甚多，然为布被，此诈也。"当武帝问及此事时，公孙弘并不回避。先把汲黯说成是自己的最要好的同僚，再说明"以三公为布被，诚饰诈欲以钓名"的原委，即举管仲和晏子虽奢侈与节俭不同，但都是为君主图强为例，以比喻自己是专心事上的。然后说："今臣弘位为御史大夫，为有被，自九卿以下至于下吏无差，诚如黯言。且无黯，陛下安闻此言?"既不得罪汲黯,又讨得武帝的欢心,同时还暗示汲黯嫉贤妒能,可谓是一石三鸟。由此可见公孙弘的智术之深。

史书称公孙弘"性意忌,外宽内深。诸尝与弘有隙,无近远,虽阳与善,后竟报其过。"且举出三个事例,即害汲黯、主父偃和董仲舒之事。观此三事,公孙弘所使用的都是声东击西之计的大智若愚,以必然为不然避而弱之的手法。

汲黯字长孺,家世为卿大夫。"为人性倨,少礼,面折,不能容人之过。合己者善待之,不合者弗能忍见。"因早年便跟随武帝,武帝对他甚有好感,很礼敬于他。公孙弘为丞相时,他为御史大夫。正因他不能容人之过,所以他对公孙弘的"怀诈饰智以阿人主取容"之态甚为反感,多次攻击公孙弘。汲黯是武帝信任的重臣,要想除去他可不是件容易的事。经过深思熟虑,公孙弘以:"右内史(扶风郡)界部中多贵臣、宗室,难治,非素重臣不能任"为名,请示武帝,让汲黯充当此职。此乃声东击西,名为推崇,实欲害之。果然,汲黯为右内史才数月,便"坐小法,会赦,免官。于是黯隐于田园者数年。"直到公孙弘死去,才重新授官,但已经是今非昔比了。

主父偃,齐国临淄(今山东益都县内)人。以上书言事中武帝的意,岁中四迁其官,使朝野为之侧目,"大臣皆畏其口"。公孙弘也受其难绌。然主父偃身为中大夫,地处中朝,"朝夕在人君左右",公孙弘得不到报复的机会。后来主父偃谈及齐王有淫佚之行,公孙弘便借机推荐主父偃为齐国相。中大夫为六百石官,国相为二千石,越级而升,主父偃好不得意。到了齐国,"遍召昆弟宾客,散五百金予之,数曰:'始我贫时,昆弟不我衣食,宾客不我内门,今吾相齐,诸君迎我或千里。吾与诸君绝矣,毋复入偃之门!'"好一副盛气凌人的样子,不知大祸就在他升迁之时就开始来临了。主父偃外出为官,正是公孙弘的声东击西之计。因为主父偃在武帝身边,不好进言,现在公孙弘有了进言的机会。后逢赵王上书告主父偃受诸侯金,公孙弘可就得到报复的机会,以"偃本首恶,非诛偃无以谢天下"为名,迫使武帝下令夷主父偃之族。

董仲舒是著名的大儒,因其建议"罢黜百家,独尊儒术",得到武帝的认可,用经过改造的儒家思想,作为统治思想,成为以后历代奉行不替的政策,故名气很大。董仲舒为人廉直,"进退容止,非礼不行,学士皆师尊之。"在当时便是名儒。这样的人当然看不上公孙弘的所为,不免有所议论。名重当时,又有议论,公孙弘当然是嫉恨在心,报复之心也就生矣!当时的胶西王是武帝之兄,非常骄恣,在他那里为国相者,多被他设计陷害,故此处国相是非常危险的职务。正好此处缺出,公孙弘便推荐董仲舒充当此任。当时董仲舒也正为六百石中大夫,荣升二千石的国相,应该是很大的荣耀。但董仲舒毕竟不是主父偃,其头脑相当清醒,并不留恋利禄,而是告以有病,归家"以修学著书为事"得以保全自己,并躲过灾难。

从上可以看出,公孙弘谋去政敌的手段。他以提升和推重政敌为必然,这就使政敌，包括政敌以外的人，认为他很有肚量，不以小恨为怀。实际上他正是以这种必然为不然，避开政敌之长，使之就短，然后趁其短而除掉他们。这真可谓是官场上的老手，政治斗争中的智者，也是声东击西之计的大智若愚，以必然为不然避而弱之手法的擅长使用者。

声东击西骗魏军

魏景元四年七月，魏主司马昭遣镇西将军钟会带兵十万由长安出发，直取汉中，安西将军邓艾由陇右出击，兵指沓中牵制姜维，向蜀汉展开了全面进攻。汉中很快失陷。沓中的姜维也被邓艾四面围攻打败，情势十分危急。

姜维听说汉中失守，欲重整兵马去救汉中，不料去汉中的必经之路——阴平桥，又被魏将诸葛绪占领，此刻姜维仰天长叹说："这是天要丧我在此地呀！"

在此绝望之际，副将宁随对他说："现在魏兵虽然切断阴平桥头，但雍州兵力必然空虚，我们如果从孔函谷，抄近路去攻雍州，诸葛绪必然会撤阴平桥守军去救雍州，这时我们再取阴平桥去守剑阁，那时便可以收复汉中了，这是声东击西的计谋。"姜维想，这也是惟一的绝路逢生之计了。于是依计而行。

据守阴平桥的诸葛绪，听说姜维去攻雍州了，心想，雍州是我的守地，如果一旦失守，上方怪罪下来，我可担当不起，便撤军去守雍州，桥头只留小量军兵把守。

姜维率兵走出三十里左右，见魏兵奔回雍州，便回兵轻而易举地占领了阴平桥，烧毁敌寨，率兵直奔剑阁。

诸葛绪回到雍州后，听说姜维返军夺了阴平桥，这时才知中了姜维"声东击西"之计。当他再回到阴平桥时，姜维已率军过去半日了，他因此受到了钟会的责罚。

徐盛虚岸守南徐

刘备死后，蜀改变了对东吴的外交政策，双方重新言和，共同防御魏国的侵扰。

魏主曹丕听到这个消息后，对东吴十分恼怒，便起兵三十万亲自乘龙舟，由水路进攻东吴，欲首攻其南徐。

东吴孙权见魏军来势凶猛，一面约孔明再出祁山伐魏，一面与众文武商议御敌之策。

在众将面前，孙权自语道："欲御曹丕，非陆伯言不可。"顾雍在侧说："陆逊正镇守荆州不可轻动。"孙权叹息说："我也知荆州重要，但眼前无可当此大任之人。"此刻，徐盛应声说："臣虽不才，愿领一军御敌，定叫魏军不敢踏入我土一步。若他敢前来，吾必擒曹丕献给陛下。"孙权听罢，十分高兴，即令徐盛为安东将军，总领南徐、建业军马，守御南徐。

此刻徐盛对如何御敌，早已胸有成竹。接得诏命后，即刻令众军，多置器械、旌旗，用来守护江岸。

魏主曹丕乘龙舟来到广陵时，前部先锋曹真已率大军在江北岸列阵。曹丕问他说："江南岸有多少军马？"曹真回答说："隔江望去，对岸空无一人，也无旌旗营寨。"曹丕说："这怎么可能？其中必有诡计，我欲亲自到江面上寨看。"

曹丕乘龙舟来到大江之上，在船上向南岸一看，果然不见一兵一旗。曹丕回头问刘晔、蒋济说："我们可以渡江吗？"刘晔说："东吴听说我大军到此，怎么会没有防备呢？兵法云：'实则虚之'，我们宜静观三五日，看看敌方动静，先令先锋渡江探明情况后，再渡江也不迟。"曹丕说："此言正是朕意。"当时，天已晚，大舟宿于江中。

当天晚上，江中无月，江南岸一片漆黑无半点灯光，再看江北，曹军营中灯火通明，沿江百里皆曹营，气势极大。南北两岸形成了强烈的反差。夜深时，江上大雾弥漫江上，对面不见人。及至清晨，一阵大风过后方云开雾散。这时再看江南岸，沿江都是连城，城楼上刀枪耀日，旌旗遍竖。这时，魏军探哨军兵报告说："南徐沿江一带，直到石头城，一连数百里，城郭、舟车连绵不断，一夜之间就列成了阵势。"曹丕闻报，大惊道："当初我若贸然进兵，必中其埋伏，江南真有能人啊！"

这时，江面上突然狂风大作，龙舟摇摇摆摆，曹丕没有见过这么大的风浪，又不惯于乘舟，又知江南孙权已有了充分御敌准备，便欲回师。此刻，又有人报告说：汉中孔明又出祁山，赵云兵出阳平关，进犯中原。曹丕听罢，即刻下令班师回许都。

原来，徐盛一夜之际所造的连城，都是些假城，"城"上的军兵也都是稻草束成的草人，只是让他们穿上青衣，插

上旌旗罢了。徐盛当初号令众军多备器械、旌旗，就是派此用场的。

孔明识诈擒孟获

蛮王孟获在几次与孔明交战中，都被孔明设计活捉，在第六次同孔明较量中，又连连失利。孟获心想，我看来是没有办法战胜孔明了。正在闷闷不乐时，他的妻弟带来洞主对他说："孔明五次俘获你都放了，如果再擒住你，他还会放你的。这次我把你以及夫人连同洞中同党一百多人都捆缚去见孔明。他只要放我们入寨，就说明他对我们无准备，等他在释放我们时，一百多人在他帐内一齐动手，乘机杀了孔明。"孟获一听，此计极妙，马上依计而行。

孔明在军帐中听说寨外蛮王孟获的妻弟带来洞主捉了孟获及其宗党一百多人来投降。心想，带来洞主如果真心降我，只捉孟获一人来即可，他带这些人来降，其中必然有诈，不放他入寨，似乎我们惧他，便吩咐门将放他们进来。

带来洞主及孟获见孔明放他们入寨，心中暗自高兴，以为孔明中了他的计。带来洞主对孔明说："我劝我姐夫投降，他不肯。我乘机把他们统统捉来见丞相。"说罢，孟获的夫人及其余党都口口声声说愿意归降，只有孟获不作声，只等孔明下令为他们解缚之后动手。

孔明对身边将士说："全部给我擒下。"说话间，带来洞主也被捆了起来。孔明说："你这点小计还来瞒我？你以为，以前你洞中的人擒你来后，我没有伤害他们，你这次却要趁我释放你们时

趁机害我。"说罢，下令叫军士对他们进行搜身。果然从每人身上搜出短刀利刃。

孔明六擒孟获的成功，关键在于他从分析敌方反常举动中，结合前几次孟获被他洞中人擒来时的处理情况，判断出敌方的诈谋所在。知道敌方诈谋后，不是把他们拒在寨外，而是顺佯敌意，假装中计，把他们放入寨中，再次把孟获擒住，拆穿敌人诡计，在攻心战中又赢他一阵。

大计小用蜀败魏

孔明第二次出师伐魏时，率军首攻陈仓，以期从陈仓道口直取街亭，扼住要路，沟通粮道，做长期伐魏的准备。兵抵陈仓城下时，发现司马懿早有了防备，已派得力大将在那据守。孔明率军用尽了攻城之法，也无济于事。一时无计可施，便问姜维说："由此路伐魏看来是不行了，将军还有什么宜谋良策？"姜维说："既然陈仓难克，不如派一员大将，在这里依山傍水来安营固守。再遣良将把守要道，以防街亭魏军来劫寨。我们率大军绕路去袭祁山，设计去捉曹真。"孔明依其言，令魏延率军安营守寨，遣王平、李恢守街亭小路，再令关兴、张苞做救应使者，自己与姜维带兵由斜谷向祁山进发。

魏大都督曹真，得知孔明首攻受阻，心中十分得意。这时，又有军兵报告说："从山中捉来一名蜀军奸细。"曹真即刻令人把他带入军帐。来人对曹真说："我不是奸细，而是有机密事要见都督。"曹真令人回避后，来人对他说："我是姜维

的心腹家将，特为姜维送密书给都督。"说罢，从内衣中取出一封书信。曹真打开一看，上面写道："罪将姜维百拜献书给都督。我常想，我家世代食魏俸禄，助守边城。魏主对我恩重如山，我不但没有机会报答，反而在上次孔明伐我境地时，误中其计，身陷敌国。现在，孔明尚对我没产生任何怀疑，望大都督提兵来战蜀军。如遇蜀军，可诈败而退。我在蜀军后面烧其粮草，举火为号，你再返身杀敌。我们如此前后夹攻，定能生擒孔明。我倒不想以此为功，只是欲自赎罪过。可否，望都督赐教。"曹真阅后，拍案叫好，激动地说："这真是天让我灭孔明啊！"于是重赏了来人，并让他回去，告诉姜维依期会合。

魏军大将费耀对曹真说："孔明多谋，姜维智广，只恐其中有诈。"曹真说："姜维本是我魏国之人，他是不得已才降蜀的。"费耀说："还是谨慎些为好。都督可不必亲往。我率一支军马去接应姜维归降。如果成功了，归功于你。如果其中有诈，我愿去冒此险。"曹真听罢，深受感动，便答应了他的请求。

费耀率军刚至斜谷，迎面就遇到了蜀军。当他见蜀兵不多，便下令追袭。追了一天一夜后，刚要扎营造饭，却见蜀军四面包围上来。孔明亲自出阵喊曹真回话。费耀说："曹都督是金枝玉叶，怎么能轻易与你相见？"孔明下令围剿，费耀见势不妙，恃勇突围便走。这时，突然看到蜀军背后起了大火，而且喊声不断。费耀以为这是姜维约定投降的信号，又马上率军杀回。这时，山上矢石如雨泼了下来，关兴、张苞又一齐杀出。

此刻他才知果真中了姜维之计，急向山谷逃跑。山路上姜维拦住他戏谑地说："我本想计擒真贼（指曹真），谁知竟来了个费物（费耀）。"费耀见势不妙，拔剑自刎而亡。

姜维收军对孔明说："我真希望死在阵中的是曹真。"孔明叹息地说："此番是有些大计小用了。"

孝文帝巧计迁都

平城地处塞外，虽经拓跋氏几代经营已初具规模，但交通闭塞，气候寒冷，风沙太大，北魏孝文帝拓跋宏对此城早已心存不满，意想迁都，只是因北方贵族大臣们都不愿意背井离乡，虽然同他们商量了几次，都未能说服他们。于是，他暂时把迁都计划搁置起来，不再提起这事。

拓跋宏知道强迫命令难以行得通，于是，他经过深思熟虑想出一条妙计。他开始放风说，我们不能总是困守北方这一小块地方，我们也要入主中原，发展我们的势力。他颁下旨令，召集群臣集议，共商南下攻齐之大计。在这次集议中，他先命太常卿王湛占卜预测这次进攻齐国的吉凶。占卜的结果是"革"象，孝文帝拓跋宏借题发挥说："从前成汤和周武革命，顺应天命人心，这是大吉大利的征兆。"任城王拓跋澄认为北魏兵力不足，欲进攻齐国，征途遥远，劳民伤财，再加上北方人不服南方水土，很不赞同南进。他不便明讲，就借这一占卜婉转地表达自己的见解说："陛下累世发达，拥有中原之地，现在将要出师

而卜得革命之象，不见得是全吉呀！"孝文帝听了厉声斥责道："国家是我的国家，由我说了算。你任城王难道想要阻挡众人心愿吗？"任城王拓跋澄争辩道："国家虽然是陛下的，可是我作为国家大臣，怎能知道有危险而不说出来呢？"底下群臣大都赞同拓跋澄的意见，但是看到孝文帝怒气冲冲的样子，都没敢再说什么。

魏主拓跋宏回到宫中召见拓跋澄，把左右人员屏退，悄声对他说："我并不是真想攻打齐国，只是考虑到平城是用武之地，难以长治久安，移风易俗。我想用攻齐这个办法让群臣们避其难而造其易，借此迁都洛阳，你认为如何？"伍城王回答说："陛下想迁都中原为家，以便经营天下，古时周、汉两朝就是这样做才昌盛起来的，我完全赞同。"魏主又说："北方人的特点好留恋故土，安土重迁，若迁都必遭他们反对，我这样做不知行得通不。"拓跋澄说："迁都乃国家大事，非同小可，非常人所能料想得到，人们有些议论也是正常的，陛下圣明，应当早做决断，这样，别人也就无可奈何了。"魏王听了，感慨地说："任城王真是我的张良啊！"

计划已定，便开始声言伐齐。拓跋焘亲率大军出征。九月初到达洛阳，正赶上阴雨连绵季节，大雨一直下个不停。魏主下令各路大军不能再等待下去，继续风雨兼程。魏主身披战袍，手执马鞭，乘马而行。众大臣不愿意南进，受这份苦，都纷纷跪在他的马头之前，劝阻魏主。他们说："如今大举伐齐，天下老百姓都不愿意，天怒人怨，才降下大雨拦

阻我军。不知道陛下为什么要独断专行呢？我们情愿冒死相谏。"魏主见状，认为正是施行迁都之计的好时候，便晓谕群臣道："现在兴师动众，已经惊天动地，如果事情不能成功，用什么昭示后人呢？假如不向南讨伐齐国，也应当找个借口平息他人谤言，就应当迁都到这里。"南安王拓跋桢最不乐意南进伐齐，连忙说道："成大事业者，不与众人谋划。现在陛下如果停止南伐，迁都洛阳，这正是我们的愿望，众百姓的幸福。"群臣皆呼万岁。虽然有些贵族大臣不愿意内迁，但又害怕南伐之苦，也就不敢再说什么了。于是孝文帝冲破北方贵族、大臣们的重重阻挠，迁都到洛阳。

反常用计渡阴平

司马懿父子用计杀掉曹爽一干人，威震朝野，自此朝中一切政事，都由司马氏裁决，后来司马懿去世，则由其长子司马师继承爵位。等到司马师辅政，揽权野心，倍胜其父。这时魏明帝曹芳即位已十几年，早过了亲理朝政的年龄，可是大权全在司马氏之手，他这个皇帝一点主权也没有，终日闷闷不乐。后来与几位亲信密谋，企图除掉司马氏，可是事有泄露，司马师得知消息，杀掉了与魏帝一同设计暗算他的人不说，还顺势废黜了曹芳，找一个曹氏宗亲曹髦，立为皇帝。自此司马氏权势更大，司马师官至大将军司马，入朝可以不通报姓名，不脱朝靴，还可以带剑上朝，这三条在封建社会可是至高无上的特权。司马氏大权在握之后，才想到蜀国、吴国尚存，边境常有骚扰，便发兵征讨蜀国、吴国，以图统一天下。魏景元三年，魏国大举进攻蜀国。

本来，蜀国在诸葛亮临死前，以遗书叮嘱后主，让他任命蒋琬为尚书令，总统国事；吴懿为车骑将军，出督汉中。开始蜀国后主刘禅还能遵照诸葛亮遗训，又得力于蒋琬、费祎、董允一帮文臣的辅佐，武将姜维、吴懿、王平一帮将军的护国，力守诸葛亮之成规，些许年相安无事。可后主刘禅是个昏庸之辈，不思进取，淫荡无度，朝政不问不说，却还渐渐地亲小人，远贤臣，于是身边就麋集着中常侍黄皓等一班奸佞之人。他们蒙蔽后主，党同伐异，使蜀国的朝政日废，国力日衰。边防则靠姜维这一帮武将在边陲苦苦支撑着。

谁知霹雳一声，震动全蜀，魏兵竟三路杀来，势如破竹。那时司马师因眼瘤之疾已暴死，其弟司马昭继承爵位。司马昭令魏将钟会为镇西将军，都督关中，部署人马，又使邓艾为征西将军，与钟会并进。再令雍州刺史诸葛绪，率三万余人，自祁山往武卫桥头进发，企图切断蜀军退路。三路人马，来势凶猛，蜀将姜维只好集中兵力主动退守剑阁。由于蜀军扼守险要，魏镇西将军钟会一时也无可奈何，屡次进攻不能奏效。于是钟会企图行反间计，劝降姜维（姜维原是魏将，后投诚诸葛亮，是诸葛亮的爱将，很得器重），他给姜维写信说道："您以文武之德能怀超世之谋略，功业成于巴、汉，名声传于中原，远近莫不推崇。我每每想到往昔，曾与你一起在魏国任职，只有吴札、郑侨之间的友好情义，才能和我们之间的关系相比。"企图以旧情感召劝其投降。姜维根本不予理睬，而是加紧布置军队，驻守在险要之地。钟会见到这种情况，加上粮道险远，军中乏粮，打算撤退了。可魏之征西将军邓艾见两军长久相峙，蜀军以逸待劳，而魏军长途跋涉，士气易散且军粮不济，不但不能取胜还可能坐失这次灭蜀的良机，便利用钟会和姜维相持的机会，亲率精锐之师趁机自阴平僻道，突入蜀军后方，经过荒无人烟之地，邓艾不顾艰险，勒令军士凿山开道，搭造桥阁，涉险奔袭。一路上崇山峻岭，渺无人烟，行动极是艰难。来到摩天岭时，尽见峻壁巅崖，不能开凿，眼看陷入绝境，邓艾的儿子和开路的士兵纷纷痛哭起来。这时，只见邓艾率先以毡裹身，从高山滚了下去，其他人一看主将如此英勇，不敢落后，也如法遵行，有毡的依法炮制，无毡的用绳索拴住腰，攀木挂树，鱼贯而进，悄悄地越过了摩天岭。总计所经路险，约有七百余里，当仅有两千人的魏兵出现在蜀军面前时，蜀军大为吃惊，以为是天兵天将，便四散奔逃，一片混乱。邓艾势如破竹，迅速占领了江油、涪城和绵竹等城，直抵成都城下。当姜维大军还在剑阁浴血坚守时，成都的后主已经出降称臣了。就这样，刘备、诸葛亮轰轰烈烈一生创下的蜀国基业，从此宣告结束了。

素有蜀道之难，难于上青天之说。姜维率重兵把守的剑阁，已是一夫当关，万夫莫开之势。至于阴平僻道，那更是人烟绝迹，鸟兽难栖的天险，简直可以说是兵法中的"死地"，此处用兵，实是

兵家之大忌，一般人都会认为不可能。而邓艾的成功，就在于一般人认为不可为者而为之，峭壁悬崖，野兽绝迹，飞鸟难过，何况人马，姜维做梦也没有想到邓艾会在此处用兵。邓艾正是抓住这一点，反其道而行之，出其不意，打了蜀军一个措手不及，收到了如期的效果。

两党相争败俱伤

明代自万历年间，朝臣中的两派斗争变得异常激烈起来，形成不同名目的党派。其中罢职官僚顾宪成等，以无锡东林书院为据点，在讲学之余，不忘朝政，其书院里的一副对联则反映他们的志向，对联云："风声雨声读书声声声入耳，家事国事天下事事事关心。"他们议论朝政，褒贬人物，赢得许多在朝的士大夫的附和，便被他们的政敌称之为"东林党"，史家一般都以该党为正直派。

与东林党并存并且为敌的，是以其首领籍贯划分的宣、昆、齐、楚、浙等党，他们以攻击东林党、排斥异己，被称为邪恶派。朝臣因此形成两大派别，相互之间的争斗，在万历中后期就已经达到势成水火，难以相容的地步，直至明亡，这种争斗仍未停息，故有人说："明亡于朋党。"

中国古代的朋党是在利益冲突、权力争斗、政见分歧下产生的，实际上是一种宗派集团。他们相互之间的争斗，只是为本集团能在政治上占有主动或优势地位。他们在争斗中，有一些派别表现合乎道德标准，代表了大多数人们的利益，其行为也符合正直的标准；但他

们只是统治阶级内部争权夺利时的组合，很难断定谁正直、谁邪恶，更不好妄下定语，这里也不争论他们谁是谁非，只就他们在争斗过程中，符合本计的事例加以评论。

东林党在野和在朝的，多是没有实权的中下级官员和不得意的士大夫，这就决定他们难以在政治上占有优势，而宣、昆、齐、楚、浙等地，是由在朝当权的高级官员为首领，又有着同乡地域和门生故吏的强劲优势，在政治上占据优势是不成问题的，然而，东林党人虽不得势，却以他们较高的学识和广泛的交游，通过社会舆论来褒贬时政，在社会上产生很大的影响。当然，宣、昆、齐、楚、浙等党的人是他们主要褒贬对象。这当然是宣、昆、齐、楚、浙等党不能容忍的。然而，公开攻击名士，在社会上的影响太大，这是不攻。可又不能让他们肆无忌惮，这是必攻。由此来看，不攻是普通的，必攻得特殊的。以特殊方面的成功，赢得普遍方面的胜利，这是声东击西之计的寻机乘势，以不攻示必攻巧而达之手法的基本目的。

万历二十八年（1600 年），右金都御史、总督漕运、巡抚凤阳诸府（简称淮抚）李三才，对万历皇帝派宦官为矿监税使四处掠夺之事，深感不安，遂上书劝谏，痛言矿税之害。说矿税使"万民失业，朝野嚣然"，使"上下相争，惟利是闻"。盛言："皇上爱珠玉，人亦爱温饱；皇上忧万世，人亦恋妻孥；标何皇上欲黄金高于北斗，而不使百姓有糠秕斗升之储？皇上欲为天子万年，而不使百姓有一朝一夕之安？"措词激烈，痛

指时弊，博得东林党人的好感，也使百姓感恩戴德，名声鹊起。

李三才，字道甫，顺天通州（今北京通县）人，万历二年（1574 年）进士，历官户部主事、户部郎中，因忤执政谪东昌推官，再升南京礼部郎中、山东金事、河南参议、河南按察副使等职，于万历二十七年（1599 年）升任淮抚，因有政绩，曾加官至刻部尚书衔。史称李三才"才大而好用机权，善笼络朝士。抚淮十三年，结交遍天下。"因他谈论"时政得失，无所讳避。"又曾多次上疏，攻击宣、昆、齐、楚、浙等党中的当权者沈一贯的短处。因此得到东林党的好感，而使宣、昆、齐、楚、浙等党的当权者对他"恨之入骨"。

李三才虽有才能，但不廉洁，好财而不爱财，"其用财如流水"。当他得知东林党创始人顾宪成"好臧否人物"，有很大的影响时，便与之深相结，不惜采用欺编手法来拉拢顾宪成。据说，李三才"尝宴顾宪成，止蔬三四色；厥明，盛陈百味。宪成讶而问之，三才曰：'昨偶乏，即寥寥；今偶有，故罗列。'宪成以此不疑其骑靡。"李三才笼络朝士，结交东林党，是有他的政治目的，即得到时誉，以期进入内阁，谋得更大的权力和地位。但他没有想到，这样做反而害了他自己，也牵连了东林党人。

事情起因是，李三才任淮抚日久，屡次被提名为都御史掌管都察院，"会内阁缺人，建议者谓不当专用词臣，宜以外僚参用，意在三才。"作为东林党的交好，要进入中枢机构，这对宣、昆、齐、楚、浙等党的当权派是极大的威胁。于

是，他们经过谋议，认为，攻击李三才，"则东林必救，可布一网打尽之局。"实际是声东击西，更何况李三才还有短处在身。

首先，浙党成员，大学士沈一贯的亲戚，工部郎中邵辅忠，弹劾李三才"大奸似忠，大诈似直，列具贪、伪、险、横四大罪。"其同伙，浙江道监察御史徐兆魁紧跟其后，也进行弹劾。"李三才闻讯，连上四疏申辩，而且以乞休相邀。东林党人或同情东林党的给事中马从龙、御史董兆舒、彭端吾、南京给事中金士衡等，也为李三才申辩。大学士叶向高以李三才"已杜门待罪，宜速定去留，为漕政计"为名，要万历皇帝速作出决断，不想万历置若罔闻。这一下可就给双方以争胜的希望，于是双方交章弹劾，互相指责，打得难解难分。

东林党的首领顾宪成见双方争论不下，心想助李三才一臂之力，便给大学士叶向高和孙丕扬写信，力称李三才廉直，并为之辩解。御史吴亮，与李三才相善，便把这两封信附在邸报中，这一下全国都知此事，也使宣、昆、齐、楚、浙等党人更加紧攻讦，乃到罗列李三才"十贪五奸"。见此情况，李三才感觉失望，"亦力请罢，疏至十五上，久不得命，遂自引去。帝亦不罪也。"其免官命令在数月以后才下达。这场争论持续达一年零三个月。

李三才回到家乡通州张家湾，原想建立又鹤书院讲学，但此事并没有因他引退而罢休，宣、昆、齐、楚、浙等党继续攻讦，使他再也没有出仕的可能，在纷纷人事纠葛中，恨恨不得志，忧愤

而死。而东林党人虽因此更加出名，但与宣、昆、齐、楚、浙等党结怨更深，惨遭打击是早晚会降临在头上的。

由此可见，宣、昆、齐、楚、浙等党的攻击李三才，"则东林必救，可布一网打尽之局"的设计是成功的，使用的是声东击西之计的寻机乘势，以不攻示必攻巧而夺之手法。但他们忽略本种手法的另一重要前提，就是方法虽然基本得体，也获得预想的胜利；但没有使政敌心悦诚服的这一要素。本来使用这种手法，必须经过一段时间的安抚，才能使政敌心服，然而他们并没有这样做，反而变本加厉地进行打击报复。故此，他们虽获胜利，但留下让人指摘的话柄，也很难安处其位了。

设计登陆西西里

1943年，世界反法西斯同盟已进入战略反攻阶段。当时，盟军在北非已取得决定性胜利，战争的下一个阶段即将推进到法西斯轴心国的本土。然而，从何地作为突破点呢？

1943年5月29日，丘吉尔、马歇尔、艾森豪威尔、亚历山大等西方盟国的几个主要人物聚集在艾森豪威尔的别墅召开了一次军事会议，几经磋商，决定把突击点选在西西里岛。

西西里是地中海中最大的岛屿，面积25000多平方公里，人口400多万。该岛位于亚平宁半岛与北非之间，隔墨西拿海峡与意大利本土相望，最窄处仅3219米，是意大利南部的重要屏障。而且这个岛上驻有墨索里尼的九个意大利

师和两个德国师，计25万人，并可及时得到500架飞机的支援，防御力量相当强大。如果盟军强行登陆，则必然有较大伤亡。

然而，英国的情报部门通过成功地使用"声东击西"这一计谋，却将德、意法西斯防御西西里岛的骨干力量调离了该岛，从而保证了盟军在西西里岛的顺利登陆。这个计谋就是著名的"肉馅"行动。

一天，汹涌的海潮猛烈拍打着西班牙的海岸。从远处压过来的海浪撞在岸边的岩石上，发出哗啦啦的巨响。劲风、巨浪、海流，将一具"盟军少校"的尸体冲到了西班牙的岸边。西班牙人打捞起这具尸体一看，身份证证明死者的名字叫威廉·马丁，是英国皇家海军的少尉（代理少校），在盟军联合作战司令部作参谋。西班牙人和德国在西班牙的谍报组织发现这个威廉·马丁携带的公文包里有几份绝密文件和作战计划，文件透露，盟军的确在准备进攻西西里，但只不过是一种假象，是为了掩护盟军对撒丁岛和希腊的进攻。

德国在西班牙的谍报组织立即向柏林作了报告。

希特勒一开始并不相信，他专门就西西里岛的有关情况同参谋长凯特尔、陆军元帅隆美尔和负责外交事务的纽赖特进行商讨。

但是，"马丁少校"的身上及其公文包中的其他"资料"，证实了盟军中确有马丁其人及其事。首先，马丁有军人编号"09560"号；其二，有一张银行的透支单和劳埃德银行的催款信；其三，"马丁"身上带有一张向邦德街国际珠宝商菲科普斯赊购定婚戒指的账单，说明"马丁"刚刚定婚；其四，"马丁"的身上还带有两封他的未婚妻最近写给他的情真意切的"情书"。通过综合分析，希特勒确信这位"马丁少校"所携带的文件是真的。而"马丁少校"只不过是因为生活窘迫自杀或意外事故死亡而已。

正在此时，在意大利撒丁岛的主要城市卡利亚里附近的海岸边，海水又冲来一具尸体。死者身穿英国突击队制服，而他身上的文件证明，他属于一支正在侦察撒丁岛海岸敌军兵力部署的小部队。于是希特勒进一步相信了自己的判断。

"感谢上帝，"希特勒自言自语地说："谁要是想欺骗我，是万万不可能的。"

他得意洋洋地戴上老花镜，趴在地图上筹划起来。经过一番丈量、计算，他让秘书下达了如下命令："我要求所有与地中海防御有关的德国指挥机关迅速地密切合作。利用全部兵力和设备，在所余不多的时间内，尽可能地加强特别危险地区，对撒丁岛和伯罗奔尼撒采取的措施要先于一切。"

根据希特勒的最新指令，纳粹最高统帅部迅速调整了防御部署，西西里岛上的大部分兵力被调往撒丁岛和希腊，仅仅保留了两个德国师。

其实，这两具尸体和尸体所携带的文件、证明材料均是假的，它们只不过是英国情报部门欺骗希特勒而作的"通信员"。

1943年7月9日，大批盟军部队按照预定计划，向西西里岛进发。九日上午，天气晴朗，风平浪静，但是下午却突然变了天。只见狂风大作，海涛汹涌。登陆艇一会儿被抛上浪尖，一会儿掉进低谷。这既给登陆的盟军造成了困难，也麻痹了敌军，敌人以为在这样的鬼天气里盟国决不会进攻，因而放松了守备。他们万万没有料到，盟军的登陆和空降兵已在西西里南部180公里的地段上实施了登陆和空降。

由于双方力量相差悬殊，盟军登陆后很快就控制了局势，夺取了主动，并按计划向前推进。尽管德、意两方也积极增援，但已是亡羊补牢。经过38天的激烈战斗，盟军共歼灭德意军队16.5万人，缴获敌机1000余架，盟军取得了决定性的胜利。

敢行险仁川登陆

在1945年7月召开的波茨坦会议上，苏美商定，以北纬38°为两国在朝对日作战区的分界线。到了1948年8月，南朝鲜成立了以李承晚为总统的"大韩民国政府"，美军继续占领南朝鲜。9月，北朝鲜建立了朝鲜民主主义人民共和国，金日成为内阁首相和国家元首，苏军撤出了北朝鲜。从此朝鲜半岛形成了南北两个朝鲜，而三八线附近则常常矛盾丛生，战火不断。

南北朝鲜的纷争终于酿成了大规模的战争。1950年6月25日，战争正式爆发。在初始阶段，南朝鲜节节失利，北朝鲜一鼓作气攻下了汉城。为此，联合国根据美国的提议，决定对北朝鲜的攻击采取行动。6月29日，驻在日本的美军首脑、五星上将麦克阿瑟乘飞机到朝

鲜视察战场形势后电告华盛顿：南朝鲜的部队已溃不成军。并要求本国政府增派地面部队入朝作战。7月7日，联合国在美国的操纵下，成立了由各国派遣人员组成的"联合国军"，并任命麦克阿瑟为总司令进行指挥。

麦克阿瑟为了击溃北方的进攻，决定在位于朝鲜西海岸的仁川港实施登陆作战。他的这个计划一提出，立即遭到了有关方面的激烈反对。而且美国陆军参谋长约瑟夫·柯林将军和海军作战部长福雷斯特·谢尔曼海军上将亲赴东京，劝阻麦克阿瑟放弃这个计划，其理由是：

一、此时双方正在釜山激战，仁川距朝鲜的釜山战场过远，在仁川登陆既不能及时对釜山战场以有力支援，又因路程过远而分散兵力，易被地方各个击破。

二、仁川的地形和水文条件都不适合登陆作战。

三、受潮汐限制，登陆船舰只能选在大潮高涨时的黄昏接近仁川港，但大潮时间只有9月15日、10月13日、11月2—3日有限的几天，这么短暂的时间，不利于大部队隐蔽登陆。

四、大潮涨落期只有两个小时左右，由于潮差过大，作战的物资器材必须严格限制在两小时之内全部上岸，否则，船舰将搁浅于敌方岸上火力网控制下的泥沼之中。全部辎重能否在两小时内全部登陆没有把握。

五、仁川港的入口是海拔105米的月尾岛，该岛防御设施坚固，要保障仁川登陆，必须对该岛进行长时间的火力控制。

然而，麦克阿瑟力排众议，坚持自己的主张。他认为，仁川是临近南朝鲜首都的西海岸港口，又位于北朝鲜军队的后方150公里，假如在仁川登陆成功，既可使朝鲜人民军腹背受敌，又切断了北方军队的军需供应和交通线，并能够迅速地攻下汉城，给北方以沉重打击。

为了确保仁川登陆成功，麦克阿瑟使用一系列迷惑北方军队的手段——

美军在仁川登陆前，对朝鲜东海岸的三陟和西海岸的镇南浦、达阳岛同时进行狂轰滥炸，造成千万美军将在东海岸登陆作战的假象。

9月13日晨（登陆前两天），美国的"密苏里"号战舰在数艘驱逐舰的伴随下，突然出现在朝鲜东海岸的三陟海面，对海岸上的各种军事目标进行疯狂的火力袭击。与此同时，英国轻型航空母舰"海伦那"号和美重巡洋舰"凯旋号"也对平壤外港镇南浦和清川江口的达阳岛进行攻击。

麦克阿瑟还派出了部分部队在东边的群山实行佯动登陆。

麦克阿瑟不但在军事上实行"声东击西"的战术方案，还通过各种报纸和广播进行心理战，以增强其军事效果。他故意通过报纸和电台广播透露，10月份以后美军将在朝鲜人民军后方进行登陆作战，而且登陆的地点有可能是仁川。他以"10月份以后"这个时间，掩盖9月15日即登陆的事实，用"登陆点可能在仁川"这一真实企图，给人造成"此地无银三百两"、"卖瓜的不说瓜苦"的假象，让人们判断实际的登陆点决不会是报纸、电台上说的仁川。

经过一系列准备活动，1950年9月12日，麦克阿瑟在日本的佐世保登上了"麦金利山"号舰艇，悄悄地带着美军陆1师、步7师及李军4万余人，300多艘军舰，500多架飞机向仁川而去，9月15日拂晓前强行登陆，上午8时即占领了滩头阵地并向东展开，仁川登陆成功。随后即与釜山防御的美李军合力攻打汉城，并于9月30日攻下了汉城。

这时的麦克阿瑟因为仁川登陆的成功踌躇满志，带领美李军实施了全面反攻，不久便越过三八线，将战争推进北朝鲜的土地上，并步步紧逼，全力北进，妄图以武力占领整个北朝鲜，甚至狂妄地向朝鲜民主主义人民共和国发出通牒，要其无条件投降。

与此同时，美国空军侵入中国东北领空，进行狂轰滥炸，战火烧到了鸭绿江边。在此情况下，中国人民实在是忍无可忍，愤而出兵北朝鲜，击碎了麦克阿瑟的美梦。

萨达姆引祸不成

1991年1月17日，海湾战争爆发，以美国为首的多国部队向伊拉克及科威特境内的军事目标发动了空前猛烈的军事进攻。面对多国部队的强大攻势，萨达姆自知难以抵御，便采用浑水摸鱼之计，向第三方以色列国发射导弹，企图把以色列拖入战争。

萨达姆这么做自有其道理。在中东地区，以色列和阿拉伯国家结怨极深。第二次世界大战后，双方共爆发了五次战争。在阿以冲突中，美国等西方国家都站在以色列这一边，反对阿拉伯国家。

当1990年8月，伊拉克悍然出兵侵略科威特时，阿拉伯国家与美国等结成同盟，一起讨伐伊拉克。为了拆散多国联盟，伊拉克从战争爆发次日就向以色列的特拉维夫、耶路撒冷等地发射了"飞毛腿"导弹。接着又在19日和22日进行了第二次、第三次导弹袭击。尤其在22日的袭击中，"飞毛腿"导弹击中了特拉维夫市区，造成数百平民的伤亡，激起了以色列人民的极大愤慨。

一向以强悍著称的犹太民族自然咽不下这口气，国内群情激昂，要求政府出兵。以色列政府当即发表措辞严厉的声明，声称以色列将在适当时机，采取适当方式对伊拉克实行报复。以色列政府的声明刚发表，在阿拉伯国家中激起强烈反响。一些阿拉伯国家表示，一旦以色列对伊拉克开战，他们将重新考虑对伊拉克的立场。

一时天下大乱，萨达姆颇为得意，心想只要以色列参战，伊拉克就会摆脱孤立状态，很可能会出现一个阿拉伯世界反以、反美的圣战同盟，变多国部队为解放科威特而与伊拉克进行的正义之战为阿拉伯与以色列及西方对抗的种族之战。

这时美国和以色列也看出了萨达姆的险恶用心。美国派政府要员多次规劝以色列要暂时忍耐，由美国和西方多国部队教训伊拉克，并紧急援助以色列，给以色列布置了对付伊拉克"飞毛腿"袭击的地对空导弹，并派出战略轰炸机轰炸伊拉克境内的导弹发射装置。在美国的支援和以色列的克制下，萨达姆拖

以色列卷入战争的阴谋未能得逞。

在海湾之战中，以色列政府面对伊拉克导弹袭击，权衡了利害得失，保持了少有的冷静与克制，使海湾之战以科威特解放，多国部队胜利而结束。

日军偷袭珍珠港

1941年7月，美英荷三国因日本侵入印度支那地区，联合实施对日石油禁运，打中了资源小国日本的要害。

为取得石油资源，日本以永野修身为首的军令部要求用大部分海军兵力直接向南突进，占领东南亚富饶的产油区。

日本联合舰队司令长官山本五十六海军大将认为，如果日本海军用大部分兵力投入南线作战，美国就有可能在西太平洋发动进攻，日本则来不及重新部署兵力应战。所以，山本五十六认为，在发动南线攻势的同时，绝对有必要打击美国太平洋舰队，使其失去战斗力，消除日本南线作战的后顾之忧。

山本主张集中使用航空母舰和舰载机，对停泊在珍珠港内的美国太平洋面舰队，进行快速的空中突击，无需经过水面战斗即可取得海战胜利。

然而，日本海军上层将领们大多数人认为，把在南线作战尚嫌不足的海、空军力量抽出一部分去搞冒险性极大的夏威夷之战，很可能使日军陷入在两个战略方向上都难以取胜的被动境地；而且，航空母舰自身装甲薄弱，自卫能力不强，谁也无法保证航空母舰舰队驶过2000多海里的航程中不被美军发现；一旦与美方战列舰编队展开水面战斗则是

一场无法挽回的灾难。最重要的一点是：山本强硬坚持必须以航空母舰远程奔袭珍珠港，否则辞职，军令部总长永野最后同意了山本的计划。

美国仍然陶醉于国力雄厚和地理条件独特，对未来的战争危险估计不足。战争尚未开始，美国人已先输了一招。

为了达到出其不意的奇袭效果，日本在开战前进行了一系列的伪装。1941年10月，日本东条仍派特使前往美国进行谈判，给美国造成一种日本希望通过外交途径解决两国矛盾的假象。同时，将驻中国东北的关东军由11个师增加到29个师，造成日本在近期内准备与苏联进行战争的印象。

11月15日前后，舰载飞机离开训练基地随舰驶往隐蔽集结地。为了使这一变化不致引起美方注意，山本派出数百架同样的飞机进驻训练基地，照常保持联合舰队司令部与各训练基地间频繁的无线电通讯。造成日本舰队未离开日本海域的假象。

在珍珠港事件的前几天，日本政府特意组织了数百名海军学校的学员，换上"大日本帝国海军"的帽箍，游览东京市区。一连3天自由活动。当时驻日的美国海军武官向上级报告说，东京市内有成千上万的日本海军官兵游逛，近期内不像有战争行动。

在一片假象的掩护下，日本袭击珍珠港的部队开始秘密集结，各舰以不同的航线，悄悄地向集结地——北方偏僻的择捉岛单冠湾驶去。途中，各舰船以及舰载机的收发报机一律实行严格的无线电静默。

择捉岛的单冠湾是一个小渔港，几乎不被人们所注意。1941年11月下旬进港。大小舰只将近40艘！以"赤诚"号、"加贺"号、"苍龙"号、"飞龙"号、"翔鹤"号、"瑞鹤"号6艘航空母舰为核心，配属战列舰和重巡洋舰各2艘，轻巡洋舰1艘，驱逐舰9艘，潜艇3艘和油船8艘。此外，还有执行警戒任务的其他舰艇和补给船只。

11月26日的拂晓前，袭击珍珠港的日本舰队共31艘军舰开始起锚，由3艘潜艇为先导，在夜幕中悄悄地消失在波涛汹涌的北太平洋上。

12月3日傍晚，舰队到达北纬42°、西径170°附近的待机海域，在密云遮蔽下，连续进入了海上加油作业。至此，袭击珍珠港的一切军事准备都已完成。

精明的美国情报部门破译了大量足以证实日本企图袭击珍珠港的情报。美国驻东京大使，早在1月27日发往国内的报告中，就明确指出："日军正准备突袭美国太平洋舰队的停泊地——珍珠港。"

就在日本偷袭珍珠港的当天，美国情报机关又破译了日本一份这样的电报："12月6日，珍珠港在泊舰艇有战列舰9艘、轻巡洋舰3艘、水上飞机供应舰3艘、驱逐舰17艘。在坞舰艇：轻巡洋舰4艘、驱逐舰3艘。航空母舰和重巡洋舰全部在海上。未发现舰队有异常现象。瓦胡岛上平静，未实行灯火管制。大本营海军部确信，此举必成！"这份情报表明，除航空母舰和重巡洋舰外，几乎全部美国太平洋舰队的舰只都在珍珠港内！正是实施袭击的绝好机会。而美国海军部长看了这份情报后，没有任何表示。海军参谋长阅后，本想给太平洋舰队司令金梅尔打电话，但怕打扰了他的美梦，就到国家剧院观看《天才学生》一剧的演出去了。对于这些大量及时准确的情报，美国军事当局就像进行了"冬眠"一样，充耳不闻，视而不见。

12月7日，日本舰队从待机海域以24节高速向珍珠港逼近。飞机一架一架从机库升到了航空母舰的飞行甲板。旗舰"赤诚"号舰空母舰上升起了表示"皇国兴废，在此一战，我全军将士务须全力奋战"的Z字旗。整个舰队已处在紧张的临战状态。

12月7日（夏威夷时间）拂晓前，日本舰队到达珍珠港以北约200海里的海域。5时30分，巡洋舰"筑摩"号和"利根"号上的水上侦察机起飞，对珍珠港进行敌前侦察。6时整，第一攻击波的183架战斗机、鱼雷机和轰炸机相继从6艘航空母舰上起飞，15分钟后，在空中集合完毕，盘旋一周，在领队长机的引导下，向瓦胡岛飞去。

当日军压境之时，珍珠港内停泊着94艘舰船，数百架飞机排列在滑行道上。高射炮手、水兵、飞行员大多离开了自己的岗位，情报中心不设值班军官，防御计划中所规定的远海侦察和近海巡逻都未付诸实施。在美军高层将领中，同样存在着这种麻痹情绪。早在11月30日，海军上将金梅尔便发现情报处的"日本航空母舰舰位推测"中，竟没有写进重要的"赤诚"号、"加贺"号、"苍龙"号、"飞龙"号的舰位时，曾询问情报参谋莱顿，面对司令官的追问，这

位参谋竟满不在乎地回答："不知道这几艘航空母舰在哪里。"金梅尔厉声说道："你不知道？该不是说山本的舰载飞机已飞到了檀香山附近你都不知道吧？"可悲的是，金梅尔的话不幸言中了。不过，金梅尔并未继续追下去，仅仅是问问而已。

12月7日（夏威夷时间）3时24分，在珍珠港入口处发现一艘来历不明的潜艇，6时30分在不远处又击沉了一艘潜艇，7时30分左右雷达发现正方向有大批飞机等等迹象，美军仍然没有给予足够重视，未向上报告。反击日军突然袭击的时机一个个从美国人手中滑走。

追根溯源，问题出在美国战略判断上出了偏差，从而导致重大失误。

在第二次世界大战初期，美国自恃地理位置独特，经济实力雄厚，兵力强大而盲目乐观。美国军方高级指挥机构判断，日本定会利用纳粹德国进攻苏联之际北进，夹击苏联，如果南下，也不会轻易冒犯美国，而是把矛头对准英法等国在东南亚的殖民地。直到11月28日，即日本袭击珍珠港的前10天，美国军方仍然这样认为，显然，美军的战略判断已陷入一种"思维盲区"，自然不会重视那些表明日本真实意图的情报。于是，珍珠港就在劫难逃了。

空袭珍珠港的日本机群已经到了瓦胡岛的上空。7时，空袭指挥官渊田中佐用机上无线电发报机下达了攻击命令。俯冲轰炸机开始飞向目标。而这时珍珠港，还像往常一样宁静、安闲，军官们

正在舰上进早餐，有些士兵则刚刚起床；金梅尔海军上将正和夏威夷防区司令动身前去打高尔夫球；近百艘战舰停泊在港内，飞机在机场整齐地排列着，整个基地完全是一片假日的和平景象。

日本飞机将炸弹和鱼雷像冰雹般地投向目标。港内发生了震天动地的大爆炸，一股股巨大的黑烟柱腾空而起。

第一波攻击，轰炸持续了一个小时左右，尽管有极少数美军飞机强行起飞，几个高射炮阵位也开始射击，但日军仍牢牢掌握着制空权。并使珍珠港及周围的机场受到严重破坏，7 艘战列舰冒出了熊熊大火。只有金梅尔的旗舰"宾夕法尼亚"号战列舰在船坞内没有受到攻击。而日军方面，仅损失了 9 架飞机。8 点 40 分，第二波攻击，171 架日机又进行了 1 个小时的猛烈轰炸。在这一轮攻击中，"宾夕法尼亚"号战列舰终于中了炸弹。

到 13 时整，日本飞机返回了航空母舰，353 架飞机中，只损失了 9 架战斗机、15 架轰炸机、5 架鱼雷机和 55 名官兵。

而美国方面，太平洋舰队受到了毁灭性打击，8 艘巨大的战列舰，三艘沉没，三艘起火，两艘重伤，无一幸免。3 艘轻巡洋舰和 3 艘驱逐舰重伤，1 艘布雷舰沉没，260 架飞机被击毁，"犹他"号靶船也被误认为战列舰而遭击毁。伤亡官兵 4575 人。美军战略判断的重大失误，终于带来了惨痛的后果。

日军对珍珠港的奇袭，一举夺得了太平洋战场的主动权，创造了战争史上的奇观。

扮美军假戏真做

第二次世界大战后期，希特勒为挽回败局，鼓舞其一落千丈的士气，拼凑了几十万残兵和 2000 多辆坦克，于 1944 年 12 月发动了阿登战役。

12 月 25 日，希特勒看着摆在他面前的"FH 行动计划"，半晌不说话，突然，他举起右手，在半空中一挥，然后，俯下身子，在计划书上签上"阿道夫·希特勒"。

26 日，夜色漆黑，德国党卫军上校柯勒身着美军陆军上校军服，站在一辆美军坦克上，看着从眼前轰隆驶过的美军坦克、美制卡车和吉普车，脸上露出一丝奸笑。

黑夜中，由柯勒上校率领的这支伪装成美军的德国军队突破美军防线薄弱地带混入了美军后方。

柯勒上校坐在美式坦克里，嘴里叼着香烟，闭着双眼沉思。他这一着太棒了，为了扰乱美军后方，他提议从德军中挑选了 2000 名会讲流利英语的士兵，穿起美军制服，深入敌后，孤军作战。主意虽好，但前途莫测啊！

深入美军后方后，柯勒立即将部队划为 12 个小分队，分头布置任务后，各小分队迅速地消失在浓浓的夜色中。

驻守在安特卫普的美军司令怀特将军，接到前线战报："德军 7 个师的主力部队正在向西推进，他们的目标是通过马斯河，夺取安特卫普。"

怀特将军仔细地翻阅了近两日的战报后，立即下令："各防区做好战斗准备。"

与此同时，柯勒的部队在美军后方开始行动了。

在一通往前线的路口处，有一队美军正在指挥交通。这时，约有200多辆美军运输车开了过来。

交通指挥员挥旗，大喊："停车！"

一美军上校从车上跳下来，问："怎么回事？我们是向前线送弹药的，必须从这里通过。"

"不行，前方有几十公里的路已被德军炸毁，你们必须从左边绕行，这是命令！"

上校看了看那块写着"前方路已坏，请绕行"的木牌，无可奈何地回到车上。

汽车队向左边开去不久，便遭到了德军重炮的袭击。

路口的交通指挥还在继续挥旗示意车辆绕行。

在美军各防区接到怀特将军的命令后，立即投入战斗准备，但奇怪的是，通往各部队的电话线经常发生故障，而派出去修电话的通信兵没有生还的，都被人杀死在半途中。

怀特将军在召开的各防区司令会议上，忧虑地说："最近，我们小队的巡逻兵和零散的无防备的士兵不断被打死，交通运输不断地误入德军防区，通讯线路也发生问题。据我军情报机关侦察得知，这是一支德军深入我后方所为，各防区必须严加盘查，不得再出现扰乱情况。"

与此同时，怀特将军接到盟军司令部命令，派部队截击向马斯河推进的德军主力部队。

各防区在盘查中将德军特工部队一一查获。30日，潜入到马斯河附近的由柯勒上校指挥的德国特工队终于被抓获。至此，这支把美军后方搅得十分混乱的德国部队全部被查获了。

对这支德军，美军当局十分恼火，早已下达命令：一经查获伪装的德国兵，可不经请示以借口不穿德国军队的服装不得享受战俘待遇为名，立即予以枪决。

闻讯，希特勒在地下室的指挥所里向他的忠实的党卫部队默默致哀。

指东打西炸基地

1943年，盟军通过复杂的情报工作，掌握了德国人在欧洲西海岸防卫系统的大量资料，大反攻的准备工作在顺利而又紧张地进行着。但是仍有一种新的威胁制约着盟军最高指挥部的计划和决心，这就是希特勒的秘密武器。

根据从各种渠道得来的情报，盟军相信德国人正在制造一种威力巨大的新式武器，它们可能是无线电制导的火箭或滑翔式炸弹，也可能是某种远射程的大炮。一旦这些武器被部署到大西洋沿岸，不仅能给英国城市带来新的灾难，而且会严重破坏盟军集结在英国南方准备反攻时使用的大批舰艇和物资，并有可能使盟军在大反攻时的登陆行动遭到失败。为了制止德国人的新式武器生产，摧毁研制这些武器的基地，盟军根据所获得的情报，对所有与新式武器有关的地方发动了一次全面攻击，其中对皮奈蒙德岛的轰炸是最有决定性意义、也是最为成功的一次袭击。

皮奈蒙德是位于波罗的海的一个小岛，是德军研制新式武器的最重要基地。为了炸毁这个基地，英国轰炸指挥部作了巧妙安排，采用了按左扶右的智谋。以前，英美空军常派快速高空轰炸机对柏林进行夜间袭击。这些轰炸机叫做"蚊式"飞机，它们在夜间飞行时，总是向北沿同一航线飞向首都，扔几颗炸弹后就飞走了。这些飞机的飞行航线距皮奈蒙德很近，每当空袭警报响起时，在那里的科学家和工作人员就躲进蔽弹所里去。过了一些时候，皮奈蒙德的警卫松懈下来了，因为这里的德国人认为皮奈蒙德不可能是轰炸目标，他们认定这些空袭是对首都柏林进行大规模破坏性轰炸的前奏。英军轰炸指挥部于是利用这一点开始行事。

8月17日夜，英国皇家空军轰炸机群先往北沿着空袭柏林的同一航线飞行，为了躲开德国雷达的搜查，在越过北海时，作低空飞行，从雷达荧光屏的水平线下面穿过，然后迅速上升到7000英尺的高空，再进入轰炸航线。而在主力机群飞越北海之前，小股的"蚊式"轰炸机就开始轰击柏林。他们空投目标闪光弹，做出给主力飞机指示目标的样子，以此诱使德国防空部队相信主力机群的攻击目标是柏林。然后，"蚊式"轰炸机又按计划打开诱惑雷达的设备，继续制造假象来困扰敌人，把德国空军主要防卫力量拖在柏林上空。伪装行动进行得相当顺利，德国人真以为盟军只是在袭击柏林，丝毫没料到皮奈蒙德才是皇家空军空袭的真正目标。基地里的德国人也十分大意，毫无警惕。结果，皮奈蒙

德简直就成了一个不设防的目标，在皇家空军连续三批机群的轰炸下，迅速淹没在一片火海之中，当晚被炸毁的有1593吨烈性炸药和281吨炮弹，共有730个与各种秘密武器生产有关的人被炸死，其中两个科学家还是关键性人物。这次奇袭使希特勒气急败坏，德国空军总参谋长耶舒恩纳克为此自杀身亡。

出其不意占市场

一般来说，一些名牌产品的厂家以其产品牌子硬，市场占有率高而在市场竞争中占居主动地位，因而，这些厂家也就往往掉以轻心而使那些名不见经传的产品乘虚而入。

意大利是一个世界公认的"制鞋王国"，自产鞋在市场上的占有率很高，外国厂商要把鞋类产品销售意大利决非易事。而美国林地公司不但把鞋子展示在意大利商店的橱窗里，而且销量年年升，很令意大利同行生悸。林地公司的成功在于它看准了近年来意大利消费者崇尚高贵优雅鞋渐成风气，而本国厂商仍以时髦、趣怪的流行样式取悦顾客，因而以己之长克人之短，攻其不备，出其不意地打入这个制鞋王国。日本时装对抗风行世界的法国时装，日本手表威胁历史悠久的瑞士"老大哥"，都是以此招取胜的。

采用此计须有如下前提条件有取胜之机：首先推出的产品必须有自己的特点，尤其应以"新"见长，否则将难以引起顾客的注意；其次是要洞察消费者的心理，林地公司就是因为抓住了不少

欧洲人的崇美心理，强调其产品独具美国风格，有美式气派而吸引了大批消费者；最后还须有一种冒险精神，因为这种方法往往是违反常规的，须有冲击市场的勇气和理智。

巧遮掩赢得谈判

弗雷德·罗杰斯是一位销售经理，为新泽西的某个皮革公司搞推销，公司已经生产即将出售的新产品，这是一种加工成带状的皮革制品。他访问一个顾客，问："你认为这产品如何？""啊，我非常喜欢它，但是我猜想您现在会告诉我它是非常贵的，我应该为它付出一个荒谬的价格，在您之前，我全听说了。""您告诉我。"弗雷德·罗杰斯说，"您是一个有贸易经验的人，您和别人一样懂得皮革和兽皮，您猜想它的成本是多少？"

那人受了奉承，回答他说他认为可能是45美分一码。

"您说得对。"

弗雷德·罗杰斯用惊奇的眼光看着他说："我不知道您是怎样猜到的？"

销售经理以45美分一码的价格获得了他的订货和随后的重复订货，双方对事情的结果都很满意，弗雷德·罗杰斯决不会告诉他公司最初给产品的定价是30美分一码。

在介绍价格的时候，必须让别人看起来价格比较低，但你向他介绍好处的时候，就必须使他们看起来好处比较多。

一个药品公司出售一种特别昂贵的兽医外科用药，它的价格与竞争的对手比起来高得吓人。但是推销员问兽医，每次的用量是多少，然后告诉对方，用他们的产品，每头牛仅多花3美分，那真算不了什么，但是它的效果却是同类无法相比的。这样介绍价格，使人易于接受，但如果他们说每包多30美元，那听起来就是一个很大的数目，很可能把顾客吓跑了。

还可以推开价格，在时间上延伸。

"您现在的车每天用多少小时？"

"6个半小时。"

"啊，如果您买我们的，那么在机器的整个使用寿命期间，您可以得到全部的额外的机动性，更大载重能力和更安全、更舒适的驾驶室，每小时仅花6美分，一个月仅仅多花费20美元，20美元能买到什么。在普通的一个饭馆里一顿两人便餐，您对此不会有什么抱怨吧。"

你还可以告诉它不买的代价是什么？

"麻烦的是，如果您不买，一年以后，价格至少要上涨20％。"

在谈判中，不要怕对方提出低价的竞争者，要直接告诉你决不介意出低价的竞争者，因为他们一定知道一分钱一分货这个道理。

这一策略在于把对方的注意力用在我方不甚感兴趣的地方，使对方增加满足感。这是谈判中常常使用的重要策略之一，它能使我方与对方保持良好的关系，在谋得我方利益的同时，使对方也感到最大的满足。

作为一位成功的谈判者，先决条件就要弄清谈判的目标，并在谈判过程中时刻不忘谈判的主要目的。

在同对方的谈判中，却要把自己的

目标隐蔽起来，把一些次要的问题渲染成很重要的问题，而让对方多占些便宜，你也表示很"勉强"地让步。

如，我方得知对方最注重的是价格，而我方最关心的是交货时间，那么我们进攻的方向可以是支付条件问题，这样，就可以把对方的注意力引开到次要问题上，以实现我方最终要达到的目标。

这种策略如果运用得很熟练，对方是很难反攻的，它可以成为影响谈判的积极因素，而不必冒重大的风险。

"拍立得"现场推销

家人假日外出旅游，亲朋好友佳节相逢，谁不希望拍几张照片，把美好瞬间留下永久的纪念呢？如果这时您用的是那种即刻就能取出照片的一分钟相机，片刻之间，就可见到您的倩影的话，那该是多么令人惬意啊，这里就是一段一分钟相机推销的有趣例子。

1937年，美国28岁的青年埃德温·兰德以自己的汽车灯偏光片的专利发明作为资本，成立了"拍立得"公司。而后生产出了不少深受消费者欢迎的光学仪器和保护视力的产品。1939年又有立体电影的推出，轰动了纽约世界博览会。一天兰德带他的小女儿去新墨西哥州的圣塔费城去旅行。给女儿拍完照后，女儿性急地问"爸爸什么时候才能看到相片啊"一句话引起了兰德的思考，是啊，照一次相要等几小时甚至几天才能看到照片。能不能制造一种瞬时就能显像的相机，当场就把照片冲洗出来呢？这将是照相术的一次革命。他决心一试。有了这个目标，经过一段时间的刻苦研制后，兰德终于试制成功了瞬时显像照相机，并以公司的名字"拍立得"命名。又由于这种相机可以在拍照后60秒钟内取出照片，所以也称为"一分钟相机"。"拍立得"相机于1947年2月正式投产，批量生产后，如何推销这种相机，让顾客认识、了解、喜爱、购买它，成为拍立得公司的头等大事。

兰德请来了当时美国很有名望的经销能手——霍拉·布茨。布茨看到"拍立得"竟"一见钟情"，顿生灵感，欣然承担了专门负责营销的经理。迈阿密海滨是美国著名的旅游胜地，以其秀丽的风光，迷人的景色，吸引了成千上万的游客来此度假。娴熟推销技巧的布茨认为这正是理想的推销"拍立得"的场所。布茨专门雇佣了一些身材苗条的妙龄女郎，让她们穿上时髦的游泳装，在海滨浴场游泳时不慎溺水，然后再让事先安排好的救生员将溺水者奋力救起，场面扣人心弦，惊心动魄，引来了大批围观的游客，这时手持"拍立得"相机的人立刻冲向前来，把一些精彩镜头抢拍下来，并在一分钟内将照片展现在围观游客的面前。使游客非常吃惊，推销员借机上前推销这种相机，观众为这种相机的独特性能大为称赞，"一分钟相机"声名大振，这种相机的性能迅速由游客从迈阿密海滨带向了全国，并从美国走向了世界各地。"拍立得"相机成了市场上的抢手货，并畅销不衰，"拍立得"公司也由此而名扬全球。

第二套　敌战计

第七计　无中生有

【原典】诳①也，非诳也，实其所诳也。少阴，太阴，太阳②。

【按语】无而示有，诳也。诳不可久而易觉，故无不可以终无。无中生有，则由诳而真，由虚而实矣。无，不可以败敌；生有，则败敌矣。

如令狐潮③围雍丘，张巡④缚稿为人千余，披黑衣，夜缒城下。潮兵争射之，得箭数十万。其后复夜缒人，潮兵笑，不设备。乃以死士五百砍潮营，焚垒幕，追奔十余里。

【原典注释】①诳：欺诈，欺骗行为。这里指用假象欺骗人。

②少阴，太阴，太阳：是四象中的三象，叠起为风雷益卦。《易经·益卦》："益，利有攸往，利涉大川。"意思是：有利于前进，有利于渡过大河。这是一种冒险成功的启示。由少阴之象而积累为太阴之象，"阴极阳生"，则必然转化为太阳之象。阴若代表假象，阳则为真象。由小的假象而促成大的假象，似乎是确实的假象，最后将这种假象变成真象。

③令狐潮：唐朝叛将安禄山的部将。

④张巡：唐将，安史之乱时，起兵守雍丘，打败令狐潮。公元757年移守睢阳（今河南省商邱南），城陷，被杀。

【原典译文】用假象去欺骗敌人，但不是要一直弄假，而是要使敌人信假是真，然后，巧妙地由假象变成真象，利用假象掩护真象。按照益卦的原理，用小的假象而促成大的假象，最后突然变成真象。

【按语译文】没有而装作有的样子，这是一种骗局。骗局不能长久，否则易被识破，所以没有不能永远没有。从没有变成有，这就是由假象变成真象，由不存在变成存在。假象是不能够打败敌人的，只有从假象变成真象，才能打败敌人。

比如：安史之乱时，令狐潮围了雍丘（今河南省杞县），城中守将张巡下令扎了1000多个稻草人，并为他们披上黑衣，然后在晚上用绳子缒下城去。令狐潮的士兵以为城里出兵偷袭，争相放箭，结果，张巡赚了几千枝箭。后来，又将他的士兵在夜里缒下城去，令狐潮的士兵见了，都笑起来，毫不作战斗准备。于是，张巡以500名敢死士冲击令狐潮的军营，并焚烧了他们的营幕和工事，一直追杀了十多里。

【传世典故 计名探源】 无中生有，这个"无"，指的是"假"，是"虚"；这个"有"，指的是"真"，是"实"。无中生有，就是真真假假，虚虚实实，真中有假，假中有真，虚实互变，扰乱敌人，使敌方造成判断失误，行动失误。

本计计语出自中国古代哲学家道家始祖老子的《道德经》第40章："天下万物生于有，有生于无"。老子揭示了万物的有与无相互依存、相互变化的规律。我国古代军事家尉缭子把老子的辩证法思想运用到军事上，进一步分析虚无与实有的关系。《尉缭子·战权》中说："战权在乎道之所极，有者无之，安所信之？"主张以无的假象迷惑敌人，乘敌人对"无"习以为常之际，化无为有，化虚为实，出其不意，打击敌人。可见，本计的特点是，制造一种假象，有意让敌人识破，使之失去警惕，然后又化无为有，化假为真，化虚为实；真的攻击敌人了，而敌人却仍然以为是假的，不作防备，从而为我所乘，战而胜之。

唐朝安史之乱时，许多地方官吏纷纷投靠安禄山、史思明。唐将张巡忠于唐室，不肯投敌。他率领二三千人的军队守孤城雍丘（今河南杞县）。安禄山派降将令狐潮 率四万人马围攻雍丘城。敌众我寡，张巡虽取得几次突击出城袭击的小胜，但无奈城中箭只越来越少，赶造不及。无有箭只，很难抵挡敌军攻城。张巡想起三国时诸葛亮草船借箭的故事，心生一计。急命军中搜集秸草，扎成千余个草人，将草人披上黑衣，夜晚用绳子慢慢往城下吊。夜幕之中，令狐潮以为张巡又要乘夜出兵偷袭，急命部队万箭齐发，急如骤雨。张巡轻而易举获敌箭数十万支。令狐潮天明后，知已中计，气急败坏，后悔不迭。第二天夜晚，张巡又从城上往下吊草人。贼众见状，哈哈大笑。张巡见敌人已被麻痹，就迅速吊下五百名勇士，敌兵仍不在意。五百勇士在夜幕掩护下，迅速潜入敌营，打得令狐潮措手不及，营中折将，只得退守陈留（今开封东南）。张巡巧用无中生有之计保住了雍丘城。

【名家评点 破解方略】 "无"与"有"是矛盾对立的两个方面，老子在研究天下万物变化时，曾言道："天下万物无生于有，有生于无。""无中生有"作为古代哲学，深含有阴阳变化之理。然而作为谋略也可生发出许多令人惊叹的事件。

三十六计以计谋论析"无中生有"，是专讲"由诳而真"、"由虚而实"，"虚虚实实"的权谋。在政治、军事以及经济领域的竞争中常用此计。

此计可分解为三部：第一步，示敌以假，让敌人信以为真；第二步，让对方识破我方之假，掉以轻心；第三步，我方变假为真，让敌方误以为假。这样，敌方思想已乱，我方就掌握了主动权。

无中生有之计犹如一支暗箭，因其使人难于防范而极易中计，施计者轻而易举便可达到自己的目的。

经典案例　锦囊妙计

东晋淝水败苻坚

东晋末，前秦皇帝苻坚占有中国北方。当时东晋王朝在南京建都，由谢安担任宰相。苻坚野心勃勃欲灭东晋以统一中国，于是强征各族人马，动员百万大军，向东晋发起大规模的侵略战争。而东晋却只有八万甲兵，由谢石、谢玄率领。双方力量的对比甚为悬殊。

十月，苻融率领的秦军首克淝水西岸重镇寿阳（今安徽寿县）。接着把前来援助的晋军一部围困在硖谷（今安徽凤台县西南），并控制了洛涧（今安徽定远县西南），阻止了东面来解围的谢石的晋军。谢石在离洛涧25里处扎营。苻坚为初始的局面沾沾自喜，亲自赶到寿阳想等待晋军来投降。天黑了，秦军只是呼呼地睡大觉，毫无战斗准备。

谢石立刻派五千人连夜偷袭了洛涧的秦军大营。在一片混乱中，秦军主将梁成被杀，秦军弃营而逃，晋军紧追不放，大批秦军跳进淮水淹死了。这一夜，秦军死伤15000人，晋军占领了洛涧。天一亮，谢石、谢玄一面派兵乘胜沿淮河西进，解除了硖石之围，一面率大军挺进到淮水东岸，隔河与秦军相望。

苻坚接到秦军大败的消息，慌忙登上寿阳城楼。向东望去，见晋军旗号鲜明，阵容严整；再听八公山下，传来晋军阵阵操练声。他很吃惊。这时刮来一阵北风，迎风向北远眺，恍惚之间，只

见八公山上，漫山都是晋军，他感到心慌意乱。其实，那是八公山上的草木被刮得摇摆起伏。这就是后人说的"草木皆兵"。

这时，谢玄派了一名使者去寿阳，请求秦军后退一块地方，以便晋军过河决战。苻坚认为秦军有近百万大军，以决战消灭晋军不成问题，如果不让出一块地方来，倒显得自己胆怯了。他灭东晋心切，同意后退，并想趁晋军渡河时再出奇兵消灭它。苻坚讥笑晋军太不自量了。其实，谢玄早料到苻坚的想法，故意装出螳臂挡车不自量的错举，麻痹苻坚轻敌；而且正确估计了秦军多是被强征来的各民族士兵，矛盾纠纷很多，而且都有厌战动摇的心理，从而大胆制定了以假象掩盖真象，以少胜多的策略。

苻坚出了寿阳城，命令苻融传令全军后退，让出战场。没想到秦军士兵趁机争先恐后地向后奔跑，谁也不愿去送死，几十万大军人挤马踏，乱成一团。这时东晋的间谍在秦军的后阵连声大喊"秦军败啦！"，后阵的军队以为是前阵败了下来，转身向后狂逃。各队的将领被狂奔的人群拥推着后退，已无法阻止。晋军乘机渡过淝水大举冲杀过来。秦军先锋苻融竟被冲来的人流撞下了马，被晋军乱刀砍死。秦军失去统帅，如脱缰的野马，向寿阳西北逃命，狂奔中听到风声鹤唳，也以为是追兵到了。逃出来的士兵已断了炊火，又冻又饿没有接济，又死了十之七八。苻坚在逃跑中，肩膀

也中了一箭。等他逃回洛阳时，只剩十几万人了。

东晋的兵力只有前秦的十分之一，为什么能大获全胜呢？关键在于苻坚被晋军无中生有的状况所惑，产生错觉而恐惧所致。

孔明用智取三江

诸葛亮率师南下平蛮，第五次放纵了孟获之后，蛮王孟获逃回老巢银坑洞中，令蛮将朵思大王率重兵据守其最后一道险阻——三江城。

诸葛亮率师来到三江城下，见城上守军不多，便下令攻城。不料城上守军所用弓弩，一弩可发十矢，并且箭头有毒，凡是中箭的，皮肉慢慢腐烂，烂至五脏就死。诸葛亮见此情形急令退军数十里下寨，一连几天也不出战攻城。

城上的蛮兵见蜀军首次攻城吃了大亏，都大笑祝贺，以为孔明既然远退，不能即刻来到城下，于是无忧无虑，也不出城哨探。

几天过去后，诸葛亮见城上的敌军已经懈怠，便下令每个军兵准备一幅衣襟，限在一更前备齐，不从军令的立即斩首。二更时，孔明又传令说："每个军兵用衣襟包一包土准备好，没有做到的要杀头。"三更时，孔明下令说："诸军兵带上自己的土包，都放在三江城下，先到的有赏，先登城的可记头功。"众军得令，都不敢怠慢。蜀军十余万，再加上降兵数万，转眼之际，在三江城下积土成山，一直堆到城头，未等城内蛮兵张开弩，蜀兵已经登上城头，蛮兵大半

都被俘获，朵思大王也死在乱军之中，蜀军转眼间攻克了三江城。

无中生有戏楚王

战国时的张仪，学了一套"纵横术"，带了几个人跑到楚国那去求富贵。因找不着登龙的途径，在楚国潦倒起来，生活非常拮据，同去的人挨不下去了，便埋怨嚷着要回家去。

张仪就说："你们是不是因为穷了，享受不到什么，就要回去呢？那根本不成问题！这样吧！再挨几天，不是我夸口，只要在见楚王之后，我包管大家吃穿不尽，否则的话，你们尽可敲碎我张仪的门牙！"

那时候，楚王正宠爱着两个美人，一个是南后，一个是郑袖。

不久，张仪见到了楚王，楚王很不喜欢他。张仪就说："我到这里也相当久了，大王还不给我一点事做，如果大王真的不喜欢用我的话，请准我离开这里，去晋国跑一趟，看那边有没有机会碰碰！"

"好吧！你只管去吧！"楚王巴不得他赶快离开，一口答应。

"当然，不管那边有没有机会，我还是要回来一次。"张仪说，"但请问大王，对晋国有什么需要？譬如那边的土特产，我可顺便带一些回来！"

楚王冷眼向他扫一扫，淡淡地说："金银珠宝，象牙犀角，本国多的是，对于晋国的东西，没什么可稀罕的。"

"大王就不喜欢那边的美女吗？"

这句话像电流一样，楚王一听，肌

肉立即放松，眼一亮，连忙问："什么，你说的是什么？"

"我说的是晋国的美女。"张仪假装正经地说，还做起手势向楚王解释。"哦——那真是妙呀！漂亮极了。晋国的女人，哪一个不似仙女一样？粉红的脸儿，雪白的肌肤，头发黑得发亮，走起路来如风摆杨柳，说话娇滴滴，简直比银玲还清脆。正所谓比花花柘谢，比月月无光，云须压衡狱，裙带系湘江……"

这一席话引得楚王的眼珠一直跟着张仪的手势转，连嘴巴也合不拢来，说："对对对！本国是一个荒僻地区，我也从未见过晋国的那些小女子，你不说，我倒忘了，那你就给我去办，多带些这样名贵的土特产回来吧！"

"不过，大王——"

"那还用说，货款是需要的。"楚王立即给了张仪很多银子，让他从速去办。

张仪又故意把这消息传开，直传到南后和郑袖的耳朵里。两人听了大起恐慌，连忙派人去向张仪疏通，告诉他说："我们听说张先生奉楚王之命到晋国去买土特产，特地送上盘缠，给先生做路费！"因此，张仪又刮了一把。

张仪要向楚王辞行了，装出依依不舍的样子，说："我这一次到晋国去，路途遥远，交通不便，不知哪一天可以回来，请大王赐我几杯酒，给我壮壮胆吧。"

"行，行！"楚王客气地叫人赐酒给张仪。

张仪饮了几杯，脸红起来，又装模作样地再拜请楚王，说："这里没有别的人，敢请大王特别开恩，叫最信得过的人出来，亲手再赐我几杯，给我更大的鼓励和勇气。"

"可以，不成问题只要能早日完成任务！"

楚王看在"土特产"份上，特别把最宠爱的南后和郑袖请了出来，轮流给张仪敬酒。

张仪一见连忙做出连酒都不敢饮的样子，"咚"的一声跪在楚王面前，说："请大王把我杀了吧，我欺骗大王了。"

"为什么？"楚王惊讶不已。

张仪说："我足迹走遍天下，从未遇见有哪个女人比得上大王这两位贵妃长得这么漂亮的，过去我对大王说过要去找土特产，那是没有看过贵妃面之故，现在见了，觉得已把大王欺骗了，罪该万死！"

楚王松了口气，对张仪说："我以为什么呢？那你不必起程了，也不必介意。我明白，天下间就根本没有谁比得上我的爱妃，是不是？"又连忙向左右贵妃献上殷勤，做了怪样。

南后和郑袖同时眨两下眼，嘴角一撇，"嗯！"

从此，楚王改变了对张仪的态度。

编秘事诬陷废帝

东晋时桓温把持朝政，拥兵自重，野心勃勃，想自立为帝。桓温曾经抚枕慨叹道："男子汉不能流芳百世，也应当遗臭万年！"方术之士杜炅，能预测人的贵贱，桓温问他自己的官位能到什么地步。杜炅说："明公的功勋举世无双，官位能到大臣的顶峰。"桓温听后不高兴。

桓温想先在河朔建立战功,以此为自己赢得更大的声望,回来后接受加九锡的礼遇。等到在枋头失败,他的威赫名声陷于困顿,受到挫折。攻克寿春以后,桓温对参军郗超说:"这足以雪枋头的耻辱了吧?"郗超说:"没有。"过了许久,郗超到桓温的住所留宿,半夜时分对桓温说:"明公在这里没有考虑什么吗?"桓温说:"你想有话对我说吗?"郗超说:"明公承担着天下的重任,如今以六十高龄,却在一次大规模的行动中失败,如果不建立非常的功勋,就不足以镇服、满足百姓的愿望!"桓温说:"那么该怎么办呢?"郗超说:"明公不干伊尹放逐太甲、霍光废黜昌邑王那样的事情,就无法建立大的威势与权力,镇压四海。"桓温历来怀有此心,对郗超所说的深以为然,于是就和他商定计议。考虑到简文帝平素谨慎小心,没有什么过错,而利用床第之事则容易对他进行诬陷,于是就说:"皇上早就患有阳痿,宠臣相龙、计好、朱灵宝等,参与服侍起居床第之事,与田氏、孟氏两位美人生下了三个儿子,将要设立太子赐封王位,转移皇上的基业。"并将这话密秘地传播到民间,当时的人们都无法辨别真假。

民间所传,本非根据,但飞短流长的谣言力量是巨大的,传谣不久散到宫中,褚太后也时有所闻。现在拥兵势众的大司马桓温特来建康,呈奏章专言此事,听了谣言,心头已有疑惑的褚太后未等奏章看完,就拿笔批写道:"未亡人不幸罹此百忧,感念存殁,心焉如割。"交内侍还折桓温,桓温见奏章退回,而且没有驳议之处,立即命人草诏。十一月己酉日(1月6日),桓温聚集百官,以褚太后名义下诏令,当庭宣告:王室艰难,穆帝司马聃、哀帝司马丕均短祚,国嗣不育,储宫靡立。瑯琊王司马奕,为哀帝弟弟,故此登大位。但是司马奕不图建德,反而昏浊溃乱,动违礼度。信用朱灵宝等人,生下的三个孽子,还不知是谁的种子。司马奕人伦道丧,丑声遐布。既不能奉守社稷,敬承宗庙,且昏孽并大,还想建树储藩,立不知谁姓的孽种为嗣,诬罔祖宗,倾移皇基,是而可忍,孰不可怀!命废司马奕为东海王,以王还第,供卫之仪,仿照汉时霍光废昌邑故事。念及此事虽然心如割肉痛心,但为社稷大计,义不获已。丞相录尚书事会稽王司马昱,体自中宗,明德劭令,英秀玄虚,神契事外,以具瞻允塞,又长时负有人望,故顺从天人之心,以统皇极。

诏令一下,百官相继失色,但得知是秉政的大司马桓温所倡言,又是王公之中势强的司马昱登位,谁也不敢再言。当天,桓温派散骑侍郎刘享,前去宫中收回废帝玺绶,逼司马奕快速离宫。时值仲秋,天气尚暖,司马奕身穿白蛤单衣,一步一步走下西堂,乘辇车由神兽门出宫。朝中大臣一一拜辞,远望废帝,想起来莫不唏嘘。侍御史殿中监,领兵士百名,护送司马奕萧瑟而去,抵达东海府第,司马奕从此屈身忍辱,被迫做起了一个知命的东海王,直到死去。

司马奕被废当天,桓温率领百官,热热闹闹地到会稽王府前迎司马昱,昱单衣东向,拜受玺绶,旋入宫换上皇帝的龙袍,改年咸安元年,是为东晋简文帝。

从上述史实可以看出，桓温为逼晋帝司马奕退位，可谓机关算尽，主意冠绝。司马奕自公元366年建元太和，在位六年，没有什么丧失帝德之处，何况当时桓温身为大司马，一切外政实由他所出，而朝政又有会稽王司马昱为丞相，司马奕处在两人内外夹缝中，与傀儡相比，也没有什么两样。桓温在司马奕身上找不到什么可以指摘之处，用谋士郗超之计，制造谣言，说废帝有痿疾，不能御女传神，所生三个儿子也是嬖人朱灵宝等人的孽种。这样的谣言，真是登峰造极了。帝王的宫闱床第秘事，谁人能去证实？就是处长辈位置的褚太后也恐怕不能去亲自证实的。田氏、孟氏所生的三个男儿，到底是谁人的孩子，在科学发达的今天，是可以借用遗传基因学说证实的，东晋时候，还没有如此先进技术，所以谣言高涨到宫中，而大司马桓温又以势施加压力的时候，妇道女人的褚太后还有什么话可讲，只能说心如被割，如绞肉之痛，自叹不幸而已。古今中外，实施无中生有之计者，就凭空捏造、无事造谣这一点来讲，超出桓温者可谓廖廖无几，是可以同秦时赵高指鹿为马，无事生非相提并论的人物。当然，这中间也有郗超的功劳。郗超是一向自视甚高的桓温所信用的第一谋士，桓温手下的人都说，留着连鬓胡子的鬓参军郗超，"能令公喜，能令公怒"。郗超很善于揣摩桓温的心思，也得到了桓温礼遇器重。桓温产生废司马奕的想法，也是与郗超的鼓动大有关系。自东晋定都建康以来，不少有志之士，不甘忍辱江南，有志北伐恢复旧地。东晋成帝、康帝时期，庾亮、庾翼、庾冰等兄弟先后倡议北伐，但每每因为东晋朝廷内部的势力牵制，都没有大的进展。桓温是个有才干，又有大志的人，人称眼如紫石棱，须作猬毛磔，是孙仲谋、晋宣王一类的人物。他是晋明帝司马绍的女婿，和主张北伐的庾翼关系密切。庾翼认为他少有雄略，可以委重任，托付救助危难的大业，特别向晋明帝推荐。庾氏兄弟去世后，他不懈北伐之志，永和二年（364），他上表请求率兵伐蜀，次年，他攻克成都，俘虏蜀帝李势，灭了蜀汉，一时威名大震。桓温有心北伐，且借功立威，但主政的会稽王司马昱重用殷浩，牵制桓温，以平衡权力。殷浩于永和八年（352）、九年（353）两次率师出伐，结果却失败而返，接着才有桓温永和十年、十二年的两次北伐取得胜利。永和十二年，桓温乘军事上得手，上表东晋朝廷，请求朝廷过江北上，都迁洛阳，实际上是想以功要挟朝廷。北迁之议遭到反对，不久，桓温被任命为大司马、都督中外诸军事、录尚书事等职，成了东晋朝廷在外的权臣。虽然后来，司马昱想把他调往京城建康，以削减其势。但桓温借口国事危险，"镇守遐外，据守河洛，不敢解带逍遥于朝中"。他不仅不肯入朝，还想凭军功封爵，加受九锡，实现勋格宇宙，位极人臣的心愿。他曾对左右亲信说："为尔寂寂，恐将为文景所笑。"担心无所作为。他甚至说："不能流芳百世，亦当遗臭万年。"太和四年（369年）他再次上疏，要求北伐前燕，结果在枋头（河南浚县境）等地，陷入困境，第三次北伐失利而终。枋头兵败，桓温遭到时议，声名顿挫。此战之前，谋臣郗超曾建议直趋邺城，缓兵作战方略，但桓温弃之不用，后来果然致败，所以到了太和六年（371 年），他统兵攻克寿阳后，就得意地对郗超说"此次战胜，能雪前耻否？"。郗超说"尚未"。郗超知道桓温心雄，自己的回答对桓温是一大刺激，当晚便同桓温共宿，至半夜时语及桓温："明公要镇惬民望，非立大功不可。只有建有伊尹、霍光盛举，行废立大事，以此宣威四海，震服宇内兆民。"于是献上加诬司马奕之计，把床第之上，这种无法对质的秘事广为传播。谣言本是"空无"，废司马奕以达建功立威才是桓温真正的目的。桓温借助谣言，撰书上奏，褚太后对认真起来的大司马，只能顺其意愿。当太后诏令在朝中宣读，司马奕由此被逐出宫廷，贬为东海王的时候，桓温的无中生有计策完全成功了。只是桓温命薄，他立了司马昱，是想做了皇帝的司马昱能感其恩，行禅让，但司马氏的天下岂能轻易拱手相让，风雅的简文帝这时每见桓温，以泪洗面，使其行禅让之言难以开口。又吟咏"志士痛朝危，忠臣哀主辱"等诗句，感动了桓温的谋臣郗超，郗超以家族百口作为担保，保证不让司马奕之事再在简文帝身上发生。郗超的消极筹谋，加上朝中谢安等人的有意拖延，直到桓温临死，未能受九锡，行禅让故事，当然这些都是后话了。

增灶退兵瞒仲达

孔明在四伐中原时，接连得胜，一直把司马懿逼到渭滨南岸，指日即可向长安进兵了。不料由于蜀后主刘禅，误中了司马懿派遣的内间所施的离间计，下诏宣孔明率师回朝。孔明只好下令搬师退兵。

姜维问孔明说："我大军整师退兵，如果司马懿追来怎么办？"孔明说："这次退兵，我们分五路徐徐撤退，使用增灶办法。假如营内一千兵，却掘二千灶，今天掘三千，明天掘四千，每天退兵，军灶都要增加不可减少。"杨仪说："昔日孙膑擒庞涓，用添兵减灶法，今天，丞相为什么要用增灶减兵法？"孔明说："司马懿也善用兵，懂兵法，我军撤后，他必然要追赶，同时疑虑我是否有伏兵。这样他一定会在营中查我灶数。他见我增灶，必然以为我是用'实而实之'的谋略骗他中伏，所以不敢追赶。"

司马懿听到孔明已撤军，果然率兵追来，并查点遗营灶数。见灶数每天都有增加，并且增加得均是整数，便对众将说："孔明这是用'实而实之'的计谋骗我，使我以为他是'虚而实之'；前面一定有孔明的伏兵。"于是下令不必追赶。这样，孔明不折一人一骑，平安回到了成都。

后来，司马懿听川口土人说，孔明退兵之时，未见添兵，只见增灶。他长叹一声说："孔明效虞诩之法，瞒过吾也！其谋略吾不如之。"

汉水疑阵败曹操

在蜀、魏双方为争夺汉中所进行的汉水决战中，孔明乘魏军屡败，曹操率

大军刚到，未及了解战场虚实之际，便用"乘虚可惊"的计谋，昼夜惊扰曹操，挤走了曹操岸边的大营。

孔明见曹军被惊退30里，便令蜀军全部渡过汉水，背水列阵。

曹操见此情景，心想，孔明背水列阵，摆出要与我决战的态势，难道他不怕我兵多将广？于是便派人向刘备下战书，看他敢不敢应战。孔明见过战书后，毫不犹豫地批道："明日决战。"

第二天，蜀魏双方在五界山前对阵。曹操先令大将徐晃出战，而孔明仅派刘封去迎敌。刘封哪里是徐晃的对手，只战了几合就败下阵来，曹操乘势随后率军追击。

蜀军依孔明之计，边退边故意把军器、马匹丢在途中。曹兵边追边拾取。曹操见此情景，忙鸣金收兵，停止追击。

众将向曹操发问说："我们正要把蜀兵直赶到汉水之中，丞相为什么收军？"曹操说："孔明用兵惯使诈术，今天这阵令人可疑。他兵力不如我多，将不及我广，却与我背水列阵，此一可疑；他既然同我决战，却只派一名偏将与我交锋，此二疑；蜀军逃跑时，又故意扔掉军器马匹，此三疑。其中必有异谋！宜暂且退回大营。"

孔明见曹操退军而去，马上令黄忠、赵云率大队军马从左右两边追杀，此时曹军阵势已乱，被蜀军打得大败，曹操只好弃营逃往阳平关。

事后，刘备问孔明："汉水一战，曹操为什么败得这样快？"孔明回答说："曹操这个人，平生最多疑，我用疑兵之计骗他，使他不敢追击，然后再乘他退

兵时，乘乱攻敌，这是巧能创造战势的用兵之道。"

死诸葛吓走活仲达

诸葛亮左挑右逗，百般羞辱、谩骂，司马懿就是置之不理，坚守不出，以待时机。正在两军对峙之时，不想诸葛亮因积劳成疾，自觉阳寿不长，再不能临阵拒敌了。他意识到，两军对峙之际，彼方若知我方主帅病逝，势必乘机而入，后果会不堪设想，在这千钧一发之际，他作了如下安排：

诸葛亮对杨仪说："我死之后，不可发丧。可作一大龛将我的尸体坐于龛中，拿七粒米，放在我嘴里，脚下安放明灯一盏；军中安静如常，千万不要举哀，如此则我的星座居天不坠。那时我的阴魂便可以不散，于对方有镇威作用。司马懿见我的星座不坠，必然惊疑。此时，我军可以缓缓撤退，先让后营作前营先行撤退，然后梯次一营一营地慢慢退走。倘若司马懿前来追杀，你可以令部队掉转头来，布列成决战的阵势，等他来到阵前，再将我原先已雕刻好的松木像推到阵前，令三军将士分列左右，我料定司马懿一见此种情形必然惊疑而撤军"。杨仪一一领诺。当天晚上，诸葛亮就去世了。司马懿夜观天象，见一大星赤色，光芒有角，自东北方流于西南方，坠于蜀营内，三投再起隐隐有声。懿惊喜曰："孔明死矣！"即传令起大兵追之。刚刚走出寨门，忽然又顾虑重重地说："孔明善会六丁六甲之法，经常装神弄鬼，他见我方久不出战，所以用此术诈死，诱

我出战。现在我要是贸然出兵，正好中其诡计。"于是又勒马回寨，仍是闭门不战，只是命令夏侯霸暗地带领几十个人，经五丈原蜀军阵前探听虚实。

夏侯霸带领几十个探子到蜀军营地，看到的已是空营一座，不见一人，急忙回报司马懿"蜀兵已退"。司马懿一听，后悔莫及，顿足大叫道："孔明真的死了！赶快去追蜀军！"夏侯霸说："都督不可轻追。当令偏将先往。"司马懿却说："现在我还不亲自出马，更待何时！"于是领兵同两个儿子一齐杀奔五丈原来，呐喊摇旗，杀入蜀寨时，果然空无一人。司马懿对两个儿子说："你们赶快到后面催促大队人马前进，我先带领先锋部队追击。"司马懿亲自带领先头部队追赶，追到山脚下，见蜀军去的不远，便更加快了追赶的速度。正行进前，忽听得山后一声炮响，喊声震天，只见蜀军一并回旗返鼓，又见树影中飘出一杆中军大旗，一行醒目的大字映入眼帘："汉丞相武公侯诸葛亮"。司马懿不禁大惊失色。又见中军阵中走出数十员上将，簇拥着一辆四轮车缓缓而来，车上端座着孔明，只见他"纶巾羽扇，鹤氅皂绦"，安然自得的神情。司马懿见此情此景，犹如处在梦中，大声惊叫道："孔明没有死，我轻率领兵来追，今进入腹地，又中他的计了"，急忙勒马回头，往后便走。背后蜀将姜维大声喊道："贼将往哪里逃，你中了我们丞相的计了！"魏兵见到此番情景，也恍惚坠入五里雾中，早吓得魂飞魄散，弃甲丢盔，抛戈撒戟，各逃性命，自相践踏，死者无数。司马懿奔走了50余里，背后两员魏将赶上，扯住马嚼环叫曰："都督勿惊"。懿用手摸头曰："我有头否？"二将曰："都督休怕，蜀兵去远了。"懿喘息半响，神色方定。

过了两天，老百姓告诉魏军"蜀兵撤退时，哀声震地，军中扬起白旗，孔明真的死了，只是留姜维断后，那天车上的孔明乃是一木雕像啊！"司马懿自叹弗如，这就是"死诸葛能走生仲达"的故事，也是诸葛亮善于利用自己的老对手——司马懿足智但多疑的病态心理，在自己将离人世，部队处境危急之时，临机决断，精心编排的一篇"不拘常理，善权变"的绝妙文章，演出了一曲"死诸葛亮能走生仲达"的绝妙好戏。

装神弄鬼骗司马

诸葛亮五出祁山时，由于粮草接济不上，只好率军兵乘麦熟季节去陇上割麦打晒，以充军粮。同时司马懿也料到诸葛亮会用"重地则掠"之谋。便提前在陇上安下大营，阻止蜀军来割麦。这样，围绕割麦与反割麦，展开了一场别开生面的战斗。

诸葛亮听说司马懿已经率兵在陇上安营，毫不在意，派遣三万军兵，每人一把镰刀，驮绳，准备去陇上割麦。同时令人推出三辆一模一样的四轮车，每辆车又配二十四个人，身穿皂衣，赤着足，披散着头发，手持宝剑和七星皂幡，在左右推车。又命赵云、姜维、魏延扮成天蓬元帅模样，各率一千军，走在车前迎击魏兵。

第二天，魏军见了这种阵势，感到十分奇怪，火速向司马懿回报。司马懿一看，只见孔明端座在四轮车上，头戴簪冠，身披鹤氅，手摇羽扇，左右二十四人个个像天神，前面一个似恶煞。司马懿想，这又是孔明的疑兵之计，以此来吓我，于是便拨三千军马去追赶，把这些装神弄鬼的蜀军都捉来。

魏军骑马追了一程又一程，只是追不上。当魏军停下不追时，前面的车也停下。魏军退走时，后面车又跟了过来。使这些魏兵越追越害怕，急忙赶回大营向司马懿禀报。司马懿说："这是孔明用的八门遁甲法的缩地法，我们不必追了，可以不理睬他。"于是在营中不出战。

这时，又听营外有擂鼓呐喊之声杀了过来，司马懿派兵出营迎战，却又见昨日那辆车出现在阵前。司马懿吩咐军兵说："你们可把此车远远赶开。"司马懿眼看着四轮车被远远地赶走，直到看不见为止。回头一看，那辆四轮车仍在营前，这次司马懿亲自率兵追赶一阵，果然同军兵回报的情景一样，只好勒马回军。谁知，这时竟见那辆四轮车拦住了他的去路。司马懿心中十分惊疑。往前看，前面是四轮车，往后看，后面是四轮车，往哪看哪是四轮车。心想，这恐怕是神兵吧。于是弃了大营，回兵到上邽郡闭门不出。

孔明用这种疑兵计，掩护三万军马把陇上的麦子割完，并全部运到卤城去打晒。达到了预期目的。

借机生事害皇后

唐太宗的儿子高宗李治在贞观二十三年（650 年）六月即位，弘道元年高宗死后，皇后武则天临朝称制，改唐为周。武则天的统治到公元 705 年结束，连高宗在位时在内，她一共统治天下 50 多年。

武则天是唐朝前期为乱宫廷、善于弄权的一个有名人物。她为了谋夺皇后之位，构陷并杀害高宗王皇后、萧淑妃，排除长孙无忌等异己重臣，杀死亲子李弘、李贤，高宗时称天后，后来干脆以武周代唐，废子为王，自己做了神圣皇帝。武则天的得势，依靠的是一步步设计弄权，王皇后之被废，即是明证。

原来，太宗生前曾有一小宠姬，生得妩媚艳丽，十四岁进宫，被封为才人。她就是大名鼎鼎的武则天，名曌。高宗做太子时，乘人侍太宗之机，与她偷过情。太宗去世，武才人和许多太宗嫔御一起被安置在感业寺中为尼。高宗进了感业寺，寺众接驾。高宗举目望去，其中姿容出众，丽色照人的正是武才人，只见她桃花如旧，人面依然，不过少了一头凤髻、两鬓鸦鬟。等烧过了香，高宗便携了武氏进云房叙旧，两人久别重逢，悲喜交集，不由情不自禁，相对哭泣。

这事给王皇后知道了。但王皇后正因妒忌萧淑妃，一想正好可给萧淑妃树一敌手，所以非但不责怪，反而劝高宗把武才人接回宫来，还暗中叫武氏蓄发。武氏蓄发不久，又是一头乌云，便随了内侍回到唐宫。这时她二十六岁。武氏十分乖觉，见了王皇后，就恭恭敬敬地叩下头去，还说了许多恭维话，王皇后十分高兴。以后，武氏极力巴结王皇后，把王皇后哄得喜欢不尽。王皇后也就常在高宗面前说武氏的好话。不久，高宗封武氏为昭仪。

从此，萧淑妃和王皇后都日益失宠。王皇后见弄巧成拙，十分懊悔，就与萧淑妃联手，与武昭仪争宠。可高宗根本不理她们，只相信武昭仪的话。武昭仪见自己名位已定，又愈来愈受高宗宠爱，就开始了陷害王皇后、争夺后位的阴谋。

武昭仪先百般笼络宫女、女官，每次得到赏赐就全分给她们。这些宫人因为王皇后平时脾气大，不尊重她们，对王皇后素有怨言，如今见武昭仪对她们倾心相交，自然很感激，都乐意为她所用。然后，武昭仪就命受她笼络的宫人暗中监视王皇后，把王皇后的一举一动报告给她。她再添油加醋说给高宗听。可谁知高宗虽然不常与王皇后同房，却也没有废后之意。武昭仪只好另想良计。

机会终于来了。永徽五年（650年）十月，武昭仪生了个女孩，王皇后很喜欢，到昭仪宫中看玩。武昭仪心中盘算定当，等王皇后一走，就残忍无情，扼死了亲生女儿，然后再给死婴盖上被子。高宗来了，武昭仪承欢言笑了一会儿，就揭开被子，装作突然发现死婴，假意啼哭起来，并问左右有谁来过。左右都说：“皇后刚刚来过。”高宗听了，勃然大怒，说：“皇后杀了我的女儿！”武昭仪乘机大进谗言，于是高宗决意废王皇后。

废立皇后，在中国帝王朝代，可是国家大事，必须通过大臣。高宗感到首先要取得执政的舅舅长孙无忌的支持，当夜就带了武昭仪，御驾来到太尉府。君臣在厅上畅饮，饮到高兴处，高宗忽然授长孙无忌的三个儿子为朝散大夫。长孙无忌推辞不过，接受了。这时高宗装作随便的样子，说皇后无子还要妒忌别人。长孙无忌方知高宗此来用意，但他假痴假呆，不接口，旁顾左右而言他。高宗与武昭仪见长孙无忌有意回避，心中不悦，罢席而归。

但高宗还不死心，暗中派内侍送去金银宝器各一车，绫锦十车，讨好长孙无忌。武昭仪又多次支使母亲杨氏到太尉府，祈请长孙无忌立武昭仪为后，长孙无忌不应许。卫尉卿许敬宗也屡去见长孙无忌，劝长孙无忌依允，给长孙无忌狠狠训了一顿。

这时武昭仪又生了个儿子，叫李弘。她得意非凡，非要取王皇后而代之。她命心腹宫女准备了一个木偶，上写高宗姓名与年庚八字，悄悄埋在王皇后宫中，然后便去报告高宗，高宗气冲冲来到王皇后宫中，命内侍挖掘，果然得一木偶，不由大骂王皇后。他不听王皇后分辩，也不顾大臣反对，准备一意孤行，要废王皇后。永徽六年（655年）六月，高宗在武昭仪撺掇下，下敕禁止皇后柳氏入宫，把吏部尚书柳奭贬到外州去做刺史。武昭仪又引许敬宗、御史大夫崔义玄、中丞袁公瑜、中书侍郎李义府为心腹，在朝臣中为她活动。瓦岗名将裴仁基之子长安令裴行俭获知高宗执意要立武昭仪为后，认为国家之祸将从开始，十分焦虑，与长孙无忌、褚遂良商议怎么办。此事被袁公瑜侦知，告发，裴行俭也被贬为外任。

就这样，废立皇后事被长孙无忌等大臣顶了半年多，君臣冲突终于爆发了。

九月，高宗升许敬宗为礼部尚书，表明了要立武昭仪为后的意向。退朝后，召长孙无忌、李世勣、于志宁、褚遂良入内殿议事。褚遂良看出了高宗的意向，说："今日召我们，多半为了中宫的事。皇上心意已决。太尉是元舅，司空（李世勣）是功臣，不能让皇上背上杀元舅功臣的恶名。我起自草莽，无汗马功劳，得居高位，又受先帝顾托，不以死争，有什么面孔去见先帝！"表示由他去力争，阻止高宗废王皇后。于是李世勣称病不入。

长孙无忌、褚遂良、于志宁三人进了内殿，高宗劈面就问："皇后不生儿子，武昭仪有儿子，今朕欲立武昭仪为皇后，怎么样？"褚遂良挺身反对，说："皇后出身名门，是先帝为陛下所娶。先帝临崩时，拉着臣手说：'朕佳儿佳妇，托付给卿。'这话陛下也听到了。如今言犹在耳。皇后没有过失，岂可轻废！臣不敢曲从陛下，违背先帝遗命！"君臣不欢而散。

第二天，高宗临朝，正式提废立皇后的事。褚遂良跪奏说："陛下一定要另立皇后，也应慎重从名族中选择，何必立武氏？武氏侍奉过先帝，天下人都知道，实在不妥，后世也要议论陛下！"说完，把朝笏放在殿阶上，脱帽叩头，说："笏还给陛下，放臣归田里。"血都叩了出来。这番话无疑是揭了高宗的丑，高宗恼羞成怒，命令左右将褚遂良撺出去。武昭仪在帘内火上浇油，大声尖叫："何不扑杀此獠！"长孙无忌闻言，急忙出班保奏："遂良是顾命大臣，就是有罪，也不可加刑。"褚遂良才得免难。侍中、太

子宾客韩瑗和中书令、检校吏部尚书来济也都涕泣谏阻废王皇后，弄得高宗无法可想。

可就在这时，李世勣背叛了长孙无忌、褚遂良，在另一天，单独去见高宗。高宗向他问计："朕想立武昭仪为后，褚遂良坚持反对，他又是顾命大臣。难道这事就这样算了吗？"李世勣说："这是陛下家事，何必还去问外人。"为高宗解决了难题，高宗主意打定了。许敬宗受到讽示，就在朝房中，肆无忌惮地宣扬："田舍翁多收了十斛麦子，还想换个老婆，何况天子呢！天子要另立皇后，关别人什么事，要妄生异议！"

于是，高宗放开了手脚，贬褚遂良到离长安二千四百多里的潭州（治所今湖南长沙）做都督，来儆戒反对另立皇后的朝臣。朝瑗悲泣不已，上疏再谏，说褚遂良是社稷忠臣、大唐的微子，不能远放。影射武昭仪是亡殷的妲己，一旦立为皇后，大唐易姓就不远了。高宗根本听不进去。

十月，高宗下诏说：王皇后、萧淑妃谋行鸩毒，废为庶人。她们的母亲及其兄弟都除名，流放岭南。第七天诏立武昭仪为皇后。十一月初一，举行册立仪式，由李世勣把皇后玺绶武后，百官在肃仪门朝见新皇后。武后从此走向了中国的历史舞台。

武则天生事阴险，致王皇后丢下了自己的宝座。但这只是武则天目的所行的第一步。只要王、萧两人还活在世上，就是对自己的威胁，她非常清楚，一旦自己废王皇后的阴谋被识破，自己的处境就会危险。何况高宗有次去探视王、

萧，居然还以皇后、淑妃相称，甚至表示要重新处理囚禁之事。于是武则天旋即命人前去棍打王、萧两人，又砍去两人手脚，置身入酒瓮中，令之骨醉。两人受此残酷折磨，即刻死去。临死之前，萧妃咒骂武则天"阿武妖道、狡猾，但愿来世为猫，她生做鼠，活活咬死她"。武则天终于除去了对手，只是从此失去了养猫的习惯。

后宫，历来是封建政治激烈斗争的交汇点之一，武则天被高宗看中，因王皇后的帮助而得以入宫。老于世故，精通人情的武则天不可能对王皇后迎其入宫的动机不清楚，故此先奉承于前，一旦为高宗专宠，就横下心来施展起计谋。做过太宗才人的武媚娘，当然知道王皇后在朝中的分量，及其背靠的关陇势力集团。"对这样一个强硬的对手，又被太宗称为"好儿媳"的王皇后，轻易下手，借机寻隙是很难的，所以只有采用阴毒的手法，就是要无事生非，制造事端，栽祸于皇后之身，使之有口难辩。实施无中生有之计，关键要掌握好两个条件：一是，能以空无真正地做到迷惑对方。武则天巧妙布置，乘王皇后来探视亲女，高宗接着来探的当口，自残其女，使高宗坚信不疑，一定是王皇后"杀吾女"。王皇后被栽赃，跳到黄河也洗不清。高宗被诓骗，由此下了废皇后的决心。第二个条件是适时做好由无生有，变虚为实的转变。武则天栽诬王皇后只是计谋的第一步，贪权的武氏最终目的是要以此为进身铺道，废皇后，自立为后才是真正的目标。武则天抓住机会，使高宗亲自出面为之活动废后，在遭到长孙无忌、褚遂良等人抵制后，转而寻找另外力量，以急于升官的许敬宗、李义府等打前锋，以这些人的力量牵制反对派，直至逐退反对派。当高宗下诏，正式废去王皇后、萧淑妃，自己爬上皇后地位，武则天又施斩草除根之法，诛杀王、萧两人，彻底断绝自己的对手东山再起的可能性。又贬逐追杀长孙无忌等人，直到这些敌对势力客死远荒为止。武则天的计谋运用是成功的，只是阴毒过甚，世间难找。

忠贤陷害六君子

明朝天启五年（1625），朝廷之上，发生了一起轰动朝野的事件，即左副都御史杨涟、左金都御史左光斗、给事中魏大中、御史袁化中、太仆寺少卿周朝瑞、陕西副史顾大章等"六君子"受贿大案。七月，六人先后被捕下狱，同月，杨左就死亡，死时杨涟体无完肤，土袋压身，铁钉贯穿双耳，仅用血衣裹身得以勉强置入棺中，左光斗尸身腐臭生有蛆虫，魏大中尸体溃烂，面不可识。次月，袁化中、周朝瑞毙命，顾大章紧接着自杀身亡。时人尊称，把死去的杨左诸人号为"六君子"，六君子被杀之经过，史称"六君子事件"。

那么，六君子事件是如何发生的，六君子为何如此惨死狱中，又号为千古沉冤呢？实际上，六君子事件是明朝朝廷内部几十年来的党同伐异的政治斗争白热化的一个产物，而六君子之惨死，则是以明末大宦官魏忠贤为首的阉党势力，为了排除异己，不惜大兴冤狱，施用无中生有之计，栽赃陷害再辅之以酷刑虐待，直至置其于死地而方休的卑劣行为的大暴露。

明朝自神宗以来，宫廷上层先后发生有"争国本"和"梃击案"、"红丸案"、"移宫案"三大震惊百官，牵连朝野的政治风暴。"争国本"是郑贵妃为首的帮派势力，恃宠争立神宗三皇子朱常洵，而企图废黜皇长子朱常洛所引发的事件。梃击案则是争国本案的延续，郑贵妃愿望未达，试图谋害太子，建储朱常洵，遭张差欲以棍杖击杀皇太子。红丸案是即位的太子朱常洛因沉湎于郑贵妃所馈送的美色环绕，掏空了身子，而在病中先吃了郑贵妃指使太监所进的泻药，后来又食鸿胪寺丞李可灼所献的红色药丸，结果一命呜呼，朝中君臣纷纷奏本，要求查拿进奉"红丸"弑君真凶，事牵较大，李可灼被流成，一些官员牵涉其中亦遭贬逐。移宫案则是红丸案的尾声，光宗暴死，皇长子朱由校被大臣给事中杨涟、刘一燝等拥戴即帝位，是为明熹宗。光宗选侍李氏，不愿搬迁，要与即帝位的皇长子熹宗同住在她理应让出的乾清宫，意在擅权。杨涟、左光斗、周嘉谟等人上疏抗辩，一再敦请李选侍移出，甚至示之以颜色，终于逼李氏迁出皇宫。以上四大事件发生过程中，围绕着问题的中心，朝官们意见纷纷不一，随之形成了各自的势力集团，势力较大的有以地域关系所形成的齐党、浙党、楚党，而与三党对立的一方主要是东林党。东林党原是一个文人政治团体，是在明朝廷内部激烈斗争的情况下逐渐形成。在争国本事件中，吏部郎中顾宪成，因政见不合于当时的皇帝神宗以及首辅王锡爵，结果被革职回故乡无锡。顾宪成不甘沉默，返乡后联络好友高攀龙、钱一本等志同道合者，在无锡城东的东林书院聚会讲学，"裁量人物，訾议国政"。一时朝野的士大夫遥相呼应，结果遭反对派势力所敌视，称其为东林党。从争国本事件开始，三党和东林党之间，即开展权力的相互争夺。熹宗即位，东林党人杨涟、左光斗等在移宫案中力陈争辩，迫使李选侍移宫，东林党人取得了胜利，其成员分任内阁首辅及吏、兵等部院长官，一时势盛。三党势力在与东林党人倾轧中失利后，怒而拜投到宫中以魏忠贤、客氏为首的阉党门下，极力怂恿和辅助与东林党人亦有仇隙的魏忠贤消灭东林党。

魏忠贤本是个市井无赖，因赌债高筑，无奈进入明宫做了太监，进宫后他利用与其"对食"的客氏（客氏为皇太子朱由校的乳娘），先在后宫内大肆杀伐，对魏忠贤晋升有恩的王安、魏朝，都先后被魏杀死。不久，魏忠贤就变成了宫中说一不二的大太监，但他并不甘心做个阉人首领，为了达到专权朝政的目的，他一方面极力满足东林党人抬出的熹宗昏愦无能喜女色好游猎的特性，操纵熹宗。另一方面，在朝廷内外，广结私党。宫内利用客氏，朝中则广纳吃了东林党败仗，前来投靠的三党人物。王绍徽、阮大铖、崔呈秀、魏广微、冯铨、徐大化、霍维华、孙杰等，或认养父，或认同宗，纷纷聚集魏忠贤门下，在这些中过进士，读过四书五经的文化人帮助之下，本来只能一味蛮横，在后宫内犁廷扫穴的魏忠贤，很快地提高了攻击异己的弄权设计水平，诬杀杨左六君子，正是三党人物与魏忠贤合作的一幕杰作。

天启四年（1624 年）六月，东林党人杨涟首先上疏，指斥阉党首领魏忠贤有：自行拟旨，擅权专政；斥逐直臣，重用私党；违反祖制，滥袭恩荫；毁人房屋，起建牌坊；利用厂卫，陷害忠良等二十四项"大奸恶"的罪行。杨的奏章中还说："当前宫廷和都城之内，人人只知魏忠贤，而不知有陛下，掌生杀予夺之权，而皇上怎么能不自主决定，而受制于魏氏小丑呢？"杨涟的奏章直陈魏忠贤专权篡国的野心，使魏忠贤非常害怕，于是串通阉党王体乾等人，大事化小，让客氏在熹宗前哭闹疏解，结果，魏忠贤不仅自己毫无损伤，反而杨涟遭诏书痛斥，虽然后来魏大中、左光斗等一百多人，皆上条呈奏章，纷纷劾参魏忠贤，都因熹宗的袒护和魏氏的暗中做下手脚，东林党人攻击阉党的努力终于失败。而魏忠贤则因杨涟、左光斗等人的参劾刺激，顿生杀意，经过与三党人物密谋，首先拿天启三年曾被下狱革职，又与杨涟、左光斗关系密切的前内阁中书、东林干将的汪文言开刀。

天启四年十二月，魏忠贤命腹将将汪文言第二次逮捕，交其党羽锦衣卫北镇抚司许显纯审理。意在通过汪文言，牵连出杨涟、左光斗、魏大中等东林党人，罗织罪名，一网打尽。三党人物徐大化，为魏忠贤献计，认为如果仅仅定汪文言一个"移宫案"中交通他人的罪名，难以株连广大，也不易诛杀。如果

定个受贿罪名，诬他个收受边疆大吏熊廷弼的贿赂，就可以行斩杀之名了。许显纯是个心毒手辣的酷吏，他对汪文言施用械、镣、棍、桫、夹杠五毒刑具，汪文言下狱两月，备受刑逼。一天，许显纯在酷打汪文言后，要汪招承杨涟、左光斗等人接受辽东败将杨镐、熊廷弼的贿赂。汪文言大叫"世间哪有贪赃的杨大洪（杨涟别名）啊！"斥责许显纯制造冤狱："要我作贪污受贿的伪证，去诬陷正直清廉的君子，宁死无招。"汪文言铮铮铁骨，使许显纯无法向魏忠贤复命。于是心生毒计，活活打死汪文言，又以汪文言的名义写自供状，伪称杨涟、左光斗接受熊廷弼等二万金，魏大中等人收赃三千不等。状后按上汪文言指纹，呈送魏忠贤。

魏忠贤接呈，很快命人前去各处捕拿，杨涟、左光斗、魏大中等六人被押交锦衣卫北镇司拷审、追赃。杨涟为最先弹劾魏忠贤二十四大罪之人，为魏氏阉党恨之入骨。左光斗参与杨对魏的弹劾，而且自己草拟有魏忠贤、魏广微三十二该斩罪奏本。左光斗参魏忠贤奏本中，暗斥三党人物魏广微身为东阁大学士却自作下贱，作为魏忠贤的门生，使广微气恼万分，有意把左光斗牵扯汪文言案中。周朝瑞、顾大章因为是魏忠贤心腹徐大化眼中的钉子，徐大化乘其机会窜其名于汪文言案中。他们都因得罪和触犯魏忠贤阉党和三党人物，关入狱中。而所说为杨镐、熊廷弼说情开罪，接受贿赂事，纯属子虚乌有。杨镐是在万历年间的萨尔浒战役失败，后来熊廷弼领兵出关，由于巡抚王化贞刚愎自用，

广宁失守，熊廷弼、王化贞被捕下狱。熊失利后左光斗还上书，弹劾熊廷弼守辽有余，复辽不足。这般的情况，如何能受杨、熊的贿赂呢？

杨、左六君子下狱后，许显纯屡次动用全套酷刑，逼六人招认收贿事。六人经几次施刑后已不成人形。左光斗膝下筋骨剥落，面目焦烂，眼睛肿烂不能睁。其他人均血肉翻出。在此情况下，书生气十足的杨涟劝告五人："他们欲处死我们无非两个办法，或乘我们坚不承招，严刑打死，或谎称我们"患病"，暗中害死。同是一死，我们不如暂且屈招，等此案移交到法司定罪时，我们再翻供，讲出前后原因，或许不致于死。"杨涟的意见，得到了五人的赞同，于是六人在下次审讯时全部屈招。魏忠贤见六人松口，马上令镇抚司严行追赃，限五日之内每家交足，否则动刑。并把此案仍置锦衣卫镇抚司审理。杨涟等人，被迫之下屈打成招，家中哪有资产可以抵"赃"。而许显纯追赃火急，杨涟家人把家产变卖干净，两个儿子沿街乞讨供母亲、祖母饮食。左光斗家破人亡。魏大中之子学伊为借款、抵"赃"，死于奔走之中。结果六人因款不齐，每五日被许显纯全刑拷打。六人旧疮未愈，新痂又来，直至不能站立躺着受刑。此时六君子拼死搏命，凡一苏醒，骂不绝口。杨涟以血书于地上，"魏阉奸党，天必诛之"。

杨涟六君子下狱不长，终于难挨许显纯酷刑，皆惨死狱中。

杨左六君子冤死，充分反映了无中生有之计在政治斗争中的残酷、卑劣的特征。权阉魏忠贤以及欲置东林党人于死地的三党人物，为了铲除政敌，首先凭空杜撰了一个受贿案。汪文言铮铮铁骨、誓死如归，差点使魏忠贤牵连东林党人的计划落空。党羽许显纯，可谓造假到家，先写好假招供，按上已死的汪文言手印，终于制成了赃证，就此捕拿下狱杨涟等东林六君子，以无中生有，凭空捏造而又达栽赃陷害的目的。当杨涟等人入狱后，许显纯又秉魏忠贤之意，以酷刑拷问，直至杨、左等人求死而不得，产生出屈招求生的愿望，终于拿到了生赃的证据。杨涟等人的屈招，目的是想为日后翻招保存体力，但是狡猾的魏忠贤并不把案子按明律规定交给法司，而是继续置于自己控制的锦衣卫之下。目的就是以诬证为借口，夺赃杀人，一举两得。可惜六君子，自己遭戮，又连带了家庭，真正是一个倾家荡产，家破人亡的千古奇冤。

巧布迷阵缓危机

第一次世界大战期间，霍尔担任英国海军情报处处长。当时，英国政府经常利用新闻媒体发动一种新式的、不流血的宣传战，给海战和陆战提供了一件非常宝贵的辅助武器。霍尔在这方面就有一个用假消息迷惑敌人的高明例子。

1916年9月，欧洲西线战场形势危急，协约国处于强大的压力之下，以致不得不采用各种冒险的办法把德军从主要战线上引开。英国情报机构认为，对德军作某种牵制是必要的，但是在人力严重短缺的情况下，即使进行一次小规模的牵制也似乎不太可能。这时，霍尔下令散布谣言，说一支英国部队将要在比利时北部沿海登陆。他指示手下的情报人员故意将紧急防卫密码出卖给德国人，并用此密码拍发电报说，几批船只将驶离多佛、哈里奇和蒂尔伯里。为了进一步证实这件事的可靠性，在霍尔的授意下，伦敦的《每日邮报》登载了特刊。特刊只印了24份，其中6份上有段文字被删去了。这些经过删节的特刊和另外的几份一起被送到荷兰。删节的内容是：在东海岸某某基地附近最近调防频繁，大批的军队和军事装备往那儿集结，将军们不断视察部队，士兵们的休假都突然被取消，似乎在沿海一带即将发生一件比单纯防御远为令人振奋的事件。

这个计策非常成功，因为报纸通过一定的途径转到了在荷兰的德国情报人员手中。德国情报机构确信，由于某种原因，这条极为重要的消息在新闻检查员删节之前已被《每日邮报》透露出去。德国人以为英国军队真的要在比利时沿海登陆，因此把大批军队调到比利时沿海地区加强防御，从而使西线战场对协约国不利的形势有了缓解。

"虚张声势"意在以假乱真，迷惑敌人。往往是在敌强我虚的情况下，伪示以实形，使敌人以为我力量雄厚，不知我真实情况；或者被我所骗，采取有利于我的军事行动。我则可全师保军，处于主动地位，伺机而动。

欺骗英法攻波兰

波兰是希特勒在并吞了奥地利、捷克斯洛伐克之后的又一个并吞目标。针对波兰而制定的侵略计划代号是"白色方案"。1939年8月31日中午，经过多次策划后，希特勒作出了最后决定，发出了"白色方案"第一号作战令……

8月31日晚8点，靠近波兰边界的德国格莱维茨电台，突然被稠密的枪声笼罩，它受到了来自"波兰陆军"的进攻。"波兰陆军"向电台射击着，他们虽然手持轻型武器，却没用炮火，然而密集的射击，还是使德国电台的工作人员东一个、西一个地倒下了。战斗中，"波兰陆军"有的也倒下了，他们瘫卧在电台的四周，一动不动，看来非死也已重伤……

德国政府当然不能容忍这种公开的侵略。

9月1日拂晓4点45分，德军大举越过波兰国境，分北、南、西三路向华沙逼进。公路上烟尘腾滚，天上德国的机群吼叫着。看来一场德国面对"侵略"被迫进行的"以牙还牙"、"以武力回敬武力"的战争开始了……

然而，"波兰陆军"的这场进攻，却是希特勒主演的一出假戏，他曾被秘密地称为"希姆莱计划"。那些向格莱维茨电台进攻的，是穿着波兰陆军军服、拿着波兰武器的党卫军。那些倒卧着的"波兰伤员"是从集中营提出的死囚，他们事先已被注射了麻醉剂。无论枪声多么激烈，他们身上流出了多少血，他们都会一动不动。为了这场戏，8月初最高统帅部的谍报局长就接到了希特勒的命令，要他发给希姆莱和海德里西150套波兰陆军军服和若干波兰军队使用的小型武器。而这场戏的直接演出则是由一名叫瑙约克斯的党卫军特务负责的。

1945年，瑙约克斯在纽伦堡国际法庭画押的口供中，有他交待的关于这场戏的准备和演出的经过。他说：

"1939年8月10日或者这一天前后，保安处处长海德里西亲自下令，让我伪装进攻波兰边境附近的格莱维茨电台，而且要装作这支进攻部队像是波兰人组成的那样。"海德里西说："对外国报界和德国宣传来说，都需要有足以证明是波兰人进行这次进攻的真凭实据。"

"给我的命令是攻占广播电台，占领时间要长到足以让一名归我指挥的能说波兰话的德国人广播完一篇波兰语的演说。海德里西告诉我，这篇演说应当讲到波兰人与德国人之间开战的时间已经到了。

"我到格莱维茨去，在那里等候了14天。在8月25日至31日之间，我去会见了秘密警察头子海因里希·缪勒，他当时正在附近奥普林。缪勒当着我的面同一个叫做海尔霍恩的人讨论了制造另一个边境事件的计划，要把事件做得看起来是波兰士兵进攻德国军队那样。缪勒说，他有12名到13名死囚，要让他们穿上军制服，把他们弄死后放在出事地点，以此表明他们是在进攻时被打死的。为了这个目的，海德里西部下的医生要给他们打毒药针，然后再用枪打，在他们身上造成伤口。事件发生后，把报界人士和其他人士带到现场去。

"缪勒告诉我，他从海德里西处接到一个命令，也要给我这样的死囚来布置格莱维茨事件……"

9月1日的早晨，希特勒驱车经过闷热而又冷清的街道，前往国会去为他进行的战争进行演说。尽管无线电和晨报向外不断传来重要新闻，街上的老百姓反应却分外冷淡。

在国会，希特勒对由他一手挑选、大部分是党棍的傀儡议员们说："诸位知道，……在与我波兰政治家们的会谈中，我们诚恳的建议遭到了拒绝。我和我的政府整整等待了两天，但是我再也看不到波兰政府有任何诚意和我们真正地进行谈判。昨天夜里，波兰正规军已经向我们的领土发起第一次进攻。我们于清晨5时45分开始还击。从现在起，我们将以炸弹回敬炸弹！"

希特勒是阴谋老手、谎言大家，在历史的严重关头，他又在用谎言愚弄德国人民，并为他充满阴谋而又荒唐的行为辩护。

9月1日中午时分，德国装甲部队已深入波兰境内好几公里，它们突进着，撞倒一切阻挡物，不时喷出火舌；德国飞机轰炸了包括华沙在内的波兰大多数城市，爆炸的闪光不断，腾起的浓烟笼罩了天空，许多建筑物在燃烧，无数的波兰平民倒下了……

侵略波兰的炮声，终于还是震醒了英、法。9月1日的晚8点和晚9点，德国外交部长分别接待了英、法驻德大使的求见，他收到了两份内容相同的照会：除非德国停止对波兰的一切侵略行为，并准备立即从波兰领土上撤出其军队，否则英国和法国将毫不犹豫地履行各自对波兰承担的义务。

9月3日，上午9时和上午10时20

分，英、法两国分别向德国发出了最后通牒。

希特勒想以外交手腕使英、法置身战争之外的企图彻底失败。英、法两国政府在人民的压力下，根据法波盟约和英波互助条约，匆忙向德宣战，第二次世界大战爆发了。

9月3日中午12点6分，曾经一味对希特勒姑息迁就的英国政治家张伯伦，沉痛地在下院发表了演说，宣布英国已同德国处于战争状态，他说："今天是我们大家最感痛心的日子，但是没有一个人会比我更为痛心。在我担任公职的一生中，我所信仰的一切，我所为之工作的一切，都已毁于一旦。现在我惟一能做的就是鞠躬尽瘁，使我们必须付出重大代价的事业取得胜利。"最后他说："我相信，我会活着看到希特勒主义归之于毁灭和欧洲重新获得解放的一天。"

张伯伦醒悟得太晚了，他没能像他所相信的那样看到希特勒归之于毁灭和欧洲重新获得解放的那一天。1940年11月9日，他怀着绝望的心情与世长辞……

布疑阵出奇制胜

在诺曼底战役前，英美方面为了不使德军获悉正确的情报，不惜花费大量人力物力，精心布置了一场规模庞大的伪装活动，诺曼底战役的成功，则是对于它的报偿。

按照盟军的计划，1944年9月，将发动西线攻势，开辟欧洲第二战场，与东线的苏联红军一道，两面夹击纳粹德国，打垮希特勒。

这一战役计划的战略企图是：利用苏军在东线提前发动进攻的有利形势，从法国北部德军防御薄弱的诺曼底地区突然上陆，尔后直指德国腹地，夺取反法西斯战争的最后胜利。要实现这个战略企图，就必须组织一支上百万人的庞大攻击部队，以闪电式的突击，一举登陆成功，突破德军的所谓"大西洋壁垒"。然而，这种庞大的军事行动，如何才能达成突然性，怎样才能不被德军发觉，如何才能使德军猜不到盟军预定的登陆地点。这是英美联军统帅部最为关心的问题。为此，未曾斗勇，先行斗智，盟军与德军之间先展开了一场迷惑与反迷惑的情报战。

英国情报机关为了迷惑德军，他们先是散布消息，表明英军登陆部队指挥官蒙哥马利元帅，5月份将前往直布罗陀和阿尔及尔，在那里编组英美联军，准备进攻法国的加莱地区。为了能让德国情报部门拿到一些"真实证据"，英国人精心物色了一位蒙哥马利元帅的替身（陆军中尉杰姆斯），让他扮演蒙哥马利元帅。

杰姆斯中尉的相貌酷似蒙哥马利，而且他在战前是一个有25年表演履历的职业演员，能扮演各种角色，有丰富的表演经验。英国情报部门首先是让杰姆斯中尉熟悉蒙哥马利元帅的一切生活习惯、个性品质、言谈举止，甚至连吃饭时麦片粥中要不要放牛奶和糖这样的细节也不放过。然后，就安排杰姆斯与蒙哥马利在一起生活，进一步模仿和体会，直到使人们无法辨别真伪为止。

一切准备就绪之后，5月15日这一天，由杰姆斯中尉扮演的蒙哥马利元帅，由高级将领们欢送，搭乘首相专机飞往直布罗陀和阿尔及尔。纳粹德国当局得知消息后，开始也半信半疑。因为这以前，他们已经察觉到一些英美联军近期内有可能向诺曼底进攻的迹象，如果真的是去阿尔及尔，那么主要登陆地点就不应是诺曼底。为了证实真伪，德国特派了两名受过盖世太保严格训练、希特勒极为赏识的间谍，前往直布罗陀进行侦察。由于杰姆斯中尉表演逼真，有时还故意在容易泄露机密的场合谈论英美联军的作战问题，使德国间谍深信确实是蒙哥马利元帅到了直布罗陀。甚至连英国驻直布罗陀总督、蒙哥马利元帅的密友沙拉尔将军，也以为是真的蒙哥马利元帅前来视察。

这场出色的冒名顶替，收到了非常好的战略欺骗效果。德国统帅部真的相信盟军要在加莱地区登陆，于是，德军将防守诺曼底地区的2个坦克师和6个步兵师调往加莱地区，从而减轻了盟军在诺曼底登陆的阻力。

这次冒名顶替的行动前后，英美联军已在英吉利海峡沿岸一侧开始了一场庞大的伪装行动。

盟军在加莱地区对岸的英国多佛尔港口，设立了第一集团军司令部，任命的集团军司令就是出色地指挥过西西里登陆作战的美军名将——小乔治·巴顿中将，其用意昭然若揭。巴顿中将在多佛尔经常露面，拍发各种假电报，布置了企图在加莱登陆的假象。

与此同时，盟军在奥维尔、多佛尔、福克斯通等港口和泰晤士河口精心设计，构筑了规模宏大的与真码头一模一样的假码头，凡是真正的码头应该有的设施，全都齐备。这其中包括大吊车、油槽车、储油罐、发电站、消防队、高射炮台、货车车场等等，都给人以强烈的真实感。

盟军不仅伪造了军用码头，而且设置了大量舰艇模型。从洛斯托夫特到诺福克郡，从德文河到泰晤士河口，几乎没有一个港口海湾不停泊"登陆舰"和其他"舰艇"。集结在泰晤士河口的大量"舰艇"，尽管是浮在油桶上用木材、铁管和篷布搭起的架子，但每艘舰艇的外表都非常逼真。"舰"上的烟囱冒着烟，四周水面上油迹斑斑，缆索上晾着衣物，水兵们在"舰"上来来往往……英军还故意把德军的侦察飞机放进来，让其在30000英尺以上的高空中摄影。在这样的高度拍下的照片上，依当时的技术条件，根本看不出那些"舰艇"有何不实之处。这样，一支完整的舰队正在加莱对岸紧张活动的迹象的照片，挂在了德军统帅部的作战室里。

盟军的空军也没闲着，他们在攻击加莱的地段内设置了10多个假机场，摆上数百架木制作的假飞机。另外，还出动了大批飞机重点轰炸加莱地区。在诺曼底战役的准备阶段，盟军在加莱地区投下的炸弹吨数超过同期在诺曼底地区投弹量的2倍。

盟军费尽心力进行的大规模伪装活动，终于使德国人上了当。德军统帅部相信了盟军会因为加莱地区离英国海岸最近，海港设备良好，易于登陆而作为主要登陆点。希特勒本人虽警告过德军西线统帅隆美尔元帅注意诺曼底。但随着英军伪装的成功，希特勒终究确信诺曼底不会出现令人震惊的壮举，即使有也不过是一场佯攻。根据错误判断，德军的防御重点偏向加莱，不仅增调了大批部队，而且在加莱地区海岸修筑了一道纵深达5至6公里的较严密的防御带，以钢筋混凝土构成的坚固支撑点，并布有大量地雷和其他障碍物。此外，在海滩上的高潮线、低潮线之间设置拒马、铁丝网等水下障碍物，低潮线之外还有3道水雷区。但在诺曼底地区的海岸防御工事则远远不及加莱地区，仅构筑了88个独立支撑点，其中只有一小部分是钢筋混凝土结构。

6月初，英吉利海峡的气象十分恶劣。鉴于盟军以往不在坏天气进攻，德军放松了警惕。6月5日早上6时，隆美尔元帅告假离开作战部队，回家去庆贺妻子的生日。

此时，英美联军为登陆集结的5000余艘舰船已经出海，将要利用恶劣气象中一个短暂的间隙，于6月6日晨发动历史上最大规模的两栖登陆作战——诺曼底战役。

6日，晨曦未露，天空和海洋全都是一片黑暗。此刻，大批伪造的盟军舰船浩浩荡荡地向加莱方向驶去，中间夹杂着一些真正的军舰，尤其是一些炮舰。空中，30架"堡垒"式飞机投掷了大量的金属箔片，干扰德军雷达，造成庞大的盟军舰队正星夜向加莱地区开进的假象。空中到处是盟军地面人员和飞行机组之间的交谈信号，所有迹象都表明，盟军即将在加莱地区登陆。

当然，这只不过是一次大胆而巧妙的佯攻。但德军统帅部却相信这一切都是真的，命令大量海空军向加莱方向增援。几乎在同一时刻，在真正的登陆地点诺曼底，5100艘盟军舰船、2500多架作战飞机，在数十架电子干扰飞机的掩护下，正朝着既定的5个海滩区疾进……

经过整整一天的血战，到6日晚上，5个海滩区都为盟军掌握，登陆部队超过50万，为阻挡盟军的进攻，德军的冯·伦斯德元帅准备动用手中的2个预备装甲师，但希特勒坚持认为诺曼底不是盟军的主攻方向，结果在战斗最激烈的时候，这2个装甲师始终在袖手旁观。到了晚上，希特勒又命令准备调往诺曼底地区的装甲师和步兵师停止前进，改为增援加莱地区，到了此时，希特勒和他的一些将军们仍相信，巴顿的第一集团军将发动更大规模的"加莱登陆"。所以，希特勒拒不批准隆美尔元帅和伦斯德元帅调用加莱地区部队增援诺曼底的请求。说明盟军伪装欺骗行动的作用到这时仍没有消失。

诺曼底登陆战役终于取得了伟大的胜利。

彼得书信退强敌

18世纪初，俄国和瑞典为争夺波罗的海制海权发生大规模的战争。瑞典在第一次进攻失利以后，经过认真的准备，纠集强大的海军和陆军，又向俄国发动第二次进攻。

瑞典的这次进攻来势凶猛，军队很

快就在俄国沿海登陆。当时俄国沿海地区兵力薄弱，俄军被瑞典人逼得一再后退。俄国军民人心浮动，国内一片混乱。俄国统治集团内部意见分歧严重，有人建议俄军放弃沿海要地和正在修建的防御工程，退到俄国腹地后再作进一步的打算。

在俄国面临危急之际，彼得大帝异常冷静。他知道瑞典国王查理十二和瑞典军队的将领们，一向做事小心谨慎，优柔寡断，缺乏果敢的精神和坚定的意志。如果利用瑞典人的这一弱点，俄国就会转危为安。

于是，彼得大帝派遣一大批紧急信使携带着他的亲笔命令奔赴各地。他的这些命令要求各地的指挥官立刻派援军支援沿海地区。当然，彼得大帝所提到的这些援军根本不存在，有的远水解决不了近渴。负责传送命令的信使故意糊里糊涂地乱走，粗心大意地暴露身份，结果被瑞典人俘获，身上的密信也被瑞典人搜出。瑞典将领对彼得大帝的绝密命令十分在意，认为俄国人隐瞒了军事实力，俄国军队之所以不加以顽强的抵抗退出沿海地区，是因为他们有着更深远的阴谋。在这种思想的支配下，瑞典军队放弃已占领的俄国沿海地区，迅速后撤回国。

彼得大帝以一纸假书信吓退了敌人，不费一枪一弹就解除了瑞典军队对沿海地区的围困，保住了新都彼得堡和战略设施工程，使俄国渡过了难关。

俄军一再溃退，国内人心惶惶；瑞典海陆军勇猛强大，节节进逼，俄国似乎只有败退这一条路了。但瑞典虽形势旺盛，其领导层却多疑而优柔寡断。彼得大帝深知这一点，故使出无中生有之计，并成功地左右了瑞典军队的行动，使其迅速撤退回国，从而保存了俄国的领土与军队。

"无中生有"其实"无"中便蕴育着"有"，而"有"与"无"并非实存，而是就作用于敌人心理上的结果。

造假象轰动全城

几年前，在美国肯塔基州的一个小镇上，有一家格调高雅的餐厅。店老板察觉到每星期二生意总是格外冷清，门可罗雀。

又到了一个星期二，店里照样是客人寥寥无几。店老板闲来无事，随便翻阅起了当地的电话号簿。他发现当地竟有一名叫约翰韦恩的人，与美国当时的大明星同名同姓，这个偶然的发现，使他的心为之一动。他立即打电话给这位约翰韦恩说，他的名字是在电话号码簿中随便抽样选出来的，他可以免费获得该餐厅的双份晚餐，时间是下星期二晚上8点，欢迎他偕夫人一起来。约翰韦恩欣然应邀。

第二天，这家餐厅门口贴出了一幅巨型海报，上面写着"欢迎约翰韦恩下星期二光临本餐厅"，这张海报引起了当地居民的骚动和瞩目。

到了星期二，来客大增，创下了该餐厅有史以来的最高纪录。尤其是那个晚上，6点钟还不到就有人在等着被安排座位，7点钟队伍已排到大门外，8点钟店内已挤得水泄不通。大家都想一睹约翰韦恩这位巨星的风采。

过一会儿，店里的扩音器广播到："各位女士，各位先生，约翰韦恩光临本店，让我们一起欢迎他和他的夫人。"

霎时，餐厅里鸦雀无声，众人的目光一齐投向大门口，谁知那儿竟站着一位典型的肯塔基州老农民，身旁站着一位同他一样不起眼的夫人。原来这位矮小的仁兄就是约翰。

店老板非常尴尬、惶恐，后悔这个安排太荒谬、离谱，但就在这时，人们顿时明白了这是怎么回事，于是在寂静了一刻之后，突然爆发出掌声和欢笑声，客人们簇拥着约翰夫妇上座，并要求与他们合影留念。

从此以后，店老板又继续从电话号码簿上寻找一些与名人同名的人，请他们星期二来晚餐，并出示海报，普告乡亲。于是，"猜猜谁来晚餐"，"将是什么人来晚餐"的话题，为生意清淡的星期二带来了高潮。

在英国的伦敦，有一家小型的珠宝店，开张伊始店老板就扬言，要获得令同行们刮目相看的经营业绩。然而，4年以来，因经营不善，濒临倒闭，同行们都讥讽他是"癞蛤蟆想吃天鹅肉"。店老板真是走投无路，冥思苦想着改善困境的对策。

机会终于来了。1980年，查尔斯王子和黛安娜王妃要举行婚礼，一时成为轰动英国以至全世界的新闻。黛安娜王妃容貌绝伦、仪态超群，令绝大多数英国人为之仰慕、倾倒，她甚至成了众多青年人崇敬的偶像。店老板想，如果能抓住这个千载难逢的机会，利用公众对

王子王妃婚礼盛典的专注心理，导演一出虚假而又逼真的广告活剧，必定能使自己的珠宝店摆脱困境，大发其财。

于是，他四处搜寻长得像黛安娜王妃的年轻女子。历经艰苦，终于被他找到了一个相貌酷似黛安娜的时装模特。他重金聘用这个模特，对她从服饰、发型到神态、气质都做了煞费苦心的模仿训练。待到看不出破绽之后，店老板便向电视台记者发出了暗示：明晚将有英国最著名的佳宾光临自己的珠宝店，采访这条新闻的条件是电视片中不得加入解说词。

第二天晚上，这家珠宝店灯火辉煌，店老板衣冠一新，神采奕奕地站在店门口，像是要恭候要人光临。此举顿时吸引得许多过往行人驻足观望。不一会儿，一辆豪华的轿车缓缓地驰到了门口，车一停下来，店老板便立即走上前去彬彬有礼地打开了门。那位相貌酷似黛安娜王妃的模特从容地从车上走下来，嫣然一笑，还向聚拢来的行人点头致意。有人喊了一声："看，黛安娜王妃。"众人真的以为是黛安娜王妃来了，不及辨别便蜂拥而上，争相一睹黛安娜王妃的风采，挤到前头的青少年还为吻上了"黛安娜王妃的手"而得意非常。电视台的记者不敢怠慢，急忙打开录像机频频摇动，警察怕影响"王妃"的活动，急忙过来维持秩序。

店老板此时更是从容不迫，先是感谢"王妃"的光临，随后笑容可掬地引她参观，店员们按老板的吩咐，相继介绍项链、耳环、钻石等名贵饰品，"黛安娜王妃"则面露欣喜，边挑边称赞。

第二天，电视台播放了这出以假乱真的新闻录像，因受老板的关照，被蒙在鼓里的记者，把它拍成了"默片"，自始至终没有一句话和一句解说词。屏幕上出现的只是热烈非常的场面和珠宝店的店客。这一下震动了伦敦全城，人们纷纷传播这个重要的新闻，原来不知道这家珠宝店的人们不住地打听这家珠宝店的地址，都想在"黛安娜王妃"来过的珠宝店里买一件首饰当作礼品送人。青年人，黛安娜迷们爱屋及乌，络绎不绝地跑来抢购"黛安娜"所喜爱的各种首饰。原来生意清淡、门可罗雀的小珠宝店，顿时门庭若市，生意兴隆，叫老板和店员们应接不暇。短短的一个星期，这家珠宝店就获利 10 万英镑，超过开业 4 年来的总和。

这则消息传到白金汉宫，惊动了皇家贵族，皇家发言人立即郑重地发表声明："经查日程安排，王妃没有去过那家珠宝店。"要求法院判处那家珠宝店的老板犯了诈骗罪。发了大财的珠宝店老板却振振有词地说："电视片中没有一句话，我也没有说佳宾是黛安娜，这在法律上不能构成犯罪，至于围观的公众'想当然'地把她当成王妃，我是无法阻止的。"

珠宝店老板利用假王妃，大肆制造社会新闻，使得伦敦全城沸沸扬扬，珠宝店也因此柳暗花明，绝处逢生。此举假借了权威效应，珠宝店老板深知黛安娜王妃在英国公众心目中的权威性，故请来一位模特扮演成王妃，光顾他的珠宝店，又巧妙地通过电视台加以宣传，从而大大提高了他的珠宝店的知名度和

美誉度，吸引来众多的顾客，实现了预期的宣传效果，扩大了销售。这种手段，从道德上说，有愚弄公众之嫌，不宜提倡，但是，若能正确地在商业活动中利用权威效能，则是值得赞扬的。

"杜邦"创新获发展

杜邦这个名字是当今经济界几乎人人皆知的，它是世界最大的化工企业，以生产尼龙、塑料等化工制品著称，现在正雄心勃勃地向其他领域进军。

杜邦公司总部设在美国，它的销售额每年逾 500 亿美元。

这家公司能够不断发展，获得经营成功，是与其不断开拓，着眼未来，敢于投资稿科研和开发新项目分不开的。

杜邦公司目前拥有各种学科的专家和工程师 5000 多名，在美国和世界各地设有研究室 50 多个，近年来，每年开支科研费近 10 亿美元，1988 年的开支为 13 亿美元，比上年增加 5%。一般来说，其科研费用的开支约占其总销售额的 4% 左右。

杜邦公司的决策者深刻领悟到，在科技日新月异的发展和竞争日益激烈的今天，产品是企业的生命，一成不变地生产经营固定的产品，企业是不会兴旺发达而最终要自取灭亡的。只有不断地根据市场需求和科学技术的发展而开发新产品，这才是企业经营的根本之道，企业吐故纳新的生机所在，表现在产品的更新换代和创造出新上。

本着以上的宗旨，杜邦公司在不断改进和提高尼龙和塑料制品的经营外，

近年来不断开拓了新的项目，以此促进了企业的发展。

航天工业已经成为该公司瞄准的主要项目之一，现正在推出航天工业所需的各种性能零部件，这些零部件具有传统金属所不具有的性能，它包括高强度、坚硬、轻质、耐磨性、易加工和保养的多性能特性。是从本公司传统产品中推陈出新的产品。

开拓汽车工业亦是杜邦公司近年的主攻项目。据统计分析，目前一辆汽车应用塑料已达 200 磅，主要用于车内装饰、底盘、车身外壳和结构部件。杜邦公司已开发出一种叫维斯珀尔的超耐磨树脂，能用于汽车空调系统的各种阀门。同时还开发出一种类似橡胶的塑料，能承受高温和振动，可作为发动机的支承部分。此外，正在研制的新型耐化学腐性塑料，拟作为汽车燃料系统的部件和刹车的软管等部件的原料。

最近几年，杜邦公司还极力开发电子工业，以发展电子新材料为主攻方向。其研制的一种塑基胶片，能用激光构思设计电路板的复杂电路。这种产品投入生产后，将成为电子工业的一种强劲竞争项目，同时，杜邦公司利用激光进行数据储存和通讯的新材料开发，一种能为光束分成几个光束进入光导线路的材料即将问世。另外，杜邦公司还与英国等外国公司进行合作研究。

在纤维方面，杜邦公司在 1987 年推出的斯坦麦斯特纤维，用它制成地毯不怕弄脏，极易清洁。而另一种新产品叫塞马克斯张纤维，它制成服装后在寒冷地区穿着能保暖，在炎热地区穿着感到凉爽。这些产品在市场上具有竞争力。

在食品包装和卫生保健方面的新原料开发，杜邦公司也在加紧进行，并取得了可喜的进展。

人们说开发创新出"杜邦"，从"无"中创造"有"，看来有一定道理。

第八计　暗渡陈仓①

【原典】示之以动。利其静而有主。益动而巽②。

【按语】奇出于正③，无正则不能出奇。不明修栈道④，则不能暗渡陈仓。

昔邓艾⑤屯白水⑥之北，姜维⑦遣廖化⑧屯白水之南，而结营焉。艾谓诸将曰："维今卒还，吾军少，法当来渡。而不作桥。此维使化持我，令不得还，必自东袭取洮城⑨矣。"艾即夜潜军，径到洮城，维果来渡。而艾先至，据城，得以不破。

此则是姜维不善于用暗渡陈仓之计，而邓艾察知其声东击西之谋也。

【原典注释】①陈仓：地名，在今陕西守鸡东二十里处。

②益动而巽：《易经·益卦》："象曰：益动而巽，日进无疆。"意思是说：顺着常理而行动，就会每天都有增益，直到永远。巽，在八卦中象征风，顺风而行，必然容易。运用到军事上，若要使用暗渡陈仓之计，所有行动必要符合一般的战争原则。

③奇正：指战争的出奇制胜的变化和一般原则。《孙子·势篇》："凡战者，以正合，以奇胜。"

④栈道：在险绝的山上或悬崖绝壁用竹木架设的道路。

⑤邓艾：三国时魏国人，字士载。当初为司马懿椽属，后作为镇西将军，公元263年同钟会分兵入蜀，灭之。后为钟会所杀。

⑥白水：即桓水、强川，源出岷山。邓艾与蜀将姜维相拒之地。邓艾在北岸，姜维在南岸。

⑦姜维：三国时蜀将，字伯约，长期与魏军作战，多建奇功。

⑧廖化：三国蜀将，字元俭。

⑨洮城：地名，今甘肃岷县西百里处。

【原典译文】故意暴露自己的行动吸引敌人，利用敌人专心注意自己的动向而固守不动时，我方则采取主动，偷偷迂回到敌人的另一方袭击敌人。根据益卦原理，作战方法一定要顺乎常理才能有所成功。

【按语译文】出奇制胜，产生于常规的用兵方法。没有按照常规的用兵原则行动，就不能达到出奇制胜的目的。如果没有明修栈道的军事行动，就不会取得暗渡陈仓的成功。

过去三国时，魏将邓艾驻守在白水北岸，蜀将姜维却派遣廖化防守在白水南岸，并且安营扎寨。邓艾对各位将领说："如今姜维突然回军，我们兵力少，按一般的作战规则，姜维应该过河来攻，然而至今仍不见架桥。这是他让廖化来牵制我，他却想断我的归路，必然率领主力部队向东袭击洮城去了。"于是邓艾连夜带兵回到洮城。果然姜维前来，然而邓艾已经先到，固守城池，结果未被攻破。

这是一则姜维不善于运用暗渡陈仓之计，而邓艾却识破了他声东击西之计的战例。

【传世典故 计名探源】 暗渡陈仓为"明修栈道，暗渡陈仓"的简化，意思是公开表示要从栈道走出，以佯修栈道，可是却利用佯修栈道的时间，从另外的道路偷偷通过，来到陈仓。现指运用迂回战略，从敌人意想不到的地点、方向发起进攻。

"明修栈道，暗渡陈仓"是楚汉相争时，韩信出任大将，首先运用的一个出色计谋。刘邦被项羽封为"汉中王"，从关中迁往汉中途中，一方面为了防止章邯的入侵，另一方面为了麻痹项羽，刘邦命人将一条一百多里长的栈道烧毁了。

公元前207年，项羽在巨鹿（今河北平乡西南）与秦军作战，取得了决定性的胜利。之后，他与各路起义军首领，主要是与沛公刘邦争夺天下，历时四年，史称"楚汉战争"。

公元前206年，项羽率四万大军挺进关中，意欲攻下咸阳。这里土地肥沃，是秦王朝的核心地区，所以秦军把守得很牢。进到函谷关时，他才获悉，刘邦的十万大军早已攻占了咸阳城，并自立为关中王了，因为当时农民起义军领袖楚怀王曾许诺：反秦的起义军中，谁第一个攻下咸阳，谁就是关中王。

被刘邦的战绩激怒的项羽，率兵逼进关中，在鸿门（今陕西省临潼东面）扎下营寨，并宣称要消灭刘邦。这时，刘邦在兵力上处于劣势，不能与项羽发生对抗。所以他亲赴鸿门想稳住项羽。项羽设宴招待刘邦。席间，项羽的谋士范增示意项羽的堂弟项庄在刘邦座前舞剑，企图乘机刺杀他。因为在范增看来，今后刘邦必将是项羽的劲敌。但由于张良和樊哙的保护，刘邦在终席前以"如厕"为借口，逃离项羽的营寨。有一些历史知识的中国人都知道"鸿门宴"和成语"项庄舞剑，意在沛公"的故事。

结果，刘邦把咸阳和关中让给了项羽。项羽则在前206年自封"西楚霸王"。他的势力范围在今江苏、安徽、山东、河南地区，并定都彭城（今江苏徐州市）。中国其余地区被分为十八个封地。项羽希望刘邦离他愈远愈好。于是就把汉中封给刘邦，也就是今四川东部和西部地区以及陕西的西南部地区，再加上湖北一小部。刘邦也就因此获得"汉中王"的称号。自此也就有了汉朝的国号和年号。为了防备刘邦今后有非分之想，项羽把与汉中相邻的关中分成三部分，分别封给三个秦朝降将。直接与刘邦相接的雍王就是原秦将章邯。

这样一来，刘邦不得不离开关中。在从关中迁往汉中途中，他命人将途中一条一百多里长的栈道烧毁。此举一方面可以防止诸侯，特别是章邯军队的入侵，另一方面也可以迷惑项羽，似乎刘邦再也无意回关中了。

过了不久，还是在公元前206这一年，没有得到项羽分封的田荣在原先齐国地区起兵反对项羽。刘邦命韩信作好进攻关中的准备。为了蒙骗敌人，韩信派一些士兵前去修复栈道。章邯得知，觉得十分好笑，说："想用这么几个人把栈道重新修好，简直像儿戏一般。"其实韩信并非真的打算从栈道进攻关中。就在重修栈道开始后不久，他已率领刘邦军队的主力从一条小路，即故道（今陕西凤翔西北）迂回到了陈仓。章邯仓促应战，结果大败。暗渡陈仓是刘邦与项羽一系列战役的开端。这些战役直到前202年方告结束，汉朝最终统一天下。

【名家评点 破解方略】《孙子兵法》十分讲究"正奇相生"的战术理念。所以，"暗度陈仓"是奇计，而它的先行一步"明修栈道"当属正道。在这里，正道并非为了取胜，而是为了营造使用"暗度陈仓"之计的氛围。奇计才是取胜的关键。

此计与声东击西计有相似之处，都有迷惑敌人、隐蔽进攻的作用。二者的不同之处是：声东击西隐蔽的是攻击点，暗度陈仓隐蔽的则是攻击路线。

作战时，运用暗度陈仓的谋略，可以攻敌不备，获取胜利。在日常生活中，运用暗度陈仓的计谋时，可以掩饰自己真正的意图让别人不设防备，从而顺利地实现自己的计划。

经典案例　锦囊妙计

孔明巧布奇正兵

孔明在平定西南蛮邦挥军南下时，首先遇到的是蛮王孟获会集金环三结、董荼那、啊会喃三洞元帅，统领十五万蛮军的抵抗。

面对山险、洞多、地理交通十分复杂的情况，孔明觉得如果贸然向蛮军发起进攻，定会遭到暗算，同时，也不能有放地制敌。回到营中，打开蛮邦地图，仔细筹划攻敌之策。

第二天，孔明升帐，令王平进兵左路，去攻董荼那营寨：马忠进兵右路，去攻阿会喃营寨；张嶷、张翼进兵中路，进攻金环三结洞寨。吩咐已毕退帐。这时，赵云、魏延问孔说："为什么不派我二人去出阵攻敌？"孔明说："南地险恶，你二人不识路径，不懂地理，轻遣你们深入重地，一旦被敌军暗算，折了我先锋大将，会挫我军锐气，虑此，你二人可暂为后应，不可私自妄动。"

赵云、魏延回寨后，越想越不对味，魏延说："我们本是先锋，现在却因我二人不识地理而未用，却遣后辈出阵试敌，愧死人了！"赵云说："我们不如去捉几个当地土人带我们进兵。"二人商议好后，悄悄出寨入山，捉了几个蛮兵。二人备好酒菜，善意地把蛮兵招待一番，然后向他们打听入山路径。蛮兵说："前面的山口就是金环三结的大寨，洞寨的左、右分别有两条路通往董荼那、啊会喃的后寨。"

赵云与魏延问明路径后，立即各率五千军马，由蛮兵引路，乘夜向山内进军。及至到了金环三结大寨时，才四更左右，当时蛮兵正欲起来造饭。赵云、魏延乘敌无备，突然杀入洞寨之内。蛮兵见有军马入寨，顿时乱作一团。赵云直奔中军，未等金环三结反应过来，被赵云一枪刺死。接着，赵云与魏延分兵去攻左、右两寨的敌军。

左右两寨的敌将，见中军大寨有兵败来，又听说蜀将已从后寨杀来，急派兵抵抗，封锁后寨路径。这时，从正面进攻的蜀将王平、马忠听到敌寨后有喊杀之声，便从前寨率军冲入。两寨同时受到前后夹击。敌将见势不妙，慌忙弃寨而逃，蜀将收军回营。

当众将回营向孔明请功时，未等众将开口，孔明便向赵云、魏延二人说："金环三结的头，在你二人谁的手中？"赵云献上敌将首级后说："我二人夺了张翼、张嶷之功。"孔明说："张嶷、张翼自有其立功之处，还不把俘将押到？"说罢听见二将把遭逃了的董荼那、阿哈喃押入帐内。赵云、魏延见此情景感到很意外，便问孔明说："他们是如何捉到贼首的？"孔明笑了笑说："吾不派你二人出兵，是激你们暗出奇兵，深入重地袭敌之法。另派王平、马忠正面出兵，实是待你们与敌交战后，作为奇兵用的，以致形成夹击之势。你们私自出兵袭击敌寨，早在我意料之中了。"众将听罢，无不赞叹孔明用兵如神。

张飞智取瓦口关

蜀将张飞在攻打瓦口关的战斗中，由于敌将张郃兵败之后，凭山险坚守不出战，致使张飞率军攻打数日，也攻不下来。

张飞对魏延说："'一夫守关，万军难过。'我们得想别的办法取关，不能再硬攻了。"于是便同魏延到关两侧打探有没有其他路径可以取关。

一天，张飞忽然看见一伙男女百姓每人背着一个包袱，在山僻小路上攀藤附葛而走。张飞吩咐军兵把这些百姓唤来问话。百姓们说："我们是汉中的居民，今天本来要回家乡，听说大军要厮杀，闭塞了阆中官道，我们只好过苍溪，从梓潼山桧釿川入汉中回家。"张飞问："由此小路到关口有多远?"百姓说："从梓潼山小路过去不远就是瓦关口的背后。"张飞听罢十分高兴，重赏了百姓。对魏延说："明天你仍从正面攻关，我率轻骑从梓潼山小路攻他关后。"

第二天，张郃正为救兵不到而烦恼，闻报蜀军又在关下攻打，恼怒之余，欲率军下关迎战。这时突然听说关后起火，有四五路兵马杀来。张郃一惊，心想，这又是那路之兵，忙上马率兵去后关探望。未及他整顿好兵马，只见张飞率军冲杀上来。张郃被张飞杀个措手不及，只好弃关而逃。

魏延从正面进攻为正合，张飞从小路进击为出奇。

韩信罂渡败魏王

公元前206年，楚汉相争，彭城一战，项羽打败了刘邦。这年6月，原来已经归附刘邦的魏王豹又叛汉投楚，并率兵占据了刘邦去关中的交通要道——蒲津关。刘邦派谋士郦食其前往魏营争取魏王豹，遭到拒绝，于是便以韩信为元帅于同年8月率兵攻魏。魏王豹派重兵把守黄河东岸的蒲坂（今山西忻县），封锁了黄河渡口临晋津，阻止汉军渡河……

这一天，韩信等领军到达临晋津，望见对岸尽是魏兵把守，不便径直渡河，于是便命令就地安营扎寨，与魏兵隔河相持，暗中则派遣精干人员探索上流形势。不久，得到探报，说是上流各段都有魏兵严密把守，只有夏阳一处，魏兵较少，防备空虚。韩信听了这一探报，认真分析，想出一条计策来了。他先召曹参入帐，命令他立即领兵进山砍伐木材，不论大小，都可有用。接着，又召灌婴，命他派出士兵分头前往市中购买瓦罂数千只，每只瓦罂须能容二石粮食。灌婴听了不知韩信要买瓦罂用途何在，想问个究竟，韩信不予回答，只教遵令行事。事隔两日，曹参、灌婴先后将所办齐的木材、瓦罂向韩信缴令。韩信又命他们二人按自己的设计制造出一种木罂，即用木头夹住罂底，四周缚成方格，用绳绊住，一格一罂，数十罂合为一排，数千罂分成数十排。灌婴听了韩信这番安排更加纳闷。便问曹参道：大军渡河需要用的船只已经征集了，为何还要这种木罂呢？曹参回答说：此事我也不太清楚，就按元帅命令行事吧！于是二人日夜督工制造，不消几天，数千只木罂就制齐了。韩信亲自验收，等到当天黄昏时候，韩信命令灌婴领数千人在原地不动，并交待只准摇旗擂鼓，守往船只，不得擅自渡河，有敢违命者斩。而韩信自己则与曹参一道督促大军，搬运木罂，黄夜赶到夏阳，并立即将木罂放入河中，每罂装载士兵二三人。士兵坐在罂上用器械划动，罂行四平八稳，并不倾覆；韩信、曹参也跟着坐罂渡河。好不容易到达对岸，全体将士跳上岸去，整队前进。却说临晋津渡口魏国守将只是率军严守，听到对岸汉军战船列成一排，声声呐喊，更是越加小心，一步也不敢离开。就是魏王豹也只注意临晋方向而忽视了夏阳，误以为夏阳平日没有船只，汉军根本无法渡过。可谁知韩信竟用木罂把汉军主力渡过河了呢？汉军在夏阳偷渡成功后，一路前进，毫无阻挡，一直进到东张，才见到有魏军营寨，曹参拍马舞刀，领军向魏营杀去，魏将孙仓猝应战，大败亏输，汉军又乘胜前进，再取安邑，直捣魏都，魏王豹亲自领兵迎敌，又遭大败。魏军弃甲投戈，纷纷请降，魏王豹也迫于大势已去，只得下马伏地，束手就擒了。

陈平用计擒樊哙

陈平是西汉高祖刘邦的重要谋臣，自汉二年（前205）投奔刘邦以后，屡以奇计辅佐刘邦，如以反间计，离散项羽、范增君臣，使项羽失去了第一谋臣范增；汉三年五月设计乔装诱敌，使刘邦金蝉脱壳得以逃脱久遭楚王围困的荥阳。汉四年，他及时暗示刘邦，封韩信为齐王，为后来联齐攻楚，最后在垓下击溃项羽势力创造了机会；刘邦欲除楚王韩信，消灭异姓王，又是他帮刘邦定计作云梦泽伪游，一举擒获韩信；汉七年，刘邦因出征韩王信，在白登被匈奴冒顿单于以几十万大军包围，在粮尽援绝的紧要关头，又是陈平出计，以美人图活动单于之妻，大军得以解围而出，陈平由此功封曲逆侯，成为刘邦左右功臣中，惟一尽食一县者。陈平以奇计谋略，获得刘邦的尊重和信任，尤其到了刘邦晚年，张良功成身退，陈平成为他赖以依靠的重要帮手，直至临死前，还向吕后嘱咐陈平可用。

汉高祖十二年（前195），燕王卢绾起兵反汉，二月，刘邦命樊哙率兵平叛。樊哙出征不久，有人在刘邦前进言，说樊哙勾结吕后，就等高祖死后乘机夺权。刘邦听到此言，心中恼怒，说："樊哙见我病重，是要盼我速死。"打算临阵换将，以周勃替代。因担心樊哙领兵在外，手下有精兵强将，谋取不易，于是问计于陈平，陈平认为，不能到军中强行执缚樊哙，只有巧取才为妥当。绛侯周勃不宜公开出面，最好先隐蔽起来，由陈平出面先稳住樊哙，然后，周勃突然闯入军中，乘樊哙没有戒备时，宣旨斩杀，夺印代将。刘邦以为计策高明，令陈平、周勃速去。

陈平、周勃领命出发，一路上两人商讨擒获樊哙的具体行动。在商谈时，陈平对周勃说："樊哙是皇上的故交，立下有如鸿门宴上救皇上等许多战功，又是现今朝中拥有强大势力的吕后妹夫，既是功勋又是皇亲，皇上因一时生气，要我们杀他，如果事后气消，思之后悔，会归罪于我们。何况吕后及樊哙的妻子吕嬃再在中间插手，我们罪名更深，所以，不如暂时拿住樊哙，送往朝廷，听由皇上惩处。"周勃同意陈平的意见。

陈平、周勃将到樊哙军营时，周勃藏身大车之中，陈平让人在樊哙军营之外从速建筑一土台，作为诏宣皇帝圣旨所用，又派人去面见樊哙，通知他陈平代皇帝前来宣诏。樊哙本为一武将，见只有文官陈平带一些随从前来，真的以为陈平是来军中宣布皇上的一般诏书，丝毫不怀疑其中有诈，立即随陈平的手下赶到土台前接诏。正在陈平宣读诏旨时，哪知背后闪出绛侯周勃，只听一声令下，左右两边隐蔽的一些兵士一起涌上，把樊哙缚住，关入狱车中，周勃则快马驰到樊哙大营，进入中军大帐，召文武属官集会，宣布樊哙罪行，自己遵旨代将。陈平则押解樊哙前往长安。

陈平不愧是汉初睿智的谋略家，耍起阴谋来也是不动声色，得心应手。这"明修栈道、暗渡陈仓"之计，本是西汉第一谋臣张良在西汉元年四月西就封国时，出谋要刘邦烧毁凌空高架的栈道，示意诸侯自己无东归之心，为麻痹项羽所用。张良的"明毁栈道"，导致了四个月后韩信的"明修栈道"，陈仓暗渡，定灭三秦，此类故事，对陈平来说都是身历其中，当然如数家珍，非常清楚的。那暗渡陈仓的好手韩信后来又是败在他们的计策之下，所以说陈平运用暗渡陈仓之计，是有其得天独厚的优势之处，不过是现在他把此计由军事战场上，搬到政治权力场上的争斗。刘邦晚年，随着异姓诸侯王的相继被杀，和刘姓子孙诸王的封藩，在中央政权内部，渐渐崛起一股外戚吕氏势力。吕后是刘邦的结发妻子，吕氏宗族亦是刘邦起兵的最早参加者，吕氏利用刘邦年老身体有病，自己有机会干预朝政的机会，逐渐地把吕家一班人安排进朝廷的各个部门。大将樊哙与吕氏结成姻亲，领兵在外，廷内有颇有心术的辟阳侯审其食为吕后出谋划策，吕氏家族欲改刘家天下的苗头已经出现，在此情况下，陈平受命刘邦除杀与吕氏势力关系亲密的樊哙，这就不仅是一个简单遵旨杀人的事，更关系到陈平自身在未来的中央政权中能否存身的一件大事，故此，陈平巧施暗渡陈仓之计，以一介文官身分，单独约见樊哙，迷惑樊哙使其上当，而以大将周勃，隐藏偷袭，一举擒住樊哙。明里建台宣旨，暗里突袭擒敌。这样既避免了与樊哙军将面对面的冲突，又能对刘邦交差，把杀樊哙的责任推卸给刘邦，使将要得势的吕氏家族，不至于怪罪自己。果然，陈平在押解樊哙至长安途中，刘邦在京病逝，吕家班子把持了朝政正要磨刀霍霍，向帮助刘邦开国的元勋功臣动手。陈平幸亏未斩樊哙，有了一个安抚吕氏的资本，于是赶紧急驰京都，以哭丧为名，表面哭刘邦，实是示心意，泣告自己没有轻易处斩樊哙，不过押解来京，吕后及其妹吕嬃得知樊哙未死，放下心来，转而安慰悲伤的陈平，且收回让其出外就职的成命，吕后执政后，还让他做了丞相。

运筹帷幄平五路

刘备病亡后，魏主曹丕欲乘蜀主刘禅年幼之机，一举吞并蜀国。他采用司马懿四面围攻的战略，先以重金贿赂辽东鲜卑国王，约他起羌兵十万，从旱路进攻西平关；再用割地约和的策略，约东吴孙权起兵十万，进攻两川峡口地带，主攻涪城；又以官浩赏赐的手段，诱使南蛮孟获起兵十万，攻打西川南部孟州等郡；令降将孟达，起上庸兵马十万，攻打汉中；遣大将军曹真率兵十万攻取西川，首攻阳平关。五路大军并进，欲使蜀军四面难顾。

消息传到蜀中，朝野上下，人心慌慌。后主刘禅更是如坐针毡，慌忙向孔明问计。孔明说："主公勿忧，我已有退敌之策了，这是军机大事，不可过早张扬，所以没向你细说，让陛下担心了。"后主说："我想听一听先生退敌之策。"孔明说："西番国王轲比能欲攻西平关，我已经遣马超去守关了。马超的祖籍是西川人士，羌人都把马超当做神来供奉。他去守关，万无一失。至于蛮王孟获率兵犯境，也不必忧虑。南人有勇无谋，惧我施计，当年我率师平南时，已令蛮人胆寒。我已经令魏延率军去布设疑兵，调遣兵军左出右进，右出左进，让孟获知我调兵频繁，他怕中计，必然不敢进兵；对孟达的上庸之兵也不必多虑。孟达当年曾与蜀臣李严有过生死之交，我已写书告诉李严，让他给孟达写信，劝他不要出兵。这样，孟达必托病不出征。

魏大将军曹真攻阳平关也无妨，此关易守难攻，我已派赵云去守关，用坚壁战术逼退曹真。剩下东吴的军马更不必多虑。东吴刚刚受到曹丕三路大军的侵扰，仇恨还未消，必然不肯顺从魏的调遣。他若见这四路兵胜，才肯来攻我们，以便从中渔利。如果这四路兵被我止住，东吴也不会出兵了。"听了孔明这番话，后主刘禅恍然大悟。折服地说："先生真是神人，在帷幄之中便能平定五路大军。"

事态发展果然如孔明所料无异，就这样，孔明坐居成都，兵不血刃地退了曹丕五路大军。

司马征辽擒公孙

春季，正月，明帝从长安召回司马懿，命他率4万人讨伐辽东。参与谋划的大臣有的认为4万兵员太多，军费难供。明帝说："四千里远征讨伐，虽说要用奇兵，但也应当依靠实力，不应太计较军费。"明帝对司马懿说："公孙渊对您将用什么计策？"司马懿回答说："公孙渊弃城逃走，是上策；据守辽东抗拒大军，是中策；如死守襄平，必被活捉。"明帝说："那三者中他将采用哪一种？"回答说："只有明智的人，才能审时度势，客观衡量敌我双方的力量，才会预先有所舍弃。这不是公孙渊的能力能及的，他会认为我军是孤军远征，不能支持很长时间，一定是先在辽水抗击，然后退守襄平。"明帝说："往返需要多长时间？"回答说："进军一百天，进攻一百天，返回一百天，六十天为休息日，这样，一年就足够了。"公孙渊听到司马懿讨伐辽东的消息后，再次派遣使节向东吴称臣并要求救援。东吴打算杀掉来使。羊衜说："不可，这是发泄匹夫一时怒气，而破坏称霸的大计，不如趁势厚待他，然后秘密派遣奇兵要公孙渊归附。如果魏讨伐公孙渊不能取胜，而我军远赴救难，便有恩于远方夷族，赴义的形象将传之万里。如果双方交战难解难分，辽东前方、后方分隔，那么我们就在它边陲郡县，驱逐劫掠而归，也足以表达上天的惩罚，雪往日之恨了。"吴主说："好！"于是大规模地集结部队，并对公孙渊的来使说："请回去等候音信，我一定按信上的要求去做，和公孙渊情如兄弟，一定休戚与共！"又说："司马懿所向无敌，我深为老弟担忧。"明帝问护军将军蒋济道："孙权会救援辽东吗？"蒋济说："孙权知道我们戒备森严，他无利可图，援军深入力所不及，不深入又徒劳无功；即使是儿子、兄弟处于危境，孙权也不会救援，何况是异域他国之人，加上以前还被公孙渊羞辱过。如今宣扬出兵救辽，不过是欺骗辽东来使，使我们生产疑惧，一旦我们不能攻克，希望公孙渊会向他臣服。可是沓渚县离公孙渊所在地很远，如果大军受阻，与对方相持不下，战斗不能速决，那么孙权的临时决策，或者轻兵突袭，就不好预料了。"

238年6月，司马懿大军到达辽东，公孙渊命大将军卑衍、杨祚带领步、骑兵数万人驻扎在辽隧，围城挖掘了20余里长的壕沟。魏军将领们想要入城，司马懿说："敌人所以坚守壁垒不肯决战，是打算拖死我军，现在进攻，正中其计。而且敌人主力在此，他们的老巢必定空虚，我军直攻襄平，必定能够攻下。"于是，打出许多旗帜，假装向南方出动，卑衍等率全部精锐部队随之向南。司马懿率军暗中渡过辽河，向北直扑襄平。卑衍等大为惊恐，率军连夜撤回。魏各路大军进抵首山，公孙渊再让卑衍等迎战。司马懿进击，大败卑衍，率军包围襄平。秋季，7月，连降大雨，辽河暴涨，运粮船队从辽口可直达城下。大雨一个多月不停，平地水深数尺，魏三军恐惧，打算迁营，司马懿下令军中："有敢说迁营者斩！"督督令史张静违犯禁令，被斩，军心才安定下来。敌人依仗水势，砍柴放牧依然如故，将领们想要俘获他们，司马懿都不准。司马陈珪说："从前攻打上庸，八支部队同时进发，昼夜不停，所以能用16天时间攻克坚固之城，斩杀孟达。这次远征，反而安逸缓慢，我暗暗疑惑。"司马懿说："孟达兵少但存粮可支一年，我军四倍于孟达，但粮食不能支持一个月。以一个月图谋一年，怎么可以不急速？以四个兵士攻击一个敌人，即使丧失一半也能够攻克，都应当去做，所以不顾死伤地强攻，是与粮食竞争啊！如今敌众我寡，敌饥我饱，何况雨水如此之大，攻力无法施展，虽然应当速战速决，又有什么办法呢？自打从京师出发，不担心敌人进攻，只害怕敌人逃跑。如今敌人粮食就要耗尽，可是我们的包围尚未完成，抢掠他们的马匹，抄袭他们的樵夫，这是故意逼迫他们逃走。用兵是诡诈之道，要善于根据具体情况随机应变。敌人凭仗人多雨大，虽然饥饿，还不肯束手投降，应当显示出我们无能以稳住他们。如因贪小利惊跑他们，不是好计策。"朝中听说大军遇雨，一致打算退兵，明帝说："司马懿有能力临危控制变故，捉住公孙渊指日可待。雨止，司马懿马上合拢包围圈，堆土山，挖地道，用楯干、橹车、钩梯、冲车，日夜攻城，箭与雷石密下如雨。公孙渊窘迫危急，粮食耗尽，以至人与人互相残食，死亡极多，部将杨祚等投降，8月，公孙渊派遣相国王建、御史大夫柳甫向司马懿请求解围退兵，公孙渊君臣定当自缚而降。司马懿命斩来使，用檄文通知公孙渊说："楚国和郑国地位相等，可是郑伯还光着脊背牵着羊出城迎降。我是天子的上公，而王建等想要我解围后退，难道合乎礼节吗？这两个老家伙，传说不明，已被我杀掉。如果还想请降，就另派年轻有决断的人前来。"公孙渊又派侍中卫演出请求指定日期，派送人质。司马懿对卫演说："军事上大的要诀有五条，能战则战，不能战就坚守，不能坚守就逃走。其余两条，就只投降和死路了。公孙渊不肯自缚而降，就是想死，不必送人质！"壬午日，襄平城败溃，公孙渊与其子公孙修带数百骑突围向东南逃走，魏大军追击，在梁水边杀了公孙渊父子。司马懿攻入襄平城。诛杀城中公卿以下官民7000余人，积尸封土，筑成京观，辽东、带方、乐浪、玄菟四郡全部平定。公孙渊要反叛时，将军纶直、贾范等苦苦相劝，公孙渊把他们都杀了。司马懿于是堆上加高纶直等人的坟墓，让他们的子弟显扬，释放了还在囚禁着的公孙渊的叔父公孙

恭。中原人想返回老家的，也听其自便。然后司马懿班师回朝。

孔明一谋解吴危

东吴兵马都督周瑜死后，经孔明出使为其吊丧，缓和了双方因荆州之地产生的摩擦，因而使刘备能有暇谋取西川了。

一天，许都的曹操突然闻报："刘备训练军马，将欲兵取西川。"曹操听后急召谋臣计议说："刘备如果攻取了西川可就成气候了，宜马上兴师除掉他，众卿以为如何？"这时冶书侍御史陈群献策说："过去我们所以不能兴师下江南，是恐孙刘双方联合之故。今刘备欲取西川，我们可挥师南下。孙权见势危，必然向刘备求救，刘备心在西川，必难顾及。这样我们便可以先取江东，再取荆州，最后攻取西川。如此一来天下可定矣。"曹操一听，也觉得是这个道理，便统兵三十万南下，同时令合淝的张辽准备粮草，满足供给。

东吴孙权见曹兵南下，周瑜又新亡，一时惊慌失措，忙召众臣商议御敌之策。张昭这时对孙权说："主公勿忧，可速派人去荆州向刘备求救。"孙权为难地说："昔日我们为夺荆州，与其多有不睦，此刻他岂能相助？"张昭说："可派人去请鲁肃，子敬有恩于刘备，他去相求刘备必然肯从。况且刘备是东吴的女婿，他怎能见危不救？"孙权说："事到如今也只好试试看吧。"说完令人马上报知鲁肃。

鲁肃获息，急修书一封，遣使送书去见刘备。刘备见了使书，留使者暂在

馆驿中歇息，差人去南郡请孔明回来定夺。孔明看了鲁肃之书问刘备说："主公意下如何?"刘备为难地说："我正欲取西川，不想曹操又攻江南，尚不知如何是好。"孔明淡然一笑说："我有一谋，不用动刀兵便可退曹兵。"说罢提笔向鲁肃回书说："公可高枕无忧，若有北军进犯，吾自有退军之策。"刘备不解地问："今曹操已率三十万大军起程，先生有何策可用?"孔明说："曹操平生所虑的就是西凉之兵。他刚刚在京都杀了马腾。马腾之子马超闻讯，必兴师报杀父之仇。公可写书连结马超，让他即刻兴师入关。这样曹操就不能兴师南下了。"刘备听罢二话没说便写书给马超，遣使连夜去西凉。

西凉马超刚听说父亲被害的消息，正欲兴师报仇，又接到了刘备的书信。只见书中云："伏念汉室不幸，曹贼专权，欺君罔上，黎民凋残。备昔日与令先君同受密诏誓诛此贼。今先君不幸被操所害，这是你我与曹不共天地，不同日月之仇也。若能率西凉之兵以攻曹操之右，吾当兴荆州之兵，以遏操之前。如此则操可擒，奸党可灭，仇恨可报，汉室可兴矣。书不尽言，立待回音。"马超看罢，挥涕回书，应约向长安进发。

正欲兴师南下的曹操，见马超攻破了长安、潼关，势如利剑直插过来，只好停止南征，率军西去抵御马超。如此一来，江东受侵之危顿解。

迫敌设谋计取城

诸葛亮在攻取零陵的战役中，首战设伏兵，擒俘了敌将邢道荣。

邢道荣为求活命，主动请求投降。刘备觉得这种人无义，留下他也无什么用处，下令将其斩首。孔明阻止说："他既然主动归降，一定有立功打算，如不能立功，再杀他也不迟。"于是对邢道荣说："零陵太守刘度之子刘贤，不知天高地厚与我们抵敌，你若把刘贤给我捉来，我便允你投降。"邢道荣一听，有活路可求，便满口答应。孔明接着问他："你用什么办法去捉刘贤?"邢道荣本来只是顺口应承，想不到孔明竟寻根求真。便又应付说："军师若肯放我回去，今晚你们可去劫寨，我做内应，活捉刘贤。"孔明答应其计，放了邢道荣。

刘备问孔明说："他这种人，军师怎么也会相信呢?"孔明说："我自有安排，主公只看我用计就行了。"

邢道荣回寨后，对刘贤说了被俘的实情。刘贤说："我们该怎么办?"邢道荣说："我们可以将计就计。今夜他们来劫寨时，我们设伏兵袭击他。"

当夜，伏在寨外的刘贤、邢道荣，果然见到有一彪军马急速向大寨冲来，到寨内放了一把火便迅速冲了出去。此刻刘贤、邢道荣急下令出去。由于来军迅猛，反让劫寨军马逃脱。于是下令追击。追了二十里，却突然丢失了目标。二人恐大寨失守，急收军回寨。刚欲入寨，却见张飞从寨内杀出，孔明率伏兵又四面包围过来，一战活捉了刘贤，杀死了邢道荣，零陵太守刘度只好献城投降。

在此战例中，邢道荣约孔明去劫寨，是孔明逼出来的计谋。它对双方来说，

都是虚谋。我方可用，亦可不用。敌方可信，亦可不信。但它却是双方施计用谋的焦点。敌将邢道荣信以为真，欲在此计基础上，用将计就计打败孔明。而邢道荣的将计就计，却被也孔明料到，于是将敌方的"将计就计"，就己方的"出奇匿伏"之计，获取全胜。

行俭缓兵胜强敌

唐朝高宗年间，十姓可汗阿史那匐延都支及李遮匐煽动造反，侵逼到了安西。唐朝要发兵征讨，裴行俭建议说："吐蕃叛乱，干戈未息，现今波斯王去逝，他的儿子泥涅师师在京城押作人质，以至群龙无首。依我之见，还是差使节到波斯去册立泥涅师师为王，便可平息叛乱。"唐高宗听从了裴行俭的话，命他将封册送波斯王。

裴行俭一行经过莫贺延碛，到处风沙弥漫，阴晦难明，他们迷失了方向，饥渴难忍。裴行俭命令手下的人虔诚祭祀，得天意说：井泉就在前面，已经不遥远了。果然，不一会就云收风静了，再往前走了几百步，又有丰美的水草，随行人员个个都兴高采烈，佩服裴行俭的神机妙算，把裴行俭比做贰师将军。到了西州地方，当地人夹道欢迎裴行俭。裴行俭在这里召收了豪杰子弟一千多人，继续向西行进。不久，他们都停下了，裴行俭对他的部下说："现在天气实在太炎热了，简直像蒸笼一样，先就地歇息吧，等秋天天气凉快一点，我们再继续前进。"

都支一直窥探着裴行俭的一举一动，

听说裴行俭秋天再前进的消息后，也就不作任何防御的准备了。

裴行俭召集四镇诸蕃的酋长豪杰，对他们说："我过去曾来过此地，留下了很深的印象，一刻也不曾忘怀。现在，我想重温一下过去的时光，找一些人陪我再去打猎，谁愿陪我去?"这时，蕃酋子弟竟有一万多人愿意陪同前往。裴行俭假装要去打猎，训练队伍，不几天，就召集好了人马，但不是向打猎的方向去，而是向都支部落的地方进发。离都支部落十余里的地方，裴行俭派人向都支问安，看起来并不像讨伐他们的样子，后又派人召见都支。都支得知裴行俭到来的消息十分惊诧。他原与遮匐商量好了，等秋天时，双方联合军队与裴行俭的军队作战，突然听说裴行俭的军队已经临城，一时竟不知如何是好。在这样的局势下，反抗已无济于事了。裴行俭就这样轻而易举地擒获了都支等人。这天，又传了都支的契箭，把各部酋长召来请命，一网打尽。然后把军队进行了改装，乘胜前进。途中他们碰上遮匐的使节，这些使节是想与都支商议联合作战一事的。裴行俭释放了遮匐的使节，让他们告诉遮匐，都支已束手就擒了，希望他们也放下武器，投归唐朝。遮匐知道自己势单力孤，不是对手，就痛痛快快地投降了。

裴行俭的随行人员，在碎叶城立了块碑，把这次战功记在了上面，流传后世。唐高宗对裴行俭的战功非常赞赏，说道："你带兵讨伐叛逆，孤军深入，途经万里，没费一兵一卒，用计策把叛乱分子打败了，使他们归服唐朝，没有幸负我的重望啊!"不久,又赐宴为裴行俭庆功,当面称赞道:"爱卿真乃文武兼备,今故授卿二职。"即日,拜裴行俭为礼部尚书,兼检校右卫大将军。

裴行俭不时给敌人造成错觉,利用智谋战胜敌人,不费一兵一卒,可谓战争史上的一个创举。在军事策略上,他使用的是"不战而屈人"的策略,《孙子·谋攻篇》中说道"百战百胜,非善之善者也;不战而屈人之兵,善之善者也"。这里的不战,不是放弃武器,反对战争,而是指不与敌人直接交兵,而能使敌人屈服。孙武认为这是在战争中所能达到的最理想境界。这理想境界被裴行俭达到了。

借抗辽暗谋帝位

公元 959 年后周皇帝周世宗病逝,由他七岁的幼子柴宗训继位,即周恭帝。周恭帝年少不能料理朝政,国家出现了不稳定的局面。大将赵匡胤多年跟随周世宗南征北战,取得了周世宗的信任,被安排在重要岗位上,这时已是殿前都点检、检校太尉、归德节度使,掌握着禁军的统帅权,在朝廷中是个举足轻重的人物。面对幼主临朝政局不稳的局面,赵匡胤想以赵代周,自立天子,建立自家的封建王朝。

公元 960 年,后周显德七年正月初一,正当朝廷群臣在开封欢度新春佳节的时候,突然边塞传来警报,北汉、辽军会师攻周,于是禁军最高将领、殿前都点检赵匡胤受命倾后周大军出征,北上抗辽。大军行至离开封东北二十公里远的陈桥驿,一幕"黄袍加身"的戏剧开演了:赵匡胤的弟弟赵匡义、亲信谋臣赵普,指使亲信高怀德,在将士中散布谣言:"皇上幼弱,我们纵然拼死力打仗杀敌,也无人晓得,不如先立殿前都点检为天子,然后再行北征。"集聚一起的出征将士,很快被传言煽动起来,赵匡义、赵普乘势诱导:"改朝换代,异姓兴王,虽说是天命,人心向背才是关系成败的关键大事,诸位将领如能严饬军士,勿使掳掠扰民,使都城人心安稳,则四方自然安稳。大功告成,诸位亦能共得富贵。"第二天凌晨,鼓噪一夜的众将领披甲执兵,叩门叫醒昨夜醉酒卧睡的赵匡胤,由赵匡义、赵普带领相继而入,共同要求:"诸将无主,愿策立点检为天子。"赵匡胤故作惊愕状,起身下床,众人一拥而上,把准备好的黄袍披在赵匡胤身上,接着排列跪拜,高呼万岁。赵匡胤随之乘马领兵南返,要求众将士,"如要保富贵,须听从号令。回城后不得惊忧宫阙,凌辱朝贵,劫掠府库。听从者厚赏,违命者戮及妻孥"。大军衔命,旋返归开封,城中早有赵匡胤亲信重将石守信、王审琦布置内应,后周满城文武,尚未从惊诧中回过味来,七岁的北周恭帝柴宗训,就被迫在正月初四日(公元 966 年 2 月 3 日)禅让帝位。次日,赵匡胤正式登基,改元建隆,称国号为宋,成了大宋王朝的开国始皇帝宋太祖。

陈桥兵变,黄袍加身,赵匡胤逼恭帝禅让登皇位一事,并非《宋史》所称的赵匡胤为大军所迫,顺从而行的一次偶然事件,实际上是赵匡胤施行明修栈道、暗渡陈仓之计，发动了一场一切皆在密谋策划之中的政变，而其谋主，就是赵匡胤。

赵匡胤祖籍涿州，世代为将，李姓唐朝政权崩溃后，他看到纷乱的天下，正是豪杰四出的风云际会之时，便投军到后汉枢密使郭威（后周太祖）帐下，亲自参加了郭威代汉的兵变。后来又被郭威的养子柴荣调至禁军任职。在周世宗柴荣统一关中、征战淮河流域、北伐契丹等一系列战争中，赵匡胤身为将领，既谋划得体，又身先士卒，很得柴荣信任。特别是公元954年随周世宗出征北汉、辽国一战，赵匡胤拍马向前，立下了赫赫战功。先后拔升为殿前都指挥使，拜定国军节度使。后周显德六年（959），周世宗因病重难治，着手布置后事。以朝中甚得人望的魏仁浦为枢密使，兼宰相、中书侍郎、同平章事；宰相王溥，加门下侍郎，兼知枢密院事；宰相范质，兼知枢密院事；韩通以侍卫亲军副指挥部兼宰相职；周太祖女婿，世宗的妻弟张永德任殿前都点检。同年六月，周世宗猜忌张永德心蓄异志，把张削去军职，改任为宰相，而以禁军中由低职慢慢晋升的赵匡胤任殿前都点检，掌率禁军。世宗认为赵资历尚浅，不至于有胆量篡夺帝位。而朝中王溥、魏仁浦，范质等一帮老臣，文武相兼，可辅助新任皇帝。周世宗是后周历史上一个有为的皇帝，执政期间，厉行改革，在经济、政治方面，相继采取了一些有利于稳固国家政权，统一中国的措施，如对中央禁军的加强，使殿前诸班精兵强干，改变了唐朝后期冗兵之弊，也使中央政府有了足够的武力控制住地方藩镇，但正是在这个问题上，周世宗虑事有理，识人不当。去了"前狼"张永德，迎来了"后虎"赵匡胤，不知道赵匡胤也是一个窥视帝王宝座已久的野心家。

显德六年六月，年仅三十六岁的周世宗因病英年早逝，七岁的儿子柴宗训继父嗣位，母后符氏亦是一个入宫时间不长的妇人，新王不谙人事，太后不习国政，孤儿寡母高居台上，面对复杂的内政外侮，只能求助于辅政重臣。恭帝上台后，诏命李重进兼淮南节度使；韩通兼太平节度使；向训为西京洛阳的留守；赵匡胤封开国侯，兼归德节度使。四方布兵，拱卫京师。既掌禁兵大权，又节制地方藩镇的赵匡胤，见到后周朝廷内虚严重，正是谋夺帝位的大好时机，于是召集谋臣赵普，弟弟赵匡义一起密商，最后明察善断、处事周密的赵普出谋，设计了一个明修栈道、暗渡陈仓的计谋。

赵普等人计谋的第一步是利用幼主上台，畏惧边患，急于稳固政权的心理，先令人伪造假情报，谎报边患紧急，朝廷必然要求助掌握军事大权的赵匡胤，赵匡胤因此可以名正言顺地率领朝中大部禁兵出征，离开京都。这样既可以使赵匡胤避开朝中与自己地位资望相近的朝臣将帅，以及北周宗室王公、宰辅们的耳目，又可以转移朝廷视线，消弱朝廷军事力量，造成周政权内部虚弱，攻之无力还手的状态。而赵匡胤以禁军首领领大军出征，亦是国家遇边患时采取的通常做法，丝毫不使人怀疑。果然，当显德七年正月初一，突然从定、镇二州传来北汉、辽朝合兵南侵的消息后，宰相范质正沉浸在欢度春节的气氛中，军情火急。仓猝间，他也不思辽朝刚刚一个多月前战败而归，人马困乏未解，哪能马上再度南犯？于是召赵匡胤紧急商磋，赵当然顺水推舟，尽带朝中禁兵精华、心腹亲将，离京出征，至此，赵匡胤的以假情报迷惑对方，佯动掩护，造成对方暴露薄弱之处的目标达到，也为下一步回师突袭创造了条件。

赵匡胤北御辽寇本来就是假，大军的先锋殿前副点检兼镇宁军节度使慕容延钊是赵的莫逆之交，所以慢慢腾腾地走到了陈桥驿，就借故停了下来。心腹高怀德受赵匡义、赵普指使，先在军中煽动，鼓动军心。又有赵普、赵匡义从中以富贵功名相许，兵士当然兴致高昂，等到将领兵士们被鼓动起来，赵匡胤又故意装作醉酒，示以被迫顺从军心的样子。实际上，如果前方真的军情严重，敌人进犯，作为大军统帅，怎能第一天出征，就逗留不前，沉湎于酒仙之中呢？何况禁军在军中喧闹一夜，声音嘈杂，他如果是一个赤心为国，一心御敌的将帅，又怎能容忍这种严重犯纪情况存在呢？故此，当众将领一致推之为首，黄袍披上身上之后，他就俨然以皇上口吻下令，要求众将领惟命是从，归城后不得违纪扰民，侵掠朝廷的府库财物，听命者重赏，违令者诛及子孙。起事的将领士兵已上圈套，当然会绝对服从。赵匡胤安顿了禁兵，第二天突然回师开封。京师本来兵力空虚，留下的石守信等人亦是赵匡胤的亲信。恭帝柴宗训、宰相范榜正翘首以盼赵帅的报功消息，意料

不到赵匡胤回马京师，群臣毫无还手之力，只能束手就范。回师当天，恭帝被迫诏令，要效法古代尧舜禅让故事，让位给有上圣之姿，神武之略，功德具备的前殿前都点检赵匡胤。赵假惺惺地到崇光殿受命接禅让书，后周皇帝的宝座几天之内，移到了自己的身下。

暗渡陈仓救幽州

五代时期，契丹首领耶律阿保机率三十万大军包围了晋国的北方军事重镇幽州（今北京市西南）。晋王李存勖派大将李嗣源统率 7 万人马增援幽州，解幽州之围。

李嗣源与诸将商议进军之计，说："敌人多是骑兵，人数众多，又已先处战地，外出游骑没有辎重之忧，而我军多是步兵，人数又少，还必须有粮草随军而行。如果在平原上与敌人相遇，敌军只需把我军粮草截走，我军就会不战自溃，更不用说用骑兵来冲击我们了！"

针对这种不利情况，李嗣源从易州出发，不是走东北直奔幽州，而是先向正北，越过大房岭（今河北房山县西北），然后沿着山涧向东走。

李嗣源率大军餐风饮露，日夜兼程，一直行进到距幽州只剩下六十里远的地方，突然与一支契丹骑兵遭遇，契丹人才发现晋军派来了救兵。契丹兵大吃一惊，慌忙向后撤退，李嗣源与养子李从珂率领 3000 骑兵紧随契丹人的身后，晋军大部队则紧紧跟随在李嗣源的骑兵后面。不同的是，契丹骑兵行走在山上，晋军行走在山涧中。

行至山口,契丹万余骑兵挡住了去路。李嗣源知道成败在此一举,摘掉头盔,用契丹语向敌人喊道:"你们无故侵犯我国,晋王命我率百万之众,直捣两楼(契丹首府),将你们全部消灭!"说完,一马当先,冲入敌阵,斩杀契丹酋长一名。众将士见主帅身先士卒,群情激奋,斗志倍增,纷纷杀入敌阵。契丹骑兵被迫向后退却,晋军的大部队乘机走出山口。

出山之后即是一马平川的大平原。由于失去山地的保护,极易遭受骑兵攻击,李嗣源命令步兵砍伐树枝作为鹿砦,人手一枝,每当部队停下来或遭到契丹骑兵攻击时,即用树枝筑成寨子,契丹骑兵只能环寨而行,而晋军乘机放箭,契丹人马死伤惨重。逼近幽州时,晋军拖后的步兵拖着草把、树枝行进,一时间,烟尘滚滚,契丹兵不知虚实,以为晋军援兵甚多,未战先怯。等到决战来临,李嗣源率骑兵在前、步兵随后,有组织地掩杀过来。契丹兵斗志皆无,丢弃了大量的车帐、牲畜,狼狈逃去。

至此,幽州重镇得以保全。

孝庄太后除鄂妃

在清朝开国之初历史中,曾经有一个清世祖顺治帝痴情董小宛,离位出家做和尚的故事,现在看来,顺治与董小宛的故事多有凭空杜撰,不过是以真人附假事,牵强附会而已。但是在顺治为帝时,倒是真有一个董鄂妃,因端庄贤淑,夺了顺治帝的爱心,甚至置自己的皇后于一边,陷情难拔,打算册立为皇后,以终日厮守,结果触犯了出身蒙古科尔沁部落的孝庄皇太后为代表的皇朝势力利益,孝庄皇太后巧施暗渡陈仓之计,拖垮了本来身体欠佳的董鄂妃,残酷的宫廷争斗致使董氏年仅21岁,就命丧黄泉。

顺治皇帝福临有名位的妻妾约有30多人,其中4人持有或曾经被封皇后尊号,她们是原配皇后博尔济吉特氏;被顺治疏远的再立皇后博尔济吉孝惠皇后;被顺治专宠的董鄂妃为死后追封的孝献端敬皇后;因生子康熙母以子贵的佟佳氏孝康章皇后。顺治皇帝前后几个皇后的册立废黜,并非简单的在任帝王顺治的好恶情怀,与操纵前清政局的清太宗皇太极的妻子孝庄皇太后有着极大的关系。孝庄皇太后出身蒙古王公,既嫁给皇太极后,辅助丈夫,发动攻明战争;巧计劝降了明朝大将洪承畴。皇太极死后,她着眼于大清基业,为避免清室内乱,不计嫌疑下嫁睿王多尔衮,力保6岁的福临上台,使顺治成为清入关后的第一代君王。正是孝庄皇太后多年的艰辛操劳培育,顺治帝得以小小年纪,就能顺利地操理军国大政,顺治帝本人,也对太后礼敬有加,基本上言听计从,很少顶撞反对。但是在自己的婚姻大事上,顺治帝却几次使孝庄皇太后失望,由此而引起宫廷之内多起残酷的争斗。

顺治帝第一次娶后是在顺治八年,时年只有14岁,皇后是由孝庄皇太后与皇父摄政王多尔衮亲自选定的蒙古科尔沁卓礼克图亲王吴克善之女博尔济吉特氏,即孝庄皇太后的亲侄女,很明显,这个婚姻具有很强的政治色彩,是满蒙王公贵族又一次势力的联合，对加强孝庄皇太后在宫廷中的地位是有帮助的。可是，就在孝庄皇太后亲自主持的婚姻大典不过两年时间，顺治十年（1653年）八月，福临就叫人查询前代废后故事，一时间满朝为之震惊，满蒙出身的贵族大臣悚于皇帝的一意孤行，都不敢谏议，惟有一些汉臣，上疏劝谏，却被顺治帝斥为沽名之举。结果，博尔济吉特氏被降为静妃，迁居侧室。官方公布的谕旨上所写的理由是皇后"淑善难期，不足仰承宗庙之重。"实际原因，则是因为皇后妒忌心强，凡是宫女容貌妍艳者，都被其憎恶，必排挤打击置之死地而后快，这对放纵自己情感性欲的皇帝来说，当然不能容忍。在顺治废后的第二年，十一年六月，孝庄皇太后又为顺治册立了一位同样科尔沁贝勒出身的博尔济吉特氏，即孝惠皇后。她为第一后的侄女，孝庄皇太后的侄孙女。孝惠皇后被册立皇后，对皇太后来说，目的如一，就是要加强蒙古贵族在内廷的地位，孝惠皇后秉心淳朴，与第一后相比，没有强烈的刻薄嫉妒心，又无大错，按说可以安居后位，但时间不长，顺治帝又以其缺乏"长才"为由，疏远压抑，四处找碴，欲行废第一后之例。此时的顺治，欲废孝惠皇后的目的，只有一个原因，就是为了心爱的董鄂妃。

董鄂妃的出现，本出于偶然，她的父亲是内大臣鄂硕，16岁被嫁给顺治帝同父异母的弟弟襄昭亲王博穆搏果尔，襄昭亲王常年在外征战，性情古怪，两人爱情生活并不融洽。清初，有一个宗室嫡亲郡王命妇轮番进宫，入侍后妃的

旧制，董鄂妃身为顺治弟媳，也经常出入宫禁。知书达礼，颇有大家闺秀风范董鄂妃因得近天颜，不久就为顺治所看中，两人很快坠入情网。这时候，正是孝惠皇后迎立不久，皇帝的感情天平已经倾斜，孝庄皇太后发现顺治情形不对，立即以"严上下之体，杜绝嫌疑"为名，罢停命妇入侍后妃规制。但是，顺治、董鄂妃爱情的发展已不随她的意志为转移，当听说董鄂妃在家遭到襄昭王申斥时，顺治不顾帝德，居然莫名其妙打了弟弟一个耳掴。不久，襄昭亲王怨愤致死，顺治帝干脆把"未亡人"董鄂妃接入宫中，顺治十三年八月，他的弟弟死后一个月，董鄂妃被册立为"贤妃"，十二月，又正式册立董鄂妃为皇贵妃，颁诏大赦。

顺治对董鄂妃的恩庞，是有清一代仅有的。董氏入宫即为贤妃，起点已是很高了，又跃升皇贵妃，跃过贵妃直逼中宫，而且是按照册封皇后的大礼举行，颁诏天下，礼仪之隆异乎寻常，这一切不异向孝庄皇太后宣布，孝惠皇后的废立就在眼前。

清初以来，虽然满族贵族执掌朝政权柄，但自清太宗起，蒙古血统的贵妇一直执掌后宫牛耳，清太宗的五位后妃，都是蒙古博尔济吉特氏，顺治亲政，亦全靠博尔济吉特氏出身的孝庄皇太后一手策划。现在，第一后刚被废黜，又一位博尔济吉氏皇后将遭同一命运，这对孝庄皇太后来说，无疑是一大挑战。尽管董鄂妃在宫中周旋得体，侍奉孝庄皇太后及孝惠皇后竭尽心力，无可指斥，但三千宠爱集一身的局面，如此妇道，

就宫廷权力消长来说，并不是重要的，最重要的是权力和地位。顺治十四年（1657）十月，董鄂妃喜生贵子，顺治帝欣喜若狂，朝廷内外，都看出顺治不久会册立董之子为皇太子，董鄂妃将居正宫皇后之位。这一切对老于权道的孝庄皇太后来说，更是洞悉其中，于是不惜母子之情，决意拆散董鄂妃与顺治帝这对鸳鸯，巩固孝惠皇后的地位。

孝庄皇太后的第一个措施是移位京郊南苑，把董鄂妃调出皇宫，造成顺治卧侧空位，为孝惠皇后占居宫内制造条件。十四年冬天，孝庄皇后居南苑不久，即传出圣体违和消息，着令后宫嫔妃前去省视问安，董鄂妃产后不过两月，被宣诏至南苑，留在太后病榻前，朝夕奉侍，废寝忘食。结果劳心熬神过度，变得消容身癯，形销骨立，身体彻底拖垮。而孝惠皇后，却一改往日孝道，安居宫中，一次未去南苑探视，甚至连委派宫中侍人代为问安亦没有，很明显，孝惠皇后的举动，已得太后的旨意。

顺治帝有心立鄂妃为皇后，何尝不知太后明里迁居，暗中指使皇后居占帝侧的用意？不久，他也布置开始反击，借皇太后病中，皇后不去省视事亲，“有违孝道”为借口，停断孝惠皇后的中宫笺表，交诸王、贝勒大臣议行，甚至以太后痊愈，颁发大恩诏："王公以下，中外臣僚，并加恩赉。直省通赋，悉与辖免。吏民一切违误，咸赦除之。"顺治帝如此动干戈地做文章，目的还是想废孝惠皇后。但贤淑的董鄂妃哭劝顺治，力反废后，并要以死表其心愿。不久，董鄂妃所生皇子，又不明不白地死去，仅

活104天。顺治帝为安慰董妃，追封这个还没有来得及起名的皇子为“和硕荣亲王”，修建陵寝，专门派官兵予以祭守。但受到内外严重摧残的董鄂妃，已沉浸在悲伤之中不能自拔，转而拜佛崇三宝。孝庄皇太后见计策生效，旋降谕内外，孝惠皇后进笺等礼，一切恢复旧制不得更改。

顺治十七年八月，痛子心切的董鄂妃，再也不堪宫廷的残酷斗争，忧郁病亡，时年21岁。顺治帝对这个“持躬谨恪、翼赞内治，殚竭心力，无微不饬”的难得伉俪之缘，悲痛不能自已。除命亲王以下，四品官以上，并公主、王妃以下命妇，齐集哭临。他亲自为其守灵，朝廷辍朝五日，甚至要对大臣命妇哭临不哀者议处。为圆满自己的心愿，追谥“孝献庄和至德宣仁温惠端敬皇后”，又亲撰《端敬皇后行状》四千多言，备述鄂妃德行情貌，尽诉恩宠悲恸，予董鄂妃以殊礼。

董鄂妃在宫中不过仅仅四年多时间，其生死之经过，充分反映了宫廷之中夺权争利的复杂和残酷性。孝庄皇太后为巩固蒙古血统贵妇永操权柄的地位，不惜在子媳之中，施展阴谋诡计，以明修栈道，暗渡陈仓之法，阻拦顺治帝欲立董鄂妃为皇后，孝庄皇太后迁居南苑，作为佯攻措施，牵制住董贵妃。太后生病，妃嫔事奉，这是宫廷内正常的礼貌规矩，以此为理由召董鄂妃，董不能去，皇帝也不能阻拦。但是此举深藏的含意却不是一般人能理解的。它割断了皇帝与董氏的联系，削弱董氏与顺治的感情，为皇后专宠制造条件。及董贵妃

子死体垮，皇后得以乘虚而入，稳固了后位，目的达到。

刘铭传巧计赴台

公元1883年（光绪九年），法国强迫越南签订《顺化条约》，把越南变成法国的保护国。这年12月，法军向中国军队发起了进攻。第二年6月，法国任命海军中将孤拔为总司令，海军少将利士比为副司令，率领舰队侵入南中国海；并占领台湾，以台湾作为侵略中国大陆的根据地。中国政府为了保卫台湾，任命老将刘铭传去守卫台湾。

刘铭传是安徽合肥人，因他小时出过天花，脸上有麻子，又因他排行第六，所以人们又叫他刘六麻子。刘铭传原是一个提督，只因得罪了朝内大官，在家闲居了13年，这时已快50岁了。

刘铭传到了天津，总督李鸿章原是他的顶头上司，劝他不要到台湾去，台湾是个孤岛，去后同法国有一场恶战，弄不好会身败名裂，劝刘铭传就在天津帮他管北洋军务。刘铭传是位爱国将领，他决心要到台湾去守卫。

但是，法国舰队司令孤拔听说中国政府调老将刘铭传去保卫台湾，知道他智勇双全，不好对付，就想了条毒计，叫法国驻中国公使巴德诺探听刘铭传动身到台湾的日期。等刘铭传一上船，就用炮舰在海上将刘铭传的坐船击沉。刘铭传接到了这个情报后，十分焦急：驻在台湾的军队在等他去指挥打仗，敌人的军舰却准备在海上拦击他，而中国海军当时又比不上法国舰队强大，这怎么办？

刘铭传想来想去，终于想出了一条妙计。

公元1884年7月12日，刘铭传到了上海。当时两江曾总督正在同法国公使巴德诺进行外交谈判，刘铭传到上海后不提到台湾的事，却以曾总督谈判副手的名义坐到了谈判桌上来了。

当时，中法两国一边打仗，一边谈判。战场上枪对枪，炮对炮，拼个你死我活；而谈判桌上仍然双方客客气气，以礼相待。巴德诺见刘铭传到了上海，就有礼貌地专程到刘铭传住处来拜访，并探问他哪天动身去台湾。

刘铭传假装愁眉苦脸，忧心忡忡地说：

"台湾是个孤岛，那里困难很多。我已经离开部队13年，对军队生活兴趣不大了。这次奉命到台湾去，也是君命难违，只好勉强去应付一下。现在许多准备工作都没做好，我一个跑到那个孤岛上去干什么？我若去，起码也要等大批护卫战船调齐，并等那艘主舰修好才能走。目前，我先陪你在谈判桌上打打交道再说。"

巴德诺听了刘铭传这些话，再看看刘铭传住处那些勤务人，一个个懒懒散散，全无一点紧迫气氛，也就相信他短期内真的不会动身。说了几句，就辞谢出来了。

7月14日，上海一带狂风暴雨，电闪雷鸣。巴德诺见天气这样恶劣，加上派密探打探得刘铭传的大批战船还没调齐，主舰也未修好，就断定他决不会动身。

谁知，正是在这个狂风暴雨的晚上，刘铭传脱去官服，化装成老百姓，先乘一只小舢板，冒着大风雨，七弯八绕，登上了一艘军舰。这艘军舰早已升火待发，刘铭传一上船立即全速往台湾驶去。

两天后，双方谈判，巴德诺在谈判桌上没见刘铭传露面，产生了怀疑，派人打听，才知刘铭传早在两天前就离开了上海，惊呼："中计了！中计了！"急忙拍电报给孤拔。孤拔接到电报，忙派兵舰去追。赶到台湾基隆海口，刘铭传早已在台湾登岸两个小时了。

刘铭传到台湾后，积极布防，多次打败法国军队进攻，直到战争结束，法国侵略军也没能攻下台湾。战争结束后，台湾建省，刘铭传当了台湾第一任巡抚（相当省长），积极建设台湾，给台湾人民办了不少好事。

出其不意救战俘

第二次世界大战的最后一个年头，盟军的胜局已定，他们以秋风扫落叶之势打击着继续顽抗的敌人。

在菲律宾首都马尼拉东南，有一个名叫洛斯巴诺斯的小城镇，这里有一所战俘集中营，里面关押着2147名战俘。其中1500多名是美国人，其余是加拿大、英国、澳大利亚、挪威、波兰、法国、意大利等国人。专门守卫集中营的日军近300人。此外，附近还驻扎有日军步兵第17团和其他一些部队。美军为了防止日军以战俘为人质或狗急跳墙将战俘杀害，制定了一个派空降兵把这些战俘营救出来的周密计划。

营救行动由空降11师188团团长索尔指挥。他精心编组了4个队。

突击队，一个连。任务是空降突袭集中营，解救战俘。

掩护队，三个连。任务是待突击队救出战俘后，掩护两栖运输车前去接运和从湖上返回。

牵制队，一个营。任务是阻止附近的日军增援。

引导队，由空降11师的33人和菲律宾游击队80人组成。任务是引导突击队的降落。

2月21日，这是一个漆黑的夜晚。引导队首先出发，他们乘木船向洛斯巴诺斯驶去，22日拂晓前上岸，潜伏了一个白天以后，入夜到达了目的地并迅速通知了指挥部。23日凌晨2时，掩护队和牵制队也按计划到达各自的目标点。

23日晨6时40分，索尔指挥9架载运突击队的C—47飞机低空向洛斯巴诺斯飞去。等候在集中营附近的引导队早已将2枚磷烟弹点燃，伞兵在引导队的引导下，十分准确地落到了集中营周围。这时日军正准备做早操，突如其来的神兵使他们措手不及。索尔的突击队在15分钟内就将守营的日军全部歼灭。

在此期间，掩护队和牵制队也有效地阻止了敌人。至下午3时，4个营救队凯旋归来，美军仅伤亡7人。

这次营救战俘的成功在于出其不意的策略。引导队、掩护队及牵制队的行动十分隐秘，日军毫不察觉，突击队伞兵的神速更使日军来不及反应。

苏联红军强渡河

1943 年秋，法西斯德国在库尔斯克战役中遭到惨败，苏联最高统帅部决定在西南战线上展开一系列对德军的进攻性战役。这些战役就是卫国战争史上有名的"第聂伯河会战"。

希特勒下定决心，不惜一切代价阻挡苏军进攻，以保住第聂伯河以东的重要工业区。为此德军在纳尔瓦河、索日河、第聂伯河一线，急速构筑了一道被称为"东方壁垒"的战略防御区，企图依靠重兵和河流天险，拦阻苏联红军。

9 月底，苏军 4 个方面军抵达第聂伯河，迅速夺取了重要渡口，占领了有利地形。德军依托有利的天然屏障，以猛烈火力拦阻苏军强渡大河。为了顺利跨过第聂伯河，苏军周详缜密地了解敌人沿河的防御状况，河流的水文特征以及河流两岸的地理环境。红军领导意识到，要想尽量减轻强渡河流时苏军受到的炮火压力，努力避免大量的牺牲，就必须采取隐蔽接敌的办法，以保证强渡的成功。

于是，在苏军强渡第聂伯河的几天里，每个深夜，都有无数支几百至上千人的苏军先遣队，在近千里长的河流不同地段，借着夜幕藏身，没有声息地悄然过河，然后突然袭击对岸驻守的德军，占领登陆场所。当德军从突袭中刚刚清醒过来的时候，苏军整师的部队就在黎明前和黎明时从同一地点渡河登陆。每个白天，长长的河上，都有许多地方忽然腾起烟幕，响起巨大的轰鸣和密集的枪炮声。这时，紧张的驻河德军以为苏军已经开始强渡，猛烈的炮火一齐向那些地方射去，军队也迅疾往该处集结。然而，就在此时，苏军大批步兵坦克却在另外地段安全渡河，从容登陆。原来这些烟幕、声响则是苏军实施的佯动和佯渡，为的是吸引敌人兵力火力，转移他们的视线，使苏军顺利过河。苏军指挥官常常选择在最艰难的地段上渡河，而德军几乎没有人能料到对方会从这里渡河，因而根本没有防御。而苏军强渡第聂伯河时，通常是整师甚至整军在 10 至 16 公里的河段上同时进攻，这样，防守的德军力量被分散，顾此失彼，难以集中兵力火力进行截堵。

苏军运用种种智谋，完成了从宽大正面强渡第聂伯河这样的战争史上罕见的大规模军事行动。

当面临着具有强大雄厚实力的敌人时，想尽方法分散其力量，使之不能集中优势兵力、火力，然后出其不意地向敌人发起突然行动，达到制胜的目的，这是重要军事谋略之一。

提前大选谋连任

1969 年，英迪拉在支持吉里总统当选的斗争中，通过实行银行国有化，坚决地与保守派斗争，赢得了党内外的支持，最大限度地削弱了反对派的力量。

然而，她没有被眼前的胜利所迷惑。她十分清楚党内存在的各种问题。党内的分裂使她在 525 个成员组成的议会中只得到 250 个成员的支持。她并没有与人民院的任何其他集团结成正式联盟来取得多数票的支持。而根据议会政府的规则，她应该提出辞呈。可是她还能继续执政。因为在选举总统中证明，她受到了共产党人、某些社会党人和某些地区政党的议会代表的暗中支持。虽然处境尴尬，但还是可以勉强维持到1972年大选。

面对这种局面，英迪拉懂得，如果采取无所作为的态度，就会大大丧失1969年时赢得的群众支持。这无异于在等待自己的灭亡。可是如何才能既使群众的支持变为议会实力，又保证在1972年大选中再次担任总理呢？英迪拉出其不意决定提前一年举行大选。

主意已定，她便着手准备。首先，她决定要说服亲信，增强他们的信心。她的一派当时有一种观点，认为在1969年大选中国大党费尽心血才勉强获得多数票。在党分裂的情况下，如果国大党寻求连任，那就会犯政治自杀错误。针对这种观点，英迪拉争辩说，由于摈弃了辛迪加派，她的一派的形象在人民群众中会焕然一新。并且党在大选中所承受的风险是微不足道的，党至少又会以议会中议席最多的惟一政党出现。执政党除了失去它对共产党和其他某些反对党团那种恼人的依赖外一无所失。在她的雄辩面前，支持者们的意见得到了统一，并积极地做提前大选的准备。

第二，她对提前大选一直保密。有很多次报纸上都报道了提前大选的可能性，但她都予以否认。她的政敌们更是低估了她的胆识，认为她的政府一直是在与其他反对派的妥协中生存，现在她不敢提前大选。

然而不可能的事却发生了。1970年底英迪拉出乎对手的意料，提前举行大选。选举结果十分令人满意。英迪拉所领导的国大党一派获得了惊人的多数，在525席中占了350席，从而结束了依赖同盟者的狼狈局面。英迪拉还是胜利了。

英迪拉的聪明之处在于她正确地估计了群众的心理和党内关系，并采用了"出其不意"的策略，既麻痹了敌手，又充分利用了已经取得的支持，从而实现了连任总现的夙愿。相反，如果她不采取这样的策略，等到1972年大选，有利条件就会丧失殆尽。

福特妙计胜道奇

1902年，福特汽车生产出福特"T"型车。今天，亨利·福特公司已成为世界第二大汽车公司，亨利·福特当之无愧地被称为"汽车大王"。但这位"汽车大王"在坐汽车王国霸主的位子时，也碰到过小小的麻烦。

1916年11月的一天，福特被报纸上的一个大标题惊呆了，上面写道："爆炸性新闻！道奇兄弟状告福特！"原来，道奇兄弟反对进一步降低T型车的价格，反对福特汽车公司进一步扩大生产，状告福特侵犯股东利益，有意形成对汽车业的垄断，并要求公司拿出巨额利润进行分红。

直到1919年3月，法庭才宣判：福特先生降低T型车价格的利他主义精神值得提倡，然而，作为公司的管理者，福特有义务向股东分发红利。法院判决福特必须分发不低于 1900 万美元的利润，同时，他可以把剩余的一半利润用于扩大投资。

尽管以福特公司的财政状况完全可以给股东发放高额红利，但福特对法院如此判决并不满意。那些股东们只在公司创建之初投了一点钱，此后再不为公司的发展尽什么力，而现在却要伸手要钱，福特太不满意这些股东了。他想，怎样才能让这些股东自愿离开公司呢？福特心中有了个好主意。

第二天，福特宣布辞去福特公司总裁的职务，新的总裁由他的儿子担任。不久，报纸上也登出了新闻："亨利·福特正准备成立一个巨大的新汽车分司！"新闻说这个新的汽车公司全部由福特家庭控股，新公司肯定会超过现在的福特汽车公司，在新公司里，福特可以随心所欲地生产便宜实用的大众车。

看了这则新闻，福特汽车公司的股东们着急了，福特汽车公司在福特的儿子任总裁后还会前途无量吗？自己手中的股票又会怎么样？自己的利益会受损吗？正在他们彷徨时，一个中间人出来了，他愿意做他们出让这些股份的中间人。股东们为了维护自己的利益，正巴不得手中的股票早些出手呢。那么，到底谁愿意在这时收买这些股票呢？这个人当然是亨利·福特。福特花了 1.06 亿美元全部买下了股东们手中的福特汽车公司的股票。

其实，福特才不会轻易放弃自己的公司，这是他多年心血的结晶。他只是采取了一个小小的手段，赶走了那些只会对公司指手划脚的人。现在，福特汽车公司已经成为了亨利·福特的家族公司。

福特为达到排除其他股东独享收益的目的，放出另建汽车公司的消息，并辞去公司总裁职务，以此迷惑道奇兄弟等众股东，而暗中却收买福特公司股票，这是显而易见的暗渡陈仓手法。

第九计 隔岸观火

【原典】阳乖①序乱，阴以待逆。暴戾恣睢②，其势自毙。顺以动，豫；豫，顺以动③。

【按语】乖气浮张，逼则受击，退则远之，则乱自起。

昔袁尚、袁熙④奔辽东，众尚有数千骑。初，辽东太守公孙康⑤恃远不服。及曹操破乌丸⑥，或说操遂征之，尚兄弟可擒也。操曰："吾方使康斩送尚、熙首来，不烦兵矣。"九月，操引兵自柳城还，康即斩尚、熙，传其首。诸将问其故，操曰："彼素畏尚等，吾急之，则并力；缓之则相图。其势然也。"

或曰：此兵书火攻之道也。按兵书《火攻篇》⑦，前段言火攻之法，后段言慎动之理，与隔岸观火之意，亦相吻合。

【原典注释】①乖：违背，不协调。

②暴戾恣睢：暴戾，残暴凶狠；恣睢，横暴的样子。凶恶残暴，任意横行。

③顺以动，豫；豫，顺以动：《易经·豫卦》；"象曰：豫，刚应而志行，顺以动，豫；豫，顺以动。《易豫·卦疏》："谓之豫者，取逸豫之义。以和顺而动，动不违众，众皆豫悦也。"其意思是说：顺应时机，采取和顺的态度，就会愉快。

④袁尚、袁熙：三国时袁绍的儿子。袁绍死后，袁尚、袁熙逃奔辽西乌丸。

乌丸败，又投奔辽东公孙康，被公孙康所杀。

⑤公孙康：三国时期公孙度的儿子，曾割据辽东。后被曹操任命为左将军。

③乌丸：又称乌桓，东胡族。

⑦火攻篇；《孙子》篇目之一。

【原典译文】敌人的分裂已经趋于公开，秩序开始混乱，我方则暗中等待他们内部发生暴乱。任意横行，穷凶极恶，势必自取灭亡。应时而动，态度和顺，就会得到愉快的结果。

【按语译文】敌人的内部矛盾已经暴露出来了，如果逼近他们，就会受到他们的联合还击。如果让开他们远远地避开，那么，他们的内乱就会发生了。

从前三国时，袁绍的儿子袁尚、袁熙投奔辽东太守公孙康，还带领着几千名骑兵。原先公孙康依仗自己所处的地方偏远，而不肯屈从曹操。等到曹操击败了乌丸以后，有人建议曹操乘胜远征公孙康，就能够抓住袁氏兄弟。曹操说："我正要让公孙康杀掉袁尚、袁熙，把他们的头送来呢，不用劳师动众去远征了。"九月，曹操率领大军从柳城（今辽宁省锦县西北）撤回，公孙康就杀了袁尚、袁熙，把脑袋送来了。各位将领向曹操请教原因。曹操说："公孙康素来害怕袁氏兄弟，如果我急于用兵，他们定然联合抗拒；如果放松一下，他们就会自相火并：这是必然的发展趋势。"

有人说：这是兵书中"火攻法"的原理。按《孙子·火攻篇》所论，前段谈火攻的法则，后段谈慎重用兵的理论，与隔岸观火的意思也是互相吻合的。

【传世典故 计名探源】 隔岸观火比喻在别人出现危难之时，袖手旁观，待其自毙。在军事上指不靠直接交战，而在敌人内部自相倾轧时，采取坐山观虎斗的态度，促使其矛盾更加激化，在其两败俱伤时，从中取利。

此计起源于《孙子·军争篇》中的"以治待乱，以静待哗"。计名原意为，隔着河观看人家起火，等待机会牟利，即指己方立于一旁观他者之意。在《孙子兵法》中还提到："名君名将常以慎重的态度以达成战争的目的。他们若无有利的情况或必胜之优势绝不起来作战行动，若非万不得已时绝不采取军事行动。"

而且即使我方兵力有必胜的优势，亦不可不分青红皂白的采取攻击行动，因为就算我方真的胜利，亦免不了要付出相当的死伤代价，此种胜算不是最佳的作战方式。

尤其是当对方内部产生纷扰时，我方更应该袖手旁观，以待对方自灭，才是明智之举。在敌方内争纷起时，己方若即攻击，虽有战胜的可能，但亦可能造成使对方因而团结抗战的反效果因此算不得是好战略。总之，仔细的观察敌情，正确的判断，才是成功的"隔岸观火"的策略，达到不战而胜的目的。

东汉末年，袁绍兵败身亡，几个儿子为争夺权力互相争斗，曹操决定击败袁氏兄弟。袁尚、袁熙兄弟投奔乌桓，曹操向桓进兵，击败乌桓，袁氏兄弟又去投奔辽东太守公孙康。曹营诸将向曹操进言，要一鼓作气，平服辽东，捉拿二袁。曹操哈哈大笑说，你等勿动，公孙康自会将二袁的头送上门来的。于是下令班师，转回许昌，静观辽东局势。公孙康听说二袁来降，心有疑虑。袁家父子一向都有夺取辽东的野心，现在二袁兵败，如丧家之犬，无处存身，投奔辽东实为迫不得已。公孙康如收留二袁，必有后患，再者，收容二袁，肯定得罪势力强大的曹操。但他又考虑，如果曹操进攻辽东，只得收留二袁，共同抵御曹操。当他探听到曹操已经转回许昌，并无进攻辽东之急时，认为收容二袁有害无益。于是预设伏兵，召见二袁，一举擒拿，割下首级，派人送到曹操营中。曹操笑着对众将说，公孙康向来惧怕袁氏吞并他，二袁上门，必定猜疑，如果我们急于用兵，反会促成他们合力抗拒。我们退兵，他们肯定会自相火并。看看结果，果然不出我料。

【名家评点 破解方略】 隔岸观火，就是坐山观虎斗的意思。敌人内部的倾轧气氛已经暴露出来了，还要逼迫他，就会使敌人抛开内乱而齐心还击。如果远远地避开，他便会自行发生暴乱。此计的特点是：以静观变，随变而动。当敌方两股势力相争时，既不援助，也不鲁莽干涉，静观其变，直到事态发展到有利于自己的地步，才相机而动，坐收渔利。使用此计的先决条件，一是有

"火"可观,即敌方出现混乱争斗的局面;二是有"岸"可隔,因为在无"岸"的情况下,观"火"的风险是很大的。值得注意的是,"隔岸"的目的绝非不过岸。隔岸观火,实际上是观察我方准备攻击的敌阵有怎样的变化,等待有利于我方的时机到来。

经典案例　锦囊妙计

巧借周郎取南郡

　　赤壁之战刚刚结束，瑜正与众商议征进之策，忽报："刘玄德使孙乾来与都督作贺。"瑜命请入。乾施礼毕，言："主公特命乾拜谢都督大德，有薄礼上献。"瑜问曰："玄德在何处？"乾答曰："现移兵屯油江口。"瑜惊曰："孔明亦在油江否？"乾曰："孔明与主公同在油江。"瑜曰："足下先回，某亲来相谢也。"瑜收了礼物，发付孙乾先回。肃曰："却才都督为何失惊？"瑜曰："刘备屯兵油江，必有取南郡之意。我等费了许多军马，用了许多钱粮，目下南郡反手可得；彼等心怀不仁，要就现成，须放着周瑜不死！"肃曰："当用何策退之？"瑜曰："吾自去和他说话。好便好；不好时，不等他取南郡，先结果了刘备！"肃曰："某愿同往。"于是瑜与鲁肃引三千轻骑，径投油江口来。

　　先说孙乾回见玄德，言周瑜将亲来相谢。玄德乃问孔明曰："来意若何？"孔明笑曰："那里为这些薄礼肯来相谢。止为南郡而来。"玄德曰："他若提兵来，何以待之？"孔明曰："他来便可如此如此应答。"遂于油江口摆开战船，岸上列着军马。人报："周瑜、鲁肃引兵到来。"孔明使赵云领数骑来接。瑜见军势雄壮，心甚不安。行至营门外，玄德、孔明迎入帐中。各叙礼毕，设宴相待。玄德举酒致谢鏖兵之事。酒至数巡，瑜曰："豫州移兵在此，莫非有取南郡之意否？"玄德曰："闻都督欲取南郡，故来相助。若都督不取，备必取之。"瑜笑曰："吾东吴久欲吞并汉江，今南郡已在掌中，如何不取？"玄德曰："胜负不可预定。曹操临归，令曹仁守南郡等处，必有奇计；更兼曹仁勇不可当：但恐都督不能取耳。"瑜曰："吾若取不得，那时任从公取。"玄德曰："子敬、孔明在此为证，都督休悔。"鲁肃踌躇未对。瑜曰："大丈夫一言既出，何悔之有！"孔明曰："都督此言，甚是公论。先让东吴去取；若不下，主公取之，有何不可！"瑜与肃辞别玄德、孔明，上马而去。玄德问孔明曰："却才先生教备如此回答，虽一时说了，展转寻思，于理未然。我今孤穷一身，无置足之地，欲得南郡，权且容身；若先教周瑜取了，城池已属东吴矣，却如何得住？"孔明大笑曰："当初亮劝主公取荆州，主公不听，今日却想耶？"玄德曰："前为景升之地，故不忍取；今为曹操之地，理合取之。"孔明曰："不须主公忧虑。尽着周瑜去厮杀，早晚教主公在南郡城中高坐。"玄德曰："计将安出？"孔明曰："只须如此如此。"玄德大喜，只在江口屯扎，按兵不动。

　　在赤壁之战中，刘备、孔明虽与东吴联盟，但事实上，只是东吴一家主力抗曹。当刘备主张建立联盟时，明白人已经看到刘备的目的是分享一下赤壁之战后的胜利果实。当刘备移兵油江口时，其目的开始暴露。不幸的是，周瑜虽然看出了刘备目的，但却中了孔明的欺诈之言，忘却了"政治无道德"的原则，无形中凭意气上了孔明借助东吴之力夺取南郡的贼船。就孔明的军事实力而言，无力取南郡等城，但是为安身之处，孔明又故伎重演了一场小的赤壁之战，使周瑜与曹军在战场血战，而自己却混水摸鱼不费一兵一卒轻摘胜利果实，实为"渔翁之利"。在外交策略上，孔明从来不做无谓的行动，在任何情况下，只要是孔明主动出使或出击对方，一定是想利用对方的某种优势，但又显得不明确，使对方在不知不觉中进了孔明的圈套。这就是孔明借助外力为自己服务的高明之处。

苏代献计退秦兵

战国后期，秦将武安君白起在长平一战，全歼赵军四十万，赵国国内一片恐慌。白起乘胜连下韩国十七城，直逼赵国国都邯郸，赵国指日可破。

赵国情势危急，平原君的门客苏代向赵王献计，愿意冒险赴秦，以救燃眉。赵王与群臣商议，决定依计而行。

苏代带着厚礼到咸阳拜见应侯范雎，对范雎说："武安君这次长平一战，威风凛凛，现在又直逼邯郸，他可是秦国统一天下的头号功臣。我可为您担心呀！您现在的地位在他之上，恐怕将来您不得不位居其下了。这个人不好相处啊。"苏代巧舌如簧，说得应侯沉默不语。过了好一会儿，才问苏代有何对策。苏代说："赵国已很衰弱，不在话下，何不劝秦王暂时同意议和。这样可以剥夺武安

君的兵权，您的地位就稳如泰山了。"

范雎立即面奏秦王。"秦兵劳苦日久，需要修整，不如暂时宣谕息兵，允许赵国割地求和。"秦王果然同意。结果，赵国献出六城，两国罢兵。

白起突然被召班师，心中不快，后来知道是应侯范雎的建议，也无可奈何。

两年后，秦王又发兵攻赵，白起正在生病，改派王陵率十万大军前往。这时赵国已起用老将廉颇，设防甚严，秦军久攻不下。秦王大怒，决定让白起挂帅出征。白起说："赵国统帅廉颇，精通战略，不是当年的赵括可比；再说，两国已经议和，现在进攻，会失信于诸侯。所以，这次出兵，恐难取胜。"秦王又派范雎去动员白起，两人矛盾很深，白起便装病不答应。秦王说："除了白起，难道秦国无将了吗？"于是又派王龄攻邯郸，五月不下。秦王又令白起挂帅，白起伪称病重，拒不受命。秦王怒不可遏，削去白起官职，赶出咸阳。这时范雎对秦王说："白起心怀怨恨，如果让他跑到别的国家去，肯定是秦国的祸害。"秦王一听，急派人赐剑白起，命其自刎。可怜，为秦国立下汗马功劳的白起，落到这个下场。

当白起围邯郸时，秦国国内本无"火"，可是苏代点燃范雎的妒忌之火，制造秦国内乱，文武失和。赵国隔岸观火，使自己免遭损失。

晋武帝攻灭东吴

公元263年，曹魏灭蜀。这样，曹魏彻底打破了过去诸葛亮制定的蜀吴联

合，北拒曹魏的战略方针。吴国孤立了。公元263年，魏国权臣司马炎称帝，即晋武帝，国号晋，史称西晋。晋代魏之后，继续曹操未能完成的统一中国的大业。晋武帝一方面下令在蜀地江岸大造战船，训练水师，为灭吴作了充分准备；另一方面，严密注视着吴国内的变化，等待时机。

吴国虽然在三国中是很富足的国家，但是统治集团孙权家族的矛盾繁多，争权夺利，尔虞我诈，争斗不休。宠妻间争当皇后，儿子间争做太子，由此影响到外廷，朝官们也分成拥嫡拥庶两派。孙权只好废太子孙和，立太子孙亮。拥嫡派的陆逊、顾谭（顾雍之孙）、张休（张昭之子）等都受到惩罚，两派的怨恨更深。孙权死后孙亮继位。家室孙林又发动政变废了孙亮，立孙权第六子孙林。孙林死，经过一番激烈争夺，孙和之子孙皓立为皇帝。

孙皓当了皇帝后，大报旧怨，用剥面皮、挖眼睛、灭三族等酷刑，把家族和大臣几乎杀尽。孙皓不惜动用大量的人力财力迁都武昌（今湖北鄂县），人民被迫为统治者们搬运财物，大兴土木，劳累不堪。江南的汉人和越人一再起义。孙皓只好被迫还都建业，长江上游的防御松弛了。晋武帝认为时机已到，大举进攻，三个月后吴就灭亡了。

武帝谋除公孙贺

汉武帝刘彻到六十五岁的时候性格变得十分多疑，有一次他梦见有人要刺杀他。于是派人追查但始终没有结果。

正在这时传出丞相公孙贺之子公孙敬声贪污。武帝大怒，公孙贺进宫求情。

公孙贺本来是汉武帝为太子时的舍人，武帝即位后，提升为太仆。他上朝居宰相职，则是因为他与武帝的姻亲关系。公孙贺的妻子君孺，是汉武帝皇后卫子夫的嫡亲姐姐，卫子夫是自陈皇后之后，为武帝宠爱的一个妃子。元朔元年（前128）春，因生男儿，乐得武帝开怀大笑，随即子夫被立为皇后。卫氏宗族，也因为子夫的得宠，泽及全家及亲属。子夫同母异父的弟弟卫青封长平侯，官大将军，他们三个褓褓中的孩子，都被封列侯。子夫的侄儿霍去病，官至骠骑将军，封冠军侯。卫氏家族团一人得道，鸡犬升天，当时有民谣说："生男无喜，生女无怒，独不见卫子夫霸天下。"公孙贺正是沾着卫子夫的荣光，被武帝恩宠有加，先是封侯，太初二年（前103）拜为宰相。公孙贺居朝之初，亦能小心处事，谦逊待人，仅仅过了三五年，他就恃宠弄权起来，变得贪婪奢侈。他的儿子公孙敬声，也是靠着与卫皇后的裙带关系，做了太仆，位列公卿，但不修道德，为人恣横不法，目中无人，为奢侈贪财，竟然贪污挪用军费。儿子下狱之后，平时不事子女教育的公孙贺，为挽救儿子的生命，赶紧进宫，为公孙敬声求情。

汉武帝在殿中接见了公孙贺，公孙贺开口一声请罪，要求武帝允许自己追捕阳陵大侠朱安世，以此为儿赎罪。朱安世是阳陵（今陕西高陵县西南）人，后来他到长安，经常劫盗王公贵族家财，一时京师震动，皆知京师大侠神出鬼没，行侠仗义，官府奈何不得。汉武帝听说后，专门下诏，要求通缉捉拿，可是一直没有捕获。武帝听公孙贺要擒朱安世为儿子抵罪，思虑良久，点头允准公孙贺所奏。

公孙贺为救儿子，情急之下，也不思要捉拿的朱安世是何等人物，会给自己带来什么样的后果，就利用丞相之权，下令四处派兵收捕。说来也巧，汉武帝久寻不获，公孙贺倒是手到擒来，不过一旬，朱安世被士兵发现，围捕俘获，下到京师大牢。朱安世入狱后，悉知自己此次入狱，是公孙贺为救儿子，专意做的手脚，大声说道："我看公孙贺自己死到临头，就要祸及宗族了。"于是主动向狱卒索要纸笔，上书朝廷，文中写道："公孙贺的儿子公孙敬声与皇上女阳石公主私通，还指使下人在通往甘泉的驰道上掩埋木偶，祭诅皇上。"武帝晚年，虽然自己喜爱礼神求仙，招鬼用巫，却又最厌别人用巫蛊之术，担心自己遭咒被祸，所以见到朝官转奏的朱安世的上书，即刻下令捕公孙贺父子入狱，吩咐廷尉杜周审查此案。

杜周是继张汤之后，又一有名酷吏，以善领武帝心意，置法不顾，变通刑狱而著名。他经常说："帝王的圣旨就是法律，"受命之后，他猜透汉武帝的心思，知道当初公孙贺是以卫皇后的姐夫做上丞相，现在正因为他是卫皇后的亲戚，又居丞相之位，对于武帝新宠幸的钩弋夫人不利。于是任意罗织公孙父子的罪名，穷治狱案，定公孙贺、公孙敬声死罪，全家灭门。不久，诏旨下达，公孙贺父子被杀于狱中，家门九族株连被杀。

卫皇后的亲生女儿诸邑公主，卫皇后内侄、大将军卫青儿子卫伉及与公孙敬声要好的阳石公主，皆连坐被杀。

公孙贺父子等人被杀，实质是汉武帝刘彻布置的一场有预谋的政治屠杀。自从卫子夫生子为后之后，卫氏家族势力在西汉朝廷急剧膨胀，卫皇后所生子刘据七岁就立为皇太子，卫后则主持内宫。武帝好出征，常把后事托咐太子，太子刘据主事时，亦勤勉操劳，在为政侍事方面，宽容人臣，又经常劝谏父皇。太子势力的慢慢形成，在治政方针上与父皇常相抵触的情况，引起了好弄权术的武帝警觉。而到了这时候，卫氏家族在朝中功高权大的霍去病、卫青两个大将又相继去世，卫后在朝势力减弱，平衡武帝随意对卫氏开展行动的权力制约力量已不存在，加上卫皇后年老色衰，厌旧喜新的汉武帝这时宠幸的是居住尧母门的钩弋夫人赵婕妤，赵于太始三年（前194）生下贵子弗明，因怀胎十四个月所生，与尧母十四个月生尧相同，相信迷信的武帝刘彻视为天命显灵，弗明生下不久，就欲改立他为太子，这样就必然要与卫皇后、太子刘据为代表的卫氏势力发生冲突。谋杀公孙贺父子等人，正是武帝刘彻打击卫氏外戚势力，企图废长立幼而进行的一次政治尝试。公孙贺不过是一场政治阴谋中的第一批牺牲者。

我们从公孙贺父子被杀经过可以看出，刘彻在这场政治阴谋中，首先上演的是一出隔岸观火、坐收渔利的开场戏。公孙敬声贪污巨额军费，对好用酷吏苛法的汉武帝来说，没有立即严刑穷治，却允准公孙贺去追捕一个自己多年缉捕而未获的阳陵大侠朱安世来抵罪，这事本身就耐人寻味，在刘彻看来，朱安世为乱京师，使朝廷颜面屡遭折辱，公孙贺前去捉拿，不是一件易事。如果公孙贺未能擒住，到时候不仅能治罪公孙敬声，再定个公孙贺欺君死罪，亦是顺理成章的一件事，如果能捉住朱安世，一可除害，二是阳陵大侠并非好惹，公孙贺必将付出很大代价，自己可以坐观公孙贺与朱安世争斗，然后再寻机下手。后来果然不出汉武帝所料，朱安世被擒获了，但表面赢家的公孙贺非但没有得到实惠，反而招惹更大祸害。阳陵大侠囚中上书，把公孙贺父子罪行全部兜出，而且找到的罪由是汉武帝最为忌讳痛恨的巫蛊之事，刘彻如何能饶过公孙父子？值得疑问的是朱安世囚中上书的启端，是有人详细告诉了他公孙父子捕朱抵罪的前因后果，史书中虽然没有明确写出是谁所讲，便有一点非常清楚，公孙贺父子案的经手之人，如江充、杜周，都是武帝亲近之人，这中间做些手脚，有意唆使朱安世上告公孙贺父子，也是极有可能的。朱安世的上书，结果使汉武帝成了这场阴谋中的最大赢家，骚扰京师的阳陵大侠被除去了，作为卫氏家族在朝中势力代表的丞相公孙贺父子满门诛杀。卫皇后的女儿被杀了、卫青的儿子长平侯卫伉也被杀。这一切为紧接着的无中生有构陷栽诬太子刘据、卫皇后，施行大规模地驱除卫氏势力，扫清了路障。

楚庄王择胜而从

三年不朝一鸣惊人的楚庄王，一心争霸，积极北进中原。鲁宣公十二年（前597）楚庄王亲率大军围攻郑国，郑襄公一面坚守城池，一面派人结盟的晋国求救。虽然郑国上下一心，英勇抗战，但是敌众我寡，力量悬殊，相持三个月，晋国援军也未到达，郑都终于被楚军攻破，郑襄公只得袒露着上身，手牵着羊，开城门迎接楚庄王入朝，表示驯服地任楚国宰割。又向楚王献上国书、地图，可怜兮兮地对楚庄王说："我未能上承天意事奉楚君，使楚君生怒到郑邑，这是我的罪过，怎敢不惟命是听，服从楚王的命令呢？即便贤君把我作为俘虏带到江南，放逐到海滨荒野的地方，我也惟命是听；或者贤君灭掉郑国分割其土地赏给诸侯，让郑人做臣妾奴仆，我亦惟命听从；如果承贤君开恩顾念从前的友好，让我托周厉王、周宣王、郑桓公、郑武公之福，而不亡郑国，使郑邑能事奉贤君，等同于楚国的一个县，这便是贤君的恩惠了，我不敢有太多的奢求，大胆地说出自己的心愿，但愿贤君任意处置。"

郑国是居于楚、晋之间的一个中小国家，长期以来一直在两强国夹缝中求生存，同时也是两个强国互相争霸的一个缓冲之地，郑襄公虔诚的求降之语，对楚庄王来说，并非听着入耳高兴就可以赦免郑国的，他对左右部下说：允许郑国投降是顺理成章的事，如灭掉郑国，则名不正言不顺了。况且郑君能谦逊下人，取信于民，这样的国家不是一下子可以灭掉的。于是允准郑襄公的求和，楚军退舍三十里，派大夫潘进签订盟约，郑襄公遣弟弟子良到楚国做人质，示以诚意。

就在郑国服楚结盟不久，晋景公派来的援军才迟迟地来到郑地。郑襄公担心晋国大军拿郑楚结盟一事兴师问罪于郑国，这样郑国又要遭祸了。于是召集郑国群臣商讨应付办法。大夫皇戌认为，晋国强大，现在郑与楚和好，晋军势强，如果问罪郑国，郑国则不是其对手，不如说服晋军与楚军决战，郑国坐观成败，晋军胜则服于晋，楚军胜则服于楚。郑襄公认为皇戌的建议为良策，对郑国很有利。于是派皇戌前往晋营，鼓动晋军攻楚，又遣使楚军，怂恿楚庄王与晋军决战。

楚庄王在服郑之后，率军北进，驻于郑国的郾地，准备到黄河饮马之后，即凯旋返国。这时晋军在荀林父的率领下，也来到黄河岸边，得知郑国降楚，楚军已撤退将归，荀林父无意于同楚军接战，就想下令班师返国。上军首领士会也同意荀林父的主张，认为楚军在国内虽连年征战，却甚得民心，政治上也修明，兵阵每战必胜。典章制度，礼义道德均有建树。楚君子善于选贤任才，这样的国家是不容易对抗的。"应该兼并衰弱的国家，攻打混乱的国家，何必去进攻楚国呢？"但是中军副将先縠认为："晋国所以称霸诸侯，是仰仗勇敢的军队、臣下的尽力。坐失郑国而不救，就不能说有强大的兵力。大敌当前不敢决战，就不能说是武功。见到强敌往后退，不是大丈夫的作为。由我之手失去晋国霸业，不如死去。"先縠不听荀林父号令，私自率军过了黄河。荀林父未能严肃军纪，害怕先縠与楚军战败，自己作

为主帅回国后要担当罪名，于是干脆率三军渡过黄河。

楚庄王本来打算返师归国，不想与晋军兵戎相见。晋军过黄河后，楚庄王也不想饮马黄河了。令尹孙叔敖已树起大旗，把车头向南方，准备返师。只有庄王的宠臣伍举，一心想立功，鼓动庄王同楚军作战。楚庄王采纳了伍举的建议，调车头向北，准备迎战晋军。这时候楚王也担心未必能赢强晋，几次派出使者，说明楚不想同晋争战，不过是惩处一下郑国。甚至派人到晋国求和，约好了订约媾和时间。在这时，郑国大夫皇戌受襄公之令，跑到晋军之中极力诱使晋军攻楚。他说："郑国服从楚国，是为了挽救国运而已，对晋国并无贰心。现今楚国突然获胜，就恃势骄狂，楚军暮气已深，没有什么防备如果晋楚交兵，郑国从楚军背后攻击，两军夹击，楚军必败。"先縠被皇戌的话煽动起性，更加逞狂，认为打败楚国，臣服郑国，不在此一举了。

郑国使臣的鼓动挑拨，加剧了楚晋之间的矛盾激化，两军终于在泌地（今河南荥阳县东北）发生了遭遇战，结果晋军战败，溃逃回国。郑国继续维持服楚盟约。

春秋时期，政治场上你争我夺，斗争的最大特点是强国争霸，中小国家依附大国而存立。郑国北临强晋，南接雄楚，晋楚逐鹿中原，相互争势，受害的是势弱的郑国。长期以来，郑国往往采取的是墙头草策略，楚国攻时，服于楚；晋国兵来，又臣服于晋。如鲁宣公五年，楚国攻郑，郑被迫服楚。一年后，郑又

去参加强晋召集的会盟。总是反反复复，试图维持延续自己居中难存的国势。这一次楚庄王攻郑，郑国一心固守，终因势力悬殊过甚，差点被楚国灭国，后来楚国允许郑国结盟，使郑国仍有存在，郑襄公也松了一口气。但是在危难时不来相救的晋军，在郑国降楚以后，却又姗姗而来。依据以往的经验，晋军入郑，不会空手而回，对郑臣楚之事，更不可能不闻不问，郑国自从与楚军恶战后，又要面临被强大的晋军蹂躏。如何避免这种情况的发生，郑襄公接受臣下的建议，施用隔岸观火之计，坐山观虎斗，助其相争，再择其胜者臣服之。

作为一般意义上的隔岸观火之计的运用，是指静观时变者，先是按兵不动，俟敌人相互杀伐，两败俱伤时收取渔利。在这里，对郑襄公来说，能够保持住郑国的原有地位，避免国家再次受到晋军的攻击，就是最大的收获，最大的渔利。郑国是一个弱国，与强大的楚晋相比，不是他们的对手，谈不上要弱楚弱晋，灭楚灭晋的问题，能生存下来就是胜利，而要生存，又必须背靠楚、晋当中的任何一国。郑襄公已降服于楚庄王，晋军不来，郑能维持住郑、楚已定的盟约，即能生存下去。晋军来到郑国，势必以武力逼迫郑国臣服于己，如果郑襄公这时又倒向晋国。必将引起楚国的追问。严重的引发再一次楚郑战争，郑国将会付出更大的代价。所以郑襄公以隔岸观火之策，挑动晋军与楚军相战，把晋军的祸水引向楚军，楚晋相斗，必有一赢家，如果楚赢晋败，郑国就要背晋而用于楚，而发生征战后的楚国势弱兵残，

一时也不会进攻郑国，郑国也能安然生存，就从这一意义来讲，我们说楚晋泌地之战，实际上是郑襄公政治谋略的一个胜利。

巧套交情获强助

曹操自放走刘备后，心中十分后悔，便令心腹车胄在徐州内图刘备。关羽知道后就计斩了车胄，刘备担心曹操发兵问罪。玄德懊悔不已，遂入徐州。百姓父老，伏道而接。玄德到府，寻张飞，飞已将车胄全家杀尽。玄德曰："杀了曹操心腹之人，如何肯休？"陈登曰："某有一计，可退曹操。"

却说陈登献计于玄德曰："曹操所惧者袁绍。绍虎踞冀、青、幽、并诸郡，带甲百万，文官武将极多，今何不写书遣人到彼求救？"玄德曰："绍向与我未通往来，今又新破其弟，安肯相助？"登曰："此间有一人与袁绍三世通家，若得其一书致绍，绍必来相助。"玄德问何人，登曰："此人乃公平日所折节敬礼者，何故忘之？"玄德猛省曰："莫非郑康成先生乎？"登笑曰："然也。"

原来郑康成名玄，好学多才，尝受业于马融。……桓帝朝，玄官至尚书；后因十常侍之乱，弃官归田，居于徐州。玄德在涿郡时，已曾师事之；及为徐州牧，时时造庐请教，敬礼特甚。

当下玄德想出此人，大喜，便同陈登亲至郑玄家中，求其作书。玄慨然依允，写书一封，付与玄德。玄德便差孙乾星夜赍往袁绍处投递。绍览毕，自忖曰："玄德攻灭吾弟，本不当相助；但重

以郑尚书之命，不得不往救之。"遂聚文武官，商议兴兵伐曹操。谋士田丰曰："兵起连年，百姓疲弊，仓廪无积，不可复兴大军。宜先遣人献捷天子，若不得通，乃表称曹操隔我王路，然后提兵屯黎阳；更于河内增益舟楫，缮置军器，分遣精兵，屯扎边鄙。三年之中，大事可定也。"谋士审配曰："不然。以明公之神武，抚河朔之强盛，兴兵讨曹贼，易如反掌，何必迁延日月？"谋士沮授曰："制胜之策，不在强盛。曹操法令既行，士卒精练，比公孙瓒坐受困者不同。今弃献捷良策，而兴无名之兵，窃为明公不取。"谋士郭图曰："非也。兵加曹操，岂曰无名？公正当及时早定大业。愿从郑尚书之言，与刘备共仗大义，剿灭曹贼，上合天意，下合民情，实为幸甚！"四人争论未定，绍踌躇不决。忽许攸、荀谌自外而入。绍曰："二人多有见识，且看如何主张。"二人施礼毕，绍曰："郑尚书有书来，令我起兵助刘备，攻曹操。起兵是乎？不起兵是乎？"二人齐声应曰："明公以众克寡，以强攻弱，讨汉贼以扶王室，起兵是也。"绍曰："二人所见，正合我心。"便商议兴兵。先令孙乾回报郑玄，并约玄德准备接应；一面令审配、逢纪为统军、田丰、荀谌、许攸为谋士，颜良、文丑为将军，起马军十五兵，步兵十五万，其精兵三十万，望黎阳进发。

这是一则刘备巧于利用袁绍势力助己达到军事目的的策略。

刘备这次借兵所以成功，靠的全是郑玄的情。后来，当曹操再次兴师攻徐州时，刘备又派孙乾为使向袁绍借兵求援。袁绍竟以儿子有病为借口，不肯出兵。最后，刘备势败，只好只身去投袁绍。由此可见，人情之风充斥于各个角落并不是现在独有之事，自古早已有之，在军事外交中竟然也如此重要！

整个社会是人与人互动的社会，人一生当中会碰到各种不如意的事情，如生意上资金周转不灵、人事竞争、工作不顺、求学深造、失败等，有时我们能力有限，这时需借助别人的智慧、金钱、权力等帮助你，从而摆脱困境，而达到自己的目的；别人的力量只能一时借用，关键要壮大自己的实力。

孔明用间平叛军

建平三年，南蛮三郡造反，孔明讨伐，却说雍闿听知孔明自统大军而来，即与高定、朱褒商议，分兵三路：高定取中路，雍闿在左，朱褒在右；三路各引兵五六万迎敌。于是高定令鄂焕为前部先锋。焕身长九尺，面貌丑恶，使一枝方天戟，有万夫不当之勇；领本部兵，离了大寨，来迎蜀兵。

却说孔明统大军已到益州界分。前部先锋魏延，副将张翼、王平，才入界口，正遇鄂焕军马。两阵对圆，魏延出马大骂曰："反贼早早受降！"鄂焕拍马与魏延交锋。战不数合，延诈败走，焕随后赶来。走不数里，喊声大震。张翼、王平两路军杀来，绝其后路。延复回，三员将并力拒战，生擒鄂焕。解到大寨，入见孔明。孔明令去其缚，以酒食待之。问曰："汝是何人部将？"焕曰："某是高定部将。"孔明曰："吾知高定乃忠义之士，今为雍闿所惑，以致如此。吾今放汝回去，令高太守早早归降，免遭大祸。"鄂焕拜谢而去，回见高定，说孔明之德。定亦感激不已。次日，雍闿至寨。礼毕，闿曰："如何得鄂焕回也？"定曰："诸葛亮以义放之。"闿曰："此乃诸葛亮反间之计：欲令我两人不和，故施此谋也。"定半信不信，心中犹豫。忽报蜀将搦战。闿自引三万兵出迎。战不数合，闿拨马便走，延率兵大进，追杀二十余里。次日，雍闿又起兵来迎。孔明一连三日不出。至第四日，雍闿、高定分兵两路，来取蜀寨。

却说孔明令魏延两路伺候；果然雍闿、高定两路兵来，被伏兵杀伤大半，生擒者无数，都解到大寨来。雍闿的人，因在一边；高定的人，因在一边。却令军士谣说："但是高定的人免死，雍闿的人尽杀。"众军皆闻此言。少时，孔明令取雍闿的人到帐前，问曰："汝等皆是何人部从？"众伪曰："高定部下人也。"孔明教皆免其死，与酒食赏劳，令人送出界首，纵放回寨。孔明又唤高定的人问之。众皆告曰："吾等实是高定部下军士。"孔明亦皆免其死，赐以酒食；却扬言曰："雍闿今日使人投降，要献汝主并朱褒首级以为功劳，吾甚不忍。汝等既是高定部下军，吾放汝等回去，再不可背反。若再擒来，决不轻恕。"

众皆拜谢而去；回到本寨，入见高定，说知此事。定乃密遣人去雍闿寨中探听，却说一般放回的人，言说孔明之德；因此雍闿部军，多有归顺高定之心。虽然如此，高定心中不稳，又令一人来孔明寨中探听虚实。被伏路军捉来见孔明。孔明故意认做雍闿的人，唤入帐中问曰："汝元帅既约下献高定、朱褒二人首级，因何误了日期？汝这厮不精细，如何做得细作！"军士含糊答应。孔明以酒食赐之，修密书一封，付军士曰："汝持此书付雍闿，教他早早下手，休得误事。"细作拜谢而去，回见高定，呈上孔明之书，说雍闿如此如此。定看书毕，大怒曰："吾以真心待之，彼反欲害吾，情理难容！"便唤鄂焕商议。焕曰："孔明乃仁人，背之不祥。我等谋反作恶，皆雍闿之故；不如杀闿以投孔明。"定曰："如何下手？"焕曰："可设一席，令人去请雍闿。彼若无异心，必坦然而来；若其不来，必有异心。我主可攻其前，某伏于寨后小路候之；闿可擒矣。"高定从其言，设席请雍闿。闿果疑前日放回军士之言，惧而不来。是夜高定引兵杀投雍闿寨中。原来有孔明放回免死的人，皆想高定之德，乘时助战。雍闿军不战自乱。闿上马望山路而走。行不二里，鼓声响处，一彪军出，乃鄂焕也：挺方天戟，骤马当先。雍闿措手不及，被焕一戟刺于马上，就枭其首级。闿部下军士皆降高定。定引两部军来降孔明，献雍闿首级于帐下。孔明高坐于帐上，喝令左右推斩高定，斩首报来。定曰："某感丞相大恩，今将雍闿首级来降，何故斩也？"孔明大笑曰："汝来诈降。敢瞒吾耶！"定曰："丞相何以知吾诈降？"孔明于匣中取出一缄，与高定曰："朱褒已使人密献降书，说你与雍闿结生死之交，岂肯一旦便杀此人？吾故知汝诈也。"定叫屈曰："朱褒乃反间之计也。丞相切不可信！"孔明曰："吾亦难凭一面之词。汝若捉得朱褒，方表真心。"定曰："丞相休疑。某去擒朱褒来见丞相，若何？"孔明曰："若如此，吾疑心方息也。"

高定即引部将鄂焕并本部兵，杀奔朱褒营来。比及离寨约有十里，山后一彪军到，乃朱褒也。褒见高定军来，慌忙与高定答话。定大骂曰："汝如何写书与诸葛丞相处，使反间之计害吾耶？"褒目瞪口呆，不能回答。忽然鄂焕于马后转过，一戟刺朱褒于马下。定厉声而言曰："如不顺者皆戮之！"于是众军一齐拜降。定引两部军来见孔明，献朱褒首级于帐下。孔明大笑曰："吾故使汝杀此二贼，以表忠心。"遂命高定为益州太守，总摄三郡；令鄂焕为牙将。三路军马已平。

宋太宗坐山观斗

宋开宝九年（976），宋太祖赵匡胤病逝，弟弟赵（匡）光义嗣位登基，即宋太宗，改年号太平兴国。

赵匡胤死后没有传位儿子，而且皇位给弟弟继承，主要是总结了后周朝廷因幼主嗣位，被自己兄弟发动陈桥兵变，黄袍加身，一举而篡夺天下的教训，担心传幼子之后，被别人以自己使用的故伎，加害到大宋赵家的皇帝身上。早在建隆二年（961），杜太后病危时，就把太祖匡胤和谋臣赵普叫到病榻前，当面问赵匡胤："知道因为什么原因你得到天下登上皇位的吗？"赵匡胤说是托祖宗及太后的余庆。杜太后说："错了，是因为后周柴氏以幼主主宰天下。若是后周有

成年君主，你就不会有今天了。你与光义都是我的亲生儿子，你百年之后，应当传位给弟弟光义，然后光义传位给弟弟廷美，廷美死后再传位给你的儿子德昭。天下地广事多，能立成年君主，这是造福社稷的事情。"宋太祖事母忠孝，谨守母训，当即答应杜太后，并命令站在身边的赵普把太后遗训记下，赵普赶紧听命，记录完毕后，还署上"臣普记"字样。太祖亲手封藏在金匮秘密中保存。

宋太祖赵匡胤着眼手赵宋王朝的安危，死后果然让位于弟弟。太祖皇后宋氏开始也想立自己的儿子，但被赵光义安插在身边的私党做了手脚，遣使召当时还是晋王的赵光义进宫入承大统，宋皇后对他说"我们母子的身家性命，全部托付给你了"，光义当面泣告，发誓说："一定共保富贵，请勿担心忧虑。"但是赵光义一登大位，所言所行就大不相同。兄长赵匡胤有四个儿子，两个已经夭折，剩下德昭、德芳，当时德昭25岁，已是成人，最有可能继位。所以赵光义首先把目标指向德昭。太平兴国四年（979），赵光义带德昭出征幽州时，光义故意试探，令人散布谣传说皇帝不知下落，果然就有人想立即拥戴德昭称帝。太宗发现德昭上台可能性很大，出征返师回京后，以此出征未取得大胜为由，迟迟不予论功行赏。赵德昭善意劝谏，促叔叔光义速决此事，赵光义见侄子劝言，故意用语刺激德昭："等到你做皇帝时，再行赏也不晚嘛"，嘲讽德昭擅自干政。赵德昭性格耿直，善意为国，反取折辱，回府后思绪不平，自刎而死。两年之后，他的22岁弟弟赵德芳也病

死。这样来自兄长宋太祖一支威胁太宗后代继承皇位的危险彻底消除了，下一个目标就是赵光义的弟弟廷美了。秦王廷美作为光义之弟，按太后遗训，当在赵光义死后上台继位。他看到了赵光义在长兄宋太祖时，扩大势力，为后来顺利上台，奠下扎实基础，于是也想仿效，除了秦王府内早就豢养了一批幕僚将官外，而且新近还同当朝宰相卢多逊搭上了钩。这卢光逊原来是赵光义晋王府重要的爪牙，中过进士，宋太祖时，官至中书舍人，参知政事。太宗一上台，任命他为中书侍郎，平章事，做了当朝宰相，予以重用。卢多逊与秦王廷美相勾搭一事，很快有人上报给太宗光义，赵光义虽然十分恼怒，但虑及此事关系到皇位继承大事，事牵太后遗命中的未来皇帝和在朝宰相，而且朝廷群臣到底什么倾向，自己还没有十分掌握，就想在朝中寻找卢多逊的政敌，促其内部互攻，既可以无损自己，又可以坐收别人攻敌之利。于是宋太祖时期的宰相赵普被召入京都，想利用赵普与卢多逊的矛盾，达到驱除卢多逊、廷美的目的。

赵普是宋朝的开国元勋，赵匡胤上台代周就得力于他的计谋，其后一直作为宋太祖重要的政治谋臣被重用。太祖乾德二年，迁升门下侍郎、宰相、集贤大学士，独居相位，处理大宋国政。可是因为敛财受贿，私运木材扩展府第，加上结姻亲枢密使李崇矩，被太祖冷淡。就在此时，当时身为翰林院学士的卢多逊，每有召时，总是攻击赵普，导致开宝六年（973），赵普被罢相，贬到河阳，做了一个三城节度使。赵普视卢多逊为

不共戴天的宿敌，所以听到太宗召还入京消息，连日起程返都。

太宗对秦王廷美和卢多逊的暗中活动，一开始没有采取过激措施，担心两人受到刺激在朝中联手反击，所以当一些卢多逊同僚因不满卢的专权，上折密告卢和廷美时，他没有立即动手罢免多逊，只是对一些告密者奖励，如对密告卢多逊的左拾遗田锡，赏钱50万。他这样做的考虑有二个，一是暗中鼓励卢的政敌进一步告发，促使相互攻伐。二是赵光义认为这些人还不足以制敌卢多逊、廷美，尚须更高一级的政敌出观，引发更加激烈的政争，才能做到在敌方凶残反目的时候，一网打尽，坐收渔利。所以他召还赵普后，复赵普相位，以牵制廷美和卢多逊。

赵普复相后卢多逊果然感到深深不安，而赵普位列开国勋旧，秦王廷美也自感难以凌驾，主动提出让出自己首辅地位，前推赵普。赵普再相，总结了前次被太祖罢相的教训，极力讨好太宗赵光义，他把自己当初与太祖受太后遗命的故事，详加叙述，还说自己要"备位枢机以察权变"。于是大力攻击政敌卢多逊，痛陈卢多逊以势欺压，结交私党，专权用事等情况。太宗看赵普上钩，随即命令赵普调查卢多逊与秦王廷美勾结一案。

赵普拿到赵光义给的尚方宝剑，不遗余力地明查暗访。廷美位居秦王，身为皇族显贵，卢多逊位列宰相，执朝纲权柄，两人都是居一人之下、百官之上的高位人物，平日与朝臣将官交结往来很多，如有意查找此类关节过失，自然

不是难事。赵普还把卢多逊廷审杂治，卢多逊在赵普势逼下，供认自己曾遣派心腹属官密告秦王廷美朝中机密，向秦王输诚投靠，还对秦王说过：等太宗死了，我将尽力事奉秦王。秦王也以弓矢回赠自己，以增信任。赵普抓到了卢多逊的罪证，认为他勾结秦王，阴谋篡夺是大逆不轨的重罪，立即上报宋太宗。宋太宗当然顺水推舟，命削去卢多逊的官爵，与家属一道配流崖州（今广东海南岛南部）。秦王廷美在太平兴国七年，就被免开封府尹，出为西京留守。此次赵普特意向赵光义建议："太祖已经失误，陛下岂可再误"。鼓动赵光义去秦王，心怕哪天秦王上台，自己落个悲惨下场。所以当审查卢多逊案时，他极力把卢多逊案件往秦王身上引，借机株连，以免后患。卢多逊供认后，他立即授意开封府尹李符，以廷美与卢多逊交通，要求把秦王再度远贬。李符还诬告秦王在留守西京期间，不思悔改，埋怨皇上，"不利朝廷"。赵光义视秦王廷美为自己身边隐患，赵普等人如此卖力邀功，乐得他心花怒放，立即诏令将廷美为涪陵县公。安置房州（今湖北房县），不许外出，一年后，廷美整日忧悸之下，病死贬所。

赵廷美和卢多逊一去，使赵匡义顺意地传位给自己的子孙计划得以实现。杜太后的"兄终弟及"的遗训被彻底抛在一边，而宋太宗赵光义一支的嫡长子继承制度取得了稳固的地位。从此以后，赵宋皇位都是在太宗后代手中，延续传继。赵匡义利用隔岸观火之计，在卢多逊，廷美相互勾结，势力逞强的时候，

尽管朝中卢多逊的一些政敌，也攻击卢多逊，但不足以制胜。所以采取静观时变的态度，密切观察二人动向，以确定下一步策略，后来又调入开国元勋的赵普，利用赵普和卢多逊的水火不容关系，暗中助其互相攻伐，挑起更大的火并，一举把卢多逊、秦王廷美赶下权坛，远贬荒芜之地。赵普赶走了卢多逊，自以为出了一口怨气，未想到有赵宋第一谋臣之称的他，也有老来失手的时候，他的宰相之位还未焐热，紧接着，赵光义就向朝臣宣布："赵普有功于社稷国家，与朕是昔年故旧，现在花甲已过，已是白发上头，牙齿松落，念及旧情，再也不忍让他辛苦劳累，应当择一善地，以尽享晚年。"赵普马上收拾行装，乖乖地到他的"善地"邓州，做一个武胜节度使去了。

张居正谋权秉政

张居正是明神宗时的政治改革家，自隆庆六年（1572）六月，在朝辅弼年幼的明神宗理政，躬身辅政，忠君爱国，又锐意革新，厘剔宿弊。政治上针砭沉痾革弊除旧，裁汰沉官，条理刑狱，选拔英才。经济上清丈土地，行一条鞭法。又整饬边防，任用良将，练兵筹防，设茶马市、互通蒙汉，终于使明初以来的积弊衰败，在万历初年为之一改，出现了短暂的"海内肃清、四夷宾服。太仓粟可支数年，府库寺积金四百余万"的清平世界。张居正得以成功革政，有他个人的突出才干、皇族的信赖等多方面的原因，但其中的一个主要原因，是他

独居朝廷揆首地位，大权独揽，得以大力阔斧地施展手脚。因为他籍贯湖北江陵，时人把他一人专断朝纲的现象称为江陵秉政。

张居正由万历皇帝上台之初的三个顾命共同执政，变为一人独揽权柄，得益于他成功的隔岸观火谋略，此事说起来，倒也有一番曲折的故事。

张居正生于嘉靖年间，23岁考中进士选充庶吉士，25岁进翰林院为编修，居正青少年时期即有远大政治抱负，曾上《论时政疏》，指陈明政权有宗室骄恣、庶官瘝旷、吏治因循、边备废弛、财用大亏五大弊端，要求兴利革弊。当时因为严嵩专权，他郁郁不得志，俟到严嵩失势，徐阶担任内阁首辅，张居正开始被重用，到了穆宗朱载垕隆庆初年，他连年晋升，晋迁礼部尚书，兼武英殿大学士。二年（1568）加少保兼太子太保。除阶致仕回乡时，推荐富有城府能担大任的张居正进内阁，由此，张居正始得操政，到隆庆六年（1572）一月，他由太子太傅再迁少师兼太子太师。六年五月，明穆宗中风病逝，临终前遗命高拱、张居正、高仪三人辅弼皇朝。六月初十，明神宗朱诩钧即皇帝位，年方十岁，三个顾命大臣中，大学士高拱在穆宗之世，即专权用事，居三顾命之首。高仪体衰疾病缠身，穆宗死后，没多少天也一命呜呼。这样，剩下高拱、张居正两顾命居朝理事，但是就在这个月的六月十六日，高拱突然被褫去官衔职位，勒令即日出京，回原籍闲住，张居正取而代之，成为内阁首揆。

高拱被夺职逐乡的原因是与宫内太监冯保的矛盾激化，被皇帝亲近的"大伴"冯保谗言挑拨，又利用穆宗皇后陈皇后、李贵妃的宠信，乘机以异己排挤。高拱是河南新郑人，嘉靖二十年中进士后，为裕王朱载垕做讲官长达九年，后来升迁太常寺卿、国子监祭酒、礼部尚书等职。嘉靖四十五年（1560），明世宗朱厚熜去世，裕王朱载垕嗣位为帝，即明穆宗。高拱由帝师得以入阁，拜文渊阁大学士。隆庆元年（1567）因为同内阁首辅有矛盾隔阂，被迫还乡闲居。隆庆三年，因为宫内太监腾祥、陈洪、孟冲等人的帮助，再次入阁办事，上台之后，为了报答举荐自己的陈洪、孟冲，他打破惯例，把应由秉笔太监冯保升任的司礼监掌印太监一职，先后让陈洪、孟冲两人担任，把冯保置之一边。冯保在隆庆初年，还领掌过皇帝的耳目机构东厂，按成例，掌厂者必升司礼太监这个太监中的最高职位。冯保应该升补而不得晋迁，他清楚这是高拱从中阻梗作私下交易，不禁心中衔恨，对高拱由愤生仇，就想利用机会陷构高拱。

冯保自小进明吕，在神宗皇帝做皇子时常伴身侧，提携捧抱细心照顾，被神过称为"大伴"。自世宗时起，长期担任仅次于司礼监掌印大监之职的秉笔太监，此职专掌章奏文书，照阁票批硃，也是一个事关机要的实权之职，冯保给人的印象平和谨慎，喜爱书琴文章，有君子之风，长期接近朝政权柄，养成胸藏城府笑而不露的习惯。明穆宗去世，神宗上台，他分析形势，认为凭自己与幼帝的关系，和经常接触幕后监政的神宗生母李贵妃、皇后陈氏的便利条件，加之内阁辅臣张居正的鼓励支持，现今正是除去高拱的最好时机。于是他连续施展阴谋，先是利用手掌奏章批砣之便，篡改明穆宗遗诏，说自己与三大臣一起，同受穆宗临终顾命，为自己攻击朝臣高拱，议论朝政制造合理依据。接着，他又行诬言栽赃之法。穆宗去世时，高拱在内阁号泣，神宗派冯保征求高拱对朝政的意见，高拱的悲伤之中，念及穆宗三十六岁即撒手人寰，遗留下十岁的儿子嗣位为帝，悲痛之中随口说道：“十岁太子如何治理天下啊！”冯保有心构陷，跑到陈皇后、李贵妃面前诬告，说高拱轻蔑新皇，说“（指冯保）你捧了圣旨，我说这不过是一个不满十岁的孩子的话，难道真能做人主管理天下大事吗?”冯保挑斗皇后、贵妃对高拱的仇恨，伪言高拱居心不良，又在宫内暗地散布流言，说首辅高拱要废神宗另拥周王为帝，煽动神宗对高拱的厌恶。

高拱居内阁首辅，对冯保的谗言诬告已有所闻，虽然他没有冯保那样方便地进出宫室的便利条件，但在外朝，自度势力强大。于是授意各位给事中、御史等众言官，上折弹劾冯保矫诏乱政，行为不轨，想以此定冯保死罪。冯保见言官纷纷上奏，开始也担心害怕，心念一动，干脆把全部奏章扣匿起来。高拱不知其中奥妙，还以为自己稳操胜券。六月十六日朝臣早朝时，他照例站在前列，却见冯保手执黄纸文书，代为宣读皇后、贵妃和幼皇谕旨：“大学士高拱，揽权擅政，夺威福自专，通不许皇帝主管。我母子日夕惊惧。令回籍闲住，不许停留。”高拱大意失荆州，突遭袭击，

神色大变，一下子瘫倒在地。即日收拾行装返回原籍。

高拱与冯保的权力争斗，最大的赢家是张居正。高拱被逐，冯保得胜后，只不过升上了自己理应升上的司礼太监之座，此职虽是内朝要职，但冯毕竟只是宫中的一个奴才，当时李贵妃、陈皇后等人，对内宫控制甚紧，他要想大有作为，困难重重。张居正则不一样，从小怀有济世治乱大志，早就有意一朝执行权柄，实现自己平生政治抱负的愿望。高拱与冯保二人相斗伊始，他就看得清清楚楚，冯保的暗中活动，高拱的磨拳擦掌，时值穆宗新丧，幼皇嗣立之初，作为同列阁辅的张居正，理应居中调和劝解、安定混乱的时政。但是张居正并没有这样做，而是恪守保身、取利的原则，在冯保、高拱准备决斗，但胜负未卜的情况下，他决不直接介入，只是隔岸观火，坐观高、冯成败决战。当时他找了个十分正当的理由，就是与司礼太监遭宪一起，到天寿山为明穆宗卜择陵地，远离权力斗争的旋涡。六月初十日，明神宗登基典礼，他赶回京城，旋以中暑生病为由，居家养病。六月十六日，宣诏逐高拱后，他见大局已定，赶紧走向前台，不再回避。十九日，他在平台见神宗，旋升任内阁首辅，坐收高拱失势后的渔利，一任十年，终于成就了一番“中兴”事业。

丘吉尔壁观谋利

1941年6月22日，德国法西斯的军队以“闪电战”进攻苏联，苏德战争终

于爆发!

英国首相丘吉尔是一个相当顽固的铁杆反共分子,关于这一点丘吉尔自己也毫不隐讳。他在得悉法西斯军队开始进攻苏联时发表的广播讲话中直言不讳:"在过去的25年中,没有一个人像我这样始终一贯地反对共产主义……"

在丘吉尔的骨子里,他既憎恨纳粹,又仇视社会主义和共产主义,他把共产主义视作洪水猛兽。从战争一开始,他就希望苏德之间能互相厮杀,使其两败俱伤,由他坐收渔翁之利。因此,丘吉尔强烈希望苏德尽快开战。但当时英国面临的最大危险和现实敌人是德意法西斯,而不是苏联。所以,丘吉尔在得悉德意军队已经开始进攻苏联的确切消息后,如释重负,并于当天发表了一篇颇得世界舆论好评的支持俄国的声明。

7月12日,苏英两国政府签订了对德战争采取共同行动的协定。

然而,丘吉尔却迟迟不采取具体行动。

1941、1942年,是苏联红军和希特勒军队殊死相拼的两年。尽管在1942年苏联基本遏制住了希特勒的"闪电"进攻,但在苏德战场上,苏联红军承受着400多万装备精良的法西斯军队的进攻。为此,苏联红军多次向英、美两国提出了在法国北部开辟第二战场,借以牵制法西斯军队,减轻苏联战场压力的方案。这个方案,美国总统罗斯福是同意的,并派陆军总参谋长马歇尔将军前往伦敦同英方会商,可丘吉尔支吾搪塞,持消极态度,借口条件不成熟而故意拖延。

其实,丘吉尔的意图十分明显,就是尽可能地借希特勒之手来打击社会主义苏联的力量。正像希腊记者L·杰烈比在他的《丘吉尔秘密》一书中写的那样:"丘吉尔希望苏联在战争中流血牺牲,希望在胜利时苏联已完全精疲力尽,无法在欧洲和世界起首要作用……丘吉尔企图通过战争削弱苏联,他希望俄国人孤立地同德国人斗,这样,不论战争的结局如何,双方都将财尽力竭。"

正因为有此想法,丘吉尔顽固地拒绝斯大林关于在欧洲开辟第二战场的建议。

为了敦促丘吉尔及早开辟第二战场,一方面减轻苏联的压力,一方面尽快缩短第二次世界大战的进程,1942年5日,斯大林派外交部长莫洛托夫访问伦敦,督促丘吉尔尽快行动,但依然未果。

正直、善良的英国人民却与丘吉尔的想法相反,他们希望自己的国家诚挚地履行对苏联的盟国义务。英国的进步党派和爱国人士,积极要求英政府履行开辟第二战场的诺言,许多城市为此举行了无数次的游行和集会。

慑于国内外的双重压力,1942年7月,丘吉尔和罗斯福单独进行了会谈。在丘吉尔的鼓动下,英、美决定1942年不在欧洲登陆,而是进入北非,让苏联继续同希特勒厮杀。同时,丘吉尔还通知本国的有关部门,停止第二战场的准备工作,并必须做好准备,如果一旦苏军突破希特勒防线,我们(指英军)应当毫无迟延地溜地大陆。

丘吉尔坐山观"虎"斗又过了一年。

1942年开始,苏联的卫国战争已经度过最困难的阶段,特别是到了夏、秋两季，苏军的攻势节节胜利，正是在这样的形势下，1943年11月28日，斯大林、罗斯福、丘吉尔三位世人关注的"三巨头"在德黑兰的苏联大使馆召开了一次非常重要的会议，这就是后来历史学家们大书特书的"德黑兰会议"。

苏联驻德黑兰大使馆。石头砌成的围墙内，几幢浅褐色的砖房稀稀疏疏地座落在庭院的绿荫深处，显得十分寂静、幽雅。

下午4时，会议一开始，丘吉尔就向斯大林解释为什么迟迟没有开辟第二战场。他说："莫洛托夫先生到伦敦时，我曾告诉他，我们正制订在法国牵制敌人的计划……英美两国正准备1943年进行一次规模很大的军事行动……我充分了解，这个计划在1942年对于俄国是毫无帮助的……"

从丘吉尔一说话，斯大林就阴沉着脸一声不吭，任凭丘吉尔在那儿喋喋不休地为自己开脱、解释。后来，斯大林实在是忍不住了，他直截了当地质问道：

"据我了解，你们是不能用大量的兵力来开辟第二战场，甚至也不愿用6个师登陆了？"

丘吉尔支支吾吾地回答说："的确如此。"可接着又解释说："我们能用6个师登陆，但这样的登陆其实无益，因为它会大大妨碍明年计划实行的巨大战役，战争就是战争，不是开玩笑，如果惹起对任何人都没有好处的灾难，那就太愚蠢了。"

"非常对不起，我的战争观与阁下不同。"斯大林瞪大了眼睛，厉声说道："不准备冒险，就不能获得胜利，为什么

你们这样害怕德军呢？我真不明白。"

斯大林与丘吉尔争执起来。

两个人争得面红耳赤时，会议厅内出现了令人尴尬、窒息的沉默，气氛相当紧张。后来，斯大林拿过他的弯形烟斗，慢慢地塞上烟点燃后抽了一大口，再次强调说："假如你们今年不能在法国登陆，我也无权强求，但我必须说，苏联政府不同意英国首相的论点！"

面对斯大林咄咄逼人的攻势，丘吉尔满脸愠色，垂头丧气地抽着他的大雪茄，并吐出了团团白烟。这次会议尽管取得了其他一些成果，但关于第二战场问题争执到最后，丘吉尔权衡再三，才勉强同意于第二年五六月份实施在法国的登陆，开辟第二战场。

1944年6月6日，盟军庞大的部队终于渡过英吉利海峡，在法国的诺曼底登陆，开始对德国的进攻。

从斯大林提出开辟第二战场到盟军终于在诺曼底登陆，经过了漫长的两年，而这两年正是苏联最危险、最困难的时候。在反对希特勒法西斯的伟大的卫国战争中，2000多万苏联人死在了德意法西斯军队的铁蹄之下！

如果丘吉尔不采取隔岸观火、坐山观"虎"斗的策略，及早开辟欧洲第二战场，不但可以大大缩短第二次世界大战的进程，甚至可以挽救千千万万人的生命。

洞若观火相机动

第二次世界大战爆发后，由于美国远离欧亚大陆，特别是纳粹德国和日本

军国主义还没完成对美国宣战的准备，因此，美国社会还没有感受到战争的威胁，仍保持着暂时繁荣与和平。因而，美国社会上上下下都被孤立主义情绪所支配。尽管德国法西斯在欧洲大陆为所欲为，横扫千军如卷席，势单力薄的英国处于孤立无援、风雨飘摇之中，英国首相丘吉尔频频向罗斯福发出告急讯息；整个世界也将陷入战争的苦海。但是面对整个美国社会对战争的冷漠态度，以致当美国政府稍稍对战争表现出一种关注时，都会遭到官僚机构和公众的强烈批评。在这种情况下，罗斯福总统虽想介入战争，但又无力行动。在竞选第四次总统连任期间，罗斯福被迫采取守势，把和平作为压倒一切的主题，而把他的一切积极行动，如重整军备、支援英国、美洲半球的团结联合，都宣称是为了防止美国被卷入战争而采取的手段。

作为一个伟大的总统，罗斯福对这次德意日法西斯国家发动的人类历史上空前规模的世界战争有着较高清醒的认识，密切注视着战争形势的发展。但他知道，在美国当时的情况下，要采取一些大的措施是根本不可能的。必须要静观时变，以便相机而动。

罗斯福一面等待有利时机，一面做一些必要的反法西斯工作。1940年的最后几个星期，罗斯福谨慎地制定出作为租借法案基础的政策，经过艰苦的努力，美国国会通过了租借法案。根据租借法，国会授权总统，在他认为哪个国家的国防对美国的安全来说是必要的，就有权将武器装备租借给该国。有了这一依据，对丘吉尔的求援要求，罗斯福可以有某

种程度的表示和采取一定行动了。但对整个战局，罗斯福此时只能以政治家的远见和谋略默默地等待时机，而不能去正视它。

1941年6月22日，纳粹德国突然进攻俄国的消息像强烈地震把美国人从麻木的状态下惊醒，许多美国人一时陷入进退两难的境地，但是罗斯福清楚地知道该怎么办，他并不感到进退两难。面对一些人反对苏联社会主义的情绪，罗斯福说，他认为俄国式的独裁和德国式的独裁都同样需要加以谴责，但有一点必须澄清，即目前对美国造成直接威胁的是德国。因此，罗斯福催促赶快秘密给俄国送去支援物资，并采取措施，事先防止有人对这种援助进行有组织地反对。

但是，由于德国没有直接对美国采取行动，因而也没有造成罗斯福说服美国人参战的"时机"。然而，在罗斯福的等待和祈盼下，时机终于来了。

1941年12月7日，日本未经宣战就对美国在太平洋地区的主要海军基地珍珠港实施了突然袭击。这天正好是星期日，美国太平洋舰队除了航空母舰出港外，其余舰队包括8艘列舰、9艘巡洋舰、20艘驱逐舰、5艘潜水艇、1艘靶舰、48艘其他战斗舰（船）和补助船只，像往常一样，整体地停泊在珍珠港中心的福特岛周围。整个基地呈现出一片假日景象。

7时55分，基地升旗号音未落，日本突击机群第一攻击波183架飞机从四面八方飞临珍珠港上空。刹那间，炸弹像倾盆大雨般地落在岛上，岛上的7

个机场，港内的大部分舰船和基地主要军事设施，同时遭到猛烈袭击，95 分钟的袭击使美军损失惨重。

日本偷袭珍珠港的消息传出后，美国国内陷入一片混乱中，人们指责政府，埋怨军方的无能，公众却不检讨自己：当德、意、日把整个世界都推入战争的火海时，却要求美国政府奉行隔岸观火、苟且偷生的孤立主义。日本偷袭珍珠港，打破了美国人偏安孤立的幻想。

这一事件，不但粉碎了美国舰队，也打破了罗斯福战争政策的僵局。为罗斯福实施自己的计划提供了机会，标志了罗斯福、美国政府观火状态的结束。因此，罗斯福紧紧抓住了这一机会，他反复对他的顾问、同僚讲，"我们已经被卷进去了"。第二天他神情严肃地参加国会两院的联席会议时，要求国会宣布全国处于战争状态，他在演讲中突出的就是一句话："战争状态已经存在"。

一位阁员在走出总统办公室时对另一位阁员说："我想老板如释重负，感到比他这几个星期以来更加轻松。"是的，罗斯福关注形势已经很久了，决心也已经下定许久了，他等的就是这个时刻的到来。当时一位密切注视形势发展的观察家说：罗斯福"表现了掌握和控制十分紧急的事态的高超才干，这是一位政治家最难得可贵的特点。"

利用这一时机，罗斯福的主张获得了全民一致的支持，现在他可以公开地、光明正大地，而不需掩掩盖盖地调动全社会来维护一个共同目标——如何打败法西斯，争取世界真正的和平。

出租公司奇招胜

30 年代上海市有两家出租汽车公司。一家是美商办的"云飞"，另一家是中国老板开的"祥生"。美商的"云飞"，实力雄厚，为了打开局面开辟了电话叫车业务，号码是 30189。为了加深顾客对"云飞"的印象，他们在一个春节节目中设巨奖征求电话号码的谐音，谐音有：岁宴一杯酒、岁临一杯酒、三拳一杯酒等，这种征求活动新奇、谐音话也吉祥、顺口，"云飞"汽车公司的电话号码就被很多人记住了，极为方便。

而祥生公司也开展了叫车业务，为使自己公司的牌子打出去，在"云飞"的竞争下，想到了中国的 4 亿同胞，4 万这个数字很好记。于是他们奔走于上海电话公司，用重金挖来 40000 这一电话号码，喷射在汽车上，出租汽车过处，路人过目成诵，很快就家喻户晓了。他们为进一步扩大影响，又别出心裁地设计出一种电话听筒挂钩，印上祥生 40000 号字样，赠送给商会、公司、酒楼、旅馆、舞厅、戏院，挂在公用听筒下，每一个叫车人走到电话机旁，40000 的号码就会映入你的眼帘。祥生汽车公司生意迅速兴隆，出租车加到 200 余辆，美商"云飞"公司望尘莫及。

利用竞争赢谈判

1986 年，珠海光纤公司在引进光导纤维成套设备中，为掌握国际市场行情，先后同几家国外公司进行摸底性谈判。

在对价格、利益做了一番认真比较的基础上，最后选定与美国 ITT 公司进行实质性谈判。

ITT 代表团的业务能力相当高明，特别是其主谈判手莫尔，谈判几乎不用语言，全用数字，所有计算无一差错，看来在谈判前是做了大量充分准备的。再看我方代表，并未被对方的盛气凌人所吓倒，没有表现出任何被动，为以最优惠的价格条件达成协议，他们计胜一筹，欲巧妙地利用竞争者之间的矛盾来突破对方的叫价。

珠海光纤公司在前一阶段调查摸底中发现，想同中国做光纤生意的外商很多，存在着一定程度的竞争，在短时间内完全是买方市场。于是他们决定利用这种竞争来压价，以实现自己的谈判初衷。

在确定与 ITT 公司谈判之后，还同时拉了英国的 STC 公司谈判。这两家是兄弟公司，其中 STC 是从 ITT 分离出去的，但为了各自的利益，手足相煎，形同水火。在一次谈判后，英国人故意把两页文件遗忘在现场，这是有意留给美国人的，因为两家公司一直在同一场所与中方谈判，英国人在文件上把价格压得很低，意在使美国人看后知难而退。美国人不知是计，拾到文件后如获至宝，在接下来的谈判中，最大限度地在价格上做出了让步，并很快与中方达成协议。

1986 年 7 月 25 日，珠海特区光纤公司与美国 ITT 公司正式在一份合同上签了字。根据这份合同，光纤公司引进的 ITT 型光纤成套设备及其购买的技术专利都达到了世界 80 年代先进水平，更为引人注目的是中方把美方的报价压下了 186 万美元，为国家节约了一大笔外汇开支，同时也降低了设备购进成本，为企业早日盈利纳税创造了前提条件。

珠海光纤公司关于引进光纤成套设备进行商谈取得巨大成功的根源在于其较好地、适时地运用了"隔岸观火"之技巧，使美 ITT 公司与英国 STC 公司手足相煎，竞相压价，为我方低价买进提供了可乘之机，最终得以坐收渔利。

第十计　笑里藏刀

【原典】信而安之，阴以图之；备而后动，勿使有变。刚中柔外①也。

【按语】兵书云："辞卑而益备者，进也；……无约而请和者，谋也。"故凡敌人之巧言令色②，皆杀机③之外露也。

宋曹玮④知渭州⑤，号令明肃，西夏⑥人惮之。一日玮方对客奕棋，会有叛卒数千，亡奔夏境。堠骑⑦报至，诸将相顾失色，公言笑如平时。徐谓骑曰："吾命也，汝勿显言。"西夏人闻之，以为袭己，尽杀之。此临机应变之用也。若勾践之事夫差，则竟使其久而安之矣。

【原典注释】①刚中柔外：即外柔内刚之意，表面上柔顺和悦，内心里却刚强不屈。

②巧言令色：巧言，说的好听；令色，讨好的表情。花言巧语，讨好于人。

③杀机：杀人的动向。引申为战争迹象。

④曹玮：宋朝大将曹彬之子，有勇谋、善用兵。

⑤渭州：治所名。北宋时辖地广，相当今甘肃之平凉、华亭、崇信及宁夏之泾源等地。

⑥西夏：古国名，以党项族所建，1038年李元昊定都兴庆（今银川东南），

史称西夏。后为蒙古所灭。

⑦堠骑：堠，古代用来侦察的土堡。堠骑：骑马的侦察兵。

【原典译文】取得敌人的相信，并使其麻痹松懈，却在暗中策划谋取他们。做好充分准备，而后动手，使敌人来不及应变。这就是表面上和好，内心却藏有杀机的谋略。

【按语译文】兵书写道："表面上谦卑而实际上加紧战备的定是要图谋进攻；……没有具体条约而请求讲和的，定是另有阴谋。"所以，凡是敌人花言巧语讨好于我，都是要消灭我方企图的显露。

宋朝时，曹玮做渭州的知州，号令严明，西夏人很惧怕他。有一天，曹玮正和客人下棋，正好有几千名士兵叛变，逃往西夏。当侦察的骑兵回来报告的时候，许多将官你看我，我看你，惊恐失色，而曹玮却像平时一样谈笑自如。而后慢慢地告诉骑兵说："这是我的命令，你们不要声张出去。"西夏人听说后，以为是被派来袭击他们的，就把他们全杀了。这就是临机应变谋略的运用。像春秋时勾践侍奉吴王夫差，竟使夫差相信了他并麻痹大意，放松警惕，一心贪图安逸，终于消灭了吴国。

【传世典故 计名探源】笑里藏刀原

意是形容脸露笑容而心有杀机，或外表和善，内心凶狠。在军事上就是表面缓和，借以麻痹敌人，暗中却积极准备，等待时机，突然行动，一举全歼敌人的策略。

此计出自《旧唐书·李义府传》中的一段描述："义府貌状温恭，与人语嬉必怡微笑，而偏忌阴贼。既处权要，欲人附己，微忤意者，则加倾陷。故时人言其笑中有刀"。计名原意为以友好的态度接近对方，使对方解除警戒之心的策略，其成功率是很高的。反之，己方亦要严防对方采取这种笑脸战略，须知笑脸之下往往藏着许多诡计。因此，面对敌人时，应提高警觉，做好应付之对策方行。如不能及早有所准备，即很容易陷入敌人的圈套。

战国时期，秦国为了对外扩张，必须夺取地势险要的黄河崤山一带，派公孙鞅为大将，率兵打魏国。公孙鞅大军直抵魏国吴城城下。这吴城原是魏国名将吴起苦心经营之地，地势险要，工事坚固，正面进攻恐难奏效。公孙鞅苦苦思索攻城之计。他探到魏国守将是与自己曾经有过交往的公子卬，公孙鞅心中大喜。马上修书一封，主动与公子卬套近乎，说道，虽然我们俩现在各为其主，但考虑到我们过去的交情，还是两国罢兵，订立和约为好。念旧之情，溢于言表。他还建议约定时间会谈议和大事。信送出后，公孙鞅还摆出主动撤兵的姿态，命令秦军前锋立即撤回。公子卬看

罢来信，又见秦军退兵，非常高兴，马上回信约定会谈日期。公孙鞅见公子卬已钻入了圈套，暗地在会谈之地设下埋伏。会谈那天，公子卬带了三百名随从到达约定地点，见公孙鞅带的随从更少，而且全部没带兵器，更加相信对方的诚意。会谈气氛十分融洽，两人重叙昔日友情，表达双方交好的诚意。公孙鞅还摆宴款待公子卬。公子卬兴冲冲入席，还未坐定，忽听一声号令，伏兵从四面包围过来，公子卬和三百随从反应不及，全部被擒。公孙鞅利用被俘的随从，骗开吴城城门，占领吴城。魏国只得割让西河一带，向秦求和。秦国用公孙鞅笑里藏刀计轻取崤山一带。

【名家评点 破解方略】笑里藏刀，原是指那种表面和气、内心阴险的两面派，对此，古人有许多概括，诸如：两面三刀、口蜜腹剑、阳奉阴违等等。在军事谋略上一般是指通过政治、外交上的伪装手段，欺骗麻痹对方，以掩盖军事行动。这是一种表面友善而暗藏杀机的谋略。运用这一谋略的人，"笑"的方法多种多样，千变万化，有的曲意求和，有的阿谀奉承，有的故作孱弱……但其最终目的都是为了"藏刀"。当然，也有人为了达到个人目的，对自己人搞"笑里藏刀"，这无疑是行为不端的小人之举，最终也往往是搬起石头砸自己的脚，自作自受。

经典案例　锦囊妙计

李义府笑里藏刀

唐朝任命中书郎李义府为参知政事。李义府外貌温和恭顺，和别人说话，满脸露出愉快的微笑，而内心却狡诈阴险和忌妒，所以当时人说李义府笑里藏刀；又因为他专门以阴柔害人，称他为李猫。

李义府依仗皇帝的宠信任意用权。洛州妇女淳于氏，长得漂亮，因犯罪被囚在大理寺监狱，李义府吩咐大理寺丞毕正义违法将她释放，准备纳她为妾，大理卿段宝玄对释放淳于氏有所怀疑，便将情况上奏。唐高宗命令给事中刘仁轨等审讯毕正义。李义府害怕事实真相泄露，逼迫毕正义在狱中上吊自杀。高宗知道这些情况，但仍旧原谅李义府的罪恶，不予追问。

侍御史涟水人王义方准备在朝廷检举李义府，事先告诉母亲说："我任御史，明知有奸臣而不检举就是不忠，检举则自身危险，而让亲人担忧，这又是不孝，取忠还是取孝，我自己拿不定主意，怎么办？"母亲说："从前王陵的母亲，杀身以成全儿子的美名。你能尽忠以侍奉君主，我虽死也无怨恨！"王义方于是上奏："李义府在皇上的眼皮底下擅杀六品官大理寺丞毕正义，即使说毕正义是自杀，也是由于畏惧李义府的威势，自杀是为了李义府灭口。这样，则生杀的威权不是出自皇帝，这种反常现象决不能继续发展，请重新加以审核！"为宣读检举的奏章，王义方让仪仗和其他官员退下，并呼喊李义府退下；李义府观望犹豫不退。王义方三次呼喊，高宗没有说话，李义府才退出，王义方便宣读检举的奏章。谁知高宗不仅不追究李义府的罪恶，反而说王义方诋毁污辱大臣，出言不逊，将他降职为莱州司户。

……

韩瑗上疏，为褚遂良申诉冤屈说："褚遂良一心为国而忘记自己的家，生命和财产都奉献给皇上，越是艰险，其心愈坚，是国家的旧臣，是陛下贤良的助手。没有听说他有什么罪，就被斥退离开朝廷，朝廷内外和黎民都为这种不公正的处置议论纷纷。我听说晋武帝宽宏大量，能免去刘毅死罪，汉高祖仁德深厚，不记怨周昌的耿直。而褚遂良被降职已经一年，违抗陛下的罪责，已由对他的处罚抵偿。希望陛下远念他无辜，稍微宽恕一些他的罪过，同情他的忠诚，以顺应人心。"高宗对韩瑗说："褚遂良的情况，朕已知道。但他性情粗暴而屡次犯上，所以要用这种办法责备他，你说得也太严重了！"韩瑗回答说："褚遂良是国家的忠臣，被用恶言伤人以讨好上边的人诽谤。从前微子离去而殷国因而灭亡，张华留任而国家的法度不乱。陛下无故抛弃和驱逐旧臣，恐怕不是国家之福。"高宗没有采纳他的意见。韩瑗因自己的话没被采用，请示辞官回家，高宗也不允许。

刘洎的儿子为父亲申诉冤屈，说他

父亲在贞观末年被褚遂良诬陷致死，李义府也支持他。高宗询问身边的众臣，大家都顺从李义府的意旨，说刘洎冤枉。只有给事中长安人乐颜玮说："刘洎作为大臣，在皇帝刚得病时，哪能就急忙自比为伊尹、霍光！现在昭雪刘洎的罪恶，不是在批评先帝用刑不当吗？"高宗同意他的看法，于是将这件事搁置不办。

许敬宗、李义府迎合皇后的旨意，诬诼侍中韩瑗、中书令来济与褚遂良私下图谋不轨，说正因为桂州是用武的地方，他们才授任褚遂良为桂州都督，是想利用他作为今后图谋不轨的外援。八月十一日，韩瑗因此被降职为振州刺史，来济被降职为台州刺史，命他们终身不许朝见皇帝。又将褚遂良降职为爱州刺史，并把荣州刺史柳奭降职为象州刺史。

褚遂良来到爱州，上奏陈述说："以前濮王、承乾相互争斗的时候，我不顾死活，决心归附陛下。当时岑文本、刘洎上奏说：'承乾由于罪状显露，已被关在别所，东宫决不可有哪怕是短时间的空缺，请先暂派遣濮王去东宫居住。'我又坚决抗议，这些都是陛下亲眼所见。最后我又与长孙无忌等四人共同决定立陛下为皇太子这一重大决策。太宗病危时，只有我与长孙无忌共同接受遗诏。陛下在守丧的时候，哀痛万分，我以国家为重宽慰劝解，陛下还用手抱住我的脖子。当时我与长孙无忌分别处理众多的事情，全都没有荒废缺失，数日之间，内外安宁。我能力小，责任重，常常出现差错，现在到了微贱的余年，乞请陛下哀怜宽恕。"奏表上达后，唐高宗没有考虑处置。

中书令李义府更受高宗宠信，他的孩子甚至有的还在怀抱中就被授予清高显贵的官职。而李义府贪得无厌，母亲、妻子、儿子、女婿都通过卖官和枉法受贿，他家门庭若市，到处拉帮结派，朝野震动。中书令杜正伦常以老资格自居，李义府倚仗皇帝的恩宠，不愿甘拜下风，因而产生仇怨，相互争论于高宗面前。高宗判为大臣不和，两方都加以责备。十一月初六，杜正伦被降为横州刺史，李义府被降职为普州刺史。杜正伦不久死于横州。

……

雍州刺史许祎与来济要好，侍御史张伦与李义府有仇怨，吏部尚书唐临奏请任命许祎为江南道巡察使，张伦为剑南道巡察使。当时李义府虽然被降职在外地，但皇后常常保护他，以为唐临是怀着私人感情选任官吏。

八月初八，唐朝任命普州刺史李义府兼吏部尚书，同中书门下三品。李义府显贵以后，声称自己祖先是赵郡人，与皇族李氏论列家族的辈分；无赖之徒趋炎附势，拜伏地下认他为哥哥为叔父的人很多。给事中李崇德当初与他是同一个家族谱系，到他调出任普州刺史后，即把他从族谱中删除了。李义府听说后十分气恼，再次出任宰相后，便指使人诬诼他，将他逮捕入狱，李崇德终于被迫自杀。

（三月）右相河间郡李义府主管选拔官吏，他倚仗皇后武则天的权势，专以卖官为能事，选官授爵完全没有标准，天下怨声载道。唐高宗也听到一些传闻，和颜悦色地对李义府说："你的儿子和女婿行为不检点，做了不少违法的事，我在为你遮掩，你应当注意一点儿。"李义府勃然变色，胀红着脸和脖子说："是谁告诉陛下的？"唐高宗说："只是我这样说，何必向我追问从哪里得来的消息呢？"李义府根本不承认自己的过失，缓步离去。唐高宗因此很不高兴。

声称可以望云以预言吉凶的杜元纪说李义府的住宅有冤狱造成的怨气，应当积蓄二十万缗钱抑制它。李义府相信了他的话，于是搜刮更加急迫。李义府为母亲守孝期间，每月在初一、十五给他哀哭亡母的假期时，他总是穿便服与杜元纪出城东，登上古坟墓，观望云气。有人报告李义府是窥测灾异，图谋不轨。他又派遣儿子右司仪郎李津找长孙无忌的孙子长孙延，收受了他七百缗钱后，授给长孙延司津监官职。右金吾仑曹参军杨行颖将此事告发。夏季，四月乙丑日，李义府被捕入狱，派遣司刑太常伯刘祥与御史、详刑人共同审讯，还命令司空李世勣监督此事。经查，他所犯罪行都属实。初五，唐高宗下诏令，将李义府削除名籍，流放崔州；将李津削除名籍，流放隽州；他另外的几个儿子及女婿，都被削除名籍，流放庭州。朝廷和民间人人欢欣，互相庆贺。

有人做河间道行军元帅刘祥道破铜山大贼李义府榜文，张贴在交通要道上。李义府平日掠夺了很多人家的奴婢，到他垮台后，他们都各自回家，所以榜文中说："奴和婢混杂着一起释放，各人都认识家而竞相进入。"

当时的大赦，只有长期流放的罪人不许返回，李义府因此忧愤交加，发病而死。自从李义府流放后，朝廷官员日夜担忧他再回朝廷，直到得知他的死讯，大家才把悬着的一颗心放下来。由此可见，"笑里藏刀"是一种十分可怕的计谋，而"笑里藏刀"的敌人又是多么的可怕！

东吴奇兵袭荆州

关羽水淹七军，擒了于禁，斩了庞德，威震华夏。曹操得到樊城的战报后，十分惊恐，动了迁都的念头。司马懿向曹操进计说："于禁大军覆没，并不是我军军力不强，而是遭到水淹所致，不必忧虑。刘备、孙权表面结盟，内里疏远。如果关羽得志，孙权必然不愿意。现在可以派人去劝说孙权，让他偷袭关羽后路，我们答应把江南土地割让给他。这样，孙权一定会起兵，关羽回救不及，还敢再打樊城吗？"曹操应允，一面令徐晃领兵5万救援樊城，一面派使者去东吴。

孙权接到曹操的书信，一看是约他夹攻关公，满口答应，并立即召集文武大臣商议。此时镇守陆口的大将吕蒙赶回京城，积极建议孙权趁机夺取荆州，孙权答应了，可是等吕蒙回陆口做进攻荆州的准备时，探马报得，关羽在进攻樊城之时，在荆州沿长江北岸一线，或20里，或30里，选择高阜处设一烽火台，每台用50人守卫，遇有敌情，晚上举火为号，白天则举烟为信。而且荆州军马整肃，预有准备。吕蒙有些失望了，心想自己劝孙权趁机夺取荆州，可现在又无计可施，如何是好？正在此时，孙权派陆逊前去劳军，吕蒙与陆逊终于思得一条托疾麻痹关公的计策。吕蒙给孙权写了这样一封密信：

关羽进攻樊城，后方守备兵员很多，是怕我攻打他的后路。我常有病，请您以治病为名把我调回建业。关羽听到消息，定会撤退后方的兵员，尽赴襄阳。那时，我们可以大军渡江，昼夜前进，乘虚打下南郡，活捉关羽。

孙权马上公开发出命令，"召吕蒙回建业治病"，孙权问吕蒙谁可以代替他把守陆口，吕蒙说："陆逊眼光远，计划长，他的才能可以担此重任。而且他还没有什么名气，关羽肯定瞧不起他。如果任用陆逊，让他外表收敛锋芒，内里审时度势，然后伺机进攻，大事可成。"孙权当即任命陆逊为偏将军，代替吕蒙守卫陆口。

陆逊刚到陆口就给关羽写去一封极尽吹捧之能事的信。吹捧之余，接着写道：

您水淹七军，俘获于禁，远近赞叹，都说将军的功劳足以流芳百世，不亚于当年的晋文公城濮之战和韩信背水破赵之功。听说徐晃带着少数骑兵，企图对抗您。曹操很狡猾，虽然曹军师老，但还很骁悍。况且大捷之后，容易轻敌。古人用兵，越胜越警，愿将军全面考虑方略，争取全胜。我是个小小书生，学疏力短，不能胜大任。幸喜同将军这样有威有德的人为邻，愿意把我的想法都倾诉出来，虽然不一定合适，但是作个参考也好。

关羽听说替吕蒙守陆口的是个无名书生，接着又收到这书生小将的信，一口气读完，不由得满心喜悦，认定了这陆逊对自己毕恭毕敬，南线可保安全，

就下令后方军队北调，支援襄、樊战场。

陆逊得到这一消息，大喜过望，立即回报孙权，于是孙权重拜吕蒙为大都督，总制江东诸路军马。吕蒙点兵3万，快船80余只，为了不被沿江的关羽岗楼和烽火台发现，就让精兵藏在大船的舱里，留少数人穿着当时只有商人才穿的白衣服，在船上摇着橹一直向北岸划去。江边的荆州守军人数不多，看见过来这么多白衣人，当然要下来盘问。扮着商人的吴兵说："我们这些做买卖的，在江上遇到了大风，请让我们在这里躲躲吧。"说着，拿出许多财物送给守军。守军相信了他们的话，又加上得到那么多的财物，就任凭白衣人把船靠停在江北，不再过问。到了半夜，艨艟中精兵齐出，将烽火台上官军缚倒，暗号一声，80余船精兵俱起，将紧要去处墩台之军尽行捉入船中，不曾走了一个。于是长驱直进，径取荆州，无人知觉。将至荆州，吕蒙将沿江墩台所获官军，用好言抚慰，各各重赏，令赚开城门，纵火为号。众军领命，吕蒙便教其为前导。时至半夜，到城下叫门。门吏认得是荆州之兵，开了城门。众军一声喊起，就城门里放起号火。吴兵齐人，得了荆州。后来还借与曹军形成南北夹攻之势，兵败关羽，将其杀害，一代英豪死于麻痹骄敌之中，这是后话。在这里东吴吕蒙和陆逊利用关羽的骄矜自负，故意极言奉承，使得关公失去警觉而突发奇兵，攻陷了荆州，使蜀失去了重要的战略要地。

商鞅使诈巧攻魏

战国时期，为了扩大势力范围，秦孝

公派商鞅为大将，率军攻魏。魏王派公子印率军迎战。商鞅在魏国时，和公子印是多年的好友，如今两人各为其主，将要兵戈相见。商鞅见魏军陈容强盛，一时难以取胜，就决定智取。他主动修书一封，与公子印套交情。信中说："现在我们二人虽说是各为其主，但我与公子过去是好友，现为两国将领，不忍心互为攻击，还是两国罢兵，订立和约为好。"信中念旧之情溢于言表。信中还建议约定时间会谈议和事项。信送出后，商鞅还主动摆出撤军姿态，命令秦国前锋撤回。公孙印看信后，心中十分高兴，又见秦军撤退，认为商鞅极念旧情，并有诚意，于是就与之约定了和谈的日期。商鞅见公子印入了圈套，就在会谈之地设好了埋伏。

公子印不知有诈，如约前往。公子印带了300随从，而商鞅带的人更少，且没带兵器，公子印更加相信对方的诚意，会谈时的气氛十分融洽，商鞅还设宴款待公子印。正当双方兴高采烈地饮宴时，忽听一声号令，伏兵四起，公子印及300随从全部被擒。接着商鞅指挥秦军就向魏军发动了大举进攻，大破魏国边境，边境的城池归秦所有。

李斯"念旧"杀韩非

韩非是战国时期著名的思想家、法家的集大成者，他原是韩国公子，后来拜倒荀子门下，和秦国的宰相李斯是同学，韩非天生口吃，不擅于说话，却长于文章著述，当时韩国在战国七雄之中，已经势弱，可是韩王重用佞臣，排斥主张变法图强的韩非。韩非在国难当头，

个人郁郁不得志的情况下，埋头于著述，他认真总结了有史以来的政治成败得失，撰写了《孤愤》《五蠹》、《内外储说》、《说林》、《说难》等几十万多字。在书中，他全面总结了商鞅、申不害等人的法家思想精华，提出了较完整的法家理论。他认为法是国家的规矩准绳，要编著成书籍，设立于官府，布之于百姓。统治者应该以法为本，法、术、势三者合一，缺一不可。韩非的思想很符合秦王嬴政的心理，当韩国的郑国被派到秦国，借帮助兴修大型水利工程，借此弱秦存韩时，就把韩非的《孤愤》《五蠹》二书进献给秦王，嬴政看后，惊叹不已，对丞相李斯说："寡人如果与此人相见同游，死也无憾。"

李斯过去与韩非共同师事荀子，韩非成绩优异，总是超过李斯，李斯入秦，靠走了吕不韦的门路，爬上丞相之识，他本是一个心胸狭窄的人，又见秦王如此推颂韩非，内心十分不快。担心韩非来秦，被秦王重视，自己的职位也就难保，于是下定主意，要处置韩非。

韩非在韩国虽不为韩王重用，依然关心本国的安危。在秦始皇十年（前237）时，当时李斯向秦王献计，要攻韩以威吓其他五国，当时韩王曾派韩非入秦，韩非也上书秦王，提出秦攻韩，韩国必将反抗，魏国会助韩抗秦。而赵国以齐国为靠山，更会趁机伐秦，是故秦国攻韩将会导致赵国之福，"秦国的祸事"，不如秦国直接攻打赵国获利更多。韩非明里劝秦，暗里存韩的建议当即遭到李斯的反对，他认为先攻弱小的韩国，而后再取五国，既可以避免战事失败的

风险，又能打乱东方六国合纵抗秦的局面，坚决主张先韩而取天下。所以当公元前234年，秦国遣使召韩非入秦见秦王时，从政治主张上来说，韩非与秦丞相李斯的观点亦存在着尖锐的对立，李斯有心助秦王嬴政建立统一六国大业，担心韩非到秦后，像韩国先期而来的郑国一样，不是助秦，而是为弱秦而来，所以韩非到达秦都之前，李斯就告诫秦王嬴政，要警惕韩非其人。

公元前234年，韩非来到秦都。丞相李斯先以老同学名义，予以韩非热情欢迎，他在府中设宴款待韩非，对韩非说："自从辞去老师后，我们是多少年未见，平时很惦念你，秦王拜读了你的大作，称赞不已，这次秦王请你前来，是想重用你，你有了大展鸿图的机会，秦国有了你，宛如老虎添翼。我也是甘拜下风，愿意让丞相位给君。"李斯频频举杯，为韩非敬酒，并安顿韩非住在秦都上好的客舍中居住。

韩非到了秦国后，即上书秦王，进献自己兼并六国之策。上书中写道："秦国应该先灭韩、赵、魏、以远交近攻之策，打破六国合纵盟约，然后再分别攻取，即会一统天下。"秦王看了韩非的上书，心中很高兴，但丞相李斯早先提醒过自己，要提防韩非，所以并没有马上重用韩非。而韩非不知李斯私下从中阻拦，以为秦王会召见自己，就在客舍中耐心等待。秦王嬴政在朝日理万机，自己已遣使专程召韩非入秦，本该韩非来京后主动求见，却过了很长时间未见动静，于是就问丞相李斯，询问韩非来秦后的近况。李斯答道："韩非这个人恃才

傲慢，他不愿见陛下。"秦王不明就里，不由得恼怒万分，下令把韩非下囚入狱，同时要狱卒不要怠慢韩非，希望他回心转意。

秦王嬴政是战国七雄中一位有为的君主，他善于选拔和使用人才，为了实现自己统一中国的雄心大业，他不避远疏，网罗了不少六国的有才之士为己服务，如吕不韦、李斯等不少客卿。对此情况，身为丞相的李斯非常清楚，而韩非才华出众，秦王如召见识用，极有可能被重用，秦王虽然暂时听信自己所说，把韩非下狱，但是秦王的优待态度，说明了秦王对韩非是心存尊重的，如此下去，一旦被秦王发现自己从中阻拦的秘密，自己的下场也会悲惨。于是一不做，二不休，他串通好朝中与韩非有宿怨的姚贾，一齐到秦王面前谗言。姚贾说："韩非在狱中骂大王。"嬴政听后，怒火中烧，李斯则乘机进言。"韩非是韩国的诸公子之一，现今大王要兼并诸侯灭六国，韩非毕竟是韩国人，最终会帮助自己的韩国，而不会为秦国设想，这也是人之常情。现今大王没有任用他，如果让他回韩国，将会给秦国贻留后患，不如借口法律杀死他。"秦王接受了李斯的建议，下令有司以秦朝法律名义治罪韩非。

韩非无端被下狱治罪，入狱之后才明白自己中了李斯笑里藏刀之计，被李斯阴谋算计。他想为自己辩白，但监狱已为李斯控制，无法与秦王取得联系。不久，李斯派人送毒药给韩非，并附亲笔信一封，信中写道："秦国已决定将客卿全部放逐，当然不会放他们回去，自

己服药吧!"

韩非痛心自己千虑一失,被小人李斯算计,于是饮毒身亡。

李斯毒杀韩非,既有维护自己提倡的秦国"先攻韩而取天下"方略的政治色彩,又有浓厚的嫉贤妒能、挟私除敌的个人色彩。韩非是荀子的高足,在师门学习时,就被荀子所器重偏爱,才压李斯,曾经让李斯心存不服。后来李斯幸运地客卿强大的秦国,出入宫阙,居丞相高位。而才高的韩非,有雄才而不得贤主,最后国难临头,被迫客卿于秦国,偏偏遇上了自己的老同学李斯。本来李斯心胸狭窄,作为韩非自应有所提防,却被李斯施展的和蔼外表、热情款待所欺骗,不知在强秦灭韩的关头,身居秦相的李斯,如此示和的行动,正是杀机外露的表现,难怪司马迁在写《史记》时,哀叹韩非能决断事情,明辨是非,虽明智却思想严酷苛刻,写了一篇完美的尽述劝谏游说的《说难》,自己却难逃被逼饮毒的悲惨命运。

刘备遣书退曹操

当曹操兴兵围攻徐州,欲为其父报私仇时,徐州牧陶谦只好采取合纵之策,遣使去青州、北海求田楷、孔隔联合抗曹,以救其危。这时的刘备还栖身于北平太守公孙瓒处,本部兵马也不过三千。当他从孔融处听得此讯后,便应孔融之约,从公孙瓒处借得二千兵马,一同与孔融、田楷来到徐州城外。

孔融、田楷见曹军势大,未敢轻易兴兵交战,双方在城外相峙着。一直欲

显露头角的刘备见此阵势,觉得应在诸侯面前显一显身手,便踊跃地对孔融说:"双方如何相峙下去,曹操怎能自退?再说城中粮少,恐怕也难以支持许久。我留子龙、关羽带四千兵在此助你,我和张飞带一千军杀透曹军,到徐州城内去见陶使君,约他里应外合共破曹军如何?"孔融说:"如此甚好。"于是便与田楷布成犄角之势,以防曹操袭击。只待刘备入城后,内应外合共破曹。

刘备与张飞带一千军马杀透曹军,直冲到徐州城下。城内见来军红旗上写着:"平原刘玄德"五个大字,便忙开城门迎入。

刘备来到徐州,便俨然以联军方面总代表的身份与陶谦答话。陶谦见刘备仪表轩昂,语言豁达,竟欲把徐州让给他。刘备见曹操未退,青州田楷、北海孔融还在城外等候,他哪里敢应?只是再三推辞。这时糜竺说:"今敌军兵临城下,宜先议退敌之策为上。待事息之后,再相让也不迟。"刘备说:"备先遣使遗书于曹操,令其和解,他若不从,我们再厮杀也不迟。"于是便传檄城外三寨,暂且按兵不动。

曹操收到城内送来的战书后,只见竟是刘备写来的。上面写道:"备自关外得拜君颜,嗣后天各一方,不及趋侍。向者,尊父曹嵩,实因张闿不仁,以致被害,非陶恭祖之罪也。现今黄巾遗孽,扰乱于外,董卓余党,盘踞于内。愿明公先朝廷之急,而后私仇;撤徐州之兵以救国难,则徐州幸甚,天下幸甚!"曹操看罢,大骂道:"刘备他算个什么东西!也敢以书来劝我!"一边骂着,一边

下令要斩掉来使，同时喝令攻城。

这时谋士郭嘉劝他说："书虽是刘备所写，但势并非刘备一支。他们联力前来救援，其势不可小看。刘备遗书而来，是他们先礼后兵之策。主公应好言答之，以慢备心。之后再突然进兵攻城，徐州便举手可克。"曹操从其言，款留来使，让他等候回书。

正在这时，曹操忽听说吕布与陈宫竟已攻克他山东诸郡，仅有三县尚未攻破。曹操听罢大惊道："兖州有失，我则无家可归了，山东不可不顾！"郭嘉顺势说："可正好卖个人情给刘备，如此退军回兖州，还免得他们随后尾追。"曹便依其言，即刻回书刘备，拔寨引师而回。

刘备一纸书信劝退了曹兵，徐州牧陶谦深深敬慕他。在大宴众将时，刘备竟居上座席首。宴间，陶谦又再三将徐州让给刘备。刘备不肯受。答应留在徐州小沛存身。后来，陶谦临终时，刘备终于坐领了徐州。

仅仅一则先礼后兵之书，竟使刘备获如此之厚益！

丁斐释马救曹操

曹操与马超在进行渭水决战中，为了与渭西徐晃之部构成犄角之势，冒着半渡被击的危险，欲抢渡渭水，在渭北扎营。他把渡河军兵分成三队，后军掩护前队过河。为稳住军心，曹操亲自殿后，指挥军渡。

当两队军马已渡过河时，马超便率兵向曹操杀来。曹兵见势不好，都蜂涌般地抢着上船。这时曹操十分沉着地按

剑而立，维持秩序。当马超的战马距曹操仅有百步时，大将许褚从船上跳到曹操身边说："敌将已到，请丞相上船。"说话间，最后一只船已经离岸一丈多远了。许褚夹起曹操，一跃跳上大船。

马超眼见曹操举手可杀，谁知，转眼间竟脱险而去，懊恼已极，急令众军向船上放箭。一时间，箭飞如雨。曹操所乘之船，由于人多，又加之有箭袭击不能摇橹，在岸边直打转，顺水飘行。马超见擒获曹操还有希望，又令军兵沿岸追射不放，同时欲寻舟下河追击。

在此紧急时刻，渭南县的县令丁斐正在南山上，见此情景，急中生智，下令把山寨内所有牛马都驱赶出去。一时间，牛马散乱在河南岸山野上。马超的西凉兵，见牛马遍地，都回头抢夺牛马，无心再追射船舟了。乘此机会，曹操所乘之船才得以渡到北岸。

到了河北，曹操见军兵损伤不多，笑着说："我今天险些被马超所害。"说罢令人重赏许褚。许褚说："丞相上船后，敌箭如雨，我只好一手举马鞍为盾为主公遮箭，一手撑船。这样只能使船顺水而行，仍不能摆脱马超的追射，这时，若不是南岸上有人纵马放牛，吸引西凉兵，待马超乘舟追来，那可就危险了。"曹操问："南岸纵马诱敌的是什么人？"随从军将告诉他说："是渭南县令丁斐。"曹操连忙派人请丁斐来见。丁斐见到曹操后，得到了重赏，又被召为典军校尉。

利诱不成受其害

诸葛亮在第二次出师伐魏时，打败

魏军都督曹真，逼得曹真不得不向朝中求援。

魏主曹睿得到曹真的求援奏折后，便与司马懿商议退敌之策，司马懿说："陛下可告诉曹真，蜀军这次来犯，由于其首战未攻下陈仓，粮道不畅，运粮不便，利在急战。我可行坚壁战术，待蜀军无粮时，他必撤军，那时再乘机攻敌。"曹睿依司马懿之策，下诏给曹真。

曹真得到魏主诏书后，只好照办。但在众将面前流露说："此谋虽可退蜀军，但迁延日久。"这时大将孙礼说："既然蜀军乏粮，明日我去祁山佯做运粮，在车上多装些干草和引火之物，诱使蜀军去劫，便乘机把他们包围剿杀。同时可再遣军，乘蜀营出兵救援被伏击军兵之际，去劫其大营，这样岂不可以迅速打败蜀军吗？"曹真闻言，马上依计而行。

诸葛亮自从挫败曹真后，几次派兵去挑战，却不见曹真应战，心中也一阵阵为粮草供应不济而着急。这时却听军兵报告说："曹真心腹大将孙礼，从陇西运粮千车来到祁山西侧。"孔明听罢，沉思片刻说："这是魏军用粮车诱我劫粮，行'饵兵之计'，却想趁机劫我营寨。我们可'将计就计'，再败曹军。"众将说："丞相怎么知道这是其诱兵之计呢？"诸葛亮说："孙礼是曹真的心腹大将，不可能做运粮官。他坚壁不战已有数日，明知我军乏粮，怎么会有粮车千乘从我面前路过呢？"众将由此方悟，便依计而行。

当夜二更，马岱悄悄领三千军马，来到祁山西侧，果见车仗重重，围在一起连成营寨。马岱便下令，顺风放火烧车。

魏军见草车着火，以为是蜀军劫粮中计，伏兵一齐出动，把马岱三千军兵包围。这时，蜀将马忠、张嶷又从外边包抄过来，往里杀，马岱率军往外冲，把孙礼的兵马打败。这时，准备劫蜀营的魏将张虎、乐綝见大火燃起后，以为孙礼得计成功，便率本寨军马向蜀营杀去，入营一看，竟是空营一座，刚欲退军，蜀将吴班、吴懿阻住了去路。二将死战得脱，急奔回自己营地，刚要入营，却见营内箭飞如雨射了出来。原来，蜀将关兴、张苞乘他们出营，早就夺下了他们的营寨。两位魏将只好带残兵败将，去投曹真大营。

由此例可见，对极易得的东西，要经过缜密分析，才能从中辨别真伪，不中敌饵兵之计，在争战中稳操胜券。孔明识破敌人的"饵兵之计"后，将敌方的"利而诱之"计，就己方的"以虞待不虞"之计，使敌人的全盘计划均落入自己预设的圈套之中。

李林甫口蜜腹剑

李林甫是唐玄宗（明皇）做皇帝时有名的奸臣和阴谋家，他依靠狡诈计谋，攀附权贵，阿谀明皇，打击排斥异己，从开元二十二年（734）五月至天宝十一年（752）十一月，霸居宰相职十九年，是玄宗时期在位最长的一位相臣，在位期间，因无德无才，别无建树，倒是被朝臣异口同声地公认他"甘言如蜜，肚里铸剑。"后世"口蜜腹剑"一语，即由此得来。

李林甫小名哥奴，出身唐宗室，算起来还算是唐明皇李隆基的远房叔父。他因不善学业未能入仕登科，起初做一个太子府里的千牛直长，但他很会巴结钻营、厚颜无耻地投靠。如攀附御史中丞宇文融、唐玄宗的哥哥宁王李宪、私通武三思女婿侍中裴光廷的夫人、贿赂玄宗宠妃武惠妃，交好大宦官高力士等人，由此他官升刑部尚书、吏部尚书、礼部尚书，最后终于当上中书令兼集贤殿大学士，爬上了大唐的相位。从他掌权开始，凡是被皇帝器重的人，或者自己睁眼看不上的人，或视为异己政敌的对手，他一定施百计倾轧出朝，而且李林甫打击别人还有一大绝招，就是"阳与之善，啖以甘言而阴陷之"，就是说他要陷害一个人，表面上总是装作亲热和好的样子，用甜言蜜语引诱别人说出自己的过失，然后背过身子私下密告，驱除对方。例如他排挤打击严挺之、卢绚、李适之等人，就是典型的事例。

严挺之是朝廷中一个正直官僚，曾任中书侍郎，因为李林甫推荐的户部侍郎萧炅腹中空空，读文时把"伏腊"居然念成"伏猎"，严挺之告诉了宰相张九龄，说大唐朝廷怎能有"伏猎侍郎"，因而萧炅被降为岐州刺史。李林甫本身不学无术，最忌文人学士炫才，当他知道是严挺之从中活动之后，由此衔怨，加上当时张九龄推荐严挺之为相，要严交通李林甫，严挺之以李林甫为鄙薄少德之人，拒绝登李门拜访。李林甫知道后，更加痛恨，于是趁着严挺之有一次为其前妻的丈夫下狱辩护的时机，以莫须有

罪名密告玄宗，结果严挺之被贬职削官，远徙外地。天宝元年的一天，唐明皇突然想起了朝中处事果断的干才严挺之，就问李林甫："严挺之现今在哪里？他是个人才，可以重用。"李林甫一看玄宗要用政敌严挺之，虽知其正在绛州刺史任上，但故意不说。下朝后他把严挺之的弟弟严损之请到府中，装出非常亲密关心的模样，与损之促膝谈心，叙说旧情，说要引荐损之为员外郎。又以关心其兄弟的口吻对他说："皇上很惦念尊兄，可惜他远离天颜。尊兄为什么不趁机奏称有风疾，奏请皇上准予回京治病，这样就可以见到皇上，能得重用了。"严损之听信了李林甫的话，回家后给家兄写信，告诉京中近况。严挺之不辨真假，没有慎重考虑，果然上表朝廷，推说自己有病，想回京就医。李林甫接到奏表，赶紧奏告明皇："严挺之已年老体衰，得了风疾，不能理事，可以让他做一闲官，就近治疗养病。"明皇见到严挺之的亲写奏表，只好感叹可惜。天宝元年四月，晋升严挺之为太子詹事，员外同正，安居洛阳养病。李林甫的暗算，既使明皇重用严挺之一事落空，又驱除了朝中与己有隙的政敌。

兵部尚书卢绚伟岸英俊，风度翩翩，一日走过勤政楼下，被楼上观看歌舞的唐明皇望见，赞叹其风流蕴藉，目送至远。李林甫从亲信处得知明皇喜爱卢绚，就嫉妒卢才表过人，害怕他被重用，危及自己之位，赶紧把卢绚的儿子找来，对他说："现在交州、广州需要人才，令尊尊崇清静，皇上想以令尊外出居官，不知你们愿不愿意去，如果害怕远行，

可能要被降职。"卢绚在朝居高位，一家安居繁华的长安城内，当然不愿意远行广州。李林甫也拿算好卢绚一家的心理，所以接着又说："这样吧，我可以给你们帮个忙，让令尊到洛阳去任太子詹事或太子宾客，两个都是肥缺，愿意吗？"卢绚畏惧李林甫的权势，既担心降职，又不愿意出京都，于是上朝请求做宾客虚事。李林甫考虑卢绚无缘无故被降职，招人耳目非议，先任卢绚为华州刺史，卢到任未及月余，李林甫就在朝中诬称他有疾病，不能处理华州繁杂政务，又改任他为太子詹事，员外同正。这是一个编外闲差，实际上等于挂职休闲。

户部尚书裴宽勤于政事，一度被唐明皇器重，他又和另一宰相李适之要好。李林甫不愿他被提升为丞相，就想排挤他。一次，刑部尚书裴敦复因平叛海盗，返师回朝，因受人请托，乱报军功。裴宽知道后，向明皇提到此事，但没有深讲。李林甫暗地里把裴宽奏告皇上事告诉裴敦复，敦复说"尚书也曾托我请功家属"，李林甫便鼓动裴敦复上报明皇，密告裴宽。裴敦复听信李林甫之言，以重金贿赂，走了杨贵妃姐姐的门路，请她转告玄宗。不久明皇就贬裴宽为睢阳太守，李林甫借别人之手，不动声色地又除掉了一个潜在对手。

李适之出身皇室，居官时赈济灾民，体恤百姓，卓有政绩，为人正直亦宽怀大度。天宝元年八月，一意迎奉李林甫的庸相牛仙客病死，唐明皇任命李适之为副相，和李林甫共同理政。李林甫有心排斥李适之，一次他假惺惺地对李适之说："华山有金矿，如能开采，可以富

国，皇上对此事还不知道呢？"李适之初次入相，对李林甫本质认识不清，以为李林甫所说得有理，很快奏明玄宗，玄宗非常高兴，便去问李林甫，李林甫故意说道："这个情况我早就清楚，但华山是皇上的本命，王气所在，有金矿也不能开采，所以我一直没有报告呢！"唐玄宗听李林甫这样一说，对李适之开始看轻，斥责李适之"今后奏事，要先跟李林甫商量，不要这么轻率。"李适之当时还兼兵部尚书一职，附马张垍与李林甫有矛盾，垍的哥哥张均时任兵部侍郎，李林甫为了搬倒李适之和张均，密遣心腹诬告兵部铨选官吏时有舞弊现象，结果六十多人被告发受刑讯，李林甫任用酷吏吉温，先用严刑拷打，重狱示儆硬是以威逼供，锻炼成狱，许多人因此被免官革职。李林甫因为要打击李适之，凡是朝中与适之亲密往来的官吏，如户部尚书裴宽、刑部尚书韦坚、京兆尹韩朝宗等，都被李林甫诬陷治罪。到了天宝五年四月，李适之被逼辞职。他的儿子邀请朝官在家聚宴，因为群臣皆怕李林甫，竟然没有一个人敢来李适之家赴宴。后来李适之被李林甫一手制造的韦坚案株连，贬为宜春（今江西境内）太守。天宝六年正月，李林甫另一位心腹酷吏罗希奭到各个贬地巡视，李适之听说后害怕遭受酷刑，饮药自杀。

李林甫还善于利用当面一套，背后一套，讨好和欺骗唐明皇，以便于自己专权用事。开元二十年左右，李林甫刚当上副宰相，当时张九龄任中书令，裴耀卿任侍中，二人学才博洽，忠良正直，尤其张九龄，好直谏。李林甫认为二人

是阻挡自己独掌权柄的障碍，一心想除去，但他知道明里硬碰，自己力量还弱，于是玩弄善身之术，"媚事左右，迎合上意。"对张裴两人客气恭敬，表面说好话，予以称赞。背过二人在玄宗面前，则拨弄是非，迎合玄宗之意，指责张、裴两人的不是。开元二十四年（736）十月，唐玄宗巡游京都洛阳，原打算次年二月还长安，因为宫中偶发小事，玄宗迷信，想立即返回长安，于是召三位宰相商议，张九龄、裴耀卿两人认为时值三秋农忙，皇上一路返都惊扰沿途官民，影响秋收，建议推迟到冬季返归。李林甫对二相的议论当面不表态、不反对，等到退朝时，他假装腿痛，独留在后，玄宗问其缘故，他对玄宗说："臣下非有腿疾，而是希望奏明事情。长安、洛阳都是皇上的两宫，车驾往来东西，何必是等什么时机？如果担心妨碍农事，只要赦免车驾沿途两地的租赋就行了，请让我负责处理此事。"贪图享乐奢侈的玄宗本来就讨厌张、裴两人的谏诤，听了李林甫甜言，自然是极为高兴，立命起驾而行。也就是同年，唐玄宗想把朔方节度使牛仙客升为尚书，张九龄谏议说："尚书一职一般用旧相补升，或者是任过朝中要员，又有很高人望的人担任，牛仙客由河湟小吏一下升高官，会招来人议。"玄宗又想实封牛仙客，张九龄对李林甫说："封赏大臣应是名臣大功，委任边地军将很重要，不是马上可以议定的，我俩人要在皇上面前力争。"李林甫当面表态，同意张九龄意见。但是面见玄宗时，只有张九龄一人力谏，李林甫站在旁边一言不发。张九龄走后，他对玄宗说："牛仙客是做宰相的材料，何况一尚书，张九龄是书呆子，不识大体。"退朝后他又把张九龄的话泄露给别人，导致牛仙客到玄宗面前泣诉。玄宗心动，拟马上赐封，张九龄又上朝劝谏，用道理说得玄宗无话可辩，李林甫见状，私下讨好玄宗："天子用人有什么不可以行的。"玄宗称赞李林甫不专断用事，由此以后，逐渐冷淡张、裴两相，过了月余，就把二人罢免，以李林甫为正相、牛仙客为副相，牛居相位后，一切惟李林甫所言是从，朝廷权柄实操李一人之手。

我们从以上所举史实，可以清楚看出，李林甫作为一个阴谋家，为达到专权用事目的，熟练玩弄笑里藏刀计谋，表面上予人温柔恭顺形象，好像可亲可近，实际上暗藏杀机，在其笑面背后，下设悬崖陷阱，人们无以测深浅，一旦为其迷惑上当，不死即伤。李林甫靠此术逐步排斥异己，张九龄、李适之等贤才忠良，一一被贬逐杀害，在他的专断跋扈下，加上唐玄宗自己的昏庸放纵，唐初比较清明的朝政风气，为之一变，正是在此时候，埋下了后来安史之乱爆发的祸恨。

康梁维新遭失败

1895 年甲午战争，中国被蕞尔小国的日本战败求和，割台湾赔巨款，中国进一步沦入半殖民地国家。到了 1897 年，俄、英、法、日等列强又在中国进一步掀起瓜分狂潮，强占旅顺、大连、威海卫、广州等租借地，划定辽东、山东、长江流域、云南、广西、福建等为势力范围，中国危如累卵，将近亡国灭种的危险。在此形势下，以康有为、梁启超为代表的资产阶级改良人士，试图通过自上而下的改革，挽救危亡的祖国。一时间，他们办报纸、开学会、上书光绪皇帝，在全国上下掀起了一场轰轰烈烈的资产阶级维新运动。由于笑里藏刀的投机分子袁世凯的告密，最后被代表封建顽固势力的慈禧太后一伙残酷镇压，康梁二人避难海外，谭嗣同、康广仁等六君子被慈禧下令斩杀北京菜市口，中国近代史上资产阶级第一次登台领导的一场政治运动以失败而告终。

维新运动的高潮期是在1898年，这年年初，康有为继先前五次上皇帝书后，再次撰写《应召统筹全局折》，指出世界形势是能变则全，不变则亡；全变则强，小变仍亡。他说：日本因为学习西方，搞了明治维新的改革，走上了独立自强的道路，中国也应该效法日本，请皇上以雷霆霹雳之势，创造天地万世之功。而要变法维新，当务之急要做三件大事。一是大誓君臣，明定国是，以革旧维新，采纳天下的舆论，取法万国的优良法律制度；二是在宫中开设制度局，选拔通才二十人，将以往一切制度从新商定；三是设待诏所，允许百姓上书朝廷。康有为还把自己的新近考证日本、俄国改革的著述《日本变政考》、《俄大彼得变政考》呈送给光绪皇帝。同时康有为等人还在北京成立了爱国救亡组织"保国会"，组织维新改良力量。

康有为、梁启超等人发动的维新运动得到了年轻的光绪皇帝的大力支持。自甲午战争之后，光绪皇帝有感于在自己手中丧地赔款，羞耻难当，同时又不满慈禧太后专权用事，自己仅做个傀儡皇帝，有心利用康梁等维新派人士的活动，逐渐从慈禧太后为首的后党手中争回权力，摆脱慈禧太后对自己的控制。所以他让自己的老师、军机大臣翁同龢等人，与康有为等维新派人士，密切联络，积极商讨。到了1898年6月11日，光绪皇帝颁布"明定国是"诏书，明确宣布要博采西学，改良维新，从这天起，由康有为等人起草的变法诏令，如雪片一样，纷纷而下。这些诏令中：既有政治方面的革新措施，又有事关发展农工商经济和发展文化教育事业的内容，一时间全国上下，有了一股革旧布新的气象。

维新运动的开展，从一开始就遭到封建顽固势力的反对和攻击，各省督抚多持观望态度，拒不执行皇帝的诏令。康有为等人要废除八股，那些醉心于科举的士人一致反对；撤并闲散衙门，裁汰冗员，那些丢了乌纱帽的官员，如丧家之犬，极力攻击变法新政；删改衙门旧例，腐配的官僚们一齐反对；裁除旧军银饷，又遭到封建的军阀势力反对；旗人自谋生计，那些养尊处优，过惯了寄生生活的八旗子弟们，对康梁维新派恨之入骨；取消各地书院，改旧式书院为新式学堂，又使那些和尚道士，以及把持书院的土豪劣绅痛心疾首，欲食尽康梁等人之肉方才解恨。这些反对势力聚集在慈禧太后为首的后党封建顽固派周围，一齐要求扼杀正在开展的新政。西太后等人先后采取了不少措施，予维新力量以限制、打击，他们把支持变法的军机大臣翁同龢革去一切职务，开缺回籍，翦除了锐意变法的光绪皇帝羽翼；规定新任命的二品以上文武大员，必须到慈禧面前谢恩，把人事大权控制在手中，使光绪帝无法提拔任用维新人士；慈禧又任命自己的亲信荣禄为直隶总督、北洋大臣统帅董福祥的甘军、聂士成的武毅军、袁世凯的新建陆军，又把北京城和颐和园的禁卫控制起来，监视光绪帝、帝党人士和维新派的活动。

光绪帝对后党的进攻也进行了一些反击，任命谭嗣同、杨锐、刘光第、林旭军机四章京负责起草诏书，革斥了一些后党分子，例如9月4日把礼部怀塔布，许应骙等阻挠王照上书的六堂官革职。怀塔布是慈禧的亲信，他被革职后，带了同伙几十人到慈禧太后面前，泣诉皇帝无道。由此，顽固势力开始筹划反扑，积极奔走于颐和园的西太后，和驻守天津的身兼将相手握兵权的荣禄之间。慈禧还训斥到颐和园请安的光绪帝。到了8月23日，慈禧太后又要光绪帝于十月间同她一道去天津检阅新军，到了这时候，帝后两党、新旧两派之间矛盾已尖锐激化，当时京津一带风传慈禧太后荣禄等人要在十月阅兵时废黜光绪皇帝。

光绪皇帝感受到了顽固势力的强大压力，害怕皇位不保，接连二次发出密诏，命康有为、谭嗣同等人妥速筹商办法。又要康有为迅速南下上海，想缓和帝后两党的矛盾。9月18日，康有为、谭嗣同等人接到光绪帝密诏，跪诵痛哭，心潮激荡，迅速草诏谢恩，申言誓死救护皇上，但如何救护呢？于是把一切希望寄托于袁世凯身上。

袁世凯是河南项城人，早年科举之路并不得志，靠攀援淮军将领吴长庆和李鸿章的门路，曾任驻朝鲜总理交涉通商大臣。甲午战争爆发前夕，装病回国。他性狡多变，喜欢投机，甲午战争爆发后，他预计清兵不敌日兵，李鸿章会由此失势，于是回京后拜倒荣禄门下，为讨好荣禄，他把自己令人捉刀翻译的兵书呈给荣禄指教，卑躬屈膝表白自己倾慕荣公已久，结果因此被派到小站接替胡燏棻练兵，为自己日后北洋军阀势力的崛起，奠定了基本的班底。康有为等维新派开展维新活动时，他看到来势凶猛，潮流所趋，而且光绪皇帝为首的帝党也支持鼓励，于是又与康有为交结示好，还与康有为饮酒商谈，极力讨好推赞。康有为等人办强学会，他捐款参加以示支持。袁世凯同时也看到光绪帝为首的帝党与后党争权不停，鹿死谁手尚待确定，所以他又脚踩两只船，一边与翁同龢谈论时局维艰，又不停地夤缘于后党中坚荣禄之门，大耍两面派手法。当光绪帝9月感到形势严重的时候，经康有为等推荐。9月16日、17日光绪帝两次召见了手掌七千新建陆军的袁世凯，袁当面向皇帝表示，国政腐败，非改革不足于扭转乾坤，表示自己拥护变法。光绪帝为此暗示他可不必受荣禄节制，并赏以侍郎衔，专办练兵事宜。袁世凯因召进京后住在法华寺内，虽蒙皇帝垂青，但他同时奔走于顽固派之间，打探慈禧太后的动向态度，也就是他在京期间，荣禄等人借口英俄即将海参崴开战，把董福祥甘军调迁长辛店，聂士成军驻天津，北京形势已十分危急。

9月18日，康有为等人经过仔细密商后，把救护光绪皇帝，防范顽固派政变镇压的惟一希望寄托在一贯表示拥护维新的袁世凯身上，当天深夜，谭嗣同携带光绪帝密诏，到法华寺找袁世凯，劝说袁世凯勤王救主。袁世凯听说新近提拔的天子近臣来访，赶忙起身热情相迎。谭嗣同问袁世凯："君以为当今皇上如何？"袁世凯选叹道："今上是旷代的圣主。"谭又问："荣禄等人天津阅兵阴谋一事你知道吗？"袁世凯似是而非地答道："是的，当然听到一些传闻了。"谭嗣同于是拿出光绪帝的密诏给袁看，情绪激昂地说："今天可以救我圣上的人，惟有足下，足下如愿救请救之；如果不愿意做，请到颐和园告发我，足下可以以此得富贵高官。"袁世凯听到谭嗣同如此说，正色厉声道："君以为袁某是什么人？我家三代受国恩深重，圣上是我们共同拥戴的主子，我和您一样同受圣上殊恩，救圣上之责，非独足下一人，我也有份，绝不会丧民病狂，贻误大局，如有指教，我很愿聆听。"谭嗣同见袁世凯如此表态，就把心中所想的如数说出："荣禄等人队谋乘天津阅兵，胁迫圣上。天下英雄，惟有足下，如果荣禄等人起变，请足下以新军保护圣上，那就是立下不世功业！"袁世凯正襟说道："如果皇上阅兵时急速驾驰我的营中，下号令诛荣贼，我必定跟随诸位君子之后，竭尽死力救护圣上，挽救局势！"谭嗣同又问道："荣禄待足下一向不错，你怎么对待他呢？"袁世凯笑而不答，他的一位亲信幕僚插话道："尉帅早知荣禄不过是施行险巧心计，利用罢了。"谭嗣同接着

说："荣禄是曹操、王莽之类的雄才，对付起来恐怕不怎么容易呢。"袁世凯义愤填膺地说："如皇上在我的营中下令，则杀一荣禄如杀一条狗一样，没有什么难处，请君放心好了。"谭嗣同见袁世凯态度如此坚定，就与袁详细讨论救护皇上的措施。两人商议妥当，袁世凯假意说事情紧急，荣禄控制了军营火药枪弹，要速回天津调兵贮弹，谭嗣同见事情已定，满怀喜悦回去向康有为、梁启超等人汇报。

袁世凯当夜骗走谭嗣同后，辗转反侧，夜不能寐，如痴如病一般。他想到光绪帝并无实权，维新派书生用事，空谈居多。而慈禧执政多年，权大势众，倒向帝党，自身恐怕难保。20日上午，他循例陛辞皇帝后，立即作出决定：乘车回天津，向荣禄告密。荣禄接报，漏夜搭车入京，到颐和园向慈禧告变。9月21日，慈禧太后率大批随从，赶回皇宫，把蒙在鼓里的光绪帝召至宫室，大加训斥，接着宣布重新临朝听政。光绪被囚禁中南海瀛台，同时下令："康有为以进丸毒弑大行皇帝，着就地正法"，"梁启超与康有为狼狈为奸，一体拿办，"在全国通缉，结果康有为、梁启超等人因得英人和日本人帮助，逃亡香港、日本。谭嗣同本来可以逃走，他对梁启超说："不有行者，无以图将来，不有死者，无以酬圣主。自古以来，地球之上，没有行变法不流血的。中国二百年来，没有为民变法流血者，因此国家未能昌势，就让谭嗣同开这个头吧！"28日下午，谭嗣同、林旭、刘光第、康广仁、杨深秀、杨锐等"六君子"被杀身亡，

一场轰轰烈烈的爱国救亡运动，在袁世凯告密之下，又有许多仁者志上抛洒了一腔热血。而告密的袁世凯，则被慈禧赏识升官，做了工部左侍郎。

假意逢迎诛东王

韦昌辉是晚清爆发的太平天国农民起义首义领袖之一。他家居广西桂平县赐谷村，因为客家人氏，经常遭到当地地主豪绅的排挤打击。韦昌辉也参加过科举考试，只因官府黑暗，他虽然成绩优良，无奈官场上没有靠山，结果名落孙山，使他对清政府充满怨恨，他不甘心被官府劣绅欺压，当洪秀全、冯云山到桂平传授拜上帝教，宣传反清斩妖思想时，他倾其家产，全家加入了太平军，到了1851年，洪秀全正是在他族居的金田村，宣布团营反清，开始了一场轰轰烈烈的太平天国农民起义。

韦昌辉因为首义有功，在太平天国队伍中，一开始就居领导地位。1851年3月，洪秀全在广西武宣东乡称天王时，封他为右军主将、副军师。9月永安建制时，韦昌辉封为北王。在太平天国由广西打到南京的过程中，他率军奋战，屡立战功。1853年3月，太平军占领南京，改称天京，作为太平天国政权的首都，这样中国出现了两个针锋相对的对峙政权。韦昌辉入都后，开府授官，到了1856年，太平天国义军经过几年的北伐西征，在战场上节节取胜，天国政权取得鼎盛，但就在这个时候，天京爆发了太平天国起义领袖的互相残杀，主持太平天国军政实务的东王杨秀清及其几

万部下，被韦昌辉屠杀殆尽。

韦昌辉与东王杨秀清相残的原因是两人矛盾的尖锐化，以及天王洪秀全的暗中鼓励。而韦昌辉之所以取得诛杨成功，则得力于他的笑里藏刀计谋的运用。

杨秀清是太平天国实际的领导者，从金田起义开始，直到定都天京，军事主要仰赖他的天才军事指挥和正确的政治谋略，定都天京后，北伐西征，都是在他一手策划之下。他行政上仅居天王洪秀全一人之下，韦昌辉等诸王皆受其节制领导。在宗教上，他是天父的代言人，又居洪秀全之上。杨秀清军、权、教三权在握，到了天京后，在起义军捷报频传的情况下，逐渐变得跋扈起来，他自恃功高，专权独断，按照太平天国的规定，军国大事本应由杨秀清、韦昌辉和翼王石达开三人共议施行，但杨威风张扬，不知自忌，常常压制韦昌辉、石达开，韦昌辉对杨秀清的跋扈、心中十分不满，但他畏惧杨秀清在太平天国的至高威势，于是采取阳下阴夺的办法，表面上对杨极力谄媚，私下里联络反杨力量，想夺权诛杨。

韦昌辉心中计定，以后凡军国大事，只要是杨秀清主意，他都是点头同意，每次见东王舆轿到府，他一定出门扶轿相迎，众人议事时，韦昌辉只要杨秀清刚说了三四句话，他就跪下向杨叩谢，说："不是四兄的教导，小弟肚肠嫩，哪知道有这些的道理。"肚肠嫩是广西浔州方言，意即学问浅。韦昌辉一口一个兄长，贬己褒杨，口称自己眼界有限，称颂杨秀清料事如神。

杨秀清自己恃功自矜，他的亲戚故

旧也在了的纵容下，跋扈专横。一次，杨秀清一位小妾的兄长，看中了天京城内一处府院，就想占为己有。这个院落早已住上韦昌辉的哥哥一家，他不知道要占房者是谁，依仗朝中有弟弟韦昌辉在做官，不买来者的账，坚决不予让房，结果这位小妾兄长，转而向妹妹诉苦，小妾又在杨秀清面前吹枕边风。杨秀清身为天国主持者，不从大局出发，为区区小事找到韦昌辉，训斥北王，并责令他立即处置此事，韦昌辉害怕此事处理不当会引起杨秀清的不满，为了向杨秀清讨好示诚，竟然下令把自己的亲哥哥在京城五马分尸。

韦昌辉的伪饰面孔，使杨秀清暂时放松了他的警惕。趁此机会，韦昌辉加紧夺权的准备。他看到天王洪秀全与杨秀清矛盾也逐渐尖锐，于是又极力诎洪而联洪，想扩大自己的反击力量，借洪秀全天王之势，牵制杨秀清。杨秀清也是个人权力欲膨胀过度，不知君主之本性，他三番五次利用自己是天父代言人身份，利用宗教上自己的权威地位，经常杖责洪秀全。韦昌辉自己在处理军政事务时，曾常常受杨杖责，1954年4月，他命令承宣张子朋出师湖南湘潭，因封船一事处置不当，激变太平军的水营，杨秀清为此以天父附体仗打韦昌辉数百，他受刑伤重，身子都不能动弹。韦昌辉尝够了杨的苛责，但见到极秀清要杖责洪秀全时，他总是跪地请求，愿意自己代天王受仗。为此，洪秀全认为韦昌辉是一位"爱兄心诚"的心腹贤弟，所以当1856年8月，杨秀清再次以天父附体下凡名义，逼洪秀全卦杨为万岁的时候，

洪秀全立即密诏在江西领兵与清军作战的韦昌辉，要其回京图杨。

韦昌辉在前线接到洪秀全的密诏，一看是要诛杀杨秀清，大喜过望，匆匆把战事交给部将，自己和顶天侯秦日纲连夜率心腹部队三千人，9月1日赶到天京，当天深夜，韦昌辉指挥手下，把东王府包围得水泄不通。凌晨，乘着东王府酣睡之中毫无防备，把杨秀清及其妻室老幼、侍从部属4000人一齐杀死。韦昌辉为防止东王部下复仇，又利用洪秀全责备韦、秦且让其受审一事，广召东王部下前往天王府前观看，暗中却埋伏士兵，乘东王属下放松戒备，一齐包围、不管男女老幼，求饶与否，皆"芟除净尽"，一次被杀者又增5000多人。随后，韦昌辉一不做、二不休，干脆关闭天京城门，在金城搜捕东王部下，屠杀前后持续一个多月，遭杀者2万之多，韦昌辉经此屠杀后，独揽天朝军政大权。

铁娘子示柔致胜

撒切尔夫人是20世纪80年代的国际风云人物，南非前总理约翰·沃尔斯特说："撒切尔夫人具备一个吸引人的女子所具有的各种气质，但也具备一个强硬男子所具有的意志和勇气"。撒切尔夫人在国际上有"铁娘子"之称，表现其强硬、刚强的一面，但她同时也有柔的一面，在她的领导活动中也十分注重其"笑"的运用。

撒切尔夫人对下属十分关心。1981年3月的一天，撒切尔夫人的司机乔治在唐宁街突然因心脏病发作而去世。这

件事发生后，撒切尔夫人首先想到了乔治的妻子梅。梅不会开车，个人也无车，同时梅无儿无女，今后谁来照顾她呢？撒切尔夫人很为她担忧。于是，撒切尔夫人为她做了周密的安排，她把乔治生前最要好的一名朋友——一位司机找来，给了他10天假，并让他开走一辆车，去照看梅，并帮助梅料理丧事。百忙之中，她仍抽出时间参加了在伦敦南区罗切斯特威为乔治举行了丧礼。6个月后，她又让秘书给梅打电话，询问梅的情况。圣诞节时，她还无微不至问起梅的情况，以避免其孤单、寂寞。

每逢过节时，撒切尔夫人总是想到那些无亲无友的单身者。每年圣诞节她都把单身者请到家里一起过节。如他的竞争助手戈登·里斯的妻子带着孩子与人私奔了。圣诞节时，他突然接到撒切尔夫人的电话，邀请他同她全家一起过节。从那时起，他几乎每年都到撒切尔夫人家过节。受到这种特殊照顾的，不只是里斯一人。

撒切尔夫人任首相前，圣诞节的晚上，契克斯首相官邸里，工作人员吃圣诞晚餐前，邀请首相到工作人员屋中一块喝酒。撒切尔夫人任首相后，她不让工作人员请她，而是她请所有的工作人员，到主厅大家欢聚一堂。席间，她同她的朋友们一起为工作人员端菜、上饭，亲自为工作人员倒酒。晚餐过后，她把朋友们留下与她一起洗餐具，而决不把脏餐具留给工作人员。

对下属撒切尔夫人十分慷慨大方。她第一次出访美国时，秘书黛安娜要她顺便帮忙买一点手镯装饰品。撒切尔夫人虽行程安排得很紧，但却在百忙之中自己出钱为其买回了一件银制手镯。一次黛安娜要到挪威旅行，需要一件皮大衣，撒切尔夫人不让她买，而把自己平时也舍不得穿的一件昂贵的皮大衣借给黛安娜。

为了使下属和同事感到首相心中有自己，撒切尔夫人还有一套惊人的记人名和面孔的能力。她不但能记住每一个下属的名字，即使是最基层的工作人员。而且能记住每个人的家庭琐事。如哪家的房子有问题，谁的女儿出国留学，谁患有什么病等等。以此赢得了不少下属人员的尊重和好感。

在对形象上，撒切尔夫人也竭力表现其温柔一面。特别是竞选前夕，为了改变她留在人们脑海中的强硬形象，她在竞选助手戈登·里斯的帮助下，借助于电视，竭力表现自己温柔的一面。她语调委婉，富有同情心；说话节奏和气、缓慢。在人们的眼中，完全是一位笑容可掬，心地善良的温柔夫人，引起选民的普遍好感。加上撒切尔夫人执政时英国经济的快速发展，生产率的高水平，使撒切尔夫人第三次出任英国首相。

不只是在国内，在国际活动中，撒切尔夫人也善于表现柔的一面，进行感情上的投资，赢得国际上的支持。如1988年，美国总统大选刚结束。撒切尔夫人便不失时机地前往华盛顿，向老朋友里根总统珍重道别，同时与新当选的布什总统说声"多多关照"。

此次旨在承上启下的访问，是撒切尔夫人的第14次美国之行。撒切尔夫人与里根总统友谊甚厚，合作愉快。此次访问虽是里根总统着意安排的，但也正是撒切尔夫人想办的。而此次来访的另一重要目的，是要与新总统布什见面，建立起良好的私人关系，撒切尔夫人屡屡强调英美之间存在着一种特殊关系，这种外交上的"感情投资"，无疑对英国在国际社会上的地位和国内发展大有益处，无疑加强了历史上的英美特殊关系。

华盛顿化敌为友

美国第一任总统华盛顿也特别善于使用"笑里藏刀"之计，把此计作为笼络人心，广交朋友的重要手段。

1754 年，美国独立以前，弗吉尼亚殖民地议会选举在亚历山大里亚举行，乔治·华盛顿作为这里的驻军长官参加了选举活动。

选举最后集中在两个候选人身上。多数人都支持华盛顿推举的候选人。但是有一名叫威廉·宾的人则坚决反对。为此事，华盛顿与宾发生了激烈的争吵。在激愤中，华盛顿失口说了一句有辱对方人格的话，这无忌是火上浇油，脾气暴躁的宾怒不可遏，一拳把华盛顿打倒在地。这还了得，华盛顿的朋友们立即围了上来，高声叫喊要揍威廉·宾。在此地驻扎的华盛顿的部下听说司令官被打，也马上带枪赶了过来，气氛相当紧张。在这种情况下，只要华盛顿一声令下，威廉·宾顷刻间就会被打成肉泥。然而，华盛顿十分冷静，他平静地对大家说："这事与你们大家无关"，把部下遣走，不让朋友插手此事，才使得事态没有扩大。

第二天，华盛顿派人给威廉·宾送来一张便条，让其马上到当地的一家小酒馆里去。威廉·宾接到便条后认为，这一定是华盛顿不甘心昨天的受辱，要同自己决斗。于是他也做好了充分的准备，选好了一把枪，只身前往。一路走心里边盘算着决斗中如何才能对付身为上校的华盛顿。

谁知到了小酒店时，他没有看到准备决斗的场面，而是看到了华盛顿真诚的笑脸和一桌丰盛的酒菜。"宾先生，"华盛顿对吃惊的宾热情地打招呼，并且坦诚地说："犯错误是人之常情，纠正错误则是件伟大的事。我相信我昨天是对的，而你在某种程序上也得到了满足。如果你认为到此我们可以和解的话，那么请握住我的手，让我们交个朋友吧。"

威廉·宾被深深地感动了，他连忙伸手紧紧握住华盛顿的手，并真心地表示："华盛顿先生，也请你原谅我昨天的鲁莽与无礼"。两双手握在一起，两个人成为知心的朋友，威廉·宾成为华盛顿的坚决拥护者。

知道怎样化解怨仇，懂得如何通过笑去赢得别人的心，我认为才真正懂得了此计的妙用。气量狭窄，偏激自大，只能激化矛盾，把身边的人都赶到对立的一面，而最终自己什么也得不到。

哗众特高价咖啡

东京滨松町的一家咖啡宾馆的老板森元二郎是一位善于出奇制胜的勇敢老板。

为了一鸣惊人、震动社会，达到招徕顾客、扬名天下的目的，森元二郎甘冒天下之大不韪，有意哗众取宠，推出了5000日元一杯的特高价咖啡。消息一出，果然举国大哗，闻者无不为之变色，甚至日本那些挥金如土的大富豪们也纷纷指责森元二郎的价格："太离谱了！简直是公开抢劫！"

然而，当今世界光怪陆离，即便是再荒唐无稽的生意，只要有人做，便会有人如飞蛾扑火一样自投罗网。为什么？其实不过是好奇心驱使。因此，东京消费者一边"大骂"森元二郎"必定是个疯子！"一边又情不自禁地蜂拥而来，要品尝一下5000日元一杯的咖啡到底是什么味道，以至森元二郎的咖啡馆竟一时兴隆得服务小姐应接不暇。

不尝不知道，一尝又是吓一跳！原来，森元二郎的鬼点子还真多，这小子虽然想法"哗众"，其实却并不肯真刀"宰客"：5000日元一杯咖啡，实际上一点都不贵，原因是他的咖啡杯绝顶豪华而名贵，是世界一流的正宗法国进口杯，每只杯市场就卖4000日元，每位顾客享用咖啡之后，杯子便洗净包好随赠给顾客；而他的咖啡也是由著名技师现场烹煮，味道纯正精美；店堂装潢豪华气派，胜似皇宫，扮成皇宫侍女的服务小姐，把顾客当作帝王一样细心侍候。

如此这般，每位抱定豁出吃亏一次的好奇心理而来的顾客都发现自己不仅没有吃亏，而且享受了最有面子、最增身份的豪华优质服务，以至顾客一下子就喜欢这里了，而且往往还要呼朋引友再来光顾。

森元二朗的招数看似简单，实有一举三得之妙：一则多卖了咖啡；二则做了两层生意兼卖了法国咖啡具，同时使店里的饮具常用常新，每次都用最光洁、最新的、最卫生的咖啡杯招待顾客，给人以格外礼遇的绝对新鲜感觉；三则这些咖啡杯散发出去，都做成了摆进日本家庭的实物广告，也使每位顾客都不自觉地成了为他招徕顾客的生动"口碑"。

擅用服务拉客户

美国有个汽车经销商叶吉拉德，他经营汽车有11年的时间，每年卖出的新车比任何其他经销商都多。他成功的"谋略"就是优质、巧妙的服务，尤其是售后服务。

吉拉德说："我是不会让我的顾客买了车之后，就被抛到九霄云外去的。每个月都要寄出13000张以上的卡片。每当顾客买了我的汽车还没踏出门之前，我的独生子就已经写好'铭谢惠顾'的短笺了。"以后他的顾客每月都会收到一封用不同大小、格式、颜色信封装的信。

这些信别开生面，信一开头写着："我喜欢你！"接着写道："祝你新年快乐，吉拉德敬贺。"二月，他会寄张"美国国父诞辰纪念日快乐"的贺卡给顾客；三月，则是另外一个节日的祝贺。作为顾客，不但因为买到称心如意的汽车而高兴，更感到欣慰的是公司经理与自己保持的良好关系。一有机会，这些顾客就向自己的熟人、朋友推荐吉拉德经销的汽车，从而使他的生意锦上添花。

暗示前景寻合作

要想通过谈判确定长期合作关系，

就必须考虑和评估利益既得和未来前景。有些人富有雄心壮志，制定了长期发展规划，并按此逐步实施，落实。但是，就眼前来说，似乎光投入不产出，而且投资金额大得吓人，在这种情况下，与他人谈判合同问题，就要给予充分的论证，对合作伙伴作一番远利暗示，否则就打动不了人家的心，吸引投资就会出现困难。

对每一个投资者来说，都是为了获得利润而进行投资的。在谈判中所谓的利润乃是指欲望的满足，不单只是金钱的获得。当投资者拥有 1000 元时，他将如何投资呢？他将会预计 10 年中股份的红利和价值。假如这个投资者还算聪明的话，就会作概率的估计。投资者不喜欢冒险，只有确认 10 年内股份的价值能翻几番，并可获得相当高的红利，他们才会大胆地去冒这个风险。

任何交易所产生的未来满足或不满足完全在于谈判者自己的看法。有的谈判者对于未来是乐观的，有的则是悲观的；有的谈判者希望马上完成交易有的却希望能先等待一段时间后再说。

一家世界最大的家庭储藏兼贷款公司，在合同上写了一项条款，说明抵押借款未付清以前（通常是 20 年或者 30 年）如果把房子卖给别人，就必须付给他们根据总借款数额计算的 6 个月利息。许多人在付清借款（即 15 年）后，打算卖掉房子时，才对这项规定感到惊讶。因为即使他们早已还清了借款，他们还要付出罚金来。家庭储蓄兼贷款公司了解人们在购买一栋新房子的兴头上，根本不会考虑要付一笔过高的罚金。这虽

是一项诚实的行为，可是却不太公平。从现实的观点来看，这件事情告诉了卖主什么呢？就是说卖主在找寻短期的或长期的享受时，卖主可以向买主保证未来的价值比现在高，甚至比买主所希望的还要高，他可以向买主保证未来不太可能发生损失。买主是对未来满足的投资者，假如他是一个悲观者，你要使他乐观。每个谈判者都要扮演一个相同的角色。他的工作就是要提高对方对未来的满足的现值，同时另以远利来诱使对方作决定。

投资谈判的关键在于投资者是否有利可图，有些人为了吸引投资会抛出种种假象，或作出夸张的评估。作为投资者对远利暗示要进一步地考察，分析，从中得到是否投资的判断，方不至于吃亏。

亲情之中藏杀机

陈玉书是香港最大的景泰蓝商人，占据着香港 50% 的景泰蓝商品市场，他所创建的繁荣集团除经营景泰蓝外，还涉足贸易、地产、工业、娱乐业等多种行业。

陈玉书先生 1941 年生于印度尼西亚，1972 年赴港经商，历尽许多艰难坎坷，终于成为"景泰蓝大王"。

身为繁荣集团董事长的陈玉书先生，在经营生涯中，曾有过一个非常"惨痛的教训"。

改革开放之后，陈先生开始投身香港与大陆之间的多种贸易活动，其中最为引人注目的是一次买下北京 30 万元的

景泰蓝制品，变积压为垄断，这次贸易的胆识和勇气在港岛传为佳话，备受商界同仁的赞许。

后来，贸易网扩展到厦门地区，和厦门外贸局签订了一个销售雄鸡牌蚊香的合约。

这种蚊香是畅销产品，在尼日利亚等非洲国家销路非常之好。陈先生凭着自己在大陆商界的良好信誉，赢得了厦门外贸局的真诚合作。在商业竞争中，并不是人人都能做到这一点的，也并不是人人都能如愿地得到畅销产品的。

一位厦门籍的港商，得知陈先生手中有不少畅销产品，如兔毛、蝴蝶牌缝纫机、永久牌自行车等，特别是雄鸡牌蚊香更是他梦想得到的货源。这些物品转手之间，便会有可观的利润，因此许多港台商人蓄意周旋在广东厦门一带和有关外贸部门。这样一来，想要得到这些货源则更显得困难重重。

得到这一可喜的消息后，这位港商便开始用"攻心"之战，经常去陈先生的住处拜访，联络感情，一去就"泡"大半天，叙说经营中的种种艰难。

港商一派真诚，言辞恳切，同为炎黄子孙，亲情乡谊使人备感亲切。几番交往之后，陈玉书倒有几分他乡遇故知之感。商场险恶、竞争激烈，更渴望友情，陈玉书觉得，能遇到这样的朋友，损失一笔生意也是值得的。

陈玉书爽快地将合同转让给这位港商。因为某种原因陈先生当时尚没有开取信用证明的能力。而这位港商又恰好与当地银行有信用关系，所以很顺利地做成这笔生意，陈先生从中只赚取了一点差额。

完全没有料到，这位港商心怀叵测，办好合同转让手续和资信之后，一脚便把陈先生踢开，直接与厦门外贸局进行贸易洽谈。他出示了和陈先生签订的合同转让协议书，银行的信用证明，说明自己才是真正有实力的港台商人，有条件直接将蚊香销往非洲，有能力出信用证明。

有这些文本作证，陈先生自然被视为不可靠的贸易伙伴，港商的阴谋一举获得成功，厦门外贸部门立即中止了与陈玉书的外贸关系，转而和港商合作。

事后，陈玉书再回想那位港商的言谈笑语，亲情乡谊，那种温婉纯厚的神态，浑身不寒而栗，感慨万千，"人心之可怕，至于斯极。"

身为历史系毕业的高材生，陈玉书先生一向博通古今，历史典故烂熟于心，而且极善于从历史中挖掘有益的经营之道。但这一次简直令他目瞪口呆，恐怕遍查古今，也难找如此心胸的小人。

防人之心不可无。一切正直、文明的经营者都必须时刻警惕这样的叵测用心。

陈玉书先生终身都牢记这个教训，但他也不改初衷，他坚信一个成功的企业家必须有他恪守的道德情操，文明、纯正应是当代经营的风范，公平竞争必将代替鬼蜮伎俩。

第十一计 李代桃僵①

【原典】势必有损，损阴以益阳②。

【按语】我敌之情，各有长短，战争之事，难得全胜，而胜负之决，即在长短之相较；而长短之相较，乃有以短胜长之秘诀。

如以下驷敌上驷，以上驷敌中驷，以中驷敌下驷之类，则诚兵家独具之诡谋，非常理之可推测者也。

【原典注释】①李代桃僵：僵，僵死，枯萎。原意是指代人受过。出自《乐府诗集·鸡鸣篇》："桃生露井上，李树生桃旁。虫来啮桃根，李树代桃僵。树木自相代，兄弟还相忘？"军事上用"李代桃僵"作计名，是指牺牲自己兄弟部队，来换取战争的胜利。也即以小的代价换取大的胜利。

②损阴以益阳：阴，指小的，局部；阳，指大的，全局。损失一部分，保全大局。即牺牲一部分人或损失一部分地盘来增强全军的主动性，取得战争的胜利。

【原典译文】当战局发展必然要有所损失时，要设法用尽可能小的损失换取全局大的胜利。这就是损卦原理的演用。

【按语译文】敌我双方的情况互有长短。在战争过程中，想取得全胜是很难做到的。而谁胜谁负的关键，取决于双方长处和短处的较量。在长处和短处的较量中，还有以短处胜长处的巧妙方法。

比如战国时，田忌用自己的下等马对付人家的上等马，以上等马对付中等马，用中等马对付下等马，二胜一负。这种例子，确实是军事家独具一格的阴谋诡计，并不是用普通道理可以推测到的。

【传世典故 计名探源】李代桃僵原意是以李树代桃树受虫蛀。比喻兄弟间互相爱护，互相帮助。它转用比喻互相顶替或代人受过。即用甲来代替乙，或以劣势的兵力牵制优势的敌人，以便为全局争取时间或提供有利条件。

本计语出《乐府诗集·鸡鸣》。诗中说："桃生露井上，李树生桃旁。虫来啮桃根，李树代桃僵。树林身相代，兄弟还相忘？"此诗的本意是比喻兄弟休戚与共的情谊。后人借"李代桃僵"的成语，表示为借助某种手段，以一事物的损失、牺牲，来换取另一事物的安全、成功，以局部的牺牲换取全局的转危为安的谋略。

战国后期，赵国北部经常受到匈奴国及东胡、林胡等部骚扰，边境不宁。赵王派大将李牧镇守北部门户雁门。李牧上任后，日日杀牛宰羊，犒赏将士，只许坚壁自守，不许与敌交锋。匈奴摸不清底细，也不敢贸然进犯。李牧加紧训练部队，养精蓄锐，几年后，兵强马壮，士气高昂。公元前250年，李牧准备出击匈奴。他派少数士兵保护边寨百姓出去放牧。匈奴人见状，派出小股骑兵前去劫掠，李牧的士兵与敌骑交手，假装败退，丢下一些人和牲畜。匈奴人占得便宜，得胜而归。匈奴单于心想，李牧从来不敢出城征战，果然是一个不堪一击的胆小之徒。于是北率大军直逼雁门。李牧已料到骄兵之计已经奏效，于是严阵以待，兵分三路，给匈奴单于准备了一个大口袋。匈奴军轻敌冒进，

被李牧分割几处，逐个围歼。单于兵败，落荒而逃。李牧用小小的损失，换得了全局的胜利。

【名家评点　破解方略】古往今来，在政治、军事、外交斗争中，每当局势出现不能求得全部胜利时，当事者往往采取李代桃僵的办法，主动放弃一些小的局部的利益，以求得全局或大部分的胜利。李代桃僵，不一定作为既定之策，往往作为应变之计，至于以"李"代"桃"是否有价值，是否能达到预期的目的，就要看当事者审时度势、随机应变的本领了。

经典案例 锦囊妙计

张良重宝贿秦将

刘邦准备用两万人的兵力，袭击秦在峣关下的驻军。张良建议说："目前秦军力量还很强，不能轻视。我听说秦军将领是屠夫的儿子，商人之子容易被钱财引诱。希望能暂且留守在这里，派人先行，为五万人准备好军粮，同时在山头上多多插些旗帜迷惑敌人，另外让郦食其带着贵重的珍宝去收买秦军将领。"那商人家出身的秦军将领果然暗中背叛了秦，表示愿与刘邦联合，一起去袭击咸阳。刘邦准备同意这方案，张良又劝他说："这仅仅是将领要叛秦，恐怕士卒不会服从，如果不服从，我们的处境就危险了。所以，不如趁敌人麻痹松懈时发起突然袭击。"刘邦听从了张良的劝告，迅速率兵袭击秦军，结果秦军大败。

古人常说："君子喻以义，小人喻以利。"在张良这样的"君子"眼中，屠夫的儿子虽做了将军，也仍是个小人，只要用重宝去贿赂，就一定会使他叛变投降。用"血统论"来看待人，并以此为惟一评判标准，这种做法固然不可取，但见利忘义，因贿叛主的人总是有的，所以行使贿间计，也总是有"猎物"可寻的。

荀息献宝借虞途

鲁僖公二年（前658）晋国大夫荀息向晋献公建议，把屈地产的好马和垂棘出的美玉拿出一些去贿赂虞国国君，以便向虞国借路攻打虢国。晋献公说："这些是我们的国宝啊。"荀息说："如果能使虞国借道给我们，使我们成功地攻伐了虢国，那么这些东西就像是从我们的内库里移放到外库里一样，仍是属于我们的。"晋献公说："虞国有忠臣宫之奇啊，他可能会阻拦借道给我们。"荀息说："宫之奇为人比较懦弱，有事不敢强谏，再说，他稍微比国君大点，虞公虽然对他亲昵宠信，但正因如此，他的话虞公也不一定听。"晋公于是派荀息带着重礼去向虞公借路。荀息到虞国后，对虞国国君说："以前，冀国不讲道义，从颠轳入兵，攻打贵国郋地的三方城门。后来，冀国之所以失败，也完全是因为您的强大制服了它啊。贵国的强大是尽人皆知的。现在虢国又行不道，派人分布各方客舍，筑起堡垒，聚集兵力，经常侵扰我们晋国南部边境。我请求贵国能借路给我们，以便叫我们向虢国请教为了什么罪名攻伐我们。"

虞国国君答应了这件事，为了表达对晋国送礼的感激之情，他又请求由虞国先出兵伐虢。宫之奇劝谏国君不要答应此事，但虞公不听。接着派出了军队。这年夏天，晋国的里克、荀息二人率军队与虞国的军队会师，联合攻伐虢国，攻克了下阳。史书上记载此事时先提到虞，就是因为憎恶它贪婪、受贿。

僖公五年晋献公再次向虞国借路攻

打虢国。宫之奇劝阻虞公说："虢国就像虞国的门户。虢国一旦灭亡，紧接着就是虞国了。晋国不可接近，强盗不可纵容，借路给晋国一次已经是很不应该的了，难道可以再这么做？谚语所说的'辅车相依，唇亡齿寒'，这正像说的是虞国和虢国啊。"虞公说："晋国与我们是同宗之国，岂能够危害我们？"虞公不听宫之奇的劝阻，再次答应晋国的请求。宫之奇带着全家族的人离开了虞国。他说："虞国已经等不到年终祭祀神的日子了，这一次就要被晋国所灭，晋国不必再次举兵了。"

就在这一年的十二月初一，晋国消灭了虢国，虢公丑逃奔到了京城。晋军胜利归来，路过虞国时住在虞国的馆舍里，又趁机袭击虞国并灭了它。活捉了虞公和他的大夫井伯，为了羞辱他们，把他们作为晋献公女儿的陪嫁之人。

虞公借路给他人，无异于借刀给凶手来砍下自己的头。他所以甘心情愿地做此蠢事的根本原因是被晋国的贿赂迷住心窍，蒙住双眼。荀息的计谋是成功的，他手中送上礼物，口中唱着赞歌，把虞公哄得服服帖帖，随其摆布，一次又一次借道给晋，直至大祸临头还执迷不悟。而宫之奇提出"辅车相依，唇亡齿寒"，本是破坏敌人这一败间计谋的良方，只可惜虞公昏庸至极，不听忠告，眼里和心中只有人家送的那点东西，到头来，既背上了出卖邻国的臭名声，又尝到了自己国破身辱的滋味，终为后人所耻笑。

太宰嚭误国亡身

夫差已立为吴王，任用伯嚭做太宰，加紧操练士兵。二年后攻伐越国，在夫湫打败越国军队。越王勾践带领剩下的五千军队住到会稽山上，派大夫文种送厚礼给吴国太宰嚭请求谈和，并向吴国称臣。吴王将要答应。伍子胥劝谏吴王夫差说："越王勾践有大志，能忍辱负重。现在您不消灭他，以后一定会后悔。"吴王不听伍子胥的劝谏，用太宰嚭的计策，跟越国谈和。

又过了五年，吴王夫差听说齐景公死，各大臣争宠，新立的国君软弱，便发动军队北伐齐国。伍子胥劝道："越王勾践生活俭朴，不沉溺于享乐之中，对百姓非常体恤，常安慰死者，探问病者，看情形是有要用到百姓的地方。这人不死，一定会成为吴国的祸患。现在我们有越国在身旁，就好像人的内脏有病一样，而国王不先讨伐越国却去攻打齐国，这不是错了吗？"

吴王夫差不听伍子胥的劝告，攻打齐国，在艾陵大败齐军，于是威震邹国与鲁国的国君后归国。有了这次胜利，吴王夫差就更加不用伍子胥的计谋了。

又过了四年，吴王又要北伐齐国，越王勾践用子贡的计谋，带领他的军队协助吴国作战，并送贵重的宝物给太宰嚭。太宰嚭多次受到越国的贿赂，便非常喜欢并且信任越国，不停地在吴王面前说越国的好话。吴王听信太宰嚭的计策。伍子胥劝谏道："越国，是我们吴国的一块心腹之病，现在相信他们的花言巧语而去攻打齐国是不明智的。齐国，好比石田，一点用也没有。况且《盘庚之诰》训诫说：'有叛逆不顺的，要彻底杀戮毁灭他们，不使他们留下后代，也不要让他们在这地方耕种。'这是商朝兴起的原因。希望国王您放开齐国而先讨伐越国，如不这样，以后将悔恨不及了。"可是吴王不听伍子胥的话，派伍子胥出使齐国。伍子胥临走前对他儿子说："我多次劝谏我们国王，可是国王不听我的话，现在看看吴国就要灭亡了。你与吴国一起灭亡，没有一点意义。"于是把他儿子托付给齐国的鲍牧，然后回到吴国。

吴国太宰嚭因为和伍子胥不和，便在吴王面前谗毁子胥说："伍子胥的为人刚强暴虐，不讲仁义，并且多猜疑妒忌，他的怨恨恐怕会酿成大灾难。前几年国王您要攻打齐国，伍子胥认为不妥，国王您没有听他的，最后派兵攻齐，结果取得大胜。伍子胥对于他的计策不被采用很感羞耻，因此反而怨恨起国王来。现在国王又要攻打齐国，伍子胥专横刚愎，强行劝谏，故意夸大对齐国用兵的坏处，他只希望我们吴国兵败，好用来证明他的正确。现在您亲自带兵出征，把全国的武力都带去攻打齐国，伍子胥的劝谏没有被采纳，因此假装生病，不想和您同去攻打齐国。他留在国内，这样很容易引起灾难，国王不可不防备他。而且我派人暗中观察伍子胥，发现他出使齐国时，把儿子托给了齐国的鲍氏。一个做大臣的，在国内不得意，就到外边依靠诸侯。自己认为是先王的谋臣，现在不被信用，便常有一种怨恨情绪，希望国王您早点行动。"吴王夫差说："即使没有你的这些话，我也在怀疑他了。"于是派使者送伍子胥一把钢铁利剑，说："你用这把剑自杀。"伍子胥仰天长叹："唉！谗臣嚭就要作乱了，国王

反来杀我，我帮助你父亲成为霸王，你还没有立为太子时，各公子都在争这个位子，不是我用生命为你在先王面前争取，你就不能被立为太子了。你做了国王后，打算分吴国给我作为报答，这是我没有企望，不敢接受的。可是现在你听信奸臣的谗言来杀长者。"接着又告诉他的舍人说："一定要在我的墓上种梓树，让它长成后可以做棺材。挖我的眼睛挂在东门上，我要看越寇攻入灭吴。"说完，便自刎而死。

此后二年，吴王召鲁、卫二国国君在橐皋集会。次年，又北上黄池大会诸侯，用来号令周天子。越王勾践却在这时杀了吴太子友，打败留守的吴兵。吴王夫差得知这一情况，马上回国，派使者用重礼与越国议和。又过九年，越王勾践终于灭了吴国，杀掉吴王夫差，并且也杀了太宰嚭，因为他不忠于他的国君，接受越国的贿赂并与越国私下亲近。

古代的一些军事家主张，敌有内忧，就出兵占领它的土地；敌有外患，就掠夺它的民众或财物，敌方内忧外患交迫，就吞并它的国家。春秋时吴越之战就是如此。越王勾践对贪财好利而又受吴王宠信的太宰嚭多次进行重金贿赂，使之成为内间，迷惑吴王，为越国说话，同时谗害子胥。勾践明里称臣纳贡，实则养精蓄锐，暗中备战。后来乘伍子胥被害，吴国遭受严重干旱之机，策划反击，最后灭了吴国。这中间接受贿赂的太宰伯嚭是立下了不可磨灭之"功"的。

完子舍身全齐国

春秋末期，齐国大夫田成子独揽了

齐国大权。当时齐国面临内外交困的形势，内部的百姓怨气很大，外部诸侯不服。田成子因上台的"名分不正"，所以，对此一直苦无良策。

祸不单行，越国借口说他篡权，出兵攻打齐国。田成子慌了手脚，急忙召集幕僚商量对策。有的说："越国来犯，实属欺人太甚，我国虽兵力不如越国强大，但可以动员全国军民，共同迎敌。"有的说："时下国内人心浮动，许多臣民还没有来得及享受到大王的恩惠，如果倾城出动，恐怕难得民心，难以服众。"有的建议："大王何不效仿他国，割让几个城地给越国，或可免动干戈。"争来争去，田成子都觉得不是破敌良策。他心里琢磨：倾城出动迎敌，不仅耗费国力，而且仅靠一批善战勇士带领老百姓去打仗，不一定能获胜，现在自己地位又不太稳定，闹不好还会出现反戈一击的局面。割让城池也非上策，自己刚刚掌权，就舍城丢地，将来难以建立威望，后患无穷。

正当他苦思冥想时，他的哥哥完子向他献计说："我请求大王准许我率领一批贤良之臣出城迎敌，迎敌一定要真打，打一定要战败，不仅战败而且一定要全部战死。如此，可退越兵，保全国家。"此言一出，满坐皆惊，田成子不解地问："出城交战似可准许，只是交战一定要败，败还一定要死，这我就不明白了，请问何故如此呢？"完子从容回答："王弟现在占据齐国，老百姓还不了解你的治国本领，没有看到你的政绩，有的私下里议论纷纷，说你是窃国之盗，不一定愿意为你打仗。现在越国来犯，而贤良之中又有不少骁勇善战之臣，认为我们蒙受了耻辱，急于出兵迎战。在我看来，出现这样的情况，我们齐国已经很令人忧虑了。""王兄所言极是，可为什么非得你去主动战死才能保全国家呢，难道没有别的办法吗？"田成子面对仁爱而又勇敢的哥哥仍然不得其解。完子说："越国出兵无非是要在诸侯面前抖抖威风，捞个正义的名声，况且，以它现在的实力完全吞并我们还不可能。我带领一批贤良之士出兵迎敌，战而败，败而死，这叫以身殉道，越国一看死了大王的兄长，'教训'我国的目的也就达到了。而随我战死的那些人也为国尽了孝心，没有战死的也不敢再回到齐国来，这样一来，国内的人心也就稳定了。所以，据我看来，这是惟一的救国之道了。"

田成子边听边流泪，只好听从兄长的建议，哭着为他送别。果然，完子以身殉道，救了齐国。

在这个故事里，完子正是在权衡各方面利弊后，果断做出以己之死而保国安的决心，李代桃僵，使齐国得以安定。

张仪施计骗楚王

齐国帮助楚国攻打秦国，夺取了曲沃。后来，秦国想讨伐齐国，但齐国和楚国的关系密切，秦惠王为此而忧虑，便对谋士张仪说："我准备讨伐齐国，可是齐楚两国交往正热，你替我考虑一下，怎么做好？"张仪说："请您为我准备好车马和钱物，我去试试看。"张仪就到南方去拜见楚怀王说："我们君王最悦服的人，就是大王您；而且我最愿做臣子侍奉的人，也是大王您。我们君王最憎恨的人，是齐威王；我最恨的，也是齐威王。而今齐王的罪过，对于我们君王来说，是再严重不过的了，我国想讨伐它，可贵国同他们的关系很密切。因此，我们君王不能听从您的吩咐，而我也没法子来做您的臣子。大王若是能闭关绝塞同齐国断绝外交关系，我可以请秦王把商于方圆六百里的土地献给您。假如能这样的话，齐国一定会衰弱下去。齐国要是衰弱了，就能听从您的调遣了。由此一来，则是北使齐国衰弱，西让秦国感恩，而您又获得商于的土地，这真是一箭三雕呀！"

楚王很高兴，在朝廷上宣布说："我得到商于六百里的土地了。"大臣们听说以后，都来向楚王庆贺，陈轸最后一个来拜见楚王，而且不道贺。楚王说："我没费一兵一卒，就得到商于六百里的土地，我自以为够聪明的了！大臣们都来向我道喜，你为什么不来为我祝贺？"陈轸回答说："据我看来，商于的土地不但得不到，而且祸患还会接踵而来，所以我不敢妄加庆贺。"楚王问："此话怎讲？"陈轸说："那秦国之所以看重大王，是因为大王您和齐国的关系很好。如今商于的土地未能得到却先和齐国断绝友好关系，这会使楚国陷入孤立的境地，秦国怎么会重视一个孤立的国家呢？再说，如果先让秦国献出土地，然后与齐国绝交，秦国的计谋一定不能得逞；而现在要是先和齐国断交，然后再向秦国讨地，那肯定会受张仪的欺骗。上当之

后，您必定悔恨。这时西面有秦患，北面与齐绝交，齐秦两国的军队将会不约而至。"楚王不相信，说："我的事就这样定好了！你还是闭上嘴别说了，等着听我的好消息吧！"楚王派使者去和齐国断交，派去绝交的使者还没返回，就又派了一个人去。

张仪从楚国返回，秦国派人出使齐国，暗中和齐国建立联系。楚国派了一位将军到秦国接收土地。张仪回到秦国，就假装有病不上朝。楚王说："张先生是因为我们还没和齐国断交吗？"便派了一个勇士去辱骂齐王。张仪知道楚国和齐国已经彻底断交，才出来见楚使者说："从这到那，总共方圆六里。"使者说："我听说是六百里，没听说是六里。"张仪说："我这么个小人物，怎么敢把六百里的土地随便送人？"楚使者把张仪的话告诉了楚王，楚王大怒，想发兵讨伐秦国。陈轸说："我可以开口说话了吗？"楚王说："你讲吧。"陈轸说："讨伐秦国并非上策，您不如借机送给秦国一座名城，来贿赂他们，与秦国一道出兵攻伐齐国，这样一来，在秦国受的损失又可以从齐国那儿得到补偿。楚国现在不是还没遭受什么太大的损失吗？您如今已和齐国绝交，又谴责秦国欺骗了我们，这会促使齐国与秦国联合，我国会因之而受到极大的伤害。"楚王不听，遂派兵攻打秦国。秦齐两国联合起来，韩国紧随其后，在杜陵打败了楚国的军队。

张仪以三寸不烂之舌，鼓动楚王绝齐亲秦，可谓极尽利诱欺骗之能事。楚王非但看不到臣子陈轸的灼见，而且还听不进陈轸的预言，从头到尾被张仪牵

着鼻子走。究其原因，就在于被所谓的"一箭三雕"的虚幻美景所诱，利令智昏，中了张仪的圈套。事实证明，真正"一箭三雕"的是秦国，它凭借着六百里土地的空头支票，先是离间了齐楚两国的关系；接着又化敌为友，与齐国联合攻楚；最后则削弱了他国，为自己日后的灭六国统一天下打下了坚实的基础。物迷心窍的楚王自以为得利，不料却已输尽优势。

诛成济遮掩祸心

纵观历史上朝代的更迭，前朝的腐败固然是一个方面的原因，而篡权之人则必是一个擅用手段之人。比如在西晋代魏的过程中，司马昭就发挥了重大作用，他擅用计谋，为了篡权，不择手段。

公元 260 年，司马昭以大将军拜相国，封晋公，加九锡，独揽魏国朝政。是时魏高贵乡公曹髦为魏帝，他年龄虽小，但心有雄志，被朝臣誉为"才同陈思（曹植），武类太祖（曹操），"可是朝中上下，都是司马昭的心腹亲信，自己被紧紧控制，丝毫不能有所作为。上年正月，有人上报朝廷，说有黄龙两次出现在宁陵井中，以为祥瑞。可是曹髦心里清楚，龙象征着君德，现在上不在天，下不在田，却单单屈居于井中，怎能说是吉祥的兆头呢？他联想到自己类似傀儡的处境，不由地哀叹，随口吟了一首《潜龙诗》，自我解嘲。诗曰："伤哉龙受困，不能跃深渊。上不飞天汉，下不见于田。蟠居于井底，鳅鳝舞其前。藏牙伏爪甲，嗟我亦同然。"曹髦把自己

比作居身于井的飞龙，而被泥鳅、黄鳝之类的爬虫爪牙所欺侮，其意明显是指向司马昭，发泄心中怨恨。这首诗后来被司马昭阅得，他马上与谋臣贾充商量，贾充明确告诉司马昭："一定要早早准备图谋曹髦。"司马昭点头同意，要贾充做好预备。

曹髦自景元元年（260 年）五月加司马昭九锡之后，对司马昭包藏祸心的作为所为，愈来愈不能忍受。五月初七日，曹髦召侍中王沈、尚书王经、散骑常侍王业进宫密商。曹髦说："司马昭篡魏的野心，是大街上行走的路人共知的。朕不能坐等被废黜的耻辱，今日，我同卿等一起商计共讨此贼的计策。"三人一听魏帝如此说话，大吃一惊。王经立即站起说："古时候鲁昭公因为不能忍受季氏的专权，失败而逃，丢掉了国家，还为天下人耻笑。当今魏国朝政大权，掌握在司马氏手中已很久，朝廷之上，四方之臣，都为司马昭效命。而且陛下宫中宿卫很少，宫门力弱，陛下凭借什么同司马昭相斗？如不三思而行，缓而图之，就如身患重病的人吃猛剂之药，疾病未除，反而病深，祸害更大了。"曹髦年少少谋，一时气盛，也不计后果，武断地说："朕意已决，即使死，又有什么可怕，何况还未必谁生谁死呢？"说完从袖中扔出早已写好的黄绢诏书给三人，自己进内宫禀告太后。王沈、王业害怕司马昭的威势，魏帝一转身，他俩就跑到司马昭府中告密。王经不愿意卖身投靠，径自回府去了。

第二天，曹髦拔剑登辇，率领殿中宿中官僮数百人，杀向司马昭相府。司

马昭接王沈，王业密报，早已令中护军贾充严密准备。魏帝领兵到南阙时，与贾充迎面相战，贾充所领兵士有千人，曹髦奋力冲杀，走在前面。众兵见魏帝冲来，赶紧后退，贾充的部下、被司马昭私封为太子舍人的成济急忙问贾充道："事情紧急了，该怎么办？"贾充大声说道："司马公蓄养了你们这么久，正是为了今天，今天的事还用问什么！"成济接贾充命令，连忙挥戈上前，一戈刺向曹髦胸口，曹髦挥剑抵挡不及，戈当胸穿过，立即丧命辇中，余下之人一看魏帝已死，一哄而散。司马昭坐在府中正在静等消息，接到手下报告曹髦已死，心中大喜。但他表面上却装出悲痛的样子，立即奔到朝殿，跪在地上痛哭。又命群臣入殿商议，独有尚书左仆射陈泰抗命不来，最后还是司马昭逼着陈的舅父荀顗请他来，陈泰才上朝。司马昭问陈泰："玄伯，今天你怎样对待我呢？"陈泰说："只有斩杀贾充，才能稍稍安慰天下人心。"司马昭不愿让他的重要心腹谋臣做替罪羊送死，就对陈泰说："你再想想其他。"陈泰说："我只想到这些，不知其他。"

司马昭见陈泰一定要杀贾充，自己心念一动，就把杀死曹髦的责任全部归罪于成济。立即令手下起草诏书，然后进宫逼郭太后下诏，诏书曰："魏帝曹髦性暴戾，造作丑逆不道之言诽谤太后，甚至鸩毒太后，伤害大将军。曹髦悖逆不道，自陷大祸，着废为庶人，以民礼安葬，使内外皆知此儿所作所为。"诏书一下，司马昭就要手下捕拿成济，成济心中不服，登屋拒捕，并将司马昭、贾

充的幕后指使大声地全盘托出，结果被贾充令人放箭射杀。尚书王经，因为未同王沈等人主动告密，也被司马昭下令收捕，王经一家，连同白发老母一起被斩杀街市，行刑之日，满城之人都为其母子悲哀落泪。

五月二十六日，司马昭为进一步掩饰自己杀君之罪，又上殿向太后奏告，他说："前次高贵乡公驾车率兵，拔刀鸣鼓冲向臣的住所，我害怕兵刃相接，伤及公身，立即敕令手下将士不得有所伤害，违令者以军法处置。但是骑督成倅的弟弟太子舍子成济冲出兵阵，击伤高贵乡公且致公死去。此次变故发生后，臣实想委身去死，以守君臣之节。但高贵乡公此次谋变，上危皇太后，倾覆宗庙。臣忝为相国，义在安国定邦，早已三令五申，但成济妄入兵阵，造事生变，为臣哀悼痛恨，五内摧裂。成济违国乱纪，罪不容诛，请收捕成济家属族人，交付廷尉处置。"郭太后明白，此事不过是司马昭幕后导演，但畏惧司马氏在朝廷的威势，只得允准。于是成济一家三族之内，全被诛杀弃市。司马昭又建议，立燕王曹宇之子、年仅15岁的常道乡公曹奂为帝，即魏元帝。

司马昭为了掩饰代魏之心不惜杀死成济三族，其阴险毒辣可见一斑。他虽然用"李代桃僵"之计掩饰其祸心，但欲盖弥彰，司马昭之心，谁人不知呢？

刘邦聚兵攻霸王

正当汉主刘邦听从了陈平的计谋去端霸王老窝，调动兵马，准备东征彭城

时，滕公夏侯婴带着常山王张耳来求见，说张耳前来投降。原来，张耳和陈馀是最要好的朋友，后来两个人闹翻了，互相征讨过几次，陈馀杀了张耳的家小，张耳走投无路，便带着人马来投靠汉王。汉王知道这些，他现在要攻打霸王，正需要兵将，张耳来得正好，他要好好地利用张耳，使张耳为他出力，就热情诚恳地招待张耳，信任他，并且重用他，仍旧称他为常山王。

后来汉王听从董公的建议，名正言顺地攻打霸王，就兴师动众地为义帝举哀，吩咐将士们为义帝穿三天孝，并号召各地诸侯共同讨伐杀害义帝的霸王。这时，赵王的相国、张耳的仇人陈馀派人来了，说："汉王若肯杀了张耳，赵王就派大兵来。"汉王这时已收留了张耳，正要重用他，让他为自己这次征讨霸王出力呢，怎么能杀他呢！可是不杀张耳，赵国又不发兵，现在自己要攻打霸王，手下的兵马，是越多越好，怎么办呢？汉王可为难了，他左思右想，有了，他在小兵中挑了个面貌像张耳的人，把他杀了，脑袋割下来交给陈馀的使者带回去。陈馀一看这颗人头，血肉模糊，和张耳又有几分相像，也没想到汉王居然会用假人头骗他，就发兵给汉王，帮助他去攻打霸王。

这样，汉王就汇聚了五六十万人马，准备去东征。

忍失小利全己身

刘邦死后，太子刘盈当了皇帝，吕后成了吕太后。吕太后最恨戚夫人和赵王如意。刘邦死了，她就找机会毒死了如意，又让人把戚夫人砍掉手脚，挖去双眼，熏聋两耳，再给她灌下毒药，使她变成哑巴，然后扔在厕所里，称为"人彘"，叫汉惠帝刘盈去看。汉惠帝看了大哭，回去就病了，一年多不能起床。从此他天天喝酒玩乐，不问政事，朝廷大权实际上落到吕太后手里。

刘盈当皇帝后的第二年，齐王刘肥从自己的封地来长安朝见太后和汉惠帝。刘肥本是惠帝的哥哥，只不过他不是吕太后生的，所以没有能当上皇帝。惠帝见哥哥来看他，非常高兴，就吩咐摆酒招待，并且让哥哥坐在上头，自己在下面作陪。吕太后看了很生气。因为皇帝是至高无上的，怎么能让别人坐上座呢？她就让人斟了两杯毒酒递给刘肥，让他给惠帝祝酒，哪知惠帝见齐王起身，也跟着站起来，拿过另一杯毒酒，打算弟兄俩一起干杯。吕太后一看傻了眼，赶紧站起身来，装作不小心，把惠帝手中的酒撞泼了。刘肥也不傻，见这情景知道其中有鬼，不敢再喝，就推说已经喝醉，告辞回去了。

刘肥回到住处，派人一打听，知道刚才那酒果然有毒。他估计吕太后不会放过自己，心中又害怕，又发愁。这时，一个手下人给他出主意说："太后只有当今皇上和鲁元公主这一儿一女，自然对他特别宠爱。如今大王您的封地有70多座城，公主却只有几个城。您要是向太后献上一郡，把它作为公主的汤沐邑，太后定会高兴，您也就不会有危险。"

刘肥想想也没有别的办法，只好把自己封地中的城阳郡献给公主，太后果

然高兴，刘肥这才平安地离开长安，回到了自己的封地。

中国有"留得青山在，不怕没柴烧"的话，不失去一丝小利益，就保不住自己的性命。没有了生命，也就无所谓眼前的或长远的利益。刘肥忍失小利，保全自己，是一种明智的选择。

邓忠劝父图大计

魏景元四年（263）秋，征西将军邓艾与镇西将军钟会各自率部奉诏伐蜀。疆川口一战，邓艾率部挫了蜀军锐气，正当钟会率部前来增援，欲将蜀军全部围歼的关键时刻，不料，由于雍州刺史诸葛绪误中了姜维声东击西之计，阴平桥失守，使蜀军通过阴平桥，退守于剑阁要地，得到了战略喘息的机会。

镇西将军钟会怒斥诸葛绪说："汝奉命据守阴平桥，以断姜维退路。如今你不仅失了阴平桥，又擅自进兵以致大败，挫了我军锐气，失了战机，留你何用！"说罢，令左右将其推出去斩首。

监军卫瓘急阻拦说："诸葛绪虽然有罪，但他是邓征西所辖之将，应由邓将军发落处置。将军若擅自斩之，恐伤了将军间的和气。"

钟会傲慢地说："吾奉天子明诏，晋王的钧旨前来伐蜀，既便邓艾有罪，某也有权斩之。"嘴上虽这么说，考虑卫瓘毕竟是朝中的监军，于是收编了诸葛绪所率之部，令人将诸葛绪用监车囚了，载赴洛阳让晋公去发落。

邓艾得知此讯，气得火冒三丈，怒不可遏地说："钟会欺我太甚了，我定要在此与他争个高低！"说罢，急召各部将领，欲与钟会进行火并。

邓艾之子邓忠见父亲盛怒如此，忙劝解说："父亲息怒。古人云：'小不忍则乱大谋'。父亲若与他相争，必误国家大事，反使蜀军得利。还望暂且容忍为上。"

邓艾经儿子如此一劝，猛然醒悟。于是强压心头怒气，引数十骑主动去见钟会，共同商议进兵灭蜀之策。

由于邓艾以大局为重，忍了私怨，在战争关键时刻，保持住冷静的头脑，终于在伐蜀的战争中，立下了盖世奇功。

忍小谋大称帝王

曹丕借着他父亲曹操南征北战，东讨西伐，肃清内外反抗势力，统一北国中原打下的基础，又搞一曲"禅让"戏坐上了龙床。刘备依着自己是刘家王朝的后裔，趁曹氏废除汉献帝的混乱局面，打着承续正统、匡扶汉室的旗号，也坐上了皇帝宝座。作为三大霸主之一的孙权就不想过皇帝瘾吗？他当然想而且在军阀混战的三国时期，想当皇帝的又何止孙权，可以说实力强的，多数人都想当皇帝，如董卓、孙坚、袁术、袁绍都做过皇帝梦。例如，当年曹操矫诏会盟，讨伐董卓，孙坚参加了这次讨伐战争，偶然在洛阳得到传国玉玺，就认为自己有当皇帝的缘分，于是藏匿不报，并立即率领部队离开盟军去发展自己的势力，袁术等人得知此消息极力谴责孙坚。其实，他们之中是谁都想得到这块玉玺的。只要看孙坚离开盟军时，刘表去截击他，为的是玉玺，孙坚之子孙策后来在穷途末路愿意以玉玺作押，换得袁术的兵马，袁术高兴得不得了，马上做成这笔交易。不过，正因为想坐天下的多了，任何人只要暴露了这个念头就会招来大家的讨伐，名义当然是"诛乱臣贼子"。于是出现了大家都想当，大家又互相制约，谁也不敢轻易冒这个风险、挑这个头的局面。

孙权承父兄之业，坐领江东，历时三世，在军阀间你争我夺，相互兼并的战争中，成了三足鼎立的霸主之一，但在魏、蜀、吴三家中，他的势力相对要弱一些，又没有曹氏、刘氏那样的名分，但皇帝梦是照样做的。为此，他采用了"避于先而审处于后"的策略，最终才了却了做皇帝的夙愿。

开始，他见曹操势大，自封为魏王，而自己趁关羽在北面征讨襄樊的机会，袭击了荆州，并杀害了关羽，当然也就破坏了孙刘的联盟。杀了关羽，夺了荆州，刘备岂肯善罢甘休？此时的孙权，别说当皇帝，而且很可能受刘备和曹操两面夹击。为摆脱这种窘境，他差人把关羽的人头献给曹操，这样做既可以说是向曹操表功，又可以说是想嫁祸于曹操。同时，还给曹操写信主动劝曹操做皇帝。信中说：

"孙权我早就知道天命已归魏王您了，望您早登大位，以便调兵遣将剿灭刘备，扫平西川，到那时，我孙权一定率领手下献出土地，向您俯首称臣。"

没想到，在当皇帝这个问题上，曹操表现出惊人的自制力。曹操当然想取代汉献帝，以成就曹氏大业。同时，以

他在北方的日益增大的威势，要取代汉帝是不难的，但取代之后，是否能立定脚跟，则很难预料。曹操清楚地看到了这种形势，所以当孙权写信向他劝进时，他一眼看穿这是孙权的阴谋。企图让自己激怒天下，陷于孤立，于是"观毕大笑"，说："这小子是想把我放在火炉上烧烤啊！"曹操没吃这一套，孙权当然只好作罢。

后来，曹丕当上皇帝，孙权不但没有说半个"不"字，还主动派人携带礼品和书信前去讨封，曹丕封孙权为吴王，加九锡。孙权的臣属们对孙权这个举动，很不以为然，都劝他应自称上将军九州伯，而不应接受曹丕的册封。孙权却说："九州伯这个称号，从古以来不曾有过。当年刘邦也曾接受项羽给他的汉王封号，那也是权宜之计，对自己有什么伤害呢？"于是便欣然接受了曹丕给予的封号。

时过不久，曹丕派遣使臣来东吴索取雀头香、大贝、明珠、象牙、犀角、玳瑁、孙雀、翡翠、斗鸭、长鸣鸡等物产，群臣上奏说："荆、扬二州应交纳的贡品是有定额的，现在魏国索取的珍玩之物是不合于礼节的，不应当给他们。"孙权说："当年惠施曾尊奉齐国为盟主，有人责备他：'你是主张不承认别人为盟主的，现在尊奉齐国为首，不是自相矛盾么？'惠施说：'有人在这里要打他爱子的头，他想用石头代替爱子的头，这是因为头贵重而石头不足道。以不足道的东西代替贵重的东西，为什么不行呢？'如今西北方的魏国在打我们的主意，江南的百姓都仰赖我，他们不正是

我的爱子么"魏国所索取的，对于我来说都是不足道的东西，我有什么可惜的！魏文帝尚在居丧期间，却索取这些珍玩，对他这样的人还有什么礼节可讲呢？"于是备齐了他所要的东西送去了。

又有一次，曹丕命令曹休、张辽、臧霸率领军队，从洞口出发，曹仁率军从濡须出发，曹真、夏侯尚、张郃、徐晃率军包围东吴云南郡。孙权一面派吕范等将领督率五军，用水军抵抗曹休等人，诸葛瑾、潘璋、杨粲等将领率军救援南郡，朱桓以濡须督的身份抗拒曹仁，一面又上书曹丕，说抵抗不是自己的意见，而是大臣们的主张，并请求他给予自己改过自新的机会。众大臣对孙权这种卑躬屈节于曹丕的行为大有微词，并劝说他干脆脱离曹丕，自己定年号，做皇帝。孙权却推辞说："汉朝的皇室没落了，我不能救助使之保存，又怎么忍心与之争天下呢？"群臣又提出天命符瑞等为理由，坚持请孙权称帝。孙权仍不答应，并对群臣说："我过去因见刘备雄踞西方，所以命令陆逊率兵防备他。又听说北方的魏国准备协助我，我担心挟天子令诸侯的余威，如果不接受其册封，将自寻折辱并促使他们早日对我下手。他们可能会与蜀国联合，使我们两面受敌，大为不利。所以我克制自己，接受了吴王的封号。我俯首称臣的本意，你们似乎还未尽理解，因而今天向你们解释一下。"

孙权表面上装作甘为魏国的属国，其实内心一丁点儿也不肯归附。当年曹丕派遣使臣与东吴结盟言誓之时，提出要孙权的儿子到魏国去做人质，他就断然拒绝，后来曹丕几次追问，他都借故相托。表面上他对魏国是毕恭毕敬，在一些非原则如进贡品等问题上他惟命是从，而在人质等重大问题上，他丝毫不受制于人，眼下的卑躬，正是为了掩盖真象，麻痹对方，暗地积蓄力量。等到刘备在白帝城丧命，曹丕英年早逝，孙权眼见自己的对手一个个衰落了，人们的注意力逐渐转移了，时机成熟了，终于在公元229年，轻松地坐上了皇帝宝座。

曹操借头消众怨

曹操会同吕布、刘备等于寿春讨伐袁术曹兵十七万，日费粮食浩大，诸郡又荒旱，接济不及。操军相拒月余，粮食将尽，致书于孙策，借得粮米十万斛，不敷支散。管粮官任峻部下仓官王垕入禀操曰："兵多粮少，当如之何？"操曰："可将小斛散之，权且救一时之急。"垕曰："兵士倘怨，如何？"操曰："吾自有策。"垕依命，以小斛分散。操暗使人各寨探听，无不嗟怨，皆言丞相欺众。操乃密召王垕入曰："吾欲问汝借一物，以压众心，汝必勿吝。"垕曰："丞相欲用何物？"操曰："欲借汝头以示众耳。"垕大惊曰："某实无罪！"操曰："吾亦知汝无罪，但不杀汝，军心变矣。汝死后，汝妻子吾自养之，汝勿虑也。"垕再欲言时，操早呼刀斧手推出门外，一刀斩讫，悬头高竿，出榜晓示曰："王垕故行小斛，盗窃官粮，谨按军法。"于是众怨始解。

曹操在攻打寿春时，粮草接济不上

士兵不努力攻城怨气冲天，军心浮动。为了解决粮食问题，鼓动斗志攻城，曹操罪羊欺众杀了王垕。这样做一方面可以解除将士怨气，加重对曹操的感恩之情，激发攻打寿春的决心；另一方面，也可以转移一下将士对粮食的关注，骗过众人。曹操杀王垕并不是主要目的，他是想通过这件事来尽快完成攻打寿春的战争，使部队能尽快摆脱危机。在一般人看来，曹操杀王垕为人情所不容，但是王垕是身处两军交战的前沿，对于他的死，绝不能从常理出发，相反应以战争需要为背景，这也是王垕冤死的根本所在。当然，人们也会说曹操非人性，但作为一个统帅来讲，杀一个人能促进一场战役的胜利，也不为过。

割发代首严治军

建安三年（198）四月，曹操在率军讨伐南阳张绣的行军途中，见沿途春麦已熟，却不见有人收割。他派人一打听，才知道百姓因大军至此，都逃避在外，不敢割麦。

曹操心想，我刚辅政不久，宜行"安民为上"的方针才能赢得民心。于是发出告示说："吾奉天子明诏，出师讨逆，为民除害。当今正值麦熟季节，兴兵讨伐是不得已的事。凡大小将校官兵经过麦田若有践踏者，皆斩首示众。我军执法甚严，各地百姓不必惊疑，可乘时割麦。"并遣人遍告远近村民父老及各处官兵。

军令一下，官兵在途经麦田时，都下马小心翼翼地手扶麦禾而过，谁也不敢践踏。当地百姓见此情形，十分欢欣，纷纷回来割麦，并沿途拜迎曹操大军。

说来也巧，正当曹操乘马行走时，突然麦田中一只鸠雀惊起，曹操所骑的马一惊，蹿入了麦田，顷刻间，一大片麦田被毁。曹操想，我刚发出军令，自己却乘马踏了麦田，这不是在打自己嘴巴吗？我若不以身作则，刚发出去的号令岂不成了空话？虑此，他马上把随军主簿唤来，令他拟定自己践麦的罪。主簿为难地说："丞相岂可议罪？"曹操说："吾自制法，且又自犯之，怎能使众人倾服？"说罢，拔出佩剑便要自刎。周围众将急忙上前扯住。郭嘉在侧机警地说："古者《春秋》之义：'法不加于尊。'丞相率大军远伐，岂可自戕？"曹操一听，沿阶而下说道："既然《春秋》有法不加于尊之说，吾姑且免于死罪。"说罢，挥剑割下自己的头发掷在地上说："吾今割发以代首！"并将此事传令三军知之。

三军将士听说这件事后，更加谨慎地遵从军令了。

弃官位志存高远

曹操发讨董卓檄文，名镇诸侯，皆起兵相应，各领文官武将，投洛阳来。且说北平太守公孙瓒，统领精兵一万五千，路经德州平原县。正行之间，遥见桑树丛中，一面黄旗，数骑来迎。瓒问曰："贤弟何故在此？"玄德曰："旧日蒙兄保备为平原县令，今闻大军过此，特来奉候，就请兄长入城歇马。"

瓒视之，乃刘玄德也。瓒指关、张

而问曰:"此何人也?"玄德曰:"此关羽、张飞,备结义兄弟也。"瓒曰:"乃同破黄巾者乎?"玄德曰:"皆此二人之力。"瓒曰:"今居何职?"玄德答曰:"关羽为马弓手,张飞为步弓手。"瓒叹曰:"如此可谓埋没英雄!今董卓作乱,天下诸侯共往诛之。贤弟可弃此卑官,一同讨贼,力扶汉室,若何?"玄德:"愿往。"张飞曰:"当时若容我杀了此贼,免有今日之事。"云长曰:"事已至此,即当收拾前去。"

玄德、关、张引数骑跟公孙瓒来,曹操接着。

刘备为进身,逢人便烧香,在镇压黄巾军过程中,多次东奔西走,但仍然只当了个小小的县令,在他听说曹操聚众讨卓时,便有心前往,探知公孙瓒为第十四镇元帅时,就吩咐手下在路边迎候,以伺机进身,终遂所愿,得以结识曹操、袁绍等天下英雄。刘备进身弃官,追随公孙瓒,可谓为了长远利益,敢于舍去眼前利益。

小不忍惨败夷陵

赤壁大战后,孙权、刘备同曹操的矛盾暂时缓和,而孙、刘之间,由于孙权派兵夺回荆州,杀死关羽而激化起来。刘备盛怒之下,不听诸葛亮、赵云劝告,公元221年7月,率蜀军主力东下,水陆并进,进攻东吴。

孙权几次派人求和,都遭刘备拒绝。这时,周瑜、鲁肃、吕蒙都已逝去,孙权只得任命年青的陆逊为大都督,统率5万人马抗蜀,到达猇亭。

蜀军复仇心切,士气旺盛,连战皆捷,深入吴地五六百里,于夷道县(今湖北宜都)包围了东吴孙桓。

陆逊到达前线,将领们要求他派兵救孙桓。陆逊说,孙桓将军定能守住夷道城,等我们打败刘备自然解困。众将以为陆逊年轻胆小,不肯出战。以后,蜀军挑战,陆逊坚守不出。相持近半年,蜀军攻势锐减,时至盛夏,水陆军都移向森林茂密之处,扎下40座连营,以避炎热。

陆逊见蜀军兵力已分散,军心已懈怠。于是,召集众将说:"破敌时机已至。"命水军装载茅草及硫磺硝石,运向指定地点,再命陆军各执茅草一束,趁蜀军毫无防备,突然放起火来。吴军趁机反攻,蜀军大乱,夺路而逃。刘备退至涿乡(今湖北宜昌西),又被吴将朱然、韩当截住斯杀,死伤无数,刘备率众杀出一条血路逃回白帝城,于是,吴军大获全胜,夺回了"川鄂咽喉"夷陵。

夷陵之战时,正值曹丕篡位,遭天下反对,号称皇叔的刘备本应趁机伐魏,不但师出有名,顺民意,而且可以使蜀吴联盟破镜重圆,使曹魏处于两面作战境地,统一大业大有希望。然而,刘备竟然意气用事,"耻关羽之殁",不听劝阻,怒而兴师,结果大败而归,使蜀国元气大丧,一蹶不振。刘备在极需冷静之时缺乏冷静,在极需理智之地缺乏理智,真可谓"小不忍,乱了大谋",实为可悲。

不顾面子用仲达

魏黄初七年(226),魏帝曹丕病逝。

其子曹睿在曹真、司马懿等群臣的拥立下做了大魏皇帝。

曹睿继位后，谥父丕为文皇帝，同时册封了众文武，百官称贺，朝野清平。

骠骑大将军司马懿为防御蜀汉入侵，主动上表请求前往西凉边关御守。"曹睿见老臣主动为他分忧，心中十分高兴，欣然应允了他的请求。于是司马懿便率领雍州、凉州等处兵马，前往西部边关。

蜀汉丞相孔明深知司马懿极有韬略，便采用马谡所设的离间计，令人用司马懿的名义在雍、凉等地广贴反叛曹睿的告示。

曹睿见到告示大吃一惊，周围诸臣也猜疑说："仲达主动奏请守边关，原来是要搞叛乱的。曹睿依近臣之见，采取汉高祖伪游云梦之策，亲自前往边关问罪于仲达，并未由其分辩，将他罢归田里。

谁知，刚刚罢免了仲达，蜀军便在孔明的率领下兵侵中原。直逼渭水。魏主曹睿见左督都夏侯茂被俘，军师王郎阵亡，大将军曹真节节败退，顿时惊慌失措，满朝文武也无一退敌良策。太尉华歆说："现在看来，只有御驾亲征，倾举国之兵来抵御蜀军了。"曹睿听后，也一时踌躇难断。这时，太傅钟繇暗中思量道："看来倾朝之中能与孔明争锋的只有仲达一人了。可他已被帝放归田里。我若举荐他复职，吾主必碍其面子不肯应允。"想到这，他连声叹气退朝归府。

几天后，西部边境屡屡上表朝中求救。钟繇见情势紧急，再也忍耐不住了，便硬着头皮委婉地向曹睿进谏说："凡为将者，知过于人，则能制人。孙子云：'知己知彼，百战百胜'，臣量曹真用兵

虽久，但终不是孔明的对手。臣以全家良贱数口之命，保举一人出征，他必能打退蜀军，不知圣意如何？"曹睿说："卿乃大老元臣，既有贤士可荐，宜早召来与朕分忧。"钟繇见天子准奏，又进一步说："当初，诸葛亮欲兴师犯境，只因惧这个人才未敢轻易动兵。后来，他们用离间计，借陛下之手草除了这个人之后才兴师犯阙的。陛下若能屈尊面复用此人，孔明不难退也。"曹睿若有所思地问："莫非是司马仲达？"钟繇说："正是司马将军。"曹睿说："既然仲达能退蜀军，朕失颜面又何妨。若不用他，将来屈身于西蜀岂不更难堪了吗？仲达现居何处？"钟繇回答说："近闻仲达在宛城闲居。"曹睿随即降诏，遣使持节去宛城，宣诏司马懿复职，并加封为平西都督，同时令他顺便率南阳诸路兵马奔赴长安，与御驾会师。

解甲归田的司马懿在宛城听到魏军屡败的消息后，经常仰天长叹。长子司马师劝父亲说："我看你在此养尊处优算了，何苦整天空费心思？曹睿将你放归田里，他若不死，你怎有重见天日之时？"次子司马昭说："现在国家有大难，非吾父不能解此危。纵然曹睿不用吾父，势必用也。吾料迟早他会来宣召父亲官复原职。"没过几天，果然见大使持节来到，宣司马懿复职挂帅御蜀。

司马懿听罢帝诏，对两个儿子说："魏主虽是利用我去为他解危，但他不顾面子，宜尽心竭力而事之才是。"于是令两个儿子为先锋，率南阳兵马，先除了叛将孟达，前往长安与天子会师。

曹睿一见到司马懿便道歉说："朕当

初一时不明，误中敌计，至今追悔莫及。卿不记前嫌，替朕剿除了叛将孟达，及时率师来此，若非卿之智，魏必休矣。"说罢，赐给仲达金钺一对，并吩咐说："今后凡有机密事宜，可先斩后奏。"

司马懿复职后，又得魏帝如此信赖，深感其知遇之恩。率军抵御了诸葛亮的六次讨伐，又平定了公孙渊襄平作乱。及至曹睿病逝后，又扶持其子曹芳继位皇帝。尤其是当他后来除掉了曾经易其兵权、专横朝政的曹爽时，也没想到废主自立，一心事魏至终。

自贬职孔明肃法

孔明首次率师兵伐中原时，由于没有做到知人善任，误用了素未经战的文官马谡去守街亭要地，结果致使街亭失守，首伐中原败绩。

兵回汉中后，孔明依军法处斩了马谡，自己又写了一篇文表，上奏后主，请求贬其丞相之职。参军蒋琬及众将问："街亭失守是马谡不听丞相劝告及嘱咐之过，丞相何故自责呢？"孔明诚恳地说："当初，先帝在白帝城临终时曾对我说过：'马谡其人，言过其实，不可重用。'我在遣他去守街亭时也多有不放心，但还是让他去了。这次出师失败，也在于我用人失误啊！"

蒋琬自汉中赍书表来到成都见了后主，说明了孔明之意，后主展表一看，只见其中云："臣本庸才，叨窃非据，亲秉旄钺，以励三军。不能训章明法，临事而惧，至有街亭违命之阙，箕谷不戒之失，咎皆在臣。臣明不知人，虑事多

阖，春秋责备，罪何难逃。请自贬三等，以督厥咎。臣不胜惭愧，俯伏待命。"后主刘禅看罢说："胜负乃兵家常事，丞相何必如此？"

侍中费祎在侧说："治国者，必以奉法为重，法若不行，怎能使军兵百姓臣服呢？今丞相败绩，自求贬降，也是为了严肃法令啊！"

后主刘禅听罢，便从其请奏，下诏贬孔明为右将军，行丞相事，照领军马。

千秋功罪，后人自有公论。孔明首伐中原，因用人失误而致败，即使当初孔明不认其过，后人也会归过于孔明的。孔明当时就上表请求朝廷贬其职，深察己之过，这正是孔明为人光明磊落的照人之处。在当时，他严格要求自己，以身作则的做法，也有效地鞭策和激励了满朝文武奋发向上的报国精神，不是削弱而是加强了他对军队的统御。

古今中外，任何一个高明的统御者，都是十分注重并极力维护统御系统行为准则严肃性的。曹操断发自罚、孔明自贬其职，都是通过牺牲自己利益用以身作则来维护其法则严肃性的。统御者严以自律的本身，实际是在树立自己的统御之威信。统御者本人尚能严守统御法则，其部属怎还敢越雷池半步呢？

俗话说，没有规矩则不成方圆。在任何一个统御系统中，若没有一个统一的、具有强大制约力的行为准则，统御者则无法号令部属实行统一的行动。它是统御者实行其统御的必要条件。

舍车保帅退藩兵

东晋晋安帝隆安元年（397），兖、

青二州刺史王恭，联络荆州刺史殷仲堪，上书朝廷，列举左仆射王国宝，以姻戚频登显位，恃宠肆威，危害社稷，要领兵入朝，"清君侧除小人"。奏表上达朝廷，东晋群臣大惊失色，主持政事的丞相、会稽王司马道子，坐立不安，下令全城戒严，严密防卫。同时召请其父孝武帝器重的大臣王珣入宫，征询计策。王珣早先任左仆射，参与国家大政，孝武帝死后，得势的王国宝乘机废黜旧臣，王珣只能做了一个尚书令，权力被削，所以对王国宝怀恨在心，但他表面上装出若无其事的样子，一切如常，曾被王恭称赞为汉代的胡广。道子问他"王、殷二藩叛乱，你知道吗?"王珣说："朝政好坏得失、珣均未参加，如何知消息!"说完再不发言，退宫返府。

司马道子想通过与王恭等友善的王珣解决向题的企图失败后，王国宝在京都惊恐万分，王、殷两人与自己久有宿怨，现在指名道姓要诛杀自己，叛乱朝廷，他担心自身不保，不知如何是好，急忙问计于与自己狼狈为奸的从弟王绪，王绪献计说："王珣、车胤与王恭、殷仲堪私下勾结，两人在朝中又有人望，你应该假借司马道子的命令，召集车、王两人入府，杀死他们，先拔去内患，然后挟持安帝和道子，发兵讨王恭，殷仲堪。"王国宝认为王绪所言确是良策，立即动手行动。

王珣、车胤受命来到王国宝的府中，王国宝却临阵手软，畏惧二人的威望，不敢轻意加害。反而求计于王珣，王珣说："王恭、殷仲堪与你素无深仇，不过为争一些权势罢了。"车胤也告诉王国

宝，如果调兵攻打王恭，可能遭到王恭的拼死反抗，那时殷仲堪再从上游东下，就不好对付了。王珣则劝王国宝暂时弃权，缓和与王、殷两人的矛盾。王国宝头脑简单，未杀王珣、车胤，反而听从王珣的劝说，上奏朝廷，自请解除一切官职，出宫之后，又后悔万分，对外假称自己得诏，一切恢复原职了。

司马道子一向把王国宝法为亲信心腹，对王国宝兄弟恩宠有加，本指望两人共同尽力，维持司马氏遥遥欲坠的政权，未想到王国宝招惹是非，送给早就觊觎朝政、拥兵自重的王恭、殷仲堪以出兵口实，道子心中本来就不快，而王国宝反反复复，正在司马道子苦无计退兵的时候，还假传圣旨，一下子惹得道子怒火中烧，不由得厌恶起来，心念一动，王、殷两藩叛逆起兵，要杀王国宝，何不顺其意愿，杀王国宝以救燃眉之急呢? 于是公开宣诏，数列王国宝欺君罔上，挑拨君臣等大逆之罪，派骠骑咨议参军司马尚之，拘捕王国宝和王绪。令赐死王国宝，王绪绑到街市斩首示众。把王国宝的兄弟侍中王恺、骠骑将军王愉革职不用，大赦天下。同时司马道子遣派使节，致书王恭、殷仲堪，陈述自己为政过失不少，特此致歉，现在顽凶王国宝等人已经被杀，国家之害已除，希望朝野内外，同心协力，在此乱世，共同维持社稷、宗庙的安全。王恭按照道子的来信，立即复书道子，同意罢兵。殷仲堪在王恭撤兵后，召回出征的部将杨佺期，一场东晋中央朝廷与地方藩镇的较量，由于道子主动舍弃了王国宝，暂时干戈平息了。

王国宝被杀，实际上是司马道子为代表的在朝当权势力集团与王恭、殷仲堪为代表的地方势力集团之间争权夺利政争的牺牲品。东晋自淝水之战后，尤其是谢安死后，祸乱四起，晋简文帝司马昱生下两个儿子，一个是后来做了皇帝的孝武帝司马昌明，一是司马道子。简文帝死后，孝武帝嗣位，开始时由崇德太后临朝听政，谢安等人辅政。淝水之战后，孝武帝重用弟弟会稽王司马道子，谢安遭贬斥，后来谢安病死，司马道子大权独揽，迁录尚书事、都督中外诸军事，领扬州刺史，权倾内外，一时间巴结投靠者不绝于道，王国宝就是其中之一。国宝看道子势大，背弃了自己的老岳父谢安和舅父范宁，整日以谄媚道子为能事。孝武帝见兄弟道子权势灼人，为了牵制道子，巩固自己的皇权，把出身世家大族的中书令王恭、黄门侍郎殷仲堪拔擢重用，任命王恭做平北将军，督青、兖、幽、并、冀五州军事，领青、兖两州刺史，出镇京都重要门户京口；殷仲堪任振威将军，督荆、益、宁三州军事，领荆州刺史，出镇京都上游的重要城池江陵。王询迁左仆身，王雅为太子太傅，这样相内朝外，孝武帝以自己的心腹占据重要职位，分散司马道子的权力，防备道子的专权跋扈。司马道子则以王国宝和王绪等为心腹，结成党羽，与孝武帝势力集团对垒。晋武帝太元二十一年（396），贪杯的孝武帝因酒中戏言，被张贵人勒死，太子司马德宗即位。他是一个白痴，口不能言，连生活都不能自理，大政实际是由司马道子主持。王国宝在孝武帝临终时，抢先叩宫，想代孝武帝撰写遗诏，自己做辅政大臣，因遭到王恭的弟弟侍中王爽的声斥，才未得逞。王恭回京参加孝武帝的葬礼时，当面告诫司马道子，要他以社稷大业为重，并疏远王国宝。王恭甚至做了杀王国宝的准备。王国宝和王绪也曾预备杀死王恭，所以当王恭、殷仲堪与司马道子、王国宝势力集团的矛盾，已经严重激化，而王、殷两人起兵反叛，而矛头指向，名义上要清君侧，根本上来说，杀王国宝也是冲着司马道子来的，对此司马道子心中非常清楚，由此舍车保帅，抛出心腹王国宝，使王、殷两人暂时息兵，虽说是权宜之计，稍作损失，但赢得了宝贵的时间，后来司马道子父子，正是利用王、殷罢兵的机会，暗做准备，又用反间计，斩了王恭，安抚了殷仲堪，瓦解了反司马道子的势力。

高宗巧寻替罪羊

唐高宗李治是初唐历史上一个昏聩荒淫的君主，李唐王朝正是在他手上，逐渐被武则天改姓武周。他甚至不分黑白是非，把力保李唐江山的臣下出卖给武则天，以讨好卖乖，苟且偷安。史载高宗显庆五年（660），高宗身患风疾，目不能视，不能正常理事，就把国家朝政大事委托精明机智的皇后武则天掌握。武则天手操权柄后，在内宫外朝大施淫威，任意用事，甚至连高宗李治也受其限制。李治身为帝王，不能为所欲为，心有意而力不达，自然也怨起武则天来。麟德元年（664），武则天因为进宫后用阴谋手段废除了高宗原皇后王氏和萧淑妃，并且把两人砍去手足放入酒瓮折磨致死，她做贼心虚，一直以为有两个幽灵缠绕自己，长期居住东都洛阳不回西京。所以到这一年，高宗坚持回长安居住后，她仿佛看见王皇后、萧淑妃的幽灵又出现在自己卧居的蓬莱宫，于是召道士郭行真在蓬莱宫内四处设坛祈祷，并且不许他人进入，只有自己整日和郭道士独处密室，武则天在宫中大行厌胜之术，而且身为皇后，破坏男人不得入内宫的规定，长时同处秘室，引起了一些本来对武则天心怀怨愤的宦官不满。宦官王伏胜偷偷跑到高宗面前告发，详细诉告武皇后的秽行。高宗身受武氏束缚，甚至连身边的嫔妃都被武氏赶来，本来不胜其忿，王伏胜的告发，使他怒火中烧，但他没有勇气直接找来武皇后当面训斥，仔细权衡之后，密诏西台侍郎、同东西台三品上官仪，对他说："近来皇后态度越来越狂傲，任性做事，又在宫中和道士做国法不容的厌胜之术，朕感到她不能再做皇后了。"

上官仪在唐太宗贞观年间进士及第，升弘文馆直学士、秘书郎等职，很受太宗李世民赏识，可谓是唐太宗旧臣。高宗继位后，他由秘书少监，再升西台侍郎，位居同中书门下三品的宰相之列。他对武则天在朝中排斥太宗旧臣的做法早就不满，所以听高宗要废武则天，积极附和赞同。他说："武皇后骄傲专横，天下无不怨恨，不如将其废掉，以安天下人心，确保大唐李氏帝业永继。"高宗对上官仪所说，深以为然，并命令他即刻起草废武后诏书。

武则天自主中宫之后，朝内朝外，四布密探，高宗私召上官仪密谋废武一事，很快被她侦知。她是个敢作敢为又心狠手辣的女人，欺高宗懦弱，得报后立即赶到高宗处，看见桌上上官仪还未发出的诏书中"皇后专恣，海内所不兴……"等文字，趋身向前，一会儿哭，一会儿怒，缠住高宗不放。高宗昏聩，居然把废后大事置于脑后，产生了妇人的仁心，当场答应不提废后一事，为洗刷自己，他还把上官仪当替罪羊抛出，对武则天说："我初无废你之心，都是上官仪教我的。"结果武则天回宫后，立即指使心腹爪牙许敬宗行诬告，指控上官仪和王伏胜勾结太子李忠，危害皇帝，欲行逆反。结果，上官仪一家满门处斩，只留下儿媳郑氏带着一岁的孙女上官婉儿入宫充婢奴。凡是朝中与上官仪有亲密往来的人，如右相刘祥道被贬官礼部，左肃机郑钦泰等人非流则贬，牵涉之人极多。

高宗李治舍车保帅，抛出上官仪为替罪羊，并不是没有缘故。原来武则天本是其父唐太宗的才人，太宗晚年病危时，作为太子的李治侍奉在侧，因为垂涎武才人的美貌，两人勾搭暧昧。太宗死后，武才人被送到感业寺落发为尼，身为情种的李治割不断情丝，听从王皇后的鼓动，不顾礼制，把武才人召回自己的宫室以满足私欲。王皇后当初劝说高宗召武才人，是想以武则天为筹码，牵制与自己争宠的萧淑妃，哪知才貌双全的武则天同时还是一个精于权术的野心家，自两次进宫后，先是百般讨好王皇后，利用王、萧两人的矛盾，自己顺利专房好色的高宗，并且施展浑身解数，把高宗牢牢控制在自己手中，使高宗下定决心废王皇后、萧淑妃，逐杀朝中长孙无忌、褚遂良、来济等反武拥王的关陇贵族势力。武则天还收买朝中投机的奸臣李义府、许敬宗等人，大树私党。到了永徽六年，武则天终于被高宗立为皇后。武则天得宠立后，本应对高宗感激淋涕，可是她又是一个心雄志大的野心家，她不满足于在中宫之中发号施令，有心掌权揽政、夺位称帝，为此极尽权诈心机，王皇后、萧淑妃已被废，她忌恨政敌不死，遗有后患。行斩草不留根之术，残酷杀害王、萧两人，以两人骨醉酒瓮为乐，此事所行，使心存妇人之仁的高宗李治胆战心惊。而后来逐杀高宗亲舅父长孙无忌，计逼太子李忠，更使高宗感到武氏在朝已经根深叶茂，势力坐大，尤其是武则天严格控制李治与宫内妃嫔或中意美人接近，使好色的高宗难以忍受，所以到了麟德龙年，风眩头重的疾病已经稍减，身体已经恢复，自己又可以为所欲为的时候，武则天的牵制和束缚，就为他所忌恨，一时想不出更好的办法，想通过位列宰相的上官仪废掉武则天。

高宗李治面对凶悍权诈的皇后武则天，丧失了一个君主的起码尊严，为保住自己的皇位，平息皇后的愤怒，抛出了上官仪，作为讨好武则天的资本，实际上这里是巧施替罪羊之法，也就是"李代桃僵"阴谋。不过李治在此所施阴谋，并非高明，最大的收获，不过是得以苟且偷生，使武则天一直让他快快活活挣扎了19年，得以善终。而皇后武则天的收获则较之大得多。武后借上官仪事件，大肆清洗政敌，危及自己以后称制为帝的太子李忠就是在此事件中被杀，朝中一些反武势力也被加上罪名贬逐流放，由此之后，武则天还在高宗座位后面，以"辅弼龙体欠佳的天子"名义垂帘听政，事无大小，都要参与。朝政大权，实出自武后，高宗仅仅拱手而已，因而朝臣们把武则天同高宗同称"二圣"。到了上元元年（674）高宗称"天皇"，武则天称"天后"。朝中一些正直大臣，虽然不满足于武则天的专权，有心匡复李唐，但上官仪如此惨痛下场，使他们明白，高宗是一个扶不起的阿斗，何必得罪武则天，而白白把整个家族性命去送命，而对不起自己的祖宗呢？所以说，高宗出卖上官仪事件，李代桃僵的阴谋施展得并不高明，从这点来讲，高宗李治还不能算是个合格的阴谋家。

杜让能以死报国

大唐李氏王朝，虽然一度达到中国封建社会的鼎盛高峰，但自安史之乱之后，国家元气大伤。中唐以后，内有宦官专权，朝内党争以及宦官朝臣之间的南衙北司之争，纲纪紊乱，加上几任皇帝的信道、佞佛，到了晚唐，中央政权已经没什么实力，尤其是唐末的藩镇割据，许多地方节度使恃仗自己手中军队，不听中央政府调遣，自己在辖区内随意征兵征税，任命属僚，成了一个个独立王国。而中唐以后，藩镇与唐中央朝廷之间、藩镇与藩镇之间，为争权夺利，兵连祸结，战事不息。到了公元888年，昏庸的僖宗李儇病逝，在宦官杨复恭的支持下，其弟李晔被立为皇帝。李晔即位，改名李敏，上台之初，针对朝廷威令不行，藩镇势力坐大的情况，本想有所作为，以挽救国命危艰的衰势；但是李唐王朝恰如重症在身的病人，已没有恢复生机的希望。内则宦官专权，朋党纷争，外而藩镇尾大不掉，尽管李晔不惜官爵钱财，却没有人真正肯为李唐再尽忠效力，当时的割据战火，东尽青齐，西及关辅，南出江淮，北到卫滑，长安城外，极目千里。烟火稀少。李晔虽贵为皇帝，也常常身受藩镇、宦官的凌辱，唐王朝真正处在灭亡前夕的苍茫暮色之中了。

景福二年（893）正月，拥兵自重的山南西道节度使李茂贞，因为要求同时身兼凤翔节度使未能如愿，上表朝廷，奏表中说："陛下虽然贵为万乘天子，却连自己的元舅都不能庇护；尊极九州，却连一个宦官竖子杨复恭也不能戮杀；今天的朝廷。只看人势强弱，不计是非公正，随意加恩赏赐。而军情易变，戎民难于羁控，生灵百姓，屡遭祸乱，朝廷不考虑远扬声威，自此以后，还有什么作为呢？"李茂贞以一个节度使身份，公然上表声斥、嘲弄万乘之尊的皇帝，使昭宗李晔难以容忍，他命令宰相杜让能准备兵马，要征讨胆大妄为的李茂贞。

杜让能身为宰相，虽受昭宗信任，但他心里清楚，以现在唐朝廷的力量，征讨李茂贞是不现实的，于是上朝劝谏昭宗，他说："陛下登基的时间不长，危难一时未平。李茂贞领兵势众，离长安三百余里，臣以为不宜马上结怨，匆促

发兵进讨，万一失利，将后悔莫及。"昭宗年轻气盛，受李茂贞刺激，难咽一口之气。他对杜让能说："王室日卑，号令不能出国门，正是志士悲愤之秋。国威不振如同患病之人，不用药则不能去病，朕不甘做一个屠懦的天子，苟且度日，坐视藩镇凌驾侮辱，你只要为我调兵备粮，我自会委任诸王领兵打仗，胜败之事与你无关。"杜让能见高宗执意孤行，又说："即使陛下一定要兴师征讨李茂贞，也应该同中外大臣共同协商，才能成功，不能单独委臣下之身如此重任。"

昭宗见杜让能遇事退让，心中很不高兴，厉声说道："卿身居朝中元辅之位，与朕休戚相关，岂能以辞推让。"

杜让能虑及再三，进一步上前泣告："非是臣下见难退让，陛下要做的事，正是先君宪宗之志，但是时过境迁，势有所不能啊！只担心他日臣下遭受汉时晁错那样的下场，虽一人身死，终不能免七国之祸，所以臣下对此踌躇。如果陛下一定要委臣做事，臣下当以死相报。"

杜让能明知征讨一事无望，但屈于昭宗的欲望，只好一心报国。整日筹划招兵买马，月余不归家门。

唐昭宗命杜让能筹集人马攻打李茂贞一事，很快被李侦知。原来唐朝廷另一宰相崔昭纬，早已与李茂贞勾结串连，杜让能在长安一切筹划，李茂贞查得一清二楚。李茂贞还派出间谍，纠集长安城中的百姓，公开阻拦同受昭宗派遣的观军容西门君遂，以及宰相郑延昌、崔昭纬，三人皆把一切责任推到杜让能身上。

同年九月，唐昭宗以宰相徐彦若为

凤翔节度使，让覃玉嗣周，领禁军三万，送徐上任，大军则驻屯兴平。李茂贞早得密探人报，立即纠合静难节度使王行瑜，合兵六万，前往兴平抵抗朝廷大军。两军对垒时，覃玉嗣周所领禁军，不战而溃。李茂贞乘胜进军长安城下，上表朝廷，指名道姓要朝廷杀杜让能。

唐昭宗本想征讨李茂贞立天子之威，未想到正如杜让能所料，伤虎不成，反害自身。急得他在殿中团团打转，杜让能见状，对昭宗说："事已至此，请陛下归罪于臣，使李茂贞罢兵吧？"

昭宗被逼无奈，也只好出此下策，于是革杜让能太尉职，贬为梧州刺史，并且把参与战事的西门君遂贬放儋州、内枢密使李周潼远贬崖州，段诩逐至骦州。

李茂贞由山南起兵，进军长安，朝廷之中得宰相崔昭纬内通，杜让能被他视为死敌。唐室势弱，本来他意存轻蔑，有心觊觎皇位，怎能轻易地让杜让能存活，有朝一日再复位为敌呢，所以他当即拒绝昭宗的请求。昭宗见李茂贞不为所动，又令把西门君遂、李周潼、段诩三人斩首示众，杜让能再贬为雷州司户，以此为退让，再次遣使出城，要求李茂贞罢兵回镇。李茂贞则坐兵观变，不达目的不肯罢休，立定要杜让能人头为信。十月，昭宗被逼无奈，虽然自己心下十分不愿，为了保住皇位，只好答应李茂贞的要求，于是公开下诏，诏书说："杜让能卖官鬻狱，聚敛财富超过巨万，着令赐死。"杜让能作为昭宗和李茂贞之斗的筹码，终于被抛出。同时被杀的还有杜让能的弟弟户部侍郎弘徽。

李茂贞得到了杜让能的人头后，带着昭宗赐封的凤翔节度使、山南节度使，和中书令三职，凯旋而归。

宋江弃粮收张清

《水浒传》第七十回"没羽箭飞石打英雄，宋公明弃粮擒壮士"，所讲宋江收张清的过程就是采用了李代桃僵的计谋。却说宋江、卢俊义带兵分头去打东平府（今山东东平县）、东昌府（北宋时无东昌府）。宋江东平告捷，卢俊义却在东昌受挫。原来东昌府内有个猛将，姓张，名清，善会飞石打人，百发百中，人呼没羽箭。手下还有龚旺、丁得孙两员副将，一个会使飞枪，一个会使飞叉，也十分英雄了得。卢俊义连败两阵，郝思文、项充被打伤。宋江引兵救援。张清果然厉害，在阵上接连用飞石打败金枪将徐宁、锦毛虎燕顺、百胜将韩滔、天目将彭玘、丑郡马宣赞、双鞭呼延灼、赤发鬼刘唐、青面兽杨志、插翅虎雷横、美髯公朱仝、大刀关胜，双枪将董平、急先锋索超等一班大将。亏得花荣、林冲活捉了龚旺、丁得孙，才尚未全折了锐气。宋江与吴用计议捉拿张清，教鲁智深、武松、孙立、黄信、李立，尽数引领水军，安排车仗船只，只要赚出张清，便成大事。

再说张清在城内正与太守议事，只见侦察人员来报：寨后西北，有百十辆车子装有粮米，河内也有粮草船五百余只，水陆并进，沿途有几个头领监管。太守与张清惟恐有计，未敢妄动，再派人打探，看是否真是粮草？次日，小军回报，车里都是粮食，且有米撒下。水中船只，虽有遮盖，却有米袋露出。张清道：今晚出城，先劫岸上车子，后取水中船只。太守道：此计甚妙！军汉饱食，尽行披挂，捎驮锦袋，张清引一千军兵悄悄出城。是夜月色微明，星光满天。行不到十里，望见一簇车子，旗上写着"水浒寨忠义粮"，由鲁智深当头护送。张清在马上唱声"着"，一石子正打在鲁智深头上，鲜血迸流，望后便倒。张清军马，一齐呐喊，都抢将来。武松急挺两把戒刀，救回鲁智深，撇了粮车便走。张清夺得粮车，见果是粮米，心中欢喜，押送粮车，推入城来。太守见了大喜，自行收管。张清道："再抢河中船。"太守道："将军善觑方便。"

张清一马，转过南门望见河港内粮船，不计其数，便叫打开城门，一齐呐喊，抢到河边。此时四下里喊声乱起，张清正不知军兵从哪里来，却被林冲引铁骑军兵，将张清连人和马都赶下水夫了。河内却是李俊、张横、阮氏三雄、童家兄弟，八个水军将领早等在那里。张清便有三头六臂，也怎生挣扎得脱，被绳捆索绑，送入宋江大寨。张清被捉，吴用便催大小头领连夜攻城，城中太守如何能支？宋江军马杀入城中，先救了刘唐；次后便开仓库，将钱粮一部分送梁山泊，一部分散给居民。太守平日清廉，饶了不杀。

战争是一个利害相间的领域，不可能没有损失，即使是在打胜仗的情况下，"歼敌一万，尚须自损三千"。明智的指挥员要善于权衡利弊，趋利避害，以小的代价，换取大的胜利。宋江、卢俊义攻打东昌府，被张清连打15员大将，可以说是付出了一定的代价，但付出代价的结果，是掌握了张清的行动规律。为了活捉张清，又采取了弃粮诱敌、抛砖引玉之计，终于取得了投桃报李，收得一员猛将的良好结局。

太祖送赏取和阳

元顺帝至正十五年（1355）春正月，驻守滁州的红巾军粮食匮乏，首领郭子兴召集各位将领商讨部队的去向，时为郭子兴部将的朱元璋说："固守孤城，的确不是好办法。现在只有和阳可以作为谋攻的对象。然而，和阳城虽小，却很坚固，只能智取，不能硬拼。先前攻打民寨时，获得三千民寨士兵，号称庐州路义兵。现在精选三千勇敢的士兵，让他们绾上头，穿上黑色的左大襟衣服，假装成庐州路义兵，用四匹骆驼载着犒赏的物资驰奔和阳，声称庐州兵护送朝廷使者来和阳赏赐各位将士，和阳一定会放他们进去。再让一万多穿红色衣服的士兵跟在他们的后面，两股军队相距约十余里，等到穿黑衣的士兵接近和阳城时，举火为号，穿红衣服的士兵即擂鼓向前冲去，和阳城必破无疑。"郭子兴依照朱元璋的计策，派大将张天祐率领黑衣兵，赵继祖作为使者前行，耿再成统帅着红衣兵紧随其后。张天祐领兵走到陡阳关，和阳的父老们牵牛担酒前来迎接。适逢中午，张天祐的部队转入别路吃饭，误了约定的事。耿再成一看时间已过但没举火，以为张天祐的部队已经攻占了和阳城，便率领部队直达城下。

元朝的平章也先帖木儿急忙关闭城门，用飞桥放下士兵出来迎战。耿再成出手不利，中了一箭撤走了。元朝士兵追到千秋坝，天色将晚，收兵回和阳城。此时张天祐的军队刚到和阳城下，恰与返城的元兵相遇，张天祐的部队急速攻打他们，并战败了元军，一直追到小西门，大将汤和夺得飞桥登上城去，其他将士跟随而上，遂占据了和阳城。也先帖木儿趁夜逃跑了。

这则物间计虽然在实行过程中，由于意外的情况而发生了偏差，但最终还是获得了成功。的确，化装改扮之类的冒名顶替，本身就容易以假乱真，何况又携有大量的犒赏物资，所以特别使人相信，待到发觉真相，已经措手不及。耿再成的强攻失败与张天祐的急击成功，清楚地对比说明了，打仗有勇无谋是不够的。

以弱对强死后生

元太祖时期，厄鲁特和喀尔喀两个少数民族部落矛盾很深，两部落之间经常发生激战。势力日益强大的厄鲁特族不断攻击和驱逐喀尔喀部，乘机占领其领地，不断扩大自己的势力范围。喀尔喀部派人到京都哭诉求援。太祖努尔哈赤很同情喀尔喀部，同时也担心厄鲁特部日益强大会威胁到中国北疆的安定，便想趁此机会削弱厄鲁特族。太祖先是命令厄鲁特部队从已占领的喀尔喀部领土上退出去，但羽翼渐丰的厄鲁特部哪里还理会元太祖的警告。把太祖的命令当作耳旁风，继续攻占喀尔喀部的领地，

驱逐喀尔喀族人民。太祖龙颜大怒，下诏亲自征讨厄鲁特。元军兵分三路，以费扬古将军为西路军，太祖御驾为中路，将军马斯哈为东路军。

厄鲁特族原以为元太祖一定不会亲征，所以根本不把元军当回事儿，厄鲁特在尔伦驻扎下军队，严阵以待，准备与元军决一雌雄。当他们得知元太祖亲率大军，以中路军掩杀过来时，惊慌失措。正当不知进退时，哨兵来报，西路军费扬古部后继补给跟不上，全军已处于粮食将尽的境地。厄鲁特部闻后大喜过望，决定避开云集精兵悍将的中路，转而攻打较弱的西路军。

费扬古得知厄鲁特集中优势兵力，企图在西路军这一方打开局面，便决定将计就计，重创厄鲁特部。费扬古召集全体将士，说："我军深入不毛之地，长途跋涉，前来降服厄鲁特部。厄鲁特人已经探知我西路军因后方粮草供应不上，所带粮食已快用尽的情况，所以避开我大军精锐，直接向我西路军进犯。我们应使巧计，而不可与之硬拼，这样才有全胜的把握。我们要先让他们看到我们仿佛真是疲弱不堪，让他们骄傲起来，然后乘敌人松懈之机一鼓作气击败他们。明日阵前大家要等我吹响号角之后再射箭放炮，不许暴露自己，敢不听军令者，立斩！"

第二天，厄鲁特部率兵数千人来到西路军营前讨敌骂阵。费扬古先生挑选了400名年老病残之卒出城迎战，一交手，便被打得落花流水，丢盔弃甲逃回大营。初战告捷的厄鲁特军不容费扬古西路军有丝毫喘息的时间，乘胜向西路

军大营冲杀过来。眼看就要攻进营门了，费扬古却端坐在营前，手持号角而不鸣。手下将士催促道："将军，情况不妙了，敌军骑兵离我们大营只有几十米远了，全军将士已做好准备，就等将军一声令下了，如果再不下令，恐怕就来不及了。"费扬古只是闭目答道："不要慌，等敌人再近些。"等敌军又向前逼近了一些，一些敌军已冲到营门口时，费扬古才吹响号角，瞬时间全营将士箭炮齐发，烟尘蔽天。厄鲁特部做梦也没有想到他们以为已疲惫不堪，粮尽弹绝的西路军还如此神勇，顿时被杀得人仰马翻。费扬古指挥大军一路掩杀过去，厄鲁特部溃不成军，酋长、头目或死或降，厄鲁特只身逃走，从此边疆得以安定。

以物易城孰轻重

明崇祯十六年八月，张献忠率领农民起义军攻克岳州，委派了地方官吏，而后又指挥大军南下直捣长沙。起义军离去不久，官军又趁虚夺回了岳州，岳州地处湖南东北部，濒临洞庭湖，地理位置相当重要。岳州的失陷对义军在湖南行动十分不利。十一月张献忠派遣四员大将再度攻打岳州。临行，张献忠亲自授予一条秘计。四员大将听后，面露欣喜之色，信心十足地带领人马出发了。义军队伍悄无声息地朝岳州方面逼近，在离城不远处停了下来，诸将一商议，便开始分头行动。不多久，只见一艘大船，满载粮食、辎重顺水而下。与此同时，无数的轻快小舟也都在沿江汊港中隐藏起来，两岸再配以步骑伏兵。大船顺水而下，在快靠近岳州城时被官军士兵发现了，副将王世泰、杨文富急忙率兵三千登上舰船拦击。义军士兵见状，赶忙转舵往回逃。官军早已看中船上的大批物资，岂肯轻易放过，驾船逆流而追。义军士兵奋力驾船，过了一会，眼看官军舰船即将入己方伏击区，故意装出力不从心、行舟困难的样子。这一来，王世泰、杨文富更是狠命催促部下快快划船，向着上游驶去。官军快追上大船时，义军士兵毁舵跳水遁逃。官军登上大船，看着大批物资非常高兴。因船舵被毁，无法驾驶，王世泰便命士兵将大船上的物资全部搬走。官军贪得无厌，将本就不大的船，装得满满的，稍有摇晃，就可导致水没船沉。正当官军准备驾船回城时，忽听一声炮响，紧接着，无数的轻快小舟从岸边的隐蔽处冲了出来。官军顿时手足无措。义军船小，轻便灵活，在敌船中间穿梭来往，大显神威，被杀死、溺死的官军无数。未死官军弃舟登岸，待要择路逃回城去时，两岸上的义军伏兵又一齐杀出。官军重又陷入围攻之中。这一仗，义军共杀敌2000人，夺得战船200艘，只有敌将王世泰、杨文富侥幸逃得性命。由于主力被歼，尚在岳州城中的部分官军只得赶忙弃城出逃。义军乘虚而入，再一次控制了占有洞庭之险的岳州城。

兵不血刃平叛军

岳钟琪是将门之子。他父亲岳升龙曾任四川提督。他自幼习读兵书，武艺过人。

岳钟琪随康熙皇帝14子允䄉征讨西藏叛乱。岳钟琪率领4000人马先到察木多。岳钟琪通过密探得知，此地各部落都已经叛乱，准噶尔叛军已派重兵驻扎三巴桥。

三巴桥是进藏的第一个要隘。叛军一旦要毁了桥，清军入关就比登天还难。

在大将军允䄉所率领的清军大队人马，尚在千里之外时，岳钟琪只有几千人马在此。死拼硬打是不行的。于是他提出了"李代桃僵"的装敌计。

岳钟琪亲自在军营中挑选了30名精兵，练习藏语，身穿藏服，扮成藏兵。一切准备停当，他亲自率兵，快马加鞭地向准噶尔使者的驻地洛隆疾驰而去。由于装扮得逼真，这支奇兵顺利通过了叛军的哨卡，潜入了使者的住处，一举将准噶尔叛军使者擒获。

岳钟琪历数准噶尔首领的叛国罪行，下令将使者斩首，并派人把叛将使者的人头送到叛将那里。警告他们，如果投降，既往不咎；如果顽抗，也是同等下场。那叛将头目，一个个吓得目瞪口呆，以为神兵自天而降，纷纷表示愿意归顺。

岳钟琪成功地运用了"李代桃僵"的奇谋，不仅保住了进军西藏的咽喉要道三巴桥，而且兵不血刃地使叛军降服了，可谓出奇制胜。

舰队自沉保官兵

1918年初，帝国主义为了扼杀新生的社会主义国家，联手向苏联发动了武装干涉。德国、奥匈帝国等国的军队大举东进，很快攻占了苏联的大片土地。4月25日，德军侵占克里米亚半岛，将准备反击德军入侵的苏联黑海舰队团团包围在塞瓦斯托波尔港内。几天后，黑海舰队冒险突围，但德军占领了港口的制高点，以密集的火力向苏联战舰射击，苏军除两艘战舰侥幸逃脱外，其余的战舰又被迫退回港内。

5月上旬，黑海舰队不得不转移到塞瓦斯托波尔港内侧的一个小军港里。这个小军港不能满足70多艘战舰的给养供应。不久，黑海舰队的给养完全断绝，2000多名官兵身陷绝境。由于苏联全线吃紧，无法派出军事力量救黑海舰队于危难之中。6月11日，气势汹汹的德军下达最后通牒，要求黑海舰队全部投降，否则将发动毁灭性的攻击。

列宁召集苏联政府的高级领导人紧急磋商，制定对策。有人主张：黑海舰队应就地坚守，与德军决一死战。列宁则认为，英勇善战的黑海舰队官兵是苏联的珍贵财富。在目前形势下，如果与敌人硬拼，结果必然是舰队官兵全部捐躯，战舰成为德军的战利品。与其这样，不如保存舰队的广大官兵，不做无谓的牺牲。宁可毁掉黑海舰队的战舰，也不能让它们落入敌手，成为敌人攻击苏联的武器。在列宁的坚决主张之下，苏联政府作出了大胆的决定：黑海舰队全部自沉。

6月18日，黑海舰队2000多名官兵轻装巧妙脱险，在离开以前，他们炸毁了战舰，黑海舰队70多艘战舰全部自毁沉没。德军发动进攻后，只看到了黑海舰队官兵遗弃在岸上的少量物资设备，连一艘可以使用的舰船也没有找到。

黑海舰队忍痛自沉固然十分可惜，但如果这些战舰一旦落入德军手中那危害则会更大。在严峻的形势面前苏联领导人做出了果断的决定，以小的代价避免了更大的损失，这可算是"李代桃僵"这一计的运用范例。

肖邦代奏成大名

肖邦是大家非常熟悉的著名音乐家。但他的成名，却离不开钢琴之王、匈牙利的音乐家李斯特的热心帮助。

波兰的著名钢琴家肖邦1831年流亡巴黎时，他的音乐才华还不为世人所识，就如同被埋在淤泥之中的紫金盆一样，可以说是一个默默无闻的小民。在巴黎，他结识了早已名噪欧洲的匈牙利的钢琴家李斯特。这位钢琴之王对肖邦的音乐才华非常赏识，为了使肖邦被人们认识，李斯特煞费苦心，做了这样的安排：一次音乐会演出时，李斯特先坐到钢琴前，当剧场灯光熄灭之后，这位钢琴之王就运用李代桃僵的手法，自己退到台下，而让肖邦代替他演奏。肖邦的演奏相当成功，他的高超技艺博得全场暴风雨般的掌声。正在这时，灯光复明，此刻人们惊奇地发现坐在钢琴前的不是李斯特，而是陌生人肖邦。就这样，李斯特运用"李代桃僵"的计谋，使肖邦在音乐的艺术殿堂里获得了应有的位置。肖邦的成名，李斯特帮了大忙。

第十二计　顺手牵羊

【原典】微隙①在所必乘，微利在所必得。少阴，少阳②。

【按语】大军动处，其隙甚多，乘间③取利，不必以战。胜固可用，败亦可用。

【原典注释】①隙：空隙，漏洞。指可乘之机。

②少阴，少阳：阴之初生，阳之初生。敌人微小的漏洞或失误，可以被我们利用取得胜利。

③乘间：乘，趁着，凭借，利用；间，夹缝，空隙。趁机之意。

【原典译文】一旦发现微小的漏洞，也要及时利用；不管多么微小的利益，也要力争获得。利用敌方小的疏忽，为我方急取一些小的利益。

【按语译文】大部队行动之处，他们的漏洞和疏忽一定很多。趁机争取一些利益，而不必通过战斗。这个方法，胜利者固然可以用，失败者也同样可以用。

【传世典故 计名探源】顺手牵羊意思是乘机顺便把别人的羊牵过来，即伺便窃取。比喻顺便拿走人家的东西，或顺势做某件事情。也用以比喻手疾眼快，有借力使力的智能和技巧。军事上是指利用敌方的间隙和薄弱之处，达到发展和取胜的目的。

本计当出自《草庐经略·游兵》："伺敌之隙，乘间取胜"。后人以顺手牵羊，形象化地比喻乘敌人的小间隙，向敌人的薄弱处发展，创造和捕捉战机的一种谋略。关汉卿著元剧《尉迟恭单鞭夺槊》台词中，就出现了本计计名。《水浒传》第99回写道："前面马灵正在飞行，却撞着一个胖大和尚，劈面抢来，把马灵一禅杖打翻，顺手牵羊，早把马灵擒住。"但都不是说的战争。战争史上"顺手牵羊"之计，不乏其例。

公元前354年，魏惠王（前369—前319）打算进攻北面的赵国。他派遣庞涓率领一支精锐部队向赵国杀去。庞涓没费多大力气就杀到了赵国都城邯郸城下，并包围了邯郸。此时，赵国无力应战，只好派使者向实力雄厚的楚国求救。楚王对于要不要救赵犹豫不决。于是，他召集谋士们商议。楚相昭奚反对出兵，认为应当听凭魏国攻打赵国，楚国可以等他们两败俱伤后，坐收渔人之利。

景舍反对昭奚的主张，提出以救赵为名来削弱赵魏的实力，并顺手牵羊，为楚国谋利的计划，受到楚王的赞赏。楚王任景舍为帅，带领一支人数不多的军队，打着救赵的旗号，跨越赵、楚之间的国界，进入赵国。赵国大将马上将楚国派救兵的消息通告守城官兵，但这一切都没能阻庞涓的进攻。围城七个月后，庞涓终于攻克了邯郸。这时，传来齐国派一支军队直趋魏国都城大梁的消息。庞涓得知这一情报后，马上从赵国撤兵回国。半路上，齐军"以逸待劳"，把庞涓率领的魏军打得大败。

魏国和赵国都在战争中受到重创。这对楚国是最好的机会，景舍正是抓住赵国向楚国求救的机会，派兵进入了赵国，而且在魏军撤退之后，不费吹灰之力便"顺手牵羊"，占领了部分赵国领土，胜利实现了昭奚的计谋。

【名家评点　破解方略】从一般意义上讲，这一计谋含有在完成主要任务过程中，瞅准对方空子，顺势再"捞"一把的意思。而这种空子又是突然出现的，是在双方对垒过程中新暴露出来的，不是预先考虑到的。运用这一计谋还必须具有"来去顺路，取之顺手，赢之顺时，应手得利"的特点。至于"微隙"是否"必乘"，"微利"是否"必得"，则要从全局考量，不能因小失大，后悔莫及。

经典案例　锦囊妙计

顺手牵羊占赵地

公元前354年，魏惠王（前369—前319）打算进攻北面的赵国。他派遣庞涓率领一支精锐部队向赵国杀去。庞涓没费多大力气就杀到了赵国都城邯郸城下，并包围了邯郸。此时，赵国无力应战，只好派使者向实力雄厚的楚国求救。楚王对于要不要救赵犹豫不决。于是，他召集谋士们商议。楚相昭奚反对出兵，认为应当听凭魏国攻打赵国，楚国可以等他们两败俱伤后，坐收渔人之利。

景舍反对昭奚的主张，提出以救赵为名来削弱赵魏的实力，并顺手牵羊，为楚国谋利的计划，受到楚王的赞赏。楚王任景舍为帅，带领一支人数不多的军队，打着救赵的旗号，跨越赵、楚之间的国界，进入赵国。赵国大将马上将楚国派救兵的消息通告守城官兵，但这一切都没能阻挡庞涓的进攻。围城七个月后，庞涓终于攻克了邯郸。这时，传来齐国派一支军队直趋魏国都城大梁的消息。庞涓得知这一情报后，马上从赵国撤兵回国。半路上，齐军"以逸待劳"，把庞涓率领的魏军打得大败。

魏国和赵国都在战争中受到重创。这对楚国是最好的机会。景舍正是抓住赵国向楚国求救的机会，派兵进入了赵国，而且在魏军撤退之后，不费吹灰之力便"顺手牵羊"。占领了部分赵国领土，胜利实现了昭奚的计谋。

吕子明巧取零陵

孙权按照张昭的计策，派诸葛瑾去讨还荆州，没想到被诸葛亮踢了一场漂亮的皮球，到头来还是空手而归。孙权十分生气，对众人说："既然刘备有先还三郡之言，我立即派官员前去长沙、零陵、桂阳三郡赴任，看他如何？"于是一面释放了诸葛瑾一家老小，一面差官往三郡赴任。可是没过几天，差往三郡的官员，都被关羽一个个赶了回来，孙权盛怒之余，一看文的不行，就决心动武了。他立即派大将吕蒙带领二万精兵，强行收复南三郡。

说起吕蒙，他还是一个很有趣的人物。他少年离家偷偷渡江投奔姐夫邓当，邓当是孙策的大将，吕蒙15岁混在军中，一同征战，别人撵他他也不离开，还屡立战功，孙策欣赏他便留下来了。后来跟随孙权在征伐黄祖、攻打乌林、大战赤壁时，都显出独特的机智和勇敢，受到孙权的重视，当上了将军。吕蒙的军事才华日益显露出来，可是他从小当兵作战，没有读书学习的机会，甚至向孙权报告军务，都是口头汇报，不能亲笔书写。鲁肃等一批有学问的人有些瞧不起他。孙权也当面劝过他："你现在是大将军了，不同于以前，应该读读书，以便有所提高呀。"吕蒙说："我的军务太忙，哪有读书的时间呢？"孙权耐心地开导他："我可不是让你攻读经书当博士，只是让你涉猎一些书典，好了解历史上的成败，从中得到教益。你说军务繁忙，难道比我还忙吗？我从小遍读了《诗经》、《书经》、《礼经》、《左传》、《国语》，只是不读《易经》。到我掌管东吴以后，仍然坚持读史书、兵书，自己也感到大有收益。你和蒋钦将军都是聪明、理解力强的人，现在可以先读《孙子兵法》、《六韬》、《左传》、《国语》等。历史上，光武帝在兵马征战的关头，还手不释卷；现在，曹孟德也常常说他'老而好学'。子明（吕蒙字子明）呀，你要向这些人学习呀！"

打那以后，吕蒙真的开始发奋读书了，而且真是"学而不厌"。他读的书越来越多，连许多书生都比不了。加上他理解力强，有作战的实践经验，能够把书上的道理融会贯通。可是他一直不宣场自己，也不在别人面前卖弄，以至许多老朋友还以为他依旧不过是个只会打仗的武将罢了。当鲁肃被委派替代周瑜的职务，路过吕蒙驻兵的浔阳时，鲁肃还有些瞧不起吕蒙，不想去看望他。有人劝鲁肃："吕将军功名日益显赫，不该轻慢，还是应该去看看他。"鲁肃从礼节上出发，就去看望吕蒙。

酒席间，吕蒙问道："您现在担负重任，和关羽的地盘相邻，准备用什么样的战略和战术对付他？"鲁肃顺口答道："随机应变呗！"吕蒙却说："现在孙在东，刘在西，东西表面上是一家，而关羽却像熊虎一般，怎么能不预先做好防备的计划呢？"说着，就小声向鲁肃献上对付关羽的"五策"，请他秘而不宣，做好准备。鲁肃越听越惊讶，最后竟离开

自己的座席，走到吕蒙席旁，拍着他的肩膀说："我一直以为老弟只有武略，今天才知道你学识渊博、英敏不凡，再也不是当年的吴下阿蒙啦！吕蒙也半开玩笑地说："士别三日，当刮目相看嘛！老兄怎么用老眼光看人呢？"两个人越谈越亲密。

孙权知道了吕蒙的进步，非常高兴，这次要进攻关羽属下的三郡，任务很重，就交给他来承担。收复荆州一直是吕蒙的心愿，而且早就作好了筹划。孙权命令一到，他立即发兵西上，同时向三郡发出文告，限令投降东吴，否则城破之日，刀下无情。三郡中的长沙太守、桂阳太守望风而降，只剩下一个零陵太守郝普坚守不出。刘备得到战报，亲自带五万大军出川，来到公安督战，命令关羽统兵三万救零陵，并夺回长沙、桂阳。孙权也亲临陆口，命令鲁肃带1万军队堵击关羽。关羽、鲁肃相峙在益阳，孙权怕鲁肃抵不过关羽，派飞马急召吕蒙放弃零陵，帮助鲁肃，对抗关羽。

吕蒙接到孙权要他火速退兵的命令，既要遵守，又不甘心丢下零陵。他一面隐瞒立即就要撤军的命令，一面让军队作好第二天清早攻城的准备，其实这都是表面的样子，是做给郝普的好朋友邓玄之看的。吕蒙在行军的路上，就准备了这一手，事先用车把邓玄之"请"来。他对邓玄之说："郝普忠于自己的主人是好的，可是太不识时务了。左将军（刘备）已经被夏侯渊包围在汉中；关羽远在南郡，被孙将军挡住，他们首尾不继，自顾不暇，哪里还有余力来救零陵呢？我这里士兵精锐，还有后军马上要到，

明早就将攻城，这些您都亲眼看见了。如果明天攻破城池，不光郝普白白送命，连他的百岁老母也活不成了，岂不可惜！我想郝普被围困多日，不知道外间的情况，还以为可以等待外援，所以才顽固不降。希望先生进城见见郝普，把面前的祸福告诉他呢！"邓玄之连夜进了城，把从吕蒙那里听到的消息连自己看到吕蒙明早就要发动总攻的情况告诉了郝普。郝普信以为真，决定投降。吕蒙一边布置撤军，自己也来到湘水岸边，等待郝普；一边选出四名将领，各带一百名士兵，等郝普一出城，就立刻抢占并守住城门。一会儿，郝普出城了，吕蒙握着他的手一起下了准备从湘水撤退的大船。互相客气了两句，吕蒙就把孙权的火速撤军令给郝普看。当郝普知道刘备已到了公安，关羽也就在不远的益阳时，真是既后悔，又羞愧，无地自容。这个吕蒙临撤军之际，还顺手牵羊得了零陵，其胆略着实令人钦佩。

崔杼计杀齐庄公

春秋时代齐国大夫崔杼，为迎立庄公有功，被封为上卿，执掌国政。庄公经常到他府上饮酒作乐。

一天，庄公饮了两杯酒，见崔杼因事外出，乘机把崔杼的继室棠姜诱奸了。以后暗往明来，经常不断。此事渐被崔杼发觉，先不声张，就先责问妻子，棠姜供认不讳，并且说："庄公身为国王，他恃势威胁，我是一个女流之辈有什么力量抗拒他呢？"

崔杼愤怒地说："你无能力抗拒他，

也应该及早告诉我呀！"

棠姜很懊悔地叹了一口气："唉！"接着又很悲伤地说："我知道这件事做错了，但既已成为事实，说出来又有什么用呢？若告诉你，你肯定会发火的，万一被他知道了，必先向你下毒手，唉！错就错在当初不该把他引上门来。"

崔杼愤怒了一阵，想了一想，也感到无可奈何，于是又冷冷地说："也罢，事到如今，我也怪不得你，只怪我自己引狼入室。"说罢长叹一声！

从此以后，崔杼严加防范，不使棠姜与庄公有接近的机会，并暗地里要谋害庄公。

庄公有一位内臣叫贾竖，因一点小过失就被庄公罚打了一百皮鞭，心常怨罟，不时口出怨言。崔杼知道了，便以重金去收买他，央他做了内线，随地报告庄公的一举一动。

不久，莒国黎比公来齐朝见，庄公大喜，特在北郊设宴招待。崔杼的府第也正在北郊。

崔杼得知这个消息，已想到庄公的用意了，便诈病起来，不去陪宴，一面派心腹去贾竖处探消息，贾竖回报说庄公在宴散后要去探崔杼相国的病。

"嘿！他哪会关心到我？关心我的老婆是真。"崔杼冷笑一声，喃喃自语说。

然后他又立即对棠姜说："今晚要解决那个昏君淫王，你一定要按我的话去做！事成，立你为正室，你的儿子亚明为继承人，不扬你的丑。不然的话，我先宰了你。"

"妇人家是从夫的，何况这样也可以替我报仇，只要你教我怎样便怎样！"

"好!"崔杼在她耳边教她如何如何,这般这般。

跟着动员家族兵丁埋伏在室门内外,再派心腹通知贾竖,需要如此恁般,安排好香饵,等候金鱼上钩。

庄公是一心想着棠姜的,今见崔杼患病,正中下怀,匆匆地开罢宴会,即命驾到崔府来。

"相国的病怎样了?"庄公一入门就这样问。

"启禀我王,相国的病非常严重,现在刚吃过药,蒙头睡觉!"守门的这般说。

"睡在什么地方?"庄公再问。

"睡在东边的外厅!"

庄公大喜,迳直向西厢的内室走去。他的四位保镖也想跟进去,却被贾竖挡住,他说:"你们都是灯心胆,不通气者。主上的事,你们敢知道的啦!还是在外厅等候吧!"

大家相信他的话,便停留在门外,只有贾竖一人跟进去,门也随即关了起来。

进了内室,棠姜出来迎接,她此时打扮得格外漂亮,庄公一见,便如饿虎擒羊一样,想把她搂过来。可是,有侍婢出来,告诉棠姜,说相国嚷着口渴,请夫人调蜜汤送过去。棠姜借机抽身。

一会,伏兵突然挥剑呐喊,这才把他吓醒,情知有变,急趋后门逃避,但门已下锁。庄公力大,把门踢开,走上小楼里,伏兵把楼团团围住,声声只叫:"奉相国之命,捉拿淫贼!"

庄公见无法突围,乃凭窗对甲兵说:"我是国王,你们不得无礼。"

"什么国王不国王,我们奉相国命令,只知是捉拿淫贼!"甲兵又鼓噪起来。

"崔相国何在?我要跟他当面说话!"

"相国有病不能来!"

庄公见此情形,知已无转回余地,黯然当众请求:"我知道你们一定是要我的命,但可否让我回去到太庙里自尽呢?"差不多哭出声来。

还是即时自己解决吧,省得受辱!"

庄公突然从窗口跳出来,想爬墙走,一支冷箭射过去,伤了左脚,从墙上坠下。

甲士一齐拥上去,把庄公剁成肉酱。保镖的四位勇士,也在前厅被伏兵杀死。

齐庄公被崔杼顺手牵羊除掉了,但这是他咎由自取,谁让你看上人家的老婆呢,做了坏事得到报应这该是天经地义的事情吧!

利用微隙得王位

春秋战国时期,吴王僚爱吃鲈鱼的"微隙",被公子光利用,遣专诸行刺成功,夺得王位,就应用了此计谋。春秋后期,公元前522年,伍子胥的父亲伍奢、兄长伍尚被楚平王冤枉处死后,伍子胥发誓要报杀父兄之仇。他满怀悲忿逃出楚国,先后到宋国、郑国、陈国求助,但都没如愿。最后,历尽艰辛,来到了吴国,恳求吴王僚帮助自己报杀父之仇。吴王僚素闻伍子胥英勇无敌,谋略过人,就口头上答应了伍子胥的请求,并任命其为上大夫,帮助吴王治理朝政。但吴王僚并没有诚意替伍子胥报仇,因而伍子胥整天闷闷不乐。伍子胥原与吴王僚的堂兄公子光认识，投吴后与之交往更为密切。在交谈中伍子胥发现公子光对僚不满，似乎有夺王位的野心。这天，公子光拜访伍子胥，诉说心中的愤恨，此时伍子胥才明白真相。原来，按照吴国的传统，王位应为嫡长子、孙继承。公子光为嫡长孙理应继承王位。但僚却仗着父亲为王的有利条件，不遵从祖训，抢夺了王位，又对诸公子大开杀戒。公子光为此愤愤不平，想杀僚自立为王。无奈吴王僚侍卫很多，戒备森严，公子光找不到下手的机会。这次，他见伍子胥是个很有才干的人，就请求伍子胥能帮助自己完成心愿，夺回王位，并答应一旦自己登上王位，就倾国力伐楚，帮助伍子胥报仇。伍子胥见事以至此，自己又与公子光较好，就决心帮助公子光。伍子胥向公子光献策道："若要废除吴王僚，不必动用武力，可派遣刺客行刺。"并向公子光推荐勇士专诸，说他可以担当刺杀吴王僚的重任。专诸，力敌万夫，平日仗义助人，对母亲非常孝顺。伍子胥非常喜爱此人，专程去拜访，从此结下了深厚的情谊。此次，伍子胥就向公子光推荐专诸为刺客。次日，公子光即与伍子胥前去拜访专诸，见他身材魁悟，性情纯朴，大加赞赏，并告之以行刺吴王僚之事，说："此事极其危险，可能遭杀身大祸"。专诸听完显出犹豫之色，许久才开口说话："专诸并非怕死，只是家中尚有七旬老母。若让白发人送黑发人，老母必悲痛欲绝，专诸实为不孝啊！"公子光听完，说道："若壮士行刺丧生，姬光必奉令堂如亲母。"专诸还是不答应。伍子胥和公子光很失望，感到此事不能强求，正要告辞，忽见专诸的母亲来到堂前，对专诸说："我在内室已听到你们的谈话。儿啊，忠孝本为一体，你理应尽心辅佐王子，岂能因孝废忠，别让老母成为你的负担。"说完，转身回内室去了，三人等了一会儿，见没动静，进内室一看，老母已自缢身亡。专诸大哭一场。公子光、伍子胥含泪厚葬老人后，开始筹划行刺之事。经多方了解得知吴王僚最爱吃烧鱼，尤其是鲈鱼，专诸就找名师去学烹调技术。三个月后，专诸学成了手艺，烧出来的鱼色、香、味俱全。可怎么行动呢？吴王僚每次外出都穿着双重狮皮甲胄，一般刀剑极难刺入。公子光说："我有一把神剑，名为"鱼肠"，是越国名匠欧冶子呕心沥血之作，长仅三寸，削失如泥，必能刺穿狮皮甲胄"。专诸大喜。于是公子光设计诱出吴王僚，他进宫拜见吴王僚，并说自己从太湖中钓得新鲜鲈鱼，明日在太湖亭设宴，请大王赴宴。吴王僚听说有鲈鱼，喜笑颜开，表示愿意前往。公子光回到住处急忙与伍子胥商议，决定派百名卫士埋伏于太湖亭附近，让专诸乔装为庖丁，送鱼上菜，借机接近吴王僚。吴王僚答应赴宴，但内心对公子光也充满了戒心，赴宴时特意穿上狮皮甲胄，还带了名护卫。来到太湖亭后，不但在王僚身旁站着几位，而且在每个赴宴人身旁都站着一名，并且厨师上菜时浑身上下经过严格搜查后才准端菜上席。喝到酒酣之际，公子光推说自己的腿脚不好，借故躲到安全的地方去了。而后，专诸将三寸长的鱼肠剑放入鲈鱼腹内，双手捧着这盘名菜，向吴王僚走去。吴王僚闻到鱼捍，早把戒备之心都忘了。护卫上前搜身，见专诸身上没有兵器，将其放过。于是专诸捧着美味的鲈鱼，一步步走近吴王，就在跪下向吴王献鱼的那一刻，突然从鱼腹中抽出鱼肠剑，猛力向吴王刺去。由于用力过猛，把吴王僚的脊背都扎透了，吴王倒地而死，专诸也被从四周围上来的护卫乱刀砍死。这时邻室等待的伍子胥立即挥舞长剑，冲向围过来的吴王护卫，护卫四散逃命，伍子胥护着公子光回到王宫。公元前515年，公子光顺利登上了王位，避免一场争夺王位的军事斗争。他即位后，立即封专诸之子专毅为下军大夫，伍子胥为上大夫。并于公元前506年大举伐楚，楚国势力受到重创。古人道："墙坏于其隙，木毁于其节"。吴王僚爱吃鱼，本是个人嗜好。但僚一见鱼鲜，一闻鱼香，就情不自禁，忘乎所乎，这恰恰成为公子光可攻击的缝隙。可见"微隙必乘"，用于政治谋略，是一条不战而胜的妙计，公子光因运用此计，不费吹灰之力而得国，胜如雄师百万。

分析秦汉以来中国封建社会上层政治体制，可以看出君主专制体制下政治权力的得失，时刻关系着官吏的功、名、利、禄，弥漫着难以控制的扩张性和普遍化倾向。走进这个官场，就像掉进染缸一样。"谋取和控制他人"、"权力的追逐"几乎成为官场上每个人的信念，他们为此而竭尽智慧，阴谋伎俩随手施放。而围绕着皇权势力的三股政治力量即宦官势力、外戚势力、官僚宰辅势力，虽然从根本利益上说是以皇权为中心，

维护统治阶级根本利益的，但由于三者分属于不同的政治集团，权力分配不均，再加上皇帝的有意操纵和倾向性，往往会导致三派之间的相互倾轧，为此各派皆惯用计谋，常常采取顺手牵羊手法，极力寻找对手的失误，伺机而动，微隙必争，以达到铲除异己，保全自己的目的。

楚王占地掠美人

春秋时期，周室势微，各国之间相互争权夺利。鲁庄公十年（前684），蔡哀侯从陈国迎娶夫人，同年息侯也从陈国迎娶夫人息妫，息夫人与蔡夫人是为姊妹，这样，蔡侯、息侯两人为连襟，互为亲戚，但是在政治路线上，虽然同为小邦，但各有投靠。蔡侯献午亲密齐国，如鲁庄公五年，他积极参加齐、宋、鲁、陈攻打卫国，护送卫惠公回国。而息侯则向大国楚国臣服。息夫人生得美丽动人，出众的体貌，不仅深受息侯宠爱，也引得蔡侯觊觎窥视。也就是嫁娶为妇的这一年，息妫因回归陈国娘家，途经蔡国，蔡侯不仅不以上宾礼接待，还垂涎于息夫人的美貌，假意迎接息妫入宫，试图动手动脚行非礼。蔡侯的行为不仅是对息妫本人的凌辱，当时周王室仍在，上下尊卑礼节仍然着重讲究的春秋时期，也是对息侯及其国家的恣意侵侮。例如本年中，齐桓公就因从前自己逃亡途中经过谭国时，谭国不礼貌对待，这一年找理由灭了谭国。所以当息妫回到息国，把蔡侯对自己轻薄的言行告诉了息侯后，立即惹得息侯的大怒，

立誓要借机惩处蔡侯。于是息国派出自己的特使去楚国拜见楚文王。特使说，蔡侯因为与大国齐国有着亲密关系，并不把楚王放在眼里，蔡侯平时还挑拨离间息、楚两国的关系，对楚国早已心存不满，希望贵国能惩罚蔡侯。楚文王此时上台没有几年，开始时担心对蔡国出兵会引起蔡的盟国齐国出兵干涉，对息国的要求尚在犹豫，于是息国特使赶紧把息侯的话如数告诉楚王："我国与蔡侯既是联盟，又是连襟亲戚，蔡侯争强好胜，请贵国假意派兵来攻打敝国，那时寡人将向蔡国求援，以便为贵国制造攻蔡的借口"。楚文王以为这是个绝好的主意，完全接受息侯的建议。

鲁庄公十年秋季九月，楚国派大兵浩浩荡荡涌入息国，于是息侯向连襟的蔡侯求救，要求蔡兵援息。果然，很快地蔡哀公亲率大兵开入息国境地，在莘地，楚文王命设兵埋伏，结果蔡兵被楚一举击溃，蔡哀侯慌乱之中，带着自己手下的少数亲兵向息侯所居城中逃去，当来到城下时，却见四面城门紧闭，原来守城士兵早接息侯命令，有意拒蔡侯于城门外。蔡侯无可奈何，慌不择路，逃亡途中巧遇楚军，结果做了楚王的俘虏。

息侯得知蔡侯被俘，急忙开城门迎楚军，亲率息国文武官员犒赏击灭蔡军的楚国立功将士，并隆重礼送楚王凯旋归国。至此，蔡侯方才明白，自己中了息侯的圈套。

鲁庄公十四年（前680），楚文王决定释放蔡哀侯回国。本来文王从息国带回已做俘虏的蔡侯，是想以哀侯之身生蒸，以祭告大庙。后因文王的大臣鬻拳力谏不可以，认为放蔡侯回国，有利于安定齐国，于楚国有益。楚文王思之有理，于是暂留下哀侯。当蔡侯要回国的时候，文王命大摆宴席，为之饯行。宴席间，文王命美女、乐工把盏奏乐助兴。一位弹筝的女子，长得仪容俊秀，媚态艳人，令蔡侯为之心荡。楚王看到此景，得意地对蔡哀侯说："此女如此漂亮美丽，色艺俱佳，你见过世上有如此美貌的女子吗？"

楚文王的话令哀侯想起了美丽的息夫人和由此而引起的蔡军的莘地败亡，想起了息侯的圈套。于是，哀侯灵机一动，心生一计，他对楚王说："世上的女子，再也没有比息妫更漂亮的了，眼前的女子比起息夫人，只能是油灯，息妫则是天上一轮明月，最光亮，最美丽。"哀侯极力夸耀息妫美貌的话，终于打动了同样好色的楚文王，文王叹息道："世上存有如此美貌的绝色佳人，寡人要是能见上一面，也就死而无憾了。"蔡侯见文王心动，乘机挑拨说："这又有什么困难呢？以楚王的威望，就是大国齐王的夫人，也能得到的，何况息国只是楚国的附属国呢？"

楚文王虽然送走了蔡哀侯，但蔡侯夸耀美人息妫的话却在他心头久久回荡。如何得到相思的美人呢？楚王终于想到了一个主意。很快，他以巡狩为名，带兵到了息国。先是息侯为了酬谢文王惩蔡侯之功，大摆宴席，亲自敬酒给文王。席中，楚文王笑着对息侯说："早就听说息夫人的大名，寡人前次为贵侯出兵，替息夫人出了口气，也尽了一点微力，今日远道而来，尊夫人何惜为寡人斟一杯驾酒呢？"楚文王的话，使息侯心头一震，息侯终于明白了楚王巡狩息国的用意，因畏惧楚国的强大威势，息侯只好息声听命，连忙传呼息妫出来相见。

息妫听到息侯的传唤，很快就来到了宴席桌前，面向楚文王敛衽致谢，那楚文王抬头一见，果然是世上罕见佳丽降临人间，连忙答礼。于是息妫用玉杯为文王斟酒，让宫女转手献给楚王，婉拒好色的楚文王伸长的双手，不久便回宫而去。

美貌的息妫终于见到了，楚王也能够死而无憾了，但好色之念犹如脱兔再也收不回来了。第二天，楚王假意设宴答谢息侯，暗中埋伏兵士，决定迫使息侯就范。息侯不明就里，应召入席。当酒到半酣之时，果然楚王推杯说道："寡人有功于尊夫人，楚兵也为她牺牲了不少性命，今日大军在此，为何尊夫人不出来酬劳慰问呢？"息侯说："敝邑虽然很小，却不足为从者优乐，让我回去同她说一说，看她态度如何？"楚王于是勃然作色，声斥息侯花言巧语，对楚王不恭，是无义匹夫，命左右伏兵，一捆绑息侯。又引兵入宫，劫夺息妫。息妫闻前面有变，仰天叹道："引狼入室，实自取其祸。"楚兵在宫中后花园拦住了欲跳井自杀的息妫，带往前宫面见楚文王，文王见心爱之物终于到手，格外怜惜，以好言好语安慰，并答应不杀息侯。很快，楚军灭了息国，文王把息妫带回楚宫，立为自己的夫人。

春秋前期，是诸侯各国互相征战讨伐，夺土争利最为激烈的一段时间，作为小小城邦的蔡、息两国，本是亲戚，理应互相团结，互为声援，使自己得到自存。虽然两国在立国之策、政治路线上各有不同，各自投靠强国齐、楚，都是能够理解的。但两国侯王蔡哀侯、息侯为了一美人息妫，先是哀侯施之非礼，挑起事端。而息侯在自身不足以制敌的情况下，又想假借楚国强势，为自己出口恶气。想不到楚文王好色，在被俘的蔡哀侯挑拨之下，为了得到心爱之物，施展顺手牵羊之谋，利用息、蔡相恶，息侯对楚王惩蔡感恩戴德，息国对楚军放松警惕的机会，带大军入息国，以强力既除了息国，又顺手猎艳，满足了自己的私愿。蔡、息的相争，给大国强楚造成了不可多得的时机，正如文中息侯夫人息妫所说的引狼入室，实是自取之祸。而对楚文王来说；这么好的时机，如果不乘机行动，倒是却之不恭了。

据《左传》记载，那顺势挑拨楚文王，借楚文王之手，除去息侯、息妫的蔡哀侯，最后的下场也是很惨。当时士大夫对蔡哀侯多有诽议，而息妫虽被楚文王掠为己有，与楚王却连一句话也不说，使文王甚为恼火。回过头来，楚王把满腔怒火发泄到挑动灭息国之事的蔡侯身上，他就在息国被灭之后的几个月，庄公十四年秋天七月，楚文王就命楚国大军大举进攻蔡国，蔡国也随之而灭，楚文王最后又逮住了一只"大羊"。

王莽顺势诛异己

王莽是西汉末年最著名的外戚，早年在汉成帝皇太后王政君王姓外戚家族

中，因父亲王曼早逝，并不得志，但他不甘于清贫生活，精于苦心钻营，投机取巧。官位稍进，又极尽沽名钓誉，大肆收买人心。他平时以生活俭朴自诩，抛洒钱财以积德，终于在官场中博取了"清政廉洁"的好名声，得到了临朝听政的姑母太皇太后王政君的宠信，到公元前1年，官迁大司马，领尚书事，秉理朝政。公元1年，被封为安汉公。他又利用太皇太后王政后厌政心理，授意公卿进言，委事安汉公，结果王政君下诏，除封爵之事外，以后朝廷一切事务由安汉公与"四辅"平决，实际上权柄操于王莽手中。由此，王莽在西汉后期朝廷中，成了一手遮天的人物。为了实现自己代汉称帝的目标，他步步用计，耍尽鬼蜮伎俩。凡是自己登台路上的一切明暗障碍，皆一一拔除。对政敌对手所现破绽，更是一有机会，绝不手软，务必乘隙攻击，大肆株连，力求扩大战果，一网打尽。王莽灭除汉平帝刘衍母家卫姓势力，就是他创造的一幕杰作。

汉元寿二年（前1）六月，孝哀帝刘欣死于长安未央宫。九月，平帝刘衍（原名刘箕子）即皇帝位，其时年方9岁，太皇太后王政君临朝听政。平帝的生母是卫姬，家中有一些亲戚在京做官，秉政的大司马王莽，担心平帝上台后，重用舅父家的卫姓亲属，形成另外一股势力，冲击王姓外戚既得利益，剥夺自己之职位，于是在太皇太后前谗言道："过去哀帝刚坐上皇帝，就立即拔擢自己的皇亲国戚丁姓、傅姓家族，陷国家于混乱，宗庙几乎倾覆。现今成帝之子刘衍入继大宗为皇上，就要特别强调正统

大义，务必以前事为鉴，做后世的楷模，而要抛弃私情。"他游说太皇太后，征得了王政君的同意，立即派出自己的亲信，所谓朝廷"四辅"之一的甄丰，带着印信，前往中山国（河北定县）。封平帝母亲卫太后为中山孝王后，封平帝舅父卫宝、卫玄为在内侯，平帝的三个妹妹也被封号。以太皇太后名义，令他们均留居中山封地，不得至京师，以免卫姓势力坐大。其时右扶风功曹申屠刚，对王莽所为表示不满，以为皇上年幼，上台之初，即隔绝骨肉亲情，断绝亲戚往来，与礼节不符。何况汉朝制度，虽任用英才治国，但同时也信用皇帝国戚，使朝廷亲疏交错，互为牵制，以利于皇室和国家的安定。申屠刚直言要求朝廷简派使节，迎接皇太后到长安，使皇上母子得以欢聚，还应该广泛征召皇上的母家亲戚，让冯家族（刘衍祖母的娘家）和卫姓家族之人，居住长安，授给闲散的官职，侍卫宫廷，防范灾祸。王莽见屠刚上书，为之大怒，立即以太皇太后名义下诏："申屠刚谬言乱说，背离儒家经典，有违大义，令其免职。"不久，申屠刚果然被遣归老家。

王莽视平帝的国戚为自己的死对头，暂时没有理由除去，就采取隔绝政策，并派人严密监视。同时则想方设法控制平帝，准备以自己的女儿，嫁给刘衍，立为皇后，以巩固自己的地位。公元2年，他上呈奏折，口称要仿效周、商制度，按照儒家"五经"所规定，为平帝选后。可是下属官员上报的名单上开始列有很多王姓家族女儿，王莽担心竞争激烈，自己的女儿可能被挤掉。于是假

意对太皇太后称："自己的女儿没有什么才德,怎能列入帝后名单"哪知王政君误会了王莽的虚伪谦虚,信以为真,公开表彰王莽的诚意相让行为,干脆下诏宣布,王姓家族的女儿,一律不予考虑为帝后。王莽弄巧成拙,慌忙指使亲信朝臣、儒生,一齐到未央宫前请愿或上书朝廷,请求把盛大功德的安汉公女儿列入帝后名册。但事情越弄越糟,因为王莽亲口说过可以不予考虑,所以表面上对请愿之人,王莽又不得不加以劝阻,以示公心诚意,后来王莽一看不得要领,只好撕下面孔,干脆直告太皇太后,"请察看我的女儿"。公元三年春,王莽的女儿经宫廷派人官样文章的察视,以为德容兼备,适宜于承受天命,侍奉皇家祭庙香火。接着又卜封问神,得到吉光,于是定下王莽之女为皇后,下聘礼黄金二万斤,王莽见目的已达到,就把大部聘金散给同时入选的媵妾人家,以及同族贫苦亲属,取人之善为己之善,进一步拢络人心。

正当王莽紧锣密鼓地嫁女为帝后的时候,在他家的门前,发生的有名的吕宽事件,王莽则乘机大做文章,大搞株连,终于一举铲除了平帝母后的卫姓家族势力。

原来,王莽之子王宇,看不惯父亲隔绝皇上母子,限制卫姓家族的做法,私下里同皇帝舅父卫宝联络,又暗示卫姬上书朝廷谢恩,借揭露丁姓、傅姓外戚的罪恶名义,希望得以感化太皇太后,让自己回到长安。哪知此招并不奏效,卫姬日夜哭泣,要求进京见儿子,王莽则再三回绝。于是,王宇同自己的老师

吴章、舅兄吕宽商量,决定利用王莽迷信心理,在王莽府门前抛洒鲜血,以天意恐吓王莽。可是吕宽乘夜洒血王莽门前时,被守门人发现迹象,此案很快被王莽侦破,王宇被捕下狱,服毒自尽,其妻因有身孕,生产后亦旋被杀死。

卫姓家族在吕宽事件中,并不是主谋,但在卫姬要求回京刚遭拒绝的当口,王莽自然地要怀疑卫姬起来。加上王宇、吴章等被刑讯之中,又承认是为卫姬事起,王莽哪能杀了儿子、媳妇,却轻饶卫氏,放过除去政敌的好机会呢?于是旋即下令把卫姓家族,全部屠杀,仅留下皇上母后卫姬一人。吴章是当时著名的儒家学者,曾广收学生,在京城士人中颇有影响。王莽以为这些儒生与己有碍,早就有意除去,吴章此次是自动撞上枪口,被王莽令在长安东市,把吴五马分尸,又下令从今后剥夺吴章学生、门徒的政治权利,不准这些人入朝为官。

王莽不仅借吕宽事件,斩杀了卫姓家族,还扩大打击面,凡与己不和的公开、潜在对手,也借机一一消灭。汉元帝刘奭的妹妹敬武长公主,嫁夫后与王莽是族属,但与丁姓、傅姓外戚往来友好,曾经讲过不满王莽的话,王莽即乘此机会以太皇太后名义,令其自杀。王莽的叔父红阳侯王立,以及王谭之子平阿侯王仁,过去与王莽都有往来,但王莽并不视之为同类,也被王莽强迫自杀。王莽又令自己的亲信大司空甄丰,派员去全国各地,扫除卫姓党羽。凡不依附王莽者,都可用"叛乱"罪名诛杀。前将军何武、前司隶校尉鲍宣、乐昌侯王安、护羌校尉辛通及其兄弟函谷都尉辛

遵、水衡都尉辛茂、南郡郡长辛伯等数百人，都在此间相继成为王莽的刀下之鬼。这些人有的与王莽并无什么矛盾，只是诚心维护王室刘姓正统；有的自负才出名门大家，疏远同王莽的结交；有的因性格刚烈，鱼鲠在喉，好直言议论。在王莽看来，维护汉室，就是自己来日代汉称帝的绊脚石，应是早下手除去为宜。而有才又不依附王莽府门的人，就是潜在的政敌，当然不能放过。那些仗义直言的人，有碍于王莽的钓名沽誉的政治投机，与自己舆论不利，也要除之而后快。

吕宽事件的处置，使王莽一时廓清了朝内外的政敌，西汉平帝元始四年（4），汉平帝大婚，王莽女正式册立为皇后。王莽被下诏重赏，尊称为"宰衡"，位居三公之上。同年，梁王刘立被揭发与卫姓外戚有牵连，削封撤职，贬放南郑，被迫自杀。元始一年，诏令加赐王莽"九锡"。同年冬季腊月大祭，王莽向平帝刘衎献椒酒，鸩杀平帝于未央宫。同月，王莽借符命公开称"摄皇帝"。这些都是吕宽事件，王莽顺势残杀异己的继续和结果。

王莽背靠太皇太后王政君，逐步造成西汉王姓外戚专权的局势。一姓势立，怎能再容别人插足，所以，平帝上台后，其母后卫姓家族与王莽为代表的王姓家族，两大外戚势力之间争权夺利的斗争，是封建专制政治进程中的必然性因素。只不过王莽早先下手，采取隔绝政策，置卫姬家族于远离京城的中山，两大家族的斗争暂时被缓和下来。吕宽事件，点燃了两派斗争的导火索，同时给王莽

提供了一个乘势下手的好机会。对已经势力很大，还想自己代汉做皇帝的王莽来说，既然自己的儿子、儿媳都肯杀，杀伐卫姓家族势力，当然会毫不手软。而太皇太后的信任，满朝党羽握有实权的形势，为他搞株连杀异己，都提供了便利的条件。于是中央的卫姓家族被灭，外地的卫姓党羽由"四辅"之一的亲信大司空甄丰去杀伐。那些非己同党，或与己不和，或者是铁心维护汉室的忠臣们，现在都成了王莽杀伐的对象。除去这些人，平时并不容易，那汉元帝的妹妹，与太皇太后是同辈，说几句不满王莽的话，王莽也奈何不了。但吕宽事件，使王莽有了一个最有利的时机，再加上一个与卫姓牵连的"高帽子"罪名，一切都顺理成章了。可怜数百冤鬼，被王莽当作计谋中的必杀的"羊"群，只能在九泉下控诉了。

顺手牵羊斩蒋奇

在官渡之战中，曹操用化装欺敌的混乱计谋，劫了乌巢粮草之后，为顺利地从袁军腹地撤回，诈称是乌巢的败军，再用混敌之计欺骗袁军。当曹操率军行至山僻小路时，与袁绍部将蒋奇所率救援乌巢的军马相遇，再躲闪已经来不及了。

当袁军探问时，曹兵回答说："我们是乌巢淳于琼部下，刚从乌巢败回。"袁军见对方穿的都是袁军服装，打的是袁军旗号，也未怀疑。于是两军于狭路擦肩而过。曹操大将张辽、许褚见敌将蒋奇及至身边时，乘蒋奇无备，挥刀斩了

蒋奇，并尽杀其所有军马。随后又遣人冒充蒋奇军兵去袁绍处说："蒋奇已杀散乌巢曹军。"使袁绍不再往乌巢继续派兵。

曹操劫了乌巢之后，主要目的是尽快撤回营寨，以防重地陷入重围，未料到途中又遇到敌将蒋奇，而且还有顺利除敌的机会，于是杀了蒋奇，同时又骗了袁绍，意外地得到了两种收获。

伯颜顺势除政敌

公元1333年，元朝历史上最后一位皇帝妥懽帖睦儿在上都登基即位，是为元顺帝，伯颜以诩戴功拜中书右丞相，进太师，领太史院，封秦王，总领蒙古、钦察、斡罗思诸卫亲军都指挥。撒敦为左丞相，加号太傅，封荣王。唐其势为御史大夫，唐的姐姐达那失里为顺帝皇后。撒敦是迎拥顺帝有功的前丞相、权臣燕帖木儿之弟，唐其势力燕帖木儿的儿子，女儿又为皇后，这时的元朝政实际为燕帖木儿和伯颜两个显赫之家所把持。1334年，撒敦被顺帝加开府仪同三司、上柱国、录军国重事，予以重用，不久却因疾病撒手人世。左丞相一职即由年轻的侄子唐其势继任，可是朝中实权唐并未得到，倒是右丞相伯颜被皇帝委以重托，朝内外大政多由他决断。由此，唐其势与伯颜因争权柄而矛盾激化，互相成为仇敌。

唐其势对伯颜家族朝中势力凌驾自己家族之上，极为愤愤不平。他公开对别人说："天下，本是我家的天下，我和父亲、叔叔，为皇帝立了多少汗马功劳，

功勋卓著，伯颜是什么东西，竟然位于我位之上。"

伯颜对唐其势的狂妄和不满早已悉知，因畏惧燕帖木儿家族在朝中的强大势力，只好隐而不发。甚至专折上疏顺帝，请拱让自己的右丞相之位与唐其势，只是皇帝以为不妥，才打消了让位之举，为提防唐其势的不意进攻，他私下里早早做好应敌准备。

唐其势既然不甘于居伯颜之下，同样是暗地里加紧夺权准备。他先是联络被封为句容郡王的叔叔答里，对其曰："只有我家里的人才能配享执掌朝政大权之位，现在皇帝以伯颜居重职，是亏待了我家。"答里早蓄有叛反意图，一直想立与自己关系亲密、诸王之一的晃火帖木儿为帝，且双方已有多次秘密联络。所以唐其势的话甚得答里的心思，他对唐其势说："我也在考虑这个问题，皇帝凭什么放重权于伯颜，而轻视我们家呢？"唐其势于是乘机鼓动道："咱家手中不是掌有一部分权力吗？何况我逝去的父亲手下亲信在朝中也有不少，（不如）干脆乘机把伯颜权力彻底夺过来。"答里对唐其势的话深以为然，当即决定先与晃火帖木儿暗中约定好，然后以突袭方式率兵攻打皇宫，成功后以晃火帖木儿为帝。不久晃火帖木儿来信，约请由唐其势叔侄里应外合，乘机夺权。

唐其势等人的谋叛行动事不严密，郯王彻彻秃对左丞相的异于平常的行动产生了怀疑，且立即报告给元顺帝。顺帝听到郯王的报告非常惊诧，又担心郯王的报告与事实不符，于是想了一招计谋，召请答里来京觐见，如叛乱事实真

实，答里必不敢入朝。果然，诏书下达后很长时间，京城未见答里身影。于是，顺帝召右丞相伯颜入宫筹谋，委托伯颜做好防范准备。

伯颜接到元顺帝的命令，真是天降喜讯，老天终于送来了清除政敌的大好机会，他很快布置亲信将兵，加强皇宫守卫，同时派人监视唐其势的行动，只等唐其势自投罗网。

唐其势与答里和晃火帖木儿谋定之后，旋即令弟弟塔喇海设伏兵于宫城东郊截杀皇帝与逃亡的大臣，自己则率手下精兵，向宫阙进攻，不料刚刚攻入禁城，就遭伯颜辖领所属众多兵士迎面痛击，只见伯颜站在城楼上，指挥禁军和其它兵士，由四面向中央紧紧合围，本来唐其势指望以少数精兵出其不意的突袭，一举就能拿下皇宫，那知自己早已在对手伯颜算计之中，伯颜不过是等待鱼儿主动上钩罢了。唐其势心中一急，赶快令手下亲兵向前杀开一条血路，正在厮杀酣战中，传来伯颜大声布告，"凡生擒唐其势者赏万金!"禁兵、武士重赏之下，人人持械向前，混战之下，唐其势体力不支，被禁兵从马上一矛击中，倒在地下，兵士一涌而上，紧紧缚住。

唐其势的弟弟率兵埋伏东郊，久不见宫阙方面消息，正在疑惑之中，却见伯颜率大军迎面而来，赶紧令兵士跃起进攻，只是双方兵力悬殊太大，手下勇士很快被斩杀干净，自己也落得被生擒的下场。

伯颜见唐其势势力已散，两凶已被擒住，旋即进宫，请求皇帝登殿审讯。元顺帝亲见唐其势进攻皇宫，那能轻饶，立即谕令："两人罪行已经昭明，不必审亡，按律例处置就可"。伯颜见皇帝有旨，立命禁兵把两人揪出门外斩首。唐其势砍头在即，慌忙高叫："陛下曾明诏答应我父兔子孙死罪，今日为何自己食言。"企图以父亲燕帖木儿之功，救得活命，不料话音未落，伯颜早令禁兵砍下了他的头颅。

唐其势的弟弟塔喇海见事机敏，一入宫室即逃到元顺帝皇后的座位之下，皇后见弟弟一副可怜之相，想极力袒护，就用自己的外衣罩往塔喇海。伯颜见状，不容皇后开口，令禁兵走过去搜身，果然塔喇海正在皇后座位下抖索不停，士兵强行把塔喇海拽出，伯颜立即拔剑出手，一剑刺向塔喇海，顿见鲜血四溅，皇后的衣服亦被染成红色。伯颜明白，自己手杀皇后两弟，政敌虽除，那在台皇帝的皇后对自己终究是个隐患，一旦哪天皇帝信其言，自己遭诛的日子就不会太远。于是，一不做，二不休，立奏元顺帝："皇后兄弟大逆不轨，皇后罪在不赦;况且又公开加以庇护，显然为同党，请陛下割私情，依法处置，以戒后人。"说完也不等皇帝表态，就令士兵把皇后绑起来。左右士兵不见皇帝亲口下令，不敢上前。伯颜毫不手软，伸手把皇后从座位上拉下，皇后见状，赶紧向元顺帝求救，要求是帝看在多年侍候在侧的情分，讨饶求生。元顺帝见此情景，虽然不无怜惜之心，但想起燕帖木儿过去对自己的示威和欺压，她的兄弟居然又谋叛夺位，于是咬紧牙关，恨恨地说："你兄弟谋大逆不轨，岂能相救。"于是伯颜让士兵把皇后拉出宫外，先安排在开平居舍居住，不久又派人送去毒酒，鸩杀了皇后。

唐其势兄弟刚刚被杀，元顺帝就在伯颜的鼓动下，以大兵乘胜而击，答里很快被俘送京斩杀，那图谋皇位的晃火帖木儿，自感罪劣严重，朝廷不会轻饶，坚持反抗也是以卵击石，力量不济，思前虑后，别无逃生之路，只好挥剑自杀。伯颜奏请顺帝，凡燕帖木儿和唐其势亲信势力，以及所荐举的一切官员，均罢免去职，朝廷将唐其势家产入宫。自此之后，伯颜做起了大权独断、恣意专横的威震环宇内外的权臣，直到自己最后被侄儿脱脱算计，病死在贬职途中。

伯颜作为右丞相，在朝廷中的势力，初始并不比唐其势及其家族的力量强到哪里，只是因为元顺帝的重用，自己的职位居于唐其势之上，由此导致两人视同水火，成为势均力敌的政敌。伯颜面对强大的对手，要想轻易地铲除消灭掉；不是简单的一件事。如以面对面的正面进攻手法强攻强夺，可能不能铲敌，甚至会祸害自身。所以以权谋智取，伺机而动，找出强大对手的破绽，趁机发动攻击，才是上策。古人说，要察其天地伺其空隙。唐其势因愤怒于伯颜的当道，进而想谋叛，达到彻底揽权，又失密事机，行动上被别人窥破根本。元顺帝召伯颜筹划，委托伯颜全力破除唐其势及其同伙，可谓确实找对了人，它为伯颜除政敌提供了一次难得的机会。伯颜真是烂熟顺手趁时，应手得利之道，不仅在宫室之中，当了皇帝的面，斩杀唐其势、塔喇海兄弟，更不顾皇后之位尊，不怕暴露权臣之脸面，乘虚扩大战果，

以无形之力，强逼皇帝答应驱皇后下台，又暗地里下毒药，鸩死皇后。宫室之中除皇后，朝廷庙堂之上，则尽熄唐其势家族的一切余烬，不仅儿子们的亲信心腹力量荡灭，其逝去的父亲燕帖木儿的残余力量也丝毫不让其生存，如此清扫干净，自己终于真正地大权独揽了。

伺隙除杀安德海

晚清的宫廷里，出现过三个有名的大太监，这就是安德海、李莲英、张兰德。三人都仗着清廷的实际统治者慈禧太后的宠信，权倾一时，但李莲英、张兰德基本上后来能体面地安然退归，惟有安德海下场最惨，在其任上，为朝中政敌恭亲王奕䜣联合同治帝、慈安太后，乘其张狂轻敌而有机可乘，设计斩杀。

清朝是满族人所建立，自入关定都北京之后，鉴于明王朝宦官当政，导致家亡国灭的教训，曾下禁令，不准太监干预朝政，亦不能与朝官勾结。顺治帝时，还在交泰殿前立一铁碑，上面明书：凡是犯法干政，窃权纳贿，属托内外衙门，交结满汉官员，越分擅奏外事，上言官吏贤否者，均凌迟处死。又规定宦官级不过四品，非奉差遣，不许擅出皇城，违者处死。但是形势发展到晚清，清初对宦官的严密监控的情况有了根本的改变。辛酉政变后，西太后垂帘听政。青年守寡而又权欲强盛的慈禧，开始宠信起宦官，以便于自己控制朝政，安德海就是她所重用的第一个大宦官。安德海在西太后勾结恭亲王奕䜣，联手除去咸丰帝遗嘱肃顺等顾命八大臣，而改由

两宫太后垂帘听政的辛酉政变中，因为冒死为在热河的西太后和驻守北京的奕䜣穿针引线，相互联络，立有一定功劳。安本来是一个性敏狡巧、善于讨好主子的人，对西太后平日里揉胸捶背、殷勤服侍，加上立有拥戴之功，一时为慈禧所垂目，宠信日隆，不久就被擢升为总管太监，成了宫中位于主子之下的第一号人物。由此，安德海的野心也膨胀起来，恃着执掌实权的慈禧太后，一面极尽手段讨好西太后，一面以功名利禄为诱饵，广交朝臣，培植势力。门庭若市、势焰薰天的安德海终于在辛酉政变后，与朝中位尊权高的恭亲王奕䜣发生了冲突，成了对立的政敌。

奕䜣是咸丰皇帝的亲弟弟，咸丰去世后，他与西太后联合，巧计除去了死对手肃顺等人。政变之后，虽然两宫太后垂帘听政，但慈安太后性情笃厚，又不通文墨，很多权力让与西太后慈禧处理，慈禧毕竟是个年青女子，执政伊始，缺乏老道的经验，于朝中势必仰伏奕䜣，故此，奕䜣于政变后得到很多职务，不仅出任宗人府宗令、总管内务府大臣、领神机营、稽查弘德殿一切事务等，还授议政王大臣，领军机处，兼管总理各国事务衙门，军、政、财、外交均握手中。尤其是议政王一职，只有前清的多尔衮曾任过。大权在握的奕䜣，面对外患连祸，内乱不止的局势，刚上台之后，还想重振纲纪，于清政权的巩固上，成就一番作为，于是在一些事务处理上，与西太后发生了分歧，加上安德海的从中挑拨和有意扩大事态，导致奕䜣十分衔恨安德海，两人势如水火。

西太后于辛酉政变后回到北京，为去除在热河时期受肃顺限制之怨愤，借同治帝登极和自己的寿辰，大摆宴席，极力铺张，恣意享乐。垂帘前后，又大制仪驾，扩大宫中膳房，匙筷用赤金制的，宴桌亦包上金云角，开了奢靡之先声。而安德海则乘其所喜，投其所好，又狐假虎威，借慈禧名义，不断向主管内务府的奕䜣伸手要物。奕䜣开始对其有求必应，眼见安德海无底之欲，就面诫安德海，"国方艰难，宫中不宜多取。"安德海不仅不听劝告，还设计陷害奕䜣。有次午餐，有意拿出粗制碗碟，慈禧问其故，安告之是恭亲王限制，使西太后对奕䜣厌恨。又有一次，奕䜣向慈禧贡奉20盆含苞欲放的梅花，慈禧命安德海在宫中陈列。供其欣赏，不想安德海暗中做了手脚，一夜之间，梅花全部凋萎，使慈禧扫兴之余，增加对恭亲王的疑虑。还有一次，奕䜣到官中找慈禧奏事，往日茶几之上，按例应放上两个茶杯，奕䜣粗心，谈话中随手端起一杯茶，将要进口，发现茶几之上，仅有一茶杯，明显地，这是供慈禧所用，自己差点犯了大讳，惊出了一身冷汗，细思起来，定是安德海从中有意做鬼。

安德海利用手中所掌之权，于琐事上挑起事端，使慈禧与奕䜣逐渐矛盾滋生，果然，安德海不断潜诉怨短，到1865年，西太后利用翰林院编署日官蔡寿祺参劾奕䜣的奏折，以奕䜣有贪污、骄盈、揽权、徇私四大罪状，以同治帝谕旨名义，革去了奕䜣议政王职位。奕䜣因遭折辱，自此以后于朝中益谨。他明白这与安德海的挑拨大有关系，对安更加痛恨。

1868年9月，安德海为讨好慈禧，暗中指使御史德寿，奏请修复被英法联军烧毁的圆明园，供西太后享乐。又指使内务府库守贵祥拟列筹款章程，要让京外各地，每户、每亩、每村皆要交捐。奕䜣获知这是安德海授意所为，力主不可，又把德寿、贵祥革职，流徙黑龙江披甲为奴。事情至此，奕䜣下定决心，要拔去安德海这个眼中钉。一次，安德海在朝中炫耀自己的翎子精美无比，周围朝臣畏惧安，皆随声附和，奕䜣则当面讽之："你的翎子再好，恐也护不住后脖子吧！"

奕䜣要除安德海，并非易事。上有慈禧的庇护，安德海在宫中只要没有大错，即使皇帝也是奈何不得的。同治皇帝渐渐懂事之后，就曾对安德海的嬖宠专权，羞耻生愤。一次，同治帝曾为某事面斥安德海，事后自己却被慈禧训斥和责罚，自此之后，同治帝在宫中用泥捏成一小人，用剑砍去泥人首，边砍边喊："杀小安子"，借以出心中之气，却也不敢动真格的。同居垂帘之位的慈安太后，对安德海的恶行时早有所闻，但碍于慈禧面子，也是不好直言斥责。同治八年（1869年），同治帝已14虚年，两宫太后有意替皇帝纳后，派奕䜣等人预备大婚典礼。安德海趋机密谋于慈禧，想亲往江南，为皇帝督制龙衣。慈禧开始还有顾虑，并未立即答应。安德海既得势后，于京城作威作福，早就想找机会离京外出，游历苏杭胜地，既快心意，又有乘机敛财机会。于是极力巧言打动慈禧，以江南织造衣物，多么合式，皇上大婚，龙衣必须讲究，同时也可顺便为太后织造几件顺心合用的衣服。他还以言语激起慈禧的好胜心，认为不可为"祖制"所束缚，否则当个太后也不自由。性骄的慈禧同意了安德海的要求，但叮咛他，务必机密行事，不得让王公大臣知道，以免被弹劾，造成事端。

同年秋，安德海离京扬帆南下。清朝祖制，宦官不得出京办理公务，安德海恃仗慈禧撑腰，自以为天下太平，不知自己给宿仇政敌提供了一个极好的机会。同治帝在他离京前，得知小安子要外出，予以赞成，却密诏予以信任的部将山东巡抚丁宝桢做诛安准备。奕䜣也早得密报积极筹划除安，密切注意安德海的行踪。安德海恃势胆大，离京时瞒着太后，私选名妓18，乘太平船，沿河道而下，一路招摇。所乘之船，插两面大旗，上写"奉旨钦差"，"办龙袍"字样，又竖有日形三足鸟旗，意为西王母（慈禧太后）取食办事。船上娈童妙女、笙歌鼓乐不绝。所过州县，官吏为之迎接，而安德海视之为自然，丝毫不予警惕。船到山东境内，丁宝桢早得恭亲王奕䜣的密令，要其在山东境内，借机予以捕拿，从严惩处，格杀勿论。丁宝桢曾以正直、刚毅闻名清廷，接恭亲王所托之后，他立即密饬德州知州赵新，要其侦探安德海不法事情，可以一面擒捕，一面禀闻。赵新接令后，虽明察多起事情安德海于清廷法律有违，但慑于安德海的淫威，不敢居前逮捕。连正式公文也不敢写，只用私写的便条，告知丁宝桢安在沿途的违法情况。丁见赵新密报，急令东昌府等府县前去捉拿。东昌府知府程昌武在安德海船后跟踪三日，胆怯不前，后来总兵王五起发兵追赶，终于在泰安将安德海捕获，缚送济南。此时丁宝桢一面令快马加急送密折进京请旨，一面审讯安德海。安开始对自己被捕事，并不紧张，神态自若地吃喝睡眠，甚至威胁地方官员，声称自己奉太后之命督织龙衣，"汝等自速死耳"。哪知丁宝桢不畏权势，当面斥安为宦官私出，"非制也，且大臣未闻有名，必诈无疑"。丁又担心朝旨未知，于是不顾其他官员的劝阻，决定先斩杀之，旋即斩杀了安德海，又囚禁安的随行人员。

丁宝桢的奏折到达京城时，先为恭亲王奕诉所得，代为上奏。奕诉先是找与安德海也有矛盾的东太后商量，取得了东太后明确"予以正法"的赞同意见，于是亲自书写谕旨，以太监安德海擅自出京，若不从严惩办，则"何以肃宫禁而儆效尤？"着直隶、山东、江苏等督抚派遣干员，"严密捕拿，就地正法，毋庸再行请旨。"又请慈安太后钤印，令快马回送丁宝桢。因此当安德海已经被诛杀的时候，慈禧太后并不知道。

等到丁宝桢复奏进京，奕诉也是先告知慈安，再上达慈禧太后。奕诉以安德海违制犯禁为公开理由，力主斩杀。同治皇帝、慈安太后全力支持恭亲王，加之奕诉等王公的谏净，面对安德海违制在先，自己送把柄于人手的事实，慈禧也只能无可奈何地同意正法诛杀安德海这样一个事实。奕诉伺隙出击，先斩后奏，终于灭了权阉安德海，长长出了一口恶气。

安德海被诛之经过，可谓是顺手牵羊计谋运用于政治场上之典型事例。本来辛酉政变以来，喜欢弄权的西太后，在站稳脚跟之后，不甘于当初放重权于恭亲王奕诉之手，因此，当时清廷政坛之上，西太后与奕诉的争权为主要旋律。西太后利用蔡寿祺的奏折，摘掉了奕诉议政五大臣之职，即是明证。奕诉对翅膀已硬的西太后，是无可奈何的。但对从中拨弄是非，一直想加害于自己的宦官安德海，态度和度量就不一样了。奕诉要除安德海，在京城，碍着西太后的庇护，不易得手。而安德海张狂轻敌，不知轻重利害，以为只要有西太后撑腰，就能在朝廷内外为所欲为，哪知自己纵欲放胆，出京已明违祖制，把柄已送到了政敌之手。而京城之外，大权在手的西太后也鞭长莫及。故此出现了可以光明正大地斩杀安德海的时机，奕诉紧紧抓住了这个时机，安排不畏强暴的山东巡抚丁宝桢动手，自己于京城中运动朝廷，终于把这个受西太后宠信的总管太监"小安子"置于死地。

顺手牵羊占希腊

意大利法西斯头子墨索里尼梦想恢复罗马帝国，使地中海成为罗马的内湖。第二次大战爆发以后，他以为有机可乘，但他又清楚地知道，自己无法单独对在地中海占有优势的英国采取坚决的行动，只好把目光转向地中海沿海的弱小国家，企图凭意大利的军事实力，顺手牵羊，一举把它们征服，他选中了亚得里亚海对岸的希腊。希腊国小兵弱，没有什么战斗力。而且，意大利外交大臣齐亚诺向墨索里尼提供了希腊人的情况，说他已经用重金收买了希腊许多著名活动家，包括一些政府要员，来为意大利服务；此外，在边境地区的希腊军队中也有自己人。墨索里尼对齐亚诺的报告极为欣赏，以为征服希腊已是水到渠成，一蹴而就的事。墨索里尼召集武装力量总参谋长和陆军总参谋长，对他们说明现在有占领希腊的政治需要。将军们对齐亚诺的报告不敢恭维，对意大利军队的现状也不感到乐观，墨索里尼却认为将军们鼠目寸光，没有远见，只有他才高瞻远瞩。他断然地挥挥手说："意大利的武装力量是战无不胜的，希腊人不会有什么激烈的抵抗，征服希腊是轻而易举的。"他一意孤行，下达了限期进攻希腊的命令。

1940年10月28日，意大利驻希腊大使，奉墨索里尼之命，向希腊首相递交了一份照会，要求希腊给意大利守备部队提供常驻的侵略据点，以保持希腊的中立。希腊首相断然拒绝了意大利的强硬照会，并立即进行全国总动员，坚决反击意大利军队的入侵。墨索里尼偏信外交大臣齐亚诺的保证和前线指挥官对军事形势的乐观判断，立即命令没有

准备好的意大利军队进攻希腊。当时，意大利在前线共有8个师，内有1个山地师和1个装备3吨坦克的坦克师。意大利参谋部认为这些军队装备不完善，而且以这些兵力不足以战胜希腊军队，必须再补充几个师和大量技术装备，才能完成预定的任务。墨索里尼对将军们的判断置之不理，仍计划以1个师作预备队，2个师实施佯攻，以便牵制希腊兵力，以剩下的5个师作为主力，直取雅典。

意大利2个师的佯攻部队首先发动进攻，没过几天就被希腊军队阻击住，意军苦战几天，没有取得任何胜利，而且损失惨重。一个星期后，希腊动员起来的援军赶到现场，意军不得不败退，回到出发的阵地。希腊军队乘胜迂回反击意军，夺取了意军后方要塞。为了避免被围歼，意军不得不放弃一切，拼命逃跑。这时死要面子的墨索里尼不得不厚着脸皮向希特勒德国求援，依靠德国人的援助，才保住了意大利的残余军队。而德军援助意大利，却"顺手牵羊"占领了希腊领土，牵走了意大利原想牵的"羊"。

第三套 攻战计

第十三计　打草惊蛇

【原典】疑以叩实①，察而后动②。复者，阴之媒③也。

【按语】敌力不露，阴谋深沉，未可轻进，应遍探其锋④。兵书云："军旁有险阻、潢井⑤、葭苇、山林、翳荟⑥者，必谨复索之，此伏奸之所也。"

【原典注释】①疑以叩实：疑，有疑点；叩，打探，询问。有疑点就打探清楚。实，确实。

②察而后动：察，弄明白。弄明白后再行动。

③阴之媒：阴，阴谋，计划；媒，媒介，指必要条件。发现阴谋的条件。

④探其锋：探，侦擦，打听；锋，兵器锐利的部分，也指前锋。此处指敌人部队实力。

⑤潢井：积水池。陂塘水池。

⑥翳荟：翳，遮蔽；荟，草多的样子。草木丛生之处。

【原典译文】有了疑点就要打探确实，等到弄明白以后再行动。

根据复卦原理：反复侦察敌人的动向，是发现敌人阴谋的必要手段。

【按语译文】敌人的实力如果不暴露，必定隐藏着深沉的计谋。这时不可轻举妄动，应当广泛地侦察敌人的主力部队的情况。兵书上说："行军的两旁，如果有险峻的山地或关隘、坑池水网、芦苇树林以及野草丛生的地方，必须谨慎地反复搜索，这些都是敌人有可能设下埋伏的地方。"

【传世典故 计名探源】打草惊蛇比喻甲乙事情相类似，甲受到打击惩处，就使乙感到惊慌。后用以比喻做事不机密，使对方知道了自己的意图而有所戒备。

计名"打草惊蛇"，原是借用了一句民间俗语来喻指某种军事谋略。原意是蛇在草丛中，草被搅动，蛇便受惊而走。也有人认为，"打草惊蛇"一语，源出宋代郑文宝《南唐近事》：王鲁为当涂宰，渎物为务，会部民连状诉主簿贪，鲁乃判曰："汝虽打草，吾已蛇惊。"意思是说：南唐时，有个叫王鲁的人任当涂（今安徽当涂）县令。他生性爱财，贪污受贿。手下的衙吏们也跟着效法，索取贿赂。百姓们怨声载道，苦不堪言。

有一天，王鲁得知上司要来察访民情，整肃吏治，不禁担忧起自己头上的乌纱帽来。他在批阅公文当中，正好看到本县百姓联名告发他的主簿受贿的一叠状子，更是忧上加忧，神情恍惚。忧虑之中，他不由自主地在一张状子上批了八个字："汝虽打草，吾已惊蛇。"

后人将这个故事归纳为"打草惊蛇"，用作成语比喻行动不谨慎，使对方事先有所察觉；用作计谋则反其意而用之，字面意义为，用打草这一小行动，使隐蔽的蛇惊动而暴露。

也就是说，无意识地打草惊蛇，会使对手有所警觉，预作防范；而有意识地打草惊蛇，却可以促使对手惊慌失措，显露原形。

因此，打草惊蛇之计，便是通过侦察性的佯动，逼迫隐藏着的对手显露原形的谋略。它的诀窍是：对可疑的地方要侦察实情，在完全掌握情况之后才采取行动。反复察明情况，是发现隐秘敌情的重要手段。

公元前627年，秦穆公发兵攻打郑国，他打算和安插在郑国的奸细里应外合，夺取郑国都城。大夫蹇叔以为秦国离郑国路途遥远，兴师动众长途跋涉，郑国肯定会作好迎战准备。秦穆公不听，派孟明视等三帅率部出征。蹇叔在部队出发时，痛哭流涕地警告说，恐怕你们这次袭郑不成，反会遭到晋国的埋伏，只有到崤山去给士兵收尸了。果然不出蹇叔所料，郑国得到了秦国袭郑的情报，逼走了秦国安插的奸细，作好了迎敌准备。秦军见袭郑不成，只得回师，但部队长途跋涉，十分疲惫。部队经过崤山

时，仍然不作防备。他们以为秦国曾对晋国刚死不久的晋文公有恩，晋国不会攻打秦军。哪里知道，晋国早在崤山险峡谷中埋伏了重兵。一个炎热的中午，秦军发现晋军小股部队，孟明视十分恼怒，下令追击。追到山隘险要处，晋军突然不见踪影。孟明视一见此地山高路窄，草深林密，情知不妙。这时鼓声震天，杀声四起，晋军伏兵蜂拥而上，大败秦军，生擒孟明视等三帅。秦军不察敌情，轻举妄动，"打草惊蛇"终于遭到惨败。当然，军事上有时也可故意"打草惊蛇"而诱敌暴露，从而取得战斗的胜利。

【名家评点 破解方略】兵法早已告诫指挥者，凡进军之路边，如遇到险要地势、坑地水洼、芦苇密林等，一定不可大意，稍有不慎，便会被伏兵所歼。"打草惊蛇"作为谋略，是指敌方兵力没有完全暴露，行踪诡秘，意向不明时，切不可轻敌冒进，应当迅速查清敌方主力配置、运动状况和攻击意图再说。按照军事术语，"打草惊蛇"实际上就是佯攻，目的在于引蛇出洞。

"打草"的目的是为了"惊蛇"。如果不能惊蛇，打草也是枉然。所以"打草"，必须是"巧打"、"妙打"，而决不能"乱打"、"瞎打"。在"打草"之前，就必须对蛇的方位、环境和习性有充分的了解和分析，"打草"的方式也必须精心地设计一番后方可行动。

经典案例　锦囊妙计

舍人挺身止干戈

孟尝君有个舍人与他的夫人私通。有人把这件事告诉了孟尝君："作为您的舍人，却在家中与夫人私通，这也太不讲义气。您还是把他杀了吧。"孟尝君说："看见美貌而互相喜欢，这是人之常情，还是把这事放到一边算了，以后别再说它。"过了一年，孟尝君召见与他夫人私通的人对他说："您和我相处已经很长时间了，大官没有得到，小官你又不想做。卫国君主与我交情很深，请让我为您准备好车马、鹿皮、钱币，希望您带上这些东西去和卫君交往吧。"这个人到卫国后，很受卫君重视，后来。齐卫两国邦交恶化，卫君极想联合天下诸侯的军队来攻打齐国。这个人对卫君说："孟尝君不知道我不贤，把我推荐给您，这是欺骗了您。可是我却听说齐卫两国的先君曾杀马宰羊，歃血为盟道：'齐卫两国的子孙不要相互攻伐，若是有相攻伐的，让他的性命像这马羊一般。'现在您联合天下诸侯的军队去攻打齐国，这是您背弃先君的盟约，并欺骗了孟尝君。但愿您能改变攻打齐国的主意。您要是肯听我的意见，就算了；若是不听我的意见，像我这样不贤的人，也要把我脖子上的血溅到您的衣襟上。"卫君于是便放弃了攻打齐国的念头。齐国人听到这件事之后说："孟尝君可以称得上善于治国的人了，竟能化灾祸为功劳。"

古代高明的政治家，常常有化敌为友的肚量和本事，这样做的结果会使自己的势力更为强大，地位更为巩固，并能在关键时刻得到出乎意料的帮助。那位舍人大概是知道孟尝君对自己有怒而不杀之恩，所以虽然得到卫国君主重用，也居然会在危及齐国和孟尝君的利益时，向卫君发出"以颈血湔足下衿"的威胁，孟尝君以"恩"恕舍人，而舍人则以"威"镇卫君，止兵报效了孟尝君。

勾践杀囚败吴军

公元前496年吴国攻打越国，越王勾践率军抵御，在檇李摆开阵势。勾践担心吴国军阵严整，就派敢死队一再闯入吴军大营擒拿骚扰吴军，然而吴军阵脚不乱。于是，勾践又让罪犯排成三行，把剑放在脖子上说："两位国君率军对阵，我等触犯军令，在君王的阵列面前表现无能，罪臣不敢逃避刑罚，情愿自尽而死。"于是都纷纷自刎。吴军将士被吸引了，都瞩目观看，越王于是下令乘机发起攻击，结果大败吴军。越国大夫灵姑浮用戈击中了吴王阖庐，伤刺了他的大脚趾，得到他一只鞋。吴王阖庐慌忙败退，最后死在距离檇李七里之外的陉地。

两军对垒，如果一方军阵严整，另一方靠硬冲是很难取胜的。越王深知此理，于是他在破敌严阵问题上动了脑筋，采用在队列前安排几队犯人"自刭"，这

突然的行动一方面显示了越王的威慑力，另一方面也吸引敌军的注意力。越王利用这一机会，指挥军队一举冲入敌阵，取得了战争胜利。

徐庶相马试刘备

东汉末年，徐庶是有名的谋士，与当时的司马徽、庞士元、诸葛亮等人齐名，享誉甚隆。徐庶为寻求报效的人主时，听闻刘备人品高尚贤达，是一位爱惜人才的贤明之主，很想投靠他，但又不知刘备是否像人们传说的那样。所以很想打探试验一下刘备的虚实和人品的实情。但这种试探又须当面验证，否则，再听别人辗转相传，也不过是传闻而已，耳听为虚，无法探得真底。只有当面试主，方能眼见为实，来得真切痛快，远较诸多"耳食之辈"强之万倍。故只能用"明试"之法，但此法亦只有巧用，方为得宜。徐庶不愧为谋士之才，长于心计，终于把握时机，妙用打草惊蛇之法。

有一日，徐庶突然发现刘备正在专心致志地欣赏自己的坐骑战马，便走上前去，很恭敬地对刘备说："我以前学过一点相马之术，让我来看一下您的马。"于是，刘备命人把他的战马牵出来，在徐庶的面前走了几趟，溜了几圈。这时，徐庶忽然故作惊讶地说："你的马虽是一匹千里马，但将来却要伤人的。"刘备听了，却很不在意地笑着说："死生都是命里注定的，与马有什么关系，何况在檀溪的时候，是它救了我。"徐庶听罢则说："这匹马终究要伤害一个人，您可以把这匹马先送给您所痛恨的人，等到伤害了他之后，您再骑它，就不会有事了。"刘备一听此言，大为不满，便忿忿地说："我希望先生能告诉我大道理，而您现在却教我害人的事情，我实在不敢领教。"徐庶一听此话，连忙向刘备赔礼道："我一直听人传说明公仁德，但一直不敢相信，今天特意用这番话来试探您，果然不错。"从此以后，徐庶便开始辅佐刘备，且尽其全力。不仅如此，他还向刘备推荐了卧龙岗的奇才诸葛亮，致使刘备作为蜀主，能与曹魏、东吴成三分天下的鼎足之势。

谋士徐庶，在不了解刘备真实人品的情况下，采用明试马而暗探人的手段，诱使其急中暴露真实品德，这是运用"打草惊蛇"策略的典型成功事例。

桓公设计袭邻国

春秋时期，郑桓公打算袭击邻国，出兵之前，便先演出了一场驱使邻国君臣之间内乱自惊的假戏。用假戏真做之法来"打草"，然后再驱诈而使邻国君臣内部自扰自惊，结果，一战而胜夺取之。据《韩非子》载，郑桓公先将"邻之豪杰良臣、辩智果敢之士"编成名簿，然后再将邻国的良田和官爵分别书写在各自的名下，仿佛是事后论功行赏的依据。接着，郑桓公又煞有介事地故意大张旗鼓"设坛场郭门之外"，装模作样地将赏赐名簿埋在地下，还祭以鸡豕，似"若盟状"。此诈伪消息，郑桓公更不惜余力地向敌国传播，大肆渲染。结果，消息传至邻国，"邻君以为内难也，而尽杀其良臣"。不久,郑桓公"袭郐,遂取之"。这一编(名簿)、一赏、一祭、一盟的智力游戏,既由郑桓公自编、自导、自演、自播,更由他驱力使诈伪的信息传至敌国郐君耳中,结果,郐君更是对假戏、伪诈,深信不疑,则是自信、自乱、自杀、自惊、自溃,最后导致国破自毙的下场。郑桓公的假戏驱力(打草)妙计,不仅使蛇自惊,而且自咬、自残、自杀而亡。此计谋的高超智慧与阴毒之处,于此可见。

曹沫胁迫齐桓公

曹沫是鲁国的将领,和齐国打仗,三次被打败逃跑。鲁庄公害怕了,请求割让遂邑给齐国求和,并仍旧叫曹沫做将领。

齐桓公答应与鲁庄公在齐国的柯这个地方订立盟约。齐桓公与鲁庄公在坛上订立盟约时,鲁将曹沫突然用匕首将齐桓公胁迫在盟坛上。桓公的左右侍从都吓得不敢动,桓公向曹沫说:"你想干什么?"曹沫说:"齐国强大,鲁国弱小,而大国侵犯鲁国也太过分了。如今鲁国城垣倒塌便压着齐国的边境了,你想想吧!"齐桓公便答应把侵占的鲁地都还给鲁国。曹沫看齐桓公说出了此话,就丢下匕首,走下盟坛,向北坐到臣子的席位上,脸色不变,照常从从容容地说他外交上应有的言辞。齐桓公生气了,想赖掉所许的诺言。他的贤相管仲说:"不能那样做!你为了自己痛快贪点小利,却在诸侯面前失去了信用,会丧失天下人的支持。不如还给他好。"于是,齐桓

公就把曹沫三次战败丧失的土地,全还给了鲁国。

用数万士兵的鲜血和生命未能捍卫的国土,却靠一把匕首夺了回来,这真有些令人不可思议。不过,仔细分析则又在常理之中。曹沫在此首先利用了齐桓公贪生怕死的心理,用死神来威逼桓公答应他提出的条件;其次,曹沫紧紧抓住一国之主应重信誉,失信则会失去天下之援这一点,胁迫齐桓公在众人面前允诺退还侵鲁之地。齐桓公为了保全自家性命,又不失去天下之援,只好乖乖地听从了曹沫的安排。

苏秦示强收燕地

秦惠王把他的女儿许配给燕国的太子做夫人。这一年,燕文侯去世,太子即位,这就是燕易王。易王继任王位不久,齐宣王就趁燕国国丧之机大举进攻燕国,夺取了燕国的十座城池。燕易王对苏秦说:"从前先生来到燕国,先王曾资助先生去拜见赵王,遂约定六国合纵。可是现在齐国在进攻赵国之后,又进攻燕国,燕国因为先生的合纵缘故也被天下人笑话,先生能够替燕国收复被侵占的土地吗?"苏秦听了很惭愧,他说:"请允许我为燕国把失去的土地收回来。"

苏秦会见齐宣王,拜了两拜,首先俯首表示庆贺,然后抬头表示慰问。齐宣王说:"先生为何庆贺与慰问相继来得这么快?"苏秦说:"我听说饥饿的人所以不吃乌头,是因为它越能充饥饱肚,就越跟饿死一样有害。现在燕国虽然弱小,但易王是秦王的小女婿。大王贪图

燕国的十座城池，却长期和强大的秦国结下怨仇。如果现在以弱小的燕国做先锋，而强大的秦国隐随其后，从而招引天下的精兵强将来攻击齐国，那么大王贪图燕国城池的做法就跟吃了乌头充饥一样。"齐王听了，害怕得脸都变色了，紧张地说："既然如此，该怎么办呢？"苏秦说："我听说过去那些善于控制事态发展的人，能够把灾祸转化为幸福，利用失败的机会获得成功，大王假如能听从我的计策，就应该把燕国的十座城池还回去，燕国顺利地收回城池，一定高兴；秦王知道您是因为他的原因而归还燕国的城池，也必然会高兴。这就是常说的抛弃仇敌，却得到了金石般牢固的朋友。燕国、秦国都侍奉齐国，那么大王对天下发号施令，也就没有谁敢不服从了。因此，大王只需空口表示依附秦国，就能以归还十座城池的代价取得天下的信任。这是霸主一样的事业。"齐王连连说："好。"于是归还了燕国的十座城池。

俗话说："秀才遇着兵，有理说不清。"这是因为，如果恃强者蛮不讲理，没有自卫能力和攻击能力的弱者是毫无办法的。然而，苏秦这位"秀才"，却能在弱肉强食、天下争霸的春秋战国时代，一番道理讲得齐国把强占的十座城池拱手交还给燕国，奥妙何在呢？妙在苏秦看准齐王怕强凌弱的心理，把弱小的燕国与强大的秦国紧紧联系在一起，说明侵犯燕就无异于冒犯秦，借助于秦国之威吓得齐宣王"愀然变色"，后悔不迭。在威胁攻势已经撼动齐王之心以后，苏秦还辅之以利诱，更使得齐王随着他的

指挥棒转了。当然，这种利诱是以威胁为前提，失去这一基础，利诱只会引来敌人更猖狂无忌地进攻。

毛遂自荐促结盟

公元前257年秦军包围了赵国的国都邯郸，赵国派平原君外出求救，和楚国订立合纵条约，联合抗秦。平原君准备邀集有胆量、有力气、文武才能兼备的门下食客20人一同前往。……只挑选了19人，剩下的没人可行，不足20人，这时食客毛遂站出来推荐自己同去。……

毛遂跟平原君到楚国后，与随行的19个人讨论，交换意见，19个人都佩服他。平原君和楚王商谈订立合纵盟约的事，说明合纵与不合纵的利害，从太阳初升的时候谈起，一直到正中午了还没做出决定。19个人鼓励毛遂说："还是先生上去吧。"毛遂紧握着佩剑，一脚一个台阶快步走上去，对平原君说："合纵是利是害，两句话便可说明白。而今从太阳出来谈起，直到太阳当顶还没有决定，这是为什么？"楚王质问平原君："这位客人是干什么的？"平原君说："是我的家臣。"楚王喝斥说："为什么不退下去！我是和你家主人谈话，你来干什么！"毛遂握住剑把上前一步说："大王之所以敢喝斥我，是依仗楚国人多。现在我与大王相距不过十步，在这十步之内，大王就不能依仗楚国之众了。大王的生命操在我的手里。我家主人就在面前，你吆喝什么？而且我听说商汤凭着仅有的70里土地统治了天下；周文

王也不过凭借着纵横100里的国土使诸侯臣服，难道是因为他们的士兵众多吗？实在是由于他们能够正确把握当时的形势而发扬威力。现在楚国有纵横5000里的国土，武装的士兵上百万。这是称霸称王的资本，以楚国之强，天下没有人能抵挡的了。然而秦将白起只是个小毛头，率领几万官兵与楚国交战，一战就攻克了楚都鄢郢，再战焚烧了夷陵，三战侮辱了大王的祖先。这是楚国百代的仇怨，也是赵国感到羞耻的事，可是大王竟不觉得羞愧。合纵一事，本来是为了楚国，而不是为了赵国。我家主人在前，你喝斥谁?!"楚王沮丧地说："是，是，诚如先生所说的，我愿以全国的力量来订立合纵盟约。"毛遂趁机相问："合纵决定了吗？"楚王顺服地说："决定了。"毛遂又吩咐楚王的侍从人员："快取鸡、狗、马的血来。"毛遂捧着盛有血的铜盘，跪着把它呈献给楚王说："请大王当即歃血定下合纵盟约，其次是我家主人歃血，然后是我歃血。"于是在殿堂上缔结了合纵盟约。而后毛遂又左手托着盛血的铜盘，右手招呼同来的19个人说："请各位也都相继在堂下歃血誓盟吧。各位都是平庸无能的人，可以说是依赖别人成事的人。"

毛遂将商汤、文王得天下的原因，总结为"据其势而奋其威"，并用此话来开导楚王应当掌握并利用形势进行合纵。其实，毛遂本人在这场惊心动魄的外交斗争中，恰恰也是灵活运用了"据其势而奋其威"的原则。他利用与楚王相距不过十步的距离优势、君王生命贵重而臣民生命轻贱的心理优势、合纵则利不

合纵则害的道理优势，威风凛凛地握剑放言，干脆利落地办成了君王们久议不决的大事。掩卷遐思，当时环境下的毛遂，是何等"奋其威"啊！可正是这位毛遂，在平原君手下长期不被重用，默默无闻，若不是"自荐"来到楚国，平原君带来的那些人中，谁敢对楚王实行威间？

石显打草惊蛇计

中书令弘恭、仆射石显，从宣帝时起，就长期掌管中枢机要，熟悉法令条文。元帝即位后身体多病，认为石显长期担任要职，又是宦官，无婚姻之家，少骨肉之亲，在朝廷中没有党羽，精心供事，可以信任，于是就把政事托付给他。朝廷事无大小，都通过石显转奏，再由皇帝裁决。石显的权势，超越所有朝臣，文武百官对他都很敬畏。石显为人，灵巧聪明，通晓事理，很能领会皇帝隐藏在内心深处的旨意。他心肠阴险狠毒，以似是而非的狡辩诬陷他人，任何一点小小的怨恨，就会被他用法律加害。他与车骑将军史高内外勾结，在讨论国家大事时，常坚持奉行旧制度，不接受萧望之等人的主张。

萧望之等人憎恶许喜、史高的骄奢，又痛恨弘恭、石显的专权，于是向元帝建议："中书是朝政之根本，国家之中枢，应该由光明正大的人士担任那里的工作。武帝因为常在后宫宴饮欢乐，才任用宦官，这不是传统制度。应该解除宦官兼任中书官职的规定，这才符合古代君主不接近因受刑罚致残之人的礼

制。"于是激化了萧望之与史高、弘恭、石显的矛盾。而元帝刚即位不久，谦让谨慎，不想轻易改变祖先的安排。所以这件事久议不决，最后还是把刘更生由中朝调出，任外朝官宗正。

弘恭、石显叫郑朋、华龙联合控告萧望之等密谋罢黜车骑将军史高，疏远许、史两大家族的情况。等到萧望之休假那天，郑朋、华龙把奏章呈给皇帝。元帝交付弘恭查办此事。萧望之回答说："外戚身居高位，大多荒淫奢侈，我期望圣上疏远他们，是为了扶正国家，并没有邪恶的意念。"弘恭、石显上奏说："萧望之、周堪、刘更生结党营私，互相称许推荐，多次诋毁国家重臣，离间陛下的骨肉至亲，图谋独揽权势。作为一个臣子，对君主不忠，欺骗皇帝，大逆不道。请派谒者把全案移送廷尉。"当时元帝即位不久，不了解移送廷尉是关进监狱，于是就批准了奏请。后来，元帝要召唤周堪、刘更生，左右回答说："他们已被关进监狱。"元帝大惊，说："不是说让廷尉查问吗？"责备弘恭、石显，二人都叩头请罪。元帝说："快请他们出来处理朝政！"弘恭、石显唆使史高对元帝说："陛下刚刚即位，没有以德感人而感化天下，却先施恩德于师傅。既然已把九卿、大夫下狱，不如就此将他们免职。"元帝于是下诏给丞相、御史："前将军萧望之，做过我八年的师傅，没有其他罪过，只因年老，记忆力减退，赦免他的罪过，撤销他的前将军、光禄勋职务；而周堪、刘更生一律贬为庶人。"

元帝一直非常尊重萧望之，想请他担任丞相；弘恭、石显，与许、史两大家族的子弟，以及侍中、诸曹，都怨恨萧望之等人。而这时刘更生指使他的外亲上书说："地震发生，大概是针对弘恭等来的，而不是因为三个老匹夫（萧望之、周堪、刘更生）。臣窃以为应该罢黜弘恭、石显，以示对于压制善良的惩罚。应该晋升萧望之等，以便疏通贤能上进的道路。如果是这样，则天下太平的大门洞开，自然灾害的泉源也就阻塞了。"奏章呈上之后，弘恭、石显怀疑是刘更生干的，要求元帝准许追究其中的奸诈真相。供词交代，果然受到刘更生指使，于是逮捕刘更生，把他关进牢狱，免去官职，贬为平民。

恰在这时，萧望之的儿子散骑中郎萧伋也上书为其父鸣冤。奏章交给有关部门。有关部门复查后上奏说："萧望之以前被指控的罪证很明确，并不是诬告陷害。他却教唆儿子，向陛下上书，引用'无辜'的诗句，有失大臣的体面，实在是对皇帝的不恭敬，请予以逮捕。"弘恭、石显等知道萧望之平素气节高尚，不可能接受下狱的屈辱，因此就向皇帝建议说："萧望之侥幸没有牵连进前案中去，而又得赐爵位封邑，他不悔过认罪，反而心怀怨恨，指使儿子上书，把过失推到陛下身上。自以为是陛下的师傅，无论怎么都不会治罪。如果不用监狱的痛苦抑制他的骄傲自信，那么陛下就再也无法施厚恩于臣子了！"元帝说："萧师傅素来性情刚烈，怎么肯去坐牢？"石显等人说："对人来说，最重要的是性命，而萧望之被指控的，不过语言上的轻罪，必定不会有什么意外。"元帝于是同意奏请。冬季，十二月，石显等把诏书封好，交给谒者，命令萧望之亲自拆封。同时下令太常迅速调发执金吾所属部队，包围萧望之的住宅。谒者到了萧宅，召唤萧望之。萧望之就此问他的学生鲁国人朱云，朱云崇尚节操，建议萧望之自杀。萧望之仰天长叹："我曾位居丞相，而今年纪已过六十。老年被关进监狱，去苟且偷生，岂不是太卑贱？"遂呼唤朱云的字说："游，快把药和好，不要延长我等死的时间！"于是饮下鸩酒，自杀身亡。元帝闻知，大为震惊，以手击案说："我本来就怀疑他不会去坐牢，果然杀了我的好师傅。"这时，太官正呈上午餐，元帝拒不进食，为萧望之之死而哭泣，左右均被其悲哀所感动。于是召唤石显等责问，石显等承认当初商议不周，过了很久，事情才算了结。元帝追思哀悼萧望之，不能忘情，每年四季都派使节去他坟墓前祭祀。直到元帝去世。

这时，中书令石显正独揽大权。石显的好友五鹿充宗任尚书令，二人同掌实权。京房曾在闲宴时入见皇帝，京房问元帝："周幽王、周厉王为什么导致国家出现危机？他们任用的是些什么人？"元帝说："君王昏庸，任用的都是善于伪装的奸佞。"京房进一步问："君王是明知奸佞而仍用他们？还是认为贤能才用他们？"元帝回答说："当然是认为他们贤能。"京房说："可是，今天为什么我们却知道他们不是贤能呢？"元帝说："根据当时局势混乱，君王身处险境便可以知道。"京房说："如果是这样，任用贤能时国家必定太平，任用奸佞时国家必定混乱，这是事物发展的必然。为什

么幽王、厉王不觉悟而另外选贤任能，一定要任用奸佞以致后来国乱君危？"元帝说："乱世君王，自认为他所任用的官员全是贤能。假如都能觉悟到自己的错误，天下怎么还会有亡国的君王？"京房说："齐桓公、秦二世也曾经知道周幽王、周厉王的故事，并讥笑过他们。可是，齐桓公任用竖刁，秦二世任用赵高，以致政治日益混乱，盗贼满山遍野。为什么不能把周幽王、周厉王当作一面镜子，而觉悟到用人的不当？"元帝说："只有治国有法的君王，才能依据往事而预测将来。"京房于是免冠，叩头说："《春秋》记载二百四十二年间的天变灾难，以警示后世君王。而今陛下即位以来，日食月食，星辰逆转；山崩泉涌，大地震动，天落陨石；夏季降霜，冬季响雷，春季百花凋谢，秋季树叶茂盛，霜降不能使树木凋零。水灾、旱灾、蝗灾，百姓饥饿，瘟疫流行。盗贼难以制伏，受过刑罚的人充满街市。《春秋》所记载的天灾人祸，现在应有尽有。陛下看现在是治世，还是乱世？"元帝说："已经乱到极点了，这还用问？"京房说："陛下现在任用的是谁呢？"元帝说："不过，幸而现在的情况要好于春秋时代，同时我又认为责任不在他们身上。"京房说："前世的那些君王，也都是这样想的。我恐怕后代人看现在，犹如现在人看古代。"元帝沉思了很久才说："现在扰乱国家的是谁？"京房回答说："陛下自己应该知道。"元帝说："我不知道；如果知道，哪里还会用他？"京房说："陛下最信任，同他在宫廷内共商大事，掌握用人权柄的人，就是他。"京房指的

是石显，元帝也知道，他对京房说："我明白了。"京房告退。后来，汉元帝还是不能罢免石显。

元帝让京房推荐他的学生中了解考课办法，有行政经验的人才，准备试用。京房上奏："中郎任良、姚平，希望能任命为刺史，在各州试行考绩制度。请给我出入宫殿的权力，随时向皇帝转报他们的奏章，免得有人从中作梗。"然而石显、五鹿充宗都痛恨京房，想使京房远离元帝，于是向元帝建议，应该试任京房为郡守。元帝遂任命京房为魏郡太守，用他的考绩方案去治理地方。

京房请求："年终，请准许我乘坐朝廷的驿车，向陛下当面报告。"元帝许可。京房自知数次因为议论朝政受到大臣的非议，与石显等人有矛盾，不想远离元帝。于是上密封的奏章："我出京师之后，恐怕被当权大臣所障，身死而事败，所以盼望在年终之时，得以乘朝廷驿车，到京师向陛下奏事，幸而蒙陛下允许。但是，六月二十日，阴云乱风四起，太阳光芒暗淡，显示高官蒙蔽天子，而天子心里怀疑。六月十八日、十九日之间，定有权贵想隔绝陛下与我的关系，使我不得乘坐朝廷驿车奏事。"京房尚未出发，元帝命阳平侯王凤根据他的旨意通知京房，年终不要乘驿车回京师奏事。京房心中更加惊恐。

秋季，京房出发，走到新丰，托朝廷传送文书的差人再上密封的奏章："我于六月间曾上书陛下，所说《遁卦》虽未应验，但占候之法说：'有道术的人离去，天气寒冷，水出成灾。'到了七月，果然大水涌出。我的学生姚平告诉我：

'你可以说通晓道术，却不能说笃信道术。你所预测的天灾变异，没有不应验的。现在，大水已经涌出，有道术的人就要被放逐而死在外边，还有什么话可说！'我说：'陛下最仁最爱，对我尤其宽厚，即令因进言而死，我还是要进言的。'姚平又说：'你只能说是小忠，不算大忠。从前，秦朝赵高执政，有一位叫正先的人因讥讽赵高而被处死，赵高的淫威从此形成。所以，是正先加速了秦朝的灭亡。'而今我出任郡守，自愿报效立功，只恐怕还没有着手便被诛杀。求陛下不要使我应验大水上涌的预言，充当正先的角色，作为姚平的笑料。"京房到陕县，再上密封奏章："我先前推荐任良可以负责官员考绩制度，使我留在朝廷。那些提出疑义的人知道这样对于他们自身不利，而且不可能把我和陛下隔绝开来，所以说：'与其学生出面，不如老师亲自主持。'可是，如果派我当刺史，又怕我面见陛下奏报，于是又说：'当刺史，可能太守不肯合作，不如索性当太守。'目的在于隔绝我们君臣。陛下没有违背他们的意愿而听从他们的意见，这正是阴云不散、太阳无光的原因。我离京师越远，太阳的昏暗越重。盼望陛下不要因为难以让我回京师而轻易去违背天意。邪恶阴谋，人虽然不能察觉，上天却必有变化，所以人可以欺，天不可以欺，请陛下详察。"

京房离开京师一月余，竟被逮捕入狱。当初，淮阳宪王的舅父张博是一个看风行事、素无善行的人物，向淮阳宪王要了许多金银财宝和钱币，到京师活动，以达到让淮阳宪王入朝的目的。张博曾跟随京房学习，并且把女儿嫁给京房。京房每次朝见，回家之后，都把跟元帝之间问答的话告诉张博。张博于是暗中记下京房所说的机密语言，让京房代淮阳宪王草拟请求入朝的奏章，又送给淮阳宪王，作为自己活动成效的证明。石显得知后，指控京房跟张博通谋，诽谤治国指施，把罪恶推到皇帝身上，贻误连累诸侯王。于是京房跟张博都被捕入狱。在街市上斩首，妻子被放逐到边塞。御史大夫郑弘，被指控与京房关系密切，遭免职，贬作平民。

御史中丞陈咸多次抨击石显，时间长了，因他与槐里令朱云是好友，曾将在宫廷中听到的话泄露给朱云，这件事被石显暗暗侦察得知。于是陈咸、朱云都被捕下狱，割掉头发，罚做苦工。

石显的淫威和权势日益增长，公卿以下的官员都很害怕他，不敢稍有怠慢。石显与中书仆射牢梁、少府五鹿充宗结党营私，凡依附这些权贵的人，都得到高官厚禄。民间有歌谣说："牢梁、石显，五鹿充宗，官职何其多，绶带何其长。"

石显深知自己专权，把持朝政，惟恐元帝一旦听取亲信的抨击而被疏远，于是找了个机会来表示忠诚，借用一件事作凭据以为验证。石显曾经奉诏到宫中诸官府征集人力和物资，他先向元帝请求："恐怕有时回宫太晚，宫门关闭，我可不可以说奉陛下之命，让他们开门？"元帝允许。一天石显故意来得很迟，宣称元帝命令，唤开宫门。稍后，果然有人上书控告："石显专擅皇命，假传圣旨，私开宫门。"元帝听说了这件

事，不禁笑了起来，把奏章拿给石显。石显抓住时机，流着泪说："陛下过度宠爱我，委任我办事，很多人都嫉妒我，想陷害我，类似这种情形已不止一次，只有圣明的主上才知道我的忠心。我出身微贱，实在不能以我一个人去使万人称心如意，担负起全国所有的怨恨。请允许我辞去中枢机要职务，只负责后宫的清洁洒扫，死而无恨。惟求陛下哀怜我，再给我一次宠幸，以此保全我的性命。"元帝认为石显说得对，非常同情他，不断安慰勉励，又重重赏赐。这样的赏赐及百官赠送资金高达一亿。当初，石显听说人们议论愤激，都说是他逼死了前将军萧望之，他惟恐招来全国文人学士的评击。由于谏大夫贡禹深明经术，节操高尚，石显便托人向贡禹表示敬意，用心结交，并向元帝推荐。贡禹于是擢升九卿，石显对他以礼相待，很是周详。原来非议石显的也有赞扬他的，认为他对萧望之不至于有陷害的行为。石显谋略变诈，善于为自己解围，以取得皇帝的信任，用的都是此类手法。

张辽血战败孙权

公元215年八月，孙权率军队十万人围攻合肥。此时，合肥城内有张辽、李典、乐进率七千人在屯兵驻守。魏公曹操去征讨张鲁前，曾留一封指导作战的信给合肥护军薛悌，信封上写道："敌人来了，再打开看。"孙权大兵到达，薛悌等人打开信，信中着："孙权若攻打你们，张、李将军出战迎敌，乐将军守城，护军不要参战。"将军们认为如此寡不敌

众，都怀疑曹操的指示有问题。张辽说："魏公远征张鲁，等他派救兵到达，我们已经被攻破了。所以他在信中指示，在敌人安排停当前，予以迎头痛击，以摧折敌军气焰，安定我军军心，然后才可能回城固守。"乐进等人都沉默不语。张辽气愤地说："胜负成败，在此一战。诸位若还犹豫不决，我张辽将独自决一死战。"李典原本与张辽不和，却感慨地说："这是国家大事，您的计谋如是为国家着想，我怎么能因为私人的恩怨而损害公义呢！我将和您一起出战。"于是，张辽当夜募集敢死队员八百人，杀牛设宴隆重犒劳他们。第二天清晨，张辽身穿铁甲，手持战戟，身先士卒，冲锋陷阵，杀敌数十人，斩敌两员大将，高喊自己的名字，冲破敌兵营垒，直杀到孙权的大旗下。孙权大惊，手足无措，退到一座高丘上，用长戟自卫。张辽大声叫喊着，要孙权下来决一死战，孙权不应战，看到张辽的人马并不多，乃下令将张辽重重包围。张辽急忙冲出重围，仅带出数十人，陷在敌阵中的人高喊："将军要抛弃我们吗?"张辽又返身杀回，再度冲出重围，救出其余的战士。孙权的人马都望风披靡，不敢抵挡。从清晨一直战到中午，东吴的士兵都十分沮丧，全无斗志。张辽命令回城，部署守城，整修城防，军心开始安定下来。孙权围攻合肥十多天，无法破城，只好撤军。士兵们已经集合列队上路，孙权和部下将领们还在逍遥津北岸，被张辽从远处看见。张辽突然率步骑兵杀到。甘宁与吕蒙等人奋力抵御，凌统率领亲兵搀扶孙权冲出包围，又杀进去与张辽奋战，身边的战士全部战死，他自己也受了伤，估计孙权已无危险，他才撤回。孙权乘骏马来到逍遥津桥上，桥南边的桥板已经撤去，有一丈多宽没有桥板。亲兵监谷利在孙权马后，要孙权坐稳马鞍，放松缰绳，他在后面猛加一鞭，战马腾空跃起，射向南岸。贺齐率三千人在南岸迎接，孙权因此而幸免于难。孙权登上大船，在船舱设宴饮酒压惊，贺齐从席间走出，流着泪说："主公为一国之尊，做事应处处小心谨慎，今天的事情，几乎造成巨大灾难。我们这些部属都深感震惊，如同天塌地陷，希望您永远记住这一教训!"孙权亲自上前为贺齐擦去眼泪说："我很惭愧，一定把这次教训铭刻在心中，绝不仅仅用笔记录下来就算了事。"

木门道计败司马

三国时期，诸葛亮率蜀军五出祁山时，与强敌魏军相遇时将计就计，将魏军统帅司马懿派出的一支部队在伏击圈里消灭，魏军损兵折将。诸葛亮在将魏军的前锋"打草"消灭的同时，又惊扰了后续的主帅与大军之"蛇"，使其再也不敢贸然尾追主动后撤的蜀军，便是应用此计成功的事例之一。

诸葛亮五出祁山时，率八万蜀军，司马懿带兵相迎。蜀军除在陇西用计抢割麦子以充军粮外，又在卤城，里应外合，打败魏军。但因魏吴联合攻蜀，西川吃紧，诸葛亮决定撤军。为摆脱魏军的尾追，他便决定设下埋伏，打草惊蛇，命杨仪、马忠率一万弓弩手在剑阁木门道设下埋伏，待魏军追到，只听号令将其歼灭。结果，司马懿命张部领五千魏兵向前追击，自己带二万余魏军随其后。张部中计被蜀军射杀，百余部将及魏军全部被歼。待魏军后援赶到时，山路已被阻塞。众军正要后撤，却听山头有人大叫："诸葛丞相在此！"只见诸葛亮立于火光之中，指着魏军说："我今天围猎，原想得一'马'（指司马懿），却误中一'獐'（指张部）。你们回去告诉司马懿，我早晚要擒住他。"由此可见，蜀军的胜利与魏军的损兵折将，一败再败，正是诸葛亮充分利用魏军统帅和将领的判断失误，以及发挥自身优势（心理优势、地形优势、战术优势、人才优势）的基础上，得心应手运用此计而取得的硕果。

设奇谋班超脱险

公元73年，东汉，窦固派副司马班超和从事郭恂一同出使西域。班超一行到达鄯善国时，鄯善王广接待的礼节非常恭敬周到，但后来忽然变得疏远简慢了。班超对他的部下说："你们感到广的态度冷淡了吗？"部下说："胡人行事无常性，没有别的原因。"班超说："这一定是因为有北匈奴使者来到，而鄯善王内心犹豫，不知所从。明眼人在事情未发生时就能看出，何况事情已经很明显了！"于是他召来胡人侍者，诈他说："匈奴使者来了几天，现在在什么地方？"胡人侍者惊恐地回答："来了三天，离此地三十里。"于是班超就把胡人侍者关起来，召集全体属员三十六人，和他们一同饮酒。饮到酣畅之时，班超借酒激怒众人说："你们和我同在闭塞的荒域，如今北匈奴使者才来几天，而鄯善王就冷淡我们了，若是使者命令鄯善王把我们抓起来送给匈奴，那我们的骨头就要喂豺狼了。我们怎么办？"部下都说："如今处在危亡之地，我们跟司马同生死！"班超说："不入虎穴，不得虎子。如今只有乘夜用火进攻匈奴人，使对方不知我们到底有多少人马，必定大为震惊恐惧，这样便可将他们一网打尽。除掉了北匈奴使者，那么鄯善王就会胆战心惊，我们便大功告成了。"众人说："应当和从事商议一下此事。"班超生气地说："命运的吉凶就在今天决定，而从事不过是平俗的文吏，听到我们的计划一定害怕，计谋便会泄露，到那时候，我们死得没有名堂，就算不上英雄了。"众人说："好！"一入夜，班超便带领部下奔向北匈奴使者的营地。当时正刮着大风，班超命令十人拿鼓，躲到匈奴人的帐房后面，相约道："看见火起，就要一齐擂鼓呐喊。"其余的人全都手持兵刃弓弩，埋伏在门两侧。班超顺风放火，大火一起，帐房前后鼓声、杀声响成一片。匈奴人惊慌失措。班超亲手杀死三人，下属官兵斩杀北匈奴使者及其随从共三十余人，其余约一百人全部被火烧死。班超等人次日返回，将杀匈奴使者的事告诉了郭恂。郭恂大惊，接着又神色一变。班超知道他的心思，举手声明："从事虽然没有参与行动，可班超怎有心一人居功？"郭恂这才大喜。于是班超叫来鄯善王广，给他看了匈奴使者的首级，鄯善举国震惊惶恐。班超将汉朝的国威和恩德告诉鄯善王，并说："从今以后，不要再同北匈奴来往了。"广叩头声称："我愿归顺汉朝，没有二心。"于是将王子送到汉朝当人质。班超归来后，向窦固讲述了出使经过，窦固十分高兴，将班超的功劳一一上报，并请求重新更换使者出使西域。明帝说："有班超这样的官员，为什么不派遣，而要另选他人呢？现任命班超为军司马，让他完成已开始的功业。"窦固又让班超出使于阗国，准备为他增加随行军士，但班超只愿带领原来跟从的三十六人。他说："于阗是个大国，路途遥远，如今率领几百人前往，不能显示强大。如有不测，人多反而成为累赘。"当时，于阗王广德称雄于西域南道，而于阗又受匈奴使者的监护。班超到达于阗后，广德待他礼仪态度十分疏远。于阗又有信巫术的习惯，而巫师声称："神已发怒，问我们为什么向着汉朝？汉朝的使者有一匹黑唇马，快去找来祭祀我！"于是广德派宰相私来比向班超索求赠马。班超已经知道底细，便答应此事，但要巫师亲自前来取马。不久，巫师来了，班超便立刻将他斩首，并逮捕了私来比，痛打数百鞭。班超将巫师的首级送给广德，并对他进行谴责。广德早已听说过班超在鄯善斩杀北匈奴使者的事，大为惊恐，随即杀死匈奴使者投降班超。班超重赏于阗王及其大臣，就此镇服安抚于阗。于是西域各国全把王子送到汉朝做人质。西域与汉朝的关系曾中断了六十五年，至此才恢复交往。

曹操凌势攻江东

建安十三年（208），总揽朝政十二年的曹操，面对诸侯混战，群雄争霸的局面，用挟天子以令诸侯的政治优势，推行联横攻弱的军事外交策略，先后剿除了袁术、吕布，招降了张绣、刘琮，消灭了袁绍大军统一了河北，打败了刘备。这时，如果再把败势的刘备吞噬，招安一直保持联横关系的江东孙权，那么西川刘璋及汉中张鲁也会自然归顺。那么，统一分崩离析的汉天下的大业就一举成功了。

这时的曹操头脑虽有些发热，但凭仅有的几分冷静与众谋臣计议说："现在刘备兵据江夏、夏口，以犄角之势防我追剿。他们进可攻，退可沿江而逃，我若以大军进剿，终不能将其置于死地。倘若他连结东吴，那就更不妙了。眼下宜用何策消灭他呢？"谋臣荀攸说："现在我军威大振，海内外无不惊服。刘琮望风而降，江东孙权闻声也必丧胆。我们可遣使过江，向孙权发出檄文，令其在江上与我会猎刘备。孙权慑于我军威武，必然惊惧依附，与我共灭刘备。"听了荀攸的昏然之语，曹操欣然应允，即刻亲笔向孙权写檄文一道，遣使渡江而去。

使者来到东吴，将曹操亲笔拟定的檄文交给孙权。孙权展开一看，只见文中道："孤近承帝命，奉诏伐罪，施麾南指，刘琮束手，荆襄之民望风而顺。今统雄兵百万，上将千员，欲与将军会猎刘备于江夏，同分土地，共结盟好，幸勿观望，速赐回音。"孙权看罢沉思一会对使者说："你可先回江北禀告曹公，待我计议已定后再做答复。"

曹操的这道檄文，在江东激起了轩

然大波。以张昭为首的文臣谋士，惧曹操之势，均主张降曹，以保完卵。武将则要与曹军拼死一战。而孙权关心的是与曹操会猎了刘备后，曹操会不会再向江东兴兵？曹操的军事实力究竟如何，我能不能与之抗衡？

后来，孔明出使东吴游说孙权时说："曹操既然在沿江安营下寨，这必定是久战之计。他广备战船，不是欲图江东又是为什么呢？他若只为了剿除刘备，何须征兵百万于此？"孔明寥寥数语，绝了孙权幻想曹军不攻江东之念。

周瑜在帮助孙权决策大计时，看罢曹操的檄文，见曹操言语狂傲，竟对江东称孤；又以大军百万，战将千员示威。便料到曹操文中所说的"永结盟好"是虚。于是决定联合刘备共同破曹。

曹操在联横江东孙权共同会猎刘备的策略上，欲用"盛气凌人"的气概威慑孙权，可结果却收到了以狸饵鼠的效果，致使行计失败。

宋太祖一石三鸟

后周大将赵匡胤陈桥兵变，登上皇位，建立了大宋王朝。宋朝初年，北汉与辽国勾结，而且后周旧将李筠等拥兵占据西潞州，且和北汉、辽等早有来往，对宋朝造成了很大威胁。

公元960年，宋太祖审时度势，在宋、李筠、北汉、辽四方的政治势力角逐中，便以激变李筠，而后征讨，以惊北汉、辽国等敌手，且削夺其外围势力（实为政治盟友的李筠）。致使通过激怒之法"打草"（伐李筠），达到既惊慑北

汉、辽国"敌蛇"，又除掉边镇之患的多重目的。事情是这样的：

建隆元年四月，宋太祖诏令原后周昭义军节度使、太原人李筠加官为宋朝廷中书令。当朝廷使者到达潞州时，李筠当即打算拒绝诏命。只是左右官员恳切劝谏，才请进太祖派来的使者，设置酒宴奏起音乐，随后又取出周太祖画像悬挂在厅堂墙壁，流泪不止。宾客僚佐惶恐惊惧，告诉使者说："令公醉酒有失常态，请不要见怪。"北汉国王睿宗刘钧听说此事，就用蜡封密信交给李筠共同起兵，李筠长子李守节此时哭泣劝谏，但李筠却不听。

宋太祖听闻李筠的种种表现，一方面用亲笔诏书安慰招抚，另一方面又召李守节进京为皇城使。给李筠则趁机派遣李守节入朝观察动静，太祖迎面对李守节说："太子，你为什么缘故前来？"李守节惶恐四顾，用头碰地说："陛下怎么这样说？此必定有说坏话的人在离间臣父和陛下的关系。"太祖说："我听说你多次劝谏，但你父亲不听，所以他派遣你来，想让我杀你罢了。你回去告诉你父亲，我没有做天子的时候，任凭你自己作为；我既然做了天子，你难道不能稍微让我一点吗？"李守节驱马飞驰回去报告李筠，李筠于是命令幕府起草檄文历数宋太祖的罪状。十四日，逮捕了宋朝廷所派的监军周光逊等人，派遣手下牙将刘继冲等押送到北汉表示归顺，要求支援，又派遣军队袭击泽州，杀死刺史张福，占领泽州城。

李筠反叛朝廷后，从事闾丘仲卿劝说李筠道："您孤军起兵举事，形势十分

危险，虽然表面上倚仗河东（指北汉）的支援，恐怕实际上也得不到他们的有力帮助。大梁（指宋朝）军队武器精良锐利，难以同他们争斗决胜。不如西下太行山，直抵怀州、孟州，堵塞虎牢关，占据洛邑城。然后向东去争夺天下，这是上策啊。"李筠却说："我是周朝老将，和周世宗的情义如同兄弟，宫禁警卫将士，都是我的故旧，听说我到达，必定会倒戈投归我，怕什么不成功呢！"未采用间丘仲卿的计策。

十七日，昭义兵变奏报。枢密使吴廷祚向太祖进言说："潞州岩崖险峻，贼军倘若固守的话，就不能用一年半载的时间攻破。然而李筠一向骄傲轻率没有谋略，应该迅速领兵攻击他。"十九日，派遣石守信、高怀德率领前头部队进军讨伐，太祖敕令石守信等说："不要放李筠西下太行山，急速领兵把守要塞，那打败李筠就必定无疑了。"

五月，北汉睿宗闻李筠背叛宋朝廷起兵后，派遣内园使李弼将诏书、金银绢帛、好马赐给李筠，李筠便又派遣刘继冲前往晋阳，请求北汉睿宗起兵南下，自己作为前导。北汉睿宗派遣使者向辽国请求援兵，辽军没有集结，刘继冲陈述李筠意思，要求不用契丹军队。北汉睿宗当天举行军队大检阅，倾国之兵自己统领从团柏谷出发，群臣在汾水岸边为之饯行，左仆射赵华劝谏说："李筠起事轻率仓促，事情必定无成，陛下尽境内之兵赶赴征战，臣下看不出来其事可行。"北汉睿宗不听从。

当北汉军队行进到太平驿时，李筠亲自率领官员僚属迎接谒见，北汉睿宗命令李筠朝拜时赞礼人不唱其名，坐在宰相卫融的上方，封为西平王。李筠看到北汉睿宗的仪仗卫队又少又弱，内心很后悔，却又自言蒙受周朝的恩宠不忍心辜负。但北汉睿宗同后周世代结仇，听到李筠的话，也不高兴。李筠准备返回，北汉睿宗派遣宣徽使卢赞监视他的军队，李筠心中越发不平。卢赞曾经会见李筠计议事务，李筠不理睬，卢赞发怒，拂袖起身。北汉睿宗听说卢、李有矛盾，于是派遣卫融前往军中进行和解，致使叛军出师便不利。

宋太祖获悉李筠背叛朝廷，勾结敌手北汉、辽国军队，公开叛乱后。于是除调遣军队外，自己又亲自布防，并率军征讨，既剿平叛军，又能"惊"慑、削弱北汉与辽军势力。这是实施此计的关键一步。

同年四月，宋太祖召三司使、清河人张美征调军队、粮食，张美说："怀州刺史、大名人马令琮，估计李筠必定反叛，日夜储备粮草来等待王师。"太祖立即下令授马令琮为团练使。随后，又采纳宰相范质的谏言，由于大军北上攻伐，依靠马令琮按需要供给，不可再转移到其它州郡，于是又将怀州提升为团练使州，让马令琮充任团练使。以保障后备供应。

五月初，宋太祖又任命洛州团练使敦进为本州防御使，兼任西山巡检，防备北汉军队。

叛军头目李筠留下长子李守节守卫上党，而自己则率领部众三万人向南出击。不久，朝廷的军队石守信等部在长平击败李筠军队，又攻克他的大会寨。

十九日，宋太祖下诏亲征，讨平李筠叛乱。不久，从大梁出发，二十四日，在荥阳停留。这时，西京留守向拱劝说太祖："渡过黄河，翻越太行山，乘着贼军没有集结就攻击它。如果滞留拖延十天，那贼军的势头就越发猛烈了。"枢密直学士赵普也说："贼人认为我国家新建，不能出兵征伐；倘若日夜兼程，攻其不备，可以一战而胜。"太祖采此意见。

二十九日，石守信、高怀德在泽州南面打败李筠叛军三万余人，俘获北汉河阳节度使范守图，杀死卢赞。叛首李筠则逃入泽州，环城固守。该月，永安节度使折德扆攻破北汉河石寨，斩首级五百。

六月初一日，宋太祖到达泽州，督令军队攻城，过十天还没攻下。他于是召见控鹤左厢都指挥使蓟人马全义询问计策，马全义请求全力紧急进攻，就率领敢死军士首先登城，飞箭穿透手臂，马拔出箭头前进战斗，太祖则亲率领警卫军队继续跟进。十三日，攻克泽州城。李筠投火而死。俘获卫融。

通过宋太祖亲征，终于将李筠叛军讨平。同时，还对北汉军队有所斩获和俘擒。李筠叛军的覆灭，宋太祖的"打草"之举（驱赶），使叛军背后的支使者、盟主的北汉、辽军大为震惊，亦大伤元气。由此使宋太祖通过计谋所企达之目标全部实现。

当时，北汉睿宗听说李筠战败，便从太平驿逃回晋阳，对赵华说："李筠不成气候，结果如爱卿所言，我侥幸保全军队而归，只是悔恨丧失卫融、卢赞罢了！"赵华不久便告老还乡。至于辽军则听说潞州被宋军攻破，结果也没有出兵。

二十九日，宋太祖从潞州出发。七月十日，到达京师。

当初，北汉宰相卫融被擒，宋太祖责问他说："你唆使刘钧帮助李筠反叛，是为什么？"卫融回答说："狗见了不是主人就叫，臣下实在不忍心背负刘氏。"并且说："陛下即使不杀臣下，臣下也必定不为陛下效力。"太祖发怒，命令左右卫士用铁杖打他的头，血流满面。卫融呼喊道："臣下死得其所了！"太祖说："是忠臣啊，放了他。"用好药敷贴他的伤口，让他送致书信给北汉睿宗，要求归还周光逊等人，表示诚意，将卫融送归太原，北汉睿宗不予回答。十三日，北汉任命卫融为太府卿之官职。

可见，到此时，北汉、辽军"敌蛇"，不仅因李筠叛军被宋军剿平而"大惊"，同时本身还损兵折将，丢城失地，甚至连北汉宰相都做了宋军的俘虏。卫融被俘后，宋太祖亲审、亲惩后，又突然放了他，让其作传书信使回归北汉，北汉之主对宋太祖的书信拒不答复，又不放宋监军等人，还大贬了放回的卫融之官职。这既表明北汉已元气大伤，毫无任何反击应变之力，还预示着内部矛盾加剧。卫融的俘而复回，无疑是安放在北汉之主身边的一颗内耗型定时炸弹，随时可能引爆，"敌蛇"之惊，已实成"重伤""内创"之状了。这一计谋运用成功的关键恰在于此。

太祖激变打北汉

五代末年，后周殿前都检点赵匡胤，

手握重兵，陈桥兵变，黄袍加身登上帝位，建立了宋王朝。宋代初年，北有敌国北汉及与之相勾结的辽国，更有后周的旧部将李筠等拥众兵镇守西潞州，他们与北汉、辽等早有往来。宋太祖于建隆元年（960年），审时度势，在宋、李筠、北汉、辽四方的政治势力角逐中，便以激变李筠，而后征讨，以惊北汉、辽国等敌手，且削夺其外围势力（实为政治盟友的李筠）。致使通过激怒之法"打草"（伐李筠），达到既惊慑北汉、辽国"敌蛇"，又除掉边镇之患的多重目的。宋太祖应用此计，运筹帷幄，实现方略的具体推进步骤如下：

第一步：抚（招抚）。建隆元年四月，宋太祖诏令原后周昭义军节度使、太原人李筠加官为宋朝廷中书令。当朝廷使者到达潞州时，李筠当即打算拒绝诏命。只是左右官员恳切劝谏，才请进太祖派来的使者，设置酒宴奏起音乐，但随后又取出周太祖画像悬挂在厅堂墙壁，流泪不止。宾客僚佐惶恐惊惧，告诉使者说："令公醉酒有失常态，请不要见怪。"北汉国主睿宗刘钧听说此事，就用蜡封密信交给李筠共同起兵，李筠长子李守节此时哭泣劝谏，但李筠却不听。

第二步：激（激怒）。宋太祖听闻李筠的种种表现，一方面用亲笔诏书安慰招抚，另一方面又召李守节进京为皇城使。而李筠则趁机派遣李守节入朝观察动静，太祖迎面对李守节说："太子，你为什么缘故前来？"李守节惶恐四顾，用头碰地说："陛下怎么这样说？此必定有说坏话的人在离间臣父和陛下的关系。"太祖说："我听说你多次劝谏，但你父亲

不听，所以他派遣你来，想让我杀你罢了。你回去告诉你父亲我没有做天子的时候，任凭你自己作为；我既然做了天子，你难道不能稍微让我一点吗？"李守节驱马飞驰回去报告李筠，李筠于是命令幕府起草檄文历数来太祖的罪状。十四日，逮捕了宋朝廷所派的监军周光逊等人，派遣手下牙将刘继冲等押送到北汉表示归顺，要求支援，又派遣军队袭击泽州，杀死刺史张福，占领泽州城。

第三步：变（叛变）。李筠反叛朝廷后，从事闾丘仲卿劝说李筠道："您孤军起兵举事，形势十分危险，虽然表现上倚仗河东（指北汉）的支援，恐怕实际上也得不到他们的有力帮助。大梁（指宋朝）军队武器精良锐利，难以同他们争头决胜。不如西下太行山，真抵怀州、孟州，堵塞虎牢关，占据洛邑城。然后向东去争夺天下，这是上策啊。"李筠却说："我是周朝老将，和周世宗的情义如同兄弟，宫禁警卫将士，都是我的故旧，听说我到达，必定会倒戈投归我，怕什么不成功呢！"不采用闾丘仲卿的计策。

十七日，昭义兵变奏报。枢密使吴廷祚向太祖进言说："潞州岩崖险峻，贼军倘若固守的话，就不能用一年半载的时间攻破。然而李筠一向骄傲轻率没有谋略，应该迅速领兵攻击他。"十九日，派遣石守信、高怀德率领前头部队进军讨伐，太祖敕令石守信等说："不要放李筠西下太行山，急速领兵把守要塞，那打败李筠就必定无疑了。"

五月，北汉睿宗闻李筠背叛宋朝廷起兵后，派遣内园使李弼将诏书、金银绢帛、好马赐给李筠，李筠便又派遣刘

继冲前往晋阳，请求北汉睿宗起兵南下，自己作为前导。北汉睿宗派遣使者向辽国请求援兵，辽军没有集结，刘继冲陈述李筠意思，要求不用契丹军队。北汉睿宗当天举行军队大检阅，倾国之兵自己统领从团柏谷出发，群臣在汾水岸边为之饯行，左仆射赵华劝谏说："李筠起事轻率仓促，事情必定无成，陛下尽境内之兵赶赴征战，臣下看不出来其事可行。"北汉睿宗不听从。

当北汉军队进行到太平驿时，李筠亲自率领官员僚属迎接谒见，北汉睿宗命令李筠朝拜时赞礼人不唱其名，坐在宰相卫融的上方，封为西平王。李筠看到北汉睿宗的仪仗卫队又少又弱，内心很后悔，却又自言蒙受周朝的恩宠不忍心辜负。但北汉睿宗同后周世代结仇，听到李筠的话，也不高兴。李筠准备返回，北汉睿宗派遣宣徽使卢赞监视他的军队，李筠心中越发不平。卢赞曾经会见李筠计议事务，李筠不理睬，卢赞发怒，拂袖起身。北汉睿宗听说卢、李有矛盾，于是派遣卫融前往军中进行和解，致使叛军出师便不利。

第四步：赶（征讨）。宋太祖获悉李筠背叛朝廷，勾结敌手北汉、辽国军队，公开叛乱后。于是除调遣军队外，自己又亲自布防，并率军征讨。既剿平叛军，又能"惊"慑、削弱北汉与辽军势力。这是实施此计的关键一步。

同年四月，宋太祖召三司使、清河人张美征调军队、粮食，张美说："怀州刺史、大名人马令琮，估计李筠必定反叛，日夜储备粮草来等待王师。"太祖立即下令授马令琮为团练使。随后，又采

纳宰相范质的谏言，由于大军北上攻伐，依靠马令琮按需要供给，不可再转移到其它州郡，于是又将怀州提升为团练使州，让马令琮充任团练使。以保障后备供应。

五月初，宋太祖又任命洺州团练使郭进为本州防御使，兼任西山巡检，防备北汉军队。

叛军头目李筠留下长子李守节守卫上党，而自己则率领部众三万人向南出击。不久，朝廷的军队石守信等部在长平击败李筠军队，又攻克他的大会寨。

十九日，宋太祖下诏亲征，讨平李筠叛乱。不久，从大梁出发，二十四日，在荥阳停留。这时，西京留宋向拱劝说太祖："渡过黄河，翻越太行山，乘着贼军没有集结就攻击它。如果滞留拖延十天，那贼军的势头就越发猛烈了。"枢密直学士赵普也说："贼人认为我国家新建，不能出兵征伐；倘若日夜兼程，攻其不备，可以一战而胜。"太祖采此意见。

二十九日，石守信、高怀德在泽州南面打败李筠叛军三万余人，俘获北汉河阳节度使范守图，杀死卢赞。叛首李筠则逃入泽州，环城固守。该月，永安节度使折德扆攻破北汉河石寨，斩首500级。

六月初一日，宋太祖到达泽州，督令军队攻城，过十天还没攻下。他于是召见控鹤左厢都指挥使蓟人马全义询问计策，马全义请求全力紧急进攻，就率领敢死军士首先登城，飞箭穿透手臂，马拔出箭头前进战斗，太祖则亲率领警卫军队继续跟进。十三日，攻克泽州城。

李筠投火而死。俘获卫融。

第五步：蛇（惊蛇）。通过宋太祖亲征，终于将李筠叛军讨平。同时，还对北汉军队有所斩获和俘擒。李筠叛军的覆灭，宋太祖的"打草"之举（驱赶），使叛军背后的支使者、盟主的北汉、辽军大为震惊，亦大伤元气。由此使宋太祖通过计谋所企达之目标全部实现。

当时，北汉睿宗听说李筠战败，便从太平驿逃回晋阳，对赵华说："李筠不成气候，结果如爱卿所言，我侥幸保全军队而归，只是悔恨丧失卫融、卢赞罢了！"赵华不久便告老还乡。至于辽军则听说潞州被宋军攻破，结果也没有出兵。

二十九日，宋太祖从潞州出发。七月十日，到达京师。

当初，北汉宰相卫融被擒，宋太祖责问他说："你唆使刘钧帮助李筠反叛，是为什么？"卫融回答说："狗见了不是主人就叫，臣下实在不忍心背负刘氏。"并且说："陛下即使不杀臣下，臣下也必定不为陛下效力。"太祖发怒，命令左右卫士用铁杖打他的头，血流满面。卫融呼喊道："臣下死得其所了！"太祖说："是忠臣啊，放了他。"用好药敷贴他的伤口，因此让他送致书信给北汉睿宗，要求归还周光逊等人，表示诚意，将卫融送归太原，北汉睿宗不予回答。十三日，北汉任命卫融为太府卿之官职。

可见，到此时，北汉、辽军"敌蛇"，不仅因李筠叛军被宋军剿平而"大惊"，同时本身还损兵折将，丢城失地，甚至连北汉宰相都做了宋军的俘虏。卫融被俘后，宋太祖亲审、亲惩后，又突然放了他，让其作传书信使回归北汉，

北汉之主对宋太祖的书信拒不答复，又不放宋监军等人，还大贬了放回的卫融之官职。这既表明北汉已元气大伤，毫无任何反击应变之力，还预示着内部矛盾加剧。卫融的俘而复回，无疑是安放在北汉之生身边的一颗内耗型定的炸弹，随时可能引而待爆，"敌蛇"之惊，已实成"重伤""内创"之状了。这一计谋运用成功的关键恰在于此。

闯王设计杀敌兵

李自成起义部队逐步壮大，所向披靡，公元1642年，围困明朝开封城。

崇祯连忙调集各路兵马，援救开封。李自成部已完成了对开封的包围部署，正待进攻。敌人二十五万兵马和一万辆炮车增缓开封，集中在离开封西南四十五里的朱仙镇。李自成为了不让援军与开封守敌合为一股，在开封和朱仙镇分别布置了两个包围圈，把敌军分割开来。又在南方交通线上挖一条长达百里、宽为一丈六尺的大壕沟，一断敌军粮道，二断敌军退路。敌军各路兵马，貌合神离，心怀鬼胎，互不买账。李自成兵分两路，一路突袭朱仙镇南部的虎大威的部队，造成"打草惊蛇"的作用，一路牵制力量最强的左良玉部队。击溃虎大威部后，左良玉果然因被围困得难以脱身，人马损失过半，拼命往西南突围。李自成故意放开一条路，让败军溃逃。左良玉退了几十里地又遇截击，面临李自成挖好的大壕沟，马过不去，士兵只得弃马渡沟，仓皇逃命。这时李自成早已部署在此地的伏兵迅速出击，很快把

左良玉的军队打得人仰马翻，尸填沟壑，全军覆没。

敲山震虎屈使臣

北宋仁宗年间，西域于阗国派使臣前来朝拜，路过秦州时，当地负责边防事务的军政长官按照对待贵宾的礼节招待他们。结果使臣十分骄横，在一个多月的滞留期间，毁坏了馆舍的器具设备，还唆使他们的随行人员到街市上肆意抢掠饮食，吓得老百姓大白天都关起门来不敢出入。凤翔县令陈希亮听说此事后，对他的部下说："我以前曾经负责接待过契丹的使臣，知道其中的情景。使臣原本不敢蛮横无礼，都是翻译把他们教坏的。我依法严惩翻译，翻译害怕了，使臣团也不敢轻举妄动。像契丹这样的大国使臣尚且如此，何况于阗这样的小国呢？"于是派手下的教官带着公文符节前去告诫于阗使团的翻译："经过我们管辖的地界时，如果有一丝一毫违犯法律的地方，我就先杀了你。"然后取了翻译立下的军令状回来。等到于阗的使臣团来到凤翔府，果然都恭恭敬敬地向陈希亮行礼下拜。陈希亮也以礼相待，请他们到两厢的客房饮食就餐，然后派人护送他们出境，没有一个人敢乱说乱动的。

射人先射马，擒贼先擒王。使用威间计时，选择好着眼点或落脚点是至关重要的。选得准可以四两拨千斤，选得不准就难免会有隔靴搔痒之嫌。在涉外活动中，翻译可以说是来使的耳目喉舌。来使是否克尽职守、奉行礼节，在很大程度上取决于翻译官的偏袒倾向与诱导；

而主方对来使的意愿与要求也往往通过翻译去实现。因此，陈希亮从翻译入手，作为威间的着眼点和落脚点，敲山震虎，晓之以理，用严明的法纪作威慑，以匡正不守法纪的于阗使臣。由于翻译惧怕严惩而不敢越礼，于阗使团除克己守礼而外，岂有胡作妄为的可能。

施毒计激怒对手

17世纪中叶，英国正向海上霸主的宝座奋力攀登，眼看成功在望，谁知又出现了一个新的对手——荷兰。这时的荷兰正处于资本主义发展的黄金时期，它拥有16000多艘商船，航行的轨迹遍布世界各地，有"海上马车夫"之称。两强相遇，必有纷争。大英帝国绝对不能容忍荷兰人对财富的聚敛和对英国霸权的威胁。为了牢固地树立起自己的霸主地位，夺取荷兰人的商业利益，英国人寄希望于武力，准备与荷兰人进行一场生死较量。但是，由于荷兰从事的大都是正当的海上运输和贸易，很少有侵犯英国利益的行为，英国一时找不到发动战争的借口。

英国议会精心策划，终于想出一条激怒荷兰人的狠毒之计。1651年10月9日，英国议会悍然颁布了《航海条例》，规定：凡英国的进口产品只准英国船只或原生产国船只运送，出口产品只准英国船只运送。这一条例的颁布，对于作为"海上马车夫"的荷兰人来说，无疑是致命的一刀，它旨在排挤荷兰在国际贸易中的中介作用，实际上是剥夺了荷兰人经营海上转运的一切权利。荷兰人无论如何也不会承认这个条例，于是，双方剑拔弩张，战争迫在眉睫。这正是英国政府希望出现的局面。由于英国方面对战争蓄谋已久，因此有较充分的准备，而荷兰人是在毫无准备的情况下猝然受刺激才应战的，所以形势对于双方的利弊十分明显。1652 年—1653 年，英荷进行了第一次战争，结果英国获胜，荷兰被迫缔结和约，承认了《航海条例》。以后又爆发了两次英荷战争，都以荷兰的失败而告终。从此，荷兰丧失了海上贸易的主宰地位，英国确立了海上优势。

大西洋反潜作战

碧波浩瀚的大西洋，有一个神秘的百慕大三角，据说在这里失踪的舰船已不下上百艘，而且每艘舰船失踪时都来不及呼救，无人幸免于难，整个过程极为神秘。对其原因，人们众说纷纭，至今没有定论。于是，"魔鬼大三角"就成了这里的代名词。在第二次世界大战期间，进入大西洋的舰船也频频神秘失踪，这不是因为大西洋又出现了"魔鬼大三角"，而是因为有一支神秘的"狼群"在水面下作恶。

英国是一个岛国，因此与外界的联系全靠大西洋上的交通线维系，一旦海上交通线被切断，整个国家就将陷入困境。

1939 年 9 月 3 日，英国油轮"雅典"号像往常一样，航行在大西洋上。突然，平静的洋面上掀起一股恶浪，随着海面下传来的一声沉闷的响声，"雅典"号摇摇晃晃瞬间便沉入了海底。9 月 19 日，正在大西洋执行任务的英国"勇敢号"航空母舰，也遭到来自水中的神秘袭击，莫名其妙地葬身洋底。1939 年 9 月，成了英国海军史上最黑暗的月份。在这个月中，英国与中立国航行在大西洋上的 41 艘船只，总吨位约 15.4 万吨，全部葬身海底，英国海军官兵有的到死都不知是怎么回事。这事极大地震动了英国朝野，英国决心查出真凶，严加惩罚。然而，正当英国加紧追查大西洋舰船失事原因的时候，又一件不幸的事情发生了。

1939 年 10 月 14 日午夜，群星撒满了夜空，英国海军基地斯卡帕湾内风平浪静，官兵们已进入甜蜜的梦乡。突然，一声低沉的爆炸声从"皇家橡树"号战列舰的底部传出，舰上的英国第二作战舰队司令官格罗夫从梦中惊醒，他和舰长都以为是军舰本身出了问题，下令查找爆炸原因。20 分钟后，该舰底部又连续传出 4 声巨大的爆炸声。尚未查出首次爆炸原因的"皇家橡树"号战列舰，便连同舰队司令和 786 名官兵一起葬身鱼腹。后来，英国才弄清舰船沉没的原因——是德国潜艇组成的"海狼"发起的鱼雷攻击。

战前，英国海军低估了德国潜艇的作用，认为潜艇不足为患。沉重的代价终于唤醒了盲目自大的英国人，他们不得不认真地研究对付德国"狼群"的办法，组织力量根除祸患。

潜艇早在第一次世界大战就开始崭露头角。1914 年 9 月 22 日，德国潜艇 V—9 号，在 1 小时 15 分钟内，用 6 枚鱼雷击沉英国3艘各为1.2万吨的巡洋舰。德国潜艇在海战中显示出的巨大威力，曾使英国人大伤脑筋。后来，德国在第一次世界大战中战败，战胜国严格禁止德国海军拥有潜艇。直到1935年，德国潜艇又在海军中死灰复燃。与此同时，运用潜艇的新战术，也在德国一个军事冒险家的头脑里酝酿成熟了。

1935年10月，德国新组建的一支仅有3艘潜艇的舰队司令官走马上任。这位司令官就是后来的海军总司令、第三帝国中希特勒的末代继承人邓尼茨。

邓尼茨这个狂热的纳粹党徒，为使德国潜艇称霸大西洋，他潜心研究作战理论，创立了德国潜艇战的新战法，即臭名昭著的"狼群"战术。从此后，德国潜艇便横行大西洋，作战效率成倍提高，舰艇阵容日益庞大。这种"狼群"战术的奥妙，在于昼伏夜出、结群作战、水面近攻。每当潜艇群在海上巡弋，有一艘潜艇发现目标后，立即报告岸上指挥部，并通知就近的其他潜艇。然后，以一个经验丰富的潜艇艇长担任"头狼"，指挥各潜艇协同作战。攻击前先派出一艘潜艇诱敌，引诱敌方护航舰追击，其他潜艇乘虚而入，发动水下夜袭。待天明时，则脱离接触，次夜再进行攻击。德国潜艇自采取这种"狼群"战术后，很快便收到了显著的战果。

10月19日，德国有名的"海上屠夫"普里指挥的U—47号艇发现了从加拿大驶往英国的护航运输船队，便立即用无线电召来4个"狼"伙伴。5条"海狼"兽性大发，猛攻猛打，很快就收拾了14艘船。得手之后，他们余兴未尽，又扑向另一支船队，连偷袭带强攻又将7艘船送入海底。其他6艘潜艇也在前一天联合击沉了17艘舰船。1940年6月至12月，德国依靠这种"狼群"战术，共击沉了668艘船只，总吨位达296.5971万吨。"狼群"的暴行引起了英国的极大恐慌，英国首相丘吉尔惊呼："对付潜艇的威胁是帝国海军的艰巨任务，较对付空袭尤甚！"

但是，尽管英、美海军紧密合作，全力对付德国"狼群"的袭击，但舰船的损失仍然居高不下。1943年3月19日，邓尼茨穷凶极恶地使用了自战争爆发以来最大规模的"狼群"战术，3群41艘潜艇恶狠狠地咬住了两支护航运输船队，以一艘潜艇被毁的代价击沉了商船21艘。整个3月份击沉对方吨位再次突破60万吨大关，"狼群"的嚣张气焰达到了无以复加的地步。

物极必反。德国"狼群"的猖獗，迫使盟国加紧研讨对策。1943年1月，盟国召开了卡萨布兰卡会议，决定把大西洋反潜战列为盟国的当务之急。

英国、美国、加拿大组建了海、空军特别指挥部，共同对付德国的潜艇；英美增调远程飞机，形成覆盖整个北大西洋的空中监视网；组建火力支援舰队，在远程飞机和护航舰的配合下共同反潜。并在飞机、舰船上配备了新式雷达，对德国潜艇进行远距离探测。一张强有力的捕"狼"网形成了，恶贯满盈的德国"狼群"已在劫难逃。

新的反潜战术出手不凡，迅速展示出了优越性。德国潜艇刚一露面，盟军的空中眼睛——飞机侦测雷达立刻就发现其行踪，随之而来的就是一顿猛烈的海空反潜炸弹攻击，德国潜艇不降即亡，别无出路。从 1943 年 4 月起，到该年底，德国 261 艘潜艇被击沉，以每月损失近 30 艘的败绩，宣告了"狼群"末日的到来。至此，第三帝国大势已去，绝望地将德国潜艇舰队中的 220 艘潜艇炸沉，曾骄横一时的德国"狼群"，从此彻底在大西洋上绝迹了。

以军怒炸反应堆

1981 年 6 月初的一天，耶路撒冷沐浴在金色的阳光中。以色列总理兼国防部长贝京正在其宽敞的办公室里紧张地批阅公文。突然，一份题为"伊拉克即将拥有核能力"的绝密报告跃入他的眼帘，顿时一种难言的焦虑和痛苦袭上心头。这个关系以色列安危的心腹之患已经搅得贝京几年来寝食不安。

伊拉克与以色列有不共戴天之仇。因此，以色列时时刻刻关注着伊拉克的一举一动。

1974 年，伊拉克与法国签订了核技术合作合同，由法国帮助伊拉克在巴格达东南 32 公里处的达塔穆兹研究中心，建立一个核反应堆，名为奥西拉克。合同规定，反应堆于 1981 年建成，造价 2.75 亿美元。与此同时，伊拉克还和意大利签订了一项购买"热室"的协定。这种设备可以从废铀中提取钚。据说，伊拉克还和其他一些国家就核技术合作建立了密切的联系。

伊拉克的所作所为和勃勃野心，让以色列人感到坐卧不宁。以色列不能容忍一个对自己虎视眈眈的近邻同"核"字挂上钩。

在过去几年里，以色列首先想使用外交手腕来阻止伊拉克成为核国家，但是，法、意都将它顶了回去。法国指出，伊拉克已签署了核不扩散条约，而且伊拉克的工程有保险设备，防止伊拉克使用生产出来的钚生产核武器。

于是心狠手辣的以色列死硬分子便求诸于极端手段。1979 年 9 月，以色列"摩萨德"的特务，炸掉了从滨海拉塞恩库房中启运去伊拉克的法国反应堆芯。一年之后，伊拉克核计划负责人、科学家叶海亚·迈沙德，在巴黎的一家旅馆里被人用大棒打死。几星期后，迈沙德之死的主要见证人在巴黎被一名汽车司机杀害。一月之后，在伊拉克参与核计划的意大利核公司斯尼亚公司在罗马的办事处被炸。同日，一位在奥西拉克的核工程工作的法国科学家险遭暗算。1980 年 9 月下旬，两架涂有伊朗空军标志的鬼怪式战斗轰炸机用火箭、炸弹袭击了伊拉克核反应堆。所有这一切，都是以色列所为。

外交破坏的受挫，肮脏诡计的失败，使贝京又气又恼。一天，他把空军领导人伊夫里叫到办公室，问他还有何高招。伊夫里狡黠地一笑，用手一劈，厉声地说道："巴比伦行动!"何谓"巴比伦行动"？这就是以色列拟制的偷袭伊拉克核反应堆的方案。按照这个方案，以色列将派出飞机，飞经约旦和沙特阿拉伯，然后一直飞过伊拉克的大沙漠，直抵巴格达郊区，轰炸核反应堆。要达成这次行动，关键是如何躲过约旦、沙特和伊拉克的雷达跟踪。

伊夫里精心挑选了20多名飞行员来进行强化训练。开始，驾驶员被要求长时间地在约旦与沙特接壤的大沙漠上空飞行，试探沙特和约旦雷达防区中的"盲"点。

为了迷惑途经国家的防空指挥官，他们训练的另一个重要内容是飞机的队形。他们让飞机作集群飞行。在敌方的雷达荧屏上，这些飞机所出现的集群图像，正好像一架大型商业飞机所显示的大亮点。而不是作战飞机显示的小亮点。

最后的一项训练是轰炸演习。以色列情报部门首先摸清了核反应堆水泥外层的厚度、水泥的成分，然后在格夫沙漠上按伊拉克核反应堆的大小比例建造水泥模型，反复进行轰炸演练。他们担心直接投弹可能会从反应堆的水泥外壳弹跳开去，于是飞行员便练习低空飞行，以平直弹道扔炸弹，使炸弹能穿透工厂墙壁，在里面引起爆炸，从而彻底炸毁里边的设备。

一切准备就绪之后，就等贝京下决心了。贝京日思夜想，辗转反侧，难下决心。但是，他的智囊们献策说：轰炸伊拉克核反应堆，此其时也！因为伊拉克正与伊朗打仗，一旦核反应堆被炸，无力报复。

贝京经过反复思考，觉得心里有了底。他下意识地说："干政治就要敢冒风险。"于是，他拿起电话机，对伊夫里下达命令："立即执行'巴比伦行动'计划！"

6月7日下午2点45分，14架涂着伪装色的飞机整齐地排列在埃齐翁空军基地。攻击机群由8架F—16和6架F—15组成。每架F—16装载两千磅炸弹，8架共装弹约16吨TNT。F—15担任掩护。每架飞机都带有导弹。F—16机翼下载的是一排响尾蛇导弹，F—15机身下载的是麻雀式导弹。

机群起飞后先沿着约旦和沙特的边境低飞，以躲过预警飞机的雷达扫描。在进入伊拉克领空以前，阿拉伯空防部队发现了飞机，要他们说明国籍。这时，飞行员用流利的阿拉伯语回答说，他们是约旦飞机。一会儿他们被另一支地面部队发现时，以色列飞行员又用国际商业班机通用的英语回答。雷达屏幕上看到的的确是一架商业喷气机的反射图像。就这样，他们终于蒙混过境，直指巴格达。

下午5点半，飞机到达了巴格达东南面的达塔穆兹研究中心。这个由三面土墙包围保护着的核反应堆并没有任何异常，它周围的高射炮群和地对空导弹也没有任何反应。以色列飞机迅速由低空拉到两千英尺的高度。

太阳正在落山，暮色笼罩着巴格达。一架架F—16闪电般梯次呼啸而过，带队长机发射两枚"灵巧"炸弹，精确命中目标，炸穿了混凝土圆顶。其余飞机也争相命中。

美国入侵巴拿马

1990年初，寒风肆虐，海浪涛天。在美国的一个小岛上，关押着一个孤独的老人。押解他的美国士兵递给他一张《华盛顿邮报》，报上登载了布什总统的一项决定：美国军队有合法的权力在海外逮捕贩毒分子、国际恐怖主义分子及其他逃犯……其中包括巴拿马总统诺列加上将。

老人看完报纸，两眼发直，怒不可遏。他嚓嚓几下把报纸扯了个稀巴烂，嘴里愤愤地骂道："布什，你这棍棒主义！"他就是巴拿马前总统诺列加。

几年前，他依仗美国登上一国之主的宝座。几年后，又是美国把他赶下台，送到这荒凉的海岛。

诺列加与美国主子反目为仇是近几年的事。最使美国恼火的是，诺列加积极主张收回巴拿马运河，摆脱美国的控制。美国政府指责他："骨头硬了也不知道是怎么长硬的。"指责他大肆鼓动要在"2000年的第一天将连接两大洋的运河归还给巴拿马！"

诺列加我行我素。布什政府极为愤慨，美国不能允许在自家后院有这样一个不听话的小邻居。推翻诺列加政府被提上了日程。

不久，一份来自巴拿马的报告送到了布什总统的椭圆形办公室里。这份报告列举了巴拿马总统诺列加参与贩毒和政治谋杀的一桩桩"事实"。布什看完报告后感到有了借口，便拍案而起："单是贩毒，就可以结束他的政治生命！"

于是白宫态度趋于强硬。1989年5月，美国在运河区增派兵力，并在巴拿马城附近进行各种军事演习，大肆炫耀武力。诺列加对这一切毫不理睬，依然故我。

不久，白宫终于找到了借口。1989年12月16日上午，在巴拿马国防军总部附近，一位美国军官与巴拿马士兵和武装民兵发生冲突，饮弹身亡。消息传到白宫后，布什大怒，说："我不容忍杀害美军的暴行。"布什总统亲自签署了捉拿诺列加的命令。

12月19日，美国海军的"海豹"特种部队率先行动，直奔诺列加的私人机场，以防他逃跑。

巴拿马城里一切都照常运转。工厂、商店、饭店、大街上的人流都很平静，不知道一场战争即将来临。只有诺列加及其亲信冥冥中感到有一柄达摩克利斯之剑高悬在头上，随时可能落下来。

12月20日，布什总统正式宣布，"正义行动"计划开始实施。其实在此前一天，"海豹"部队已经通过一场短兵相接的战斗，占领了巴拿马机场，同时在海港捣毁了诺列加的专用船只，以防他外逃。20日凌晨1时，美军突击部队在装甲车掩护下，从巴拿马郊外的克莱顿基地出发，直扑巴国防军总部所在地。美军轰炸机、直升机在城市上空盘旋。炸弹的爆炸声和枪炮声连成一片。美军行动的主要目标是摧毁支持诺列加的巴拿马国防军，其中包括3500名陆军、1.1万名警察，和一些准军事组织。

美军入侵部队兵分5路，夺取道路、桥梁、机场、通信等要害部位。其中第5路为机械化、轻型坦克部队，负责占领巴拿马国防军司令部。在一阵炮火轰击后，该部队冲入司令部大楼，但里面早已人去楼空，一个人影也没有见到。20日上午8时，美参联会主席信心十足地宣布："在大多数地区，有组织的抵抗已被制止了。"

在整整一天时间里，美军的坦克、装甲车在巴拿马城里横冲直撞。成群结队的直升机作超低空飞行。成千上万的巴拿马居民在街上奔跑。求生着奔向教堂、医院和学校避难。求财的，则不顾呼啸的子弹，跑到商店、市场，破窗而入，抢劫金银财宝，有的被子弹打死在地，还舍命不舍财，紧紧抓住珠宝不放。

据五角大楼公布，在这次突击行动中，美军死亡15人，伤59人，失踪1人，并有50名被俘"作为人质"，其中有11名科学家。若干架战斗机、直升机被击落，美国驻巴使馆遭受破坏。巴拿马伤亡人数始终是个谜，至今没有公布。

美军以迅雷不及掩耳之势，占领了巴拿马，可是此行的主要任务——捉拿诺列加还未完成。在美军入侵6小时后，美国兵冲进了诺列加在太平洋边的行宫，他们发现房间里的烟缸还有烟头在冒烟。这说明诺列加刚刚离开这里。可是美军搜索部队把个小小的巴拿马搜了个遍，也没有见到诺列加的踪影。

美国人心里很清楚，只要诺列加这位铁腕人物不落网，巴拿马就永无宁日。美军迅速包围了古巴和尼加拉瓜大使馆，以防诺列加逃进使馆避难。侵巴美军总指挥凯利中将发誓："我们开动所有监视系统，不信就找不到他！""美国之音"反复广播，凡能提供抓住诺列加的线索者，将给予100万美元赏金。

就在美军煞费苦心寻找诺列加时，从一处私人电台里传来了诺列加的声音，他号召忠于他的人们："胜利或牺牲，但决不后退一步！"这一号召果然起了作用，给入侵美军带来不少麻烦。在街上行走的美军经常遭受从暗处打来的冷枪袭击，各种破坏活动呈上升趋势。于是美军更急切地希望将诺列加捉拿归案。

诺列加和美国人玩起了"猫捉老鼠"的游戏。他先后更换了5个藏身处，躲过了2.4万美军的追捕，于24日下午逃进了梵蒂冈驻巴拿马大使馆，要求政治避难。美国闻讯后，立即将使馆团团包围，装甲车封住了使馆的所有出路，美军士兵不分昼夜地用武器瞄准使馆。入夜，强大的探照灯光把使馆照得雪亮通明，如同白昼。

美国方面一面加紧和梵蒂冈方面谈判，要求交出诺列加，一边焦急地等待着回音。12月28日，美军别出新裁地想出一个心理战的怪招：音乐"轰炸"诺列加，守在梵蒂冈使馆外面的美军，从这一天起开始用高音喇叭对准使馆，播放包括一首名叫"无处可逃"的歌曲在内的摇滚舞曲。震耳欲聋的声音，强劲的节奏，整日不停地播放，虽然"炸"不死人，也能叫人精神分裂、发狂。伴随着音乐攻击，直升机还不停地在使馆上空盘旋。

在强大的压力之下，梵蒂冈也不敢收留诺列加。诺列加最终感到失望和空虚。他说："世界上的利益之争，胜过爱人之争，梵蒂冈最终会改变态度，把我交出去。与其这样，还不如向美国法庭自首。"在这种思想驱使下，他自动走出使馆，希望能得到宽大。

但是他想错了。他已经50岁，却被美国法庭判了145年监禁，今生今世永无出头之日了。

第十四计　借尸还魂①

【原典】有用者，不可借；不能用者，求借。借不能用者而用之，匪我求童蒙，童蒙求我②。

【按语】换代之际，纷立亡国之后者，固借尸还魂之意也。凡一切寄兵权于人，而代其攻守者，皆此用也。

【原典注释】①借尸还魂：尸，尸体；魂，魂魄。借着别人的尸体恢复自己的魂灵。比喻已经死亡的东西，借着另一种形式出现。作为计谋，代表弱小者或影响较小的人或集团利用已经消亡了的有影响、有感召力的集团或人的影响而活动，扩大自己的势力。

②匪我求童蒙，童蒙求我：《易经·蒙卦》"象曰：匪我求童蒙，童蒙求我，志应也。"意思是说：不是我有求于蒙昧的幼童，而是他前来救教于我。彼此志同道合，互为感应。那么，童子则受支配。运用在这一计谋中，便是别人受我控制，我不受制于人之意。

【原典译文】凡是有所作为的人，总是难以控制，不可以利用。凡是没有作为的人，总是有求于人，就可以利用。利用没有作为的人发挥作用，使他有所作为。根据蒙卦原理，这不是我受别人支配，而是我支配别人。

【按语译文】每当改朝换代的时候，总会出现纷纷扶植亡国君主后代的现象，本来就是"借尸还魂"的意思。凡是带军队依托别人，并代替别人进行攻击或防御的，也都是这一计谋的运用。

【传世典故 计名探源】借尸还魂原指人死后，将灵附于他人尸体而复活，现比喻已经没落或死亡的事物借助别的事物，又以另一种形式出现。在军事上指善于利用一切可以利用的事物，来实现自己的军事意图。

"借尸还魂"来源于神话传说。从前有一个叫李玄的人，长得十分英俊潇洒，博闻强记。太上老君见其聪明伶俐，就收为徒弟，并授以长生不老之术。

一天，他要随自己的师父太上老君到仙界云游，但凡胎肉体却上不了天，就只好留下躯体，跟随师父魂游太空了。在自己的灵魂离开躯体之前，李玄对自己的徒弟说："我的尸体留在这里，你要好好守护，不得有半点马虎，七天之内我就返回。如果到时未归，就是我已成仙了，那时才可将我的尸体火化。"

徒弟遵照师父的吩咐，日夜守护李玄的尸体，已到了第六日，忽然传来母亲病危的消息。徒弟此时十分进退两难，若要回家，为母送终，师父的灵魂还没有归还；若要守护师父的尸体，自己难尽孝道，母亲死难瞑目。

后来有人劝说道："在师徒之义、父母之情不能两全的时候，首先应保全父母之情，何况你师父已六日未归，说不定早已成仙去了。"徒弟只好洒泪将李玄的尸体焚化了。

到了第七日，李玄的灵魂回来了，四下里找不到了自己的尸首，无法还阳。正在急切无奈之时，忽见路旁有一饿死的乞丐，刚刚断气不久，尸体还算新鲜，李玄于慌忙之中，便将自己的灵魂附在了这具乞丐尸体之上。借尸还魂后的李玄，与原来的李玄已面目全非。蓬头垢面，袒腹露胸，并跛一足。为支撑身体行走，李玄对着原乞丐用的一根竹杖喷了一口仙水，竹杖立即变为铁杖。借尸还魂后的李玄也因此被称为铁拐李，而原来的名字却反被人们忘却了。铁拐李借尸还魂的故事还见于元代岳伯川所写杂剧《吕洞宾度铁拐李岳》，后《东游记》也有记载，只情节不尽相同罢了。借尸还魂这一带有迷信色彩民间传说，后来被人们用来喻指某些已经死亡的东西，又借助某种形式得以复活的现象；有时也可以用来喻指某些新的事物或新的力量借助某种旧的事物或旧的形式求得发展的现象。在上述两种情况下，所谓"尸"、"魂"、"借"、"还"的喻意便都不尽相同了。

【名家评点 破解方略】借尸还魂原意是指使已经死亡的东西，借用另一种形式又出现了。在作为计谋运用时，它的实质是利用没有作为或不能有所作为而加以控制。对有作为难以控制的，则不可以施计。有一则成语叫做"借鸡下蛋"，说的是如何巧妙地借用现已存在并继续发展的事物，产生自己暗设的行为效果。可见，"借尸还魂"是一种"暗中显明"之计，"借鸡下蛋"却是一种"明中设暗"之计。同样是"借"，却大相径庭，"借尸还魂"与"借鸡下蛋"的区别在于："借尸还魂"的特点在于向已经死亡或失去活力的事物中重新注入新的生命力，然后"东山再起"。而"借鸡下蛋"是借助于一个更为合适或更加有效的力量，去实现自己力所能及的目的。

经典案例　锦囊妙计

说古喻今谏文帝

为使帝王纳谏，或改弦易辙，或平冤改过，或闻过则喜，或从善如流，臣下更须借助各种手段，伺机而行。方能达其政治目的，使帝王或臣均得以自全或转危为安。其中，说古喻今，借古讽今是一种惯用的巧术上策。汉代，郎署长冯唐便是这样能人。汉文帝时，魏尚任云中太守。当时，匈奴人时常侵扰边塞，使北方诸郡时刻不得安宁。魏尚任云中太守以后，便开始整治军队，积极抵抗，一时汉军声威大振。当时，匈奴人闻知魏尚贤勇，故轻易不敢来犯云中。有一次，一支匈奴的军队进入云中境内，魏尚便亲率兵卒迎战，杀伤甚众，终于打败了匈奴的入侵。由于一时疏忽，魏尚在向朝廷报功时，多报了斩杀的六个首级。汉文帝便认为魏尚冒功，撤消了魏尚的职务，且将他依法治罪。臣下们对此都感到魏尚获罪有些冤枉，但却无法解救他。一天，汉文帝见到郎署长冯唐，便问他："你是哪里的人呀？"冯唐回答说："我是赵人。"汉文帝一听，便来了兴致，说："以前我听说赵国的将领李齐十分了得，巨鹿大战时，威震敌胆。现在，每当我吃饭的时候都想起李齐。"冯唐回答说："李齐远不如廉颇、李牧。"文帝听后，对赵国当时拥有那么多良将既感到惊喜，却又感叹道："可惜呀，我没有得到廉颇、李牧那样的将才，如果

有他们那样的人为将，我就再也不担忧匈奴人了。"这时，冯唐见救魏尚而进谏的时机已到，便脱口说出："陛下如果得到像廉颇、李牧那样的将领，如今也不一定会用。"汉文帝一听此言，却感到十分惊诧，反问说："那你怎么会知道呢？"冯唐则回答说："古时候的帝王派遣将领出征，总是说：'大门以内我负责，大门以外，请由将军治理。'军队里按功行赏，这本是就是将军们的事，由他们先决定以后再转告朝廷。以往，李牧在赵国做将军时，所在地的租税都自己享用了，赵王从不责怪他，所以李牧的才智得到了充分的发挥，赵国也几乎成为霸主。而当今，魏尚做云中太守，其所在地的租税收入，全部用来供养士卒，因此，匈奴才惧怕他，不敢接近云中的边塞。而陛下仅仅因为六个首级的误差，便将他下狱治罪，削掉了他的官爵，所以，我才敢说，陛下即使有廉颇、李牧那样的将才，也不能够很好地任用他们。"冯唐的这番话，既借古而讽谏了汉文帝，为魏尚说了情，鸣了冤，却又没有因此而得罪汉文帝。因此，汉文帝听了冯唐这些话后，很受感触。当天，就派冯唐拿着符节到云中赦免了魏尚，并且恢复了他云中太守的官职。

陈胜借名拉反旗

秦王扫六合，一统全国，用兵日久。统一之后，又北修长城，以抗匈奴；南

伐百越，以振国威。再加之大修阿房宫、始皇陵，开凿驰道，百姓劳役赋税日重，大有不堪重负之势。

秦二世元年（前209年）七月，秦王朝从汝阴（今安徽阜阳）、蕲县（今安徽宿县东南）征集了900名贫苦农民去渔阳（今北京密云西南）戍守边防。他们在两名官吏的押送下，昼夜兼程，风餐露宿，苦不堪言。但行至大泽乡（今安徽宿县刘村集）时，突遇暴雨数月，道路受阻延期，无法按期赶赴渔阳。然而，按照秦王朝的法律，戍边误期者将被处斩。于是，这些人均面临可能被处死的巨大威胁。

陈胜（又称陈涉）、吴广则是此次同行的被征戍的民夫之一。陈胜少时，"曾与人佣耕"，饱经沧桑与苦难。他们被押送官员指派为这批戍卒的头领，亦深得人们的信任和拥戴。值此死生存亡之际，大家一致要求陈、吴二人想办法，如何死里逃生。陈胜说："咱们误了期，赶不到那里，非死不可。"有人提出："咱们逃跑吧！""那也不行，我们能逃到哪里去呢？所以说，不逃是死，逃也是死。"接着吴广对大家说："我们与其等死，不如去拼死，如果这样，或许还能有条活路。"大家于是同意这样办。这时陈胜、吴广虽然看到众戍卒均有拼死求生的强烈要求，但却需要有个有威望的人出来相号召，起事才有可能。他俩私下商议之后，便想出一个先在戍卒中制造舆论的办法，来树立自己的威信，此法即"鱼腹丹书"与"篝火狐鸣"。为实施此法，有一日，陈胜用朱红丹砂在一块丝帕上写上"陈胜王"三字，偷塞于渔夫刚捕捞到的鱼腹之中，故意让戍卒们买走这条鱼，待他们回去剖洗此鱼时，发现丝帕丹书，无不称奇。消息不胫而走，人们纷纷私下传说陈胜是个有帝王之命的人。与此同时，陈胜又叫吴广在夜里偷偷跑到附近的荒庙里，烧起一堆野火，假装狐狸的叫声，嘶喊着"大楚兴，陈胜王"，众人远远听到这种声音，又见闪烁不定的篝火，惊恐之际，越发相信陈胜绝非凡人。戍卒们中间，大家纷纷传说着连日来的怪事，认为这是天意所为。于是，陈胜在人们的心目中，逐渐拥有了极高的威信。

在陈胜树威大获成功的同时，他俩又决定"拉旗"揭竿，以相号召，以凝聚众戍卒的战斗力，为一个共同的目标去决以死战。对此，他们则借用了秦扶苏太子、楚名将项燕的名义，"拉大旗"以行反秦暴政之义举。在当时，秦朝的各地百姓都知道扶苏是秦始皇的长子，理当继承帝位，且为人之贤杰，深得民心，但却不知其已为秦二世胡亥所杀。项燕则是楚国的一代名将，屡立战功，向为人们所崇敬、仰慕，然在与秦国作战中，已为王翦所杀害。但由于交通不便、音讯不畅，人们不知其被害，纷纷传说二人逃亡在外，尚活在人间。为此，陈胜、吴广为利用有利时机，便拉起扶苏、项燕为"大旗"，以相召唤，号召人们立即起义。陈胜、吴广在首先杀死了两名押送的官吏后，便召集九百戍卒对他们说："大家遇到了大雨，已经延误了到达渔阳的期限，误了期就得被处死。即使如期到达那里，防守边疆，十有六七也是受尽折磨，客死他乡。我们堂堂男子汉，不死则已，死也要死得其所，闻名于天下。"又说："王侯将相，宁有种乎?!"难道那些王侯将相天生就该享福，我们天生就该做奴隶吗？不是如此。大家听完这番话，感到很有道理，于是纷纷表示拥护。他们又与陈胜、吴广设坛盟誓，打起了扶苏、项燕的旗帜，公开提出了"伐无道，诛暴秦"的起义口号，以相号令天下人们，共举义旗。

接着，陈胜、吴广率领义军，一鼓作气连续攻克五座城池。义军所到之处，杀官吏，放囚徒，废苛税，开仓放粮，赈济饥民，深得民心。于是四方民人纷纷来归，每日均有数千之众投奔义军而来。致使起事不久，义军迅速壮大到了数万人之众，战车达六七百乘之多，而战马更拥数千匹之巨。

接着，陈胜、吴广在率义军攻克五城之后，又直指陈县而来。镇守陈县的秦王朝官兵，闻讯早已逃散。起义军于是顺利占领陈县县城，陈胜、吴广随即招集当地贤达，共襄大计。这时，大家纷纷赞颂陈胜说："将军披坚执锐，伐无道，诛暴秦，复立楚国之社稷，功宜为王。"故公推陈胜为王，拥吴广为假王（即副王），建立国号张楚。

这是秦末义军首领陈胜、吴广刚起事，势单力薄之时，依赖扶苏、项燕在民人心中的仰慕之力（吸附之力），拉大旗（"借尸"）举义帜，以相号召，从而获得成功的事例，也是赖力而"借尸"并以"还魂"的典型实证。这种赖力，一是充分利用扶苏、项燕的知名度和影响力；二是赖持其二人的人格力量，以作为聚积义军的凝聚剂；三是将扶苏、项燕作为义军反暴政、反无道的大旗，更具特殊的号召力。因为这二人是仁政、有道的化身和代表、体现者，这样，使义军之举更加名正言顺，"伐无道，诛暴秦"的口号，会使社会各阶层人士均能信服、接受、理解，也更深入人心。还魂顺理成章，亦更持久。

齐顷公借衣脱身

春秋时，齐国虽是大国强国，但在鲁成公二年（前633）时，管国应鲁国、卫国的请求，出兵攻打齐国。这样，面对鲁、卫、晋三国，齐国也就一时处于劣弱之势。结果，齐国的国君齐顷公被晋军围困在华不注山下，齐军兵败，被晋军紧紧追赶。这时，顷公的侄子逢丑父见军情危急，便对齐顷公说："事情已经非常危急了，请您赶快把衣服脱下来给我穿上，您穿我的衣服，以此来迷惑晋人，您就可以逃脱了。"顷公不得已和逢丑父换穿了衣服。果然，晋军大将韩厥率军误将逢丑父当作齐顷公俘获了去见晋君。这时，晋国另一位大将郤克已经知道韩厥中计，被逢丑父骗了，便要将此人斩杀。逢丑父大声抗争说："晋国的臣子们把我当做一面镜子吧！做人臣的理应救君子祸患，如今要把这样的人杀掉，从此以后你们晋国再也不会有敢于牺牲自己保全国君的人了。"郤克听了，认为言之有理，便说："我把全心全意忠于国君的人杀了，大不吉利。"于是叫人把逢丑父暂时搁置起来，饶他不死。待到战事结束，两国签订盟约后，才把逢丑父释放回国。

在这两个事例中，弱手遇强敌，要免于灭顶之灾与束手就擒的命运，必须利用、借敌手的错误、弱点（即"旧尸"），来乘机化导，摆脱困境。宋将华元利用楚军的麻痹，偷袭主帅营帐，逼令撤军解围（还"新魂"），以命相拼，终致化险为夷、围解国存。逢丑父见国君被困，引导对方犯误识之错（诱借"旧尸"），以更衣便君脱险；更以敌人的心理弱势（借名、顾义）为主攻方向，致使自存而返国（巧于"还魂"）。这是"心战"胜于"实战"、政治攻势挽救军事败局、以弱赢强的典型实例，其成功的关键、局势的转折点在于运用此计巧妙高超无比。

弃旧换新立重耳

春秋时期，晋国的国君晋献公死后，国内发生了大乱，晋献公的一个儿子重耳，为了避免国内的混乱，便带着一些忠于自己的大臣，出外流亡。晋公子重耳先后到过狄国、齐国、宋国、楚国，但均遭冷遇，一直很不得志。当此之际，与晋国相毗邻的秦国，却很想控制晋国。就在晋国国内发生内乱时，秦国统治者便乘晋之危，插手拥立夷吾为国君，这就是晋惠公。但就是晋惠公拥立后，却对秦国统治者立即反目，恩将仇报，发兵攻打秦国，结果失败，晋惠公也做了秦军的俘虏。后来经人说情，晋国答应割让五座城池给秦国，并用太子圉作为人质去秦国，这样，秦穆公才将晋惠公释放回国。而晋太子圉在秦国做人质时，得知父王生病了，他怕君位传给别人，

便偷偷地跑回晋国。到第二年时，晋惠公死，他便夺得了君位，且从此再也不与秦国相交往。秦穆公对此颇为伤心，更令其忧愤的是，如此下去则无法达到和实现自己企求的政治目标。在这种情况下，他权衡利弊得失，决心拥立流亡在外的晋公子重耳，做晋国的新国君。于是，秦穆公派专人从楚国接回了晋公子重耳，并把自己的女儿怀嬴嫁配给了他，以示友善和礼遇。之后，为了帮助女婿晋公子重耳尽快夺得晋国的王位，秦穆公便发重兵前去攻打晋国。秦军入晋后，将晋军打得大败，且将公子圉赶跑，从而拥戴公子重耳做了晋国的新国君，这就是晋文公。晋文公登上王位后，十分感激秦穆公的恩德和救助，从此，秦晋两国结为"秦晋之好"的政治、军事盟国。而秦穆公多年的以秦"驭晋"的政治夙愿与梦想，终于得以机巧地实现。

此计的实施者为秦王秦穆公，而通过拥立重耳，"以旧换新"，结秦晋之好获实利的则是秦国本身。为施用借尸还魂之计，秦穆公一是乘晋国内乱之机、重耳远避他国备受冷遇之时。这样，既是"尸死"（重耳）然未僵，可以利用（废立在握）；同时，又可进行感情投资，加重政治筹码的重量、抬高其身价。此为静观择机之术。二是换形借尸，巧伪得宜。为控驭晋国，秦穆公曾将晋国三易其王、三借其尸，以寻示秦国利益的代理人。但前两次均以失败告终。晋惠公抗借其尸，太子圉更拒借其骸，只有将落魄公子重耳，软（招婿）硬（出兵）兼施，方才拥立为新主，并结"秦

晋之好"。从而,使换形得手,伪结而实驭的企图,有实现的可能。三是为婿出兵,"还魂"技奇。秦穆公将公子重耳目楚礼接回秦,然后又招为婿,再以助婿为名而名正言顺出兵,加以拥立;又以新婚须加眷顾的血缘纽带,将秦控驭晋国合情合理合法化。可见,其还魂之技,真可谓精(施恩)、巧(联姻)、奇(出兵)、绝(眷顾)。

苏章秉公惩友属

苏章是东汉时的冀州刺史,为官正直无私,深得众望。其友人为清河太守,属冀州下属之官。但此人却在任上,贪赃枉法,胡作非为,致使民怨沸腾。苏章到清河去巡视时,得知此情,便想惩治他。为此,他专门备办酒席,宴请此太守。酒宴中,二人畅叙友情,甚为欢洽。友人便误以为苏章会徇私情,不治他罪,便得意地说:"别人头上只有一个天,而我头上却有两个天。"但苏章却回敬他说:"今晚,我与过去的朋友饮酒,这是私恩。明天本官冀州刺史去公堂办案,却是公法。"次日,苏章果然依法惩治了那位部属太守。

霍、寇、苏三人,使用此计,或为惩奸,或为夺印,或为治贪。其政治目的(还"新魂")虽各异,但其借用的机会与手段、方式(借"旧尸"),则大致相同,即拉帝王的大旗作虎皮,以相掩护,或圣上的恩德、威势(诏令、法律)等,以相凭借。从而,打击、制驭、惩治政敌与对手,以收克敌制胜之效应。

王莽借改制篡汉

西汉末年,梓潼县人哀章在长安求学,一向品行不端,好说大话。他看到王莽居位摄政,就做了一只铜箱子,制作了两道封书题签,一道写作"天帝行玺金匮图",另一道写作"赤帝行玺某传予黄帝金策书"。所谓某,就是高皇帝的名字。文书说王莽应做真天子,皇太后应遵从天命。图和书都写明王莽的八名大臣,又起了吉利的名字叫王兴和王盛,哀章还把自己的姓名也塞在里面,共有11人,都写明了官职和爵位,作为辅佐。哀章听到齐郡新井和巴郡石牛事件下达了,当天黄昏,穿着黄衣,拿着铜箱子到高帝祠庙,把它交给了仆射,仆射向王莽奏报。十一月二十五日,王莽到高祠庙接受天神命令转让统治权的铜箱子。他戴着王冠,晋见太皇太后,回来便坐在未央宫的前殿,下文告说:"我自身无德,幸赖是皇初祖黄帝的后代,是皇始初虞帝的子孙,又是太皇太后的亲属。皇天上帝大加显扬和保佑,既定的天命,宣告皇统的开端,上天降下的符命、图文,神明晓喻,把普天下人的命运托付我。赤帝汉朝高皇帝的神灵,秉承上命,传给我转让政权的金策书,诚惶诚恐,不敢不敬谨接受!二十五日为一吉日,我戴着王冠,登上天子的座位,建立'新王朝'。决定改变历法,改变服饰的颜色,改变祭祀用品,改变旌旗,改变用器制度。把今年十二月初一定为始建国元年正月的初一,把鸡鸣之时作为一天的开始。车马、服饰的颜色配合土德崇尚黄色，祭祀适应正月建丑使用白色，使者符节的旄头都采用纯黄，其上写上'新使五威节'，表明我们是秉承皇天上帝的威严命令。"

王莽将要当真皇帝之前，先让人捧着各种符瑞给太皇太后看，太后大吃一惊。这时，因孺子刘婴还没有即位，所以皇帝御玺仍放在太后的长乐宫。等到王莽即位，向太皇请予御玺，太后不肯给。王莽让安阳侯王舜规劝。王舜一向谨慎周到，太后平素喜欢他、信任他。王舜晋见，太后知道他是来为王莽索求御玺，愤怒地骂道："你们父子兄弟、家庭宗族，靠着汉王朝的力量，几代享尽荣华富贵，不但不去回报，反而利用别人托孤寄子的机会，夺取政权，不再顾念恩德情义。这种人，连猪都不吃他剩余的东西，天下怎么会有你们兄弟！而且你们自己用金匮符命当新皇帝，改变历法，改变车马，服饰颜色，改变制度，就应该另刻一枚御玺，传之万代，为什么要使用这个亡国的不祥之玺，而想得到它？我是汉王朝的一个老寡妇，早晚都要死，打算跟御玺一同埋葬。我不给他，他最终也得不到。"太后边说边哭。左右侍从都跟着哭泣。王舜也悲痛不已。停了很久，王舜才抬头问太后："我等已无话可说，只是王莽一定要得到传国御玺。太后，你难道能够永远不给他？"太后听王舜说得恳切，担心王莽威胁她，便拿出御玺，扔在地上，对王舜说："待我老死后，你们全族兄弟将被屠灭！"王舜得到传国御玺呈献给王莽。王莽非常高兴，特地在未央宫渐台宴请太后，让众人尽情欢乐。

王莽托古改制而篡汉，这是汉代历史上的大事，也是借汉朝之旧尸，而拣还新朝"新魂"的典型事例。

齐王用计复兵权

西汉初年，汉高祖刘邦登帝位后，为蕲除地方割据势力，便利用各种手段去铲除异姓诸王的力量，而大封同姓王，在原有的封地上，分封刘氏家族子弟为王，且取而代之。但高祖死后，朝廷出吕后独揽大权，致使汉朝已成吕家的天下。此时，吕后不能容忍刘家诸王势力的存在，于是对刘氏各王，不是捏造罪名加以杀害，便是借故削去他们的兵权，以防止他们对吕氏朝廷的反叛。

其中，齐王刘泽，见诸兄弟逐个被吕后迫害，极为痛心疾首，自己更加恐惧万分。有一天，齐王在封他的园中，正一筹莫展地散步，突见谋士田子春急步前来相问："大王为何这般忧虑？"刘泽叹息说："我虽为王，现在却毫无权力，昔日父皇给予二十万大军的兵权，现在也被吕后收回，今后如何是好？"田子春听罢却笑着说："这有何难。我有办法去长安向吕后要回兵权便是了。"刘泽听后大喜，随即问有何办法。田子春却不语，只要了一些金钱和黑、白两匹骏马，便带着儿子上路了。

谋士田子春父子离开齐王封地后，来到长安。在京城长安的繁华街道住下，然后四处打探吕后身边的心腹为何人物，获悉此心腹为经常路过此地上朝的六宫太使张石庆。田子春了解到这些情况后，一日早晨，他将白马拴在旅店门前桩上。

张石庆上早朝入宫路经此地，见到这匹膘壮肉实的大白马，非常喜欢。次日，田子春又将黑马拴在门口，张石庆途经，见黑马更赞不绝口，问左右这是谁家的马匹，随从回答这是外地贩马者所贩卖的马匹。张石庆一听，急欲购买得手。田子春将这些情况一一探析获得后，便亲自到张石庆府上，登门求见。门卫回禀说："外面有一个外地贩马者要求见大人。"张石庆心中窃喜，忙唤家人将贩马者带入。扮成贩马者的田子春与张石庆商议购马一事时，田则说："如果大人果真喜欢这两匹好马，何言购买小事，小人愿意亲自奉上，以表致意。"张石庆一听此言，惊喜异常。随即反问道："为何你卖马却不要钱呢？"田子春却说："倘若卖马，我只能弄些钱，我愿以马借此疏通官府，得到一点差事做做。"张石庆一听，不断点头允诺说："要想做官，这个好办，请暂且留在我的府上如何？"田子春听罢，心中暗暗高兴，一面答应，一面却在暗中思忖下一步棋该如何走。张石庆将良马得手后，心中高兴万分。他夫人娘家姓田，于是田子春为迎合她，又攀了本家，与张石庆以妻弟相称，以博张、田二人的欢喜。

有一日闲谈时，田子春故意逢迎般地向张石庆说："姐夫要想讨好吕后的喜爱并不难，现今我有一计，准保能使姐夫上升为上大夫的显官要职。"于是，张石庆急忙便问，究竟为何计。田子春却故意漫不经心地说："听说吕后还有三个本家尚未封正，不如请姐夫上奏请封吕氏三人为王。这样一定能使吕后喜悦，而姐夫被封上大夫，也就指日有望了。"

张石庆一听，觉得颇有道理，决定按此办理。第二天上朝时，张石庆便向吕后奏上此本，吕后听罢果然接纳。并立即命封吕超为东平王、吕禄为西平王、吕产为中平王。同时，又加封张石庆为末厅丞相，赏帛金三万。张石庆回到府中，便将上奏经过、升官得赏的经过，向田子春一一禀告，并表致谢之意。然而，田子春听完后，却故作满脸惊讶般地说："呀，这可不好，上次我只是随便说说而已，没有意思让你真地这样去做。这样一来，岂不是对朝廷不利了。"张石庆急问究竟为何故。田子春却说："吕太后一日连封三王，刘氏的王爷会服气吗？如果他们借此而蓄，意造反又如何是好。"张石庆一听，已急得满头大汗，急问该如何办，于是田子春又故作神秘地献上一计。张石庆决定再照计行事。

于是，张石庆当晚入宫，决定再见吕后。他面禀说："外面已有传闻，刘泽、刘长、刘号三王知道太后又加封吕氏三王，甚为不平，恐有造反之意。而百姓对太后此举也颇为不满。我的意思是，对于刘氏三王，有官者赏赐，无官者则付以兵权，以此来平息他们的不满和愤怨。"吕后听完也觉得很有道理，认为目前也只好照此办理了。随即便召见丞相陈平入宫商议。陈平听完后，评道："刘氏三王中，现在只有齐王刘泽，是无兵无权镇守山东。"接着，吕后便命立即召刘泽进京来议事。齐王到京城长安后，吕后对他说："我儿镇守边城而无兵权，怎么能行使守卫之责，现在将兵印交付给你，务须谨慎从事！"刘泽听罢，立即跪地谢恩致意。但究竟给他多少兵马，吕后却一时拿不定主意。便问陈平说："三万如何?"陈平、刘泽听后皆不回答。"五万如何?"俩人又不说话。"七万如何?"陈平此时向刘泽暗暗眨眼示意,仍皆不语。吕后一见此状,气愤已极地说:"如果七万不行,就不给了。"这时陈平却故意高声喊道:"齐王还不赶快叩头谢恩,太后已给你二十五万兵马啦!"刘泽连连伏地叩头谢恩。吕后却质问陈平,陈平说:"你刚才不是说'七万不行就二十五万'吗。"吕后见状,也只好心中暗暗叫苦,加以默认了。她只得转过身来,无可奈何地向刘泽说:"看在高祖的份上,把兵带走,去镇守边防吧!"刘泽于是立即带领二十五万大军回到山东。此时,谋士田子春也不辞而别地离开了张府。过了不久,吕后得悉,刘泽果真在山东起兵造反,极为恼怒,急忙召问陈平、张石庆其中的因由。到此她才明白知晓,骗夺兵权者,实际乃是刘泽的谋士田子春施计所为。于是,吕后命人立即火速捉拿田子春,但得到张石庆的回禀却是,田氏父子早已回到山东齐王封地去了。吕后只落得个中计丧兵权、封赏而激天下众叛的内外交困,加速自毙的结果。

此事例中,实施"易法"而借尸还魂之术者,为谋士田子春,中计者为吕后,所还之魂,即政治目的为夺回齐王刘泽失去的兵权。行计中的穿梭人物则为张石庆。通观此计的实施全程,它有如下特点:首先,认"尸"精准。田子春正当齐王丧兵夺势、前途危惧之时,挺身而出,父子二人"单刀赴会",铤而走险奔长安。然而,抓住吕后亲信、六宫大使张石庆作主攻对象。认定此"尸"(外力)可借,实现了"距离敌人核心越近,反倒最为安全有利"的军事策略。从而为"借"、"还"提供了必要前提,奠定了致胜基础。其次,易法"借尸"巧诈。田子春为"借尸",在张石庆身上狠下功夫,先投其所好献良马(情、物投资);次其委身张府攀其亲(故作姿态以接近而释疑);再则两献妙计假其手(设下圈套,圈内有圈,套外有套)。使之用常法之技难达之"借尸"目的,此"易法"则巧诈而得。此后的还魂便是顺理成章之事了。第三,还魂之术奇绝。齐王刘泽若用常法、常技、常规,向吕后索还兵权,既不可能,反倒可遭杀身之祸。而经上面两步的运行、铺垫之后,刘泽的重掌兵权便是势所必然,备具安抚、政治平衡的性质,因此,刘泽被召入宫后,在吕后面前,才有兵力上讨价还价的余地和潜在理由。再加之刘、陈二人的一番真戏假作、假戏真唱,一对一和的"政治双簧"的出色表演,终使吕后在"君无戏言"的信条下,乖乖地认输,默认刘泽率数十万大军而去。待"梦醒时分",方觉齐王叛势已成,悔莫当初。此"还魂"之奇绝、魂定之瞬息,失者之惨烈,可谓之惊世骇俗了。

投义军刘秀兴汉

新莽天凤年间,荆州、新市(今湖北京山)一带因自然灾害,饥民大增;加之王莽的倒行逆施,社会矛盾加剧,终于引发了号称绿林军的农民起义。地皇三年(22),南阳郡春陵的豪强刘缤、刘秀兄弟,为西汉的皇亲宗室。由于王莽废除了汉宗室的封号,切断了荣升进官的仕途，心怀积怨，便以"复高祖之业"相号召，联络地方豪强，并把宗族族人、宾客组成七八千人的军队，号称春陵军，参加反对王莽的新军，从而发展壮大起来。刘秀是一位颇具政治野心，又具政治谋略和胆识的政治家。他眼见绿林军的强大，很有发展前途，就劝刘缤暂时委身参加了绿林军，欲借农民义军的力量，击败王莽，恢复汉刘的宗室王朝。地皇四年（23）二月，绿林军拥立刘玄称帝而复汉的更始政权建立后，刘缤当了大司徒，刘秀则任太常、偏将军。同年六月，在著名的昆阳之战中，绿林军消灭了新军的主力，接着推翻了王莽政权。在昆阳之战中，刘秀立了大功，刘缤又夺取了宛城。更始帝刘玄怕二刘兄弟势力超过自己，借他们与农民义军分庭抗礼之机，以违令之罪，杀掉刘缤。刘秀闻讯，施巧计，以退为进，赴宛城谢罪，以博农民军信任，被封为破虏大将军、武信侯，不久又行大司马事。不仅免死，而且升官。接着，被派往河北去招抚州郡。刘秀以计脱身，到了河北，犹如放虎归山，势力很快发展起来。次年五月诛灭邯郸的王郎，封萧王。河北地区的豪强势力归附于他，使势力大增。同年秋又收编铜马等农民义军，扩充实力称"铜马军"。不久，与绿林军决裂。建武元年（25），刘秀在（河北柏乡）称帝，史称光武皇帝，接着定都汉阳，称为东汉。此后，他反手过来，镇压了绿林和另一支赤眉农民义军，用十二年时间，削平群雄，完成了中兴汉室的统一大业。

刘缤、刘秀兄弟为了实现政治目的，投身草莽，借农民义军的"尸"，消灭了王莽政权。然后又软硬兼施，东山再起，从而达到自己称帝复汉的"魂"。

孔明巧计授关羽

刘备在兵伐西川，攻取雒城时，由于副军师庞统不幸身亡，大军被困在涪城，情势十分紧急。刘备见势不妙，急令关平赍书回荆州请军师孔明带兵入川接应。

孔明及荆州诸文武，见关平赍书前来，得知庞统阵亡噩耗后，无不垂泪痛哭。

悲痛之余，孔明却一直在思量着御守荆州及入川事宜。他想，荆州是块极重要的战略要地，日后，若得了西川、汉中，荆州便是伸向中原的触角，此地若失，便失去了图取汉中的大势。现在，东吴虎视着荆州，曹操也视其为眼中之钉。况且图取西川、汉中也并非一日之功，长期御守荆州，是个十分重大的要任，需一名有独霸一方统御才能的大将才能堪当此任。在关羽、张飞、赵云三员大将中，张飞性躁，爱鞭笞士卒，不可留守，看来只能从关羽、赵云之中择选其一了，明日升帐时依情再定。

第二天，孔明聚众文武议事，对众将说："现在主公在西川，正处于进退两难之际，关平赍书前来传主公旨意，约我带兵去雒城外与其会师，看来吾不得不去西川了。"这时关羽关切地问："军师若去，谁人来守荆州？荆州可是个战略要地，干系不轻啊！"孔明见关羽如此看重荆州，心想，留将御守荆州，其必知此地重要，既然关羽能知荆州之重，为何不顺势留他在此呢？于是对众将说："主公来信，把荆州托在我身上，让我量才委用。我看关、张、赵三员大将各有其长，谁都可以留守此地。你们谁也不必推诿，也不必争执，还是依主公意图来办吧。我想主公所以令关平赍书前来，是欲留关平与云长共当此重任的。我想，云长念桃园结义之情，必不负主公重托。"

张飞及众将经孔明如此一开释，心中豁然开朗。关羽听说是主公欲留他在此，便慨然领诺。与孔明交割了印绶，担起了御守荆州的大任。

孔明留谁御守荆州，事实上是他随意之事。他所以从关平赍书之事杜撰出刘备授意之说，是为了借刘备的统御威势，引起守将对其责任的重视，同时也免去在选将时，其他诸将的嫉妒。若赵云踊跃提出守荆州，孔明有意留他的话，他会说刘备所以遣关平赍书前来，是欲请关羽、张飞随军师入川助兄的。

假"禅让"曹丕篡汉

曹丕承袭了父亲曹操的魏王爵位，还不满足，一心想当皇帝，但又不愿落个篡位的名声，于是演出了一场"禅让"戏。

先是让一般文官进见汉献帝，说什么自曹丕袭魏王以来，"麒麟降生，凤凰来仪，黄龙出现，嘉禾蔚生，甘露下降：此是上天示瑞，魏当代汉之象"，汉献帝应该效仿古之尧、舜，以山川社稷禅让给魏王。汉献帝不忍将祖辈创建的400

年江山拱手交给曹氏，曹丕又令曹洪、曹休带剑进内宫把汉献帝挟出殿来，竭尽威胁之辞，逼他让位。汉献帝为保全性命，只得令人草拟禅国之诏，并送出国玺。曹丕一见诏书和国玺，喜出望外，立即就要接受，司马懿等一般文武劝阻曹丕，不可如此草率受禅。为了避免天下人议论，应该走一番形式，于是热热闹闹的"禅让"戏开锣了：

曹丕令人上表故作谦虚，称自己德薄才疏，请另外求大贤受嗣天位。汉献帝一见奏表，还以为曹丕是真推辞，就想趁势作罢。群臣哪里肯放过，连忙说，当初封曹操为魏王时，他也是再三推辞，陛下你三降其诏，他方才答应了。现在你也应该再次降禅位之诏，魏王曹丕肯定会应允的，不得已，汉献帝又让人二次拟了一份禅位诏书。

曹丕见到第二道诏书，倒是满心欢喜，但又不以此为足。他认为要免除后世说我窃国篡位之名，光有两道诏书还不行，应该筑一"受禅坛"，选择吉日良辰集大小公卿，尽到坛下，让汉献帝亲自捧着国玺，双手交给我，到那时就可以消除别人的猜疑和天下的议论了。一想到这里，他又写了一折，辞谢受禅的奏章。汉献帝哪里知道其中原委，见他两次推辞，疑惑不定。这时一个叫华歆的大臣站出来说："陛下你可以筑一土坛，名叫'受禅坛'，只集满朝文武和京城百姓，选择一个良辰吉日，明明白白地禅位，一来好让天下百姓黎民知道陛下是自愿禅让，二来你的子子孙孙也会正大光明地受到魏王恩泽，无人敢于加害的。"汉献帝见事已至此，只好照此办理。于是差人在繁阳定下一块地方，筑起一座三层的高坛，选好日期，举行禅让仪式。

到了那天，受禅坛下集聚大小官僚400余人，虎威御林军30万分列前后，还有无数京城百姓，先请曹丕登坛，汉献帝亲奉国玺至台上，开读禅让的诏书，群臣在坛下跪听诏书：

咨尔魏王！昔者唐尧禅位于虞舜，舜亦以命禹：天命不于常，惟归有德。……

读完诏书，曹丕行八拜之礼，双手接过诏书和国玺，登上帝位。大小官僚在坛下立即山呼"万岁"，朝贺新皇帝。当下改延康元年为黄初元年，国号大魏。曹丕传旨，大赦天下。追封父亲曹操为太祖武皇帝。大臣华歆当即奏明魏帝说："天无二日，民无二主，汉帝既然将天下禅让给陛下，他就应该另作安排，望陛下明确一下，将他安置在何处？"说罢，让汉献帝到坛下跪着听旨，曹丕当即封汉献帝为山阳公，当日就要起行赴任。华歆手按宝剑指着汉献帝，厉声喝道："立一个新皇帝，废一个旧皇帝，是古来就有的常理！现在的圣上仁慈，不忍加害于你，还封你为山阳公。你快打点行李，今日就离京，不是朝廷召见，不许你回来！"此时的汉献帝打落门牙只好往肚里咽，无话可说，只好叩头谢恩，上马离去。坛下军民等人见此情此景，也是伤感不已。已是喜不胜收的曹丕情不自禁地对群臣流露的第一句话是："所谓舜、禹禅让，我现在算知道是怎么回事了！"

本来，从曹操起，就把汉献帝玩于股掌之中，要立则立，要废则废，到了曹丕，废掉一个献帝，自己称帝，似乎也是易如反掌的事。但政治斗争是复杂的，为避免当时者的议论，也为避免后人的责难，使出一条"禅让"的谋略，热热闹闹地假戏真做，以达到混淆视听、欺骗舆论的目的。局外人或者不知道个中原委，还信以为真的，或者不大愿意接受的事实，经他一宣传一鼓动而改变了态度。如果撇去曹丕的政治目的，不去说他，单就他制造假象假戏真做以迷惑人的计谋而言，从商者倒是可以得到一些启迪的。

借抗敌陈桥兵变

后周太祖郭威称帝后，功业又有新的进展。郭威死后，由其养子柴荣继位，这即是周世宗。柴荣英勇善战，且自幼备尝人间苦难，故能知人善任。赵匡胤由于屡立战功，且率军有方，深得周世宗的赏识和信赖。公元959年（周世宗显德五年），柴荣由于长期征战，身染重病，三十九岁便沉疴不起。其子柴宗训年方七岁，其国家大业，原本托付妹夫张永德，但此人统领禁军却乏治国韬略，且久对帝位虎视眈眈。于是，柴荣弥留时便将孤主幼子托予赵匡胤。公元960年（周恭帝显德七年）正月初一日，后周朝廷群臣正贺元旦，镇、定二州使者飞驰来报，辽国契丹军队与北汉会合，趁后周主幼新立之机，南下进犯。恭帝与众大臣商议，决定命归德军节度使、检校太尉、殿前都点检，率领宫禁值宿警卫的众将抵御来敌。赵匡胤执掌军政六年，深得士卒之心，早已是众望所归。初三日晚，大队人马在陈桥驿驻扎，此地离京城二十里，将士们相互密谋说："主上年幼弱小，我等出生入死拼力破敌，有谁知道！不如先拥立点检为天子，然后北上征战。"诸将随即将密谋之事告知随军的赵匡胤之弟赵光义与赵匡胤的谋士、归德节度使掌书记赵普。由于赵匡胤醉酒卧睡，一点也不知晓此事。次日黎明，众将身穿铠甲手执兵器，直接敲门说："众将无主，情愿策立太尉为天子！"赵匡胤惊醒起来，没来得及回答，立即被披上黄袍，众将围着下拜，口呼万岁，搀扶赵匡胤上马向南行进。赵觉得无法推辞，便勒缰问众将："你们贪图富贵，拥立我为天子。我有号令，你们能够奉行吗？"众将下马说："惟命是听。"接着，赵匡胤又重申军纪，命对百姓安抚，对民人应秋毫无犯。且要保护后周太后与幼主，不得侵犯皇宫垂地，凡欺凌朝臣权贵与闯入内府大库者，满门抄斩。接着，他又率军拿下京城，杀死敢于抵抗的朝臣部众。正月初五日，赵匡胤在崇元殿行禅代帝位之礼，受百官朝贺称帝，改国号宋。并事奉周恭帝为郑王，符太后为周太后，迁西宫居住。

赵匡胤雄才大略，久孚众望，深得人心。他被诸将黄袍加身，势所必然。但陈桥兵变，致使赵匡胤"抢还"新魂，禅代后周幼主帝位成为可能；而他身居显官要职、战功卓著，深得柴荣信赖，又委以国家之大任，这些实力，亦使得他方能"逼借"后周"旧尸"，号令三军，指挥部将，镇压一切敢于反抗者。终于又继郭威之后，又重演了逼宫禅让、借旧朝之"尸"而抢还新朝之"魂"的历史活剧。所不同者，赵匡胤实力更充足，抢还付的代价甚小，而还的新魂、所建宋王朝，也终于结束了五代十国的纷争局面，掀开了历史再度辉煌的新篇章。

宋江计破连环马

《水浒传》第108回讲宋江征王庆时，攻打荆南重镇，急切难下，且又被守将梁永、糜胜等捉了萧让、金大坚、裴宣三人。荆南城中壮士萧嘉穗，对王庆作乱久怀不满，日夜留心图贼，却是单丝不成线。今见宋江攻城紧急，心生一计，写成传单若干，声言宋江军马乃仁义之师，城中兵微将寡，破在旦夕，要保全性命的，赶快拿起武器，跟我去杀贼。萧嘉穗于人群中高声朗颂传单内容，深受暴政之苦的百姓和士兵，一呼即应，刹时间聚起五六百人，拈指间即达五六千人，待在帅府杀进杀出，响应者已有2万余人。萧嘉穗借用民心，夺得荆南，开门献城，使宋江兵不血刃，取得荆南重镇。这是一个借用民心，夺取城池的"借尸还魂"之例。第57回"徐宁教使钩镰枪，宋江大破连环马"，则可以看作是宋江借用徐宁的技艺，转换战争局势，化被动为主动的"借尸还魂"之计。

话说双鞭呼延灼，乃河东名将呼延赞嫡派子孙，有万夫不当之勇，授职汝宁郡都统制，手下多有精兵勇将，奉朝廷之命，进剿梁山泊。双方交战，不分胜负。后来呼延灼改进战术，使用连环马冲阵：教 3000 匹军马，做一排摆着，每30 匹一连，却把铁环连锁；遇到敌军，远用箭射，近则使枪，直冲入去；3000 连环军马，分作 100 队锁定；5000 步军，在后策应。战场检验，果然威力无穷。那连环马军，漫山遍野，向宋江大队人马横冲直撞将来。宋江人马拦挡不住，大败溃逃。呼延灼大获全胜，杀死者不计其数，生擒 500 余人，夺得战马 300 余匹。

宋江与众人商讨破连环马之策，采纳了汤隆的推荐和吴用的计谋，赚得金枪将徐宁上山，教使钩镰枪法。这钩镰枪法是连环马的克星，而徐宁又是当朝惟一精通钩镰枪法之人。徐宁教众军道：凡马上使钩镰枪，就腰胯里做步上来，上中七路，三钩四拨，一搠一分，共使九个变法。若是步行使这钩镰枪，亦最得用。先使八步四拨，荡开门户；十二步一变，十六步大转身。分钩镰搠缴，二十四步，挪上攒下，钩东拨西；三十六步，浑身盖护，夺硬斗强，此是钩镰枪正示。编成顺口溜就是：四拨三钩通七路，共分九变合神机。二十四步挪前后，一十六翻大转围。不到半月之间，教得梁山泊五六百人精通了钩镰枪法。

宋江手里有了一支钩镰枪部队这张王牌，即日要与呼延灼决战。宋江部署道："明日并不用一骑马军，众头领都是步战。孙吴兵法，却利于山林沼泽。今将步军下山，分作十队诱敌；但见马军冲掩将来，都往芦苇荆棘林中乱走。却先把钩镰枪军士埋伏在彼，每十个会使钩镰枪的，间着十个挠钩手；但见马到，一搅钩翻，便把挠钩搭将入去捉了。平

川窄路，也如此埋伏。"吴用道："正应如此藏兵捉将。"徐宁道："钩镰枪并挠钩，正是如此。"

宋江部署已定，是夜三更，先把钩镰枪军士送过梁山泊，去四面埋伏已定。四更，渡十队步军过去。轰天雷凌振将风火炮架到高阜处。黎明时分，守中军的宋江人马，隔水擂鼓呐喊。呼延灼听得探子报知，差先锋韩滔山哨，随后大驱车马，杀奔梁山泊来，隔水望见宋江引着许多军马，呼延灼教摆开马军。一时间，正南、东南、西南方向出现了三队梁山泊步军。又听北边一声炮响，又拥起三队梁山泊旗号。呼延灼和韩滔正准备分兵冲击，西边又出现梁山泊四队人马。又听北面连珠炮响，呼延灼军兵不战自乱。呼延灼引连环马四下冲突，梁山泊十队军兵，东赶东走，西赶西走。宋江军兵尽投芦苇中乱走，呼延灼大驱连环马，卷地而来，那甲马一齐跑发，收勒不住，尽往败芦折苇之中，枯草荒林之内跑去。只听里面胡哨响处，钩镰枪一齐举手。先钩倒两边马脚，中间的甲马，便自咆哮起来。那挠钩手军士，一齐搭住，芦苇中只顾缚人。呼延灼和韩滔率领的连环甲马，乱滚滚都落入荒草芦苇之中，尽被捉了，其中韩滔也被擒获，只走了呼延灼一人。

满清军寻机入关

明朝末年，李自成率众起义，打得明军节节败退，起义军很快攻进了北京城，明朝崇祯皇帝缢死梅山。李自成自以为明朝灭亡，天下太平了，便在北京

称帝，忽视了北路势力满清帝国。此时，满洲军队看到中原大乱，人心惶惶，明朝已被推翻，而李闯王又刚刚称帝，政权不稳，想乘机侵犯中原。但是，要找到一种讨伐的借口。

当时，有人对多尔衮说：李闯王在明朝京城称帝，明朝臣民莫不切齿痛恨。如果我国乘此机会出师，打着吊民伐罪的旗号，布告中国臣民，必望风归附，共同攻击李自成。这样，驱除流寇，平定中原的愿望，便可实现了。

可见，满军想借中原力量以平定中原，以明朝旧臣民来反对李自成政权，以此推翻李自成，取而代之，这是第一步。为达到这一步，便打着吊民伐罪的旗帜，为恢复明室作战，从而拉拢明朝的臣民为我所用。当此目的达到后，便可将矛头指向明朝臣民，使其听从满清指挥，向满清称臣，以达到平定中原、统一中国之目的。就当时的现实情况来看，李自成夺取了政权，但天下战争仍在进行，残余的明朝将士还在各地活动，同时还有别的武装也在蠢蠢欲动，反对并影响李自成政权。同时，李自成已推翻明朝政权但人心尚未归附。因此满军打着吊民伐罪的旗号，受到明朝旧臣一部分人的欢迎，具有一定的社会基础。再者，满军兵力也不算弱，而李自成的部队却是连年征战，十分疲惫，同时又处在胜利陶醉之中，战斗力下降。这是满军入关的实力基础。

正是从诸多方面考虑，满军决定进兵关内。当多尔衮将此想法禀呈太后时，太后很是同意，并提出了一些具体的措施与方案。接着，多尔衮便采取措施，

去掉了自己的政敌豪格，使内部安定团结，接着便率师进军，借助明将吴三桂的力量，很快攻入山海关。李自成虽有抵抗，但最终还是败于多尔衮。时间不长，清军攻入北京，李自成节节败退，终于失败。北京一破，天下大震，满军乘势大举进入，四面出击，扫荡明室，采取各种办法，分化瓦解打击起义军，其中重要的一条便是以汉人治汉人，最后统一了中国，建立了中国历史上最后一个封建王朝——清朝。

借尸还魂行抵抗

在第二次世界大战中，法西斯德国统治下的荷兰人民不甘忍受侵略者的压迫，纷纷起来抵抗。在荷兰北部出现了一个颇有影响的秘密抵抗组织，给德军以很大打击。人们只知道这个组织是由一名叫"约翰尼·斯皮特法尔"的英国皇家飞行员领导的，有这样一个在与德国空战中负伤的战斗英雄领导，这个组织极有号召力。人们到处传颂着他的英雄事迹，却谁也没有见过这位英雄。他的所有命令、计划，都是由一对叫安妮的姐弟俩传达的，直到战后人们也未能见到这位传奇式的英雄。这位英雄为什么老是不愿让人见面呢？战后，盟军经过反复调查，才弄清了事情的真相。原来并不是什么英国皇家空军飞行员领导这个组织，这个给德军以极大打击的秘密抵抗组织的领导人恰恰就是安妮姐弟俩。

这是一个真正的借尸还魂的故事。

安妮姐弟的几个亲人都被德军杀害

了，为此，姐弟俩决心为他们报仇，他们多次要求参加当地的抵抗组织，但因为他们年龄小，没有被接纳。姐弟俩不甘心，一直在寻找着报仇的机会。一天晚上，他们正准备出门，突然，弟弟被什么东西绊了一下，姐弟俩低头一看，只见一个身着英国皇家空军制服的飞行员浑身是血倒在家门口，姐弟俩急忙把飞行员抬回家，进行精心料理，并偷偷请医生给飞行员治疗，飞行员一直昏迷了好几天，由于失血过多，最终还是去世了。姐弟俩十分悲痛。为了便于掩埋，他们把飞行员的制服换下，换上了一套当地人的服装。弟弟一边整理飞行员的遗物一边不无遗憾地说："如果能把飞行员叔叔救活该多好，这样他就可以介绍我们参加抵抗组织了。"到底姐姐年龄大一些，听到弟弟这么一说，她立即想到飞行员虽然去世。但人们并没有见过他，何不利用飞行员的名义组织一个抵抗组织，向法西斯报仇雪恨呢？主意一定，他们立即收藏起飞行员的身份证和随身物品，秘密掩埋了飞行员的尸体，同时以"英国皇家空军飞行员约翰尼·斯皮特法尔"的名义联络抵抗战士。人们一听有一个身负重伤的英国皇家空军飞行员领导，纷纷参加了这个组织，一时间"约翰尼"的指令通过姐弟俩传遍荷兰北部，人们在英雄精神的鼓励下，采取各种手段给德军以一次又一次的打击。

战争快要结束了，姐弟俩知道，一旦解放很快就会有人来查找"飞行员"。为了不暴露他们秘密，姐弟俩声称英雄飞行员在一次事故中不幸死去了。这样，这个传说中的英雄也就随之消失了。

果然，盟军解放荷兰后，立即开始查找这位"英雄"，姐弟俩出示了飞行员的证件和有关遗物，但验尸结果和姐弟俩所说的"发生事故死亡"的时间不符，由于人们谁也没有亲眼见过这个飞行员，也无法提供其证明材料，盟军有关调查人员觉得蹊跷，经过反复大量的调查，最终才弄清：原来真正的抵抗组织领导人并不是飞行员而是这对未成年的姐弟。为此他们受到了盟军的褒奖。

安妮姐弟利用已经死去的飞行员的含义，组织抵抗组织，鼓励人们同法西斯战斗，正是借尸还魂这一计谋的成功运用。

苏军巧用探照灯

人们知道，在夜暗条件下，置身于暗处者，容易辨认光亮处的物体；相反若置身于光亮处，则很难辨认暗处的目标。这个带规律性的现象反映在军事行动中，则无论是随行进攻，还是担负防御，大多强调夜间要严格灯火管制。相比之下，在交战过程中，攻击的一方往往更要防止发出光亮，以避暴露在敌人的火力之下。然而，在第二次世界大战中，苏军巧用探照灯的实例，恰恰又从另一个侧面展示出战争领域诸多奇特的奥秘。

1945 年 3 月，苏德战争进入了最后的决战阶段。苏军在胜利结束了东波美拉尼亚战役之后，又进一步加紧修订、完善 1944 年底确定的攻占柏林的作战计划，并全面展开柏林战役的准备工作。

在战役准备过程中，苏军在周密侦

察的基础上，准确掌握了柏林守敌的情况及其可能发生的变化。苏军认定，希特勒已把将要进行的柏林战役当成了最终决定法西斯德国及希特勒本人命运的最后决战。因此，希特勒曾企望在奥德河一线粉碎苏军的进攻。他从1945年2月开始，即下令强迫当地居民、战俘和被强制到德国服劳役的外国工人，在奥德河一线及柏林周围加紧构筑坚固的防御工事。先后在柏林以东构筑了3道防御阵地。同时环绕柏林城又构筑了3道环形坚固阵地。在兵力部署上，希特勒将柏林市区划分为9个防御区，分兵坚守。为此，希特勒竭力调集了100多万人的兵力，1500辆坦克，1.04万门火炮和3300架作战飞机，并在柏林市内组建了近20万人的守备队。

从苏军方面的作战力量看，拟投入柏林战役的兵力多达250万人以上，约为德军的2.5倍；坦克6250辆，火炮4.16万门，均为德军的4倍；作战飞机7500架，是德军的2倍多。单从交战双方的力量对比看，苏军显然占有绝对的优势。因而具有最终获胜的把握。问题的关键在于：一方面，希特勒的基本意图是，奥德河防线一旦被苏军突破，则坚决"死守柏林直到最后一人"，尽可能把战争拖延下去，等待美英军队到达柏林地区，届时或则将柏林交给美英军队，或则一旦美英军队与苏军冲突起来，德国便可从中渔利，借以起死回生。另一方面，从当时的战场态势看，美英军队渡过莱茵河之后，正快速向东挺进，力图尽可能多占德国的地盘，而希特勒又恰好存有宁愿把柏林交给美英军队，却不愿向苏联投降的阴谋。

苏军最高统帅部在综合分析各项主要因素的基础上，十分清楚地认识到，要想彻底粉碎退缩在柏林及其附近的全部德军，攻占战争魔王希特勒负隅顽抗的最后堡垒柏林，迫使德国无条件投降，并在整个战争格局中争取主动，就不仅要及早发动柏林战役，而且必须在最短的时限内胜利地结束这一重大战役。负责此次战役直接指挥的朱可夫元帅根据最高统帅部的意图，从战场实际态势出发，决定采用正面突破的战术。先把敌人分割开来，而后予以各个击破，同时进行空前规模的攻坚战。

战役打响之前，朱可夫元帅作为一名具有大智大勇、战功显赫，且极得斯大林赏识的苏军高级将领，在作战会议上，审时度势，不仅明确指出了快速突破德军奥德河防线对于整个战役的极端重大的意义，而且强调德军的奥德河防线无论是兵力，火力密度，还是防御工事的坚固程度，都已空前增大，要想快速突破这道防线，光靠实力优势不行，还必须在战法运用上胜敌一筹。朱可夫要求大家献计献策。经过反复权衡，他主要根据在夜暗条件下，人眼若突然遭到强光刺激，视线极易模糊，且难免发生混乱和恐慌的基本规律，决定在黎明前2小时，借助于大量集中使用探照灯照射敌阵，并对敌实施突击，以便极大地"震慑并从精神上压倒敌人"，在迷盲敌人的同时，又为己方部队准确地打击敌人提供有利的条件。

战役准备在紧张而有序地进行。

战役发起的时刻正在迫近。

1945年4月16日凌晨5时，随着"开炮"一声令下，白俄罗斯第一方面军的数千门榴弹炮、迫击炮和"喀秋莎"火箭炮同时发射，直泻柏林正东面的德军奥德河防御阵地，庞大编队的轰炸机群轮番突袭德军的防御阵地纵深。猛烈的空、炮火力持续轰击30分钟。随着苏军炮火向敌防御纵深延伸，苏军的步兵在坦克的引导下迅速发起冲击，防守之敌则按惯例纷纷钻出掩体，抢先占领预定的射击位置，以图抗击苏军的冲击。恰在德军开火阻击之际，实施冲击的苏军在敌阵前方间隔为200米共143部探照灯，一字儿排开，同时突然开亮，143道强烈的光束直接照射德军的阵地。已经占领射击阵地的德军，由于刚刚遭到苏军密集炮火的袭击，加上突如其来的强光刺激，大多头晕目眩，惊慌失措，乱成一团。即便还有少量未必惊慌者，也因迎着强烈的光线而无法瞄准，从而极大地减杀了防守之敌的作战能力。与此同时，探照灯所照之处，防守之敌的人员、工事和武器装备全部暴露无遗，进而为实施冲击的苏军坦克和步兵大量地消灭敌人，有效地保存自己，提供了不似昼间，但却胜似昼间的极为便利的条件。

战至拂晓时分，苏军已胜利地突破了德军的第一道防线，醒悟过来的德军被迫向后退缩。

苏军巧用探照灯自此进入军事谋略宝库，以至举凡论及二战期间的谋略运用，莫不因苏军的这一杰作而殊为感奋。

特殊信使骗德军

为顺利实施诺曼底登陆战役，盟军统帅部领导下的伦敦监督处设计了一整套欺骗计划。其中很重要的一个欺骗计划，就是代号为"水银"的"南方坚韧"计划。这项计划的要点是，创造一个集团军，即拥有50个师、100万人的美国第1集团军。此时蒙哥马利的第21集团军和即将归布莱德雷领导的第12集团军正集结在英国的南部和西南部。这两个集团军将参加即将进行的诺曼底登陆战役。而实际上并不存在的"美国第1集团军"则要在英格兰东南部集结，"准备"在加莱海峡发起进攻法国的攻势。如果德国人相信了美国第1集团军的存在，那么，在诺曼底登陆战役发起后，希特勒将难以在短时间内判明真相：即诺曼底是不是盟军的主攻方向。因为只要强大的"美国第1集团军"对加莱海峡的威胁仍然存在，希特勒就很难下决心将其精锐的第15军从加莱地域调往诺曼底，加入抗击盟军登陆的作战。这样，就达到了将德军在西线战场上战斗力最强的第15军牵制在远离诺曼底地区的加莱的目的。

代号为"水银"的"南方坚韧"计划经盟军最高统帅部批准后，马上就开始实施了。美国著名将领巴顿被任命为"第1集团军"司令，开始频繁出现在英格兰各地。同时，报纸、电台等新闻工具，也开始泄露出了一些经过精心策划的有关第1集团军的报道。军用无线PP开始发射能模拟军司令部或师司令部的信号。此外，坦克停车场、油料堆集场、医院以及各种输油管道等大型军事设施也在英格兰东南部的大地上逐渐出现了。已经被英国情报机关控制的德国间谍，也接连不断地向德国发回了有关美军第1集团军的情报。总之，一场以确保使德国相信美军第1集团军存在为目的的大规模的欺骗行动全面展开了。

然而，这些骗术毕竟太古老了。英国人曾不止一次地搞这些骗术。因此，单凭这些骗术，还不足以愚弄狡猾的德国情报机关。那么，怎样才能使德国情报机关真的相信美军第1集团军的存在呢？盟军的欺骗专家们又想出了另一条绝妙的，但也并不新鲜的办法：找一位对德国绝对忠实可靠的人物，让他亲眼看一看美军第1集团军在英格兰东南部的集结。让他了解美军第1集团军的任务，即正准备进攻加莱地区。然后，让这位人物充当一次特殊的信使，亲自将他所看到的这一切直接转达给德军总参谋部。欺骗专家们相信，这个办法，将会收到极好的效果。于是，伦敦监督处和特种战委员会便开始着手物色这样的人物。不久，便确定了最合适的人选，德国战俘汉斯·克拉默。克拉默是德国非洲军的一位指挥官，在1943年5月的突尼斯之战中，被盟军俘获，后来转送到了英国本土。克拉默对德国是绝对忠实可靠的。同时，他是一位将军，只有具备这样的身份，才可能有机会亲自将自己的见闻报告给德国总参谋部。谁能怀疑一位装甲兵上将、一位荣获过铁十字奖章的军人亲眼看到的这一切呢？

1944年5月，已经当了一年战俘的汉斯·克拉默的好运来了。英国当局通知他，盟军鉴于他身体状况不佳，决定根据瑞士红十字会的一项遣返计划释放他回国。这样，克拉默被盟军从南威尔士的战俘营带到了"伦敦战俘营"，即设在肯辛宫庭花园内的三军联合审讯处。在从南威尔士到伦敦的路上，他亲眼看见了盟军大量的装甲部队、舰队和飞机。巴顿还以"美军第1集团军"总司令的身份请他吃了丰盛的晚餐。许多军、师的指挥官都同他进行了交谈，并试图从他的口中探听德军的情况，特别是加莱地区的情况。所有这些，都使克拉默上将坚定不移地相信，盟军对加莱地区的一场大规模进攻即将开始了。克拉默做梦也没想到的是，所有这一切，都是盟军精心策划的。克拉默经过的路线，是蒙哥马利的第21集团军和布莱德雷的第12集团军的集结地，即英格兰的中部、南部和西南部地区，看到的所有部队和设施都是21集团军和第12集团军，而不是并不存在的"美军第1集团军"。但是，押送他的英军军官却告诉他经过的是英格兰的南部和东部。因为沿途的路标都已去掉，警察局、地方政府办公处、商店、铁路车站等机构的名字也全部被去掉或改写成假的，克拉默除了相信押送他的英军军官告诉他的地点外，他根本就没有办法分清自己到底在什么地方。

5月23日，克拉默将军终于回到自己的国家，不论是德军总部还是希特勒都仍然相信他对德军的忠诚。因此，在例行的体检和休假之后，克拉默又被任命为西线德国装甲部队总司令莱奥·施韦彭堡将军的特别顾问。正如英国预料的那样，克拉默将军将自己在英国的所见所闻，如实地向德军总参谋部作了汇报，克拉默的汇报，引起了德军总部的高度重视。因为克拉默所讲的情况证实了从间谍的情报、无线电侦听以及空中侦察中得到的一切。如果说以前尚不能做出美军第1集团军正在英格兰东南部集结的结论，那么，现在可以做这样的结论了，克拉默将军所经历的一切，就是美第1集团军存在的确凿证据。就这样，克拉默这位特殊的信使，圆满地完成了英军赋予他的这项特殊的"任务"。由于有克拉默来传递信息，"水银"计划取得了圆满成功。

在代号为"水银"的"南方坚韧"计划实施过程中，英军向希特勒派出了一名"特殊信使"。通过这位信使，我们同样不难得到一些极为重要信息：在对敌实施欺骗时，尽管可将多种方法相机为用，但对关键环节务必慎之又慎。与其说希特勒是被盟军所骗，不如说是盟军首先骗了"信使"。在很多情况下，人们都是巧借间谍、记者或俘虏等间接渠道转而达到欺骗敌方指挥员之目的的。因此，要想骗敌，当十分注重于首先骗住敌指挥员的亲信耳目。

借秘方趁机发财

传说唐朝年间，宰相魏征之母身患严重咳嗽病。令御医们头痛的不仅是其病难治，而是老夫人吃药怕苦。御医经多次"开会研究"，遂用中药磨成粉和梨汁、冰糖熬制成膏，送与老夫人吃。药未吃完，其病已愈。梨膏糖后来成了宫廷秘方。

传说未必真实，而其药确有疗效。江苏常州天得堂梨膏糖店，依此"宫廷秘方"制成中成药，广为宣传，大获得成功。天得堂梨膏糖1979年被评为江苏省名优产品，1988年获全国保健产品"金鹤奖"，畅销海内外。只因一个古代传说，帮助天得堂发了大财。

原先本不起眼的一个小企业，却能一下子发展起来，关键在于他们善于假借一切可以利用的条件，宣传自己才获得成功，这也要得利于他们的借尸还魂之计。

借"书圣"酒厂致富

酒与文素有不解之缘，"李白斗酒诗百篇"，"张旭三杯草圣传"。但是早几年虽然山东临沂酒厂的人特别喜欢与济南府北京城的文人往来，但从未想到拿自家的生意与"文化"攀连一下。

这也不奇怪——"沂府白酒"牌子已有不少年头，周围十里八乡名气又响，销路亦不发愁，何必多此一举呢？

但是，随着沂蒙大山外世界越来越大的冲击和酒厂外出办事人的增多，该厂渐渐发现自己的产品在全国范围简直称不上大的影响，旺销中潜藏着危机。很明显，企业要生存要发展都需要创"牌子"，要把地方最突出的那点特色"放大"出来。靠老区传统？革命历史与酒好像没什么因缘；靠山区这个地理概念？虽出些山珍土产，但酒从酿到窖也不靠它们；靠悠久历史？二二十年虽不算短，但全国还有那么多上百年的陈年老窖……左思右想，到最后思路还是引到了"文化"这上头。

原因是临沂这地面出过一个有名的文化人——大书法家王羲之。酒与书法是有缘的。这条思路使临沂酒厂下功夫研制出一种质量很讲究的新产品——"羲之酒"：54度，浓香型；瓷酒瓶的设计更堪称"绝活"：深蓝色的底子上，烧制了王羲之千古绝响《兰亭序》书法，仿佛真迹。举杯饮醇酒，低头赏《兰亭》，堪称"双雅"，"羲之酒"因此广受青睐。

吃上了"文化饭"，开拓市场的思想就止不住地更撒开来奔跑了。厂长马世俊在酒与书法联系的绳结上又拴上一样产品——"文房四宝"。巧也巧在临沂这地方出产一种有名的"徐公砚"，马世俊设计出一个精美的缎面礼盒，盒中横卧一瓶"羲之酒"，再置一副笔、墨、砚、章……简直就是一套书法家"工具箱"，饮醇酒临《兰亭》，何等风雅！

这样集纳式的产品组合一推到市场，就引起了热烈的反响。上北京展览，到东京试销都受到好评，接踵而来的就是一个个市场机会。于是临沂这山沟里，又出现了一个新特产。

借明星发展事业

洛杉矶奥运会上，李宁一人独得3块金牌，威震体坛，而健力宝饮料也在奥运会上初试锋芒，赢得"中国魔水"之美称，这个中国的饮料新星和中国体育明星一道，为祖国赢得了荣誉，也赢得了信誉。从此，健力宝与体育结下了不解之缘。"没有中国体育的振兴，就没有健力宝的发展。"公司董事长兼总经理李经纬如是说。

回顾几年来健力宝从一个默默无闻的小酒厂发展成今天的初具规模、现代化、多元化的外向型集团化企业，所走过的历程中，处处都留下了艰苦拼搏的痕迹，同时又时时闪现出体坛精英矫健的身影。在多少次重大的中外体育赛事活动中，由于健力宝的巧妙参与，其企业和产品的美好形象越来越鲜明地嵌刻在竞技者和观众们的记忆里。从产品的孕育期、分娩期到成长期，他们都紧紧抓住了改革开放带来的一切机遇，努力争取社会各界尤其是体育界、新闻界的充分支持。鉴于产品属于国内首创的运动员保健型饮料，他们从健力宝呱呱坠地之日始，就很有远见地选定了体育作为提高企业和产品知名度以及开拓国内外市场的突破口。产品研制成功不久便被摆上了亚运足联的会议桌上，顿时引起中外体育界的关注，为进军奥运会打下了牢固的信誉基础。果然，在第23届奥运会上，健力宝与中国健儿不负重望，大扬国威。"中国魔水"的桂冠与净光锃亮的奖牌结伴凯旋，此时此地，新闻媒介又助了健力宝一臂之力，迅即把信息传遍了海内外。从此之后，健力宝便一直成为体育活动的"宠物"，令健儿们倍加钟爱，新闻界津津乐道，各界人士慕名选购。而健力宝人则因势利导，充分借助体育、新闻的媒体作用，全面掀起宣传攻势。真是一鸣惊人，万箭齐发。健力宝人的营销目标，很大程度上是通过体育活动来瞄准并命中的。

健力宝人有过人的胆识和谋略，他们有强烈的竞争意识。他们懂得产品的前途、企业的生命，先决条件是产品质量，有效手段是信誉好，信誉投资，因此，他们的口号和行动的准则是"以质量取胜，以质求优，以质成名"。在采取各种果断措施确保产品质量优良的同时，健力宝人仍然通过体育活动这一"最佳拍档"，舍得耗费大量财力，实施其气魄宏大的信誉投资策略。近年来，在许许多多的国内外体育赛事中，健力宝的形象可谓有目共睹，其名声几乎有口皆碑。而其宣传势头之猛，套路招式之奇，每令业内业外人士击节叹服。

除此以外，"健力宝"集团还擅用"明星效应"！

1989 年 4 月 21 日，驰骋体坛 17 年的李宁退役以后，出任了"健力宝"集团的总经理助理。随后，借助李宁的明星效应，迅速向国内外推出了"李宁牌"系列运动服，且一炮走红，名扬海外。

"健力宝"集团的影响早已波及北美、西欧，并且正铆足劲要与可口可乐、百事可乐这些世界级饮品一较高下。

第十五计　调虎离山

【原典】待天①以困之，用人以诱之。往蹇来反②。

【按语】兵书曰："下政攻城③。"若攻坚，则自取败亡矣。敌既得地利，则可不以争其地。且敌有主而势大。有主，则非利不来趋；势大，则非天人合用，不能胜。

汉末，羌④率众数千，遮虞诩⑤于陈仓崤谷⑥。即停军不进，而宣言上书请兵，须到乃发。羌闻之，乃分抄旁县。诩因⑦其兵散，日夜进道，兼行百余里；令军士各作两灶，日倍增之。羌不敢逼，遂大破之。兵到乃发者，利诱之也；日夜兼进者，用天时以困之也；倍增其灶者，惑之以人事也。

【原典注释】①天：即天时。《孙子·计篇》："天者，阴阳、寒暑、时制也。"指对战争起重大影响的天气状况和时机。

②往蹇来反：《易经·蹇卦》"九三，往蹇来反。"意思是说："九三，往前行走有困难，返原处。"象曰：蹇，难也。险在前也，见险而能止，知己哉。"意思是：往前去有危险，知难而退，是明智之举。运用在战争中，即明知敌人占据有利条件，就不要硬闯，应设法离开他们使他们脱离那些有利条件。

③下政攻城：《孙子·谋攻篇》："故上兵伐谋，其次伐交，其次伐兵，其下攻城……"认为攻城是最困难的事，是最下策，是迫不得已的举动。政，即决策。

④羌：古时一支少数民族，活动在西北地区。

⑤虞诩：东汉将领，字升卿。曾为武都（今甘肃省城县西北）太守，率兵平羌。

⑥崤谷：山地名，位于今陕西宝鸡西南。

⑦因：趁着。

【原典译文】等待天时对敌方不利时再去围困他，用人为的假象去诱骗他。根据蹇卦的原理：往前有危险，就反身离开，要知难而退。

【按语译文】兵书说："攻城是下策。"倘若硬攻坚固城池是自寻失败。敌人既然占据了有利的地形，就不要去争夺地形。况且敌军已经有了准备，而且实力强大。敌人有了准备，如果不用利诱，他们就不会前来攻我；敌人实力强大，如果不把天时与人和结合起来共同发挥作用，就不能战胜他。

东汉末年，西羌叛乱。几千羌人把虞诩的军队拦截在陈仓崤谷一带。虞诩就停止进军，而且声言要向朝廷请求救兵，必须等救兵到来才前进。羌人听了，便分散到邻县去掠夺财物。虞诩趁着羌兵已经分散，就不分昼夜进军。急行一百多里，并命令士兵扎营时各作两个炉灶，逐日加倍。羌人以为援兵到了，不敢进攻。于是大败羌人。虞诩言等救兵到了再走，是用利诱的办法；日夜急行军，是给羌人造成天时上的不利而处于被动；加倍修灶，是为了迷惑羌人，在军心上压垮他们。

【传世典故 计名探源】调虎离山指设法使老虎离开它所占据的深山，以便于捕获。比喻用计谋使对方离开原来的有利地势，以便乘机进攻。在军事中，指引诱敌人远离其作战的据点，在其没有任何凭借的不利条件下，与之进行决战。

"调虎离山"一语可能源于《管子·形势解》。该篇中有一段这样的话："虎豹，兽之猛者也，属深林广泽之中则人畏其威而载之。人主，天下之有势者也，深居则人畏 其势。故虎豹去其幽而近于人，则人得之而易其威。人主去其门而迫于民，则民轻之而傲其势。故曰：'虎豹托幽而威可载也。'"意思是说，虎豹，是兽类中最威猛的。当它们居住在深山大泽之中时，人们就会因惧怕其威风而敬畏它们。君王是天下最有势力的人。如果深居简出，人们便会害怕它的势力。虎豹若是离开他们所居的深山幽谷而走近人类居住的地方，人们就可以将它捕捉而使之失去原有的威风。做君王的若是离开王宫的门而与普通的人混在一起，人们就会轻视他而以傲慢的态度看待他。所以说，虎豹只有不离开

它们居住的幽谷深山，其威风才会使人感到畏怯。这里虽然尚未使用"调虎离山"一语，但已经包含只有将老虎调离深山才能将其制服的意思。

调虎离山之计用在军事上，是一种调动敌人的谋略。它的核心在一"调"字。虎，指敌方；山，指敌方占据的有利地势。如果敌方占据了有利地势，并且兵力众多，防范严密，此时，我方不可硬攻。正确的方法是设计相诱，把敌人引出坚固的据点，或者把敌人诱入对我军有利的地区，这样做才可以取胜。

东汉末年，军阀并起，各霸一方。孙坚之子孙策，年仅 17 岁，年少有为，继承父志，势力逐渐强大。公元 199 年，孙策欲向北推进，准备夺取江北卢江郡。卢江郡南有长江之险，北有淮水阻隔，易守难攻。占据卢江的军阀刘勋势力强大，野心勃勃。孙策知道，取胜的机会很小。他和众将商议，定出了一条调虎离山的妙计。针对军阀刘勋极其贪财的弱点，孙策派人给刘勋送去一份厚礼，并在信中把刘勋大肆吹捧一番。信中说刘勋功名远播，令人仰慕，并表示要与刘勋交好。孙策还以弱者的身份向刘勋求救。他说，上缭经常派兵侵扰我们，我们力弱，不能远征，请求将军发兵降服上缭，我们感激不尽。刘勋见孙策极力讨好他，万分得意。上缭一带，十分富庶，刘勋早想夺取，今见孙策软弱无能，免去了后顾之忧，决定发兵上缭。部将刘晔极力劝阻，刘勋哪里听得过去？他已经被孙策的厚礼、甜言迷惑住了。孙策时刻监视刘勋的行动，见刘勋亲自率领几万兵马去攻上缭，城内空虚，心

中大喜，说："老虎已被我调出山了，我们赶快去占据它的老窝吧！"于是立即率领人马，水陆并进，袭击卢江，几乎没遇到顽强的抵抗，就十分顺利地控制了卢江。刘勋猛攻上缭，一直不能取胜。突然得报，孙策已取卢江，情知中计，后悔已经来不及了，只得灰溜溜地投奔曹操。

【名家评点 破解方略】调虎离山，是一个调动敌人的谋略。通常情况下，"虎"是指强敌，"山"是指敌人占据的有利地形条件。"调虎离山"之计的指导思想在于：设法调动敌人离开他们赖以依靠的地理优势，削弱他们的战斗力，使其进入他们不熟悉、不适应的作战环境中，处处遇难，寸步难行，由主动变为被动。调虎离山，关键在"调"字上，目的是要虎"离山"。"调"要做到巧妙、灵活，隐真示假，既要让"虎"离山，又不致弄假成真，让"虎"反咬一口。

经典案例　锦囊妙计

调虎离山败司马

蜀后主建兴十二年（234），诸葛亮领兵34万伐魏，分五路进军，六出祁山。魏明帝曹睿闻报，命司马懿为大都督，领兵40万至渭水之滨迎战。诸葛亮与司马懿是沙场老对手，双方都知道对方兵法娴熟，足智多谋，不好对付。所以战前各自都作了周密部署，严阵以待。诸葛亮在祁山选择有利地形，分设左、右、前、后、中5个大营，并从斜谷到剑阁一线接连扎下14个大营，分屯军马，前后接应，以防不测。司马懿则屯大军于渭水之北，同时在渭水上架起九座浮桥，命先锋夏侯霸、夏侯威领兵5万渡河至渭水南岸扎营，又在大营后方的东原，筑城驻军，进可攻，退可守，稳扎稳打，务使魏军立于不败之地。司马懿受命离开魏都时，曾受曹睿手诏："卿到渭滨，宜坚壁固守，勿与交战。蜀兵不得志，必诈退诱敌，卿慎勿追。待彼粮尽，必将自走，然后乘虚攻之，则取胜不难，亦免军马疲劳之苦。"所以在经过两次规模不大的交锋、双方互有胜负之后，魏军便深沟高垒，坚守不出，由于蜀军劳师远来，粮草供应颇为困难，因而利于速战；而魏军以逸待劳，利于坚守。因而诸葛亮的主要策略目标，就是要诱敌出战，调虎离山，速战速决。然而司马懿老谋深算，素以沉着、谨慎、稳重著称，加上有魏明帝临行手诏，也

不必担心那些急于求功的部将鼓噪攻讦。在这种情况下，要调动司马懿这只"老虎"离山，谈何容易！然而再狡猾的狐狸，也斗不过好猎手。司马懿这只善长谋略，经验丰富的"深山之虎"，终竟被诸葛亮调出来了，还险些丢了性命。那么，诸葛亮究竟使了什么样的奇招，使司马懿这只老狐狸也难免上当呢？

诸葛亮深知，己方最根本的弱点是远离后方，粮草供应困难；他同时也深知司马懿正是看准了自己这一弱点，并利用这点做文章，期待并设法使蜀军断粮，从而将蜀军困死或逼蜀军撤退，然后乘机取胜。于是诸葛亮便将计就计，也在粮草供给问题上做文章、设诱饵，以此引司马懿这只"虎"离山。措施之一是分兵屯田，与当地老百姓结合就地生产粮食，以供军需，摆出一副作持久战的架势。这就等于宣示司马懿：你不急，我也不急；若是我不急，看你还急不急。果然司马懿的长子司马师沉不住气了，对其父司马懿说："现在蜀兵以屯田作持久战的打算，如此下去，如何是了？何不约孔明大战一场，以决雌雄！"司马懿口头上虽说："我奉旨坚守，不可轻动，"心里其实也很着急。诸葛亮的另一个措施，是自绘图样，令工匠造木牛流马，长途运粮，据传这东西很好使，"宛如活者一般，上山下岭，各尽其便。"蜀营粮草由木牛流马源源不断从剑阁运抵祁山大寨。司马懿闻报大惊说道："吾所以坚守不出者，为彼粮草不能接济，

欲待其自毙耳。今用此法，必为久远之计，不思退矣。如之奈何？"诸葛亮看出了司马懿急于破坏蜀军屯田、运粮、屯粮计划的心情，于是进一步利用这一点引他上钩。办法是：一方面在大营外造木栅，营内掘深坑，堆干柴，而在营外周围的山上虚搭窝铺草营造成蜀兵分散结营，与百姓共同屯田屯粮，而大营空虚的假象，引诱魏军前来劫营；另一方面在上方谷内两边的山坡上虚置许多屯粮草屋，内设伏兵，同时让军士驱动木牛流马，伪装往来谷口运粮。而诸葛亮自己则离开大营，引一支军马在上方谷附近安营，以引诱司马懿亲领精兵来上方谷烧粮。而司马懿呢？他虽烧粮心切，却又极为谨慎小心，深恐中了诸葛亮调虎离山的诡计。于是便也使了个声东击西、调虎离山计来应战。他亲领魏兵去劫蜀兵祁山大营，但却一反过去每战必让主攻部队走在前面的惯例，让手下的部将冲锋在前，直扑蜀营，自己反而在后引援军接应。他这样做，一则是担心蜀营有准备，怕中了埋伏；二是他指挥魏军劫蜀军大营本属佯攻，目的是调动蜀军各营主力，甚至诸葛亮本人领军前来营救，而他却自领精兵奇袭上方谷，烧掉蜀方的粮草。然而，司马懿的这个调虎离山计，却未能跳出"如来佛的手掌心"。诸葛亮早料到司马懿这一着。因而当魏军直扑蜀军大营时，诸葛亮只是事先安排蜀军四处奔走呐喊，虚张声势，装作各路兵马都齐来援救的态势，而诸葛亮却趁司马懿这只"虎"已离山之机，另派一支精兵去夺了渭水南岸的魏营，而自己却在上方谷等待司马懿来"烧

粮"，以便"瓮中捉鳖"。司马懿果然中计。他见四处蜀军都急急忙忙奔向大营救援，便趁机急领司马师、司马昭及一支亲兵杀奔上方谷来。接着又被蜀将魏延依诸葛亮的安排，用诈败的方法诱进谷中，截断谷口。一时山谷两旁火箭齐发，地雷突起，草房内干柴全都着火，烈焰冲天。司马氏父子眼看就将葬身火海。亏得突来一场倾盆大雨，才救了司马氏父子3人及少数亲兵的性命。司马懿这只"虎"原本拿定了深沟高垒、坚守不出、决不离山的主意，结果却仍被诸葛亮调下了山；他原想用"调虎离山"计烧掉蜀军的粮草，想不到却反而中了诸葛亮的"调虎离山"计。真个是计外有计，天外有天，军机难测。

纪信诈降解兵围

面对楚军日益猛烈的攻势，陈平等人，一方面将形势之危急向诸将和盘托出，激励诸将誓与孤城共存，抵御楚兵，另一方面与张良密谋后，对汉王说："请大王速写一封投降信给霸王，约霸王在东门相见。霸王定会把他的大军布置在东门，我再想办法把西、北、南各门卫士引到东门口来，大王就可以从西门冲出去了。"

这时汉王帐下的将军纪信，认为与其死守孤城，不若突围求生。要想突围，惟一的办法是找一个人假做汉王，只说出城投降，好叫敌人无备，让汉王乘乱冲出包围。纪信悄悄来到汉王帐下，言愿假代汉王，去诳骗楚军，请汉王组织人马突围。陈平等人认为此计可行，但

必须周密策划，要有其它伪装作掩护，三计并施，才能蒙蔽项羽，乘乱突围。于是翌日，天还未亮，汉军便开了东门，陈平差遣2000妇女，一批又一批地从东门出去。楚军闻讯围攻上来，竟见全是些手无寸铁的女人，谁也不好意思刁难，只好闪开一条道来。南、西、北门的楚兵听说东门全是美人儿，争先恐后地涌向东门。直到旭日东升，才见城中有兵士出来，打着旌旗，拿着武器，族拥着一部兵车，缓缓而来。"汉王"走近楚营，霸王才发现坐车出来的不是汉王，气得火冒三丈，暴跳如雷，吩咐将这个假汉王连车一同烧了。这时，汉王乘着东门混乱，冲出西门，带着陈平、张良、樊哙杀开一条血路，逃之夭夭。荥阳城头又列满了守军，一个个甲胄鲜明，武器精良。原来陈平的三计是：（1）让妇女出东门，吸引楚兵的注意力，减少城中非战斗人员的数量，减轻口粮上的压力。（2）让纪信乔装汉王，大骂项羽，目的在于拖延时间，以使汉王君臣得以走得更远，守城的将士有更充足的准备。（3）留下一支守军，荥阳是军事重镇，历来为兵家必争之地。能够守住自然是好，万一守不住，也可拖住楚兵的后脚，使之不能尽快地全力追赶汉王。就这样，陈平使汉王死里逃生，为日后消灭楚军，奠定了基础。

敌国与政敌之间的军事征战和权利之争，既是势力的综合对抗，又是智慧谋略的较量。在楚汉战争生死存亡的攸关之际，被楚军围追堵截，困守孤城荥阳的刘邦之所以九死一生，能够死里逃生；处于劣势被动地位的汉军之所以能

够重振旗鼓，变被动为主动，变劣势为优势，与在关键危急紧要关头，陈平屡出奇计谋略，玩弄阴谋诡计，计计连环套用，各得其效有着直接的关联。尽管项羽军威声振，兵勇将谋，指挥中枢堡垒坚固，所向披靡，攻无不克，屡战屡胜，但是在荥阳围困汉军的激烈争战中，它却轻而易举地败给了陈平以反间为手段，步步深入，扰乱楚军破坏项羽核心联盟的调虎离山之计。在施计过程中，陈平针锋相对，以出乎常人之情的手段，对症下药，反其道而行，把握准了项羽生性好疑、吝啬爵邑的不足，利用楚军的矛盾，以散布谗言，略施小恩小惠的手法，首先瓦解、调拨了钟离眛（折虎翼），继之陷害项羽的谋臣范增，使其离他而去（去虎威），从而使楚军的坚固堡垒出现裂痕，不能一致对外御敌，接着又使用瞒天过海，调虎离山之计，以刘邦出降，美女为诱饵，吸引楚军到相反的方向，声东击西，制造混乱（虚乱以避虎），乘机突围而去。以上三计，每计的核心都是为了乱之以虚，达到调虎离山，分化瓦解楚军的目的，但在用计的对象、时间、方式上都采用了不同的隐蔽手法，示假隐真，令人将信将疑，使项羽在不能明辨曲直是否的前提下，不知不觉便上了陈平的当，其目的结果改变了战争的势态，待到其醒悟，欲加防范力抵再次上当受骗时，计谋又是道高一尺魔高一丈，防不胜防，毫无招架之势，只能听天由命，结果却是楚军功败垂成，而汉军刘邦则由被动渐趋主动，死里觅生，保存了卷土重来，东山再起的实力。

仲连遗书取聊城

战国后期，燕将乐毅攻下齐国70多座城后，由于中了齐国田单的反间计，乐毅被换，反被齐国打败。当时，田单打败燕军，收复了齐国丢失的70多座城，只有一座聊城没有收回。田单无计可施，就请鲁仲连出谋划策。

鲁仲连了解到死守聊城的燕将乃是因为燕王要杀头才坚守聊城的。于是鲁仲连写了封信用箭射入聊城，守城的士兵就把信交给燕将。信中大意道："聪明人应见机行事。如今您只顾一时，不失为燕国臣子，而死守聊城，这对于齐国并没有好名声，而您也不可能守住城，子孙后代也不会称赞您，如此看来您是不聪明的。当今生死荣辱之事您可要慎重选择啊！我听说齐国报仇正不惜代价地打聊城，而燕国正在大乱，燕君正受到天下人的耻笑。而聊城内，已无军需，而将士们却无叛变之心。这样的军队是好样的！能无敌于天下的。我为您着急不如收兵，离开聊城，回国见燕王。燕王见到您保全的军队与战车，一定十分高兴。百姓会感念您，朋友们会尊敬您。您这样做，可以上辅君王，下抚百姓。有名又有利，何必死守聊城呢？"

燕将看完信后，权衡利弊，觉得鲁仲连讲得有理，连夜撤兵离开了聊城。

鲁仲连以"调虎离山"之计，一封信使燕将撤兵，不费一兵一卒取下聊城，这是"调虎离山"计的最优形式。

刘邦用计逼范增

却说张良、陈平派遣使者前往楚营游说，无非是厚礼甘言，说刘邦不敢与楚王分庭抗礼，愿各守封疆，共保富贵，划荥阳以东为楚界，荥阳以西为汉界。项羽果然中计，猜疑钟离昧诸人，并派人至汉军中以探虚实。他的这一举动又为陈平进一步离间楚之君臣提供了千载难逢的良机。经过一段时间的对抗，项羽想到刘邦势力日大，韩信又善于用兵，继续对抗下去，两败俱伤，难料鹿死谁手，不如趁早讲和，休养生息，等待机会，东山再起，便召范增前来商量。范增分析形势，说道："议和是刘邦的援兵之计。和谈不是本意，把战局拖住，坐等韩信救兵才是真正目的。今日正可猛攻快打，不给其以喘息机会，把刘邦消灭在这里，再去对付韩信。"

听了范增的一席谈，项羽犹豫起来，汉使料定是范增从中作梗，乃对项羽进谗说："陛下自应圣裁。左右的话，怕有私弊。因为战胜也好，战败也好，别人一样可以不当楚官当汉官，但陛下将怎样处理自己？况且汉王尚未势穷力尽，韩信的几十万大兵很快就会到来，内外夹攻，陛下师疲粮尽，那时欲退不得，欲进不能，不是后悔莫及吗？依臣鄙见，倒不如及时讲和，化干戈为玉帛，这样，不独汉王感恩戴德，百姓也会讴歌陛下的仁义呢！臣虽身在汉营，仍是天下一介贱民，望陛下三思，为天下着想，不要被左右暗中出卖了！"

汉使的话掷地有声，似乎入情合理，不容怀疑。项羽一时莫辨真伪，六神无主，难以回复，便道："你先回营，我即派人入城讲和。"汉使的激将法，果然见效。陈平得悉，心花怒放。于是，导演了一出离间楚君臣关系，调虎离山，气走亚父范增，孤立项羽的活剧。

项羽不听范增的劝谏，派遣虞子期等人为和谈大使进入荥阳城。刘邦谎称夜饮大醉，命陈平前来接待。陈平见到楚使，故作高兴之状，问长问短，并亲自引楚使到客房，摆设了丰盛筵席，请虞子期上坐，顺便问起范增的起居近况，大赞范增，并附耳问："亚父范增有什么吩咐？"虞子期回答说："我们是楚王差使，不是亚父差来的。"陈平一听，故作惊讶，说："吾以为亚父使，乃项王使！"便叫几名小卒撤去上等酒席，随后把楚使领至另一间简陋客房，改用粗茶淡饭，残羹冷汁招待。陈平满脸愠色，拂袖而去。楚使莫名其妙，如坠五里雾中，弄不明白楚王的使者与亚父的使者有何不同。他们整衣急切求见刘邦，刘邦传话说还未梳妆。侍从领着楚使在密室休息，奉陪一会，托辞起身，说："虞大使请稍候，小臣去帮汉王梳洗。"遂离开密室而去。

虞子期受到这般怠慢，大为不快，在密室里翘首以待汉王刘邦的接见，久不见汉王，却发现桌上有几件秘密文件，随即走过去翻阅，找出一纸首尾不写名的信。内云："霸王提兵远来，人心不附，天下离叛，兵不过20万，势渐孤弱。大王切不可出降，急唤韩信回荥阳。老臣与钟离眛等为内应，指日破楚必矣。黄金不敢拜领，破楚后愿裂土封于故国，子孙绵延百世，臣之愿也……"

虞子期看罢大吃一惊，暗思此信必是范增的无疑。近闻亚父与刘邦私通，尚不相信，今目睹信函，相信真的假不了，假的也真不了。于是将信揣入怀中，返回楚营向项羽报。并把如何遭到冷遇以及发现亚父匿名信的经过向项羽宣染了一番。

项羽看罢密信，怒发冲冠，使其猜疑病又发作起来，说："我前日便有所闻，还道他老成可靠。谁知他果有通敌之事。"想立即召见范增，当面问个究竟。左右劝他说："大王切勿操之过急，无有真凭实据，怎能当面诘责？万一弄错了，岂不伤了和气？"霸王这才强压怒火，不遽发作，但更加猜疑范增。果然轻易蒙受陈平小技的愚弄欺骗，霸王的核心攻刘联盟中枢又一次出现了裂痕，陈平的调虎离山、借刀杀人的计谋开始生效。

不料范增对这些事无所知，还一心想着为霸王消灭汉兵。他见项羽派人入城议和，又把攻城之事放了下来，不免暗暗着急。于是面陈霸王，力主督励将士，迅速攻克荥阳。项羽心中已对范增产生猜忌，怎肯再听从他的意见？于是，优柔寡断，支支吾吾，莫衷其是，不肯发兵。范增急了，大声说："古人云：'当断不断，反受其乱。'从前鸿门宴时，臣劝大王速杀刘季，大王不听臣言，以致养痈成患。今日，天赐良机，把刘邦困在荥阳，若再被他脱逃，那可是纵虎归山了。一旦卷土重来，恐怕后悔莫及。"项羽被其激怒，强压心头已久的闷气骤然迸出，勃然道："你叫我速攻荥阳，但恐怕荥阳未拿下，我的人头就被你送到荥阳了。"范增一听，惊得目瞪口呆，一时竟不知如何是好。心想：自从跟随项梁起兵至今，从未听到他对自己用这样的态度说话，一定是中了汉王的反间调虎离山之计。多年来风风雨雨，出生入死，竭尽智慧为他效力，到头来还是个不信任，想到这里，万念俱灰，忍不住高声说："天下事已经大定，愿大王好自为之，勿堕敌人狡计。臣已年老体衰，原本应引退归乡，现乞赐臣骸骨，归葬故里吧。"说完，头也不回地走了，项羽也不挽留。范增见项羽如此绝情，便挂印封金，当日起程东归。一路上生气伤心，劳累不堪，竟酿成大病，起初是寒势侵身，接着背上起个恶疮，没几天凄凄惨惨，冷冷清清地病死于途中。陈平一条小计，断送了范增的性命，不费吹灰之力，砍掉了项羽这只猛虎的一条臂膀，不但达到了削弱孤立项羽联盟的目的，而且，从此以后，项羽的霸业，如同江河日下，日暮途穷，再无起色。

范增死后，项羽痛定思痛，深刻反省，醒悟中了刘邦的反间计与调虎离山之计，但悔之晚矣。他决心路平荥阳，将刘邦碎尸万段，以报亚父之仇。于是召集大将钟离眜等人，好言相慰，并嘱他们着力攻城，立功候赏。诸将果然身先士卒，奋力攻城，一时荥阳再次告急。韩信援兵迟迟不到，荥阳朝不保夕。张良、陈平决定：先救刘邦出城，入关收集散兵，留御史大夫周苛、魏豹、枞公死守荥阳，再会同韩信所部围攻项羽。于是陈平诸人又巧用项羽急擒刘邦的心理，智诳楚军，调虎转向离山，起死回生，回天有术的计谋。

"调虎离山" 除强敌

春秋后期，吴国的公子光（即后来的吴王阖闾），早就想除掉吴王僚，由自己取而代之，成为名符其实的吴王，实现霸业。但是因吴王僚有三个骁勇剽悍的儿子时刻在身边保驾，作为左膀右臂，使人难以下手。所以他只能暗自着急，伺机复出。由楚国亡命吴国的伍子胥，"其状伟，长一丈，腰十围，眉间一尺。"是一位足智多谋，善用诡谋的勇士，他不但看出了公子光的心思，而且暗中活动，创造条件，等待时机，打算帮助他。这时正赶上楚国的楚平王因为内外交困而死去，楚国更加动乱不安，正是吴国乘乱取利，实现霸主之业的最佳时机，是分散吴王僚及其诸子的最好借口。于是伍子胥便对公子光说："如果你向吴王僚建议，乘楚国发生混乱危机的时候，向他们发动进攻，吴王僚认为不费吹灰之力，灭其国，掠其财，夺其民，占其国，一定会同意的。然后你借口自己的脚被扭伤了，再建议吴王僚派他的儿子掩余和烛庸带兵前往，轻而易举，不费举手之劳荣立赫赫战功，他的两个儿子依恃骁勇气盛，决不会轻易放弃这样的良机，就会远远离开他。同时建议派他的另一个儿子庆忌出使郑国和卫国，游说说服他们一起参加伐楚，这样一条计策，就可以去掉吴王僚赖以淫威横行的三个羽翼，分其势，夺其气，架空他，剩下一个吴王僚无论多么精明过人，足智多谋，善于用计，但毕竟势单力弱，丧失依托之盾，就很容易对付了。"吴王僚听信了公子光的建议，认为这是千载难逢的机会，把三个儿子全都委以重任派遣赴命。公子光认准利用这个机会，在伍子胥的精心策划布置下，请勇士专诸刺杀吴王僚成功。自己顺时登极为王。吴王僚的三个儿子知道等待他们的是什么样的结局，不敢回来，只好亡命他国，成为丧家之奴。

伍子胥认为，吴王僚同他的三个儿子在一起时，人多势众，就好像是四条猛虎，仅凭公子光个人拥有的力量根本无法与之抗衡明斗取胜，只能分其势，各个击破才有战胜敌手的可能性，所以他用"调虎离山"计以"伐楚"、"复仇"之名为诱，将三只老虎"调"走，不但达到群虎"分其势"的目的，而且使虎王势力大减，使之由强变弱，最终使公子光顺利登上王位。

孙策奇兵夺卢江

调虎离山，此计用在军事上，是一种调动敌人的谋略。它的核心在一"调"字。虎，指敌方，山，指敌方占据的有利地势。如果敌方占据了有利地势，并且兵力众多，防范严密，此时，我方不可硬攻。正确的方法是设计相诱，把敌人引出坚固的据点，或者，把敌人诱入对我军有利的地区，这样做才可以取胜。

东汉末年，军阀并起，各霸一方。孙坚之子孙策，年仅17岁，年少有为，继承父志，势力逐渐强大。公元199年，孙策欲向北推进，准备夺取江北卢江郡。卢江郡南有长江之险，北有淮水阻隔，易守难攻。占据卢江的军阀刘勋势力强大，野心勃勃。孙策知道，如果硬攻，取胜的机会很小。他和众将商议，定出了一条调虎离山的妙计。针对军阀刘勋极其贪财的弱点，孙策派人给刘勋送去

一份厚礼，并在信中把刘勋大肆吹捧一番。信中说刘勋功名远播，令人仰慕，并表示要与刘勋交好。孙策还以弱者的身份向刘勋求救。他说，上缭经常派兵侵扰我们，我们力弱，不能远征，请求将军发兵降服上缭，我们感激不尽。刘勋见孙策极力讨好他，万分得意。上缭一带，十分富庶，刘勋早想夺取，今见孙策软弱无能，免去了后顾之忧，决定发兵上缭。部将刘晔极力劝阻，刘勋哪里听得进去？他已经被孙策的厚礼、甜言迷惑住了。孙策时刻监视刘勋的行动，见刘勋亲自率领几万兵马去攻上缭，城内空虚，心中大喜，说："老虎已被我调出山了，我们赶快去占据它的老窝吧！"于是立即率领人马，水陆并进，袭击卢江，几乎没遇到顽强的抵抗，就十分顺利地控制了卢江。刘勋猛攻上缭，一直不能取胜。突然得报，孙策已取卢江，情知中计，后悔已经来不及了，只得灰溜溜地投奔曹操。

马燧用计胜田悦

唐德宗建中二年，河东节度使马燧打败了叛变的藩镇田悦，正好田悦的援兵赶到了，田悦势力再次兴起。马燧和田悦分别驻军在洹河的两岸，田悦知道马燧的军粮不足，就坚守在军营中不出战。马燧命令军队造了三座可以横跨洹河的桥，每天前往田悦营前挑战，田悦怎么也不出战，只是在私下里埋伏了上万名将士，想偷袭马燧。马燧就想出一个办法把田悦"调"出坚固的阵地。马燧下令军队半夜敲起战鼓，吹响号角，

作出要进攻田悦的样子。然而大队人马却秘密出发，沿着洹河，直奔魏州。他对部下说："等到敌人到来时，停下来布阵。"又命令留在原营中的100名骑兵："等到大队人马走后，偃旗息鼓，带着柴禾和火种，躲藏在三座桥下，等田悦的军队全部渡过洹河后，就烧掉这三座桥。"田悦看到马燧撤军，果然带着军队过河烧了马燧的营垒，同时敲着鼓呐喊着追赶马燧。马燧接到消息后，立即停止前进，先砍除前边的杂草树丛，开辟出一块一百步宽的空地，作为战场，又扩选5000名勇士在前边布阵，田悦的军队赶了十几里路到达阵地，他们手中的火把也灭了，士气也减弱了。马燧就发动猛烈的攻击，大败田悦的军队。田悦想回身逃跑，然而横跨洹河的三座桥都已被烧掉了，后退无路，又无阵地，又无思想准备，溃不成军。当然不同于韩信背水列阵，士兵们为了逃生，争着往河里跳，淹死的人无法计算。

马燧在此就是把田悦调出坚固的阵地。马燧的成功不仅是调虎离山的应用，也有上屋抽梯的意思，引诱田悦过河，等于引田悦上屋，烧掉三座桥等于抽去梯子。田悦的部队由于没有思想准备，仓促败退，部队溃乱，虽然背水却不同于韩信有正奇、有组织、有秩序、有阵地的背水，其结果自然不同。

孙权急攻下皖城

东汉建安十四年（209）冬，曹操军在江陵屡战不利，损失甚大，被迫北撤。

孙权控制了长江中下游，孙权眼看北方威胁消除，便积极向南方扩张，建安十五年（210）将交州（今广东广西一带）全部占领。继而又图谋向北发展。建安十九年（214）五月，长江一带雨水充沛，大河涨，小河满，给吴军的战船出击提供了有利条件。偏将军吕蒙向孙权建议说："近来曹操派庐江太守朱光在江北皖城（今安徽潜山县，皖水之滨）屯田，大种水稻，皖田肥沃高产，若任其收获，如此数年，就会形成对我军的威胁，宜早除之。"孙权于是率军由长江入皖水，亲征皖城。考虑到皖城是靠近本国的边境小城，属于轻地，不宜久留。因此一到皖城，孙权便召集诸将询问攻城之策。诸将大都劝孙权在城外堆土山，准备攻城器械，待一切安排妥当后再攻城。吕蒙说："堆土山，造攻具，必然旷日持久，皖城必巩固城防，增加援兵，那时就难攻取了，何况我们是乘雨季从水路袭击，若滞留到河水干涸时，不仅还军的道路阻塞，将士亦眷恋故土，甚至离心离队，微臣对此实在担心。目前，皖城防御并不牢固，以我们三军之锐气，四面同时攻城，定能一鼓作气把它攻下，这样及时赶在雨季之前从水路回师，才是全胜之策！"孙权点头称善。于是以西陵太守甘宁为先锋，吕蒙率精锐部队随后。甘宁身先士卒，攀城而上，吕蒙擂鼓督战，士兵们纷纷攀登城墙，杀进城去。曹操得悉吴军进攻皖城，立即派遣部将张辽率军前往救援。吴军当日攻下皖城，俘获太守朱光。张辽军至夹石（今安徽桐城北），听说皖城已被攻陷，只好撤军回去。

石达开湖口败敌

石达开深知当时敌军声势正盛，特别是湘军水师战斗力极强，要击败湘军，必须首先战胜其水师。湘军水师主要由两部分组成，一部分是轻捷快船舢板，为水师精锐；一部分是快蟹、长龙，虽笨重不灵，但装载弹药辎重，指挥机关，为舢板主力的依托。石达开看出，要战胜湘军水师，必须将其轻捷快船舢板与快蟹、长龙调开，使其互相失去依托，然后分割吃掉。为达此目的，石达开施展了"调虎离山"之计，肢解湘军水师。

为使"调虎离山"得以实施，石达开采取了激怒敌人，使之急于求战的办法。鉴于敌强我弱的形势，石达开先是坚守不出，设法疲惫敌人，待机而动。他每夜用火箭、火球惊扰敌人水师。用小船百余号，或二三只一联，或三五只一联，堆积柴草，放入火药，灌上膏油，分十余批纵火放下，炮船随后，两岸步兵千余人，喊杀连天，施放火箭、火球。使敌人彻夜不眠，不敢安枕。石达开用类似办法同湘军相持近一月，使敌人疲惫已极，急欲求战。为造成湘军错觉，调动敌人，石达开故意撤开湖口守兵，诱敌深入。正好湘军此时亦"欲肃清鄱阳湖以内"。石达开见时机成熟，为阻止湘军水师快蟹、长龙等大船进入湖内，将大船数艘，装满砂石，乘机凿沉于湖口中流，只在靠西岸留一狭窄水道，仅能通过舢板小船。1855年1月29日，湘军水师来攻湖口，120余只轻便舢板战船自狭窄水道冲入湖内，直驶姑塘镇。

石达开、罗大纲把握战机，立即堵塞狭窄水道、切断湖内与长江水上交通，使敌舢板战船无法重返大江，从而肢解了湘军水师。达到了调虎离山的目的。

随后，太平军出动轻捷快船，围攻湖口以北湘军水师八里江老营，南北两岸太平军也手持火箭、喷筒喷射敌船。湘军外江所存多笨重大船，运动不灵，又失去轻便舢板战船的护卫，"如鸟去翼，如虫去足，实觉无以自立"，当夜被焚40余艘，其余船只逃往九江以西的官牌夹。其舢板战船陷于鄱阳湖内，失去依托而被围歼。2月11日，石达开、罗大纲、林启容又率太平军水师乘月黑进攻官牌夹，包围了曾国藩的坐船，杀其幕僚刘成槐、李子成等多人。曾国藩当时未在船内，去了另一舢板战船，故而幸得逃命。这一仗又焚湘军战船许多，使其水师"辎重尽失，不复成军"。曾国藩伤心绝望，投水自尽，被部下救起，逃入陆营。

石达开成功地运用"调虎离山"计，指挥太平军进行了湖口之战，扭转了太平军西征败局，使太平军重又挥师西进，第三次攻克武昌。

逢场作戏压对手

1959年，尼克松作为美国副总统去参加在苏联莫斯科举办的美国国家展览会的开幕典礼。在尼克松动身去苏联之前不久，美国国会正好通过了所谓《被控制国家决议案》。这个决议案是针对苏联和东欧社会主义国家的，它攻击苏联的社会主义制度"压迫"、"奴役"人民，"剥夺"人民的自由。

赫鲁晓夫对《被控制国家决议案》十分愤怒，他认为这是美国对苏联的挑衅。而且，对尼克松长期以来坚持反共立场，指责苏联社会是"铁幕"，赫鲁晓夫也非常不满。他决定在尼克松这次访苏期间，利用种种机会，给尼克松上一课。但是，在外交场合中，这又不能做得太明显、直露。

美国国家展览会开幕式上，赫鲁晓夫陪同尼克松出席。一行人边谈边参观展览。大家走到展览的电视台模型前，一位青年技术人员走上来，提议把赫鲁晓夫和尼克松互相寒暄和谈话的镜头拍摄下来，以便在展览期间向参观的群众播放。在场的苏联观众围拢过来，兴致勃勃地看着这个场面。赫鲁晓夫发现时机到了，于是爬上讲台，开始讲话，并示意技术人员准备录相。

赫鲁晓夫对着摄像机问尼克松："美国存在多少年了？170年。好吧，大家请看，这就是她达到的水平。我们存在只不过42年，而再过7年，我们将达到同美国一样的发达水平！"在场的苏联观众被赫鲁晓夫的讲话吸引住了，他们振奋地热烈鼓掌。赫鲁晓夫继续情绪高昂精神焕发地讲着："当我们赶上你们并超过你们的时候，我们会向你们招手的！"说着，他回身向后挥着手，好像美国正在慢慢逝去。

赫鲁晓夫抓住偶然碰到的机会，敏锐地借题发挥，既奚落、挖苦了美国，难堪了尼克松，又大大振奋了在场苏联人的精神，提高了自己的威信。

尼克松访苏期间，有一次由赫鲁晓夫陪同乘游艇游览莫斯科河。游艇在河上行驶着，河上许多游客在畅游。赫鲁晓夫几次让人把船停下来，向附近的人招手致意。人们游过来，围着游艇，向赫鲁晓夫欢呼。赫鲁晓夫故意大声问他们："你们之中哪个是被控制、被压迫的？"河里的人们一齐大声回答："没有！"赫鲁晓夫又大声问："难道你们都是奴隶吗？"游泳者又异口同声喊："涅特！"——不是。赫鲁晓夫得意地用胳膊肘碰碰尼克松的胸脯，高声说："看看我们的奴隶们是如何生活的？"然后他又冲河里的人们说："有人非说你们是被奴役、没有自由的人，这可笑吗？"河里的人们"轰"地发出一阵嘲笑声。随同的苏联记者们将刚才的每一句话、每一个场景都记录下来，第二天就在各个报刊上发表了。在这一过程中尼克松窘迫得哑口无言。

赫鲁晓夫这种随时随地抓住一切机会，宣传苏联的成就、美好，借以回敬、驳斥、戏弄尼克松的做法，虽使得尼克松感到难堪，但却佩服其手腕的高明。他对赫鲁晓夫说："你知道，我真佩服你，你决不放过任何一个机会进行宣传。"赫鲁晓夫当即反驳他："不，不，我不是搞宣传，我说的是真话，是千真万确的真理。"

在访苏期间，尼克松参观、访问了许多工厂、农庄、市场。在每个尼克松要去的地方，赫鲁晓夫都安排布置好几个人。当尼克松来到的时候，这几个人就从人群中走出来，站在尼克松面前，自我介绍说："我是一个普通苏联公民。"然后，一连串地质问尼克松："为什么美国阻挠为停止原子弹试验所做的努力？"
"为什么美国想要战争？"或者："为什么美国拿在外国领土上建立军事基地来威胁我们苏联？"

尼克松明明知道这是陷阱和圈套，也只好硬着头皮往里跳，往里钻。他反反复复一遍遍讲着道理，回答着问题，弄得口干舌燥、疲惫不堪，最后也达不到任何效果。提问题者毫不在意听他的回答。

就这样，在访苏期间，尼克松常常被这种场面纠缠得苦不堪言，而第二天还要受苏联报刊诸如"苏联一工人质问尼克松，尼克松在正义面前无言以对"之类的题目控告、奚落。由于这些提问者都是以群众面孔出现，尼克松也无法向苏联当局抱怨，怕落个"美国领导怕见群众"的名声。

宣传，是一门高深的学问，里面包含着丰富、复杂的智谋。聪明的宣传家，能够随时把握一切别人往往忽略的机会，从容、自然、顺势地进行宣传，以达到既扰乱、打击了敌人，又激励、鼓舞了自己，同时还抬高了宣传者本人的多重效果。

孔明设谋调崔谅

诸葛亮在首次出师伐魏时，旗开得胜，初战，就把魏左都督夏侯楙打败，困其在南安城。孔明见南安城高难攻，而且周围又有天水、安定、邦城、冀城为羽翼。若攻城日久，恐于军不利。于是先佯攻南安，实则用计去取周围诸郡。

安定郡的太守崔谅，在城内听说蜀军包围了南安郡，于是下令加强城防，不敢妄动。

一天，军兵报告说："有人从正南来，说有密事要禀告太守。"崔谅召见。那人见到崔谅说："我是夏侯楙帐下的心腹大将裴绪，奉都督之命，传令安定、天水郡出兵去救南安、欲用内外夹攻之计破孔明大军。"说着，从内衣中取出一封被汗水浸透了的书信。崔谅拿过来也未看出什么字迹。来人向崔谅告辞说："我还要去天水郡传令，请太守快速兴兵。"说罢，取过汗书出城而去。

崔谅见信后，仍有些踌躇不定，只怕安定郡失守。不一会，又有人骑马在城外喊叫说："天水郡已经兴兵去南安了，请安定郡速出兵应援。"

郡内文武对崔谅说："夏侯楙是皇帝的驸马，南安一旦失守，而我们坐视不救，即使保住了安定郡，那时也得吃罪啊！"崔谅一听，也是此理，于是便只留文官守城，率军向南安进发。

崔谅出城未走出五十里，就遭到了蜀军的前后夹击。崔谅见势不妙，凭着路熟，率败将从小路奔往安定郡。谁知到城下一看，安定郡已被蜀将魏延所夺。他急忙又向天水郡方向逃去，结果中途又被蜀军拦住去路，万般无奈，只好下马投降。

信田用智胜武田

日本天正三年（1575）4月，武田胜赖（1546—1583）南下进攻德川家康。他带领精锐1.5万人围攻国境要害长篠城。德川家康得急报立即向织田信长求援。德川带领联军3.8万人赶往长篠城。军队驻扎在离长篠城4公里的连子川河畔，构筑了防御阵地。

家康和信长都惧怕武田军。家康在三方原战役（1572）中，曾遭到武田信玄的痛击。即使不是信玄，是胜赖，家康也想避开与武田军的决战。信长的军队装备优良，兵力雄厚，但是由于信长军发展快，未经训练的新兵多，可以说是乌合之众。信长没信心从正面战胜由名将信玄统率的、经过百战锻炼的甲州军。但是，信长有秘计。织田军取胜的希望在于"人多炮多"，新兵也能使用铁炮。由浓尾农民组成的民兵装备上铁炮，完全能够抵抗身经百战的甲州正规军，而且织田军在人数上也占优势。

信长打算与武田军决战。信长在设乐原西端构筑了防御阵地，用木栅和铁炮对付武田军。以木栅阻止武田军的骑兵突击，用铁炮轰击以稳定军心。信长一切准备就绪。反而担心胜赖果真会打来吗。因为敌方不中计，木栅和铁炮就不起任何作用。信长采用"调虎离山"计。奇袭鸢巢山引敌出战，用反间计达到此目的。

信长怀疑前来投降胜赖的大臣甘利新五郎是间谍，便当着甘利的面，训斥最高级干部佐久间信盛，并鞭打他。由于信长与信盛平日就不知，为一些鸡毛蒜皮的小事常发生冲突。信盛瞪着信长，神情逼真，令人恐怖。其他人个个脸色大变，指责信长不应如此对待重臣。

佐久间信盛的阵地在前线左翼，占领着制高点，当天夜里，信盛归降胜赖，并出谋划策，自己做内应攻打信长。信盛说："朝我阵地攻打。"信盛的部队占据丸山高地，俯视连子川河谷。只要信盛拼死抵抗，武田军就无法从其左翼攻入。相反，如果武田军拿下丸山高地，就会从左翼席卷织田、德川军阵地。胜赖想"必胜无疑!"参照甘利的密报，胜赖相信信盛内应无疑。

天正三年5月16日夜，在长篠城前医王寺，武田军司令部召开了命运攸关的作战会议。作战会议始终争论不休。众多将领竭力反对主将武田胜赖采取的进攻策略。由于这场战斗关系到武田家的兴亡，因此众将不赞成武田胜赖的策略。

但是，胜赖决心已下，宣誓"旗、盾照鉴!"准备攻打信长。在武田家，凡是对家祖源义家的白旗和源义光的甲胄二件家宝发誓作出的决定是不可改变的。曾跟随过信玄的将领个个无可奈何，怀着沉重的心情回到各自的兵营。

5月8日以来，围攻长篠城的武田胜赖军主力1.2万人5月20日向设乐原进发。织田、德川联军3.5万人布防在连子川对岸。

21日是决战日。天亮之前武田军已准备就绪，急切地等待着进攻的信号，全军鸦雀无声。

这时武田军后侧突然响起数百下枪声，喊声大作。在前一天夜间。信长派遣德川军的酒井忠次部队奇袭并占领了鸢巢山寨。

由于后路被断，武田军无法撤退。胜赖命令进攻，这正好中了信长所设置的拒马栅的铁炮计，武田军溃灭。

娃娃"伞兵"建奇功

1944年6月6日夜,驻守在法国诺曼底地区奥马哈海滩的德军第352步兵师师长赫尔穆特·克赖斯将军,突然接到部下的紧急报告:在本师防区的后面,发现盟军正在实施空降。大批的伞兵部队已经被空投在防区后面约40—50英里的地区。这一报告,立即引起了克赖斯将军的极大重视:盟军此时敢于在敌后实施大规模的空降,预示着一场大规模的进攻已经迫在眉睫了。因此,如果不能在正面的敌军发起攻击前消灭已降落在背后的盟军伞兵,那么,一旦正面实施登陆作战的盟军发起攻击,他就将受到盟军的前后夹击。想到这里,克赖斯将军一面将发现盟军伞兵的情况上报,一面果断地定下了消灭盟军伞兵的决心。他随即命令全师进入最高战备状态,并召来了第915步兵团团长迈耶,命令他立即率第915步兵团去消灭已降落在防区后面的盟军空降部队。

迈耶接到命令后,立即集合队伍,一个有2000余人的精锐步兵团,乘上汽车,前往盟军伞兵降落的地点。临行前,身经百战的克赖斯又叮嘱迈耶,务必保持与师司令部的通信联络,以便在情况发生变化时,立即撤回。步兵第915团,是奥马哈海滩正面迎击盟军登陆的惟一机动力量,其担负的任务是:如果盟军从第352师的防区实施登陆,则由第一线部队抗击盟军登陆,915团实施反攻作战。然而,现在盟军的伞兵突然降落在防区后方,对防区构成了巨大的威胁,

克赖斯不得不拆东墙补西墙,将他的惟一的机动力量派出去了。

两个小时后,迈耶率部逼近了盟军伞兵的空降地。迈耶随即下令,全团展开,准备与盟军伞兵部队接战。然而,出乎意料的是,迈耶的部队并未遇到盟军伞兵部队的猛烈反击,在一阵并不猛烈的交火之后,盟军伞兵部队就后退了。实际上,这只不过是一支小股伞兵。但是,迈耶判断,盟军伞兵部队很可能在完成降落集结后,已经转移了。为完成克赖斯将军的命令,彻底消灭盟军伞降部队,迈耶下令,全团分为十几个分队,在周围搜索并消灭敌伞兵部队。于是,这个精锐的步兵团就这样散布在方圆几十平方公里的乡间,开始了搜索、围歼盟军伞兵部队的行动。

就在迈耶的第915步兵团费力地在远离前线的乡间搜索盟军伞兵部队的时候,盟军在奥马哈海滩的登陆战也打响了。一批又一批的登陆部队涌向滩头,向德军第352师发起猛烈的进攻。面对盟军如此猛烈的进攻,克赖斯将军手足无措了。要想粉碎盟军的强大攻势,必须将迈耶的部队调回前线,投入战斗。

然而,部队派出去容易,收回来难,克赖斯急需迈耶的第915团投入战斗,正像俗话说的那样,福无双至,祸不单行,就在这紧急时刻,迈耶携带的无线电台出现了故障,克赖斯怎么也无法与迈耶联络上。

万般无奈,克赖斯只好派出通信兵去找迈耶。但是,等迈耶接到通信兵传达的命令时,已是几个小时之后了。而且,此时迈耶的部队已经散布于方圆几

十平方公里的乡间，要想在短时间内集结起来，谈何容易。下午3点，迈耶终于将他的步兵团集结起来了。然而，此时已经晚了；盟军的登陆部队已经突破了第352师的前沿防区，打进纵深。迈耶虽然率部向盟军展开了反攻，但已无济于事，第915团及迈耶本人，也很快就被盟军消灭了。

那么，此时盟军的"大批的空降部队"又在干什么呢？说起来可笑，根本就不存在什么盟军的"大批的空降部队"。这支部队其实都是孩子玩的大型玩具——个头像真人大小的洋娃娃。

原来，盟军在实施登陆战役之前研究德军奥马哈防区的兵力部署时发现，德军第352师虽然兵力和装备不足，食品供应也不充分，但仍不失为一支战斗力很强的部队。特别是作为预备队使用的第915团，战斗力远比盟军原先预料的要强得多。假如这支部队在盟军登陆之时，投入战斗，对盟军登陆部队展开反击，那就很难在滩头站住脚。因此，为保障顺利登上滩头，渡过登陆初期的最艰难、最危险的时期，盟军决心设法分散德军的防御力量，特别是将915团调动到远离前线的地方。使其不能在登陆作战的关键时刻及时投入作战。于是，便精心设计了这支洋娃娃部队。盟军知道，这么大规模的空降，德军不会不发现，更不会置之不理；而此时，德军352师惟一可以调动的兵力，就是作为预备队的915团。

事情的发展，正如盟军事先预料的那样，一支十几个人的小分队和大批的洋娃娃伞兵，真的在最关键的时刻将德军的一个精锐步兵团诱到了远离前线的乡村。在这场艰难的登陆战斗中，洋娃娃"伞兵"立了奇功。

兵不厌诈。洋娃娃居然成了"伞兵"。不难想见，盟军赋予洋娃娃的力所能及的作战任务，并非是要直接歼灭敌人，而是引诱敌人为盟军的登陆部队腾出空间，并留出时间。也正是从这个意义上说，毫无战斗力可言的洋娃娃，到了足智多谋作战指导者手中，同样可以在不费一枪一弹，不失一兵一卒的前提下，发挥出真正伞兵也难于企及的功效。或者说较之于真正的伞兵，洋娃娃在此种特定条件下所起的作用是毫不逊色的。

假造情报脱险危

1943年2月，在太平洋战场上，日军驻守瓜岛的部队被美军团团围住，已经成为瓮中之鳖，面临全军覆灭的危险。在日军作战指挥部里，作战参谋们绞尽脑汁，经过几天的研究，日军一致认为，挽救自己命运的惟一可行的办法就是调动美军，使美军的包围圈出现漏洞，这样日军残部可乘机突围。为此，日军设计了一个大胆的调虎离山之计。

潜藏在拉巴维尔椰林里的日军破译队承担了这项十分艰巨的任务。

原来，由获本大尉领导的日军破译队经过长期的无线电侦察，比较详细地掌握了美军海上无线电通信的第一手资料，对美军的无线电组网情况、工作频率、使用呼号、电台程式、联络时间、机器音调都了如指掌。日军想通过无线电台制造假情报来完成调动美军的企图。

2月7日，日军由小柳少将率最后的19艘驱逐舰，乘海上薄雾向瓜岛方向进发。是营救成功，还是瓜岛残余军队覆灭，将取决于这次无线电调虎离山计划实施的成败。

凌晨3点40分，美军基地电台不断地呼叫着他们在所罗门以北的前线警戒一号电台（一号电台是美军在所罗门以北担任警戒任务的重要电台），而一号电台不知是没有听到还是没有及时回答，没有反应。获本大尉听到这一情况后，当即抓住这一可贵的时机，组织日军电台冒充一号机与美军基地电台迅速沟通了联络，并要求发报，美军基地报务员竟然在没有询问暗令的情况下，便毫不怀疑地同意发报。获本大尉很快把事先拟好的假电报拍发过去，报文是："发现日军机动部队，航母2，战舰2，驱逐舰10，方位东南，午前4时。"

美军基地指挥电台见到电文立即回答道："电报收到，我是基地，保持联络。"

果然，美军基地电台中了日军的诡计，他们把刚刚收到的日军假电报，一字不漏地转发给整个美军舰队。于是，美军最高司令部和下属部队之间的通信联络突然频繁起来，紧急调动美军的海上机动部队之后，乘着一片混乱，小柳少将率领的19艘驱逐舰满载着瓜岛残余日军，安全地撤出了美军的包围圈。

将计就计夺政权

1790年，海地爆发黑人奴隶起义。

海地是拉丁美洲地区最富饶的殖民地，当时在法国控制之下，西班牙和英国对它垂涎已久，它们企图乘海地革命的机会，从法国手中夺过来，以便霸占和瓜分它。

法国当局为了对付西班牙和英国，宣布废除包括海地在内的法国殖民地的奴隶制度，以联合起义军共同对西班牙和英国作战。

起义军的主要领导人杜桑决定与宣布废除奴隶制度的法国站在一起，反对西班牙和英国。

1795年3月，杜桑被法国提升为海地副总督。

杜桑的势力越来越大，威望越来越高。他率领起义军狠狠打击了西班牙和英国军队，同时，在政治上同法国殖民主义者进行着控制与反控制、独立与反独立的尖锐斗争。

为了争取海地独立，杜桑不失时机地扩充自己的军事力量，而且还尽力设法摆脱法国代理人的控制。

当时法国在海地有两个代理人，一个是掌握军权的总督拉沃，另一个是掌握行政和经济大权的特派员桑托纳克。

1796年，法国政府被迫同意海地选派代表参加法国立法团的500人院。

杜桑利用这个机会，推选拉沃为海地代表，以便将拉沃支开并将他的权力夺过来。

拉沃虽然不愿接受，但也没有理由拒绝，只好离开了海地。

从此，杜桑实际上已成为海地的总督，掌握海地的全部军权。

1797年，杜桑又装出捍卫法国利益

的姿态，指责法国特派员桑托纳克管理经济不善，并曾劝说海地人实行独立，杜桑提出：

"为了法国的利益和殖民地的兴旺，桑托纳克必须立即回国。"

桑托纳克有苦难言，想申诉反驳，但看到杜桑已兵临城下，包围了海地角，只得忍气吞声地回法国去了。

这样，杜桑就掌握了海地军事、行政和经济等全部大权。

杜桑·卢维杜尔为了争取海地的彻底独立，与法国殖民者进行了反复较量，他机智地利用法国政府及其代理人为了控制海地而设计出来的种种办法和手段，因势利导，将计就计，最终掌握了海地的全权。

调虎离山破防线

1944年7月，科涅夫元帅指挥下的苏联红军乌克兰第一方面军准备在乌克兰西部各州和波兰东南部对德军发动一次大规模的进攻战役，此次战役定名为利沃夫—桑多梅日战役。德军为确保此地不失投入了大量的防守兵力，并建立了由三道地区组成的守备防御体系。

面对强大的守兵，苏联红军如果单纯实施强攻肯定会带来很大的伤亡，为了分散德军防守兵力，经乌克兰第一方面军司令部精心策划，制定了一个巧妙的行动方案——调虎离山计。

一天夜里，在乌克兰第一方面军指挥部门前，30多名红军战士正列队等待着司令员的接见。他们每个人的腰间都挂着两个特大号手电筒。不一会，科涅

夫元帅在其他首长的陪同下走了出来，他与每个战士一一握手后，讲道："小伙子们，你们的行动将直接关系到我们整个部队作战的成败，一定要想尽一切办法完成任务！"

受领任务后，战士们分成两个小组，分别登上10多辆重型运输车，向斯塔尼斯拉夫地区驶去。

几天之后的一个夜晚，德军前线空军机场8架侦察机紧急起飞，直向斯塔尼斯拉夫方向飞去。他们奉命去查清刚刚从地面谍报人员那里获得的一条惊人的消息：在斯塔尼斯拉夫地区发现两支机械化部队。当德军侦察机飞抵预定地点时，果然发现了两支机械化部队。一连几天的侦察都证实，该地区确实有"苏军机械化军纵队"。

这一发现使德军前线指挥部乱了阵脚，德军指挥官们纷纷拿出了高见，多数意见认为，苏军为了增加进攻力量，从后方调来了众多的机械化精锐部队，而且可能把主攻方向选在斯塔尼斯拉夫以东地区。基于上述判断，德军前线指挥部对所属防御部队下令，将该地区执行防御任务的一个坦克师和一个步兵师，调往斯塔尼斯拉夫方向。德军的这一调动正中了苏军的调虎离山之计。

原来，这两支机械化行军纵队，是苏军手电筒小分队的杰作。他们分乘两列纵向行军的重型运输车，利用夜暗向集结地域开进。当德军飞机出现时，所有电筒齐亮，而德军飞机飞临"行军纵队"上空时，手电筒则全部熄灭。德军飞机飞过后，手电筒分队又打开电筒继续前进。就这样，这支"手电筒兵团"

持续多日的行进并和其它伪装措施相配合，有效地迷惑了德军，迫使德军作出了最后的判断：苏军主攻方向一定在斯塔尼斯拉夫以东战场。

就在德军把两个精锐的防御师调离主战场后，苏军部署在利沃夫地区的几千门火炮一齐开火，紧接着，几百辆坦克引导着步兵向德军前沿发起了猛烈的进攻，因防御力量分散，德军形不成有效的防御体系，苏军一举突破了德军防线，继而取得了整个利沃夫—桑多梅日战役的胜利。

巧妙出招赢谈判

世界上第一位女大使柯仑泰，几乎掌握欧洲11国语言，在繁忙的外事活动中，柯仑泰充分显示了她卓越的外事才能。

在她担任苏联驻挪威全权贸易代表时，有一次她与挪威商人谈判购买挪威鲱鱼问题，挪威商人要价高，她出价低。挪威商人深谙贸易谈判的诀窍：卖方喊价高得出人意料，买方往往不得不水涨船高地调整出价，再和卖方讨价还价。但柯仑泰也很懂这一点"生意经"，只肯以低价成交，因为在谈判不至于破裂的情况下，往往会有很好的收获。她坚持出价要低、让步要慢的原则，以取得和挪威商人讨价还价的余地。买卖双方的激烈的争辩中，都企图削弱对方的信心，谈判终于陷入僵局。后来柯仑泰说："好吧，我同意你们提出的价格，我将用自己的工资支付差额。但是，这自然要分期支付。很可能要支付一辈子。"挪威商

人从来也没有遇到过这样一个谈判对手，一个个面面相觑，等他们明白过来，便一致同意将鲱鱼的价格降低到最低标准。

挪威人明白的是什么呢？柯仑泰顺遂他们的意愿，同意他们提出的价格是虚的，实际上是表明他们的要价根本不可能获得政府的批准。如果卖方不肯让步，在这里争执将是徒劳的。卖方一定要坚持这一不合理的要价，要说还有可能达成协议的话，只有用她个人的工资支付差额；但即使认为这样做是合理的话，要分期支付一辈子也是不可能的。假设还有想使谈判达成协议的诚意，惟一办法就是挪威商人重新考虑要价，订出合理的能为苏联政府所能接受的价格。在这次谈判中，柯仑泰所讲的似乎不着边际的两句话，无疑起了重要的决定性作用。

一举两得巧促销

糖果因为含有较高的热量，所以一直被认为是使人发胖的食品，但是美国碧芝（Ayds）公司却发展出碧芝减肥糖，吸引既怕发胖又不愿放弃吃糖习惯的女性购买。从此之后，吃糖果不但不发胖，体重还会减轻，何乐而不为呢！

其实碧芝糖的减肥原理，主要还是在于"节食"。当人们感到饥饿时，不要摄取食物，而代之以碧芝糖和一大杯白开水，当然就能暂时中止饿的感觉，如此减少吸收食物中脂肪、淀粉的机会，自能达到减肥的效果。碧芝公司用这种"相反"概念生产的减肥糖，在市场上和药物、茶叶、美容

健身等减肥方法从事竞争。因为没有副作用和后遗症的顾虑，所以使许多胖女人感兴趣，因之大发利市，这项产品在市场上亦经久不衰。

碧芝减肥糖引进台湾之后，代理商克路公司即改变这项产品的商品概念与定位，那就是行销通路的创新，改变"卖点"，重新塑造商品的形象。

碧芝减肥糖虽有减肥之功效，但本质上它是一种食品。因此，在国外它贩卖的地点，若不是超级市场，就是一般的食品店，它像普通糖果一样被陈列在货架上任人选购，所以价格低廉且大众化。

尽管碧芝糖的进口成本甚低，但是在加上关税之后，若仍置于食品店或超级市场，与一般糖果竞争，则不但无法突出产品减肥的特性，而且因无竞争力而无利可图。克路公司在仔细分析不同的国情及消费者心理之后乃决定以改变

行销通路的方式，将碧芝糖重新定位。变成完全放弃超级市及食品店的地点，改走药房路线，并在台湾全省一万多家西药房选择一千家左右作为销售点。

以药房为销售点的创意，有几点前人未曾想到过的利益：第一，塑造"食品药品化"的商品概念，以强化减肥的特性及消费者的心理效应，第二，创造产品的新形象和价值感，从而提高售价，增加利润。

台湾有许多健康食品，从来纷纷以药房为主要销售点，就是师法碧芝糖的做法，其中当然不乏有欺骗或令人误病之处，像S—95事件就曾引起轩然大波，而像男性壮阳补肾等等之药品屡屡遭受卫生单位的取缔。但就开发新"卖点"的观点来看，无疑，碧芝糖是开拓者，也是创新者，这是将食品引入新的销售通路的先驱，它的创新是各种商品在开发新通路时最佳的思考基础。

第十六计　欲擒故纵①

【原典】逼则反兵，走则减势。紧随勿迫，累其气力，消其斗志，散而后擒，兵不血刃。需，有孚，光②。

【按语】所谓纵者，非放之也，随之，而稍松之耳。"穷寇勿迫③"，亦即此意。盖不追者，非不随也，不迫之而已。武侯之七纵七擒④，即纵而蹑之，故展转推进，至于不毛之地。武侯之七纵，其意在拓地，在借孟获以服诸蛮，非兵法也。若论战，则擒者不可复纵。

【原典注释】①欲擒故纵：故：有意，故意。想要捉住他，就故意放开他。比喻为了更好地控制他，便有意识地先放松他。"擒"是目的，"纵"是手段。"故"是计谋的要点。

②需，有孚，光：《易经·需卦》："需，有孚，光亨，贞吉，利涉大川。"意思是说：停止不前，等待时机，心存诚意，就会光明亨通，大吉大利，足以涉河渡江。运用在此计之中就是停止进攻，给敌人一线生机，等待他们企图逃命，没有战斗力的时候，再奋力攻击他们，就会取得更大的胜利。

③穷寇勿迫：《孙子·军争篇》："围师必阙，穷寇勿迫。"即包围敌人一定要留有缺口，对陷入绝境的敌人不要过分逼迫他。

④七纵七擒：公元225年，诸葛亮南征孟获，七擒七纵，最后孟获心悦诚服，誓不复反。孟获：三国蜀汉南中一带少数民族首领之一。武侯，即武乡侯诸葛亮之爵位。

【原典译文】逼得敌人无路可走，他们就会拼命反扑；故意放他一条生路，就会削弱敌人的气势。追击敌人时，紧紧地跟踪而不逼近，以消耗他们的体力，瓦解他们的斗志，等到他们的兵力分散、军心混乱时再去捕捉，就可以避免流血。根据需卦的原理，此计的关键是要停止进攻，让敌人相信还有一线逃跑的希望。

【按语译文】这里讲的"纵"，不是将敌人放走而是在后面跟着他们，不过稍微宽松一些罢了。《孙子·军争篇》中说："对陷入绝境的敌人不要过分逼迫他。"就是这个意思。我们说"不追"，并不是不去跟踪，只是不过分逼迫他罢了。三国时，诸葛亮七纵七擒，就是释放孟获，而后追踪他，因此转来转去，部队不断推进，终于到人迹罕到的边远地方。诸葛亮的七纵，意图在于扩大疆土，借助制服孟获去收服其他少数民族。这种做法，不符合作战的原则。如果按照作战的原则，被擒住的敌人，是不可以再放掉的。

【传世典故 计名探源】欲擒故纵原意是指为了要捉拿它，故意先放开它，使它不加戒备。比喻为了更好地控制，暂且放松一步。军事上指要想使敌军失去战斗力，彻底瓦解，必须示以一线生路，让其抱有不战而求逃生的念头，这样会造成更有利于我的战机。

此计的最早表达是在《老子》第三十六章："将欲歙之，必固张之；将欲弱之，必固强之；将欲废之，必固兴之；将欲夺之，必固与之。"老子这句话体现出卓越的辩证思想。后世对此多有发挥。《鬼谷子》指出："去之者纵之，纵之者乘之。"《太平天国·文书》说："欲擒先纵，欲急姑缓，待其懈而击之，无不胜者。"欲擒故纵，意思是为了捉住敌人，事先要放纵敌人。这是一种放长线钓大鱼的计谋。

诸葛亮七擒孟获，就是军事史上一个"欲擒故纵"的绝妙战例。

公元 225 年（蜀后主建兴 3 年），蛮王孟获起兵十万反蜀，建宁郡太守雍闿牂郡太守朱褒，越嶲郡太守高定相继投降，声势甚大。蜀丞相诸葛亮奉旨起兵五十万南征。在智破三郡叛军之后，大军继续向泸水（川滇边境）挺进。适逢马谡奉后主之命前来劳军。诸葛亮久闻马谡才智超群，便虚心问计。马谡曰："愚有片言，望承恃察。南蛮恃其地远山险，不服久矣。虽今日破之，明日复叛。丞相大军到彼，必然平服；但班师之日，必用北伐曹丕；蛮兵若知内虚，其反必速。夫用兵之道，攻心为上，攻城为下；必战为上，兵战为下。愿丞相但服其心足矣。"诸葛亮很赞同马谡的见

地，更坚定了心服蛮王的决心。第一次两军对阵，孟获战败，为蜀将魏延活捉。诸葛亮问他是否心服？孟获说：山僻路狭，误遭汝手，如何肯服？你放我回去，整军再战，若再被擒，我便肯服。诸葛亮当即下令放了他，并给他衣服、鞍马、酒食，派人送他上路。第二次诸葛亮派马岱夜渡泸水，断了蛮军粮道，孟获被部将董荼那、阿会喃等缚送蜀营。诸葛亮对孟获说：你前次说，若再被擒，便肯降服。今日如何？孟获说：这次是我手下人自相残杀，以至如此，如何肯服？诸葛亮又将他放了，并领他参观蜀军营寨；亲自送至泸水边，派船送回。孟获第二次被放回本寨后，首先将部将董荼那、阿会喃杀了，然后与其弟孟优商议以假降方式夜袭蜀营，诸葛亮将计就计，第三次将孟获活捉。但孟获仍然不服，他说：这是因为我弟贪杯，误吃了你们的毒酒，并非我没有能耐，如何肯服？如果你放我兄弟回去，我们收拾兵马和你大战一场，若再被擒，方肯死心塌地归降。诸葛亮第三次又将他放了。孟获忿忿回归本洞，派人带上金银珠宝往八番九十三甸各部落借得精健蛮兵数十万，一路杀气腾腾，来战蜀军。诸葛亮避其锋芒，领军退至西洱河北岸扎营，然后派精兵暗渡至西洱河南岸，抄了蛮军后路，第四次将孟获活捉。诸葛亮怒斥孟获：这次又被我擒了，还有何话可说？孟获说：我误中诡计，死不瞑目。诸葛亮声言要斩，孟获全无惧色，要求再战，诸葛亮只得第四次又将他放了。孟获回去后，又聚集数千蛮兵躲入了秃龙洞，与该洞洞主朵思凭借险山恶水，据守不

出。孔明走访当地老人，寻得解毒甘泉和可辟瘴气的薤叶芸香，避过毒泉恶瘴，引军由险径直取秃龙洞，第五次擒得孟获。但孟获仍不服，并说：我祖居银坑山，有三江之险，重关之固，你若能到那里擒我，我便子子孙孙，倾心服事。诸葛亮只得第五次又将他和孟优、朵思等人放了。孟获连夜奔回银坑山老巢，又请来八纳洞洞主木鹿三万驱兽兵助战。诸葛亮破了孟获之妻祝融夫子的飞刀，布假兽战胜木鹿的兽兵，识破孟获妻弟带来洞主假缚孟获夫妻献降诡计，第六次生擒孟获。但孟获说，这次是我等自来送死，不是你们的本领，如第七次被擒，则倾心归服，誓不再反。孟获回洞后，采纳妻弟带来洞主的建议，从乌戈国请来三万刀箭不入、渡水不沉的藤甲兵，屯于桃花渡口。诸葛亮设疑兵，一步一步地将藤甲兵诱入预伏干柴、火药、地雷的盘蛇谷，堵住前后谷口，纵烈火将乌戈国的三万藤甲兵烧了，第七次生擒孟获。诸葛亮令人设酒食招待孟获夫妇及其宗室，叫孟获回去再招人马来决战。这一次，孟获却不走了。并说："七擒七纵，自古未有。我等虽然是化外之人，也懂得礼义，难道就如此没有羞耻么？"于是领各洞蛮民诚心归顺。诸葛亮命孟获继续为蛮王，所夺之地，尽皆退还，蜀军班师，孟获亲自送诸葛亮渡过泸水。后来孟获仕蜀，官至御史中丞。终蜀之世，蛮方一直太平无事。诸葛亮七擒七纵，"纵"的是孟获其人，而最终"擒"得的是蛮王及蛮方百姓的心。精诚所至，金石为开。从此蜀国有了一个巩固的南方，诸葛亮可全心致力于伐魏了。

【名家评点 破解方略】本计的核心要点是："散而后擒"，即等敌人分散了，力量削弱了，再毫不费力的将其擒拿。

一般说来，人在承受压力过大的时候，不是被压垮，就是以极大的力量进行反抗。要击败还有一定实力的敌人，就不要把人逼迫到承受压力的极限，否则自己会遭受大力反抗，欲速则不达。要徐徐削之，直到敌人可以被一举拿下。紧紧地跟随，使敌人始终处于紧张状态，在逃命中削减力量，我方则信心百倍，谨慎选择时机，把敌人一个个解决掉。实际上就是让敌人"自累"。

经典案例　锦囊妙计

晏子妙语巧行谏

·

春秋时齐景公派晏子去治理东阿。三年后，有人向景公说晏子的坏话，景公十分不悦，于是召晏子入朝，欲罢其官。晏子恳切地说："臣已知错，请让臣再治理东阿三年，到那时若无人说我的好话再罢我的官也不迟。"

景公答应了晏子的请求，又派他去治理东阿。三年又过去了，人们果然说了晏子不少好话。这下景公很高兴，又召晏子入朝，要重重赏他，但被晏子拒绝了。景公问其故，晏子回答说："前三年我到东阿，让人修筑道路，出钱出力者责怪我。我力主节俭勤劳，惩治作奸犯科的人，懒汉刁民怨恨我。权贵横行乡里，仗势欺人，我不宽恕，我们就忌恨我。周围的人求我办事，我不答应，他们就反对我。于是您就听到了别人说我的坏话。后三年我改变了做法。我不让人修路，有钱有力气的人开心了。我轻视节俭勤劳，姑息犯罪的人，懒汉刁民高兴了。权贵为所欲为，我装作不知，他们对我十分满意。周围的人求我办事，我有求必应，甚至不惜假公济私，他们对我赞不绝口。于是，关于我的好话就传到了您的耳中。现在您要封赏我，我认为应该惩罚我。这就是我不能接受您的封赏的原因。"

景公至此才恍然大悟，知道晏子是一个贤臣，就把治理国家的重任交给他。

只用了三年时间，齐国实力大增，跻身于强国之列。

晏子为了达到劝服景公的目的，宁肯做违反自己原则的事，用后三年的不贤反衬前三年的贤良，这种欲擒故纵的策略终于使晏子赢得了景公的信任。

"众口铄金"，一人之力，自然难敌百人之口。莫如顺众人之意，然后指出其害，明君自然会更容易接受真相。

以晏子之才，即使舌战百官也未必逊色，然而那样效果并不比姑息养奸然后指出其害好。一路披荆斩棘固然是英豪，但能因势利导以迂为直亦是上智。

王莽计立女为后

汉平帝时，王莽通过玩弄权术，掌握了很大的权力。当时的汉平帝只有十几岁，还没有皇后。王莽做梦都想让他的女儿当上皇后，自己作为国丈就可以高枕无忧了。于是，他采取了"欲擒故纵"手法，设计了一个立女为后的圈套。

一天，他向太后建议道："皇帝即位已经三年了，还没有皇后，现在是操办这件大事的时候了。"此话正中太后下怀，立即应允。一时间，许多达官贵人争着把自己女儿选报上来。而王莽却对太后说："我无功无德，我的女儿才貌平常不敢与其他女子同时并举，请下令不要让我的女儿入选了。"太后没有看出王莽的用心，为王莽的至诚所感动，答应了王莽的请求。

王莽的谦逊行为在朝野引起反响和同情。王莽平日沽名钓誉，有很多狐朋狗友。这些人依照王莽的意思纷纷上奏："安汉公（王莽的爵号）德高望重，为国家立下汗马功劳。如今选皇后，为什么单把安汉公女儿排除在外？这难道是顺从天意吗？我们希望安汉公之女为皇后！"王莽请求不入选他的女儿，其实是为了突出他的女儿，引起大家的注意，再加上王莽谦逊，不肯让太后入选自己女儿，引起朝野的同情。反而造成声势，执意把王莽的女儿立为皇后，最后连太后也觉得王莽的女儿很特别。在大臣们再三要求下。王莽的女儿立为皇后，王莽的政治地位就更加牢固了。

张仪计诱楚怀王

公元前313年，秦国企图攻打齐国，但又顾虑齐国与楚国合纵亲善，秦惠王于是想到诡谋家张仪，有他出面引诱楚怀王，破坏齐楚之盟，便先免去张仪的宰相之职，然后派遣他出使楚国面见楚怀子。

楚怀王是个好大喜功、愿听奉承之人，张仪便尽可能拣好听的说，投其所好，纵其心智。他说："我们秦王最喜欢的人莫过于你楚怀王，而我心甘情愿为效犬马之劳的人，也没有超过你楚怀王的。我们秦王最憎恶的人莫过于齐王，而我最讨厌的人也莫过于齐王。但是大王你却和齐国亲善友好，因此我们秦王不能够支持你楚王，我也不能为你效劳。如果你能听我的话，跟齐国断绝关系，你即可派使者跟我到秦国去，收回秦王过去从楚国兼并的商于地方的六百里土地。这样，齐国就变弱了。你这样做削弱了北面的齐国，施恩于西面的秦国，自己又得了六百多里的商于之地。同时让秦国的美女来做侍奉你的姜婢，秦、楚两国互通婚嫁，永远结为兄弟之邦，这是一举三得四利的美事。"怀王听了眉开眼笑，忘乎所以，不知中计，反而把宰相的印信交给了张仪，把张仪视为功臣，每天请他饮酒作乐，并洋洋自得地说："我又重新得到了过去失去的商于之地了。"文武百官都纷纷前来向楚怀王祝贺，惟独陈轸郁郁寡欢前来吊慰。楚怀王见状，十分恼怒，问道："我一兵未发而得到六百里失地，有什么不好？"陈轸回答："你的想法不对。以我之见，商於的土地不会到手，齐国、秦国却会联合起来，齐、秦一联合，楚国就将大祸临头，危及社稷之安。"怀王问："你有什么解释吗？"陈轸回答："秦国之所以重视楚国，就是因为我们有齐国做盟友，现在我们如果与齐国断交毁约，楚国便孤立了，秦国又怎么会偏爱一个孤立无援的国家而白送商于六百里土地呢！张仪此来不怀好意，回到秦国以后，一定会背弃对大王您的许诺。那时大王北与齐国断交，西与秦国结怨，两国必定联合发兵夹攻。为你谋划，不如我们暗中与齐国仍旧修好而只表面上绝交，派人随张仪回去，如果真的割让给我们土地，再与齐国绝交也为时不晚。"楚怀王斥责道："请您陈先生闭上嘴巴，不要再说了，等着看我去接收大片土地吧！"于是又重赏张仪。随后下令与齐国断交毁约，派一名将领随张仪前往秦国接受土地。

张仪回到秦国，假装喝醉了从车上跌下来，托辞养病，三个月不出门，转让土地一事束之高阁。楚王知道后，说道："张仪是不是觉得我与齐国断交做得还不够坚决？"于是便派勇士宋遗借了宋国的符节，北上到齐国去辱骂齐王。齐王大怒，把象征着和好的楚国兵符也折断了，同时降低身份与秦国修好。秦、齐两国修好后，张仪才上朝露面，见到跟随来的楚国使者，故作惊讶地说："你为什么还不去接受割地？从某处到某处，宽广一共六里。"楚使说："我奉命接受的是六百里，不是六里。"于是使者愤怒地回国向楚怀王报告，怀王勃然大怒，准备发兵讨伐秦国。陈轸劝阻说："我可以开口说话吗？讨伐秦国不是个好办法，不如拿一个大城市去贿赂秦王，联合他一起去攻打齐国，把我们给秦国的土地，从齐国要回来，这样我国尚可保全。如今大王已与齐国绝交，又出兵讨伐秦国，这是撮合秦、齐交好，将招引天下大兵群起攻击，国家一定会受到严重的伤害。"怀王一心想复仇雪耻，不听陈轸的劝说，于是和秦国断绝关系，派屈匄率军队西攻秦国，秦国也任命魏章为庶长之职，起兵迎击。

公元前312年春季，秦、楚两国军队在丹阳大战，楚军大败，八万甲士被斩杀，屈缮及以下的列侯、执圭等七十多名官员被俘。秦军乘势夺取了汉中郡。怀王闻讯更加恼羞成怒，怒不可遏，征发国内全部兵力再次袭击秦国，在蓝田决战，楚军再次大败。韩、魏等国听说楚国危困，也向南袭击楚国，直达邓地。楚国听说了，只好率军回救，割让两座城向秦国求和。

当时，秦国向东扩张势力，遇到的强大阻力和主要敌人是关东齐、韩、魏、赵、燕诸国和南方的楚国，其中楚国和齐国的势力完全可以与秦的力量相抗衡，而楚、齐联盟对秦来说，尤其威胁巨大，秦当然对此不能熟视无睹，无动于衷。秦惠王意识到齐、楚联盟的严重性，派谋士张仪出使楚国，运用诱擒的计谋说服楚怀王，不但完成了离间楚齐联盟的使命，而且凭藉三寸不烂之舌，玩弄是非，挑拨君臣不和，乘虚而入，赢得怀王的信任不疑，从而为奸计阴谋的得逞作了铺垫。从用计的技巧看，张仪算是强中之高手，有其诸多巧妙之处：一巧在于他谙悉怀王之习性，不以卑躬屈膝，好言奉迎，低三下四为耻，给怀王留下了好印象，初步取得了信任，有了对话的基础；二巧在于示假隐真示弱隐强，以物欲美女为诱饵，投其所好，极力劝谏楚齐解除盟约以及秦楚联合的美好前景，阐述其利害得失，居然使怀王利令智昏，贪得无厌，完全信服，是非不明，黑白不分，认贼为父，以敌为友，竟将楚国相印授与张仪，真是言听计从，百依百顺，使怀王完全变成了张仪奸计畅通无阻的"通行证"；三巧在于张仪离间楚国君臣关系有方，结果是反客为主，为其乘乱而入混水摸鱼大开方便之门。楚国君臣上下不和，意见不一，刚愎自用的怀王又听不进忠臣的劝谏，反过来只能与张仪密商国政对策，为其火中取栗，更加纵容了张仪的奸诈阴谋行径；四巧在于使怀王久不得所诺商于之地，中了张仪的诱擒故纵之计谋，还坚信不疑张仪是不会愚弄自己的，反而自责楚与齐的绝盟不够彻底，于是再次派人激怒齐国，逼得齐国乞求与秦联盟对付楚国；五巧在于竟然使怀王彻头彻尾上当蒙骗后，还不能冷静反省，听从忠谏善策，居然不分青红皂白，不作周密统筹布置，不顾江山社稷安危，为泄个人私怨，调兵遣将与秦交战，结果是损兵折将失地，又被韩魏诸国乘危占了邓地，最终不得不割城向秦求和，国势大衰。

韩信计高淹齐军

公元前 203 年，韩信平定了临淄以后，马上向东追赶齐王田广。项羽派龙且为统帅，号称 20 万大军，前来援救齐国，在高密与齐王的军队会师。宾客中有人劝龙且说："汉军远离本土，决一死战，它的锋芒锐不可当。而齐、楚两军在自己的家门口作战，士兵容易逃散。最好的办法是修筑深沟高垒固守，让齐王派他的心腹大臣们去招抚已经丢失的城邑。已丧汉军之手的城邑听说自己的君王还健在，楚军已经前来救援的消息，必定都会反叛汉军。汉军客居在远离本土 2000 里的齐地，如果齐国的城邑全起来反叛它，汉军势必无处得到粮草，这样就可以不用战斗就使他们投降了。"龙且说："我十分了解韩信的为人，容易对付得很！他曾依赖漂洗丝绵的老太太分给他饭吃，甚至无法养活自己；他还曾蒙受从人胯下爬过去的耻辱，根本就没有盖过他人的勇力。这样的人实在不值得害怕。况且现在援救齐国，如果不打一仗便由汉军主动投降，我还有什么功

劳啊！我要与他交战并打败他，半个齐国就可以归我了。"十一月，齐、楚两国军队隔潍水排开成阵。韩信命人连夜赶做了一万多个袋子，装满沙土，投堵在潍水的上游，然后率领一半部队渡河去进攻龙且，交战不久就假装战败，往回奔逃。龙且果然高兴地说："我本来就知道韩信胆小如鼠嘛！"于是渡潍水追击韩信。韩信迅速派人搬开堵塞在潍水上游的沙袋，大水立刻奔泻而下，龙且的军队因此大部分没能渡过河去。韩信迅速组织反击，杀了龙且，被阻留在潍水东岸的楚军开始四散奔逃，齐王田广也逃走了。韩信随即追逐败兵到了城阳，俘获了田广。汉军将领灌婴这时也捉住了齐国守相田光，进军到博阳。田横听说齐王田广已死，就自立为齐王，回头抗击灌婴的队伍，灌婴在嬴城下打败了田横的军队。田横逃往梁地，投降了彭越。灌婴接着又进军到千乘攻打齐将田吸，曹参则在胶东进攻田既，将田吸、田既都杀掉了，齐地全部被平定了。

张仪智破楚齐盟

公元前 313 年，秦国企图攻打齐国，但又顾虑齐国与楚国合纵亲善，秦惠王于是想到诡谋家张仪，有他出面引诱楚怀王，破坏齐楚之盟，便先免去张仪的宰相之职，然后派遣他出使楚国面见楚怀王。

楚怀王是个好大喜功、愿听奉承之人，张仪便尽可能拣好听的说，投其所好，纵其心智。他说："我们秦王最喜欢的人莫过于你楚怀王，而我心甘情愿为

效犬马之劳的人，也没有超过你楚怀王的。我们秦王最憎恶的人莫过于齐王，而我最讨厌的人也莫过于齐王。但是大王你却和齐国亲善友好，因此我们秦王不能够支持你楚王，我也不能为你效劳。如果你能听我的话，跟齐国断绝关系，你即可派使者跟我到秦国去，收回秦王过去从楚国兼并的商于地方的六百里土地。这样，齐国就变弱了。你这样做削弱了北面的齐国，施恩于西面的秦国，自己又得了六百多里的商于之地。同时让秦国的美女来做侍奉你的姜婢，秦、楚两国互通婚嫁，永远结为兄弟之邦，这是一举三得四利的美事。"怀王听了眉开眼笑，忘乎所以，不知中计，反而把宰相的印信交给了张仪，把张仪视为功臣，每天请他饮酒作乐，并洋洋自得地说："我又重新得到了过去失去的商於之地了。"文武百官都纷纷前来向楚怀王祝贺，惟独陈轸郁郁寡欢前来吊慰。楚怀王见状，十分恼怒，问道："我一兵未发而得到六百里失地，有什么不好？"陈轸回答："你的想法不对。以我之见，商於的土地不会到手，齐国、秦国却会联合起来，齐、秦一联合，楚国就将大祸临头，危及社稷之安。"怀王问："你有什么解释吗？"陈轸回答："秦国之所以重视楚国，就是因为我们有齐国作盟友。现在我们如果与齐国断交毁约，楚国便孤立了，秦国又怎么会偏爱一个孤立无援的国家而白送商于六百里土地呢？张仪此来不怀好意，回到秦国以后，一定会背弃对大王您的许诺。那时大王北与齐国断交，西与秦国结怨，两国必定联合发兵夹攻。为你谋划，不如我们暗中

与齐国仍旧修好而只表面上绝交，派人随张仪回去，如果真的割让给我们土地，再与齐国绝交也为时不晚。"楚怀王斥责道："请您陈先生闭上嘴巴，不要再说了，等着看我去接收大片土地吧！"于是又重赏张仪。随后下令与齐国断交毁约，派一名将领随张仪前往秦国接受土地。

张仪回到秦国，假装喝醉了从车上跌下来，托辞养病，三个月不出门，转让土地一事束之高阁。楚王知道后，说道："张仪是不是觉得我与齐国断交做得还不够坚决？"于是便派勇士宋遗借了宋国的符节，北上到齐国去辱骂齐王。齐王大怒，把象征着和好的楚国兵符也折断了，同时降低身份与秦国修好。秦、齐两国修好后，张仪才上朝露面，见到跟随来的楚国使者，故作惊讶地问："你为什么还不去接受割地？从某处到某处，宽广一共六里。"楚使说："我奉命接受的是六百里，不是六里。"于是使者愤怒地回国向楚怀王报告，怀王勃然大怒，准备发兵讨伐秦国。陈轸劝阻说："我可以开口说话吗？讨伐秦国不是个好办法，不如拿一个大城市去贿赂秦王，联合他一起去攻打齐国，把我们给秦国的土地，从齐国要回来，这样我国尚可保全。如今大王已与齐国绝交，又出兵讨伐秦国，这是撮合秦、齐交好，将招引天下大兵群起攻击，国家一定会受到严重的伤害。"怀王一心想复仇雪耻，不听陈轸的劝说，于是和秦国断绝关系，派屈匄率军队西攻秦国，秦国也任命魏章为庶长之职，起兵迎击。

公元前312年春季，秦、楚两国军队在丹阳大战，楚军大败，八万甲士被

斩杀，屈匄及以下的列侯、执圭等七十多名官员被俘。秦军乘势夺取了汉中郡。怀王闻讯更加恼羞成怒，怒不可遏，征发国内全部兵力再次袭击秦国，在蓝田决战，楚军再次大败。韩、魏等国听说楚国危困，也向南袭击楚国，直达邓地。楚国听说了，只好率军回救，割让两座城向秦国求和。

七连败楚终灭庸

战国时期，楚国为了称霸，出兵攻打庸国，庸国军民面对外来侵略，同仇敌忾，奋起抗战，终于赶走了楚军，并且活捉了楚军将领子扬窗。但是由于看守不慎，被囚禁的子扬窗在被押三天之后就越狱逃回了楚国。子扬窗一回国，立即受到国王召见。

"爱将受苦了，快说说庸国的情况。"楚王急切要报仇。

"大王容禀，我看到庸国军队人马强壮，蛮人们都集中在城里，好像随时准备战斗的样子，现在攻打恐怕要吃亏，不如等我们把所有的军队都集合齐后，再去攻打。凭我们的实力，吸取上次的教训，一鼓作气，就能拿下庸国。"子扬窗答道。

"我以为不可，必须现在马上就去攻打庸国，而且只许战败，不许战胜。"另一位楚军将领师叔接过子扬窗的话，提出了完全相反的意见。

"师将军，现在我们刚刚打了败仗，士气低落，本应休整一些时日再战，如果现在继续交战也应想办法打胜，以鼓舞士气才对，为什么要故意打败呢？"其他的将领反问师叔。"说的是，我们不打则已，打就要打赢。"不少将领也随声附和。

师叔说："敌人刚刚打了胜仗，士气正旺，但也非常容易骄傲。我们现在进攻，敌人必然乘胜击我。我们再故意打败，敌人必然会认为我们战斗力已经衰弱。再连续战败几次，敌人就会认为我们已经不堪一击。敌人骄傲，必然疏于防范，我们乘机发动真正的进攻，定能取胜。"

"此计确实高妙，就由你来具体部署吧！"听这么一说，楚王十分高兴地接受了师叔的建议。其他人也连声称好。

于是，楚军分别以多股兵马轮番与庸国军队交战，每次都是交手不久，便"落荒"而退。这样，三日之内楚军一连和庸军打了七仗，一仗比一仗败的惨，不少马匹、枪械还被庸军缴获，还抓了少部分楚军"俘虏"。庸军感到，楚军已经精疲力竭，不堪一击了。便不再设防，士兵也不再集中了，只剩下部分岗哨。

楚军见庸军已麻痹大意，立即抓住时机，分两路军队开始攻打庸国。同时楚军联合的秦军、巴军也跟随楚军一同包围了庸国。庸军一看这次楚军来势凶猛，不禁大惊失色，原来为庸军助战的蛮人们首先纷纷主动归顺了楚国。庸军孤立无援，又没有设防，很快被楚军消灭。楚军轻而易举灭了庸国。

利诱计斩楼兰王

公元前77年，楼兰国王去世，匈奴最先得到这个消息，便把在匈奴当人质的楼兰国王子安归送回国，使安归当上了国王。汉朝派使臣去楼兰国传达汉昭帝的诏令，命新即位的楼兰王来长安朝见，楼兰王拒绝前往。楼兰国位于西域的最东部，靠近汉朝，中部隔着白龙堆沙漠。这里缺乏水源、草场，以往楼兰国经常派出向导，并命人背水担粮，迎送汉朝的使臣。后因多次受到汉朝官吏和兵卒的欺负，便对汉朝产生了惩戒之心，不再与汉朝来往。后来，又受了匈奴的挑拨，多次拦杀汉朝使臣。楼兰王安归的弟弟尉屠耆投降汉朝，把这些事情都报告了汉朝。担任骏马监的北地人傅介子出使大宛，汉昭帝下诏命其顺路指责楼兰、龟兹两国。傅介子来到楼兰和龟兹，责问两国国王为何背叛汉朝，两国都对汉朝表示了歉意与顺从。傅介子从大宛回来，又到龟兹，正好匈奴使臣从乌孙回来，也在龟兹，于是傅介子率其随从人员杀掉了匈奴使臣。回国后，傅介子向汉昭帝报告了此事，诏帝封傅介子为中郎，迁任平乐监。

傅介子对大将军霍光说："楼兰、龟兹两国反复无常，如不加以诛杀，就不能显示我国对他们的惩治。我经过龟兹时，感到龟兹国王很容易接近，轻易就能将其制服。我愿意去刺杀他，以向西域各国示威。"大将军说道："龟兹路远，且先到楼兰去试试吧。"于是禀告汉昭帝后派傅介子去刺杀楼兰国王。傅介子率领卫士，携带金银财宝，声称要赏赐给外国，以此为名来到楼兰。楼兰王不肯亲近他。傅介子假装离去，到楼兰的西部边界时，让翻译对楼兰国王说："汉朝使者携带黄金、绸缎等赏赐各国，大王

如不接受，他们就要到西边国家去了。"并拿出黄金、财宝等给翻译看。翻译回去向楼兰王报告，楼兰王贪图汉朝财物，便前来面见汉使。傅介子与楼兰王共坐饮酒，故意将金银财宝陈列出来。喝到大家都醉了，傅介子对楼兰王说："汉朝天子派我来，告诉您一件秘事。"于是楼兰王起身随傅介子进入后帐，屏退侍从人员密谈。突然，两名壮士从背后用利刃刺向楼兰王，穿胸而过，楼兰王立即死亡。楼兰国的亲贵大臣、侍从人员等都逃走了。傅介子宣布楼兰王背叛汉朝之罪，说："汉天子派我诛杀楼兰王，改立其现在汉朝的弟弟尉屠耆为王。汉军立即就到，都不许动，否则自取灭国之难！"傅介子将楼兰王安归的首级割下，用驿马送至长安，悬于未央宫北门之外。

孔明折衷欺鲁肃

孔明用"假力于人"之计，巧使周瑜智取了荆州之后，孔明愚弄的周瑜羞怒之下，要兴师从刘备手中夺回荆州。孙刘之间的一场兵戈之争一触即发，刚刚结成的合纵抗曹联盟面临解体。

鲁肃见此情形，急忙阻止周瑜说："都督万不可草率从事。现在我们主公正在合淝与曹军作战未分胜负，如果我们再与刘备自相争斗，一旦曹操乘机大举进攻，我们将受到夹击，那时情势可就危险了。请允许我赴荆州去见刘备，用伐交的方式向他索要荆州。既然我们双方联合抗曹，他应以大局为重，还我荆州。如果他蛮横无理，不想再与我们继续联合，那时再伺机兴兵也不迟。"周瑜

见鲁肃之语很有道理，只好忍下胸中一口闷气，令鲁肃前往荆州谈判，专候其消息。

鲁肃来到荆州见到刘备和孔明后，义正词严地说："吾主吴侯与都督公瑾让我再三向皇叔申明：昔日曹操引百万之众前来，实际是欲取皇叔的。我东吴助你杀退了曹兵，救了皇叔，荆州九郡当归我东吴，现在皇叔用诡计巧取了荆襄，反使我江东空费许多军力及钱粮，未得寸土，这样恐怕于理不通吧。若如此我们双方今后该如何合作呢？"孔明知道鲁肃是以合纵大计为重的人，但周瑜正在气头上。苦与其针锋相对地争执下去，一旦触怒了周瑜，双方必然会刀兵相见，于是便想出一个双方均可以接受的理由对他说："我们双方联合破了曹操，共同把他们逐出荆州。究竟谁该得荆州之地，我看咱们谁也不必争执，宜物归原主为宜。荆州是刘表的基业，他虽已死，可他的儿子刘琦尚在，荆州该归公子刘琦才是。至于我们暂居于此，是奉琦之请，以叔辅侄罢了。"

鲁肃怎么也未料到孔明竟端出这么个理由，一时把他弄得语塞。只好挑剔地说："如果真是公子琦居此，我们倒也无话可说。可公子在江夏并不在荆州。事实是皇叔在占据此地。"孔明见鲁肃认了这个理，便把刘琦请出来见鲁肃，鲁肃见刘琦果然在荆州，又无语可说了。沉默良久问孔明说："如果公子不在世了该如何？"孔明说："公子在一天，我们助他守一日。一旦不在了，那时再说。"鲁肃说："这话可不能含糊，若公子不在时，应将荆州还我东吴。"孔明应声答应

他说："就依先生之言。"

周瑜听到鲁肃的谈判结果后，责备他说："刘琦现在正青春年少，若等他死须待何时？"鲁肃神秘地对他说："都督放心，我有望诊之术，刘琦过于酒色，现已病入膏肓，不到半年他必殆无疑。那时我再去索要荆州，孔明还有什么话可讲？"周瑜见双方既然已经这么谈妥了，只好不提兴兵之事了。

鲁肃从荆州走后，刘备问孔明说："先生为何不与吴使力争荆州，并且答应日后归他？"孔明说："荆州现在执掌在我们手里，只要把吴使愉快地打发，不使周瑜兴兵找麻烦，这就达到我们目的了。若与其强争，周瑜乘怒来攻，曹操再来夹击，我们岂不危险了吗？再说联吴抗曹之盟也会因此而解体。我们虽表面上做了让步，可事实上，我们不仍占有着荆州吗？此乃以退为进之策也。"

骄兵计黄忠破敌

汉中之地，自从被曹操攻取后，刘备不时派兵在西川与汉中的边境地带出兵，打击曹军，伺机攻取汉中。张飞打败敌将张郃，顺势攻取了瓦口关。敌将张郃却又兴兵向防守虚弱的葭萌关发起进攻。孔明见张飞据守瓦口关要地不能脱身，便遣黄忠、严颜两位老将拒守葭萌关。

黄忠、严颜首战打败张郃，在关前百里处安营下寨。

曹洪见张郃又吃了败仗，准备责罚他。郭淮恐张郃受逼太过反投降蜀军，连忙劝阻曹洪，并派夏侯尚、韩浩率五

千军马助战并做监军。

黄忠听说张郃大寨又添兵了，便率军去张郃营前挑战。夏侯尚、韩浩二人出阵夹攻黄忠。黄忠力战二将，各斗二十余个回合，率兵败走。两敌将追杀二十余里，回头夺下了黄忠营寨。第二天，两个敌将又来战挑，黄忠应战几个回合，又弃营而走。如此连败数阵，连弃三营，一直退到葭萌关上。

敌将张郃对夏侯尚、韩浩说："黄忠连败数阵，其中必有诡计。"夏侯尚说："你如此胆小如鼠，难怪你屡战屡败。"张郃经如此抢白，只得不再作声。

蜀将孟达在关上见黄忠屡败，一直退到关下，便急向成都发信。刘备得信后，忙向孔明问退敌之计。孔明说："这是老将用的'骄兵之计'。"刘备将信将疑，为稳妥起见，派刘封到关上帮助黄忠御敌。

黄忠见刘封带兵来到关上，便问他说："小将军为什么来此？"刘封说："父亲知道将军数次败阵，派我来助老将军。"黄忠听后大笑说："这是老夫的'骄兵之计'也。你看我今夜一阵可全收回失去的营寨，夺他的粮草马匹，这是我用空寨换其实寨，借寨给他们暂住，是使其为我们屯辎重的。"于是吩咐说："今夜霍峻将军守关，孟达将军跟我去搬运粮草，小将军可随军观我如何破敌。"

当夜二更，黄忠率五千军马出关杀向敌寨。这时寨中敌将夏侯尚、韩浩因关上连续几天不出兵迎战，斗志已经懈怠。一听蜀兵从关上杀来，众军将来不及披甲迎敌，只顾逃命而去，寨内丢下粮草、马匹、军器无数，黄忠一面率军

追击，收复失营，一面令孟达将辎重全部搬到关上。及至天明，原来的三座大寨全被收复。刘封此时对黄忠说："军兵战了一夜，是不是可以暂歇。"黄忠说："不入虎穴，焉得虎子？"于是乘势去攻打敌寨。

曹军兵马一败再败，最后把自己的本营也放弃了，一直败逃到汉水旁，投天荡山去了。

孔明用计巧退兵

据《三国演义》写道，司马懿在武都、阴平之战中连败两阵以后，便采取了坚守不战的策略，一连半月，尽管蜀兵天天骂阵挑战，但魏军只是紧闭寨门，坐视不出，企图以此疲惫蜀军，创造一个周亚夫坚壁昌邑式的战绩。但是，道高一尺，魔高一丈；你有你的奇谋，我更有破你奇谋的法术。由此便又引出了诸葛亮和司马懿斗智的新篇章。书中写道：

孔明见司马懿不出，思得一计，传令教各处皆拔寨而起，当有细作报知司马懿，说孔明退兵了。懿曰："孔明必有大谋，不可轻动。"张郃曰："此必因粮尽而回，如何不追？"懿曰："吾料孔明上年大收，今又麦熟，粮草丰足；虽然转运艰难，亦可支持半载，安肯便走？彼见吾连日不战，故作此计引诱。可令人远远哨之。"军士探知，回报说："孔明离此三十里下寨。"懿曰："吾料孔明果不走。且坚守寨栅，不可轻进。"住了旬日，绝无音信，并不见蜀将来战。懿再令人哨探，回报说："蜀兵已起营走

了。"懿未信，乃更换衣服，杂在军中，亲自来看，果见蜀又退兵三十里下寨。懿回营谓张郃曰："此乃孔明之计也，不可追赶。"又住了旬日，再令人哨探。回报说："蜀兵又退三十里下寨。"郃曰："孔明用缓兵之计，渐退汉中，都督何故怀疑，不早追之? 郃愿往决一战!"懿曰："孔明诡计极多，倘有差失，丧我军之锐气。不可轻进。"郃曰："某去若败，甘当军令。"懿曰："既汝要去，可分兵两支: 汝引一支先行，须要奋力死战; 吾随后接应，以防伏兵。汝次日先时，到半途驻扎，后日交战，使兵力不乏。"……

这样，狡猾的司马懿在孔明连连退却的诱惑下，终于被"调"出了营寨。尽管他采取了稳扎稳打的对策，兵分两支，前后照应，但无奈诸葛亮采用连环妙计，以多路伏兵围战运动之敌，又以两路奇兵直袭魏营，结果司马懿首尾不得相顾，还是败在了诸葛亮的手下。

毫无疑问，孔明的这一"退避三舍"，是为了调动敌人。他不是对历史经验的照搬，而是一次创新。很明显，蜀、魏两军对峙于祁山，相持的时间愈长，对于蜀军就愈不利。由于地形复杂，蜀军劳师远征，面临的最大困难是后勤保障方面的问题。蜀军二出祁山不久，就是由于粮草不济才被迫撤回汉中的。因此。蜀军只有设法打破对峙的僵局，迅速同魏军决战，才能争取主动。但蜀军的作战对手司马懿，则是一个老谋深算、稳健持重的将帅，采取一般的调虎离山之法是很难奏效的。诸葛亮针对作战对手的这一特点，每隔一旬，后退一舍，

如法炮制，连续进行。尽管司马懿神机妙算，却没有经住这接二连三的诱惑。当孔明第三次撤退 30 里下寨时，司马懿的思想终于动摇了，与张郃一起率兵追出了寨门，结果再一次中了诸葛亮的"圈套"。

不攻麦城擒关羽

孙权把关羽围困在麦城后，先派诸葛瑾去城中说降关羽。可关羽却誓死不降。孙权对吕蒙说："关羽不降，我们宜用何策破此小城?"吕蒙回答说："关羽守此城，并不是久计，他是想等待援军解救。可他的援军却迟迟不到，他们必然会竭力突围去汉中。我们不如放关羽出走。他兵少必不肯走大路，我们在小路上设埋伏，便可擒获关羽。"

城内关羽见救兵迟迟不到，心中十分焦虑。赵累对关羽说："上庸救兵不到，是刘封、孟达按兵不动之故。我们不能再久等了，不如弃此城奔西川，整顿军马再来讨战。"关羽说："这样甚好，今夜我便率军从小路杀奔西川。"王甫说："小路必然有伏兵，不如走大路安全。"关羽气傲地说："纵然有伏兵，又能把我怎么样?"说罢，率军起程。

关羽在小路奔走时，中了两处埋伏。最后，吴兵用绊马索把他的战马绊倒，关羽翻身落马，被吴将马忠所擒。关平随后火速救应，同样也遭厄运。

刘备用情感众将

曹刘之战，刘备大败，弃樊城往荆

州途中玄德败军不满一千，狼狈而奔。前至一江，唤土人问之，乃汉江也。玄德权且安营。土人知是玄德，奉献羊酒，乃聚饮于沙滩之上。玄德叹曰："诸君皆有王佐之才，不幸跟随刘备。备之命窘，累及诸君。今日身无立锥，诚恐有误诸君。君等何不弃备而投明主，以取功名乎？"众皆掩面而哭。云长曰："兄言差矣。昔日高祖与项羽争天下，数败于羽，后九里山一战成功，而开四百年基业。胜负兵家之常，何可自坠其志！"

孙乾曰："成败有时，不可丧志。此离荆州不远。刘景升坐镇九州，兵强粮足，更且与公皆汉室宗亲，何不往投之？"玄德便令孙乾星夜往荆州。

这是一则统御者通过巧妙的交谈，有针对性地采取攻心战术，与将士沟通思想感情或解开其思想症结，结交将心的谋略。

"谈言微中"，通常是用来形容说话委婉而切中事理的一句成语。"微"即微妙。"中"即切中。语出汉司马迁《史记·滑稽列传》。文曰："谈言微中，亦可以解纷。"明·张岱《家传·附传》中亦云："与人交，辄洞肺腑，谈言徽中，无不倾心向之。"

上文中，刘备势败后的酒后之言，虽言语不多，但能一语中的，深入将心，达到了凝聚众将的目的，有着点石成金的妙用。在今天看来，他是一位做政治思想工作的老手了。

高欢巧计脱离难

北魏后期，葛荣的部下被流放到并州、肆州的有二十多万人，这些人饱受胡人的欺凌，都无以为生，前后大大小小又反叛二十六次，被杀掉了一大半，但仍图谋叛乱不止。尔朱兆深以为患，于是便问计于高欢。高欢说道："六镇之民反叛，不能全部杀掉，应该选一位您的心腹之人，让他统领六镇人民，如有反叛者，则惩处其首领，那样的话，受惩处的人就少了。"尔朱兆说："好主意！但派谁去比较合适呢？"贺拔允当时也在座，他建议让高欢统领六镇之民。高欢挥拳便朝贺拔允的嘴部打了过去，打掉了贺拔允的一颗牙齿，并斥责道："天柱大将军在世的，我高欢受其调遣如鹰犬一般，今日天下之事取舍全在大王，你贺拔允怎敢僭越职权大胆妄言，请大王您杀了贺拔允！"尔朱兆认为高欢对自己忠诚，于是便将六镇之兵交与高欢统领。高欢以为尔朱兆是酒后之言，担心他酒醒之后又反悔，便赶快走出营帐，对将士们宣布说："我受大王委托统领州镇兵，你们可到汾河东岸集合，听我的号令。"于是在阳曲川建立了幕府，安营扎寨。士兵们平素憎恨尔朱兆而乐意做高欢的部下，纷纷前来投奔高欢。

没过多长时间，高欢又派刘贵向尔朱兆请示，因"并州、肆州连年霜旱，降户只好挖田鼠为食，面无人色，这样只能使您在境内的威信受到损害，请下令让他们到太行山东面乞食，等到解决了温饱问题之后再做安排。"尔朱兆批准了这一建议。长史慕容绍宗劝谏道："不能答应。今天下纷乱，人人各怀异想，高欢雄才盖世，如果再让他在外面握有重兵，这好比是借云雨给蛟龙啊，您将无法控制他了。"尔朱兆说:"我与高欢有结拜重誓,何必过虑!"慕容绍宗道:"亲弟兄尚且不能完全相信,何况是结拜兄弟呢?"当时尔朱兆的左右部下已经接受了高欢的重金,于是便趁机说慕容绍宗跟高欢有旧仇,尔朱兆大怒,因禁了慕容绍宗,崔促高欢尽早出发。高欢从晋阳出滏口,中途遇上了从洛阳来的北乡长公主,北乡长公主带有三百匹好马,高欢将这些好马全部截夺下来,另用差马充数。尔朱兆听说了这件事后,便放出慕容绍宗,与之商议。慕容绍宗说道:"高欢目前还未走远,仍是您的掌中之物呢。"尔朱兆于是亲自追赶高欢,追至襄垣县,正值漳河暴涨,桥梁被冲坏了。高欢隔着漳河遥拜尔朱兆道:"我之所以借公主马匹,并非有别的目的,只是为了防备山东的盗贼罢了。大王您竟相信公主的谗言,亲自前来追赶,我倒不害怕渡过河来受死,但恐怕我的这些部下都要叛离。"尔朱兆自己赶忙连说没有这个意思,于是他轻马渡过漳河,与高欢并坐大帐前,将自己所佩之刀交给高欢,引颈让高欢斩杀。高欢痛哭道:"自从天柱将军去世后,我高欢还有谁可以仰靠?只希望您长命百岁,我为您效力罢了。现在却被旁人挑拨离间,您怎忍心说出这种话呢?"尔朱兆将刀投于地上,又斩杀了白马,与高欢发誓,并且留住下来与高欢通宵宴饮。尉景埋伏下士兵想捉捕尔朱兆,高欢咬破自己的手臂制止了他,并对他说:"现在如果杀了尔朱兆,他的党羽肯定会聚集起来并力来争,我们兵饥马瘦,不能与其相匹敌,如果这时候有英雄乘机而发难,那么祸害就更

大了。因此不如暂且放走他。尔朱兆虽然骁勇善战,但却凶悍无谋,不难对付。"第二天,尔朱兆渡河回营,又召请高欢,高欢上马欲前去会见尔朱兆,部下孙腾牵住高欢的衣服,高欢这才未去。尔朱兆隔河责骂高欢,之后驰还晋阳。尔朱兆的心腹念贤率领降户家属另外安营,高欢假意与念贤友善,借口观赏念贤的佩刀,趁机杀了他。士兵们欢欣鼓舞,更愿意归附依从高欢了。

无名缓期破窃案

女皇武则天赐给太平公主许多珍玩宝物,价值连城,到年底时,这批宝物被盗。太平公主把这一情况报告给武则天。武则天大怒,召来洛州的长史说:"三天之内不捉住盗贼,就问你死罪!"

洛州长史拜见了以聪敏机智闻名乡里的苏无名,请求帮助破案。苏无名说:"您领我面见陛下,到那时我再说出我的计谋。"

于是,他们来到宫中。武则天问苏无名:"你有把握破获此案吗?"苏无名不紧不慢地回答:"如果责成我捉贼,请您不要急于求成,此事只要耐心等待,就能一举成功。另外要把捕盗的吏卒,归我全权调遣。这样我一定为陛下捉来盗贼。"武则天答应了苏无名的全部要求。

苏无名出宫后吩咐吏卒缓办抓贼之事,改变以前大张旗鼓的做法。到了寒食节那天,他才把吏卒召集起来说:"你们分批守候在东门和北门。看到一伙穿孝服的胡人就跟上,暗中观察他们上坟的情况。如果他们来到一座新坟跟前,

上坟时哭不悲伤，跪无诚意，你们就抓住他们。"吏卒们出外巡察，一切果如苏无名所言。吏卒们在那伙胡人上坟的棺材里发现了丢失的珍宝。

武则天对苏无名的才干颇为欣赏，欲知破案详情。苏无名说："我上次进入都城见您之前，发现一伙胡人抬着棺材出殡。我看他们的表情，不像刚刚失去了亲朋好友，遂怀疑他们的棺材里装的是偷来的珍宝。我估计他们先把棺材埋在城外，然后等到风声不紧时再取出运走。我想，他们到寒食节那天必然还要出城，以上坟的名义运走珍宝。遂建议您破获此案不能心急，不要大张旗鼓。不急于捉拿他们不是不管不问，而是让他们放心地挖坟开棺。待他们取出罪证以后，再把他们绳之以法。"

武则天听完苏无名的欲擒故纵计谋，连声称妙，不仅送给他许多金帛，还给他官升两级。

其实苏无名并非神仙，这宗案他若是撞不见那伙人就要麻烦多了。而他既撞见又能联想到便见其聪明。接案之后，他不是大张旗鼓捉拿窃贼而是吩咐缓办意图使窃贼放松警惕，待到寒食节再一次出击，将案犯一网打尽。

先礼后兵灭南唐

五代十国时期之末，赵匡胤陈桥兵变夺得北方政权，做了皇帝。他精明治军治国，已有力量消灭南方的后唐，统一中国。南唐后主李煜是一位罕见的文学天才，赵匡胤对李煜决定采取先礼后兵的策略，他一次又一次地派使者到李

煜那里，向李煜陈述统一中国的必然趋势，表示对李煜的才华的肯定和优待他的诚意，劝李煜献出国土，不动刀兵。赵匡胤在京城为李煜专门准备了一大套豪华住宅，准备在和平统一中国后，让李煜居住，并准备给李煜封正。但是李煜本人不善政治和军事，优柔寡断。每次赵匡胤来使，他都想同意，但又有臣下说祖宗社稷不能拱手送人，应该强兵拒敌。然而又没有一个将领能领兵。就在这样的犹豫不决中，赵匡胤耐心地等待了李煜10多年，直到把中国的其他地方完全统一之后，最后才不得已派兵攻打江南。然而在出兵的同时，赵匡胤还派出一位大臣去通知李煜，晓明大局，告诉他现在献国为时未晚。李煜仍然犹豫不决。于是宋兵打进南唐，攻入南唐都城。此时赵匡胤仍派将军前往南唐王府保护李煜，让其尽带宫中钱财珠宝，移居宋都。赵匡胤对李煜的先礼后兵，是退避三舍的较为典型的策略运用。

先捧后压行清洗

1933年，希特勒登上权力的巅峰后，他开始除政敌，清内患，为他实现独裁扫清道路。罗姆领导的冲锋队是希特勒进行"群众运动"的核心力量，为他夺取政权立下了汗马功劳。但自希特勒上台后，冲锋队自作主张，不听希特勒摆布，为此，希特勒决定除掉罗姆冲锋队。

但是，冲锋队羽翼丰满，有相当的武装力量，如果硬行取缔，就会弄巧成拙。狡猾的希特勒对罗姆没有急于下手，而是采取了安抚的手段。1933年12月，

希特勒出人意料地任命罗姆为内阁成员，1934年元旦，他又给罗姆写了一封热情洋溢的信，认为冲锋队是确保第三帝国存在的中流砥柱，并说冲锋队的功绩应归功于罗姆。这封信刊登在1934年1月2日的纳粹党机关报《人民观察报》上，这样，使罗姆和他的冲锋队陶醉在光荣和赞扬声之中，完全丧失了对希特勒的戒备。

罗姆当上内阁成员后，野心继续膨胀，想把陆军的权力抓到手，导致罗姆与陆军的矛盾激化起来，希特勒为了争取陆军的支持，决定清洗冲锋队。

1934年6月30日凌晨，希特勒派军队由慕尼黑赶到维西，将正在睡大觉的冲锋队一网打尽。与此同时，希特勒又派戈林对在柏林的冲锋队员进行清洗，枪杀了150名冲锋队的头头。罗姆被关进监狱。为希特勒效力达14年之久的冲锋队就这样销声匿迹了。

希特勒对冲锋队先吹捧放纵，麻痹蒙蔽，后突然下手清洗。善用"欲擒故纵"之计，创造时机和条件，铲除与己争权夺利的异己分子是政治家、阴谋家争权夺势惯用策略。要么说，政治斗争是最残忍的斗争，稍有不慎，或稍不服从上级或得罪下级，触犯到他人利益，就有可能招致杀身之祸。

撒网钓鱼歼间谍

第一次世界大战前夕，英德矛盾非常尖锐，为了在不久的战争中克敌制胜，德国派了大批间谍混入英国，收集各种军事政治情报和从事各种间谍活动。

担任著名的英国军事情报第五处的领导人是弗农·凯尔。他领导的这个情报机构，曾多次破获各种间谍案件，在英国享有盛誉。

一次，凯尔的手下报告，发现一家理发店是德国间谍的联络站，经常和德国间谍机构保持着密切的联系。凯尔通过秘密调查，在截取和检查了该理发店发往外国的信件后不禁大吃一惊！原来，德国间谍网已经遍及整个英国。这一发现着实让凯尔慌了一阵子神。怎么办？不少人主张，立即将已知的间谍全部捕获，先把德国的间谍网破坏再说。凯尔不愧是久经谍海风云的老手，他不主张马上抓人，他对手下说："现在我们只是掌握了一部分间谍名单，而且不少人仅仅是联络人，如果我们现在就急于抓人，势必打草惊蛇，那些没有暴露的间谍一定会闻风而逃，或到国外藏匿，或者转入地下，那样我们岂不因小失大？现在的办法应该是放长线钓大鱼，继续让这个间谍联络站保持'正常运转'，待其彻底暴露后再行收网，这就是中国人常说的'将欲取之，必固与之'的道理。"接着，凯尔又对手下人做了认真仔细的分工安排。他指示手下检查该理发店所有发往国外的信件和从国外发来的信件，然后利用这些信件大做手脚。他们把每封信拆开，看完内容后再根据需要编造一些假情报，随后恢复原状，照发受信人，这样既不会使对方的情报起到作用，又不露声色地监视着整个间谍网，同时还可伺机利用假情报给对方制造破坏。由于他们做得干净利索，从来不给对方间谍人员留下破绽，所以，许多德国间谍一直都在为英国情报机关担任义务假情报输送员，而自己还蒙在鼓里，以为他们的情报联络站平安无事，他们的同伙也没有一个暴露的。各种情报仍然源源不断地通过间谍网在往返传送着。

一次，凯尔截获了一个名叫卡尔·米勒的德国间谍发出的信件，信是用隐形墨水写的，凯尔看完信后，照样原状封好寄出，同时，将卡尔·米勒秘密逮捕。在这以后的很长时间内，德国人仍然不断收到"卡尔·米勒"寄去的"情报"，丝毫没有觉察其中有诈。

就这样，凯尔采取撒大网、钓大鱼的计谋，使德国在英国间谍网始终处于自己领导的英国情报五处的监视掌握之下，直到1914年8月4日，也就是英国对德宣战的那一天，凯尔才下令收网，一举捕获了包括理发店师傅在内的21名德国间谍。这一行动，使德国在英国的情报工作几乎全军覆没。在开战将近一年多的时间里德国人未能在英国开展任何有效的情报工作，以后又花了差不多同样长的时间才又建立了新的谍报网。凯尔的欲擒故纵之计无疑是十分成功的。

容建桥不容过桥

1812年6月，拿破仑对俄国开战。俄军在老将库图佐夫率领下退出莫斯科，坚壁清野，积蓄力量，同时不断以小股部队袭扰法军。拿破仑占据莫斯科后，由于后援难继，士兵们跋山涉水，万里征战已疲惫不堪，拿破仑决定撤离莫斯科。俄军在沿途严阵以待，伺机截堵，围歼法军，拿破仑不得不经常改变回撤

路线。11月12日，拿破仑听说法军的重要供给站已被俄军占领，便向北逃往维而纳，走这条路，必然要经过别列津河上的一座大桥，但这座大桥在前几天已被俄军焚毁，拿破仑决定重新架桥。

法军突击架桥时，俄军明知而不加干涉。11月25日拿破仑在别列津河上终于架起两座长达160码的高架桥。法军蜂拥而上，争相过桥。因担心桥架被压断，拿破仑下令把辎重尽量减少，丢掉部分马匹和车辆。就在法军前拥后挤之际，俄军从天而降，三面包抄而来，向桥上法军猛烈射击。法军如瓮中之鳖，被动挨打，无还手之力。这一仗，拿破仑损失兵力2万余人。

俄军早已知道法军抢建桥梁的情报后不予理睬，却紧急调兵遣将部署兵力围攻大桥，等到桥修好后，法军仓皇渡河之时，发动突袭，攻击敌人。法军丢盔弃甲，无路可逃，无心恋战，溃不成军，必败无疑。拿破仑战无不胜的神话被俄军打破，主要原因是拿破仑犯了战略性的错误外，还有就是俄军擅用攻战御敌的策略。

围而不攻诱敌兵

1945年2月，第二次世界大战接近尾声，日本侵略者已成强弩之末，美海军陆战队第五师在太平洋的硫磺岛登陆。经过三天的激战，日军被击退。然而，残存的日军把岛上的所有军用物资和食品都转移到一个大山洞里，负隅顽抗。美军几次强攻，均不得手。

后来，美军指挥官改变了策略，放

松了对洞口的封锁。一天晚上，日军经过一场小规模的战斗后，自以为得计，全体出动，放弃了山洞，准备逃跑。然而，在突围的路上遭到美军的伏击，日军残敌全部被歼。

美军对日军网开一面，并不是完全放虎归山，实质是运用"欲擒故纵"之计，以免日军狗急跳墙，造成不必要的伤亡。当日军离开山洞失去有利地形时，加上拼命逃跑，攻击性减弱，比较容易对付，再以优势兵力围歼，打破了僵持局面，也结束了战斗。

欲擒故纵救人质

1988 年 12 月，苏联极成功地进行了一次反劫机行动。成功与欲擒故纵是分不开的。

12 月 1 日，苏联 4 名恐怖分子劫持了一辆大轿车。车上有小学生 30 人，女教师 1 人，司机 1 人。

恐怖分子以车上人员为人质，与苏当局谈判，苏联当局要求匪徒释放孩子，不得危及他们生命，但匪徒坚持一个先决条件，即：当局向他们提供一些毒品、四件防弹背心、一笔巨款和一架配备机组人员的大型运输机。他们准备飞往一个和苏联没有外交关系或彼此"交恶"的国家，如以色列、南非、巴基斯坦。经过谈判匪徒们先释放了部分人质。而当局接受了他们的全部"贪婪"条件，当匪徒们登上苏联当局为他们提供的飞机并拷起机组人员为人质之后，才释放了最后一批孩子，飞往以色列。

然而，仅仅 60 小时之后，克格勃特工人员押解劫机分子从以色列的本·安古里机场起飞，顺利返回苏联，在莫斯科谢列捷沃 1 号机场降落，一起引人瞩目的劫机事件进入尾声。

在这场反劫机战中，苏当局在与匪徒谈判时十分成功地运用了欲擒故纵的谋略。

1. 答应匪徒们"贪婪"的条件而迫使首先释放部分人质，是一次以利诱之。

2. 兑现其"贪婪"条件而使其释放已扣压 24 小时之久的全部人质是更大的一次示形以利。因为此时苏当局胸有成竹，任其逃遁都不怕抓不回他们。

3. 通过反复谈判，摸清了对手的企图和实力。

4. 在已知匪徒必败的情况下还答应其条件是"能而示之不能"，最终达到不战而屈人之兵的全胜目的。

第十七计　抛砖引玉①

【原典】类以诱之，击蒙②也。

【按语】诱敌之法甚多，最妙之法，不在疑似之间，而在类同，以固其惑。以旌旗金鼓诱敌者，疑似也；以老弱粮草诱敌者，则类同也。

如楚伐绞③，军其南门。屈瑕曰："绞小而轻，轻则寡谋，请无捍采樵者以诱之。"从之。绞人获利，明日绞人争出，驱楚役徒于山中。楚人坐守其北门，而伏诸山下，大败之，为城下之盟而还。又如孙膑减灶④而诱杀庞涓。

【原典注释】①抛砖引玉：抛出砖去，引回玉来。出自《景德传灯录·从稔禅师》："大众晚参，师云：'今夜答话去也，有解问者出来。'时有一僧便出，礼拜。曰：'比来抛砖引玉，却引得个墼子。'"墼子，砖坯。后用作成语，一般作谦词。比喻先发表自己的见解，引出别人的高见。此处作计用。指用同类的现象引诱敌人。

②击蒙：《易经·蒙卦》："上九，击蒙，不利为寇，利御寇。"意思说：上九，制服蒙昧，不利于进攻，而利于防御。《六十四卦经解·蒙》："击，治也。"运用在战争中，就是使敌人糊涂，搞不清实际情况，以打败他们。

③楚伐绞：楚，绞，战国时诸侯国。前700年，即周桓王五十二年，楚武王

进攻绞国。

④孙膑减灶：公元前341年，魏国攻打韩国。齐宣王派田忌、孙膑救韩。孙膑直入魏国，利用魏国人认为齐国人胆怯的心理，用减灶的方法，使庞涓误以为齐军逃兵多而轻骑追击，兵败自杀。

【原典译文】用类似的事物去迷惑敌人，使敌人糊里糊涂上当。

【按语译文】诱惑敌人的方法很多，最妙的方法，不是用似是而非的计策，而是用类似的事物来加强敌人的错觉。用张设旌旗、鸣锣擂鼓去诱惑敌人的，是用疑似法；用老弱残兵和军粮草料去引诱敌人的，才是类似之法。

例如：楚武王率兵进攻绞国。屯扎于绞国都城南门。楚国大臣屈瑕建议说："绞国虽小而浮躁，浮躁就少谋略。请不要派兵保护上山打柴的樵夫，用来引诱绞军上钩。"楚武王同意了，结果他们被绞军捕获。第二天，绞军都争着出城追截楚国樵夫。伪装打柴的楚兵却向山里奔跑。绞军追到山脚下，一支楚军乘机堵住绞国都城的北门，另一支却埋伏在山脚下大败绞军。绞人只好和楚人订立盟约，举国投降。又如孙膑采取了减灶法，诱使庞涓轻骑追赶，而兵败自刎。

【传世典故　计名探源】抛砖引玉原

意是指抛出不值钱的砖，引来极金贵的玉。一般作以文会友的自谦词。比喻，以引出同道者的高论或文艺珍品为目的，而自己首先提出肤浅见识或粗糙作品。军事中常指，主动给敌人一点小的好处，使敌人上钩，借此获取大的胜利。即以小的代价获取大的利益。

抛砖引玉一语出自《传灯录》。传说唐朝诗人常建，非常敬佩赵嘏的诗才，几次想要求取赵嘏的诗而不可得。一次，他听说赵嘏要来苏州，认为机会难得，便想出了一个诱请赵嘏作诗的妙计。他断定赵嘏来苏州后，一定要去游灵岩寺，就先在寺前一个显眼的地方，写了言犹未尽的两句诗、赵嘏看到后，果然提笔在后面续了两句，这样四句合在一起，便成了一首完整的绝句。因为赵嘏后续的两句比常建的两句要好，所以后人就称常建的这种做法是抛砖引玉。

此计用于军事，是指用相类似的事物去迷惑、诱骗敌人，使其懵懂上当，中我圈套，然后乘机击败敌人的计谋。"砖"和"玉"，是一种形象的比喻。"砖"，指的是小利，是诱饵；"玉"，指的是作战的目的，即大的胜利。"引玉"，才是目的，"抛砖"，是为了达到目的的手段。钓鱼需用钓饵，先让鱼儿尝到一点甜头，它才会上钩；敌人占了一点便宜，才会误入圈套，吃大亏。

公元前700年，楚国用"抛砖引玉"的策略，轻取绞城。这一年，楚国发兵攻打绞国（今湖北郧县西北），大军行动迅速。楚军兵临城下，气势旺盛，绞国自知出城迎战，凶多吉少，决定坚守城池。绞城地势险要，易守难攻。楚军多

次进攻，均被击退。两军相持一个多月。楚国大夫莫敖屈瑕仔细分析了敌我双方的情况，认为绞城只可智取，不可力克。他向楚王献上一条"以鱼饵钓大鱼"的计谋。他说："攻城不下，不如利而诱之。"楚王向他向诱敌之法。屈瑕建议：趁绞城被围月余，城中缺少薪柴之时，派些士兵装扮成樵夫上山打柴运回来，敌军一定会出城劫夺柴草。头几天，让他们先得一些小利，等他们麻痹大意，大批士兵出城劫夺柴草之时，先设伏兵断其后路，然后聚而歼之，乘势夺城。楚王担心绞国不会轻易上当，屈瑕说："大王放心，绞国虽小而轻躁，轻躁则少谋略。有这样香甜的钓饵，不愁它不上钩。"楚王于是依计而行，命一些士兵装扮成樵夫上山打柴。绞侯听探子报告有樵夫进山的情况，忙问这些樵夫有无楚军保护。探子说，他们三三两两进山，并无兵士跟随。绞侯马上布置人马，待"樵夫"背着柴禾出山之机，突然袭击，果然顺利得手，抓了三十多个"樵夫"，夺得不少柴草。一连几天，果然收获不小。见有利可图，绞国士兵出城劫夺柴草的越来越多。楚王见敌人已经吞下钓饵，便决定迅速逮大鱼。第六天，绞国士兵像前几天一样出城劫掠，"樵夫"们见绞军又来劫掠，吓得没命的逃奔，绞国士兵紧紧追赶，不知不觉被引入楚军的埋伏圈内。只见伏兵四起，杀声震天，绞国士兵哪里抵挡得住，慌忙败退，又遇伏兵断了归路，死伤无数。楚王此时趁机攻城，绞侯自知中计，已无力抵抗，只得请降。

【名家评点 破解方略】在此计中，

"砖"和"玉"是一种形象的比喻。"砖",指的是小利,是诱饵;"玉",指的是作战目的,即更大的胜利。"抛砖"只是手段,"引玉"才是目的。钓鱼需用钓饵,先让鱼儿尝到一点甜头,它才会上钩;敌人占了一点便宜,才会误入圈套,吃个大亏。

"抛砖"贵在所抛之"砖"要像"玉"一样,是一种示形于敌的伪装;"引玉"关键在于所"引"之"玉"确实是比"砖"价值要高的"玉"。用相似的东西去迷惑对方,使其作出错误的判断,以假充真,然后再图消灭,这就是抛砖引玉这一计谋的核心之所在。

经典案例　锦囊妙计

邹忌借琴行讽谏

这是发生在战国时代齐国的一个故事。

齐威王继承王位后，得意忘形，狂纵无度，每天吃喝玩乐，不理朝政。一晃九年过去了，国家日趋衰败，百姓贫困不堪，怨声载道。很多大臣上书规劝，齐威王根本听不进去，到后来，齐威王竟不准规劝他的人进门，如有违反者，立即赐死。

大臣们担心国家的命运，心急如焚，但都缄默其口，他们知道，是无法把齐威王劝说过来的。

这一天，有个人走进王宫，对侍臣说：“听说大王爱听琴，我特来拜见大王，为大王抚琴。”

这个人叫邹忌，长得浓眉大眼，相貌堂堂，堪称美男子，他头脑灵活，能言善辩，琴弹得很出色。

侍臣报告给齐威王，齐威王一听很高兴，立即召见。吩咐左右摆上桌子，把琴安放好。

邹忌坐在琴前，熟练地调弦定音之后，摆着弹琴的架势，却并不弹，齐威王很奇怪，问道：“听说先生琴艺高超，现在抚琴不弹，是寡人的琴不好，还是别的什么原因？”

邹忌站起来郑重地说：“我不仅会弹琴，还精通弹琴的理论，包括琴的制作，琴发出多种声音的原理，大王听听弹琴

的理论是很有益处的。”

邹忌说：“听琴，可以陶冶性情，杜绝淫邪之念，使人改邪归正。古时候，伏羲做的琴，长三尺三寸六分，好像一年的三百六十日；上圆下方，犹如以法规治理天下；五根弦，好似君臣之道。”

齐威王听着，似有所悟地点点头。

“弹琴，和理治国一样，必须专心运神。”邹忌接着说，“大弦声音宽厚、低沉、粗重，似春风浩荡，君也；小弦声音清脆、单纯、轻捷，似山潼溪水，臣也；应弹哪根弦就深弹，不应该弹的弦就不要弹，这道理同政令一样。大弦小弦配合，高低急缓协调。懂得了这个道理，才能弹奏出优美的乐曲。这正如君臣各尽其能，才能政通人和，民富国强。弹琴与治国的道理是一样的。”

齐威王听着显出不耐烦的样子：“先生琴理讲得不错，那只不过是空谈，我要见识见识你弹琴的真本领！请你弹奏一曲。”

邹忌反而离开琴位，两手轻轻舞动，只摆出弹琴的姿势，并不真弹。这样的过了好一会儿。

齐威王面带怒色，指责说：“你为何只摆架子，并不真弹？难道你欺君不成！”

“请大王息怒。”邹忌笑笑说：“我守着琴不弹，您很不高兴吧？大王的职责是管理国家，当然应该以国事为重了。如今你身在君位，不理国事，与琴师拿着琴不弹有什么两样？我不弹琴，大王

不乐意，大王即位九年不尽心图治，一切国事都由卿大夫去做，连边境告急，韩、魏、赵等国纷纷起兵进犯，打算瓜分齐国，大王也不放在心上，恐怕齐国的大臣、老百姓也不高兴吧？"

齐威王沉闷不语。

"琴声也是心声。"邹忌察看着齐威王的脸色说："琴不弹则不鸣，国不治则不强……"

说到这里，齐威王那阴沉的脸上忽然透出笑意，拉住邹忌的手说：

"先生以琴谏寡人，使我耳目一新，我一定按先生说的去做。"

紧接着，齐威王请邹忌谈论国事，邹忌劝他节制饮酒，不近女色，兴利除弊，重用贤能，专心经营霸王之业。

齐威王听了极为高兴，对邹忌加以重用，发奋治理朝政。齐国很快强盛起来了。邹忌用琴进谏的故事，也传为美谈。

墨子行"义"止楚攻

春秋时期，鲁国有一位很聪明的工匠，名叫公输班，人们又叫他鲁班。有一回，他在楚国为楚王制作攻城用的器械云梯。云梯制成以后，准备用它去攻打宋国。这个消息让墨子知道了。墨子名叫墨翟，他是著名的政治家和思想家。墨子很反对打仗，所以听说楚国要攻击宋国，就急急忙忙动身到楚国去，劝阻楚王不要进攻宋国。他走了十天十夜，脚底磨出了茧子和血泡，就从衣服上撕下一条布，把脚包上，继续赶路，终于来到了楚国的国都郢城。

墨子见到了公输班，便对他说："北方有一个人侮辱我，我请你帮助我把他杀了！"

公输班听了这话，挺不高兴。

墨子又说："如果你去把那个人杀死，我送给您十斤黄金！"

公输班气急了，嚷道："我这个人是重视仁义的，我不能去杀人！"

墨子趁机追问道："你说得好啊，可是你为楚王制造云梯，要去进攻宋国。宋国犯了什么罪呢？人家无罪而你偏去攻打人家，这不是仁义吧？"

公输班被墨子说服了，墨子又去劝说楚王。楚王听了他的一番话，觉得很有道理，就回答他说：

"你讲得都对呀，但是公输班为我制成了云梯，我一定会把宋国打败！"

墨子不慌不忙地说："那也未必吧！你有攻城的武器，我有守城的办法，咱们来演习一下进攻和防守吧！"说罢，他解下腰带围一个四方形，当做城墙。又拿一块板，当做防御武器，让公输班来攻城。公输班使用他的云梯，九次都被墨子挡回去了。公输班的攻击已经技穷力竭，而墨子的防守本领还没有完。

公输班没有攻下墨子下的城，便说："我知道有办法战胜你，但是我不说。"

墨子也说："我知道你想战胜我的方法是什么，我也不说出来。"

楚王听了他俩的对话，感到莫名其妙，就问墨子说："你们说的是什么意思啊？"

墨子告诉楚王：

"公输班的意思是把我杀掉，宋国就没人守得住了，你便可以获得胜利。其实他想错了，我有弟子三百多人，他们都用我的防御武器守在宋城上，等待楚王发兵哩！所以，你们即使杀了我一个，也是无济于事的。"

楚王听了这话，对墨子十分佩服，连忙说："好啊，好啊，不要去攻打宋国了！"

于是楚国和宋国之间，避免了一场战争。

庄王绝缨拢人心

春秋时期，楚庄王有一次设宴款待文武百官，席间命其得宠美人劝酒。突然，一阵风吹过。蜡烛全灭了，屋里顿时一片漆黑。那位美人当时正席间劝酒，黑暗中不知被谁拽住衣袖，情急之中她拉断那个人帽子上的带子（冠缨）。随即向楚庄王哭诉被人调戏经过，并说了将其冠缨扯断，再点蜡烛，即可发现是谁。

楚庄王听后非常恼怒，但转念一想现在正是创业用人之时，需要上下一心。他把怒气压了下去，颇不以为然地说："怎么能为了显示妇人的贞洁而使众臣受到污辱呢！"于是，在黑暗中他又大声说："适逢盛宴，大家要开怀畅饮，谁的冠缨没断谁就是没喝好。"众臣为讨楚王欢心，纷纷把冠缨扯断，等蜡烛重新点燃时，发现大家的冠缨全断了，那个调戏美人的自然也无法再找。

后来，楚国攻打郑国，有一大将奋勇无比，五次交兵就斩敌将五名，使郑国军队闻之丧胆，楚国取得胜利。原来，这位武将就是那晚被美人扯断冠缨的臣子。

楚庄王在宴上即席抛出"绝缨"之"砖"，既诱群臣助兴以乐，又避免了可能出现的尴尬局面，收拢人心从而消疑释虑，激发群臣效死忠君之情，伐郑战斗表明，楚王此"砖"所引来的丰硕战果和众臣效主之心，后者称得上是名副其实的"玉"。

高祖嫁女安边塞

西汉初年，汉高帝刘邦平定天下以后，民困国弱，社会生产亟待恢复，社会经济更须复苏，致使出现了"天子不能具纯驷，而将相或乘牛车"的困顿局面。但在内扰不止之际，边塞外患却时时频传，特别是北方游牧民族匈奴的军队叩边犯塞之事，防不胜防。在受过匈奴首领冒顿率军的"白登之围"后，汉高帝刘邦为此更加忧心忡忡，便召众臣商议击匈奴以安塞的良计妙策。

汉高帝八年（前199）秋，由于匈奴冒顿率军又屡次侵扰汉朝北部边境。高帝刘邦一行刚自洛阳返回长安，便闻边急之战报，对此颇感忧虑，便询问建信侯刘敬如何对付匈奴的对策。

刘敬说："天下刚刚安定，士兵们因兵事还很疲劳，不宜用武力去征服冒顿。但冒顿杀父夺位，把父亲的群妃占为妻子，以暴力建立权威，我们也不能用仁义去说服他。惟独可以用计策，使他的子孙长久做汉的臣属，然而我担心陛下做不到。"汉高帝刘邦则问："那么，你说应当如何做呢？"

于是，刘敬回答说："陛下如果能把嫡女大公主嫁给他为妻，又赠送给他丰厚的俸禄，那他一定会仰慕汉朝的恩威，以公主为匈奴的阏氏，生下儿子，肯定是太子。同时，陛下又命人每年四季用汉朝多余而匈奴缺乏的东西，去频繁地慰问与赠送给他们，而且乘机又派能说会道、能言善辩的人士前去讽劝与讲解礼节。这样一来，冒顿在世时，他本是汉朝天子的女婿辈；他若死后，则陛下您的外孙便理所当然地会即位为匈奴王单于。难道曾听说过外孙敢和外祖父去公庭抗礼的事吗？如果这样做的话，我们便可以不经一战、不动一兵一卒，而会让凶狠剽悍的匈奴渐渐臣服。但是，如果陛下舍不得让大公主去的话，而是令宗室及后宫女子去假称公主，他们知道了，也是不肯尊敬和亲近汉家天子的，因此还是没有用。"高帝听了此策说："好！"

接着，刘邦便想让自己的亲骨肉大公主去与匈奴冒顿单于和亲。但吕后知道此事后，便日日夜夜哭泣着说："我只有太子和一个公主，您为什么竟这么狠心地去把她扔给匈奴！"结果，高帝到底也没有办法让大公主到匈奴去。

次年（前198年），冬季，汉高帝刘邦为实行与匈奴的和亲之计，于是使在庶民之家找来一名女子，称之为自己的大公主。命人把她嫁给匈奴单于冒顿做妻子，同时派建信侯刘敬作为特使，携诏书前往匈奴去缔结"和亲盟约"。

不久，刘敬顺利完成任务，从匈奴归来，对刘邦说："匈奴的河南白羊、楼烦王部落，离长安城近的只有七百里，轻骑兵一天一夜就可以到达关中。关中刚遭过战事洗劫，缺少百姓，但土地肥沃，应该加以充实。诸侯最初起事时，

没有齐国田氏，楚国的昭、屈、景氏就不能勃兴。现在陛下您虽然已经建都关中，实际却没有多少人民，而东部有旧六国的强族，一旦有什么事变，您也就不能高枕而卧了。我建议陛下把旧六国的后人及地方豪强、名门大族迁徙到关中居住，国家无事可以防备匈奴，如果各地旧诸侯有变，也足以征集大军向东讨伐。这是加强根本而削弱末枝的办法。"高帝听后，便说："对呀！"

于是，这年十一月，汉高帝刘邦便下令迁徙旧齐国、楚国的大族昭氏、屈氏、景氏、怀氏、田氏五族及豪强到关中地区，给予便利的田宅安顿，共迁来十余万人之众。

由于采取了上述软硬两手（攻防、和备相结合）的结果，确实收到了很好的效果。从此，汉番（匈奴）代代联姻，睦边共处了数百年之久，直至王昭君下嫁匈奴之后，仍继续维持这一关系。这是以和亲、联姻这种政治形式为名，而行怀柔之实的具体表现。更是汉家天子藉助和亲，对匈奴单于施加小恩小惠，而收政治、军事多种实利，以安定边塞，减少边患的"抛引"之计实施的结果。

楚王抛利降绞侯

春秋时期，楚国为了称霸诸侯，曾多次降服小国以增国威，以强国力。公元前700年（楚武王41年），楚王率军伐绞国（今湖北郧县）。但绞国却固城自守，两军相峙月余，仍难定胜负。楚武王急欲得破绞国之妙策，便征询部下谋士的意见。其中，大夫莫傲屈瑕剖析了

军事态势发展变化后，认为只能用政治权谋与"掷利"相诱的办法，才能引出固守城池的绞军，使之上当受骗，聚而歼之。他提出行此计的依据是，围城已月余，绞国城中的柴薪肯定多已耗尽用光，若掷以急需待用的柴薪之小利，引之出城，必吞饵上钩。他向楚王献策后，楚武王决定按此计行事。

楚武王立刻下令：一些楚军士兵扮成伐薪的樵夫，进山砍柴担回营，故意诱绞军出城来劫道掠薪。一支楚军藏之深山，寻有利地形，以行埋伏；还有一支人马则包抄后位，伺机切断绞军退回城中的后路。而困守城中的绞侯此时正因柴禾的用光而犯愁，忽听前哨奏报发现楚国樵夫在山间打柴，于是遂令绞军将士在晌午时分，将进山砍柴而归的楚樵，出城掳进城。结果，第一天绞军便掠去楚樵三十余人，获不少柴禾、衣物、干粮等。绞侯便以此为胜果，次日，又命绞军出城以掠楚樵所伐之薪。然却认为如此行事，图利太小太慢，便令更大批的绞军出城进山以掳柴薪，以济城中军民之需。至第六日，出城进山追捕楚樵，以掠柴草的绞军士兵更多更众。楚樵夫见此状，便故作惊弓之鸟、受伤之兔、触网之兽的恐惧状，待大批绞军来抢，便慌乱地急急向深山中逃去，以引成批绞军以掳。绞军得柴禾、抓楚樵以立功得赏之心，过分急切，于是均纷纷奔入深山。不久，进入一片山谷地带，四围峰峦叠嶂。刹那间，突然像从地下、山中冒出来似的，大批埋伏的楚军喊杀声震天动地，回荡山谷云间。绞军见此状，早已魂飞魄散，丧失战斗力，毫无

抵抗之志，使急欲返逃回城。但在返城途中，另一支楚军又早已截断退路，致使进不能攻、退无可据之地，结果，被楚军分割包围，左冲右突的绞军死伤无数，大批人还做了楚国的俘虏。接着，楚武王命楚军乘胜攻城，绞侯见此，方才如大梦初醒，知中计已无可挽回败局。只得亲自出城，向楚武王递交了降书。从此，绞国遂被楚国攻灭。

绞侯因贪小利而失国，楚王则以掷柴薪之利而绞军上钩，一举获胜。败胜、得失的两相对照，恰好映照出施用抛砖引玉之计者的智慧闪光。而真正向楚王献此计谋者的楚大夫莫傲屈瑕，确属是一位颇有政治头脑与谋略的人物。他在与楚王讨论此计实施的可行性、必然性时，曾有一段精彩对白：屈瑕说："利而诱之。大王可派士卒扮作樵夫，以引绞军，让其先得蝇头小利，待其麻痹、肆无忌惮，大批出城时再设伏聚歼。绞城外围多山，颇宜行施此计。"楚王说："那绞军能够被引诱出城吗？"莫傲回答很肯定，他说："绞国弱小而轻躁，轻浮急躁则遇事少谋略。若将此香饵巧置于他面前，恰合他胃口，定会吞饵上钩的。"事后的发展，果不出楚国大夫所料。在此，莫傲屈瑕恰是将政治心理战中的利诱、用敌心理之弱势，使之上当，使之进入心理误区不能自拔，最后才将巳之真强以逞，克敌使败等战术，成功地演绎、运用在军事、政治斗争中的必然结果。

秦国抛"金"开蜀路

战国时期，蜀国是一个既小又弱的

小国，但它却地处僻远之壤，由入蜀之道艰险而漫长，故诸多大国虽对它的富庶垂涎欲滴，却终因兵无所至、鞭长莫及而束手无策，只得拭目而忍其存。蜀国虽小而能长期自存。

蜀国北部边界相连的是强秦之国，到秦惠文王时（前337—311），便利用蜀侯的贪婪之欲与蠢行愚智，设计、运用了一条抛"金"砖香"饵"，而钓引蜀侯上钩，再夺取蜀国之地，以引"玉"的妙策。当时，秦王探侦得悉，蜀国有五个大力士，俱有神力功夫，举国上下皆颇为钦敬。于是，便命人用生铁铸造成五个大铁牛，放在秦蜀两国交界的边境地方，且派人四处扬言说，此铁牛乃是天降神牛，每天能遗出五斗的金矢（屎），且天天不断，具有神功妙力，价值连城。有此神牛之后，致使秦国更富，民人皆惊且喜，等等。借以招引起蜀侯的贪欲与夺获以肥己之心。

与此同时，秦王还估算推测时间，借在秦蜀交界的边境一带打猎之机，故意装作偶尔与蜀侯相遇时，便向蜀侯谈及石牛（即铁牛）之事，且立即送赠给蜀侯许多金子，蜀侯问及来处，秦王则告之此为神牛所遗。而蜀侯为报秦王的馈赠之礼，便送了一把蜀国的国土给秦王，以相答谢。同时，秦王得到蜀侯的国土回赠后，却又佯作十分慷慨大方的样子，答应贪得无厌的蜀侯的一再要求，表示愿将天降于秦国的五个能遗金矢（屎）的石牛送给蜀侯。蜀侯一听，真是喜出望外，美不胜收，一再感谢秦王的厚赠。但是，秦王却要求蜀侯自己派人来到边界搬取石牛。蜀侯连连答应说好！如此照办。蜀侯回国之后，急欲得取这每日能遗金矢（屎）之石牛，便决定命派这五个大力士开通通往秦国边界的道路，然后取回这五只石牛。

结果，这五个蜀国的大力士，历尽艰险，终于带兵将蜀国首都通往秦国边界的道路开通了。他们也真的将石牛搬运到了蜀国，发现石牛的肚子里确实藏有很多金子。但是，诡计多端的秦王却派军队沿着搬运石牛这条路进军，很快便打到了蜀国，夺占了蜀国的首都，活捉了蜀侯，不但将这些石牛与金子全部收了回去，而且灭蜀后将蜀地划为自己的属部。

刘邦封侯拢人心

刘邦经过长期征战，最终击败项羽，天下安定后，就对文臣武将开始论功行赏。20几个主要功臣很快就先得到了赏封，但对其他人则因评定太慢而迟迟未能决定。一天，刘邦在花园里散步，看见那里聚集着好几个小团体，似乎在商议什么重要的事情。刘邦百思不解，就回头询问张良是否知道他们在谈论什么，张良答道："陛下难道还不清楚么，他们正在策划谋反。"刘邦听了张良的回答吓了一跳，赶紧问他们为何要谋反？

张良回答说："陛下原来只是一介庶民，因为有了他们效力才得到了天下，然而陛下成为天子，却只有萧何那些一开始就得陛下欢心的大臣们获得赏赐，而另一方面受到处罚的，都是那些平常陛下不喜欢的人。现在虽然有专人负责评定功绩，但是合计一下封地，即使把全国土地都封给功臣们，也是不够啊。他们害怕陛下不能让他们获得封地，或是因为过去的失败而受到惩罚，所以聚集到这里计划谋反。"

刘邦听后沉吟良久，又问："那么这件事应该如何处理呢？"张良答道："是不是有一个陛下平日最讨厌的人，而大家都心里知道呢？"刘邦回答："雍齿这个人是我早就厌恶的，他最喜欢跟我作对，我早就想杀掉他，但是因为他的功劳卓著，所以只好忍耐住。"张良说："那么，请陛下赐雍齿封地，而且当众宣布吧！只要雍齿得到封地，大家自然会安静下来。"

于是刘邦采纳了张良的"抛砖引玉"之计，大开筵席，封雍齿为侯，然后趁机告诉众人他已督促负责人尽快评定出每个人的功绩，请大家稍安勿躁。如此一来，将领们都停止喝酒，大声欢呼，并且交相耳语："连雍齿都受封为侯，我们一定也能很快受封。"

此例中，刘邦当着群臣众将的面，把赏封之砖抛给了他最厌恶的雍齿，就是一种典型的明抛之法。结果，只用了赏赐雍齿的一块砖，通过小小的恩惠和反面示范比较效能，就稳住了众将心，可谓用心良苦，成效显著。

吕布先行巧脱险

公元192年，吕布与司徒王允诛除了董卓之后，由于王允执意不赦跟董卓入京的凉州人，因此，引起了董卓的一些旧将的不满。以李催、郭汜为首的凉州旧部起兵攻下了长安，纵兵抢掠，居民死伤无数。吕布仅带领数百骑逃出武关，企图到淮南投靠袁术。可是，袁术认为吕布先杀丁原，而后又诛董卓，反复无常，因此，拒不接纳他。没有办法，吕布只好去投奔袁绍。因为袁绍与董卓有宿怨，吕布又自以为有除董卓的功劳，袁绍一定会对他感恩戴德。所以吕布投靠袁绍之后，自恃自己骁勇，对于袁绍的部下十分轻慢，这引起了袁绍的不安。当时，正逢袁绍与张燕的黑山军战于常山。张燕本来是黄巾起义的余部，拥有精兵万余，骁骑数千，而吕布则率领成廉、魏越等将冲锋陷阵，正像当时人们所说的那样："人中有吕布，马中有赤兔。"不久，就击溃了张燕的军队。战场上的胜利，使吕布更加忘乎所以，乘势纵兵大掠，这就更进一步引起了袁绍的不满。当吕布发觉了袁绍对自己的不满之后，为了避免杀身之祸，向袁请求准许他离开河北。袁绍立即答应了他的请求，并且委任他为司隶校尉。实际上，司隶校慰仅仅是一个空头支票，因为当时长安和洛阳都不在袁绍的控制之下，吕布根本没有办法去赴任，前途只能是自己到外面去谋求生路。

但是，对袁绍来说，放吕布离开河北，等于放虎归山。袁绍在心里害怕一旦吕布异日东山再起，反而危害自己。于是，在吕布启程的那天早晨，袁绍派了三十个精壮的勇士跟随吕布，名义上是护送吕布，实则想让这些勇士寻找机会除掉吕布。当天晚上，吕布等一行人走到了一个所在，便决定在这里过夜。吕布命令袁绍派来的三十名随从人员住在他帐篷的附近，当天色渐渐黑下来的时候，吕布让自己的一个亲信在帐中鼓瑟，而本人却偷偷地溜了出去。那三十名侍从在附近的帐篷中听到吕布这边瑟声不断，都以为吕布仍然住在帐中。夜深了，刺客们听到吕布帐中的瑟声已经停了许久，估计吕布这时已经睡着了，便从外面一涌而入，冲到吕布的床前，借着月光，看到吕布卧在床上，便胡乱砍了起来，然后，回到袁绍那里报功去了。第二天早晨，袁绍又派人到吕布的住地去核实，发现吕布已经带着成廉等部下开拔了。原来，那些刺客所砍的只是一条经过伪装的空棉被。袁绍听到吕布没死，害怕吕布回兵报仇，马上下令关闭城门。吕布则乘无人追赶的机会，到河内投到张扬门下。

萧翼计窃兰亭帖

有一个连一块砖都不用投，凭几句话可以骗到"玉"的人，可说已把"抛砖引玉"这计策臻于神化境地了。

陈玄奘（即唐三藏）西天取经已回国，唐太宗特建造一座慈恩寺雁塔，为追荐文德太后冥福，命太子李治作记，自制序文，想用王羲之字体，剪集成序，刻在雁塔之上，便命各地州郡收集二王（羲之、献之）法帖，集中御览。已收得1300余帖，只缺少一卷王羲之的"兰亭集序"始终不知下落。

有一位御史萧翼，说出此兰亭集序真本，为王家的传家宝，现传至辩才和尚，藏于湖南永欣寺的方丈梁上，从来不肯示人，若圣上需要，臣会想办法取来。

唐太宗大喜道："卿能如此，朕不惜万金之赏，但千万不要强抢豪夺。"

萧翼索取太宗手敕及两三本"二王"杂帖，用为对辩才和尚的引见之贽，复改扮为一个落拓的书生，雇小船直抵湘潭，寄住在船里，每天必到永欣寺观赏壁画，走过辩才方丈的门边时必在门口小坐，很礼貌地向老和尚鞠一躬。日子久了，辩才也对他发生好感，由打招呼而请入寺闲谈。萧翼多才多艺，琴棋诗画，无一不精，辩才又是略精六艺之人，于是一见如故，顿成莫逆，天天伴在一起，饮酒论文，萧翼一一投其所好。

一天，两人饮醉食饱，扯谈了一轮诗文，及说到书法，萧翼提起："先世家传有几件二王法帖，不知是真是假，要请上人法鉴。"

说完就把所带来的二王法帖拿出来，辩才看了好一会，便说："确是真的，但不是二王的得意之作，贫僧倒有一件真迹。"

萧翼问："什么帖？"

"兰亭帖。"

萧翼笑道："哪里还存在？离乱了100多年了，怕不是真迹！"

辩才说："实不相瞒，这是我的家传真宝，已传七代了，先师智永临终时亲授给我，哪能有假？你如不信，明天再来，我给你看看。"

翌日，萧翼来了，辩才从染上把铁匣拿下来，取出兰亭帖展放台上，萧翼仔细观赏一会，摇了摇头，指出很多瑕疵，肯定说："这本兰亭不是真的！"

辩才愕然，已被萧翼一番辩证言论动摇了信念，反请萧翼把带来的二王帖留下，自己仔细对证。

辩才为要对证兰亭帖真伪，就不把兰亭帖放回梁上。

一天，老和尚出去了，萧翼匆匆入寺，对守房弟子说："老当家忘了带净巾，叫我来取。"弟子以熟人熟事，不虞其诈，乃让他进去。萧翼快手快脚把兰亭帖及留下的二王帖带回长安。

辩才回寺，见兰亭帖被人盗去，顿时晕倒，良久始苏。萧翼回京缴旨，唐太宗龙颜大悦，马上升为员外郎，并赏赐辩才财帛，加建三级宝塔。辩才经此次打击，忧郁成病，年余便死了。

兰亭帖直到唐太宗死时，做了陪葬品，长埋地下，从此，兰亭帖真迹永不在人间了。

寇恂"抛砖"避嫌疑

东汉初年，光武帝刘秀建武年间（25—55），守卫河内（今河南黄河以北、京广线以西地区）、拥有军政大权的权臣寇恂，便是施用"抛砖引玉"之计，消除君主疑心、避其嫌乱的成功者。当时，刘秀北伐燕、代之后，寇恂守在河内，选练士卒，简修武备，甚得民心与拥戴。在破了苏茂的军队以后，更是威震邻敌。正是由于寇恂对河内的治理卓有成效，河内郡成为刘秀中兴大业巩固的根据地，军粮转输，前后不绝。于是，刘秀几次派人来慰劳问候他，以故示倍加关怀、爱护之状。一见此状，茂陵人董崇便对寇恂说："皇帝刚刚即位，四方尚未安定，而您占据大郡，内得人心，外破强敌，功名卓著，这正是谗人侧目

怨祸的时候。过去萧何为汉高祖守关中，高祖也曾经几次劳问他，实际上是高祖已经有了疑心。经过鲍生劝说，他把自己的儿子、兄弟等能够参军的人都派到了高祖的军中。而今天，君侯所属的诸将，都是您的宗族兄弟，正应该以前人为借鉴。"于是，寇恂便向刘秀申请跟随出征，而刘秀却说："河内没有安定，你不能离开。"为了避免刘秀猜忌，寇恂便完全依照了董崇的建议去做，立即派侄子寇强、外甥谷崇到刘秀军中为先锋。这样一来，刘秀果然十分满意，便再也不像从前那样频繁地派人劳问寇恂，以探虚实了。

这是权臣寇恂，将君主刘秀对他所施"无功受禄"以探动静、以辨忠奸的政治伎俩，加以识破之后，便立即先抛跟随出征之"砖"，但却被刘秀拒收；接着，又抛侄子、外甥充做君王军中行锋之"人质"之"砖"，刘秀则喜纳胜收。这样，新君既可以此"活口"生死存亡相要挟，逼权臣就范、根绝谋反作乱之野心；而权臣寇恂则以此"人质"作保相押，共同与君主玩弄这场政治游戏，致使政争中"棋盘"上的"对手"相防，而化为政治赌场上的互有输赢胜负、自寻其乐、舍予共存的"赌徒"、"博友"。于是，君主刘秀对寇恂的嫌疑大释，而权臣寇恂头上笼罩的叛去骤散。终引潜存君臣对抗之"干戈"，而化为同赌共玩、互得助济之"玉帛"。

张浚计诛杀内贼

靖康之变，金人渡过黄河，围攻汴

京，宋钦宗被迫出城与金人谈判，却被金人扣留。然后，金人要逼迫宋徽宗及后妃、太子、宗戚质金营北上。徽宗不愿意去，京城巡检范琼以武力相威胁，无奈只好乘犊车出宫，到金人的军营，金将粘没喝劫持二帝北去。范琼又乘机烧杀抢掠，张邦昌做他的帮凶。

高宗南渡暂住在杭州，范琼从洪州入朝，又多傲慢无礼之举。当时，苗傅、刘正彦发动叛乱，逼迫高宗逊位太子，高宗依靠张浚、韩世忠等人的力量，才得以拨乱反正。苗傅、刘正彦失败逃跑。在朝之士要叛处他们死刑，范琼百般替苗傅、刘正彦讲情。高宗惧怕范琼的威势，不敢治他的罪，还让他负责御营司提举一行事务。

张浚将要开赴四川、陕西，恐怕范琼成为心腹之患，因而与枢密院刘子羽密谋除掉他。

一天，张浚命令张俊率领1000士兵渡过江去，好像是为了防备别处的盗贼行抢，却使士卒们身披铠甲而来，借此招呼范琼、张俊和刘光世奔赴都堂议论政事，设宴款待。已吃得酒足饭饱，而坐中诸位只是互相看顾了一下，并未发难。刘子羽坐在堂下周围的走廊上，怕范琼有所觉察，取来一张黄纸，快步走到众人面前，举起黄纸对范琼挥动着，说："上方有令，将军可以去大理寺当面对质。"范琼愕然不知所措。刘子羽给手下人递个眼神，大家一拥而上把他强行塞进车中，用张俊的兵护卫着送往监狱。这时，刘光世站出来安抚范琼的部下，列举范琼在围城中投靠金人，胁迫徽、钦二帝北去的罪状，并且明言："只杀范

琼一人，你们本来就是天子亲自率领的军队呀。"众人听了，都乖乖地放下兵器，说："遵命!"范琼下狱以后，招认了自己的罪行，终被处死。

张浚在这里以"佯攻"诱敌以行"抛砖"而引出内贼之"玉"。

抛砖引玉破凶案

明朝时，陆云担任浚仪县令，当时有个人被杀，但凶犯不能确定是谁。陆云将死者的妻子抓来，却没有审讯，过几天就将她放了。同时，陆云密令手下的人暗中跟踪她，并向他交代说："待这女人离开县府不到十里地，恐怕会有男人在等她，和她说话。这时，你就把这男人抓来。"

后来所发生的，果然像陆云所预料的那样。审讯之后，那男人供认说："我和这女人私通，我们一起杀了她的丈夫，我赶紧逃得远远的。后来听说这女人没受刑就放出来，我想问她话，但又怕离县府太近会被发现，所以就在远处等着她，我还以为那里很安全。"

这是利用死者的妻子为诱饵，将她放了，实际上作为"抛砖"的一种手段，而真正的主犯便由"抛砖"而被引了出来，最后才能案情大白。此外，还有用"死人"作为诱饵，达到"抛砖引玉"目的。

明代刘宗龟镇守海南时，曾处理过这样一个案子。当地有个富商的儿子正当少年，一天，他在岸边看见一个大户人家门里有个少女，见了陌生人也不回避。富家少年用言语挑逗她："今晚我到

你家来。"少女微微一笑,答应了。

这天晚上,她果然开着门等候,但富家少年还没来时,有个小偷见屋门未关,窜进门来行窃。屋里没点灯,少女不知是小偷,就迎上前去。小偷以为是来抓他,慌忙之中竟用刀刺了过去,然后丢下刀逃跑了。不一会,富家少年来了,进门后没留神,踩上了血滑倒在地。伸手一摸,他发现一具尸体,赶紧逃了出去,回到自己船上,解开缆绳,离岸而去。

第二天,少女家发现人被杀,就顺着地上的血迹追到岸边,不见人影,便去报官。官府派人追缉,终于将那少年捉拿归案,但少年死不承认杀了人。

刘宗龟察看了现场那把刀,确认是屠户用的屠刀,便下令说:"要准备演武,为犒劳军士让全城屠夫集合待命。"当全城屠夫集中以后,他又下令说:"今天已经晚了,等明日再来。"于是把他们各自带的刀具留下后,就解散了。刘暗中将那把杀人屠刀混杂其中,换下了另一把刀。次日,屠夫们来取自己的刀,只有一个屠夫不肯拿剩下那把刀。刘问其原因,那人说:"这不是我的刀,而是张某的刀。"刘立即下令抓那屠夫,谁知他已逃窜他乡了。刘就用牢中另一欲开斩的死囚冒充那富家少年,在天快黑时,拉到市上去处决了。

少年被处死的消息,传到逃亡者那里,他以为此案已结,可平安无事了,于是两天后回到了海南。官府立即将他抓获正法了。这就是那死囚作为诱饵,采取"抛砖引玉"之计,让凶犯自投罗网。由于死囚假作此案的凶手被公开处决,且又在傍晚时执刑,容易混过众人耳目。这样选择的诱饵与欲抓获的凶犯之间,有非常密切的相似属性,因而计谋得以成功,从中我们可以看出,"抛砖引玉"用于抓获罪犯,也是一种有效的计谋。关键在于诱饵选择得当,对象的心理活动要了如指掌。

徐阶巧计除严嵩

明嘉靖年间,严嵩与其子严世藩专权,大学士徐阶,知道严嵩父子将对国家不利,欲图谋除掉他们。但深感力量不足,就委曲服事严嵩,便日渐受到信用。后来明世宗渐渐对严嵩产生了怀疑,而知徐阶不是严嵩的党羽,秘密下诏推举能辅佐大政的人。这时严嵩的党羽吴鹏等被罢免,虽然袁炜等颇有引进,但是力量仍然敌不过严嵩集团。

有个都御史叫邹应龙的,上书弹劾严世蕃,历数其贪财受贿、行为不法的罪状,请求申明于理。因此言及严嵩结党营私、排斥贤能,溺爱恶子,并说:"如果我所说的不是事实,请割下我的脑袋,高悬在竹竿上,来向世蕃父子谢罪。"

皇上看了奏疏,甚觉动心,令严嵩辞职回家。当应龙上疏时,徐阶前往严嵩处拜谒,百般慰藉。严嵩大喜,顿首拜谢。回家以后徐阶的儿子说:"大人受尽侮辱,这正是雪耻之良机。"徐阶变色道:"我若不是严氏之党,不至于落到这个地步。违背心愿去干事是最难的,人们将不把我当人看。"正巧,这时严嵩派亲信前来探听,所说的和以前一样。大概徐阶也知道皇上对严嵩还留恋不舍，不忍马上恩断义绝。严嵩既已离去，还写信问讯不绝。

最初，严世蕃最恨徐阶，一日，借着酒意大声说道："当取应龙徐老之头以解我心头之恨。"既见他如此奉承，遂将以前的事一概忘却。反而说："徐老不会害我。"于是纠集工匠大修馆舍，办事愈加阴险毒辣。

时值袁州推官郭谏臣，因公事路过严嵩的住处，严嵩的奴仆正监督千余工匠修建园亭。谏臣来到，严世蕃箕踞不起，很是傲慢无礼。役人向郭谏臣乱扔瓦片，也不制止。郭谏臣将此事上告御史林润，林润便说罗文龙经占卜在深山筑城，乘轩车，衣蟒衣，有负险不臣之志，推举严世蕃为主了。皇上大怒，下诏将严世蕃收在狱中，交给法司进行审讯。

至此，徐阶方才上疏，极言世蕃不法之事已经核实：他外通倭寇，阴谋作乱，罪行昭著，请速正典刑，以泄神人之愤。皇上批准了奏折，命将严世蕃、应龙斩首示众。二人得知，相抱痛哭。家人让二人留下遗书向家父谢罪，竟不能写成一个字。京都之人听了无不拍手称快，各各相约拿着酒来到西市，观看如何行刑。

事后，抄没严嵩的家，得白银二百五千余两，奇珍异宝到处都是，超过皇家仓库。严世蕃死后，严嵩到了无以为食的地步，只好长期寄居在故旧之家，后死去。

在这一场政治争斗中，徐阶抛出瘠敌之砖，而引出了严嵩父子谋反作乱，勾结倭寇事发，嘉靖帝动怒以惩的美玉。

单客飞行赢声誉

1988年10月25日，一位年轻的日本妇女大竹秀子买了一张经济舱机票，乘坐英国航空公司的008号航班由日本的东京起飞，飞往英国伦敦，令人称奇的是大竹秀子是这次航班中惟一的一名乘客，宽敞的波音747喷气客机上有353个座位，6部电影、各种饮料食品等，都供她一人选用；客舱中15名空中小姐和驾驶舱6名机组人员也都在为她一人服务。国际航空运输协会官员大卫·凯德感慨道，大竹秀子很可能是在航空史上惟一受到最佳待遇的普通乘客。

为什么这架飞机只搭载一名乘客飞行，而这一切又是由什么引起的呢？原来，008号航班由于发生了机械故障，故而未能按时从伦敦起飞，而且拖延的时间长达近20个小时，再加上飞机飞到东京返航又需要加油和做一些准备工作，到由东京成田机场起飞时，真正的时间延误已近一昼夜了。

在东京获悉008号航班将推迟到达成田机场的时间后，就向在东京准备乘坐这次航班的191位乘客提出建议：为减少耽误的时间，将为他们提供另一家航空公司的班机，以便尽早到达伦敦。在191位乘客中，有190位接受了这个建议，改乘了其它航班，而只有大竹秀子表示宁愿等待，非008号不乘！

得知这个情况后，英航班毅然决定让008号修复后放弃另外的商业飞行。只载大竹秀子一个人。于是，这次普通的飞行成了特殊的飞行。整个客机中只有一名普通的乘客。尽管大竹秀子买的是经济舱机票，但却被请到了前舱，坐上了一等舱的位置，并为她提供了丰盛的餐点：清炖大马哈鱼、嫩煎猪排、面条、干酪、饼干、水果等。为她安排了一场电影，并在飞机将抵达伦郭希思罗机场时又为她上了早点，最后祝她旅途愉快。

这次航行，长达13个小时，共航行了1.3万公里，耗油量达17.7万公升，其飞行成本高达12.5万美元，而大竹秀子的经济舱机票仅花费了1500美元。从这些数字看，这是一次非常不合算的航程，但这次抛砖之举却为英国航空公司赢得一个良好的声誉。

英国航空公司不计较一时的经济账，是因为他们十分清楚提高声誉将会吸引更多的人搭乘英航班机，甚至像大竹秀子那样，非英航班机不乘，那时的收益肯定会远远比这10万美元要多。这是一笔长远的经济账。

作为经营者不要只盯着眼前的经济账，更要重视算长远的经济账，善算长远经济账者才称得上真正的企业家。

抛"假砖"对方上当

1988年，我国一家大型造船厂参加了一艘20万吨巨轮制造工程的国际投标活动。我方的主要竞争对手是一家日本的船舶机械制造公司。

由于投标资格经过了严格的审查，所以进入最后一轮竞投的公司都具有制造该艘轮船的能力，中标的关键只在于工程造价的高低，而投标的原则就是价低者得。

我方船厂是有备而来。组成了一个10人代表团到香港的投标地点参加竞投，而船厂的总工程师老吴则是代表团的核心成员之一。

老吴刚一下榻，就有一位张先生找上门来。老吴一眼就认出他是自己大学的同学。异地相逢，自然喜出望外，少不了把盏叙旧。张先生自称5年前来港，现在在某公司供职，职位低微，及不上老吴云云，老吴只得好言开解一番。酒过三巡，张先生问起老吴来港的目的，老吴实言以告，说是为投标而来，张先生立即显示出极大的兴趣，三番四次故作无意地探问详情。老吴因身负重任，临行前领导叮嘱再三："注意保密"，所以屡屡顾左右而言他。张先生见状，也没再问。

送走张先生后，老吴越想越觉蹊跷："这姓张的怎么会知道我来呢？他的出现如此突兀，其中会不会有诈？"他马上找来了代表团团长商议此事，两人秘谈了很久，确认了老吴的怀疑，这张某人可能是竞争对手派来刺探我方标底的。于是两人商议了应对之策。

第二天，张先生又来拜访，并带来了一大堆礼物，从黄金首饰到家电的国内提货单应有尽有。老吴着实客气了一番，最后盛情难却，老吴还特意跑去请来团长，当着张先生的面请示可不可以接受赠礼，团长说："这是你的私事，组织上并不干涉。"顿一顿，团长好像记起什么似的，对老吴说："对了，待会儿开会讨论，你把我们的资料拿出来吧。"说完就走了。老吴这才答应收下张先生的礼物，并请他稍等，自己回卧室拿出一个文件夹，笑着说："又没时间跟你长谈了，你这么客气，不知该怎么谢你呀。"正说着，有人进来喊老吴："吴工，总厂长途。"老吴对张先生道声歉，就走出房间。张先生暗道一声"天助我也！"迅速跳起来翻看老吴的文件夹，并用微型摄影机拍了照。等老吴回来，文件夹好像并没有动过一样，张先生跟老吴打声招呼就走了。

到开标那天，日方按照张某人带来的情报，估计中方的工程造价为3000万美元，便把标底定为2500万。谁知评审团宣布，中方标底仅为2100万，为最低标价，工程由中方中标。日方目瞪口呆，这才知道中方故意抛出了一份假情报，引他们上当。老吴和团长会意一笑："这叫'以其人之道，还治其人之身'，哈哈哈哈……"

先赠后送破阻力

60年代中期，台湾的纺织厂商见人们出国常带回来许多尼龙、特多龙的衬衫及女用衣裙，觉得这是一个好机会，台湾的市场中也需要这种产品。于是，他们和日本东洋尼龙厂合作，进口特多龙原料，加工制成衬衫、衣裙等销售，很受成年人欢迎。

这种产品预示着广阔的市场前景，厂商不断地扩大其效用范围。他们发现台湾的学生很多，便瞄准这一市场。然而，当时台湾各学校当局都把尼龙织品看成近乎奢侈品，禁止学生穿着尼龙料子的袜子和衣裙。

这种阻力极大地妨碍着纺织商和原料商占领市场获取利润。他们多次会同营销专家策划，最后决定先试着从女子学校方面打破阻力，然后再全面铺开战线。

他们策划第一步先搞免费赠送。厂商给全台湾各级女子中学及女子大专班，每一班成绩最优者赠送特多龙百褶裙一件。并将这种百褶裙命名为"荣誉学生裙"。他们这个建议接受了。厂商希望能从各学校当局手中得到每一班成绩最佳者的姓名，并使学校当局相信，此一赠与的意义在于鼓励学生学习，使优秀者在群众中激发起一种成绩优良的荣誉感。学校当局收到厂商的公函后，立即同意，先后将各班成绩最好的一位同学的名单及住址详告厂商。

厂商收到名单后，就与这些同学直接联系。她们每人分别收到一张兑换券。凭此券，她们可以向附近地区的经销店兑取学生荣誉裙一件。

过了两个星期，这些女学生穿上荣誉学生裙后，又收到了一封信，信封内还有十张优惠券。信上讲，最近听到好多同学都很羡慕你，要买这荣誉学生裙，特地寄给你这些优惠券，请分赠给同班中的好同学；让她们凭券去购买，还可以获得赠送的裙架子一个。

事后证明，这一"糖衣炮弹"式公关攻势确实有市场效果。因为一旦同学中的"标兵"得到校方的许可穿上这种"荣誉学生裙"，实际上等于解除了不让穿这种"奢侈品"的禁令。一般的女同学都穿上了这种裙子，进而女校的学生制服都改用了尼龙质料。男校的学生们也穿上这种料子的制服。这种衣服变成了流行的大众化的学生服。

巧"铺砖"推销自己

1950年，川上担任日本乐器公司的董事长。他认为，要在竞争激烈的企业战中求胜，就必须先铺好制胜的路。

川上曾一度异常热心地开办山叶音乐教室，做积极的推广，收了数百名学生，且为这个教育意味浓厚的事业投下20多亿元的资金，这是一项亏本的事业，但是川上仍持续不辍的原因何在？

川上极力主张这是一项纯粹推行音乐教育的事业，希望不要沾上商业色彩，所以声明在课堂上，绝不做山叶乐器的宣传。

虽然讲师在课堂上绝不做山叶乐器的宣传，但是他们会将学员名单送到日本乐器公司业务员的手中，很显然，这些名单就成为所有业务员促销的主要对象了。

而且，电子琴的教育课程是由音乐振兴会（山叶财团的一部分）编排的，课堂内容如果不用山叶的电子琴就无法弹奏出来，而层次越高的班级，越需要用山叶的乐器才能演奏出符合该阶层的水准。

所以，川上表面上虽然对外宣称纯粹是音乐事业，实际上却对日本乐器公司裨益良多。

川上先在音乐教室铺好通往成功的途径，巧用"抛砖引玉"，实在是老谋深算的赢家。

"有马食堂"巧引客

在日本的横滨市有一间日本料理餐馆，名叫"有马食堂"。所谓料理，即菜式。这家餐馆的外表并不华丽高雅，其内部装修也朴素简单，它供应的菜式亦是日本的较大众化的东西。但是，人们都注意到，那里的生意却异常兴隆，每天有络绎不绝的顾客，特别多的是带着小孩的顾客。

为什么这么一间普通的餐馆生意会比别的同类餐馆要兴旺呢？这引起大家的关注。原来"有马食堂"在经营上有术，以馈赠的形式招徕顾客。具体做法是每当有顾客带着小孩前来用餐时，该餐馆的服务员就热情地给顾客带来的小孩送上一条绘有动物图案的纸制围裙。

事实上这条纸围裙不值多少钱，其价值为30日元（折0.20美元），为何它能招徕顾客呢？因为这围裙是由本店的"画家"当场画上各种精美图案的，所画的图案均是小孩喜欢的小动物，生动有趣，使小孩爱不释手。小孩在餐馆用膳时围上这一美不胜收的小围裙，吃得十分开心，父母这一顿饭也很有乐趣。用完餐后，这条围裙可以带回家去，小孩可以从中得到一件宠物。

因为围裙是手画的多种多样的图案，小孩总希望多获得几条，所以常常要求父母带他（她）到"有马食堂"去用餐。天下父母都有一颗爱子女之心，看到孩子得到围裙的高兴情景，自然会寻找时机带孩子前来光顾，开始时，这些顾客与其说是用餐，不如说是为了取悦于儿女们。但是，一次两次，重复多次，他们渐渐对"有马食堂"有了感情，成为忠诚的食客了。这样一传十、十传百，"有马食堂"的名声传遍了横滨市，它的生意怎么会不兴隆发达呢?!

在商业竞争极为激烈的当今，经营者要获得成功，除了有质量上乘的产品外，必须要有高明的促销策略。"有马食堂"的馈赠围裙手法，就是"抛砖引玉"的促销法。

"抛砖引玉"志在发掘和扩大潜在市场，这一经营策略已为众多实践证实是行之有效的，已成为经商中较为广用的一招。

施爱心赢得财富

做生意最要紧的是给人产生好感，并不是你的风度翩翩且英俊的外表或是漂亮的容貌给与人的好感，而是对人亲切，对人关怀给人的好感。从心底发出来的真诚的微笑、干净的衣服、宁静地能接纳别人意见的雅量等等。这些虽然重要，但是更重要的是有颗对人关怀的爱心。如果有对人关怀之心，纵然存在别的诸如没本钱等缺点，你的生意也一定会欣欣向荣的。如果你有别的全部优点，在力求事业上尽善尽美，但没有对人关怀之心，你的事业就难以拓展，很难成功了。有很多人拼命努力，但都是为了自己的幸福，想给自己往后的日子及后代子孙荣华宝贵。这种自私自利的观念是大错特错了。做生意赚钱并不是为了自己的享受，而是牺牲自己帮助别人对社会有所贡献，这才是人生最大的享受、最大的幸福。

大仓喜八郎就有这种恢宏的气度和正确的观念，所以他年纪轻轻就成为明治时代名重一时的大人物了。

他18岁时来到东京当小店员，21岁自力开了一家小海产店。一年后，东京发生大饥荒，政府便运米到大仓所住的地区救济灾民。灾民便争先恐后排起长龙等候领取救济米，大仓却一个人站在旁边看热闹。

有人大觉诧异，便问道:

"你为什么不排队呢?"

他回答说:

"我并不是叫化子呀!"更难能可贵的是，这位小伙突然大叫:

"我店里的东西，全部送给你们，你们随便拿好了。"

想不到在大饥荒的当儿，抢夺也在所难免时，居然也有这种甘愿牺牲自己的人，也有这种像天外飞来的好事。

大批的群众迟疑了一会儿，就一窝蜂拥进大仓的小店，展开一场激烈争夺战。

大仓站在店前看着自己以血汗换来的商品被人抢走，不但一点都不惋惜，反而神采飞扬，沾沾自喜。

20多岁的人就有这样的胸襟，真令人佩服得五体投地。

当他再从头做起时，大家对他的为人敬佩有加，他的声名已远播。人家看他像一颗光芒四射的宝石似的。因此，生意之好，确是前所未有，不久就奠下了开创大事业的基础。

确切地说，大仓有目光放远的商业头脑，"抛砖引玉"的深谋远虑。

第十八计　擒贼擒王

【原典】摧其坚，夺其魁，以解其体。龙战于野，其道穷也①。

【按语】攻胜，则利不胜取。取小遗大，卒之利、将之累、帅之害、功之亏也。全胜而不摧坚擒王，是纵虎归山也。擒王之法，不可图辨旌旗，而当察其阵中之首动。

昔张巡与尹子奇②战，直冲敌营，至子奇麾下，营中大乱，斩贼将五十余人，杀士卒五千余人。巡欲射子奇而不识，剡稿为矢③。中者喜，谓巡矢尽，走白子奇，乃得其状。使霁云④射之，中其左目，几获之，子奇乃收军退还。

【原典注释】①龙战于野，其道穷也：《易经·坤卦》："象曰：龙战于野，其道穷也。"意思说，龙战于原野里，便是到了穷途末路了。

②张巡：唐将，安史之乱时率部抵抗敌军。肃宗至德二载（757）守睢阳（今河南省商邱南），被安庆绪的部将尹子奇围困，坚守数月后壮烈殉国。

③剡稿为矢：剡，削尖；稿，稻草。削尖稻草作为箭。

④霁云：南霁云，唐将，为张巡部下，后与张巡一同殉国。

【原典译文】摧毁敌人的主力，抓住他的首领，就可以瓦解他们的整体力量。正如蛟龙战于原野，就面临绝境了。

【按语译文】如果打了胜仗，那么利益是取之不尽的。如果满足于获得小的利益，而丧失获取大的利益，这是士兵的好事，可以减少伤亡，却会成为将军的累赘、主帅的祸害，使前功尽弃。大获全胜而没有摧毁敌人的主力，捉拿他的首领，就是放虎归山。捉拿敌人首领的方法，不要只想从旗帜上去辨别，而应当观察敌人阵地上的主要指挥者。

从前，张巡与尹子奇作战，率军冲向敌营，到尹子奇的帅旗下，敌营大乱，斩杀了贼将五十余名、士兵五千余人。张巡想射死尹子奇，却不认识他，便削尖稻秆当箭射，敌兵中箭的很高兴，以为张巡的箭用完了，便去报告尹子奇。于是张巡认出了尹子奇，命令南霁云射他，正中尹子奇的左眼，差点把他俘获了。尹子奇便收兵撤退。

【传世典故　计名探源】擒贼擒王指抓贼要先抓住贼中的首恶分子，比喻做事先要抓住关键，要先抓住或处治主要人物。军事上指首先歼灭敌人的主力或主要的指挥人员，借此影响并动摇敌人的全军，使敌军遭到彻底失败。

该语出自唐代诗人杜甫的《前出塞》一诗：

挽弓当挽强，用箭当用长。

射人先射马，擒贼先擒王。

杀人亦有限，立国自有疆。

苟能制侵陵，岂在多杀伤。

民间有"打蛇要打七寸"的说法，也是这个意思。蛇无头不行，打了蛇头，这条蛇也就完了。此计用于军事，是指打垮敌军主力，擒拿敌军首领，使敌军彻底瓦解的谋略。擒贼擒王，就是捕杀敌军首领或者摧毁敌人的首脑机关，敌方陷于混乱，便于彻底击溃之。指挥员不能满足于小的胜利，要通观全局，扩大战果，以得全胜。如果错过时机，放走了敌军主力和敌方首领，就好比放虎归山，后患无穷。

唐朝安史之乱时，安禄山气焰嚣张，连连大捷。安禄山之子安庆绪派勇将尹子奇率十万劲旅进攻睢阳，御史中丞张巡驻守睢阳，见敌军来势汹汹，决定据城固守。敌兵二十余次攻城，均被击退。尹子奇见士兵已经疲惫，只得鸣金收兵。晚上，敌兵刚刚准备休息，忽听城头战鼓隆隆，喊声震天。尹子奇急令部队准备与冲出城来的唐军激战。而张巡"只打雷不下雨"，不时擂鼓，象要杀出城来，可是一直紧闭城门，没有出战。尹子奇的部队被折腾了整夜，没有得到休息，将士们疲乏已极，眼睛都睁不开，倒在地上就呼呼大睡。这时，城中一声炮响，突然之间，张巡率领守兵冲杀出来。敌兵从梦中惊醒，惊慌失措，乱作一团。张巡一鼓作声，接连斩杀五十余名敌将，五千余名士兵，敌军大乱。张巡急令部队擒拿敌军首领尹子奇，部队一直冲到敌军帅旗之下。张巡从未见过尹子奇，根本不认识，现在他又混在乱军之中，便加难以辨认。张巡心生一计，让士兵用秸秆削尖作箭，射向敌军。敌军中不少人中箭，他们以为这下完了，没有命了。但是发现，自己中的是秸秆箭，心中大喜，以为张巡军中已没有箭了，于是争先恐后向尹子奇报告这个好消息。张巡见状，立刻辨认出了敌军首领尹子奇，急令神箭手、部将南霁云向尹子奇放箭。正中尹子奇左眼，这回可是真箭，只见尹子奇鲜血淋漓，抱头鼠窜，仓皇逃命。敌军一片混乱，大败而逃。

【名家评点 破解方略】 "擒贼先擒王"的含义如同民间流传所说的"打蛇要打七寸"。七寸是蛇的致命之处，打中七寸，这条蛇也就完蛋了。此计用于军事，是指打垮敌军主力，擒住敌军首领，使敌军彻底瓦解。

一般来说，擒住敌方首领必然动其军心，瓦解整体；而灭其主力，首领自然也就成为光杆司令，无所作为。先擒其首，后灭主力则如蛇打七寸，事半功倍；而先灭主力，后擒其首领则如手到拈来，不作为此计的本意。

经典案例　锦囊妙计

深入虎穴得虎子

东汉时，班超作为汉朝特使出使西域诸国，到了鄯善之后，鄯善王对于班超及其随员恭敬备至。可是，过了不久，鄯善王却忽然对班超冷淡了。班超便对从人们说，这一定是匈奴的使者来了。当时，东汉王朝正与北方的匈奴族对峙，为了达到孤立对方以至于包围对方的目的，西域成为双方的必争之地。而西域诸国由于人口少，国力弱，对于汉匈双方只能采取服从强者的方针。所以，当匈奴使者到来之后，鄯善国王既不敢得罪汉朝，又不敢得罪匈奴，态度变得游移不定。

为了确切知道究竟是不是匈奴使者来了，班超把服侍自己的鄯善人召到跟前，问道："匈奴使者已经来了好几天了，现在他们在哪里呢？"侍从毫无准备，慌乱之中回答说："他们已经来了三天了，现在住在三十里以外的地方。"得知这个消息，班超让人把鄯善侍从禁闭起来，召集自己所带领的三十六名随员，说："不入虎穴，焉得虎子？当今之计，只能是在夜间火攻匈奴人，使他们不知道我们的人数多少，把他们全部歼灭。这样，鄯善人胆破，我们就可以大功告成。"众人们说："这件事应当和从事商量一下。"班超不禁发怒说："成败就在今晚，从事是文官，听见这件事情一定惶恐，事情如果泄露出去，我们岂不白白送死！"商量已定，半夜的时候，班超率领部下飞奔匈奴营地。正好这时大风骤起，班超先布置十个人带着鼓埋伏在营地后面，约定火起之后便鸣鼓大呼，其余的人都手持弓弩埋伏在匈奴营地的门口，之后，班超自己便顺风放火。火起之后，前后鼓噪，营内的匈奴使者不知道有多少兵马杀来，一片惊乱。有三十多人企图从营门冲出来，都被门口的伏兵射死了，其余一百多人全部被烧死在营房内。第二天，班超会见了鄯善王，把匈奴使者的头颅拿给他看。鄯善王立即吓得叩头称罪，表示服从汉朝，以后决不生二心。自此以后，班超在西域威名大震。不久，东汉任命班超为西域都护。几十年间，西域平安无事。

刘秀显威胜昆阳

公元23年，为扑灭汉末农民起义之火，王莽派四十二万大军，以泰山压顶之势，围攻被绿林军占据的昆阳，当时，城中守军总共只有九千人，形势危在旦夕……

三月，王凤和太常偏将军刘秀等率领汉军进攻昆阳、定陵、郾等城，都先后予以攻克。

王莽得知严尤、陈茂失败的消息后，马上派司空王邑乘坐加急驿车和司徒王寻一起发兵去平定崤山以东地区。同时征招通晓六十三家兵法的人为军官，任用身材极高大的巨毋霸为垒尉，还驱赶来一些虎、豹、犀、象等类的猛兽以助军威。王邑到了洛阳，各州郡也都选派精锐的士兵，由州郡的长官亲自带领，按时会集起来人数达四十三万，号称百万；其他部队还源源不断地开来，旌旗、辎重千里不绝。夏季，五月，王寻、王邑南进到了颍川，同严尤、陈茂会合。

汉军的将领们看到王寻、王邑如此兵多势众，都返身跑回昆阳城，个个惊慌不安，为老婆孩子担忧，想从这里撤回到原来占据的城邑去。刘秀对他们说："现在城内兵少粮缺，而城外敌军非常强大，合力抗敌，或许有胜利的希望，如果分散，势必无法取胜。况且刘縯部队还正在围攻宛城，不能前来救援；假如昆阳被敌军占领，要不了几天的功夫，我军各部也就都完了。现在怎么能不同心共胆，共举大业，反而只想要守着妻子财物呢？"将领们发怒说："刘将军怎么敢这么教训我们！"刘秀笑着起身。派出侦察的骑兵回来报告说："敌人大军已迅速推进到城北，敌军阵营长达几百里，看不到尽头。"将领们一向轻视刘秀，但是在这样紧急的时候，就都议论道："再请刘将军接着刚才来谋划这件事。"刘秀又给将领们谋划军事成败，将领们都说："是。"这时城中只有八九千人，刘秀派王凤和廷尉大将军王常守卫昆阳，当夜就率领五威将军李轶等十三人骑马驰出昆阳城的南门，在外面征集队伍。兵临昆阳城下的王莽军队将近十万，刘秀等人费了很大气力才冲出去。王寻、王邑兵围昆阳，严尤向王邑献策说："昆阳城小而坚固，现在假冒皇帝名号的更始皇帝刘玄正在围攻宛城，我们大军迅速向那里进兵，他必定奔逃；宛城那边的汉军一旦失败，昆阳城里的汉军自然会向我军投降。"王邑说："我以前围攻翟义，就是因没能活捉住他而受到责备，如今带领百万之众，遇城而不能攻下，这有损大军的威风。应当先攻陷然后屠杀此城，踏着敌人的鲜血，前歌后舞地前进，难道不痛快吗？"于是把昆阳包围了几十重，列营上百个，战鼓之声响彻几十里，还开挖地道，用战车撞城；用许多弓弩向城内乱射，矢下如雨，城内百姓为了躲避飞矢，背着门板出外打水。王凤等乞求投降，不被理睬。王寻、王邑自以为很快就可破城，不担心军事上会出其他事故。严尤建议说："《兵法》上写着：'围城应当网开一面'，让城内被围之敌得以逃出，让这些败兵去动摇正在围攻宛城的绿林兵的军心。"王邑又不听取这个建议。

刘秀到了郾、定陵等地，命各营全部出动军队；将领们贪惜财物，想要分出一部分兵士守在营地。刘秀说："现在如果打败敌人，珍宝万倍，大功可成；如果被敌人打败，头都被杀掉了，还要什么财物！"于是全军出动。六月初一，刘秀和各营部队一同出发，亲自带领步兵和骑兵一千多人为前锋，在距离王莽大军四五里远的地方摆开阵势。王寻、王邑也派几千人来应战，刘秀一马当先带兵冲了过去，斩了几十人首级。将领们高兴地说："刘将军平时看到弱小的敌军都胆怯，现在见到强敌反而英勇，太奇怪了！让我们都冲到前面去吧，以便协助将军！"刘秀又向前挺进，王寻、王邑的部队开始退却；汉军各部乘机都冲杀过去，斩了千百个首级。接连获胜，继续进兵，将领们胆气更壮，没有一个不是以一当百。刘秀亲自率领三千敢死队员从城西滍水岸边冲击王莽军的主将营垒。王寻、王邑轻视汉军，亲自带领一万余人压往军阵，戒令各营都按兵不动，单独迎上来同汉军交战，交战不久，王寻等失利，大部队又不敢擅自相救；王寻、王邑所部阵脚大乱，汉军乘机击溃敌军，追杀了王寻。昆阳城中的汉军也击鼓大喊而冲杀出来，里应外合，呼声震天动地；王莽军大溃，逃跑者互相践踏，地上的尸体遍布一百多里。此时电闪雷鸣，屋瓦被风刮得乱飞，大雨好似河水从天上倒灌下来，滍水暴涨，虎豹都惊吓得发抖，掉入水中溺死的士兵成千上万，河流因此被阻塞。王邑、严尤、陈茂等骑着马踏着死尸渡过滍水逃走。汉军获得王莽军抛下的全部军用物资，堆积如山，战利品接连几个月都收拾不完，余下的就地烧毁。王莽军的士兵四散奔逃，各返家乡，只有王邑和他带领的长安勇士几千人回到洛阳，于是，关中震惊，海内豪杰一致响应，纷纷杀掉当地的州郡长官，自称将军，用更始年号，等待更始皇帝的诏命；这种形势，一个月之内遍布天下。

武公示弱灭胡国

春秋初年，郑国的国君郑武公厥突（前770—前744年在位），图谋消灭弱小之国胡国。为了能够顺利吃掉敌国胡国，擒拿胡国之君，他决定采用佯装亲善、欺骗麻痹敌人，继而发动突然袭击，一举擒王的策略。于是，他首先假装与胡国进行友好往来，接着又将自己的女儿嫁给胡国国王。为了更加取得胡国的信任，郑武公甚至故意召集来朝中的群臣商议该去攻打哪个国家。而胡国既是弱小之国，且又离郑国不远，因此郑国攻伐吞并的首要目标应是胡国，这是早有预谋且不言而喻的。郑武公对此深信不疑，但他却故意明知而故问，是其中又设有陷阱。但大臣关其思却不知其有计，便立即建议说："攻打胡国比较容易获胜。"然郑武公听到此话后，竟勃然大怒，不容这位叫关其思的大臣怎么分辩解说，便立即下令将其斩首，并对群臣们说："胡国，是我们亲如兄弟情同手脚的近邻国家，而他（指关其思）却建议派兵去兴兵加以讨伐，这究竟是出自什么样的心肠呢？"结果，大臣关其思因建议攻打胡国而被郑武公怒斩的消息传到胡国以后，胡国的国君则认定郑国将永远是胡国的可靠盟友，两国将永远友好下去，于是对郑国便不加任何的戒备防范。而郑武公见条件时机已经成熟，便一举率军对胡国发动突然袭击，结果消灭了胡国，擒拿了胡国的国君。

在这个用计实例中，作为政治家的郑武公本来是强国之君，但为擒住弱小的胡国"贼主""贼王"，却一再示善、示弱、示信于政治敌手，使之麻痹松懈，丧失警惕，然后突发奇兵，攻其不防，摧坚擒王夺魁，迅速灭掉胡国。这是强国以较少的代价而换取巨大政治声势的用计之道。

华元入帐解危局

楚国围困中原的宋国。宋国人认为

楚军远离故土，战线拉得太长，军需供应极端困难，不会长期驻兵在外，所以就采取坚壁清野的策略，将粮食、柴草都隐藏起来，等楚军粮尽丧失了战斗力，自然不攻自退。楚国看穿了这个策略，本来要撤兵离去，却假装命令全军士卒在驻地附近开荒、盖房子，做出楚军要在这长期驻扎下去的样子，用这个办法给宋国施加压力。宋国人果然害怕起来，以为楚军真的要长期围困下去。宋国大将华元说："我看楚国并无撤兵的意思，全城的百姓将士都将被饿死，陈尸街头。如实在别无良策，就让我悄悄地出城，面见楚军元帅公子侧，或许能够得救。"大家谁也没有好办法，只好依华元的主意办。当夜，宋人把华元从城墙上吊下去。华元偷偷来到楚军统帅公子侧的营帐中，只见公子侧喝醉了酒，正伏在案边酣睡。华元生整束好公子侧的衣服，把他搬坐起来，然后才唤醒他。华元陈述来意说："楚围宋都已历九个月，城内粮食已经吃光，现在城内百姓都互相交换着吃孩子，把人骨头当柴烧，真是困难到了极点。但即使这样，我们宋国上至国君下至士民都愿为保卫自己的国家献身，誓与国都共存亡！想逼迫我们签订屈辱的城下之盟，那是绝对办不到的。贵军倘能退避一舍（三十里），宋国愿意成为楚国的盟友。"说完就拔出匕首，在公子侧的眼前晃了晃说："如果你不答应我的要求，那么我华元就在今天夜里和元帅同归于尽！"公子侧被这突如其来的举动惊得目瞪口呆，赶忙制止华元说："宋国被困到了现在这种程度，我怎么忍心再去加剧这种惨象呢！"于是就请示楚王，和宋国订立盟约后撤围而去。

孔明遗计斩魏延

在孔明的眼中，魏延是一位武艺超群，敢做敢为，不被传统观念所束缚，桀骜不驯的烈马。且这匹烈马只有他能驾驭，而别人不但不能驾驭他，反会被其所伤害。因此，他在临终前，从维护蜀汉统治的需要出发，设计了如何在他死后除掉魏延的计谋。

蜀汉建兴十二年八月二十三日，孔明病逝于五丈原军营之中。临终前，把军中所有大事全托咐给了长史杨仪。

杨仪在未撤军前，先遣费祎到魏延营中告知丞相病故的凶信，并让他转告魏延，令他断后，掩护蜀军撤回汉中。

费祎来到魏延寨中告诉魏延说："昨夜三更丞相已经辞世。临终再三嘱咐，令将军断后以阻住司马懿的追击，掩护大军回撤，不可发丧。"魏延问："什么人代理丞相大事？"费祎说"丞相已将所有大事尽托给杨仪，用兵之法已托给姜维。"魏延一听不无酸楚地说："我随丞相多年，未想竟如此冷落于我。"转而狂怒道："丞相虽亡，还有我魏延在！我自率大军去攻司马懿，岂可因丞相一人病故而废国家大事！"费祎劝他说："丞相临终有令，嘱我军暂退汉中，不可有违。"魏延不满地说："不要拿丞相来压我！丞相当初若依我之计，恐怕已取长安好久了。我现在是前将军，征西大将军，南郑侯。杨仪不过是一个长史，只配扶丞相灵柩入川安葬，怎能当此军中大任？我岂能为区区一长史断后？"

费祎回营见到杨仪，把魏延的话说了一遍。杨仪说："丞相临终曾密嘱于我，说魏延日后必有异志。今日我让你去他寨中，实是想探其心也。如今看来，果应丞相之语。既然他不肯从军令，可由姜维断后。"于是便扶柩先行，率师徐徐而退。

魏延在寨中还傻等着费祎回话呢，谁知蜀军大营军马却早暗自退军了。魏延闻讯怒不可遏地说："竖儒竟敢欺我！我定杀他以解心头之恨。"回头又向马岱说："公肯助我否？"马岱说："我早就恼恨杨仪这厮，我二人并力杀他。"于是二人率东部军马抄近路来到栈阁，烧毁栈道，阻住大军回汉中的归路以杀杨仪。

杨仪率军刚近栈阁道口，却听说魏延已先烧毁了栈道，于路中拦截。便依姜维之策，沿小路，涉崎岖山险，抄到栈道之后，望汉中进发，随即又令何平回师阻住魏延。

魏延守住栈道，自以为得计，谁知却见何平从身后杀了过来。急整军相迎。何平临阵对魏延部下鼓动说："众军听着，你们都是西川之人，川中有父母妻子，兄弟亲朋。丞相在时也未曾亏待你们，今日魏延造反，你们为何反助他？你们应各回家乡，听候赏赐。"经何平如此一说，魏延部下军将们皆一哄而散，独马岱所率之部下一动未动。

魏延见势不妙与马岱商议说："如今势衰，我们去投魏如何？"马岱说："将军所虑欠思。大丈夫为何不自图霸业反却轻易屈膝降他人？依将军之勇，在两川之地上谁能与我们争锋？吾欲随将军先取汉中，然后再取两川之地。"

魏延见马岱如此倾心于他，心中暗喜，便与马岱来到南郑城下准备攻城。城头上，姜维向杨仪说："魏延勇猛异常，又兼有马岱相助，他虽军少，我们如何能退他们？"

杨仪对姜维说："丞相临终时付给我一个锦囊，并嘱咐我说'若魏延造反，临阵对敌时可拆此囊，便有斩魏延之计'。今何不拆开视之？"说着取出锦囊来看。杨仪看罢，在城头指着魏延说："丞相在时，知你久后必反，难以豢养。今日叫我来除你。你若敢在马上连叫三声'谁敢杀我'便有人去杀你。你若敢喊，便是真丈夫。你喊了三声后若无人杀你，我可将此城献给你。"

魏延毫不在乎地说："杨仪匹夫听着，丞相在时，我倒惧他三分。如今丞相已亡，天下人谁敢与我为敌，别说是三声，就是三万声又有何难？"于是提刀在马上大喊："谁敢杀我。"

话音未落，只听背后一人厉声说"我敢杀你！"未及魏延回首，此刻魏延头已落在地上。众人一看，原来杀魏延的竟是马岱。

原来，孔明在临终前，曾密嘱马岱如何斩杀魏延的妙策，让他在魏延身旁卧底，待时机成熟，乘其不备地杀他。这便是孔明的计斩魏延之策。

吕布溃曹放虎归

曹操攻打据守于濮阳的吕布，第一回合，曹军大败，退三四十里。曹操接纳于禁的建议，连夜率兵从小路，乘其不备，攻其西寨。黄昏时分，率兵到西塞，四面突入，寨兵不能抵挡，四散奔走，曹操夺了西寨，后吕布率兵赶来，曹军又招架不住，曹操弃寨寻路逃走。正慌忙逃跑间，城中有人告诉曹操："吕布残暴不仁，民心大怨。今欲移兵黎阳，濮阳城只有高顺在城内，城内空虚，可连夜进兵，此人表示愿意充当内应。

曹操信以为真，趁黑夜亲自率兵接近濮阳城下，见到进军暗号后，率兵而入。此时城内突然燃起大火，紧接着吕布的军队从大门冲出，金鼓齐鸣，喊声如江翻海沸，曹操这才发觉是中了计，但事已太迟。他的军队，被吕布打得七零八落。

吕布的骑兵冲向不知所措的曹操，矛头指着他说："曹操在哪里？"

曹操脑筋一动，用手掩面指着前面一个骑黄马的人说："那个骑马的人就是曹操！"敌人听了，立刻纵马向前追赶，把曹操丢在那里，赶着去追那个骑了马的武士去了。

曹操靠他的机智，逃过一劫。吕布这一战虽然打败了曹军，却由于擒贼未能擒王，四年后，被重整旗鼓的曹操消灭了。

相反，在唐太宗派李靖攻打东突厥时，由于李靖采用了穷追猛打，除恶务尽的战法抓住了东突厥的首领颉利，唐北方边境才数十年无大战事。其成功之处就在于"擒贼擒王"。

激周瑜联合破曹

东汉末年，黄巾起义军失败后，地方封建势力互相混战了十多年。在黄河中下游活动的曹操，不断壮大他的政治、军事力量。他"挟天子以令诸侯"先后打败了吕布、刘表、袁绍等，统一了黄河中下游流域。

南方的孙权占据长江中下游一带，已历三世，国险而民富。自称汉室宗亲的刘备，这时正在积蓄力量，待机而动。他手下虽有关羽、张飞等一代猛将和诸葛亮一代谋士，但他当时还没有固定的地盘，暂时寄寓在荆州（今湖北、湖南两省的大部分及河南省西南部）。

公元208年，曹操亲自率领大军百万南下攻取荆州，追击刘备，并威胁孙权。

大敌当前，诸葛亮建议刘备联合孙吴以破曹，并亲自来见孙权。

吴中文武将官，有主张打曹操的，但更多的是主张投降的，认为这样可以保全自己，孙权正在举棋不定之中。

未见过孙权，孔明就与军中群儒进行了一番舌战，一个个都被孔明驳得哑口无言。

等见了孙权，孔明先用激将法激怒孙权，待孙权怒气消散，转而向他问计时，孔明直陈利害关系并分析了力量对比："曹操之兵虽百万之众，但因远道而来，本就疲惫；最近追击豫州，轻骑一日夜行3百里，真所谓'强弩之末，势不能穿鲁缟者也。'而且北方人，不习水战。荆州士兵归附曹操的，只是为形势所迫，而非本心，曹操之势不足以畏惧，刘豫州虽刚打了败仗，但关云长率精兵仍有万人，刘琦率领江夏战士，也不下万人，刘玄德的势力也不算弱。现在如果您能与刘豫州协力同一，必然能打败曹军。曹操北还，刘豫州守荆州，三足鼎立的局面形成了，成败在此一举，望将军裁决。"

孙权听了孔明之言，虽有茅塞顿开之感，但退入内宅，还是寝食不安，犹豫不决。

我们知道，孙策有遗命："内事不决问张昭，外事不决问周瑜。"

何去何从，孙权还得听周瑜的意见，于是孙权召见周瑜。

在此期间，主战、主降的文武官员都纷纷来见周瑜，希望通过周瑜说服孙权，实现自己的主张。

孔明当然也不能放过周瑜。傍晚，孔明由鲁子敬引见来见周瑜。子敬问周瑜之意，周瑜说："曹操以天子为名，其师大不可抗拒。战则必败，降则易安。我的决心已定，等见到主公，就劝他派人投降，这样也可免江东父老徒遭生灵涂炭。"鲁子敬与他争执，孔明只在旁边冷笑，当问及为何发笑时，孔明说："笑子敬不识时务。"并认为周瑜欲降曹操很有道理，并进而向周瑜献计："要退曹兵，不需劳羊担酒，纳士献印；也不需亲自渡江，而只需派一使者，小船上送上两个人——大乔和小乔就行了。因为曹操引百万之众，虎视江南，其实就是为这二女呀！"大乔是孙伯虎将军主妇，小乔乃周瑜的妻子。可想而知，周瑜听罢是如何的勃然大怒，瑜离座指北大骂："老贼欺吾太甚！""吾与老贼誓不两立！"并要孔明助他一臂之力，共破曹贼。

此后便有了孙权决计破曹操，周瑜赤壁之战，火烧战船数十艘，孙刘联军乘曹军混战之际，发动猛烈进攻，以总共不到五万人的兵力，打败了拥有二十余万人的曹军，获得了全面的胜利。战后，曹操退回到北方。孙权在江南的地位更加稳固。刘备乘机占据了江南的部分一区，又往西取了益州（今四川省），三分天下的形势大致已定。

东汉末年，群雄四起，刘备、孙权本是两股不同的政治、军事势力，但面对曹军南下，两者又有唇齿相依的共同利益。为此，孔明实施擒贼擒王之计，智激对决策起着关键作用的周瑜，并进而借助周瑜最终说服了孙权，主降的群儒也不攻自破，孙吴联手破曹，为三足鼎立之势的形成奠定了基础。

李靖智勇擒萧铣

唐朝初年，唐高祖李渊为统一全国，消灭自称梁王、建都江陵（今湖北江陵）的萧铣地方割据势力，便以唐军雄厚的军事实力作后盾，成功地运用政治计谋，"智捣"贼王，且一举将其斩杀。

武德四年（621），九月，唐高祖下诏征发巴、蜀（今四川地区）军队，任命赵郡王李孝恭为荆湘道行军总管，李靖代理行军长史，统领十二总官，从夔州沿长江向东顺流而下；又任命庐江王李瑗为荆郢道行军元帅，黔州刺史田世康取道辰州道，黄州总管周法明走夏口道，会同攻打萧铣。当月，李孝恭从夔州出发。当时峡江正涨水，众位将领请求待水落后再进军，李靖说："兵贵神速。现在我们的兵力刚刚调集，萧铣还不知道，如果趁长江涨水，疾速抵达他的城下，趁他没有防备突然袭击，这样必定能活擒萧铣，不可失去良机！"李孝恭听从了他的意见。

十月初七日，赵君王李孝恭率领二千多艘战船沿长江向东而下，萧铣因为长江正在涨水，未做任何防备，李孝恭等人率军攻克了萧铣荆门、宜都二镇，推进到夷陵。萧铣的将领文士弘率数万精兵驻扎在清江。初九日，李孝恭打退了他，缴获三百多艘战舰，杀死、淹死的人数以万计，一直追击到百里洲。文士弘收拾残兵再战，唐军又打败了他，进入北江。萧铣的江州总管盖彦举以五州降唐。

萧铣裁去军队经营农业时，只留了几千名士兵担任警卫，听说唐军已压境，文士弘战败，大为惊慌，仓猝征兵，所征之兵都在长江、五岭以南，路途遥远，不能马上调集，于是将现有兵力全部用来迎敌。李孝恭准备攻打萧铣，李靖劝阻道："对方是挽救败局的军队，计谋没有预先制订，势头不会持久，不如暂且停泊在南岸，缓一天进攻，他们必然会分散兵力，有的留下来阻挡我军，有的返回城守卫，兵力一分散势力就削弱，我军乘敌军松懈发起进攻，必然取胜。现在如果马上攻打，敌方会拼力死战，楚兵又剽悍勇猛，不易抵挡。"李孝恭不听，留李靖守卫军营，自己带领精锐部队出战，果然失败逃跑，奔向南岸。萧铣的部队放弃船只去收拾抢夺唐军丢下的军资，人人都背负很多，李靖见敌军混乱，挥兵奋击，大败敌军，乘胜直抵江陵，进入江陵外城。又攻拔了水城，缴获大批船舰，李靖让李孝恭把所获船

舰全部散弃于长江中。诸将领都说："打败敌人缴获战利品，应当利用，怎么能够放弃用来资助敌人？"李靖说："萧铣的地盘，南到五岭以南，东到洞庭湖。我们孤军深入，如果攻城不下，敌人援军从四方赶来，我军就会腹背受敌，进退不成，虽然有船舰又怎么能用？现在放弃船舰，让它们堵满长江顺流而下，敌方援军见到，必然认为江陵城已被攻陷，就不敢轻易进军，要前来侦察，他们行动迟缓十天半个月，我军取胜就有把握了。"萧铣的援兵见到舟舰，果然怀疑，不敢前进。萧铣的交州刺史丘和、长史高士廉、司马杜之松准备去江陵朝见，得知萧铣失败，全都到李孝恭军前投降。

李孝恭带军包围江陵，萧铣内外断绝消息，向中书侍郎岑文本询问对策，岑文本劝他投降，于是萧铣对他的大臣们说："上天不保佐梁，我们不能再支撑了。如果一定要等到力尽粮绝，百姓就会蒙受忧患，怎么能为了我一个人的缘故让百姓遭涂炭呢？"

于是，在十月二十一日，萧铣用牛、羊、猪三牲在太庙祭告了祖先，下令打开城门出城投降，守城人皆哭泣。萧铣带领他的群臣穿着丧服到唐军营门前，说："该死的只有我萧铣一个人，百姓无罪，希望不要屠杀抢掠。"李孝恭进城占领了江陵，各位将领想大肆掠夺，岑文本劝李孝恭说："江南的百姓，从隋末以来，受虐政的残害，加上群雄争斗，如今生存下来的，都是刀枪下逃出的性命，他们苦苦盼望着贤明的君主，萧氏君臣，江陵的父老所以决定归顺，是认为也许

可以从此安定了。眼下若是放纵军队抢掠，恐怕从江陵向南的广大地区，不再有归化之心了!"李孝恭认为他的意见很对，立即下令禁止抢掠。诸将领又说:"梁的将帅抵抗官军战死的，罪恶深重，请求籍没他们的家产，用来赏赐将士。"李靖说:"王者之师，应当以仁义为先声。他们为自己的君主战斗而死，是忠臣，怎么能与叛逆罪一样籍没其家呢?"于是，江陵城中井然有序，秋毫无犯。南方各州县闻讯，均望风归顺，萧铣投降后几天，他的十几万援军来到江陵，听说江陵失守，纷纷脱下征袍放下武器降唐。

李孝恭送萧铣到长安，高祖数说他的罪过，萧铣说:"隋朝残暴失去了天下，天下人都起兵纷纷来争夺。我萧铣没有上天的照应，才到了今天这种境地;如果要以此来定罪，我只有死路一条了!"最终在闹市斩了萧铣。

李靖等人是军事家，也是政治家，他们在降服梁王萧铣的过程中，首先是先发制奇，率领强大唐军战舰，沿江东下，攻克夷陵，致使敌人猝不及防。其次，"佯翼"侧攻，利用政治心理战术，将敌舰破击后弃之江流，使下游守敌见弃舟，一是误以为江陵被攻陷，军心动摇，二是前来侦察打探，大可延缓援军抵达的时间，这是一举数得之事。其三，将江陵久围强困，再加上强大的政治攻势，使唐军得以智捣贼王老巢，一举而擒贼首萧铣。同时，又大肆收揽民心，严禁抢掠行为，使萧铣援军抵达后，不战而降，"众贼"亦被擒。其四，唐军摧坚夺魁，智捣擒杀贼王萧铣后，贼军大乱，援军十余万则群龙无首，致使道穷而体解，只能束手就擒，投降唐军。在这场斗争中，唐军以最小的政治、军事代价，成功地运用了政治心理战术和擒贼擒王的计谋，获取了政治军事的最大成果，五岭以南、洞庭以东的土地民人均归顺唐王朝。

吕端辨察擒贼王

宋太宗晚年，至道三年（997）时，太宗一直患病在身，及至三月二十八日，宋太宗病危已不能视朝处理政务。次日，即二十九日，在宫中万岁殿驾崩去世。于是，一场争夺帝位的激烈政治斗争便在此前后展开。

当初，宋太宗患病时，宣政使王继恩忌恨皇太子赵恒英明，便与参知政事李昌龄、知制诰胡旦等人密谋勾结，准备拥立楚王赵元佐继新皇帝位。于是，便常常在太宗面前，挑拨离间皇太子与太宗的关系。宰相吕端，胆大心细，颇有权谋之策，国家大事铭记心中，遇临难之大事，绝不糊涂。当他到宫中去探问太宗的病情时，看到皇太子不在太宗身旁，便怀疑其中有政治阴谋，更恐发生重大变故。便急忙在笏板上书写"大渐"（即病危）二字，命令贴身亲吏人员，赶快持此笏板去皇太子处，催促他立即火速入宫侍奉弥留的皇上。

待到宋太宗驾崩去世后，王继恩禀报皇后到中书门下要召见宰相吕端，商议所立新皇帝的人选。

吕端事先知道这是政敌王继恩一伙人在皇后面前挑拨皇太子的结果，亦是他们准备另立新主的政治密谋的一部分。为擒住"贼王"王继恩，吕端便先要稳住他，便哄骗王继恩，让他进入书斋检索太宗先前御赐墨写的诏书，接着便将他锁在屋子里面，自己则赶紧入宫见皇后。见面后，李皇后对吕端说："皇上驾崩，立继承人选择长子，是顺，如今将怎么办？"吕端说："先帝册立皇太子，正是为了今天，岂能容许再有异义呢！"李皇后听此言后，很长时间沉默无语。

于是，在宋太宗驾崩去世的当天，即三月二十九日，参加政事温仲舒宣读太宗遗制，让皇太子赵恒在太宗灵柩前即皇帝位。太子即位（即宋真宗）后，吕端又平身站在大殿下，立着不跪拜，请求卷起新皇帝面前的帘子，再上殿仔细端说明白，确实新皇帝即是原来的皇太子后，然后他才走下台阶，率领朝廷群臣，高呼万岁，跪拜恭贺新皇帝即位。

按照常规常理常制，皇太子在皇帝驾崩去世后，御登帝位做新皇帝，系名正言顺、顺理成章之事。但宋太宗晚年，却在继位问题上，各股势力展开了激烈的政治斗争。以宣政使王继恩为首的一批官员，主张另立新主，且手中掌握实权，又近侍重病在身的皇上；另一派则是吕端宰相力主维护皇太子的合法继承人地位。吕端在这场政治较量中，成功地运用擒贼擒王的计谋，一是察敌情动静，立召太子入宫；二是辨析事态，在皇后召见商议新帝人选前，决定对策，予以实施；三是擒王智取，将"贼王"王继恩锁在屋内，使其在关键时刻不能施展阴谋，诡计不能得逞；四是识主再拜，即位大典时，吕端又恐事变，要卷

帘亲识新帝，确为皇太子，然后才率群臣，俯地再拜。这显示了吕端在政治斗争的关键时刻，辨清分（析）势（事态）、察敌以明的决断能力，表明他大事不糊涂、智禁"擒（贼）王"，再乘势实现既定政治目标、驾驭全局的高超本领和政治手腕。

金军"媾和"擒宋王

北宋末年，靖康元年至二年（1126—1127），金军南侵，铁蹄所至，宋军披靡败溃，致使大军直抵汴京城下。金军在兵临城下之际，又施展媾和之计作诱饵，一举将钦徽二帝"引（导）擒"至金营，最后连宗室、宫人、抢掠财物一起，北掳而去。宋军则不战而自溃。结果，中原大片土地沦入金人之手；而历经"靖康之难"的北宋王朝则宣告灭亡。

宋钦宗靖康元年，闰冬月十三日，金人攻下亳州，宋朝廷则派遣密使召呼各道兵救援京城。十六日，钦宗开始避居正殿。次日，金人越过登天桥，来攻打汴京通津门。当时救援兵不能来到，而汴京城中的兵可以用的只有三万，然而也是十分之五六都失去了，因而时时令官军挑战以显示敢于敌抗。金又派人来，声言不须皇帝出城，请亲王前往金营计议。十八日，朝廷派人出使金军请求议和，到了以后，金军元帅宗翰又立即把他们遣送回来，一句话也没和他们说。二十日，金人又派使臣来议和，要亲王出城结盟。二十二日，金人攻打通津门、宣化门，范琼带领一千人出城，

渡河，冰裂，五百多人被水淹没，从此宋军士气愈发受到挫折。二十五日，大风雪，金军登上汴京城墙，宋军四壁溃散。金人进入南薰等各门。汴京终于被攻破。钦宗伤心地痛哭说："朕不用种师道的建言，以致到了这个地步！"二十六日，朝廷遣使至金军营中，请求和解。到了金营，金帅宗翰、宗望说："自古有南就有北，不可互相没有。今天所商议的，目的在于割地罢了。"使者回来，说金人打算邀太上皇（即宋徽宗）出行城外。钦宗说："太上皇帝惊忧而病，一定要让太上出郊，朕当亲自前往。"三十日，钦宗前往金营，后回京。

靖康元年十二月初三日，金遣使来，索要金一千万锭，银两千万锭，帛一千万匹。初五日，宋割两河地区给金朝。次年，即靖康二年正月初三日，金元帅宗翰、宗望派人赴金朝廷奏捷，并呈上宋帝的投降表。正月初十日，钦宗又到青城金营。当时金人索要金银越发着急，打算放纵士兵入城。钦宗则留住青城金营，下榻之处，陈设帷帐等萧索不堪，饭食不能接继。金人手持武器守卫着宫门，并用铁绳系住，夜间则燃烧柴火敲击梆子，整夜传呼不绝。群臣相对大惊失色，钦宗每每对着他们流泪。二月初一日，钦宗在青城金营，都城百姓每天都出城迎接皇上，而金帅宗翰却不让他回来。初六日，金太示下诏废弃宋帝及太上皇（即宋徽宗）为庶人。二月初七日，范琼逼迫太上皇及太上皇后前往金营；又在此时，金人又将宋廷皇子及后宫人员全部索取入军。

四月初一日，金元帅宗翰退军。钦宗、徽宗被掳北迁。皇后、太皇太后、皇太子都跟着一起走，举凡法驾、卤簿、皇后以下的车辂、卤簿、冠服、礼器、法物、大乐、教坊乐器、祭器、八宝、九鼎、圭璧、浑天仪、铜人、刻漏、古器、景灵宫供器、太清楼、秘阁、三馆的图书，天下州府图以及官吏、宫女、内侍、技艺工匠、倡优，府库的蓄积为金人一扫而空。钦宗在军中，头顶青毡笠，骑着马，后面有监视的军人跟着他，从郑门向北去，每经过一座城，他说要掩面而号哭。

守将宗泽在卫州，听说两位皇帝被掳北去，便提兵奔赴滑州，经黎阳，到达大名，打算直接渡过黄河，占据金人的归路，拦截救回二位皇帝，但勤王的兵卒到最后也没有一个来的，于是未能成功。

金朝统治者早就对中原之地虎视眈眈。然而，要实现此一政治野心，亦绝非易事。一是在北宋王朝这一合法统治者及其官僚实体；二是有宋王朝的军队，尚有一定实力。于是，金统治者在军事上采取长驱直入，直捣汴京的攻势做法；在政治上，则以兵临城下作背景与依托。将军事、政治两手交替使用，攻诈相辅、战和并用，为其擒贼擒王的政治伎俩服务。其具体做法是：其一，引大军兵临汴京城下，大军压境，形成宋王朝朝不保夕之势，在政治心理上造成空前的"末日感"；其二，招降订立城下之盟，割地索财求金，以给宋统治者一线生机，使之在政治上、心理上产生麻痹与妄存侥幸之心；其三，导计擒"贼王"，第一次让钦宗来金营后则放回，第二次则来金营后予以囚禁，使宋王朝群龙无首，朝野军民大乱，在政治、军事、士气、民心上，不战而自溃；其四，掳人掠财，一发而收数功。金军不仅将钦徽二帝"贼王"擒掳，而且将数以万计的财物珍品、官僚随从，满载北去。在汴京则留下傀儡政权以作政治军事代理人。这样，便将其政敌北宋统治集团，军事上加以击溃，政治实体上加以分割制驭与消灭，领土上则加以割让破碎不堪。真正实现与完成了对其摧其坚（汴京城破）、夺其魁（掳钦徽二帝北去），解其体（朝臣官僚战将死伤降叛无数），使之陷于"道穷"末路，导致北宋王朝政权的彻底覆亡。而金军则取得了独霸北方中原的具有战略意义的胜利，打破了旧的政治格局，形成了宋（南宋）金对峙、划江而治的新局面。

泰王智斩缅王储

在16世纪下半叶，泰国和缅甸两国曾为互相吞并进行过多次战争。当时，亚热带地区盛行用大象作战。1569年泰国被缅甸灭亡。时隔15年后，已经长大成人的泰国王子，在泰国的肯城自立为王。他牢记亡国之恨，每日组织操练象战，随时准备抵抗缅甸军队进攻。缅甸国王听到这个消息后，十分不安，他感到泰王的存在，简直是眼中钉，肉中刺，必欲除之而后快。但由于泰国王深得民心，又重视操练军队，研究象战，暂时未敢妄动。在备战8年后，缅王派王储率领大军对泰王进行讨伐。泰王料到缅王不会坐视自己称王，对这次讨伐早有

准备，于是立即召开御前会议研究具体作战方案。

"缅王与我有灭国之恨，今日又派兵前来讨伐，各位有什么退敌之计可尽管说来。"泰王抛砖引玉开了头。

"这次缅军来势凶猛，他们准备了这么长的时间，率领象军上万，必然想一举灭掉我国。我军战斗力虽强，但兵力上不占优势，以我看，只能智斗，不可硬拼。"说话的是泰王的同胞弟弟，他分析得有理有据。

"依你看如何智斗？"泰王问。

"缅王储是缅甸国的王位继承人，所谓国之根基，缅王派他亲自出兵，是要让他在群臣面前树立威信，以便日后接替王位。我们就来个擒贼先擒王，设法生擒缅王储，把他作为人质，逼缅军退兵。这是动摇缅王国基业的大事，他一定会乖乖就范。"大家一听要活捉缅王储都来了精神。

泰王说："这个主意不错，怎样才能生擒缅王储，你有什么好办法吗？"

"我只是有这么个想法，如何生擒，还须王兄定夺，我再想想看。"

"大家看这样行不行，我们在缅王储必经之路上设下埋伏，缅王储对我地形不熟，必然中计，我们可借机捉住他。"

大家都说这个办法好。

于是，泰王命令："我和王弟出面迎敌，其余将领率兵在密林处埋伏，等我和王弟将其引入伏击圈，一起上手，生擒缅王储。"

泰王和其王弟乘着坐象，在缅王储经过的一片雨林中提前等候缅王储到来，兄弟俩从象背上下来，派出随从前去侦

察，然后席地而坐，等了半天，不见缅王储的人影。"王兄，莫不是有人泄露了机密，缅王储改变了进攻路线？"泰王弟担心地说："王弟放心，定是那王储走迷了路，绕了圈子，他一定会来的。"泰王一副胸有成竹的样子。正说着，前面侦察人员来报："缅王储带领上万象军，奔这边来了。"

"走，咱们去'迎接'王储殿下。"说着二人跃上象背，迎着缅军而去。

缅王储率领象队浩浩荡荡前来进攻泰王，因地形不熟，果然在丛林中迷了路，绕了个圈子才回到既定的进军路线，一看泰王只带不多随从前来应战，急忙命令兵士上前冲杀。泰王兄弟边战边退，等缅王储进了泰王设下的埋伏圈时，泰王一个手势，伏兵四起，几千只大象载着手拿兵器的泰军杀了出来，缅军阵脚大乱，眼看就要生擒缅王储，不料意外的事情发生了：原来泰王兄弟所乘的大象正值发情期，看见缅军大象四处逃散，立即追赶，两军大象你追我赶，霎时间尘土飞扬，敌我难分，两军成犬牙交错之势。过了好一阵，尘土落定。泰王一看左右，大吃一惊，原来刚才尘土遮天蔽日之时，自己已经孤入敌阵，周围只有少数随从跟来。只见缅王储骑象率军立于树下，四周都是缅军，泰王心想，这下坏了，擒人不成，倒要反被人擒。情急之后，反而冷静了许多，他决定刺激缅王储与他决斗，纵然不能生擒缅王储，至少也拼个鱼死网破。他高声向缅王储喊道："皇兄！为何呆在树下乘凉，莫不是怕我不成！敢于我一对一决个雌雄吗？"缅王储本来可以命手下，蜂拥而

上，杀掉或生擒泰王，但他受王者风范熏陶多年，十分顾及王储的身份。心想，如不应战，有失王威。于是催动坐象向泰王的坐象冲去，泰王坐象受到突然冲撞，象头一偏，象身正好横对缅王储，缅王储一看正是象战中杀敌的最好时机，举刀向泰王砍去，泰王急忙闪过，头盔被砍落在地。此时，泰王坐象回身过来一撞，正好使缅王储的坐象横向对他，泰王举刀猛砍，正中缅王储右肩，王储当即血流如柱，倒在象脖子上。缅军一看主帅被杀，无心恋战，急忙退兵而回。

王储被泰王斩杀，缅王自感无颜。此后150年内再也未敢染指泰国。泰王的擒贼擒王之计，使其国家安享了一个多世纪的平安。

马尔巴勒破敌阵

西班牙王位继承战争（1701—1714）到后半期，两个联盟集团都已无力再战，但因谈判条件不能统一，双方在争夺要塞战中打消耗战。当时法军兵力处于劣势。1711年，法国国王路易十四为了争取谈判的有利条件，命令维拉尔将军统帅10万法军（实际只有7.5万人）从海边经阿拉斯、布香要塞到桑布尔河畔修筑一条由工事和各种障碍组成的防线，法军的机动兵力在防线中游动，恰似一条长蛇，企图阻止联军的侵袭。这时，马尔巴勒手下只有约5万人，强攻这条防线显然力量不足。于是他设计了一个巧妙的作战计划，以图破掉这个长蛇阵，摧毁法国的军事力量。

首先，他用战略欺骗手段，将英军

主力集中在阿拉斯以南地区，装出要从中间切断长蛇的架势。为了使维拉尔确信不疑，他带着手下的指挥官到前线勘察地形，并向各部队下达作战任务。军官们虽然受领了任务，但对马尔巴勒的真正意图不了解，感到这次作战行动令人费解（中间突破正好便于法军从两翼夹击）。1711年8月4日晚，维拉尔确信英军要在阿拉斯及其以南地区进攻，他便将所有担任机动作战的法军和大炮都集中到这个方向，准备来日与英军打个对攻战。岂知这正好中了马尔巴勒的计谋，入夜以后，英军奉统帅之命迅速南下，只留少部分人看管营帐和吸引法军。主力越过维米里奇，5日到达维特里附近。当法军明白过来时，英军已将法军甩下了一天的路程。并抢在法军之前渡过桑塞厄河，从法军防线的蛇尾部分轻易穿过，进入法军防线的背后。当维拉尔的部队丢三拉四地追到桑塞厄河附近时，英军挥军直向布香要塞，并将该要塞团团围住，恰似一把利剑插向长蛇的下半截。这时，马尔巴勒的妙计就充分地体现出来了：他围住布香不打，集中主力来打这条长蛇回过来的蛇头——即法军机动部队。战争的奥妙真是难以捉摸，此时英军成了防御者，法军反而拼命死攻。到9月初，布香要塞献城投降，长蛇已被截断。法军的机动力量也遭受了较大的消耗。至此，法军的长蛇阵头破尾断。

在此次行动中，英军统帅马尔巴勒真是妙计连篇。他首先是避强击弱，接着是攻敌必救，然后是围城打援，最后是迫敌投降。这可能是马尔巴勒最辉煌的战绩之一。

山本五十六折戟

提起山本五十六大将，美国兵没有一个不切齿痛恨的。山本不仅仅是日本海军总司令，而且是太平洋战争的主要策划者。他背信弃义地指挥日军进攻美国海军基地珍珠港，造成美国太平洋舰队几乎全军覆没，伤亡3600余人。但山本机关算尽，也没能逃脱美军的惩罚。在二次大战中发生了一场神秘的空中截击战，山本大将就是在这场空战中结束罪恶一生的。他的死也使更多无辜的人免遭生灵涂炭。关于这次空战的真相，直到战争结束很久以后才公诸于世。

1943年4月13日傍晚，一封代号为"NTE—第131755号"的绝密电报飞越辽阔的太平洋海空，到达日军的所罗门群岛各指挥部。电报上通知了山本五十六即将前去视察的计划。日本人认为这种使用5位数的乱数式密码是根本无法破译的。谁知，美国海军发明了一种自称为"魔术"的破译技术，破译速度极快，准确性极高。他们用了一晚上时间，就破译了这份电报。很快，这份电报就送到了美国总统罗斯福的案头。总统亲自作出了干掉山本五十六的决定，并给这次行动起了一个恰如其分的代号——"复仇"。

1943年4月17日傍晚，美国空军少校仲玛斯·格·朗菲尔接到命令，要他迅速前往亨德逊军营作战室。同他一起到达的还有第339歼击机大队长约翰·米歇尔少校。他们俩都因在瓜达尔卡纳尔岛争夺战中战绩卓著，而受到上级赏识和器重。一走进又霉又湿的掩蔽室，他们立刻意识到指挥部正在准备什么重大行动，部队的高级军官差不多全部到会。这时，一名海军陆战队少校交给他们一份标有绝密字样的电报。

电报说：山本以及他的参谋部的高级军官将于4月18日抵达布干维尔岛，"第339大队应全力以赴截击并击落它。总统对此次行动极为关注"。电报接着介绍了日本飞机的编队及其精确时间表。这份电报是由美国海军部长弗莱克·诺克斯亲笔签署的。

会议的气氛非常紧张。米歇尔和朗菲尔互相看了一眼。西南太平洋上的布干维尔岛距他们500公里，只有他们驾驶的洛克希德闪电式战斗机能完成这次截击任务。

山本当时59岁，是一个身体矮胖、处事大胆谨慎的统帅。他亲手建立了现代化的日本海军，并擅长于指挥夜战，以及对舰艇实施鱼雷战。他统帅的日本海军曾击沉过无数美国舰只。他还是日本空军的先驱，协助制造了二战时期威震长空的"零式"飞机。他对航空母舰的信心和远见，使他一度掌握了海战的主动权。

由于他是如此重要的人物，决定打他的座机就不是那么轻率了。这是一场战争还是暗杀？经过讨论，大家都同意太平洋美军司令切斯特·尼米兹上将的看法：既然山本在战争中是敌方一个关键人物而又无可替代，那就必须消灭他。

要消灭山本，并非轻而易举，必须进行十分周密的空战部署。于是，在瓜达尔卡纳尔岛的掩蔽部里，美军参谋人员紧张地开始制定作战计划。山本将于第二天上午9时45分抵达布干维尔岛卡伊里机场。他们最后决定，在他降落前10分钟，在机场以北56公里的上空拦截他。任务的分配是，米歇尔少校率339大队掩护，朗菲尔带领3架飞机截击。

一个陆军情报官在介绍山本五十六时，特别强调说："山本是个极为准时的人，美国空军的飞机也必须准时，一分不差。"

4月18日，星期天，瓜达尔卡纳尔岛天气晴朗而湿润，海风徐徐吹来，令人十分惬意。但宁静的气氛，掩盖不住美军飞行员心里的激动，因为他们将去执行一项特殊使命，而且只许成功，不许失败。7时25分，截击机群准时离开跑道，直插蓝天，向北飞去。

他们迎着朝阳飞行时，16架战斗机队形密集，一直保持无线电静默。9点32分，他们终于接近了布干维尔岛。这是一个大岛，岛上密布着盘根错节的原始森林。米歇尔开始加速，率领他的大队爬高到6000米高空。朗菲尔同他的中队随后也升至3000米。

9点34分，差一分钟就该看到目标了，仍然什么也没有发现，他们随时都有被日本飞机发现的危险。要知道，岛上有100多架"零式"战斗机，他们势单力薄，无法匹敌。准时的大将现在何处呢？

不一会儿，米歇尔大队一位飞行员急促的话音打破了寂静："敌人，左上方，方位八！"的确，在不远的地方出现了排成V字形的一些黑点。随着距离的缩短，朗菲尔发现共有 8 架飞机，两架绿色伪装的双引擎轰炸机和 6 架零式护航战斗机，编队向北飞来。他瞥了一眼手表，9 点 35 分，大将准时极了，简直分秒不差。当然，他们也很准时。

米歇尔大队和朗菲尔中队的飞行员们，立刻丢掉了副油箱，准备战斗。突然，朗菲尔的第二小队为了丢掉副油箱而偏离了航线，现在只有他的僚机巴贝尔和他单独来进行战斗了。

他们迅速接近敌机。敌机丢掉副油箱爬高，向他们扑来。前面那架轰炸机趁机下降，朝原始森林方向飞去，而第二架迅速爬高，直接朝朗菲尔冲来，当他下降高度朝第一架轰炸机追击时，有三架零式战斗机垂直下降，从上面向他扑来。他把操纵杆一推，瞄准前面一架零式战斗机，随即射出一连串的炮弹。这架零式飞机冒着一串黑烟和火舌，摇摇晃晃地坠落下去。

朗菲尔重新将飞机拉起，倒转座机寻找在混战中逃脱他视线的那架轰炸机。在巴贝尔同敌机交火的一刹那，他发现两架零式战斗机正朝他瞄准，同时看到在原始森林上方有一个绿色的影子，朗菲尔立刻意识到这个小小的绿色的影子，正是刚才飞往原始森林的第一架轰炸机。他不顾一切地追上它，低得几乎贴近树梢，然后朝它又发射了一连串的炮弹。只见这架轰炸机拖着一条长长的烟带，向原始森林扎去，随着一声巨响，轰炸机摔得粉碎。

与此同时，巴贝尔也把另一架轰炸机打入海中。截击任务胜利完成，美军飞机迅速撤离战场。朗菲尔以之字形方式飞离原始森林上空，而后以最大速度爬高，终于摆脱了零式战斗机的追击。

这场空战速战速决，只用了 3 分钟便圆满完成了使命。山本这位被日本称为“名将之花”的战争赌徒，终于将自己的生命赌进了太平洋。

击要害致“敌”就范

1984 年，我国与日本某汽车公司签订了购销汽车 5800 辆的合同。合同中规定：这批汽车是为中国市场的特殊需求而设计的。

5800 辆号称“天皇巨星”的载重汽车交货后，在我国投入运营了三个月，就相继发生了严重的质量问题，如铆钉松动、车架裂缝等等。进口汽车的质量问题导致了严重的经济损失。为此，我国有关人员及时地与日本代表进行索赔交涉。

在谈判过程中，日方代表推卸责任，声称他们的产品是世界一流水平，绝对不会出现质量问题。面对汽车损坏的事实，他们强调这是由于我国的公路质量所致。双方代表各持己见互不相让，谈判陷入僵局。

为了找到打开僵局的突破口，我方代表反复审核了合同条款和设计图纸，终于发现了对我方有利的证据。关于汽车质量问题，我方针锋相对地提出了两个问题：

这批汽车按合同规定，是针对中国市场的特殊需求专门设计的。中国的公路质量较差，对方在设计和生产汽车时应加强汽车的承重机构，而设计图纸反映，承重机构不仅没有加强反而还有所消弱，这种设计错误是不应该出现的。

如果对方不信守合同，只顾赚钱，执意不承担设计错误的责任，那么我方将把此事公诸于世，让对方在国际市场上丧失信誉，后果不堪设想。

由于我方代表提出的问题尖锐有力，正中对方的要害之处，致使对方低头认输，承担了由于质量问题引起的一切经济责任。最终达成的协议如下：日方接受了全部退货，更新汽车，并且赔偿数十亿日元的间接经济损失。这场谈判挽回了我国的经济损失，并且维护了我国的经济利益和尊严。

聚力量重点经营

企业经营者，特别是中小企业，运用"擒贼擒王"之计，关键就是在于集中人力、财力、物力、重点经营。如果不考虑企业实力，盲目扩大营业项目或多角经营，往往会因分身力薄而难以成功，至于大企业要搞多种经营或多角经营，经营的每一项，也要审慎研究，集中力量抓住重点。

1969 年，柳州农机厂开始转产 2.5 吨"柳江"牌汽车，由于工厂沿用小生产经营方式，厂小而求全，除发动机外，其余零部件几乎都由自己生产。结果，"柳江"牌汽车成本核算高、质量差，企业效益低，到 1980 年出现亏损，陷入困境。

厂领导经过研究，苦思对策，确定加入东风汽车工业企业联营公司，生产"东风"车。并改变了过去"小而全"的生产格局，走专业化生产之路，结果成本大大降低，效益显著提高。以此为起点，柳汽又改汽油车为柴油车，从而适合大批个体运输户的需要，投放市场后，甚为走俏，1991 年生产 1 万辆销售一空；1992 年生产 1.5 万辆仍供不应求，这一创举，正是集中力量、重点经营的结果。

女士专卖争顾客

这是一片女人的世界，它的服务对象都是女人。正是抓住了女人的购物心理，他才大发其财。

太原市有一家只为女士服务的商店，店门上赫然写着："谢绝男宾入内。"

半年前开业的这家女士用品超级市场，专营女士服装和各种妇女保健用品。

500 平方米的营业厅铺着桔黄色的簇绒地毯。柔和的灯光、迷人的轻音乐，烘托出静谧的家庭气氛。一位位打扮入时的女士们在这里随心所欲地挑选试穿着衣服，直至满意而归。

这家商店的经营者王根福原是北城区饮食公司的副经理，某日，他在妇女儿童用品商场看见了这样一个镜头：4位女士包围着一个试衣服的姑娘，这激发了他的灵感，于是一个月后，一个"女子用品超级市场"便问世了。

当然，王根福不会把随同而来的男同胞拒之门外，更不敢怠慢，而是设了个 100 平方米的"休息室"，内设茶点、饮料、食品，由服务员好生招待。哪位女士需要参谋，便可来到休息室，请自己的丈夫或男友发表意见。

王根福认为，青年妇女的购物欲望最强，她们的消费水平远远高于一般男子。因此，他们大胆地"逐"出男士，创造清一色的女子购物环境。

"如果仅仅把商店办成超级试衣间，那我们就失业了。"商店经理王根福认为，商店之所以成功，还因为它满足了青年妇女对服装的三个基本要求：第一是新，即款式要新潮；第二是异，即使最时髦的服装也忌讳穿的人太多；第三是廉，即价格合适。这家商店的服装全部来自中外合资厂或外商投资厂，十天半月就推出一种新潮装，而且同一款式、花色的服装进货量不超过100件。

尽管这家商店不在闹市区，但每个月的营业额都在40万元左右，比太原市同等规模服装店的营业额高出许多。

抓"头羊"牵引发展

广东省番禺房地产开发公司成立才几年，就成为番禺经济重要的一翼。他们通过市场调查，了解到香港、澳门有许多商人想回内地购买房屋，也有许多侨属想为国内的亲人购置房产，加上国内商品房改革的脚步增快，一切都对房地产的兴起创造了有利条件，他们下大决心投资建楼，先后建成最繁华的北城区连片住宅点，接着趁市场还未苏醒过来，又斥资参与洛溪新城、大石居住区、大石丽江花园高级别墅区、祈福新村等地的建设。1991年，他们出售了楼宇1800套，收入1.2亿人民币，为进一步的开发积蓄了雄厚的资金。

番禺房地产开发公司打出这张牌后，立即引起了一连串的效应：附近的建筑装修部门由"不够饱"到忙不过来；连续几年产品滞销，行业亏损的建材行业开始重振雄风，水泥、建筑陶瓷、铝型材、玻璃等产品市道颇佳，价位竞抬；乔迁新居的户主到处寻找搬家公司，一种新的行业应运而生；"家具城"在番禺至广州大桥的沿线公路边拉开帷幕，搬新居的户主们纷纷要购置各式家具。房地产的开发变成了地区经济重新活跃的导火索，一些生意人已在围绕房地产开发的热浪中盘算着自己投入的方向，以求在市场中分一杯羹。一业兴起千业应，在市场经济的变幻当中，抓投资的"头羊"，把握住时机，用牵引的办法启动区域经济的车轮，那么这个地区的商品经济就会日益发展起来。

中华国学经典文库

三十六計

名家评点案例解秘版

主　编：毛国强

副主编：彭智博　王和鸣

下　卷

北京燕山出版社

三十六计

北京燕山出版社

第四套　混战计

第十九计　釜底抽薪①

【原典】不敌其力，而消其势。兑下乾上之象②。

【按语】水沸者，力也，火之力也，阳中之阳也，锐不可当；薪者，火之魄也，即力之势也，阳中之阴也，近而无害。故力不可当而势犹可消。尉缭子③曰："气实则斗，气夺则走。"而夺气之法，则在攻心。

昔吴汉④为大司马，有寇夜攻汉营，军中惊扰，汉坚卧不动。军中闻汉不动，有倾乃定。乃选精兵反击，大破之。此即不直当其力而扑消其势也。

宋薛长儒⑤为汉、湖、滑三州通判⑥，驻汉州。州兵数百叛，开营门，谋杀知州、兵马监押⑦，烧营以为乱。有来告者，知州、监押皆不敢出。长儒挺身徒步，自坏垣入其营中，以福祸语乱卒曰："汝辈皆有父母妻子，何故作此？叛者立于左，胁从者立于右！"于是，不与谋者数百人皆趋立于右，独主谋者十三人突门而出，散于诸村野，寻捕获。时谓非长儒，则一城涂炭⑧矣！此即攻心夺气之用也。

或曰：敌与敌对，捣强敌之虚，以败其将成之功也。

【原典注释】①釜底抽薪：釜，一种炊具，锅。把锅底下烧着的柴草拿走。比喻从根本上解决问题。

②兑下乾上之象：即履卦。《易经·履卦》："履虎尾，不咥人，亨。"象曰：履，柔履刚也。"其意思是：柔顺者小心地随在刚强者之后，则不会受到伤害，一切顺利。

③尉缭子：战国末期的军事家，魏国大梁（今河南省开封）人。有《尉缭子》一书传世。引文见《尉缭子·战威第四》。

④吴汉：东汉名将。南阳宛（今河南省南阳）人，字子颜。王莽末，投奔刘秀，为偏将军。刘秀即位后，任大司马，封舞阳侯。为云台三十二将之一。

⑤薛长儒：宋代名臣，宋代绛州（今山西省新绛），正平人。字元卿，曾任汉、湖、滑三州通判，后知彭州。

⑥通判：官名。宋初始设于各州府，有共同处理地方政务之意。地位略次于地方官，但有监察官吏之特权，故又称"监州"。知州，州的最高长官。

⑦兵马监押：宋代掌管全州军事的武官。

⑧涂炭：涂，泥沼；炭，炭火。指

人民陷于泥沼，坠入炭火，痛苦万分，即水深火热之意。

【原典译文】 力量上战胜不了敌人，就要设法去消解敌人的气势。根据履卦卦象：不能以硬碰硬，而应该以柔克刚。

水之所以沸腾是靠了火的力量。烈火为热中最热的东西，刚劲猛烈，不可阻挡。柴草，却是火的精魄，也就是火势的动力。柴草燃烧能发热，本身却是凉性的，靠近它不会被烧伤。所以，猛烈的力量虽然阻挡不了，它的气势却可以削弱的。尉缭子说："士气旺盛，就投入战斗；士气消沉，就避开敌人。"而削弱敌军士气的方法，就在于从心理上瓦解敌人的斗志。

东汉初年，吴汉做大司马时，敌人在黑夜里袭击军营。当时军营里开始惊慌混乱，而吴汉却稳稳地躺在床上不动。将士们听说吴汉一点不慌，从容休息，很快也就镇静下来。这时吴汉才选出精兵反击，大败敌人。这就是不直接去对抗敌人的力量，而是去扑灭削弱敌人气焰的办法。

宋朝时，薛长儒担任汉州、湖州、滑州三州的通判，驻扎在汉州。数百名州兵发生叛乱。他们打开营门，准备杀死知州和兵马监押，并烧毁营寨作乱。有人前来报告，知州和监押都不敢出来。长儒却挺身而出，徒步从断墙处走入军营。他以福祸利害各种关系劝导叛乱的士兵说："你们都有父母妻子，为什么做出这样的事情？指使叛乱者往左边站，胁从者往右边站！"于是没有参与策划叛乱的几百人赶忙走向右边，只有策划叛乱的十三人从营门仓皇逃走，分散到各乡村躲藏，不久都被捉拿归案。当时人们都说，如果不是薛长儒，那么全城都要遭祸了。这就是从心理上瓦解敌人士气的计谋。

有人说：当敌人之间相互攻打时，我军乘机袭击两敌中更强一方敌人的后方，以破坏它即将取得的胜利。这也是釜底抽薪之计。

【传世典故 计名探源】 釜底抽薪指用在锅底下抽去柴火的办法，来止住锅内的沸水。比喻从根本上解决问题。也指暗中进行破坏。在军事上一般指不靠同敌人直接交战，而是切断敌人供给来源，破坏敌人所依靠的有利条件，或瓦解敌人士气的办法来战胜敌人。

釜底抽薪，语出北齐魏收《为侯景叛移梁朝文》："抽薪止沸，剪草除根。"古人还说："故扬汤止沸，沸乃不止，诚知其本，则去火而已矣。"这个比喻很浅显，道理却说得十分清楚。水烧开了，再兑开水进去是不能让水温降下来的，根本的办法是把火退掉，水温自然就降下来了。此计用于军事，是指对强敌不可用正面作战取胜，而应该避其锋芒，削减敌人的气势，再乘机取胜的谋略。釜底抽薪的关键是关于抓住主要矛盾，很多时候，一些影响战争全局的关键点，恰恰是敌人的弱点。指挥员要准确判断，抓住时机，攻敌之弱点。比如粮草辎重，如能乘机夺得，敌军就会不战自乱。三国时的官渡之战即是一个有名战例。

东汉末年，军阀混战，河北袁绍乘势崛起。公元199年，袁绍率领十万大军攻打许昌。当时，曹操据守官渡（今河南中牟北），兵力只有三万多人。两军离河对峙。袁绍仗着人马众多，派兵攻打白马。曹操表面上放弃白马，命令主力开向延津渡口，摆开渡河架势。袁绍怕后方受敌，迅速率主力西进，阻挡曹军渡河。谁知曹操虚晃一枪之后，突派精锐回袭白马，斩杀颜良，初战告捷。

由于两军相持了很长时间，双方粮草供给成了关键。袁绍从河北调集了一万多车粮草，屯集在大本营以北四十里的乌巢。曹操探听乌巢并无重兵防守，决定偷袭乌巢，断其供应。他亲自率五千精兵打着袁绍的旗号，衔枚急走，夜袭乌巢。乌巢袁军还没有弄清真相，曹军已经包围了粮仓。一把大火点燃，顿时浓烟四起。曹军乘势消灭了守粮袁军，袁军的一万车粮草，顿时化为灰烬。袁绍大军闻讯，惊恐万状，供应断绝，军心浮动，袁绍一时没了主意。曹操此时

发动全线进攻，袁绍带领八百亲兵，艰难地杀出重围，回到河北，从此一蹶不振。

【名家评点 破解方略】此计用于军事，是指对强敌不可用正面作战的方式取胜，而应该避其锋芒，削减敌人的气势，再乘机取胜的谋略。

运用此计时，要把握好两点：一是要善于发现敌人"薪"的目标，这是实施"釜底抽薪"的前提。值得注意的是，战况不同，"抽薪"的目标也是不同的。一般说，凡是影响敌人后劲的力量，也就是"抽薪"的目标。二是要善于运用"釜底抽薪"的手段和方法，要针对敌人"沸水"的具体情况，去选择和运用"抽薪"的手段和方法。若能用以柔克刚的办法来解决问题，我们既可战胜敌人，又避免损失，可谓一举两得，事半功倍。

经典案例　锦囊妙计

审时度势破合纵

运用釜底抽薪之计，关键在于审时度势。知己知彼，掌握要害，才能稳操胜券、力挽狂澜。

春秋战国时期，天下分崩、列国混战。秦国日强，虎视眈眈，有统一六合，平定海内之志。列国实力不支，惊慌失措，策士们乘机奔走游说，谋取富贵。主张列国俯首事秦的，称为连横派；主张列国联合抗秦的，称为合纵派。两派明暗争斗，奇策满天下。秦昭王时，合纵派联络天下之士，相聚于赵国，谋划攻秦。秦王大惧，忧形于色。丞相范雎对秦王说："大王不必担心，请让我来对付他们。秦国与天下之士并没有结下什么冤仇，这些人聚在一起谋划攻秦，不过是为了自己的富贵而已。大王难道没有注意到您的狗吗？或卧或起，或走或停，相安无事，和和气气。但如果扔过去一根骨头，马上就会咬在一处，乱作一团。这是为什么呢？就是因为有了利益争夺。"于是，范雎派唐雎携黄金五千斤，前往赵国，见机行事。唐雎来到赵国都城邯郸附近的武安，置酒高会，大宴宾客，请邯郸城内的士人前来取金，厚加馈赠。但是，由于带来的黄金太少，谋划攻秦的主要人物并没有动心。唐雎千金散尽，无功而还。范雎对他说："秦国只计算您的功劳，不管黄金都到哪里去了。用得越多，成功的机会也就越多。"范雎又派人载黄金五千斤随唐雎而行。这一次，唐雎来到武安，黄金尚未用完，而天下之士为了争夺馈赠，已经闹得不可开交，离心离德，合纵攻秦之谋就此流产。

范雎瓦解列国合纵之谋，釜底抽薪，令合纵之士不攻自破，主要是看准并且利用了对方的争利之心。"六国犹连鸡，群士如斗狗"，天下熙熙，皆为利趋；天下攘攘，皆为利往。利益发生冲突，联盟便难以存在。范雎深明此理，所以不去与列国兵戎相见、正面冲突，而是避实击虚，以厚利收买士人，从根本上抽掉了列国联盟的基础。把天下之士比作"斗狗"，固属刻薄，但却实实在在地抓住了问题的要害之处，掌握了人性之中不可克服的弱点。尉缭曾经向秦王建议说："希望大王不惜重金，厚赂列国豪臣，使其谋略不行，不攻自乱。不过用去三十万金，就可以使列国消亡殆尽。"这一策略的核心，也正是利用了列国内部及相互之间的矛盾。而列国之所以始终不能精诚团结共抗强秦保存自己，其原因除了实力不敌之外，各怀心腹事，使秦国有机可乘、各个击破，也不容忽视。

三鼓而战胜强齐

鲁庄公十年（前684），齐国发兵攻打鲁国，鲁国和齐国在长勺遭遇。两军列阵对峙，先是齐军主动击鼓进攻，鲁军却按兵不动，以逸待劳。齐军擂过三通鼓，发起三次冲锋，鲁军都不为所动。齐军见鲁军毫无动静，以为鲁军胆怯，不敢出战，就松懈下来。

谁知鲁军主将曹刿却突然下令鲁军大举掩杀过去，齐军抵挡不住，纷纷溃逃。鲁军见胜利即在眼前，都跃跃欲试，想乘胜追击扩大战果。曹刿却先登上车前横木瞭望齐军的旗帜，又下车察看齐国逃走后留下的车辙马迹，然后才下令追击。

鲁军大获全胜后，鲁庄公问曹刿开始时为什么按兵不动，后来为什么又不马上追击。曹刿回答说："齐强鲁弱，齐军刚刚出击，士气正盛，断不可与之正面交战。第一通鼓，士气最足；但擂第二通鼓时，士气就开始下降；第三通鼓后，士气就没有了。我们按兵不动养着士气，他们的士气消耗尽了，我们再击鼓进攻而士气正旺，所以我们战胜了他们。只是齐国是个大国，他们虽然败退，但并没有受到重创，我怕他们不是真败，而是有埋伏。但是我登上车轼看他们的旗帜倒卷，下车察看见他们辙迹凌乱，表明他们真是败退，没有埋伏，所以才挥军追击。"听的人都佩服曹刿指挥有方。

釜底抽薪去乐毅

战国时还有这样一件事，燕昭王拜乐毅为将，兴兵复仇，连下齐国七十余城，只有即墨莒城未下。乐毅想笼络人心，不逼之太甚，只把二城围困住。待燕昭王死后，惠王即位，新王与乐毅素

有矛盾，齐国将领田单见此情形，乃施"釜底抽薪"之计，想法把乐毅弄走。于是派人往燕王那里散布谣言，说："乐毅能于六个月间连下齐城，惟对即墨和莒城，围了三年未下，不是不能，实有阴谋想笼络民心，自立为齐王。"惠王听说后，立即在阵前换了帅，派骑劫去接替乐毅兵权，乐毅畏罪逃回赵国去。骑劫一上任，便尽改旧法，下令攻城，终被田单几番用计，驱火牛闯入燕军营地，牛惊恐而狂奔，牛所触敌尽死伤，燕军大溃，俘杀了骑劫，收复了失地。

蛇足喻却楚存齐

楚怀王时期，大将昭阳率军伐魏，魏军损兵折将，丧失八座城池。楚军乘胜前进，兵临齐国城下，边境告急，齐国震动。齐宣王计无所出，请秦国使者陈轸出面调停。陈轸应允，往见昭阳。陈轸见到昭阳以后，首先贺喜楚军战胜之功，然后不慌不忙地问道："按照楚国的法令，全歼敌军、杀其统帅，会得到什么官爵？"昭阳回答说："官为上柱国，爵为上执珪"。陈轸又问："比这更高的官爵是什么？"答曰："只有令尹了。"陈轸说："令尹太高贵了！楚王不可能设置两个令尹。让我给您打个比方吧：贵国有一位贵族举行春祭，事毕，赐其属下一厄酒。属下商议说：'这一厄酒大家分享，显然不足；一个独饮则富富有余。这样哪，我们每人在地上画一条蛇，谁先完成，就由谁来喝酒。'于是，众人便开始竞赛。其中一个首先画成，拿起酒厄，将饮未饮，左手持厄，右手画蛇，

对众人说：'我可以为蛇再添上几只脚！'不料，蛇足未成，另一个人已经画完，夺过酒卮，对他说：'蛇本来没有脚，你怎么可以乱来！'于是一饮而尽，而这位画蛇脚的先生终于没有喝到本来已经属于他的酒。如今，您率楚军伐魏，击破敌军，杀其统帅，获得八座城池，自恃兵强，转而攻齐，齐国上下恐惧，不知所措。您的名声已经够大的了，但官爵却不能再高了。依我看，战无不胜而不知止足者，必将军败身死，死后爵位复归国家，真好比是画蛇添足！"昭阳闻陈轸此言，点头称是，立即传令退军。

陈轸使用釜底抽薪之计，却楚存齐，功莫大焉。但是，陈轸之所以能够成功，关键却在于他掌握了昭阳的后顾之忧。功高不赏，且有震主之虞，这是专制政治之下人臣的共同忧虑。楚国局势混乱，主昏于上，臣谄于下，奸佞当道，忠良屏气。昭阳率军远征，屡建奇功，上则震主，下则遭忌，一旦国内有变，上下夹攻，后果不堪设想。陈轸正是了解此中的隐情，因此不去与昭阳展开正面辩论，而是先贺其功，消除对方的敌意，然后从昭阳所处的地位提出问题，用一个深入浅出的譬喻，一举说中对方的心事，当对方有所领悟之后，才点破题意。整个谈话的过程一环扣一环，步步深入，使昭阳不知不觉地按照陈轸的思路考虑目前的形势与自己的前途，认识到继续攻打齐国，不仅胜负未卜，而且有害无益，不如挥师凯旋，保全自己。

攻敌薄弱败周王

公元前707年，周桓王为维护朝廷的统一，亲率周军与陈、蔡、虢、卫四国军队讨伐日益崛起的郑国，战于繻葛（今河南省长葛县北）。两军交战，摆阵对垒，周桓王按照传统战法，把周军分为左中右三军，以"品"字形摆开，中军居前。郑军也以三军应之，则以倒"品"字列阵，以左右军为主力前出，中军居后。周军的右军是蔡、卫两国军队，左军是陈国军队。当时，陈国局势不稳，军士无心打仗，战斗力不强，是周军中最弱者。由此，郑国子元向郑庄公献计说：我们要先打周军中最薄弱的左军陈国军队，陈军溃散，右军的蔡、卫军队必然退走，而周军要照顾左右军，阵势必将大乱，然后我们就集中兵力攻打周军，方可取胜。郑庄公采纳了他的建议。战斗开始，果不出所料，陈军迅速败逃，蔡卫两军见陈军溃散，也仓皇退出战场。郑国左右中三军合力攻击周军，势不可挡，周军难敌，慌忙后撤，在后退中，周桓王被郑军祝聃一箭射中肩膀，勉强逃出重围，郑军大获全胜。

用贸易压服敌国

春秋时，齐桓公认为楚国是齐国的最大威胁，但齐当时要从军事上战胜楚国又力不从心。齐桓公同管仲谋划对敌斗争策略，决定首先从经济上增强自己的实力，再"釜底抽薪"，搞垮楚国的经济。原来，楚国产鹿，一头鹿值8万钱。齐国根据这个情况，首先组织大部分人种粮食，再让一部分人铸钱。粮食丰富了，钱也多了，就派人载2000万钱去楚国买鹿。楚王见有利可图，便号召全国老百姓养鹿，楚国许多人因而放弃农业。楚国养鹿的收入虽然一下子扩大了5倍，而齐国却使粮食储备扩大了5倍。这时，齐国突然决定断绝与楚国的贸易。楚国有了钱，但缺少粮食，不得已求助于齐国。楚国的老百姓看到齐国人民丰家足食，便纷纷逃离楚国，投奔齐国，不到三年楚国国力衰竭，十分被动。齐国还运用类似的手段征服了梁国。当时梁国纺织业比较发达，国人特别擅长织绨。齐国便采取高价收买的政策，以刺激梁国百姓弃农织绨。等到农时一过，齐国便不再买绨，同时还不准对梁国出售粮食，致使梁国完全丧失经济独立，百姓纷纷往齐国求生。不久，梁国也就被迫宣布归附齐国了。

战争是政治的继续，政治是经济的集中表现。没有一定的经济力量作为后盾，战争就无法支持下去。贸易对于一个国家的经济、军事具有不可或缺的重要意义。齐桓公和管仲制定的策略高明之处就在于看到了这一点，运用釜底抽薪之计，从经济基础上打垮敌国，由此可见，一个国家不发展对外贸易不行，但完全依赖于此也不行，易受制于人。

触龙巧说赵太后

公元前265年，赵惠文王死去，其子丹立，太后掌政。当时，秦赵战事紧张，赵军屡败，损失许多城池。赵国势蹙，求救于齐国。齐国的答复是："必须以长安君为人质，救兵乃出。"但是，长安君是赵太后的少子，太后爱如掌上明珠，说什么也不肯答应。齐国的要求得

不到满足，救兵不出，形势更加危险。大臣们竭力劝谏，太后益发恼怒。最后，赵太后干脆向众人宣布："如果有人再来劝我送长安君到齐国做人质，我就吐他一脸唾沫！"这样一来，大臣嗫口，再也不敢谈及此事。求救之举就此搁浅，陷入僵局。

左师触龙求见太后。太后盛怒之下，气势汹汹，等待触龙，准备一旦对方谈及长安君入齐为质，便撵他出门。触龙心知太后之意。他缓步而入，落座以后，向太后解释说："老臣有足疾，好久没有见到太后了，私下里自己原谅自己。只是非常担心太后玉体欠佳，因此求见太后，以释悬念。"太后答道："我以车代步。"触龙又问："饮食没有减少吧?"太后回答说："不过吃粥罢了。"这时，太后虽然敌意未消，但怒气为之消解。

触龙察言观色，继续寻找可以打动太后的话题。他说："老臣的儿子舒祺，年龄最小，尽管不争气，但我还是很疼爱他。我已经老了，希望能够安排他做王宫卫士。冒死奏于太后，请求恩准！"太后闻言，回答说："好吧。他年龄多大?"触龙回禀道："15岁了。虽然年幼，但我希望在死去之前把他托付给您。"触龙的话果然勾起太后的兴趣。她不由自主地问道："难道大丈夫也疼爱小儿子吗?"触龙回答说："比女人还要疼爱。"太后答道："我真是感到太意外了！"

触龙见机行事，逐渐把谈话引入正题。他故弄玄虚地说："老臣私下以为，太后疼爱长安君远不如疼爱燕后。"太后不服，争辩说："您错了，我最疼爱长安

君!"这时,太后已经怒气全消,注意力转移到双方扯出的话题。触龙乘机进言,他说:"父母疼爱儿子,就当为其长远打算。太后嫁燕后之时,持其足,哭泣不止,想到女儿远嫁,非常悲伤。既嫁之后,虽然经常思念,但在祭祀之时,还是祷告神灵,希望她不会被逐返国。这不正是为她长远打算,使其子孙可以世代为王吗?"太后点头称是。触龙继续借题发挥。他问:"三世以前的赵子孙,如今还有继承王位的吗?"太后答道:"已经没有了。"又问:"不仅赵国。诸国之中,可有这种例子?"答曰:"没有听说过。"触龙这时点破题意。他说:"君主之子,近者祸及其身,远者害及后代,这并不是他们封侯有什么不对的地方,而是因为他们位尊而无功,禄厚而无劳,得到的名位与金玉太重太多。如今,太后已使长安君的地位十分尊崇,又封之以膏腴之地。厚赐以名位金玉而又不肯借此良机使他可以为国立功,一旦太后驾崩,长安君凭借什么在赵国立足呢?"

赵太后闻言大悟,回答说:"好吧,一切由您决定!"立即为长安君准备车乘,前往齐国。齐师出援,秦军退归。

赵太后以一己之私,置国家危亡而不顾,实是不明之举,但她执掌国家政权,且在盛怒,这时候若有人再犯颜直谏,不仅不会达到劝谏的目的,还会招来杀身之祸。触龙老谋深算,先以看似与劝谏无关的拉家常消太后的怒气,然后再以爱子必须为其计长远的道理打动赵太后。在整个过程中,触龙没有一句话是从正面讲赵太后如何应该献出长安君以救国家,而是从拉家常中让赵太后自己明白其中的大道理。釜底抽薪之计,运用何其巧妙。

赵高除斯擅朝政

秦始皇死后,二世胡亥即位。二世为人庸愚而自负,宦官赵高恃恩专恣,独揽大权,多行不法。许多与他结怨的朝臣都被借故诛杀,弄得朝纲大坏,人人自危。赵高惟恐有人向二世奏明其事,处心积虑,日夜谋划,终于想出一条釜底抽薪的妙计。他对二世说:"天子之所以高贵,是因为大臣只能遵行他的旨意,难得与他见面。今陛下年少,天下诸事未必尽通。坐朝廷、见大臣,一旦举措失当,就会被大臣小看,此非所以示神明于天下也。陛下不如深居宫禁之内,遇事与臣等仔细商议,然后采取对策。如此,则大臣不敢奏疑事难为陛下,天下人都会称颂陛下圣明。"二世采用了赵高的建议,从此不再坐朝与大臣面议军国大政。赵高得计,居中弄权,成了事实上的皇帝,主宰一切。

丞相李斯对此十分不满。赵高闻讯,心中怀恨,决心除掉李斯,以绝后患。他对李斯说:"关东一还,群盗横行。如今,皇帝大征徭役,修建阿房宫,积聚狗马无用之物,我很想劝阻,但身贱位卑,不起作用。这正是您应该做的事情,为何无动于衷?"李斯不知赵高的真正用意,回答说:"是这样,我早就想向皇帝进谏了。只是皇帝不坐朝廷,常居深宫,我想说的话,又不能由人转达,想见皇帝,又没有机会。"赵高见李斯中计,心中暗喜。他对李斯说:"如果您能进谏,请让我为您寻找机会。"

不久，赵高通知李斯，请他入宫。当时，二世正在饮酒取乐。乐舞美人，罗列于前，心醉神驰，好不痛快。赵高在侧，曲意逢迎，弄得二世更加飘飘然。赵高见时机成熟，命人传李斯立即来见二世。来人对李斯说："皇帝正闲着，可以奏事。"于是李斯至宫门，请求见驾，一而再、再而三。二世正在兴头上，闻李斯求见，怒不可遏，骂道："朕平日有的是闲功夫，丞相从来不求见；偏偏今天朕欢宴之时，丞相请求奏事！丞相这是以为我年少可欺呢，还是以为我愚蠢固陋？"赵高在侧，立即进言道："先帝驾崩于沙丘之时，李斯曾参与拥立陛下的谋议。如今，陛下已经立为皇帝，而丞相并没有得到什么更多的好处。他的企图，是裂地而封王啊！如果不是陛下问臣，臣何敢言。臣知道李斯的长子李由为三川太守，由于陈胜等人都是丞相的同乡，所以李由纵虎遗患，甚至群盗路过三川城而官军不肯出击。臣听说他们经常有书信往来，只是没有查到证据，不明详请，因此不敢奏闻。更重要的是，丞相居外任事，权重于陛下。"二世听信了赵高的话，族灭李斯，从此，赵高更加跋扈。

赵高小人得志，阴险狡猾。他设计把二世与群臣隔绝开来，这是第一步，实现了控制群臣的目的；然后，设计族灭李斯，这是第二步，实现了控制皇帝的目的。群臣居外，噤若寒蝉，李斯被杀，群龙无首；二世居内，懵然无知，李斯被杀，失去辅佐。李斯在这里是一个关键人物，除掉李斯，可使二世与群臣双方都失去支柱，而只能听任赵高摆布。釜底抽薪，一箭双雕，用心可谓险恶。但是，赵高之计之所以能够得逞，其中的原因并非仅仅在于赵高的手段如何高超。专制政治之下，君臣之间相互睽隔，本来就是不可避免的趋势。天下为私，君主视国家为己产，臣下视君主为路人，互相猜疑，各为身谋。一二贤臣，遇明君尚不能永保无咎，何况李斯乃贪权图富之辈，二世乃昏庸骄纵之人。沙丘定计，苟合而已，一旦生嫌，局面便不可收拾。赵高正是看准了这一点，才能施展手段，除掉李斯，独揽大权。

四面楚歌攻心战

历史上暴虐的秦王朝终于在各路反秦武装的围攻下灭亡了。但反秦的各路军队为争夺权势，又互相争斗起来。这其中以西楚霸王项羽和汉王刘邦两路人马的军事力量为最强，所以，他们之间为取得天下，竟进行了五年的对抗战，双方都疲惫不堪，兵士厌战，尤以项羽一方为甚。本来，当战争打到第四年秋天的时候，双方经过协商，决定停战，彼此约定以鸿沟为界限，鸿沟以东归项羽，鸿沟以西归刘邦，各自退兵，再不侵犯。

约定后，项羽把拘押在本营中的刘邦亲属全部送还刘邦，并老老实实地按着协约规定率部向东撤退。刘邦也准备把大军撤回关中地区，然而，他的谋臣张良却向他建议说："现在楚军已兵疲粮绝，与我军形成鲜明的对照，再者，各路诸侯都归附我们，这有利于我方的形势，决不可退兵，要趁势全歼楚军，以免后患！"刘邦早就有独霸天下的野心，见下僚与他不谋而和，便决定背信弃义，追击项羽。

起初，刘邦手下的战将韩信和彭越见战事又起，热情不高劲头不大。张良见此情形，向刘邦献计说："要想调动两将军的战斗激情，必须予之好处，何不告知他们：若打败楚军，将平分楚地，韩、彭各半。"刘邦依计行事。果然，韩、彭两人得此消息，精神倍增，立即大举进兵，直逼项羽于垓下（今安徽灵壁县东南），并将其团团围住。

刘邦等人素知项羽勇猛过人，而且从江东带来的八千子弟兵与他情同手足，要想速胜，谈何容易！最后，刘邦与臣僚们商量出一个计谋：瓦解军心，涣散斗志，离间项羽与其部下的关系。于是，在汉军营中教唱兵士楚地的歌曲，在战场上高唱。一时间，楚军四面楚歌，此休彼起。项羽军队中的士卒听到家乡民歌，备感亲切，自然引起了他们的思乡之情，有的随之唱和，有的潸然泪下，哪还有人有心思打仗。

项羽面对如此情况，真是无可奈何，他的宠妃虞姬舞剑后，鼓励项羽赶快杀出重围，东山再起，说罢自刎身亡。项羽悲愤到了极点，这时汉军杀来，尽管项羽力战乌江边上，且有渡江逃命的机会，但他仍觉得无脸面再回江东，于是拔剑自尽。至此，楚汉之争以刘邦获胜而告终。

刘邦施计"四面楚歌"，很见成效，这种攻心战术，使得对方军心迅速涣散，战而胜之，真可谓聪明至极。

鲁连修书退敌兵

公元前284年，燕国大举进攻齐国，夺其七十余城，几乎灭亡了齐国。后来，田单为国人推举，率领齐军反攻，在即墨城下使用火牛阵，击溃燕军，杀其统帅骑劫。齐军乘胜前进，克复大部失地，进围聊城。不料，战事进行了一半有余，士卒死伤甚众，而聊城却仍然没有收复。原来，据守聊城的燕军将领受到诬陷，惧怕归国之后被燕王诛杀，进退维谷之际，只好拼力防御，以求拖延时日。田单损兵折将，计无所出，只得与鲁连商议对策。

鲁连是齐国名士，深知此中原委。他立即修书一封，束之于矢上，命人射入城中。信中写道："我听说，智者不背时而弃利，勇者不畏死而灭名，忠臣不先己而后君。如今，将军以一时之仇，抛弃君臣之义，这不能算是忠；城破身死、遗笑于齐国，这不能算是勇；功废名亡、无后世之誉，也不能算是智。机不可失，时不再来，死生荣辱、尊卑贵贱，眼下是一个关键时刻，希望将军认真考虑，不要为流俗之见所左右。"

"也许将军认为，楚国进攻南阳，魏国兵临平陆，齐军受到牵制，不会全力以赴收复聊城，那就大错而特错了。此乃小害，齐国并不打算与楚、魏决战，而聊城关系重大，齐军志在必得。目前，秦国出兵救齐，魏国胆战心惊。秦、齐联盟，楚国的形势敢十分危险。楚、魏退兵，燕国救兵不至，齐国无后顾之忧，一意攻打聊城，聊城指日可下。将军保据之谋必然不成。聊城决战，势在必行，将军岂有脱身之计？

"燕国政局混乱，君臣先计，上下迷惑。大将栗腹百万大军，而屡遭挫败。万乘之国，被赵军围困，割地折将，君主受辱，您听说了吧？如今燕王孤危，大臣束手无策，弊端百出，民心无所依归。而将军以聊城疲惫不堪之众，力拒齐国举国之兵，苦战累年，危城依旧，即使墨子当年却楚存宋，也不过如此；军粮乏绝，以人骨为炊，以人肉为食，而士卒无溃散北归之心，即使当年孙膑、吴起统帅之下的军队，也不过如此。将军威名，可以令天下之人折服了！

"因此，为将军的切身利益着想，不如罢兵休士，保全车甲，归国以报燕王，燕王必然心喜。燕国百姓，见到将军，必将如见到父母一样，奔走相告，谈论颂扬将军的功劳，使之大白于世。将军就可以上辅孤主，下制群世，休养百姓，资助辩说之士，改革弊政，移易风俗，使天下安乐、国家稳定，此盖世之功名也。如果将军无意归燕，有心东游齐国，则可以裂地封侯，与陶朱公、卫公子荆一样富有，世世称孤道寡，与齐国俱存于永久，这也不失为一条好出路。这两条路都可收扬名致富之效，希望将军三思而行。

"我还听说，注重小节的人不能行大威，厌恶小耻的人不能树大名。当年，管仲射中桓公带钩，这是篡逆；忘记公子纠之恩而不能效死，这是怯懦；手梏足桎、束缚入狱，这是辱身。此三行，乡里不齿，君主不容。如果管仲因此而羞惭，避世不出，穷年而终，便不免沦

为贱人恶行。然而，管子不拘此三行，掌握齐国大政，一匡天下、九合诸侯，为五霸之首，名高天下，光照邻国。曹沫为鲁国大将，三战三败，丧地千里。如果他不肯离开战场，不计后果，一味主张死拼，则不免为败军之将、阶下之囚。但是，曹沫认为，军败被擒，非勇也；功废名灭，后世不留美誉，非智也。因此，他不顾三败之耻，退而与鲁君从长计议，报答知遇之恩。齐桓公称霸天下、大会诸侯，曹沫以一剑之助，劫桓公于盟坛之上，颜色不变而辞严气正。三战之所失，一朝而复得，天下震动惊骇，威播吴、楚，名传后世。此二人并非不能行小节、死小耻，惟因杀身绝世、功名不立，算不得明智，所以息其怒恚之心而成终身之名；弃其感忿之耻而立累世之功，使其伟业与三王争流，美誉与天地同辉。希望将军慎重抉择！"

鲁连在信中并没有使用虚夸之词，卖弄浮诞之谋，而是实话实说、言之有物。从君臣之道说到处世原则，从聊城战局说到燕国形势，从古昔贤哲说到对方自己。婉转深切，用心良苦；除疑解惑，<u>丝丝</u>入扣。使燕将不仅明白了负隅顽抗无补于事，而且重新树立起归国效命的信心和勇气。山重水复，花明柳暗，坚守之志一旦动摇，釜底抽薪之计也便奏效。

燕将读过鲁连的信以后，说："谨遵先生之命！"立即解甲罢战，撤回燕国。

以德报怨定臣心

运用釜底抽薪之计，既可以从根本

上瓦解敌方的力量，乱中取胜；亦可以从关键处收拾己方的人心，稳定局面。运用之妙，存乎一心，要在掌握形势，击中要害。

汉高祖刘邦以布衣之身得天下，诸将随其征战，浴血半生，历尽艰险。及汉朝初定，刘邦只封了二十几个大功臣，其余文臣武将不得封赏，焦躁不安，日夜争功，人心浮动。朝廷立足未稳，一旦将士哗变，祸乱立生，局面就将不可收拾。

刘邦浑然不觉，谋臣张良暗中着急。一日，刘邦在洛阳南宫与张良散步，偶然看见将士们三五成群，窃窃私语。刘邦顿生疑心，便问张良："这些人在谈论什么？"张良回答说："陛下不知道吗？这些人在商议造反啊！"刘邦大惊失色，说："天下将定，为什么要造反呢？"张良回答说："陛下以布衣之身，依靠这些人冲锋陷阵，取得天下。如今陛下做了天子，而受到封赏的却都是亲戚故旧，被诛杀者都是平生仇怨。况且军吏计算将士之功，不可胜数，即使陛下把天下的土地人民都拿出来，也不可能使将士们的功劳全部得到酬答。这些人一来担心得不到陛下的封赏，二来惧怕陛下疑忌，获罪受诛，因此相聚私语，商议造反。刘邦闻言，忧忧于色，只好问计于张良。张良说："陛下平生最憎恶、而又人人都知道的人是谁？"刘邦说："雍齿与我有旧怨，又常常使我难堪。我打算杀了他，却又感到雍齿立功颇多，于心不忍。"张良说："那就尽快封赏雍齿。如此，则群臣之心可以稳定。"

刘邦心领神会，依计而行，立即传令摆下酒宴，封雍齿为什方侯。然后督促丞相、御史迅速给群臣论功行赏。群臣宴罢，喜形于色，都说："雍齿尚且封侯，我们这些人就更不必忧虑了！"于是人心逐渐稳定，刚刚建立的汉王朝得以避免一次内乱。

张良使用釜底抽薪之计，抽去的是群臣恐惧之心。刘邦初得天下，用己之爱憎行赏施诛，使群臣往往怀有怨望之意。张良为其谋臣，委以心腹之任，虽宜知无不言，亦须见机行事。只有找到恰当场合，耸动刘邦私天下之心，使其认识到形势危险，才能变异其意，封其仇怨。此事中深意，乃以私攻私，非常人可以领略。

曹操行诈间叔父

三国时代的曹操，是一个善权变、足智多谋的人。但他自幼却是个不务正业，喜欢飞鹰走马、游荡无度的人。曹操有个叔父，对他管得甚严，每当看到他的不端行为，便去告诉他的父亲曹嵩。为此，曹操经常受到父亲的责罚。曹操对叔父十分不满，又奈何他不得，便采取釜底抽薪的办法，设计离间他父亲和他叔父的关系。有一天，曹操与叔父在路上相遇，忽然一头栽倒在地，口吐白沫。叔父不知是计，吃惊地问他怎么了，曹操回答说："也许是中了恶风。"叔父信以为真，连忙跑去告诉他的父亲，曹嵩闻讯赶到，却发现曹操口貌端正，全然没有中风的样子。他不禁问道："你叔叔说你中风，难道没有这回事吗？"曹操反口说道："我本来没有中风，只是叔叔不喜欢我，才到你那里说我的坏话。"从此，曹嵩便对曹操的叔父产生了疑心，他再去告曹操的状，曹嵩也不相信了。失去了父亲和叔父的管教，曹操变得更加恣意妄为了。

李孚伪饰进出城

建安年间，袁绍之子袁尚统治冀州，以李孚为主簿。后来袁尚与他的兄长袁谭争权，便率兵向据守平原的袁谭发动攻击，留别驾审配镇守邺城，李孚随袁尚一同出征。恰逢太祖曹操统领大军包围邺城，袁尚便从平原撤兵回救邺城。行至半路，袁尚担心邺城兵力装备不足，又想让守城主将审配了解外面的动向，便与李孚商量准备派人进入城中。李孚对袁尚说："现在要是派一个头脑简单的人去，不但不能了解内外的情况，恐怕连城都进不去。我请求您让我亲自去一趟。"袁尚问李孚："需要多少人马？"李孚说："听说邺城被包围得很严，人多了容易暴露，我认为只要带三个骑兵就够了。"袁尚采纳了李孚的计谋。李孚亲自挑选了三名温和诚实的骑兵，没告诉他们上哪儿，只是命令他们备好干粮，不得携带武器，每人配备了一匹快马。李孚告别了袁尚南去，夜晚就在驿站落脚休息。等到达梁淇时，李孚让随从砍了30根刑杖，挂在马鞍旁，自己戴上曹魏武官的头巾，率领三个骑兵，傍晚时来到邺城城下。此时，曹大将军虽有禁止进出城的命令，但出城割草放牧的仍然很多。因此李孚在夜间赶到邻城外，趁鼓敲一更时分混入曹魏的围城军中，

自称巡视都督，从北面进入曹魏的大军营区，沿着标记，向东巡查，再从东绕过标记，向南查巡，一路上不断呵斥围城的将士，遇到违反规定的，根据情节轻重，分别给予处罚。接着经过曹操所驻的军营前，径直奔向南围，从南围角西折，来到了正对着章门的正南门，李孚又怒责守围的曹军，还命令手下的人把他们捆绑起来。随即打开围门，策马奔到城下，向城上守军呼喊，城上人垂下绳索，把李孚吊上城去。审配等守城将士见到李孚，悲喜交集，高呼万岁。围城的曹军把李孚巧扮武官入城的情况上奏曹操，曹操笑着说："他不光能进城，而且不久他还能出城。"李孚办完事后想回去，但考虑到守围的曹军已加强戒备，不能再冒充曹军武官。然而，自己重任在肩，必当火速返回，便暗设一计，请求审配说："如今城里粮少人多，可以把一些老弱无用者驱逐出城，来节省粮食。"审配接受了他的建议，连夜挑选了几千人，让这些人每人拿着一面小白旗，从凤阳门、章门、广阳门一起出来投降。还命令他们人人都持火把，李孚和三个骑兵也换上了"投降"百姓的服装，随着他们乘夜混出。这时，守围的曹军将士，听说城里的人都出来投降了，所持火炬的光亮照耀着天地，便一起出来观看炬火，不再看守城围。李孚等人出了北门，便从西北角突围而去。

头脑愚笨的人固然不配当间谍，但同是间谍，也仍然有头脑简单与头脑复杂之分。这里的头脑复杂，是指与他人相比，观察问题更为全面细致，分析问题更为客观深刻，处理问题更能随机应

变。一句话，头脑复杂的间谍决不教条主义式地去遵循一定之规，而总是以出人意料取胜，常常会"能人所不能"。李孚就是这样的一位间谍。他乔装打扮，进入敌营。在敌营中，他明明是外来的间谍，却摆着主人的架子，装腔作势地查巡；对本来应当避开的敌兵，却公然责罚捆绑，令他们噤若寒蝉，没有清醒的头脑去判别真伪。出城之时，又用与进城时截然不同的方法：众人诈降，麻痹敌人；炬火照耀天地，将守围敌兵调离哨位。然后换上百姓服装，乘夜混杂而出。看来，作战也好，为间也罢，只有想在对方前面，才能走在对方前面；只有力避被动、力争主动，才能稳操胜券。

避锋劫粮败叛军

公元前154年，吴王刘濞串通楚汉等七个诸侯国，联合发兵叛乱。他们首先攻打忠于汉朝的梁国。汉景帝派周亚夫率三十万大军平叛。这时，梁国派人向朝廷求援，说刘濞大军攻打梁国，我们损失了数万人马，已经抵挡不住了，请朝廷急速发兵救援。汉景帝也命令周亚夫发兵去梁国解危。周亚夫说："刘濞率领的吴楚大军，素来强悍，如今士气正旺。我与他们正面交锋，一下恐怕难以取胜。"汉景帝问周亚夫准备用什么计谋击退敌军。周亚夫说，他们出兵征讨，粮草供应特别困难，我们如能断其粮道，敌军定会不战自退。

荥阳是扼守东西二路的要冲，必须抢先控制。周亚夫派重兵控制荥阳后，分两路袭击敌军后方；派一只部队袭击吴、楚供应线，断其粮道；自己亲自率领大军袭击敌军后方重镇冒邑。周亚夫占据冒邑，下令加固营寨，准备坚守。刘濞闻报大惊，想不到周亚夫根本不与自己正面交锋，却迅速抄了自己的后路。他立即下令部队迅速往冒邑前进，攻下冒邑，打通粮道。刘濞数十万大军气势汹汹，扑向冒邑。周亚夫避其锋芒，坚守城池，拒不出战。敌军数次攻城，都被城上的乱箭射回。刘濞无计可施，数十万大军驻扎城外，粮草已经断绝。双方对峙了几天，周亚夫见敌军经数天饥饿，士气衰弱，已经毫无战斗力了。他见时机已到，调集部队，突然发起猛攻。精疲力竭、软弱无力的叛军不战自乱。叛军大败，刘濞落荒而逃，在东越被杀。

街亭一败祸全军

公元228年1月，诸葛亮率蜀军主力6万余人北攻曹魏，一路所向披靡，连克天水（今甘肃甘谷东南）、南安（今甘肃陇西东）、安定（今甘肃泾川西北）三郡，兵临渭水之西，远近州县之敌，望风而降。一时间魏国上下人心惶惑。魏明帝曹睿急调右将军张郃率步骑五万，自洛阳驰赴关中，救援陇右。张郃没有同蜀军主力正面交锋，而是直插其侧翼，奔袭位于渭河与麦积山（今甘肃天水县东南）之间的街亭（今甘肃天水县东南街子口）。街亭是由陕入陇要隘，地理位置极为重要。诸葛亮一时失察，派没有实际作战经验的马谡为将，分兵据守。马谡刚愎自用，以为街亭只是山僻之险，魏军不会前来。岂料张郃大军神速而至，把蜀军四面围定，并断了汲水之道。马谡多次冲击无效，军中断水，军心动摇，最后马谡只得驱残兵逃遁。街亭失守后，蜀军侧后受到严重威胁，全线陷于被动。诸葛亮前功尽弃，被迫退回关中。

以强示敌破突厥

唐朝初年，立国基础不牢，忙于中原战事，消灭各割据集团。对北方强大民族突厥的南下，只能委屈求和，甚至向突厥称臣结盟，送给突厥大批财物，以换取北方边境的暂时稳定。但突厥并不以此为满足，仍时常向唐朝发动进攻。

公元626年6月，唐朝发生了玄武门之变，李世民杀死了太子李建成和弟弟李元吉。8月，李渊传位给李世民。突厥利用唐朝内部出事的机会，再次发动进攻。颉利可汗和突利可汗率兵十万，攻打泾州，深入到武功。武功离长安很近，都城不得不赶快戒严。

8月28日，颉利率军到了渭水便桥之北，此地离长安只有40里。颉利派执失思力为使臣到长安了解唐朝的动静，执思失力拜见唐太宗李世民时，傲气十足，他威胁说："颉利和突利二位可汗率军精兵百万，现已到了长安城外，你们打算怎么办！"

李世民此时刚刚登基二十天，内部还有许多问题没有解决，面对强敌入侵，情况万分危急，但他头脑十分冷静。他知道面对突厥的军事讹诈，绝不能示弱，只能针锋相对，用智谋与之周旋。他义正辞严地斥责执失思力说："大唐给突厥的财物，多得简直数不清，我又和你们的可汗多次订过盟约，以求和好。现在你们背弃盟约，乘人之危，兵临城下，毫无信义可言。如果开战，责任全在你方，我们是问心无愧的！你们怎能忘掉大唐的恩德，反在我面前耀武扬威呢！你如此大胆放肆，我先把你给斩了！"

执失思力本想仗恃兵力强盛吓倒唐太宗，没想到太宗比他强硬得多。一听要杀他，傲气扫得一干二净，赶快磕头，请求饶命。

大臣们对唐太宗说，执失思力是使者，还是按照礼节送他回去为好。唐太宗说："那样，突厥以为我们怕他，更要得寸进尺，施加压力。所以一定要把他囚禁起来！"

囚禁执失思力后，突厥用他探听唐军虚实落空了。与此同时唐太宗做好了军事部署，亲自同大臣高士廉、房玄龄等六人，直奔渭水岸边，隔河与颉利对话，开展政治攻势。他当面严词责备突厥背弃盟约，侵扰唐朝。突厥将领想不到李世民当了皇帝还亲自出城和他们对阵，敬畏地下马向他施礼。随后，唐朝大军整队开来，鼓号齐鸣，军旗飘扬，士气高昂。颉利看到自己的使臣被囚，唐军又严阵以待，实在摸不透唐太宗有什么布署，不敢贸然挥师过河。唐太宗见敌军不动，便命唐军稍微后退，严密布阵，他独自留下要和颉利对话。

大臣肖瑀认为唐太宗轻敌，苦苦劝他不要冒险。唐太宗对大臣们说："我已经认真考虑过了，突厥以为我刚刚即位，政局不稳，一定不敢抵抗，所以他们才倾国出动，直到长安郊外。我若关闭城门防守而不出战，突厥就会以为我们软弱可欺，那他们必然大肆抢掠，再制服它就很难了。我偏偏故意只率少数将领出来，显示很不在乎的样子，随后又出动大兵，使他们知道，我已经作好准备，要决战一场。这样的做法出乎他们的意料之外，使他们的威胁讹诈不能实现。突厥深入我都城之下，他们对我们也有畏惧之心。在这种情况下，要打，我们可以取胜，要和，也可以稳一个时期。制服突厥，在此一举如果不信，请诸位看吧！"唐太宗和颉利可汗对话以后，不久，突厥果然又派使者来讲和。

第二天，唐太宗同颉利、突利在渭水便桥上"刑白马设盟"，再次订立和好盟约，唐朝放出了执失思力，突厥退兵回去。

事后，肖瑀问唐太宗："颉利求和之前，各位将领争着请战，我们士气高昂，敌方又深入我境，为何陛下不允许出战，反叫引军后退。后来突厥又自己退军了，臣不知奥妙何在？"

唐太宗明示说："我看突厥士卒虽多，但军容很不严整，估计他们仓促上阵，以求多得些财物。当他们请求讲和时，可汗独自在渭水边，他们的将领都来拜见我，那时，如果用酒把他们灌醉，然后突然袭击，取胜也是有可能的。如果再命大将率兵在突厥撤军必经的幽州之地埋伏起来，前后夹击，消灭敌军也是有可能的。但是，我没有这样做，是出于更长远的战略考虑：如何从根本上解决突厥的问题，而不是只着眼于一时的战场胜负。目前我刚刚即位，国家还

不安定，百姓也不富足，所以目前以不打为好。战事一天，一定有很多损失。突厥即使一时战败。但和我们结下仇，也会认真准备，借机报复，再度入侵，这样，我就不能专心治国了。所以解决突厥的问题不能只扬汤止沸，而要釜底抽薪，着眼于从根本上解决问题，这要有待于我们国力、军力的恢复与强大。当前，我们虽有一定力量，但还不足以从根本上解决突厥的问题，只能以柔克刚，以退为进，采取讲和结好、送礼退兵的办法。突厥得到我们的财礼，自然退去而且以后会更骄傲懈怠，到时机成熟时，我们再作一举消灭的打算。扬汤止沸，只能求得一时的平静，必须釜底抽薪，才能从根本上解决问题，这样，必须有战略远见和必要的让步、等待和耐心。"

大臣们听了，都非常佩服唐太宗的远见。以后的事实证明，唐太宗采取这样的策略的确是高明的。

突厥虽然退兵了，唐太宗知道要彻底根本解决问题，必须加紧练兵。唐太宗"坐不安席，食不甘味"，亲自训练警卫部队，每天领将士在宫殿前教他们射箭。他以自强雪耻、奋发图强的精神激励自己和将士们。他说："我今天不叫你们修池筑苑，只要求你们练习弓马，培养一往无前的战斗精神！"在他的亲自教习下，卫士射术提高很快，成为一支精锐部队。

为了有效地反击突厥，唐太宗还在全国扩大兵员来源，实行扶植军功地主的政策，从各方面积极备战。

两年后，唐朝国内安定，经济情况

好转，国力逐渐强大。而突厥势力却大为衰落。由于遇到暴风大雪，牲畜死亡很多，饥荒非常严重，颉利又对统治下的各部族压榨太厉害，他们纷纷脱离突厥，有的归服了唐朝。突厥统治集团内部也矛盾重重，特别是颉利和突利之间，更发展到打起仗来。突利派遣使者，来见唐太宗，请求归降，又请求派军队帮他攻打颉利。这样，彻底解决突厥问题的条件成熟了。

公元629年11月，唐太宗认为"釜底抽薪"的时机到了，命李靖、李勣等分六路进攻突厥，各路大军共有十几万人，都受李靖指挥。12月突利可汗来到长安，归服了唐朝，这就更进一步削弱了颉利可汗的力量。

贞观四年（630）正月，李靖率三千骑由马邑直趋定襄故城之南，唐军的神速到达，完全出于驻扎在定襄的颉利可汗的意料之外，且使他腹背受敌，惊恐的颉利可汗又作出了错误的判断，以为唐朝必定是倾全国之军前来决战。李靖抓住颉利可汗捉摸不定的有利时机，一面派出间谍进行分化离间，一面乘其惊恐之时，夜袭突厥，大破突厥军，颉利匆匆逃窜。唐太宗得知捷报，欣喜若狂，祝酒五日，大赦天下。

颉利撤军碛口，途经白道，此为河套东北通往阴山以北的要隘，李勣早已埋伏在先，颉利败兵被堵，被李勣杀得大败，"酋长率部落五万降于唐。"

颉利经此惨败，只得遣使谢罪请和，表示愿意举国内附。唐太宗识破他的缓兵之计，将计就计！同意遣使谈判，使颉利放松戒备。此时，李靖、李勣两军已会师白道，他们领会唐太宗的"釜底抽薪"的战略意图，决定彻底动完大手术。他们不经疏奏，共同制定了"釜底抽薪"的作战计划：由李靖率精骑一万，带二十日口粮作正面奔袭进攻。由李勣率军急速前进，伏兵于碛口，抄敌军后路，切断其退往漠北的退路。当李靖追及颉利时，颉利部众崩溃，李靖大获全胜，俘男女十余万口，牲畜数十万头。颉利率残兵败将万余人逃到碛口时，又被早已埋伏在此的唐军堵击，只得掉转马头，西逃吐谷浑，途中众叛亲离，终被唐大同行军副总管张宝相生俘。时值贞观四年三月。前后不到半年时间，唐太宗就把骄横不可一世的东突厥征服了，把西起阴山，北到大漠的广阔地带收入了版图，统一了唐王朝的北部边境。

唐太宗在对东突厥作战时，有高超的战略眼光，善于审时度势，始终立足于"釜底抽薪"的彻底解决，这不仅是从唐朝国力、军力的实际出发，也是从敌人的实际——以骑兵为主的实际出发。所以他不求小仗胜利，因为敌是骑兵，一时打败，可迅速逃窜，时机成熟又会卷土重来，而只求彻底根本的解决。在东突厥兵强马壮，而唐军势弱力单处于劣势的情况下，唐太宗以柔克刚，不断对东突厥展开政治攻势，对其首领施展攻心战术，分化了东突厥的两个首领，使他们互相猜疑，削弱了彼此的力量。而唐军却争取时间，积蓄力量，待机而动。当时机成熟时，唐军全力出击，打得敌人无回手之力，力求全歼。由此可见唐太宗的高明之处，也可看出"釜底抽薪"之计的厉害。

先败弱敌平叛乱

唐高宗死后，唐中宗继位，武则天临朝听政，掌握实权。光宅元年（684），徐敬业在扬州起兵30万前往扬州讨伐，魏元忠为监军御史。当时徐敬业驻在下阿溪，他弟弟徐敬猷驻在淮阴。诸将建议先攻阿，攻下阿，淮阴自然瓦解。魏元忠独持异议，认为：敌人精锐全部驻守下阿，是想与官军决一死战，一旦我们失利，就难以取胜。而徐敬猷是个赌徒出身，不懂带兵打仗，并且他兵少容易动摇，我们进攻他，有把握取胜。徐敬业怕我们直捣江都，一定在半路拦击，我们乘胜而进，又以逸待劳，肯定能将他打败。李孝逸采纳他的建议，率兵进击淮阴，敬猷果然被一举击败，落荒而逃。李孝逸乘胜进兵，徐敬业率兵阻击。李孝逸顺风火攻，结果叛军大败，徐敬业被斩。

祖逖示丰巧退敌

公元319年4月，晋蓬陂坞主陈川投降后赵，晋将祖逖攻陈川与后赵援兵，战于浚仪，失利，一退梁园，再退淮南。后赵石虎将陈川部属5000余人徙往襄国，留其部将桃豹守陈川故城。次年，祖逖部将韩潜与桃豹分别占据陈川故城，桃豹居西台由南门出入，韩潜居东台由东门出入，两军对峙无战40余天。祖逖见桃豹恃强据城不去，遂使"示丰计"。他命令用布袋装土如盛米状，使军士千余运上台，招摇过市，示丰于桃豹。为了使桃豹坚信晋军粮丰，祖逖又使数人担米，佯作疲劳态而休息于道中，待后赵兵一到，即弃下粮担而去。桃豹的军队缺粮已久，得祖逖"示丰"遗道之米，以为祖逖军粮食丰足；对垒之志遂发生动摇。祖逖用"示丰计"疑兵惑敌之后，又使军队邀劫后赵运粮部队，尽获其军粮。釜底抽薪，给桃豹以真实的一击。桃豹在这种晋军丰食而我匮粮的真假不分的判断下，只好三十六计"走为上"，趁夜撤兵归师。祖逖因此趁势收复失地，并频频而击后赵。自黄河以南诸地，因此形势变化而纷纷叛后赵归晋。

宋江遣将败高俅

梁山泊人马两赢童贯之后，认为朝廷绝不肯善罢干休，便一面派人去东京打探消息，一面积极整军备战。果然，太师蔡京奏请皇帝，派太尉高俅率十路军马节度使各领一万军马，建康府（今南京市）水军统制官刘梦龙带水军一万五千，御营精兵一万五千，共十三万大军，水陆并进，杀奔梁山泊来。

宋江听得高太尉亲领大兵前来，心中惊恐，便和吴用商议。吴用道："他十路军马到济州取齐，我这里先差两个快厮杀的，去济州相近，接着来军，先杀一阵。这是报信与高俅知道。"宋江派没羽箭张清、双枪将董平各带一千军马，前去巡哨济州，相迎截杀各路军马。又拨水军头领，准备泊子里夺船。山寨里其他头领也预先调拨已定。

张清、董平两员勇将，截住京北节

度使王文德的部队大杀一阵，回归山寨，报说高俅诸军取齐，正往梁山泊进发。宋江与众头领统率大军，于陆上拒敌。高太尉凭人多势众，指挥大军混战，梁山军马遮拦不住。高俅直赶到水边，调人去接应水路船只。岂知相接十余里水面的官船大军，迤逦前投梁山泊深处，见茫茫苇荡，不见人影。突然山坡一声炮响，四面八方，小船齐出，冲断官船大队。官船前后不能救应，归路已被梁山泊好汉用小船装载柴草，砍伐山中树木，填塞断了，那橹桨竟摇不动。众多官军，弃船下水逃命，被擒杀者无数。高俅望见，情知不济，正欲回军，只听四边炮响。原来梁山泊只把号炮四下里施放，却无伏兵，只吓得高俅心惊胆战，鼠窜狼奔，连夜收军回济州。计点步军，折陷不多；水军折其大半，战船没一只回来，第一阵大败亏损。

高俅深知，要扫平梁山，不能没有水军。即派人到处征集战船。上党节度使又给高俅推荐了东京一位深通韬略、善晓兵机的秀才闻焕章，高俅派人星夜去请。就在高俅征集战船、召请谋士之际，宋江派兵遣将不断进行骚扰性进攻，不断削弱官军的力量和士气。不久，高俅征集到大小战船一千五百只，便传号令，教把船放入阔港，每三只一排钉住，上用铺板，船尾用铁环锁定；尽数发步军上船，其余马军，近水护送船只。梁山泊探知备细，吴用唤众多水军首领，各准备小船，船头上排排钉住铁叶，船舱里装载芦苇干柴，柴中灌着硫黄焰硝引火之物，屯住小港内。教炮手凌震，于四面高山上，放炮为号；又于水边树

木丛杂之处，都缚旌旗于树上，每一处设金鼓火炮，虚屯人马，假设营垒，旱地上分三队军马接应。且说高太尉披挂了，发三通擂鼓，水港里船开，旱路上马发，杀奔梁山泊来。梁山泊好汉按既定部署，把官船大队引至水泊深处，只见芦苇丛中，藕花响处，小港狭汉，千百条小船齐出。鼓声响处，一齐点火，霎时间，大火竟起，烈焰飞天，四分五落，都穿在大船内。前后官船，一齐烧着，官军大乱，纷纷逃命。官军水兵统领刘梦龙、牛邦喜被擒杀，一千五百只战船化为灰烬。陆上高俅人马，被梁山好汉虚虚实实，杀了个落花流水，躲进了济州城。

宋江两败高太尉，惊动朝纲，便欲招安。当高俅借招安除掉宋江的阴谋被揭穿后，又调兵遣将，与梁山泊作第三次较量。朝廷派八十万禁军教头周昂、丘岳率军增援高俅，高俅又采用造船专家叶春之计，建造容量大、速度快的海鳅船数百只。海鳅船大者叫大海鳅船，两边置二"赛仁贵郭盛"两员骁将。画戟中间，一簇钢叉，两员步军骁将解珍、解宝引步军守护中军。中军两员文士萧让、裴宣，两个锦衣蔡福、蔡庆带三串刽子手。背后摆二十四枝银枪，左边骁将是金枪将徐宁，右边骁将乃小李广花荣，两边立着能行快走、飞报军情的神行太保戴宗，风流子弟，能干机密的浪子燕青。右边销金青罗伞盖底下，绣鞍马上，坐着入云龙公孙胜；左边梁山泊总头领宋江。马后太戟长戈，锦鞍骏马，三十五员牙将，威风凛凛。马后又设二十四枝画戟，全部金鼓大乐。阵后设两

队游兵，伏于两侧。中军羽翼，左右各有两名头领带一千五百名军马伏在两胁。阵后是扈三娘、顾大嫂、孙二娘三位女头领带一队女兵，她们的丈夫王矮虎、孙新、张青带马步军三千押后。

童贯在将台上，定睛看了梁山泊兵马，无移时摆成九宫八赴阵势，军马豪杰，将士英雄，惊得魄飞魂散，心胆俱落，骄横之气尽扫。双方一经交战，郑州都监陈翥就被秦明打死于马下。童贯军马被杀得星落云散，七损八伤，折人马万余，退三十里下寨。

童贯输了一阵，心中忧闷。御林军大将丰美、毕胜道："枢相休忧，此寇知得官军到来，预先摆布下这座阵势。官军初到，不知虚实，因此中贼奸计。草寇只是倚山为势，多设军马，虚张声势，我等一时失了地利。三日后我军列长蛇之阵，击首则尾应，击尾则首应，击中则首尾皆应，决此一阵，必见大功。"童贯道："此计大妙，正合吾意。"遂下令整肃三军，训练已定。

三日后，童贯列一字长蛇阵，浩浩荡荡，杀奔梁山泊来。但见前日战场上，不见一个军马。进至水泊边，仍不见梁山泊军马的影子。遥望见芦林中一个渔人在一只小船上独自垂钓。童贯军兵问话，渔人不答；放箭射，却射渔人不死，数名军人脱衣下水捉这渔人，却被渔人攒下水底，排头戳入，血水滚将起来，乖巧的，逃得性命。那渔人乃梁山泊具有头等水性的浪里白条张顺。童贯正看得发呆，只听芦苇中一个轰天雷炮起，山背后鼓声震地，喊杀喧天，飞出一彪军马，为首骁将乃朱仝、雷横，带五千人马，杀奔官军。童贯令丰美、毕胜迎敌。四将斗到涧深里，朱仝、雷横卖个破绽，拨马便走。童贯叫尽力追赶过山脚去，只听山顶鼓角齐鸣，闪出"替天行道"的杏黄旗来。彩绣旗开处，显出宋江及吴用、公孙胜、花荣、徐宁、金枪手、银枪手等众多好汉。童贯大怒，差人马上山捉拿宋江。只听后军呐喊，探子报："正西山后冲出一彪军来，把后军杀开作两处。"童贯急带丰美、毕胜救应，东边山后鼓声响出，飞出一阵人马，分青旗、红旗两队，秦明、关胜引五千军马杀来。童贯见后军发喊得紧，教鸣金收兵，朱仝、雷横引黄旗军又杀将来。两下夹攻，官军大乱。丰美、毕胜保护童贯，逃命而走，斜刺里飞出一彪车马，那军马一半黑旗，一半白旗，由呼延灼、林冲两员虎将截住厮杀。泇州都监马万里被林冲戳于马下，睢州都监段鹏举被呼延灼打败。正混战间，山背后武松、鲁智深又领步军杀来，童贯只得引丰美、毕胜撞透重围，杀条血路，奔过山背后来。又听炮声大震，解珍、解宝又引步军杀入阵内，童贯拍马往斜刺里便走，丰美、毕胜、唐州都监韩天麟、邓州都监王义赶来救应，四个并力，杀出垓心。喘息未定，前面尘起，叫杀连天，董平、索超更不答话，带一彪军马杀入。王义被索超砍入马下，韩天麟被董平一枪搠死。丰美、毕胜死保童贯，奔马逃命。陈州都监吴秉彝、许州都监李明引残军来助，被杨志、史进杀死。童贯被困在一山坡上，夜晚带丰美、毕胜并嵩州都监周信、睢州都监段鹏举合兵一处，杀出重围，又被卢俊义、杨雄、石秀带兵大杀一阵，丰美被卢俊义活捉。正走之间，又被李逵、鲍旭、项充、李衮四位杀星带步兵拦住，段鹏举十四部水车，每船可容数百人，由十人踏动，其船如飞。二等名小海鳅船，两边用十二部水车，每船可容百十人。高太尉看了图纸，心中大喜，于是连日晓夜催并部队，砍伐树木，调集造船用料，督造海鳅船。一时间，那济州东路上一带，都是造船的工地，匠人成千上万，纷纷攘攘。正当官军唬吓民夫星夜造船之际，吴用派张青、孙新扮作民夫，叫顾大嫂，孙二娘扮作送饭妇人并让时迁、段景住相帮，混入船厂放火。是夜，时迁、段景住在济州城楼和城西草料厂放火，孙新、张青在左边船厂放火，孙二娘、顾大嫂在右边船厂里放火。一时间，烈焰腾腾，噼噼啪啪，照耀如同白昼。待官军救灭了火，天色已明。这把火，大大拖延了高俅的造船期限。

待到造好海鳅船，高俅水陆进兵时，梁山泊好汉又运用他们的传统战法，引诱官军船队至水泊深处，由阮氏三雄、混江龙李俊、浪里白条张顺等水军头领，带领水军，用柴草塞定水路，于水下凿漏船底，使官军船队欲进不能，欲退不得。梁山泊好汉趁机一阵好杀，连太尉高俅也生擒活捉了。高俅的陆上人马，由周昂、王焕等率领，沿惟一通往梁山大寨的陆路进攻，也被埋伏在山前两边丛林中的梁山人马打得落花流水。

以长击短败金兵

公元1140年，宋将刘锜率兵二万人，坚守顺昌，以阻金兵南侵，金兵数十万人包围了顺昌城。面对强敌，刘锜毫不畏惧，决心发挥人熟地熟、军民同仇敌忾为国杀敌的优势，以逸待劳，与敌周旋。他传命加强防御，阻塞城门，构筑工事，防敌突袭。白天金兵挑战，坚守不出，不与金兵正面冲突，避其锋芒，挫其锐气，只让士兵在城墙上用强弩射杀金兵。而在夜里，派出小股宋军偷袭金营，吹号呐喊，使敌自相残杀，终夜不得安宁。这样，坚持了四天。金兵本来远途跋涉，人马劳困，经宋军的连续袭扰，更加疲惫不堪。而宋主力在城中养精蓄锐，待机歼敌。接着，刘锜派人在城外的颍河上游和河边的草上撒上毒药，尔后下战书与金兵约战，还故意在颍河上搭起五座浮桥让金兵过河。翌日清晨，金兵果然过河，准备决战。但刘锜仍不出击。时值炎热盛夏，烈日当头，金兵人马饥渴难忍。争去颍河饮水，马到河边吃草，结果人马中毒，困乏不支。刘锜看准时机，命宋军数百人从西门、数千人从南门杀出，令士兵不要喊叫，只管用钩镰枪钩倒拐子马，用利斧头砍杀。金兵"拐子马"，三马相连，只能并进，一马既倒，三马难行。结果金兵阵脚大乱，宋军主力乘胜追击，歼敌数万，金兵惨败，退回汴京。顺昌之役，刘锜创造了以长击短，以少胜多的光辉典范。

诱敌深入败英军

1841年5月，英军侵占广州后，四处抢掠财物，无恶不作，激起当地人民

的满腔怒火。5月29日，盘踞在广州城北四方炮台的一群英兵，窜到三元里为非作歹，被韦绍光等村民打死八九人。其余强盗狼狈逃窜。韦绍光料定敌人必来报复，随即动员组织了附近103乡的广大群众，迅速形成一支浩浩荡荡的抗英武装力量，并商定将英军诱出它所依靠的四方炮台，然后将其围歼。5月30日清晨，三元里集合数千人的队伍，冲向英军营地四方炮台。英军司令卧乌古率2000多英军，携枪带炮，倾巢而出。但抗英群众不与敌人正面交锋，机智地避过敌人的炮火，按预定计划，将英军诱至三元里北面的牛栏岗，霎时间，埋伏在那里的上万群众，手持大刀、长矛、木棒，杀声震天，排山倒海般地扑向敌人。英军虽然有洋枪洋炮，但人生地不熟，变成了瞎子聋子，见势不妙，慌忙躲进密林。抗英群众层层包围了密林。下午，暴雨来临，群众越战越勇，而英军因火药受潮，枪炮失灵，士气越发低落。抗英群众向密林猛攻，使英军少校毕霞等人先后丧命，许多英军跪在地上叩头求饶。

避敌主力拖疲敌

1853年10月，英法与俄国因为争夺土耳其海峡和郡士坦丁堡而爆发了克里木战争。当时，英国正处于"海上霸主"地位，法国舰队实力雄厚，而俄国海军只有依靠几艘战舰和一些民用船只，能够投入战斗的陆战队不足千人。面对强大的英法海上舰队，俄国统帅穆拉维约夫决定避开强大的敌人，拖延时间，伺机打击敌人。他把所有海军及战舰都撤入彼得罗巴甫洛夫斯克港，配置大炮，加强港口防御，并在英法联军可能登陆的地方布置伏兵，以防敌人登陆偷袭。英国在强攻不下时，果然派遣登陆部队，突袭俄军基地。在遭到埋伏俄军的迎头痛击后，又撤回船上，整顿待命。后来当英法以更强劲的舰队向彼得罗巴甫洛夫斯克港进攻时，此港人员和设备已转移到惯于作战的哥萨克居民所在地阿穆尔河口。在那里，哥萨克居民配合俄军英勇反击英法登陆部队，使他们寸步难行。这样，英法舰队始终找不到与俄海军作战的战机，反而不得不在遥远的补绘基地与远东港口之间来回穿梭，疲于奔命，终于不胜而退。

迂回包抄降法国

1939年秋，希特勒以"闪电战"攻占波兰之后，即着手准备在西线发动攻势，迅速打败英法联军，迫使法国投降。当时，法军主力部署在法德边境长约750公里的马其诺防线，如果从东南发动正面进攻，成功的希望极小。鉴于此，德国"A"集团军群参谋长曼施坦因提出了一项从联军防守薄弱的西部迂回包抄马其诺防线的作战方案。其战略意图是：以庞大的装甲部队突破比利时南部道路崎岖但法军防守最薄弱的阿登山区，在色当附近强渡马斯河，迅速向西推进，突击法国的开阔地，或沿马其诺防线南下，或沿苏姆山谷北上英吉利海峡，截断联军退路。这一乘敌间瑕、击敌不意的方案得到希特勒的批准。1940年5月

10日，德军136个师330万人在从北海沿岸到瑞士国境长达800公里的战线上，分三路向法国展开猛攻。北翼，"B"集团军群29个师进攻荷兰，压向比利时，把联军第1集团军的兵力吸引到比利时加以牵制；中部，"A"集团军群45个师担任主攻，在攻击比利时后，即以几万辆坦克、装甲车拉了110公里的战线，强越了马其诺防线北端法国总指挥部视为"天然屏障"、"绝对不可能越过"的阿登山区，仅用33天时间，便突破马斯河，攻克法国西北要塞色当，直插英吉利海峡，沿着联军兵力布署上一条狭长的间隙迅速开进，将联军合围在法国北部港口敦克尔克；南翼，"C"集团军群19个师牢牢吸住马其诺防线上法国第2集团军43个师。由于法军主力既不主动出击，又不援助其他战线，很快被迂回包抄，挤在马其诺防线东南一隅。这样，在进攻的第6天，法军败局已定。6月5日，德军主力从马其诺防线到英吉利海峡之间，沿埃纳河和索姆河一线发起攻势。14日，德军占领巴黎。22日，法国投降。

釜底抽薪胜中途

"釜底抽薪"一词是根据"扬汤止沸，莫若去薪"的语意演绎而成的。它讲的是只要从锅底下把柴火抽除，就可以从根本上有效地达成"止沸"的目的。"釜底抽薪"作为战争谋略宝库中的一块瑰宝，应用于作战指导，就是主张着力抓住影响战争全局的关节，打击敌人生死攸关的所在。

第二次世界大战时，美军在中途岛海战中，之所以能够在兵力对比并无优势的条件下，造成日美开战后的日军在太平洋战场上的第一次惨败，一个极为重要的原因，就是在这场残酷、激烈的海空混战中，从目标选择到力量运用，都十分注重于"釜底抽薪"。

中途岛是一座直径6海里的圆形环礁，战略地位十分重要。在日军看来，美军盘踞在中途岛上，不仅使得该岛成了美军机动部队接近日本本土的重要巡逻基地，而且成了美国空军直接攻击日军业已占领的威克岛的惟一一艘"不沉的航空母舰"。特别是当日军在第一阶段作战后，主力转至太平洋东方实施积极作战时，该岛的美军已严重地牵制着日军的行动。因此，日军择定中途岛作为其主要攻击目标。

1942年5月5日，日本大本营命令山本五十六联合舰队司令官，要与陆军协同攻占中途岛。同时，以一部兵力进攻位于日本北方的美军占领的阿留申群岛，利用夺岛作战的机会，牵制和迷惑美军，诱歼可能实施反攻的美国太平洋舰队。而后，以联合舰队的决战兵力进行南北合击，一举歼灭之。根据大本营的意图，山本拟定的作战步骤是，首先实施空袭，掩护进攻部队登岛；寻歼前来反击的美军太平洋舰队；在美军反击舰队必经航路上潜伏潜水艇部队；以机动部队和主力部队在中途岛北至西北海面，进攻部队在该岛的南到西南海面分别待机歼敌。

日军拟于6月5日上午1时30分开始对中途岛实施空袭。

美军太平洋舰队司令尼米兹从破译的日军密码电报中，及时获悉了日军进攻中途岛的计划。从5月上旬开始，迅速增强了中途岛的海空防御力量。把编有"企业号"、"大黄蜂号"和"约克敦号"3艘航空母舰的特混舰队，提前秘密地驶抵中途岛东北海域，并进行了严密的隐蔽和伪装。此时的山本还误认为美国特混舰队尚未出发。

5月27日是日本海军的纪念日，大本营选择了这个黄道"吉日"，令南云忠一中将亲率机动部队从濑户内海启航，随后各机动部队相继开始向中途岛进发。

为了夺占中途岛这一战略要地，日本大本营动用了海军的主要兵力。其中各类舰艇350艘，总吨位达150万，另有1000架作战飞机及相当于海军平时一年消耗量的燃料。对于参战兵力，联合舰队司令官山本将其按任务区分为：一是主力部队：由山本亲自率领，其编成的基干为1艘小型航空母舰，3艘轻型巡洋舰和7艘战列舰。其中的"大和号"战列舰为7万吨级，并装有9门18英寸的大炮。二是第一机动部队：由南云率领，以"赤城号"（旗舰）、"加贺号"、"飞龙号"和"苍龙号"4艘航空母舰为基干力量，其搭载飞机261架（其中舰载轰炸机84架，舰载攻击机93架，战斗机84架），另搭载有36架基地航空部队先遣的战斗机。三是中途岛攻击部队：由第2舰队司令长官近藤中将指挥。其编成基干为战列舰2艘、轻、重型巡洋舰共10艘，小型航空母舰1艘及水上飞机母舰2艘。另有运输船12艘，搭载5800余名登陆作战兵力。四是先遣部队：由小松辉久率领，共15艘潜艇，执行警戒任务。五是岸基航空部队：由塚原二四三率领，各型飞机184架，拟于南洋群岛展开，协助海军作战。此外，日军还以两艘轻型巡洋舰编成"北方部队"，担任对阿留申群岛的攻击。

从交战双方的兵力对比看，日军显然占有十分明显的优势。更为紧要的是，日军的兵力编成完全立足于在夺取并保持制空权、制海权的基础上，一举攻占中途岛。

日本北方舰队按预定计划于6月3日向北太平洋的阿留申群岛发起攻击，这一引诱美国舰队北上的佯攻作战因被美军及时识破而未能奏效。

6月4日清晨4时45分，日军派出108架飞机攻击中途岛，另以同样数目的飞机随时准备起飞轰炸美国舰队。但由于美军预先已获悉了日军攻击中途岛计划，岛上雷达也一直在跟踪日军飞机，因此，当日机飞临该上空时，不仅找不到攻击的目标，反而遭到美军飞机的有效拦截。随后，日军又准备对中途岛实施第二次轰炸。

战至7时许，日军虽然尚未查明美军舰队的实际情况，但在空战中却已击落、击伤美军飞机30多架。而中途岛上的美军虽然基本无恙，但却同样未能有效地打击日军的机动部队。两相比较，可以说日美两军交火之初，美军是暂处被动地位的。

眼下，日军对中途岛的第二次轰炸就要开始。只是因为尚未发现美军舰队，所以，南云命令原已装上鱼雷准备攻击美军舰队的第二批飞机，全部卸下鱼雷，换上炸弹。可是，到了 7 时 28 分，炸弹尚未安装完毕，日军海上搜索机又急忙报告，大约在舰队左前方 240 海里处发现了美军舰队。8 时 20 分，日军搜索机发现了美军舰队中的航空母舰。南云又不得不命令卸下炸弹，重装鱼雷，从而影响了飞机立即起飞，贻误了有利的战机。南云只好亲率舰队北撤，以躲避美军袭击。从 7 时 55 分到 10 时，美军共出动飞机 83 架次，却被日军击落了 46 架。以至于日军认为危险已经过去，并兴高采烈地欢呼胜利。

近 6 个小时的激战，美军非但没能给日军以真正有效的打击，反而连连受挫。那么，怎样才能从根本上化被动为主动，夺取这场海战的最后胜利呢？

美军太平洋舰队司令尼米兹综合分析了从空中侦察得知的情报，似乎已经十分清楚地意识到，守岛作战，关键是要设法夺取并保持制海权和制空权。从前几个小时的交战情况看，造成美军飞机损失的直接原因固然在于日军的空中拦截和防空火力，但根本性的原因在于日军的航空母舰。只要打掉了日军的航空母舰，其空中力量就会失去根基，海空优势则均会倾刻瓦解。因此，尼米兹在利用空中侦察查明了日军舰队准确位置的基础上，迅即命令舰队飞机集中攻击日军的航空母舰。

10 时 23 分，正当日军欢呼胜利，并"准备完毕要立即出发"轰炸美军舰队之际，美军飞机捷足先登。从美军舰队"约克敦号"航空母舰上起飞的 17 架舰载轰炸机突然向日军舰队旗舰"赤城号"航空母舰进行俯冲轰炸。南云率领的第

一机动部队措手不及，还未弄清情况，"赤城号"就已中了两枚炸弹，该舰上正待攻击美军舰队的飞机炸弹又恰被击中、爆炸，并引起刚从机上卸下的鱼雷发生连锁爆炸，舰上机库成为一片火海，立即失去作战能力，最终于次日凌晨沉入海底。与此同时，即 10 时 23 分，从美军舰队"企业号"航空母舰上起飞的 33 架舰载轰炸机，分别对日军舰队的"加贺号"和"苍龙号"航空母舰实施突然俯冲投弹。日军的这 2 艘航空母舰几乎同时中弹起火。其中，"加贺号"中了 4 颗炸弹，于当晚 7 时 13 分沉没。南云舰队的 4 艘航空母舰转瞬之间，便只剩下"飞龙号"一艘了。南云本人则死里逃生，改乘"长良号"巡洋舰继续指挥其残部作战。

日军要作困兽斗。乘坐"飞龙号"航空母舰的日军第 2 航空战队司令官山口多闻少将下令立即对美军特混舰队实施反击。10 时 40 分，从"飞龙号"上起飞的 18 架轰炸机、6 架战斗机集中突袭美军舰队，击伤了美军的"约克敦号"航空母舰。12 时 45 分，日军友永大尉指挥着"飞龙号"上仅有的 10 架鱼雷机在 6 架战斗机的掩护下，再次攻击美军舰队，又以 2 枚鱼雷击中了美军的"约克敦号"。该舰于次日凌晨沉没了。

美军迅即组织力量集中打击日军的"飞龙号"航空母舰。16 时 30 分，以 24 架舰载轰炸机从"企业号"航空母舰起飞，对日军的"飞龙号"实施了突然猛烈的俯冲轰炸。"飞龙号"连中 4 颗炸弹，失去了续航能力。日军被迫用鱼雷将其炸毁，并于次日晨 5 时 10 分沉没。

至此，南云舰队的4艘航空母舰全部被美军击沉，进而使得日本海军丧失了空中攻击力量。

在击沉日军航空母舰的过程中，不仅因连锁爆炸而炸毁了舰上的机库和许多飞机，而且使得一些飞离了航空母舰而对美军舰队实施反击并得以幸存的飞机，因"机窝"被毁，无处降落，只好在燃料耗尽之后，葬身大海。

在中途岛海战中，日本除损失4艘航空母舰外，还损失了330架飞机，美军则只损失1艘航空母舰，150架飞机。尤其值得注意的是，美国损失的飞机中有近80%是在击沉日军航空母舰之前造成的。这就是说，正像"釜底抽薪"一样，击沉日军的航空母舰，不仅从根本上挫败了日军对中途岛的攻击，而且最大限度地减少了美军的作战损耗。

海上封锁猛轰炸

二次大战后期，在太平洋战场上，盟军以1944年起对日本侵略军发动了大规模的反攻。由于日军还有相当大的战争潜力，每次战役都打得很艰难，盟军牺牲很大。美国参谋长联席会议分析，按照当时的战争进程，预计要到1947年底方可彻底战胜日本，而还将伤亡100万美军官兵。为了缩短战争进程，减少伤亡，除采取其他措施外，针对日本的地理条件以及资源贫乏，原料、燃料、粮食等很多物资依赖进口，进口货物又都必须通过海上运输线的特点，采取了"釜底抽薪"的战略以破坏日本的经济基础，削弱其战争潜力。

美军的主要做法是断绝日本海上运输线，在日本近岸海域实施海上封锁作战和对日本本土的战略轰炸。

海上封锁日本的主要作战形式是水雷战和潜战。水雷战命名为"饥饿战役"，从1945年3月27日起，直到8月15日本投降止，历时四个半月，美军13—29轰炸机总共出动1546架次，沿日本海上交通要道布设水雷1.2万多枚，击沉日本舰船670艘（近140万吨），更多的舰船被迫停航，使日本海上交通陷于停顿，失去了战争物资补给之源，使其战争机器无法运转。配合"饥饿战役"，美军还展开了命名为"骗子战役"的潜艇战。从1945年5月27日至6月24日，美军派遣9艘潜艇，突入日本海，袭击日本海上运输船。在近一个月的袭击作战中，共击沉日本各型舰船近40艘。美军对日的战略轰炸自1944年就开始了，主要是以日本本土的工业城市和住宅以及交通要道为目标。

对日本本土的海上封锁、战略轰炸，造成其物资短缺，经济崩溃，无力支撑战局，成为其无条件投降的一个重要因素。

松下应急度难关

1929年7月，由于各方面的因素。日本政府采取紧缩政策，使得国内不景气的现象更加严重。

就在同年的10月，纽约股票暴跌，引起世界性经济大恐慌，物价下跌，产品的销售锐减，经济萧条之风弥漫全世界。数以千计的工厂缩小编制，甚至倒闭，无数的员工遭到解雇，频繁发生的劳资纠纷使本来就不安定的社会更加动荡。

松下电器公司当然也受到冲击，而且越是快速成长的公司，体制越脆弱，一旦面临不景气、销售量就大打折扣，库存堆积如山。紧接着，员工的薪水锐减，工厂大量裁员，都是必然要发生的事。松下电器公司当时正处于这种劣势，该公司董事会很自然地提出了采取减薪裁员、降低生产量等措施。

但是，松下却背上了一个更大的负担，不仅员工一个也不解雇，而且薪水照旧支付。只是上班时间由一天改为半天，使产品的生产量减半，然后，全体员工全部从事库存货品的推销工作。

员工于是产生了极大的工作积极性。大约过了半年，库存品被全部卖完，于是又解除了半天作业的应急措施，逐渐恢复全面的正常生产。松下电器公司以这种独特的做法，终于渡过难关，甚至能在经济不景气的时期反而扩建了工厂，扩大了生产线。

松下幸之助在风暴面前采取应急措施，通过不减薪裁员，充分调动广大员工的积极性，推销库货物，渡过难关，使公司绝处逢生，逐渐恢复了正常生产，进一步扩大了市场。

成也萧何败萧何

生意是人做的，人是生意成败的主宰。人有多种，通俗地说，有人才，有庸才。庸才败事，人才成事，这是一个简单的道理。问题是，许多人，特别是中国人，喜欢感情用事和任人唯亲，同时，当自己有所成就后，就自以为是，误把庸才当人才，说不定私底下还喜欢用庸才，因为他们易于控制。然而，市场是无情的法官，生意的成败取决于这位法官最后定夺。

美国汽车大王福特家族的起落沧桑，无不与智囊人物的得失有关。福特家族的创始人亨利·福特一世以1889年开始，曾两次尝试创办汽车公司，结果都因缺乏管理企业的本领而失败。失败使老福特聪明起来，他便聘请了名叫詹姆斯·库兹恩斯的管理专家出任经理。库氏上任后，采取三项重大措施：一是进行市场测试得出结论：只有生产美观、耐用、定价500美元左右的汽车才能打开销路；二是组织设计了世界第一条汽车装配流水线，把劳动生产率提高了90多倍，大大降低了生产成本；三是建立了一个完善的销售网。三条措施的实施，使福特公司在短短的几年里，一跃登上世界汽车行业第一霸主宝座，老福特本人也由此获得了"汽车大王"的称号。但是成功和荣誉面前，老福特开始头脑发昏，变得独断专横，听不得不同意见，许多人才纷纷离去，连库兹恩斯也只得另觅新枝。从此，福特公司失去了生机，丧失了开发新产品的能力，在长达19年的时间里，只向市场提供了一个车型，而且都是黑色的，终于被它的主要对手——通用汽车公司击败。1945年，老福特的孙子福特二世继承了祖业。为了挽救公司这个烂摊子，他聘用一些杰出的管理人才，比如原通用汽车公司副总经理内斯特·布里奇，后来担任过美国国防部长的麦克纳马拉，当过世界银行行长的桑顿等。这些人对福特公司进行了一系列改革，使公司重新焕发了生机，利润连年上升，并推出了一种外型美观、价格合理、操作方便、广泛适用的"野马"轿车，创下了福特新车首年销售量最高的纪录，把"福特王国"又一次推向事业的顶峰。正当此时，亨利·福特二世也走上了他祖父翻车的错误道路。他独断专行，甚至忌贤妒能，布里奇、麦克纳马拉等人只得离开福特公司。从此，福特二世愈演愈烈，从1968年到1979年，以突然袭击的手段，连连解雇了三位总经理。整个公司像黑云压城一样，沉闷压抑、人心浮动、人才外流。福特公司从此无所作为，从原有的市场上节节败退。面对大江东去的败局，福特二世不得不辞掉公司董事长的职务，把整个公司的经营权转让给福特家族外的专家菲利普·卡德威尔，结束了福特家族77年的统治。

福特公司因为起用人才而获得成功，又因为弃用人才而遭遇挫折，真可谓成也萧何，败也萧何。

釜底抽薪胜对手

在30年代，在美国的两家电视公司，尽管克罗斯比等歌星名噪一时，在对观众影响方面CBS仍不如老对手NBC。佩利懂得节目受欢迎程度是公司影响力大小的晴雨表，能决定广告客户的选择，CBS要想超过NBC，只有与NBC争夺人才一条路可走。

1945年，CBS负责节目制作的是位年仅20岁的年轻人马丁。马丁是来自加州的"农村孩子"，对公司上层人事关系和筹款理财一窍不通，却有种特殊直觉了解听众的兴趣，抓住他们的脉搏。佩利给予他自由发挥创造的机会。马丁回忆说："给予我的预算是100万美元（而且不附带任何额外要求），当时这可不是小数目。佩利采取不干预做法，如果节目取得成功，他会写张便条，告诉我他是多么喜欢这个节目。"而事实上马丁也不负重托，制作出侦探连续剧《悬而未决》等三部饮誉一时的节目，大多得到商业赞助。

当然，单靠优秀的节目制作人员并不能使CBS战胜NBC，优秀的演员才是提高知名度的关键。不幸的是，多数电视表演明星聚集在NBC旗下，想说服他们改换门庭似乎希望渺茫，然而在1948年事情出现转机。佩利接到"美国音乐公司"的电话，问他是否有兴趣购买《阿莫斯与安迪》节目，这个节目已在NBC连续播放了19年，一直是该公司最受欢迎的节目之一。

佩利对这一节目垂涎已久，多次企图说服阿莫斯与安迪转入CBS，但均告失败。30年代早期，他曾走进两人的办公室，自我介绍后直接提出建议："我不知道你们在NBC的收入，但你们前途似锦，我会给你们相当于这里两倍的工资。"两位演员大吃一惊，表示说他们已同NBC签订长期合同，不能背信毁约，佩利只得悻悻而去。但到此时，他们与NBC签订的合同已到期。1948年，CBS做出令广播业目瞪口呆的举动，收买了"阿莫斯与安迪"节目。

CBS 的节目安排格局也发生变化，以前晚间节目传统的做法（NBC 首先实行并坚持至今）是平衡安排各类节目（包括喜剧、歌剧及音乐等），佩利则改弦更张，用"阿莫斯与安迪"等节目将星期五夜晚变成"喜剧之夜"。

初战的成功刺激了佩利的欲望，他又在打本尼的主意。本尼的成功使佩利尤为痛心，因为他是在 CBS 崭露头争后被 NBC 挖走的。本尼的节目都被安排在黄金时间，他连续 16 年保持广播之王的地位，是 NBC 吸引听众的王牌。此时他自己组织了"娱乐事业公司,"并准备将之拍卖，佩利拟出资 226 万美元购买本尼的公司，但不巧的是，NBC 已听到 CBS 收买明星的传闻，提出更为优惠的条件以挽留本尼。

佩利需要本尼，他决定亲自出马，施展个人魅力说服他。本尼接到佩利请求加盟的邀请，为他的真诚和热忱所感动，便建议在洛杉矶与之面商，并暗示说 NBC 其他喜剧演员也会步其后尘。

佩利于是立即前往加州，在贝弗利山庄饭店建立据点。有趣的是，NBC 董事长犹太人萨尔诺夫也在此下榻。萨尔诺夫虽然财大气粗，但他生性俭朴，对好莱坞明星奢华的生活屡有微词，虽然了解他们对 NBC 的重要性，但却不屑与之交谈，甚至在 NBC 工作多年的本尼也未曾获召见。而佩利的作风却与萨尔诺夫正好相反，他平易近人，很愿意同演员们接近。

另外，萨尔诺夫只愿花费有限的金钱来满足演员们的贪欲。本尼要价百万美元，遭到萨尔诺夫的拒绝，因为他本人也未挣到这样多的薪水，而且在他看来，本尼虽誉满全国，却只不过是个演员而已。

佩利很快发现，仅仅本尼本人同意还是不够的，还须征得其赞助人的许可。该赞助人与本尼有合同，有权指定本尼所效力的广播网。于是，佩利很快找到其赞助商，并不惜血本作出令人难以置信的许诺，CBS 愿意为本尼节目听众人数的减少而向其赞助商赔偿损失。这一系列的举动，使本尼大受感动。再加上重金的诱惑和佩利的和蔼可亲、善于听取下属意见的魅力，使本尼很快就转入 CBS 工作。

佩利经常与演员们促膝谈心，设法使之感到自己在总经理心目中的特殊地位，和伯恩斯的交往最有风趣。一次，佩利和本尼夫妇，以及伯恩斯共赴洛杉矶。午宴中，佩利对伯恩斯的表演前仰后合，捂着肚子喘着粗气，冲进卫生间以恢复平静。

收买 NBC 名演员不仅使佩利得到乐趣，而且也使 CBS 的节目在听众中的知名度直线上升。1949 年，在全国评选的 15 部最佳节目中，CBS 就占了 12 部。

市场放弃辟蹊径

美国耐克公司是近年来迅速发展起来的运动鞋企业，它的发迹史即是一部由大众市场向高级市场包围的历史。耐克发迹前，美国运动鞋市场之王是德国阿迪达斯公司的名牌运动鞋。阿迪达斯的不幸就在于耐克公司发现了它的弱点。阿迪达斯是老牌的著名运动鞋公司，喜欢一下子就把所有市场全部占领，几乎各个品种各种用途的运动鞋都生产，而且都是系列化的。它生产的运动鞋和旅游鞋多达1000种，若加上型号，就更多了。美国的高级运动员和普通人都穿阿迪达斯鞋，阿迪达斯的经营实力在高中低市场上是平均使用的。这就给耐克公司钻了空子。耐克公司专力生产大众消费者穿用的旅游鞋，而对于许多专业运动使用的运动鞋如田径鞋、网球鞋等，则有意主动放弃，留给阿迪达斯。这样便使自己有足够的精力和财力去从事大众旅游鞋的研究发展和广告宣传。

经过几年努力，耐克公司不仅牢牢地在美国大众运动鞋市场扎下了根，而且逐步开发高档产品，到高层舞台上去试演。由于企业形象和旅游鞋产品形象已经深入人心，因此耐克公司在高层舞台上同样获得了成功。最后，阿迪达斯不得不灰溜溜地退出了美国市场。耐克公司尚有余力，又追到欧洲市场上去与阿迪达斯唱对台戏，也已小有成就了。

一个国家内的市场舞台有高中低层次之分，整个世界的消费市场也有这种区分。耐克公司正是用了釜底抽薪这一招战胜了阿迪达斯。

扼敌命脉定胜局

美国亿万富翁哈默到晚年才开始进入石油行业，他从未想到，石油生意后来竟成了他多种经营的实业中的一个核心事业。而在这个世界上风险最大的行业中，他能轻松自如地战胜一次又一次的风浪。

1961年，哈默的石油公司在小小的奥克西钻通了加尼福利亚州第二个最大的天然气田，这个气田的价值2亿元。几个月后，它在附近的布伦特伍德又钻出了一个蕴藏量非常丰富的天然气田。

哈默抑制不住内心的高兴，匆匆忙忙赶到太平洋煤气与电力公司，心中拿定主意，准备同这家公司签订为期20天的天然气出售合同，没想到却碰了一鼻子灰。太平洋煤气与电力公司三言两语就把哈默打发走了。他们说对不起，他们不需要哈默的天然气，因为他们已经耗费巨资准备修建一条从加拿大的艾伯塔到旧金山海湾区的天然气管道，大量的天然气可以从加拿大通过管道输来。

这无疑给哈默当头泼了一盆冷水，哈默一时竟不知所措，但他毕竟是从事多年经营的老企业家，很快，他就平静下来。而且，在很短的时间内，就想了一条"釜底抽薪"的办法，来制服太平洋煤气与电力公司。

哈默立即前往洛杉矶市，因为洛杉矶市是太平洋煤气与电力公司的买主，天然气的直接承受单位。他很快找到该市的市议会，绘声绘色地向议员们说，他计划从拉思罗普修筑一条天然气管道直达洛杉矶市，他将以比太平洋煤气与电力公司和其他任何投标人更为便宜的价格供应天然气，以满足洛杉矶的需要，而且，由于他将加快修建管道的工程速度，所以，也将比太平洋煤气与电力公司和其他投标人提供天然气的时间更为缩短，洛杉矶市民将可在最短的期内用到他的价格便宜的天然气。议员们一听便动了心，准备接受哈默石油公司的计划，而放弃太平洋煤气与电力公司的天然气。

哈默的这一招釜底抽薪确实厉害，太平洋煤气与电力公司知道这一消息后，十分着慌，马上找到哈默，表示愿意接受哈默的天然气，这时的哈默可神气了，他处于居高临下的地位，提出了一系列有利于他的条件，太平洋煤气与电力公司不敢提出异议，结果，乖乖地同哈默签订了合同。

七喜创新作广告

让空想永远成为空想，这是柏拉图式精神恋爱的精髓所在。把空想变成现实，则是现代商业竞争制胜之术的实质。

美国的饮料市场一度为可乐独霸，人们一谈饮料就是可乐，能脱口叫出的多是"可口可乐""百事可乐""荣冠可乐"等等。

一般来说，在业已形成的这堵可乐大墙面前，很难想象有人敢冒以卵击石的风险去分享饮料市场了。

因此，正当这时呱呱坠地的七喜（Seven UP）汽水，明明是太不识时务。然而，它却依靠巧妙的广告术，不仅成功地在饮料家族中扎稳马步，并且一气掠去了将近一半的可乐饮料市场。

"七喜"风靡全球的广告词是这样的："饮料有可乐型和非可乐型之分，七喜（Seven UP）是能满足您对非可乐型饮料的要求。"

没有骇人的夸张，没有浪漫的情调，更没有累赘的铺陈。但读过之后，却总让人觉得自己的意识都不同程度地受到一种隐隐约约的牵制。这是什么原因呢？

原来，在这段广告的背后，包含着一个非常精辟的策划思想：

第一，出人意料地把饮料划分为两种类型。虽然这种划分原本是不言而喻的，谁知一经点明，反倒让人有种恍然大悟之感。于是，便对这种划分的结果发生兴趣——可乐型饮料如何？非可乐型的又如何？

第二，自然，可乐这种饮料，是靠其独特风味以兼含咖啡因等原料使消费者上瘾的，这些特点也从另一方面决定了它不可能适于百分之百的消费者。这就是找到可乐饮料市场的突破口。

事实上，生产七喜汽水的厂商经过周密调查，发现有将近30%的饮料划分为可乐型与非可乐型，就使这部分不热衷可乐的消费者感到非常亲切。因为如果你站在这些消费者的位置上，肯定会下意识地对这种划分产生联想：唔，看来我只适合于喝非可乐型饮料。

第三，由于以上两项具有开创意义的铺垫工作，两个饮料消费群的划分，在脱口而出之下便完成了：顾客在不知不觉中接受了这种划分，并且对号入座，非可乐型饮料群至此水到渠成，活生生地被制造出来。这时，再合乎时机地推出"Seven UP 最能满足您对非可乐型饮料的要求"，最终切中广告诉求的目标。对于已经接受划分的非可乐型饮料消费群来说，进一步接受属于"我"消费的非可乐饮料 Seven UP，已不会再有任何勉为其难的成分了。

在这则广告最终实现的实际效果中，

有一点是可以预料却不太好测算的，这就是有一部分可乐爱好者也同样接受了Seven UP广告对于消费群的划分，进而对"非可型"饮料Seven UP产生了好奇心，于是，便出现了一个脚踏两只船甚至移情七喜汽水的情况，Seven UP得到了这样一种额外的支持，能取得创牌不久便与可乐市场平分天下的战绩就不是一件难以想像的事了。

练兵摸底循序进

1949年，日本政府制定了一项振兴汽车工业的新政策，将发展汽车工业作为开发日本出口潜力的关键行业之一。这一新政策是经过市场调查和技术预测后作出的。日本政府认为汽车工业特别重要，它的消费者遍布全球，规模效益大，很有发展前途，世界汽车市场的需求会有大幅度增长，同时也存在足够的竞争空间。但对具体进攻的目标，日本人未探明它的"虚实"前，是不敢贸然出击的。日本人切望进攻的主要目标显然是美国，因为美国在世界上不仅生产汽车最多最好，汽车销量也最大，如能在美国推销，那么在世界其他国家推销也就毫无问题了。可是在50年代，它并不敢直接碰美国，而是一边"练兵"一边摸底。所说"练兵"，是说日本将其质量还赶不上美国的汽车先销拉美和东南亚国家，待质量提高和取得营销经验后再向美国推销，在这同时，对美国汽车市场进行广泛的详细的调查研究。但这不是说，在50年代日本人并没有向美国试销汽车。1957年，丰田送到美国第一辆"丰田宝贝儿"，因外形，质量都存在严重缺陷而遭到失败。丰田不因此而泄气，而是在产品质量和了解美国市场上痛下功夫。除依靠日本政府提供信息外，还利用贸易公司，外国人以及自己的职员搜集信息。一方面了解美国汽车特别是大众小汽车存在的缺陷以及美国道路条件等，一方面了解美国人的特性，尤其是对汽车的需要。在调查研究中发现美国人对汽车的偏爱已大有变化，过去美国人偏爱大型的豪华的汽车，认为乘坐这样的汽车才能显示自己的高贵地位和男子汉气魄；但汽车终究是一种交通工具，由于美国汽车越来越多，城市越来越拥挤，大型汽车转弯及停车都感到不便，加上油价上涨，人们感到用大汽车耗油多不合算，因此，美国人偏爱已转向小型汽车，即喜欢购买价廉、耐用、耗油少、维修方便的小汽车，并要求汽车容易驾驶，行驶平稳，腿部的活动空间要大，等等。丰田正是根据美国人的喜爱和需要，制成一种小巧、价廉，维修方便，速度更快，乘坐更舒适的，受到美国顾客欢迎的美国式小汽车。这种汽车是皇冠车，但皇冠车只不过是经改进后的美国底特律轿车的变种而已。由于这种经过改制的小汽车符合美国顾客所需，迅速在美国市场上树立起物美价廉的良好形象，终于打进了美国市场。接着日本汽车公司在研究了美国汽车的制造技术，设计优缺点，消费者的口味以及市场环境后，于60年代初推出"蓝鸟"牌汽车，也成功地打入了美国市场，其他日本汽车公司也相继拥入美国市场。

打入美国市场后，日本汽车公司并

不满足，而是不断调研，不断改进，提高质量，尽量做到完美无缺，同时提高劳动生产率以降低价格，满足美国顾客所需，因而能不断扩大市场占有额。

"稀"字战术屡获胜

时装设计师所设计的精美服装，一般地说在一个国家都不超过10件，而且不能在同一个城市的商店里出售。究竟为什么这样做呢？其实答案很简单，那就是物以稀为贵。每件时装差不多是10件、甚至20件衣服那么贵的价钱，穿在身上才会感到身份、地位充分地显露出来。要是满街人都穿上相同式样的衣服，那么就会觉得这种服装太普通，其价值就会大跌。所以，人们都反映高档时装贵，人们承受不了，但知道了这一道理，就不会这样想了。每件时装的价值在于设计师的精心设计，其智慧的结晶需要高昂的代价。

文物、古玩的价格是高昂的，它的消费对象不是普通人，而是些大亨或达官贵人。梵高的画，价格惊人，一般的人能问津吗？不能。越少的东西越贵，拥有它，就得到了心理上的满足。商人们深谙此道，对时装就不能成批生产，其他一些商品也尽可能限制生产，目的就是突出一个"稀"字。

一次，一个美国画商看中了印度人带来的三幅画，印度人说要卖250美元，画商嫌贵不同意，因为当时一般画的价格都在100美元到150美元之间，画商怎么愿意多出那么多钱呢？印度人被惹火了，怒气冲冲地跑出去，把其中一幅烧了。画商见到这么好的画烧了，甚感伤痛，问印度人剩下的两幅画卖多少钱？印度人还是要250美元，画商又拒绝了，印度人又烧掉了其中的一幅。画商只好乞求道："可千万别烧这最后一幅！"又问印度人愿卖多少，印度人还要250美元。画商出口道："一幅与三幅画能一样价钱吗？"印度人又把这幅画的卖价提高到500美元，最后竟成交了。

事后，有人问印度人为什么要烧掉两幅画，印度人说："物以稀为贵，再则，美国人喜欢收古董，珍藏字画，只要他爱上这幅画，岂肯轻意放掉，宁肯出高价也要收买珍藏，所以我要烧掉两幅。留下一幅卖高价。"

在市场上常看到商人们利用"稀"字战术，"某商品不再进货，抓紧购买，最后一次机会，失去可惜。""某商品卖完为止，今后不再生产。"等等，像一警钟，催人抢购，以刺激购买欲，每每都可得逞。

周口味精闯名声

在经营的同行之间经常会为抢占市场而展开争夺战，要取得胜利，关键之一是针对别人产品的弱点，创造自己产品的特色，以此增强对顾客的吸引力。同时，也要讲究推销艺术，争取人心，谁能得人心，谁就能得到市场的天下。1984年河南省项城县药厂和液糖厂合并建立了周口地区味精厂，生产经营实行承包，要求每年上交国家利税100万元，然后是多挣多分，不挣不分。厂领导和职工齐心协力，产量很快上去了。可是，产品到了市场上，和同类产品一比，成本高，质量差，销路不畅。于是，他们立即转入攻质量这一关。从北京、天津、上海等地聘请了一批教授、工程师和专家为高级顾问，他们很快找到了影响质量的症结，帮助工厂改革工艺流程，采用新的发酵方法，实行科学管理，使生产成本幅度下降到全国同行业的最低水平，同时，产品质量也冒了尖，在法国第十二次食品博览会上获得"金奖"。产品质量上去了，谁知又在销售上卡了壳。许多商店味精市场被垄断，周口地区味精厂的产品被拒之门外。该厂领导面对严峻的形势，采取紧急措施。如某城市为了保护当地产品，一直不让商店进周口地区味精厂的产品。周口地区味精厂就在那个城市租了两间房子当仓库，每天在门前和闹市区摆地摊，同时摆出他们的产品和当地的产品，写清两种味精质量的指标和价格。他们的味精不仅质量好，而且价格还低一二角。不怕不识货，就怕货比货，经过饭桌上的对比，顾客们作了公正的裁决。一传十，十传百，周口地区味精厂名声大振。许多个体商贩纷纷从他们厂进货，走街串巷叫卖。这样，很快就把市场从当地味精厂手中夺了过来。还有一个城市的味精市场一直是某名牌产品的天下，副食品公司还张贴"告示"，不许出售"周口味精"。于是，周口地区味精厂的推销员只好转到城郊，组织个体商贩在市郊摆摊出售。周口味精的名声从郊区传到市里，出现了"欢迎周口味精进城"的标语。副食品公司看到大势所趋，人心所向，也改变了态度，"周口味精"终于从城外杀入城里。

迫人让步赢谈判

1984年7月，我国与突尼斯STAP公司代表就建立化肥厂事宜进行接触，双方敲定利用秦皇岛港优越条件的项目。到10月份，科威特也参加进行联合办化肥厂。在第一次三方谈判中，科威特石油化学工业公司董事长出席，此人很武断，他表示："你们以前所做的工作都没有用，要从头开始。"

当时，不仅中方，就是突方朋友也傻了眼。要知道，仅是编制可行性研究报告，中突双方就动员了10多名专家，耗资20多万美元，费时3个月才做完，要是全盘否定，一切从头来显然是没有道理的。然而却没有人敢驳斥这位董事长。他的威望太高了。他在科威特的位置仅次于石油大臣，他还是国际化肥工业组织的主席。

中方一位参加谈判的市长琢磨如何打破这沉闷的气氛。这位市长猛然间站起来说："我代表地方政府声明：为了建立这个化肥厂，我们安置了一处挨近港口、地理位置优越的厂地。也为了尊重我们的友谊，在许多合资企业表示要得到这块土地的使用权时，我们都拒绝了，如果按照董事长今天的提议，事情将要无限期地拖延下去，那我们只好把这块地方让出去！对不起，我还要料理别的事情，我宣布退出谈判，下午，我等待你们的消息！"

他拎起皮包就走，半小时之后，一位处长跑来了，兴高采烈地说："真灵！

你这一炮放出去，形势急转直下，那位董事长说了，快请市长回来，我们强烈要求迅速征用秦皇岛的厂地！"

这位市长用的就是釜底抽薪之计，迫使对方做出让步。

现做现卖质取胜

在我国市场疲软的 1989 年、1990 年，很多优秀的企业，正是靠过硬的质量、多变的品种渡过了低谷。目前，已有越来越多的企业经营者认识到：质量是产品的生命线。

羽绒被在冬季自然应是畅销的时令商品，但从 1990 年初来自上海繁华商市的信息却表明：情况并非完全如此。

就上海市第一百货公司铺面市场来说，两边柜台羽绒被销售的冷热反差悬殊。一边，货架上的商品虽然琳琅满目，有浙江、江西、安徽、河南等地的产品，含羽量各不相同，可是问津者寥寥无几。另一边出售情况则迥然不同。

柜台前，国家级二级企业浙江丽水羽绒厂的横标非常醒目，透明的玻璃窗内丽水羽绒厂正在"现场办公"。几名头上沾着白色羽绒的售货员正忙得不可开交，他们按照顾客中意的羽绒、面料及重量现做现卖。

数十人排队争相购买，队外问长问短的顾客不时加入到队伍中。一对青年男女眼盯着他们选中的羽绒经过电子秤精确计量，被充进一条他们中意的被套中，当场缝完毕，他们心满意足地挤开人群走了出来。

把柜当"车间"，现产现卖，这实在是丽水羽绒厂异想天开的绝招。

原来，一段时间内，全国上百家羽绒厂的数百种羽绒被源源不断运至上海，其间难免鱼目混珠，泥沙俱下，随着消费者不断投诉，羽绒被在上海的声誉大跌，市场销售自然由热变冷。

在这种困境下，丽水羽绒厂拿出了自己的绝招。他们吃透了消费者的心理——怕质量不过关，冒牌货太多。于是开展这种现场充填羽绒被的业务，让顾客可以全部看到充绒量、面料、尺寸等，又可以自由选择，消除了顾客对羽绒制品的"恐劣症"，获得了顾客的信任。这种"釜底抽薪"断了顾客"恐劣"心理的办法，不能不令人叹服。

第二十计　混水摸鱼

【原典】乘其阴乱，利其弱而无主。随，以向晦入宴息①。

【按语】动荡之际，数力冲撞，弱者依违②无主。敌蔽而不察，我随而取之。《六韬》③曰："三军数惊，士卒不齐，相恐以敌强，相语以不利；耳目相属④，妖言不止，众口相惑，不畏法令，不重其将。此弱征也。"是鱼，混战之际，择此而取之。如刘备⑤之得荆州、取西川，皆此计也。

【原典注释】①随，以向晦入宴息：《易经·随卦》："象曰：泽中有雷，随，君子以向晦入宴息。"意思是说：大泽中响雷，泽水随之而振动；君子应当随着天时变换，在天黑时入睡。

②依违：依附，违背。

③《六韬》：古代兵书，相传为周代姜尚所著，为《武经七书》之一。引文见《六韬·兵征第二十九》。

④耳目相属：属，接连，跟着。耳目，探听消息的人不断探听消息。

⑤刘备：三国时著名的政治家、军事家。汉末起兵，割据荆、益等地，与曹、魏、孙吴集团抗争，成鼎足之势。后建蜀汉政权，称先主。

【原典译文】乘敌人内部发生混乱，利用他们力量虚弱而没有主见，使他们随顺我，就像人随着天时变换而昼作夜息一样。

【按语译文】社会动荡之时，各种力量就会互相冲击，而弱小者的倾向还没有确定。当敌人因蒙蔽还没有察觉时，我方应趁机将他们争取过来。《六韬》写道："全军多次受惊，士兵的心不齐，用敌强而互相吓唬，互相说着不利的话；大家不断探听消息，谣言纷纷不止，相互欺蒙，不怕法令，不尊重将帅。这是衰弱的征状啊！"这就像一条鱼，在搅混的水里。当混战之时，便选择它作为目标乘机捞取。比如刘备得荆州、取西川，都是用的这条计策。

【传世典故　计名探源】混水摸鱼指把水搅浑，使鱼晕头转向之时，乘机把鱼捉来。比喻趁混乱时机捞取好处。在军事上指利用敌人之间互相混乱攻战的时机，我乘机将尚犹豫不决的弱小敌人获取过来。

"混水摸鱼"一语，起初可能是渔民们从捕鱼实践中摸索、总结出来的一句经验性俗语，后来逐渐被移植到社会生活的其他领域，以至被兵家和军事指挥员们用来作为表述某种军事谋略的军事术语。原意是，把水弄混浊了，鱼儿会晕头乱窜，此时乘机摸捉，往往易于得手。比喻乘混乱之机，谋取某种意外的利益。在军事上指有意给敌方制造混乱，或乘敌方混乱之机，消灭敌人，夺取胜利。在战场上，冒充敌人而蒙混过关是此计常用的术法。东汉时，光武帝刘秀是一位很有韬略的政治家。在未登基前，曾在河北一带与王朗大战20多日，最后攻破邯郸，杀死王朗，取得成功。当时，王朗在邯郸称王，实力雄厚。刘秀不敢正面与王朗开战，就带着少数亲信，到了蓟州。遇蓟州兵变，响应王朗，捉拿刘秀。刘秀无法，出城仓皇南逃。刘秀一行逃到饶阳，已饥疲不堪。这时，这秀忽然灵机一动，说出了一个虎口求食的办法：冒充王朗的使者哄驿站的饭吃。众人装扮一番，就以王朗的名义，大模大样地走进驿站。驿站官员信以为真，急忙备美味佳肴招待。刘秀等人好几天没吃过一顿饱饭了，便狼吞虎咽地吃起来。他们的狼狈相引起了驿站官吏的疑心。为了辨其真假，驿站的官员故意将大鼓连敲数十下，高喊邯郸王驾到。这一喊声，非同小可，把众人惊得目瞪口呆，人人手心捏着一把汗。刘秀也惊得

站起来，但很快镇定下来。他想，如果邯郸王真来了，是逃不掉的，只能见机行事。他给众人一个眼色，让大家沉住气。他自己慢慢坐下，平静地说："准备晋见邯郸王。"等了好一会儿，也不见邯郸王的踪影，才知道是驿站官员搞的名堂。酒足饭饱之后，刘秀等人安然离开了驿站。刘秀此次的成功便是得力于计谋上的"混水摸鱼"和心理上的高度镇静。

【名家评点 破解方略】混水摸鱼，原意是在浑浊的水中，鱼晕头转向，乘机摸鱼，可以得到意外的收获。引申为军事谋略，意在乱中取利，收获颇多。

"混水"是指水的一种状态，即水已经浑浊不清。它有两种起因，一是"外搅"，二是"内乱"。而且，"外搅"的目的最终还是要引起对方的"内乱"。

更多的时候，这个可乘之机不能只靠等待，而应主动去创造。一旦主动去把水搅浑，一切情况开始复杂起来，然后可借机行事，可获意外的惊喜。

经典案例　锦囊妙计

用人而疑自毁计

公孙衍在魏国，欲助魏王以成霸业，鞠躬尽瘁，四处奔走。但是，魏王宠臣田需对他非常忌恨，从中作梗，使其不得施展。公孙衍无可奈何，只好与魏王摊牌。他对魏王说："臣竭力尽智，一心为大王开拓疆土，使大王威名远扬。然而，田需从中掣肘，而您又对他言听计从。如此，则臣永无成功之日。如果大王能斥逐田需，则臣可以留在魏国；如果田需仍在大王之侧，则臣即刻离开大王。"魏王说："田需乃寡人股肱之臣。如果您感到不便，不论天下人怎样说，我都可以除掉他。这样吧，我将为您而将其斥逐，使他不敢干涉您的大事。如果他有不轨的举动，我就杀了他，如何？"公孙衍对这个回答十分满意，立即联络诸国，并把田文推举为魏相，共谋其事。

田需遭到冷落，问计于苏代。苏代应其求，前去游说魏王。他对魏王说："臣请问大王：田文为魏国效力，会有为齐国效力那样尽心吗？"魏王答曰："不会。"苏代又问："公孙衍为魏国效力，会有为韩国效力那样尽心吗？"魏王答曰："不会。"苏代于是对魏王进言："公孙衍重韩而轻魏、田文重齐而轻魏。这两个人，将利用大王之国，谋利于世。齐、韩得利，魏国得祸，大王又从何而知之？必不得已，臣请大王召回田需而置于左右，以牵制公孙衍与田文。此二人见王如此，必知田需其非亲信，如举事而不利于魏，将为田需告王而挫败，从而不敢妄生异心。不管此二人举事利于魏还是不利于魏，大王置田需于侧，从中牵制，都对大王与魏国有利无害。"魏王以为有理，果然召回田需，置于左右。

用人不疑，疑人不用。魏王与公孙衍之言，实有明君之风，然初因公孙衍而逐田需，继又以苏代之言而置之左右。田需是否贤能，姑且置之弗论，岂用人之道，可以如此反复无常？苏代聪敏善辩，攻公孙衍、田文之来历，使魏王误以为二人将重韩、齐而轻魏，其心叵测，而魏王竟惑于其言，使田需得以复用，所谓自毁长城，自毁大计。

搬弄口舌乱楚国

张仪初到楚国的时候，遭到冷落，心中不甘。他对楚王说："大王无用臣之处，请让我北上去晋国。"楚王正不耐烦，立即应允。张仪问道："大王不希望得到晋国的宝物吗？"楚王说："黄金、珠玉、犀角、象牙皆产于楚国，应有尽有。寡人没什么想要的。"张仪说："大王难道不喜欢美女吗？"楚王说："你这是什么意思？"张仪回答说："中原的女子，粉面黛眉，立于衢闾之间，外来客见了，无不嗟赏，以为遇见了仙子。"楚王心动，说："楚国地处僻陋，不知道中原的女子如此美貌。寡人怎么会不喜欢呢？"于是送给张仪大批珠宝，请他寻找美女。

楚王后宫南后与郑袖听到这个消息，妒火突起，十分害怕。南后派人对张仪说："听说您要前往晋。我们这里有黄金千斤，送给您做旅费。"郑袖也派人送黄金五百斤给张仪。

张仪收到双方的礼物以后，向楚王辞行。他对楚王说："天下关津阻隔，交通不便，不知何日可得再见。希望大王赏臣一杯酒喝。"楚王允诺，摆下宴席，与之共饮。宴中，张仪再三叩首，对楚王说："这里没有外人，能否请大王把宠幸的姬妾召来共饮？"楚王于是召南后与郑袖入席。张仪见到南后与郑袖以后，伪作惊奇之状，向楚王叩拜请罪，说："臣有死罪于大王。"楚王不解其意，张仪回答说："臣遍行天下，从来没见过如此美貌的女子！这样说来，臣请为大王寻找美人，是欺骗大王啊！"楚王说："你不必在意。我早就知道天下没有比南后与郑袖更美貌的女子。"

张仪利用楚王好色的毛病，在楚王和后宫之间蓄意制造了一场混乱。南后、郑袖为了保住自己在楚王那里的地位和宠爱，不得不赠金贿张仪。可怜糊涂的楚王为张仪公然欺骗而不知醒悟。张仪不费一文，逞口舌之利，制造混乱，获取双方赠利后溜之大吉，不愧为混水摸鱼之高手。

混水摸鱼铸霸业

春秋时期，五霸之首齐桓公在位期间（前685—643），起用名相管仲，其文韬武略，非同一般，尤善长用混水摸鱼的计谋来维护齐桓公的霸业。

公元前662年，鲁庄公死去不到三个月，庄公的庶兄庆父就杀了继位的公子般，立鲁闵公子启。齐桓公派大夫仲孙湫去鲁，见了闵公和相国季友，还见了公子申，窥探了庆父动静。仲孙回国后对桓公道：庆父不去，鲁难未已。桓公道："寡人发兵除去庆父，如何？"仲孙道："时机还不成熟。庆父早晚要篡位，到那时再出去，才是尽霸主之责。"第二年，庆父又遣刺客杀了闵公，季友和公子申奔邾国避难。鲁人素服季友，闻相国出奔，举国若狂，痛恨庆父连弑二君，聚众先杀了刺客全家，将奔庆父，庆父逃到莒国。齐桓公对仲孙湫道：现鲁国已无君，取之如何？仲孙道：且慢！鲁国为礼仪之邦，虽遇弑君之乱，还有公子申明习国事，相国季友为民心所向，有戡乱之才。如果鲁人自己起来平乱定国，齐国就出师无名，不如与之交好。齐桓公就遣上卿高奚，率南阳甲士三千去鲁相机行事。临行时嘱咐高奚：公子申果然贤明，当扶立为君，以修邻好；否则，便可兼并其他人。高奚至鲁，正好碰到季友与公子申回国。高奚见公子申相貌端正，议论条理，心中十分敬重，就与季友商议，拥公子申为君，是为僖公，庆父也在鲁国弃绝下被迫自杀。

齐桓公救燕定鲁后，威名愈振，诸侯心悦诚服。公元前660年，狄人侵犯邢国，又移兵伐卫。卫懿公使人到齐国告急，诸大夫请救之，桓公道：征伐戎国的战争疮伤，还没平愈，且等明春，再会诸侯去救吧!

卫惠公子懿公,自公元前 668 年(鲁庄公二十六年)即位以来,玩乐怠傲,不理国政,尤爱禽中之鹤。那鹤色洁形清,能鸣善舞,懿公爱之如命,凡献鹤者皆重赏,百方罗致;都来进献,苑囿宫迁,处处养鹤。所蓄之鹤,都有品位俸禄,上者食大夫俸,次者食士俸,养鹤之人,也有常俸。朝廷厚敛于民,以充鹤粮,民有饥冻全不忧恤。大夫石祁子、宁速同国政,报狄人入侵时,懿公大惊,即刻征兵授甲,百姓都逃野,不肯从军,懿公使人抓来百姓。问他们为什么逃避。百姓答:君王只用一物,就可御狄,何用我等!懿公问:何物?众人答:鹤!懿公道:鹤何能御狄?众人道:鹤既不能战,是无用之物。君主轻视有用的百姓,厚养无用的鹤,这就是百姓不服的原因。懿公大惭,把豢养的鹤都放了,石、宁二大夫亲往街市,说明卫侯悔过之意,百姓才稍稍复聚。

懿公一面遣人往齐国求救,一面令大夫渠孔为将,自己率兵亲征。行近荥泽,看见敌军有一千多骑,左右分驰,不成阵势,渠孔道:人说狄勇,徒负虚名!就击鼓而进,狄人诈败,把渠孔引入埋伏圈,一时呼哨而起,如天崩地裂,将卫兵截作三段。卫兵本无心交战,见敌势凶猛,都弃车仗而逃,懿公被狄兵重重包围,与渠孔先后被害,全军覆没。狄兵直入卫城,百姓奔走逃难,狄兵将卫国府库、民间存留金、粟,抢劫一空,毁了城郭,满载而归。石祁子先扶公子申登舟,宁速收拾遗民,来至漕邑,查点男女,才七百二十多人,又从共、滕二邑,抽了四千多人,凑五千之类创立庐舍,扶立公子申为君,是为戴公。戴公先已有疾,数日即病故。宁速去齐国,迎公子燬即位。齐桓公道:公子燬从敝邑回去,将守宗庙,若器用不备,就是我的过错了。于是命公子无亏,驱车三百乘,赠以牛羊猪鸡犬、美锦、祭服等许多礼品。公子燬在齐扶助下即位,次年春正月改元,为卫文公。齐公子无亏回国时,还留下甲士三千人,以防狄患。

无亏回国,向齐桓公报告后,管仲道:只留下士兵防狄,不是长久之计,不如帮助卫择地筑城,一劳永逸。桓公称善。正要纠合诸侯助卫筑城时,忽然邢国遣人告急,道:狄兵又来本国,力不能敌,伏望救援。桓公问管仲道:该去救邢吗?管仲道:诸侯之奉齐,就因齐能在危急中救援。此番齐既没救了卫,再不救邢霸业就完了。于是,桓公通知宋鲁曹邾各国,合兵救邢,在聂北集合。宋曹两国的兵先到,管仲又对齐桓公道:先别急于出兵。现在狄攻邢,其势正张;邢反击,其力未竭。击势方张之狄,要费加倍的力量;助力未竭的邢,取得了功较少。不如稍加等待,邢支持不了而溃败,狄胜邢而力疲,驱疲狄而援溃邢,那就力省而功多了。"于是,齐桓公只说鲁邾兵未到,在聂北等待,一面,遣间谍探听狄邢攻守消息。三国驻兵聂北,约近二月。狄兵攻邢,昼夜不息。邢人力竭,突围而出,都投奔齐营求救,邢侯叔颜哭倒地在。桓公把他扶起,安慰道:寡人没有及早相援,以致如此。当即与宋公、曹伯共议,即日拔寨起兵。狄人已把城中财物抢劫一空,听说三国大军即至，无心恋战，放起一把火，望北飞驰而去。各国兵到，狄人已走。桓公传令将火扑灭，问叔颜：故城还能居住吗？叔颜道：逃难的百姓，多半都去夷仪，还是应该顺从民意，迁都夷仪。桓公就与各国一起修筑夷仪城，让叔颜居住进去，又为他建立朝庙，添设庐舍，从齐国运来牛、马、粟、帛，使他们能开始正常生活。邢国君臣对齐桓公感激涕零，欢呼不止。

事毕，宋、曹等国欲辞去，齐桓公道：还有卫国未定呢！我们不能只为邢建城，还应为卫建城才是。诸侯道：听霸君命。桓公下令移兵向卫，军士们都随身携带畚锸等工具。卫文公远远相迎，布衣帛冠，一身丧服，桓公见了，不禁凄然，道："寡人借诸国之力，愿为君定都，不知选何地为吉？"文公道："我已选下吉地在楚邱，但建都所需财力，非亡国所能负担。"桓公道："全部财力由寡人负担。"即日会集各国之兵，都去楚邱兴工，又从齐国运来建筑材料，重立朝庙。卫文公深感齐再造之恩。

齐桓公保存三个亡国的事迹，一时传为佳话。人们说，桓公立僖公以存鲁，城夷仪以存邢，城楚邱以存卫，是他的三大功劳。实际上，齐桓公没有在邢、卫最危急时出兵，而是待两国已亡，才去建城，用的是混水摸鱼之计，尤其是管仲的驱疲狄而援溃邢的方针，比起齐桓公的立僖公以存鲁来，是一种更加突出的混水摸鱼计谋。

伪施其爱实毁人

魏王赠给楚王一位美人，楚王大悦，甚加宠幸。夫人郑袖心中不平，千方百计加以倾害。她装出一副毫不妒忌的样子，对新人备加关心，体贴入微，衣服器物，恣其所欲；宫室卧具，择其所善，比楚王想得还要周到。过了一段时间，新人放松警惕，以为夫人果真贤德淑惠，并不像外间传说的那样阴险毒辣。楚王心中也十分满意，称赞道："妇人奉侍丈夫，靠的是美色。有妒忌之心，人之常情。如今，郑袖知道我宠爱新人，不仅不妒忌，而且比我还更要关心新人。如此贤淑，即使孝子奉事父母、忠臣奉事君主，也不过这样！"

郑袖闻楚王之言，心中暗喜，马上开始行动。她对新人说："大王十分喜爱你的美色，这你是知道的。不过，大王很讨厌你的鼻子。以后见到大王，一定要捂住鼻子才行。"新人不知是计，以后见到楚王，果然以手掩鼻。楚王纳闷，询问郑袖："最近，新人见到寡人，总是捂住鼻子，这是怎么回事？"郑袖说："妾知之，不过，说出来怕大王不高兴。"楚王说："你尽管从实说来。"郑袖回禀道："新人大概是讨厌闻到大王身上的臭味。"楚王大怒，骂道："悍妇！如此无礼！"下令对新人施以劓刑。郑袖得计，专擅后宫。

郑袖善用计谋，蛊惑楚王，不一而足。外廷诸臣，亦时常遭其倾害。当新人初入之际，郑袖曲意奉迎，博得双方欢心之后，立即施展毒计。虚虚实实、真真假假，楚王不察其奸，自毁所爱，终于坠入郑袖计中。郑袖此计，利用的是新人的无知与楚王的昏庸。郑袖略施小计而楚王自乱，以此治国，安得不亡。

巧杀人乘乱夺位

专制政治之下，君主独尊，用人由己。选贤举能，往往成为空谈。不仅如此，用人不由公选，则趋炎附势之人，可以媚事主上，获取高位。此风一长，争权夺利之事便不可遏止。得位者如升仙，失位者似沉泉，争来争去，无所不用其极。

秦、赵大战之际，赵国屡败。赵王宠信建信君，一时之间，权势炙手。当时，魏牟路过赵国，曾经向赵王进言，劝其另选贤能，以应危局。魏牟用了一个譬喻，企图使赵王明白，即使做一顶帽子，也需要内行之人，何况治理国家，怎么可以随便用人？他说："如今秦军兵锋正盛，而大王竟然用一个无能之辈与强秦抗衡，这不是自取灭亡吗？"赵王不用其言。

建信君贵盛无比，重臣韩向不服，处心积虑争夺丞相之位。后来，翟章从梁国来到赵国。赵王与翟章谈了几次，非常欣赏他的才智，几次打算任命他为丞相，但翟章坚决推辞，不肯接受，翟章得到赵王信任，建信君与韩向都不高兴，尤其是韩向，更加受到冷落。这时，一位名叫田驷的人对韩向说："我可以为大人排忧解难。"韩向问计，田驷说："我替您刺杀翟章。如果成功，赵王一定认为是建信君所为，赵王必怒而诛杀建信君。建信君被诛，翟章被刺，接替丞相职务的一定是您。如果赵王不杀建信君，那么，建信君就会因为您替他除掉了政敌而感谢您，与您成为至交。您施恩于建信君，不是也可以受到重用吗？"

田驷之计，听起来是一箭双雕。进可攻、退可守，左右逢源。若韩向听信其言、施行其计，恐怕真的在混水之中获渔人之利的并不是韩向。如果刺杀不成，泄漏机密，韩向难逃灭门之祸。即使刺杀成功，难保建信君不在赵王面前揭露真相，连同竞争对手一并除去。混水摸鱼一定要在有十分把握的情况下才去搅混水。

聪明善察不坠计

西汉昭帝幼年继位，霍光、金日磾、上官桀等人共领尚书事，辅佐昭帝。霍光虽大权在握，政由己出，然忠心事主，处事公道，天下响望其风采。

霍光之女嫁给了上官桀之子上官安，生了一个女儿，品貌端庄。上官安企图借霍光之力，将其女儿纳入宫，冀将来立为皇后，永操权柄，但是，霍光以其女年方五岁，不宜入宫，执意不从。结果上官安借助长公主的近幸丁外人之力，说动长公主，将女儿送入宫中，封为婕好。上官安父子因此飞黄腾达。为了报答丁外人，讨好长公主，上官桀求霍光封丁外人为侯，遭到拒绝；又求拜其为光禄大夫，又被拒绝。上官桀父子及长公主于是对霍光恨之入骨，姻亲之家，顿时化为仇敌。其余燕王刘旦、御史大夫桑弘羊诸人，亦皆因不遂其志，互相通气联络，对霍光百计倾害。

一日，霍光不在禁中，上官桀等人以燕王旦的名义，上书言事，声称"霍光出行，仪仗违制，有僭越之举。又擅举无功之人为搜粟都尉，增加其幕府校尉。由此看来，霍光专权自恣，可能有不寻常的举动。臣等愿入京宿卫，以防奸臣阴谋政变。"

书奏之后，上官桀、桑弘羊诸人大肆活动，企图罢免霍光。一时之间，朝野震动。但是，上官桀诸人万万没有想到，刚刚十四岁的昭帝，并不是一个简单的对手，可以任人蒙骗、随意摆布。上官桀等人计议已完，拟定奏折。昭帝览奏，不加理睬。次日早晨，霍光听到这个消息，留在殿外待罪。昭帝问："大将军霍光安在？"上官桀回禀："由于燕王上告其罪，因此不敢入殿。"昭帝传旨："召大将军！"霍光入殿，免冠谢罪，不停地叩头。昭帝说："不将军不必如此！朕知此书乃诈也，将军无罪！"霍光问："陛下何以知之？"昭帝说："将军调发幕府校尉，不过十日，燕王远在藩邸，何以知之！更何况将军如欲作乱，也无须校尉参与。"左右闻昭帝之言，大惊失色。昭帝又令有司搜捕上书告变之人，其人潜逃，不知踪迹。昭帝督责甚急，上官桀惟恐露出马脚，奏请结案，声称："小事无须穷追不舍。"昭帝不从。

以后，只要上官桀之党向昭帝进谗言，加害于霍光，昭帝便怒加训斥："大将军忠臣，先帝嘱其辅佐联躬，敢有诬毁者，坐其九族！"于是上官桀等人恐惧，不敢妄言。

司马光曾说，人君之德，莫大于至明，明以照奸，则百邪不能蒙蔽，汉昭帝正是这样至明的君主。周成王疑惧周公旦，汉高祖不任陈平，汉文帝罢免季布、疏远贾谊，汉景帝诛杀晁错，所谓

"执狐疑之心，来谗臣之口"，与昭帝相比，岂能不怀羞惭！假如昭帝得到贤臣佐助，其功业一定会远远超过成康之治！

吴魏交兵备渔利

赤壁大战，曹操大败。为了防止孙权北进，曹操派大将曹仁驻守南郡（今湖北公安县）。这时，孙权、刘备都在打南郡的主意。周瑜因赤壁大战，气势如虹，下令进兵、攻取南郡。刘备也把部队调到油江口驻扎，眼睛死死地盯住南郡。周瑜说："为了攻打南郡，我东吴花多大的代价都行，南郡垂手可得。刘备休想做夺取南郡的美梦！"刘备为了稳住周瑜，首先派人到周瑜营中祝贺。周瑜心想，我一定要见见刘备，看他有何打算。第二天，周瑜亲自到刘备营中回谢。在酒席之中，周瑜单刀直入问刘备驻扎油江口，是不是要取南郡？刘备说：听说都督要攻打南郡，特来相助。如果都督不取，那我就去占领。周瑜大笑，说南郡指日可下，如何不取？刘备说：都督不可轻敌，曹仁勇不可挡，能不能攻下南郡，话还不敢说。周瑜一贯骄傲自负，听刘备这么一说，很不高兴，他脱口而出："我若攻不下南郡，就听任豫州（即刘备）去取。"刘备盼的就是这句话，马上说："都督说得好，子敬（即鲁肃）、孔明都在场作证。我先让你去取南郡，如果取不下，玄德就去取。你可千万不能反悔啊。"周瑜一笑，哪里会把刘备放在心上。周瑜走后，诸葛亮建议按兵不动，让周瑜先去与曹兵厮杀。

周瑜发兵，首先攻下彝陵（今湖北

宜昌）。然后乘胜攻打南郡，却中了曹仁诱敌之计，自己中箭而返。

曹仁见周瑜中了毒箭受伤，非常高兴，每日派人到周瑜营前叫战。周瑜只是坚守营门，不肯出战。一天，曹仁亲自带领大军，前来挑战。周瑜带领数百骑兵冲出营门大战曹军。开战不多时，忽听周瑜大叫一声，口吐鲜血，坠于马下，被众将救回营中。原来这是周瑜定下的哄骗敌人的计谋，一时传出周瑜箭疮大发而死的消息。周瑜营中奏起哀乐，士兵们都戴了孝。曹仁闻讯，大喜过望，决定趁周瑜刚死，东吴没有准备的时机前去劫营，割下周瑜的首级，到曹操那里去请赏。

当天晚上，曹仁亲率大军去劫营，城中只留下陈矫带少数士兵护城。曹仁大军趁着黑夜冲进周瑜大营，只见营中寂静无声，空无一人。曹仁情知中计，急忙退兵，但是已经来不及了。只听一声炮响，周瑜率兵从四面八方杀出。曹仁好不容易从包围中冲出，退返南郡，又遇东吴伏兵阻截，只得往北逃去。

周瑜大胜曹仁，立即率兵直奔南郡。等周瑜率部赶到南郡，只见南郡城头布满旌旗。原来赵云已奉诸葛亮之命，乘周瑜、曹仁激战正酣之时，轻易地攻取了南郡。诸葛亮利用搜得的兵符，又连夜派人冒充曹仁救援，轻易地诈取了荆州、襄阳。周瑜这一回自知上了诸葛亮的大当，气得昏了过去。

计中套计败曹真

诸葛亮起兵伐魏，于阵前骂死汉朝叛臣王朗。魏军都督曹真派人将王朗尸首送回长安。副都督郭淮献计曰：诸葛亮料吾军中治丧，今夜定来劫寨。可分兵四路：两路从山僻小路，乘虚去劫蜀寨；两路伏于本寨外，左右击之。曹真大喜曰：此计与吾甚合。遂传令唤曹遵、朱赞两个先锋吩咐曰：汝二人各引一万军，出祁山之后。但见蜀兵望吾寨而来，汝可进兵去劫寨。如蜀兵不来，便撤兵回来，不可轻进。二人受计，引兵而走。真谓淮曰：我两个各引一枝军，伏于寨外，寨外虚堆柴草，只留数人。如蜀兵到，放火为号。诸将皆分左右，各自准备去了。

诸葛亮收军回帐。先唤赵云、魏延听令。孔明曰：汝二人各引本部军去劫魏寨。魏延进曰：曹真深明兵法，必料我乘丧劫寨。他岂不提防？孔明笑曰：吾正欲曹真知吾去劫寨也。其必伏兵在祁山之后，待我兵过去，却来袭我寨；吾故令汝二人引兵前去，过山脚后路，远下营寨，任魏来劫吾寨。汝看火起为号，分兵两路：文长把住山口；子龙引兵杀回，必遇魏兵，却放彼走回，汝乘势攻之，彼必自相残杀。可获全胜。二将引兵受计而走。又唤关兴、张苞吩咐曰：汝二人各引一军，伏于祁山要路，放过魏兵，却从魏兵来路，杀奔魏寨而去。二人引兵受计去了。又令马岱、王平、张翼、张嶷四将，伏于寨外，四外迎击魏兵。孔明虚立寨栅，居中堆起柴草，以备火号；自引诸将退于寨后，以观动静。

魏先锋曹遵、朱赞黄昏离寨，迤逦前进。二更左侧，遥望山前隐隐有军行动。曹遵自思曰：郭都督真神机妙算！遂催兵急进。到蜀寨时，将近三更。曹遵杀入寨中，却是空寨，并无一人。料知中计，急撤军回。寨中火起。朱赞兵到，自相掩杀，人马大乱，曹遵与朱赞交马，方知自相践踏。急合兵时，忽四面喊声大震，王平、马岱、张嶷、张翼杀到。曹、朱二人引心腹军百余骑望大路奔走。忽然鼓角齐鸣，一彪军截住走路，为首大将乃常山赵子龙也，大叫曰：贼将哪里去！早早受死！曹、朱二人夺路而走。忽喊声又起，魏延又引一彪军杀到。曹、朱二人大败，夺路奔回大寨。曹寨军士只道蜀兵来劫寨，慌忙放起号火。左边曹真杀出，右边郭淮杀出，自相掩杀。背后三路蜀兵杀到：中央魏延，左边关兴，右边张苞，大杀一阵。魏兵败走十余里，魏将死者极多。孔明大获全胜，方始收兵。

诸葛亮料敌如神，棋看三招，将计就计，引敌自相掩杀，乘其乱，举兵攻之，焉有不胜之理！

刘秀蒙混巧过关

在战场上，冒充敌人而蒙混过关是此计常用的术法。

我国东汉时，汉光武帝刘秀是一位很有韬略的政治家。在未登基前，曾在河北一带与王朗大战二十多日，最后攻破邯郸，杀死王朗，取得成功。

当时，王朗在邯郸称王，实力雄厚。

刘秀不敢正面与王朗开战，就带着少数亲信，到了蓟州。当时蓟州兵变，响应王朗，而捉拿刘秀。刘秀无法，冲出城门，仓皇南逃。众人逃到饶阳已弹尽粮绝，刘秀忽然把大腿一拍，说出了一个虎口求食的办法，冒充王朗的使者哄驿站的饭吃。

众人装扮一番，就以王朗的名义，大模大样地走进驿站。驿站官员信以为真，哪敢怠慢，急忙备美味佳肴招待。刘秀等人好几天没吃过一顿饱饭了，就狼吞虎咽地吃起来，他们的狼狈引起了官吏的疑心。为了辨其真假，驿站的官员故意将大鼓连敲数十下，高喊邯郸王驾到。

这一喊声，非同小可，把众人惊得目瞪口呆，人人手心捏着一把汗。刘秀也惊得站起来，但很快镇定下来。他想，如果邯郸王真来了，是逃不掉的，只能见机行事。他给众人一个眼色，让大家沉住气。他自己慢慢坐下，平静地说："请邯郸王进入相见。"等了好一会儿，也不见邯郸王的踪影，才知道是驿站官吏搞的名堂。

酒足饭饱之后，刘秀等人立即离开了驿站。刘秀此次成功得力于计谋上的"混水摸鱼"和心理上高度镇静。

巧用混水得其利

北周时期，孝闵帝性刚果，颇善心计。当时，宇文护封晋公，掌朝政。司会李植与军司马孙恒恐不见容，便联络一班小人，向孝闵孝大进谗言。双方各怀鬼胎，演出了一场渔翁大战的闹剧。

李植与孙恒对孝闵帝说："宇文护威权日盛，谋臣宿将，争相攀附，大小之政，皆决其手。以臣观之，宇文护岂有恪守臣节，愿陛下早作打算！"孝闵帝本来疑心重重，对宇文护常加戒备，闻二人之言，点头称是，丝毫没有想到他们自己的小算盘。二人的党羽也乘机进言，声称："以先王之明智，尚委任李植、孙恒主持朝政，今以大事付此二人，何患不成！宇文护常以周公自此，臣听说周公摄政，长达七年之久。以陛下之聪明睿智，岂能于七年之中，任由臣下摆布！"孝闵帝听罢，更加相信李植与孙恒，遂暗中筹划，诛除宇文护。孝闵帝经常召武士在后园讲习，演练擒拿之术，准备一旦时机成熟，便乘势下手。

李植、孙恒虽然得到了孝闵帝的支持，但还是害怕对方势力太盛，不易成功。于是四处拉人，参与其谋。这样一来，秘密便难以保守。一次，李植等人拉拢宫伯张光洛同谋，结果被张光洛告发。宇文护先下手为强，斥逐李植与孙恒为远州刺史。孝闵帝遭此打击，无可奈何，日思夜念，企图将二人召回。宇文护谏阻说："天下至亲，无过于兄弟。若兄弟相疑，还有什么人可以相信呢？先帝以陛下年少，嘱臣以辅佐之任，于家于国，兼于一身，不敢辞其辛苦，愿效犬马之劳。若陛下可亲理万机，威加四海，臣虽死犹生；只恐无臣在，奸臣得志，非惟不利于陛下，亦将倾覆社稷，令臣何颜见先帝于九泉之下，况且臣既为天子之兄，位至宰相，于此之外，尚有何求！愿陛下勿信谗臣之言，疏弃骨肉！"孝闵帝听完宇文护这一番涕泪交加的言词，由不得为之感动，尽管心中疑虑不曾全消，还是不再企图召回李植与孙恒。但是，李植与孙恒的党羽却更加

害怕，活动得更加频繁。他们暗中设计，计划在宴请群臣宴饮之际，捉住宇文护，即刻杀掉。不料，他们的计谋又被张光洛告发。宇文护再一次先发制人，与柱国贺兰祥、领军尉迟纲等合谋，召其入宫议事，及至，一一拿下，执送宇文护府第。

这一次，孝闵帝才感到大势不妙，独处于内殿之中，勒兵自卫。宇文护岂肯放过这一大好时机，立即派遣贺兰祥入宫，逼迫孝闵帝逊位，将其幽禁于旧宅之内。宇文护与公卿会商，废黜孝闵帝为略阳公，另立宁都公宇文毓，将李植、孙恒及其党羽悉数诛杀。过了一个多月，孝闵帝也被害身亡。

孝闵帝在位之时，李植、孙恒与宇文护双方勾心斗角，各为身谋。孝闵帝虽然聪明，却不能利用这种形势，使其互相牵制，借机巩固自己的地位。李植、孙恒与宇文护各以渔翁自居，企图混水摸鱼，居心叵测，而李植等人不仅不能乘乱取利，反而于混水之中，授宇文护以柄，被其一网打尽。惟宇文护老谋深算，利用对方制造的混水，以逸待劳，大获全胜。

梁山好汉闹江州

宋江因在江州题写反诗，被一个叫黄文炳的揭发，下在大车之中。蔡九知府派两院节级戴宗去东京向老爹蔡京太师报信。戴宗是宋江的至交好友，途经梁山泊与晁盖、吴用说起宋江吟反诗一事。晁盖听罢，就要点兵去打江州救宋江，吴用谏道：江州离此遥远，军马去

时，打草惊蛇，倒送宋公的性命。此事不可力敌，只可智取。吴用便请圣手书生萧让，模仿蔡京笔迹修书一封，书上说把宋江解来东京问罪，又请玉臂匠金大坚，刻一模仿蔡京的图书印章按上，然后送戴宗起程。梁山众人，专等在押解宋江的路上救宋江，可是吴用忙中出错，在伪造的蔡京信上按的是翰林蔡京印章，疏忽了蔡京与蔡九乃父子关系，书信往来是不用官章的。此事果然被黄文炳看破。戴宗与宋江被判死刑，五日后，押赴市曹，斩首施刑。

再说戴宗离开梁山泊不久，吴用即发觉了自己的疏漏，随即采取补救措施，与晁盖如此这般地定下了乱而取之之计，选了十七位好汉并百十个小喽罗分几拨下山奔赴江州救人。

这天，六七十个狱卒早把宋江在前，戴宗在后，押到市曹十字路口，将宋江面南背北，戴宗面北背南，只等午时三刻开刀问斩。江州看的人，庄肩迭背，足有一二千人。

只见法场东边一伙弄蛇的丐者，强要进入法场里看，众士兵赶打不退。正相闹间，只见法场西边一伙使枪棒卖药的，也强挨将入来。士兵喝斥阻拦，这伙人道：打什么鸟紧！正在和士兵闹的当儿，法场南边一伙挑担的脚夫，又要挨将入来。士兵喝道：你们挑哪里去？那伙人道：便是相公衙里人，也只得去别处过一过。那伙人歇了担子，掣了扁担，立在人丛里看。又见法场北边一伙客商，推两辆车子过来，定要挨入法场上来，说要路过这里。士兵们哪里肯放，这伙人都盘在车子上立定了看。

没多时，一声午时三刻到，刽子手便去开枷，执定法刀在手，说时迟一个个要见分明；那时快，闹攘攘一齐发作。只见那伙客人听得斩字，一个客人便向怀中取一面小锣，立在车上当当地敲两三声，四下里一齐动手，又见十字路口茶坊楼上一个彪形黑大汉，两只手握两把板斧，大吼一声，从半空跳下，手起斧落，早砍翻两刽子手，随即又朝监斩官马前砍来。众人士兵那里拦挡得住，簇拥蔡九知府逃命去了。只见东边那伙弄蛇人，身边掣出尖刀，看着士兵便杀；西边那伙使枪棒的，只顾乱杀将来；南边挑担的脚夫，抡起扁担，打翻了士兵和看热闹的人；北边那伙客人，都跳下车来，其中一个背了宋江，一个背了戴宗，其余的人，也有取石子打的，有取弓箭射的，有取标枪刺的。原来扮客商这伙人，便是晁盖、花荣、黄信、吕方、郭盛；那伙扮使枪棒的，便是燕顺、刘唐、杜迁、宋万；扮挑担的，便是朱贵、王矮虎、郑天寿、石勇；扮丐者的，便是阮氏三雄、白胜。那楼上跳下的黑大汉，便是李逵。梁山十七个头领，加李逵和众小喽罗，四下杀将起来。只杀得尸横遍野，血流成渠，推倒倾翻的，不计其数。当下众好汉救得宋江、戴宗杀出江州，直杀到扬子江边白龙庙。江边张顺、张横、李俊、童威、童猛、穆弘、穆春、薛永、李立等众好汉接着，共二十九位好汉，来了个白龙庙小聚义。等江州追赶来，又被众好汉掩杀一阵，官兵慌忙入城，好几天不敢出来。众好汉分头下船，扬长而去。

梁山泊好汉江州劫法场，采用钻进

敌人阵营内部，横冲直撞，将水搅混。精神准备不足的江州官军，一时难以分辨哪里平民百姓，哪是梁山好汉，也弄不清梁山泊到底来了多少人马，惊恐之际，被梁山好汉救走了宋江、戴宗，数百官兵做了刀下之鬼。可见渗入敌军腹地，一旦能把水搅混，乱而取之，就能以一当十，以小的代价换取大的胜利。

火烧名册救百姓

明朝开国元勋刘伯温，从小好学，聪明过人。在他十岁那年，家乡浙江青田县（今文武县）一带旱灾严重，粮食歉收，老百姓交不出赋税。县令不但不如实地上报灾情，反而诬告百姓聚众谋反，抗交皇粮。皇帝听信了谎言，立即派员前往调查核实，准备狠狠镇压一番。

当地的土豪劣绅因佃户交不了租，正心急如焚，见皇帝派人下来，个个喜出望外，连忙请客行贿，谎报乡情，称这一带刁民为非作歹对抗朝廷。他们把交不起田租的佃户统统归为土匪，列了一本厚厚的名册呈上去。

刘伯温的父亲听到这个消息，急得吃不下，睡不着觉。刘伯温知道了父亲的心思，沉思许久，忽然高兴地跳起来说："有了，有了！"接着，凑到父亲耳边，说出了他的主意。

几天以后，朝廷命官来到刘伯温的家乡。刘伯温的父亲表现得十分热情，硬是把官员让到家里，摆上丰盛的酒饭。席间，他特地叫了儿子出来一同陪客。那官员见到刘伯温生得俊秀，且知书达理，益发高兴，一杯接一杯，不大一会

儿功夫就喝得个烂醉如泥，被刘伯温父子抬到了床上。

趁那官员熟睡之际，刘伯温父子和几户邻居一起，先放火点着了附近的一处破草房。火势很快就蔓延到刘伯温家。眼看就要烧到客房，刘伯温的父亲和一个邻居一下子跃进火海，推开房门，背起那官员就往外跑。那官员从沉睡中惊醒过来，睁开双眼，只见浓烟滚滚、火光冲开，不知到底是怎么回事。等到清醒后，他猛然想起了花名册还在里面，正挣扎着要闯进去取，忽听一声巨响，整座房屋倒塌下来。

那官员失去花名册，犹如哑巴吃黄连——有苦说不出，只好垂头丧气地回京都去了。

刘伯温一条妙计，混水摸鱼——先放火点着附近的破草房，把"水"搅浑，然后再让父亲救出那个官员，却把花名册留在里面，任火烧毁，从而救了许多穷乡亲的命。

变旗击敌乘乱胜

锡诺普海战，是世界史上著名的克里米亚战争中的一次重要战役。公元1853年至1856年间，俄国与英国、法国、土耳其、撒丁王国之间爆发了长达两年半的克里米亚战争，也称东方战争。战争的起因，是沙皇俄国，依仗它在1848年欧洲革命失败后的国际宪兵地位，企图利用奥斯曼帝国衰落之机，向巴尔干半岛扩张，夺取控制黑海出口的博斯普鲁斯海峡、达达尼尔海峡和马尔马拉海，使黑海成为沙皇俄国的内海。但英、

法殖民主义者也想利用这个机会,加强对中东地区的侵略,扩大资本市场。而受英、法怂恿的土耳其政府,对沙皇俄国也不甘示弱,企图借英、法之助,同沙皇俄国争夺克里米亚半岛和南高加索。1853年10月,俄、土战争首先爆发,英、法和撒丁王国先后参加到土耳其方面。战争初期,战斗在多瑙河流域、黑海沿岸和高加索同时进行。最大的战役是发生在土耳其北部黑海沿岸的锡诺普海战。在这一战役中,由纳希莫夫率领的俄国海军摧毁了土耳其舰队。

俄国海军之所以能够取得如此重大的胜利,在很大程度上便是靠的"混水摸鱼"。1853年11月中旬,土耳其海军因在黑海与俄国海军的战斗中处境不利,被迫退加锡诺普湾暂避,等待英法海军救援。此时,俄国舰队司令纳希莫夫将军,便利用土耳其舰队等待英、法海军救援的心理,使了个"混水摸鱼"计。11月30日早上,锡诺普湾大雾,土耳其舰队尽量靠近海岸,以防俄国海军袭击。中午时分,海风吹散浓雾,海上能见度提高。土耳其舰队瞭望兵忽然发现挂着英国"米"字旗的6艘战列舰、2艘巡洋舰,张着满帆向锡诺普湾驶来。土耳其舰队司令奥斯曼见是英国舰队前来支援,不禁大喜,立即安排联络和迎接。然而,时至12点30分,当这8艘挂着"米"字旗的战舰已经迫近土耳其舰队时,却见它们突然来了个大转舵,将黑森森的炮口对准了土耳其舰队。刹那间,"米"字旗降落,俄国的"十"字旗升起。密集的炮弹,如暴风骤雨般射向了土耳其舰队。奥斯曼大惊失色,立即命

令自己的舰队还击,但为时已晚。炮手一时不能到位,土耳其舰队立即陷入被动挨打的境地。加上土耳其的16艘战舰上只有510门小口径炮,而俄国舰队却有炮720门,且其中部分口径、射程均超过土军方面。虽然土军方面还有38门海岸炮参战,然而在浓烟滚滚中,有些炮弹打到了己方的舰上。土军主帅奥斯曼见大势已去,为死里逃生,遂下令突围,不久,舰沉人亡,他自己也当了俄军的俘虏。在此役中,俄军采用变换旗帜的办法,混水摸鱼,打得主动而坚决,致使土耳其舰队遭到惨败。

谣言攻势乱军心

1940年5月11日,法西斯德国在向法国进攻的同时,利用潜伏在法国境内的第五纵队,广泛地开展了谣言宣传活动,以配合其军事进攻,成效十分显著。

每当法国某一村庄落下炸弹后,各村里都有德国第五纵队向老百姓虚声恫吓:"趁早避难吧,这村子不久会全部毁掉的。跟着飞机之后,便有德国秘密警察到来。我们不是已经看见波兰所受的惨状了吗?"老百姓都被这些传闻吓住了,纷纷退出村庄,只要是路,无不挤满了避难的人群。不仅如此,人们还能从巴黎报界看到更可怕的传闻:"身着英军制服的200名德国伞兵在海牙降落,这些伞兵都化装成了邮差、警察、牧师或修女,有的还身着德国、比利时的制服、"总司令甘末已经自杀"、"德国伞兵已在巴黎公园降落"、"不少孩子吃了有毒的巧克力死亡"等等,由于人们的

恐怖，使德国伞兵的行动效果增加了十倍，到处充满不安情绪。在农民和士兵的眼中，不管你穿什么服装都可能怀疑你是乔装的德国间谍，穿制服的将校也怕是假冒的。甚至连公用电话，都是用怀疑的心理去听。骚动控制着人们的心灵，无数修女遭到凌辱，所有有德国血统的人，从17岁到25岁，都被送进收养所，几万人被认为是第五纵队嫌疑而剥夺了自由。在巴黎，为了抓间谍，到处捕风捉影，一周之间2000所旅馆被搜查，6万多人受到查问，大批军官被开除。结果，法国士兵士气低落，相互猜疑，草木皆兵。它不仅破坏和瓦解了法国的军事力量，更重要的是法国人民的精神防线不战自溃。不久，法国便被德国占领了。

混水摸鱼扭战局

第三次中东战争中，埃及的西奈半岛沦陷于以色列之手，使埃及的领土完整和国家主权受到严重损害，在埃及人民心中蒙上了屈辱的阴影，强烈要求收复被占领土。从1973年开始，埃及和叙利亚就共同进行反以战争问题进行秘密磋商。为达到出其不意、攻其不备的目的，埃及和叙利亚制定了多种的迷惑计划与伪装措施，作出了严格的保密规定。暗中完成了反攻西奈的最后兵力部署。

在埃、叙两国全力以赴进行战争准备之时，以色列却依然陶醉在它的"军事优势"迷梦之中。1973年10月6日，埃及两个军团约12万人强渡苏伊士运河，突破以色列耗资2.38亿美元修筑

的巴列夫防线，把以色列守军打得措手不及，在西奈半岛站稳了脚跟。同时叙利亚投入对以战争，突破以军阵地，收复了戈兰高地东部大片土地。

从突然遭受的袭击中惊醒过来的以军，开始在西奈前线组织正面反扑，但接连失败、损兵折将。为求速战速决，以色列使用混水摸鱼的把戏：放弃重占巴列夫防线的企图，而是像渡运河，突入西岸，包抄敌后，打乱两军对垒、阵线分明的战局，把战火烧到埃及国土纵深，抵偿在战争初期所吃的大亏，迫使埃及求和，体面结束战争。

从15日起，以军一面在运河东岸阻击埃军，一面抵近运河，开辟渡场，分批渡河。埃及对以军渡河作战的可能性和威胁估计不足，察觉较晚，反应迟钝，堵截不力，使以军进抵阿达比亚，并封锁了开罗——苏伊士公路，从而完成了对埃及第3军团的战役包围，使埃军4.5万人陷入困境。至此，战场局势开始朝着有利于以色列的方面转变。此种情况下，埃及、叙利亚与以色列实行停火。以色列在初战失利的情况下，用混水摸鱼计达到了挽救失败、扭转战局的目的。

减价促销巧取利

许多消费者本着选价心理去购买商品，但也有许多消费者心目中却有"便宜没好货，好货不便宜"的逆反心理。因此，对一些高档的价格上下浮动不太大的商品，价格订得高些，销售效果也许反而更好些。这正是迎合了人们的这种逆反心理的缘故。

一般消费者平时来公司购买商品的比较少，大减价时期则特别多。每当气候转季的时节，人们常添置衣着，购买力比较集中。永安公司往往抓住这个时机，剧烈地进行竞争，招徕顾客。价格上的竞争最为激烈，所采取的方式就是"大减价"。永安公司每季都要大减价一次，加上"开幕周年纪念"一次，一年共五次。大减价是公司脱手各种过时的滞销商品的好机会，每季大减之前，公司总要召开管理人员会议反复研究。郭乐等人在会上告诫各级管理人员："滞销以及多存货物，应趁此期内沽去，以免压货本。"要求广告宣传方面，一定要"装饰辉煌，引人注目"。大减价前几天，公司派人忙着去沪宁、沪杭两铁路沿线各城镇张贴招纸，在市内各报登载广告；大减价期间，商场内和商场大楼周围也布置一番。公司平时"不二价"，一到大减价，除了利薄的商品，像香烟和有些罐头食品等不打折扣，其他商品一般都打折扣；热销商品打九折，一般商品打八折、七折，滞销商品打的折扣更大，往往在对折以下。

大减价时，每个柜台上都堆满了特价品，当时称作牺牲品。作为牺牲品的，有的是大减价前特地从日本购进的低档花布、汗衫；有的是向国货厂商整批购进的副次商品；有的是厂商来公司接洽，利用公司大减价机会打开销路的新产品；有的则是从仓库中清理出来的滞销商品；也有的是公司独家经销了一个时期，后在同业中普遍出售、花色即将过时的商品。在商场里，天天散发红红绿绿的宣传品，上面开列各商品部当天正在出售

的牺牲品目录。为了与同业竞争，在大减价中，永安公司往往忍痛把几种热销商品作牺牲品，也就是永安资本家所说的"额外平价"，目的是使顾客"知道公司货价切实减价，以招徕生意"。热销商品利润本来比较小，但减价仍很大，像蜜蜂牌绒线原卖三元三角一磅，大减价时照成本只卖三元零二分，二元四角一瓶的三星白兰地只卖一元七角五分，还有一种绸布，竟比成本还低一二角。这种虚虚实实的手段，也就是人们所说的"真假大减价"。此外，各商品部还经常有一种或几种价廉物美的商品作为特价牺牲品，折扣打得特别大，例如镀银的调羹，只卖八分钱一只。在大减价期间，天天在报上登广告，宣传特价牺牲品。顾客买后相互宣传，接踵而来公司购买，结果必然带动其他商品的生意。因此公司大减价期间，营业始终兴隆。

除了牺牲品，有时还送赠品。1928年公司成立十周年纪念大减价时，规定顾客买满五元货，赠送价值一元以上的赠品，而且作为赠品的都是市民熟悉市价、热销的大众化商品，因此这次大减价曾经轰动一时。

每次大减价，好像有意给顾客便宜，而自己则是亏本似的，其实这只是表面现象。资本家有意亏本是不可能的事。前面已经说过，公司逢季大减价的目的，是趁换季的时节争夺广大市民的购买力，亏本大减价岂非同此目的背道而驰？实际上，资本家只是临时改变经营手法，把"少卖多赚"改为"薄利多销"。在大减价时期，许多商品因为平时定价高，打了折扣仍能赚钱；就是那些牺牲品，

真正亏本的只是极少几种，绝大多数还是有利可图的。如平时卖五角五分一码的线呢，在大减价时只卖二角五分，但还可赚五分钱一码。又如江阴土布，平时卖二元一匹（二十码），大减价时卖一元五角，每匹仍可赚四角。因为这类牺牲品进销差价很大，大部分是在大减价前，公司乘厂商缺乏资本周转而大批杀价买进的。所以在大减价时虽然卖得便宜，仍可"多中取利"。极少几种牺牲品虽然亏些本，但也另有原委。如一种银丝纱，平时卖三元多一尺，大减价时只卖四角一尺，显然亏了本，但这种高档商品只要时间一长，银丝一发黑有钱人家就不愿意要，而一般市民又买不起，因此才削价作为牺牲品出售。这是乘大减价时机处理变质商品，加速资本周转。当然，也有些高档商品并没有变质而削价的，如一种高级衣料雪克斯丁，平时每码要卖十元零八角，大减价时只卖三元一码，而成本却要三元八角五分。这类牺牲品大多数是些花色商品。在同业已普遍到货后，公司的钱已赚足了，就乘大减价机会，把余下的一小部分照成本、甚至低于成本出售。这样既可以打击同业，又可以抬高自己的信誉。至于采用赠品办法，公司也不至于亏本，因为在永安公司出售的商品，平均毛利超过20%，有的甚至高达40%，所以送了赠品，公司还是有利可图；更重要的是可以扩大公司影响，招徕更多的生意。总之，公司每次大减价，营业状况总比平时好得多，赢利相当可观，滞销的商品脱手后，资金周转也加速了。正因为如此，所以每逢大减价，永安资本家总

是付出全部精力，周密研究市场动向，告诫各级管理人员要"时常调查别家生意如何，以存争进之心，切不可谓生意不相上下，以为心足"。由此也可知大减价在资本家心目中的地位和作用了。

标新立异获利多

商人整天都在想如何扩大业务范围，怎样赚更多的钱，并让消费者感到满足，从而慷慨解囊。于是不断有人创新立意。

有家日本旅馆内贴上一张海报，上面写着："亲爱的旅客您好！本旅馆后山有片土地，宽阔而幽静，专门留作为植树纪念的预定地，如果您有兴趣，不妨亲手种下一棵小树，本馆特派人拍照留念，并立下木牌刻上您的大名与植树日期。如果您再度光临时，这棵树苗已枝繁叶茂，您看了一定非常高兴，因为它是您亲手植种的，纪念性非凡。仅收树苗费用日币2000元。"

此一颇具魅力的海报一经贴出，许多到此度蜜月或结婚周年纪念的夫妻，或毕业旅游结伴而来的学生，莫不跃跃欲试，人人都想亲手种下一棵心灵上属于自己的树，以作永久纪念。不多久，后山就种了满山的树，环境也整理得非常整齐雅致。旅客回家后，莫不以此相告，以照片为证，广为宣传，有的还不忘常常回来看看他自己的杰作。而旅馆生意日益蓬勃也带动了这个地区的观光事业。

在世界上靠创新立意发财的大有人在，美国的理查·伯普开辟柏树花园专供游客拍到光彩夺目、自然优美的照片，

使生意蒸蒸日上，送古币让人投保的做法，在美国也很吃香，推销员到每个家庭去，以送古币为由接近客户，所到之处均受到客户欢迎，并以礼相待，收获匪浅。

创新立意应因人而设，对于不同层次的消费者都要分别给予新招，在森林中搭起便携网床，吸引游客休闲露宿。在都市设一恶劣场所，让人体验贫民生活，等等，都是创新立意之举，有的甚至创造死亡梦幻，让人进入阴间。此类不胜枚举。之所以会成功，一是满足消费者猎奇心理，二是满足了消费者的拥有心理，从心中得到自己不能得到的东西。

混中而起后居上

台湾的顶新集团 1990 年在北京投资建厂，然而以生产食用油为主的顶新公司发现，当时北京市面已是群雄逐鹿，"骆驼唛"、"金龙鱼"、"绿宝"等产品已充斥市场。在食用油上慢人一步后，顶新集团决心另觅途径。

1991 年，顶新集团把目光偷偷瞄向发展方便面。中国大陆的方便面历史已有 10 多年，在全国各地有 100 多厂家，仅北京市就拥有 60 条方便面生产线。然而遗憾的是，这些不同厂家的方便面包装简陋，又不注重宣传，使中国方便面市场是一个群雄割据、各自为政、群龙无首的混乱局面。

顶新集团瞅准了这个机会，决心打一场方便面大战。1992 年，一种名叫"康师傅"的方便面问市了。它品质精良、汤料香浓，杯装面和袋装面一应俱全。与此同时，在全国各大新闻媒价上，"康师傅"的广告铺天盖地而来，顶新集团终于以迅雷不及掩耳之势，迅速打败所有的对手，坐在了中国方便面行业的霸主之位。

顶新集团在这场方便面大战中采用的是"混水摸鱼"之计，乘方便面市场群龙无首的局面制造混乱，大搞广告宣传，从中渔利。

巧销俏销效果好

人都有一种心理：商品越紧张，购买者就越多；商品越充足，越无人问津。有些商人把握住消费者和用户的这种心态，人为地制造紧张局面，达到了很好的促销效果。

经营皮箱的法国路易·维顿公司仅在巴黎和尼斯各设一家商店，在国外的分店也只有 23 家。他们严格控制销售量，人为地制造供不应求的紧张空气，即使客户要货量再大，也不予理会。有一名日本顾客 8 天上门 10 次，每次提出要买 50 只手提箱，但销售员声称库存已罄，每次只卖他两只，这个公司通过这种"混水摸鱼战术"获得了销售上的巨大成功。我国有家商店，起初把购进的 20 多台某牌洗衣机全部抛到门市上，几天内问津者不少，仅售出 1 台。后来，他们参照国外的"匮乏战术"，把大部分洗衣机搬到仓库里，门市上仅摆出几台甚至一台（也挂上"样品"的牌子之类），很快给消费者制造了一种"紧俏"心理。一些本来犹豫不决的顾客购买欲望激增，结果20台洗衣机不到3天就卖完了。

为什么制造紧张的销售法会如此成功呢？人们有一种变态心理，货源充足，商店里到处都可以买到，即时是很需要的商品也不愿意立即去买回家。这是由于拖拉、等待、懒散的思想在作怪。反正商店里有的是，今天没有买，明天也来的及。另一种就是与之相反的念头了，某商品现在紧张，听说今后不可能再有了，或是今后要计划供应了。一旦这消息传播开来，不管是否需要这种商品，都会涌进商店，把它抢购一空。例如前几年的家电抢购风，几天时间，全国各地的积压家电产品一抢而空，有时连肥皂、火柴、蜡烛也毫不留情地统统搬到家庭里。故意制造紧张气氛，从中混水摸鱼，其效果极佳，值得一试。

机不可失时不再

北京手表元件厂原来的主要产品是手表的游丝发条。在国家统一负责产供销的时候，日子还好过，后来随着改革搞活的深入，各厂家抢占市场，你争我夺，比着降价，一根手表游丝发条，原来卖0.5元，竞价后卖0.25元。

怎样改变困境，变不利为有利，厂长开始琢磨起来，不久，机会来了。

北京录音机厂的厂长陪着几位专家到北京手表元件厂参观，参观过程中听他们说录音机厂生产的录音机专用弹簧总保持不了一致性，并且录音机专用弹簧制造工艺难度相当大。以新加坡为例，该国的录音机零件大部分国产化，可就是这种微型弹簧做不出来。

说者无意，听者有心。他们一走，厂长马上派人到电子部和录音机厂去了解情况，电子部的同志一听乐了，当即表示支持，并说让北京手表元件厂参加金刚弹簧协会。录音机厂的人听了更乐，说如果北京手表元件厂真能上这个产品就太好了，他们就不用花外汇引进了，至于这个产品的其他市场，他们在同行业中给张罗一下。

厂长听了这些消息后，十分高兴，产品不愁卖，这是一大好处，可是他又想，自己厂的技术力量能达到吗？国内那么多弹簧生产专业厂家，为什么不接这个活呢？通过再派人了解，明确了这种专用微型弹簧的技术性要求确实高，只是椭圆度这一项，精度要求就不能超过一根发丝的3%。

厂里组织人员算了几笔账：一是分析市场前景。当时全国的录音机生产正是上马高峰。照相机、热水器等各地都在争着上马，他们算了算，每台录音机少说要用30个微型弹簧，每架照相机也要用10多个，热水器也需要好几个。把厂家的需求量加起来，数量很大。但是，当时全国只有4家生产企业，北京没有，是个空白点。二是分析本厂能力。技术设备方面，所需要的4种专用关键设备中，本厂已经有了3种，只要再添一种设备，就可以投产，这种设备也不太贵。技术水平不成问题，因为这种弹簧的直径比该厂原来生产的手表游丝粗一倍，原材料方面也没有问题，要求比生产游丝还低一些。

两笔账一算，信心足了。该厂用110

万元引进了设备，两年时间就上了批量生产，1990年产量达到2300万件。

就这样，北京手表元件厂变不利为有利，摆脱了困境。

快速应变占市场

时间和速度不仅在军事上显得重要，而且在现代生活中的作用也显得越来越大了。"快速应变"法体现了"时间就是金钱，效率就是生命"的实质。换句话说，时间抓得紧，产品可以增值；时间抓不紧，黄金也会贬值。在市场竞争中谁的应变速度快，谁赢得了时间，谁就赢得了主动，谁就能占领市场。"快速应变"法在经营管理中的具体表现是：信息要快要准，资金有效投入要快，新产品投产要快，出产要快，投入市场更要快。像席卷全求的"魔方热"、"呼啦圈热"，不仅小孩玩，它从购买技术专利，投入生产到进入市场，时间之短，速度之快，确实令人吃惊。

魔方原来是匈牙利一位数学家发明的。一天，一位美国数学家到他的家中做客，发现了桌子上放着的魔方设计图纸。这位美国数学家很有经济头脑，他一眼就看出了它的价值，便把它带回美国，进行技术上的咨询。他在了解工艺、消耗、成本和市场需求之后，确认这是一笔有利可图的生意。于是他用5万美元向原发明者买下了专利，在美国组织了一家生产魔方的公司，并通过各种宣传工具大作广告。他预言："这东西可以成为在全世界畅销的玩具。"果然不出所料，魔方一下子就在全世界风行起来。

然而，更令人钦佩的是，他预测这玩具只能风靡一时。于是，在生产了几批以后，等市场一出现饱和就立即转产。果然，不出几年，魔方市场就出现供大于求的局面。但此时，他已经赚了几千万美元，并且早已转产，另求发展。这就是他谙熟"快速应变"法的技巧。试想一下，假如美国那位魔方商不是如此地快速决定投产，那么他就不可能赚那么多钱；假如他不是那样果断地决定转产，那么，他也很可能在魔方市场出现饱和后陷入被动，从而背上魔方的包袱，甚至连老本都要搭进去。

新产品投产要快速应变，利用原设备转产更要有快速应变的能力。

1982年，美国政府取消了只有美国电话电服公司才能销售和出租电话机而不允许私人购买电话机的规定。这一来，为了工作和生活方便，美国8000万个家庭和其他公私机构，都争相购买电话。香港厂家获悉这一消息，立即有针对性地快速应变，把原来生产收音机、电子表的厂家快速转产，全力生产电话机并迅速扑向美国电话机市场。结果短期内出口金额一下子达到1.86多亿港元，比前一年同期增长了19倍之多，一些厂家由此摆脱了困境，一厂家着着实实地赚了一大笔钱，充实了实力，提高竞争能力。

朋友，让我们把好时间和速度，千万不要错过大好良机，而要做到这一点，当然必须借助"快速应变"法了。

讨价还价半济击

在商战中，如果对方越有求于自己，

则越对自己有利，有求于人，好比正在"渡水"，而此时被人吊价则无疑是"半济而击"雪上加霜，其效果更是显而易见的。在商战中，如果对方正处于"半济"之中，则我们便能处于主动地位，这时对产品的价格越能左右。有以下情况，如能掌握好"混水摸鱼"的诀窍，则商战中赢利将是更为巨大的。"半济"的情况有以下几种变化的形式：

紧俏商品"可击"。

急需的商品，人们以买到为主要目的，而不怎么在乎价格，越是急需的商品越是值钱。

停工停料时，原材料价格就可能升高到高位，这就是一些大工程上马之后，原材料涨价的原因。

时令商品"可击"。

时令商品受人欢迎，合人胃口，消费者愿多掏腰包去尝新鲜。如最早上市的新鲜蔬菜、节日用品、时装、鞋帽等等，其售价是比较理想的。

独家生意"可击"。

在"人无我有"的情况下，消费者"舍我其谁"？价格稍高一点儿，顾客图方便也就算了。当然此时得注意尺度。同样的道理，买方也可用"半济而击"的方法逼使卖方在产品的价格上作出让步。

卖方急需资金时"可击"。

买方有钱，卖方缺钱，卖方有求于买方，买方因而掌握了主动权。

戴马雷能够以每股10加元买到鲍尔电器公司的10%股份说是因为当时鲍尔公司濒临破产，急需资金。

商品急需推销时"可击"。

如为了使某些商品早日进入市场，开始有可能以较低的价格面市，甚至让顾客试用后再交钱。遇些情况，顾客可在试用后表示不满，以退货来挟卖方，卖方会在价格上作出让步，以便占领市场。

卖方遇到不便于经营的困难时"可击"。

如转产、停产积压产品必须及时处理掉时，都给还价提供了可击之处。

卖方多家竞争时"可击"。

消费者所买商品有多家竞争时，可以对比选择，优中选优。当卖方自己担心要失去一笔交易时，自然会认真考虑买方提出的要求。

总之，实施半济而击的"混水摸鱼"策略，达成"半济"是关键。

在商战中，如果能使对方处于"半济"之中，那你就可以说接近稳操胜券的一步了。

舆论造势发大财

二战后，日本百废待兴，样样都离不开电。因此，到处接连不断开发电源，开山铺路，建造水坝，修造电厂，带动了建筑业的兴隆。当时日本公认的五大建设公司是：鹿岛、大成、清水和竹中等五家公司。

间组建设公司是一家专营隧道、大坝等土木工程的名不见经传的小公司。董事长神部满之助在外面进行业务碰了软钉子，回到公司大发脾气。因为他深深感到，不被看成一流的大公司，不仅自己不够体面，同时也不利于公司的进一步发展。神部是个雄心勃勃、斗志旺盛的企业家，当他的公司企盼进一步发展时，遇到这样的障碍，他自然不会善罢甘休。于是他采取了一般人没有预想到，也不敢做的策略。

不久，日本各大报社都先后收到了间组公司一大笔广告费，其要求新奇而简单，五大公司刊登广告时，落款加上间组公司；间组公司刊登广告时，也列入五大建设公司之名，在新闻报道、评论等一切见报的文章中，凡提及建设业的大公司时，把以前的"五大建设公司"改为"六大建设公司"。

收了人家的钱，顺便做无损于自己的事，各家报社欣然同意。

广告登出后，神部参加社交活动时，常遭明讥暗讽，他一概置若罔闻，视而不见。对于"这就是'六大建设公司'之一的间组公司老板神部先生"之类的话，他慨然应之。

在别人不理解的目光中，神部有其独到的打算。

事实证明，神部没有失算。尽管知情者冷嘲热讽，建设业的舆论却被他搅乱了，不知情者慕名而来，间组公司也没有让他们失望，公司的业务扶摇直上，规模逐渐超过了一些原来在其上的公司。

三年之后，间组公司终于名副其实地成为日本第六大建设公司。

第二十一计　金蝉脱壳①

【原典】存其形，完其势；友不疑，敌不动。巽而止蛊②。

【按语】共友击敌，坐观其势。倘另有一敌，则须去而存势。则金蝉脱壳者，非徒走也，盖为分身之法也，故大军转动，而旌旗金鼓，俨然③原阵，使敌不敢动，友不生疑。待己摧他敌而返，而友敌始知，或犹且不知。然则金蝉脱壳者，在对敌之际，而抽精锐以袭别阵也。

如诸葛亮病卒于军，司马懿追焉。姜维令仪④反旗鸣鼓，若向懿者。懿退，于是仪结营而去。

檀道济⑤被围，乃命军士悉甲，身白服，乘舆⑥徐出外围。魏惧有伏，不敢逼，乃归。

【原典注释】①多蝉脱壳：蝉蜕壳，蝉飞壳犹存。比喻用计脱身。

②巽而止蛊：《易经·蛊卦》："象曰：蛊，刚上而柔下，巽而止蛊。"意思是说：阳刚居上，阴柔居下，凡事能柔顺则能制止混乱，避免受害。巽，伏，顺服；蛊，毒害。运用在此计中，阴为潜藏，阳为暴露。即能隐藏自己的行动而不暴露。

③俨然：整齐，庄重的样子。

④仪：指杨仪，蜀汉名将。多次随诸葛亮北伐，为参军长史。

⑤檀道济：南宋朝名将。屡立战功。元嘉八年（431）攻魏，粮尽被围，便巧妙撤退，敌不敢追。后为文帝所忌杀。

⑥乘舆：舆，车子。坐着车子。

【原典译文】保存阵地的原形，造成驻军的气势，使友军不怀疑，敌人也不敢轻举妄动。根据蛊卦原理：若能隐蔽自己的行动而不暴露，就能够防止敌人的损害。

【按语译文】同友军联合对敌作战，要冷静观察敌友我三方的形势。如果又发现另外的敌人，就必须悄悄离去，而保持驻地的阵势不变。这就是说，金蝉脱壳不是简单的离去，而是一种分身的方法。因此，我方大军虽然转移了，但旗帜鲜明，锣鼓号令仍然整齐庄重地保持着原来的阵势，使敌人不敢妄动，友军也不生疑。等到摧毁了别处的敌人回来，友军和敌军才会发觉，或者还没有发觉。所以说，金蝉脱壳之计，就是指在对敌作战时，暗中抽走精锐部队去袭击别处的敌人。

比如，诸葛亮病死在前线时，司马懿率军追击。姜维命令杨仪把战旗反打着，敲起战鼓，好像要进攻的样子。司马懿慌忙撤退，于是杨仪重新整军，安全返回。

宋国将领檀道济被敌人围困后，命

令士兵都披上盔甲，他自己却穿着一身白衣，坐在车子上，慢慢向敌人外围进发。魏军害怕檀道济另有伏兵，不敢逼近他。于是，脱离了包围，安然回国。

【传世典故 计名探源】金蝉脱壳指蝉变为成虫时，要脱去幼虫的壳。比喻只留下表面现象，实际已脱身逃走，使对方不能立即发觉。军事上指用计脱身，暗中转移力量，完成奇袭别处敌军的谋略。

"金蝉脱壳"是指表面保持军势不动之状态，以解除对方之警戒心，然后再暗中移动主要军力的策略。例如当敌方军力强大，我方无力对抗时，若勉强顽抗，损伤将会更严重，因此应以先撤退再行攻击为上策。但如毫无计策地撤退，必会受到敌人的追击而有溃灭之虞。因此应先佯装，使对方以为己方无撤退之意，然后在敌方解除戒心之下，暗中组织撤退行动。此即"金蝉脱壳"的策略。

三国时期，诸葛亮六出祁山，北伐中原，但一直未能成功，终于在第六次北伐时，积劳成疾，在五丈原病死于军中。为了不使蜀军在退回汉中的路上遭受损失，诸葛亮在临终前向姜维密授退兵之计。姜维遵照诸葛亮的吩咐，在诸葛亮死后，秘不发丧，对外严密封锁消息。他带着灵柩，秘密率部撤退。司马懿派部队跟踪追击蜀军。姜维命工匠仿诸葛亮模样，雕了一个木人，羽扇纶巾，稳坐车中。并派杨仪率领部分人马大张旗鼓，向魏军发动进攻。魏军远望蜀军，军容整齐，旗鼓大张，又见诸葛亮稳坐车中，指挥若定，不知蜀军又耍什么花招，不敢轻举妄动。司马懿一向知道诸葛亮"诡计多端"，又怀疑此次退兵乃是诱敌之计，于是命令部队后撤，观察蜀军动向。姜维趁司马懿退兵的大好时机，马上指挥主力部队，迅速安全转移，撤回汉中。等司马懿得知诸葛亮已死，再进兵追击，为时已晚。

【名家评点 破解方略】金蝉脱壳顾名思义是指蝉在蜕变时，本体脱离皮壳而走，只留下蝉蜕还挂在枝头。此计用于军事，是指通过伪装摆脱敌人，撤退或转移，以实现我方的战略目标的谋略。稳住对方，撤退或转移，绝不是惊惶失措，消极的逃避，而是保留形式，抽走内容，稳住对方，使自己远离险境，达到己方战略目标，己方常常可用巧妙分兵转移的机会出击另一部分敌人。

金蝉脱壳实为三十六计"走为上"计中的一种走的方式。在形势万分危急，拼又拼不得，退又退不得的情况下，只好使用此计，脱出重围，以图保全自己、东山再起。

经典案例　锦囊妙计

压私情刘秀避祸

　　新莽末年，爆发了绿林、赤眉起义。在绿林军中，以刘縯、刘秀兄弟为首的春陵兵战功卓著，刘秀兄弟便逐渐受到了更始帝的猜忌。公元23年，刘秀在昆阳与绿林军首领王常、王凤等人以九千人打败了王莽的四十万大军。因此，解除了王莽大军对于更始政权的威胁，接着，又率兵攻下了颍阳。可是，就在这时，他的哥哥刘縯却在宛城被更始帝杀掉了。这时，更始帝以及一些仇视刘秀兄弟的人都在观察刘秀的动向，侍机寻找借口以除掉刘秀。刘秀看到这种情形，显得异常镇定，马上从父城赶到宛，向更始帝谢罪。刘縯原来的下属纷纷赶到刘秀这里致哀，言谈吐语之间，刘秀从不流露自己的私情，只是检讨自己的罪过，对于自己在昆阳城所立的战功，从来不向别人提起。他也不为刘縯服丧，饮食谈笑和平时一样。刘秀的泰然神情，终于使更始帝等人解除了猜忌，并且更始帝本人也觉得有些对不起刘氏兄弟，便拜刘秀为破虏大将军、武信侯，刘秀终于避免了杀身之祸。三个月以后，刘秀以破虏大将军行大司马事的身份到了河北，镇尉州郡，网罗人材，召集兵马，开始了统一中国的事业。

虞诩增灶败羌兵

　　东汉武都太守虞诩，效法而不泥于法，师古而不囿于古，在敌众我寡的形势下，逆用"孙膑减灶"的战法，退军增灶，示强赚敌，大败羌兵，显示了其高超的谋略思想。

　　东汉后期，汉王朝统治集团日益腐朽，政治极端黑暗，阶级矛盾空前激化。各族人民不堪统治阶级的压迫，纷纷集聚山林，举行武装起义，给予东汉王朝以致命的打击。其中羌族人民的起义烽火燃遍陇右诸郡，前后延续五六十年，并屡败汉军，成为东汉王朝的心腹大患。公元114年（元初二年）以后，东汉统治者从失败中总结了教训，一面改用骑兵作战，逐步扭转败局；一面使用阴谋手段，收买刺客，暗杀起义军领袖。公元115年（元初三年），羌族起义军首领率领几千人截击汉武都太守虞诩于陈仓（今陕西宝鸡）境内的崤谷，汉军处境十分危险。

　　虞诩根据敌众我寡的形势，决定采取增灶惑敌的谋略，摆脱困境，伺机破敌。首先，他施以缓兵之计，虚而实之，麻痹对方。在遭羌兵截击后，虞诩立即命令军队停止前进，并声张说："上书请兵，须到当发。"（《资治通鉴》卷四十九）羌兵得知汉军已请求援兵，不时即到，于是不敢贸然进攻。其次，他乘羌兵狐疑犹豫，进退不决，松懈麻痹之机，昼夜兼程，迅速退军。在退军过程中，虞诩命令增灶赚敌：第一天他令官兵每人修二个灶，第二天增加一倍，以后逐日成倍增加。羌兵发觉汉军撤退，即紧追不舍，但在追击中看到汉军军灶日增，断定汉军援军已到，不敢逼近。汉军从容退守武都。第三，盈蓄待竭，适时反击，大破羌兵。虞诩退守武都后，兵不满三千，而羌兵却有万余，围城十余天。虞诩只令军队坚守不出，同时不发强弩。羌兵以为汉军弓力弱，射不到他们，遂蜂拥而上。这时虞诩命令使用强弩精确射击，每发必中，羌兵惊慌撤退；与此同时，汉军把所有部队从东廓门拉出去，从西廓门拉进来，并不断更换衣服，以此往复以迷惑羌人。羌人不知汉军虚实，更加惊慌失措。虞诩估计羌人即将撤兵，遂部署反击，他先以五百人在敌人退路上伏击；然后待敌撤退时出城追击敌人。羌兵果然撤围退兵，汉军即出城追歼敌人，与伏击部队前后夹击，斩杀俘获甚多，取得了反击作战的胜利。

虞诩增灶败羌兵，其绝妙之处就在于运用前人的作战经验时，不是食古不化，生搬硬套，而是从自己所面对的具体情况出发，巧妙地把"孙膑减灶示弱"演化为"增灶示强"，这不能不让后世兵家拍案叫绝。

未雨绸缪计脱身

脱身之计，变化无穷，运用之妙，存乎一心。临危不惧固属勇者之德，预作安排方为智者之算。

春秋、战国时期，张仪自楚入秦。秦之谋臣陈轸名重天下，张仪忌之，企图破坏秦惠王对他的信任。陈轸心里清楚，便在张仪尚未到来之时，请田莘对秦惠王说："臣很担心大王会像虢国之君那样糊涂。当时，晋献公计划讨伐虢国，畏惧舟之侨的威名胆略，便采用了荀息的计策，赠虢国之君以女乐，以乱其政。舟之侨谏而不听，于是离开了虢国。晋献公得计，遂大举代虢而破之。后来，晋献公又欲伐虞，畏惧宫之奇的威名胆略，便采用了荀息的计策，赠虞国之君以美男，命其破坏宫之奇的威信。宫之奇谏而不听，遂逃去。于是晋献公大举伐虞而灭之。如今，秦国称王，能对秦国造成威胁的，只有楚国。楚国知道秦国的大将横门君善用兵，谋士陈轸善用智，因此派张仪入秦，假借韩、赵、魏、燕、齐五国之势，企图除掉这两个人。希望大王不要上当。"张仪到了秦国以后，果然向秦惠王说三道四，但是，秦惠王已经有了心理准备，对张仪的话不听不信，还把他训斥了一遍。

张仪一计不成，又生一计。他又对秦惠王说："陈轸纵横捭阖于楚国与秦国之间。如今，楚国对秦国并不友善，却对陈轸备加推崇。这样看来，陈轸是自为身谋，并不是为秦国出力。陈轸打算离开秦国，回到楚国，大王为什么不允许他呢？"秦惠王闻言，不由不信。便问陈轸："我听说您打算离开秦国，回到楚国，是这样吗？"陈轸心里清楚秦惠王此问的原由，便坦然地回答道："不错。"秦王一听，大为恼火，说："张仪说的果然是实话！"陈轸不慌不忙地说："不仅张仪，大街上的人都知道。人所周知：孝己爱其亲人，天下人都希望他是自己的儿子；子胥忠其君主，天下人都希望他是自己的臣子。出售的仆妾被邻居买去，一定是好仆妾；休弃的妻子被同乡娶走，一定是好妻子。如果我不忠于君主，楚国会当我是忠臣吗？忠而被疏远，我不到楚国又到哪里去呢？”秦惠王闻其言，大加称赏，从此对他更加信任，言听计从。

陈轸乃当时名士，才德俱佳。当其遭到毁谤之际，初则未雨绸缪，防患于未然；继则临危不惧，从容应付，使张仪无如其何。真可谓大智大勇，兼而有之。

预谋退身避己害

张仪周游列国，纵横捭阖，为秦国谋利，亦为己谋利，诸侯屡次上当受骗，数欲置之死地，然而始终不能得手。其中关键，就是张仪善于用计，尤善于金蝉脱壳之计。

楚怀王时，与齐结盟。秦王用张仪之计，派他入楚，游说楚王，许诺说：如果楚与齐绝交，将割商于之地六百里予楚。楚王贪利，遂与齐绝盟。及问张仪割地之事，张仪竟然装糊涂，就当初只答应割地六里，并不是六百里。楚王大怒，下令把张仪抓起来，准备杀头。

张仪入楚，早已想好退身之计。他赠给楚王的宠臣靳尚大批金银财宝，令其为自己出力。被囚禁以后，张仪立即请靳尚为自己出面活动。靳尚对楚王说：“囚禁张仪，秦王必怒，天下都会知道楚国失去了秦国的支持，楚国的地位可就危险了！”楚王闻言，心中犹豫。靳尚又去见楚王宠爱的夫人郑袖。对她说：“难道您还不知道您很快就会失去楚王的宠爱吗？”郑袖大惊，问其原因。靳尚说：

“张仪对秦王忠心耿耿，屡立大功，很受秦王重用。如今被楚王囚禁，秦王千方百计要救他出去。秦王有爱女，年轻美貌，又选择宫中善音乐舞蹈者跟随她，携带大批金玉宝器，并献上庸六县之地，以此来交换张仪。秦女入宫，楚王必爱，秦女有秦国为后盾，又有金宝土地，必然夺走王后之位。楚王惑于她的美貌权势与资产，很快就会迷上她而忘掉您。如此一来，您不是将被疏远抛弃吗？”郑袖相信了靳尚的话，对他说：“一切由您做主。您看该怎么办？”靳尚说：“您何不赶快说服楚王，放出张仪，令其归秦。张仪得释，会时时感念您的恩德。张仪已归，秦女亦必不入楚，而秦国也会对您另眼相看。这样一来，您内有楚王之宠幸，外有秦国之支持，又有张仪为您奔走效力，您的子孙不是可以世世代代做楚国的继承人吗？这可不是一般的小利呀！”郑袖依言而行，果然说服楚王放回张仪。

张仪此计，利用了郑袖的避害求利心理，虚设疑阵，耸其听闻。而楚王不察，惑于妇人之言，将错就错，放虎归山。如此对手，宜乎张仪如鱼入水，游刃而有余。

挟人之势求己利

司马熹到赵国出使，因便请赵王替自己谋取中山国丞相一职。赵王允诺。公孙弘知道了以后，准备乘机排挤司马熹。

中山君外出，司马熹驾车，公孙弘在侧护卫。公孙弘对中山君说：“为人臣，假借大国之威势，为自己谋求相位，这对君主意味着什么？"中山君说："我把他杀了吃肉！"公孙弘心中得意，望司马熹而窃笑。司马熹于轼上叩头，说："臣自己知道将死无葬身之处了！"中山君不解其意，问道："这是什么意思呢？"司马熹回答说："有人说臣该当死罪。"中山君说："算了，赶路吧，我全知道了。"不久，赵国派使者来，请中山君任命司马熹为相。中山君想起上次在路上的谈话，怀疑是公孙弘故意设的圈套，对他大加疑忌，公孙弘无奈，只好逃走了。

司马熹挟外人之势，求一身之利，其罪固不容诛。公孙弘乘机倾害，亦属小人之心。但是，司马熹利用了这一点。公孙弘吞吞吐吐，司马熹欲言又止。二人素不相和，中山君心中十分清楚。二人都把心里的话藏起来，让中山君自己去猜。猜来猜去，越想越多，自然对首先发难者十分不利。及赵国使者至，中山君不疑司马熹而疑公孙弘，已是必然之势。害人者反为己害，司马熹不愧为金蝉脱壳的高手。

善借外力过昭关

公元前 522 年，楚平王听信佞臣费无忌的谗言，囚禁并处死了伍子胥的父兄伍奢和伍尚，又派三千精兵强将追杀伍子胥。

伍子胥逃至长江边，眼见追兵快到，心生一计，将自己所穿的素色衣袍挂在江边柳树上，把官靴抛于江边，穿一双草鞋沿江而下。追兵来到江边，只见衣靴，不知伍子胥朝什么方向走了，只好将官靴带回去复命。然而，平王并未罢休，而是向全国发布命令，出榜四处悬挂，许以重赏捉拿伍子胥：无论何人，只要捕获伍子胥，赏赐五万石粮食，并封大夫官职；而窝藏或知情不报者，将满门抄斩。楚平王还命令各要道路口和渡口对来往行人要严加盘查，不得有丝毫的疏漏。同时，楚国还派出使者到邻近各诸侯国，通告他们不得收藏伍子胥。一时间，各地关隘要道风声紧急。

尽管这样，伍子胥还是闯过了一些关口。他先到宋国，后来又辗转到了晋国、陈国，最后决定到吴国去。他昼伏夜行，含辛茹苦，终于来到通吴的必经之地——昭关。一出昭关，便与吴国鸡犬之声可以相闻。因此，这里常年有重兵把守，对来往行人也盘查得尤其仔细。

正当伍子胥为过关犯难时，一位长者认出了他。原来，长者是名医扁鹊的徒弟——东方皋。东方皋素有侠义心肠，乐于助人。他把伍子胥请到自己家里劝导伍子胥慢慢想办法。伍子胥在长者家中住了七天，冥思苦想也没有过关的良策，心里非常着急。这天晚上伍子胥狐疑不决，辗转反侧，夜不成眠，便成屋子里转了通宵。早晨东方见他时，发现伍子胥的满头黑发变成了银白色。这样一来，倒启发了东方。东方有一位朋友叫皇甫纳，其身材相貌与伍子胥十分相像。现在，伍子胥头发变白，与其朋友更加相像，伍子胥可以借助其朋友蒙混过关。

于是东方让其朋友装扮成伍子胥的样子，而伍子胥则自己把脸涂成灰黑色，几个人一齐去过昭关。来到昭关前,装扮成伍子胥的人故意流露出惊慌的样子,引起守关军士的注意,士兵立即扣留了他。一听说抓到了伍子胥,关前顿时喧闹起来,人们纷纷拥过来争看。混乱之中,伍子胥悄悄地溜过了关。其实,伍子胥由于白了头发,改变了相貌,再加上穿着褐色衣服,完全没有了少年公子的气质,守关军士根本没有注意他,更无人盘问。过关后,伍子胥才长长地松了一口气。过关后伍子胥投奔了吴国,与孙武一起,帮助吴国强兵富国,后来带兵攻破楚国,为全家报了仇。

巧过昭关是伍子胥善借外力,运用金蝉脱壳计谋的生动实例。在身处危险境地之时,乔装打扮自己自然是绝妙脱身之法,但单纯的乔装容易被发现,故借助外力,让他人扮成被追捕者,以诱引敌人的注意力,放松对真正追捕者的关注则更容易成功。伍子胥让他人装成自己,自己则换了一副形象,混淆了敌人的视线,将敌人关注的焦点集中到了假伍子胥的身上,真正的伍子胥得以顺利过关。这是伍子胥巧用“人”来“金蝉脱壳”的佳例。

以险制险中获利

福兮祸之所倚,祸兮福之所伏。险与不险并没有一个绝对的界限。善用计者,不仅可以蹈险阻而如平地,而且以险制险,常可从中获利,则其效又远过于脱离险境。

齐闵王令周最出使韩国,废黜公叔,另立韩扰为相。周最受命,进退两难。

他说:“公叔与周君交厚,周君对他十分倚重。如今,齐王派我出使韩国,废公叔而立韩扰。人言道:‘怒于室者形于市。’公叔怨恨齐国,与我无关,但是,得罪了周天子,怎么得了?”史舍在侧,对周最说:“但去无妨,我会让公叔感谢您。”

周最来到韩国,公叔闻讯大怒。史舍人见,对公叔说:“周最本来不愿意接受这个使命,是我私下里勉强他接受的。周最不愿意接受这个使命,当然是为了您的缘故;我勉强他接受,也是为了您的缘故。”公叔不解其意,说:“愿闻其详。”史舍说:“我打个比方吧。齐大夫之子有一条狗,凶猛异常,叱之必噬人。一位客人自愿请求试一试。客人瞪着这条狗,缓慢地加以叱责,狗没动,再加叱责,这条狗遂无噬人之心。如今,周最奉事足下,不得已而出使于韩。他将以礼陈说,并不急于露出本意。如此,则韩王必然认为齐王不急于废黜您,从而不答应任韩扰为相。如果周最不来,必在别人出使。使者为了讨好韩扰,又与您没有什么交情,必然竭力催促韩王照办。这样一来,韩王就会应允。”公叔闻言,恍然大悟,说:“善!”从此对周最备加优容,而韩王果然没有任命韩扰为相。

郑泰巧施金蝉计

董卓控制东汉王朝的京都之后,倒行逆施,关东义兵蜂起,矛头直指董卓。为此,董卓召集朝廷大臣,议论发兵镇压之事。群臣畏惧董卓的凶悍,不敢反

对。而郑泰则深感如此一来，无异会导致董卓势力的强大，发展下去，日后更难控制。于是对董卓之议提出反对意见，认为治理好国家，在德政而不在于军队和武力。此论一出，董卓不悦，反驳郑泰，说："如此说来，难道军队就没有什么作用？"群臣深知董卓蛮狠，此言一出，莫不变色，为之震栗。然而郑泰沉着冷静，处惊不变，因知董卓刚愎自用，便巧施金蝉脱壳之计，从容不迫地解释自己所持的主张。

为了迷误董卓，郑泰指出方才所论不是指军队有没有作用，而是指用不着发兵攻打关东地区。为此，他陈述了这一论点的十大依据：

第一，如今崤山以东地区议论纷纷，准备起兵，州郡相连，人众相动，并非不能。只是从东汉开国皇帝光武帝刘秀以来，中原地区无鸡鸣狗吠之警，百姓忘战已久。孔子早就说过："不教民战，是谓弃之"，尽管这些广大的土地上布满民众，但这些不习战的"弃民"不可能对我们构成威胁。

第二，明公（对董卓的尊称）出自西州，从年轻时即担任将领，军事娴熟，富有临战经验，闻名当代。以此威慑民众，民众无人敢不服从。

第三，从我们的敌手情况来看：袁绍为公卿子弟，生于京师之中、长于妇人之手；张邈素为长者，坐不窥堂，别无他能；孔伷能清谈高论，无军帅之才。这些人虽然号令一方，但临锋履刃，决战制胜，绝非明公对手。

第四，遍观崤山以东之士，勇猛、威力、敏捷、诚信、计策等方面出类拔萃如孟贲、庆忌、张良、陈平者，闻未所闻，见未所见。

第五，即便有第四点所示人才，如无王命，各人恃众怙力，必将人人观望，以待成败，不肯戮力同心，联合进击。

第六，从我方情况来看，关西诸郡，北接上党、太原、凤翔、扶风、安定，又多次与北方民族作战，连妇女都会载戟挟矛，弯弓射箭，更何况悍强男子。以此习武之师进攻东部地区的忘战之民，正如驱赶虎狼以入羊群，其势必胜。

第七，如今天下勇猛之旅，不过并州、凉州、匈奴屠各、湟中义从、八种西羌，这些均为百姓平素所敬畏，而明公以之为爪牙，于此壮士闻风丧胆，更何况小小百姓。

第八，明公所统将帅，皆为亲属心腹，相随日久，忠诚可远任，智谋可特使，与关东乌合之众相比，实有天壤之别。

第九，导致战争失败的情况有以下三种：以乱攻治者亡，以邪攻正者亡，以逆攻顺者亡。如今明公掌握全国的政治大权，为政清明，讨伐凶宦，树立忠义，具有三大德政，以三德对三亡，奉命伐罪，谁人敢御？

第十，今东州有郑玄，学贯古今，为儒生所敬仰；北海邴原，清正高洁正直明智，为群士之楷模。如果关东起兵之人向两位征求意见，讨教计策，两人必然据史实典籍加以劝阻，认为战国时期燕、赵、齐、梁之势并非不强，但最终被秦吞灭；西汉时吴、楚七国之军并非不众，却不敢越过荥阳西进，何况如今朝廷在明公治理下德政显著，部属精良，若起兵造反，无异于以动乱落得不义下场，他们必定不会同意，促成其事。

如果认为上述十个论点能够成立，那么，无事征兵，惊动天下，致使以兵役为患之民相聚造反，依恃人多势众而不顾德政，这样一来，势必会减轻朝廷之威、明公之重。所以说治理国家，在于德政，而不在军队和武力。

郑泰之言，气势磅礴，蕴力十足，董卓听后，才转怒为喜，并以郑泰为将军，使统兵迎击关东诸军。

当时有人对董卓说："郑泰智略过人，并与关东之兵有勾结，如今给予兵马，正促使他与敌党的联合。"董卓多疑，遂收回拨给郑泰的军队，将郑泰留在朝廷，任命他为议郎。

此后，郑泰与王允密谋铲除董卓，设法离开朝廷，经武关东归。

将军袁术表荐郑泰为扬州刺史，郑泰也没有赴任，就在路途中死去，时年四十一岁。

临危应变逃性命

曹操在收复濮阳时，由于攻城心切，误中了陈宫的"抛砖引玉"之谋，身陷濮阳。

当时，城池四处烈火封门。东巷张辽，西巷臧霸，北门郝萌、曹性，南门高顺、侯成一齐向陷入城中的曹操及其亲将杀来。

情急之中，曹操带马向东门冲去。迎面遇到张辽后，又转向北门，北门受阻又去闯南门。就在他像没头的苍蝇乱闯之际，火光中只见吕布挺戟跃马向他冲来。曹操回头一看，身边的亲将已不知什么时候失散，只剩他只身一人了。此刻他心想：我若与交手，用不了一个回合就会被他斩杀。若拨马而逃，又哪及得他马快？不如乘夜色混过去。于是收起宝剑，用袍袖掩住脸，催马向吕布身侧冲去。真是天不灭曹啊！曹操竟从吕布身边蒙混而过。

曹操正为自己方才的举动暗自庆幸时，突有人用戟敲着他的头盔问："曹操何在？"曹操侧脸一看，竟是吕布追了上来。随手一指前方回答说："前面那个骑黄马的就是。"当时正值夜半，人嘈马杂，吕布寻曹操心切，末辨真伪，顺着曹操手指的方向去迎"曹操"去了。

就在曹操急得团团转的时候，大将典韦及时赶来，护着曹操，冲出火阵的封锁，逃脱了性命。

七步成诗脱危难

曹操被刘备在汉中击败，退到邺郡，还没有安定下来，关羽就发动了襄、樊之战。曹操拖着老病（头疼病）之身，先到洛阳，又南下摩陂，得胜之后回到洛阳，已经是劳病交瘁，无心回邺城了。刚刚过了半个月，病情加重，于公元220年正月病死在洛阳，享年66岁。曹操一向提倡节俭，自然也反对厚葬。他在遗嘱中写着：

天下尚未安定，不要遵照古代的丧葬制度行事。安葬以后，文武百官人等都要去掉丧服。驻屯各地的将士不得离开驻地。官员们各守职位。我入殓时，要穿一般的衣服，不得用金玉珍宝陪葬。

可是关于谁继位当魏王，要不要让儿子赶快像周武王那样当皇帝等等大事，曹操到死也不说个明白。因为一来已经正式立曹丕为王太子，继位的事有了法律依据；二来他自己知道，死了以后的事也管不了许多，还是让自己最信任的大臣去办吧。

曹操的原配丁夫人没有生儿子。刘夫人生了个儿子曹昂，在征讨张绣时为救曹操而死。后来的卞夫人一共生有四个儿子：老大曹丕，老二曹彰，老三曹植，老四曹熊。其中老二曹彰勇武善战，曹操常常让他统兵打仗，立了不少战功。老四曹熊很软弱，早早地就死了。老三曹植富有文才，最得曹操和卞夫人的喜爱，曹操曾想让他继位，这自然引起老大曹丕的无限恐惧。后来近臣们以袁绍、刘表等废长立幼，引出变故的教训暗示曹操，才勉强立曹丕为王太子，不过曹丕对三弟曹植却一直放心不下。

曹操死于洛阳的时候，曹丕正在邺城坐镇，临淄侯曹植在自己的封地临淄，只有曹彰带着兵马从长安赶到洛阳。来者不善，他开口就问主持丧事的贾逵："我先王的玺绶现在何处？"这不明明要以武力夺取王位吗？贾逵马上板起脸来回答："家中有长子，国中有太子，您可不该问先王玺绶的事！"曹彰不过是个武夫，吓得不敢再多嘴，拥护曹丕的大官们赶紧把曹操的灵柩运往邺城，并抢着以卞王后的名义，立曹丕为魏王。第二天，华歆也从许都拿着献帝命令曹丕继承魏王和丞相、兼领冀州牧的诏书赶来了。曹丕顺顺利利地继承了父位，执掌了大权。

掌权后的第一件事，他就想起了三弟曹植。过去是平等的兄弟，而现在是君臣，地位完全不同了。恰巧曹彰和另外二十几位兄弟（不是王后亲生）都来奔丧，只有曹植没来，曹丕立即以魏王的名义，命令十分忠于曹操和自己的猛将许褚带兵，连夜赶往临淄，把曹植、丁仪、丁廙捉到邺城。三个人都知道性命难保，果然，曹丕先下令杀死丁仪、丁廙和两家的全部男子，然后，曹丕要亲自治一下曹植了。

现在的曹植完全变了一个人，他像斗败了的公鸡，一进门就趴在地上，战战兢兢地等候大哥的发落。他心里非常明白，只要大哥牙缝里挤出半个"死"字来，他就得和丁氏二兄弟一样了。曹丕趾高气扬地开始训斥起曹植来。他说："我和你在亲情上虽然是兄弟，可是在大义上却属于君臣！你怎么敢蔑视礼法，不来为先王奔丧？"曹植一个劲儿地叩头："我罪该万死，罪该万死！"曹丕继续威严地说："先王在世的时候，你常拿着自己的文章在人们面前夸耀，我很怀疑是不是别人代你写的。我现在限你在七步之内吟诵出一首诗来。你如果真能七步成诗，我就免你一死。如果不能，就要重重治罪，决不宽恕！"曹植是有真才的人，这当然难不倒他。他抬起头来，闪着惊恐的泪眼，用乞求的声音说："请大王出题。"曹丕说："我和你是兄弟，就以我们兄弟为题赋诗，但诗中不准出现'兄弟'的字样。起来试试吧！"曹植站起身来，慢慢走动，不到七步，诗已顺口而出：

煮豆燃豆萁，

豆在釜中泣：

本是同根生，

相煎何太急！

曹丕一听不要紧，泪水不觉涌出了眼眶。曹植明明是把哥哥比作豆萁，把自己比作豆子。要燃豆萁来煮豆子，这不正像曹丕要杀害曹植一样吗？这时，一直躲在里屋的卞太后也痛不欲生地出来，哭着说："当哥哥的为什么要这样狠心逼弟弟呀！"曹丕慌忙离开座席说："他是我的弟弟，我能容得天下，如何会容不得他呢？"曹丕当场免了曹植的死罪。还封他为安乡侯。

曹植一首诗，能够救自家一条性命，就在于他巧妙地寓理于事。寄事于诗，告诉曹丕一个道理：你曹丕杀我，有如用豆萁作燃料来煮熟豆子，结果是自相摧残。两败俱伤，这该是多么悲惨的结局啊！从而引发出曹丕念及兄弟手足之情，萌生了不忍残害自家骨肉的怜悯之心。

金蝉脱壳铸大错

三国时，姜维带兵攻打魏国。魏国大将邓艾带兵扎九寨准备迎敌。

姜维看魏兵早有准备，就对副将说："魏国既然早有准备，留一路人马由你带领，可打着我的旗号，在谷口安下大寨，每天派一百名骑兵放哨，每放哨一回，换一回服装和旗号，按赤、白、青、黄、黑五色旗帜相换。我暗中带大军偷偷从董亭直袭南安。"

邓艾知蜀兵出祁山，早与陈泰安营下寨准备迎敌。但是不见蜀军前来挑战。

邓艾凭高观望，入帐后对陈泰说："据我观察姜维不在此处营中，一定是取董亭袭南安去了。"

陈泰问："何以见得？"

邓艾说："你看每天，敌营中的哨马只是这几匹，往来的哨探只是这几人，只不过更换衣甲罢了，现在他的人马都十分困乏，他们的主将必定无能。"

陈泰说："将军言之有理。"

邓艾接着说："陈将军可带一队人马去攻敌营，肯定会破寨。破寨后，你领兵去董亭之路，先切断姜维后路。我带一队人马去救南安，直取武城山。如果先占了此山，姜维必然去取上邦。上邦有一谷，叫段谷，地狭山隘，正好埋伏。姜维来争武城山时，我先埋伏在段谷，一定能破姜维。"

陈泰听后，十分赞成，说："我在陇西驻守已有二十三年了，还没有这么熟悉地理，明公之言，真是神机妙算，将军你快去救南安，我马上去破寨。"

于是邓艾带兵急行军赶到武城山，安营下寨，蜀军还未到。

邓艾令邓忠与帐前校尉师纂，各领兵五千，先去段谷埋伏，二人受计而去。随后，邓艾传令全军偃旗息鼓，等待蜀军。

姜维带蜀军大队人马来到武城山，姜维传令占领高地。突遭邓艾大军重创，姜维连攻不下，蜀军死伤很多。

姜维下令收兵，全军将士转取敌上邦。

姜维大军途经段谷，正中邓忠埋伏，前有伏兵，后有邓艾追兵，祁山大寨早已被陈泰攻破，姜维处于绝境。在危急时刻，荡寇将军张嶷估计姜维受困，率兵杀入重围，救了姜维。

从姜维这一仗来看，姜维想使用金蝉脱壳计，打败魏军。但被邓艾识破，反将姜维大败。可见，尽管计谋再好，如不精心，势必铸成大错。

后主费心享天年

与蜀汉后主刘禅不同，南朝陈后主陈叔宝是公认的聪明人。关于陈后主，史书中有许多他如何荒淫无道、残害忠良、信任奸佞、搜刮民脂民膏的记载。其实，陈后主未必如此失德，即使真有这些罪状，陈朝也未必便是因此而灭亡的。须知，大厦将倾，非一木所能支，实力对比发生变化，其中原因很多，全怪陈后主，显然有失公允。

陈后主被隋朝灭亡之后，从六朝金粉之乡来到隋京。昔日威势，荡然无存。昔为万钧之主，今为阶下之囚，其中滋味，何消说得。不过，人总是人，人总要活下去。为了能够活下去，陈后主必须用心谋划，才能免于杀身之祸。

隋文帝并不是一个大方宽厚的君主。但是，他对陈后主却表面上十分优容，经常召见他，位同于三品之官。每次宴会，为了不使陈后主伤感，下令不奏吴地音乐。不过，陈后主明白，隋文帝的眼睛，正时刻盯着他，他并没有让隋文帝放心。

为了做到这一点，陈后主故意要求监守者奏请隋文帝，声称："我在这里，经常参加宴会，希望陛下赏一个正式官员，以便称呼。"隋文帝大怒，骂道："陈叔宝这个人，简直是全无心肝！"转念又想，陈后主此举，其中是否有诈？便问监守者，陈后主平时都干些什么？监守者回禀："陈叔宝经常喝得大醉，很少有清醒的时候。"隋文帝又问其酒量。答曰："与其子弟每日可饮一石。"隋文帝又有些不高兴，便告诉监守者，让陈后主节制一下。但是，过了一会儿，又说："让他尽兴吧。不这样，他该如何度日呢？"此后，隋文帝下诏将陈后主的家属在各地妥善安置，不再过问其事。陈后主费尽心机，终于得终其天年。

击鼓传谣智解围

公元615年秋季，隋炀帝杨广外出巡游。刚出长城，就遇到远嫁突厥的宗女义成公主派遣来的送信密使。信中讲，突厥的始毕可汗就要来进攻隋朝了。对此事始料未及，隋炀帝只好命令扈从人员，仓猝驰入雁门关。

原来，突厥与隋朝的关系并不错，始毕可汗的封号还是隋朝所赐，并与隋朝义成公主结为姻亲。但由于始毕可汗日益强大，隋朝为分减其势力，欲册封其弟咄吉设为南面可汗，未得逞。始毕可汗对隋朝播弄是非有所不满，再加上隋黄门侍郎杀害始毕可汗心爱的谋臣史蜀胡，致使始毕可汗下决心要报仇。因此，毕始可汗密切注意着隋朝的动向，而隋则毫无查觉。这一次隋炀帝轻率决定北巡，当即有细作报告了始毕可汗，于是突厥倾国而动，誓将隋炀帝围杀在长城以北。

始毕可汗有备而来，大兵压境，炀帝则是始料不及，被困关内。当时，突厥兵有十万之众，若是开关迎战，一则寡不敌众，二则胡骑锐气正盛，定要失利，只能扼守关隘，静等勤王之师前来解救。在隋军死守过程中，始毕可汗人多势众，冒死扑攻，雁门关岌岌可危。于是，炀帝赶紧诏令全国募兵，速来勤王。

这时，李世民正在屯卫将军云定兴处应募从军，年方十六岁，却已智勇过人。他向云定兴献计道："始毕可汗骤举大兵，围攻天子，是因为他料知仓猝之际，隋朝的援军无法立刻便能到来，而现在，这里的士兵，人数不多，而且未经训练，都是无法临阵参战的。根据这种情况，我们只能用虚张声势的办法来对付。其一，在白天应派人在各地挥扬旌旗，从数十里以外一直飘扬到这里来；夜间则猛擂战鼓，尽量使鼓声从四面八方传来，又从这里传向四面八方。如此一来，始毕可汗必然怀疑我们的援军已滚滚而至，即使不望风而逃，也决不会像现在这样猖獗进攻了，我们至少可以取得充分的时间来休整待援。其二，速派密使去见义成公主，以义成公主的名义，伪称始毕可汗的牙帐危急。这样，始毕可汗便无论如何也要退兵了。"隋炀帝允准了云定兴的奏请，就依李世民的计策行事。始毕可汗白天见隋军旌旗遍野，数十里不绝；夜间只听到战鼓阵阵，喧声四起，果然大为疑惧，再也不敢急攻雁门关，反思考着如何退兵了。不久，又接到义成公主的急件，说是北方有急，牙帐恐失，宜速还军。始毕可汗见无力前进，后方危急，灰心丧气，败兴而退。隋炀帝即遣骑追击，俘虏了数千名突厥骑兵。

就这样，李世民通过擂击战鼓，使强敌为之却步；利用谣言，顷刻间解了雁门重围。在这里，李世民通过虚张声势，来壮大自己的气势，迷惑突厥兵士，从而使隋朝军队顺利摆脱险境，并反败为胜。

悬羊击鼓惑金兵

南宋宁宗开禧年间，金兵屡犯中原。南宋名将毕再遇先后在泗州（在今江苏泗洪）、盱眙（今江苏洪泽湖附近）、灵璧（在今安徽）、楚州（在今江苏淮安）等地大败金军，威名远震，金兵闻之丧胆。一次，金兵又调集数万精锐骑兵，要与宋军决战。此时，宋军只有几千人马，如果与金军决战，必败无疑。毕再遇为了保存实力，准备暂时撤退。金军已经兵临城下，如果知道宋军撤退，肯定会乘势追杀，那样，宋军损失一定惨重。毕再遇苦苦思索如何蒙蔽金兵，转移部队。这时，只听帐外马蹄声响。毕再遇受到启发，计上心来。

他暗中作好撤退部署。当天半夜时分，命兵士巧妙地制作鼓声。金军听见鼓响，以为宋军趁夜劫营，急忙集合部队，准备迎战。哪里知道只听见宋营战鼓隆隆，却不见一个宋兵出城。宋军连续不断地击鼓，搅得金兵整夜不得休息。金军的头领似有所悟：原来宋军采用疲兵之计，用战鼓搅得我们不得安宁。好吧，你擂你的鼓，我再也不会上你的当。

宋营的鼓声连续响了两天两夜，金兵根本不予理会。到了第三天，金兵发现，宋营的鼓声逐渐微弱，金军首领断定宋军已经疲惫，就派军分几路包抄，小心翼翼靠近宋营，见宋营毫无反应。金军首领一声令下，金兵蜂拥而上，冲进宋营。这才发现宋军已全部安全撤离了。

原来毕再遇使了"金蝉脱壳"计，悬羊击鼓，迷惑了敌军。

义女智救石达开

石达开与洪秀全、杨秀清分手，率领着手下兵马进入蜀地，一路上被清军追迫得势力日渐单薄。

话说当年，石达开在攻取广东时，曾救了一位少女，为她洗雪了姐姐和嫂嫂的冤情，还替她的生父生母建造坟墓。少女感恩不尽，情愿以身相许，服侍枕席之旁，可是为他所拒绝，他说："既然我们以义父义女相称，我是不能背着道义纳你为妾的，同时，我要求部下凡是奸淫的一律处死，我若是答应你，那将何以禁压部下呢？我按理应为你选择一个好的夫婿！"于是凡见到部下中有年轻的军官，长得英俊而尚未成家的，必指着让义女看见，而后问说："像那位军官，你愿嫁他么？"义女眼睛一扫，便摇摇头，时间过得很快，经过相当时日，少女还是找不到如意郎君。有一次，石达开对她说："青春不再，赶紧选个乘龙快婿吧，别让岁月平白流逝！究竟你要选个何等人才，方才嫁呢？"适巧当时有一位书记站在旁边，少女便用手指着他

说："像那个人与我有缘！"这么一说，粉脸通红，害羞得不敢再说什么。石达开以为两人已有私情，于是便成全他们，选个好日子结婚。其实，书记和少女直到花烛之夜才开始交谈。

等到石达开被清军杀得走投无路，而准备自杀时，将所藏的珠宝全部送给义女，义女含着眼泪推辞说："女儿早已料到有这么一天，所以别人我都不愿嫁，而嫁给书记，乃是因为书记的面貌长得非常像义父，一旦有危难，可以救急呀！"于是叫她丈夫起来，把衣服和石达开对换过来，起先她丈夫还恋恋不忘她的美色，不肯干脆地答应，她便提起剑来要自杀，至此，她丈夫没有选择的余地，把衣服脱下来。石达开为义女的大义深深感动，穿着书记的衣服，收集一些金银珠宝，就像金蝉脱壳一般的离去，削落三千烦恼丝，遁入五台山当和尚。而清军擒住他的义婿请功就上了大当。

黄兴用计脱重围

黄兴，字克强，湖南善化（今长沙）人，是湖北两湖书院高材生。当时任两湖总督的是直隶南皮（今河北）张文襄公之洞，颇有知人之明。张之洞一天在书院见到黄兴，当即鼓励赞赏说"真是我们国家独一无二的人才！"但武昌知府兼两湖书院监督梁鼎芬思想守旧，见黄兴言论行动有些激进，很不顺眼，千方百计压制黄兴。黄兴也不甘示弱，常在学生中鼓动抗梁风潮，黄兴因此所受压力很大。一名区区学生和一校之长抗衡，对黄兴自然不会有什么好结果，只是由

于张之洞的庇护，黄兴才未被梁鼎芬开除出校。

义和团运动后，清政府举办新政，其中包括派遣留学生出国学习，张之洞派黄兴为官费留学生，黄兴十分高兴地到了日本。

在日本留学期间，黄兴由宋教仁、刘揆一等人介绍，结识了日本在野党的宫崎滔天，后来又由宫崎的介绍，认识了孙中山。孙中山本是革命领袖，黄兴结交孙中山后，革命思想更加坚定，他们共同发起成立了资产阶级革命政党——中国同盟会，从此黄兴便把自己毕生精力献给伟大的革命事业。

黄兴在革命道路上历尽千难万险，但每次在危难之中都化险为夷、安然逃脱。

第一次是黄兴回长沙发动起义，湖南革命党人已有几千，并在湖南军、学两界都已事先联络，准备某晚起事，不幸机密泄露，湖南巡抚下令搜捕黄兴，隐匿者同罪。黄兴无处藏身，正在万分焦急之时，忽见一个彩轮店，有花轿仪仗等器具，出租供结婚迎亲之用。黄兴便面见店主，直接承认自己就是黄兴，并大声喝到："今天巡抚下令关闭城门搜捕我，势必要抓到我。我如果被捕，一定把你说成是我的同党。你想免祸的话，用花轿抬着我，配上仪仗、吹鼓手，送我出城。"店主怕惹祸，赶忙照黄兴的主意办，使黄兴得以安然脱险。

长沙起义失败后，黄兴在上海隐姓埋名，准备再次起义，但无机可乘。正在旅店闲居愁闷之际，适逢广西巡抚王之春赴任道经上海。王之春平素仇视革命党人，一经他拿获，立即杀害，总计革命党人死在他手中已不下六百三十余人，故有王屠户之称。黄兴早就想拿他报仇雪恨，一直没有机会，如今在上海巧遇，真是天赐良机。于是黄兴便改装易服，天天在旅馆门口等候，同时又有几个小贩，挎筐跟随王之春的左右叫卖食品。黄兴见王之春外出，举枪射击，未中。巡捕闻声从四面八方赶来，情形万分紧急，黄兴却从容地把枪扔掉，从小贩手中接过小筐，口喊"刺客！刺客！"巡捕果然把黄兴当作小贩未加阻拦。他们哪里料到，那些小贩正是黄兴预先留作逃亡所布置的。

黄兴一败于湖南，再败于上海，都能从容逃亡，手段可谓高明，更不可思议的是广东黄花岗之役，令人叫绝。那时宣统皇帝年幼继位，一切大事全由无知无识的王公大臣办理，外忧内患相环而至，这些王公大臣非但不以为忧，却依然酣嬉歌舞，粉饰太平。甚至任命某一官吏，公然宣布出自某王公某大臣门下，廉耻丧尽，于此已极。两广总督张鸣岐，更是昏庸得很。黄兴以为在此起义易于成功，便率领革命党人攻打广州，直扑总督衙门。张鸣岐听到枪声，藏在后花园茅房中得以幸免。清军大量内外援军很快赶到，革命党人支持不住，分途逃跑，其中被清军捕杀共七十二人，即今黄花岗七十二烈士。黄兴虽潜伏在草丛一时逃脱，但守城军警林立，盘查过往行人十分严密仔细，依然无法冲出重围。正无计可施时，见一屠夫背刅猪肉从身边经过，黄兴急中生智，立即付钱买下猪肉，又和屠夫换了衣服，肩背猪肉安然出城而去。

黄兴生平类似轶事很多，虽然得自传闻未必可信，但黄兴往往在呼吸存亡间不容发之际居然得术以出，足见其弥天大勇和足智多谋。

假安营罗马脱险

古罗马人善于利用敌人的心理，安排自己的作战活动。这在公元前102年的一次行动中表现得尤其突出。

公元前2世纪末，罗马人经常受到北面的辛布里人和条顿人的侵扰。辛布里人和条顿人自阿尔卑斯山南下，气势汹汹，勇不可挡。公元前102年，罗马将领昆图斯·卢塔提乌斯·卡图卢斯在阿迪河附近又吃败仗，只好率军逃跑。跑着跑着，又遇到一条小河挡路，河对岸还有敌军把守。真是前堵后追，河流添乱，情况十分危急。卡图卢斯决定用金蝉脱壳之计脱身。

他命令部队到附近山头上安营下寨，实际这不过是摆出一副安营的架势，叫尾随的辛布里人看，同时他又暗暗命令部队不得打开辎重，不得脱下盔甲，不得离开队伍或乱了阵形。为了加深给敌人造成的印象，他又命令部队在敌军容易看到的地方搭起帐篷，点上灯火，修筑壁垒，并派一些士兵去收集木材。辛布里人见状，认定罗马人又像往常一样，正在安营，自己也动手选择地点安营，准备次日决战，一举全歼罗马人。但辛布里人军纪不如罗马人严格，一听说安营，队伍便一哄而散，纷纷跑到附近村庄去找安营需用的物资。

此时卡图卢斯正睁大眼睛看着辛布里人的一举一动。他正是根据辛布里人平日军纪不严的特点，设下此计。看到辛布里人分散以后，知道时机成熟，立即命令部队迅速整队出发。部队转眼渡过河去，击败了未曾走散的少数敌军，继续走向撤退。卡图卢斯用计挽救了罗马军的厄运，次年又消灭了凶猛的敌军。

巧避战诱敌歼敌

"金蝉脱壳"计也是罗马起义领袖斯巴达克常用的避战歼敌之计。公元前74年（有些史料记载为公元前71年），罗马爆发了最大的一次奴隶起义，其领导者就是斯巴达克。公元前73年初，斯巴达克的队伍在坎帕尼亚得到扩充，增至1万人，随后，多次打败罗马军队。随着起义的发展，起义军也逐步走上正规，建立军团、骑兵，制造武器，组织训练，对罗马政府构成了威胁。公元前73年秋，罗马元老院派大法官瓦里尼乌斯（也译瓦伦温）率军讨伐斯巴达克。罗马政府军共2个军团，计1.2万人。面对强敌，斯巴达克镇定自若，决定采用各个击破的战术，击败罗马军。他首先集中优势兵力在坎帕尼亚东部吃掉瓦里尼乌斯副将傅利乌斯的2000人马，尔后回师击败前来增援的另一支罗马军。瓦里尼乌斯虽遭痛击，但他依靠重兵将起义军围困起来，并在四面挖深沟，筑土墙，企图一举歼灭起义军。起义军由于连续作战，消耗巨大，粮食将尽，面临全军覆没的险境，斯巴达克决定采用金蝉脱壳之计。

他指挥起义军利用夜暗把死尸绑在营前伪装成哨兵，四处点起篝火，留下几个哨兵定时吹号，整个军营从表面看同平常一样。当夜，全部起义军按预定计划从敌人认为无法通过的山路突出重围，并选有利地形，设下伏兵。

第二天，起义军营地空无一人，瓦里尼乌斯恼羞成怒，命令部队寻踪追击，结果经翻山越岭而疲惫不堪的罗马军乖乖地进入了伏击圈，起义军突然冲击，杀声四起，罗马军措手不及，落荒而逃，大部被歼，起义军获得大胜。

此战对起义军起到了巨大的鼓舞作用，增强了战胜政府军的信心，公元前72年，起义军人数已达12万人，成了罗马政府的心腹大患。

蒙哥马利疑兵计

1944年诺曼底登陆战役前夕，同时有两个蒙哥马利活跃在两个不同的地区，一个在直布罗陀和阿尔及尔，一个在英国南部海岸，这两个人的名字都是伯纳法·芬·蒙哥马利，都是同一职衔的将军，都曾乘坐英国首相丘吉尔的专机，驰骋疆场。这究竟是怎么回事？

5月，英、美联军决定开辟欧洲第二战场、发动对希特勒大反攻的"霸王行动"正在紧锣密鼓地准备着。德国统帅部也深知一场大战就要开始，连忙调兵遣将，并密切地监视着英、美联军的一切活动。

盟军与德军隔着英吉利海峡，互相虎视眈眈，谁都想把对方一口吞到肚子里去。

5月15日，英军统帅蒙哥马利将军突然乘坐丘吉尔首相的专机，风风火火地飞往直布罗陀和阿尔及尔。蒙哥马利这个人具有极活跃的个性，而且自信心极强。他的部下官兵都一致称他为"蒙特"，他精于表演之道，善于建立其威望，也可以说最会出风头。他的言论极大胆，而行动极为小心。虽然有时这种戏剧性的装扮，不免会使他的军官哑然失笑，可是他的那种新拿破仑式的私人文告，例如"我与你们在一起是感到极为骄傲的"、"你们使这个军团变成了一个家喻户晓的名词"等等说法，却在他部下的精神上发生了作用。还是在1942年的上半年，当时英军在北非战场上节节败退，丢城失地，损兵折将。蒙哥马利临危受命，出任第八集团军司令，不仅遏止了德军的攻势，而且在阿拉曼战役中打败了德、意非洲军团，取得了决定性的胜利，扭转了北非战场的危急局势。随后，他率部乘胜追击1000多英里，迫使德国统帅隆美尔狼狈逃窜，逼使继隆美尔负责整个指挥的意大利军队总司令梅塞陆军元帅投降，结束了北非战争。丘吉尔在蒙哥马利的纪念册上题词祝贺："敌军在突尼斯全军覆没，最后投降总数达24.8万人。这标志着阿拉曼战役以及进军西北非这个伟大业绩的胜利结束。祝你们在以往的成就和新的努力的基础上，取得更加辉煌的胜利。"蒙哥马利这次乘首相专机一到阿尔及尔等地，便到处受到热烈欢迎，即使想保密也保不住。何况，这次蒙哥马利来到非洲，并没要求特殊保密。因此，他每天的行踪，几乎都占了各大报刊的头版头条。他会见当地军政要人，检阅各种部队，参加群众集会，发表谈话演讲，主题就是一个：协力同心，狠狠打击纳粹，准备大规模进攻。当记者询问他此行的目的，他神秘地笑笑，说："无可奉告。"他自己不说，可是英国的许多小报却将秘密透露了：蒙哥马利到直布罗陀和阿尔及尔的重要使命是组编英、美联军，准备在法国南部登陆，以开始对希特勒发动总攻。英国的政府大报，先是沉默不理，后又反驳小报在造谣、妄测。甚至检查泄密的小报，闹得乌烟瘴气。

德国军方半信半疑，连忙派两名高级间谍前去侦察，果然看见瘦削的蒙哥马利真的在中东穿梭活动，并偷拍了蒙哥马利参加集会的照片，记录了蒙哥马利的活动情况，快速送回德军的统帅部。这使德军将领迷惑不解……

正当这个蒙哥马利在中东大肆活动时，另一个蒙哥马利却率领二十一集团军隐伏在英国南部海岸，厉兵秣马，准备横渡英吉利海峡，突袭德国北部的德国纳粹部队。这个蒙哥马利也没闲着，他乘坐国内武装力量总司令曾经使用过的"轻剑号"专列，不拘形式地访问将要参加"霸王行动"的每支部队，同军官个别谈话，检阅部队。他那瘦瘦的身材和自信的表情，几乎深深地印在超过100万的出征官兵的眼里和心头。然而，他的行动却是保密的，报纸上几乎没有他活动的报道。

根据"霸王行动"计划，英、美联军拟定在诺曼底登陆，开辟欧洲第二战场。为此，英、美调集了39个师，美国还有40到50个师正源源不断地运来，

各种飞机13000多架，战列舰6艘，低舷重炮舰2艘，巡洋舰22艘，驱逐舰93艘，小型战斗舰159艘，扫雷艇255艘，各种类型的登陆艇1000多艘，连同运输船只共达6000多艘。总计盟军陆海空三军及后勤人员总数达287万人。这么大规模的调动和集结，很难完全隐蔽，德国一旦发现，并且在诺曼底设置抵抗部队，联军登陆成功的希望就渺茫了。为了迷惑敌人，麻痹敌人，盟军统帅部便使用了种种疑兵之计，其中的计谋之一便是演出一场真假蒙哥马利之戏，用假蒙哥马利来掩盖真蒙哥马利的行踪，达到掩护军队调动、模糊进攻目标的目的。

英国陆军中尉杰姆士的身材、面貌长得酷似蒙哥马利，并且具有高超的模仿能力和表演天才，于是让他扮演英国登陆部队司令官蒙哥马利，乘首相专机到直布罗陀、阿尔及尔等地尽情"表演"。他来到中东，连当地的一般官员和军官也没事先通知，他们看见杰姆士前呼后拥而来，都以为是蒙哥马利到了，殷勤接待，听他训话，哪知他们阿谀奉承的是假蒙哥马利？英国当地官员大多都以假作真，德国间谍岂能辨别？杰姆士更充分地发挥了他的表演天才，把一场戏演得维妙维肖，天衣无缝。德国人便以为蒙哥马利到中东活动了。不过，德国并不相信英国报纸宣传的蒙哥马利在阿尔及尔编组英、美联军，打算从德国南部进攻，而认为蒙哥马利的直布罗陀之行是一种诈术，即掩盖联军从加莱登陆而搞的迷魂阵。因而，更加认定加莱是盟军登陆的目标，从而把防守诺曼底的两个坦克师和六个步兵师抽调到加

莱地区，诺曼底的防守便薄弱了。德国人认为蒙哥马利出现在阿尔及尔是声东击西，声称从德国南部进攻是假，而攻击加莱是真，实际盟军摆疑兵之计的目的却是掩护进攻诺曼底，狡猾的德国统帅部犯了个根本错误，他们更没有想到阿尔及尔活动的蒙哥马利也是假的！

盟军示假隐真，迷惑了敌人，终于达到了调动敌人，减少诺曼底登陆压力的目的。

正是在这种情况下，盟军以5000多艘各种舰只组成的庞大舰队，载着17.6万登陆部队和2万辆军车，于6月5日夜，向诺曼底发起了攻击。而此时，德军的三位海防高级将领，出访的出访，探亲的探亲，只有冯·伦斯德和西线装甲集团军司令盖尔·冯·施韦彭堡将军在坚守岗位，可这两人都没有资格直接与元首通话。而且，不经最高统帅部特许，他们都不能调动战略预备队；盖尔则无直接指挥战斗之权。

6月7日，蒙哥马利在滩头阵地设立了"前进司令部"。7月16日英军突入冈城。至此，盟军诺曼底登陆行动取得了完全的成功，建立了有史以来最大的登陆场，空前的物资运输线建立起来，一端在英格兰，一端在诺曼底，战争物资源源不断地运抵欧洲大陆，反击德国法西斯的"第二战场"开辟了。

索尼巧计摆困境

1956年2月，日本索尼公司的副总裁盛田昭夫又踏上了美利坚的土地。这是他第100次横跨太平洋，寻找产品的销路。

纽约的初春，寒风刺骨，蒙蒙细雨夹着朵朵雪花。大街上的行人十分稀少。

身材矮小的盛田昭夫带着小型的晶体管收音机，顶着凛冽的寒风，穿街走巷，登门拜访那些可能与索尼公司合作的零售商。

然而，当那些零售商们见到这小小的收音机时，既感到十分有趣，又感到迷惘不解。他们说："你们为什么要生产这种小玩意儿？我们美国人的住房特点是房子大、房间多，他们需要的是造型美、音响好，可以做房间摆设的大收音机。这小玩意儿恐怕不会有多少人想要的。"

盛田并不因此而气馁，他坚信这种耗费了无数心血而研制成的小型晶体管收音机，一定会让美国人所接受。

事情总是这样，多余的解释往往不如试用中所发现的道理。小巧玲珑，携带方便，选台自由，不打扰人，正是小型晶体管收音机的优点。很快地这种"小宝贝"已为美国人所接受。

小型晶体管收音机的销路迅速地打开了。

有一家叫宝路华的公司表示乐意经销，一下子就订了10万台，但附有一个条件，就是把索尼更换为宝路华牌子。盛田昭夫拒绝了这桩大生意，他认为决不能因有大钱可赚而埋没索尼的牌子。

宝路华的经理对此大感不解："没有听过你们的名字，而我们公司是50年的著名牌号，为什么不借用我们的优势？"

盛田昭夫理直气壮地告诉他："50年前，你们的名字一定和今天的我们一样名不见经传。我向你保证，50年后我的公司一定会像你们公司今天一样著名！"

不久，盛田昭夫又遇上了一位经销商，这个拥有151个联号商店的买主说，他非常喜欢这个晶体管收音机，他让盛田给他一份数量从5000、1万、3万、5万到10万台收音机的报价单。

这是一桩多么诱人的买卖啊！盛田昭夫不由地心花怒放，他告诉对方，请允许给一天时间考虑。

回到旅馆后，盛田昭夫刚才的兴奋逐渐被谨慎的思考取代了，他开始感到事情并非这么简单。

一般说来，订单数额越大当然就越有钱可赚，所以价格就要依次下降。可是眼前索尼公司的月生产能力只有1000台，接受10万台的订单靠现有的老设备来完成，难于上青天！这样就非得新建厂房，扩充设备，雇用和培训更多的工人不可，这意味着要进行大量的投资，也是一笔危险的赌注。因为万一来年得不到同样数额的定货，这引进设备就会闲置，还要解雇大量的人员，将会使公司陷入困境，甚至可能破产。

夜深了，盛田昭夫仍在继续苦思良策，他反复设想着接受这笔订货可能产生的后果，测算着价格和订货量之间的关系。他要在天亮之前想出一个既不失去这桩生意，又不使公司冒险的两全其美的妙计。

他在纸上不停地计算着，比划着，忽然他随手画出一条"U"字形曲线。望着这条曲线，他的脑海里如电闪般出现了灵感——

如果以5000台的订货量作为起点，那么1万台将在曲线最低点，此时价格随着曲线的下滑而降低，过最低点，也就是超过1万台，价格将顺着曲线的上升而回升。5万台的单价超过5000台的单价，10万台那就更不用说了，差价显然是更大了。

按照这个规律，他飞快地拟出了一份报价单。

第二天，盛田昭夫早早地来到那家经销公司，将报价单交给了经销商，并笑着说："我们公司有点与众不同，我们的价格先是随订数而降低，然后它又随订数而上涨。就是说，给你们的优惠折扣，1万台内订数越高，折扣越大，超过1万台，折扣将随着数量的增加而越来越少。"

经销商看着手中的报价单，听着他怪异的言论，眨巴着眼。他感到莫名其妙，他觉得似乎被这位日本人玩弄了，他竭力控制住自己的感情说："盛田先生，我做了快30年的经销商，从没有见过像你这样的人，我买的数量越大，价格越高。这太不合情理了。"

盛田昭夫耐心地向客商解释他制订这份报价单的理由，客商听着、听着，终于明白了。

他会心地笑了笑，很快地和盛田昭夫签了一份1万台小型晶体管收音机的订购合同。这个数字对双方来说，无疑都是最合适的。

就这样，盛田昭夫用一条妙计就使索尼公司摆脱了一场危险的赌博。

药油起家成富翁

香港的白花油企业是由一则祖传秘

方的启发下自配药自经销的小本买卖发展起来的,如今该企业主颜氏家族的财富已达5亿余港元。

白花油企业的创业者颜玉莹原是做糖果、面包等小生意的。结婚后妻子刘氏从娘家带来一则花油的祖传秘方,这种药油由薄荷脑、冬绿油、薰衣草和樟脑等天然配制而成,主治肚痛、感冒鼻塞,防治蚊虫叮咬等小毛病。原来这自制药只是家用,因药效特好,亲朋好友纷纷来讨用。鉴于此,颜玉莹突发灵感,决定试销白花油。初试成功,白花油很受顾客欢迎,于是他结束了其他营业,专心经营白花油。

为了打开白花油销路,使白花油家喻户晓,颜玉莹用出奇制胜的手法大肆进行宣传。他亲自和伙计们一起,到港九新界每个角落,张贴街招广告,或钉上铸有白花油字样的铁皮商标,以广泛招徕顾客。后来他又想法把铁皮商标钉在流动船只上,以吸引市民注意,而每日付给船主的广告费仅一元几角就够了。这种广告费用少,收获大。他最成功的一次宣传,也许要算1953年在香港的义卖救灾运动中,因捐钱最多而摘取慈善皇后桂冠,因此白花油销路直线上升。为了长期吸引人们使用白花油,他还成立了香港白花油慈善会有限公司。凡报名成为会员的,只要每月购买一瓶白花油,此人寿终后,其遗产继承人便可以领取一笔数目可观的钱。这种做法很能吸引人。该慈善会吸收会员最多时达1万人。白花油的声誉也随之鹊起,变得家喻户晓。

白花油之所以能够长销不衰,除效果好,宣传有力外,以不变应万变的策略也是很重要的一个原因。白花油企业从开创至今,60余年来它的配方成分始终没变,就是它的玻璃瓶子的设计和外壳包装也一成不变。为什么不变?颜玉莹自有一套独特的见解。他认为:一种消费者欢迎的商品形象,是经过长年累月的经营才能建立起来的。它的包装形象已深入用户脑中,不应该轻易改动。一种药能够风行几十年,是经受了用户的考验,认为确实有效才能生存下来。既然它已为用户接受,贸然更改成分是不明智的。

棋高一着的经营都善以"超常识"的思维,实施"金蝉脱壳"的经营手段。他们不随潮流,不抢风头,而是寻找市场的潜在需求,独树一帜,在别人没有想到和看到的"空白区",以常人不在意的投资、生产、销售、服务等诸方面搞出自己的经营特色,出奇制胜,这样就比较容易获得人们意想不到的成功。

银行总裁挽狂澜

1928年夏天,积劳成疾的美国银行家贾尼尼离开了刀光剑影的纽约华尔街,回到风光旖旎的家乡意大利米兰休养。

身在意大利米兰,心在美国纽约。贾尼尼始终密切地关注着万里之遥的纽约华尔街的情况。

一天,贾尼尼突然被一条新闻惊呆了,这条刊登在头版头条的新闻是这样写的:贾尼尼的控股公司纽约意大利银行的股票暴跌50%,加州意大利银行的股票亦出现36%的跌幅。

贾尼尼大吃一惊，心急火燎地赶回加州的旧金山。

在圣玛提欧的豪华住宅中，贾尼尼召开了紧急会议。他阴沉着脸火爆爆地大声质问憔悴不堪的儿子玛利欧："股价如此暴跌，一定有人在背后捣鬼，到底是谁？"

在一旁的律师吉姆·巴西加尔赶忙替玛利欧回答道："股价暴跌是由摩根的纽约联邦储备银行引起的，他们认为意大利银行涉嫌垄断，逼我们卖掉银行51%的股份。"

原来，意大利银行收购旧金山自由银行之后，金融巨头摩根怀疑贾尼尼野心勃勃要控制全美国的银行业，因此招来了联邦储备银行的干预。

面对这种情况，玛利欧主张卖出意大利银行的一部分资产，然后再买回公开上市的股票，从而使意大利银行由上市的公众持股公司变成不上市的内部持股公司脱离华尔街的股票市场。

其他的董事也都认为玛利欧所说的是目前惟一可行的办法，只有这样才能挽救意大利银行于倒悬。

但是，他们达成的一致意见却遭到贾尼尼的强烈反对，他认为这一策略不无可取之处，但难免太消极。

大家都沉默了，用征询的目光看着贾尼尼，意思是说，你否决了我们的建议，难道你有什么更好的锦囊妙计吗？他们对贾尼尼善于出奇制胜的才能一点也不怀疑。

然而，贾尼尼却说出一番使大家更吃惊的话："再过两年我就进入花甲之年了，而且身体也渐渐支持不住了，我要辞去意大利银行总裁的职务。"

此话一出，令在场的人都大为吃惊。大家都痛苦地低下了头。因为他们都明白，贾尼尼是说到做到的人，是绝不会反悔的。

玛利欧却迫不及待地劝说道："爸爸，我们焦急地盼望您回国，不是想听您说这句话的，您呕心沥血一手建造起来的意大利银行，如今正处在生死攸关的紧急关头，我们需要您带我们一起渡过这个难关！"

贾尼尼放声大笑起来，他挥动着拳头说："我决不会让意大利银行倒下的！"

大家的情绪立即激昂起来，他们心里明白，贾尼尼已经有了一个非常好的对策。他们都瞪大眼睛盯着他。

贾尼尼接着说："不但如此，我还要设立一个比意大利银行大好几倍的控股公司！我之所以辞职，就是要以个人的身份去游说总统和财政部长，促使他们制订一条新的法令，使商业银行的全国分行网络合法化。"

玛利欧却泄气地说："等您说服他们颁布新法令，意大利银行早就完了！"

贾尼尼瞪了他一眼，似乎是在责备儿子怎么这么没志气："当然，我去游说一方面是争取合法化，另一方面也是一条缓兵之计。我们不仅不能让意大利银行倒下，而且还要设立一家比意大利银行还大几倍的全国性的巨型控股公司，发展出一个以原始银行业务为支柱的民办最大的商业银行。"

贾尼尼这种高瞻远瞩的气魄，使大家都佩服得五体投地，对他的金蝉脱壳决策一致表示赞同。

于是，玛利欧等人很快就到德拉瓦州注册成立了一家新公司——泛美股份有限公司，该公司的最大股东就是意大利银行。但由于它的股票分散在大量的小股东手里，因而外人很难再怀疑它有垄断嫌疑。

他们再以这家公司的名义，把别人控制下正在暴跌的意大利银行的股票廉价买进，这样一来，便挫败了摩根等人欲置意大利银行于死地的阴谋。意大利银行不仅没有垮下，而且越来越发展壮大。后来它甚至还吞并了美洲银行，并将各分行都全部改名为美国商业银行。

贾尼尼担任美国商业银行这个全美第一大商业银行的总裁，成为改写美国金融历史的巨人之一。

意大利银行不仅未被击垮，反而日益壮大，正是贾尼尼成功地运用了金蝉脱壳之计。

造假象日商上当

"宝德尔和甘布尔"公司是一家跨国企业集团，它的产品门类众多，从食品到生活用品跨几个行业，但其主要拳头产品则是高档次的洗发护发用品。在这一产品市场上，"宝德尔和甘布尔"的主要竞争对手是日本的"克奥"公司，后者以"克奥"系列的洗发香波和护发素闻名于世，并拥有更高的市场占有率。

1990年，"宝德尔和甘布尔"不满足于现有两个品牌的去头屑洗发水和二合一洗发水的销售成绩，力求开发新产品打开市场；而"克奥"公司也感觉到消费者对原有的"克奥"系列蛋黄洗发水、薄荷洗发水等老面孔的厌倦，开始寻求新的配方。几乎同时，两家公司都看上了"维生素原B5"这种护发元素，并开始研制开发含有这种元素的护发洗发水。

由于双方都知道对方也在开发同一产品，因而都力争抢先上市，以取得先声夺人的优势。于是，大家都在争分夺秒，密锣紧鼓地进行研制工作。但是，一项新产品的开发并不是轻而易举的，即使是完成了配方的调试，在批量生产时也会有些技术问题需要解决。正当双方都处于这样的关头时，"宝德尔和甘布尔"公司在几个大地区的市场上举行了一个旧品牌二合一洗发水的大型促销活动，一时间，这品牌的广告比平时增加了两倍。

这种商业行为，引起了"克奥"公司情报分析人员的注意。他们认为，这一行为提供了美国人并不急于推出新产品的信息。因为如果美国人已着手推出新产品，就没有必要在旧品牌上浪费促销投资，而应把这些投资用在即将推出的产品上。因此，他们得出结论，美国人的技术问题尚未解决，我方仍有足够的时间；只要抓紧解决残余的技术问题，就能抢先推出新的洗发水。公司决策层同意了这一分析。于是，日方的研制部门进入冲刺阶段，促销部门也蓄势待发，准备一个月后发动宣传攻势。

谁知，两周后，美国人突然在各个区域市场举行了声势更为浩大的宣传活动。用海报、传单、电视等各种媒介铺天盖地地向消费者推广"维生素原B5"这个新名词和含有这种元素的新品牌；10天后，拥有淡紫色方盖瓶包装，适合不同发质的营养洗发水面市，马上受到消费者的欢迎。这一下，使日本人措手不及，等到他们加班加点、急急忙忙推出自己的新型洗发水时，"宝德尔和甘布尔"的"维生素原 B5"营养洗发露已打开局面，深入人心了。日本人的宣传攻势也大为逊色。这两种同类型产品比较起来，自然是美国货的市场占有率高。

原来，美国人已抢先解决了新产品生产的技术问题，他们对于旧品牌的促销活动，只是为造成日本人错觉的一个疑兵之计。日本人果真上了当，失去了先手，让美国人占了先机，赢得了优势，结果，日本人只能捶胸顿足，徒呼奈何。

假买真抛巧竞争

假买真抛，是在经销竞争中，以虚掩实，以买为假象，以抛售为目的的谋略。

辛亥革命后，日本的狮子、金刚牌牙粉统治着中国的牙粉市场。在本世纪 20 年代，企业家陈蝶衣创立了三友工业社，在极端简陋的条件下研制出了国产牙粉，取"无敌"的谐音，打出"蝴蝶牌"的标牌。这个标牌顺应了抵制日货的爱国思潮，很有吸引力。可是，因为日本牙粉久负盛名，为大家所熟悉，而蝴蝶牌则刚推向市场，一时还没有被推销商所接受。陈蝶衣便采用先买后抛的策略，到上海各个经商店去穿梭询问："有蝴蝶牌牙粉卖吗？听说这种牙粉好过日本的狮子牌和金刚牌，而价格又更便宜。"店主们听到这样的反映，互相了解，得到的消息也都能互相印证，于是

各个经销店都是到三友工业社去进货，蝴蝶牌牙粉从此畅销，最后将日本牙粉挤出了中国市场，在中国的牙粉市场中取得了霸主地位。

以守为攻解危困

在商场中生存、发展、壮大，除了机遇、智慧和努力外，还要学会预防、抵御来自各个方面的进攻。对于他人的进攻，有人采取以攻代守，有人则采取以守为攻这种"金蝉脱壳"的策略，同样可以见效。

有位怒气冲冲的顾客到一家乳品公司告状，说奶粉内有活苍蝇。但是奶粉经过严格的卫生处理，为了防止氧化将罐内空气抽空，再装氮密封。苍蝇百分之百不能生存，这无疑是消费者的过失。按一般的情形老板一定强调这个道理。但是十分出乎意料，顾客猛烈地批评公司的不是，老板静静地听完后，开口道："是吗？那还了得！如果是我们的失误，此问题太严重了。工厂机械全面停工，我要对生产过程总检查。"老板面带愁容地说："我公司奶粉，是将罐内空气抽出，再装氮密封起来，活苍蝇决不能存在。我深具信心要仔细调查，请你告诉我，开罐情况及保管情况。"被老板逼问后的顾客，自知保管有错误，脸上露出惊讶的表情说："希望今后我不要发生此事！"当别人攻击自己时，自己有正当理由反击对方之口实，但此法易使对方激怒，态度更强硬。若顺势夸大，主动称事态严重，对方无力攻击，此时再展开说服，论证自己正确之处，对方便不攻

自破。

在无端受到攻击的时候，首先应当想到的是如何进行防守，以保护自己，这是正确的思维方式。倘其采取以攻对攻，势必扩大矛盾、惹火烧身。人无完人，金无足赤，再完美的企业也可找出一大堆的问题来。以守为攻，一则削弱了对方的攻势，二则可以进行充分的自卫，使对方平息怒气，自讨没趣。

狡兔三窟巧经营

广州市远郊有一家电线制品厂，专门生产各种型号的民用电线。这家工厂是私营企业，规模不大，可它生产出的电线产品的质量却远比一些国有和集体企业好。1989年，该厂产品获得了国家级电工产品认证，是全国首家获得国家级认证的私营企业。1990年，该厂还通过了市级计量验收，在这广州市的私营企业中也是第一家。

由于该厂的电线产品质量过硬，因而享有在市场抽查中免检的资格，并且被清远市列为三种推荐使用的电线之一。

拥有这样高品质的产品，这家厂原本只需全力发展这种产品就可以高枕无忧了。但出于作为私营企业主对危机的敏感，该厂的朱厂长却考虑到不能仅靠单一品种赚钱。他敏锐地看出由于建筑市场的管理未尽完善，很多建筑承包商对电线的选择只注重价格，价格愈低的产品销路愈好。而朱厂长的产品由于严格质量管理、工艺水平也高，成本自然较其他电线要高，在价格竞争中没有优势，只能销往那些工程要求高的客户。

朱厂长不甘心丧失掉普通的大众化市场，于是便另创出一个品牌，并以其弟弟的名义，开设了一家电线厂，专门生产质量要求并不高的电线产品，以较低的成本，加入市场的价格竞争。而原有的厂继续生产高品质的电线。表面上看是两个工厂，实际上是按一个厂两个车间的模式来管理，当客户需要优质电线时，便提供原有品牌的产品；当客户需要廉价的电线时，便到新厂去提货。这样，朱厂长既能保证原有品牌的信誉，又能在另一战线上争夺市场，极大地提高了效益。1991年，总销售额超过100万元，这对私营企业来说，算是极佳的业绩了。

尽管创造了这样的佳绩，朱厂长并不满足，1991年下半年，他投资另外开设了一家消防设备厂，生产可填补国内产品空白的宾馆厨房用防火油烟罩，开拓新产品和新市场，前景甚为可观。

第二十二计　关门捉贼

【原典】小敌困之。剥，不利有攸往①。

【按语】捉贼而必关门，非恐其诱也，恐其逸②而为他人所得也，且逸者不可复追，恐其诱也，贼者，奇兵也，游兵也，所以劳③我者也。

《吴子》④曰："今使一死贼伏于旷野，千人追之，莫不枭视狼顾⑤。何者？恐其暴起而害己也。是以一人投命，足惧千夫。"

追贼者，贼有脱逃之机，势必死斗；若断其去路，则成擒矣。故小敌必困之，不能，则放之可也。

【原典注释】①剥，不利有攸往：《易经·剥卦》："剥，不利有攸往。"意思是说："剥落，零散，不利于前进。《六十四卦经解·剥》："剥，裂也，从刀从录。录，刻割也，又，落也。万物零落之象。"运用在此计中，即零散之军队不利于发动进攻。

②逸：逃跑。　③劳：疲劳，使之疲劳。

④《吴子》：古代兵书，传为战国吴起所著。本文出自《吴子·厉士第六》。

⑤枭视狼顾：枭，猫头鹰。像猫头鹰寻找食物那样专注地看，像狼行走时那样害怕地四面看看。比喻小心翼翼，

东张西望，瞻前顾后的样子。

【原典译文】对付小股的敌人，要包围起来予以歼灭。按照剥卦的原理，对于那些零星散敌，不利于进行追击。

【按语译文】要捉贼必须关门，并不是怕他逃走，而是怕他逃走了却让别人捉去。而且，对于逃走的敌人不可以再追，恐怕中了他的诱敌之计。所谓贼，是指突击队、游击队。他们是骚扰并使我军疲劳的敌人。

《吴子》上写道："假定现在有一个亡命之徒隐藏在空旷的原野里，派一千个人去追捕他，没有一个不像猫头鹰和狼那样小心翼翼四下张望的。为什么呢？是害怕对方突然跳出来伤害自己。所以说一个人拼命，足以使一千个人害怕。"

追赶盗贼，贼如果有逃掉的机会，必然要拼死格斗；如果截断他的退路，就必定会被抓住。所以，对付小股的敌人，必须包围起来；如果办不到，就放走他算了。

【传世典故　计名探源】关门捉贼指狡猾的盗贼进屋偷东西，要关上门使其无路可逃，才能人赃俱获。在军事上指对那些行动诡诈，出没无常的小股敌人，采取包围歼灭的计谋。

此计中的"贼"一般指为数不多而

机动灵便的小股敌人。若一味猛追，它就会杳无踪影，或者狗急跳墙。如果诱"贼"深入，把它关在"门"里，使它成为网中之鱼，瓮中之鳖，我方就能旗开得胜。

古代兵法十分重视关门捉贼之计。《孙子兵法·谋攻》说："故用兵之法，十则围之，五则攻之，倍则分之。"大意是：所以用兵的法则，有十倍于敌的兵力就包围敌人；有五倍于敌的兵力就进攻敌人；有一倍于敌的兵力就分散敌人。《尉缭子·制谈》："一夫仗剑于市，万人无不避之者。臣谓非一人之独勇，万人皆不有也，何则？必死与必生固不侔也。"大意是：一个亡命之徒持剑冲入集市，万人无不躲避他。我认为并不是唯独他勇敢，大家都不如他。为什么呢？因为不想活命和希望活着，本来就是不相同的。孙子所说的"十则围之"与"小敌困之"的意思基本一样。尉缭子所说的众人不敢惹亡命之徒，说明追寇勿追、围奸则胜的道理。

战国后期，周赧王53年（公元前262年），秦国攻打赵国。秦军在长平（今山西高平北）受阻。长平守将是赵国名将廉颇，他见秦军势力强大，不能硬拼，便命令部队坚壁固守，不与秦军交战。两军相持两年多，秦军仍拿不下长平。公元前260年，秦王采纳了范雎的建议，用离间法让赵王怀疑廉颇。赵王中计，调回廉颇，派只会纸上谈兵的赵括为将，到长平与秦军作战。赵括到长平后，完全改变了廉颇坚守不战的策略，主张与秦军决战。秦将白起起初有意让赵括尝到一点甜头，使他的军队取得几

次小胜。于是，赵括果然得意忘形，派人到秦营下战书。这下正中白起的下怀。开战前，他分兵几路，抄赵括的后路，隐秘地形成对赵军的包围。第二天，赵括亲率四十万大军，来与秦兵决战。赵括因秦军几次交战都打输了，志得意满，哪里知道敌人用的是诱敌之计？他率领大军追赶假败的秦军，一直追到秦壁。秦军坚守不出，赵括一连数日也攻克不了，只得退兵。这时突然得到消息：自己的后营已被秦军攻占，粮道也被秦军截断。秦军派精骑五千突入赵营，将赵军分割为两块，分别全部包围起来。一连四十六天，赵军绝粮，士兵杀人相食，赵括只得拼命突围，白起已严密部署，多次击退企图突围的赵军。最后，赵括中箭身亡，赵军大乱，可叹四十万大军都被秦军杀戮。这个赵括，只会"纸上谈兵"，在真正的战场上，一下子就中了敌军"关门捉贼"计，损失四十万大军，使赵国从此一蹶不振。

【名家评点 破解方略】千方百计使敌人绝望，这是攻心之上策，也是最为有效的胜敌方略。关于捉贼之计的妙机就在于"关门"。"关门"将使敌人出逃的希望破灭，心理上将受到致命的重创。

捉贼之所以必须关闭大门，不仅怕贼逃走，而且怕贼逃走以后被别人利用。况且，对于逃走的贼不可再去追赶，怕的是中了贼的诱兵之计。

关门捉贼，运用在军事上，就是要采取四面包抄，一举全歼，或者诱敌深入，放进"口袋"，再行歼灭。这里所说的"贼"，是指那些善于偷袭的小部队，它的特点是行动诡秘，出没不定，行踪

难测。它的数量不多，但破坏性很大，常会乘我方不备，侵扰我军，所以，对这种"贼"，不可让其逃跑，而要断其后路，聚而歼之。当然，此计运用得好，绝不是只限于消灭"小贼"，甚至可以围歼敌方主力部队，取得更大胜利。

经典案例　锦囊妙计

怕行险自投罗网

关门捉贼，要在关门。但关门二字，切不可作教条式的理解。政治斗争就好像下围棋，你中有我，我中有你，互设疑阵，互相围困。生活中，人们常说："退一步乾坤大，饶一着万虑休。"但是，在政治漩涡之中，往往是一步错，步步错，全盘皆输，一败涂地。关键时刻，敢走险棋，当然会有胜负未卜之虞，但收局认输，死路一条，却是一件更划不来的事情。因此，高屋建瓴，立于不败之地，固为上策；拼死一搏，鱼死网破，亦不失为大丈夫风范。棋盘上的棋子是死的，人却是活的。善于在你我混杂、胜负未卜之际孤注一掷，才有可能走出真正的活棋。

曹魏正始年间，曹爽与司马懿结怨。曹爽为人骄奢无度，自以为天下无敌，经常作长夜之饮，或外出游玩，留连忘返。谋臣桓范曾劝曹爽说："大将军总揽万机，典掌禁兵，不宜经常出游，一旦有人关闭城门，如何是好？"曹爽不听，我行我素。这一时期中，司马懿表面上步步忍让，可忍亦忍，不可忍亦忍，但在暗中，朝廷有名望的元老重臣，已经基本上被他拉拢过去。为了使曹爽不生疑心，司马懿装作老病不堪的样子，甚至喝粥都要由人喂，弄得满脸满襟，狼狈不堪。说起话来，上气不接下气，前言不搭后语，似乎奄奄一息，朝不保夕。

曹爽放松了警惕，继续宴饮游乐，司马懿加紧准备，迅速行动。公元249年春正月，魏帝谒高平陵，曹爽与其弟中领军曹羲、武卫将军曹训、散骑常侍曹彦随行。司马懿在洛阳城内以皇太后的名义，传令关闭城门，勒兵占据武库，派兵阻断洛水浮桥，以司徒高柔假节行大将军事，控制曹爽军营；太仆王观行中领军事，控制曹羲军营。布署已定，派人去见魏帝，奏称："大将军曹爽背弃顾命，败乱国典，内则僭拟君王，外则擅权蠹政，据禁兵，窃要职，安插亲信，伺察至尊，天下汹汹，人心思乱。臣受先帝之命，奉太后之旨，罢曹爽、曹羲、曹训吏兵，以侯爵归于私第，如敢稽留车驾，便以军法从事！"

司马懿送来的奏章，被曹爽扣留。但是，洛阳已经被司马懿控制，曹爽成了丧家之犬，随从慌慌张张，曹爽也六神无主。只好与魏帝留宿于伊水南岸。司马懿派人去说服曹爽归降，声称只是免官而已，可保富贵。曹爽闻言，犹豫不决。

其实，曹爽虽然丧失其官，司马懿此时所得，亦不过一座空城。司马懿关门的时机，选择得并不算十分恰当。胜负未卜，关键要看曹爽敢不敢走险棋。谋士桓范闻变，逃出洛阳，来见曹氏兄弟。他对曹爽说："当与天子共诣许昌，征发中方兵马，讨伐司马懿。"如果曹爽采用此计，围困洛阳，亦可收关门捉贼之功，而曹爽同样犹豫不决。桓范又转向曹羲，对他说："你读了这么多书，难道连这么明显的形势都看不清楚？以曹氏门第，欲求贫贱度命，岂可得乎！匹夫一人，尚百计求活，您手中有天子，令于天下，谁敢不从！"曹羲不答。桓范又说："从这里到许昌，不过二宿路程。许昌城内，府库颇丰，我身上又带有大司农印章，谷食亦不成问题。"曹氏兄弟始终拿不定主意。一直到了五更，曹爽终于垮了下来，投刀于地，说："我亦不失做富家翁！"定计归降。桓范闻言，痛哭流涕地骂道："曹真英雄豪壮之士，谁料到生下你们这些猪一样的后代，自取灭族之祸！"

曹爽兄弟回到洛阳，司马懿派人守住他的住宅。高墙之上，设有角楼，曹爽兄弟一举一动，全在司马懿掌握之内。曹爽自投罗网，尚不知死期将至。几天以后，司马懿以大逆不道的罪名，将曹爽夷灭三族。

当断不断受其乱

置身于政治漩涡之中，既要善于谋划，又要处事果断。机不可失，时不我待，一旦落入对方圈套，失去主动权，后果不堪设想。特别是在专制政治之下，一旦发生政治冲突、权力争夺，往往便是你死我活，千万不可掉以轻心。

春秋、战国时期，楚考烈王信任春申君黄歇。楚王当时无子，春申君非常着急。后来，门客李园把他的妹妹献给了春申君，怀孕以后，又说服春申君转献给楚王，生了一个儿子。李园的妹妹因此得到宠幸，立为王后，儿子立为太子，李园则居中用事，权倾朝野。但是，李园兄妹贵盛以后，又害怕春申君依恃太子之力，与自己争权，于是处心积虑，日夜谋划，准备杀人灭口。

李园豢养了许多亡命之徒，寻找机会下手。消息泄露出去。后来，楚王病重，命在旦夕。一位名叫朱英的人对春申君说："世有无妄之福，又有无妄之祸。如今，您处于无妄之世，奉事无妄之主，岂能没有无妄之人？"春申君不解其意。朱英说："您做了二十多年的相国，实际上就是楚王。如今，楚王病重，即将死去。太子衰弱，卧病于床，您辅佐幼主，将来归政于太子，便为伊尹、周公；不归政于太子，即可南面称孤，自为楚王。这就是无妄之福。李园虽不治国，而为楚之国舅；虽不掌兵，而偷偷豢养亡命之徒。一旦楚王死去，李园必先入宫，矫命杀死您以灭口。这就是无妄之祸。您可任臣为郎中，楚王一旦死去，李园作乱，臣就可以先把他杀了，为您除害。这就是无妄之人。"春申君闻言，犹豫不决，说："您不要乱讲。李园是一个软弱的人，与我素来友善，不至于做出这种事来。"朱英知道春申君不会采纳他的建议，惧怕祸及其身，便逃走了。

十几天以后，楚王病死，李园果然先期入宫，控制太子，封锁王宫。又在四周埋伏人马，等候春申君的到来。春申君得到楚王死去的消息以后，为时已晚，入宫以后，被李园手下的人团团围住，乱刀砍死，把脑袋扔到宫外。随从见状，一哄而散。于是李园矫称王命，派人把春申君的家属及亲戚朋友全部杀死。

垓下之围败项羽

西楚霸王项羽起于民间，膂力过人，有拔山举鼎之能。他仅用三年时间就率领齐、赵、韩、魏、燕等诸侯国的军队灭亡了秦朝，分割天下而封授王侯。但是此人不是做帝王的材料，对政权建设一窍不通，背弃关中而怀恋故土，放逐义帝而自立为王，封侯裂土而不加控制，终于给汉王刘邦几年休养生息、养精蓄锐的时机，刘邦忍气吞声，羽翼丰满之后，起后发难，意欲夺回从道理上本该属于他的王位（亡秦之前，楚怀王曾与将士们约定：谁先攻入平定关中就尊谁为王。刘邦虽先攻陷咸阳，但当时兵微将寡、势孤立单，不敢向随后领重兵赶到的项羽提出这份要求，只得由项羽分封，到当时尚不发达的巴蜀地区做了个汉王）。缺乏指挥才能，只知道迷信匹夫之勇的项羽领兵与那位曾受人胯下之辱、投他不用的韩信指挥的汉军交战，屡战屡败，最后带领残兵败将退至垓下，陷入汉军和其它诸侯军队的重重包围。仗打到此时，刘邦、韩信的目的已十分明确：彻底歼灭项羽的有生军事力量，除掉项羽，绝不放虎归山，再遗后患。项羽身陷重围，数次突围不出，只得坚筑营垒固守。汉军采用围困战术，围而不打，使勇猛善战的项羽一筹莫展。汉军又用攻心战，每天晚上命军士在楚营四周唱起楚地民歌，"告诉"楚军他们的家乡已为汉军所占，瓦解其军心和斗志。楚军粮尽兵乏，军无斗志，已无反败为

胜之可能。项羽见此情形，连夜起身，在帐中饮酒，慷慨悲歌，泪下数行，再无"力拔山兮气盖世"的豪情。待从人员见状也都纷纷哭泣，全不忍心抬头观看（他最心爱的虞美人可能也就是此时为夫君献歌献舞，为其奉上最后一顿精神晚餐后自刎身亡）。项羽于是骑上他的乌骓骏马，率部下八百壮士随行，当夜突围往南奔逃。汉军乘势全歼楚军，并派骑将灌婴率五千名骑兵紧紧追赶项羽，追至乌江边，项羽无颜再回江东家乡，拔剑自杀。

袁绍"关门"捉公孙

公元199年，冀州袁绍包围了幽州的公孙瓒，公孙瓒几次交战下来都遭失败，便退回城中，他在城周围挖了10条壕堑，壕堑里也筑超城墙，竟高达10丈。公孙瓒又积聚了300万斛粮食，心想，这可谓是重防千重，粮米无数，足以防御袁绍的攻势了，果然，袁绍连续几年攻城，都未能攻破。

愤怒之下，袁绍动用全部兵力四面围攻，公孙瓒看到敌人来兵太多，心生怯意：重兵之下岂有安城？死守孤城，无异于坐以待毙。他派儿子杀出重围去搬救兵。

后来，儿子搬的救兵到了，公孙瓒知道后，遣人送信，相约举火为号，内外夹攻袁绍。没想到送信人被袁绍人手下抓住。袁绍将计就计，按约定时间举火，使公孙瓒认为是救兵到了，出城来接，却被袁绍伏下的奇兵大败。公孙瓒只好回守孤城。

此时，袁绍又出奇计，派人暗挖地

道，直达城的中央。一切准备就绪之后，对公孙瓒发起突击。公孙瓒的千重防御遂即瓦解，自知必败无疑，杀死妻子女儿后自尽，瓒军也全军覆灭。

减灶增兵伏马陵

战国时期，孙膑与庞涓作为同门师兄弟，共同学兵法于当时最著名的军事家鬼谷子，庞涓先一步下山投魏做了军师，统领全国军队。不久，他的军事才能得到施展，打了几次胜仗，也深得魏王信任和宠幸。利欲熏心的庞涓念念不忘他的师兄孙膑，在心里早与孙膑势不两立（他自知学识、才干比不上孙膑，孙膑出山即意味着他的毁灭：孙膑投魏与他共事魏王，他官位难保；孙膑另投别国，势必与魏做对，他又难与匹敌），因而邀孙膑到魏国，设计加害，骗孙膑传授兵法于前，施刖刑致其残废于后，甚至于逼其当众装疯吃屎，丧失做人的尊严。孙膑当然再也忍不下这口恶气，逃回齐国之后，先施围魏救赵之计，使庞涓兵败垂成，开了他一个不大不小的玩笑；而后又极力怂恿齐王与魏国开战，与庞涓对阵以后，假装初战不利，退兵败逃，引诱庞涓领兵来追。退兵途中又用增兵减灶之计，麻痹庞涓，使其骄纵轻敌，以为齐军不堪一击，甚至多有怕死开小差的。就这样孙膑且战且走，一直把庞涓引到了一个叫马陵道的狭长山谷。庞涓到此时尚不知中计，甚至认为孙膑用以堵截他去路的树木是为了减缓自己追击的速度，到齐国军队展开进攻，逃生无路，才不得已做英烈状拔剑自杀。

在此我们抛却庞涓道德修养如何不说，单说他误中孙膑"关门捉贼"之计，马陵道丧生，就说明他在用计、破计方面，着实较其师兄孙膑差了一截，他没有给孙膑以应有的重视，以孙膑的治军才能怎么会在他面前节节败退？又怎么会日日有手下军士逃走开小差？偏偏庞涓是个好大喜功、急功近利之人，当时考虑更多的恐怕是怎么追拿到孙膑，如何在魏王面前请功受赏，一路穷追猛赶，撞进孙膑的埋伏圈，兵败身亡。

诸葛计捉司马懿

在三国时代有个足智多谋的诸葛亮，他六出祁山，与司马懿对阵于渭水之上，经过几次交锋，互有胜负，战争处在胶着状态。

司马懿的一贯战略思想是守，他深知蜀军劳师远征，补给线太长，利在速战速决，所以便深沟高垒，以劳敌师。

诸葛亮经过几次后勤不继的教训，这次便有所防备。他创制木牛流马，克服运输不便之苦，又施行屯田政策，令军士就地种粮作为久住之计。

司马懿得报大惊曰："我所以坚守不出，就因彼粮不继，欲待其自毙，今用此法，显示为长久之计，不想退走了。"乃派兵拾得几部木牛流马来研究，亦仿制一批作为军运。因未洞悉此木牛流马之奥妙及使用方法，连吃了几次亏，反被劫去不少粮草，于是干脆就挂起免战牌，任蜀军如何辱骂挑战，闭门不出。

诸葛亮见司马懿不肯出战，乃定计于葫芦谷顶搭草房，埋伏地雷及引火之物。复化整为零，令军士四散屯田，引诱魏兵。司马懿连续捕获一批蜀兵，得知诸葛亮不驻在祁山而在葫芦谷下寨安住。司马懿见有机可乘，便发兵去劫营。

其实诸葛亮是驻在祁山的，远见魏军行动，料定其必来攻祁山，司马懿本人则亲攻葫芦谷，便教魏延如此如此。

果然，魏军攻祁山是声东击西，司马懿和二子司马师、司马昭并中军护卫人马，去杀奔葫芦谷来。碰上魏延，杀一阵，魏延拨马便走，懿从后追上，如此且战且走，直把司马懿引入葫芦谷，他使人探知谷并无伏兵，山上尽是粮房，懿不疑，遂大驱军士尽入谷中。

可是魏延不见，粮房上布满了干柴，心知中计，欲下令退兵，但说时迟那时快，忽的一声喊叫，山上一齐丢下火把，烧断谷口，引起地雷齐响，草房着火，黑烟冲天。司马懿惊得手足无措，下马抱住二子大哭曰："我父子三人皆死于此地了。"

正在等死的时候，忽然下起一场滂沱大雨，狂风大作，谷中之火尽皆灭，司马懿以手拍额说："此天公未亡我，不乘机逃出，更等何时？"乃引军冲出葫芦谷，得庆生还。

历经这一场灾难，司马懿怎么也不敢出兵迎战了。

诸葛亮此"请君入瓮"，做得相当高明，只可惜"谋事在人，成事在天"，瓮子穿了底，致被乘隙逃脱。

自作聪明反被误

陷入重围的对手，未必束手就擒；

胜券在握的一方，在进攻对手时也会束手无策。其中关键，固然在于形势之优劣，但对手的气质往往也发挥不小的作用。

公元549年，南朝梁侯景起兵寿阳，势如破竹，围攻京师建康。梁兵拒守，食尽援绝。不久，叛将董勋、熊县郎引侯景兵登城，建康陷落。

梁武帝晚年骄庸，侯景之乱几乎可以说是他一手造成的。不过，梁武帝毕竟是梁武帝，萧衍老翁的大丈夫气概犹在，四十余年的帝王威风犹存。城破之时，永安侯萧确入宫，对武帝说："城已陷。"武帝安卧不动，说："尚可一战乎？"答曰："不可。"武帝说："天下是我自己得来的，又是我自己丧失的，有什么可遗憾的！"于是对萧确说："你快回去，告诉你的父亲，勿以二宫为念。"然后，武帝派人慰劳守城梁军。

侯景派人入文德殿奉表。武帝召见。来人称："为奸佞所蔽，举兵入朝，惊动圣躬，今诣阙待罪。"武帝问："侯景何在？叫他来。"侯景带了五百名甲士，前呼后拥，来到太极东堂，见到武帝，于殿下施礼。武帝神色不变，从容问道："卿在军中日子很久，是不是太辛苦了？"侯景不敢仰视，汗流如雨。又问："卿何方人氏，敢到这里来，妻子还在北方吗？"侯景仍然无话可答。武帝再问："初渡江时，带了多少人？"答曰："千人"。武帝继续问："围建康城时多少人？"答曰："十万。"问："今有多少人？"侯景突然来了灵感，答曰："率土之内，莫非已有。"武帝无话。

侯景退出，对亲信说："吾常跨鞍对

阵，矢刃交下，而意气发缓，绝无惧色。今见萧公，使人屏气，岂非天威难犯！我是不敢再见他了。"于是纵兵大惊，派人严守宫殿，不许武帝随意行动，自称大都督中外诸军、录尚书事。

武帝虽被软禁，却对侯景元俯就之意。侯景为了装点门面，不得不有所奏请，而武帝数加折辱。侯景欲用宋子仙为司空，武帝说："调和阴阳，乃三公之职，此物有何用处！"太子闻讯，泣谏。武帝说："谁叫你来的！若社稷有灵，自当克复；如其不然，哭有何益！侯景对武帝无可奈何，只好裁节武帝的饮膳。不久，武帝忧愤成疾而卒，年八十六。

关门捉贼占长安

唐朝后期，政治愈加腐败，人民苦不堪言，只有反抗才能生存，当时，农民起义纷起，而黄巢义军则是其中实力较强的一支。

黄巢最初几年曾在山东、河南、安徽、湖北一带流动作战，杀贪官以平民愤；打富济贫，灭权贵以图平均。黄巢后来率众南下杭州（今浙江杭州市）、越州（治所在今浙江绍兴）、衢州（治所在今浙江衢县）、建州（治所在今福建瓯）、福州（治所在今福建福州市），一直打到广州。黄巢本欲在广州建立政权，但所率农民多是北方壮士，不服水土，多数染病，于是又率众北上，由广州进入湖南，再进入湖北。当时唐朝宰相王铎被僖宗抢先派到江陵（今湖北江陵），以堵黄巢义军北上，但王铎虽受命而来，却坐镇江陵，闻黄巢以五十万部众长驱

直入，各州守官，望风而逃，王铎也就吓破了胆。黄巢知道王铎是朝廷派来江陵堵截的，就直向江陵找王铎，准备大打一仗，那知到了江陵，王铎已逃得不见影了。黄巢又折回下江州（治所在今江西九江）、信州（治所在今江西上饶）、池州（治所在今安徽贵池），由采石过长江，攻进泗州（治所在今江苏泗洪东南），直驱洛阳。由洛阳过潼关取长安。

黄巢义军纪律严明，深得群众的拥护，义军所向披靡，势如破竹，穿州过县，犹入无人之境。

当黄巢攻下东都洛阳时，唐僖宗就做好了逃跑的准备。黄巢过了潼关，僖宗就带着太监田令考，连宰相、大臣都瞒着，悄悄地溜出长安向兴元（治所在今陕西汉中市东）逃跑。那天等到日中大臣们上朝，还不见僖宗出来接受朝拜，便着急起来，最后才知道僖宗已经溜了。唐王朝的大臣们也逃的逃，藏的藏，使黄巢不费吹灰之力，于唐僖宗广明元年（880），在京城人民的夹道欢迎中从春明门进入了长安城。

黄巢的义军进入长安后，立即将皇室大臣的财物分送给京城中的穷苦百姓，并由大将尚让安抚群众说："黄巢起兵，本为百姓，不像李氏王朝虐待你们，不管人民的死活。现在义军做主，你们只管安居乐业，不要害怕。"

黄巢入京以后，开始时没有进住皇宫，只令人保护内城，自己住到太监田令考的住宅里。并且申明军纪，约束士卒，颇得京城人民拥护。但不多几日，黄巢就在一些人的逢迎劝说下，挈眷入

宫，做了大齐皇帝，改元金统。拜尚让等人为相。此时，黄巢由于大享宫廷快乐，完全忘记了唐僖宗还存在，唐的旧臣势力还存在，没有及时追击僖宗，僖宗得以从容逃脱。僖宗逃到成都，召集旧臣商量反扑。他们训练士卒，补充武器，调集军队，积极准备反攻。又千方百计暗中收买黄巢手下的将领与唐朝降将，唆使他们叛离。关派使臣请沙陀（西突厥别部）李克用部增援，共同对付起义军。这一切，黄巢未予充分重视。唐僖宗中和元年，即黄巢大齐金统二年（881）五月，唐军的军事部署已经完成，形成了对长安义军的包围圈。

这时，黄巢派尚让进袭凤翔（今陕西凤翔），唐将郑畋事先伏兵要隘，自带诱兵，出阵高冈，尚让以为郑畋不懂军事，就挥众杀过来，那知刚到龙尾陂，唐朝伏兵突然杀出，将义军截击成数段。尚让一看上当，就只好退军，但已损失过半。

凤翔一战，唐军得胜，就使唐军急欲夺功，于是尾追尚让而来。尚让回军入长安，禀报黄巢凤翔失败经过，说唐军已齐集于长安城下，形势已很危急。黄巢与诸将分析了唐军的阵容之后，即定下了以退为进关门捉贼的策略。黄巢突然于五月初六向东退出长安，露宿于坝上。唐军程宗楚、唐弘夫、王处存等率军杀进城去。入城的官军，看到城内早已没有一个义军了，就松弛下来，大肆抢劫财物、强奸妇女、尽情享乐，把个长安城闹得乌烟瘴气。当天半夜，义军迅速回师，衔枚急走，直趋长安城，义军在孟楷率领下，人人争先、奋勇冲

杀，而官军士卒，金银财物满袋，包袱沉重，那里顾得上打仗，所以义军到处，只杀得唐军尸横遍地。都统程宗楚等人，半夜突闻黄巢义军进城，慌乱之中不分东西南北，无法召集指挥士卒，只得单枪匹马，与义军部众鏖战，最后力不能支，被义军杀死，长安城又回到黄巢义军手中。可见，义军拥有的不仅是仇恨和反抗，同样掌握高深的战略战术，是一支军事上成熟的部队。

围城打援破洛阳

公元620年，唐高祖李渊派李世民率兵进攻东都洛阳（今河南洛阳）。在扫清洛阳外围敌人后，集中兵力猛攻洛阳城，因王世充守备严密久攻不克。

就在这个时候，窦建德在周桥打败孟海公，随即率大军十余万前来洛阳支援王世充。李世民召集将佐商议对策，萧瑀、屈突通、封德彝等老将都主张撤军，以避免腹背受敌。李世民不同意撤军，他说："王世充的部队已遭到我军重创，他城里的粮草眼看就要断绝，军心不稳，上下猜忌，洛阳城不用我们攻打，很快就会自破。而窦建德刚打败孟海公，正在得意忘形，趾高气扬，部队不整，松散懈怠。我们要迅速占据虎牢（今河南荥阳西北汜水镇），扼住窦建德前进的咽喉要道。如果他冒险向我军进攻，我就打败他；如果他迟疑，不向我军进攻，那么王世充等不了十天半月，就会不攻自破。洛阳一破，我军气势倍增，一箭双雕，全在此行。反之，如果窦建德抢占了虎牢，然后他们合力来攻。那我们

就很危险。"李世民决定留下屈突通帮助齐王李元吉继续围困洛阳，严防王世充出城突围。李世民亲自率领步骑兵三千五百人，驰奔虎牢，凭险据守。

窦建德率军从荥阳（今河南荥阳东北）西进，见虎牢为唐军占据。只得在板渚（今河南荥阳牛口峪附近）安营扎寨。两军相持二十多天以后，李世民突然接到一个情报，说窦建德要等唐军喂马的草料用完，不能不到城外河边喂马的时候，发兵突袭虎牢。李世民立即决定将计就计一面派人到河北岸牧马，引诱窦军出击；一面部署军队做好迎敌准备。果然窦建德指挥十万大军全部出动，列阵于虎牢之前、汜水之畔，大张旗鼓，声势逼人。这时唐军只有三千多人，面对敌军压顶之势，军中出现了畏惧情绪。李世民为了弄清敌军的虚实，登上高丘，观察了窦军的布阵情况，然后对将士们说："窦建德起事以后，没有经过大的战役，没有见过大的阵势。现在这乱哄哄的样子，看来气势汹汹，实际行动不一，纪律不严，又傲慢自负。我们要坚守不战，待他们疲劳怠惰，士气下降，时间一长，他们饥饿了，必然撤退。那时，我们乘势追击，定能取胜。我和大家约定，午后一定打垮敌人！"从而安定了军心，也鼓舞了士气。窦建德派出三百骑兵向唐军挑战，李世民派出二百人应战，忽进忽退，不分胜败，打了一阵，各自退回。

到中午的时候，窦建德军列阵已达六小时之久，将士们站立得又疲劳又饥饿，实在坚持不了，都坐在地上，又争相饮水，来回走动，盼望收兵。李世民派兵到窦建德阵前试探，见窦军战阵已乱，认为出击时机已到，立即命令各路兵马出战。李世民率轻骑兵在前面冲杀。大部队紧跟在后，东渡汜水，直闯窦军战阵。窦建德毫无准备，仓促应战，没等他部署好，唐军已杀到面前。李世民带领史大奈、程知节、秦叔宝、宇文歆统到敌军阵后大张旗帜，一阵冲杀。窦军将士见到唐军旗帜，不战而溃。唐军追击30里，俘虏五万人，斩着三千多，活捉窦建德。其余窦军大部溃散，只有一百多人逃回。

李世民消灭窦建德军以后，将窦建德等用囚车送到洛阳城下给王世充看。王世充见了痛哭流涕，自知走投无路了，就亲率部众出城向李世民投降。

李世民围歼王世充战役胜利的实践给人们一个启示："关门捉贼"，有时会发生门外干扰。在这种情况下，不要轻易开门，把贼放跑。当排除干扰后，敌人见挣扎无望，就会俯首就擒。

拦江截击败兀术

宋朝皇帝徽宗和钦宗被金兀术俘获，解往金国，宋高宗南渡，建都临安。金兀术乘机挥军过江，要一举而把宋朝灭掉。他发动几十万雄师，兵分两路，一路进攻江东地区（即徐州一带），兀术则率军向江西地区进发。

兀术军渡过长江，势如破竹，陷临安，破明州，却捉不到高宗，高宗此时已逃往临海之温州了。兀术以战线拉得太长，恐怕深入重地，被宋军拦腰截击，便迂道回军北返，十万大军逼近常州镇江一带，准备渡江。

当时镇守东线的是宋将韩世忠，他早就料到金兀术会走这条路的，已布置好攻守计划，准备来一次拦江截击。虽然他手下只有八千精兵，但部署周密，沿江封锁，插翅难渡。

金兀术先发动攻势，同时向金山和焦山突袭，结果两路都损兵折将。此时军中粮草将尽，江北的军队又无法南渡接应，只好来一次正面战斗，强渡长江。

战斗于凌晨开始，韩世忠夫人梁红玉负责江面指挥，她高高站在楼船顶上，亲自擂鼓，敌向东则向东指，敌西则向西指，三面夹攻，杀得金兀术上天无路，入地无门，渡江番兵，溺死的、杀伤的不计其数。只可退回南岸，逐渐向西移动，想绕过镇江，在西面再强渡。可是韩世忠却沿岸追击，监视金兀术的行动，一直把金兵逼进黄天荡。

围敌困城收台湾

公元 1624 年，荷兰殖民主义者称霸海上，悍然出兵侵占了我国领土台湾，对台湾实行残酷的殖民统治。

1659 年 10 月，民族英雄郑成功率军进攻南京失败后，退守金门、厦门一带。他见大陆各省已基本被清军攻占，感到要光复中原，仅靠厦门地盘太小，决意收复台湾，驱逐荷兰侵略者，继续坚持抗清斗争。这时，一个名叫何廷斌的人，从台湾来到厦门，求见郑成功，建议郑成功收复台湾。他把荷兰殖民者的布防情况全部透露出来，并将台湾水道及要塞绘成地图，给郑成功作参考，表示如

果收复台湾，他愿意做向导。郑成功听后非常高兴，更坚定了他收复台湾的决心。

经过充分的准备，1661 年 3 月初，郑成功在金门举行了隆重的誓师仪式。23 日中午，郑成功亲自率领数百艘战船，2 万余人，浩浩荡荡从金门料罗湾出发，第二天清晨抵达澎湖。岛上百姓听说郑成功要收复台湾，无不欢欣鼓舞，他们争相送来慰劳品，并愿作先锋船的向导。

郑成功正想率军向台湾前进，不料狂风暴雨大作。等了 3 天，风雨仍未停止。郑成功考虑到久等下去，会坐失战机，于是他当机立断，于 30 日下令大军冒着暴风雨横渡海峡。经过一夜的艰苦航行，第二天黎明在鹿耳门内禾寮港和北线尾登陆。

郑军的突然出现，使荷兰侵略军大为震惊。但他们从来不把中国人放在眼里，竟狂妄地宣称："25 个中国人加在一起也抵不上一个荷兰士兵"，"只要放一阵排枪，打中其中几个人，他们便吓得四散逃跑、全部瓦解"。荷兰侵略军在台湾总共只有 2000 多人，分布在台湾城、赤嵌楼等几个要塞和港口内的舰船上。荷兰侵略军头目揆一，企图以坚固的城堡借助坚舰利炮，对郑军实施反击。

在北线尾，荷兰舰长贝德尔率领 240 人，以 12 人为一排，向刚登陆不久的 4000 名郑军发起了攻击。郑军以部分兵力正面迎击，以一部分兵力绕到敌军后面，前后夹击敌人。敌军腹背受敌，四散逃命。郑军乘势奋勇追杀，歼敌 180 余人，贝德尔也被当场击毙，荷军残部

乘船逃进了台湾城。

在安平港外的海面上，荷兰侵略军的4艘舰船企图阻击郑军，结果被郑军60艘战舰包围起来。郑军从四面八方向荷军最大的"赫克托"号猛烈轰击，"赫克托"号很快就被击沉，船上的士兵全部下海喂鱼。

被团团围困的赤嵌楼守军，在郑军的强大攻势下，惶惶不可终日，频频向揆一求援。揆一派出200名士兵渡海而来，企图为赤嵌楼解围。郑成功迅速派"铁人"部队出击。身穿铁甲的"铁人"们挥舞着明晃晃的大刀向海边冲击，刚刚爬上来的60名敌军士兵很快就被"铁人"砍得血肉横飞，身首异处。留在海上的荷兰兵见状，立即调船头逃回了台湾城。

郑军打退了敌人的援兵之后，又乘胜进攻赤嵌楼，并切断了赤嵌楼的水源。4月初四，赤嵌楼的敌军终于被迫投降。

赤嵌楼被攻破之后，荷兰殖民军侵台总督揆一玩弄缓兵之计。4月初五，他派人对郑成功说，如果郑军撤退，荷军除年年照例给郑军纳贡外，并愿送银10万两给郑军劳师。郑成功严辞拒绝说："土地我故有，当还我。"

4月初七，郑成功亲自指挥围攻台湾城。但是，台湾城城墙坚固，守备完善，荷军在城上设有20门大炮，火力猛烈，对郑军威胁很大。郑成功见强攻一时难以奏效，为了减少伤亡，就决定长期围困，严密封锁，将敌人困死在城里。

台湾城被郑军整整围困了8个月。城内眼看就要弹尽粮绝，而且水源也被截断了。这时困守城里的荷军只剩下870人。郑成功在下令荷军投降无效后决定发起总攻。12月初6清晨，郑军的大炮开火了，两个小时后，郑军占领了乌特利支堡，然后居高临下，用大炮猛轰台湾城，炮火摧毁了大部分城墙，毙伤许多荷军。城内荷军乱作一团。揆一见大势已去，不得不于12月13日竖起白旗，率部投降。至此，沦陷了38年的台湾重新回到了祖国的怀抱。

诱敌入瓮振雄威

李舜臣是朝鲜著名的民族英雄，抗倭名将，杰出的军事谋略家。历任权管、郡守、左议政，赐号"宣武功臣"。在壬辰卫国战争中，先后任全罗左道和三道水军统度使。他运用出色的军事战略，指挥朝鲜海军多次击败入侵的日本海军，取得了一系列海上作战的胜利，为整个卫国战争的最后胜利做出了重大贡献。1598年11月，在著名的露梁海战中，与中国水军总兵陈璘共同指挥中朝联合舰队，大败倭军。李舜臣在海战中壮烈牺牲。著有《李忠武功全集》。

李舜臣的用兵特点是：善于利用有利地形，诱敌深入，打击敌人。下面这则海战故事就很清楚的说明了这一点。

从1591年起，日本就积极准备发起侵朝战争。李舜臣在国家危难之际，出任全罗左道水军节度使这一海军要职。他一到职，竭尽全力加强海军建设，做好反侵略战争的各项准备。其中最有贡献的一件事就是改造"龟船"。改造后的"龟船"，长约40米，宽约4米，船身及上面的"龟壳"用硬木制作，包上铁板，板上装有密集的钉子，敌人的炮火不易伤害它，在接舷战时，敌人也无法攀登。船头有个大龙口，在行进中，龙口喷射浓烟，可隐蔽自己，迷惑敌人。船头和四周都设有炮眼、枪眼，士兵在船内就可以向敌人发射火力。船的两侧还设计有十面船桨，战斗时一齐划动，船行飞快，进退自如。加大后的船体，可多存淡水和粮食，适合长时间、远距离航行。经过李舜臣改造后的"龟船"在后来的对日战争中发挥了重大的作用。比如在1592年5月底至6月上旬的唐浦战役中，李舜臣指挥"龟船"充当先锋，冲入敌阵，左冲右撞，往来穿梭，同时发射各种火炮，将敌舰撞破或击沉。他还令"龟船"冲向敌旗舰并将其撞破。由于李舜臣拥有改造后的先进船只"龟船"，加上他善于运用灵活多变的战术，使自恃强大的日本侵略者在海上累战累败，连主力也被歼。

为了挽回败局，日本侵略者施反间计，使昏庸腐朽的朝鲜国王罢免了李舜臣的三道水军统制使职务。李舜臣苦心经营的朝鲜水军在1597年7月的作战中几乎全军覆没，朝鲜水军的大本营闲山岛被日本人占领。日水军在朝鲜海面又恢复了毫无顾忌的自由往来，日陆军再次向朝鲜腹地推进。

此时，朝鲜舆论一致要求李舜臣复出。朝鲜当局迫于国内舆论的强大压力，重新任命李舜臣为三道水军统制使，委以挽救国家危亡的重任。但同时，朝鲜当局认为，朝鲜水军已垮，靠水军难以御敌，令李舜臣率军登陆作战。

临危受命，再次复出的李舜臣以军事谋略家的眼光，洞察形势，认为水军绝不可废。但他上任时，手下只有12艘劫后仅存的战船和在他复职的路上跟来的120多名官兵。而他的对手是拥有600多艘战船和数万名水兵的日军舰队。

李舜臣并不气馁。他就以这12只战船和120名官兵为基础，首先补充了一部分兵员，加紧训练。其次，重新选择新的水军基地。面对敌众我寡、敌强我弱的形势，李舜臣感到，要想以少胜多，以弱胜强，必须出奇制胜，必须把敌人引诱到有利于我军作战的地形与水域中来，才能展开战斗，以我之长，击敌之短。于是，李舜臣指挥朝鲜水军击退前来偷袭的八艘敌舰后，便主动把统制使的大本营移到金罗道的右水营隐蔽起来。

对这一带的地形，李舜臣是了如指掌的。右水营的前海有狭长的鸣梁海峡和险要的珍岛碧波亭。碧波亭在珍岛的东北方，地势非常险要，前有甘釜岛阻挡，港内可隐蔽数十艘战船；碧波亭西北边的鸣梁海峡，长两公里多，最宽处有四五百米，狭长处只有300米，每天海潮涨落四次。涨潮时，海水由东向西流向海峡；落潮时，海水由西向东急速退向海面。因退潮时发出巨大的声音，所以得名鸣梁海峡。这里历来是海战的重要地区。

李舜臣认为这里是杀敌的好战场，决定利用这险要地形，把日军引诱进来加以歼灭。为了阻挡敌船撤退，李舜臣还派人在鸣梁海峡东西两个出口处，暗设铁索和木桩，目的是要让涨潮时驶入的敌舰，退潮时不能驶出，给朝鲜水军提供一个瓮中捉鳖的场所和机会。

此时，日军水军在消灭了朝鲜水军的主力以后，骄傲自大，到处追歼零散的朝鲜水军和战船，企图在朝鲜水军重建之前将其全部歼灭，以解除日本大军进一步入侵朝鲜的后顾之忧，牢牢控制制海权，实现丰臣秀吉"水陆并进"的计划。

9月16日，日军派出330多艘战船和2万多名水兵，借着涨潮的时机由东向西进攻驻在鸣梁海峡的朝鲜水军。日军傲气十足，根本没有把朝鲜的"残存水军"放在眼里。

在敌我双方兵力十分悬殊的情况下，个别朝鲜水军的指挥官临阵畏惧，不敢应战。李舜臣却胸有成竹，沉着指挥。他首先命令部下将众多的难民船和老百姓的渔船伪装成战船，排列在朝鲜水军的战船之后，以壮军威；同时又组织了陆战队，隐蔽在海峡两侧，准备随时消灭登陆的敌人。他说：兵法上讲"必死则生，必生则死"，我们只有拼死杀敌，勇往直前，不存在生还的心理，才有可能得胜。全军将士如有畏缩不前的，一律军法惩处。

一切布置停当后，李舜臣亲自率领朝鲜水军战船12艘出战，将大批敌船引诱进海峡的最险要处鸣梁口（兀突峡）。日军乘着满潮，大批战船涌进鸣梁口。他们看见朝鲜水军的战船很少，便把朝鲜战船团团围住轮番攻击。当他们发现了李舜臣的指挥船时，便不顾一切地扑上前来。面对敌人的攻势，李舜臣下令指挥船抛锚停船，以示寸土不让的决心。他的这一行为，鼓舞了部下将士英勇战斗。将士们见主帅如此舍生忘死，都拼死向敌船冲去。经过浴血奋战，击沉了包括日军指挥船在内的三艘日军战船，杀死了日军指挥官马多时。日军在失去主将和指挥后，一片混乱，他们远望，又发现朝鲜战船的后面还排列着数不清的大小"战船"，对朝鲜水军的实力顿生疑窦，并产生了恐惧感。他们不敢恋战，企图回窜。

这时恰好退潮，海水急速逆流向东。这正是朝鲜船队等待歼敌的最好时机。李舜臣命令指挥船起锚，立即指挥战船顺着潮水大举反攻。日军抵挡不住，迅速撤退，争先恐后，企图驶出海峡。

退潮水浅，李舜臣事先派人暗设在峡口海面的铁索和木桩等发挥了重要作用，挡住了日军船只的退路。这一突如其来的情况，使日军战船更加恐慌，互相拥挤，互相冲撞，乱成一团，无法形成战斗力。朝鲜水军在李舜臣的指挥下，抓住有利时机，向日本战船发起了猛烈的攻击。不用多时，就击沉日军战船30余艘，击毙日军4000多名，取得了著名的鸣梁大捷，再次粉碎了日军"水陆并进"入侵朝鲜的作战计划，有力地鼓舞了朝鲜水军的士气。

李舜臣又抓住这一有利时机，大力扩充水军，加紧制造武器和建造战船，重振了朝鲜水军的雄威。

兵书《百战奇略》上讲："用少者务隘"。这就是说敌众我寡时，如在隘路中作战，敌兵虽多却施展不开，我兵虽少却能灵活机动，就一定能够取胜。李舜臣鸣梁大捷，以少胜多，重振朝鲜水军雄威的事例，又一次证明了"用少者务隘"的道理。

"抄后路"奇兵胜敌

拿破仑身为大将，在战争中屡用奇谋。有一条妙计他曾用过二十余次，奇怪的是他竟能连连得手。这一计就是"抄后路"——绕到敌人背后行动。简单说来就是派较少部队，在正面吸引敌人的注意，同时调动大军，利用天然地形的隐蔽和骑兵的屏护，向敌军侧后移动。然后从敌后发起突击，切断敌人的运输线和退路，争取全歼敌军。这种打法也被人称为"优势战略"，因为采用这种打法必须具有优势兵力，而且要有自由机动的余地。

在1800年的马伦戈战役、1805年的乌尔姆战役、1806年的耶拿与奥尔施泰特战役、1807年的弗里德兰战役和1809年的瓦格拉姆战役中，拿破仑都曾用此计取得战略性胜利。但是最能显示拿破仑的"抄后路"战法特点的，还是1806年对普鲁士军队的战斗。仅用8天，法军就全歼普鲁士军，接着普鲁士国亡。

战役于1806年10月6日开始。

当时，拿破仑的18万大军在巴伐利亚北部的维尔茨堡，集中在一个长150公里、宽120公里的地区内，而普鲁士军及其萨克逊盟军共有9万人，驻在图林根一带，尚未集结完毕，另有4万人驻在东北方向的萨克森，其背后是大批俄军，但相距甚远。普鲁士人估计拿破仑会从其驻地维尔茨堡出发，直接扑向他们。不料拿破仑却把部队分成三个集群，4万人在左翼，5万人在右翼，7万人担任中军，中军担任前卫和预备队。

拿破仑命令三路人马沿三条平行路线在骑兵后面向东北方进军；进军途中要利用图林根森林作为"屏蔽"，隐蔽行动。沿途始终未曾遭遇敌军。直到10月10日，才在扎尔费尔德同普鲁士皇太子路易·费迪南德率领的一师普军相遇，普军被歼，皇太子本人毙命。

这一仗像是一记重棒，敲醒了普鲁士人，这才弄清法军的机动方向。原来拿破仑是想插在图林根和萨克森之间，隔断两股普军。普军赶紧改变作战方向，调整军队部署。可是为时已晚。拿破仑的部队已经由南向北、转向西进，切断了两股普军的联系。10月13日，法军名将让·拉纳率前卫在耶拿同普军主力相遇，两军展开激战。拉纳派人报告拿破仑。当时拿破仑率领主力在后面跟进，相距约有一日的路程。次日拿破仑的主力赶到，在耶拿和奥尔施泰特地区同时围歼普军，大获全胜。

"抄后路"的战法是拿破仑发明，曾被拿破仑多次使用，后来，又被他国的将领所用，一般也都取得较好战果。在西班牙，威灵顿公爵曾于1813年使用此计获胜。在美国内战期间，北军将领约瑟夫·胡夫曾于1863年在钱塞勒维尔之役中使用此计战败南军名将罗伯特·李；后来罗伯特·李又在同一战役中使用此计扭转败局。

但从长远发展的角度看，了解各国消费者的不同爱好与习惯，摸清各国对产品品质的要求，力争适销对路，则既可使我国产品顺利进入国际市场，又能避免减少不必要的纠纷。这也是在用此计之后应当予以总结的。

外封内打战海湾

1990年8月20日，海湾石油富国科威特突遭劫难，同属阿拉伯联盟国家的海湾军事强国伊拉克出动14个师约10万人的兵力，在空军支持和海军的配合下，对其进行了大规模武装入侵。不到一天时间，占领了首都科威特城，进而控制了科威特全境。

伊拉克出兵占领科威特的消息震惊了波斯湾，也震惊了全世界，更使美国和一些西方经济大国诚惶诚恐、坐立不安。美国的惊慌并非无缘无故，伊拉克侵占科威特引发的中东动荡和潜在威胁，恰恰触动了它最敏感的神经。

中东地区的地理位置极其重要：是亚、非、欧洲交接地，与阿拉伯海、红海、地中海、黑海和黑海相濒，被称作"三州五海之地"，可扼博斯普鲁斯海峡、达达尼尔海峡、苏伊士运河、曼德海峡和霍尔木兹海峡，这一地区一直是苏美战略争夺的重点。对苏联来说，据有此地可以夺取不冻港并获得从东面包抄西欧的突破口，加强东西两线战略联系，对北约集团构成严重威胁。对西欧和美国来说，这一地区不仅是连接三大州海陆空交通的枢纽，而且还是遏制、堵截苏联南下地中海和印度洋的战略屏障。美国前总统艾森豪威尔曾说："仅仅从地理角度讲，在整个世界战略上没有比中东更重要的地区。"

中东的石油储量、产量雄居世界之冠。伊拉克吞并科威特以后，就可以控制世界石油总储量的20%，成为仅次于

沙特阿拉伯的世界第二大储油大国。如果萨达姆的行为不被制止，或者他将集结于沙特边境的军队再往前一伸，进一步控制住沙特阿拉伯和阿联酋，就意味着世界油库的65%掌握在萨达姆手中，届时，美国及其他西方工业大国赖以生存的"黑色血液"，将成为萨达姆掣肘、威胁他们的一个重大筹码。这对于整个西方经济无疑是个危险信号。

因此，伊拉克入侵并且吞并科威特美国绝不容许，西方列强绝不容许，科威特和其他中东国家（即便同是阿拉伯国家）也绝不容许。

联合国自然不能袖手旁观、坐视不管。8月2日，紧急通过一项决议，要求伊拉克立即无条件地将其入侵科威特领土的全部军队撤至入侵前的位置。8月18日，安理会通过664号决议，要求伊拉克政府允许外国公民尽快撤离科威特和伊拉克，不得采取任何危害外国公民人身安全和健康的行动，并派出官员前往伊拉克与之讨论外国公民的安全问题。8月25日，安理会通过665号决议，呼吁在海湾地区部署海军力量的国家必要时采取与具体情况相称的措施，以阻止出入伊拉克的船只，并对其货物和目的进行检查，以确保对伊贸易制裁的实施。接着，又相继通过了666号、667号决议，强烈谴责伊军侵犯外国使馆的行为，要求伊拉克立即释放被扣留的外交人员和外国侨民。

国际社会也迅速做出了反应：8月20日，美国总统布什在白宫宣布美国强烈谴责伊拉克对科威特采取的军事入侵，要求伊拉克立即无条件地撤出军队。并

指示美国驻联合国代表要求安理会召开会议。同时签署命令冻结伊拉克在美国的财产，宣布美国将考虑采取必要的行动，"以保护美国在海湾的长期切身的利益"。3日，美国、苏联两国外长发表联合声明，要求伊拉克"恢复和保障科威特的主权、民族独立、合法政权和领土完整"。4日，欧共体12国召开会议，确定要对伊拉克施加压力，对其停止军火供应、政治接触和贸易关系。阿拉伯联盟部长理事会、海湾合作委员会、非洲统一组织以及欧洲、亚洲、非州、拉丁美州和大洋州的许多国家和地区也都相继发表声明或公报，要求伊拉克撤出科威特，用和平方式解决两国的争端。

伊拉克在国际政治中陷于孤立。但是它仍然一意孤行。

9月8日，欧共体12国外长在罗马举行特别会议，一致表示要对伊拉克实行"更严厉、更有效和更紧迫"的禁运。25日，安理会通过670号决议，决定对伊拉克实行空中封锁。10月29日，联合国安理会通过第678号决议，授权联合国成员国在伊拉克于1991年1月15日之前仍拒不执行从科威特撤军等安理会有关决议的情况下，使用一切必要的手段，维护、执行有关决议，恢复海湾地区的和平与安全。

伊拉克在经济上陷入困境，空中、海上的封锁和禁运切断了它对外的经济贸易，也扼紧了它的经济命脉。

美国早在大声呼吁、搞软攻势的同时，也磨刀霍霍，加紧了军事进攻、武力解决的准备，它称此为"沙漠盾牌"计划。

面对联合国的严厉制裁和以美国为首的反伊联盟的强大军事压力，伊拉克没有表现出丝毫的退让和松动。萨达姆信任伊拉克在8年两伊战争中壮大起来的军事实力，他觉得自己凭120万军队、500万民兵、5600辆坦克、6000辆装甲车、4000多门火炮、770余架作战飞机、800多枚导弹和大量生化武器，完全可以与美国为首的多国部队放手一搏，至少不会吃大亏。更重要的，他认为反伊联盟内部肯定存在着可以利用的弱点和矛盾，只要伊拉克外交手段得力，争取时间，拖中待变，是可以出现有利于己的国际形势的。

首先他考虑依赖的是苏联，虽然它在海湾问题上对伊拉克也很强硬，连续在联合国制裁伊拉克的决议中投赞成票，并中断了对伊的武器供应，但苏联多年来一直与伊拉克关系密切，伊拉克得到了来自苏联的大量的军火和经济援助。更重要的是，苏联和美国多年来在国际问题上一直是对立派，颇有凡是你支持的我都反对的意思。海湾危机爆发后，苏联坚持并一再强调要通过和平途径用政治手段解决危机，因此伊拉克认为苏联是可以接近和靠拢的力量。

其次，西方阵营也不是珠联璧合，没有漏洞可钻。西方一些大国对美国在全球推行霸权主义早就心怀不满，希望在国际事务中扩大影响、重振雄风，因而在很多问题上对美国的提议和做法多有"保留"和"补充"。此次海湾危机爆发后，萨达姆把伊占科威特同历史遗留的阿以问题扯到一起，提出要以撤出科威特换取以色列撤出被占领阿拉伯领土，得到了以法、英为代表的一些国家的同情。

在萨达姆的战略思考中，最具有现实威慑力的一张王牌，就是把以色列拖入战争。10月8日，以色列在耶路撒冷的圣殿山屠杀游行示威的巴勒斯坦人，制造了震惊阿拉伯世界的"圣殿山血案"。10月9日，萨达姆发表声明，强烈谴责以色列，警告以色列必须撤出被占领的阿拉伯领土，否则就要进行"报复以色列屠杀巴勒斯坦人行为"的快速行动。虽然类似的抗议谴责已是老调常弹，其用意也很明显："告诉"阿拉伯世界的兄弟们以色列才是他们头号的敌人，"提醒"他们不要忘记在以往同以色列的斗争中是美国一直包庇和支持着以色列，甚至在联合国作出以色列撤出被占阿拉伯领土的第243号决议后，美国都没有派兵，也没有其它表示。却在伊拉克问题上大动干戈。显然，他想把以色列拖进来，引起阿拉伯国家的同仇敌忾，把反伊联盟"捅个窟窿"。

但是，萨达姆算计错了，事情远没有如他所想发展下去。

苏联方面没有能够给予他实际援助，甚至连强有力的声援都没有，尽管萨达姆派外长阿齐兹专程去苏联游说、拉关系、做工作，但当时的苏联正危机四伏、困难重重，戈尔巴乔夫自然不愿意、也没有能力公开跟美国作对，引火烧身。美国总统布什在联合国的游说和国务卿贝克来往穿梭于欧、亚诸大国所做的游说、许愿显然收到了效果，西方诸国也都明白自己"坐不到头把交椅"，该发牢骚就发点牢骚，该跟着干的时候还得跟着干，他们有人出人，有钱出钱，名为主持正义，实则助美国一臂之力。萨达姆希望看到反伊联盟的裂缝则一直到海湾战争打完也没有出现，这倒多亏了以色列的出人意料的忍性，精于算计、在任何事情上都不肯吃亏的犹太人对萨达姆的百般挑衅装听不见，甚至在几颗伊拉克的"飞毛腿"砸到头上之后还无动于衷，显然美国的工作做得到家，当然它也绝对不敢开罪美国。阿拉伯兄弟们没有了头号敌人，就冲萨达姆这个第二号较开了劲。

当萨达姆在政治、外交上连连失利，越来越陷入被动、孤立局面的时候，美国没有忘记挥舞手中的"大棒"，紧锣密鼓地调集以其为首的多国部队，自陆地、天上、海里对其伊拉克和被占领的科威特进行了包围和封锁。

美国不惜血本，在海湾陈兵43万人。其中陆军26万人，海军5万人，空军4万人，海军陆战队8万人。将海军的一半作战舰艇、陆军2/3最强大的重型坦克部队和海军陆战队的90%的作战部队投入海湾。美国陆、海、空三军摆出进攻性部署，对伊拉克形成四面包围之势。陆路方面，在沙特境内，与海湾合作委员会部队相接，美国部署了三个装甲师、1个机械化师、1个机械化步兵师、1个机械旅、2个装甲骑兵团和1个战斗航空旅，在宽大正面和己方纵深内形成了可守可攻之势；同时海军陆战队3个远征旅、1个陆军机械化步兵师和英军1个装甲旅，在沙特东北部呈梯次部署；在沙特西部地区前沿一线依次配备有埃及、叙利亚、摩洛哥等国军队，其后为法国地面部队，为美军一线部队提供翼侧保障。具有高度机动性能的第82空降师、第101空中突击师、第11防空炮兵旅及特种作战部分随时根据战场情况实施机动。空中方面，除配置于沙特的空军部队外，在土耳其南部基地美国14架F—111战斗机和48架F—16战斗机构成北出之势；卡塔尔的44架美军F—16战斗机、阿联酋的24架美军F—16战斗机、阿曼的24架美军F—15战斗机可以从东部实施牵制；位于印度洋迪戈加西亚美军基地的26架B—52战略轰炸机可进行全方位的战略支援。在海路方面，"威斯康星"号战列舰和中东特混舰队在海湾海域，"中途岛"号、"独立"号、"萨拉托加"号及"肯尼迪"号几个航母战斗群分别于阿曼湾、阿拉伯海域、红海和地中海实施海上监视和封锁，形成对伊拉克的环形立体包围。

1991年1月17日，美国总统布什一声令下，对伊拉克军队的总攻开始，美军为主的多国部队，依靠先进的武器装备和周密的作战部署，用最小的代价换取了战争的胜利。多国部队首先进行空袭，用最先进的装备、最猛烈和最准确的爆炸制造了一场燃烧着烈焰的"沙漠风暴"，空中打击摧垮了伊拉克大部分战略力量，摧垮了其空军、海军，严重孤立了伊拉克最高领导集团，分割了伊军的空中和地面联系，切断了伊军的补给，瓦解了士兵的斗志，伊军处在最后崩溃的边缘上。直到此时，多国部队才发动起地面进攻，伊拉克人只进行了100小时的抵抗，在损失了41个师、3500辆坦克、2000辆装甲车、2000门火炮、103

架飞机，几乎丧失了抵抗能力后，萨达姆宣布投降，表示无条件接受安理会自1990年8月20日伊拉克占领科威特后通过的所有12项有关决议。而迅速打击并制服伊军数十万军队的多国部队阵亡仅为126人。

海湾战争以美国为首的反伊联盟大获全胜结束，伊拉克自出兵侵占科威特开始就在国际政治舞台上陷入孤立，并且在美国的努力下，越陷越深；外交上一败涂地，得不到一个国家的公开援助和支持；经济上处于全面封锁之下；军事上处于重重包围之中。早已处于四面包围、成了"门内之贼"，遭受彻底失败当然在所难免。

准确定位巧竞争

日本的业余摄影的彩色胶卷市场目前被三家公司所控制。其中两家是日本公司，占主导地位的富士公司和樱花公司。在过去15年内，富士胶卷的市场份额在逐步被他的两个竞争对手夺去。检查结果表明，问题不在于产品的质量，而是樱花胶卷公司在产品的商标上用了不合适的名词。在日文里樱花使人引起色彩柔和、轮廓模糊、带有粉红色的联想。相反，富士牌胶卷的名称自然使人联想起日本圣山上明朗的蓝天和白雪。樱花牌的严重失利在于它不幸的形象，尽管该公司通过广告为消除这种不利局面做出了很大努力，但结果还是无济于事。

最后，樱花胶卷公司开始从结构、经济性和顾客的观点出发，分析是否可能找到开发竞争优势的机会。他们真的发现了一条线索。

樱花公司发现，购买胶卷的顾客的成本意识在增长。冲洗胶卷的工艺人员反映，业余摄影者一般在使用36张的胶卷时，总是剩下一二张未曝光的，但同时却总是在使用20张的胶卷时尽力想多拍几张。樱花公司的机会就在这里。公司决定生产24张一卷的胶卷，其价格与竞争对手的20张一卷的价格相同。这种产品所增加的成本是很低的，但一旦他的主要竞争对手跟着他的路子走，就会面临不可忽视的惩罚。如果竞争对手降低20张一卷的价格，樱花公司就将迎战。樱花公司这样做的目标是两方面的：第一，它将促进使用者的成本意识增强；第二，也是更重要的一点，它将促使人们把注意力从他们所不可能取胜的牌子形象方面转向经济方面，这是他们具有相对优势的地方。

准确的市场定位，便是樱花胶卷公司"关门捉贼"术的商业实用。

日美车战斗信息

自20世纪50年代以来，如果说日本对美国展开的是一场惊心动魄的汽车战，倒不如说是一场斗智斗勇的信息战更为确切。

美国素有"汽车王国"之称，是世界上第一辆"汽油马车"的诞生地。也正因为此，美国人特别偏爱汽车。战后美国的汽车工业发展更加迅速，进入50年代，已成为世界第一汽车生产大国和第一汽车消费大国。而在第二次世界大战结束后，日本的汽车工业基本上已被摧毁。50年代初期，残存的丰田、日产、富士等几家汽车公司，只能靠修理美国的大批破烂车过活。正是在这个期间，他们通过修车掌握了美国汽车工业的技术信息资料，于50年代后期，向美国汽车市场发起了进攻。

丰田汽车工业公司，在这场汽车战中充当了开路先锋。1957年，这个公司便率先将第一辆"丰田宝贝儿"打入了美国汽车市场。但却因质量、外型等存在严重缺陷而遭冷遇。初战失利，他们没有因此而泄气。一方面通过政府信息机构，不断收集美国汽车制造工业的技术信息；另一方面派出大量调查组，广泛收集与美国汽车销售市场相关的信息，终于发现美国人对汽车的偏爱正在由"大"变"小"。过去美国人以为乘坐大型豪华汽车，才能显示出身份的高贵。但是随着美国汽车与日俱增，城市交通流量不断增大，道路显得狭窄拥挤，大型汽车转弯、行驶、停放越来越不方便。同时，油价不断上涨，人们感到使用大型汽车耗油多不合算。因此，他们的偏爱转向了小型汽车。据此，丰田汽车公司推出了价廉、耐用、耗油少、维修方便、容易驾驶、乘坐舒适的轻型小轿车，深受美国消费者的欢迎。产品一经面市，便很快打开销路，使他们终于在美国汽车销售市场上占据了一席之地。

随后，日产、日野等汽车工业公司，也都先后推出了各种类型的小轿车，并陆续打入美国汽车销售市场。到1989年，日本小汽车在美国汽车销售市场的占有率已高达30%。至此，实现了日本人梦寐以求的"车到山前必有路,有路必有日本车"的夙愿。

松下从容对敌手

1973年,由于日本电视机在美国倾销而吃尽了苦头的美国大企业之一摩托罗拉公司,为在日本销售彩色电视机,计划以33万日元的零售价在日本销售美国企业生产的"魁瑟"牌落地式彩色电视机。当时,彼克特公司与松下公司正以48万至57万日元的价格销售同类型的电视机。由此可见,这一价格是十分吸引人的。可是,在日本有着举足轻重的松下公司则认为,决不能同意摩托罗拉这样的美国大企业插手于受到保护的日本市场。如果美国企业向日本销售电视机的价格比有意提价的国产电视机低廉得多,那么不仅会威胁日本国内的高价格政策,而且还会使日本在美国遭到搞倾销的指责。总而言之,必须制止摩托罗拉公司的活动。

1974年3月,经过与摩托罗拉公司的会晤,松下公司最后以一亿美元买下了摩托罗拉向日本销售的电视机制造权。作为交换条件,摩托罗拉答应包括设在美国国内以及台湾在内的所有工厂全部停止生产电视机。松下就这样把在日本仅存的具有竞争力的美国企业"关门抓贼"了,从此以后,日本的市场上再没有与之匹敌的外国电视厂商了。

巧做广告创奇迹

美国汽车公司一向是美国汽车制造业的骄子,与福特、通用等大公司相对峙。

然而,当历史的脚步刚刚迈入20世纪60年代,美国汽车公司便连遭重创。在竞争对手的围追堵截、前后夹击之下,该公司的销量锐减,库存严重,营业额直线下降。

一片阴霾笼罩着美国汽车公司的上空。

这天上午,该公司的会议室里坐满了神情忧郁的股东,大家一言不发,在焦急地等待一位据说能挽回败势的神秘人物。

会议主席引进一位看上去30多岁,神态优雅,轻松自信的女士。

主席介绍道:"我们讨论如何夺回市场,应该听听广告界权威人士的意见。这位就是玛莉·维尔丝女士。"

没有掌声,一对对冰冷的眼睛,一张张铁板似的面孔,显露出明显的怀疑和轻视。

面对如此冷峻而难堪的场面,玛莉却镇定自如,她莞尔一笑,饱含深情地说:"我非常理解各位的心情,也深切了解我的力量远不足以为各位分忧。事实上,活力存在于各位自己,根本无需外人分担。"

短短几句话,却像一股春风驱走了会场上的寒云冷雾,温暖了身处逆境的股东们的心,这些企业界强人的目光开始变得柔和起来。

机智过人的玛莉一下子就抓住了与会者的心,她接着说:

"虽然贵公司的命运掌握在各位自己手中,但是别人的一点微不足道的小意见，也很有可能会启发各位的灵感，去找出挽回颓势的良方。"

这些话令高傲的股东们听起来很舒服。

"坦白地说，贵公司的汽车在设计上、造型上、性能上都敌不过福特车，但有一点却是可以不输给他们的，那就是对顾客的爱心。比如贵公司新出的旅行车后厢有地毯，就颇讨人喜欢。"

玛莉·维尔丝不愧是驾驭人们心理活动的高超艺术家。此时股东们急于要弄清的正是：既然自己有力量改变自己，那么，这种力量在哪里呢？玛莉真诚坦率地指出了公司的弱点与优势，使股东们对自己公司的现状有了清醒的认识。

玛莉乘机扩大战果："各位千万不可深藏不露，要想法把自己的优点强调出来，要让顾客真切地体会你们的爱心。"

话音刚落，会议室里响里了一阵热烈的掌声。玛莉以出色的口才和优雅的风度征服了在座所有的股东。

此后，玛莉广告公司为美国汽车公司设计了一批出色的广告，加上公司各方的努力，销路稳步增长。终于摆脱了困境。

玛莉·维尔丝的名声由此大振，人们称她是最能替"上帝"着想的女人。

在卡内基工学院，玛莉选择了工业设计专业。毕业后她应聘到梅西百货公司做广告工作。这位刚刚大学毕业的女学生，立即遇到了一个施展才华的机会。

梅西百货公司的经理发现刚刚问世的超短裙很适合60年代女孩子爱表现自己、爱出风头的心理，想大大做一笔生意。

可如何做广告进行宣传呢？他找到了刚来的玛莉。

"我很欣赏超短裙，准备大量生产，你看如何设计广告最能吸引人？"

"这种广告设计，看似容易实际很难。"玛莉想了一下回答道。

"为什么？"经理有些不解地问。

"因为让那些秀脚姑娘穿上这种裙子，那种英姿勃发的神韵、青春洋溢的气息，不是任何广告所能表达的。"

"照你的意思，是要用模特儿做时装表演？"经理显然感兴趣了。

"当然这是最理想了，但这种方式也有缺点。"

"什么缺点？"

"无法同时展开，要在全国销售店同时表演，那又得雇多少模特儿。"

"依你看怎么办？"经理不由地着急了。

这时玛莉才和盘端出了自己的办法，"用对比法吧。"看着经理疑惑的表情，玛莉进一步解释，"就是利用摄影技巧，让一个模特儿穿两种裙子，一种长裙，一种短裙，同时在一个镜头出现。"

经理恍然大悟，"对，对！除非是瞎子，任何人看了，都会对女孩子穿超短裙欣赏不已。"

广告做出来了。看到这幅对比明显的广告的人，无不觉得长裙难看，超短裙美观。那些年轻的姑娘们，一下子被这幅广告抓住了。梅西公司的超短裙一下风靡市场。

1966年4月，37岁的玛莉与另外两位女士合办了一家广告公司并开始实施她的"施肥计划"。

布兰尼佛喷气式客机公司就是这个计划的首选目标。

一开始，玛莉就碰了钉子，这位经理不相信广告的效用，对她很冷淡。

经过一番唇枪舌战，经理终于同意试试看。

一连三天，她把自己关在办公室里，潜心研究。她为这幅广告定的原则是：图案要醒目动人，简洁有力，既切合飞机这一主题，又要给人一种慑人的气势。

一个个的草图画出来，又被她推翻了；而同事的建议也没一个合她的心意。几天的苦战使玛莉心烦意乱，她决定驱车出去散散心。

雨后的傍晚，空气清新，一道彩虹横贯长空，玛丽突然来了灵感，一幅动人的图案出现在眼前：一道长虹由布兰尼佛公司的标志喷发出来，相形之下，其他航空公司只有金色或银色一种色彩，显得单调、暗淡、无力。

当这幅不同寻常的广告作品呈现在经理面前时，他不禁激动地说："真棒！构思透出的气势使我们公司占了上风。更重要的是，它激发了我的雄心，激发了全体职工的进取心，就像你设计的那道彩虹，这才是决定公司命运的活力。"

这幅不同凡响的作品，不仅惊动了飞机公司全体员工，而且震动了整个广告业。一时间，嘲笑、讽刺、谩骂的声音汇成一片，说玛莉不该把广告当作诗作。

直觉告诉玛莉，必须巧妙地利用这种攻击，为自己的广告扩大宣传。于是她在报刊上激烈地反击了对她的指责。

争论吸引了人们的好奇心，玛莉的广告几乎是家喻户晓了。爱美是人的天性，人们为图案的壮美所折服，随之而来的是布兰尼佛航空公司的生意大振。

玛莉不仅由此获得了巨大的成功，而且得到一个意想不到的个人收获。

她与布兰尼佛航空公司经理从相识到相知，到相互倾慕，终结秦晋之好。

故意"闹事"捉窃贼

几十年前的上海，有一天，一位结婚不几天的新娘子，从厂里下班回来，已是深夜12点钟，宿舍大楼已寂无人声，人们都已安睡了。

新娘子悄悄上楼进门，打开电灯。新郎劳累了一天后早已熟睡。她推了推新郎，新郎动也没动，几天来家里家外给他忙坏了。新娘走到大衣柜前，脱下大衣，顺便照了照镜子。

镜子一照，她差点喊出声来，在镜子中，她看见了床底下有四只脚！

夜深人静，竟有两个贼躲在床底下，这还得了！她回想前天下午在电车上，有一个小偷掏一位老大娘的钱包，被她当场抓获。她注意到小偷被抓走时向她投来的那仇恨的一眼。会不会是他前来报复？现在夜深人静，新郎睡熟，邻居也都入了梦乡，我一个女人怎能对付得了两个人？深更半夜又到哪里去找帮手？

好一位机智灵活的新娘子，脑子一转，立刻想出了一条妙计。

新娘子不动声色，款款地走到五斗柜边，拿起五斗柜上的热水瓶，想倒杯开水喝，谁知瓶内一滴水也没有。新娘子"砰"地一声，将杯往地上一摔，就哭了起来，边哭边骂：

"我上夜班回家，想喝一滴水都没有，今后的日子怎么过？你结婚前那些甜言蜜语都到哪里去了？"

新郎从梦中惊醒，丈二和尚摸不着头脑，要喝开水，外间有的是呀。这五斗柜上的花壳水瓶不过是当装饰品用的，什么时候装过开水呀？新娘子是中了什么邪了，三更半夜寻事吵？她到底是怎么啦？

新郎下床劝慰，新娘越吵越厉害，捶胸顿足，拍桌子打板凳，吵着要离婚。这一来，把左邻右舍，楼上楼下的人们都吵醒了，一个个披衣起床，前来劝架，人们挤满了一屋子。

新郎心里好火啊！无事找事，吵成这样子，深更半夜吵得四邻不安，你、你这是何苦！

新娘见来了这么多人，立刻破涕为笑："我不过是开个玩笑。"

开玩笑？这下子不但新郎更恼火，连劝架的邻居也火了。深更半夜把这栋大楼的人都吵醒起床，世上有这样开玩笑的吗？邻居正要骂她，她却伸手朝床底下一指："都是为了这四只脚！"

众人朝床下一看，这才发现那里确实有四只脚！新郎一跃上前，抓住一只脚就往外拖。众人七手八脚将四只脚倒拖出床底。新娘一看，果然是电车上的小偷和他的同伙。由于新娘子这出戏演得太像，小偷才没有逃掉。

诱"敌"深入斗新娘

试看一对即将举行婚礼的青年关于他们办婚事的商议：

男：办婚事总得有个准备，我们算一下各项开支吧！

女：对，早该核计一下了。结婚是人生大事，一辈子就一次嘛！喜酒不能不请，我横算竖算……

男：是啊！酒席的标准也不能太低，照现在的市价，每桌至少得300元，四桌，加上酒，这1400元的酒席钱是省不了的。

女：（高兴地）家具呢？……

男：家具是要紧的，……王府井那套……虽说要2000元一套，但这是百年大计，质量第一呀。

女：（得寸进尺）新房里光有家具也不行，好马配好鞍，总还要配备"三机一转"吧！

男：对，彩色电视机、收录机，……总共有3000多元也差不多了。

女：（更高兴）听人家说，……眼下青年已进入"金器时代"了。

男：是啊，应该紧跟形势！我去首饰店看过，有2200多元，这三件可办齐了。

女：（大喜）我们还要做几套衣服。……

男：当然，做几套衣服，再加上……这些杂七杂八的费用，用1000元也差不多了。行了，你算一下，总共要多少钱？

女：酒席1400，家具2000……总数是9600元。

男：好，你再帮我算算，咱们的结婚期放在哪一年？我每月工资加奖金400元，补贴父母100元；伙食费以最低标准计算，也得 150 元一个月；零用钱 50 元。这样，我每月可结余 100 元，每年有 1200 元……

女：哎呀！每年攒 1200 元，4 年是 4800 元，8 年才满 9600 元！

男：对！我今年 28 岁，你看咱们哪一年结婚好？

女：……

男：我看，等到年近 40，凑齐 9600 元结婚，那滋味总是不好受的，还是根据现有条件，现实一点，重新考虑吧！

女：这话有道理。

如果我们每个人，都能像小伙子一样，善于"关门"然后"捉贼"，那么，在处世中一定会获得巨大收益的。

面对一个追求时髦、高消费的新娘，小伙子既不能断然拒绝，也不能照单全收，处于左右为难的境地，因此惟有一步步诱"敌"深入，待其进门之后，再行捉"贼"，这样既维护了爱情，又摆脱了窘境，可谓一举两得。

"关门捉贼"实际上是一种诱导，以使对方不知不觉间顺应自己的目的。

第二十三计　远交近攻①

【原典】形禁势格②，利以近取，害以远隔。上火下泽③。

【按语】混乱之局，纵横捭阖④之中，各自取利。远不可攻，而可以利相结；近者交之，反使变生肘腋。范雎⑤之谋，为地理之定则，其理甚明。

【原典注释】①远交近攻：即结交远国而攻击邻国。语见《史记·范雎传》："王不如远交而近攻，得寸则王之寸也，得尺亦王之尺也。"

②形禁势格：一作"形格势禁"。格，阻碍；禁，禁止。即形势的发展受到阻碍。

③上火下泽：《易经·睽卦》："象曰：上火下泽，睽；君子以同而异。"其意思是：火向上烧，水往下流，它们的性质正好相反。君子应当求同存异，在不同的事物中寻求其可以共存的条件。

④纵横捭阖：纵横，合纵连横。战国时，苏秦主张联合六国抗拒强秦，叫做合纵；张仪主张分化六国，说服他们服从强秦，叫做连横。捭阖，见《鬼谷子·捭阖》："捭之者，开也，言也，阳也；阖之者，闭也，默也，阴也。"或开口说话，或沉默不语。或该说什么，不该说什么。或采取公开的手段，或采取阴谋手段。纵横捭阖的意思是，根据不同的情况相机行事，采取各种手段来达到自己的目的。

⑤范雎：一名范叔，战国时魏人。曾化名张禄入秦国游说秦昭王，主张远交近攻。

【原典译文】当形势的发展受到地理条件的限制时，先攻取就近的敌人对我们有利，先攻取远隔的敌人对我们有害。根据睽卦原理，应当对不同的军事集团采取联合，以达到我们的目的。

【按语译文】在局势混乱、变化复杂、诡计多端的状况下，任何一方都会为自己谋取利益。对远隔的敌人不要去攻击，而可以用利益和他结交；如果和邻近的敌国结交，将对自己不利，反而会使变乱发生在自身要害处。战国时范雎的远交近攻谋略，就是把地理的远近作为不同政策的施行原则，其中的道理是十分明显的。

【传世典故　计名探源】远交近攻即结交远方的国家，进攻邻近的国家。军事上指为分化瓦解敌人方面的联盟，而采取暂时结交远处相隔难于获利的敌人，直接进攻近处相邻易于攻取的敌人，这是一种各个击破的谋略。

远交近攻，语出《战国策·秦策》：范雎曰："王不如远交而近攻，得寸，则王之寸；得尺，亦王之尺也。"这是范雎说服秦王的一句名言。远交近攻，是分化瓦解敌方联盟，各个击破，结交远离自己的国家而先攻打邻国的战略性谋略。当实现军事目标的企图受到地理条件的限制难以达到时，应先攻取就近的敌人，而不能越过近敌去打远离自己的敌人。为了防止敌方结盟，要千方百计去分化敌人，各个击破。消灭了近敌之后，"远交"的国家又成为攻击对象了。"远交"的目的，实际上是为了避免树敌过多而采用的外交诱骗。

魏国人范雎到秦国游说，见到了秦昭王。秦昭王向范雎询问富国强兵之策，范雎侃侃而谈："目前七国之中，最强大的就是秦国。秦国沃野千里，甲兵百万，雄踞四塞之固，进则能攻，退则能守，一统天下应该不费力气。但是，最近大王听信丞相魏冉的话，轻易发兵攻打齐国，我认为这是断送秦国的前程。"

秦昭王疑惑地问："攻打齐国有什么错呢？"

范雎说："越过韩、魏两国攻打齐国，这是十分错误的。即使取胜，大王又怎能把得到的土地同秦国连接起来呢？当初，齐王越过韩、魏两国去攻打楚国，曾占领千里之地。但结果齐国连一寸土地也未得到，却被韩、魏两国瓜分了。其原因是齐国离楚国远，韩、魏两国离楚国近。依我看，大王应当采取远交近攻的策略。"

秦昭王听得入了迷，接着问道："什么叫远交近攻呢？"

范雎说："远交近攻就是与离得远的国家订立盟约，减少敌对国家，而对离得近的国家抓紧进攻。诚能如此，得一寸土地就是一寸，得一尺土地就是一尺。打下韩、魏以后再打燕、赵；打下燕、赵之后再打齐、楚。大王只要实行这条计策，用不了多少年，保证能兼并六国，统一天下。"

范雎的一席话使秦昭王大为开怀，秦昭王高兴地说："寡人以后就听先生的了！"秦昭王立即拜范雎为客卿，并按照范雎远交近攻的策略，把攻打齐国的人马撤回来，改为攻打近邻魏国。此后，秦国夺取了邻国的大片土地，为后来秦始皇统一中国奠定了坚实的基础。

【名家评点 破解方略】 "远交近攻"，又称"远交近伐"，是以地理条件决定外交政策的一种谋略，其本意是联络距离远的国家，进攻邻近的国家。其实，这一谋略也可理解为：为了对付近的敌人，或者与远方的国家结盟，或者利用其他国家的事情牵制近旁的敌人。

"远交近攻"的谋略，不只是限于军事上的谋略，它实际上更多指总司令部甚至国家最高领导者采取的政治战略。大棒和橄榄枝，相互配合运用，不使乱与自己的近邻结盟。对邻国则挥舞大棒，把它消灭。如果和邻国结交，恐怕战乱会在近处发生。其实，从长远看，所谓远交，也绝不可能是长期友好。消灭邻敌之后，远交之国也就成了近邻，新一轮的征伐也是不可避免的。

经典案例　锦囊妙计

冯谖狡兔三窟计

冯谖，是战国时齐国公子孟尝君的门客之一，他是一个十分聪明有智慧的人。在未见孟尝之前，他是一个十分贫穷的人，听说孟尝君招纳宾客，就带着他的宝剑前往，孟尝君问他有什么能耐，他偏偏说自己没什么，于是就被当作一般的宾客，一般地招待。先生寂寞地终日弹剑作歌，被孟尝发现，一一满足他的要求，不过也仅仅当作一种玩笑罢了，并未将他放在心上。直到他为孟尝君到薛地收取租税，尽烧偿还不起之家的债券，说出一番狡兔三窟的大道理来，才被发现是一个极有智谋的人才。

孟尝君相齐数年，与齐泯王产生了矛盾，再加上秦、楚二国的挑拨，使齐王以为孟尝君在齐国的名声太高，会影响到自己的权位，于是便免去孟尝君的相位。门客们纷纷离去，独有冯谖不去。冯谖对孟尝君说："请给我准备一辆车，我准备西入秦国，使您在国内的地位更加稳固，您的封地更加广大。"孟尝君就给他准备好车马礼物。冯谖西入秦国，向秦王游说道："天下之游士到秦国来的无不是想使秦强大而削弱齐国，到齐国去的无不是想使齐强大而削弱秦国，齐秦两国，正可以说是一对旗鼓相当的对手呀。彼雄则此为雌，彼雌则此为雄，可以说是势不两立。只有称雄者才能最终得到天下。"秦王一听，顿生兴趣，忙问："怎么样才能使秦国能够雄飞而不雌伏呢？"冯谖反问："大王您知道齐国废弃孟尝君的相位了吗？"秦王表示听说过这么回事。冯谖接着说："是孟尝君的存在，才使齐国被诸侯所重。如今齐王因为听了别人的挑拨就废弃他，他的心里一定怨恨而背弃齐国。如果他能来秦国，那么齐国的情况他十分了解，而且有许多齐人对他怀恋。齐地就可以属于秦了。大王赶紧派使者偷偷地将孟尝君迎来，千万不可失却这样大好的时机。如果齐国觉悟了，重新启用孟尝君，那么将来谁雌谁雄，就又不好说了。"秦王于是派使者以车十乘，黄金百镒前去迎接孟尝君。冯谖托辞先走，到了齐国又游说齐王道："天下之游士到齐国来的无不是想使齐强大而削弱秦国，到秦国去的无不是想使秦强大而削弱齐国，齐秦两国，正可以说是一对旗鼓相当的对手。彼雄则此为雌，彼雌则此为雄。秦强了齐就弱，决没有两雄并立的道理。如今听说秦国派车十乘前来迎接孟尝君。孟尝君不去还则罢了，孟尝君去了秦国，为秦相则天下人纷纷依附，那么秦则为雄，齐则为雌了，齐一为雌，只恐怕国都都难保了。大王为什么不赶紧赶在秦使未到的时候，恢复孟尝君的相位，扩大他的封地以安定他的心。秦虽然是强国，也没有请别人的相国到自己国家任职的道理。这样，就可打破秦的阴谋，阻止其更加强盛了。"齐王于是派人在国界上等候秦使，秦使的车辆这时刚好进入齐境。使者还报齐王，齐王赶紧恢复了孟尝君的相位，又将他的封邑增加了一千户。秦国使者听说齐国恢复了孟尝君的相位，便带着礼物返回秦国了。

冯谖为孟尝君设的这一条"远交近攻"之计获得了巨大成功。

远交近攻统六国

秦统一六国之战发生在公元前230到公元前221年。秦国用了十年时间将韩、赵、魏、楚、燕、齐东方六国逐一灭掉，统一了天下。秦国之所以能够取得胜利，应该说，正确地采用"远交近攻"的战略指导方针，是夺取胜利的关键所在。

秦昭王时期，东方六国采用苏秦的"合纵"之策，共同对付秦国。秦昭王便向范雎请教如何破坏东方六国的这种"合纵"抗秦联盟。范雎仔细认真地分析了当时秦国的情况和东方六国的状况。指出东方六国之所以能够合纵抗秦，很重要的一点是：他们认为秦国是他们的共同敌人，是对他们生存的最大威胁。因此，为了共同的利益，使他们暂时放弃了彼此之间的矛盾和争执，齐心协力团结抗秦。而作为秦国，就应利用东方六国之间存在的矛盾，首先与距离秦国较远，矛盾不十分尖锐的楚国、燕国和齐国搞好关系，使他们感到秦国不但没有吞并他们的想法，而且还有与他们结好的愿望。以松懈他们对秦国的警惕，进而达到拆散东方六国建立的反秦联盟的目的。然后，集中力量打击与秦国邻近的韩国、赵国、魏国。这不但可以解除了秦国进攻齐国、燕国和楚国时，可能出现的后顾之忧。并且可以切断南方的楚国与燕国和齐国的联系，为第二步再攻打楚、燕、齐三国创造条件。这就是范雎所提出的"远交近攻"战略的核心。秦昭王对范雎的建议大为赞赏。自秦昭王到秦王嬴政，历代秦国君主无一例外，将"远交近攻"定为国策，坚决执行，并根据不同情况，制定对付东方六国的具体策略。

秦国自商鞅变法后，不仅土地扩展了，而且拥有当时中国最富庶的四川平原和关中地区，使秦国的国力大增。到秦王嬴政时期，秦国已拥有"战车万乘，奋击百万，沃野千里，蓄积饶多"。这就为秦灭六国奠定了雄厚的物质基础。

而东方六国，虽一度采用苏秦的合纵抗秦之计，集六国之财力、物力共同对付秦国，也曾取得了一些胜利，并一度迫使秦国不敢轻易进攻六国。但随着时间的流逝，到秦王嬴政时期，六国各自为自己的利益着想，各怀私心，再也不能合力同心抗击秦国了。

秦王嬴政在发动统一战争前，召集文武官员全面分析了东方六国的各自情况，为确定灭亡六国的策略，提供依据。

李斯认为：在东方六国中，韩、魏、燕的力量最弱。特别是韩国，早在公元前254年就已向秦国称臣。而现在的韩国又处在秦国的三面包围之中，什么时候想灭掉它，随手即得，可谓掌中之物。而魏国自马陵、桂陵两战被齐国的孙膑打败后，国势日益衰落，又不断遭到秦的进攻，领土日渐缩小，也不可能对秦国构成威胁。而燕国远离秦国，况且地广人稀，土地贫瘠，国力较弱，并且与赵国和齐国的矛盾很深，彼此之间多次发生战争，结果损兵折将，日渐衰落。

那么只有楚、赵、齐三国可谓六国中的强国，但现在它们也很难与往日处在鼎盛的时期相比。

赵国虽然"地方二千里，带甲数十万"。是仅次于秦国的第二强国。但自赵孝成王之后，开始衰落，太原、上党相继落入秦国之手。特别是长平一战，秦国坑杀赵国降卒四十万，使赵国从此再没能恢复元气。虽然赵国后来联合魏国和楚国，打退了秦国对邯郸的围攻，但作为强国的历史已经一去不返了。

南方的楚国虽有"带甲百万"，土地五千里。但自都城郢被秦攻破后，都城被迫东迁，以避秦军的锋芒，最后迁到寿春。而此时的楚国，君臣上下俱无复国图强之志，只求苟且偷安。

而齐国这时只知独立保境，从不援助其他国家的抗秦，加之此时的齐国已经几代无良将，因此国力也日渐衰落。

李斯根据自己对东方六国情况的分析，向秦王嬴政建议，凭借秦国的强大，"足以灭诸侯，成帝业，为天下一统"。否则一旦"诸侯复僵（强），相聚合纵"，那就错过了万世难得的机会。应不失时机地发动对东方六国的战争，统一天下。

卫缭也提出建议，为破坏东方六国的合纵，建议秦王嬴政应采取"毋爱财物，赂其豪臣，以乱其谋"的策略。从敌国内部进行分化、瓦解。以配合正面进行的军事斗争。

韩非则进一步提出了秦灭东方六国的具体方案，那就是："破天下之纵，举赵亡韩，臣荆（楚）魏，亲齐燕，以成霸业之名。"即首先进攻近处的赵国和韩国，同时暂时稳住楚国和魏国，拉拢燕国和齐国，等灭赵之后，再逐一灭掉其他五国。韩非的这一战略，实际上是继承和发展了秦国自秦昭王以后所一直奉行的"远交近攻"这一既定的国策。

秦王嬴政采纳了他们的建议。确定了在"远交近攻"这一战略决策的指导下，首先重点打击赵国，并乘势灭掉韩国，而后一举再灭魏国，控制中原。打破东方六国的合纵可能，然后消灭楚国，最后再灭燕、齐。实际上这是一个先弱后强，由近及远各个击破的方针。

这样便开始了在"远交近攻"战略指导下历时十年的统一战争。

公元前 236 年，秦国抓住赵国进攻燕国致使内部空虚这一时机。一面派使者去燕国，向燕王表示秦国愿意出兵援燕，并商定一旦灭赵，两国平分其地，燕王听后大喜；一面派大将王翦率秦军经上党地区进攻赵的都城邯郸。又派将军桓齮率军攻打邯郸以南地区造成对赵国的合围。赵王闻讯，急忙把进攻燕国的军队调回，命大将李牧迎击王翦，扈辄阻击桓齮，双方互有胜负，很快形成对峙局面。后来桓齮采用迂回战术大败扈辄，斩杀赵军十万余人。但很快李牧挥军救援，又将桓齮击退，双方又呈对峙状态。消息传到咸阳，秦王嬴政听罢焦躁不安，担心时间久了，东方六国看出秦国的意图，再结合纵进攻秦国。于是，急忙召集会议商议对策。卫缭说："我知道赵王身边有一宠臣名叫郭开。此人生性嫉妒而又十分的贪财，与李牧素来不睦。大王可不惜重金行贿，让他在赵王面前诋毁李牧，加之赵王生性多疑，必然中计。"

郭开在得到秦国贿赂他的金银后，立刻在赵王面前造谣说："李牧击败桓齮却不回击王翦，而按兵不动，大王几次催他进兵，他都以各种借口加以搪塞，拒不领命。我看他这是心怀异志。大王对他可要警惕呀，别忘了他现在手中可掌握有几十万军队，一旦他投降了秦国，回过头来打我们，那可就……"赵王忙问："那我该如何？"郭开言道："可先夺取他的兵权，改由赵葱为将。"赵王听信了郭开的话，杀了为赵国曾屡立战功、威震秦国的李牧，由赵葱为将。赵军将士见此个个寒心，致使兵无斗志。

正当秦军集中力量攻打赵国时，韩王安却慑于秦国的声威，派人到秦国请降。秦王嬴政大喜，立刻派内史腾前去接受韩国的土地。公元前230年，秦借口韩国仍与赵、楚搞合纵，派兵攻打韩国，很快俘获了韩王安，其地置为颍川郡。这样韩国在六国中首先被秦国所灭。

公元前229年，秦国利用赵国发生大地震和旱灾的机会，派王翦再次攻打赵国。秦军一举突破井陉，攻克邯郸，赵王迁也当了秦国的俘虏，赵国灭亡。

秦灭赵后，陈兵于燕、赵边境，虎视燕国。这时燕王才如梦初醒，意识到当初秦军出兵援燕是假，一旦它灭掉了赵国，下一步就是攻打燕国。燕王后悔当初不该听信秦国的挑拨而与赵国交战，如今赵国已亡，燕国再也没有什么天然屏障可以抵御秦军了。早先燕王的谋臣鞠武曾建议燕王："西约三晋，南连齐、楚，北媾匈奴以图秦"的方针，这实际上是一种合纵拒秦的战略。但现在赵国已亡，失去了时机。燕王无奈只好听从太子丹的建议，把燕国的命运都押在刺客荆轲的身上，幻想通过他刺死秦王，以挽救燕国。燕太子丹一直把荆轲送到易水河边，两人洒泪而别。

秦王嬴政听说燕国愿意割地请和，所派使臣已达咸阳。又听说燕使还将秦国叛将樊于期的人头给送来了，很是高兴，亲自接待荆轲。荆轲献上樊于期的人头后，又献上燕国准备割地的地图，一边展开，一面用手将燕国准备割让给秦国的地方一一指给秦王。当最后地图全部打开时，突然在地图中间藏着一把明晃晃的匕首。说时迟，那时快。荆轲右手抓住匕首，左手抓住秦王的袍袖，要秦王放弃攻燕。秦王大惊失色，用力挣脱。情急之中想拔佩剑，结果由于剑长，加之心情紧张，怎么拔也拔不出来。又见荆轲举着匕首奔来，秦王只好绕着大殿的柱子躲避荆轲，危急之中，一个侍医将随身携带的药箱砸向荆轲。此时秦王又忘了下令召集殿外的武士。众人则大叫让秦王从背后抽出宝剑，果然秦王抽出了佩剑，回身一剑砍断了荆轲的左腿。荆轲倒在地上，将手中的匕首掷向秦王，被秦王躲过，击中了大殿的柱子。荆轲见未击中秦王，不禁仰天长叹一声："此番未能击杀秦王，非我荆轲之过，实乃天意，上天要亡燕国啊。"

秦王嬴政马上派大将王翦和辛胜率军大举攻燕。在易水边，秦军大败燕代联军，并乘胜攻占燕都蓟，燕王喜与太子丹逃到辽东。秦将李信追击千里，最后迫使燕王喜杀死太子丹向秦国投降，燕亡。

秦灭韩、赵、燕以后，基本上控制了黄河中下游地区，只剩下孤立无援的魏国。公元前225年，秦国派王贲率军从关中出发，直捣魏国的大梁。怎奈大梁城墙高厚，异常坚固，屡攻不克。于是秦军便引黄河和鸿沟之水，灌进大梁。大梁终于被秦军攻克，魏王假投降，魏亡。

至此东方六国已有四国灭亡，只剩下南方的楚国和东方的齐国。在齐楚之间，攻齐，必须越过新破之国，人心未附，补给困难，依据"远交近攻"的战略方针。秦王决定先攻楚国。虽然过去秦国曾数次大败楚国，但楚国毕竟是一个大国，秦国不敢轻视。因此，在出兵前秦王嬴政召集部将商议攻灭楚国的策略。将军李信年少气盛，又在灭燕的战争中俘获燕王，深得秦王的赏识。于是秦王首先问李信："寡人想攻取楚国，依将军看来，需用多少兵力才能取胜呢？"李信答道："依末将看来，最多不过二十万人！"秦王嬴政转过头来又问老将王翦："老将军依你看呢？"王翦回答说："楚国乃是一个大国，要想灭楚非六十万人不可。"秦王听罢很不以为然，不禁脱口说道："看来王将军真是老啦，连打仗也不如以前勇猛而变得胆小起来，李将军不愧年少有为，勇猛果敢，那么我就任命你为主将，蒙恬为副将，率军二十万即日起兵，攻打楚国。望将军早日奏凯回师，寡人当亲自前往迎接。"李信得意洋洋，与蒙恬领兵二十万杀奔楚国。

王翦见此情景，便借口自己年老体衰，告老还乡，回到老家频阳以度晚年。

开始秦军进攻比较顺利，很快李信攻占了楚国的平舆，蒙恬攻占了寝，大败楚军。秦军连胜之后，开始骄傲轻敌，而楚军在大将项燕的指挥下，利用秦军的麻痹轻敌，突然发起反击。在楚军的猛烈打击下，秦军溃不成军。楚军连续追击三天三夜，攻下秦军营垒两座，杀死都尉七人。这是秦国在统一六国战争中蒙受的一次最惨重的失败。

秦王嬴政得到秦军失利的消息后，勃然大怒。这才意识到，王翦当初的主张是正确的。于是他亲自来到王翦的家乡，登门向王翦赔礼："寡人不用将军的计策，结果李信大败而回，使我军蒙受了很大的耻辱。又据报告，楚军正向我边境逼进，我秦国处境危急。现在将军您虽然有病在身，怎么能单独把我抛弃呢？"王翦答道："老臣我身染重病，很是虚弱，很难领兵出征了，还望大王选择更有能力的人为将吧。"秦王说："我已经找到了这样的大将了。将军你就不必再多说了。"王翦说："如果大王非坚持让我领兵出征的话，那么灭楚非需用六十万人不可。"秦王答道："一切均由将军一人定夺，打仗之事全都要仰仗将军了。"

王翦率大军六十万灭楚，秦王嬴政一直送到灞上。王翦鉴于李信轻率进军的错误，在攻入楚国后，采取以逸待劳的作战方针，在陈邑、商水、上蔡、平舆一带构筑营垒。

楚王负刍听说秦国再次来攻，而且又是倾全国之兵出动时，也动员了全国

的力量，准备和秦军决一死战。

项燕鉴于秦国这次是以六十万大军来攻，领兵的又是老谋深算的名将王翦。便仍采取上次打败李信的战术，在寿春以北的淮河北岸构筑营垒，用坚固的防守，首先挫败秦军的锐气，等到对方久攻不下，粮草不济时，再指挥楚军全线出击，向秦军反攻，一举将其赶出楚境。从当时秦楚力量对比上看，项燕的这一战略无疑是正确的。六国之中除楚国外，只剩下一个齐国，而它又一直抱着保境的观念不放，因而楚国不能指望齐国出兵援助自己。而秦国在吞并了四国后，可谓兵强马壮，士气正盛。虽然前次李信攻楚受挫，这对于秦国这个"带甲百万的强国，是不会对它产生严重影响的。所以贸然进攻秦军，只能加速自己的失败。当项燕看到王翦把军队扎在建好的营垒里面的时候，更加坚信了自己的主张，即不能主动进攻秦军，而是与之对峙。

因此，秦、楚两军在淮河对峙达数月之久。楚王负刍见项燕数月没有动静，以为他胆怯而不敢与秦军交战，便几次派人催促他进攻秦军。项燕反复说明自己的理由，无奈楚王固执己见。甚至怀疑项燕不主动进攻，是与秦军有什么密谋。项燕只好改变原来的计划，率军离开营垒，从西面进攻秦军。结果秦军营垒坚固，楚军根本无法攻破，而且死伤很多。项燕只好领兵又改从东面攻击秦军。

楚军的这些动向，早被王翦了解的一清二楚。于是他利用楚军疲惫不堪，又离营而去的有利时机，下令全军出击，

与楚军大战于涡河。秦军奋勇冲杀，楚军只得且战且退。不想又遇到涡河的阻拦，真是前有所阻，后有追兵。顿时楚军队伍大乱，被秦军杀死和落水而死的不计其数。只见河面上漂满了楚军的尸体，项燕也在蕲被秦军杀死。

王翦一面命蒙武率军攻占淮河以北的楚地，自己则亲自率军直扑楚都寿春，俘虏了楚王负刍。第二年，王翦又平定了江南的楚地。

现在六国之中只剩下齐国。这时的齐国，内部混乱不堪，民心涣散，虽然有人曾提出建议，与其坐以待毙，不如主动出击。这实际上是纸上谈兵，无济于事。齐王建不甘心就这样为秦所灭，还想作一番挣扎，他把军队集中在齐国西部，准备抗击秦军。

公元前 221 年，秦军避开了齐军重兵防守的西部。避实击虚，而从防守薄弱的北部发起进攻，地插齐国的都城临淄。在对齐国施加压力的同时，秦国还对齐国采取政治诱降的策略。许诺只要齐王答应投降的话，秦国可以给他五百里封地。在秦军的压力下，齐王建出降。秦王嬴政终于用了十年的时间，完成了灭六国，统一天下的大业。

李斯、韩非和卫缭发展了由范雎提出的"远交近攻"的谋略，并把这一谋略从单纯地运用于军事斗争发展到与政治、外交斗争相结合。因而在实行过程中，能够依据情况，交相使用，灵活掌握，依次击灭六国。

秦灭六国之战，可说是"远交近攻"谋略成功运用的范例。

远交近攻称霸主

春秋初期，周天子的地位实际上已经架空，群雄并起，逐鹿中原。郑庄公在此混乱局势下，巧妙地运用"远交近攻"策略，取得当时称霸的地位。

当时，郑国的近邻宋国、卫国与郑国积怨很深，矛盾十分尖锐，郑国时刻都有被两国夹击的危险。

于是，郑国在外交上采取主动，接连与较远的邾、鲁等国结盟，不久又与更远的实力强大的齐国签订盟约。

公元前719年，宋、卫联合陈、蔡两国共同攻打郑国，鲁国也派兵助战，将郑都东门围困了五天五夜。虽未攻下，但郑国已感到本国与鲁国的关系存在问题，便千方百计想与鲁国重新修好，共同对付宋、卫。

公元前717年，郑国以帮邾国雪耻为名，攻打宋国。同时，向鲁国积极发动外交功势，主动派使臣到鲁国，商议把郑国在鲁国境内的访枋交归鲁国。果然，鲁国与郑国重修旧谊。齐国当时出面调停郑国和宋国的关系，郑庄公又表示尊重齐国的意见，暂时与宋国修好。齐国因此也对郑国加深了"感情"。

公元前714年，郑庄公以宋国不朝拜周天子为由，代周天子发令攻打宋国，郑、齐、鲁三国大军很快地攻占了宋国大片土地。宋、卫军队避开联军锋芒，乘虚攻入郑国。郑庄公把占领宋国的土地全部送与齐、鲁两国，迅速回兵，大败宋、卫大军。郑国乘胜追击，击败宋国，卫国被迫求和。这样，郑庄公大为扩张，霸主地位便形成了。

联吴制楚复霸业

"联吴制楚"是春秋时期楚国亡臣申公巫臣为晋景公提出的复兴霸业的谋略。

春秋时期，晋楚长期争霸。公元前632年，晋楚城濮（今山东鄄城临濮集）之战，晋文公完成"取威定霸"的业绩，使楚北上再次受阻。公元前597年晋楚邲（今河南荥阳东北）之战，楚庄王饮马黄河，雄视北方，使晋国的霸业中衰。此后，秦楚联合对晋，齐鲁附楚，晋以今山西南部及河南陕西之一部地域，处于四面受敌的不利形势之下。晋景公即位后，立志复兴霸业，改变与楚争霸的不利态势。他首先采取软硬兼施，一打一拉的手法，争取与齐国建立了联盟，摆脱了四面受敌之困境。但是，秦、楚联合，楚无后顾之忧，晋从正面进攻，仍不易制服楚国。

公元前589年，齐晋鞍之战的时候，楚国大夫巫臣因为娶夏姬之故，投奔晋国，晋景公任命他为邢（今河北邢台市西南）大夫。楚人尽灭巫臣的族人。巫臣大怒，于是他于公元前584年向晋景公献"联吴制楚"的谋略。晋景公采纳了巫臣之谋，并采取了一系列谋略行动：他重新调整了自己的战略重点，以中原先进的装备和技术重点扶持吴国的发展；他派巫臣父子随带兵车及步卒作示范队，出使吴国，教吴人射箭、驭马、车战、步战之法；集中力量慑服中原楚的属国，削弱楚的力量。

上述谋略行动，使远在东南的吴国

日渐兴起，在楚国的翼侧不断进犯，使楚陷于两面作战，疲于奔命的不利境地。从而为晋国战胜强楚，复兴霸业奠定了基础。

"联吴制楚"之谋的成功运用，使得楚国一蹶不振，并开启了吴越争霸的序幕，这对春秋晋楚长期争霸形势的转变起了关键性的作用。

范雎入秦定大计

"远交近攻"之计最早出现于《战国策·秦策》中，是范雎向秦昭王所献计策之一。

战国末期，七雄争强，秦国经过商鞅变法，国势强盛，对山东六国形成了巨大的威胁。秦昭王时，魏冉为相，欲伐齐，取刚、寿，以扩大自己的封邑。这时，魏人范雎化名张禄求见秦王，得见秦王于离宫，当昭王来时，有宦者说："秦王到了。"范雎故意说："秦国哪里有什么国王呀，只有太后，穰侯（即魏冉）罢了。"借以讽动秦王。秦昭王闻言触动心事，屏退左右，长跪着向范雎请教说："先生，有什么计策来教导寡人呢？"范雎看到秦王是真心实意向自己求教，便畅谈开来：

"秦国北有甘泉、谷口，南有泾、渭二水，西为陇、蜀之地，东有函谷之险，可以说是四塞坚固。国内战车千乘，甲士百万，有时机则挥师出击，不利时则入关固守。老百姓私斗怯，为国勇。有这样的优势的地理环境和军事力量，消灭诸国，成就霸业，可以说是易如反掌。可是至今闭关十五年，不敢与山东诸侯

交兵，实在是执政者对大王不忠，这也是大王你的过失呀。"一席话说得秦昭王大汗淋漓，倾耳细听。范雎继续说：

"听说穰侯最近准备攻打齐国的寿、刚两地，我看这种做法未必对秦国有利。出兵少了不一定能够战胜齐国，出兵多了又造成国内空虚。记得当年齐湣王攻打楚国，破军杀将，占领了上千里的土地，却没有一尺一寸划归齐国的疆域，并不是他不想要，而是两国相隔太远了。最近，土地归了韩、魏，齐国因用兵而国力空虚，诸侯趁机伐齐，齐国大败。这和借给盗贼兵刃、粮食有什么区别呢？这是反面教材，正面教材也有，中山国方圆五百里，赵国吞并了它，扩展了疆域，增强了国势，没有哪一个国家能来和他争夺这块肥肉，是因为中山与赵国本来是紧邻呀。所以，我如今为大王定下一条'远交近攻'之计：韩、魏二国，地处中原，天下的枢纽。大王要想称霸天下，必须占有这一中心，而对楚、赵二国形成威胁，楚国强大就先使赵国屈服，赵国强大就先使楚屈服，二国屈服了，齐国必然恐惧，前来依附。这样由近及远，一步一步向前推进，得到一寸土地，也让他成为秦国的土地，得到一尺的土地，也是大王你的土地。如何？"

秦昭王完全采纳了范雎的意见，任命范雎为相以代替穰侯魏冉。在以后的几年里，秦不断地攻击韩国，蚕食鲸吞，秦地日广。以后的秦国，一直奉行"远交近攻"的政策，与远在东方的齐国修好，不断地攻击邻近的赵、韩、魏诸国。至秦王嬴政的时候，韩、赵、魏、楚、燕、齐相继灭亡，统一了天下，自称

"始皇帝"，建立了中国第一个统一封建王朝。可以说，范雎当初制定的国策是起了重要作用的。

江夏吊丧结联盟

曹操打败刘备，将其逐到夏口后，将数十万大军陈于江陵，向东吴孙权煊耀武力，欲以势胁迫孙权与其合力，共同剿灭刘备于江上。孙权见此阵势，以为曹操是欲兵取江东，连忙召集众谋士商议御守之策。

鲁肃对孙权说："现在曹操大军压境，必有图我江东之意，我们不如用合纵之策约刘备共同破曹。如果打败曹操，我们还可以顺势夺取荆州之地。荆州与我们接壤，江山险固，那可是成帝业的有利去处啊！"孙权顾虑重重地说："刘备刚刚败北，不知是否还有力量与我共破曹操。曹操的实力究竟如何，现在也不知其详，再说，刘表与我江东是世仇，刘备在他手下栖身多年，求他来助我，岂不有些冒昧？"鲁肃说："刘备势败也正希望能有人与之合作。联弱抗强，乃合纵之理也。此势结而非情结有何不从？为体面起见，我可乘刘表刚亡之际，借口去江夏为其吊丧，一则探听曹操及刘备的虚实，二则伺机与刘备商议联合破曹之事。"孙权点头说："如果这样，倒还可行。"于是便令鲁肃即刻乘舟前往夏口。

兵败于夏口的刘备这时也正与孔明商议如何联结孙权共同破曹之事。忽听说江东有使至，便派人前往迎接。鲁肃下船后，先入城吊唁刘表，送上礼物，安抚了刘琦。然后受刘琦之请，去见刘备与孔明。

会谈中，鲁肃单刀直入地提出了合纵破曹的主张，并主动请孔明去江东，与孙权共商破曹大计。尽管孔明对合纵破曹之事含而不露，经鲁肃快言直语一说，便欣然应允，同鲁肃同舟前往江东。

刘邦"和亲"抚匈奴

西汉初，汉高帝刘邦平定天下后，社会各方面亟待恢复，尽快改变"天子不能具纯驷，将相大都乘牛车"的困顿局面。但在内忧不止之际，边塞外患却时时频传，特别是北方匈奴的兵马，经常叩边犯塞，经历过"白登之围"的刘邦对此忧心忡忡。

汉高帝八年秋，匈奴首领冒顿率军又侵扰汉朝边塞，刘邦寝食不安，便询问建信侯刘敬如何对付匈奴的对策。

刘敬分析道："天下刚刚安顿，士兵们因兵事还很疲劳，不宜用武力去征服冒顿，但冒顿杀父夺位，把父亲的群妃占为己有，以暴力建立权威，我们也不能用仁义去说服他。惟独可以使计策，使他的子孙长久做汉的属臣。然而我担心陛下做不到。"刘邦问："那么，你说应该怎么做呢？"

刘敬说道："陛下如果能把嫡女大公主嫁与他为妻，又送给他丰厚的俸禄，那他一定会仰慕汉朝的恩威，以公主为匈奴的阏氏，生下儿子，肯定是太子。同时，陛下又命人每年四季用汉朝多余而匈奴缺少的东西，慰问和赠送给他们，并乘机派能说会道的人士前去讽劝、讲解礼仪。这样一来，冒顿在世时，他是汉朝天子的女婿辈；他死后，陛下您的外孙则理所当然地即位为匈奴王单于。这样的话，我们便可以不经一战一兵，而让匈奴逐渐臣服。"刘邦对此点头称赞。

接着，刘邦便想让自己的大公主去与匈奴冒顿单于和亲。但吕后得知此事后，便日夜啼哭，说什么也不同意。

第二年冬天，汉高帝刘邦为实行与匈奴的和亲政策，便在庶民之家找来一名女子，称是自己的大公主。把他嫁给匈奴单于做妻子，派刘敬作为特使，携诏书前往匈奴缔结"和亲"盟约。同时，迁徙旧六国地主豪强、名门大户共10余万人到关中，加强对匈奴的防备。

和亲政策取得了较好的效果。从此，汉与匈奴代代联姻，睦边共处了百年之久，到王昭君下嫁匈奴后，仍继续维持着这一关系。

此例是以和亲、联姻形式实施怀柔政策的具体体现，通过对匈奴单于和亲和施予小恩小惠，减少了边患，使边塞得稳定，汉代在很短的时间内实现了"休养生息"，兵强马壮。这也是得利于抛砖引玉实施的结果。

为破敌远交朋友

汉武帝从投降汉朝的一个匈奴人口中得知：西方有一个大国叫月氏国，月氏国和匈奴有仇，痛恨匈奴，久欲报仇，只是没有人帮助他们。汉武帝就准备联络月氏国，从月氏国去攻打匈奴，斩断匈奴的右臂。于是派张骞带领一百多个

人出使西域。张骞在路上被匈奴人截住，留在匈奴十多年。后来他想办法逃了出去，到了西域诸国，却没能和月氏联系上。回来后，他向汉武帝做了介绍，汉武帝听了才知道，在匈奴西边还有那么多大国，他们像中国人一样务农、牧畜，也有珍贵的物产，他们也喜欢汉朝的物品。如果给他们送些礼物，和他们交好，用礼物和道义同他们来往，这样，使得万里之外语言不通的部族联合起来，共同对付匈奴，那么匈奴还有什么可怕的呢？"

于是，汉武帝多次派张骞和其他一些人带着很多汉朝的礼物到西域去，和大宛、康居、月氏、滇越等国建立了关系，有了来往，后来的事实证明这对汉朝征服匈奴的确大有帮助。

隆中对联吴抗曹

诸葛亮的"隆中对"，是分析当时形势，确定"联吴抗曹"，富有斗争策略意义的一篇对策。在这篇对策中，诸葛亮根据当时客观形势，指出曹操强盛，最大顽敌，应要集中力量以对付之，但在未完成一切必要措施之前，无法与之争锋。其次，孙权势力亦相当稳固，同时在曹操严重威胁下，因此正好利用孙权来共同对付曹操，以确定"联吴抗曹"的外交政策。这就抓住当时重要之敌——曹操。至于刘表、刘璋这两个政权，则都有隙可乘，应当抓紧机会将其地盘夺取过来，然后在内政外交各方面做好准备工作，分兵进取中原，统一中国。

魏蜀吴三国鼎足之势已成之后，诸

葛亮与曹操在争夺地盘时，都非常注意争取次要敌人，以攻击主要敌人，当时较为保守的东吴，都是他们积极争取的对象。

首先就刘备而言，诸葛亮于草庐之中已作过精辟分析。诸葛亮认为刘备取得荆益两州以后，应该巩固孙权联盟，然后军事上从汉中江陵两大战略营地，在条件成熟时，两面夹攻洛阳。所以刘备在攻克汉中以后，即命驻防荆州的关羽，进兵襄樊，北向宛洛，使此作战计划成为实际。

建安二十四年七月，关羽进攻樊城，樊城守将于禁投降，庞德俘擒被杀。与此同时，关羽又出兵攻打襄阳，樊襄形势危急。操得知关羽进攻樊襄消息，亲来前线驻扎洛阳，指挥战局。当时因许都离前线太近，曹操开始一度曾想将首都迁往邺城，后恐人心动摇，停止迁都计划。

在十分危急关头，曹操集中全力以对付关羽的同时，注意拉拢孙权，利用孙权消灭关羽，以解除襄樊的威胁。当时曹操战略就是抓住主要之敌关羽，争取次要之敌孙权，采取矛盾利用，各个击破方针。操之谋臣司马懿与蒋济，劝操利用孙权与刘备之间矛盾，对孙权采取外交攻势，加深他们的分裂以破坏吴蜀联盟。蒋济认为："刘备，孙权，外亲内疏，关羽得志，权必不愿也，可遣人劝蹑其后，许割江南以封权，则樊围自解。"操认为此计可行，并采纳之。

吴蜀之间为争取荆州，确有矛盾，为曹操所用。荆州是三国时代战略重地，守之可得天下，所以曹操、孙权、刘备

都在争夺荆州。就孙权方面而言，刘备得益州之后，势力开始强大，如果再占据荆州，势必在其建邺上游出现一个强力的霸主，这叫孙权如何安心？再如以吴国君臣对于荆、益二州觊觎已久，而现在落于刘备之手，这岂能不使他们眼红？故当操写信给孙权，许割江南以封之，孙权便积极行动起来：一方面派吕蒙偷袭关羽根据地江陵，同时作书与曹操，表示愿袭杀关羽来报答，并请求曹操不要将此军事秘密让关羽知道，使关羽有准备。这样，曹操争取到次要之敌孙权以联合作战，对付主要之敌关羽，使其陷于围困之中。

不久，曹操率部进驻摩陂，并增派十二营到宛县前线，拨给徐晃指挥。同时，徐晃亦配合全局，开始对关羽进行反攻。这时孙权命吕蒙偷袭江陵已经得手，关羽听到根据地已失去，只得迅速撤退。归路军队溃散，羽没有退到江陵，即在十二月间被孙权擒杀。曹操此次利用孙、刘矛盾，消灭关羽，不但解除樊城的威胁，而且就战略而言，还使蜀汉失去荆州重地之路，以后诸葛亮几度对魏用兵，只能出秦川一路，而无法"命一上将将荆州之众以向宛洛"。蜀汉两面钳击之攻势从此流产。此后对魏蜀战争来讲，于曹操方面极为有利。

荆州之失守，说明一个问题，刘备对于诸葛亮的联吴外交，始终不大重视，至少没有做到缓和对吴国紧张的形势。对于镇守荆州人选，尤其处置不当，他不应该留下关羽守荆州。关羽其人，"刚而自矜"，既缺乏政治外交手段，又缺乏政治头脑，如何能让他孤悬一方，抗衡吴魏？

当荆州失守，关羽被害之后，他忿而伐吴。"群君多谏，一不从"；在出师时，黄权曾"请为先驱以尝寇"，他不听，等到大军为吴将陆逊所败，他还说："吾乃为逊所折辱，岂非天耶!"可见他对吴根本就瞧不起，对吴蜀联盟根本不重视。抓不住主要敌人，敌打一气，如何不败。

刘备死后，诸葛亮辅阿斗，将全部精力放在改革内政与对外关系问题上。诸葛亮始终主张联吴抗曹，他深知，以弱小之蜀国，与强大之魏国为敌，非先联络吴国不可。将吴国联络好以后，它纵然不能协同攻魏，蜀亦可无东顾之忧，而得以全力对魏，魏则不能不以一部分兵力防吴。因此诸葛亮于辅政之初，即派邓芝使吴，重申旧好。此时，孙权还未与魏断绝来往，迟迟不肯接见邓芝，邓芝即上表曰："臣今来，亦欲为吴，非但为蜀也。"孙权方才接见。但孙权仍旧以蜀弱魏强为虑，邓芝曾给他解释："吴蜀二国，四州之地。……蜀有重险之固，吴有三江之阻，合此二长，共为唇齿。进可并吞天下，退可鼎足而立，此理之自然也。大王今若委质于魏，魏必上望大王之入朝，下求太子之内侍。若不从命，则奉辞伐叛。蜀必顺流，见可而进。如此，江南之地，非复大王之有也。"孙权听此议论，觉得确有道理，于是便和魏断绝关系，与蜀联和。从此蜀吴盟好，不但诸葛亮攻魏之师得以大举，就是终蜀之世，两国和好关系亦未断绝。此可证明，诸葛亮外交政策之正确无疑。

扬长避短固嗣位

三国时期，曹操的两个儿子曹丕与曹植勾心斗角，争夺储君之位。

曹植生性机敏，多才多艺，辞藻华丽，口齿伶俐，很受曹操宠爱。曹丕虽然也不是凡庸之辈，但与曹植相比，才思稍逊。按照中国古代的宗法制度，继承人应该先长后幼，先嫡后庶。这样，曹丕便成为嗣位的首选人物。便是，当年曹操打算把女儿嫁给丁仪，曹丕认为丁仪一眼大、一眼小，相貌不佳，阻止了这门婚事，丁仪怀恨在心，便与丁廙、杨修等人盛称曹植之才，劝曹操立以为嗣。一时之间，曹植声名大振。

曹丕受到冷落，却并没有消沉。他表面上不动声色，暗地里却在积极拉拢势力，培植羽翼。中原名士许多投其门下，为他出谋划策，四处奔走。曹操为嗣立之事拿不定主意，问计于崔琰，崔琰说："《春秋》上说，立子以长，曹丕聪明仁孝，宜承正统。"曹操又问毛玠，毛玠说："袁绍以长幼嫡庶不分，导致宗社覆灭，前车之鉴，岂可忘记。"曹操问邢颙，邢颙也说："以幼代长，前世之戒，您应当明白此中的利害。"曹操又问贾诩，贾诩默不作声。曹操怪而复问，贾诩说："我刚才想起一件事，因此忘了回答您的问话。"曹操问他想到了什么，贾诩说："我想起了袁绍、刘表。"此二人废长立幼，导致内部混乱，终于覆灭。曹操明白贾诩的用意，大笑而止。

公卿之议自然倾向曹丕，但曹操心里喜欢曹植，这是一个颇难对付的问题，曹丕文才稍逊，不能与曹植抗衡，心中焦急。贾诩给曹丕出主意说："您只要恢崇德度，克己勤业，朝夕孜孜，不违为子之道，就可以了。"其中深意，便是以己之长，克人之短。曹丕依计而行，勤勤恳恳，恭恭敬敬，曹植抓不到他的把柄，曹操对曹丕也说不出二话。一次，曹操率兵出征，临行之际，曹丕与曹植前去送行。曹植称述曹操功德，侃侃而谈，出口成章，辞义并茂。曹操听了非常高兴，左右随员刮目相看，赞不绝口。曹丕不知该做什么，手足无措，非常狼狈。这时，吴质对曹丕耳语道："您只要流眼泪就行了。"及曹操告辞，曹丕悲伤万状，涕泣交下，左右见状，感动得也陪着流了许多眼泪。于是曹植的华彩辞章被曹丕的眼泪冲淡，了无痕迹。曹操仔细琢磨，逐渐改变态度，认为曹植华而不实，诚心不足；曹丕虽无才思，但仁孝之心，天下难得。于是，曹丕终于战胜曹植，立为太子。

远交近攻，其计可以用于方方面面，扬己之长，击敌之短，可以说是这一计策的发挥与灵活运用。战胜克敌，莫如攻心；取悦于人，亦莫如攻心。弃敌取长，放弃华词而以泪感人，简捷易行，与远交并近攻之计殊途同归。远得朝臣之助，近得曹操之心，曹丕可谓善于远交近攻。

联金灭辽宋失国

宋、辽自"澶洲之盟"后，两国之间使节往来不断，差不多维持了将近百年的和平。这时，宋朝官吏冗赘，军政荒疏，期间虽有王安石变法，意欲挽救颓势、终因党争激烈，小人弄权，而告失败，国事日见不堪。辽国也因帝王荒淫，权臣弄权，内政颇为混乱，早已失

却了游牧民族慓悍、尚武的精神。这时，在辽的后方，东北的女真人趁势崛起，建立了大金政权，并于数年之内，将辽人国土侵凌了大半。宋朝正值童贯当权，童贯在洮西讨伐羌人中立了功，大受徽宗的嘉许，竟然得意地以为辽人也可以不在话下了。于是向朝廷建议伐辽。政和元年（1111），宋派遣端明殿大学士郑允中充"贺生辰使"，而以童贯为副使，出使辽国，借以窥探辽人虚实。此行果然发现辽政没落，并在辽国结识了一个失意的政客，名唤马植。《宋史》上说："马植，本燕人。世为辽国大族，行污而内乱，不耻于人。政和初，童贯出使道卢沟，植夜见其侍史，自言有灭燕之策，因得谒童贯。与语，大奇之，载与归。易姓名曰李良嗣，荐诸朝，即献策曰：'女真恨辽人切骨，而天祚荒淫失道，本朝若遣使自登莱涉海结好女真，与之相约攻辽，其国可图也。'议者谓祖宗以来虽有此道，以其地接蕃，禁商贾舟船不得行，百有余年矣。一旦启之，惧非中国之利。徽宗召见，问所来之因，对曰：'辽国必亡，陛下念旧民遭涂炭之苦，复中国往昔之疆，代天谴责，以治伐乱，王师一出，必壶浆来迎。万一女真得志，先发制人，后发制于人，事不侔矣。'帝嘉纳之，赐姓赵氏，以为秘书丞，图燕之议自此始。"

应该说，如果单纯从军事角度上来考虑，赵良嗣的计谋并没有什么错误，赵的这一番议论也颇有战国苏秦、张仪之类纵横家的模样。但是，赵良嗣和宋朝君臣们都忘掉了战争不仅仅是单纯的军事行为，它还受着政治、经济诸多要

素的影响。并且，他们只看到了辽天祚帝的失政，却没有看到宋徽宗本人的更严重的失政，所谓的"以治伐乱"，听来简直是一种讽刺。《孙子兵法》说："知己知彼，百战不殆。"宋的君臣们恰恰是犯了"知彼不知己"的错误。

对于赵良嗣的计策，朝中也有反对意见，但事有凑巧，当时金辽交战，辽东地方大乱，有住在当地的一批汉人高药师、曹孝才等二百人，乘大船逃难，漂流到山东半岛，传报金人得胜辽人溃败的情形。地方官报告给朝廷，徽宗闻报大喜，便与蔡京、童贯商议，决定采用赵良嗣的建议联金攻辽。

重和元年（1118），宋派遣武义大夫马政率同高药师等自登州入海，以买马为名，试探性地前往金国结好，并参见了金太祖阿骨打。随后，金人也遣使来答聘。双方展开了非正式的秘密外交。

宣和二年（1120），宋徽宗特派赵良嗣与王为专使，往金国谒见阿骨打，正式提出了联兵攻辽的要求。双方初步商讨的结果，大致决定南北共同出兵。金自平地松林南趋古北口，宋自雄州北趋白沟，以夹攻辽人。原则上宋取辽之南京（即今北京），金取辽之中京（即辽宁宁城），幽燕原为中国版图，归中国所有，至于西京云州（今大同一带）俟灭辽后再议。金助宋收复失地，则宋须纳币于金以为酬谢，数目与以前纳辽相同。双方互相遣使协商达成了协议，当时两国的秘密通使，都经渤海上的海路，因此又称"海上之盟"。

宋人正拟北伐，国内发生了方腊之乱，于是童贯率兵前去征讨方腊，伐辽之事为之耽搁。金人乃单独出兵攻取了辽的中京、西京，留下南京等待宋人进兵。辽人得以在南京苟延二年。

宣和四年，方腊已平，于是以童贯为河北河东路宣抚使，发兵十五万，以巡边为名去伐辽应金。当时领枢密院事郑居中力陈不可，以为宋辽盟约不可破坏，宰相王黼说："中国与辽名为兄弟之邦，实为仇敌，我不取燕云之地，亦必为女真所得。"徽宗以为然，遂令童贯进兵。童贯督师到高阳关，都统种师道谏道："今日之举譬如邻居被盗，我不能相救，反要勾结盗匪乘火打劫，无乃不可。"童贯不听，即分兵两路，种师道从东路进趋白沟，辛兴宗从西路进趋范村，却都被辽人击败，徽宗不得已诏令班师。辽主耶律淳遣使来与宋朝说："女真背叛本朝，当亦为南朝所恶，今图一时之利，弃百年之好，结豺狼之邦，他日之祸，可谓得计乎？况救灾恤邻，古今通义，惟大国图之！"童贯面对辽使，竟叛然不知所对。

宋兵之败是在宣和四年五月，六月辽主耶律淳忽然病死，其妻萧氏以太后临朝称制。宋朝拟乘丧再度北伐。朝散郎宋昭上书谏道："辽不可攻，金不可邻，他日金必败盟为中国之患，请诛王黼、童贯、赵良嗣三人以谢天下。"触怒了当政的王黼，被免职。九月，宋师再度北伐，声势甚盛，无奈将领怯懦，刘延庆闻败失据，仓皇后退，北伐又一次失败。

金人见宋人无力攻克辽军，便挥师南下，一路势如破竹，辽人望风而溃，十二月金太祖攻入燕京，辽人在北方的统治宣告结束。

辽亡后，宋、金就土地问题发生争执，金人以两国夹攻而不见南朝一步一卒为理由，态度十分傲慢，最后，总算达成协议，宋收取燕京及六州之地，但须岁输银二十万两，绢二十万匹，此外另输"燕京代税钱"一百万缗。宋金接壤，开始订交，便签订了一项不平等条约。此次远交近攻虽然最终收回了燕京失地，却是因人之力，并且，从此与强悍的金人为邻，远比与契丹人打交道困难得多了。

宋人还沉醉在收复燕京的喜悦中，金兵已然南下，终于二帝被虏，汴京沦陷，淮河以北之地尽入于金，直至高宗南渡，才得以在南方建立政策，延续宋祚。

祸水东引计未成

1938年，欧洲大陆风云变幻，战争危机日益临近。希特勒一面大肆叫嚣消灭社会主义苏联，一面又加紧准备，首先向西方侵略扩张。面对法西斯德国咄咄逼人的气势，英、法等国一味退让，他们不做抗击德国的准备，却企图诱使希特勒向东进攻苏联，挑动苏、德在战争中两败俱伤，他们则坐收渔翁之利。这就是臭名昭著的"祸水东引"政策。为此，英、法卑劣地屈从法西斯德国，签订了将捷克斯洛伐克的苏台德地区割让给德国的《慕尼黑协定》，肢解了捷克斯洛伐克。

在欧洲和世界和平受到严重威胁的形势下，社会主义苏联力图采取行动，阻止和打击希特勒的侵略行径，维护和平。为此苏联向英、法两国提议，举行三国会议，建立一个针对法西斯德国的军事同盟，共同抗击德国的战争计划。英、法政府虽然参加了与苏联的谈判，但毫无诚意，心中仍怀有怂恿德国进攻苏联，使两个潜在敌人共同消亡的"祸水东引"鬼胎。三国谈判很快陷入僵局。

苏联此时面临着极为严峻的环境。苏联党看到英、法政府一意孤行地要把德国推向侵略苏联的道路，如果再要同英、法结盟共抗德国绝无可能。而苏联要与德国单独作战，在目前的情形下将付出惨重的代价。斯大林周密地分析了国际形势，他看到，尽管希特勒无比仇视苏联政权，但他却不敢冒首先进攻苏联的危险，希特勒的算盘是先向西方扩张，击败法、英，统治整个西欧，然后再掉转头向东方进攻。面对着苏联国家安全和利益受到重大威胁，面对英、法政府的险恶用心，斯大林和苏联党决定利用帝国主义国家之间的错综复杂的矛盾，使苏联摆脱严重困境和危险。

恰在这时，希特勒已决定实施侵略波兰的"白色方案"；同时，他也得知莫斯科正在举行英、法、苏三国谈判。希特勒深感忧虑，他害怕一旦英、法、苏三国结盟，他将在未来战争中处于两面夹击的境况，而且他也难以实行他的"白色方案"。因此，希特勒在1939年5月到8月间一再通过他的外交部长向苏联政府表示，德国无意入侵苏联，希望改善苏、德关系，使苏、德关系"安定化、正常化"。到了8月20日，希特勒已经急不可耐，因为9月1日就是德国向波兰动手的日子。希特勒直接电告斯大林，要求苏联同意里宾特洛甫赴苏会谈签约。就在这不久以前，日本在远东地区挑起诺门坎事件，向苏联发动进攻；而德、日两个法西斯又在谈判结成军事同盟，苏联有腹背受敌的现实危险。在种种危机下，苏联政府终于做了重大决策：同意里宾特洛甫前来莫斯科。

1939年8月22日，德国外长里宾特洛甫带着希特勒亲笔签字的全权证书，拥有同苏联签订互不侵犯条约一经签字便立即生效的大权，飞抵莫斯科，同斯大林和莫洛托夫举行会谈。8月23日，《苏德互不侵犯条约》正式签订。条约规定：条约缔结双方保证不单独或联合其他国家彼此间施用武力，进行侵犯和攻击；缔约双方之一，如与第三国交战，另一缔约国决不支持第三国；缔约国双方决不参加任何直接、间接反对另一缔约国的国家集团。条约规定有效期为10年。

《苏德互不侵犯条约》的签订，宣告了英、法纵容德国祸水东引政策的彻底破产，苏联避免了单独与德国作战，反而爆发了英法与德国之间的战争。英、法两国怂恿德国侵略，自食恶果，搬起石头砸了自己的脚。英国首相丘吉尔曾大加称赞苏联这一政治外交策略，说这是英、法外交政策和外交手段的"绝顶失败"。《条约》的签订为苏联赢得了23个月的宝贵战备时间，它利用这段时间迅速扩军，加速发展东部地区的工业，加紧储备战争物资，这对苏联赢得战争最后胜利具有重大意义。《条约》签订还加深了德日之间的矛盾，打破了德日的

反苏反共统一战线，因为德日之间早有约定共同反苏并互相支持。正当日本在远东地区向苏联发动进攻时，德国竟同苏联决定互不侵犯对方，这大大打击了日本法西斯的侵苏计划。日本平昭内阁受到谴责，不久宣布下台。这以后，两个法西斯国家的步调从未统一过。1944年6月德国进攻苏联，要求日本从东线配合行动，日本却一心南进，偷袭珍珠港，对德国紧急呼吁不予理睬。

远交近伐占波兰

第一次世界大战德国战败后，被迫让出大片土地，但泽被划归波兰辟为自由港，东普鲁士和德国之间隔着狭长的"波兰走廊"。希特勒上台后就把眼睛盯向波兰。

1938年慕尼黑会议后，德国顺利地占领了捷克斯洛伐克，随后向波兰提出将但泽和"波兰走廊"并入德国版图的要求，这一要求遭到波兰政府的严辞拒绝。于是，1939年4月3日，希特勒秘密批准了突袭波兰的"白色方案"。

在此前后，希特勒施放了大量和平烟幕，并采取远交近伐的计谋，欺骗了许多国家，达到了进攻的突然性。1939年4月28日，作为缓兵之计，希特勒与波兰签订了《德波友好条约》，与英国签署了宣布"永不开战"的《英德宣言》。与此同时，却紧锣密鼓地加快筹划全面战争。他认为应该在短时间内解决波兰；要在英、法未做好战争准备之前征服西欧，在征服西欧的同时着手对苏联的作战部署。善于玩两面派手法的希特勒于

1919 年 8 月 23 日与苏联签订了《苏德互不侵犯条约》，既保证了苏联不插手波兰事务，又利用与西欧的紧张关系麻痹了苏联，以便随后伺机再吃掉苏联。

为了欺骗世界舆论和制造入侵波兰的借口，希特勒命令海军侦察部门与秘密警察联合制定了所谓的"希姆莱战役"计划。他们秘密挑选了一些党卫军分子和正在监狱中服刑的罪犯，伪装成波兰军人，于 8 月 31 日晚 8 时，向德国的边境城市格莱维茨的无线电台发动进攻。他们同德国警察相互进行了佯射之后，"夺占"了电台。接着，一个军官来到麦克风前，用波语宣读了盖世太保早就拟好的文稿，煽动反德宣传，说"波兰反德战争的时刻来到了"。之后，党卫军分子立即枪杀了那些罪犯，并把他们的尸体展示出来，作为"波兰军人"进攻德国的"证据"。

与此同时，德国所有的电台，都无中生有地广播了所谓希特勒对波兰的和平建议，指责波兰粗暴地拒绝了这些"公平和切实可行的建议"。这样，在欧洲和平的最后一个晚上，希特勒又把"一盆脏水"泼到了波兰人的头上。

这时德军正在借着夜幕的掩护，进入了最后的冲击出发阵地。坦克手坐进坦克里，最后一次检查各部分机械状况；不同口径的火炮撤掉伪装网，缓缓地抬起了黑洞洞的炮口；野战机场的飞机旁，地勤人员正忙着为飞机加油、装弹，飞行员们坐在飞机里静静地等待着起飞的信号。在无数的大大小小的作战地图上，波兰就像一个凸出物一样，深深地嵌进德国张开的大嘴里。62 个师共 160 万名德军、装备火炮和迫击炮 6000 门、坦克和自行火炮 2800 辆、飞机 2000 架，分为南北两大集团军群，像一把巨钳，准备夹碎波兰这个胡桃。

波兰战前采取了亲英、法而远苏联的政策，错误地判断了形势，认为只要英法军在西方牵制德军，德军主力就不能东调，德军侵波兵力不会超过 30 个师，还认为战争会像以往那样缓慢地展开，波军有充足的时间进行战争动员，因此将 100 万波军分七个集团分布于靠近边境的月牙形防线上。

9 月 1 日 4 时 45 分，大地突然震颤起来，耀眼的火球刺破浓雾，一团一团地掠过德军一线部队的头顶，直飞波兰境内。在猛烈的炮火准备的同时，德军把 75% 的步兵、93% 的坦克师和摩托化步兵师用于第一梯队，分三路向波兰发起了进攻。德军步兵比波军多 50%，飞机多 3.5 倍，坦克多 14 倍。德军航空兵袭击了波兰的 21 个飞机场，将本来就为数不多的波军飞机大部摧毁。德军大批轰炸机对波兰的 30 多个城市和主要交通枢纽进行了密集突击，大火蔓延，浓烟四起，居民一片混乱，纷纷离家出走，向东逃去。与此同时，在但泽港外进行"友好访问"的德军军舰乘机炮击波兰海军基地和整个韦斯特普拉特半岛。潜伏在波兰境内的德国特务组织也大搞恐怖破坏活动。德军实施的首次突击，迫使波军节节败退。

英国和法国在向德国抗议无效的情况下，于 9 月 3 日 11 时和 17 时对德宣战，尔后英属殖民地澳大利亚、新西兰和印度、南非联邦、加拿大也先后对德宣战。战争已涉及到欧洲以外的其他各洲，因此，德国入侵波兰和英、法对德宣战，成了第二次世界大战正式开始的重要标志。

希特勒并没有因为英、法宣战而停止入侵波兰的行动，相反，德军加快了进攻速度，更加猛烈地向波兰腹地推进。至9月7日，德军重创了波军主力，在北和西北方向占领了波兰走廊，强渡维斯瓦河，打开了通向华沙的通道；在西和西南方向突破了波军整个的防御纵深，前出到维斯瓦河和华沙附近地区。波兰政府被迫于9月6日迁往卢布林，波军总参谋部也于次日转移到布列斯特。

从9月8日起，德军开始合围波军主力并迂回华沙。于9月16日完成包围。9月17日，德军发出最后通牒，令华沙当局在12小时内投降。这时，波兰政府已逃往罗马尼亚，华沙军民拒绝投降，奋勇抗战。9月27日，德军出动1150架飞机对华沙进行密集轰炸，造成了大量军民的伤亡。华沙军民弹尽粮绝，华沙沦陷。9月28日，华沙城防司令部被迫签字投降。至9月30日，其他地区被围的波军也陆续被歼，波兰就此灭亡了。

在德波战争中，波军伤亡20万人，被俘42万人，大批犹太人和波兰居民惨遭杀害。德军伤亡与失踪约4.2万人。10月8日，希特勒颁布法令宣布原波兰并入德国，并建立"总督辖区"。

丘吉尔联苏抗德

1940年6月，在法国陷落之后，英国首相丘吉尔就已经看到，要想抵住或最终打败好战成性的法西斯德国，靠一个或几个国家的力量是远远不够的。1940年9月27日，德、意、日在柏林签订了三国条约，法西斯轴心国正式形成。这就使得包括英国在内的反法西斯国家的抗战明显的表现出非局部性。丘吉尔抓住这一有利的机会，积极展开反战宣传，以联合更大的力量来与法西斯轴心国抗衡。

早在1939年，丘吉尔就已经看到，许多迹象表明，希特勒正在准备进攻前苏联。1941年4月，丘吉尔通过驻前苏大使将这一消息传递给斯大林。但是，由于当时斯大林对和平还抱有幻想，对此并不十分重视。两个月后，1941年6月22日，德军向前苏联发动了突然袭击，利用闪电战很快占领了苏联大片土地。丘吉尔对这一动态十分吃惊。他知道，希特勒一旦在前苏联得手，很快就要回头来进攻英伦三岛，于是他在当天晚上就发表了重要的广播讲话，号召英国人民，不管英国自身如何的岌岌可危，也要尽一切能力给前苏联以援助。同时，丘吉尔还向前苏联这个新盟国表示欢迎，并表示英国将坚定地与前苏联站在一起，共同抗德，直到彻底打败希特勒为止。

丘吉尔作为一名出色的战略家，为建立反法西斯统一战线，他不仅使美国放弃了中立，而且与前苏联解除了敌对。这无疑为第二次世界大战的胜利奠定了坚实的基础。

借力美国抑英苏

1941年9月17日，在英国和苏联的

军事压力下，伊朗老国王将王位传给了他年仅21岁的儿子穆罕默德·礼萨·巴列维。新国王上任后，英国和苏联加紧了对伊朗的控制。在1942年1月29日签订的苏、英、伊三国同盟条约中，规定英、苏政府有权"派海陆空军驻扎在伊朗"。伊朗政府必须"以其所有的全部资源并尽一切可能办到的方法和同盟国合作，使苏、英得以履行保卫伊朗免遭德国或其他国家的侵略的义务。"同盟条约还要求伊朗为了保证反法西斯战争的胜利，必须暂时"献出"它独立自主的权利。同盟条约签订后，苏联、英国更加紧了对伊朗的控制，占据其港口、铁路和机场，支持国内的反国王势力。年轻的穆罕默德·巴列维国王处境越来越难。有一日，巴列维忽然又听到一个消息：说英国、苏联正在暗中策划，用另一个更加听话的傀儡来替换他。英苏同恺加王朝最后一个王储的儿子哈米德·米尔扎亲王建立了联系，想以他取代穆罕默德·巴列维。

怎么办呢？穆罕默德·巴列维面临着一次艰难的选择，是保护王位，挽救伊朗，还是就任人推翻？如何才能保住王位呢？巴列维国王分析了当时的国际国内形势，觉得伊朗国力弱小，受制于苏联、英国，必须借助外来大国抵制英、苏。同德国结盟无疑是早日寻死，无任何可能。美国虽在中东还无大的影响，但它在反法西斯战争中，在国际舞台上的作用正日益增大，而且它又是反法西斯同盟国中的重要一员。因此，伊朗只有依靠美国，才不会被英苏以任何借口灭掉，他也会借此保住王位。

穆罕默德·巴列维向远在德黑兰几千英里外的美国求救。罗斯福总统出于美国未来发展战略的考虑，决定参加在伊朗的角逐。1942年9月，美国突然决定其驻中东的军队进驻伊朗，成立了美国驻波斯湾司令部。到1942年底，已有近3万名美国军事人员到达伊朗。美国势力的插入，令苏联、英国很不高兴。但出于战争的需要，只好让出自己的一部分地盘给美国。

巴列维国王看自己的以夷制夷策略取得初步效果，就更加向美国靠拢，并于1943年9月9日正式向德国宣战，从而成为反法西斯同盟国成员，借此取得美国的好感。1943年11月28日—12月1日美、苏、英在伊朗首都德黑兰举行首脑会谈期间，穆罕默德·巴列维充分利用苏、英、美三国在伊朗利益的冲突和矛盾，借助美国压苏、英确保伊朗主权的完整。在12月1日发表的《德黑兰宣言》中，苏、英、美三国政府"肯定伊朗在促进反对共同敌人的战斗中，特别是对大西洋彼岸国家向苏维埃社会主义共和国联盟运输军火提供便利条件方面所给予的援助。上述三国确认战争给伊朗造成的特殊困难，同意向伊朗政府提供各种可能的经济援助。……美利坚合众国、苏维埃社会主义共和国联盟、联合王国政府在维护伊朗的独立、主权和领土完整方面，是完全一致的"。《德黑兰宣言》使巴列维国王减轻了对自己国家主权和独立的担忧。

根据《德黑兰宣言》和德黑兰会议精神，英国人、俄国人和美国人应在作战行动结束后6个月内撤离伊朗。1945

年8月，第二次世界大战结束后，美、英都表示了从伊朗撤军的愿望。但是，受伊朗战略地理位置和丰富的石油资源的引诱，苏联迟迟不作撤军的表示。1949年12月19日在莫斯科举行的大国外长会议上，当讨论到盟国军队从伊朗的撤军问题时，苏联代表拒绝就撤军期限作出决定。苏联人还不断支持伊朗北部库尔德人提出的民族自治和独立的要求。在苏联的扶持下，伊朗库尔德民主党宣布成立"库尔德共和国"。在伊朗阿塞拜疆地区，在苏联军事支持下，阿塞拜疆民主党人建立了自己的武装部队，夺取地方政权。前往镇压的伊朗军队中途被苏联军队阻挡。巴列维国王大有失去对伊朗北部地区控制的危险。

巴列维审视战后形势，利用两大意识形态间的激烈对抗，继续采用他的以夷制夷策略。不过这次不再是美国对英、苏，而是利用美国和英国，迫使苏联从伊朗撤军。巴列维又一次向美国求救。

经过第二次世界大战，美国、英国更加重视伊朗的地位，把它作为遏制苏联的重要一环。对于伊朗国王的求助，美、英立即答应。1946年1月，在美国的怂恿下，伊朗正式向联合国控诉苏联政府违背1942年苏、英、伊三国同盟条约中关于战后盟国占领军从伊朗撤退的规定，并指责苏联占领军支持阿塞拜疆人和库尔德人的分裂活动，要求苏军如期撤军。苏联政府威胁伊朗，若它再在联合国控告苏联，伊朗将要考虑其行为的严重后果。针对苏联的威胁，美国政府公开表示，如果伊朗政府不敢向联合国提出苏军撤离问题，美国政府将自己

提出。1946年3月18日，伊朗在美英支持下，又把苏联拒绝撤军的问题提交联合国安理会讨论。美国除支持伊朗外，还自己直接同苏联对抗。1946年3月，美国总统杜鲁门在给斯大林的一封信中写道：倘若俄军军队在一个星期内还不开始调回，并在6个星期内，全部撤离完毕的话，美国海军就会源源不断地开进波斯湾，与此同时，美国军队就在伊朗登陆。经过一场激烈的外交争斗，1946年4月4日，伊朗在美、英的默许下同苏联达成了撤军协议，到5月6日，苏联军队基本上从伊朗撤回到自己境内。

巴列维在苏联撤军后，丝毫未兑现它在苏伊撤军协议中做的诺言：即增加阿塞拜疆人在伊朗议会中的席位。他在美、英支持下，不顾苏联政府的强烈反对，派伊朗军队进入阿塞拜疆和库尔德斯坦，大肆屠杀反对派人士，加强了他对那里的统治。

在一个弱小国家遭两个以上大国的侵略和威胁时，利用这些大国间的矛盾，用借夷制夷之计，造成敌人间的争斗和竞争，从而保存自己的主权完整或独立，不失为一种应急之策。但是这种计谋如运用不好，极易造成"前门赶虎，后门进狼"的情况。

远交近攻获全胜

商战是无情的，其结果必然是优胜劣汰。如何在市场上展开竞争，尤其是全胜的竞争呢？

美国劳兰德公司，在1976年还是美国一家倒数第二的小香烟公司。

老板不甘落后，通过对香烟行业的资金、生产、技术等方面的调查，认为自己的公司实在无法与大公司相比。

但是，聪明的老板发现，香烟正逐步朝着低焦油含量的方向发展。

于是公司上下齐心协力，及时推出了焦油含量只有 8 毫克的新型香烟。投放市场后，立即大获成功。很快便垄断了美国的低焦油含量香烟的市场。

全胜商战能够有效地抑制潜在竞争对手进入本市场，以使市场格局不发生意外的变化。

抑制潜在商战对手的方法主要是提高本市场的进入壁垒。例如通过联合或合并、控股等企业生产规模扩大，从而造成市场进入规模经济障。例如努力提高顾客对目前企业产品的偏好，像美国可口可乐公司改配方的方法。

全胜者要不仅重视战略的"全胜"，还应力求战役上、战术上的"全胜"。

战役上的"全胜"意即在一个商战事件中，本企业应以总体商战战略为指导，以保全自己又能改组对手使之向己方靠拢为出发点，尽量不采用两败俱伤的商战方式和手段。

战术上的"全胜"则是指在商战角度、范围、方式、手段等的选择上，都要贯彻总体商战战略，"远交近攻"，力求以较少的代价争取保全商战的利，减少商战给本企业带来的害。

巧借外力胜对手

美国十大巨人石油大王洛克菲勒，起初，财力、物力、人力十分有限，他梦想垄断炼油和销售，可他自然不是亚利加尼德集团等其他石油公司的对手。洛克菲勒的同伙人佛拉格勒颇有心计，建议道："原料产地的石油公司在需要的时候才用铁路，不需要的时候就置之不理，十分反复无常，使得铁路上经常没生意可做，一但我们与铁路公司订下合约，每天固定运输多少油，他们一定会给我们打折扣。这打折扣的秘密只有我们和铁路公司知道，这样的话，别的公司只有在这场运价抗争中落荒而逃，整个石油产业界就成了我们的天下。"洛克菲勒选择了铁路霸主之一、贪得无厌的凡德华尔特为合作对象，最后双方达成协议：洛克菲勒以每天订 60 辆车合同的条件换取每桶让七分的利润。

低廉的运费带来的是销售价的下降，进而使销路得到迅速拓宽发展。从此洛克菲勒飞黄腾达，向世界最大的集团经营企业迈进。洛克菲勒身为弱者，如果和亚利加尼德集团面对面竞争，必须弱肉强食，他巧妙地借助第三者铁路霸主的力量，以低廉的运价占据运输的优势，挤垮同行的竞争，实现了小鱼吃大鱼、垄断石油经济的愿望。

远交近攻拓市场

新加坡饮料大王杨至耀把"远交近攻"的谋略运用在市场开拓上，同样也取得了巨大的成功。

新加坡杨协成有限公司是一家经营饮料的跨国集团，它的工厂和分公司遍布世界各大洲，总员工达三万多人。

杨至耀是这个公司的第三任总经理。

杨协成不是一个人的名字。杨至耀的祖父杨仁溜在福建晋江曾买下一个酱油厂，酱油厂的原名叫黄协成，买下后改为杨协成酱园。其后杨氏兄弟五人赴新加坡创业，仍以此为业，从酱油厂起家，一举发展成饮料集团有限公司。

父亲原希望杨至耀学医，但阴差阳错改成了化学。加入公司后，一度任化学分析师，后逐渐参于经营，1985年出任公司总经理。

杨至耀大学毕业后，曾受雇于世界闻名的"雀巢"食品公司。这一年多的时间，对杨至耀后来的经营生涯起到了很关键的作用，他后来的许多做法都可以追溯到这一时期的耳濡目染。

他是个极其聪慧机敏的人，"雀巢"公司有许多先进的管理方法和食品工业的新技术，他看在眼里，记在心里，视野豁然开朗。杨协成酱园的迅猛起飞和这有很密切的关系。

当年，日军入侵新加坡，曾查封了所有的食品业。杨协成酱园因中了炸弹而幸免于难，这就是杨协成有限公司的前身。

杨氏酱园因祸得福，成了市面上惟一的生产厂家，获得了一个短暂的发展机会。经过杨氏三代人的努力，杨氏系列饮料已形成独特的风味，在新加坡市场上很受消费者欢迎。

杨至耀上任后，清楚地看到了公司的前景不容乐观。新加坡地域狭小，市场很有限，加之经济繁荣稳定，各类厂家如雨后春笋，竞争非常激烈。杨氏饮料如果想大有发展，在新加坡立于不败之地，必须发展国外市场，实施"远交近攻"之策。

杨至耀的想法得到了家族集团的首肯，于是他暂时放下日常事务，开始飞赴各地考察投资环境。

1988年，杨至耀飞赴中国，这位当年只造酱油的南洋客的后代，以完全崭新的面貌回到了故乡。

他发现此时的中国市场正面临着西方饮料的强大挑战，可口可乐、咖啡已覆盖了中国的大部分饮料市场。

杨至耀又飞赴美国，对美国饮料市场结构进行考察，着重研究"重庆"东方食品公司的产品。他对这个食品公司的崛起很感兴趣，很欣赏鲍洛奇先生的那句话：给美国人换换口味。

西方饮料能占据东方市场，那么东方饮料能否占有西方市场呢？杨氏家族能否也让美国人换换口味呢？

思考着这一系列的问题，杨至耀回到新加坡。

经过兄弟们的多方磋商，决定在中国和美国这两大消费市场实施开拓计划：在美国作逆向式经营，在中国作适应性经营，两处均避开西方饮料的强大竞争。

东南亚的华人市场前景十分广阔，要发展根本用不着这么远涉重洋，这样做的风险也实在很大。许多人对杨氏集团的这一选择很不理解，甚至暗含讥讽，等着看他们的笑话，被碰得头破血流大败而归，到了那时候，恐怕新加坡也会没有他们的立足之地。

送往美国的杨氏饮料一开始果真遇到种种困难，由于多方面的原因，只能进入各城市的唐人街销售。看来要打入美国市场确非易事。

杨至耀是个坚韧不屈的硬汉子，认准的事不会轻易回头。他经过多方查询，终于找到了一个好办法，买下"重庆"公司的商标！

这是具有决定意义的一步，虽耗资5000万美元，杨至耀也在所不惜。买下"重庆"商标后，杨氏饮料便顺利地进入美国各超级市场，并逐渐打开销路，被美国消费者所接受。

"重庆"商标对于东方食品具有无可替代的权威性，人们认为只有它才是真正的东方食品，鲍洛奇创造了一个奇迹。

销路打开后，杨至耀在马里兰州买下一块20公顷的土地和工厂，将其改建成饮料工厂。不久，他又在加拿大安大略省买下又一块土地和工厂。这样，再也用不着远隔重洋运送产品了，两大杨氏饮料工厂顺利开工，基本满足了这一地区的销售。

正如杨至耀所料，在美国，东方饮料还没有竞争对手，重庆公司只经营罐头食品，与饮料无缘。

杨氏饮料在远离新加坡的美国市场站稳了脚跟，与"重庆"公司结成了经营伙伴。

在中国市场，杨至耀决定避开西方饮料的强大竞争，专营东方饮料。

那时，中国的饮料生产业还很不发达，产品也单一陈旧，正是推出新产品的大好时机。由于传统文化的影响，大多数人仍然喝不惯那些"怪味"十足的可乐之类，这是一个潜在的巨大市场。

和西方饮料业相比，杨氏饮料也许只能算个弱者，但和中国当时饮料生产现状相比，杨氏饮料已处于领先的地位。

看清了这些优劣之处后，杨至耀开始涉足中国市场。

1988年12月，杨氏集团与广州白云区首先签订了豆奶生产线合同，首期投资二百万美元。豆奶并非传统产品，但在新加坡销售时，其口味品质均很受欢迎。华人的习惯心理是相通的，杨至耀相信豆奶也一样能赢得大陆的消费者，更何况，食用豆制品本是东方食品的特点，无论城乡都没有例外。杨至耀记得自己很小的时候起，便被大人喂豆腐脑、豆浆之类的东西，那股浓烈的特殊气味令他终生难忘。

第一条生产线建成投产后，试销良好。杨至耀再一次增加投资三百万美元，增建了"汽水新品种"生产线。

合资经营的新发饮料公司正式开业。白云区是他的第一个贸易经营伙伴。

市场的前景是非常诱人的，简直无法和新加坡相比。杨至耀深受鼓舞，准备全力以赴在大陆建成杨氏饮料王国，并以此辐射中国北方。

在广州市郊，杨至耀已着手作前期准备，拟定在这里建起一座新兴的饮料城，其规模之大，属东南亚之最。

杨至耀在又一个市场上获得了成功。

中国和美国两大消费市场成为杨氏饮料集团的两大支柱，无论什么样的风雨波折都不能动摇它的根基了。

初步赢得市场后，杨至耀一直抓住"品质至上"的管理不放松。对于不符合要求的原材料，一律舍弃，不计钱财，决不允许有丝毫的马虎。一次，有一大批进口的酸梅原料不合格，杨至耀毫不犹豫全部销毁，公司为此损失了一大笔资金。

在杨氏公司的中心实验室里，摆放着几百种外国食品新品种，很多专业人员在认真地进行各类分析和比较。

杨至耀深知，在当前高科技的发展时代，小农经济式的闭塞经营早就落伍了，要时刻前进，时刻更新，才能处于不败之地。

基于这一思想，杨氏集团又率先推出盒装饮料，一举获得轰动效应。其他公司迟至70年代才推出这种产品，杨氏公司遥遥领先了一步。

后来，杨氏集团又陆续推出新品种罐头和饮料自动售卖机，都获得了很好的效益。

杨至耀的经营才华深受工商界的赞赏，荣获新加坡公共服务星章。

对于杨氏饮料公司来说，他运用"远交近攻"的策略拓展美国、中国两大市场，是公司得以起飞的巨大基石。也是公司由家族企业转向跨国集团的关键之所在。

杨至耀说：

"我们时刻都在捕捉熟悉的、可以发展的机会。只要条件适合，而且是我们熟悉的工业，我们就会考虑投资。我们过去这么做，以后将继续这么做。"

杨至耀仍然没有放弃东南亚市场，在新加坡之外的马来西亚、香港、菲律宾等地均驻有贸易机构。

杨氏饮料集团的发展还大有可为。人们寄期望于这位新加坡的企业之星。

顾客为先巧经营

经营那些在外形上差异极微的商品，货物品质的好坏，经营者的观念与做法，是决定生意兴衰的关键。

望着那杯清香扑鼻的香茗，台湾华泰茶庄的负责人林秀峰说，经营茶行，到他这一辈已是第五代了，他不只是继承祖业，更致力于服务质量的改进。

林秀峰说，推销优质的茶叶固然重要，但是，如何适应各地人士不同的口味，更是其长远发展计划的主攻内容。

因此，凡有新顾客上门，他总要以亲切的口吻询问对方喜爱的口味，即使是不谙茶叶类别的顾客，准备购赠亲友时，他也会先询问对方的口味，或是哪一地区的人士，然后再选择合适的茶叶。

然而，茶叶种类尽管不多，其品质却相去极远。对外行顾客而言，茶叶质地的好坏，并不是从外形即可一下分辨得出的。有的茶叶色泽青翠，煞是好看，冲泡之后，味道却极清淡；也有外形并不怎么好看的茶叶，冲泡之后却又香又醇厚。那么顾客又如何得知其中区别呢？林秀峰说，这主要是基于商业信誉的踏实做法了。

茶叶的经营，一向没有"讲价"的情形。那么怎样才能使顾客心甘情愿掏腰包购买，而没有吃亏上当的感觉？这位懂得顾客心理的经营者认为，由于茶叶的出售，多半是论斤论两地卖，所以服务人员可在过秤时，逐量添加，而不要一次添多，再一次次舀减；纵使实在重过许多，而需舀时，要一次舀起较多，再略放一些，至够量为止。这样一来，顾客会有一种东西够斤两的感觉，而不致有你在减少他的东西的错觉。

也因品茗的癖好因人而异，因此，

他总力求使服务人员除了亲切招待上门新顾客外，更要熟记老顾客的喜好及所需分量，做种种最周到的服务。

他说，通常，有饮茶习惯的顾客，所喜爱茶叶的种类、等级，购买数量多为固定，所以当服务人员能够熟记后，只要一上门，不用开口，即将一盒包装完整的茶叶交到他手中时，将是多么令他感到惊异和亲切的事情呀！久之，除非他习惯改变，否则，将一直会是长久的顾客呢！

便利顾客，就要细心揣摩顾客心理。常有许多顾客在路过华泰茶庄或访亲问友中，想买些茶叶自己品著或送礼，其中不少人是搭计程车前来的。有时，为节省时间，客人并不下车，而等在车中，该茶庄的服务人员除了将以最快的速度把茶叶包装好外，若是客人买70块钱的茶叶，而拿100元的大钞票，服务员也会未雨绸缪地先准备好30元的找头，免得再回头找钱，浪费顾客的宝贵时间。

虽然这只是些细枝末节，但是华泰处处以顾客方便为第一的做法，由此可见一斑。

当顾客上门时，总会先享受到一杯香醇的佳茗，这其中也有奥秘。林秀峰说，这杯茶水不仅增加了顾客对公司的亲切感，也常由它促进了双方的感情，交流彼此对茶叶的研究心得；再者，有许多顾客在买了原先准备购买的茶叶后，喝了这杯香浓甘润的茶水，也会兴起尝试的念头，而买回去品著。若是觉得合乎口味，以后也许会成为这种茶的爱好者，经常来买。谁能小看这杯茶的功用呢？

利诱惑达成合同

在某个工业化国家，有一家刚刚兴办起来的电灯泡公司。公司董事长为了打开销路，做了一次旅行推销，旨在激发代理商的销售热情，使他的产品渗透到各个市场。

在某地，董事长召集所有的代理商，就达成代理合同进行谈判，董事长率先发言说："经过几年的苦心研制，本公司终于生产出来了对人类大有用途的产品。尽管我们公司的产品还称不上是第一流，而只是位居第二流，但是，我仍然要拜托各位，以第一流的产品价格购买本公司的产品。"在场的人听了董事长的话都感到莫名其妙。"咦！董事长的话没有说错吧？谁肯以第一流产品的价格来买第二流产品呢？董事长本人也承认那是二流产品嘛，这当然要以二流产品的价格成交罗！董事长怎么能讲出这种话呢……"全场的人都把惊奇的目光投向了董事长。大家以为董事长会对刚才的话做出更正，可没想到董事长接着说："各位，我知道你们一定会感到奇怪。但是，我仍然要再三拜托各位！"有人请董事长说明理由，董事长回答说："大家都知道，目前，灯泡制造业的一流企业，全国只有一家，因此，他们垄断了市场，大家必须接受他们的垄断高价。如果有同样优良的产品，但价格便宜，难道这对大家不是一种福音吗？这样，你们就可以不必按那家一流企业开出来的价格去成交了。"董事长见大家似有所悟，便继续说："我们大家都熟悉拳击赛，拳击大王阿里的实力是无人可以忽视的！但是，拳王之所以成为拳王，是因为有人和他对抗，使他在拳击赛中取胜。现在，灯泡制造业中就好比只有阿里一个人，没有一个实力相当的对手和他打擂台。如果此时，出现了一位竞争对手，把优良的新产品提供给大家，你们一定能赚得比现在更多的利润！"

又有听者发言说："董事长，你说得很精彩，可是，到哪儿去找那位阿里呢？"董事长认为时机已到，便迅即回答："我想，另一位阿里由我来做好了。诸位是否清楚，为什么目前，我们公司只能制造第二流的灯泡呢？我公司处于初创时期，资金不足，在技术开发、产品开发上都力不从心，如果各位肯扶持我们以一流产品的价格，购买本公司的二流产品。这样，我们能筹集到一笔技术改造费用，不久的将来本公司一定会制造出物美价廉的产品，灯泡制造业也将出现两个阿里，竞争会使产品的质量提高，价格下降的。此刻，我恳请各位伸出援助之手，帮助我演好'阿里的对手'这个角色，帮助我们公司渡过难关，对于各位的支持我会铭记不忘，并会重谢的！因此，我拜托诸位以一流产品的价格购买我公司的二流产品！"

董事长话音刚落，便响起了热烈的掌声，合同在感人的气氛中达成。董事长获得了成功。

布拉特终获胜利

20世纪，足球运动在世界各地蓬勃开展，世界杯足球赛已经发展到与奥运会并驾齐驱的地步，足球运动更被冠以"世界第一运动"的称呼。在统治世界足坛24年的"沙皇"阿维兰热交出国际足联主席的权杖之后，谁将接替他呢？这引发了一场世界足坛权力大战。

瑞典人约翰逊与瑞士人布拉特斗智斗勇，各显神通，早在1996年就分别实施竞选计划。为了争取1998年国际足联成员国手中宝贵的每一票，他们不辞辛苦，四处游说。尽管他们都认识到取得亚非拉成员的支持非常重要，但是由于两人有着完全不同的背景，对发展21世纪足球抱有迥然不同的观点，因此，他们对欧洲和南美足球列强之外的亚非拉国家的足联做出了不同的许诺。

68岁的约翰逊现任欧洲足联主席，这一切决定了他必须维护欧洲的利益，为欧洲人夺回久违的国际足联主席职位。为此，他首先攻击阿维兰热是"独裁者"，逼其下台，宣布不再谋求连任。然后，约翰逊又将欧足联执委会的几位副主席拉进竞选班子，并联合非洲，向他的对手布拉特发起攻击，要求布拉特辞去国际足联秘书长职务。在环球游说活动中，约翰逊公开许诺：大家可以分享权力和金钱。他的竞选纲领和活动，没有超出"欧洲中心论"的圈子，而这种论调有意无意地歧视和限制了其他各洲足球的发展。

62岁的布拉特于1981年出任国际足联秘书长，跟随阿维兰热18年，深受其影响。阿维兰热以牺牲欧洲人利益，促进非、亚足球繁荣，使世界足球走向一统的思想，成为布拉特坚定不移的政策。

足球运动在全世界的普及和发展，自有布拉特的一份功劳。他承诺："足球将保持其世界性和完整性，并使现在国际足联的政策和制度延续下去。"他赢得了亚非拉足球界的信任。布拉特的亚非牌成了他与约翰逊交锋得胜的法宝。在远交亚非拉的同时，布拉特还成功地瓦解了对手的欧洲阵营和非洲势力。他利用英、德争办2006年世界杯的机会，把英、法两强拢入怀抱，英联邦的影响和法语非

洲国家的倒戈让约翰逊感觉到了"后院失火"的危机。

1998年6月8日，在世界瞩目下，布拉特以111票对80票赢得了胜利。他的胜利表明了世界足球大家庭对现有的秩序的肯定，决定了对下一世纪足球运动的趋向的选择，那就是"世界足球"。

布拉特在与约翰逊的竞争中充分运用了远交近攻策略，以"世界足球"为旗帜，聚集了广泛的支持。

第二十四计　假道伐虢

【原典】两大之间，敌胁以从，我假以势。困，有言不信②。

【按语】假地用兵之举，非巧言可诳。必其势不受一方之胁从，则将受双方之夹击。如此境况之际，敌必迫之以威，我则诳之以不害，利其幸存之心，速得全势。彼将不能自阵，故不战而灭之矣。

如晋侯假道于虞以伐虢。晋来虢，虢公丑奔京师。师还，袭虞灭之。

【原典注释】①假道伐虢：春秋时，晋国想要吞并虞和虢两个小国。这两个国家虽小，却结为联盟，晋国便贿赂虞国国君，拆散了联盟，借道虞国而灭了虢国，返回途中，顺便灭了虞国。后成为典故，指以借路为名而消灭对方。又比喻一箭双雕。

②困，有言不信：《易经·困卦》："困，有言不信。"意思是，人处于困境时，所说的话不会被人相信，也不会轻易相信别人说的话。

【原典译文】处在敌我两个大国之间的小国，当敌方胁迫它屈服时，我方要给与援助，借机扩张我们的势力。按照困卦的原理，对于弱小的国家，不能凭空话拉拢他们，而要给与一定的实惠，才能取得他们的信任。

【按语译文】假借别国的领地去打仗，不是靠花言巧语就能欺骗成功的。必须当他们处于这种情况：不是受一方的胁迫，就是将受双方的夹击。这时，敌人必然用武力来逼迫他，我方则用不损害他来诱骗他，利用他侥幸图存的心理，迅速地控制局势。这样他将不能够自己做主，所以不需要进行战斗就能把他消灭。

例如，春秋时，晋侯向虞国借路去攻打虢国，并把他消灭了，虢国公丑逃奔到周朝的首都洛阳，晋军从虢国撤回，经过虞国时，把虞国也消灭了。

【传世典故　计名探源】假途伐虢原意是晋国假道于虞以伐虢，灭虢之后，又回师灭虞，即借别国的道路向敌人发动隐蔽而突然的进攻。后用以泛指以借路为名，加以利用，而后将其灭之的策略。军事上一般反映越过中间地区，先去攻下较远的敌国，待中间地区孤立之后，再回头围而歼之。

《左传分国集注·晋灭虞虢》记载了假途伐虢这个历史典故。

春秋时期，晋国想吞并邻近的两个小国：虞和虢。这两个国家之间关系不错。晋如袭虞，虢会出兵救援；晋若攻虢，虞也会出兵相助。大臣荀息向晋献公献上一计。他说，要想攻占这两个国家，必须要离间他们，使他们互不支持。虞国的国君贪得无厌，我们正可以投其所好。他建议晋献公拿出心爱的两件宝物，屈产良马和垂棘之璧，送给虞公。献公哪里舍得？荀息说：大王放心，只不过让他暂时保管罢了，等灭了虞国，一切不都又回到你的手中了吗？献公依计而行。虞公得到良马美璧，高兴得嘴都合不拢。

晋故意在晋、虢边境制造事端，找到了伐虢的借口。晋国要求虞国借道让晋国伐虢，虞公得了晋国的好处，只得答应。虞大臣宫子奇再三劝说虞公，这件事办不得的。虞虢两国，唇齿相依，虢国一亡，唇亡齿寒，晋国是不会放过虞国的。虞公却说，交一个弱朋友去得罪一个强有力的朋友，那才是傻瓜哩！

晋大军通过虞国道路，攻打虢国，很快就取得了胜利。班师回国时，把劫夺的财产分了许多给虞公。虞公更是大喜过望。晋军大将里克，这时装病，称不能带兵回国，暂时把部队驻扎在虞国京城附近。虞公毫不怀疑。几天之后，晋献公亲率大军前去，虞公出城相迎。献公约虞公前去打猎。不一会儿，只见京城中起火。虞公赶到城外时，京城已被晋军里应外合强占了。就这样，晋国又轻而易举地灭了虞国。

【名家评点 破解方略】"假道伐虢"是以借路渗透、扩展军事力量，以求不战而胜的谋略。其关键因素是：对处于敌我两个大国中的小国，当敌人胁迫它屈服时，我方要立即出兵援助，借机把军事力量扩展出去。对处在窘迫状况下的国家，光空谈而不付诸行动，是不会被其信任的。应抓住其侥幸图存的心理，乘机渗透，以便控制局势，将其吞并。此计有三种深层含义：一、借水推舟；二、借机渗透；三、一箭双雕。

经典案例　锦囊妙计

庄公假命破盟约

春秋时期，州吁篡夺了卫国国君之后，为"立威"邻国，便联合宋、鲁、陈、蔡四国联合攻郑。郑庄公认为宋是主谋，于是一心一意想报复宋国。但因为宋国爵尊国大，并且有其他四国支援，不首先把宋国孤立起来是很难取胜的。为此，郑庄公巧妙地离间了宋、陈的关系，使陈国倒向了郑国，接着，郑庄公便想出个假托王命的计策，借以分化宋与陈、蔡的联盟关系，以达到伐宋之目的。

按照预先的谋划，郑庄公带着谋臣祭足并厚礼，声势张扬地去朝见周王，以便给诸侯国造成周天子信任郑国的印象。

然而事实上周王并不喜欢郑庄公，对于郑国曾借口灾荒而侵夺过周王的麦禾之事，一直耿耿于怀。周恒王一见郑庄公便没好气地有意问郑国今年收成怎么样，郑庄公回话说今年没有受灾，周恒王便挖苦说："万幸万幸，你们丰收了，温地之麦、成周之禾，我就可以留下自己吃了，不会再被你们抢走了。"

周桓王对郑庄公十分冷淡，也不设宴招待他，只是派人给郑庄公送来十车黍米，说是让郑庄公备荒用，通过此举羞辱他过去的抢粮行为。

郑庄公受到如此冷遇，后悔自己不该来见周天子，也不愿意接受这十车黍米。懊恼之时，祭足对他说："如果我们不接受这些黍米，那么诸侯国马上就会知道我们与周天子间有了隔阂，那还怎么能假托王命呢？依臣之见，我们可以在这十车黍米上做文章。"郑庄公问计，祭足接着说："我们将这十车黍米用锦袱覆盖，乔装成十车财宝，离开都城那天，宣称这都是周王所赐。还在车上放好彤弓弧矢，假称'宋国久不朝贡，郑国奉周天子之命，准备伐宋'。这样，我们假托王命的计划准会成功。"郑庄公大喜，此后，他们招摇过市，一路传扬，诸侯竟都信以为真。

消息很快传到了宋国，宋殇公感到不妙，于是，主动想和郑国讲和，但郑庄公置之不理。同时，他以周天子的名义，矫命齐、鲁等国协助郑国一同伐宋。结果齐、鲁都派出了各自的军队。郑庄公亲自统帅诸侯联军征讨宋国，队前一面大旗上赫然写着"奉天讨罪"四个大字。攻入宋境后，连取部、防二城，势如破竹。不久宋国了解了事实真象后，为时已晚，宋国失败以成定局。

假以威势令从己

公元前 210 年初秋，秦始皇东巡，病死于沙丘。当时，太子扶苏在上郡监军，秦始皇少子胡亥随驾而行。中车府令行符玺事、宦官赵高为了控制朝廷，遂谋划另立胡亥为太子，以继大位。

当时，秦始皇诸子争夺嗣位，胡亥

虽然受到宠爱，但并没有立嗣的可能。不料天赐良机，始皇卒而胡亥在侧。赵高的如意算盘是，拥立胡亥，使其得望外之福，则己愿可遂。于是，赵高便说服胡亥，依其计而行。不过，赵高与胡亥之谋必须征得丞相李斯的同意，才能成功。这时的李斯，与太子扶苏与大将蒙恬的关系并不十分和睦。始皇暴崩，李斯常怀惧色，惟恐太子即位，于己不利。赵高对李斯的心思十分清楚，便去说服李斯。赵高对李斯说："陛下赐太子扶苏的诏书及符玺都在我们掌握之中。废立之事，惟由你我做主。丞相认为该怎么办？"李斯说："此乃亡国之言。这种事怎么可以由臣下乱来？"赵高说："丞相想想，您的才能、谋略、功劳、人缘，以及太子是否信任，可以与蒙恬相比吗？"李斯默然，曰："不及。"赵高又说："这样一来，太子扶苏即位以后，一定会用蒙恬做丞相。您将来怎么办呢？怕是会死无葬身之地！胡亥仁慈敦厚，一旦立为嗣君，岂会有功不赏？"李斯左右衡量，只好同意。于是与赵高合谋，伪造诏书，害死扶苏与蒙恬，立胡亥为太子。

赵高上下其手，拥立胡亥，从此深得信任，掌握大权。李斯迫于形势，为了保全自己，中人假途伐虢之计，为虎作伥。殊不知此种联盟，乃利害所迫，兔死狗烹，鸟尽弓藏，赵高得势，岂容李斯存在，以分其权。不久以后，赵高设计，诛灭李斯，代其为相，独揽国政。

伐虢为名取虞国

公元前 658 年（周惠王十九年，楚

成王十四年）。

晋国大夫荀息在一日早朝出班奏曰："请大王把我国所产所出的良马和垂棘所出的美玉赠送给我们的邻国虞国，以便借他们的通路去攻打虢国。"

晋献公满脸不高兴，说："良马和美玉都是我国的珍宝，哪能就这样平平常常地送给虞国呢？"

荀息笑着说："大王不必担心，如果我们能实现向虞国借道进兵虢国的话，这些珍宝就如同我们暂时存藏在外边的府库一样，是丢失不了的。"

晋献公明白了荀息的意图，但又忧虑地说："虞国有个忠臣宫子奇，我怕他看透我们的计谋，阻拦这件事就坏了。"

荀息想了想说："当然宫子奇会出来阻拦的，但这个人胆子小，不会强力劝阻，即便劝阻，虞公一旦主意拿定，也不会听的。"

晋献公大喜："那好，请荀大夫明日起程，前往虞国借道，三军将士做好出征的准备。"

荀息到虞国后，拜见虞国虞公，虞公说："荀大人此番来我国，不知有什么事啊？"

荀息说："此次我受献公之命来贵国，代表大王向贵国表示祝贺。"

虞公惊曰："这贺又从何说起啊？"

荀息十分诚心地说："前不久冀国大逆不道，攻击贵国，先占颠轻，又占郐地，虞国军民奋起反抗，打败了冀国敌人。这完全依靠您的英明圣德啊！为此，我们大王特派我来虞国祝贺。还让我给您带来了我们国家的珍宝，请您笑纳。"

随后，荀息将良马和美玉献给虞公。

虞公高兴地围着良马看了又看，把美玉捧在手上，久久舍不得放下。

乘此机会，荀息又说："我来之时，晋大王还有一事相求虞公。"

虞公爽快地说："晋献公有什么事只管讲。"

荀息说："现今虢国野心勃勃，不断遣派部队扰乱我国南方边境，为了保卫国土，我国决心同虢国交战，为此晋大王请求您能借给我们进军的道路以讨伐虢国。"

虞公听罢，哈哈大笑，"不就是借道伐虢国吗？我不但借道给你们，还可派十万精兵，为晋献公当先头部队。"

荀息喜出望外，"那我替晋大王谢谢虞公了。"

这时，宫子奇劝道："大王，借道之事请先不要仓促答应，我们商量以后再告诉晋大王不迟。"

虞公满脸不高兴："宫大夫不要再说了，我主意已定了。"

这年夏天，晋国借虞道去伐虢国，虞公派出部队为晋军当先导，晋军很快占领了虢国的下阳。

公元前 655 年（晋献公二十二年），晋献公又向虞公借道进攻虢国。

宫子奇闻讯，赶紧进宫规劝虞公："虢国是虞国的外围屏障，虢国灭亡了，虞国也必然会跟着遭殃。晋国借道之事千万不能再答应了！上次借道给晋国已是十分不当了。俗话说："辅车相依，唇亡齿寒啊！我们不但不能借道给晋国，还应该联合虢国去抗击晋国才是啊！"

虞公听罢，不高兴地说："你一介文人，又懂什么？晋国与我国是一个宗族的人，是一个祖先，他们哪能欺凌侵害我们呢？"

虞公不听宫子奇的劝阻，再次许诺晋国借道进攻虢国。

宫子奇仰天长叹："虞国的末日快到了！虞国将与虢国同归于尽了！"随即带领家眷逃往国外。

同年 8 月 17 日，晋军借道围攻虢国迁移的国都上阳。12 月 1 日，晋军将虢国消灭，虢公逃奔洛阳。

灭虢后，晋军回师，以休整为名，驻军在虞国。一日，乘虞公不备，发动突然袭击，轻而易举地将虞国消灭，从而一举灭虢、虞两国。

由于晋军占领了虢、虞，便控制了秦军东进的咽喉，对晋国与秦国后来的争霸产生了重要影响。

蔡息互斗楚并灭

东周初期，各诸侯国都乘机扩张势力。楚文王时期，楚国势力日益强大，汉江以东小国，纷纷向楚国称臣纳贡。当时有个小国叫蔡国，仗着和齐国联姻，认为有个靠山，就不买楚国的账。楚文王怀恨在心，一直在寻找灭蔡的时机。

蔡国和另一小国息国关系很好，蔡侯、自侯娶的都是陈国女人，经常往来。但是，有一次息侯的夫人路过蔡国，蔡侯没有以上宾之礼款待，气得息侯夫人回国之后，大骂蔡侯。息侯对蔡侯有一肚子怨气。

楚文王听到这个消息，非常高兴，认为灭蔡的时机已到。他派人与息侯联系，息侯想借刀杀人，向楚文王献上一计：让楚国假意伐息，他就向蔡侯求救，蔡侯肯定会发兵救息。这样，楚、息合兵，蔡国必败。楚文王一听，何乐而不为？他立即调兵，假意攻息。蔡侯得到息国求援的请求，马上发兵救息。可是兵到息国城下，息侯竟紧闭城门，蔡侯急欲退兵，楚军已借道息国，把蔡侯围困起来，终于俘虏了蔡侯。

蔡侯被俘之后，痛恨息侯，对楚文王说：息侯的夫人息妫是一个绝代佳人。他这话是刺激好色的楚文王。楚文王击败蔡国之后，以巡视为名率兵到了息国都城。息侯亲自迎接，设盛宴为楚王庆功。楚文王在宴会上，趁着酒兴说："我帮你击败了蔡国，你怎么不让夫人敬我一杯酒呀？"息侯只得让夫人息妫出来向楚文王敬酒。楚文王一见息妫，果然天姿国色，马上魂不附体，决定一定要据为己有。第二天，他举行答谢宴会，早已布置好伏兵，席间将息侯绑架，轻而易举地灭了息国。

息侯害人害己，他主动借道给楚国，让楚国灭蔡，给自己报了私仇，却不料楚国竟不丢一兵一卒，顺手将息国占领。

假"诛晁错"真夺权

西汉建立以后，刘邦为了确保刘家天下，分封了一些子弟为王。到汉景帝时，这些诸侯王的势力越来越大。他们在自己的封地内征收税赋，铸造钱币，任免官吏。不受朝廷约束。天下又快要成诸侯割据的局面了。这时御史大夫晁错提出了"削藩"的建议。主张要及时削减各诸侯王的封地，限制他们的发展。并且指出："有些诸侯早已存有造反之心，削蕃他们可能造反，不削蕃他们早晚也要造反，所以与其养虎遗患，不如早点解决。"汉景帝觉得晁错的意见很有道理，便下决心要削减诸侯王的封地。

吴王刘濞就蓄谋造反，苦于一直找不到机会，这次听说汉景帝要削蕃，他便打起了"清君侧，诛晁错"的旗号，煽动其他的诸侯国一起造反。很快吴王刘濞纠集起七个诸侯国，直奔京城杀来。这时朝廷上下极为震恐，有些妒忌晁错的人都说是晁错引来的大祸，只有处理了晁错，叛乱才能平息。汉景无奈，只好杀了晁错，并答应免了诸侯起兵之罪。要求他们立刻撤兵。

汉景帝的诏书下到叛军手中，因为他们本来就不仅仅是为杀一个晁错，便退回了诏书。抛弃了"清君侧，诛晁错"的借口，公开与朝廷分廷抗议，这时汉景帝起用大将周亚夫，经过三个月的战争，终于平定了七国之乱。

在封建社会中，诸侯国直接公开叛变朝廷，是很难得到响应的，所以以吴王刘濞为首的七国则以"诛晁错"为借口，来号令天下。待晁错被杀之后，七国叛军的造反之势已成，便转而进攻朝廷。在这里，晁错相当于虢国，而朝廷相当于虞国，伐虢之后，必然伐虞，这属假道伐虢中一箭双雕的策略。

破敌围一箭双雕

赤壁之战后，三国鼎立局面出现。当时刘备的大将关羽镇守荆州，他想以

荆州为基地，向外发展、扩充蜀疆土。公元219年曹操派大将军曹仁出镇襄樊，关羽认为这是个极好的时机，可以北进，于是除加强与吴国相邻的江陵，公安和长江以北一带兵力外，将荆州城内全部兵力抽调北上围攻樊城。

当时曹仁在樊城只有数千人马，突被关羽围攻，惊恐万状，立即写信报告曹操，要求速派援兵。曹操接报大惊，急派大将于禁带领士卒往救樊城。曹军刚抵樊城郊外，即遇大雨滂沱，汉水突涨，平地水深数尺，于禁所带人马皆被淹没，于禁与诸将避水上堤，又被关羽乘船围攻，只好投降。这一战，关羽大获全胜，还斩杀了曹军名将庞德，威震华夏；迫使曹操急忙召集群臣商议，准备迁离许都。

司马懿向曹操建议说："应该写信给孙权，使孙权出兵攻击关羽后方，答应事成后把江南之地割让给他。孙权惧怕关羽得志后进伐东吴，一定赞成。只要孙权出兵，樊城之围，即可迎刃而解。"曹操听后，非常同意，立即写信给孙权。孙权接信一看，正中下怀。原来吴国镇守汉昌的太守吕蒙见关羽调大兵攻樊城，认为这是一个夺取荆州的极好时机，孙权听完吕蒙的建议后，也正图谋攻占荆州，今见曹操的书信，于是立即写了回信。信中说："我将遣兵西上，袭击关羽，只要我攻下了江陵、公安二城，关羽知道，必然回军奔救，则樊城之围，不救自解。但对吴军的这次行动，还望保密，不使泄漏，免使关羽有备。"曹操接信后，召集群臣商议。多数人认为对孙权这一行动，应该保密，使关羽首尾不能相顾，然后再乘机出击，那关羽就必败无疑。惟独谋士董昭力排众议，他说："军事应权衡利弊，以有利为宜，不可拘泥什么信义。最好的办法是回信答应孙权，同意替他保密；而暗地却有意向关羽泄露孙权这一行动。我们正好借助孙权南攻江陵、公安的力量，逼关羽回师，让孙、刘两家互相仇杀，以解樊城之围，我们还可待其疲惫后见机行事。如果我们真的为孙权保密，使孙权毫无阻挡地占领江陵、公安，那孙权如愿以偿，就会很快得势；这对我们来说也是非常不利的。再说，我们不将孙权从南面进攻关羽的消息泄露出去，一旦樊城粮草将尽，士卒定会惶恐起来，那后果不堪设想。如果让城内士卒知道孙权要攻取江陵、公安，关羽围城不会长久，士气会高昂起来，就是碰上再大困难，他们也能坚持下去。所以泄露孙权袭击关羽的消息，实为上策。"曹操听后，甚觉有理，于是依计而行。

且说关羽率军围攻樊城后，得知吕蒙带兵撤离虎口，以为后顾之忧已经消除，遂将守备江陵、公安一线的兵力，抽调北上，去围攻樊城。这样，其南方的守卫力量就大为减弱。吕蒙见关羽中计，立即报告孙权，孙权便亲率吴兵，水陆并进，向荆州进发。吕蒙当时被孙权派为先锋，率水军进至寻阳后，便将其精兵埋伏在船内，船面上的人，都扮成商人模样，日夜兼程，很快到达关羽所管辖的江岸。这时荆州士卒还真以为是商船，毫无戒备。谁知船一靠岸，吴兵即蜂涌而出，蜀军还没有弄清是怎么回事，就个个当了俘虏。吕蒙很顺利地占领了长江北岸，并挥师向荆州进发。关羽派守公安的傅士仁和守江陵的糜芳，都先后投降了孙权。

这时关羽对孙权袭击荆州一事，一无所知，正在强攻樊城，忽有士卒进帐报告，说曹操派大将徐晃率军前来解救樊城，并向营中射来许多书信。关羽接信一看，十分惊异。原来曹操听从董昭建议，将孙权的书信抄写了几百份，在派徐晃率军救樊城时，叫他带上，有意分别射向樊城城里和关羽营中。此信在蜀、魏两军士兵中广为流传。城内魏军得知孙权进兵，一片欢呼；城外蜀兵得知吴军袭击其后，惶恐不安，军心涣散。突然荆州已失的消息飞报而来，关羽只好撤离樊城，回救荆州，正遇孙权率大军到达。关羽自知势孤力弱，只好逃奔麦城（今湖北当阳县东南），又被吴将朱然，潘璋截断其去路，于是关羽父子被擒。

董昭将计就计，利用孙权与关羽的矛盾，造成关羽的后顾之忧，不但解救了樊城之围，而且利用孙权消灭了关羽的势力，达到了一箭双雕的目的。

欲行其计防强手

北齐时期，权臣和士开深受世祖信重，朝廷大臣怨其奸佞，咬牙切齿。为了永保权位，和士开采纳了祖珽的建议，劝说世祖及早禅位于太子，以防宗室及外臣在其死后夺取帝位。世祖准奏，太子即位，是为后主。此后，和士开之宠常盛不衰，日益骄恣。

黄门侍郎冯子琮，以太后妹夫的身份，参与朝政。冯子琮本来对和士开十分巴结，及后主即位，自恃亲贵，忌和士开擅权，遂与之相互排挤，日益不和。后来，冯子琮升任右仆射，权势渐重，与和士开的矛盾日益激化。冯子琮企图除掉和士开，但和士开深受后主及太后的宠爱，不得下手，于是便在宗室诸王之中选择琅琊王高俨，倾心结纳。计划废黜后主，另立高俨，诛杀和士开，独专国柄。

高俨有宠于太后，身兼京畿大都督、领军大将军、御史中丞、录尚书事等数职，出入仪卫，颇为壮观，服器宫室，与后主等量齐观。不过，这些优宠之礼，高俨并不满足。他曾经对世祖说："吾兄懦弱，如何控制左右！"世祖赞赏他的刚决之气，曾打算废掉后主，另立高俨。其事不果，快快不乐。又见和士开、穆提婆等人专横奢纵，心中不平。和士开与穆提婆二人也私下议论说："琅琊王目光奕奕，逼人心魄，与其对话，不觉流汗，比天子还要令人畏惧，应该尽早提防，采取对策。"于是将高俨迁往北宫，五日一朝，不得随时面见太后。后来，和士开又欲令高俨出京任外官，夺其兵权。高俨大怒，冯子琮乘机进言，指责和士开离间高俨与太后，高俨更怒，声称要杀掉和士开，冯子琮竭力赞成，并策划真机立高俨为帝。

公元571年7月，高俨令亲信上表弹劾和士开之罪，请求收监。为了不被后主和太后察觉，冯子琮把这份奏表夹在其一些无关紧要的公文之中呈送禁中。后主马马虎虎，一起批复。冯子琮拿到批文，交给高俨，高俨便称诏，命领军库狄伏连捉拿和士开，于是调动京畿士卒，埋伏于神虎门外。这一天，和士开早朝，库狄伏连在门外见和士开到来，把他骗到行台，伏兵涌出，乱刀砍死。

高俨的本意，只想诛杀和一人。不料事端一开，不可中止。冯子琮力劝高俨尽诛异己，乘机夺位。高俨于是率三千余名士卒屯于千秋门，围住皇宫。后主派人召高俨入宫，不从。后主大俱，六神无主。这时，双方都注意到一个重要人物，即宿将斛律光。斛律光参与辅政，屡立战功，朝野瞩目，而且掌握兵权。谁得到他的支持，便等于胜券在握。高俨召请斛律光，后主也召请斛律光。关键时刻，斛律光倒向了后主。斛律光入宫，对后主说："小儿辈弄兵，不足为虑。"于是与后主同往千秋门。斛律光至千秋门，先派人对士卒宣告陛下驾到。士卒闻讯，惊慌失措，散去大半。后主驻马于河桥之上，遥呼高俨，高俨不动，斛律光于是来到高俨面前，对他说："天子之弟杀一匹夫，算得了什么！不必惊慌。"把高俨硬拉到后主面前，对后主说："琅琊王年小无知，肠肥脑满，轻举妄动。年长以后自然懂事。希望陛下宽赦其罪！"后主把高俨痛打一顿，暂时饶过。冯子琮及高俨亲党皆被处死。不久，后主派人将高俨杀死，时年十四。

运用假途伐虢之计，关键在于拉拢势力。和士开处于世祖与后主之间，翻云覆雨，窃取政柄，自以为得计，却不料遭冯子琮暗算，身首异处。冯子琮处于后主与琅琊王之间，纵横捭阖，上下其手，自以为得计，却不料被斛律光轻

一句话，弄得前功尽弃。强中自有强中手，声势宜壮，自不必说；而主谋之人的才干，尤须注意。否则，徒有声势，望风瓦解，如何成得大事。

假道伐川谋荆州

鲁肃第三次出使荆州，企图通过外交谈判的渠道索回荆州未成后，回到柴桑向周瑜禀告说："刘备当初虽答应取了西川便还荆州。但眼下又不忍去夺其同宗刘璋基业。在两难之中，他哭求我们再容他几时。"周瑜一听，怒目圆睁地说："可恨的刘备！他这不是在耍我吗，?"鲁肃见周瑜发怒了，在侧也未敢再吭声。

经过一阵沉默，周瑜恼怒之余忽而生出一计，又喊过鲁肃密对他说："你再去荆州一趟，告诉刘备说，他不忍取西川我们可以去取，待我取了西川之后，让他拿荆州来交换。"鲁肃不解地问："西川千里迢迢，易守难攻。取之何易？"周瑜苦笑道："唉呀！你真老实得可爱！你以为我真的去取西川吗？我不过是以取西川为名，顺路去取其荆州的。"鲁肃说："刘备有准备怎么办？"周瑜说："这就要看你此行能否骗得刘备。只要他答应我替他去取西川，我就可以夺他荆州。"鲁肃莫明其妙地问："将军怎么个夺法？"周瑜解释说："当我率军途经荆州时，刘备必出城送钱粮犒劳我军，我趁此机会，出其不意夺取他的荆州。"鲁肃听后恍然大悟，马上起程再返荆州。

鲁肃见到刘备巧言说："我回江东把皇叔的苦衷对我主说了。我主孙权很理

解皇叔的苦衷。现在我们双方既已结亲，便是一家人了，皇叔有难处，我们岂能坐视？皇叔仁德誉满天下，既然不忍取同宗基业，我主准备兴兵为皇叔去取。攻下西川后，将赠给皇叔做嫁资。这样皇叔也可用荆州做谢礼还给我主。如此一来双方岂不都不伤和气吗？"孔明在侧听了这番话，已猜透了周瑜的用意，便答应说："难得吴侯一片好心！"刘备也应承说："这都是你从中美言的结果，多谢了。"鲁肃带着几分得意接着说："我这都是为皇叔着想啊，待吴军到后，皇叔多备些钱粮等军需物品就是了。"孔明痛快地答应："大军到后，我们一定会远接犒军，备足钱粮供大军用。吴侯为我伐川，岂能慢待？"鲁肃见孔明答应得如此痛快，便马上回江东向周瑜回报。

周瑜听了鲁肃的回话，得意地说："智者千虑，终有一失。我就不信孔明不能被我所算！"于是一面遣鲁肃去禀报孙权，一面率五万大军向荆州进发。

周瑜引军来到夏口，见糜竺正在岸边迎候。便问糜竺说："刘皇叔在哪里？"糜说："我主及军师现在在荆州城外为都督迎接大军。"周瑜叮嘱说："我们可是为你们出兵远征的，你速回去告诉刘备，犒劳军士的礼仪宜隆重些才是。"糜竺应允着先走了。

随后，周瑜率大军很快来到了荆州界，江面上密密麻麻地停满了战船。登陆后，周瑜先派军兵四处哨探军情。倾刻间，前往荆州的探子回报说："荆州城上只有两面白旗，城头上也不见人影。"周瑜一听很奇怪，自己便率三千军马往荆州而去。

周瑜刚到城下，城上有人问道："城下是什么人？"吴军将士齐声呐喊："东吴都督周瑜亲自率军来此。"话音刚落，突然城墙之上刀枪齐竖，引弓待发。大将赵云在城头上手指周瑜说："周都督到此究竟为何？"周瑜回答说："是为你们主公去取西川的，你怎会不知道？"赵云大笑说："你的'假道灭虢'之计早被我们军师料到了，我在这里早就为你们准备好了犒军之物！"说罢一箭射中周瑜盔缨。

周瑜见计已被孔明窥破，只好下令回师。

假道荆南平藩叛

、

宋太祖赵匡胤陈桥兵变，黄袍加身后不久，即开始着手进行统一全国的工作。这时，上承五代十国的混乱局面，整个中国被无数大大小小的军阀割据势力分裂着。南方除了南唐、吴越等几个大的敌国外，还有一些独立的不受中央命令的节度使，如荆南、武平等。这些节度使与唐时的藩镇极为类似，长官割据一方，俨然地方土皇帝。节度使死后，或传给儿子，或传给部将，完全不受中央节制。因此消灭这些割据势力也就成了北宋建国初年的一项大任务。

占据今湖北西部、四川东部的荆南高氏，在后周太祖显德年间，曾被周太祖封其主高保融为南平王。高保融迂腐无能，委政于其弟高保勖。宋太祖即位时，高保融去世，高保融继立。过了两年，保勖又死，保融子高继冲继立。

在高继冲即位的十年前，即周广顺

元年（951），南唐灭楚的时候，南唐中主李璟派大将边镐为开平节度使，镇守湖南。边镐不服人心，有故楚将王逵、周行逢、张文表等，共推辰州刺史刘言为主，称武平留后，发兵叛变，进攻潭州，赶走了边镐。于是南唐所得湖南之地复失。广顺三年，周太祖特拜刘言为武平节度使。不久，刘言被王逵所杀，王逵又被其部将潘叔嗣所杀，诸将拥立周行逢为主，移镇朗州。在周世宗显德三年，周朝正式委任周行逢为武平节度使。周行逢在湖南励精图治，境内一时士民安乐。

宋太祖建隆三年（962），周行逢去世。周临死时，召见亲信将吏，把他的儿子周保权托付给他们，并说："衡州刺史张文表，与我一起从贫贱中起事，建立功名。因为没有得到行军司马的官职，心中常怀不满，我死后，他必定会乘机作乱，可以派杨师璠去讨伐他。"说完即撒手归西了。周行逢死后，武平军务由其子周保权统领，而此时的周保权年方十一岁。

张文表听说周保权继立，果然很是愤怒，说："我和周行逢同起于贫贱，一起建立功名，怎么能够卑躬屈膝去事奉一个乳臭未干的小娃娃呢？"正好这时有一支被周保权派往永州去换防的军队路过衡阳，张文表就夺取了这支部队的指挥权，穿上白色的丧服，好像要到武陵前去奔丧的样子。

叛军路过潭州的时候，行军司马廖简正好任潭州留后。廖简向来看不起张文表，丝毫不作防备。正在饮酒间，有人报告说张文表带兵来了，他还一点也不在乎，大剌剌地对四座宾客说："张文表不来便罢，来了就会马上变成我的俘虏。"照常饮酒谈笑，不做准备。不一会儿张文表果然率众进来了，廖简来不及拿弓，只好坐在座位上破口大骂，过足了嘴瘾后被张文表一刀杀死。张文表占有了廖的印绶，自称临时留后，向宋朝政府奉表上告。

周保权于是立即命令杨师璠率众讨伐张文表，将父亲的遗言告诉大家，边说边哭，泪流满面，颇为煽情。杨师璠也被感动得热泪盈眶，回头对部众们说："你们看，小郎君尚未成人便有了如此水平了。"军士们也很激动。

周保权一边调兵遣将，一边向荆南借兵，同进向朝廷求援。

宋太祖于是派中使赵璲等人携带诏书到潭州晓谕众人，让张文表到京师来赴罪，同时又命令荆南发兵援助周保权。

此是，荆南节度使是刚刚继位的高继冲。宋太祖早就有统一荆南的意图。先前卢怀忠出使荆南的时候，就对他说过："江陵的人心向背，山川地形，我都想了解清楚些，你可多留心些。"卢怀忠回来汇报说："高继冲手下士兵不过三万人，虽然五谷丰登，但横征暴敛却使百姓们苦不堪言，要攻取它很容易的事情。"于是太祖召见宰相范质等人说："荆南已经是一个四分五裂的国家了，如今正好利用武平的事情，向荆南假道出师，顺便就可以攻占它，看来是不会不成功的。"于是将即定的方针交付给李处耘等人。

宋朝发兵，同时令荆南调发三千水军赶赴潭州，帮助平叛。同时向荆南借道。

李处耘到达襄州，先派人对高继冲说明借路的意思，请求为军队供应粮草饮食。高继冲同他的手下商量好对策，便以黎民百姓害怕为借口，请求让宋军驻扎在百里之外，然后将给养送去。李处耘又派人前往，高继冲手下的孙光宪和梁延嗣都主张答应宋军的要求。而兵马副使李景威劝说高继冲道："朝廷虽然是从我们这假道收复湖南，但恐怕会乘机袭击我们。请给我三千人马，驻守在荆门要害之处，夜间发动攻击，朝廷军队必然退却，然后回师讨伐张文表，献给朝廷，那样，朝廷必定对我们既敬重又存畏惧，不然的话，恐怕我们就有大祸临头了。"高继冲不听，说："我高家累世侍奉朝廷，决不会有这等事的。"孙光宪也说："李景威只是峡江中的一个草民出身，哪里知道胜败之理。中原自从周世宗时候已有统一天下的志向，宋朝兴起，采取的一切措施，其规模更是弘大深远。如今朝廷发兵讨伐张文表，犹如大山压卵，其势不可挡，湖湘平定之后，哪里还有再借路回去的道理呢？依我看，不如早早将疆土奉上，这样，湖湘百姓可以免受刀兵之苦，而您也可以保有富贵。"高继冲认为孙说得不错。李景威见状，说："大事去矣，还活着做什么呢？"自己掐住脖子闭气而死。

高继冲于是派梁延嗣和他的叔父高保寅送上牛酒，犒劳宋师，借机观察宋军的动向。李处耘以超出常规的礼节接待他们，两人喜出望外，派人向高继冲报告一切平安。

宋军所驻的荆门距离江陵有一百余里。这天晚上，宋将慕容延钊招待延嗣等人宴饮，而李处耘则秘密派遣轻骑兵数千人兼程前进。高继冲正在等着高保寅和梁延嗣回来，突然听说宋军来到，马上惶恐不安地出城迎接，在江陵城北十五里的地方遇到宋师，亲自将宋兵引入城中。宋朝的军队占领了重要路口，高继冲甚是害怕，将三州十七县十万二千三百万户的户口簿子呈献上来，投降了宋朝。

而此时，在武平杨师璠进军讨伐张文表已经取得了决定性胜利。当初，张文表听说宋朝军队前来讨伐，暗中派人向宋朝特使赵璲表示忠诚，陈说到朗州奔丧，被廖简所鄙薄，因而当即展开私人格斗，实在没有反叛的意思。赵璲认为自己奉持诏书晓谕张文表，得到他的归顺，非常高兴，立即派人安抚他。经过潭州城外的战斗，杨师璠大败张文表，取得胜利，活捉了张文表。杨军进入潭州后，放火大肆抢掠，赵璲也紧接着到达入城。第二天，赵璲在军府大厅宴请将领官吏。指挥使高超对他的部众说："看朝廷使者的意思，必定让张文表活着离开，倘若张文表到了京城后，谗言加害朗州，我们就没命了。"于是，就在街上将张文表斩了。到宴会结束后，赵璲召见张文表，高超说："张文表阴谋作乱，末将已将他斩首了。"赵璲叹息良久，亦毫无办法。

要处耘收录荆南后，增兵赶奔朗州。周保权很是恐惧，召见观念察判官李观象商量对策，李观象说："张文表已被诛杀，可是朝廷并不班师，必然要全部收取湖湘之地而后已。如今，荆南高氏已经束手听命，北面的屏障已经失去，所谓唇已亡，齿难独存，朗州势难保全了，我看不如归顺朝廷，还可以保有富贵。"周何权想听从他，可是张崇富等人都不同意，于是共同筹划防御之策。

宋太祖派人告谕周保权及其部将说："朝廷的大军替你们解脱了危难，为什么你们反而要抗拒大军，自取灭亡，而且不顾湖湘的生灵将被涂炭呢？"周保权不做理睬，于是宋朝大军进军讨伐，克服了岳州、朗州之地，活捉了周保权。湖湘之地尽平，共得十州、一监、六州、十六县、九万七千二百八十八万户。

刘德妃"借"子立后

景德四年，真宗皇后郭氏病逝，皇后位子成了空缺，立谁为后成了当时朝廷的一件大事。

在无数妃嫔中，真宗最宠爱的要算刘德妃了。这位刘德妃生得小巧玲珑，纤腰秀眉，颇有些像汉代赵飞燕的模样。郭皇后一死，刘德妃表面上很悲伤，但心里却乐开了花。暗想："该死的郭皇后死了，眼下皇后位置有了空缺，这是个求之不得的好机会。这个空缺，怎么也不能让别人先占了，我一定要想出办法，让皇上把我封为皇后，享一世的荣华富贵。"

于是，刘德妃使出浑身解数，百般讨好真宗。每见到真宗，便娇语千转，媚态频生，似乎饶有万种风情，也难尽其芳容丽质，也难显其一片爱心。

刘德妃对后宫的情形非常明白，眼下皇上年过四十，膝下无子，皇上也为后继无人时时叹息发愁。原来，郭皇后连生三子，长子赵祉，次子赵祐，三子赵祗，都早早地夭亡了。杨妃百般祈祷，好不容易生了一子，也夭折了。皇上望子心切，又选纳了前朝宰相沈伦的孙女为才人，可是沈氏也没有生子。

如今皇上没有后嗣。如果比门第，刘德妃显然不是对手，杨妃的祖辈，也曾有过通达显赫的时候。杨妃的叔父杨知信还在本朝任天武军副指挥使，门第也算凑合。沈才人，虽是后进宫的，但祖父是前朝宰相，父亲曾任光禄卿，门第显赫。而刘德妃呢，出身低下，是随着一个叫龚美的蜀地人，流落到京城，仗着自己的美貌和心机结识了皇上。因此，在门第上是无法与对手匹敌的，要成为后宫之主，当务之急，就是替皇上生个龙子，只有如此，才可扬长避短，击败对手。

刘德妃仍像平时那样表面上谦恳，但心里却巴不得为皇上生一子，以此取得后位。无奈肚皮不争气，熊罴难梦，祈祷也不灵，眼看着时光一天天过去，可肚皮一点也不见动静，朝廷已开始议论册封皇后之事。

"这可怎么办？莫非是自己真的不行？"刘德妃心里十分焦急，如果自己生不出皇子，那肯定当不成皇后。

情急之下，刘德妃想出了一着妙计。她找来了自己的侍女李氏，悄悄地作了吩咐。

当天晚上，侍奉皇上就寝的不是刘德妃，而是李侍儿，而刘德妃却甘愿叠被铺床，抱衾送枕。

也是真宗皇帝命该有子，李侍儿侍

他就寝的当晚，春风一度，暗结珠胎。过了不久，李侍儿果真生了一男儿，真宗替他取名为受益，李侍儿因此被封为才人。

刘德妃把受益看作自己的儿子，严加保护精心培养。他一面嘱咐心腹，只说皇嗣为自己所生，不得把真相泄露，一面请求真宗立她为皇后。真宗本来就宠爱她，所以对她把受益作为自己的儿子也满不在意，并决定立她为后。

当真宗把立刘德妃为皇后一事告知大臣们时，参加政事赵仁安近身叩首道："陛下您想要立继后，不如立沈才人，沈才人出自相门，乃众望所归。"

真宗生气地说："皇后不可以按门庭高低而立，况且刘德妃是太子生母，立为皇后，当之无愧。"

众大臣仔细一想，皇上就只有这么一个儿子，不立生母为后，还能立谁呢？因此，也就不再奏谏了。

刘德妃在自己无法生孩子的情况下，运用"借鸡下蛋"之法，借用李侍儿，生下了"自己的儿子"。儿为太子，母为皇后，她终于如愿以偿了。

斋戒祈雨筹赈款

林则徐不仅是中国近代著名爱国者，而且是一位体察民间疾苦的清官。

他在担任湖广总督期间，湖北发生百年不遇的大旱，庄稼枯死，米价腾贵，许多农民流离失所，他号召官员们捐款，竟无人响应。林则徐心中恼怒，但却不露声色地出告示说："为解贫民饥馑之苦，定于三日后设坛祈雨，上自督抚，

下到县官，皆应照例斋戒三日，不许吃荤，不许喝酒，以示诚心敬天之意。"

三天后，林则徐亲率众官登坛焚香，行礼祷告。礼毕，林则徐命众官坐于芦席之上，对大家说："我们这些官者平日养尊处优，今天我与诸位皆不张伞打扇，坐在烈日之下体验一下农民稼穑之苦，如何？"众官不敢违命，在烈日下坐了三炷香的工夫，便汗流浃背，叫苦不迭。林则徐好像忽然想起了什么，说："天气炎热，不可无茶。"茶来之后，林则徐与众官每人吃了一碗，不久，便呕吐不止。这时，林则徐起身正色道："谁也不要掩盖呕吐之物，由侍官一一检查，看看我们敬天是否忠诚。"检查结果显示，只有林则徐所吐为粗饭蔬菜，其他人所吐皆为酒肉腥荤之物。

林则徐神色严肃地说："斋戒祈雨，是何等重要之事，你们竟敢如此不诚。天下降雨，实是你们触怒上天所致，诸位现在有何话说？"众官闻言，面面相觑，既恐惧又惭愧，都表示愿意尽力捐钱。这样，林则徐很快筹到了一笔巨款，赈济灾民，平抑粮价。

在这里，林则徐运用的便是假途伐虢之计。林则徐假借祈天求雨之名，行引导众官捐钱之实。他事先叫人在茶中放入呕吐之药，众官吐出荤腥之物说明他们生活富足，有足够的能力捐钱赈灾。林则徐不动声色地将这些吝于出钱的官员陷于被动的状态中，让他们乖乖地掏出腰包，真可谓用心良苦。在日常生活中，当发动群众而处于僵局时，身为领导者，不妨借鉴一下林则徐的做法。

假道进军败对手

17世纪，法国打败西班牙，在欧洲称霸，英国、荷兰和奥地利三国结盟抗法，为了打破三国联盟，法国在18世纪初同巴伐利亚建立同盟，把德国南部置于自己控制之下。接着在1704年计划采取两面攻势，西攻荷兰，钳制英荷军队；东攻奥国，希望一举将其全歼。当时的英军统帅是马尔博罗公爵约翰·丘吉尔，以深谙韬略，名噪一时。丘吉尔得悉法军的计划后，制定出相应对策：在荷兰方向采取守势，同时将大军集中在多瑙河谷，与奥地利军队配合作战，把法军赶出德国南部。

不过，要执行这个计划困难也很大。困难来自三个方面。他得说服荷兰人，相信英军削弱荷兰边境防御，开赴德国作战最终符合荷兰的利益；他得骗过法国人，相信英军不会入德作战；他得调动部队长途行军，并克服由此引起的后勤补给问题。

后勤补给虽然困难，还比较容易克服。因为部队将沿莱茵河行进，可以利用水运。但是解除敌友双方的顾虑却决非易事。

他对荷兰人说，如果他能沿莱茵河向上游开进一段路程，就可以经摩泽尔河打到法国境内了。荷兰人觉得计划合理，表示同意。对于法国人他则利用间谍提供假情报，说明他将短途行军到摩泽尔河。接着英军出发，速度相当快，不久便到达摩泽尔河。此时，荷兰人和法国人都想着他要调头向南，沿摩泽尔河前进。但是他却并不南下。他对荷兰人说，沿摩泽尔河进攻的条件尚不成熟，因为法国人听到风声，已有所准备。但是如果继续溯莱茵河前进，到达菲利普斯堡，则可包围沿摩泽尔河部署并准备拦阻他的法军。法军通过间谍也获悉了他的新计划，又见他事先在菲利普斯堡堆集了弹药，架设了桥梁，也信以为真，知道他不会深入德境，仍不在意。

丘吉尔率军继续前进，不久到达菲利普斯堡附近的海德尔堡。此时，荷兰人和法国人都料定他会转向前进，谁知他却向部队分发补给，命令部队继续向德国南部开去。荷兰人见状大怒，但已鞭长莫及，无可奈何；法国人也发觉势头不妙，赶快调整部署，但为时已晚。1704年8月13日，丘吉尔和奥军协同作战，在巴伐利亚南部一个小镇布伦海因大败法军。

丘吉尔用计骗过了盟国荷兰和敌国的军队，在5周时间内，率领4万部队，辗转行进350公里，终于击败法军。这也算得一个出名的战例。

英国借口侵缅甸

拿破仑战败以后，法国遭受重大损失，英国在欧洲霸主地位进一步加强。英国的殖民地战争已经扩展到南亚和东南亚。因为缅甸的地理位置极为重要，它位于中国和印度之间，同印度东部和中国西南部有着漫长的边界线，控制缅甸，不但可以巩固英印殖民地，而且可以打通进入中国西南各省的道路，这就使英国越来越想控制缅甸。其次，缅甸的柚木闻名于世,是造船的最好材料,这是扩大在印度的英国海军的又一有利条件;第三,英国产品可以尽量多地输入缅甸;第四,防止英国以外的国家控制缅甸。上述原因促使英国急不可待地要侵入缅甸,但必须要找一个合适的借口。最后,英国决定利用刷浦黎岛挑起战争,入侵缅甸。

内夫河口的刷浦黎岛,位于阿拉干(缅甸)和吉大港(印度)之间,对于这个岛的归属,当时缅甸与英印有争议。1823年2月,一支英军占领该岛,并在岛上竖起英国旗。缅甸阿拉干总督派兵将英军驱逐后又主动撤回。不久,英军再次占领,并置缅方的警告而不顾,赖在岛上不走。1824年1月,缅甸名将班都拉接任阿拉干总督,立即派兵逐出英军,占领刷浦黎岛。英军趁机制造舆论,于3月5日正式向缅甸宣战,第一次英缅战争就这样爆发了。

到1826年1月,英军凭借先进的武器装备和战术战胜了缅甸的封建王朝军,缅甸派出代表求和。在扬达波无条件地接受了英国的要求,于1826年2月24日签订了丧权辱国的《扬达波条件》。条约规定:缅甸放弃对阿萨姆及其他邻近小国的领土要求,今后不得干预他们的事务;缅甸把阿拉干省和丹那沙林省割让给英国;缅甸政府赔款1000万卢比(当时英印的货币单位),分4次付清;英国船只可以自由出入缅甸的港口,商船免税。英军的侵略计划如期实现。

以假示真侵挪威

在第一次世界大战中和第二世界大战初,丹麦、挪威、瑞典三个北欧国家都宣布中立。但在第二次世界大战中,除瑞典始终保持中立地位外,丹麦、挪威的中立地位都受到了破坏。应该说,在第二次世界大战前夕,甚至在第二次世界大战刚刚全面爆发时,参战双方也都愿意尊重北欧三国中立,认为这对他们双方都没有坏处。后来的问题,首先是由瑞典北部耶利瓦勒铁矿的矿砂引发的。瑞典北部的铁矿蕴藏量达40亿吨,属欧洲第3位,且多为富矿。瑞典铁矿可说是德国战时工业的生命线。

战争第一年,德国年消耗铁矿砂1500万吨,其中就有1100万吨要靠从瑞典进口。在夏季,瑞典的铁矿砂还可以用船只从瑞典港口律勒欧经波的尼亚湾,越过波罗的海运往德国。在与英法开战后,这也还是一条比较可靠的安全运输路线;因为从北海进入波罗的海的几处海峡,已被德国有效封锁,英国的军舰和潜艇都进不去。可是一到严冬,这条运输线就无法使用了,因为波的尼亚湾和波罗的海的海面结了厚厚的冰,船只无法通行。这时瑞典耶利瓦勒铁矿的矿砂,就只有经铁路运往挪威北部的港口纳尔维克,再用船只经挪威东部领海运往德国。这一运输线有两个优越条件:一是从所处纬度讲,虽然与前述波的尼亚湾运输线相近,其中有一段还处在北极圈内,纬度更高,但因受大西洋暖流的影响,海面不结冰;二是由于挪威是中立国,而整个运输路线都在挪威领海以内,可以避免英国海军和空军的袭击。所以挪威的中立,对德国更有利。英国当时的海军大臣丘吉尔看到了这一点,大战爆发后最初几周即建议内阁批准在挪威领海布雷，但首相张伯伦不愿破坏挪威中立，不赞成丘吉尔的建议。

1939年11月30日，苏联为防止日后苏德开战时，德国利用芬兰领土打击列宁格勒及苏军北部防线，向芬兰发动了先发制人的战争。苏联的这一行动，给丘吉尔提供了一个"假途灭虢"的借口和机会：组织英法远征军，以援助芬兰抗击苏联入侵为由，假道挪威、瑞典，顺势占领挪威沿海的纳尔维克等港口及瑞典的耶利瓦勒铁矿及运输矿沙的铁路线，从而一举截断德国的铁矿砂供应，卡死德国战时工业的生命线。

这时，苏德战争尚未爆发，苏德互不侵犯条约还有效，从形式上看，苏联是站在德国一边的。因而英法以援助芬兰抗击苏联为名，出兵斯堪的纳维亚半岛，就名正言顺了。然而，与此同时，德军参谋总部也看到了这一点。德国海军元帅多次提醒希特勒注意英法借口援助芬兰截断德国铁矿砂供应这一严重威胁，并建议采取先发制人的行动，抢在美国之先，以保护铁矿运输线为由，出兵占领挪威，实质上也是使的"假途灭虢"计。

希特勒开始对英法军队是否会很快出兵挪威持怀疑态度，也不想破坏挪威中立，因而迟迟没有下决心，但在海军的促动下，仍部署了一个代号"威塞演习"的以入侵挪威为目标的行动计划。英法也因张伯伦的态度犹豫，加上英法之间协商和协调行动需要时间，而未能很快采取行动，但准备工作一直在紧锣密鼓地进行着。然而，2月16日在挪威南部领海发生的一桩意外事件，促成英法和德国双方都进一步坚定了入侵挪威的决心。这一天，一条从南大西洋载回299名英国俘虏的德国船"阿尔特马克号"，受到英国驱逐舰的追逐，逃入挪威南部一个峡湾避难，丘吉尔了解到此船载有300名英国俘虏，便命令英舰哥萨克号驶入挪威领海解救俘虏。战斗中，打死德兵4人，打伤5人。

当时，有两艘挪威炮艇在场，但未敢采取任何行动，看着英国军舰进入本国海域，救走了德国船上的英国战俘，事后，挪威政府为英国军舰侵入自己领海动武向英国政府提出抗议。英国政府则认为，挪威准许德国人使用自己的领海运输英国俘虏，违反了国际法。而希特勒则认为，挪威的抗议不过是故作姿态，挪威炮艇眼见英舰对德船动武而不干预，说明挪威政府甘当英国帮凶。

由此，英、法、德都以保护航行安全为由，决心出兵挪威；因为芬兰已于1940年与苏联媾和，英法借口援助芬兰，借道挪威的理由已不存在。最后，英法将开始入侵挪威的时间定在1940年4月8日；而希特勒则将入侵时间定在4月9日晨5时15分。本来英法定的时间早一天。但因德国海军行动迅速诡秘（伪装为英国军舰），将士作战果断勇敢，却反倒比英、法抢先了一步。德国人"假道"成功了，英法人"假道"则成了泡影。由于丹麦海域也处于德国铁矿砂供应线上，而且紧扼波罗的海的出口，所以德国在入侵挪威的同时，也"假道"占领了丹麦。只不过丹麦在希特勒的一纸最后通牒威胁下便投降了，没有费德国人一枪一炮。

处在敌我两国中间的小国，当受到敌方武力胁迫时，某方常以出兵援助的姿态，把力量渗透进去。当然，对处在夹缝中的小国，只用甜言蜜语是不会取得它的信任的，一方往往以"保护"为名，迅速进军，控制其局面，使其丧失自主权。然后再乘机突然袭击，就可以轻而易举地取得胜利。此计在军事、外交、政治上都是"以假示真"法，真真假假施计于人，方可取胜，所以这一计的实践，在古今中外的历史上都不罕见，而且总有新意。

不是推销胜推销

日本丰田汽车公司的"推销大王"名保久，善于在推销工作中抓住各种转瞬即逝的机遇，旁敲侧击，最终达到推销目的。他在推销产品中发现，人们在洽谈生意时，经常有人用火柴替对方点烟，洽谈完毕，火柴盒就留给了对方。这一发现，引发了他的灵感和联想。要是特制一种火柴，在火柴盒上印上公司的名字、电话和地图，吸烟者每点一次烟，公司的名字、电话号码和地图就会映入眼帘一次，这不是无声的广告吗？而且吸烟者一般都是在兴奋和困惑时才想起抽烟，点着烟后，常常凝视着火柴来思考问题，在这种无意识注意中，往往会给吸烟者留下深刻的印象。按照名保久的设想，丰田特制出了这种火柴。名保久认为：小小的一盒火柴虽然很不起眼，但它的作用却很大。一盒火柴20根，一个地方如果放了10盒火柴，公司

的名字、电话号码与地图就等于重复出现了200次，如放了20盒，就是200次啊，这可是个不小的数字啊，而且用特制的火柴，使顾客的心理有一种受到新鲜的满足感。小小的火柴在丰田公司和消费者之间架起了友谊的桥梁，融洽了双方的关系。一分耕耘，一分收获，有许多顾客都是在看到了火柴盒上的电话号码后，打电话给公司了解最后作出了购买丰田车的决定的。

丰田汽车公司运用的就是假途伐虢之计，利用小小的火柴盒打开了丰田汽车的销路。

挖掘内涵促畅销

以生产"红豆"牌内衣而闻名全国的江苏无锡市太湖针织制衣总厂，是1982年创办的镇办企业。

"红豆"产品畅销，企业的兴盛，与充满美好情感的"红豆"商标紧密相关。"红豆生南国，春来发几枝，愿君多采撷，此物最相思。"唐代王维的千古诗句，脍炙人口，以"红豆衣"为载体，把感情因素融于商品交换之中，产生了无形价值。老年人把"红豆衣"视为吉祥物；青年人以向情侣赠送"红豆衣"沟通感情；海外侨胞以"红豆衣"寄托思乡之情；精明的日本商人则看重"红豆衣"的文化价值，宁愿提价20%来订货……

不少企业在宣传上往往注重产品性能介绍上，而"红豆"厂则侧重在"红豆"效应上："红豆内衣，奉献一片爱意"，"红豆天下，情衣无价"。1990年

亚运会期间，中外记者云集北京，"红豆"厂提供了万余件记者服；中央电视台的播音员穿上了"红豆衣"走上荧屏；在全国春季针织品交易会上，该厂独家在四川省体育馆会办大型"红豆之春"演唱会。强烈的公关意识，提高了企业的知名度。在1991年春季全国针织品交易会上订货额2360万元，1992年则高达6840万元，占全国春交会成交总额的10%。

借"热"销售获成功

利用电影电视热创造销售机会。日本在80年代初，青少年出现一股科学幻想动画热。当时最吸引人的是影片"宇宙战"。青少年们在影院门前排长队购票，小朋友们在电视面前聚精会神地观看。一家玩具商店看准这外苗头，趁热打铁，开发一种带有微型电脑的电子玩具，命名为"宇宙人"。玩具一投放市场正好投孩子们之所好，一下子就风靡了日本全岛。孩子们常常在开门前就排队等候，店门一开就争相购买。玩具厂家只得昼夜加班，日产量达200万个。过去一种玩具能销出100—250万个就算是畅销品。而"宇宙人"的销量达到8000万人。1985年日本电视连续剧《血疑》在我国各大城市播映，反应强烈。人们被电视剧中的人物的命运所感染，一厂家瞄准这一有利时机，及时生产出"幸子衫"、"理惠服"、"光夫衫"，受到人们的青睐，抢购狂潮一浪高过一浪，该厂获利甚丰。精品经商者应该有锐敏的观察力抓住社会一时的热潮及时"假道

伐虢"该会获利颇丰。

青岛啤酒占市场

青岛啤酒厂生产的青岛啤酒，打入美国市场11年时间（从1978—1988年），销售量增长近100倍（从2万箱增长到200万箱），成为美国啤酒进口史上的一个创举（荷兰最有名的"汉尼根"牌啤酒在美国市场上的销售量从2万箱上升到100万箱共用了40年的时间），其重要原因，除产品质量好，又比较适合美国人的口味外，就在于他们借助国外实力雄厚的代理商，利用代理商的销售网，"假途伐虢"，使产品进入国际市场。

该厂在美国找到了莫纳克进口公司总经理斯仲达先生。斯仲达对青岛啤酒质量十分满意，承接了代理推销业务，为了使美国消费者了解中国的青岛啤酒，不惜重金，在美国的报纸和电视台上做了大量的广告（如从1980年开始，利用晚间7—8点的最佳电视广播时间做广告，多年不间断），而且，还在各种饭店多次举办青岛啤酒品尝会，并先后为青岛啤酒印制了100多种大小不同、图案新颖、颜色鲜艳的宣传品。

这些宣传品有的可以立在饭店的餐桌上，有的可以挂在墙上，有的印刷在塑料袋上。经过多年的努力，目前几乎所有设在美国的中国餐馆、法国餐馆、日本餐馆、意大利餐馆，无不卖青岛啤酒。在美国，70%的啤酒是在餐馆中消耗的，各种餐馆都卖青岛啤酒，这是青岛啤酒在美国畅销的一个重要标志。此

外，斯仲达先生还在美国精选了350个批发商，并在50个州中建立了销售网点，从而，使青岛啤酒在美国各地都有销售。

借体育发展自己

在洛杉矶奥运会上，李宁一人独得3枚金牌，威震体坛；而健力宝饮料也在奥运会上初试锋芒，赢得了"中国魔水"的美誉。这个来自中国的饮料与中国体育明星一道，为祖国赢得了荣誉。从此，健力宝与体育结下了不解之缘。

健力宝在短短的几年时间里，由一个默默无闻的民营小酒厂发展成今天的现代化、多元化的外向型集团企业。健力宝的成功历程，处处洒下了艰辛的汗水，时时闪现出体坛精英矫健的身影。在多次重大中外体育赛事中，由于健力宝的巧妙参与，使企业和产品的形象给竞技者和观众留下深刻印象。

鉴于健力宝属于国内首创的运动保健型饮料，在它呱呱坠地之时，公司就很有远见地选定了体育作为开拓国内市场的突破口。在第二十三届奥运会上，健力宝与中国健儿不负众望，大扬国威，赢得了"中国魔水"的桂冠与闪闪发光的奖牌。公司则因势利导，充分利用新闻媒介的传播作用，全面掀起宣传攻势。

1987年第六届全运会开幕时，健力宝公司耗资250万元购得这次运动盛会的饮料专用权。公司别出心裁地给全体工作人员做了厂服，并对所有参加开幕式的观众赠送健力宝饮料。这天，蔚为壮观的广州天河体育中心瞬间变成了健

力宝的海洋。虽然1天之内花费10多万元，但健力宝换来的却是难以估量的社会效益。

健力宝公司宣传势头之猛，招式之奇，令行内行外人士无不叹服。1988年，中、尼、日三国登山队联袂攀登珠穆朗玛峰，"中国魔水"又跟随五星红旗登上了地球之巅，成为"世界最高峰饮料"。同年，健力宝又在北京举行隆重仪式，向夺得第二十四届汉城奥运会金牌的中国选手，赠2万元的健力宝金罐，引起体育界乃至社会的轰动。

"健力宝"的品质注定了它与体育事业结下了终身缘分，也决定了它把体育作为提高企业知名度，借以开拓国内外市场的广告定位。因此，从"健力宝"集团成立之日，哪里有大型体育活动，哪里就有"健力宝"。全运会、亚运会、奥运会……赛场内到处都是"健力宝"的广告，赛场外，随时有"健力宝"一掷千金的赞助。与体育结缘，又意味着与新闻媒介结缘。正是借助公众对体育的关注，借助新闻媒介的宣传，才使"健力宝"品牌深入人心。

内安外援得发展

对妇女的压迫在人类历史上持续了多长时间，谁也说不清。这种压迫从精神到肉体，从内心到服饰，可以说无所不在。随着现代文明的出现，这种压迫开始瓦解，但是它的阴影却迟迟不肯离去。20世纪初的美国，对妇女的一个明显压迫就是要束胸。

像中国一度以三寸金莲为女性之美

一样，20世纪初美国妇女美的标准是胸部平坦，"像男孩子那样"。尤其是少女，如果胸部高耸，便被认为没有教养，是下等人，为社会所不齿。为了成为这样的"美女"，女孩子们只有早早地束胸，虽然因违反天性而痛苦，也惟有默默地忍受着。历史已发展到冲破这种愚昧、反人性的陋习的时候了。而最先向旧传统挑战，担当起这一历史责任的却是一位似乎平常的女性——伊黛·罗新撒尔。

许多具有历史意义的突破，往往是从一件不起眼的小事开始的。

那时伊黛在纽约与邓肯太太合股开了一家很小的服装店。一天，邓肯太太对伊黛说："你知道，我那小女儿的胸部特别丰满，要替她捆扎得平坦真不容易，而她又疼得厉害，你看是否有办法改进一下衣服，让她少受点罪？"早就对当时的妇女服装业不满的伊黛，已在思考如何冲破传统，改变流行的样式。好友的恳求，使她下决心进行一番改革。

她把注意力集中在如何解除束胸给妇女带来的痛苦上。困难在于，她不可能一下打破旧的传统，那将招致惨败。经过一番苦心揣摩，伊黛想出了一个理想的折衷方案。她用一副小型的胸兜来代替捆胸的束带，然后在上衣胸前缝制两个口袋来掩饰乳房的高度。这种设计由于掩饰巧妙，没有引起社会上的轰动，而一定程度上解脱了妇女们束胸之苦。一时间服装成了畅销货，伊黛的小店也热闹起来了。

意外的成功促使伊黛去思考，妇女占人口的半数，如果能设计出一种解除她们束胸苦恼的服装，不仅可以获利，

而且可以打破旧的服装传统，开创一个更加适合女性天性、自然、美丽、大方的女服时代。就这样，具有历史意义的胸罩诞生了。

当第一批胸罩做好后，伊黛却犹豫了。旧的道德观念是可怕的，这一设计一旦遭社会的同声谴责，白费精力不算，她和邓肯太太的小服装店也就完了。思考再三，她终于下了决心："不管它！社会接受也好，不接受也好，我要以我的设计公开向传统挑战，而且不计一切后果，奋战到底！"同时，她也做了充分的准备，一是扩大投资，成立"少女股份有限公司"，以壮声势；二是采纳邓肯太太的建议，暂时不在报纸上做广告，以免过多地刺激社会舆论。

第一批胸罩在纽约市场上出现了。似平地惊雷，妇女界轰动了，服装界轰动了，市民也轰动了。胸罩很快被抢购一空，出乎伊黛的意料。虽然有一些人跳出来攻击，叫喊要禁止胸罩流行，但附和者寥寥，伊黛最担心的报刊对此事一言不发。而姑娘们看到反对之声不大，便争相购买胸罩，销量直线上升。

伊黛意识到，发展的时机来了。她果断地抓住了这一机会，迅速加大投资，购置设备，招聘工人，扩大生产，创造了工业发展史上的奇迹。几年时间，"少女公司"由十几名工人增加到数千职工，销售额由几十万美元，骤增到几百万。30年代，严重的经济危机袭击美国，工业萎缩，大批企业倒闭，惟有伊黛开创的胸罩业一花独放，兴盛不衰。

正当"少女公司"借销售胸罩而大获成功，要进一步大展宏图的时候，一

场内战突然爆发，几乎使公司倒闭。原因在于两位合伙人的经营方针大相径庭。

伊黛有大企业家的素质，主张目前重要的不是分配利润，恰恰相反，要尽可能地借债以扩大投资，发展生产。这无疑是战略家的眼光，因为胸罩的市场需要量相当大，只有扩大生产，才能最终获取最大利润。而邓肯太太则显得目光短浅，主张公司只能在自己能力内求发展，借钱背利息投资是没有必要的。分歧很快发展到激烈的争吵。

"所谓自己的能力，包括借钱的本领在内，据我的观察，几乎没有一家生意不借钱，包括那些大公司。"伊黛极力想说服对方。

"借钱拉股，你是比我强，你就是靠这一套起家的嘛。"邓肯太太冷冷地说道。这一下刺伤了伊黛的自尊心，同她吵了起来。

"这个生意我出的资本多，可老板由你当！"看来邓肯太太的不满是多方面的。

"当初你同意我当经理，怎能怪我？"伊黛已经控制不住自己了，"我没想到你这么无赖，你要不想合伙，就散伙，用不着胡说八道！"此言一出，双方立刻意识到，一切都结束了，邓肯太太的回答是："好，马上算账，拆伙！"

当时公司刚刚购置了一批新设备，采取的分期付款的形式，两人一拆伙，全部现金都被邓肯太太带走还不算，伊黛还得借一笔钱给她，自己剩下的是一部分机器和一大笔债务。而邓肯太太并未就此罢手，她四处散布，好像公司就要倒闭了，不明真相的债权人纷纷登门

逼债，有的要拿机器作抵押，有的要拿公司存款作抵押。当时胸罩刚开始流行，许多人对此抱怀疑观望的态度，伊黛出去借款，人们一听她是生产胸罩的，担心好景不长，大都不肯投资。不久，许多职工离去，只剩下 30 多名工人，"少女公司"危在旦夕。

在这众叛亲离、四面楚歌的危难时刻，伊黛·罗新撒尔显示出一个出色女性的坚强品格和一个大企业家百折不挠的气度。她坚信事在人为，给自己带来希望的胸罩业一定会前程无量。经过几个不眠之夜的反复思考，伊黛确定了安定内部、寻找外援的经营原则，并立即着手实施。

第一步，她要维持住仅剩的几十个人，不给外界一个"已经倒闭"的印象。她把工人召集在一起，开诚布公地说："各位都看得出来，我现在遇到了很大的难题，现在我只问你们一句话，你们希望我把公司关掉，还是希望我继续干下去？"她知道，这些人之所以没一走了之，正是希望公司出现转机。果然，大家几乎一致希望她继续干下去。伊黛懂得管理心理学（或许是一种天赋吧），目标一致、事情就好办了。"既然各位愿意捧场，我就向各位提一个要求，希望大家做我的股东。"在场的人大惑不解，公司到了这种地步，手里哪有钱投股。伊黛看出了他们的心思，亲切地说："我请各位做我的股东，是感谢各位在我危难之时对我的支持，所以不需要各位拿出股本来。其实，你们的精神支持，就是对我的最佳投资，我准备拿出十分之一的股权作为对各位的报酬。"

安定内部的方针取得了圆满的成功。公司的业务虽然没完全恢复，但几十名目标一致，决心同伊黛同舟共济的工人，为公司的振兴打下了坚实的基础。

第二步，要争取外援。伊黛现在最需要的是资金，没有资金，公司很难再维持下去。碰了几回钉子之后，伊黛意识到，以她目前的境况，找私人借款是很难的，要想办法取得银行家的支持。她想起丈夫生前说过，纽约运通银行经理约翰逊，是个思想解放的人，肯于为创业者提供帮助。伊黛决心去试一试。

"你是创制胸罩的公司负责人，对吧？"一见面，看过名片，没等伊黛开口，约翰逊就以显然知道的口吻问。

"你怎么知道的？"伊黛感到很意外。

"吃银行这碗饭，一定要有长而灵敏的触角，否则，就不够资格做一个替大众看守钱包的管家。"约翰逊笑着说。

看着这位年近60、精神旺盛、态度亲切的银行家，伊黛紧张的心情松弛下来了。她向约翰逊详细介绍了自己目前的情况。听完后，约翰逊沉思一会儿，开始提问了，"你为什么认为胸罩这一行很有发展前途？"这对一个银行家来说非常重要，要把钱投向有发展前途的事业上。伊黛对这一问题显然心中有数。

"第一，它是由我自己开发出来的新产品。第二，它目前是女人所渴望的东西。第三，它将来必定是每个女人不可缺少的用品。"

约翰逊边听边点头，对伊黛的回答表示满意。接着他又提了一些经营方面的问题，伊黛回答得也很出色。但是，这毕竟是对一个濒临破产、前景难测的行业的投资。一旦失策，不仅给银行带来无可挽回的损失，还将损害自己几十年树立起来的声誉。约翰逊点燃一支雪茄，起身离开座位，在房内踱了几步，突然转过身对伊黛说："你准备借多少？"

"50万美元。"

"好，你准备办手续领钱吧。"

"呵！你答应了？"伊黛简直不敢相信这是真的。

"是的，如果我放弃了你这个客户，有一天被董事会知道了，我只有卷铺盖了。"约翰逊半开玩笑地说。

事后有人说约翰逊当时那么做根本没道理，有人说他是凭灵感，也有人说他是碰运气。但约翰逊不这样看，他认为自己有三个理由这样做。首先是伊黛的创业精神，其次是伊黛的厚道作风，第三是伊黛的创新观念。还有一点约翰逊没有谈到，那就是他自己具备一个出色银行家的风格，敢于冒风险支持像伊黛这样有能力、有思想、一时不利的企业家。

实践证明约翰逊不愧是位有眼光、有胆识的银行家。到1959年，"少女公司"的年营业额已达3400万美元，成了银行的大户头。

借钱赚钱两步走

古人云"有用者不可借，不可用者求借。借不能用者而用之，匪我求童蒙，童蒙求我"。

路维格藉以成功的借钱公式有两个步骤：

第一步，他准备借钱把一艘货船买

下来，改成油轮（载油比载货更有利可图）。他到纽约去找了几家银行谈借钱的事。人家看了看他那磨破了的衬衫领子，问他有什么可做抵押。他承认他并没拥有什么东西。但是他有一艘老油轮在水上——就是叫他背部受伤的那艘船——也许他可以利用他的船借笔钱。

"他来到这家银行，"大通银行的人回顾说："告诉我们，他把油轮租给了什么石油公司。他每个月收到租金，正好可以每月分期还他要借的这笔款子。因此，他建议把租契交给银行，由银行去跟那家石油公司收租金，这样就等于他在分期还款。"

这种做法听起来有些荒唐，许多银行是不愿意接受的。但实际上，这对银行还是相当保险的。

路维格本身的信用也许不是万无一失，但是那家石油公司的信用却是可靠的。银行可以假定石油公司按月付钱没问题，除非有预料不到的重大经济灾祸发生。退一步说，假如路维格把货轮改装油轮的做法结果也跟一些其他的做法一样失败了，但只要那艘老油轮和那家石油公司继续存在，银行就不怕收不到钱。路维格的精明处在于利用他人可靠的信用来增强自己的信用。

结果银行就这样把钱借给他了。路维格买了他所要的旧货轮，改成油轮，租了出去，然后再利用它来借另一笔款子，从而再买一艘船。

这情形继续了几年。每当一笔债付清之后，路维格就成了某条船的主人。租金不再被银行拿去，而是由他放入自己的口袋了。他的现金状况，他的信用

情形、他的衬衫领子，都迅速地改进了。

到这时，他又产生了一个更妙的念头，——如果他可用一艘现有的船来借钱，为什么不能以一艘还没有建的船来借钱？

这是他利用借钱来赚钱的第二步骤。

路维格的新方法是这样的：他设计一艘油轮，或其他有特殊用途的船。在还没有开工建造的时候，他就找到人，愿意在它完工的时候，把它租出去。手里拿着租契约，他跑到一家银行去借钱建船。这种借款是延期分期摊还的方式，银行要在船下水之后，才能开始收钱。船一下水，租费就可转让给银行，于是这项货款就像上面所说的方式一样付清了。最后，等待一切交待完毕，路维格就以船主的身份把船开走，可是路维格当初一毛钱也没花。

开始时这种想法再次震撼了银行。但是，仔细地研究之后，他们觉得他的话很有道理。因这时路维格本身的信用已经没有什么问题了。何况，跟以前一样，还有别人的信用加强还款的保证。

"这一类的贷款，"大通银行的人说，"我们叫做'双重文件'——意思是说这笔款是由两个公司，或者两个人分别保证偿还，而他们之间的经济又互相独立。因此，即使中间有一方偿还不了，另一方也会把债务解决。银行于是有了双重的保障。"

当路维格发明的这种贷款方式畅通之后，他可以着手建立他的巨大财富了。他先去租借别人的码头和船坞。继而借别人的钱建造自己的船。他的小造船公司成立之后，在第二次世界大战期间，

美国政府购买了他所造的每艘船。他的造船公司就这样迅速地成长起来了。

永不满足常开拓

　　法国著名的时装设计大师皮尔·卡丹，现在已经70多岁了。他从身无分文开始起步，40多年来，创下了辉煌的业绩，在法国拥有17家企业，在巴黎总统府旁拥有大片华丽的房屋，在威尼斯、曼哈顿、东京广置房地产。全世界110个国家、540家工厂直接或间接地为其工作，受其影响的人超过200万。

　　皮尔·卡丹成功的秘诀是什么呢？

　　说起来，皮尔·卡丹的经营策略并不复杂。他知道，凭个人的能量是不能称霸服装市场的，因为一个人的精力毕竟有限。于是他只负责提供产品的设计草图或服装的图案，然后把新的设计转包给国内和国外的合作者，在全世界建立起一个生产皮尔·卡丹服装的"卡丹王国"，借助大家的力量共创皮尔·卡丹的事业。他本人只扮演一个开拓者的形象。当然，皮尔·卡丹对自己产品的形象是十分维护的，每位转包商根据他的设计生产出来的服装，在行销之前一定要将最后的成品交给他过目认可。

　　皮尔·卡丹还有一个过人之处在于他的胆识。他不仅仅把目光盯在时装设计上，还时时关心着世界局势的变化，在开拓皮尔·卡丹服装市场方面，他永远是捷足先登，领先其他竞争对手进入市场。

　　1957年，日本还未完全从太平洋战争的虚墟中站起来，皮尔·卡丹就不顾法国同行的嘲笑，在日本率先开设了皮尔·卡丹公司。到了1991年，他在日本的营业收入高达2.5亿美元。

　　1976年，中国社会政治风云涌动的年代，皮尔·卡丹又一次不顾同业的窃笑，踏上了中国的土地。10年来，他在北京开设美心饭店，展出系列服装，提高知名度，一时间皮尔·卡丹的名字响彻长城内外。他还用从中国赚到的钱买丝绸等布料运回法国，又生产出一批具有浓厚东方情调的服装。

　　1977年，皮尔·卡丹与俄罗斯洽谈，1983年对印度大感兴趣，1991年，又派属下往越南洽谈合同。

　　皮尔·卡丹在世界各地获得了巨大成功。他在走访各国谈生意的过程中，各国奇特的风土人情，民族建筑又给这位设计大师以新的灵感，使其服装艺术日臻完善。

　　皮尔·卡丹具有全球战略的眼光不仅表现在他大胆开拓各国服装市场上，还表现在他经营品种的多样化上。他的产业早已超出布料、时装之外，广泛涉足各个领域，如家具、珠宝、汽车、鞋帽、床单、闹钟、行李箱，甚至飞机和酒类都在他的经营之列。

　　皮尔·卡丹是法国10家豪富之一。他的家里墙上挂的是几幅色彩斑斓的现代派绘画，厅里除了一套沙发外，全部是他自己动手设计的几何形家具。他还喜欢不断更换房间的摆设，寻找新奇和完美。用皮尔·卡丹的话来说："时装的含义是制作和创造，我有属于自己的风格，从不模仿别人，我按自己的风格进行创造。让别人不用看名字就能识别出来。"

已经 70 多岁的皮尔·卡丹，至今还没有建立自己的小家庭。他把一生的心血都花在时装设计上，为人们的生活增添美，在全世界刮起一股皮尔·卡丹旋风。

皮尔·卡丹的服装设计是一种美，他的经营策略也是一种美，一种气势磅礴的美，一种征服全球的美。

对羞辱冷静应对

肖伯纳的剧本《武器与人》首演获得成功，许多观众要求肖伯纳在剧终时上台与大家见见面。可是，当肖伯纳走上舞台时，突然有一个人对他大声喊道："肖伯纳，你的剧本糟透了，谁也不要看！收回去吧，停演吧！"

肖伯纳听到喊声，一点也不生气，反而向那个人深深地鞠了一躬，彬彬有礼地说道："我的朋友，你说得好，我完全同意你的意见。遗憾的是，我们两个人反对这么多观众有什么用呢？我们能禁止这剧本演出吗？"

对待这个人的当面污辱，肖伯纳首先是冷静。一个知名度甚高的作家，应该具有比较镇定地对付这种场面的本领。但冷静之余，也必须给予尖锐的回击。一味忍让，在大庭广众之中，则是一件有失面子的事。然而如果作家正面回答：我的剧本有多么多么好，优点如何如何，艺术特点有多么高超，等等，不但言词必然冗长，而且也对付不了那种蛮不讲理，有意拆台的人，效果未必好。

此时的肖伯纳却表现出了高超的临场应付能力。他先是附和那个人，"我完全同意你的意见，"而后又把观众的力量借用过来，言下之意是，你的反对根本无济于事，广大观众是欢迎的。这也是假道伐虢之计的具体体现，肖伯纳先是"假"同意对方观点之道，再借助观众之力，达到"伐虢"。驳掉和回击对方的目的，做得有礼有节，巧妙异常。

第五套 并战计

第二十五计 偷梁换柱①

【原典】频更其阵，抽其劲旅，待其自败，而后乘之。曳其轮也②。

【按语】阵有纵横，天衡为梁，地轴为柱③，梁柱以精兵为之。故观其阵，则知其精兵之所在。共战他敌时，频更其阵。暗中抽换其精兵，或竟代其为梁柱。势成阵塌，遂兼其兵。并此敌以击他敌之首策也。

【原典注释】①偷梁换柱：比喻暗中玩弄手段，以假乱真。梁，柱，原本是盖房时起支撑和连接椽子的重要结构。即大梁和柱子。

②曳其轮：《易经·既济卦》：“初九，曳其轮，无咎。”意思是：初九爻象征拖着车轮过河，以防失控，不会出错。

③天衡，地轴：均为古代战阵名称。天衡首尾相连，地轴贯穿中央。

【原典译文】频繁地变动他们的阵容，抽换他们的主力，等他们自己走向失败，然后乘机控制他们。这就如同过河的车子，拖住了它的轮子，也就不会出差错。

【按语译文】战阵有纵向横向，按东西南北的方位布设。“天衡”作阵的大梁；地轴作阵的柱子。梁和柱的位置，都是由精兵控制。因此，察看他军的阵容，就知道他军的精锐在哪里。当与他军共同对敌作战时，设法多次变动他军的阵容，暗中更换他的精锐部队，或者派自己的精锐部队去代替他作梁柱。这样势必使他军阵地倒塌。于是就能吞并他的军队。这是吞并这股敌人再去攻击他股敌人的一个首要的策略。

【传世典故 计名探源】偷梁换柱原用以形容桀纣力大无穷。宋·罗泌《路史发挥·三桀纣事多实论》记古史传说桀纣能“倒曳九牛，换梁易柱”。后比喻玩弄手法，暗中改换事物的内容或事情的性质，以达到蒙混欺骗的目的。军事中指在同盟军联合作战时，通过不断地改变其阵势来抽换其主力，在其无法自立之时，借机将其兼并以扩大我军的力量。

秦始皇称帝，自以为江山一统，是子孙万代的家业了。但是，他自以为身体还不错，一直没有去立太子，指定接班人。宫廷内，存在两个实力强大的政治集团：一个是长子扶苏、蒙恬集团，一个是幼子胡亥、赵高集团。扶苏恭顺好仁，为人正派，在全国有很高的声誉。

秦始皇本意欲立扶苏为太子，为了锻炼他，派他到著名将领蒙恬驻守的北线为监军。幼子胡亥，早被娇宠坏了，在宦官赵高教唆下，只知吃喝玩乐。

公元前210年，秦始皇第五次南巡，到达平原津（今山东平原县附近），突然一病不起。此时，秦始皇也知道自己的大限将至，于是，连忙召丞相李斯，要李斯传达秘诏，立扶苏为太子。当时掌管玉玺和起草诏书的是宦官头儿赵高。赵高早有野心，看准了这是一次难得的机会，故意扣压秘诏，等待时机。几天后，秦始皇在沙丘平召（今河北广宗县境）驾崩。李斯怕太子回来之前，政局动荡，所以秘不发丧。赵高特此去找李斯，告诉他，皇上赐给扶苏的信，还扣在我这里。现在，立谁为太子，我和你就可以决定。狡猾的赵高又对李斯讲明利害，说，如果扶苏做皇帝，一定会重用蒙恬，到那个时候，宰相的位置你能坐得稳吗？一席话，说得李斯果然心动，二人合谋，制造假诏书，赐死扶苏，杀了蒙恬。

赵高未用一兵一卒，只用偷梁换柱的手段，就把昏庸无能的胡亥扶为秦二世，为自己今后的专权打下基础，也为秦朝的灭亡埋下了祸根。

【名家评点　破解方略】"偷梁换柱"与"偷天换日"或"偷龙换凤"意思基本相同，语见《渔家乐传奇》中"愿将身代人金屋，做人偷天换日。"

偷梁换柱，是三十六计并战计中的一种。本意是用假的代替真的，比喻暗中玩弄手法。"偷梁"与"换柱"都是用次要的换主要的，用假的换真的，用坏的换好的。这样，对方换得的东西不仅起不到好的作用，反而会起到破坏和瓦解作用。

"偷梁换柱"虽是一种军事谋略，但其在政治领域里运用更为常见。它泛指顶替和改换事物的内容，以达到蒙骗目的，它反映的思想是尔虞我诈、乘机控制别人的政治权术。

经典案例　锦囊妙计

假托神意揭竿起

公元前 209 年秋，陈胜、吴广起义就使用了假托神意的诈计。当时，秦王朝征召贫民百姓往渔阳屯戍守边，九百人途中屯驻在大泽乡，陈胜、吴广都被指派为屯长。恰巧遇上天降大雨，道路不通，计算时间已无法按规定期限到达渔阳防池。而按秦法规定，延误戍期，一律处斩。于是，陈胜、吴广就在一起商量，认为逃跑也是死，起来造反也不过是死，等着被杀，还不如为干一番大事业而死。陈胜说："天下百姓怨恨暴秦已经很久了。我听说秦二世是小儿子、不应继承皇位，应当由公子扶苏做皇帝。因为扶苏不被喜欢，所以皇上让他领兵在外。现在听说他没有罪过，二世皇帝竟然把他杀了。老百姓多半知道他贤明，并不知道他已经死了，还有楚将项燕，多次立下大功，并且爱兵如子，老百姓怀念他。有的人以为他死了，有的人以为他逃跑了。现在，我们如果带领这九百人，诈以公子扶苏、楚将项燕为名，首倡起义，一定得到多数人的响应。"两人商量后又去问卜。占卜的人猜出了他们的想法，就说："你们想做的事就能做成，必然有大的建树。不过，你们最好求助鬼神帮助。"陈胜、吴广听了很高兴，一提到鬼神，他们受到了启发，就说："这是教我们假鬼神来树立威望。"于是暗中用红笔在帛上写了"陈胜王"

三个字，藏在捕捞的鱼腹中，戍卒买回来做菜吃，发现了鱼腹中的帛书，都感到奇怪。陈胜、吴广又暗中派人在吴广住所旁边长满树木的神庙中夜里点起篝火，模仿鬼狐的声音叫喊："大楚兴，陈胜王。"戍卒听到十分惊恐，到了白天，都交头接耳，指看陈胜。

接着，陈胜、吴广又杀掉押送他们的校尉，召集戍卒号召说："我们都已经延误了戍期，应当被杀头。即使不被杀，长久去戍边，大部分也要死在外边。我们都是血气方刚的壮士，不死则已，要死就干一番大事业！王侯将相难道是天生的吗？"戍卒们听了全都响应。于是陈胜、吴广就以公子扶苏和楚将项燕为名，修筑土坛，登到上面宣布誓约，号称"大楚"，陈胜自立为将军，吴广为都尉，率领戍卒发动了反秦农民大起义。

假托神意这一计谋，在历代农民起义中，常被用以动员群众，壮大起义领袖的声威。东汉时的黄巾起义，清朝的太平天国起义，从始到终都披着宗教的外衣，实际也是假托神意的一种形式。有些搞阴谋篡权的人，为了欺骗百姓，也往往假托神意，如王莽篡位时就搞过一幕这种掩人耳目的闹剧。

高祖巧计定军心

公元前 202 年冬天，楚汉相争，刘邦在垓下包围了项羽的部队。

楚军大营内，项羽正在饮酒，一位

将领进来报告："大王，我军营内粮草已绝，军士已有三日没吃一顿饱饭了，军心不稳啊！"

楚王问："前来的援兵有无消息？"

将领回答："援兵一点消息也没有，现在我军内无粮草，外无救兵，垓下不是久留之地啊！"

楚王站起身来，向天长吁一口气，轻声说："待明日我与汉王死拼，尽快摆脱此困境。"

一日，两军对阵，主帅出阵相迎。

楚王对刘邦说："天下纷扰，动荡不安，已经有多年了，全都是因为我们俩人的缘故，我今天愿与你单独决战，决一雌雄。若我死，你坐江山，若你亡，天下归我。我现等候，你策马杀来决战。"

刘邦扬鞭哈哈大笑："如今我兵比你多，将比你广，你已危在旦夕，还比什么武。今天我与你斗智，不斗力。你若斗得过我，我放你逃走，我若斗得过你，这江山可是姓刘了。"

项羽十分恼怒："你区区小人，还张狂什么斗智？"

刘邦不再理睬项羽，骑马在两军阵前大声宣布了项羽的"十大罪状"。两军将士，洗耳恭听，战场寂静无声。

项羽越听越气，大声高呼："刘邦小人，不得胡说！"

随即张弓搭箭，向刘邦射去。一箭射中刘邦的前胸，疼得刘邦直不起腰来。

刘邦想：这厮射中我前胸，如我捂胸，全军将士皆惊，以为我定负重伤，军心会大乱，我军定会失败，我何不来个偷梁换柱。

刘邦想到此，急中生智，弯身捏住脚趾大叫："这恶奴射伤了我的脚趾头！"说罢策马回营，不与项羽再战。

项羽兵少将寡，也不敢贸然闯营，只得十分扫兴地鸣锣收兵。

刘邦的机智稳住了军心。第二天，他又忍痛慰劳了各路将士。刘邦的军队斗志更加高昂，终于打败项羽，建立了西汉王朝。

庄公设计并三军

周桓王三年（公元前715年），郑庄公假托周天子之命，纠合齐、鲁两国兵马前往攻打宋国。宋殇公听说郑、齐、鲁三国兵马入境，大惊失色，急忙召见司马孔父嘉问计。孔父嘉奏道：我已派人打听清楚，周天子并无讨伐宋国之命，齐、鲁两国是受郑庄公的欺骗才出兵的。现在三国合兵而来，其锋甚锐，不可与它正面争战，惟有一计，方可使郑军不战而退。殇公说：郑国明知今日攻宋，有利可得，怎会轻易退兵呢？孔父嘉说：郑庄公亲自出马，领兵攻打宋国，其国内防守必然空虚，因此，只要我们以重金收买卫国，要卫国联合蔡国，以轻兵袭击郑国本土，威胁郑都荥阳，这样，郑庄公就自然会退兵回援了；而郑兵一退，便群龙无主，齐、鲁两国兵马也不会再留下为郑国卖命了。宋殇公听从了孔父嘉的献策，并立即要他挑选二百辆兵车，带上黄金、白璧、绸缎，连夜赶往卫国，请求卫国联合蔡国出兵袭击郑国。卫宣公接受了宋国的礼物，果真派右宰丑领兵与孔父嘉会合，经由间道，其不意，直逼郑都荥阳城下，郑世子忽和大夫祭足急忙传令守城。这时，宋、卫的兵马已在郑都城外大肆抢掠，掳去了大量人畜辎重；接着，右宰丑便要趁势攻城。孔父嘉说：我们袭击荥阳得手，只是乘其不备，应该得利便止；如果继续留下攻城，万一郑庄公回兵救援，将会对我形成内外夹攻之势，那是很危险的；不如就此借道戴国，胜利回师；我估计当我军离开这里时，郑庄公的兵马也该从宋国撤退了。于是，按照孔父嘉的布置，宋、卫两国兵马向戴国进发，想从戴国假道。却不料，戴国国君以为宋、卫兵马是来攻打戴国的，便关上城门死守。孔父嘉大怒之下，多次攻城，但总也攻不下来。……

却说郑庄公领兵攻打宋国，本来是很顺利的。郑军大将颖考叔已攻破部城，公孙阏已攻破防城，分别向郑庄公大营告捷。怎料到正想乘胜挺进之时，忽然接到世子忽从国内送来的告急文书，说是宋、卫两国兵马正进逼郑都。这时，庄公表面上不动声色，只教传令班师。当大军回至半路时，又接到国内送来军报，说是宋、卫军马已撤离荥阳城外，向戴国方向去了。庄公听到这一情报后，想了一下，便传令颖考叔、高渠弥、公孙阏、公子吕等四将，将兵马分为四队，偃息旗鼓，转道向戴国进发。……

再说孔父嘉、右宰丑率领宋、卫联军进攻戴国，又得到蔡国领兵相助，满以为一举成功，却忽然接到探马来报说，郑国上将公子吕领兵救戴，已在离城五十里处下寨。接着，又听说戴君得知郑兵来救，已经打开城门将郑军接进城内去了。这时，孔父嘉便对右宰丑说：现在戴国有了帮手，他们必定会合兵向我军求战，你我何不站在壁垒之上，观察城内动静，也好有所准备。于是孔、丑二将便一起登上壁垒，仔细观察城内情形，对着城内指手划脚。正在说话间，忽听一声连珠炮响，城上一时竟遍插郑军旗号，郑将公子吕全身披挂，站在城楼上，大声叫道：多多感谢二位将军费力，我们已经取得戴城了。原来这是郑庄公设的"偷梁换柱"计：假说是要公子吕领兵救戴，其实庄公就坐在戎车之中，只等进了城，便就势并了戴国之军，把戴君给赶走了。孔父嘉在城外见庄公不费吹灰之力便占了戴城，一时气愤填胸，决心要与庄公决一死战。当他正在心中筹划之时，忽报：城中派人来下战书。孔父嘉当即批复来日决战，并约会卫、蔡两国，将三路军马，齐退后二十里，以防自相冲突；由孔父嘉领军居中，蔡、卫军分列左右，三支军队相距不过三里。如此布署之后，各军遵令行动。刚把寨营安好，忽听寨后一声炮响，火光接天，都说是郑兵到了，孔父嘉认为这是庄公使的疑兵计，命令全军不许动乱！不一会儿，左边火光又起了，而且喊声震天，探马来报，说是左营蔡军被劫。孔父嘉叫继续挥军向左，慌忙间迷失了方向，遇上一队兵马便互相撕杀起来，结果发现竟是卫国的人马，于是两军合在一起，赶回中营，谁知中营却已被郑将高渠弥占了，且左有公孙阏，右有颖考叔领兵杀到，一直杀到天亮，孔父嘉无心恋战，夺路而走，遇上高渠弥，又杀了一阵，孔父嘉弃车徒步，跟随的只有二十余人，右宰丑阵亡，余下的三国兵马辎重，全被郑军俘获，就这样，郑庄公用"偷梁换柱"计既得了戴城，又兼了宋、卫、蔡三国之师。

假乱真蒙混过关

伍员，春秋时楚国人，字子胥，后世提到他，一般都称呼他的字，即伍子胥。伍氏乃楚国世家望族，伍子胥的父亲名叫伍奢，是楚平王太子建的太傅；伍子胥的兄长名叫伍尚，为棠邑大夫。楚平王七年（公元前522年），楚平王夺去太子建所宠爱的秦女占为己有，并废太子，太子建逃往宋国。太子太傅伍奢进言劝谏，楚平王大怒，将伍奢及其长子伍尚杀害。

原来，楚平王听信奸臣太子少傅费无忌谗言，想把伍奢父子三人一起杀掉。但伍子胥为人机智刚勇，楚平王派人来逮捕他，他贯弓执矢，怒向校尉，校尉不敢进前，他乘势逃走，决心待机为父兄报仇雪耻。

伍子胥得知太子建在宋国，便前往跟从他。两人又由宋逃到郑，由郑逃到晋。太子建与晋顷公合谋妄图灭郑，事情败露，太子建被杀。伍子胥带着太子建的遗孤公子胜向吴国逃奔。

二人昼伏夜行，来至楚、吴交界地面的昭关（今安徽省含山县西北）。昭关地势险要，可谓一夫当关，万人莫开。为捉拿伍子胥，楚平王派大将在此镇守，悬挂着伍子胥画像，严格盘查过往人等。伍子胥二人来至昭关附近，遇上隐居此地的神医扁鹊的徒弟东皋公。东皋公侠

肝义胆，嫉恶扬善，在昭关曾见过伍子胥的画像，因此认出眼前的逃难者便是伍子胥，对他很是同情。他告诉伍子胥说，关上检查甚严，你这样过关，等于自投罗网。因此将他们请到自己家中，并表示一定想方设法帮他出关。

伍子胥在东皋公家住了几天，东皋公还没把出关的计谋策划出来，只是每日美食款待。伍子胥见出关无望，心急如焚。这天夜里，他忧心忡忡，焦躁不安，辗转反侧，难以成眠。由于极度地忧愁和悲伤，一夜之间，正当壮年的伍子胥的满头乌发全变成了白发，像换成了另外一个人。第二天清晨，东皋公见状，又惊又喜，祝贺伍子胥命运有了转机。他对伍子胥说，你的相貌改变了，检查的人很难认出来，我现在有了保你蒙混过关的好办法。

东皋公有一位好朋友叫皇甫纳，长得与伍子胥相像。东皋公将皇甫纳请来，给他穿上伍子胥的衣服，装扮成伍子胥的样子；同时将伍子胥装扮成仆人的样子，又用药汤给他洗脸，改变了皮肤的颜色。乔装打扮之后，一行人黎明时分行至关前。正如所料，守关军兵把皇甫纳误认为伍子胥，抓了起来。守关将士们听说抓到了伍子胥，喜出望外，争相观看，便忽视了对其他行人的盘查。于是伍子胥和公子胜乘着守军丧失警惕和秩序混乱之机，夹杂在行人之中，混出关去，逃出虎口。

伍子胥入吴后，辅佐阖闾夺取王位，整军修武，国势日强。不久，带兵攻破楚国，因军功，封于申。因此又称申胥。

过关入关，是伍子胥一生事业的重

要转折点。而东皋公之所以能够使伍子胥渡过"水泄不通，鸟飞不过"的难关，靠的就是"偷梁换柱"之计，即用皇甫纳做替身，偷换伍子胥这棵"梁柱"，以假乱真，渡过难关。

计谋的运用，并非全然随心所欲，它也要受客观条件的制约。东皋公之所以高明，在于他在实施"偷梁换柱"之计的过程中，既及时地捕捉和利用有利的客观条件（如伍子胥头发的变白和皇甫纳与伍子胥的相象），又积极发挥主观能动性，人为地制造假相（如改变二人的装束等），终于骗过敌人，赢得胜利。

增兵引敌亡西魏

公元前206年8月，汉王刘邦在韩信的辅佐下，向东起兵，按路线应顺南郑，经褒中，进入关中。但这条路上的栈道，在刘邦进入关中时已烧毁。此次出兵，刘邦听从韩信用了"明修栈道"之计，派人佯装修复栈道，以麻痹关中三秦，暗中却与韩信率领大兵绕故道迂回进到陈仓（今陕西宝鸡市东），出敌不意，把雍王章邯打得大败而逃，乘势攻入咸阳（今西安市附近），不到一月，三秦之地尽归汉王。第二年，出兵函谷关（今河南灵宝东北），收服西魏王豹，河南王申阳、韩王郑昌、殷王司马卬等都投顺汉王。接着又联合齐王田荣、赵王歇共同击楚。四月攻入彭城（今江苏徐州市）。彭城一战，刘邦虽败，逃回荥阳（今河南荥阳东北）但韩信又结集溃败之兵与刘邦会合于荥阳，并在荥阳东南的京县、索亭之间打败楚军，终于阻止住楚军向西进击。

当刘邦自彭城败退之后，形势大变，各地纷纷反汉降楚，在此时刘邦拜韩信为左丞相举兵伐魏。

西魏王豹早有准备，当韩信率兵由荥阳沿黄河南岸，到达黄河西岸临晋关时，望见对岸尽是魏兵，知道强渡已不可能，于是择地安营，赶办船只，与魏军隔河相峙，并暗中派人探察上流形势。当韩信探知上流夏阳（今陕西韩城县南）地方，魏兵甚少，守备空虚，便决定采取"偷梁换柱"之计，在正面迷惑对方，从侧面突然袭击。一面伪装增派兵力，集中船只，摆出要由临晋关强流黄河的架势，而暗中却调动大兵，于一天夜晚用木料和瓦罂制成口小腹大的渡河工具，出其不意地从夏阳渡过黄河。

西魏王豹得探卒一日三报，都说韩信在西岸临晋关集中兵力，赶办船只，自以为部署周密，主力几乎铺满蒲坂一带东岸，封锁了河关，汉军不要说渡河，连靠近河边也有困难，很是得意。这天黄昏时分，扼守蒲坂一带魏军，突然听到对岸汉兵陈船呐喊，以为韩信要率兵强渡，便立即加强防守，准备迎击。魏军哪里料到，韩信这时已在夏阳渡河，突袭魏军后方安邑（今山西夏县西北），生擒守将，并向魏都平阳奔走。西魏王豹接安邑已失消息，大惊，急忙从黄河岸边抽军回击。又自率亲兵出都，堵截汉军，途中正遇汉军杀来，于是摆开兵马，与之交战，但西魏王豹根本不是韩信的对手，刚一交锋，即大败而逃。汉军全力追赶，将豹围住，豹冒死冲突，总不得出，只好下马伏地，束手就擒。

智伯骄愚三家灭

春秋末期，晋国有掌管大权的"六卿"，即范氏、中行氏、智氏、赵氏、韩氏、魏氏。晋出公十七年（公元前458年），智瑶为政，称智伯，与赵、韩、魏共分争权败逃的范氏、中行氏的封地。出公欲伐四卿，兵败身死，智伯立昭公曾孙骄为晋君，是为敬公。智伯操政令大权，拥有土地最多，因而"四卿"中以智伯势力最强，他怀着消灭韩、赵、魏，取代晋君的打算。公元前403年，智伯为了逐步消灭韩、赵、魏，便依照亲信疵之计，以晋敬公将出兵伐越为借口，令他们各献出自己的部分领地，如有不允，将诈称晋侯之令，出师有名，灭之在理。韩康子、魏恒子，虽想抗拒，但权衡利弊，只好割地给智伯。

智伯得韩、魏地后更加骄纵，又向赵襄子要地。赵本与智伯有隙，坚决不给。智伯愤怒之极，立即率韩、魏、智三家兵马攻赵。赵襄子自知不敌，便出走至晋阳（今山西太原东南），晋阳是其父赵鞅辖地，赵鞅派尹铎（赵氏家臣）治理晋阳，对百姓宽大，百姓对赵氏较为亲附。

晋阳占地利、人和，智伯虽率三家大军围攻仍不能下，又引水灌城。水距城墙顶仅五六尺，城内也灌进不少水，但全城仍没有一人动摇逃跑，连妇孺老幼都同赵襄子一起，坚守城池。

智伯亲自坐车巡视水情，魏恒子居中，给他驾车，韩康子立于车右。智伯放眼四顾，只见水势浩大，晋阳城变成了一个孤岛。于是智伯趾高气扬地对两人说："我今天才知道水能使人灭国！"魏恒子忙用手肘轻轻地碰了一下韩康子，韩原子也用脚踩了一下魏恒子的脚背，彼此心照不宣。因为他们想到汾水可以灌魏都安邑（今山西夏县西北），绛水也可以灌韩都平阳（今山西临汾西南）。

谋士疵对智伯说："韩、魏一定反叛。"智伯问："何以见得？"疵说："我是根据人情事理推断出来的，你胁迫韩、魏出兵前来攻赵，赵灭之后，灾难就该降临到他们头上了。这次，您和他们约定打败赵襄子之后，三家平分赵氏的领地。如今晋阳城只差五六尺就整个给淹没了，城内粮食断绝，战马被宰食，城陷赵亡，指日可待。眼见三家即将瓜分赵氏的领地，而他们两人不但没有稍露欣喜的样子，反而颇为忧愁，难道这不能说明他们意欲反叛吧？"

次日，智伯将疵这番话告诉韩康子与魏恒子，二人心里吃惊不小，但是在表面上故作镇静，很从容地回答智伯说："这是为赵氏游说之辞，望智伯切勿听信此类谗言，以免徒增怀疑，松懈我们的攻城斗志。难道我们两家就不知道赵国即将攻下，我们即将分得赵地吗？我们怎么去干那种既危险，又无成功把握的蠢事呢？"智伯听他二人这样一说，也就不在意了。韩、魏二人走了之后，疵又来见智伯，说："主上怎可将我的话告诉他们二人呢？"智伯颇为惊奇，便问："你从何而知？"疵回答说："我一进来，碰见他们，两人同时恶狠狠地拿眼瞪我，匆匆离去。故我推测，主上已将我的话告诉他们了。"智伯仍不醒悟，疵见智伯既贪且愚，还非常骄横，今后难免有杀身灭族之祸，便借故请求出使到齐国去了。

晋阳城内被围困的赵襄子，眼见水势日益高涨，城危在旦夕，召谋士张孟谈进帐共商对策。张孟谈说："对解救晋阳之危，臣已思索良久。今智氏联韩、魏攻赵，灭赵后必以同样手段灭韩、魏。臣知韩、魏并不甘心受智氏驱使。依臣之见，可以用'偷梁换柱'之计解晋阳之危。臣愿只身前往劝说韩、魏，与我们联合对付智伯。"赵襄子大喜，说；"赵氏宗族得以保存，全仰赖卿之帮助。"于是即派张孟谈潜出晋阳，秘密会见韩康子、魏恒子，说："赵、韩、魏三国唇齿相依，唇亡则齿寒。今智伯统率你们两家攻赵，倘赵灭，韩、魏也会跟着灭亡，不如韩、赵、魏三家联盟伐智。"韩康子和魏恒子二人也坦然地说："我们都知这个道理。只怕智伯防范严密，事未做到，我们的密谋泄露了。"张孟谈又说："此计出自我们三人，别人谁也不知，只要我们守口如瓶，还怕什么？"经张孟谈反复劝说，他们终于同意订盟，约定日期，届时赵、韩、魏三家各率人马共击智军。订盟后，张孟谈悄然回到晋阳城内，向赵襄子复命。

等到约定之日，赵襄子派人连夜摸上水堤，杀掉守兵。将水堤挖决，将晋水灌入智伯军营。智军措手不及，顿时全军大乱、韩、魏两军从左右两翼掩杀过来，赵襄子也率军由城内杀出从正面加以攻击，智伯的军队被杀得大败而逃，多数人被晋水吞没，智伯也被杀死。由于智伯骄纵轻敌，中了"偷梁换柱"之

计，在韩、赵、魏三卿盟军的攻击下，全军覆没，智氏宗族也全部被消灭。

伪称朝贺杀韩信

韩信（？—公元前196年），西汉初著名军事家，淮阴（分属江苏）人。幼年家境贫穷，以寄食度日。秦末陈胜、吴广起义，群雄并起。韩信起初投奔项羽，后来由于不受重视，归附汉王刘邦，经萧何推荐，被任命为大将。在楚汉之争中，韩信率部平定三秦，攻破魏、赵、齐，屡建奇功，封为齐王。公元前202年，与刘邦会师，在垓下（今安徽灵璧南）歼灭项羽，与张良、萧何并称"三杰"。刘邦称帝后，夺其兵权，改封楚王。

钟离眛原是项王项羽的部将，素与韩信亲厚。项羽败亡，钟离眛投靠韩信。高祖刘邦怨恨钟离眛，闻知他在楚地，便诏令韩信逮捕他。韩信来到封国后，巡行县邑，拥兵出入，有人告发他欲起兵谋反。刘邦得奏，深以为忧，询问左右大臣有何对策，大臣们纷纷主张发兵攻打。著名谋士户牖侯陈平则献计，如地兵征伐，韩信定要以武力抵抗，不如依照古天子巡狩之制，皇上伪称巡游云梦泽，在陈县会见诸侯，乘韩信赴会之机将其逮捕。高祖采用陈平之计，驾发云梦。

高祖将要至楚，韩信畏惧，欲起兵造反，又想到自己本来没有罪过；欲拜见皇上，又恐怕被捉拿。这时有人劝他，杀掉钟离眛，然后拜谒皇上，皇上必定高兴，这样就可免掉祸患。钟离眛向韩

信晓以利害，指明汉之所以不敢进攻楚，是因为他在楚；如果逮捕他，向汉帝献媚，那么他死后，你韩信紧跟着也会被杀，并责骂韩信不义，然后自尽。韩信提着钟离昧首级进见高福，高祖令武士捉拿韩信，将他捆缚起来，载在后面的车上。韩信感慨地说，这真像人们所说的那样："狡兔死，良狗烹。"高祖回答他说："人告公反。"于是将韩信押回洛阳，赦免其罪，贬为淮阴侯。此事发生在汉高祖六年十二月。

韩信见高祖嫉妒害怕他的才能，就假称有病不去朝见和扈驾随行，并日益心怀怨恨，怏怏不乐，羞与功臣周勃、灌婴等为伍。君臣矛盾日增加深，数年之后终于发展为对抗性冲突。

陈豨曾作过高祖的使者，受到信任。代地（今河北蔚县东弱）是重要的北边，因此封陈豨为列侯，以代地相国的爵位监守边疆。陈豨离开都城之前向韩信辞行，韩信拉着他的手在庭院里踱来踱去，仰天长叹说："你有什么话要对我说吗？我却有话想对你讲。"陈豨随即表示："惟将军命是从。"韩信这才把心里话倾吐出来。他说道，你所辖代地乃天下精兵集聚之处，而你又是"陛下信幸之臣"，因此如果有人奏报你谋反，开始时"陛下必不相信"；但是再次奏报，"陛下乃疑"；第三次奏报，"必怒而自将"，发兵亲征。因此你应该在代地寻机起兵，我则"为公从中起"，在都城作内应，这样"天下可图也"。陈豨素知韩信足智多谋，相信他们的造反定能成功，于是同意合谋举事，回答说："谨奉指都。"

汉高祖十年八月，陈豨果然举兵反叛，高祖亲自统兵征讨。韩信里应外合，立即响应，一面暗中派人到陈豨军中通风报信；一面与家臣亲党约定，在黑夜伪传诏书，赦免在官衙服役的罪犯与奴隶，使其为己服务，然后发兵袭击吕后与太子，形成内外夹击之势。一切部署已定，只等陈豨消息。不料，韩信的谋反计划被人告发，如何粉碎他的政变阴谋是摆在吕后及其谋臣面前的一项严峻而艰巨的任务。

吕后，即汉高祖刘邦的皇后。她辅佐高祖平定了异姓诸王。高祖去世，惠帝即位，她执掌国政。惠帝去世，她临朝政，违背高祖之约，分封吕氏为王侯，又杀掉少帝，立恒山王刘义为帝，擅专朝政十六年。这些都是后话。

高祖亲征陈豨，守卫都城，稳定政局的责任就落在了吕后的肩上。她得报韩信阴谋反叛后，开始想把他召进宫来逮捕治罪，又恐怕他的党羽拼使抵抗，于是须与相国萧何策划出一条妙计。其内容是，假称有前线使臣从皇上那里回来报捷，陈豨已经战败被杀，群臣皆进宫朝贺。萧何还亲赴韩府邀请韩信入朝庆贺，欺骗他说，你虽然生病，但像这样的军国大事，也还是应该上朝的。韩信不得已，只好进宫。吕后早已部署好武士持戈以待，他一入室，就被捆绑起来，然后在长乐宫钟室斩首。韩信临刑，悔恨万端，哀叹道："吾不用蒯通之计，反为女子所作，岂非天哉！"吕后不仅杀了韩信，还诛灭了他的三族。韩信所说的蒯通，即蒯彻，乃汉初策士。他曾向韩信献策，劝他与刘邦、项羽三分天下，鼎足称王，韩信没有采纳。高祖平定陈豨之乱后回到京城，得知韩信被诛，且喜且忧，询问韩信死时说了什么话，吕后将他所说的话相告。高祖下诏捉拿蒯通，想要烹杀他。蒯通被捕后，申辩原由，获免释放。

陈平所献假游幸之名行逮捕之实的计策是偷梁换柱；吕后、萧何最后消灭韩信使用的还是偷梁换柱之计。在韩信、陈豨谋反联盟中，韩信实为盟主，将其击破，就等于"抽其劲旅"，断其梁柱，使谋反处于必败之地。而为了诛杀韩信，则以朝贺之名将之诳进宫来，用进宫贺捷偷换逮捕治罪。其实，当时高祖刘邦并没有取得大捷，陈豨败亡是在两年之后。

偷梁换柱平叛乱

东汉安帝永初年间，朝歌县（今河南淇县）境内有个人叫宁季，他聚集千人造反，攻打官府，劫杀官吏，闹了几年，州郡都毫无办法，当时把持朝政的大将军邓骘想伺机陷害太尉府郎中虞诩，就派他担任朝歌县令。以便借口他巢贼不利而杀害他。

虞诩离京说："有志者不求安逸，创业者不避困难，这是为臣的职责，不遇到盘根错节，怎么能识别利器呢？这次任职正是我立功的好时机！"说完，就整理行装上路，直奔朝歌，走马上任了。虞诩一到任，就去拜访河内太守马棱，马棱感慨地说："您是个文人，应该在朝廷里工作，参谋国家大事，怎么愿意到这兵荒马乱的朝歌来？我真为您担忧！"虞诩说："宁季这帮造反的人，不过是犬羊相聚，以求温饱罢了，不难对付，请太守不要忧虑！"马棱问："你这么说，有什么办法吗？"虞诩说："我想朝歌地处韩、魏交界的地方，背靠太行山，面临黄河，离敖仓不过百里，青州和冀州的老百姓大批流亡到这里，而造反的人不懂得开仓招众，劫持库兵，守住成皋，断天下右臂，可见宁季之辈没有多大本事，不值得忧虑。但是，现在造反的人正在火头上，不能跟他们较量。请太守宽限几天，不要马上动手，我自有平定叛乱的好办法。"马棱高兴地表示同意。

虞诩开始工作以后，高价招聘壮士，分为三等：上等是专行攻击抢劫的，中等是善于偷盗的，下等是无所事事、游手好闲的。让衙门里的人各举所知，积极推荐，结果招收了一百多人。虞诩亲自设酒款待这些不良分子，允许他们将功折罪，派他们打入宁季的队伍中引诱众人抢劫，另设伏兵等他们上钩。宁季手下的人多是些农夫，被饥饿所迫，不得已沦落为盗，不懂兵法，很容易中计，果然前来抢劫，被伏兵杀死几百人。从此不敢再聚众劫掠，而改为分散行动。虞诩又想出新的对付办法，暗中找那些以缝纫为业的穷苦百姓，让他们给那些为盗的人做衣服，用彩色的线缝衣服边，作为记号。虞诩答应给这些裁缝高额赏金，他们为生活所迫，都乐意去做。于是到处去寻找那些造反者的隐蔽处替他们缝衣服。这些造反者不知道其中的阴谋，穿着为他们特别缝制的衣服，大摇大摆地到闹市去游逛。捕役根据彩线记号，见一个抓一个。其余的造反者不知其中的奥妙，都说这是神意，统统吓得散去，朝歌从此太平无事了。

"偷梁换柱"的办法之一，就是把敌方营垒中一部分力量取过来为我所用。虞诩根据造反者队伍的弱点，收买一部分人派去做内应，促使敌军阵容变动，轻而易举地打击和平息了叛乱，从中可以体会这一计谋在实际运用中的诡诈性。

精心设谋平叛逆

公元272年秋，东吴西陵都督步阐投降了西晋。晋武帝司马炎仍命步阐任原职，并加封为宣都公。

东吴大将军陆抗得知步阐叛吴投晋，急派将军左奕、吾彦等率军征讨。晋武帝闻讯后，命荆州刺史杨肇到西陵接应步阐，车骑将军羊祜率步军出江陵（今湖北江陵），巴东监军徐胤率水军出击建平以救应步阐。陆抗命令西陵诸军修筑防范严密的长围，对内用以围困步阐，对外用以防晋援军。昼夜摧逼，如临大敌，士卒叫苦不迭。诸将不解，说："现在应该乘三军锐气旺盛，迅速进攻步阐，等晋军救兵赶到时，一定可以攻下西陵，何必修筑防御工事，劳累士兵呢？"陆抗说："这座城非常坚固，粮食又充足，而且所有城防器具，都是当初我在这里督造的，现在要进攻它，一时难以攻下。待晋援兵一到，而我们没有防御工事，就会遭到内外夹击，那么如何抵抗？"诸将仍然认为应该进攻步阐，陆抗为了使大家心服，就同意让诸将去试攻一次，果然失利。这时，防御工事刚刚筑成，羊祜带领五万晋兵就到了江陵。诸将又提出，不应西上西陵，而应保卫江陵。

陆抗说："江陵城固兵足，不必担忧。即使敌人攻下江陵，也一定守不住。如果晋军占领了西陵，那么南山众多的夷人（少数民族）就会骚动，后患也就无穷了。"

开始，陆抗考虑江陵的北面道路平坦，令江陵都督张咸修筑大堤挡住江水，使水都流往平地以阻止步阐叛军逃跑。晋将羊祜正想利用所阻住的江水行船运粮，但却扬言要破坏大堤以通步军。陆抗听说后，立即令张咸破坏大堤。众将对此反常行动都惶惑不解，多次谏阻，陆抗坚决不听。当羊祜到了当阳时，大堤已经被破坏了，于是不得不改船为车，用车送粮食，占用大量的人力和时间，直到这时，东吴诸将才佩服陆抗的预见性。

这年冬，杨肇率军到达西陵。陆抗命令公安都督孙遵沿江南岸抵抗羊祜，水军都督留虑抵御徐胤，自己率领人军凭借新筑成长围抗御杨肇。就在两军对阵时，吴军营都督俞赞逃入晋军，形势变得十分严峻。陆抗对众将说："俞赞是我军中的老军官，了解我军虚实。我常常忧虑夷兵训练不严，战斗力不强，如果敌人向我军营进攻，必定以这里为突破口"于是连夜换防，将夷兵换到别处，又偷梁换柱，调精兵把守原来夷兵的营垒。第二天，杨肇果然来攻原来夷兵驻守的地方。陆抗命令向晋军出击，霎时间矢石如雨，晋军死伤无数。过了一个月，杨肇仍没攻破吴军营垒，无可奈何，只好乘夜逃走了。陆抗想乘势追击，又担心步阐从围内攻击，因此只鸣鼓不出击，摆出要追击的样子。杨肇的军队听到鼓声，害怕被吴军追上丧命，丢盔弃甲，拼命逃走。陆抗见状，派轻骑跟踪追击，大败晋军，羊祜见杨肇兵败，无力再战，只好撤退回去了。

这时，陆抗已无后顾之忧，集中全力向步阐军进攻，很快拿下西陵，捉住步阐和同谋将吏数十人，全部斩首，赦免了其余的胁从者，平定了这场叛乱。

陆抗多方调动敌人，使敌援军主力处处被动。特别是在内部人员叛逃、自己虚实暴露的紧急情况下，采用偷梁换柱，知己知彼的计策当机立断，调整部署，造成敌人主力误选突破口以致受挫而败退，从而解除后顾之忧，终于取得了讨逆的胜利。

三步妙棋败诸葛

三国末期，魏国征东大将军诸葛诞反对司马昭专权擅政，司马昭派兵把他围困在寿春（今安徽寿县）。这时，东吴孙权就派文钦、全怿带兵去救援诸葛诞。司马昭见此情景，他不采取硬攻而是采用计谋，走了三步棋。

第一步，他制造谣言，说东吴救兵将到，自己粮草已尽，不能持久，安排一些老弱官兵出去筹粮。诸葛诞信以为真，放宽了心，在城中大吃大喝，没等援兵到来，就把粮草吃用得差不多了。

第二步，因东吴将领全怿的侄子全辉、全仪为家庭纠纷，带着其母跑到司马昭军中。司马昭就假造全辉、全仪写给全怿的信，派人送给城中的全怿。信中说孙权因为寿春没有能夺取而大怒，要杀尽全怿在建业的家属。全怿看信后，

非常害怕，他考虑来考虑去，最后率几千人出降了司马昭。

第三步，静待在城中发生变故。因城中粮尽，诸葛诞与东吴将领文钦意见分歧，诸葛诞杀了文钦，其子文鸯、文虎出城投降了司马昭。司马昭派兵保护他们，并在城下大喊："文钦的儿子我们都不杀，他们不必害怕。"这样，守城的将士听了，人心瓦解。司马昭见时机成熟，大举攻城，占据了寿春，吞掉了诸葛诞。

司马昭首先以虚幻的事实骗得诸葛诞信以为真，耗尽了粮草，接着又用偷换事实的手法将诸葛诞一方的主力全怿抽掉，削弱其实力，都是用的偷梁换柱之计，最后达到了吞并对方的效果。

巧释异兆骗董卓

当初，董卓欲废黜少帝刘辩，立陈留王刘协为帝时，由于荆州刺史丁原仗其大将吕布的虎威横加阻拦而一时未逞。后来，董卓帐下的虎贲中郎将李肃以巧语劝降了吕布，并且借吕布之手杀了丁原，为董卓更立新君扫除了障碍，立下了大功。可董卓得势之后，一直未表其功。及至董卓迁都西去时，李肃仍不过是个骑都尉。为此，李肃暗中怀恨于董卓，但一直没有机会泄心头之怨。

司徒王允巧用连环计离间了董卓与吕布的关系后的一天，王允、吕布请李肃去郿坞把董卓诳骗入朝欲杀董卓。李肃觉得这可是报复董卓的好机会，于是便欣然前往。

一路上，李肃暗中盘算。我虽手持

天子诏书去请董卓，可他若不来该怎么办呢？既然董卓一心想篡汉位，不如就投其所好，诱他入朝。

李肃来到郿坞，宣读了天子的诏书。董卓问："天子召我入朝有什么大事？"

李肃说："近几天，天子病体稍适，欲会文武于未央殿。虑及龙体欠安，难以为人君，念及太师拉立之恩，欲将汉禅让给太师。"

董卓一听，高兴得似驾了云雾一般，转而又认真地问："朝中文武之意如何？"

李肃说："王司徒已奉诏令人修筑'受禅台'，众卿只待太师前往。"

董卓见李肃说得真切，当即许愿说："我若为帝，封你为执金吾。"

李肃听罢，当即以君臣大礼谢之。此刻，董卓自觉得真做了皇帝一般。喜不自禁地对他母亲说："未几日，母亲便可做太后了。"回头又对貂蝉说："吾做了天子，便立你为贵妃。"接着使令亲将据守郿坞，率亲随乘车望长安而去。

刚出郿坞不到十里，车子便断了一只轮子。董卓只好弃车乘马而行。又走了不远，那匹马又咆哮嘶叫，掣断了辔头。董卓惊异地问身边的李肃："车折轮，马断辔，这是什么兆头？"

李肃说："太师继汉禅，是弃旧换新，换乘王辇金鞍之兆也。"董卓听罢，高兴地继续赶路。

第二天，突然又刮起了大风，昏雾蔽天，对面不见人。董卓又问李肃说："此行因何如此不顺？这风又是什么预兆？"

李肃说："主公将要登龙位，这是红光紫雾以助天威也。"董卓一听李肃解释得切，遂继续放心前行。

董卓来到长安城外，文武百官都出廓相迎。只有董卓的谋士李儒被软禁在府内。此刻，董卓早被皇帝梦冲昏了头，哪还注意到李儒的在与不在？

李儒在府中得知董卓回了京都，情知事情不妙，但又无法出府为董卓报信，于是便编了首儿歌，令府中顽童传唱。

董卓回到京都的相府内，怎么也睡不着，总是在想明日登基之事。蒙眬中，听见有童谣传来："千里草，何青青，十日卜，不得生。"其调极悲切。董卓又问李肃说："此谣是什么意思？"

李肃说："千里草，是说汉室江山皆尽荒芜；何青青，是说田野无处有青苗；十日卜，不得生，是说经过人算，汉室十日之内必亡，另有新君出现。"董卓听后，像吃了蜜糖一样，当晚又做了一个皇帝梦。

次日凌晨，董卓由相府出来，列仪式入朝。正行走间，忽见一位身穿青袍、头扎白巾的道人，手执一根长竿，上面挂着一丈布，布的两边各撕开一个口子。董卓问李肃："此道人为何如此怪异？"

李肃应付说："这不过是个精神不正常的人，理他做甚？"

到了朝门外，董卓见王允等人各持宝剑立于殿门。他又回头问李肃："司徒等人为何持剑在此？"

李肃见车仗将入朝门，也不再做什么遮掩解释了，恨恨地说："是为了让你去见阎王。"

未及董卓反应过来，随着王允的一声号令，董卓登时便被吕布一戟刺死在地。

不一会，军士们又把李儒缚上来，李肃问李儒道："你既然知道'千里草'（董）'十日卜'（卓）不得生，为什么还编此童谣为董卓传信？"李抵赖道："此谣虽出自我手，但并无传信之意，是家童无意得此谣随便唱的。"李肃笑了笑说："你指使家童扮作道人，以长杆挑着开了两个口的布，这不分明是让董卓警惕吕布将军之意吗？"

李儒见李肃已将其谋拆穿，只好低头认罪。

以沙充米巧撤军

南北朝时，诸国割据争战，实力不相上下，各有胜负，整个国家处于混战无法统一的状态。其中不乏偷梁换柱的战例。

南朝名将檀道济，在公元431年督师攻打北魏。历经三十余次战役，累战累胜，这时魏军见他孤军深入，就设法派轻骑袭击他的粮道，断其粮草。檀道济后方粮草一时不能供应，只得领兵而撤。可是路上有的士兵投降了魏军，把军中缺粮的情况报告了魏军。于是魏军的有恃无恐地紧追在檀道济军后边，情况危急。

檀道济见很难摆脱魏军，就召集将领商议对策，想出了一条妙计。夜深以后，宋军军中燃起火把，檀道济指挥数千名士兵来来往往，往家米袋中填装沙子，一边装，口中一边高声喊着："一斗，二斗，三斗……"他们把装好的沙袋放在帐外，袋口特意敞开，上面覆盖少量的米，这样，看上去就好像真的是

一袋袋的粮食。天亮后，魏军远远看去，檀军营地像一座"米山"。魏军主帅上当，让人把投降的士兵当作奸细杀了。檀道济闻报，立即投营撤退，魏军果然不敢再追，檀道济率领将士从容地撤军了。这里檀道济用偷换事实的手法来欺骗敌军，用的也是偷梁换柱之计。

宋江改名促易帜

《水浒全传》中，运用偷梁换柱之计最典型的例子，莫过于聚义厅改为忠义堂一事了。奉行忠孝两全，立志为朝廷尽忠，图个封妻荫子、青史留名的及时雨宋江，在梁山泊好汉排座次之后，于聚义厅上立起了"忠义堂"大牌额，彻底改变了旧日梁山泊的纲领、路线，为实现朝廷招安的目标奠定了政治基础。

宋江原是一个刀笔精通、吏道纯熟的县衙押司，用现代话说不过是县政府的一般干部。此人于家大孝，于国大忠，又专爱结识江湖上好汉，以济人贫苦、解人之急、扶人之困为荣耀，所以深得上司的欢心，群众的拥护。按照宋江的本意绝不是要当打家劫舍的山大王、造反起义的朝廷叛逆，但后来因上了梁山泊的晁盖等人，为答谢宋江的救命之恩，派刘唐给宋江送去书信和黄金，宋江怕担私通梁山泊贼人的罪名，怒杀了以此要挟他的阎婆惜，成了浪迹江湖的杀人犯。在青风寨，与花荣一起，被刘高、黄信擒获，后在燕顺、王矮虎、郑天寿帮助下，杀了刘高，收了秦明和黄信，为逃避官兵围捕，被迫上梁山泊入伙。宋江的父亲假称病故，石勇投书，宋江

奔丧被捕，发配江州。晁盖派刘唐带人于发配路上救出宋江，劝其上山落草，宋江誓死不从，还怪刘唐等人要陷他于不忠不孝之地，说上次上梁山泊是一时乘兴，并非真意。后来宋江在江州吟反诗，又吃官司，被判斩刑；梁山泊好汉江州劫法场，杀死多人，救了宋江，宋江又引众攻取无为军，杀了黄文炳一门老幼，犯下大罪，不得已上了梁山泊，于晁盖之后坐了第二把交椅。

宋江上梁山之后，成为领导核心中的关键人物，公开打出了只反贪官，不反皇帝，替天行道，专等朝廷招安的旗帜。为了达到这一目的，宋江除了在政治上、思想上进行宣传教育，大造舆论之外，重点放在组织调整上，逐步改变梁山泊头领队伍的人员构成。其中最重要的，是利用各种手段，大量招降官军将领和社会上的富豪名流。从第五十五回"高太尉大兴三路兵，呼延灼摆布连环马"始，到七十一回梁山泊英雄排座次止，梁山泊先后把降了彭玘、徐宁、韩滔、呼延灼、关胜、宣赞、郝思文、索超、单延珪、魏定国、董平、张清等等一大批中高级朝廷命官以及卢俊义、李应等社会富豪，加上过去投奔的、招降的大大小小的朝廷命官，到排座次时，"三十六天罡"里面占了半数，其中由宋江、卢俊义、吴用组成的领导核心，主张接受招安的势力占了绝对优势，而宋江已牢牢把握了梁山泊事业方向的决定权。

梁山泊一百单八位头领排定座次之后，根据宋江的意见，在原来的"聚义厅"上，大书"忠义堂"三字匾额，山顶上立一面杏黄旗，上书"替天行道"四字。忠义堂前绣红旗二面：一书"山东呼保义"，一书"河北玉麒麟"。宋江择吉日良时，又带众头领焚香盟誓。宋江带头发誓曰：

宋江鄙猥小吏，无学无能，荷天地之盖载，感日月之照临，聚弟兄于梁山，结英雄于水泊，共一百八人，上符天数，下合人心，自今以后，若是各人存心不仁，削绝大义，万望天地行诛，神人检戮。万世不得人身。亿载永沉未劫。但愿共存忠义于心，同著功勋与国，替天行道，保境安民。神天鉴察，报应昭彰。

这段誓词表明，宋江用"忠义"锁住了众头领的心，使众头领成为其达到招安目的，向朝廷讨价还价的马前卒，重阳节前夕，梁山泊举办菊花会，宋江乘着酒兴，作《满江红》一词，更明确地抒发了"望天王降诏，早招安，心方足"的政治理想。

应该说，倘若没有宋江在组织上的偷梁换柱，改变梁山泊好汉的成分结构，要达到招安的目的并不是一件容易的事。在晁盖当梁山泊之主的岁月里，从来没有提招安一说，追求的是不怕天，不怕地，不怕官司的自由生活，倡导的是竭力同心，共聚大义的政治抱负。只是在宋江上了梁山之后，才不时提起接受招安一事。当时晁盖、吴用、刘唐、阮氏三雄及其他众好汉，虽对招安不感兴趣，但因为宋江颇重义气，又救过他们，碍于面子，不便当面反驳。实际上，当时宋江望招安的思想，并没有引起什么反响。后来梁山泊的官军降将多了，以及晁盖的阵亡，卢俊义等人的加入，使宋江的招安思想有了强有力的支持者。所以，当一百单八位头领排定座次之后，宋江可以放手实现他的招安目标了。

当然，宋江想接受朝廷招安，也并不是没遇到阻力。在重阳节菊花会上，铁叫子乐和演唱宋江作的《满江红》，当唱到"望天王降诏，早招安，心方足"一句时，只见武松叫道："今日也要招安，明日也要招安。冷了弟兄们的心！"李逵大叫："招安，招安，招甚鸟安！"一脚将桌子踢翻。但此时招安派已经占了绝对优势，反对招安的武松、李逵、阮氏三兄弟等等一班好汉，已扭转不了局势。宋江面对敢于公开反对招安的至爱兄弟李逵、武松，对李逵要斩首，后经众弟兄求饶，改为监禁；对武松则训了一通。还是鲁智深说了句牢骚话，道："只今满朝文武，多是奸邪，蒙蔽圣聪，就比俺的直裰作皂了，洗杀怎得干净？招安不济事，便拜辞了，明日一个个各去寻趁罢。"宋江担心队伍分裂，方才好言道："众弟兄听说，今皇上至圣至明，只被奸臣闭塞，暂时昏昧，有日云开见日，知我等替天行道，不扰良民，赦罪招安，同心报国，青史留名，有何不美！因此，只愿早早招安，别无他意。"众皆称谢，但赏菊宴会不欢而散。

宋江运用偷梁换柱之计，改变梁山泊的政治方向，经历了一段较长的时间，这与军事上调动敌人、蒙骗敌人的偷梁换柱之计相比，更加复杂和老谋深算。正是因为梁山泊政治上、组织上的"梁柱"被逐渐偷换，才使宋江接受朝廷招安的目的得以实现。

巧借敌箭破金兵

宋宁宗开禧二年（1206），金兵进驻竹镇，距离六合县城只有二十五里，形势十分危急。宋将毕再遇登城眺望，下令偃旗息鼓，在南土门部署伏兵，在土城上安排强劲有力的弓弩手。当金兵临近城濠的时候，毕再遇下令万箭齐发，宋军出城大战，守城官兵闻听战鼓后，在城墙上高举宋军大旗。金兵惊惶而逃，毕再遇指挥大军追杀，将金兵打得大败。金兵万户将官完颜蒲辣都和千户将官泥庞古等率十万骑兵驻扎在六合县附近的成家桥和马鞍山，将六合县城团团包围起来。他们想焚烧坝木，决水而淹宋军。毕再遇又一次组织强劲有力的弓弩手将金兵击退。不久，金兵主帅纥石烈执中亲率大军疯狂地围攻六合县城。这时城中的箭支已经用完，毕再遇便命令士卒抬着主帅出行用的青罗华盖在城头上走动。金兵误以为是宋军主帅在城头上视察军情，便急忙搭弓放箭，一时间矢如雨下，不一会儿的功夫就把城头的楼墙射得像刺猬一样。宋军因此而获得二十余万支箭。纥石烈攻城不下又损失了箭支，只好暂时引兵退却；同时又不断增兵，环绕六合县城四外搭起的营帐接连三十里。毕再遇则下令让士兵们在四方城门奏乐，以示闲暇；又不断派出奇兵袭击金兵，使得他们昼夜不得休息，金兵只好撤退。毕再遇料定金兵还将卷土重来，于是趁金兵撤退之机，亲自率部出城，夺回了城东的野新桥，突然出现在金兵的背后，金兵遂大败而逃。

两军对垒而遭敌手围困之后，如何补充武器装备，是统军主帅们经常遇到的难题。为此优秀的军事指挥家们创造了各种奇谋妙计，毕再遇巧借敌箭即是一例。一般说来行军主帅的青罗华盖经常是和主帅的行动紧密相联的，最为敌兵所注目，因而也最适宜诱惑敌人。毕再遇就是利用这种心态，别出心裁地以假乱真，骗取了金兵二十余万支箭，再次挫伤了金兵围城的士气，鼓舞了宋军守城破敌的斗志，从而奠定了破敌取胜的基础。

篡改诏书得继位

清朝雍正皇帝是怎样继位的，长期以来一直是个谜，今天仍三说并存。内中缘由还得从头说起。

清初，皇权与诸王旗主势力之间展开了长期激烈的斗争，而皇位继承问题又是双方角逐的焦点。为此各自施展了各种权术和计谋。

皇太子是皇帝的继承人，他的选拔和确立成为皇位顺利并接的关键。康熙十四年十二月，康熙皇帝虽然年仅二十二岁，但却一反清初各帝生前不立皇太子的旧规，下诏册立刚满一周岁的嫡长子允礽为皇太子，以求"垂万年之统"。太子长大成人，内则赞襄政务，外则扈从巡幸，对于加强对臣下的统御起到了重要作用。但是随着权力的增长，皇太子觊觎父皇之位的欲望也有膨胀，不免"中怀叵测"，图谋轮班夺权，于是引发了皇帝与太子之间的冲突及诸皇子争为太子的内讧。康熙帝与太子允礽的矛盾日趋激化，康熙四十七年九月，废除允礽太子之位，将之幽禁。

康熙皇帝有皇子三十五人，成人者二十四人。争夺最高权力的欲望驱使他们拉帮结党，相互倾轧。允礽废去太子后，他们各显其能，都想立自己为太子，这又惹怒了他们的父亲，为此皇庶长子允禔、皇八子允禩先后被革去爵位；允礽重立为太子。允礽恢复太子之位后，不改前非，僭越如故，康熙五十一年十月又被废除。此后康熙帝一直没有再公开册封皇太子，太子之位空缺十年之久。宗室内部的严酷斗争，使康熙帝深深感到，太子乃国之根本，"立非其人，关系匪轻"，因此在他在位时不宜分开册立，而应秘密建储（皇太子又称为"储君"），在临终或死后予以公布，以免诸子争立。

虽然没有公开立储，但是对诸子亲疏好恶的不同态度却是明显的。皇四子胤禛、皇十四子允禵受到了父皇特殊的宠爱和重用，实际上已被康熙皇帝内定为未来嗣君的人选。胤禛有过人的政治才干和谋略，在诸皇子争立太子的斗争中，他表面上不露"妄冀大位之心"，而内地里却结成了以年羹尧、隆科多等人为核心的皇四子党，为日后龙升宝座准备了力量。他的韬晦之计获得成功，以"循理守分"的形象博得父皇的宠信，被封为和硕雍亲王。皇十四子允禵同样优渥有加，恩宠非常，被任命为抚远大将军，统领雄师，征讨新疆，在诸皇子中是惟一授予大将军之职的人，可谓位尊权重。

康熙六十一年（1722）十一月十三

日，康熙帝猝然而逝，皇四子胤禛继位登基，是为雍正皇帝。雍正帝是如何取得皇位的，大体说来有三种说法。

第一，受命说。据有关文献记载，康熙帝临终时宣布遗诏说："皇四子人品贵重，深肖朕躬，必能克承大统，着继朕登基，即皇帝位。"就是说，雍正即位是秉承遗命，是合乎朝廷法度的，没有什么阴谋。

第二，矫诏说，亦即篡改遗诏而即位。这里又有不同的说法。一种说法是，康熙帝早已决定皇十四子允禵为继承人，因此在弥留之际，手书遗诏"传位十四子"。四子胤禛趁同胞弟弟允禵远在边陲之机，盗出遗诏。将"十"字改为"于"字，成为"传位于四子"，从而登上皇位。另一种说法是，康熙帝病重，胤禛及诸子在宫门问安，隆科多受顾命于御榻前，康熙帝在他的手掌中亲书"十四子"字样。隆科多出见诸皇子，胤禛上前迎问，隆科多遂将掌中的"十"字抹掉，只剩"四子"，于是雍正继位。隆科多乃雍正帝之舅父，时任理藩院尚书、步军统领，手握重兵担负着拱卫京师及卫戍皇宫的重任，实乃举足轻重的扛鼎人物。

第三，伪造遗诏说。这种说法认为，根据种种迹象，康熙帝生前所定皇位继承人是十四子允禵而不是四子胤禛，便是否立有文字遗诏及藏于何处，则不得而知。而且康熙帝深夜猝死，临终时并未宣布遗诏，这就为四子胤禛和步兵统领隆科多伪造遗诏提供了绝好时机。根据分析，雍正继统的经过是这样的：康熙六十一年十一月十三日夜，康熙帝在畅春园心脏病（或脑血管病）急性发作，突然而逝。当时诸皇子、妃嫔及王公大臣都不在场，只有近侍太监在身边。太监急忙把死讯禀报给守卫京城及畅春园的隆科多。皇帝在与外界隔绝的环境中猝然病逝，而暗定的嗣君又远在数千里之外，这真是上天赐给了隆科多一个建树拥立新君之功的良机。于是他便凭借着自己的军威，与皇四子胤禛密谋，由他公布伪造的传位给胤禛的所谓"遗诏"，然后登基即位。

第二种或者第三种说法如果成立的话，那么这里使用的都是偷梁换柱之计，即把皇位继承人由皇十四子偷换成皇四子。即使这两种说法不能成立，那么当人们演绎这些假说明，心中想到的也是雍正帝使用偷梁换柱、瞒天过海之术夺取了皇位，可见这是一个为人们所熟知、在政治斗争中经常使用的计谋。

燕王"靖难"夺帝位

明太祖朱元璋病亡以后，其孙朱允炆继承帝位，是为建文帝。为了巩固自己的统治，他采纳兵部尚书齐泰、太常寺卿黄子澄的计谋，削夺藩王的权力。朱元璋第四子燕王朱棣"智勇有大略"，手中握有重兵，镇守北平。他蓄谋已久，眼见五位藩王被削废为庶人，就要轮到自己，于是，他先以假痴不癫之计欺骗建文帝，暗中积极准备起兵。随后，在建文元年（1399 年）以病好在王府设宴庆贺为名，将北平布政使，都指挥使骗至王府，在酒席间擒杀二人，又攻夺九门，控制了北平，正式起兵。

燕王起兵后，为了说明自己的行为是正义的，就以明太祖的《祖训》为根据，指齐泰、黄子澄为奸臣。自称起兵是为"靖难"，这样，他就使自己的行为"名正言顺"了。后来，燕王打到了南京，登上了皇帝的宝座。把起兵反抗朝廷换所"清君侧"的"靖难"，是为了以光明正大的幌子掩饰夺位之争的残酷事实和真实目的，最终达到了夺建文帝位的目的。因此，该行为带有很强的隐蔽性。

所谓相似性，偷梁换柱之法主要是替换，即以一物偷换另一物。为了不使敌人过早地发现原来的东西已被偷换，那么替换之物与被换之物在外表上应该是非常相似的，在必要的时候，还应进行一定的伪装。

巧设谋诛安德海

太监安德海奉慈禧之命出京城结纳外臣。当时慈禧、慈安两宫垂帘听政，明争暗斗。哪知安德海骄横惯了，出京没几天，他就在船上升起大旗，大肆张扬，让沿途官吏纷纷接骂，送贿，所到之处，鸡犬不宁。船入山东德州境内，德州知府前去拜接，送上二百两银子，安德海嫌少，限他三天之内交足五千两银子，去哪弄这么多银子呢？德州知府没了主意，忽然想到他的上司——山东巡抚丁宝桢。此人为官清廉，有胆有略，知府便连夜拜见他，丁巡抚问知府见到圣旨没有？知府说没有看到。"好！"丁抚狠狠地拍了一下桌子，命德州知府立即回去将安德海一行提来。知府一听吓

了一跳："大人，这不是太岁头上动土吧？"丁宝桢呵呵大笑："一切后果由老夫承担。"知府遵命而行了。原来，清朝历来有一条祖训："内监不许私自离京城四十里，违者地方官可以就地正法"，丁宝桢抓住了这一条，要治一治不可一世的大宦官。他想，安德海一行虽然没有奉明诏，但一定得到了西太后的暗许；西太后不降明旨，说明东、西太后有矛盾；安德海是西太后的人，我何不向东太后请旨发落！主意打定，立即派亲信飞马进京送奏章。不久，东太后降旨下来了：着令丁宝桢将安德海就地正法。丁宝桢正准备将安德海处死，忽听一声："西太后降旨！"这可把安德海高兴得欣喜若狂，从地上蹦起来，说："姓丁的，这回看你小子怎么收场！"不料，丁宝桢却大声吩咐："前门接旨，后门斩首！"果然，西太后叫火速将安德海押解回京，不过这时候，已救不了安德海的命了。

在此，丁宝桢巧妙设谋，避开可能袒护安德海的西太后，转而奏请东太后批准，又用前门接旨，后门斩首的手法，除掉了安德海，可以说深得偷梁换柱之奥妙。

偷梁换柱击敌兵

公元前604年，迈加拉（希腊萨罗尼克斯湾沿岸历史悠久的居民区，分属阿提长和科林斯两个州。现址是原迈加拉古城的卫城）人的船队拐骗了大量的雅典妇女，准备用她们来祭祀刻瑞斯（古罗马所信奉的女神、司掌粮食作物的生长）。当船队抵达埃莱夫西斯（古希腊

城市。在雅典以西，原来独立，公元前7世纪被雅典兼并。现为雅典市郊的工业区）时，被雅典将军庇西特拉图截住，他杀死了迈加拉人，缴获了船队，救出了被拐骗的雅典妇女。随后，他又想起了一个打击迈加拉人的计谋。

庇西特拉图将自己的士兵改装成迈加拉人的模样，而让大量的弓箭手伪装成被抓来的妇女，让他们登上那些被俘获的船只，径直朝迈加拉驶去，船队到达港口时，迈加拉人以为他们的船队得胜而归，人们奔走相告，急匆匆赶往港湾去迎接他们。一时人山人海，秩序大乱，男人们又都没有携带兵器。当船靠岸时，迈加拉人正要登船，突然船上万箭齐发，迈加拉人倒下一大片，他们抱头鼠窜，最后只有少数人逃走。当迈加拉人拿着武器再次赶来时，雅典人已乘船而去。

庇西特拉图采用偷梁换柱的计谋击垮了迈加拉人。

改换标记骗德军

1941年7月，英国皇家空军将一种代号为GEE的新式天线电导航设备安装在惠灵顿轰炸机上进行小批量实战试用。8月12日，两架装有GEE的飞机袭击汉诺威之后，就有一架没有返航。为了保住这个秘密，皇家空军负责电子战领导工作的琼斯利用德国人自认为天线电技术领先英国的自负心理，想出了一个偷梁换柱，把德国人引入迷途的绝妙办法。

他们把GEE设备上可能对敌人情报机关有用的标记全部拆去，换上"丁"标记。与此同时，又在英格兰东部建立起三个频率约为30兆赫的大功率洛伦茨波束发射机，向德国上空发射波束，皇家空军轰炸机上能用自己的盲目进场接收机收到这些信号。为了使假象逼真，当轰炸机返航时，鼓励飞行员把"丁"装置当作一种老式导航设备来使用。所有这些做法，无非是要使德国人相信，这种"丁"装置，只不过是德国早已用过的具有两个洛伦茨波束的"拐腿"导航系统的翻版而已。琼斯希望，这种对"拐腿"系统依葫芦画瓢的"抄袭"会使德国人洋洋得意。

1942年3月间，当皇家空军正式使用GEE于实战后不久，就有一台GEE被德国人在坠毁的飞机残骸中缴获了。果然不出琼斯所料，主管处理缴获敌空军装备的德国情报官谢威克同其他情报人员研究分析后得出的结论是：英国人使用的这种导航设备，完全是"拐腿"的仿制品，虽有可能作了某些改进，但其准确性远达不到发现点状目标的程度。琼斯的骗局成功了，德国人没有觉察出任何东西。

在德国很多目标遭到英军准确轰炸之后，他们没有意识到GEE是多么的重要。直到1942年7月底，他们才清楚贴着"丁"标记的装置与"拐腿"根本不同，但这时德国已受到很大的损失。

冒名造势骗敌军

1944年春，美英盟军正在准备规模庞大的诺曼底登陆作战。为了迷惑德军，出奇制胜，盟军挖空心思地设计了一个冒名顶替、偷梁换柱的战术，故意让德国人拿到一些"论据"，证明英国登陆作战的指挥官蒙哥马利元帅在这一时期离开了英国本土，到直布罗陀和阿尔及尔视察，以便使敌人认为盟军不会马上进行登陆作战。

为此，英国情报部门精心物色了一位蒙哥马利元帅的替身，由相貌同元帅特别相似的陆军中尉杰姆士来扮演蒙哥马利元帅。杰姆士在战前，曾是一名演技精湛的演员。英国情报部门在非常保密的情况下对杰姆士进行了训练，使他很快熟悉了蒙哥马利的生活习惯和言谈举止，就连一些生活细节诸如吃饭时麦片粥中要不要加奶和糖之类也了如指掌。然后，又安排杰姆士同蒙哥马利生活一起，进行模仿和体会，直到使人无法辨别真伪。

准备就绪后，在诺曼底登陆作战即将开始的前十天，这位假元帅在高级将领们的热烈欢送下，搭乘首相专机飞往直布罗陀和阿尔及尔。与此同时，英国情报部门又放风说，蒙哥马利此行是为了编组英美联军，准备向法国南部海岸登陆。法西斯德国得悉后将信将疑，为了证实真伪，特派两名希特勒极为欣赏的间谍，前往直布罗陀进行侦察。杰姆士扮演蒙哥马利非常成功，他有时还故意在容易泄密的场合谈论有关英美联军登陆作战的问题，并且在确知有德国间谍混入的群众集会上露面，使德国间谍确信蒙哥马利就在直布罗陀。当时，就连蒙哥马利的密友、直布罗陀总督沙拉尔将军也以假当真，以为蒙哥马利这次突然前来视察是临时改变了登陆作战计划。

英国这一冒名顶替的欺骗活动，配合了盟军其他方面的战役伪装，使德军统帅部做出了错误判断，认为盟军不会马上进行登陆作战。所以，当诺曼底登陆作战的炮声响起时，德军许多高级将领还在安然度假，根本没想到盟军的打击会这么快地落在自己头上。

揭短露丑巧促销

大家都知道，广告是商业营销活动中常见的一种宣传形式，主要是宣传商品的优点以引起人们的购买欲望。可是你知道吗？还有一种广告专门揭自己的"短"，宣传自己商品的"坏消息"。这就是致歉广告。有用吗？你看过以下几个例子就知道了。

1987年5月，某省食品厂在报上登了一个奇特的广告，广告内容是这样的：致广大消费者：本厂"康力"营养米粉近来在市场上严重脱销，给群众生活带来极大不便，许多群众纷纷来电话责问。本厂区居民对来本厂接货的百余辆汽车堵塞交通十分不满。本着为人民服务的原则，本厂特登报公开解释道歉。本厂康力米粉脱销有三个原因：一是购买康力米粉的消费者增多；二是本厂生产线陈旧，产量增长幅度小；三是本厂销售科科长李力强擅自批发50吨给个体商贩。目前正加紧安装，调试新引进的生产线，投产后产量预计可提高3倍，基本上可以满足群众的需要。另外，我们已经给李力强同志以行政处分，并撤消其销售科长职务……

这则广告看上去想是"揭短露丑"检讨书一般的广告，却产生了奇妙的力量，使该厂库存积压的数十吨康力米粉一售而空。广告只字未提康力米粉如何有营养，如何畅销。但是妙就妙在通过"销售科长擅自批发给个体商贩高价出售"、"旧生产线……"、"阻碍交通"三个基本事实，向广大消费者暗示"康力米粉"十分走俏，于是人们从不知到知之，从平淡态度到积极购买，从而打开销路。看过这个例子，我们再说以"款"促销，大概就好理解了吧。

人们的心理有一种十分有趣的现象，即暗示心理。有时总会有人不自觉地受他人态度的影响。见到广告后，个人总要受广告中涉及的多数人的态度制约，不自觉地就要跟着致歉广告造成的氛围走。

当然，我们不能用这种"偷梁换柱"的方法将假冒伪劣商品推销给广大消费者，这样就成了一种不道德的欺骗。但是，对于优质的商品，从宣传艺术的角度来看致歉广告不失为一个以退为进的妙法。

除了有意造成一种暗示的致歉广告外，如果经营上确有漏洞，与其遮遮掩掩不如大大方方地广而告之，以求得消费者的谅解。比如：某洗衣机厂接到顾客投诉其质量问题的信件，经查是装卸过程中的过失，于是公开登报致歉。这则心诚意真的广告非但没有使该厂的产品销售下降，反而有上升的趋势。这是因为广大消费者透过这则广告看到该厂真心服务大众的诚意和对质量重视的程度，因此，人们对厂家十分放心。

偷梁换柱谈判成

在实际经商活动中，偷梁换柱之策，往往表现在两方面：一方面就是盗用名牌商标，以欺骗手段，生产制造假冒伪劣商品，以获取暴利。这种事例在目前我国的商品经营活动中还是经常发生的，如前一段市场上曾出现的假茅台酒、郎酒、汾酒；假云烟、红塔山烟以及晋江假药等等。当然这种投机经营，只能得势于一时一事，不可能也绝不会长久的。它无论是对生产者还是经营者都是不可取的。另一方面，则是反其意而用之，以变更自己的形象，在激烈的市场竞争中取胜。企业在生产初期，产品处于试制试销阶段，因而需要经常变更形象，待产品成熟定型后，再出现在消费者面前。变更的形式有：一是变更企业名称。当企业在消费者心目中信誉不佳时，往往采取改换企业名称策略，以重新树立新的企业形象；二是改变产品商标。即在产品初创、不知市场反馈如何时，采取不注册商标策略，以便在以后产品竞争力不强时，及时更新商标，等产品质量逐渐提高后，再注册商标。三是模仿名牌商标。如目前市场出现的从酒瓶包装式样到商标图案都与贵州茅台酒或四川郎酒相似的白酒等等，即是利用名牌商标推销自身产品的实例。但这种模仿应该是质量过硬、价格低廉，否则消费者就不会买第二次。

偷梁换柱之策，在商务谈判中，还有其特殊作用。即根据谈判双方都急于了解对方底细的心理，使对手上当。如故意造成疏忽的假象，让对方得知自己的底细，或将假情况遗弃在对方容易发现的地方等等，给对手以假象，耗费其精力，以取得谈判的胜利。

梁，是房屋建筑中的水平方向的长条形承重构件，在木结构屋架中通常按前后方向架放在柱子上。柱，是建筑物中直立的起支撑作用的构件，在木结构屋架中，支撑横梁。

梁和柱是建筑结构中最关键、最重要、最结实、作用最大、选料最精（通常要粗大结实直畅的木材）的部件。建筑物是否稳固，取决于梁和柱；梁软屋塌，柱折房垮。据《圣经》记载，以色列人的士师（军事首长兼裁判官）、大力士参孙力大无穷，曾徒手打死猛狮。非

利士人为了打垮他，用美人大利拉勾引他，给他当情妇，探知他的力量来自头发，趁他沉睡时剃去了他的头发，把他捆缚起来。他沦为奴隶，受尽了折磨，但最后又获得了力量，在敌人的神殿里，两手各拖一柱，弄倒立柱，使神室倾覆，与敌人同归于尽。由此可见，梁柱关系到房屋的存亡。

因为梁和柱在房屋建筑中起如此巨大的作用，梁和柱除了用来类比其他事物的关键与精华部件外，还经常用来比喻国家和社团里重要的、关键的、优秀的、起中坚作用的精英人物。如：国家的栋梁，栋梁之材，挑大梁的人物，单位的台柱子，人民解放军是国家的柱石，等等。

第二十六计　指桑骂槐①

【原典】大凌小者，警以诱之。刚中而应，行险而顺②。

【按语】率数未服者以对敌，若策之不行，而利诱之，又反启其疑。于是故为自误，责他人之失，以暗警之。警之者，反诱之也，此盖以刚险驱之也。或曰：此遣将之法也。

【原典注释】①指桑骂槐：指着桑树骂槐树。比喻明指这一人而实际上是指另一人。运用在战争中，即杀一儆百，杀鸡给猴看的意思，目的是为了引起其他人的重视。

②刚中而应，行险而顺：《易经·师卦》："象曰：刚中而应，行险而顺。"意思是：刚正而不偏激，则能得到人们的信服，诚心响应，冒险行事，果断勇敢，也能使人听从。

【原典译文】强大的欺凌弱小的，要先采用威胁的手段警告他，诱导他顺服。根据师卦来看，刚强而不偏激，可以得到信服；果断而勇敢，可以使人顺从。

【按语译文】率领几支没有信服我的部队去对敌作战，如果指挥他们不灵，你却用利益去引诱他，反而会引起怀疑。这时，你可以故意制造错误，借此来责备他人的过失，暗中警告他们。所谓警告，就是从反面来诱导他们，这是用刚强果敢的手段来驱使他们的办法。有人说：这是调兵遣将的好办法。

【传世典故　计名探源】指桑骂槐意指表面上指着桑树，实际上在骂槐树。比喻表面上骂这个人，实际上却骂另一个人。在军事中指用警告诱迫等暗示手段达到统领部下和树立威严的一种谋略。

指桑骂槐，此计的比喻意义应从两方面广为理解：一是要运用各种政治和外交谋略，"指桑"而"骂槐"，施加压力配合军事行动。对于弱小的对手，可以用警告和利诱的方法，不战而胜。对于比较强大的对手也可以旁敲侧击威慑他。春秋时期，齐相管仲为了降服鲁国和宋国，就是运用此计。他先攻下弱小的遂国，鲁国畏惧，立即谢罪求和，宋见齐鲁联盟，也只得认输求和。管仲"敲山震虎"，不用大的损失就使鲁、宋两国臣服。

另外，作为部队的指挥官，必须做到令行禁止，法令严明。否则，指挥不灵，令出不行，士兵一盘散沙，怎能打仗！所以，历代名将都特别注意军纪严明。管理部队，刚柔相济，关心和爱护士兵，但决不能有令不从，有禁不止。所以，有时采用"杀鸡儆猴"的方法，抓住个别坏典型，从严处理，就可以震慑全军将士。春秋时期，齐景公任命田穰苴为将，带兵攻打晋、燕联军，又派宠臣庄贾作监军。穰苴与庄贾约定，第二天中午在营门集合。第二天，穰苴早早到了营中，命令装好作为计时器的标杆和滴漏盘。约定时间一到，穰苴就到军营宣布军令，整顿部队。可是庄贾迟迟不到，穰苴几次派人催促，直到黄昏时分，庄贾才带着醉容到达营门。穰苴问他为何不按时到军营来，庄贾无所答，只说什么亲戚朋友都来为我设宴饯行，我总得应酬应酬吧？所以来得迟了。穰苴非常气愤，斥责他身为国家大臣，负有监军重任，却只恋自己的小家，不以国家大事为重。庄贾以为这是区区小事，仗着自己是国王的宠臣亲信，对穰苴的话，不以为然。穰苴当着全军将士，命令叫来军法官，问："无故误了时间，按照军法应当如何处理？"军法官答道："该斩！"穰苴即命拿下庄贾。庄贾吓得浑身发抖，他的随从连忙飞马进宫，向齐景公报告情况，请求景公派人救命。在景公派的使者没有赶到之前，穰苴即令将庄贾斩首示众。全军将士，看到主将斩杀违犯军令的大臣，个个吓得发抖，谁还再敢不遵将令。这时，景公派来的使臣飞马闯入军营，拿景公的命令叫穰苴放了庄贾。穰苴沉着地应道："将在军，君命有所不受。"他见来使骄狂，便又叫来军法官，问道："乱在军营跑马，按军法应当如何处理？"军法官答道："该斩。"来使吓得面如土色。穰苴不慌不忙地说道："君王派来的使者，可以不杀。"于是下令杀了他的随从和三驾车的左马，砍断马车左边的木柱，然后让使者回去报告。穰苴军纪严明，军队战斗力旺盛，果然打了不少胜仗。

【名家评点 破解方略】指桑骂槐，此计的比喻意义应从两方面加以理解。一是要运用各种政治和外交谋略，"指桑"而"骂槐"，施加压力配合军事行动。对于弱小的对手，可以用警告和利诱的方法，不战而胜。对于比较强大的对手也可以旁敲侧击威慑他。

另外，"指桑骂槐"在治军领域的应用也相当广泛，作为部队的指挥官，必须做到令行禁止，法令严明。否则，指挥不灵，令出不行，士兵像一盘散沙，怎能打仗。所以，历代名将都特别注意军纪严明。管理部队，刚柔相济，关心和爱护士兵，决不能有令不从，有禁不止。所以，有时采用"指桑骂槐"的方法，抓住个别坏典型，从严处理，就可以震慑全军将士，效果显著。

经典案例　锦囊妙计

齐楚争问鼎中原

春秋五霸之一的齐桓公任用管仲为宰相，治国有方，国富兵强，正想问鼎中原。这时，楚成王杀了淫乱宫女的令尹子元，新任命了斗谷于菟为令尹。斗谷于菟字子文，文武双全，执法严明，并能以身作则，又善于用人，深受楚国人的爱戴。他精心治理国家，改革弊政，首先提出：凡受封者要以半数采邑归还国家，不至使朝臣势力强大而削弱君权。并立即从他自家做起，其余的人不敢不遵守。他又将国都从丹阳（今湖北秭归）迁郢（今湖北江陵），因为郢地可以北控长江、汉水地区，南指湘江流域，是古代兵家必争之地。子文提倡练兵习武，注意选拔人才，以屈完为大夫，以斗章统率军旅，楚国日渐强盛。

楚国的强盛对齐国想称霸中原，当然是个威胁。于是，在公元前681年3月，齐桓公借周天子的名义，邀宋、鲁、陈、蔡、卫、郑、曹、邾（春秋邾国，战国时改为邹）八国会盟于北杏（在今山东东阿县境），想定盟称霸，并以此威慑楚国。但仅有宋桓公御说、陈宣公杵臼、邾子克（邾国是子国，名克）、蔡哀侯献舞来会盟。会盟时，齐桓公约定共同出兵伐不尊王命、不来会盟的鲁国。宋桓公不同意，不辞而别。齐桓公又主张先伐宋，管仲建议：“宋远而鲁近，且王命会盟，鲁抗命不到，不先伐鲁，何

以服宋。”因而准备伐鲁。管仲又建议用计慑服鲁国而免动干戈。齐桓公问计，管仲说：“济水东北有一遂国，是鲁国之附庸国，国小且弱，可一举而下。齐攻入遂城（今山东肥城南），鲁国必然害怕，鲁惧必来求我会盟，我可以因此而答应它。宋国见鲁国与我定盟，鲁已服齐，宋亦必然惧我。这就是攻伐一个遂国，而可制服两国矣！此为‘指桑骂槐’的计谋。”齐桓公听管仲说出此计，竟能制服两国，连连称善，就按计而行。

很快，遂国陷落，鲁君害怕，果然遣人送书请求到齐国境内会盟，于是盟于柯（今山东东阿县西南）。会盟后，齐桓公将原来侵占鲁国的汶阳田，退还鲁国，四方诸侯都认为齐国很讲信义。

公元前680年，齐桓公准备伐宋，卫、曹二国为齐国的威力所慑，自动请盟，卫、曹出兵助齐伐宋。时齐桓公于路途中收得谋士戚宁，拜为大夫，戚宁愿以三寸之舌说服宋桓公与齐会盟。戚宁到宋晓以利害关系，宋桓公果然派遣使者随戚宁到齐军中请和。

继而，齐桓公又帮助郑厉公子突复国，于是齐国深受他国的尊敬。公元前679年。齐大会诸侯于幽（今北京城西南），参加会盟的有：宋、鲁、陈、卫、郑、许诸国，齐的霸业初步奠定。

这时，齐国称霸的主要对手就是楚国了。因而齐桓公与管仲再次商议争霸中原的对策。桓公想以“方伯”（即一方之长）的名义，号召诸侯起兵，共同

伐楚。管仲说："楚为南方大国，江汉一带以至南海，为它所有。因能励精图治，所以国富民安，僭号称王。周天子尚不能控制，如用诸侯的军队讨伐他，不是良谋。今天许多小国刚刚慑服于齐国，应当广积威德，不可动辄兴兵，使诸侯不为我用。等待楚国内乱，再借故讨伐，方为上策。"

齐桓公一心想以军威提高霸主的地位，只是见管仲提出的意见有理，方才作罢。沉思良久，才又生一念：不如先讨伐齐国西南方的郕国（在今山东平阴，一说在今山东诸城）为宜。郕国为姜太公的子孙，齐国亦是姜太公的后代，故管仲说："郕是小国，且又是太公的支孙，灭同姓，是为不义。"管仲想了一会儿又说："郕国与纪国毗邻，郕是纪的附庸国。纪国在齐襄公时，已被攻灭，今可派王子成父率大军巡视纪城，表示将要加兵于郕国的样子，郕必畏惧而来降齐。是无灭亲之名，而有得地之实矣！"齐桓公闻之大喜，又按计行事。

纪国与齐国九世有仇，两国交兵，由来已久。这次齐桓公因欲扩张土地，即命王子成父率三百乘战车，向纪城开进，目的在于：大军巡视纪国，降服郕国。在纪城时，王子成父扬言："今我桓公多次与诸侯会盟，周天子对他尚且畏惧三分，言无不从。有些小国，还是一个同姓之国，处在齐的眼皮底下，竟敢目无桓公，如再不醒悟，大军到境，将要被踏成齑粉。"郕国国君闻此言，忙召大臣商议对策："今齐将王子成父，兵巡纪城，扬言灭郕，如之奈何?!"众大臣都是只顾家小，不管国亡的小人，就众

口同声说道："齐桓公创建霸业，中原大国尚且岁岁朝贡，我郕国小城，若与它抗争，无异鸡蛋碰石头，不如请降，尚可保存宗庙，否则国灭人亡，望主公决策。"郕侯无奈，只好叫人将国中地图绘就，土地、人口清册整理，一并送给桓公，表示愿意投降。齐桓公当然大喜，对众大臣说："相国谋略，百无一失，真乃寡人之肱股，他的功劳可不小啊！"

善讽谏晏子计高

指桑骂槐，体现一种间接批评艺术。这种批评手法，往往令人比较容易接受。或者不点名的指责某人，甚至通过寓言或讽刺挖苦，语言犀利但又委婉，采用善意的帮助态度，往往能取得较好的效果，特别是用讽刺，即以微言讥讪，是指桑骂槐的最高技巧，也含有深刻的教育意义。春秋末期的晏婴也是善于用讽谏这种指桑骂槐之计的，和优孟异曲同工。

有一次齐景公让养马人给他养一匹他最喜欢的马，不料这匹马突然死了。景公大怒，让人拿刀把养马人肢解掉。这时晏子正在景公面前陪待。左右拿刀进来，晏子阻止他们，问景公道："尧、舜肢解人体，从身上哪一部分入手呢？"一听这话，景公明白了晏子的话意，尧、舜是古代明主，他们从来不用酷刑。便下令不肢解，让把养马人交给狱官处理。晏子说："他还不知道他的罪过，就要死了，请让我数数他的罪状。让他明白他犯了什么罪，然后再交给狱官。"景公说："可以。"晏子就数落说："你知道

你有三大罪状，应判死刑。君王让你养马，你却把马养死，这是死罪之一；你把君王最爱的马养死，这是死罪之二；你让君王为一匹马的缘故而杀人，百姓知道了肯定会怨恨国君残暴，诸侯们听到这样重马轻人，肯定会轻视我们国家，甚至加兵于我们。你让君王的马死掉，使百姓积下怨恨，让我国的国势被邻国削弱，这是死罪之三。你有这三条应判死罪的原因，你是该死了，就把你交给狱官吧。"景公听了这些话，猛然醒悟，急忙说："放了他吧，不要为此坏了我仁义的名声。"

公元前531年，晏子奉齐景公之命，出使楚国。楚灵王以南方大国自居，没把齐使放在眼里，并有意借此羞辱齐使一番，以显楚威。他得知晏子身材短小，特在郢都在城门旁开了个五尺左右的洞，让晏子从洞进城。晏子大声喝叱道："出使到狗国，才从狗门进，今天我出使到楚国，不应从这种门进。"楚王一听，急命军士开城门迎接。晏子一进郢都，又遭各种刁难。先是一群状如天神、手执兵器的大汉来迎，以反衬晏子的矮小；后又有一班智能之士出来戏弄，讽刺齐国，指责晏子，甚至挖苦说晏子身高不足五尺，力不能缚鸡，只会耍嘴皮子卖乖等等。晏子都从容应对，言辞犀利，鞭辟入里，把这班大臣驳得哑口无言，满面羞惭而退。进见楚灵王后，楚王又亲自出马捉弄他。楚王轻蔑地说："难道齐国没有人了吗？怎么派你来当大使？"晏子反唇相讥说："临淄城有七千五百多人家，人人撑开衣袖就成了阴凉棚，每人挥一把汗，全城就像下雨一样，人们

肩碰肩，脚挨脚，怎么说没有人呢？"楚王说："那为什么派你出使楚国呢？"晏子回答说："我国派遣使臣有个规矩，什么样的人出使什么样的国家。有贤才的出使上等国，不才的人出使下等国，大人出使大国，小人出使小国，我最无才最没出息，所以只能出使楚国。"几句话羞得楚王面红耳赤。接着，楚王招待晏子喝酒。在喝到正高兴的时候，两个差吏绑着一个人走到楚王面前。楚王问："捆绑的人是怎么回事？"回答说："是齐国人，犯了偷盗罪。"楚王看着晏子问道："你们齐国人善于偷盗吗？"晏子离开席位回答说："我听说橘树长在淮河以南，就结桔子，长在淮河以北就结枳子，只是叶子相似，两者的果实味道并不相同。这是什么原因呢？是水土条件不一样。今天这个人生在齐国不偷盗，进入楚国就偷盗，莫不是楚国的水土使百姓善于偷盗？"这幕戏是晏子来楚国前，楚王和侍臣策划来羞辱晏子的，没想到得到这种结果。楚王技穷，只好向晏子赔不是说："我原来想取笑大夫，没想到倒被大夫取笑了。"

又一次，晏子出使到吴国，骄横的吴王自诩为天子，命令引导宾客的小吏说："晏子要见我时，就喊：'天子请见'。"第二天晏子有事要见吴王，主管外交事务的官员说："天子请见。"晏子当即表现出吃惊的样子。那人又说："天子请见"。晏子仍然表现出惊异的样子；当第三次听说："天子请见"时，晏子又第三次表示大为惊骇，说："我奉国君之命，出使到吴王这里。是我不聪敏而感到迷惑不解，难道这是进入了天子的朝廷？请问吴王在

哪里?"这之后,吴王方说:"夫差请见",用诸侯之礼接见了晏子。

从以上这几个事例可以看到,晏子在各种场合,屡次巧妙地运用了指桑骂槐之计中的间接批评方法,广泛的施展了他的广识通变之才,以睿智善辩的口才,赢得了威望,使他成为春秋时期最出色的政治外交家。

晏子名婴。他出仕齐卿,先后从政五十六年,历事齐灵公、齐庄公和齐景公三朝,史书记载他见过谏,每朝必谏,进忠极谏,给后世留下一个贤臣净臣的形象。晏子善用指桑骂槐之计,很讲究进谏的方法策略,语智、善辩,善于运用犀利明快的语言技巧。当然这也在一定的环境背景之下。晏子出使楚国,正是楚灵王时期,楚国兵强马壮,大挞征伐。各诸侯国畏惧楚国之威,纷纷主动与楚国改善关系。这时晏子出使楚国,楚国君臣听到这一消息,依仗自己的国势强威,所以表演了一系列的戏弄晏子的计谋。但是晏子不卑不亢,从容应付,运用语言的艺术,战胜对方。他是代表齐国出使楚国,对楚国君臣的一系列恶作剧,他不能直接批评和谩骂。处在诸侯混乱、群雄逐鹿的东周列国时代,晏子深知自己的处境,如果一生气冲动起来,说了不该说的话,完全可能导致一场战争。所以他必须用计进行外交斗争。当时的齐国和楚国之间,虽然不处在交战状态,却存在着利害冲突。以国力而言,当时于齐国不大有利。因为齐国是个贵族专政的国家,大贵族之间不断为争权夺利而互相倾轧,制造内乱,政权不稳。所以晏子对楚国君臣运用的指桑骂槐之计,丝毫没有火辣辣的火药味,只是做到针锋相对,寸土不让。楚国企图以开玩笑方式,来戏弄晏子,晏子也用笑谈隐喻的方式进行反击。当楚王使人伪装齐盗,且当晏子的面辱骂齐人时,晏子则巧妙地用果树异地的自然现象为类比,说明了齐人入楚则盗垢道理,既巧妙地揭穿了楚王君臣的把戏,又给对方以有力的回击。晏子先迂回后反驳,使楚王无法逃避,自计没趣,终于不得不向晏子赔不是。这样,晏子赁睿智和胆识,在谈笑风生中,用微言浅谈,解决了繁难的纷争,获得了骂槐的效果,维护了齐国和自身的尊严,不辱使命,同时也赢得了楚王的敬重。通过他的出色的外交活动,不仅改善了两国关系,而且提高了齐国威望。出使吴国时,野心勃勃的吴王,竟然以天子自称。企图以此抬高自己,贬低齐国。晏子以计提醒吴王,两国是平等关系。难怪有人说:"外交斗争搞得好,有时能达到不战而屈人之兵"的目的,其作用胜似千军万马。

至于晏子救养马人的事例,那表面上数的是养马人的罪,实际上骂的是齐景公的重马不重人。因为君王是不便直接骂的。在这里他首先发出无答之问,提醒景公,有道之君,不会有肢解人的残暴行为。然后用数罪的方式,暗示杀人的反效果,正面文章反面做。景公听出了弦外之音,立刻放了养马人。这里晏子在智慧妙语之中巧用指桑骂槐之计,可谓达到最高技巧。

太公杀士徼效尤

姜太公辅佐周武王灭了商纣以后,

西周王朝建立。这时为了巩固社会秩序，安定人民生活，就需要招纳大批有用人才来为国家效力。当时在齐国有一位贤人，名叫狂矞，在地方上很有名望，极为人们所推重。姜太公听说后，就打算把他请出来为国出力。可是他接连上门拜访了他三次，每次都吃闭门羹。于是姜太公就把他抓来杀掉了。周武王的弟弟周公旦是一个当时著名的政治家，可连他也不明白这是怎么回事，姜太公为什么要这样做。于是他就去问姜太公说，他认为狂矞是一位贤人，不追求什么富贵显达，而是过着隐居生活，他并不妨害社稷，这样的人为什么要杀掉呢？可是姜太公对他说："普天之下，莫非王土，率土之滨，莫非王臣。"并且告诉他天下大定之日，就是需要人才为国出力之时，在此时采取不合作的态度，像狂矞那样，如果人人都学他的榜样，我们还怎么治理国家呢？他说，所以杀掉狂矞，目的就是"以儆效尤"。这样一来，许多自命清高的隐士，就不会隐居不出了。

姜太公在这里运用的就是"指桑骂槐"之计，目的是起到杀一儆百的作用。访求贤才是治理的关键大事。当初，周文王为了早日灭商，到处访求贤才，终于在渭水的南岸，见到了垂钓的姜太公。姜太公姓姜名尚，又叫姜子牙，他老家住在东方。祖先在舜时，当过大官，曾和禹一起治水，被封在吕，所以姜太公也叫吕尚。他起初在商朝怀才不遇，但一心想施展自己的才能，结果等到七十多岁，听说周文王广求贤才，他就特地在渭水南岸垂钓等候。周文王与他结识

以后，相见恨晚，立即把这位出类拔萃的人物请回宫，拜为太师。于是姜太公以七十多岁的高龄为文王所用，得到了施展才能的机会，完成了灭商的大业，建立了周王朝。如今周王朝初建，为了早日把周朝治理强大，一定要广为搜罗人才，试想有才能的人都采取一种避世的态度，隐居不出，不给国家效力，那么会是一种多么严重的后果！所以姜太公当机立断，采用此计来为王朝招纳人才扫清道路。使其他的人不敢仿效狂矞，而是出来为国所用。

同时，通过这种手段，消灭不与王朝合作的人，这是姜太公考虑巩固统治的需要。因为王朝初建，他不能让不与朝廷合作的，有才能的人存在世上，成为朝廷可能的隐患。此计的运用，妙就妙在是攻心之术，出人意料之外地杀掉了为人所推重的，有贤名的狂矞，甚至连周公都想不到。这样使臣民心里害怕，知道畏惧，即使不出来为国所用的人，也不有什么妨碍国家的轻举妄动。杀一儆百的意义，即在于此，出其不意地使用此计，起到了重大的威慑作用。

邹忌论琴获拜相

齐威王即位之时，国家内忧外患，因此威王心中十分焦虑。一日，威王正在鼓琴，邹忌应召而至，他进门就夸赞琴弹得好。威王认为他不知内情，就开口称赞，很是不悦，甚至起身抽剑相问。然而邹忌却借谈论弹琴，说出一番道理。指出"琴音调而天下治，夫治国家而弭人民者，无若乎五音者"。齐威王听后惊

愕不已。他于是改变话题，和邹忌大谈如何治理国家，如何取威定霸。邹忌应答如流，正中威王下怀，威王大喜，拜邹忌为相。以后君臣齐心治理国家，使齐国很快兴盛起来。

孙武斩姬训女兵

春秋末期，吴国是一个正崛起的国家。周敬王六年（前514年）吴王阖闾执政。他是个雄心勃勃的君主，决心西破强楚，东并越国，进而北上争霸中原，想继齐桓公、晋文公之后，成为一代霸主。为此，他大量招贤纳士，利用他们对吴国的政治、经济、军事进行改革和整顿，以增强国家实力。楚国的伍子胥等人就是在此前后逃亡到吴国受到重用的。伍子胥逃到吴国后，结交了孙武，两人成了好朋友。孙武，齐国人，青年时代，由于赶上一次齐国贵族内乱，为避祸而逃奔到吴国，过着隐居生活。同时潜心研究军事和兵法。伍子胥了解孙武的才能，知道他精通兵法。在阖闾做吴王的第三年，想攻打楚国，找伍子胥商量，伍子胥趁此就向吴王推荐了孙武。吴王想亲自试试孙武的才能，就下令召见孙武。

孙武见到吴王，吴王向他询问许多有关兵法的问题，孙武一一作答，吴王十分满意。要求孙武将有关兵法的问题撰写书，以便经常翻阅。于是孙武写成了十三篇专论兵法的文章，这就是流传后世的《孙子兵法》一书的来源。书每成一篇，上给吴王，吴王读后，赞不绝口。吴王问孙武："你的十三篇兵法我读过了，可不可以试用一下呢？除士兵外，妇女是否也可以按兵法进行训练呢？"孙武回答完全可以。只要绝对服从我的军令，不论妇道人家，就是小毛孩子都可为我所用。吴王招来宫女一百八十人，叫孙武布下阵势，大家在旁观看。孙武提请从吴王宠爱的姬妾中挑选二人当队长，一百八十名宫女分两队，使二人各掌一队。然后教给她们战阵之法。仔细讲解，再三强调动作要求和纪律。孙武命宫女们人人持戟，对她们说："你们都知道你们的前心、后背和左右手吗？"宫女说："知道。"孙武说："我命令你们向前，就是指前心的方向，向左，就是指左手的方向；向右，就是指右手的方向；向后，就是指后背的方向。"宫女们说："都记住了。"孙武又设专人手持大斧，作为监督和行刑者，准备惩罚违纪违令的人，然后孙武将操练要领和有关纪律三令五申，反复交待。并规定，队伍要随着鼓声前进或后退，乱了队形的斩杀无赦。于是开始操练。但等到第一次鼓响，宫女们都不按军令行事，却嘻嘻哈哈笑个不停，东倒西歪，怪态百出。孙武说："纪律不明，申令不熟，这是为将的责任，不能怪罪下属。"于是又把有关纪律和命令反复交待，重新击鼓发令进行操练，宫女们仍然和以前一样，毫无约束。孙武见此，就亲自操起木槌击鼓，宫女们更加捧腹大笑，并莺声燕语，好似百鸟归巢。孙武大怒说："纪律不明，申令不熟，是为将之罪。申令既明，而行不如法，就是士兵的过错了。"下令把当队长的两个宠姬斩首示众。这时吴王正在台上观看操练，见此大吃一惊。

赶忙下令说："我已经知道将军能用兵了。但两姬是我心爱之人，非此两人，食不甘味，睡不安枕，愿将军手下留情，千万别杀她们俩。"孙武说："臣既受命为将，将在军，君命有所不受。且军中无戏言，若徇军命，赦免有罪，将何以服众？"于是毅然下令斩了两个队长，用其次的两个女子作队长。这一来宫女们大为惊骇，霎时间全军凛然，全场鸦雀无声，个个屏住声息，肃然而立。于是孙武重新击鼓下令，开始操练，宫女们循规蹈矩，按照鼓声左右周旋，前后进退，无不合乎兵法要求，人人都一丝不苟，谁也不敢稍有差地。操练完毕，孙武向吴王报告，说："兵已训练好，阵列已经整齐，大王可下来检阅。现在我把队伍交给您，惟您所用，即使用她们赴汤蹈火，也可以做到。"可是吴王因为孙武杀了他的两个爱姬，心情不愉快，表示不去看了。孙武就不客气地说："原来大王所说喜欢兵法，不过徒好其言，而不好用其实。"这时伍子胥在旁劝谏说："兵属凶事，不可以空试，带兵的人，不行诛罚，就不可使全军严明军纪。现在大王诚心求用贤士，想要兴兵伐楚，威加诸侯，而称霸天下，如果不用孙武为将，谁能带兵涉淮逾泗，为大王越千里而战呢？"于是吴王肃然改容，并对孙武大加赞赏。当即正式任命孙武为将军，积极策划伐楚的事。

这个事例说明，孙武为了表现兵法可以使国家富强起来，采用指桑之法，以达到敲打和警戒全体宫女们的骂槐目的。这是一种首先建立自己的威信的做法。如果一味采用阴柔手段，哄诱之，

只会助长部下的傲气，难于领导。所以孙武以适当的镇压，根据以最小损失换取最大收益的原则，毅然斩杀了担任左、右队长的吴王两个宠姬，起了杀一儆百的作用。正因为杀的是吴王所宠爱的人，更显示孙武的法不避贵，执法如山，必然更能收到最大的威慑效果。使后来操练，宫女们没有一个敢违反军令，这队娘子军终于训练有成。以此向吴王证明了兵法的重要。孙武用指桑骂槐之计，操练娘子军之事，也就传为千古佳话。

立威慑众齐称霸

春秋时期，管仲相齐。那时正当春秋初期，周王室的势力已经衰微，不仅失去了对诸侯国的控制能力，而且自己也相当于一个二等诸侯国，只不过保持一个"天下共主"的虚名，相反，诸侯国的势力却迅速膨胀。由于经济的发展，诸侯国对别国土地和人民的占有欲更加强烈，于是出现了频繁的兼并战争和大国争霸的局面。春秋初期的诸侯争霸，主要在黄河下游各国之间展开，当时黄河下游的大国有郑、宋、卫、鲁、齐五国，小国则有陈、蔡、邢、谭、遂、纪、莒、杞等。最初中原地区曾出现了郑国独强的局面，但自郑庄公死后，由于发生内乱，郑国的势力便中衰了。由于中原无主，诸侯混乱，又造成异族入侵的局面。在这种形势下，把中原各国联合起来，节制诸侯之间的肆意侵伐，抵御异族的侵扰，以发展中原地区的经济和文化，就是当时客观形势的需要。这就是说，中原需要一个霸主，来代表周天

子向诸侯国发号施令。这就看谁的势力最强，谁就能充当霸主的角色。

当时齐国是齐桓公在位。为了激励和帮助齐桓公实现称霸诸侯的目的，管仲深思熟虑，成竹在胸。他首先提出尊周亲邻的总方略，一是采取军事、外交等各种手段使诸侯朝齐，二是令周天子给齐桓公的霸权地位以合法的外衣。为实行总方略，他建议桓公先修内政，后图外事，他献出一整套改革方案，先使齐国国富民安，并且提出"仓廪实而知礼节，衣食足则知荣辱"的著名论断。在军事上，管仲提出要寓兵于民，并提出一套用军器赎罪的办法，在人才选拔方面，提出"匹夫有善可得而举"，从而提高了部分庶民的社会地位。为了保证一系列改革方案的施行，管仲还建议桓公改革中央官制。齐桓公接受这一系列的改革方案，并付诸施行。于是齐国迅速强盛起来。接着管仲想到要齐国称霸于天下，外交策略十分重要。于是提出一套"亲四邻、广结交、以德服天下"的外交策略，并且重新勘察齐国的疆界，把侵占邻国的土地归还给他们，明确标定邻国的边界。这样就安定了四邻，使邻国亲信齐国。管仲还主张积极发展同诸侯国的经济交往，实行"关市几而不征"的政策，即不征收关税和市场税，这样经济上的开放，又取得了政治上的信任，提高了齐国的声誉和威望。当然管仲也清楚地意识到，由于历史的原因和现实的利害冲突，诸侯国之间的矛盾和斗争，是异常激烈和错综复杂的，诸侯国之间的关系，也因此呈现出反复无常的状态，今日是盟友，明日可能就是

仇敌，而强凌弱，大欺小，尚权诈，轻信义，更是普遍现象。因此管仲认为齐国处在这样一种环境中，要想称霸诸侯，光靠行德义是不够的，还必须"示之以武"。所以管仲辅佐桓公称霸的历史，也是一部武力征伐史。其间运用了许多计谋，其目的就是为了使桓公成为令人敬服的霸主。

公元前684年冬天，齐国开始对外用兵，目标是齐国西北边的一个小国谭国，因为齐桓公当年出奔莒国时，曾路过谭国，谭君对他很不礼貌。齐桓公回国即位后，诸侯国都来祝贺，谭国又不来。小小谭国竟敢对齐国如此不恭，何以服天下？所以齐国出兵伐谭，很快把谭国灭掉。但齐桓公"代谭而不有"，就是只征服它，并不贪其地而去占有它，这就达到了使许多小国对齐国"信其仁而畏其武"的目的。公元前682年，宋国发生争夺君位的内乱，第二年三月，齐桓公借周天子名义，邀来宋鲁、蔡、陈、卫、郑、遂、邾等国会盟于北杏，谋划平定宋国内战。但到期前来会盟的只有宋、陈、蔡、邾四国，齐桓公便决定讨伐不尊王命、不来会盟的国家。经过管仲对形势的分析，最后决定先拿鲁开刀，但齐国并没有直接进攻鲁国，而是先出兵鲁国的附庸国——遂国，并很快灭掉了遂国。这明显的是杀鸡给猴看，目的是给鲁国点厉害瞧瞧。因为遂是鲁国的北部邻国，齐灭遂就直接威胁到鲁。当时鲁国在齐国的邻国中是最强的，又曾两次打败过齐国，对齐国从来不大服气。在齐国出兵救燕时，向各国请兵支援，鲁国口头答应，却按兵不动。因此鲁

国是当时齐国通向霸主道路上的主要障碍。但由于齐桓公在管仲的策划下，实行以德报怨的安鲁政策，以免其投靠楚国。一方面努力与鲁修好，归还以前所侵占的土地，以利诱之，于是鲁庄公对齐国既惭愧又感激，所以第二年齐国伐莒，鲁庄公下令全国丁男全部参军入伍，支援齐国伐莒，于是关系有所改善。现在齐国灭掉遂国，对鲁示之以武，给予一定的军事压力。加上鲁国看到许多诸侯国都归附了齐国，感到寡不敌众，所以鲁国就主动与齐修好，与齐在柯结盟。

以上齐国伐谭和灭遂都是用了"指桑骂槐"之计。为了称霸诸侯，齐国必须实行兼并战争，但得师出有名，于是借口小小谭国竟对齐国如此不恭，即借谭的过失灭谭，并以此显示武力。齐国要称霸天下，必须让诸侯国敬服，才能树立威严。灭谭而不吞并其地，借以使许多小国对齐国"信其仁而畏其武"，恩威并重，达到敬服它的效果。灭遂也是一样，找其过失而灭之，但更主要的目的是要杀鸡儆猴，以此慑服鲁国。这是管仲施用"指桑骂槐"之计，使齐桓公迈出实现霸业的关键的一步。通过实施以上策略，齐桓公终于在继位的第七年开始登上霸主的宝座。

齐国称霸后，威望大增，势力迅速发展，连楚国的盟国都归服了齐国，这引起楚国的强烈不满。加上南方的楚国早有向中原扩张势力的野心，因此就接连几次伐郑，来打击齐国在中原地区的势力。于是齐桓公就考虑联合诸侯救郑伐楚，想对屡屡伐郑的楚来一个出其不意的打击。但在当时的条件下，如何隐蔽自己的战略企图，迷惑楚国，达到攻其不备出其不意呢？恰在这时，齐桓公生活中出现了一个小插曲。原来蔡国曾与齐国修好，为了加深两国关系，蔡侯把自己的妹妹嫁给了齐桓公。有一天，齐桓公和蔡姬在园中乘船游玩，蔡姬和桓公闹着玩，故意把船摇得来回晃荡，桓公不会水，怕船翻了，被吓得脸色都变了。他制止蔡姬，而蔡姬却故意撒娇不听，把船摇得更加厉害。于是桓公大怒，就打发她回娘家蔡国，以示惩罚，但并没有要和蔡姬解除婚姻的意思。可是蔡侯却感到受了莫大的侮辱，以为桓公此举就是休妻，一气之下，就把妹妹嫁给楚成王。消息传来，桓公十分恼恨。借此，管仲就提出"以讨蔡之名行伐楚之实"的方略。蔡国与楚国相邻，拿下蔡国，再以迅雷不及掩耳之势，全力攻楚，就可以打楚国一个措手不及。桓公兴兵伐蔡事在情理之中，以此掩盖伐楚企图，不易被楚识破。虽然事情的发展有了变化，伐蔡之后，消息泄露，于是管仲随机应变，灵活地变换方略，决定和楚谈判，以大义责之，使楚国不战而屈服。齐国借口楚国已经二年没有向天子贡献菁茅了，菁茅是一种较长的茅草，是楚国按惯例应向周王室贡献的一种特产植物，祭祀时把菁茅捆成束立在祭坛上，把酒从上面浇下，使酒顺着菁茅下渗于地，以象征神饮酒。这样可以说是为天子而兴兵伐楚，迫使楚国承认不贡菁茅之罪。于是与楚国在召陵订立盟约，表示要共尊天子，友好相处。在这里管仲是又一次成功地运用了"指桑骂槐"之计，以讨蔡之名，行伐楚之实，既伐了蔡，又打击了楚国。

齐国在建立霸业的历程中，多次极为典型地运用"指桑骂槐"之计，以此慑服其他诸侯国，建立威信，达到称霸诸侯，巩固霸业的目的。

旁敲侧击谏秦王

战国时期，魏国人范雎曾作为魏国使节须贾的随从，前往东方的大国齐国。齐襄王从臣下口中得知范雎其人能言善辩，是一个人才。所以他一方面冷遇魏国的使团，但另一方面又特别赏赐范雎，想要拉拢他。可是范雎并没有接受齐王的赏赐。但这已经引起了须贾的不满。他以为范雎一定是个内奸，暗地里勾结齐国，出卖魏国的情报。于是回国后，他就把范雎如何得到齐王赏赐的事情，源源本本地报告了魏相魏齐。魏齐得知后大怒，命人狠狠笞打范雎，把他的肋骨都打断了。然后把他席卷起来，扔到厕所之中，让人随意在他身上小便，以侮辱他为乐。后来弃之荒郊。正在这时，秦昭襄王的使者王稽恰好出使魏国，魏国的郑安平悄悄将范雎改名张禄推荐给他。王稽发现范雎确实是个很有用的人才，所以就答应带他到秦国去。到达秦国以后，王稽将范雎作为贤才引荐给秦王。可是，当时秦王并没有马上重用他，只给了他一个下等宾客的位置。一年多时间没有召见他。

后来，秦国之相穰侯打算越过韩、魏去攻打齐国，以便扩大自己的封地。范雎认为机会来了。他就给秦王上了书，秦王阅后十分中意，果然召见了他。而范雎入宫以后，假作旁若无人之状。秦昭襄王老远出迎，他也装作没看见一样。旁边服侍的内官对他这种行为很恼火，推了他一下，大声说："大王来了。"范雎装做迟钝，翻着眼问："秦国有王吗？"范雎故意提高嗓门说这些话，惟恐秦昭襄王听不见。在这里，范雎就是巧用了指桑骂槐之计。

原来，当时秦国的相国是魏冉，他是秦昭襄王母亲宣太后的弟弟。魏冉凭着这层关系，独揽大权。秦国原有任用客卿的传统，但魏冉极力排斥来到秦国的贤人智士，而将本家族的人安排在秦国朝廷内掌握大权。例如，宣太后的同父弟华阳君曾为将军，后因有罪逃到楚国，但不久就被宣太后和魏冉召回，拜为左丞相。昭襄王的同母弟高陵君、泾阳君，也都以贵族身份执掌国政。随着秦国对外军事争斗的不断胜利，宣太后这一家族在朝廷的权势愈来愈大。他们不仅每人都有大片封地，成为全国最大封君地主，而且擅权专横，连国君都不放在眼里，出现了所谓"太后擅行不顾，穰侯出使不报，华阳、泾阳等击断无讳，高陵进退不请"的局面。使国家内政昏暗，对外斗争失利。本来穰侯魏冉被封于陶，其地在齐国边境附近，他为了扩大自己的封地，竟越过韩、魏去进攻齐国的刚、寿两地，可见其势焰之高。穰侯魏冉在秦国擅权专国，早已为其他诸侯国所知，许多诸侯国都把魏冉视为秦国的最高统治者。国与国之间的一切交往，外国纳贡的一切礼品，都被魏冉一手操纵和独吞。秦昭襄王对此特别恼火。但鉴于魏冉已经营多年，羽翼早成，而慑于宣太后这一家族的庞大势力，昭襄王一时无可奈何。范雎深深了解这一点，因此用此计起敲山震虎之效。当时在昭襄王左右都是穰侯耳目的情况下，范雎不能直接讲明，只得以指桑骂槐之计，旁敲侧击的办法，指的是秦昭襄王，骂的是魏冉等专政乱政的人物。在讽喻之中暗藏了谋略。一方面范雎是要试探昭襄王对他是否有诚意，另一方面，暗示他上畏宣太后的威严，下惑于奸臣的献媚，居于深宫之中，终身受到他们的包围迷惑，而不能明察奸邪，这样下去，最坏的结局是使国家遭到灭亡，轻一点，也将使大王的地位孤身难保。这就戳到了昭襄王的痛处，扣动了他的心弦。范雎进一步分析秦国的形势和内政，提出远交近攻等策略，秦昭襄王大为赞赏，决定马上任用他，破例拜范雎为客卿，让他参与谋划兵事和国政。

范雎抓住时机，打算进一步用指桑骂槐之计警而导之。终于有一天，当秦昭襄王因魏冉的飞扬跋扈行为闷闷不乐时，范雎再一次挑起话题，说："我在山东的时候，只听说秦国有太后、穰侯、华阳君、高陵君、泾阳君，但没有听说有大王。现在这些权贵把持朝政，就是人们所说没有君王了。臣听说那些善于治理国家的人，对内、对外都要巩固和加强自己的权威。现在自乡间的低等小吏以上的各级官吏，甚至包括您身边的人，没有一个不是相国的人，臣看到您孤立无援，甚为您的君位不稳而恐惧担忧。此情发展下去，万世之后，恐怕掌握秦国大权的就不一定是大王您的子孙了。"秦昭襄王听此分析，极为惊骇。于

是决定当机立断，宣布废除太后，免掉魏冉相位，把魏冉、华阳君、高陵君、泾阳君全部驱逐出秦国。这样削弱了贵戚的力量，加强了王权，使秦昭襄王一直忧虑的君权旁落问题，得到解决。于此同时，秦王把相国的职位授给了范雎，并封范雎为应侯。此后，秦国一直实施范雎提出的远交近攻的谋略，蚕食诸侯，为秦国的发展立下了功劳。

"指桑骂槐"取燕国

公元前204年，韩信采取背水而阵的战法，在井陉口击败赵国军队。随后，他想乘胜向北进攻燕国，向东征伐齐国，就去找广武君李左车出主意。李左车说："你先后消灭了魏国和代国，现在又在一天之内大破赵国二十万大军，名闻海内，威震天下，这是你的优势。但是，你的军队也因一次又一次接连作战搞得很疲劳。以疲劳的军队去进攻燕国的坚城，一定会遭受挫折；燕国不服，齐国就可以争取时间加强防御，这样你就会处于劣势。会用兵的人，不以劣击优，而是以优击劣。依我看来，最好是一面休整军队，摆出将要进攻燕国的架式，一面派代表宣扬汉军的胜利，用这种办法招降燕国，燕国不敢不从。燕国一投降，齐国也就不得不屈服了。"韩信采纳李左车的计策，派人去燕国招降，燕国慑于韩信的声威，果然投降了。

运用"指桑骂槐"之计，韩信取燕的方法是，用已有声威、警戒和诱导敌人，使其闻虎色变，闻风丧胆，不战而降。

假斥实助救乳母

西汉时，汉武帝讨厌喂大自己的乳娘，嫌她好管闲事，事无大小都啰里啰嗦，决定将她迁出宫外去住。

乳娘在皇宫里住了几十年，总不愿离开宫廷生活，于无可奈何时，想起一位东方朔，他是汉武帝的近身红人，希望他能帮助说句话。她把事情告诉东方朔后，东方朔安慰她说："当你向皇上辞行的时候，只回头看皇上两次，我就有办法了。"

这天，乳娘叩别武帝下殿，满眼泪水，回头向武帝看几次，东方朔乘机大声说："乳娘，快走吧！皇上现在用不着你喂奶了，还担心什么呢！"

汉武帝一听，如惊雷一样，感到十分难过，想自己是吃她的乳水长大的，她又没犯什么大错，就立刻收回成命，留乳娘继续住在宫里。

东方朔采用指桑骂槐之计，使汉武帝幡然醒悟，挽留了自己的乳娘，助君成就贤孝美德。

杀鸡儆猴先灭韩

战国晚期，是诸侯争雄，互相兼并，龙虎相斗的时代。在偌大的政治舞台上，秦王嬴政采纳李斯的计谋，韩国在六国中第一个被灭亡。李斯所用正是指桑骂槐之计，值得我们细细品味其中的玄机微妙。

从秦孝公任用商鞅实行变法图强以来，到秦王嬴政时，秦国已是兵强国富，实力远远超过了关东六国。席卷四海、统一天下的形成已基本形成，进一步需要具体考虑统一的时机、谋略和步骤。这时李斯向秦王进言，首劝秦王抓住历史的机遇，分析当前的形势，诸侯互相兼并，关东只剩下六国，现在是秦国万世难逢的好时机，以秦国的强大，灭诸侯，成帝业，天下一统，好比从灶台上扫除灰尘一样容易，千万别坐失良机。但对他们不能只是硬攻，要善于运用谋略，要恩威并用，软硬兼施。他建议秦王派出谋士间谍，去游说诸侯，并让他们多带珠宝金玉，贿赂各国的权臣名士。可以重金收买，让他们为秦国工作，去蒙蔽其君王，陷害其忠良，离间其君臣关系，阻止其国与别国联合反秦。金钱收买不了的，就派刺客去杀掉他，这会使六国内部越来越乱。最后，秦国不难扫平六国，统一天下。秦王对这番进言，很是赞扬，立即采纳建议，不久提升李斯为客卿，专门负责统一六国的战略计划。

正当李斯春风得意之时，不料起了一场风波。韩国是秦国近邻。国小势弱，常受秦国欺凌。为减轻秦国的军事压力，韩国就派了一个叫郑国的水工到秦国去，建议秦国在关中修建一条三百多里长的大水渠，凿山开道，引泾水灌溉田地。韩国的原意是使秦国耗费大量人力物力，疲劳不堪，就腾不出手来向东征伐。秦国不知道其用心，认为这是增强关中经济实力的好主意，就接受了。但工程进行到一半，韩国的阴谋就被发觉。于是秦国一些守旧的宗室贵族，本来就对秦重用异国异姓的政策不满，就以水工郑国的事为借口说，其他国家人来到秦，都是为他们的君主做间谍的，请秦王下逐客令。秦王迫于压力，下了逐客令。这样，来自楚国上蔡一介平民的李斯也不得不打点行装归去。但他不甘心，于是立刻上书秦王，指出：秦国赶走异国之客是错误的，历数自秦穆公这位强秦的奠基之君到秦昭王的四位国君，都是靠任用客卿而为秦国的发展建立了功勋，如由余、蹇叔、商鞅、张仪、范雎等都是异国的来客，假如这四位君王，拒客而不纳，疏才而不用，秦就不可能有今天这样的富强。李斯又以秦王对来自异国的珠宝、良马、乐曲等的喜爱为例，问秦王："为什么这些不因非秦所产而摈斥，独独对士人，则非秦者去，为客者逐呢？"说明秦王重声色珠玉而轻人才，这不是想要"跨海内、制诸侯"的君王应采取的态度。又进一步说要建立帝业的君王，必需要有泰山和河海一样的博大胸怀；今天的逐客，无异于给敌国送兵器，把天下智谋之士推向敌国，这对秦国来说是太危险了。这就是李斯著名的《谏逐客书》。他铿锵有力的言词，使秦王读后，立刻改变了主意，取消逐客令，追回已经上路离开秦国的李斯，并让他官复原职。一场因修渠引起的逐客风波平息了。而郑国渠的完工，不仅未能"疲秦"，反而增强其经济实力，把平定六国提上了日程。

李斯提出平定六国需要选择弱点，正面突破，先灭韩国，再灭两翼，最后灭齐。所以首先应以韩国为突破口。他分析了六国的地理位置和实力状况，认为韩国地处天下之中，又正当秦军东向

之路，韩国国势弱小，如做突破口，这一炮容易打响。第一炮打响，不但可振军威，而且敲山震虎，从心理上慑服其他五国。于是秦军向韩国边境进击，使韩王极度恐慌。李斯又亲自出使韩国，威逼利诱，迫使韩王向秦称臣。于是韩王就找韩非商量。韩非是韩国的王室贵族，他曾和李斯一起跟老师荀况学习，都是荀况的学生，韩非曾提出更张强韩之策，未被采纳，就闭门著述。他的著作集先秦法家思想之大成，风行一时。秦王嬴政读过他的著作，十分仰慕。韩王考虑韩非有这些条件，就决定派他去秦国，想通过外交努力，保存韩国。但韩非处于两难境地，作为一个深谙历史大势的思想家，他知道秦灭六国已是水到渠成，不可逆转。但作为一个韩国贵族，自然不忍他祖宗的基业毁于一旦，还得做一次最后努力。于是上奏章劝秦王缓攻韩而急攻赵。李斯立刻反驳韩非的"存韩"之论。他说韩非此来，只能是维护韩国利益，不可能为秦着想，这也是人之常情。而秦灭韩是不可动摇的。过去韩国每每在关键时刻和魏联合起来对付秦国，对秦是一个心腹之患。秦国和韩国的地形就像一块织锦一样交错在一起，韩国的存在，对秦国来说，就像木头里长有蠹虫一样，太危险了。一旦天下有变化，对秦国构成祸患的国家，没有比韩国更厉害的。别看他现在顺服于秦，实际是顺服于强力，一旦秦保留韩国而去攻赵、齐，难保它不与赵、齐、楚合谋，从后面来夹击秦军，故韩国不可信。力劝秦王不要为韩非的辩辞所惑，要明察其心。最后，李斯建议，自己前

往韩国，诱使韩王入秦。秦就以韩王为人质，胁迫其大臣俯首归顺。于是秦王按李斯建议，一面把他的同学韩非关进监狱，一面让李斯出使韩国。韩王眼见秦国的大军压境，再也无计可施，只得交出传国玉玺，向秦国称臣归属。三年以后，秦又借口韩国背叛，向其全面进攻，韩在六国中第一个被灭亡，李斯的战略首举成功。接着，在不到十年的时间里，由近到远，各个击破，如蚕食叶，赵、燕、魏、楚、齐五国也先后灭亡，中国的历史翻开了新的一页。

秦灭六国的过程中，李斯提出首先灭韩国，是深谙指桑骂槐之妙用。在并战中大凌小，强凌弱，秦强韩弱，第一炮容易打响，这不但振奋军威，而且从心理上慑服其他五国，这就起到杀鸡儆猴，敲山震虎的作用。而且在进行中，警而诱之，威迫利诱，无所不用其极，最后制造事端，借韩国背叛，一举歼灭。李斯在这里是把指桑骂槐之计，发挥得淋漓尽致。

玄礼兵谏杀国忠

天宝十四年（755）安禄山造反。唐玄宗受杨国忠及杨贵妃姐妹怂恿，决定幸蜀，悄悄离开长安。特命龙武将军陈玄礼领兵护卫。刚走到马嵬驿（今陕西兴平西），众将士由于饥饿疲劳，个个怨愤，声言要铲除祸国殃民的杨氏豪门，否则六军不发。恰好这时，河源军使王思礼从潼关奔至，玄宗方知哥舒翰被擒，潼关失守。王思礼临行时密语陈玄礼道："杨国忠招乱起衅，罪大恶极；今将军何

不扑杀此贼，以快众心。"陈玄礼说："我正有此意。"于是陈玄礼先对军士说："今天下崩离，万乘震荡，岂不由杨国忠而起？若不诛之，何以塞四海之怨愤？"众将士说："念之久矣，事行身死，固所愿也。"正好这时，有吐蕃使者二十多人，原是来和好的，随驾而行，在驿门拦住杨国忠的马，诉说求食。军士们趁此大呼道："杨国忠与胡人阴谋造反，我等何不杀反贼！"于是众军蜂拥而前，兵刃乱下，应声杀了杨国忠，用枪挑着他的头悬挂在驿外，还一并杀了其子杨暄及秦国夫人和韩国夫人。但军士仍围驿门不散。玄宗使高力士去问，玄礼说："杨国忠谋反，贵妃也不宜供奉左右。希望陛下割恩爱，把杨贵妃就地正法。"玄宗还犹疑不决。京兆尹司录韦谔上前进言道："如今众怒难犯，安危就在眼前，愿陛下从快决断。"高力士说："将士已将杨国忠杀死，而贵妃仍在陛下身边。他们怎能心安？愿陛下三思。三军安定，也就是陛下的安定了。"玄宗在此情况下，不得已才命高力士把贵妃带到佛堂上，用带子勒死。以车载着尸体停放在驿庭上，召陈玄礼进来观看。三军将士这才齐声欢呼万岁；于是重新整顿队伍，考虑继续前行的问题。杨国忠的妻子协同虢国夫人逃往陈仓县，陈仓令薛景仙把她们杀死。杨氏一门遭此后果，罪有应得，人心大快。

在这个事例中，这惊心动魄的一霎那，正是陈玄礼运用了指桑骂槐之计，才取得成功。当时陈玄礼和将士们怨愤填膺，对杨国忠恨之入骨，但他身为宰相，不便随便杀他，而又是非杀他不可，

不杀不足以平军愤。六军不发，无可奈何。正在这时吐蕃使者来到杨国忠马前，于是灵机一动，抓住时机，大呼："杨国忠反！"这样杀他就是顺理成章，乱臣贼子人人得而诛之，即使是皇帝也不能怪罪。这正是指桑骂槐之计中的一个含义：没有借口，而又非杀不可，那就只有制造事端，采取凶险而果敢的手段的运用，即以杨国忠谋反为名杀掉他。

杨国忠积怨甚多，冰冻三尺，非一日之寒。玄宗在位时间很长，他初期确有励精图治的精神。到天宝年间年龄大了，志得意满，只想纵情声色，政治在走下坡路。先后用李林甫、杨国忠做宰相，他俩可谓天宝年间黑暗统治的代表。杨国忠是杨贵妃的远房堂兄，因堂妹而进用，贵妃得了宠，而且是"三千宠爱在一身"。于是出现了"姐妹弟兄皆列士，可怜光彩生门户"的怪现状。杨国忠初为管财政的度支郎中，领十几个使职官衔，专门搜括民间财富，后做了宰相。兼领四十多个使职。他和韩、虢、秦三夫人从驾到郊外华清宫，每家的奴仆穿一种颜色的服装，鲜艳夺目。老百姓见了这种声势，背后都咒骂，恨之入骨。且玄宗后期，发动过一些不义的战争，边将武臣为了升官加爵，不惜推波助澜，挑起冲突。这些战争杀伤大量各族人民，消耗社会财富，给老百姓带来无限的灾难。安禄山在范阳发动叛乱，以"奉密旨讨杨国忠为名"，挥军南下，玄宗和杨国忠等沉溺在荒淫酒色之中，歌舞升平，毫无应变准备。"渔阳鼙鼓动起来"，才惊破了皇家的轻歌妙舞。由于杨国忠怀疑哥舒翰想利用兵权推翻他自己，一再向皇帝诉说哥舒翰按兵不动，坐失良机。玄宗听了他的谗言，就连续不断地派出使者，逼哥舒翰出战。其实哥舒翰决定守住潼关天险，等待时机，战略是完全正确的。但经不起御旨逼他出阵，于是大败，被俘，潼关失守。这又是杨国忠祸国殃民的一大罪状。潼关失守，叛军乘胜而进，势不可挡。平安火三夜不至，玄宗大惊。召集廷臣商议，杨国忠力主幸蜀，廷臣不同意。杨国忠又让杨氏三姐妹同时去怂恿玄宗。于是密召杨国忠进宫，计谋虚下亲征之诏，一面竟起驾西行。杨国忠为什么主张到四川避难？是因为他曾做过剑南节度使，西川是他的熟径，前日一听说安禄山反叛，他就私遣心腹，密营储蓄于蜀中，以备缓急。今倡议幸蜀，图自便耳。他跟虢国夫人说："我们有家业在彼，到那里不失富贵。"这个祸国殃民的杨国忠，为私利可以做尽坏事，不管国家和老百姓。出逃时，杨国忠和杨贵妃劝阻玄宗，独和杨氏姐妹、皇太子、并在宫中的皇子、皇孙、杨国忠、韦见素、魏方进、陈玄礼及亲近宦官、宫人出延秋门而去，仓促西行。一路上，杨国忠又主张焚尽左藏，烧掉便桥，杜绝百姓生路，幸得玄宗制止。这些恶行，陈玄礼和将士们看在眼里，恨在心上。到马嵬驿，天怒人怨，已发展到忍无可忍。假借谋反之名，立斩杨国忠，是人同此心，心同此理的。这是在千钧一发之际，当机立断，借事端杀杨国忠和杨氏一家，陈玄礼妙用了指桑骂槐之计中行险而顺的成功效果。

戏中藏计巧进谏

明代成化年间，明宪宗朱见深下令设立西厂，任命亲信太监汪直"提督西厂"。汪直飞扬跋扈，专权乱政。当时有个小太监名叫阿丑，他善于演戏。一天，他见宪宗来到面前，就扮做醉汉，撒泼骂街，叫喊不止。有人告诉他说："皇帝来了"，他谩骂如故。又有人说："汪太监来了。"他马上惊惶地撒腿就跑。人们问他为什么这样？他说："今日人们只知道有汪太监，不知有他人。"他又曾装成汪直的样子，手执两把钺来到宪宗面前。别人问他："你拿的是什么？"他说："我率领军队，就是依靠这两把钺。"问他是什么样的钺，他说："是王越、陈钺"。宪宗听后哈哈大笑，但笑后，心里明白这是阿丑讽喻汪直专权，渐渐注意到汪直权威过大和仇怨者众的情况。自此，对汪直就逐渐疏远了。这段故事的背景，得从明代的重用太监，建立厂卫制谈起。明初，太祖朱元璋开始建立锦衣卫，为皇帝的耳目和御用工具。到明成祖时，因为他发动靖难，曾得力于太监，所以登上帝位后，对太监格外信赖，甚至不惜破坏朱元璋定下的"内官不得干预政事"的禁令，大量任用太监。他认为仅设一个锦衣卫，还远远不够得心应手，尤其锦衣卫使用外臣，不如太监时刻在自己身边办事来得方便。于是在永乐十八年（1420年），下令开设东厂，那是同锦衣卫平行的又一个特务机构。从此，明朝出现由皇帝直接统辖的厂卫系统。这种厂卫制，与明王朝差不多相始终维持了二百二十余年。公元1464年朱见深做了皇帝，是为明宪宗。这时明朝已经历了"土木堡之役"和"夺门之变"，国势日见衰落。各地官吏贪贿成风，横征暴使用，土地兼并加剧，民不聊生。一些人铤而走险，聚众反抗朝廷，威胁着明王朝的统治。在这种情况下，明宪宗特下令开设西厂，由太监汪直督办。

汪直先在宪宗的宠妃万贵妃宫中服役，由于他为人狡黠，奸诈异常，能曲意奉迎贵妃心意，受到万贵妃的宠信。由此被宪宗提升，成为宪宗的亲信太监。汪直被升为西厂总管后，身价倍增。西厂的规模比东厂更大，其隶役比东厂更多一倍。自京师至全国各地，无处不有，就是朱姓亲王也在其监视之中，其权威往往超出锦衣卫和东厂之上。西厂特务倚仗权威，诬陷好人，无辜被害者不计其数。宪宗还经常令汪直易服率校尉密出视察，刺探民间。汪直以锦衣卫韦瑛为心腹，屡兴大狱。例如，已故内阁大学士杨荣的曾孙、建宁卫指挥杨晔与其父杨奏，被害下狱，酷刑考讯，使用一种叫"琶"的刑具。这种刑具可使"骨节皆寸解，绝而复苏"。杨晔经不起酷刑之苦，妄言寄金于其叔父兵部主事杨士伟处。汪直不奏请，便捕杨士传下狱，并掠其妻子。结果杨晔死于狱中，杨泰论斩，杨士伟等都谪官。官宦之家尚且如此，老百姓更可想而知。汪直每出，随从甚多，公卿大臣都要让路。兵部尚书项忠没有让路，竟被汪直迫辱。朝廷上下，人人自危。内阁大学士商辂与其他大臣一起上奏汪直罪状，宪宗看了，反而大怒说："我用了个太监，怎么就能危害天下？是谁带头上这样的奏章？"并传旨严加斥责。经商辂等据理力争，宪宗不得已，暂罢西厂，但一月后旋即恢复。复开西厂后，汪直的气焰更加嚣张了。

和他勾结在一起，充当帮凶的主要是王越和陈钺。陈钺为辽东巡抚，正值汪直受命巡边，陈钺竭尽献媚之能事，设下盛大宴席招待，对其身边的人都有贿赂，使汪直对他更加喜爱。当时恰好兵部侍郎马文升奉命在辽东，他是一位正直的大臣，因对汪直所作所为非常不满，所以在一片奉迎之声中，只有他置之不理，对陈钺也很怠慢，于是立遭陷害，丢官谪戍。陈、王二人又给汪直出主意："立边功自固"，以求取升官加禄。汪直的出征，招致了边境的不安宁，欺官扰民，杀掠甚众。大臣们屡屡上疏密奏汪直的罪行，但昏庸的宪宗却不肯相信。这样汪直更加有恃无恐，弄权祸国。一时九卿等官被汪直撤职者达数十人之多，诬告陷害的不计其数。同时乘机提拔他亲信，升王越为兵部尚书兼左都御史，陈钺为左副都御史，巡抚辽东。当时人们把王越和陈钺称为两把杀人的大钺，痛恨汪直的人，同时也痛恨王越和陈钺。

因此才出现了前面的一幕，在汪直权倾全国，宪宗昏庸执迷不悟的情况下，小太监阿丑可谓具有惊人之胆识，他位卑而有正义感，对汪直的作恶多端实在看不下去，但人微言轻，又不能向皇帝启奏，何况有地位的大臣上奏皇帝都遭到贬斥。于是他利用自己的专长，在表演中暗用指桑骂槐之计，极为巧妙地来揭穿汪直的真面目，终于引起皇帝的警悟，达到了成功的效果。

苏轼巧言拒"后门"

北宋中叶，苏轼与兄弟苏辙均在朝中做官，前来"走后门"的人络绎不绝，令他们二人不胜其烦。

一次，苏辙的一个朋友来到苏府，想让苏辙帮他谋个差事。苏辙躲着不见，这个人便向苏轼求助。

苏轼没有办法，就把他让进了屋里。苏轼不提找差事的问题，却给他讲起了故事："传说有一个人穷得无以为生，便去盗墓。挖开第一个墓，只见里面躺着一个光着身子的古人，嘴里还念念有词：'你没听说过汉朝杨王子孙轻财傲世，下葬时连衣服都不穿吗？我自己光着身子，还能拿什么接济你呢？'"

求职者听得津津有味，于是苏轼继续讲下去："穷汉又凿开第二个墓，墓中是个帝王，他很和气地说：'我是汉文帝，早已立下遗诏，墓中不入金玉之物，你还是到别处去吧！'苏轼讲到这里哈哈大笑，求职者似乎明白了苏轼讲这个故事的用意，脸上不觉有些发烧。

苏轼又讲了起来："穷汉气得没办法，又去找墓。他发现有两座连在一起的墓，便首先凿开左边的墓，只见一个羸弱的身影走了过来，对他说：'我是伯夷，早年饿死在首阳山下，我怎么能满足你的要求呢？'穷汉只得去挖右边的墓，伯夷劝道：'那里住着我的兄弟叔齐，他的状况和我差不多，我看你是白费力气。'"

听到这里，求职者彻底明白了苏轼的用意，以有急事为由匆匆地离开了苏府。苏轼所讲的故事是"桑"，求职者相当于"槐"。苏轼表面上轻轻松松地讲故事，实际上表明了自己不开"后门"的立场，他最后的几句话巧妙地提醒求职者不要再去麻烦他的弟弟。

日常生活中，要做到拒绝别人既不伤人面子，又能达到目的，实在是一件令人挠头的事。苏轼使用"指桑骂槐"拒开后门的做法为我们提供了一条新路，即不露声色地通过讲述另一件事来表明自己的难处和立场，让求人者听出弦外之音，自然会知难而退。"指桑骂槐"的变通做法，在这方面还是很有效果的。

时珍巧方戏昏官

我国16世纪伟大的医药学家李时珍曾任过四川蓬溪知县，为了继承父志编写《本草纲目》，便毅然辞官返乡。

离任前那天，接任他的知县为李时珍钱行。席间，那位新知县恳求道："久闻李公医道高明，能否为下官开一滋补良方？"

李时珍早闻这位县官是个"酒色财气"四大全的昏官，于是沉思一下，拿起笔来信手开了帖药方。

柏子仁三钱　木瓜二钱

官桂三钱　柴胡三钱

益智二钱　附子三钱

八角二钱　人参一钱

台乌三钱　上党三钱

山药二钱

写好后，笔一搁，便拂袖而走。

那位新知县得了李时珍的一帖"滋补良方"，非常高兴，随即令人去抓药。那人拿到药方一看，不禁一怔，忙说："大人，你被他骂了。"接着解释为什么说他骂的奥妙，这十一味药的头一个字连起来读，就是："柏木官（棺）柴（材）益（一）附（副），八人台（抬）上山。"那县官一听气得直发抖。李时珍以指桑骂槐计着实的给县官开了一剂补方。

柯立芝指桑骂槐

在一次美国白宫宴会上，一位女士与柯立芝总统十分器重的某位大使展开了唇枪舌战。这个女士故意贬低对方，说他粗野、鲁莽、无知。这时，一只大黑猫懒洋洋地来到餐桌旁，靠着桌腿蹭起痒来。

柯立芝转过身，对右边的人说："这只猫已是第三次来这里捣乱了。"

这句话说得很响，在总统左边的那位凶悍的女士听见了，马上安静下来，整个午宴期间，再也没有听到她再大声嚷嚷。

一向彬彬有礼的总统，会在温文尔雅的社交场合突然大声指责起猫来，其中的含义在场人都会心照不宣。这位总统指桑骂槐，既巧妙地表明了对那位妇女无聊争执的反感，又不致影响宴会气氛，可谓是一举多得的妙着。

树形象看重承诺

从厨房里闯出来的美国面包大王凯

瑟琳·克拉克，标榜她自己的面包是"最新鲜的食品"。为了取信于消费者，她在包装上特别注明了面包的烘制日期，保证绝不卖存放超过3天的面包。

起初，这规定给她带来巨大的麻烦。因为一种新产品上市，销路不可能马上好起来。存货一多，严格执行"不超过3天"的规定就相当困难了。尤其是各经销店大都怕麻烦，虽然过期面包凯瑟琳回收，但他们不愿天天检查，换来调去，而宁愿把过期的面包留在店里卖。

许多人还抱怨凯瑟琳未免太认真，一个面包放3天也坏不了，为什么非要3天换一次不可？然而，凯瑟琳还是一如既往，严格要求自己的职工，保证面包的新鲜度。

一年秋天，一场大洪水导致了面包的紧缺，凯瑟琳公司的外勤人员由于没有接到特别的指示，照常按循环表出外到各经销店送刚烘制出来的新鲜面包和回收超过期限的面包。

一天，运货员在几家偏僻商店加收了一批过期面包，返程途中，停在人口稠密区的一家经销店前，立刻被一群抢购面包者围住了，提出要购买车上的面包。

运货员解释面包是过期的，不能卖给大家，反而被误解为想囤积居奇。人越围越多，几个记者也加入其中。

运货员被逼得无奈，只得解释到："各位女士、先生，请相信我，我决不是想囤货投机而不肯卖，实在是我们规定得太严了，车上面包全是过期的，如果她知道了我把过了期的面包卖给顾客，我就会被开除，因此请你们原谅。"

由于大家迫切需要面包，这车面包最后还是在双方的"默契"下，很快被强买一空，但这位运货员也受到凯瑟琳的严厉指责。

事实上，凯瑟琳指责运货员违反规定，卖过期面包给顾客，实际正是"骂"其他面包商的面包不新鲜，从而树立起自己面包最新鲜的良好印象。真可谓用心良苦。

"冒牌"火锅反吃香

重庆火锅，闻名海内外，在重庆市区及其所属各区县的街道上，到处都可见到"正宗重庆火锅"的招牌。到底谁家是正宗，恐怕谁也说不清楚。因此，各家生意并不十分兴隆。可是重庆市的永川县却有一家火锅店，在招牌上写着很大的"冒牌"两字，随后是字形稍小的"重庆火锅"四个字，这家店夹在几家冠有"正宗XX火锅店"之中。这一招真灵，招徕不少顾客，生意十分兴隆，使其他火锅店羡慕不已。

"冒牌火锅店"清楚地知道"正宗"二字水分太重，把这二字一改，便达到"指桑骂槐"的效果，反而得到了顾客的信任。

三菱应变渡难关

在现代商战中，如果对抗双方当中有一方处在极其不利的环境中，随时都有被搞垮的可能，那他们应该怎么办呢？

1872年，日本的岩崎弥太郎经营横滨——大阪——神户——高知间的海运事业。此时，一家半官半民经营的三井系列公司，受到政府的庇护，而且资本雄厚，是岩崎的危险敌手。岩崎弥太郎为了抵抗三井系列公司，采取降低运费的做法，将大阪到神户间的运费由原来的一个人1枚银币，降为一个人只需要天保钱2枚，降低了4/5，最后甚至是免费服务。

他当时的想法是：虽然海运业的利润微薄，但国家仍非常需要海运，将来仍有赚钱的希望。所以即使是财务亏损，即使是在垂死的边沿，弥太郎还是咬紧牙关支撑着，倾全力冲刺。

针对三井系列公司的服务质量非常差，弥太郎立即着手推行"货主至上，旅客至上"的亲切口号，以最佳的服务态度与他们相抗衡。这样，虽然三井系列公司的实力很强，却无法挤掉岩崎弥太郎的海运事业。

就在弥太郎用尽精力和财力，快要崩溃之际，好运降临了——日本政府宣布入侵台湾，指定邮便蒸汽船公司（属三井系列公司）做军事输送工作，但是，该公司因为和三菱（属岩崎弥太郎）的战斗遭受重创，无法负担重任。不得已政府转向三菱要求协助，虽然三菱更是困难重重，他们还是接受了这项委托。

兵事不到5个月就结束了，此举对三菱的影响很大，1874年三菱被指定为官方保护公司，政府无条件地提供12艘轮船，并把邮便蒸汽船公司的18艘轮船给三菱，并且每年提供25万元的航运补助金。

就这样，三菱在海运业界奠定了屹立不动的地位。到了1877年末，三菱拥有61艘轮船，占船总数的75%强，成为一个海上王国。

基于这样的场面，三井系列公司的益田孝对三菱恨之入骨，扬言要搞垮三菱。

由于1881年，政界发生政变，三菱的保护者大隈重信离开内阁。弥太郎因为大久保利通被暗杀，而失去和政府联系的管道。这样，三菱与政府的通道全部中断了；又面临资金丰富的对手三井，三菱不得不面临和三井正面冲突、孤立无援的战斗。

这次的商战可谓是达到疯狂的境界，共同运输公司从英国订购新式的轮船，加入三菱的航线内彼此争斗，并且双方均在同一港口、同一时刻驶向同一目的地。后来演变为速度的竞争，甚至出现过轮船相撞。

运费竞争也愈演愈烈，从神户到横滨间的运费由原来的5元5角降到最后的5角5分。加上此时，官方宣布通货紧缩政策，于是物价下跌，经济活动停滞。

在此情况下，三井和三菱的争斗，使三菱蒙受极大的打击，巨大的赤字累积使他们不得不封闭香港和琉球航线，也逼得三菱江兑交易所倒闭。弥太郎也因负荷不了而病倒。

尽管如此，弥太郎不畏艰难，拼命支撑。

同样，共同运输公司也面临困难，加上他们内部不和，于是共同运输公司的股票就一直下跌，跌到只剩下面值2/3的价值。股东们发觉后都心慌了，纷纷抛出股票。而病床上的弥太郎闻讯后秘令收买共同运输公司的股票,直到弥太郎买共同运输公司的股票过半数,共同运输公司竟然没有察觉。

弥太郎死后,弥之助接受了哥哥的旨意,果敢开战。一上阵就将5角5分的运费,再降至2角5分还附赠礼物,使共同运输公司看得目瞪口呆。

为了快速分胜负,弥之助一边凑齐资金,准备还政府的补助金,同时散布消息:公司准备集体烧船,以要挟政府。

此时正值中日战争,政府哪容许烧船呢?有人提议三菱和共同运输公司合并,三菱没有意见,但三菱运输公司的董事会则提出抗议,尤以益田最为强烈,后来在股东大会的投票上,益田败北,合并成定局。

两家合并后,更名为日本邮船股份有限公司,出资额是共同运输公司6百万,三菱5百万。但支配权反而在三菱这边,因为三菱的股份多。

弥太郎就是先将自己假设在垂死的境界,为了求生存,必定要全力一搏,敲山震虎,因此才能获得最后的胜利,成为日本明治时代经济界最突出的人物。

做娃娃迎合人意

1983年,圣诞老人再度降临世界的前夕,一架波音747飞机由香港飞越太平洋直达美国,这架飞机上满载10万个布制的洋娃娃。这些洋娃娃一到美国,便被人们抢购一空。这种洋娃娃的设计者是美国的一位28岁的青年罗巴士。他为什么知道这些洋娃娃在美国会受到如此特殊的待遇?

首先,罗巴士分析,在美国,因过分强调独立,许多孩子脱离家庭,许多家庭生活便变得寂寞而无乐趣。又由于很多生活在离婚家庭中的孩子,心理上感到孤寂无依,需要精神上的安慰。因此,这些成年人和孩子都一定喜欢布娃娃。

同时,美国的厂商也对消费者的心态做了估计,认为这种布娃娃一旦投放市场,必然会打开销路。于是,美国厂商同罗巴士取得联系把洋娃娃的布料在圣诞节前由美国运往香港,香港方面昼夜加上赶制,然后再空运美国。

除了确立这种洋娃娃必然畅销的想法的同时,设计制造者为迎合人们的心理要求,在制作上大动脑筋。他们把布娃娃塑造成一种有生命的东西,称这种"椰莱头洋娃娃"在实质上不是卖给人们,而是让人们来领"养"。购买者要签署"领养证",保证好好的照顾她(他)。通过办理领养手续,使买者对布娃娃产生一种亲切感。

与此同时,设计者还抓住了消费者的不同心理要求,把玩具设计成极富"个性化"特点的东西,使每个洋娃娃都不重样,并用电脑程序巧妙安排,产生出千万种不同的组合,几乎找不出两个完全一样的洋娃娃。

由于在销售前,有这些巧妙的准备,这种布娃娃一投放市场,立即引起轰动。

布娃娃的零售价竟高达150美元,如有原设计者亲手签名的布娃娃,售价高达3000美元。尽管如此,仍供不应求,创世界销售史上的奇迹。

这个发生在异国的事情，从商战的角度来看，便不失为一"指桑骂槐"的典范例子。厂商的市场指向是"出售亲情"，而暗地里骂的是那些不负责任的父母，迎合了广大消费者的心理，得以开拓了一个很广阔的市场。

第二十七计　假痴不癫①

【原典】宁伪作不知不为，不伪作假知妄为。静不露机，云雷屯也②。

【按语】假作不知而实知，假作不为而实不可为，或将有所为。司马懿之假病昏以诛曹爽③，受巾帼、假请命以老蜀兵④，所以成功。姜维九伐中原⑤，明知不可为而妄为之，则似痴矣，所以破灭。

兵书曰："故善战者之胜也，无智名，无勇功。"当其机未发时，静屯似痴；若假癫，则不但露机，且乱动而群疑。故假痴者胜，假癫者败。或曰：假痴可以对敌，并可以用兵。

宋代，南俗尚鬼。狄青征侬智高⑥时，大兵始出桂林之南，因佯祝曰："胜负无以为据。"乃取百钱自持，与神约："果大捷，则投此钱尽钱面也。"左右谏止："倘不如意，恐沮师⑦。"青不听，万众方耸视，已而挥手一掷，百钱皆面。于是举兵欢呼，声震林野。青亦大喜，顾左右，取百钉来。即随钱疏密，布地而帖钉之，加以青纱笼，手自封焉。曰："俟凯旋，当酬神取钱。"其后平邕州还师，如言取钱，幕府士大夫共视，乃两面钱也。

【原典注释】①假痴不癫：痴，傻子，癫，疯子。装傻而不疯。作为一种权术，装着庸碌无为的样子，掩盖其大的抱负，以迷惑对手。

②云雷，屯：《易经·屯卦》："象曰：云雷，屯，君子以经纶。"其意是：云雷正在聚结，大雨还未下落。象征事业正处在艰难的准备时期，有智之士应当苦心经营。

③曹爽：三国魏人，字习伯。曾掌握兵权。太傅司马懿阴谋夺取兵权，便装出衰弱昏愦的样子。曹爽信以为真，放松警惕。后来司马懿乘机进行兵变，杀了曹爽，夺了兵权。

④三国时，诸葛亮率军北伐，蜀、魏大军在五丈原对垒，魏方主帅司马懿固守不战，目的是拖垮蜀军。诸葛亮意在速战，派人送去妇女的头巾、衣物去侮辱司马懿，企图激他出战。司马懿却收下了诸葛亮送来的东西，并上表请魏主派使到军营传谕不战，终于把蜀军拖垮，只得退军回蜀。

⑤姜维九伐中原：诸葛亮死后，姜维统帅蜀汉军事。他先后九次北伐，皆劳师无功。后被魏将邓艾、钟会所击败。

⑥狄青：北宋大将，1052年，他率兵镇压西南蛮族首领侬智高的叛乱，大胜。

⑦沮：丧气，颓丧。沮师，使士气低落、沮丧。

【原典译文】宁可装作不知道而不去做，不可假装知道而胡乱去做。静静地不暴露自己的动机，暗中策划经营。

【按语译文】假装不知道的，实际上却知道；假装不做的实际上是确实不能去做，或者是将要有所作为。三国时，司马懿假装衰老病昏而杀了曹爽。他在蜀魏对战中，接受了孔明送来污辱他的女人衣物头巾，故意上表请命，坚守不战，从而将蜀军拖垮。所以获得成功。而姜维九次进攻中原，明明知道不可以这样做，却偏偏要轻举妄动，就真像个傻子了，所以他失败了。

兵书说："所以善于作战的人取得胜利，既没有机智的名声，也没有英勇的战功。"当进攻时机未到时，镇静得如同痴人一样。如果装作疯疯癫癫的，虚张声势，则不仅暴露了自己的动机和目标，而且会因为行动混乱而引起大家的猜疑。所以，装痴的必然胜利；装癫的必然失败。有人说：假痴可以对敌作战，也可以用于治军。

宋朝时，南方人崇拜鬼神。北宋名将狄青征伐侬智高时，大军刚到桂林以南，他就假装拜神祷告说："这次出兵，是胜是败没有根据。"便取了一百个铜钱和神约定："若果真能大胜，那么把这些钱扔在地上，钱面都要向上。"左右官员劝他别这样做，并说："如果不如意，恐怕会使士兵沮丧。"狄青不听，全军将士正在抬头观看之时，他挥手一掷，结果一百个铜钱全部是面朝上。于是全军欢呼，声音震动山林原野。狄青也非常兴奋，回头命令左右侍从拿来一百个钉子，依照铜钱分布的疏密，逐个贴地钉牢，

并盖上青纱笼，亲手贴了封条，然后说："等凯旋后，一定酬谢神灵，收回铜钱。"后来，狄青平定了邕州，率领部队回来，按原先所说的那样，把钱取回。他的幕僚们和随行官员们一看，原来都是一样的双面钱。

【传世典故 计名探源】假痴不癫指表面上装做痴呆，愚笨而内心却非常清醒。在军事上指为了麻痹对方或为了隐瞒自己的士兵，而伪装笨拙，但是行动起来却又极其诡秘。

本计计名是从民间俗语"装疯卖傻"、"装聋作哑"等转化而来。在日常生活中，人们为了回避某种矛盾，或者为了度过某种危难，或者为了对付某个势力强大的对手，在一定时期内，故意装作愚蠢、呆痴，行"韬晦"之计，以求保存自己，然后等待时机，战胜对手。传说中的箕子佯狂就是运用此计的一个典型。殷商时期，纣王的太师箕子因无法劝说纣王放弃暴政，便佯装痴傻。一次，纣王作长夜之饮，喝得酩酊大醉，连年月日也忘记了，问左右的人，大家因畏惧纣王凶残，都跟着说不知道。于是，便派人去问箕子，箕子想了一下，也说自己不知道。左右的人感到奇怪，便问箕子道：你明明知道，为什么也说不知道呢？箕子回答说："纣王是天子，他终日沉溺酒色，连年月日都搞不清了，这说明殷朝快要亡国了；一国的人因害怕纣王凶残无道都说不知道的事情，独独我说知道，那我的性命不是危在旦夕了吗？所以，我也假装酒醉说搞不清啊！"这便是箕子使的"假痴不癫"计。以后，人们把它运用于军事上，主要有

两种用法：一是用于举行兵变，主要是作为一种欺骗，麻痹对手，以便自己积蓄力量，等待时机，发起攻击的计谋；二是作为一种愚兵之计。

【名家评点 破解方略】假痴不癫，其核心在一个"假"字。这里的"假"，意思是假装、伪装。假装不情而实际非常清楚；假装不愿做，实际上却是不能做，或等待时机成熟后方可再去做。

此计作为一种政治权谋，为历代政治家所惯用，目的是在形势不利的情况下，装疯卖傻，碌碌无为，避免政敌对自己的警觉，以伺时机，后发制人。

假痴不癫用于军事斗争，常作为老谋深算的策略，能而示之不能，知而示之不知，麻痹敌人，最终取胜。

经典案例 锦囊妙计

小白诈死登君位

公元前686年,公孙无知杀了齐襄公,自立为国君。不久,公孙无知又为大臣所杀。齐襄公的两个兄弟——在鲁国避难的公子纠和在莒国避难的公子小白闻讯后,都想赶快回国去做国王。

鲁庄公为了让公子纠尽快赶回国去夺取君位,特派了一支兵马和十辆战车护送;与此同时派管仲率领另一支人马在莒国去齐国的途中拦击公子小白。

管仲紧赶慢赶,到得即墨时,公子小白已在莒军护送下出了即墨地面。管仲当即扬鞭催马,一口气追了三十里才赶上。气喘吁吁的管仲急忙张弓搭箭,一箭射中小白衣服上的铜钩。聪明绝顶的小白将计就计,用力咬破嘴唇,故意大叫一声,连唾沫带鲜血吐了一身,顺势倒在车上,假装死去。离得远远的管仲,看见护送的莒军手忙脚乱,以为小白必死无疑,赶紧回去报告公子纠。公子纠得到这个消息,就放宽了心,心想国君的宝座非他莫属,于是不慌不忙地向齐国进发。

等到公子纠慢腾腾地来到齐国,才知道公子小白早就到了都城临淄,并当上了齐国的国君。

相如退让交廉颇

公元前275年,秦王派使者通知赵王,愿意在黄河边的渑池友好相会。赵王不想赴会,廉颇、蔺相如建议说:"大王若是不去,就显得赵国懦弱而又胆怯。"赵王于是决定前往,由蔺相如随行。廉颇送到边境,与赵王告别时说:"大王此行,估计加上路上的时间,到会议仪式全部结束,不超过三十天就会回来,如果超过三十天您还没有回来,请允许我们立太子为赵王,以断绝秦国的念头。"赵王同意。渑池相会,秦王与赵王饮酒。酒兴之间,秦王请赵王表演鼓瑟,赵王欣然演奏。蔺相如也请秦王敲击瓦盆来助兴,秦王却不肯。蔺相如厉色说道:"在五步之内,请让我刎颈以血溅大王!"秦王左右侍从想上前杀死蔺相如,蔺相如怒目喝斥,左右侍从都不敢行动。秦王只好非常不情愿地敲了一下瓦盆。直到酒宴结束,秦国终不能对赵国提出非分之求。再加上赵国人也早有大军戒备,秦国终于不敢轻举妄动。赵王回国,加封蔺相如为上卿之职,地位在大将军廉颇之上。廉颇不满地说:"我作为赵国大将,有攻城野战之功,蔺相如原来不过是下层小民,仅以能说善辩竟然位居我之上,我实在感到羞耻,咽不下这口气!"便宣称:"我遇到蔺相如,一定要当面羞辱他一番!"蔺相如听说后,不愿意和他相遇。每逢上朝,常常请病假,不去和廉颇争名位高低。出门在外,远远望见廉颇的车驾,便令自己的车马回避。蔺相如的门客下属都感到十分羞耻。蔺相如对他们说:"你们看廉将军的威严比得上秦王吗？"回答都说：
"比不上。"蔺相如说："面对秦王那么
大的威势，我都敢在大庭广众之下叱责
他，羞辱他的群臣，我虽然无能，难道
单单害怕廉将军吗？我是考虑到：强暴
的秦国之所以不敢大举进犯赵国，就是
因为我和廉将军在。我们两虎相争，必
有一伤。我所以避让，是先考虑到国家
的利益后才去考虑个人的私怨啊！"廉颇
听说了这番话，十分惭愧，便赤裸着上
身绑上带刺的荆条到蔺相如府上去请罪，
两人从此结为生死之交。

蔺相如以国家大事为重，以假痴不
癫之计回避将相矛盾，从而使将相好和，
共同修筑了赵国的文武长城。

庄王绝缨抚臣心

春秋时，楚庄王召开规模盛大的
"太平宴"宴请群臣，所有的文武百官、
宫内的宠姬妃嫔，统统列席，只图尽兴。

席间奏乐歌舞，美酒佳肴，男男女
女夹杂而坐，酒过三巡，美人们不胜酒
力，脸蛋微红，粉颈增朱，莺啼娇滴滴，
罗袖香细细，暖香薰得百官乐而忘返，
饮至黄昏，兴犹未尽。

楚庄王命令秉烛夜宴，还特别叫最
宠爱的两位美人许姬和麦妃，轮流向各
位敬酒。

忽然吹来一阵大风，把所有的蜡烛
吹灭了，堂上一片漆黑，席上有一位官
员情不自禁，轻薄地摸了摸许姬的手，
许姬把手一甩，顺势扯断了他的帽带，
匆匆回座附在楚王的耳旁说："大王，我
刚才奉命敬酒，有人乘机调戏我，我扯

断了他的帽带，可快叫人点起蜡烛，看
谁没有帽带，就是那人调戏我。"

楚王听了，连忙命点烛的不要点，
还大声对众人说："寡人今天设宴，就是
要与各位一醉方休，如果谁的帽带没有
断，证明他没有吃好喝好，玩得不尽兴，
那他就是不给寡人面子。"

百官为了讨好楚庄王，赶紧把自头
的帽带揪断，等到堂上蜡烛重新点着，
只见文武百官的帽带都断了，看不出是
谁曾调戏过许姬。

席散回宫，许姬怪楚庄王不去追查
那个曾经轻薄过她的官员，庄王却笑着
说："你不知道，此次宴会，目的为狂
欢，有人喝多了点，酒后失态，乃人之
常情，如果把那人揪出来，岂不大煞风
景，这又岂不有违宴会原意？"

好一个假痴不癫！

后来楚庄王伐郑，有一健将独率百
人，为三军开路，斩将夺关，直逼郑京
使楚王声威大振，此人即当年轻薄过许
姬的唐狡。为了报答楚王当年不追究调
戏宠妃之罪，唐狡在行军作战中表现得
非常英勇，为楚国的强大立了赫赫战功。

佯疯癫孙膑脱险

年青时的孙膑与庞涓，都投在鬼谷
子门下学习兵法，两人不仅是同窗好友，
还曾结为八拜之交。可是庞涓表面上与
孙膑交好，为人却刻薄妒忌。他自知自
己的才能远逊于孙膑，所以暗地里早就
妒火中烧。学成之后，庞涓先下山到魏
国做了将军，深得魏惠王的宠信，声名
显赫起来。这时墨子周游列国到了魏，

在魏惠王前举荐了孙膑，于是孙膑被任为客卿。这时庞涓深怕孙膑在魏国对自己是严重威胁，如此人得以施展才能，得到重用，会妨碍自己的前程，因此处心积虑打算置孙膑于死地。他经常在魏惠王面前说孙膑是身在魏国，心在齐国，有里通外国之嫌。随后骗得孙膑的亲笔书信，窜改了内容，献给惠王作为证据。惠王信以为真，就让庞涓问罪。庞涓对孙膑施用了膑刑，破掉了他的两块膝盖骨，使孙膑再也无法站立起来，成了废人，还给他脸上刺了字。只是为了骗他写出鬼谷子注释的《孙子兵法》，才留他一条活命。孙膑遭到这样的迫害以后，起初还受庞涓的假面所蒙蔽，为他写下老师私下秘授的《孙子兵法》。幸亏有个庞涓的家丁把事情真相都明白告诉了他，孙膑这才恍然大悟，认清了庞涓的真面目。可是这时他身陷险境，肢体残废，怎么能够摆脱加害呢？他心生一计。当晚只见他突然昏倒在地，忽而大哭，忽而大笑，口中念念有词，却又语无伦次，把写下的兵法统统烧掉，还对庞涓叩头不止，拉住他叫鬼谷先生。这时庞涓生怕有诈，所以让人把孙膑拖到猪圈里，虽污秽不堪，可是孙膑倒头就睡，并且抓起猪粪和泥土就往嘴里送。这使庞涓相信了他是真的疯了，于是慢慢失去戒心，不再严密监视他了。而孙膑以猪栏为家，检污物为食，披头散发，衣不蔽体，时出时入，时哭时笑，一直等到齐国使臣到魏国去时，才悄悄救孙膑逃离魏国。当时庞涓还以为孙膑投水死了，根本没有怀疑到他是逃走了。

当初庞涓以为孙膑从此不能站起来了，而且已经成了疯癫废人，这样就再也不能对自己形成威胁了。可是孙膑在绝境之中，运用了假痴不癫之计，他佯装作疯癫，以此麻痹了庞涓，使他认为孙膑的一生真的就这么全完了。实际上孙膑正是以此计，迷惑住庞涓，留得青山在，立志忍辱负重，伺机报仇，决心在将来的战场上一展身手，与之较量高低。他坚强地活了下来，忍受了难以想象的奇耻大辱。他知道，只要保全了性命，满腹的才学和韬略，必将有用武之地。正是假痴不癫之计，使他得以保全自己，以屈求伸，待机而发。他在逃出魏国回到齐国以后，终于得到显示才华的机会。

当时魏国非常强大，魏惠王成为继魏文侯、武侯之后的诸侯领袖。而齐国素称东方大国，曾有着称霸诸侯的历史。齐威王即位后，他是个雄心勃勃的君主，整顿内政，招纳贤才，使国力很快强盛起来，具备了与魏争霸的条件。而孙膑回到齐国正是这个时候。他首先受到大将田忌的赏识，言听计从。通过赛马，孙膑一鸣惊人。田忌乘机把他推荐给齐威王。他的才智使齐威王极为赞赏，所以马上就拜为军师。

周显王十五年（前354），魏惠王命庞涓为主将，起兵伐赵，包围了赵国都城邯郸，形势非常危急。赵国向齐国求救。孙膑感到他大展才能的机会来了。于是他运用避实击虚、攻其必救的原则，创造了围魏救赵的战略，率齐军直捣魏都大梁。他估计到庞涓一听国都被围，会马上回师，便以齐军主力在其途中必经之地桂陵事先埋伏好，大败魏军。这是孙膑以假痴不癫之计得以脱身后，第一次教训了庞涓，挫败了魏国。

公元前341年，魏国怪罪韩国背叛，没有参加逢泽会盟，就出兵攻打韩国，韩国向齐国求援。齐王出兵，孙膑仍作为军师随军出发。这时魏军的主将庞涓得知齐军又进攻大梁，就回军尾随其后，追击齐军。孙膑巧妙地运用减灶示弱的计谋，引诱魏军紧追不舍，他埋伏主力军队于马陵地区的山谷之中，准备一举全歼魏军。孙膑特命人在路旁大树上写下八个大字："庞涓死于此树之下"，又命理伏好的弓箭手，待一见火把就乱箭齐发。而庞涓果然不出孙膑所料，天刚黑，领兵进入马陵道，一直追至大树底下，并命人点起火把照亮树上字迹，此时齐军弓箭手乱箭齐发，魏军死伤无数。庞涓也身中数箭。他自知中计，斗不过孙膑，愤愧拔剑自杀。这一仗大获全胜，是历史上著名的马陵之战。从此，魏国失去了霸主的地位。而孙膑不仅报了自己的深仇大恨，而且使齐威王代魏惠王成为诸侯领袖，齐国得到霸主的地位。孙膑以此名垂千古。

孙膑在政治上军事上获得极大成功，都是因为他具有出色的智谋和才干。而假痴不癫之计的运用，是他在政治上处于极为危险的境地时，采用的政治韬晦之术，通过装疯卖傻来隐藏自己，保全性命，以此避免政敌庞涓对自己的进一步追害。采用这一计谋，孙膑经过周密的考虑，因为只有这样，才能使庞涓真正失去对他的戒心，放松对他的警惕和管制，以便伺机逃生。而庞涓也果然中了他的计，真的以为他是疯了，而没有杀掉他。并且放松警戒，使孙膑得以逃

出了魏国，最后，孙膑这个刑余之人，在齐国大展才华，终于在战场上与庞涓一决雌雄，成就了显赫的功业，名垂史册。所谓"大丈夫能屈能伸"，孙膑假痴不癫之计的运用，说明他有出众的智谋，同时也具有极为坚毅的忍耐精神，不如此，是不能获得此计的成功的。惟有外表癫狂，内心极为冷静和沉着的人，才能出色地运用此计，在狡猾狠毒的政敌的眼皮底下，达到保全性命的目的。并且终于实现了自己的远大抱负。

孙膑所采用的这一假痴不癫之计，颇类似于苦肉计。但这是他在生命攸关的时候，急中生智而想出的绝妙之计，如果不运用此计，他就无法幸免于难，而后来的赫赫事功，也就无从说起。这是一位极具智慧理性的人，运用奇计脱离险境，绝处逢生的突出事例。

孙膑精心研读《孙子兵法》，所以他能够成功地运用假痴不癫的计谋。孙子云："能而示之不能"。意思是说本来是有能力的，但是却伪装作没有能力，通过掩藏真实的情况，制造假象蒙蔽敌人，麻痹敌人，使敌人上当受骗，达到战胜对方的目的。孙膑假痴不癫妙计的运用，是对《孙子兵法》的发挥，而他在马陵之战中，通过减灶以示弱，诱庞涓紧追不舍，最终战胜了庞涓，运用的也还是这一示弱的奇谋妙计。

通过伪装生病麻痹政敌，造成政敌判断和行动的失误，使自己掌握有利时机，置敌于死地。

装疯卖傻避祸端

箕子是商朝末年国君纣王的叔父，

纣王即位不久，开始使用象牙筷子，箕子看见后，就说："用象牙做的筷子，那就一定不会再用泥土烧制的器具，而是要用犀玉之杯了。用象牙筷子和犀玉之杯，也一定不再吃粗茶淡饭，穿什么粗布短衣，而住在简陋的茅屋之下了。肯定要追求锦衣玉食，高台广室，以此作为标准，物质的追求是无穷无尽的。从此以后，我恐怕他要走上绝路了。"

箕子真是见微知著，纣王果然荒淫无度，他与宠妃妲己过着"酒池肉林"、"为长夜之饮"的腐朽生活。纣王常常喝得天昏地暗，酩酊大醉，甚至连年月日都忘得一干二净，不知当天是哪月哪日，就问左右的人，左右的人都回答："不知道。"纣王就派人去问箕子，箕子想了一下，回答说："我喝醉了，也搞不清今天是什么日子。"使者走后，他的弟子问箕子："先生明明知道今天是什么日子，为什么说不知道呢？"

箕子说："作为天下之主，而使一国失去了时间的概念，天下已到了危急的时候了。但是举国的人都说不知道的事情，惟独我一个人说知道，那我岂不是危在旦夕了吗？所以我推说喝醉了酒，也不知道。"

从这件事可见箕子提防纣王对自己起疑心，已是处处明哲保身了。

纣王晚年变得更加残暴，制定"炮烙"之刑来镇压人民的反抗，还文过饰非，拒斥劝谏，对宗室重臣，同样无情打击。纣王的庶兄微子对这些情况看不惯，多次劝谏他，他根本听不进去。微子为了躲避灾祸，就忧愤出走了。

纣王的另一个叔父，少师比干，认为做臣子的不能不冒死劝谏，于是他苦苦规劝纣王，一连谏了三天不离开，纣王恼羞成怒，命令武士将比干处死，还把他的心剜出来看，说："比干自以为是圣人，我听说圣人心脏有七窍，我倒要看看他的心是不是有七窍。"

纣王的残暴着实令人恐惧，箕子也担心纣王要对自己下毒手，于是他假装疯狂，披头散发，胡言乱语，一点太师的尊严也没有了。他还颠倒行事，大夏天，别人穿着单衣尚嫌热，他却穿着破棉袄，畏缩在火炉旁，不住打颤，口里喊着"冷呵，冷呵。"箕子完全像个疯癫之人。即使如此，纣王还是把箕子关进了大牢。

商朝西边有一个诸侯国叫周，周武王即位以后，招贤纳士，励精图治，使国家很快兴盛起来，武王见商纣王倒行逆施，人民在水深火热之中挣扎，大臣和诸侯与纣王离心离德，感到灭商的时机已经成熟，他与谋臣吕望商议，率领三千勇士、四万五千甲兵，联合八面诸侯，大举讨伐商纣王。纣王发兵在都城殷的郊外牧野抵抗各路诸侯，但士兵们都恨透了纣王，阵前倒戈，反把周兵引入都城。纣王众叛亲离，于是穿上漂亮的衣服，登上豪华的宫殿——鹿台，自焚而死，这个玩火者终于得到了应有的下场。

周武王亲眼看到纣王因暴政失去天下，注意吸取前朝灭亡的教训，因此减轻了政治迫害，对关押在牢狱里的人实行大赦，被羁押几年的箕子总算是得到了他所渴望的自由。

箕子，是第一个有史书记载的成功

运用假痴不癫的政治家，他凭着自己的政治才能，很早就敏锐地从小事看出了纣王必将走向灭亡的道路，但他又回天乏力。比干等人的赤胆忠肠，到头来只落得个剖腹剜心的悲惨下场。鉴于前车之覆，为了保全自己，箕子想出了假痴不癫的奇计，把自己伪装成一个疯疯癫癫之人，目的是为了逃避纣王的迫害，纣王虽然把箕子囚禁了起来，但也没有进一步迫害，最终，箕子还是被周武王从狱中释放，实现了死里逃生的目的。

卧薪尝胆争霸位

黄池（今河南省封丘县城西南七里）这个不起眼的小村庄突然间成为世人瞩目的政治风云中心。公元前482年春，晋、齐、鲁、卫、曹、宋、郑、陈、蔡、吴等十国国君大会于此。各种颜色、奇形怪状的各国旗帜在微风中轻缓地飘动着，可在诸侯会场上国君们却一脸严肃，神情十分紧张。尤其是争当盟主的吴王夫差脸色阴沉可怖，他见晋国不肯退让，心中十分恼怒。几天来，他心急火燎，一连杀掉了七个从姑苏（今苏州市）匆匆赶来报告吴国都城被越国攻破、太子友被俘消息的使者，以封锁消息。他不能再等下去了。于是他拍案离开会场按王孙雒的建议，在会场外布置了强大威严的三个吴军方阵：中军白裳、白旗、素甲、白羽之矰，一望如芦花白雪；而左军皆红，一片如火如霞；右军皆黑，一片如漆如墨。这一招果然使晋军及各国惊骇不已，立即同意请吴王主持会盟。当吴王夫差率先歃血主盟后，各国国君

依次进行之时，吴王却面容凄惨。他心中十分清楚，他已为这一梦寐以求的时刻付出了无法弥补的代价。

公元前491年，卑躬屈膝，辛苦谨慎地侍奉吴王夫差三年的越王勾践终于获准回国了。他犹如出笼之鸟、漏网之鱼般急切切地回到了自己的国家。他要报仇、要雪耻、要灭亡吴国……可暂时却什么也不能做，仍要装出对吴国的忠顺虔诚模样，只能暗地里奋发图强，积蓄力量，等待那可以一逞的时机。因此，勾践在越国实施简政省刑、轻徭薄赋、强国富民的政策；并对外实行结齐、亲楚、附晋、厚吴的全方位外交方针；对内加强国防，造城修堡，选将练兵，使越国军队战斗力迅速提高。为了增加人口，勾践发布了奖励生育、繁殖人口的法令，规定女十七岁不嫁，男二十岁不娶，治其父母之罪。人民生男育女，都有奖赏。生二子，政府代养一个，生三子，代养两个。孤儿寡母，疾疹贫病均由官方收养照料。为不忘报仇雪耻，勾践自己睡在柴草之上，并在吃饭的地方挂上个苦胆，每在吃饭前，总要先品尝苦胆（卧薪尝胆）。经过"十年生聚，十年教训"，越国国富民强，实力大增，已经在寻找灭吴的时机。

对于越国的复兴和准备对吴国的报复如非利令智昏可以说是无人不晓。公元前484年，鲁臣子贡到达越国，便是知道越国将必然攻吴，才说服越王出兵助吴攻齐，一方面可以继续装出对吴国恭顺的假象；另外也可以促使吴王夫差深陷对齐、晋的争霸战争不能自拔。其实早在公元前496年，越王战败求和时，

吴国重臣伍员（伍子胥）便反对吴王夫差对勾践施妇人之仁。他对吴王说："吴之与越，仇敌相战之国，""今不灭越，后必悔之。"但吴王听信早已被越国金钱收买的近臣伯嚭的话，相信越国不会报复。勾践回国后特别注意不断送给夫差优厚的礼物，表示臣服，以麻痹腐蚀夫差，消除他对越国的戒备，并送美女西施、郑旦给他，使他沉溺女色、分散精力。公元前486年吴国欲伐齐，越国赶紧派人帮助修凿邗沟，还象征性地出兵助吴，越王还亲自去吴国致贺，并带着许多宝物对吴国君臣进行贿赂，使吴国君臣个个喜气洋洋。又是伍员看破勾践的用心，深以为忧，提醒夫差警惕勾践"豩吴"，并说："越在，我心腹之疾也。"可夫差不听，反让伍员前往齐国约战。等夫差伐齐获胜归来，受到勾践重贿的伯嚭乘机欲置伍员于死地，在夫差面前极力诋毁诬蔑伍员。夫差一怒之下，竟赐剑伍员，令其自刎！

公元前484年吴齐艾陵之战，吴国大获全胜，更使吴王称霸的野心无形膨胀，他更不把越国放在眼里。到公元前482年春，夫差与晋定公约定在黄池会盟。夫差将吴国的精兵全部带上，只留下些老弱病残，交给太子友守国。太子友说："父王调动全部人力财力北上，越王勾践一旦入侵，吴国将岌岌可危！"夫差已被称霸的欲火烧晕了头脑，哪里还听得进太子的话，吴倾国之兵北进远征，浩荡开拨。

消息传到越国，越王勾践心中十分激动，认为伐吴雪耻的机会终于来到，想立刻出兵攻吴。"五大夫"之一的范蠡仍觉时机未到，赶紧向勾践陈述了自己的看法。他认为：吴王北上兵行未远，一旦听说越国乘虚攻吴，即可迅速回师，可暂缓师期，更待良机。勾践点头称是。数月后，吴王到达黄池，时机终于成熟。越王勾践于6月兵分水、陆两途，近五万大军，大张旗鼓齐头并进。一路由范蠡、后庸率领，由海路入淮河，切断吴军自黄池的归路；一路由大夫畴夫余、讴阳为先锋，勾践亲率主力跟进，从陆路北上直袭姑苏。

越军天至，吴举国惊恐。吴太子友等率5000人到泓上（今苏州市西南）抵抗，他感到兵力严重不足，只宜坚守，并赶紧派人请吴王回兵。6月20日，吴将王孙弥庸不听太子友的指挥。擅自率兵出战，另一将王子地也率部助战，竟意外地击破越军先锋，俘虏了畴无余和讴阳。两日后，越王勾践主力推进到吴郊，王孙弥庸觉得越军非不可战胜，更鼓动太子友全面出击，并说："能打赢，敌人便可退逃，打不赢，再坚守也不迟。"太子友觉得或许可以再胜一战，便不再坚持固守待援，亲自率军杀出营垒。

太子友哪里料到，吴军刚与越军交手，就犹如羊入狼群，身不由己。勾践亲自督战，越军如潮如涌，攻击凶猛，迅速将吴军裹在核心，根本无法招架。片刻之间，吴军死伤殆尽，太子友、王孙弥庸、寿于姚等均成越军俘虏。6月23日，越军乘胜攻入姑苏，只见吴王数年精心修建的姑苏台浓烟烈火，直冲天际。这时，范蠡、后庸所率的越军在江淮之间，掠足了吴国各城军械粮物之后，自邗沟南返抵达姑苏。接着越军在吴都抢修工事，准备在吴王夫差自黄池返回时进行决战。

"黄池之会"终于落下了帷幕。新霸主吴王夫差来不及悔恨自己的愚蠢，立即下令全军迅速返回。尽管已经不再有告急的使者前来，可首邑被占、太子被俘的消息已在军中迅速传开。吴军将士笼罩在一片绝望的阴影之下，哪里还有什么斗志士气。此情此景使夫差反击越军的信心大打折扣，于是便在途中派伯嚭前往向越王求和。范蠡认为吴军主力犹存，还很强大，非朝夕可以消灭，建议勾践同意议和。因此是年冬，吴越议和，越军撤出吴国班师。

吴越战后，越国不但摆脱了对吴国的臣属地位，而且破坏了吴国的经济，歼灭吴国的若干兵力，并得以利用缴获的吴国资财充实自己，提高了最后战胜吴国的信心。吴王夫差自越军退走后，气恨交加，表面上虽息民罢兵，暗地里却密谋备战，准备报仇。不过吴国连年争霸战争，国力已过度消耗，加上内政不修，生产凋敝，整体实力亦无明显改观。

越国国内，为着彻底击败吴国，正在进行着全面的谋划。数年之中，越王勾践除继续施行富国强兵之策，还经常与文种、范蠡、后庸、逢同、苦成等"五大夫"共商进取之计，集思广益，改革政治，整顿军事，部署内政，申严军令。公元前478年，吴国大旱，饥民遍地，怨声载道。越国君臣一致认为，动员全部力量向吴进攻的时机已经成熟，决定大举进攻。命令一下，越国一片欢腾，首邑会稽（今浙江省绍兴市）出现

了父兄昆弟互勉的壮烈场面。

越王勾践假痴不癫、忍辱负重，"十年生聚，十年教训，"终于换来了富国强兵，报仇雪辱的一天。

苏武牧羊执节归

公元前100年，汉武帝赞赏匈奴单于的诚意，派中郎将苏武护送留在汉朝的匈奴使臣回匈奴，顺便携带厚礼，答谢匈奴单于的好意。苏武与副使中郎将张胜及兼充使团官吏的常惠等一齐到达匈奴，将礼品送给单于。单于却认为汉朝惧怕匈奴，显得更加骄横，与汉朝原来希望的截然不同。就在这时，曾经归降汉朝的匈奴缑王和长水人虞常，以及随卫律一起投降匈奴的一些汉朝人暗中商议，想劫持匈奴单于的母亲归顺汉朝。卫律的父亲本是长水地区的匈奴人，卫律本人则因与汉协律都尉李延年关系很好，经李延年推荐，受汉朝派遣出使匈奴。卫律出使归来，听说李延年一家被抄斩，便逃到匈奴。卫律投降匈奴后，很受单于的赏识，被封为丁灵王，经常与他商议国家大事。虞常在汉朝时一直与副使张胜关系密切，于是暗中秘访张胜，说："听说大汉天子非常痛恨卫律，我可以埋伏弓箭手为汉朝把他射死。我的母亲和弟弟都在汉朝，希望他们能得到汉朝的照顾。"张胜答应了虞常的请求，并送给他很多礼物。一个多月以后，单于出外打猎，只有他母亲和部分子弟留在王庭。虞常等七十余人正准备发动政变，不料其中一人夜间逃到宫中，告发了虞常等人的政变计划。于是单于的

弟子们调兵袭击了虞常等人，缑王等全部被杀，虞常被活捉。

匈奴单于派卫律处理此事。张胜听说后，害怕先前与虞常约定之事被查出，赶忙向苏武报告。苏武说："既然发生了这样的事，肯定会涉及到我，如果等他们抓去杀死，那就更加辜负国家的重托了。"于是准备自杀，被张胜、常惠一起阻止。后来虞常果然供出了张胜，单于大怒，召集贵族们商议，打算杀死汉使。匈奴左伊秩訾官说："如果谋杀卫律就要处死的话，谋害单于，那又该当何罪呢？应让他们全部归降。"单于派卫律捎话给苏武。苏武对常惠等人说："如果卑躬屈节，辱没我们的使命，即使活着，又有何脸面再回到我们大汉呢！"说完拔出佩刀刺进自己的胸膛。卫律大吃一惊，一把抱住苏武，急忙召医生前来，并在地上挖了一个火坑，点起炭火，把苏武放在坑沿上，捶打苏武的后背，使瘀血流出。苏武已昏了过去，很久才慢慢苏醒。常惠等人失声痛哭，用轿子把苏武抬回驻地。单于很钦佩苏武的气节，每天早晚都派人来探望慰问，而将张胜逮捕。苏武的伤痊愈后，单于派人劝说苏武，希望苏武归降他们。正在此时，虞常被定为死罪。匈奴就借此机会逼苏武投降，他们用剑斩下虞常的人头，卫律宣布说："汉使张胜想谋杀单于的亲信大臣，其罪当死，单于招募归降，这样才可赦免。"说完举剑要杀张胜，张胜投降了。卫律又对苏武说："副使有罪，你作为正使，也应连坐受罚。"苏武回答说："我本来没有参与其事，与张胜又无亲属关系，为什么要连坐受罚！"卫律又举剑威胁苏

武，苏武一动不动。卫律说："苏先生！我以前背叛汉朝，归顺匈奴，有幸蒙单于大恩，赐号称王，并拥有数万人众，牛马满山遍野，荣华富贵，到这样的地步！苏先生如果归降，很快就会和我一样，否则白白陈尸荒野，天下又有谁知道呢！"苏武闭口不言。卫律又说："你如果听我的话，归降匈奴，我和你就像兄弟一样；如不听我言，以后即使想再见我，只怕都很难了！"苏武骂道："你身为汉朝臣子，却不顾国恩，背叛君主、亲人，投降蛮夷异族，我见你干什么！况且单于信任你，让你裁决别人的生死，你不但不公平处理，反而想挑动两国君主相互争斗，在一旁坐山观虎斗。南越国杀死汉使，被汉灭掉后变为九郡；大宛王杀死汉使，他的人头被悬挂在长安北门；朝鲜杀死汉使，立即招来灭国之祸；只有匈奴还没有干过这种事。你明知我不会投降，却想借此挑起两国之间的战争，只怕匈奴的灾难，将会从我开始。"卫律清楚地知道苏武始终不会受他的胁迫，只得禀报单于。单于见苏武如此忠心，更想争取他归顺，于是就将苏武囚禁在一个大地窖中，断绝苏武的饮食，想逼迫他屈服。当时正下大雪，苏武躺在地上，靠吞食雪片和自己衣服上的毡毛维持生命，几天之后，竟然没死。匈奴人以为有神灵庇护苏武，便将苏武放逐到北海荒无人烟的地方，让他放牧一群公羊，并对苏武说："等到公羊能产出羊奶，你就可以回国了。"常惠等使团中不肯投降的官员，也被分别扣留在其他地方。

公元前81年，当初，苏武被匈奴放

逐到北海牧羊，常常得不到粮食供应，只能靠挖掘野鼠，草根等度日。每日无论是睡觉，还是牧羊，代表汉朝皇帝的符节从不离身，时间一长节杖上的毛缨全部脱落了。苏武在汉朝时，与李陵同为侍中，李陵投降匈奴后，心中惭愧，一直不敢求见苏武。过了很长时间，单于派李陵来到北海，为苏武摆下酒筵，并以乐队助兴。李陵对苏武说："单于听说我与你是多年好友，情谊深厚，所以派我来劝你，单于对你确是诚心相待。你已经不可能再回汉朝，白白在这荒无人烟的地方受苦受罪，你的信义节操，又有谁知道呢！你的两个兄弟早已都因罪自杀；我来这里时，你母亲也已不幸去世；你的夫人年纪轻轻，听说已经改嫁；只剩下两个妹妹、两个女儿、一个儿子，如今又过了十几年，是否还活在人世谁也说不清。人的一生，就像早晨的露水一般短暂，你又何必这样苦自己呢！我刚投降匈奴时，精神恍惚，痛苦得要发疯，痛恨自己辜负国恩，还连累老母身受牢狱之苦。你不愿归降匈奴的心情，未必会超过我！况且皇上年事已高，法令变化无常，朝中大臣无罪而被抄杀满门的就有数十家之多，人人安危难保，你这样做，究竟为的是谁呢！"苏武说："我父子本无才德功绩，全靠皇上栽培，才得以身居高位，与列侯、将军并列，甚至让我们兄弟都可以亲近皇上，所以我常常能够希望肝脑涂地，报答皇上的大恩。如今真幸运有机会以报效皇上，即使是斧钺加身，热锅烹煮，我也情愿接受！为臣的侍奉君王，就像儿子侍奉父亲，儿子为父亲而死，虽死无憾。

希望你不要再说了。"李陵与苏武一连饮酒数日，又劝道："你再听我一句话。"苏武说："我早已料想必死无疑，你如果一定要我投降匈奴，今日的欢聚就到此为止吧，我立即就死在你的面前！"李陵见苏武出言至诚，态度坚决，便长叹道："唉！你真是忠义之士！我与卫律实在是罪大于天！"不觉泪湿衣襟，给苏武留下牛羊数十头，告别而去。后来李陵又来到北海，告诉苏武汉武帝已经去世。苏武一连数月，每天早晚面对南方号啕大哭，甚至吐血。

壶衍鞮单于即位后，他的母亲行为不正，国内分崩离析，常常害怕汉军前来征讨，于是卫律为单于献计，要求与汉朝和亲。汉使来到匈奴，常惠暗中面见汉使，报告实情，并让使者对单于说："汉天子在上林苑射下一只大雁，脚上系着一块绸缎，上面写着苏武等人现在某湖泽之畔。"使者大喜，按常惠的话责问单于。单于大吃一惊，环视左右侍从，然后向汉使道歉说："苏武确实还活着。"于是只好同意将苏武及马宏等人放还。马宏也是以前汉朝派往西域各国出使的光禄大夫王忠的副使，因使团受到匈奴军队的拦截，王忠战死，马宏被俘，也一直不肯投降匈奴。所以匈奴这次将苏武、马宏二人放回，目的是想向汉朝表示他们和亲的诚意。当时，李陵摆设酒宴祝贺苏武说："如今你返回祖国，英名传遍匈奴，功劳显扬汉朝，即使是史籍所记载、丹青所描画的古代名将也难以超过你！我虽然愚笨怯懦，假如当年汉朝能宽恕我的罪过，保全我的老母，使我能够忍辱负重，春秋时曹沫劫持齐桓公于柯盟的壮举正是我当时念念不忘的志向。谁知汉朝竟将我满门抄斩，这是当世最残的杀戮，我对汉朝还能有什么眷念呢！如今一切都已过去，现在只不过是想让你知道我的心情罢了！"李陵泪流满面，与苏武告别。单于召集当年随苏武前来的汉朝官员及随从，除已经归降匈奴和去世的以外，共有九人与苏武一同回到汉朝。苏武一行来到长安，汉昭帝以牛、羊、猪各一头诏令苏武，以最隆重的仪式祭拜于汉武帝的陵庙，封苏武为典属国，品秩为中二千石，并赏赐苏武钱二百万、公田二顷、住宅一所。苏武被扣留匈奴共十九年，去时正当壮年，归来时头发、胡须已全白了。霍光、上官桀过去都和李陵交情很好，所以特派李陵的旧友陇西人任立政等三人前往匈奴劝说李陵回国。李陵对他们说："回去容易，但大丈夫不能两次受辱！"最后终于老死在匈奴了。

苏武以顽强的意志，以假痴不癫之计，保持自己的信义节操，终于迫使单于放其归国，留下了顽强不屈的千古佳话。

以屈求伸遂大愿

刘秀（前6～57），字文叔，南阳蔡阳（今湖北枣阳西南）人，汉宗室。王莽末年农民大起义爆发后，他和他的哥哥刘縯乘机起兵攻城略地，散发檄文，宣布王莽的罪状，不久就成为南阳豪强集团的首领。公元23年他们已经有十多万人的汉兵，声势不断地扩大。在这种情况下，起义军将领商议要立刘姓人做皇帝。南阳和下江的豪强、主将都拥戴刘秀的哥哥刘縯，而其他将领却因为害怕刘縯严明，阻止他们掳掠财物，于是蛮横地拥立了懦弱无能的刘玄做了汉帝，号称更始帝。

更始元年（23）三月，更始帝刘玄派刘秀等分别率人马攻打昆阳。王莽见事危急，便率领百万大军，来与汉军决战，而昆阳城内汉军不足万人，将士急忙报主帅刘秀，建议放弃昆阳。但刘秀从容自若地对诸将说："我军固守昆阳，兵少粮缺，突遇强敌，全靠大家并力抵御，方可取胜。如今宛城尚未攻下，援军一时不会来到，如果昆阳失守，敌必逼我而打围宛城之部，那时情势就危机了！"他又说："坚守绝非死守，眼下需派出数人，出城请援。"于是就秀等13人趁王莽军立脚未稳，突然冲入敌阵，左冲右突，冲出重围。

十天后，他带着一千多援军，又杀回昆阳城下。令一名弓箭手向城上射书，谁知箭杆折断，书信掉落在莽军阵中。士兵们把书信送到主帅手中，主帅一看，大吃一惊，只见信中写道："呈国上公主王麾下：宛城已破，陛下即令大军来解昆阳之围。我引前锋且先冲杀，大军片刻即到。"这消息不胫而走，莽军大乱。刘秀带领一千援军，以一当十，直冲莽军大营。汉军大获全胜，这就是历史上著名的昆阳大捷。这一仗，刘秀凭借其谋略家的勇气和智慧，以少胜多，把莽军的主力几乎全部摧垮了，为东汉的兴起奠定了基础。

更始帝刘玄最大的特点是嫉贤妒能。宛城攻克不久，他借口"大司徒刘縯久有异心"，下令将战功卓著的刘縯谋杀了。刘玄的这种举动，主要是怕刘縯和刘秀兄弟夺取他的皇位。

刘秀在昆阳得到长兄刘縯被杀害的消息，几乎昏厥，但当着信使的面，他极力克制自己，他恨刘玄，恨新市、平林将领，更恨策划谋杀的刽子手朱鲔和卖友求荣的李轶之流，他恨不得立即起兵报仇。但稍一思索，立即想到自己的处境，他此时还是寄人篱下，羽毛未丰，稍有不慎就会身首异处，何况那些杀害刘縯的人，一定正在窥测自己，伺机找借口除掉他，斩草除根。他必须保存自己，留得青山在，不怕没柴烧。于是他忍辱负重，以屈求伸，强行压抑自己的真实感情，用假象来迷惑敌人，立时去宛城向刘玄请罪。新市、平林的将领原来估计，刘秀一定会起兵为刘縯报仇，那时正好以此为由杀掉他，想不到刘秀却主动跑到刘玄面前请罪，这倒使原来磨刀霍霍的新市、平林将领们手足无措了！刘秀抓住刘玄性格上的特点，让他充当挡风墙。果然，刘玄对自来请罪的刘秀安慰了一番，说："这是刘縯的事，与你无关，你回去好好休息吧。"刘秀这第一步的韬晦就取得了成功。接着，当刘縯的属官来吊唁时，刘秀不露声色，还口口声声只说自己有罪，也不为刘縯服丧，饮食与谈笑如常，这种装傻扮憨的假象，又进一步麻痹了敌人，隐藏了自己。他们终于放了心，而刘玄颇有愧意地封刘秀为武信侯，任破虏大将军。

一日，刘秀带人巡视到邯郸附近，听说王朗诈称汉成帝后代，自立为天子，定都邯郸，并以封十万户的代价悬赏捉

拿刘秀，因而刘秀无法进城。可是大家饥饿难忍，刘秀便自称是邯郸派来的使者，与大家一起若无其事的走进传舍。传吏开始时信以为真，备好酒饭，他们便如狼似虎般大吃起来。见此情景，传吏顿起疑心，想出一个办法来考验他们是不是真使者。这时只听外面十通鼓响过，一个高喊："邯郸将军到！"刘秀手下人大惊失色，拔腿就跑。刘秀站起身一想，邯郸将军如果真来到门外，怎能跑得出去，他又坐定，泰然对传吏说："邯郸将军既到，请入见。"传吏无可奈何，一面假意逢迎，一面出去让人关上大门。幸亏门人不肯听从，他们才得以走脱。

刘秀这种以屈求伸和以智取胜的策略，在他创建东汉王朝过程中屡加运用，他能够"忍小愤而就大谋"，遇事不慌不乱，终能化险为夷。

在更始三年（25）初春，刘秀在河北正式与更始帝刘玄决裂。原因是长安政坛混乱，四方背叛，不少人自立旗号，不再听从刘玄的号令。刘秀以谋略家敏锐的政治眼光，把握住有利时机，着手在河北扩大势力和扩充地盘。

为了扩充自己的军事力量，刘秀收降各地的地主武装，兼并其他农民起义军，将俘虏的敌兵将士放回去，从不乱开杀戒。他还骑马走访各营，和将士们亲切交谈。这些农民出身的义军首领，深为刘秀这种豁然大度作风所感动，都死心塌地归顺。

刘秀对手下将领的劝进，早有考虑，他清楚要真正坐上皇帝的宝座，不但要有实力，更要得人心。到更始三年（25）

四月，形势对刘秀愈来愈有利，他却迟迟不称帝，其原因就是缺少让天下人信服的应天命的"符谶"。符谶自汉兴以来，一直为人们所看重。直到关中书生强华，得到一条"赤伏符"，专程送来河北之时，刘秀见时机成熟，这才答应称帝的事。在同年六月，刘秀在群臣的拥戴下，举行了隆重的登基大典，是为光武帝，建国号"汉"，改年"建武"，史称东汉。刘秀称帝以后，虽然在军事上取得了一些重大胜利，但作为一个头脑清醒的谋略家，并没有过于乐观。他是在戎马倥偬之中立国的，当时来不及认真考虑整个国体的设计，当他得知前密县的县令卓茂在治理国家方面很有才能时，便千方百计将其请来，拜为太傅，可见他对人才的重视。

刘秀想尽各种办法发展农业生产。他特别注意奴婢问题，禁止主人残害奴婢，还多次下诏释放奴婢，目的当然是为了增加农业生产力。他又下诏令各州郡检核垦田顷亩及户口年纪。建武三十二年他下令修明堂、灵台和辟雍。明堂是帝王宣明政教的地方；灵台是观象台、天文台，后来张衡在灵台观测天象、研究天文仪器，取得了很大成就；辟雍是皇家大学。刘秀的这些做法，促进了中国文化和经济的发展。

公元57年2月，在位三十四年的光武帝去世了，终年六十三岁。

刘秀，这位中兴汉朝的光武皇帝，他一生所建立的功业，应该说是非常辉煌的。作为一代封建帝王，他的做为，当然有一定的历史局限。但刘秀在建立和中兴东汉王朝的艰辛经历中，淋漓尽致地发挥和运用了自己的谋略智慧，以其文治武功，无可辩驳地跻身于中国古代谋略家的行列。应该提及的是，刘秀一生不尚空谈，身体力行办实事，始终采取以智取胜、以战为辅的策略。假痴不癫忍小愤而就大谋。这些，都是一个谋略家所应具备的作风和品德。为此他的晚年，不像一些帝王那样，喜欢吹嘘自己的政绩，而是公开承认"百姓怨气满腹"，说自己"无益于民"。这丝毫没有损伤他所创立的丰功伟业，反而更增加了他作为一个杰出的政治谋略家的光彩。

韬光隐晦好安身

东汉时，北海王刘睦好读书，礼贤下士，平素得到光武帝和汉明帝的喜爱。当时，西域与东汉王朝通好，鄯善王送自己的儿子到洛阳作为人质。

按照规定，北海王要派使者到京师去祝贺。使者临行前，刘睦问他："如果皇上问起我，你怎么说呢？"

使者回答道"大王忠心孝顺、仁慈善良，敬重贤良，我怎么能不如实汇报呢？"

刘睦听到此言，马上打断他，插话说道："你如果真的这样说了，那我就危险了。你如果想为我好，就只能说我自从继承王位以后，意志衰退，喜声色游乐。只有这样，我才能免遭横祸。"使者连连称是。

刘睦不愧是官场上的老手，他对韬光养晦之计十分谙熟，他知道皇家子弟为王的，如果有好名声，威望越高，越会使皇帝放心不下，因为他有可能威胁到皇帝的位子。俗话说："树大招风"、"人怕出名猪怕壮"、"出头的椽子先烂"，为了保全自己，还是夹紧尾巴做人吧。

司马装痴除政敌

三国时，曹芳即位，为魏明帝。当时，司马懿和曹爽同执朝政。

司马懿是三朝元老，为曹家天下立下了功勋，羽翼众多在朝廷举足轻重；曹爽是先帝直系，皇亲国戚，自幼出入宫廷，很得明帝宠幸。他蓄养了五百多门客，何晏、邓扬、李胜、丁谧、毕范、桓范等六人为智囊团，参与机密大事的策划。

一天，何晏对曹爽说："主公现如今手握军政大权，正是施展抱负的时候，可惜只是多了一重牵肘，无法专意推行，现在如不及时巩固势力的话，今后万一发生困难，恐怕就为时晚矣。"

曹爽听后，嘿嘿一笑，道："先生之言我已明理，可司马公和我同受先帝之托，万万不可使司马公难过的。"

何晏上前一步说："难道主公不想想令先翁（曹真）当年是给这老头气死的吗？"

曹爽听后，猛然省悟，心想司马懿既容不得老子，哪还会把我放在眼里？随即进宫朝见魏明帝，先把司马懿称赞一番，最后奏请明帝将司马懿调做太傅。

当时朝廷编制，太傅位于三公之列，是掌管文官的。而太尉是掌管兵权的。曹爽此计，是把司马懿明升暗降，剥夺了他的兵权。

魏明帝准奏之后，兵权尽归于曹爽。曹爽大喜，立即走马换将，任命自己的弟弟曹义为中将军，曹训为武卫将军，曹彦为骑将军。各管三千御林军，随便出入宫廷。又任命自己的门客何晏、邓扬、丁谧为尚书，毕范为司隶尉，李胜为何南尹。至此，军政大权尽在曹爽掌握之下。

司马懿见此情况，推病不出，两个儿子司马师、司马昭亦在家闲闷。

曹爽大权在握后，骄横专权，气焰不可一世，渐渐连明帝都不放在眼里了。

是年秋天，李胜升调为青州刺史，曹爽叫他去司马懿处辞行，实为探听消息。

司马懿接到通报，知道是曹爽的人来访，就对两个儿子说："这是曹爽对我不放心，派人来打探我的动静，你们都回避好了。"

随后将头冠摘去，披头散发，拥被坐在床上，叫侍女搀扶着，请李胜入见。

李胜进来拜见后，大吃一惊："一向不见太傅，只知偶患小疾，谁知病到这般。今下官调做青州刺史，特来向太傅辞行。

司马懿佯答："并州是在南方吧，挺远的。"

李胜说："我是去青州，不是并州！"

司马懿笑了，说："噢，你是从并州来的？"

"李胜大声说："是山东的青州。"

司马懿听了，说："是从青州来的？"

李胜心想，怎么病得这么厉害？侍女告诉他，"太傅已病得耳朵都聋了。"

李胜说："拿笔来。"随后写了给司马懿看。

司马懿仔细看了李胜递过来的纸片，笑着说："啊，是去青州，你看我病的耳朵都聋了，听不见了。"

随后，大咳，又把手指指口，侍女将他扶起，端汤碗给他喝，司马懿嘴直哆嗦，将汤泻了满床。哽咽了一会儿，司马懿示意李胜近前来，说："我老了，病又这么重，恐怕也活不了几天了，我的两个儿子不成器，还请先生多多训导照应，如先生见了曹大将军，千万请他多多照顾我这两个儿子。"说罢，又摔倒在床上，喘息起来。

李胜拜辞回去，来曹府将情况报与曹爽，曹爽高兴万分，说："此人若死，我就放心了！"从此后，对司马懿再也不加防范。

司马懿等李胜走后，从床上跳下，对两个儿子说："曹爽中了我的假痴不癫之计，至此曹爽对我再无戒心了，你们要加紧习武，等待机会，我们再东山再起。"

曹操痴愚计取胜

曹操一生足智多谋，工于心计，是中国古代政治家中，善用计谋取胜的典型人物。他毕生用计甚多，如："诈死计"、"隔岸观火"、"将计就计"、"反间计"等等。更屡次运用假痴不癫之计，往往假戏真做，以计取胜。以下几个例子，足以说明。

东汉末年，统一的帝国已经无法维持。东汉王朝的统治，在公元184年爆发的震撼全国的黄巾大起义中分崩离析，州郡牧守和地方豪强形成割据势力，在镇压农民运动的同时，相互之间展开了错综复杂的兼并战争。出身于四世三公大贵族的袁术，因遭曹操、袁绍夹击，率余众退屯寿春（今安徽寿县），割据扬州（今长江下游与淮水下游间），建安二年（197）称帝，自号仲家。当时称霸兖州的曹操，以汉室丞相身份，率军征讨袁术。由于袁军坚持，战争相持了很长时间。曹军粮食告急，军心涣散。曹操心生一计，在典仓吏（负责粮食供应的官）身上打主意，他把典仓吏叫来，说："现在我军粮食紧缺，军中议论纷纷。我发现你身上有一样东西，可以消除这些不满情绪，不知道你愿意献出来吗？"典仓吏马上忠心地说："只要是能替丞相解忧分愁，我什么都舍得拿出来。"于是曹操恶狠狠地说："我要借你的项上人头来派用场！"话音刚落，还没等典仓吏意会过来，曹操即挥刀将典仓吏的头砍了下来。随后令人到军营中四处散布："典仓吏克扣军粮，证据确凿，丞相已把他杀了。"兵士们听后都大骂典仓吏，同时赞扬丞相铁面无私。这样，军中的怨恨情绪很快就烟消云散了。

一次，曹操亲自率领大军征讨张绣。正值盛暑天气，长时间的行军途中，一直没见到水源。将士们口干舌焦，十分难忍，都几乎走不动了。曹操也心急如焚，担心这样下去，势必影响士气，对征战不利。猛然他想出一个主意，传令道："前面有座大梅林，咱们赶到那里，大吃一顿酸甜的青梅，就可以解渴了。"士兵们听说有梅子，嘴里都自然地生出唾液来，就不感到那么口渴难耐了。"于是，大家振作精神情绪饱满地往前赶路。终于发现了水源，解决了喝水问题。后来的成语"望梅止渴"，就来源于这个故事。

曹操疑心很大，自从把持汉室朝政以后，无时无刻不在提防别人暗算他，即使是亲信和贴身侍卫，曹操也都怀有戒心。曹操曾对侍卫们说："在我睡觉的时候，你们不要随便走近我，如果有人靠近我，我就会在梦中跳起来杀人，你们服侍我的人千万注意。"一天，曹操躺在床上假装熟睡，故意把被子掉在地上。一个侍卫想要为他盖上被子，可是刚走到床前，曹操猛然跳起来把他杀了，接着又躺下睡了。等到醒了的时候，曹操又故作惊讶地问道："是谁把我的侍者杀了？"从此以后，曹操睡觉的时候，再也没人敢走近他。

还有一次，曹操对别人说："如果有人要谋害我，我会有预感，我的心会颤动。于是，他对一个平时他所亲信的侍者说："你怀里藏着一把刀，悄悄地走到我身边，我说心动，卫士们会把你绑赴刑场，那时候你什么话都别说，我保证你不会出什么问题，而且我还要好好报答你。"那个侍者信以为真，按他的话做了。结果，侍者一句话没说，就被杀掉了。侍者至死都不知道，这是曹操用的计谋，而左右的人还以为侍者是真正想要谋害曹操的人，因为他临死连一句冤枉都没喊。

曹操屡次运用假痴不癫之计，都成功地达到了预期的目的。

借人头稳军心，是当曹操知道军中粮食匮乏，军心浮动时，他明知道粮食紧缺，是因军粮没有运到，他也明知道典仓吏忠心耿耿。可曹操假作不知，且利用典仓吏的忠心，诱他上当。杀了他，还散布他克扣军粮，嫁祸于人。借人头，稳定军心，消除不满情绪，同时还为曹操自己树立了威信。

"望梅止渴"，是当行军途中军队缺水时，曹操明知道前方没有梅林，而假说前面有梅林，这样迷惑将士们，是为稳定军心，鼓舞士气，以利征战。他真正的意图是取得战争胜利。

曹操为保护自己，提防别人谋杀他，他就假布迷阵，说他梦中会起来杀人，杀了人又故作惊讶，其实他根本没有睡。更有甚者，他说如有人谋害，他会有预感，心必颤动。为进一步地使人坚信不疑，他假戏真做，和一亲信侍者约定，只要按他的指示做，将会给他好处。其实他存心借人头，保护自己，慑服部下，不惜让亲信侍者背黑锅。这和借人头，稳军心的事例是异曲同工。足见曹操诡计多端，谋略出众。

刘备假愚待时机

刘备在历代帝王之中，素以仁厚见称，史书说他少言寡语，善待下人，喜怒不形于色。其实这正是他聪慧的表现，也说明他性格的成熟和狡诈。正因如此，他曾多次在危难中随机应变，巧妙地躲过灾难，得逃性命。

刘备早年在还没有独树一帜的时候，便因勇武而小有名气。一次，因张纯反叛青州（治所在今山东临淄），刘子平知道刘备勇武善战，就把刘备推荐给负责讨伐张纯的从事官。在与张纯兵将交锋时，刘备受了伤，他趁乱军冲突之际，佯装已死，混在死尸之中，后来被救出，才免于被乱军所杀，捡了一条性命。

刘备曾一度和曹操共事，曹操举荐他为左将军之职，因他是汉宗室中山靖王之后，见汉末国势衰微，皇权旁落，便立志寻机恢复汉室江山。但因时机不成熟，实力薄弱，无法和曹操等割据势力抗衡，他只好先韬光养晦，在京城中装作毫无进取之志，安于现状的样子，整天或饮酒宴乐，或和关羽等人以种菜为乐，以免遭曹操等人疑忌，惹来杀身之祸。这时，汉献帝的舅舅董承和刘备暗受献帝衣带诏，准备相机诛除曹操。刘备在身怀衣带诏回返住处时，被曹操邀请去饮宴。刘备虽然十分惊恐，可又不敢不赴宴。席间，曹操从容自如，侃侃而谈；刘备则有如芒刺在背，坐立不安，因心怀鬼胎，精神上处于高度紧张状态。曹操边和刘备饮酒，边和刘备讨论当时谁是天下英雄，刘备敷衍搪塞，列举了一系列当时割据一方的军阀，诸如袁绍、吕布、公孙瓒等，以图蒙混过去，快点脱身。可是曹操对刘备所举的人一个也不予首肯，刘备不得已，便问曹操："你认为如今谁是天下英雄？"曹操用手指了一下自己，又指了一下刘备，说："当今天下英雄，只有你我两人。"刘备本因衣带诏事内心恐慌，现在又被曹操点破心事，吓得失手把筷子掉在地上。这时，正巧赶上外面响起雷声，刘备趁机说："迅雷烈风一定有变化，确实是这样啊。听到一声雷响就到了这种地步，真是见笑了。"刘备随机应变，用假痴不癫之计巧妙地把刘备自己心事被揭穿后的失态掩饰过去。刘备因此知道曹操已经了解自己胸怀大志，不甘久为人下，他害怕以后再生变故，曹操不会再轻易放过他。不久，他趁曹操还没有对他过分怀疑时，乘机向曹操讨要了一支军队，离开了许昌。

羲之装睡免于死

祸福往往是瞬间之事，面对突如其来的灾祸，一般的人无法忍受，则会慌张行事暴露自己，而小小年纪的王羲之则有过人之处，能够面对灾祸，机智对付。

王羲之的家族，是东晋有名的望族，他的两位伯父是拥立司马睿建立东晋的佐命功臣，一位叫王导，任东晋宰相；另一位叫王敦，任大将军，掌管东晋的兵马大权。当时社会上流传着"王与马，共天下"的说法。王氏家族在东晋政权中，权势之盛，地位之高，无与伦比。

王敦虽已位极人臣，享尽荣华，但他的野心很大，把眼睛瞄着金銮殿上的宝座，一心想尝尝当皇帝的滋味。王敦的谋士钱凤，一直在给王敦问鼎的野心鼓动打气，他自己也存心借此捞个开国元勋。二人气味相投，成为知己。

初夏的一个早晨，王敦起床不久，钱凤急如星火地走进王府大门，直奔客厅而来，王敦得报后立即到客厅与他见面。钱凤欲言又止，向王敦使了个眼色。王敦抬起右手挥了挥，几个仆人都知趣地退了下去。二人关起门来，谈起了

"谋反"的机密。

钱凤用极为神秘的口气，小声地对王敦说着。钱凤带给王敦的似乎是一个不祥的消息，王敦听着听着，眉头也渐渐地皱了起来。二人情绪紧张，叽叽咕咕地谈了好一阵子，王敦突然神情激动地站了起来，手一挥，正在开口说话，突然停了下来：原来他透过窗子，看到对面房间里垂着的帐帏动了一动，这使他想起侄儿王羲之还在床上睡觉。

王羲之这年才十一二岁，平时最受王敦器重。王敦把聪明机灵、悟性极高的王羲之，看作是维持王家世家大族地位的"荣誉"标志之一，是王家下一代人中的佼佼者。因此，经常把王羲之带在身边，留他在自己府中生活。这一次，王羲之已连续几天吃住在王敦家中了，他的卧室恰好紧挨着客厅。当钱凤到来时，因为双方都很紧张，王敦便把王羲之在屋里睡觉的事忘得一干二净。直到王敦站起身来，看到帐子动了一下，才想起来。于是，王敦大惊失色，对钱凤说："不好！羲儿还在这里睡觉，我们刚才说的话，让他听去了可怎么办？"

策划起兵、夺位，是一件冒天下之大不韪的事，一旦走漏风声，策划者的身家性命将彻底毁灭，王敦和钱凤对此是十分清楚的。经王敦一提起，两眼射出凶光的钱凤对王敦急促地说："大将军，计划泄漏出去，我们就死无葬身之地了。量小非君子，无毒不丈夫啊！"钱凤怂恿王敦去杀王羲之。

半晌，王敦没有吭气。

"大将军，要成大事，不敢作敢为不行。当断不断，反受其乱啊！"钱凤焦急地催促王敦下手。

听了钱凤的话，王敦心一横，脚一跺，说："对，不能儿女情长。"接着转头向着王羲之睡觉的那个房间点点头，"羲儿呀，你就莫怪我这做伯伯的无情无义了！"王敦说着"飕"的一声，拔出了寒光逼人的青龙宝剑，提剑直奔王羲之睡觉的床前，钱凤紧随其后。

王敦在后撩起帐帏，正待挥剑砍下去，却突然停了下来。原来王羲之这时发着微微的鼾声，睡得正香甜哩，头歪在一边，胸脯随着均匀的呼吸一起一伏，王敦掀起帐子，王羲之也毫无反应。王敦爱怜地望着十分钟爱的侄儿，庆幸自己的密谋并没有被侄儿听去，于是，打消了杀侄儿的念头。王敦收回宝剑把它插入鞘中，拉着钱凤的手走了出去。

真玄啦，王羲之差一点就成了伯父王敦的刀下鬼了。实际上，打钱凤进门时起，王羲之就已醒来，无意中偷听到了伯父与钱谈话。王羲之很快意识到了自己的处境非常危险。

当王敦提剑向他走来之时，王羲之紧张的心几乎堵住了嗓子眼，他尽力使自己平静下来，两眼闭着，神态自若，完全像睡着一样，一点破绽也没有露出来。王敦因此才没有下手。

王羲之以自己的机警，避免了一场无妄之灾，保住了自己的小命。

元恭装哑登帝位

公元531年，骚动不止的北魏朝廷由尔朱世隆又拥立了一个新皇帝——节闵帝元恭。

朝臣以及京城洛阳的士民对此都十分惊讶：广陵王元恭不是一个什么事也不懂的哑吧吗？

确实，多年来人们所知道的元恭是一个哑巴，住在龙华寺内，跟什么人也不来往。作为北魏一代英主孝文帝元宏的侄儿，王室嫡支的这位亲王，对寺外天下的纷纷攘攘，朝中的争权夺势，似乎是麻木无知。其实这些都是假相，是元恭装出来的。

元恭装哑是在八年前。那时朝中元父擅权，排斥异己，皇族宗亲多被残害。元恭无力相抗，惟有逃避一途。于是，有一天他忽然得了哑病，一句话也说不出来，而且人也变得痴呆愚笨了。后来大将尔朱荣迎立元子攸为孝庄帝，子攸听京都有谣言传说龙华寺中有天子气，派人前去监视元恭，也没发现他装哑的破绽。就这样，元恭得以在纷乱嚣攘的争夺杀戮缝隙中，安全地存活下来。

等到禅位诏书送到元恭的面前，他仍推辞不受。后来看推不掉，才跟随官车驾入宫。新皇登基，一般都是对前朝人物翻案重评的时候，权臣尔朱荣，曾被前孝庄帝设计诛杀，引起了尔朱氏作乱。现在的节闵帝元恭是尔朱荣堂弟尔朱世隆所立，尔朱世隆当然想为尔朱荣翻案。但元恭看了由人起草的赦文，不赞成尔对朱荣之死一事的评说，竟然勃然发怒说："永安帝（孝庄帝年号）亲手翦除凌主强臣，不算什么大过错。不过是天意不让魏室之乱平息，他才遭到弑杀罢了！"想元恭八年缄口，一出言竟如此铮铮朗朗，群臣又惊又喜暗自庆幸有了明主，尔朱世隆也不敢强加挟控，

只是请追赠尔朱荣，元恭答应了。

可惜元恭在位不足一年，就被高欢废掉了。高欢击败尔朱兆大军，入居洛阳之前，曾派人前去察看。使者回报说，魏主元恭姿容气度均非凡庸，恐将来难以控制，于是高欢便不愿意让元恭居帝位了——可见，元恭这种八年装哑的功夫，也只是能保住性命。

朱棣装病起大兵

明太祖朱元璋死后，因继承人皇太子朱标早已亡故，由长孙继位，是为惠帝，改年号建文，亦即建文皇帝。建文年纪虽小，却相当精明，他知道自己的环境，在十多个王叔的威胁之下，地位处于动摇未稳之势，为使皇权免于受控制，在黄子澄等策划下，大刀阔斧来个削藩运动，把那班老叔父按其危险性程度，流放的流放，杀的杀，逐步把这批对皇朝有威胁的势力肃清，只有宁王和燕王因环境特殊，还未敢遽然下手。

燕王朱棣眼见各位王兄王弟一个个倒了。兔死狐悲，此趋势迟早要轮到自己，与其等死，不如先发制人。他的军师道衍以军备未足，时机尚未成熟，劝他再等机会，因此暂时隐忍，秘密练兵，预备行事。

有一次，燕王照例派亲信葛诚入京奏事，见了建文帝，建文帝有意收买葛诚，便召他进入密室，对他说："如果你能把燕王的活动情况及时报告于我，将来升你为公卿。"葛诚说："食君之禄，担君之忧，臣愿效犬马之劳，此次回去，必密报燕王举动，为陛下做内应。"

葛诚回到燕京后，怂恿燕王入京（南京）见帝，以释嫌疑，此计无非想驱羊虎口。燕王与道衍商议，道衍力主不去，燕王却说："此时我举兵，便当举兵，若不能举兵，不如暂往一回，料他也无奈我何。"因此便毅然进京，果然有人怂恿建文帝将他扣留，但建文帝犹豫，一时又找不到借口，于一个月后，便放燕王返回燕京。

燕王相当精明，他最清楚自己的处境，一回来就诈病，病得很厉害，此举无非使朝廷不疑他有变。

建文帝虽放走燕王，却也时刻防备，并不因他"病重"而松懈。用了一个调虎离山计，以边境防卫为名，把燕王所属的劲旅调了一部分离开北京，派亲信工部侍郎张昺为燕京布政使（行政长官），谢贵为都指挥（城防司令），把文武两权夺了过来。又制造借口把燕王的得力部属于谅、周铎两人杀了，罪名是阴谋叛变。

燕王眼见这种夺权把戏，无非因自己而发，为保全性命起见，便诈癫扮傻，溜出王府，整天在街边游荡，口出狂言，见物就抢，十足一个疯子。有一次，出门几天都没有回来，众人到处寻找，只见他睡在泥淖里，扶起来他还在骂："我好好睡在床上，干吗要抬我出去？"

张昺和谢贵知道此事，便入宫去探病，想看个究竟。这时是暑天，只见燕王穿起皮袄，围炉而坐，还身子发抖，牙关打颤，不停地说天气太冷了。

他们认定燕王是真病，防备稍为放松，但葛诚认为燕王根本没病，这是装病扮傻，用意难测，切勿让他瞒过。

张昺于是具报明廷，建文帝便立即采取行动，密令城防副司令张信下手。那张信过去乃燕王的亲信。接到密令，犹豫不决，他的母亲见此情形，问明底细，劝他要饮水思源，不可忘恩负义，他便把事情拖延下去。

建文帝见还没有消息，又再下密旨催张信，张信火了，说："朝廷为何逼人太甚？"乃愤然去见燕王。守门的不准他进去，张信大声说："你们只管去传报，说我张某有要紧事求见！"

燕王召见张信，却仍卧在床上，不说半句话。左右说："殿下正患风疾。"张信明知其诈，便说："殿下不必这样，有什么事，可对老臣直说无妨。"燕王打量他的神气，并无恶意，才开口说："这场病真惨，已有几个月了。"张信见他仍不肯露真情，心一急，便流起泪来，率直告诉燕王："殿下，事到如今，还不说真话，大祸真的已临头了。"顺手拿出建文帝的手谕来，说："朝廷命我擒拿殿下，如果你有意，就要坦诚相告，让大家想个办法，否则便肉在砧上，宰割由人。"

燕王一见连忙下床，向张信叩谢，急召军师道衍入室，商量救急之计。密议结果，由张信增兵王宫，说是严密监视，实际上是保护燕王的安全，进一步定计要除掉张昺和谢贵这两位朝廷命官。

外弛内张的情势，已到一触即发的地步，张信暗里要保护同党人的安全，即晚下令把燕王的部将全体逮捕，说是有造反嫌疑，要押赴朝廷处决。这一着无非掩人耳目，他又暗中派出精壮士兵，埋伏在东殿两旁，宫门内外，密布便衣警探。第二天，说燕王的病已好了，要召见张昺和谢贵，商议如何把这批阴谋造反的将领押解入朝。

张谢两人虽然不疑，但也有防备，带了很多卫兵前往，到了礼端门，燕王扶杖把他们迎进去，卫队却被拒于门外。宴会行酒间，一片欢乐气氛，左右献进几个西瓜，大家都吃起来，燕王忽像有所感，停食站起来，气愤愤说："想起我目前的处境，有吃都难以下咽，就是做老百姓，兄弟叔侄间也应该互相怜恤。我身为皇帝叔父，反而要惶恐度日，今皇帝待我这样，国家还有什么希望呢？"说完将手上的西瓜往地上一摔。

这原来是个暗号，两旁埋伏的士兵一见，即拥了出来，不由分说就把张昺、谢贵等斩首，再揪出葛诚来，一同处斩示众。随即宣言，起义兵、清君侧，直向南京进军，不久便攻破皇城，逼得建文帝削发为僧，化装逃亡海外。燕王抢了帝位，是为明成祖。

徐达佯醉破彦忠

朱元璋败陈友谅之后，转兵东指，进攻张士诚，想先发制人，下令元帅徐达由淮安出兵攻泰州。

泰州守将史彦忠见徐达兵强势大，不敢交锋，一面派人向姑苏求救，一面下令据城固守。

徐达兵抵城下，每日令人叫骂讨战，彦忠只是闭门不出，徐达只得传令兵士于城南七里外安下大营，众将纷纷献攻城之计，徐达说："泰州坚固异常，且兵多粮足，强力攻城，徒然牺牲士卒，不如慢慢设计取之。"

双方僵持约半个月，徐达见史彦忠不出战，众军无事，便令冯胜领兵一万去攻高邮，过七八天，又命孙兴带兵马一万去扼守淮安，再向部将常遇春、汤和等说："史彦忠虽是东吴善守之将，我自有破敌之计，但要令将士严守秘密，不得透露半句。"随后附耳说如此这般。

次日，徐达传令各营，说敌军既不出战，这么耗着，我们也只得以军营为家，眼下新年已到，除夕之夜，大家宜尽情欢乐，迎接新年，高歌畅饮，以乐元宵。

因此，从除夕起，全军解甲休兵，敲锣打鼓，一连七八天都在饮酒作乐。史彦忠的探子看到这种情形，一一向主将汇报。史彦忠大笑道："不料徐达如此草包如此糊涂，怎可任为大将呢？既然敌人这般骄傲自满，全无斗志，不必再等援兵了，一举就可以破他！"

他虽然这么说，心中尚怀狐疑，怕情报不实，于是把儿子史义叫来，吩咐说："现令你去敌营探听虚实，你拿这封信交给徐达，借口我们要献城投降，且看看他们的动静。"

史义独自带了降书径直到了徐达营前，守军知是来投降的，也不加阻挡，史义直入营中，沿途但闻笙歌聒耳，好不热闹，军士们都在进行戏剧表演，装生扮旦，只见徐达元帅，和一些部将喝得醉醺醺的，也没有人上前盘问他，史义直走到桌旁拿出信来递了上去，徐达一见，醉眼蒙眬地问："……你是什么人？"

史义答："小人是史彦忠帐下的，奉

命前来送信。"

徐达取信看后大笑起来，随即敬史义一杯酒，问："你们主帅什么时候来投降？"

史义答："明天。"

徐达立即向军中大声宣布说："泰州已投降，大家应该痛快地宴饮庆贺，明天还需增加十桌筵席，再宰牛杀猪款待来降的将士。"

史义被送出营，回城见史彦忠，把徐达军营里的情况详细报告一番，史彦忠听了非常高兴，说："今晚不杀徐达，枉做大丈夫。"

正月初八夜晚，史彦忠领二万兵来劫徐达大营，正中徐达、汤和的重兵埋伏，死伤无数，待史彦忠杀出重围赶到泰州城下，城头早已易帜，常遇春已攻破泰州城并杀了他的儿子史义，史彦忠进退无路，伏剑自刎。

唐寅装疯免于难

明朝文学家唐寅，字伯虎。年轻时，唐伯虎和同乡不拘小节的书生张灵，纵酒放荡，不事科举，经祝允明劝说，考中了乡试第一，即解元，后因科场案牵连下狱，从此断送了一生的政治前程。唐伯虎虽然在科场中不能有所作为，但他的才气、名声以及"点秋香"的风流韵事却广为流传。

闲居苏州的唐伯虎突然有一天接到宁王朱宸濠的重金聘礼，他以为自己怀才不遇、抱恨终生的日子该结束了，到了施展自己的政治才华的时候了，所以欣然前往南昌去宁王府做官，他哪里知

道祸事不远了。

原来，明太祖分封诸王时，十七子宁王封在大宁，当时太祖褚子中，以燕王最为善谋，而以宁王最为善战。燕王靖难起兵之时，用计将宁王迁到北平，把大宁给了朵颜三卫，后来又迁宁王到江西。到了明孝宁弘治年间，朱宸濠嗣宁王位。武宗时，他见皇帝整日沉湎于酒色之中，不理朝政，就认为有机可乘，想要图谋不轨。

朱宸濠先通过向宦官刘瑾行贿，恢复了原来已被夺去的护卫，但是刘瑾倒台以后，护卫又被取消，于是他又勾结皇帝身边的亲信钱宁，终于又恢复了护卫。当时的术士李自然、李日芳等人胡说他有奇异的相貌，合该为天子。又说南昌城东南有王气。宁王本是个有野心的人，这些下属们投其所好，漫无边际的吹捧使他的野心迅速膨胀起来，他特地在南昌城东南建立起一座阳春书院，并且用重金招聘人才，装出求贤若渴的样子，唐伯虎素有才名，自然也在宁王的收买拢络之列。

唐伯虎到了南昌后，朱宸濠在各个方面对他给予优厚的待遇，视为上宾。但是唐伯虎在南昌住了半年以后，渐渐感到气氛不对头。宁王经常强抢民间田宅子女，豢养一群强盗，在江湖上打家劫舍，当地地方官员无人敢管，任他胡作非为。眼见宁王的所作所为，都是不法之事，唐伯虎料定他日后必会阴谋反叛，暗地里叹息道："此地是火坑，不可久留。"他清楚地知道，倘若自己公开辞职还乡，必然引起宁王的猜疑，弄不好人头落地，怎么能够脱身呢？

唐伯虎决心仿效战国时的孙膑，于是佯作疯狂，忽哭忽笑，言语颠三倒四，起居饮食异常。朱宸濠派人看他是否真疯，只见他赤身裸体，在众目睽睽之下抚弄生殖器，往地上撒尿，尔后又抓起污物来吃。

朱宸濠听到手下人的描述，确信唐伯虎真的疯了，遂起了怜悯之心，把他送回家乡。

后来，明武宗正德十四年（1519）六月，宁王果然发动叛乱。他以庆贺生日为名，设宴诱骗地方官员进府，随后将不从反叛的官员全部杀掉，并亲率舟师去攻打安庆。当时明朝巡抚都御史王守仁与吉安知府伍文定急忙派兵会剿。王守仁先将朱宸濠的老巢南昌攻下，不久捉住了朱宸濠，平定了叛乱。宁王事发后，那些他礼聘为上宾的所谓名士们，都被列为逆党，无一幸免。只有唐伯虎，因为早有察觉，及早地佯狂脱了身，所以没有受到株连。他在苏州桃花坞筑室而居，终老于故乡。

唐伯虎本是一介书生，经历了科场案后，唐伯虎的政治敏锐性和辨别力有所提高，他看到朱宸濠养兵蓄财，胡作非为，就推断宁王必有异志。唐伯虎不愧是一个大事不糊涂、头脑清醒的才子，然后他假痴不癫，佯狂装疯，做出惊世骇俗之举，总算蒙骗过了宁王，得以自保。

假痴不愚诛和珅

乾隆末期，一些满汉官员不择手段地榨取钱财，收受贿赂，贪赃枉法，对鼎盛的大清王朝造成了很大威胁。富可敌国的大学士和珅的贪恣尤为令人发指。

和珅是满州正红旗人，姓钮祜禄氏，字致斋。由于其祖高尼牙哈那建有军功，他承袭了一个三等轻车都尉的世职，但他本人在乾隆中叶还只不过是咸安宫官学学生，乾隆三十四年（1769）才被选为銮仪卫充当校尉。一天，乾隆皇帝要坐御轿出行，黄盖却找不到了，于是厉声责问："究竟是谁的过失？"和珅应声插嘴："典守者不得辞其责！"皇帝循声看去，觉得和珅仪度俊雅，不禁有点欣赏，一路上问他"五经"、"四书"，和珅奏对得也很不错。巧言令色的和珅，从此逐渐得到乾隆的赏识和信用，很快地当上了仪仗总管侍卫、副都统、侍郎。乾隆四十一年（1776），又在军机大臣上行走，不到一年多便由尚书授大学士，逐渐成了一人之下万人之上的宦官，专擅朝权。儿子丰绅殷德，还娶了乾隆的第十个女儿和孝公主。自此之后，和珅更是外结封疆大吏、领兵大员，内掌官吏任免，财政收支、刑法诉讼、谏议策划、政令公文。其弟和琳当了都统，其亲家苏凌阿当了大学士，甚至他早年的师傅也当上了御史、侍郎之类的京官。真是"一人得道，鸡犬升天"。

和珅威权之重，以至每天上班入朝，文武官员都要伺立道傍，夹道迎送，人们戏称迎送的人墙为"补子（补服）胡同"。和珅权越大，胆也越大。他拼命地榨取钱财、收受贿赂，就连皇子永锡要承袭肃亲王爵位，也要给其送房送礼。他还私扣皇帝的贡品。和珅为人刁钻刻薄，滥用职权，肆杀无辜。但由于他受到乾隆的重用信任，朝野上下敢怒不敢言。

乾隆六十年册立皇十五子颙琰为皇太子，以明年为嗣皇帝嘉庆元年，即1796年颙琰继位为嘉庆皇帝，乾隆退居太上皇。颙琰册立为太子时，和珅预知其事，先跪进玉如意，隐然以拥戴为己功，颙琰以其泄漏机密，心甚恶之。即位后，军国大事一听上皇主持，而和珅又以权相当国，恃宠骄甚。颙琰非常痛恨其擅权跋扈，但碍于乾隆，强为容忍，为消除和珅的戒心，与和珅竭力周旋，遇有奏上皇者，皆由和珅代白。左右有非议和珅者，颙琰说："朕方依相国理四海，何可轻也。"和珅荐其师吴省兰为颙琰录诗草，藉以观动静，颙琰知其意，吟诗不露圭角，稳定和珅。有一日早朝后，乾隆单传颙琰与和珅入见，乾隆闭目口中喃喃而语。颙琰极力谛听，终不能解一字，久之，乾隆忽启目说："此人何姓名？"和珅应声答："徐天德，苟文明。"后颙琰问和珅其意，和珅答："上皇所诵为西域秘咒，诵此咒则所恶之人在千里之外亦当无疾而死或有奇祸，奴才知上皇持此咒，必为教匪头头，故以二人之名答对。"颙琰闻之，知和珅亦娴此术，益存必杀和珅之心。

嘉庆四年（1799），89岁的乾隆帝驾崩，颙琰欲证和珅之罪而未得其隙，又恐迟且有变，因下谕诏，其大意为："太上皇英明仁慈，恩德备施，但太上皇年高仁慈更甚，以致文臣武将言过饰非，陈功摆德，内外蒙蔽，上下欺骗，致使匪乱不断，殃及良民，武政废驰，这些又有上皇近臣为之缓颊，目无法律，克扣军饷，贪赃枉法，使国日衰，所以特着各部院大臣着实查办举劾以修武政、安天下。"谕下，举朝震惊。御史郑葆鸿、给事中王念孙等列款弹劾和珅，三天之后，嘉庆皇帝就宣布和珅20大罪，把他逮入监狱，十天之后下令赐死。在查抄和珅家产时，金银、田产、房屋、店铺、器物、服饰累千盈万，仅其夹壁藏金就有26000多两，地窖藏银300余万两，私库藏金6000多两，和珅全部家财有8亿两之多，所以有"和珅跌倒，嘉庆吃饱"的民谣。

在时机未成熟之时，嘉庆采用"假痴不癫"的计谋，不露声色，一旦时机成熟，快刀斩乱麻，铲除了跋扈朝堂的奸妄之人。

蔡锷假痴脱虎口

在中国政治史上，运用假痴不癫之计，脱离虎口，转赴云南，发动护国战争的著名将军就是蔡锷。蔡锷字松坡，湖南邵阳人。1911年武昌起义爆发，他在云南起兵响应，建立起云南军政府，被公推为云南都督。在此期间，他对省政有所兴革，恩威并重，颇受军民爱戴。由于他在军界享有很高威望，又倾向革命，所以窃取辛亥革命果实的袁世凯一直对他放心不下。1913年，袁世凯便以组阁为理由，调蔡锷进京。企图以明升暗降，严加监视，妥为控制等手段软化他。从此，蔡锷用假痴不癫之计与袁世凯周旋。

袁世凯窃取中华民国正式大总统职务之后，仍不满足，又加紧复辟封建帝制的活动，要当"洪宪"皇帝。他的倒行逆施，引起全国各界的公愤。但袁世凯的追随者们纷纷上劝进表章。当时蔡锷被软禁在北京，他不得不假意上劝进表，并通电云南，晓谕自己的部下拥戴帝制。他本来是倾心革命，反对复辟，醉心共和的人，一旦违背自己的信仰，加入到劝进者的行列，其内心隐痛可想而知。但为了麻痹袁世凯，1915 年 8 月 15 日，蔡锷又特邀袁世凯的心腹唐在礼和其他一些在京高级将领，发起赞成帝制、拥护袁世凯的签名活动。他亲自写下"主张中国国体宜用君主制者署名于后"的题款，并签上了"昭威将军蔡锷"六个大字。不久，他还以经界局督办身份代表全局和陆军训练总监蒋雁行等八人联名上书袁世凯，敦促他当机立断，迅速变更国体，实行帝制。9 月 16 日，蔡锷又在宴请各省代表 80 多人的宴会上，再次发表同心协力在中国实行君主立宪政体的意见。这一系列的假象，都是蔡锷韬光养晦的谋略，弄得袁世凯晕头转向。他怀疑蔡锷与他为敌，但又抓不住把柄。他怕蔡锷拥护帝制不是出于诚心，因此，在财政紧张之际，又给蔡锷所兼督办的经界局 600 万经费。在袁世凯来说，他用的是收买英雄的手段，不能不说想得周到。但没料到，恰恰是为虎添翼，蔡锷把这笔钱秘密汇往云南，作为他日后举事的经费。

为进一步迷惑袁世凯，蔡锷深自韬晦，只见他纵情声色，饮酒狎妓，在八大胡同流连忘返。当时北京很快传出了他与一代名妓筱凤仙的桃色新闻。蔡锷对此并不辩白，处之泰然。表现出一副胸无大志，乐不思蜀的庸人姿态。与此同时，他还购置田产，用重金买下别墅，日夜监工修茸，宣称将"金屋藏娇"。并常出入于琉璃厂古董铺，购置名人字画、古玩金石，做出打算长住京城的样子。更有甚者，不久北京城内法庭上出现了一件奇怪的事，即蔡锷与夫人口角，为的是蔡锷留恋妓院，有辱门风，不治家业，抛弃骨肉，因而闹到法庭要求离婚。蔡母也表示不满意儿子沉迷声色，于是和蔡夫人及子女一起，当即收拾行李，嚎啕出门，离开了京城。这使袁世凯大为得意，说："我以前把蔡锷看成是英雄，现在看来，也不过是斗筲之器罢了。从此后，我可以高枕而卧了。"而在充分施放烟幕掩护之下，蔡锷曾极其秘密地潜出北京，赶赴天津，与先期转赴天津的梁启超等人密议了在云南、贵州策动起义，通电全国，反对帝制，宣告独立的计划。会议之后，又悄悄返回北京，继续担任他在政府里的职务。他与京、津反袁势力暗中频繁联络，与西南军政人士密电往还，被袁世凯的鹰犬探出了蛛丝马迹。袁世凯立即派一伙武装军警，突然闯入棉花胡同蔡锷住宅，翻箱倒柜，检查函件、电报，企图抓住蔡锷鼓动反对袁世凯的把柄，结果一无所获。对此蔡锷愤然责问、抗议，袁世凯只能枪毙几个肇事的爪牙来搪塞。

形势所迫，京城不能再逗留了。但蔡锷深知，在他的周围坐探密布，一举一动都受着监视，要脱离虎口。何其难耶！必须机智地运用谋略。于是他继续运用假痴不癫的计谋，用假象和韬略迷惑敌人，等待时机。恰好这时，他身患喉疾，于是他以治病为借口，先请假五天，五天后照常办公，但一面又向袁世凯呈请到天津治病，理由是病情加重，精力难支。袁世凯批准他续假七天，到天津治疗。这样蔡锷就名正言顺地公开离开北京，实现了南下云贵的第一步。蔡锷走后，有人就提醒袁世凯说："蔡锷一去，无疑是纵虎归山。"袁世凯一听大惊，又后悔起来。立即派出密探赶赴天津，探听虚实。结果发现，蔡锷有时住进医院进行治疗，有时还出现在灯红酒绿的酒巴和妓院。蔡锷这种自损形象的瘴敌之计再次奏效，蒙蔽了袁世凯。其实蔡锷在天津期间，不仅派人赶往云南、广西联络起义，并把自己的照片和指挥刀等物，一起寄给了已回湖南老家的母亲，抱定为捍卫共和制度而献身的信念。

下一步蔡锷开始计划如何从天津脱身。为蔽人耳目，也为安全起见，蔡锷不能直奔云南。于是他采用取道日本、香港等地，再转赴云南的办法。即使到这时，蔡锷还在与袁世凯敷衍周旋。一天，他经过化装，不仅改换了姓名，还换上了日本的和服，登上了日本商船"山东丸"，踏上了去日本的旅途。临行之前，他电告老友周仲狱，请周以他的名义，草拟续假三个月赴日本就医的报告转呈袁世凯。袁世凯看人已离去，木已成舟，无可奈何，只得批准给假两月。蔡锷又给袁世凯上呈文，说："锷病根久伏，不是旦夕间所能治愈。北京天寒地冻，孱弱之躯实难适应……近见日本天气温和，气候宜人，山水清旷，并且设有治疗胃病肺病的专科医院，这于治疗和调养十分相宜。这次航海东流，实为

病魔所迫，一旦身体恢复，就及早回国任职。"见到这份报告，袁世凯啼笑皆非，但事已如此，鞭长莫及，只得顺水推舟送个人情，要他调养痊愈，望早日回国。蔡锷在东渡日本的旅途中，为预防万一，把装有重要证件的行李箱，交同行的人携带，以便在遇到危险时设法脱身。在抵达日本后，避开新闻界，杜门谢客，表示此次赴日确为治病而来，决无政治目的。为提防在日本的袁记特务，蔡锷再次换装，离开东京到达横滨。为掩人耳目，他让他的朋友以蔡锷的名义住进东京医院。又为了继续麻痹、稳住袁世凯，蔡锷在横滨一口气写了许多信件，让朋友每隔几天就给袁世凯寄去一封，说明自己在日本的就医情况，衣食住行，以及旅途中的所见所闻。就这样，一面继续蒙蔽袁世凯，暗中蔡锷却早已离开日本，转道香港、河内、进入云南了。当袁世凯得知蔡锷已不在日本的情报后，立即指示在香港、云南的爪牙，责成他们拘捕、杀害蔡锷。但为时已晚。不久，由蔡锷等人策划、发动的"护国运动"，在云、贵地区蓬勃兴起，湖南、四川相继响应。在全国人民反对帝制的革命洪流配合下，很快打破了袁世凯当皇帝的美梦。

为掀起声势浩大的护国运动，蔡锷不顾个人安危，进行了比真枪实弹更惊心动魄的智斗，又万里辗转跋涉，终于摆脱控制，逃离虎口，这神话般的经历，充满传奇色彩与危险。在这过程中，蔡锷通过一系列韬光养晦的举动、假象来掩盖内心的抱负。以纵情声色，购置田产、与妻子离婚等等，来掩饰自己的真

实面目，先麻痹敌人，随后安全地把家眷送回了老家。他自己以极大的忍耐，甚至自损的牺牲精神，表面上屈从，暗中密谋起事，表现了他为事业而献身的大智大勇。蔡锷之所以达到了预期的目的，正是他运用假痴不癫之计得当，以假象掩盖了真相，伺机而动的结果。一个聪明的政治家，深谙"小不忍则乱大谋"的思想，在政治时机未到之时，善于拖延、等待、沉默、忍耐，甚至不得不做出违心的政治表态，这种缓兵待机的涵养，是政治人际交往中的高超艺术表现。蔡锷正是这样。假如他只知"壮士见辱，拔剑而起"，"大丈夫宁折不屈"，那蔡锷就很难实现他的远大理想，一切将是另一番景象了。

装失态蒙骗沙皇

1805年，拿破仑与第三次反法同盟作战。奥俄联军大败，拿破仑乘胜追击奥俄军至奥斯特里茨。年轻的沙皇亚历山大调来了精锐的近卫军和其他增援部队，自认为实力超过拿破仑，是取胜的绝好机会。

当时的联军内部，关于下一步的作战行动问题，出现了两种截然不同的意见。60岁的俄军名将、联军总司令库图佐夫主张暂时避战，如法军来攻，应继续撤退，摆脱仍处于全军覆灭的危险境地。而年轻气盛的联军参谋长魏洛特则认为拿破仑惯于声东击西，虚张声势，实际上法军早已疲惫不堪，战斗力大大削弱，且联军数量上已远远超出法军，主张立即转入对法军的进攻。

此时的拿破仑正在密切注视着亚历山大的动向，决定以假象迷惑敌人，寻找时机，消灭强大的敌人。

11月3日，拿破仑结外交大臣塔列兰写信，承认法军目前处境十分困难，正面敌人兵力占绝对优势，两翼敌人咄咄逼人，两支普鲁士大军也跃跃欲试。

同时，拿破仑命令法军部队从某些前沿阵地开始后撤，做出被迫退兵的样子，并故意散布法军兵力不足，需要收缩战线的流言。

11月25日，拿破仑派其侍卫长萨瓦里将军打着休战旗前往联军司令部，向年轻的沙皇亚历山大递交一封国书，建议休战，要求与俄军讲和，请亚历山大派全权代表进行谈判。

亚历山大看到拿破仑要求讲和，认为拿破仑已经害怕，现在正是歼灭拿破仑的最好时机，虽然库图佐夫竭力反对，但亚历山大不予理睬。

亚历山大派自己的侍卫长道戈柯夫公爵进行回访，进行象征性的谈判，同时也嘱咐这位心腹，注意观察拿破仑的动静。

拿破仑在会见道戈柯夫公爵时，抓住时机，制造假象，进一步欺骗对手。

拿破仑首先表现出自己十分疲劳一副精疲力竭的样子，同时，他又故意摆出大国皇帝的样子，以示不能丢失尊严。他巧妙地回绝了沙皇使者的要求，坚持不能放弃意大利和其他一些占领地的立场，在一些枝节问题上表现一定的让步妥协。

会谈之后，沙皇使者认为拿破仑外强中干，外表虽然故作威严，但实际上已心中有虚。道戈柯夫公爵兴奋地向亚历山大报告了他关于拿破仑信心不足和胆怯的印象。年轻的沙皇高兴地蹀来蹀去，并向侍卫长敬酒致谢。

数日后，俄、奥皇帝经过会晤，决定立即向"正在退却的、削弱了的拿破仑军队进攻"，从而中了拿破仑的计谋。

12月2日，在奥斯特里茨村以西、维也纳以北120公里的普拉岑高地周围，展开了大会战。这是拿破仑战争史上最著名的一次会战。

拂晓之前，俄奥联军开始进攻，大有不可一世之势。

胸有成竹的拿破仑在望远镜里密切地注视着敌军的行动。大约上午7时半，当他发现普拉岑高地俄军防御力量十分薄弱时，他立即命令两个加强师占领了高地，从而把敌军切成两段。俄军受到侧面攻击，秩序大乱，向西方溃逃。当时俄国沙皇和总司令库图佐夫以及他的司令部都跟在这支纵队之后，因而失去了对联军的控制，首尾不能相顾。

拿破仑完全控制住普拉岑高地之后，随即命令近卫军和骑兵师及两个步兵师向敌人展开全面的猛烈的进攻。将北段4万多敌军团团包围并压缩到狄尔尼兹半结冰的湖泊上，湖泊上的冰块被法军炮火击碎，致使敌军整团整团的淹死、被击毙和生俘。

俄奥联军在几小时内被全歼，俄国亚历山大和奥地利弗兰西斯两个皇帝狼狈逃跑，总司令库图佐夫受伤，险些被俘。奥斯特里茨战役中俄奥联军8.2万人，死1.5万人，被俘2万人，损失大炮133门，余众四处逃命。

夜幕降临了，一切都结束了。拿破仑在一群元帅、近卫军将军的陪同下，在从四面八方跑来的士兵的欢呼声中，踏着人和马的尸体视察了战场。

奥斯特里茨战役结束的第二天，奥地利皇帝要求休战，拿破仑当即同意，条件是要求所有俄军撤出奥地利，退回波兰。

12月26日，法奥在普莱斯堡签订和约，奥地利把威尼斯割让给法国，拿破仑将其并入意大利王国。

法奥的普莱斯堡和约结束了第三次反法联盟，并导致德意志神圣罗马帝国的终止。

奥斯特里茨战役使拿破仑赢得了欧洲第一名将的荣誉。在这次战役中，拿破仑突出地表现了指导战争和指挥作战的非凡才能。作为政治家，他成功地利用"假作不为而将有所为"的手段，诱骗敌人，影响着形势的发展，为自己赢得胜利创造了条件。作为军事统帅，他巧妙地运用了作战指挥艺术，在战略上以少胜多、在战术上以多击少，为彻底打败敌军奠定了基础。

"愚蠢"福特发大财

1908年10月，福特汽车公司成功推出T型车成为市场上的抢手货，第一年就销出6000部，创下历史最高纪录。以后每年都几乎以比上年翻一番的速度递增。到1913年止，福特汽车公司的T型车生产了近20万辆，全部销售一空，而市场依然供不应求。福特汽车公司的事业如日中天。

这时，1914 年初的一个周末下午，福特由他刚满 20 岁的独生子埃德赛尔陪着，到工厂巡视。因为工厂不断扩大生产规模，努力提高产量，工人周末不能放假，连星期天常常也要用来加班。

他们巡视完工厂后，埃德赛尔不无忧虑地说：

"爸爸，工人们看你的眼神不太对劲，您注意到了吗？"

经埃德赛尔这么一提醒，福特也突然有所发觉，说：

"你这么一说，我似乎也觉得有点奇怪，到底是怎么回事？"

"爸爸，您曾和职工们沟通过吗？"

"以前常和他们交谈，但是最近因为职工人数激增，很少再和他们交谈。"

"我倒常和他们交谈呢？"儿子说。

"那很好啊……他们有什么反映吗？或者抱怨什么吗？"

埃德赛尔沉默了几秒钟，福特回过头来注视他。

"抱怨倒没什么，但由于工作量不断加大，T 型车十分畅销，反而员工们情绪低落了。"

"为什么？"父亲有些惊讶地问，似乎也意识到了什么。

"工人们不是机械呀，即使机械也要时时上油呢，何况是人。他们都是有家庭、老婆、孩子，但他们不得不把大量时间花在工厂里，难免对工厂的劳动制度有所不满。"

"不满？难道工运激进分子已潜入工厂，准备起来闹事了吗？"当时正是工人反对资本家剥削而纷纷起来罢工、游行的高峰期，福特不得不十分警醒。

"不是的。"

"那么，是怎么回事？"

"爸爸，您最好去问问主管人苏伦森。"

福特知道苏伦森是一个非常出色的管理人员，他工作勤奋努力，技术上也是一把好手。但有一点令人担忧的是，他是个工作狂，他一周干 6 天，白天不休息，晚上还要熬至深夜，星期日、节假日也不例外，他要求工人们也如此，主张一周工作时间应为 60 小时，他不过问职工们的想法，经常武断地要求职工加班加点，职工们对这种夜以继日的劳动制度早已不满，如今快到了无法忍受的地步。

埃德赛尔看到了山雨欲来风满楼的迹象。福特也意识到问题的严重性了。

第二天星期天，福特突然传下命令：所有管理人员停止休假，召开紧急会议。

福特首先对着苏伦森问：

"现在工厂的平均工资是多少？"

"一天 2 元。"苏伦森不假思索道。

"上一期的利润超过很多，红利达 20000%（股东资金的 200 倍），这个你知道嘛！再把工资提高点吧。"

"是的，这些我都知道，可是 2 元钱已经比附近的别克汽车公司多出 20% 了。"

"再提高点！"

"那么……加到 2.5 元吧！"这个数字是苏伦森费了好大劲才提出来的。

"还是太少，苏伦森先生。"福特将手抱在胸前，若有所思地说。

然后苏伦森把工资定在 3 元上。这时与会者议论纷纷，有的表示赞成，有的表示反对。赞成者主要认为，高薪能买来平安，使工人安心工作，继续不断扩大福特汽车公司规模，着眼点在长远；反对者则考虑到过高的加薪会引起同行们的反感，弄不好会弄巧成拙。

正当众人在热热烈烈的争论着的时候，一旁沉默着的福特说话了。

"好，决定了，苏伦森先生，从明天开始，福特汽车公司的最低薪资上升为5元！"

在场都无不目瞪口呆，面面相觑。

"5元钱！"许多人都不相信自己的耳朵。

"怎么，你们有什么意见？"

"您是想把今年所得的利润的一半分享给职工？"

"是的，把股东红利的一半拿出来。"福特果断冷静地回答，接着，话锋一转，又说："好了，这事到此为止吧。下面讨论一下工时改革，我认为每天工时10小时劳动强度过大，工人们的意见很大，我注意到了一些企业已开始尝试8小时工时制了，职工们普遍欢迎，为什么我们不尝试一下呢？"

这个意见得到大多数人的赞同，很快就决定下来了。

亨利·福特的这两个决定在美国历史上写下了高薪短时这一历史性的一页。在美国近代劳工界掀起了一场革命风暴。

福特公司紧急会议的第二天，《纽约时报》登载了这样一段话：

"福特汽车公司董事长亨利·福特提出日薪5元的最低薪资，同时提出一天8小时工作制度……这是美国工史上的大革命，这个革命风暴势必为欧洲带来很大的影响。"

消息一出，《纽约时报》的社长欧克斯嘲讽地说：

"福特那个乡巴佬恐怕是发神经了！什么一天5元、现在是产业革命时代，他这么做，简直是想破坏资本主义社会。"

美国财经界发言人《华尔街经济日报》也向福特猛烈攻击：福特汽车公司的清洁工一天2.34元已经有些过分，现在居然升到5元，实在有悖资本家理论。

一些社会主义的激进分子也在底特律市发起了几百人的集会，指责福特的日薪5元的做法实际上是一种欺骗性的策略，目的不是保护劳工，而是为了避免罢工，这种行为可耻。

更令人遗憾的是，由于风闻福特汽车公司日薪5元，一万多名来自全美各地的求职者涌向了福特汽车公司门口，因行为粗野而和警察发生摩擦……

更有甚者，个别别有用心的人指使一名工人的妻子写信给福特说："一天5元的薪金，虽是您的恩赐，但是如此促使我丈夫赌马、酗酒、找女人……是毁灭我们家庭啊！"

各种各样的攻击铺天盖地，然而福特并没有动摇，他想信他的诚意是会被理解的。

他义无反顾实行他的日薪5元，每天8小时的工作制度。还积极改善职工的福利待遇，专门从教堂请来了马季斯神父担任工厂新成立的福利部顾问，把全厂15000名职工当作一个大家庭成员，给予每一个人的生活关心照顾。工人们自然非常感激公司，更加努力地工作。

几年后，即20世纪20年代，欧洲、美国相继进入经济萧条期，工人的罢工运动更是风起云涌，席卷而来，许多工厂企业纷纷破产倒闭，劳资矛盾不断激化。可福特汽车公司却安然无恙。

许多企业主这时不得不赞叹福特的先见之明，也纷纷行动起来加薪，缓解劳资双方的矛盾。

表面是很愚蠢的举动，取得了福特汽车的飞速发展，能不说是一种聪明之举吗？

假痴不颠成功梯

在美国，有一家最古老的专门制造钓鱼用具，并以其始终占美国第一而闻名全美的公司——格莱汀公司，而在格莱汀公司，有这样一位女性，她，一个少奶奶却自愿去车间当女工，一个公司大股东却带头闹薪，一个公司副总裁却去"折节外交"，一个不懂生意的人却最终成了公司成就的创造者。以似"痴"而不"癫"的举动和她的艰苦、踏实、虚心、勤奋、爱心赢得了职工，赢得了事业，她被人称为创造了奇迹的女性，"祖母推销员"，她就是格莱汀公司副总裁碧丽·克利曼。

碧丽是一个很有文艺天赋的人，从小对文艺就有着极大的兴趣，尤其是音乐，早年在音乐学院就读时，她的钢琴演奏表现出很高的才华和极大潜力，深受教授和学生的喜爱，人们预言她的未来是一个杰出的钢琴演奏家。但谁也没有想到，毕业后，她在一次舞会上与格莱汀公司的前总裁肯兹·安格尔一见钟情，最后成为安格尔夫人。与安格尔结婚后，她一直过着"少奶奶"式的生活，吃穿不愁，悠哉游哉，与世无争，可不幸的是安格尔很早就去世了，留给她的是一个十岁的儿子和格莱汀公司1/3的股权。生活中除失去丈夫外，其他的并未多大的改变，好在她不重名利，生性淡泊。

然而，有一天，就是这位女人来到了公司总裁办公室，找总裁格莱汀要工作，要公司最低一级的工作：制钩鱼线厂的女工。

总裁吃惊了："你怎么会想要工作，而且要这样一种辛劳的工作呢？"

"我了解我自己，在公司而言，我是个无任何专长的人。"碧丽冷静而温和的回答。

在总裁眼里，碧丽是前总裁夫人，过习惯了舒适的"少奶奶"生活，况且她名下有公司1/3股份，是公司的大股东，即使要工作，也用不着有什么专长，要个名义上的职务是理所当然的，要进公司干，必定是个很高的职位。要当制钓鱼线的女工，这样低下的工作她都要干，这的确是一种不可思议的事情。

格莱汀对此事持反对态度，碧丽的亲戚们也持反对态度，包括她前夫的亲戚和昔日的部下们。

"我们给你一个相当的职位，挂名也可以。"这是他们的意见。

"不。"碧丽表明了自己坚持干女工的决心，"公司有公司的规矩，不能因为我个人而坏了公司的章法，以免影响公司正常的管理。"

"话是这么说，但一个什么都不会，

一个不称职的人占一个位子，总有人在背后要说闲话的。"

但不管怎么说，公司的领导层及她的亲戚们就是反对她去跟工人们混在一块儿。

到了这个地步，碧丽告诉他们："反正我也不是真想工作，在家里呆着无聊，孩子也逐渐长大了，我干活也不过是借此消遣消遣罢了，还计较什么名义。再说公司里多一个少一个像我这样无用的工人也不会有什么影响，说不定我会混得安心一些呢！"

"难道你不怕外界笑话你？前总裁夫人与工人为伍，这不是让别人来笑话你吗？"总裁格莱汀为她担心。

可碧丽不这样想，她很认真："我认为与工人们为伍并不是一件丢人的事，如果别人要笑，就让他们笑好了！"

在碧丽的再三坚持之下，她如愿以偿，进制钓鱼线厂当了一名女工。

其实，真正去干活对她来说并不是一件简单的事。这不，上班第一天就有很多人不相信她真的会正规地干活，在看她的笑话，果然麻烦发生了，她看管的抽丝机的纱头断了，她心里慌张极了，不知所措地大叫起来，领班开她的玩笑："夫人，我就相信刚开始您会给我们添很多麻烦。"从此以后，她更加谨慎从事，学习也非常认真刻苦，早晨七点就上班，一直工作到很晚才下班，不久她就成了一名合格的工人。

工作中，慢慢地，工人们也与她混熟了，工人们还是不解，像她这样的少奶奶怎么干这种普通而低下的活，许多人问她：你不在家里享福，为什么偏要到这里来受罪呢？的确车间的活又苦又累，机器整天轰隆的响，震得人头昏耳鸣，相互之间说话都听不清楚，整天站着巡视机器，下班回来腰酸背疼脚发麻，手指头都快不听人使唤，这不是受罪吗？碧丽笑着说："如果把工作看成乐趣，就没有受罪的感觉了。"看来，富有音乐细胞的她把机器的轰鸣看成是钢琴的共鸣箱了，这就是她的"乐趣"所在，而人们认为她是"傻"得可以。

其实，无论人们猜疑也罢，不解也罢，误解也罢，碧丽干活既不是为了赚钱，也不是为了消遣时间，而是为了"干活"而干活。

她的前夫安格尔总裁去世以后，她就常常听到有关公司的情况，譬如公司的经营状况慢慢变糟，内部管理日益混乱，工人的积极性不断下降，售货市场渐渐缩小等等。有人说："格莱汀公司照这样下去，总有一天要关门。"以前丈夫在世时，公司的一切事务她都无须过问，而现在她不得不为公司的前途担忧。她的想法很朴素：她是公司的大股东，这是她与儿子安身立命的依靠，万一公司垮了对她及家庭是不可想像的。因此，她要参与，要去了解公司的一切状况，然后去解决它。

要了解公司内情，简捷的办法莫过于查账，但这样无异于一个弱女子与公司负责人干上了，此路难以行通。任何事必须循序渐近，更何况是自己对做生意一窍不通，而且自己也无做生意的兴趣，要想达到自己的目的，只能从头做起，先从最底层做起，先做工人。她在钓鱼线厂干了一年，又在仓库保管部门干了一年，两年下来，碧丽便对公司的生产、销售等等各个环节都有了较为深刻的了解，尤其是一些实质性的环节，她看到了公司里浪费严重，管理松懈，工人吊儿郎当。

有一次，她来到仓库，只见仓库里钓鱼线新的、旧的，零乱地堆在地上，像垃圾一样不堪入目，她有点火了，忙把仓库里工人找来，"你看看，公司花那么大的力生产出的钓鱼线被搞成这样，每年要损耗多少？""你嫌太凌乱，太浪费是吗？""哪间仓库不是这样，我们这间还算是好的呢！"这是工人满不在乎的回答。

"那为什么这么多断的呢？"

"还不是老鼠咬的，公司里的人越多，老鼠也越多，好像在和人比赛似的。"

"为什么不除掉呢……"

"除不尽，它比人还精，好在它不以吃钓鱼线为生，只是偶尔磨磨牙，只好随它去了……"

看来公司里老鼠是的确越来越多了，碧丽了解到了公司的许多症结以后，她有了第一张底牌。

一个少奶奶自愿去公司干最低下的活，本身就给工人们树立了一个榜样：前总裁夫人都干这样普普通通的活，那些工人们又有什么理由不好好工作呢？更甚至于公司的管理人员呢？但事情并不是这么简单，格莱汀公司之所以出现这种局面，有其环境的影响，并不是一天两天，一个人两个人能使然的。

格莱汀公司的所在地是美国纽约西边的一个很小的镇，镇中只有350人，风景优美，民风古朴，水面宽广，鱼类丰富，被人称为"纽约最大的鲈鱼类卵化所"的地方，也是垂钓养性的佳景所在，看来这就是老格莱汀当年选择这儿做钓鱼线的主要原因。镇上的人一半在公司干活，大伙儿低头不见抬头见，人人熟识，彼此都像一家人，人情味浓重，关系网密切，公司的管理即使想严也严不了。记得有个女工未请假就与男朋友出去玩了三天，按照公司规定是应该开除的，可是她父亲，这个公司的老职工找到格莱汀总裁，哭诉家中如何困难等等，结果这件事就不了了之了，相处了几辈子的老街坊了，总不能看着他们全家穷困潦倒吧！对上级吧！是格莱汀总裁，格莱汀一家方园百里是以慈善著称的，要想在公司里有什么过激的举动，他是不会同意的。

这一点，碧丽是清楚的，她在公司干了都两年了。正因为她了解公司的一切情况，而且也找出了问题的症结，所以她才想出这种办法，表面看来，这种做法是利用员工闹加薪，其实，她是想通过这次闹加薪，让员工知道公司的难处，知道员工们切身利益是与公司的命运紧紧联在一起的，员工自身的情绪影响到公司的命运，影响到生产的顺利进行，要想加薪，就必须提高员工自身的积极性，扩大公司的业务，等到公司增加收益之后，加薪才能成为现实。这就是她的意图所在，通过员工加薪的美好愿望，达到整顿生产秩序，扩大销售市场，达到员工与公司同呼吸共命运的目的。

总经理罗吉斯明白了她，碧丽终于

赢得了公司的支持。

有了公司方面的支持，碧丽·克利曼开始她的第二套方案，她把几个有号召力的领班找来，以站在他们同一战线的身份，亲切地说："关于改善待遇的事，我找总经理谈了。"

"他怎么说？"领班们非常关心。

"他说他早都有这个意思，只是苦于目前的财力有限！"

"这不等于白说吗？"领班们开始泄气。

"改善待遇是总经理的事，这应该由他想办法才对。"一个领班说。

"这也不能怪他。"碧丽说，"假如你们能设身处地地为他想一想，公司不多赚钱，没有效益，让他拿什么来改善，他能自己掏腰包吗？"

"这话在理！""我们看加薪的事就不要再说了。"一个领班这么说。

看到他们一个个失意的样子，碧丽的这步棋又走对了："当然也不能说完全没有办法。"

"什么办法？"领班们异口同声。

"只要想法增加公司收益，我敢担保，公司方面决不会亏待大家。"

"可是我们能帮什么忙呢？公司赚钱不赚钱是总经理的事。"领班们非常焦急。

领班们随着碧丽的设想逐步沿着她的思路跑，碧丽笑着说："大家也许没有意识到，关键就在大家身上，只要你们支持，我相信会有办法。"

碧丽接着说："大家应该清楚，公司到目前这个地步，并不只是总经理方面的原因，据我的观察和了解，目前我们公司的弊端一是浪费严重，二是管理混乱。而这两大弊端又是一回事，浪费严重在于管理混乱，管理混乱又在于我们人情和关系网的困扰。大家知道，我们公司员工安于现状，不求进取，管理上漏洞百出，已经到了不可收拾的地步。"

碧丽的一席话说到领班们的痛处，他们不就是因为人情的困扰而常常不能大胆管理吗？

"所以，如果从现在开始，革除这些弊端，健全管理体系，冲破人情的干扰，不就可以杜绝浪费，提高效益。不就能够增加薪水，改善生活了吗？"

"怎样才能加强管理呢？就是几个天不怕地不怕的老油条都难得对付。"有的领班担心。

"假如你们信任我、支持我，我倒有个可行的办法。"碧丽加强了语气。

领班们瞪大了眼睛等着她的回答。

道理很简单，就是自己管理自己。"

见时机已到，碧丽便端出了她酝酿多时的方案：第一，争取工人家长的配合，把员工的管理由家长和公司共同承担。如果想改善待遇，就得鼓励子女好好工作，如果子女不好好干，加不到薪，甚至扣薪、被开除，他们出面交涉也没有用。第二，选择工人组成管理机构，制订出管理规章和赏罚标准，督促大家共同执行，不能特殊。第三，公司除了发放工作奖金以外，还将订出分红利方法。

领班们心服了，无条件地支持碧丽的方案，工人家长们也非常赞成，公司与家长紧密配合，这个历史悠久，逐步走下坡路的公司如同注入了春风，重显新气像。在极短的时间内，公司产量增加了50％，浪费现象大大减少，员工们的积极性提高了。

碧丽不仅意识到"人情"、"情面"这个关键，又利用了"人情"和"情面"，工人们无不兢兢业业，家长们也无不紧密配合，他们都不仅仅只要得奖金和分红，关键是多年的乡里乡亲，谁都不能比别人差。

好一个"作茧自缚"的"假痴"。

装痴作呆赢谈判

商务谈判活动中，有些谈判对手，故意表示软弱无能禺笨无知的样子，使对方的杰出的辩才、严密的逻辑、丰富的资料，总之强大的实力派不上用场，完全陷于英雄无用武之地的情况，最后没准还会败北的。所以，著名的谈判大师罗斯博士告诫谈判者："愚笨就是聪明，而聪明却往往就是愚笨。显得非常果断、能干、敏捷、博学或者理智的人并不见得聪明。如果你能了解得缓慢些，少用一点果断力，稍微不讲理些，也许你反而会得到对方更多的让步和更好的价格。"

有一次，三位日本人代表日本航空公司与一家美国公司谈判，美国公司方面参加谈判的人中有许多是精明能干的高级职员。谈判一开始，为了加强美国公司的谈判实力，他们从早上8点钟开始，用了两个半小时的时间，利用了许多挂图，分发了许多电脑资料，再加上别的种种视听器材，以及三台幻灯片放映机，在银幕上映出了好莱坞式的公司介绍，向三位日本代表作了一次很精采的产品简报。在整个简报的过程中，日本航空公司的代表一言不发，静静地坐在谈判桌旁。

二个半小时的产品简报结束后，美国公司的一位高级主管得意地站了起来。他扭亮了简报室的灯光，只见他脸上闪烁着笑容，充满了期望和满意。他转身对三位显得有些迟钝和麻木的日本代表说："请问，你们的看法怎么样？"

有位日本代表非常有礼貌地笑笑，回答说："我们还不懂。"

听了日本方面的回答，美国公司的这位高级主管收敛起笑容又问对方："你说你们还不懂，这是什么意思？哪一点你们还不懂？"

另一位日本代表也同样有礼貌地回答说："我们全部都不懂。"

再看美国公司主管的表情，他沮丧的神气，就像冠心病马上就要发作一般。他压压心中的气，再问对方："从什么时候开始你们不懂。"

第三位日本代表认真地说："从关掉电灯，开始放幻灯简报的时候起，我们就不懂？"

这时，美方的主管斜倚着墙边，松开他那条价钱昂贵的高级领带，显得垂头丧气，没精打采。他对日方代表说："那么，那么，……那么你们希望我们做些什么呢？"

三位日本谈判代表异口同声地回答说："你能够将简报重新再来一次吗？"

在这个故事里，美国公司精心地为日本谈判代表安排了长达两个半小时的产品幻灯简报，满以为这会使日本方面叹为观止，坚信他们的产品质量，并且愿意出大价钱购买他们的产品。可是正当美国公司代表陶醉在他们的谈判实力之中，为他们将有谈判的成功而得意洋洋的时候，日本航空公司的代表运用装呆作痴的战术，给了他们一盆冰凉的冷水。声称他们对对方的简报全不明白，而且从一开始就不明白，希望他们能够将两个半小时的简报再从头至尾地放一遍。在这种情况之下，谁都会知道，美国公司的那帮精明强干的主管那般充满热诚和信心的谈判态度，早已被对方的愚笨和无能的对策所改变，灰心和沮丧占据了他们的心。而日本航空公司的谈判代表则沉着冷静，不慌不忙地控制着整个谈判的局面，将美国公司的要价压得很低很低，为他们节约了一大笔外汇，高高兴兴地回公司领赏去了。他们靠假痴不癫的战术，成功地击败了美国公司那帮精明强干的人。

第二十八计　上屋抽梯

【原典】假①之以便，唆②之使前，断其援应，陷之死地。遇毒，位不当也③。

【按语】唆者，利使之也。利使之而不先为之便，或犹且不行。故抽梯之局，须先置梯，或示之以梯。如：慕容垂④、姚苌⑤诸人怂秦苻坚侵晋，以乘机自起。

【原典注释】①假：借给。

②唆：唆使。

③遇毒，位不当也：《易经·噬嗑卦》："六三：噬腊肉，遇毒；小吝，无咎。""象曰：遇毒，位不当也。"意思是：吃了坚硬的肉干，受到伤害，只是小损伤，没有大的妨碍，这是贪图口福所造成的恶果。比喻贪图不应该有的利益，而招致祸害。

④慕容垂：鲜卑族，十六国时，原为前燕吴王，后投奔前秦苻坚，淝水之战后，趁机独立建国后燕。

⑤姚苌：五胡十六国时后秦之建立者。原为羌族首领姚弋仲之子，后投奔前秦苻坚，淝水之战后，率羌人独立，称万年秦王，建立后秦国。

【原典译文】借给敌人以方便条件，唆使他不断前进，然后切断他的接应和后援部队，使他完全处于死地。这是利用敌人贪心占利的欲望，使他受到惩罚。

【按语译文】所谓唆使，就是用利去引诱他。如果只用利引诱，而不为他提供方便，或许他还会不动。因此，使用上屋抽梯之计的，必须先安置好梯子，或者让他注意到梯子。比如南北朝时，鲜卑族首领慕容垂、羌人首领姚苌等人怂恿前秦国主苻坚入侵东晋，以便自己乘机独立。

【传世典故　计名探源】上屋抽梯原意为送人上了楼之后，却把梯子搬走，使人无法再下来，比喻诱使人上前而断其退路，使人处于困境，即怂恿人受骗上当。在军事上指引诱敌人前来取利，待其深入，便用迂回包围等方法断其退路，迫使其就范的计谋。

本计计名出自一个典故。说是东汉末年，荆州刺史刘表的儿子刘琦因不容于继母，恐遭陷害，向刘备求救。刘备要诸葛亮为他想出解脱之计。这天，诸葛亮来到刘琦家中，刘琦哀求诸葛亮说：继母屡次设法陷害我，务欲置我于死地而后罢休，目下我的处境十分险恶，还请先生相救一二。诸葛亮说：此事关系离间母子之情，恐将来说将出去，多有不便，表示拒绝。刘琦便强邀请诸葛亮进入密室之中，一边饮酒，一边仍缠住诸葛亮不放。可诸葛亮还是不愿答应刘琦的请求。这时，刘琦见再三恳求无效，便换转话头，对诸葛亮说：我的住室楼上藏有一部古籍，请先生观赏一番如何？诸葛亮听说有古籍观赏，非常高兴，便答应了。说着便跟随刘琦登上一间小楼，到了楼上，见四壁皆空，并无藏书设置，便问刘琦书在何处。这时刘琦便双膝跪下，承认自己是事出无奈才把诸葛亮骗上楼来，务请指点出路，拯救性命之危。诸葛亮埋怨刘琦不该施行欺骗，便要下楼离去，可不料楼梯已被抽走了。这时刘琦便又再三哀求说：先生最担心的是事情泄露，现在，这里上不着天，下不着地，出君之口，入琦之耳，再没有别人知晓，您应该可以赐教了。说着又要拔剑自刎。诸葛亮见刘琦如此情景，无可奈何，便给刘琦讲一个故事。春秋时期，晋献公的妃子骊姬想谋害晋献公的两个儿子：申生和重耳。重耳知道骊姬居心险恶，只得逃亡国外。申生为人厚道，倾尽孝心，侍奉父王。一日，申生派人给父王送去一些好吃的东西，骊姬乘机用有毒的食品将太子送来的食品更换了。晋献公哪里知道，准备去吃，骊姬故意说道，这膳食从外面送来，最好让人先尝尝看。于是命左右侍从尝一尝，刚刚尝了一点，侍从倒地而死。晋献公大怒，大骂申生不孝，阴谋弑父夺位，决定要杀申生。申生闻讯，也不作申辩，自刎身亡。诸葛亮对刘琦说："申生在内而亡，重耳在外而安。"刘琦马上领会了诸葛亮的意图，立即上表请求派往江夏（今湖北武昌西），避开了后母，终于免遭陷害。

刘琦引诱诸葛亮"上屋"，是为了求他指点，"抽梯"，是断其后路，也就是打消诸葛亮的顾虑。

"诸侯之地，而发其机"，意思是主帅授给军队任务，要像登高后抽掉梯子一样，使他们只能前进而不能后退。率领军队深入诸侯境地，要像拉开箭弩射出箭矢一样，使他们一往直前。这种利用特定环境和特定条件，对人们产生的特定影响，骤然激发人的动因或利用灾难性的情况来促发人们潜能，就是本计所要达到的目的。

对付上屋抽梯应注意采取以下防范对策：

1. 小利莫贪。在某种利益出现在眼前时，不要伸手就取，先要仔细研究其是否为可取之利。特别是在对方也同样可取，但却不取的情况下，这种利就可能是钓鱼之饵，我们就更应谨防上当。只有在判断其万无一失时，才可动手取利。如果判断不清时，我们宁可放弃，也绝不冒风险，特别是对那些取之无大益、失之无大损的小利，绝对不能贪图。占小便宜吃大亏的教训是屡见不鲜的。

2. 要知机变。随机应变也是防止受骗上当的有效措施。如果反应迟钝，固执教条，刚愎自用，就很容易被人利用。要做到随机应变，首先需做到眼观六路，耳听八方，善于观察，善于分析，对于任何微小的可疑情况也不放过；其次要多准备出几套行动方案，并且经常变化，不使敌人摸到我们的规律；另外遇事要沉着冷静，不要惊慌失措，要针对具体情况拿出对策。

3. 投石问路。在对情况不了解或发现某些疑点的时候，先不要冒险行事，可先来个投石问路，探听虚实，在确定没有什么危险时，再走过去。用来做为探路的石头，可以是虚假的动作，可以是小股的部队，也可以是侦察人员。

4. 另寻门路。如果不慎被骗"上屋"，并且梯子已被抽掉时，千万不要慌张，不要绝望，也不要鲁莽蛮干，要四处寻找是否另有可出之门可用之梯，也可寻找其他的"下屋"的办法。总之敢想敢干，不要只局限于上来时的那一条路。

【名家评点 破解方略】 "上屋抽梯"原意是诱人爬上高楼，然后撤走梯子，使其进退无路，只得就范。此计用在军事上，是指利用小利引诱敌人，然后截断敌人援兵，以便将敌围歼的谋略。这种诱敌之计，自有其高明之处。当然，

敌人一般不是那么容易上当的。所以，你应该先给敌人安放好"梯子"，也就是故意给以方便。等敌人"上楼"，也就是进入已布好的"口袋"之后即可拆掉"梯子"围歼敌人，取得胜利。

上屋抽梯在经济领域的应用，也表现出奸诈的特点，如撕毁合同，撤走专家，撤走资金，拒绝贷款等。使你欲下不能，欲上无力。对方则趁机打劫，使别人蒙受损失，借机搞垮别人。

安放梯子，有很大学问，对贪婪之敌，则以利诱之；对鲁莽无谋之敌，则设下埋伏促使其中计。总之，要根据情况巧妙地安放梯子，使敌方中计，方可成功。

经典案例　锦囊妙计

上屋抽梯突制人

春秋初年，郑武公去世后，太子寤生即位，他就是郑庄公。郑庄公心里明白，自己虽然当了国君，但政敌们决不会就此善罢干休，自己还得拼力争斗。不过，用什么方式与政敌斗争才好呢？他颇犯踌躇，因为那政敌不是别人，却是他的亲生母和胞弟！郑庄公出生时，因脚在先，头在后，让母亲武姜几乎难产送命，所以武姜十分讨厌他，而偏爱他的胞弟公叔段。兄弟俩长大之后，武姜曾几次请求立公叔段为太子，但武公碍于传统习惯，没有答应。对于这事，武姜和公叔段一直心怀不满，所以武公一死，他们便加紧了夺权步骤。

首先，由武姜出面，以母亲的身份为公叔段要求封地，要庄公把制邑封给公叔段。制邑是军事要塞，庄公没有答应，武姜又替公叔段要求封在易守难攻的京城，庄公只好答应了。

公叔段一到京城，就加高加宽城墙。郑国大臣们对此意见纷纷。祭仲对庄公说：“各等级都邑城墙的高度，先王都有规定。如今公叔段不按规定修城，您应及时阻止他，以免后果难以收拾。”庄公何尝不明白这个道理？但他心里另有打算，所以说：“我母亲希望这样，我又有什么办法呢？”

公叔段看哥哥没有对自己采取限制措施，便更加放肆起来，下令让西部、

北部边陲守军听命于自己，并私自收取了周围的城邑来作为自己的封地。这种举措使郑国将士们愤愤不平。大将公子吕对庄公说：“应及早下手制止他，否则军队慢慢就会被他掌握了！”郑庄公还是不紧不慢地说：“用不着。不仁不义的事做多了，就会自取灭亡。”

公叔段看到哥哥还没有反应，更加肆无忌惮起来，聚集粮草，修治武器，扩充步兵和车卒，准备攻打庄公的国都，并约好了母亲作为内应。这下子举国上下的百姓都义愤填膺。庄公高兴地说：“时机到了！”派人探听到公叔段起兵的日期，先发制人，提前派公子吕率领二百辆战车向京城压过去。京城军民纷纷倒戈，公叔段跑到鄢地。庄公猛追穷寇，又打到鄢地，公叔段只好逃亡到共国去，庄公返回头来又对付母亲武姜，把她软禁在城池，并发誓永远不再拜见她。

对弟弟的夺权野心和母亲的所作所为，郑庄公是了解于胸的。但他并不怜骨肉之情妥善调解，而是采用“引其发展，陷其不义，突发制人”的阴谋手段，先放纵对方，任其胡为，争取到臣心、军心、民心后再置对方于死地。

先击弱敌逐个破

公元前770年，周幽王被犬戎所杀，其子宜臼继位，称平王，建都洛阳。平王继位时因得到郑国的大力支持，所以郑武公、庄公相做作了周室的公卿重臣。

平王去世，桓王继位后，觉得郑庄公权大欺君，于是解除了他的职务，委政于虢公林父。这引起了郑庄公的不满，一气之下，数年不向周室朝贡。桓王不见郑庄公前来朝贡，更是怒气难消，决定亲自带兵讨伐。于是周王室与郑国之间便发生了历史上有名的缬葛之战。

公元前707年秋，周桓王召集陈、蔡、卫三诸侯国，出兵伐郑，令虢公林父统领蔡、卫两国的人马为右军；周公黑肩率领陈国的部队为左军；桓王亲统中军。三路人马浩浩荡荡直奔郑国而去，一路上旌旗飘飘，战车辚辚，尘埃滚滚，人喊马嘶，一派杀气腾腾的气氛。

郑庄公听说桓王亲自领兵前来征伐，立即召集群臣，商量对策。大夫子元胸有成竹地说："周王的三军，是以中军在前，两翼在后的品字形老阵法。我们这次作战，改换一下这种传统的阵法：用中军在后，两翼在前，成倒品字形，夹击王师，必能取胜。"子元说到这里，见郑庄公和众大臣们面面相觑，不解其意，忙又说："这次作战，必须先从弱处下手。陈侯鲍去世不久，陈侯佗为了取得侯位，谋杀了兄长免，国人不服，局势不稳，现在又是被迫出兵，必然士无斗志。只要我右翼勇猛冲杀，陈兵一定溃败。其左翼败退必然会影响中军。中军一乱，其右翼蔡、卫的军队就很难支持，只能一跑了之。这样两翼既退，我则集中兵力围攻中军，如此岂有不胜之理？"众人一听，齐声称赞。（子元提出的这个阵法，因为左右两个方阵在前像撒开的鱼网一样，所以又称为鱼丽阵。丽字就是罹的假借字，陷入其中的意思。）郑庄

公欣然采纳了子元的建议，遂令曼伯率领一路人马为右翼方阵，祭仲足领兵一部为左翼方阵，庄公自领中军，原繁、高渠弥、祝聃等人在中军听候调遣。

王师入境时，郑国的军队已经作好了一切准备。庄公遂令三军出师迎战。两军相向而进，很快便在郑国的缬葛（今河南长葛北）相遇。两军布阵完毕，桓公到阵前观察敌情，正要下达冲阵号令时，见郑国中军阵内两杆大旗不停地摆动。随着大旗的挥舞，郑军两翼方阵，顿时擂鼓呐喊冲将过来。曼伯率领方阵，战车在前，步卒在后，队伍整齐，人马雄健，伴着震耳欲聋的鼓声，向陈军冲去。陈国军队本无斗志，一见郑军凶猛地冲来，立即四散奔逃。虢公林父统帅的蔡、卫两国军队，受到祭仲足所领方阵的冲击，也纷纷向后退却。桓王见两翼溃败，着急万分，正想指挥中军出阵抵挡，哪知郑军中军和两翼部队一齐向他猛冲过来。王师中军在郑军三路夹击下，难以支持，很快就乱了阵脚。郑将祝聃冲入敌阵，见桓王立于车上督战，随即弯弓搭箭，只听"嗖"的一声，正中桓王的肩膀。幸而桓王还有点临危不惧的气概，他忍着疼痛，毫不惊慌，亲自殿后指挥应战，才使中军稳住阵脚，徐徐向后撤退。祝聃求功心切，见桓王中箭向后撤退，便要率领战车向前追去。郑庄公连忙制止说："正人君子从来都很知足。我们与王师作战，本来是为了自救，现在桓王既已引军败退，怎敢过分相逼？能保住社稷安然无损，也就足够了。"遂下令收兵。

缬葛之战，是一次典型的从弱处下

手，各个击破的上屋抽梯的战例，其体现的战术原则，在中国军事史上有重要意义。

过河拆桥戏宋君

春秋时，郑庄公病重，召大臣祭足商议，想废太子忽，另立次子突继承王位。祭足说废长立幼，怕会引起混乱，庄公认为也有道理，亦深知次子突不会甘君人下的，便把突送到外婆家宋国去。

不久，庄公死了，太子忽继位，是为郑昭公。派祭足到各国访问，祭足到了宋国，宋庄公不问情由把他扣押起来。

祭足莫名其妙，问："我犯了什么罪？"

"别着急，我会慢慢告诉你！"庄公回答却没有丝毫恶意。

到了晚上，宋庄公派太宰华督去见祭足，编一事实说：

"贵国的子突正要求我国派兵护送他回去，所以我们的大王要你把太子忽废了，立子突为国君，你如果不答应的话，就对不起，先杀了你，然后派兵护送子突回郑国。"

在威迫下，祭足答应了并当天立誓。

次日，宋庄公再派华督召子突到来，告诉他："你的新君今派使臣来，要我杀了你，言明给三座城池为酬谢。"

子突信以为真，连忙作揖称谢说："我的生命已操在你手上，如能替我出个主意的话，那我将来的酬谢定不只三座城池。"

宋庄公见计得逞，便安排子突和祭足见面，商议怎样回国夺权。

宋庄公问子突将来送些什么做报酬，子突一时想不出。宋庄公厚着脸皮开口："这样吧，我也不愿叫你为难，只要能给我三座城池，一百对美玉，一万两黄金，外加每年二万石谷子就可以了。"

子突急于回国，毫不考虑地张口应承，并签了字。庄公见目的已达到，便放祭足回国去。

祭足回到郑国，把宋国将发兵护送子突回国的消息告诉大臣们，大家都害怕，并一致同意立子突为王。郑昭公子忽见大势已去，连夜逃亡到卫国去躲避。

不久，子突回国即位，是为郑厉公。

宋庄公派人到郑国道贺，并叫子突履行诺言，事实上郑国是一个小国，怎能拿出这么厚的礼呢？结果送不出，仅叫人带了一点粮食去。这微不足道的酬报，宋庄公大怒，乃托鲁国的桓公做中人催索，因利害冲突，言词间激怒了鲁桓公；同时各国间正在明争暗斗到了白热化，宋国与齐国同一阵线，郑国和鲁国又结盟、公开冲突。结果郑鲁的盟军打败了齐宋，此索贿一事便一笔勾消。子突真正做了一个过河拆桥之人。

上屋抽梯复齐国

楚被削弱之后，秦、齐的斗争白热化了。

公元前298年，齐联合韩、魏攻秦，相持三年。最后打进秦国的大门函谷关（在今河南灵宝东北）大败秦军。秦恐危及国都咸阳，割地献城讲和了。

公元前284年，秦与燕、赵、韩、魏、楚共同伐齐，齐大败，齐王被杀，差一点亡国。

这次联合伐齐，燕将乐毅打得最为出色，一鼓作气，攻下齐国七十余城。齐国只剩下莒（jǔ举，今山东莒县）与即墨（今山东平度）两城未降。然而，齐国军民团结抗敌，支撑危局达五年之久。

齐人有个叫田单的，原在临淄做过小官，逃来即墨，参加了守城。即墨大夫战死，田单就被众人推举为将军，领导即墨军民抗敌。

田单得知燕国君将不睦，遂施反间计，使燕惠王撤换了英勇善战的将领乐毅，派来个昏庸无能的将军骑劫。

田单派细作散布流言说："齐兵别的不怕，就怕燕军把俘虏的鼻子割掉，那就会使齐兵害怕，不敢再战了。"燕将骑劫不知是计，果然把抓到的即墨人的鼻子通通割下，放了回去。即墨全城的军民都被激怒了，守城抗敌更加坚决。

田单又放出空气说："即墨人非常担心他们的祖坟，如果被人挖掉，那会令即墨人伤心难过，无心守城。即墨就指日可破了。"骑劫听到后又上了当。即墨军民从城上看到燕军在城外挖他们的祖坟，毁坏先人的尸骨，悲痛万分，怒发冲冠，纷纷要求出城与燕军决战。

田单知士气可用，就将精壮埋伏起来，故意让老弱妇女上城防守，派人出城假意投降，又以重金贿赂燕军将领，恳求说："即墨不久就要投降，城破之日，望能保全家小。"燕军只顾高呼胜利，燕将骑劫也深信不疑。

田单在麻痹敌军时，自己却进行着战斗准备。在全城征集了一千多头牛，

给牛衣以绵锈，画上五彩巨龙，角上绑了利刃，尾上扎了浸油的苇束；同时挑了五千名精壮的士卒。一个"火牛阵"的奇袭方案准备妥当了。

公元前279年的一个深夜，田单下令出击，火烧牛尾，火牛怒吼着直奔燕军兵营，五千精壮随后掩杀，城上老弱拼命敲击各种铜器，声动天地。燕军突然惊醒，又见无数火龙东奔西突，吓得慌作一团，溃不成军。齐兵乘胜追击，齐国各地人民揭竿响应，军民奋勇，势如破竹，一举收复七十余城。危亡的齐国又复苏了。但毕竟伤了元气，从此再也无力与秦争雄了。

田单运用上屋抽梯的计策，取得了秦齐之战的胜利。

崔杼设计斩庄公

春秋时代，齐庄公勾引上了于自己有功的崔杼之妻，崔杼得知，怒不可遏，但齐庄公乃一国之君，大张旗鼓地兴师问罪，反而会于自己不利。于是崔杼暗地里策划谋害庄公。庄公身边有一个叫贾举的宦官，因为一点小事被庄公鞭打过，贾举怀恨在心，也在伺机报复。崔杼得知，将其收买，让他做内线为自己通风报信。不久，莒国公来齐国朝见，庄公特地设宴款待，崔杼故意装病不去接待，与老婆一起留在家里（给庄公留下上屋之梯）。庄公以为这又是一个与崔妻幽会的机会，于是以探病为名，又一次去崔府。贾举将庄公的意图偷偷告诉了崔杼，崔杼让手下人埋伏起来。庄公来到崔府门前，贾举拦住了庄公的侍从，

让他一人进去，并把门给关上。庄公一进门，崔杼的手下人一涌而上，将其抓获。庄公请求放了自己，崔不同意，庄公请求好好商量，崔也不答应。庄公知道性命难保，于是又请求让自己到太庙里去自杀，崔更是拒绝（抽梯）。庄公突然跳墙逃走，被人射中，坠下墙来，崔杼手下人一涌而上，将庄公杀死。

赵高弄权骗李斯

在秦始皇统一中国以后，李斯由廷尉升为丞相，官职越来越高，权势越来越重，名声也越来越大。在统一战争和巩固中央集权制的过程中，李斯是秦始皇的左右手，他提出了许多建设性意见，做了大量的工作，就连秦始皇东巡郡县，也多由李斯随行，记载秦始皇历史功绩的不少刻石的文辞，也是由李斯执笔的。这一方面说明，当时李斯是坚决执行秦始皇的法家路线的；另一方面也说明，秦始皇对李斯是十分信任和重用的。李斯的儿子都娶了秦始皇的公主为妻，女儿也都嫁给秦公子，李斯真是"富贵极矣"。

李斯的长子李由做了三川郡（今河南西部，治所在今洛阳东北）守。有一次，李由回咸阳探亲，李斯在家里大设酒宴，朝廷百官都去祝贺，门前的车马数以千计，盛极一时。李斯触景生情，感慨万端。他志得意满地说："我听荀子说过：'事情最忌讳好过了头'。我本来是一个普通百姓，竟做了丞相，可以说富贵到了顶点！但是，物极必反，盛极则衰，我还不知道自己会落个什么结局

呢?"这段话表现了李斯在改变了社会地位富贵已极的时候，对自己前途茫然莫测的矛盾心理。说明他的斗争精神已经在消退。

李斯的结局究竟怎样呢？这要从沙丘之变谈起。

公元前210年，李斯随从秦始皇出巡到沙丘（今河北平乡东北）时，秦始皇突然病危，便命令赵高写了一封诏书，让大儿子扶苏赶回咸阳办理丧事。这时，扶苏正在上郡（今陕西北部）监督蒙恬〔tián 田〕的军队。诏书还没有发出，秦始皇就去世了。这事只有胡亥、李斯、赵高和几个亲信宦官知道。因为秦始皇死在外面，太子又没有确定，李斯恐怕声张出去发生变故，便严密封锁了这个消息。这样做，完全是正确的。

秦始皇死后，以赵高为代表的旧贵族便蠢蠢欲动。地主阶级中央集权面临着一场严重的威胁。

赵高原是赵国的旧贵族，他对秦始皇灭掉赵国怀恨在心，发誓要报仇，伺机复辟。秦始皇死时，赵高正做中车府令，同时兼管皇帝的御玺印信。他故意扣留了秦始皇给扶苏的诏书，准备立胡亥当皇帝。胡亥是秦始皇的第十八个儿子，赵高曾当过胡亥的法律教师，胡亥也把赵高视为心腹。赵高立胡亥，实际上是要立一个年幼无知的傀儡，自己好篡夺最高权力，为所欲为。

但是，要立胡亥，就必须通过李斯。李斯身为丞相，掌握着最高权力。没有李斯的同意，胡亥是上不了台的。当时，在朝廷内部，李斯是能揭露赵高、粉碎复辟阴谋的惟一的一个人。但是，由于

李斯软弱和妥协，他并没有这样做。

为了让胡亥上台，赵高就去劝诱李斯。他首先编造谎言，对李斯说："诏书和御玺都在胡亥手里，确定谁当太子都在你我一张嘴。"李斯表示拒绝，骂赵高说的是"亡国之言"。接着赵高就挑拨李斯同蒙恬的关系，威胁李斯，说李斯处处不如蒙恬，如果立了扶苏，扶苏就一定让蒙恬当丞相。到那时，扶苏是不会让你带着封爵告老还乡的。随后，赵高又抓住李斯的弱点，用高官厚禄引诱李斯。赵高对李斯说："如果你照我的话办，立胡亥为太子，就会永远封侯。否则就要祸及子孙，令人寒心！希望你早拿主意，转祸为福。"

赵高软硬兼施，威逼利诱，说得李斯一把鼻涕一把泪地"仰天长叹"。李斯本来就贪恋"富贵极矣"的社会地位，总想保全已经到手的既得利益，所以面对着赵高的威胁，一再妥协退让，终于听信了赵高。对赵高的复辟阴谋，李斯缺乏认识，丧失警惕。这充分暴露了李斯作为地主阶级政治家的严重局限性。

然而，李斯的妥协，只不过是赵高复辟的开始。

不久，赵高毁掉了秦始皇的遗诏，逼死了扶苏，杀害了蒙恬，立胡亥为二世皇帝。赵高当上了郎中令。在宫中左右秦二世，操纵政权。

赵高上台后，立即改变了秦始皇的法家路线，推行一条"兴灭国，继绝世，举逸民"的复辟、倒退的儒家路线。他更改法律，大赦天下，实行"收举余民，贱者贵之，贫者富之，远者近之"的反动政策，极力扶植被打倒的奴隶主贵族，

听任他们在咸阳街头弹冠相庆，作威作福。疯狂打击新兴地主阶级，进行阶级报复，对执行过秦始皇法家路线的大臣，大肆清洗，血腥镇压。蒙恬的弟弟蒙毅也惨遭杀害，右丞相冯去疾、将军冯劫被逼自杀，相连坐者不计其数。就连秦始皇的公子、公主也难于幸免，搞得宗室震恐，"群臣人人自危，欲叛者众"。赵高的复辟，加重了对农民的剥削和压迫，给劳动人民带来更加深重的灾难。兵役徭役没有止境，赋税越来越多。许多农民被迫离乡背井，有的又重新沦为奴隶。激起了人民的反抗。

公元前209年，陈胜、吴广领导的农民大起义爆发了，革命风暴席卷全国。各地的六国旧势力也趁机纷纷叛秦，拥兵自立。当时，陈胜派吴广率军西进，围困荥〔xing形〕阳（今河南荥阳）袭击三川郡。李由无法抵御，只好全力固守。与此同时，由周文率领的另一路起义军数十万人，一直打到咸阳附近的戏水。后来秦朝派大将章邯击败起义军，暂时解除了威胁。但是，起义的烈火已烧逼全国。秦朝的统治面临着严重的危机。

李斯对赵高的所作所为和当时的局势，深感不安。他曾多次要求进谏，被秦二世拒绝，秦二世反而把吴广攻打三川郡，李由不能抵御的责任，归咎于李斯。并责备李斯身为丞相，为什么让起义军如此"猖狂"。李斯心里很害怕，惟恐失掉自己的爵位和俸禄，便给秦二世上了《劝行督责书》。

在《劝行督责书》里，李斯一面劝秦二世要坚持申不害、韩非和商鞅的法

术，要"独制（统治）于天下"，防止大权旁落，不要被人所左右。主张用严刑峻法监督和控制群臣，这样臣下就会奉公守法，不敢作乱，天下就会安宁，国家就可以富足；一面却提出，这样做秦二世就可以满足自己的欲望，君主就会尊贵。

《劝行督责书》是李斯为挽救秦朝危机所做的最后努力，是李斯法家思想的产物。李斯希望秦二世坚持法治，继续贯彻秦始皇的法家路线，并暗示秦二世要警惕赵高篡权，提醒秦二世要防止赵高的复辟活动。这是正确的。但是，李斯的《劝行督责书》又迎合了秦二世恣意淫乐、长享天下的欲望，并包含着镇压劳动人民的一面。这完全是地主阶级本性决定的。

当时，秦二世昏庸无能，被赵高玩得团团转。他不可能领会李斯的良苦用心，也没有采纳李斯维护中央集权、防止赵高复辟的进步主张。他看了李斯的《劝行督责书》很高兴，果然刑法更严，凡是征税多的，他就认为是好官；杀人多的他就认为是忠臣。当时，路上的行人有一半是受过刑的，死人更是堆积如山。秦二世认为这就算是能"督责"了。李斯的《劝行督责书》虽然保全了自己，但是秦王朝的危机却日甚一日。

赵高因为杀人过多，惟恐朝中大臣在秦二世面前揭发他，便劝秦二世深居宫中，不要跟大臣们见面。秦二世一味追求声色酒肉，再次听信了赵高。结果，秦二世被架空，一切政事都由赵高一人决定。

对此，李斯当然不满，希望能晋见秦二世，但又苦于没有机会。赵高知道后，假惺惺地对李斯说："你如果能劝戒皇帝，我一定为你留意。有机会，就来通知你。"

赵高是有阴谋的。过了几天，赵高趁秦二世跟宫女们饮酒作乐玩得正开心的时候，派人去通知李斯说："这会儿皇帝有空，请赶快去上奏。"李斯信以为真，赶忙到宫门求见。秦二世正玩在兴头上，哪里肯接见李斯呢？李斯一连碰了几次钉子。

秦二世认为李斯是故意打扰他，跟他为难，很生气。他对赵高说："我平时经常有空，李斯不来。偏偏我正玩的时候，李斯就来捣乱。这不是看不起我，故意跟我做对吗？"赵高趁机对秦二世说："这太危险了！沙丘之谋，李斯是参与的。现在陛下做了皇帝，李斯还只是个丞相，没有再高升。我看呀！他是想'裂地而王'！况且，李斯的长子李由是三川郡守，陈胜这帮人都是李斯家乡附近的人，所以这帮盗贼才敢如此横行。他们经过三川郡时，郡守李由不肯派兵出击。我早就听说李斯父子跟陈胜等人书来信往，勾勾搭搭。因为我不知详情，所以没敢向陛下报告。再说丞相在外边，权力比陛下还要大哩！"秦二世信以为真，准备查办李斯，并派人到三川郡去调查李由勾结陈胜的罪状。

李斯碰壁以后，知道上了赵高的当。后来又听说秦二世在调查李由私通起义军，心里才恍然大悟。

李斯非常气愤，又无法见到秦二世，便给秦二世上书，揭发赵高的罪行。李斯说赵高弄权，"擅利擅害，与陛下无异"，指出赵高有奸邪之心，叛逆之行，如不及时防范，赵高就会作乱。但是，秦二世受赵高蒙蔽已深，不但不听李斯劝告，反而认为赵高对自己一片忠心，说赵高精明强干，既了解地方的人情，又能顺迎自己的意志，是不容怀疑的。他对赵高不但没有警惕，反而害怕李斯害掉赵高，就把这件事告诉了赵高。赵高便进一步诋毁李斯说："李斯最忌恨的就是我赵高。我一死，他就可以杀君谋反了！"秦二世一听，勃然大怒，立刻把李斯逮捕入狱，并派赵高亲自负责审讯。

李斯被套上了刑具，关进了监狱。沙丘之变以来，一幕一幕的往事，展现在他的面前。严酷的斗争事实教育了他。这时，他才认识到秦二世"行逆于昆弟（兄弟）"，"侵害忠臣"，"大为（修）宫室，厚赋天下"，以致造反的人越来越多，已经占据了秦朝的半个天下，秦朝的灭亡已经无法挽回。

李斯被赵高严刑拷打，百般折磨，忍受不了痛苦，只好"供认"了"谋反"的罪行。但是，这时，李斯仍然寄希望于秦二世，幻想他能省悟过来，并赦免自己。这当然是不可能的。

李斯给秦二世上书，陈述了自己追随秦始皇三十多年立下的功绩，用满腔血泪歌颂了法家路线的正确，表明自己忠心耿耿，决无反意。想以此感动秦二世。可是，赵高这时党羽成群，一手遮天，李斯的上书，落到了赵高手里，被甩在一边。赵高骂道："囚犯哪能上书！"

为了不使李斯翻供，赵高派人装成秦二世的使者，对李斯轮番审讯。李斯不知是假，便诉说真情，结果是一顿毒打。经过十余次这样的审讯，李斯被打得死去活来，哪里还敢说真话！等到秦二世真的派人去复审时，李斯以为跟前几次一样，还是赵高的爪牙，只好一乱供，不敢再申辩了。秦二世听了使者的回报，以假为真，高兴地说："要不是赵高，我差一点儿叫李斯给卖了！"

秦二世派去调查李由罪状的使者到达三川郡时，李由已被起义军杀死。赵高便编造了许多由李由谋反的罪状，以此陷害李斯。后来，李斯被判处了死刑。

公元前208年初冬，北风呼啸，落叶满天。奴隶主复辟势力的刽子手们，把李斯押赴刑场。李斯回过头来看了看他的二儿子，说："我想跟你一道，再牵着黄狗，出上蔡东门猎逐狡兔，还能办到吗?!"说罢，父子相对痛哭。就在这一天，李斯在咸阳街头被腰斩，全家大小全被杀害。这是当时复辟与反复辟斗争尖锐激烈的表现。

李斯死后，赵高做了丞相。事无大小，都决定于赵高。权势极重，他给秦二世献上一只鹿，硬说这是马。秦二世的亲信也都慑于赵高的权势，随声附和，说是马，没有一个敢说这是鹿的。指鹿为马的故事，说明了当时的形势，以李斯为代表的地主阶级没有能制止复辟势力的反扑，使赵高更加飞扬跋扈，为所欲为。第二年，赵高便逼死了秦二世，立子婴为秦王。

这时秦末农民大起义风起云涌，所向披靡。公元前206年10月，刘邦率领农民起义军直捣咸阳，子婴无力抵抗，不得不向刘邦投降，维护了十五年的秦朝，终于被农民起义的革命洪流所推翻。

猖獗一时的赵高复辟势力并不能阻挡历史车轮的前进。赵高政权仅仅维持了三年，就被农民起义的浪潮击得粉碎。

赵高就是这样运用上屋抽梯的计策，杀死李斯另立秦王的。

骄狂轻敌失河涧

公元 617 年，黄河下游的瓦岗农民起义军发展到几十万，占领了河南的大部郡县，成为直插隋朝腹心的一把利剑。于是隋炀帝急令心腹将领涿郡（今河北涿县）留守薛世雄奔袭瓦岗军，解救东都洛阳（今河南洛阳）。隋炀帝还给了薛世雄沿途镇压起义、临机处置的权利。薛世雄接到命令后，立即率领所部三万精兵南下。

当时，在河北地区也有一支农民起义军，就是建德窦领导的农民武装队伍。这支队伍发展到十多万，建立了农民政权，窦建德在寿县（今河北献县）自称长乐王。当不可一世的薛世雄军路过他所控制的河涧县（今河北河间县）时，窦建德为了麻痹薛世雄，瓦解隋军的斗志，他派人四处散布说："窦建德听说朝廷派薛世雄将军率大军南下，不敢阻挡，都吓得逃到了根地去了，为薛世雄将军过境让出了道路。"这个话一传十、十传百，很快传入薛世雄的耳中。骄悍的薛世雄信以为真，认为窦建德根本不敢与自己相抗衡。因此在行军和宿营中完全放松了戒备。窦建德摸清情况后，选拔出武艺精湛、机智勇敢的战士 280 名，组成敢死队，其余武装埋伏在河间县的水泽中。在一个大雾弥漫的黎明，窦建德亲率敢死队猛冲薛世雄的大营。这突然一击，使隋军猝不及防，整个大营乱作一团。农民军利用天时、地利、人和。一切有利条件，横冲直撞，大砍大杀。不多时，隋军全军溃散。薛世雄本人受伤，在几名骑兵的保护下逃回涿郡，不久就羞愤而死。这次围歼战的胜利，使窦建德领导的农民起义军声威大震。

"上屋抽梯"先要屋门大开，使敌人便于进，愿意上。窦建德摸准了薛世雄由于得宠而骄狂轻敌的心理，故意示弱，制造舆论和气氛，大开屋门设梯诱敌入伏，然后利用各种有利条件，以中心突破，四面合围的战法，打了一个速战速决的歼灭战。

幕后定计救刘琦

（刘备三顾茅庐后，经新野之战，与孔明、关羽、张飞及三军将士一同投靠了刘表门下，住在荆州。一日刘表之子刘琦拜见刘备，进屋后，）玄德接入。琦泣拜曰："继母不能相容，性命只在旦夕，望叔父怜而救之。"玄德曰："此贤侄家事耳，奈何问我？"孔明微笑。玄德求计于孔明，孔明曰："此家事，亮不敢与闻。"少时，玄德送琦出，附耳低言曰："来日我使孔明回拜贤侄，可如此如此，彼定有妙计相告。"琦谢而去。

次日，玄德只推腹痛，乃让孔明代往回拜刘琦。孔明允诺，来至公子宅前下马，入见公子。以子邀入后堂。茶罢，琦曰："琦不见容于继母，幸先生一言相救。"孔明曰："亮客寄于此，岂敢与人言骨肉之事？倘有漏泄，为害不浅。"说罢，起身告辞。琦曰：“即承光顾，安敢慢别。”乃挽留孔明入密室共饮。饮酒之间，琦又曰：“继母不见容，乞先生一言救我。”孔明曰：“此非亮所敢谋也。”言讫，又欲辞去。琦曰：“先生不言则已，何便欲去？”孔明乃复生。琦曰：“琦有一古书，请先生一观。”乃引孔明登一小楼。孔明曰：“书在何处？”琦泣拜曰：“继母不见客，琦命在旦夕，先生忍无一言相救乎？”孔明作色而起，便欲下楼，只见楼梯已撤去。琦告曰：“琦欲求教良策，先生恐有泄漏，不肯出言；今日上不至天，下不至地，出君之口，入琦之耳：可以赐教矣。”孔明曰：“‘疏不间亲’，亮何能为公子谋？”琦曰：“先生终不幸教琦乎！琦命固不保矣，请即死于先生之前。”乃掣剑欲自刎。孔明止之曰：“已有良策。”琦拜曰：“愿即赐教。”孔明曰：“公子当不闻申生、重耳之事乎？申生在内而亡，重耳在外而安。今黄祖新亡，江夏乏人守御，公子何不上言，乞屯兵守江夏，则可以避祸矣。”琦再拜谢教，乃命人取梯送孔明下楼。孔明辞别，回见玄德，具言其事。玄德大喜。

次日，刘琦上言，欲守江夏。刘表犹豫未决，请玄德共议。玄德曰：“江夏重地，固非他人可守，正须公子自往。东南之事，兄父子当之；西北之事，备愿当之。”表曰：“近闻曹操于邺郡作玄武池以练水军，必有南征之意，不可不防。”玄德曰：“备已知之，兄勿忧虑。”遂拜辞回新野。刘表令刘琦引兵三千往江夏镇守。

刘备来到荆州后，对刘表家事早已耳闻，当刘琦提出救援之事时，刘备知道，对于蔡氏这种女人，乃早躲避还来不及呢，哪里还敢惹祸上身。因此，当刘琦提出要求时，刘备自己不便出面，便授计刘琦，自己装病，让孔明前去解决。当刘琦依刘备之计骗孔明上楼后，在万般无奈的情况下，孔明只讲了重耳的故事。如果刘琦遵此而行，不仅刘琦得救，而且自己也得不到蔡氏的妒恨，可谓一本双利。再一个刘备让孔明说的理由是：通过刘琦的几番诚恳求救，刘备对刘琦的品性已看得清，在这种情况下，知道孔明必定会救刘琦。如果自己说，弄不好被蔡夫人知道，自己脸上不好看，让孔明解决自己好脱关系。这也是能够逃开妇人心的关键。

从刘琦求刘备之策来讲，是为最巧妙最直接的上屋抽梯之计。

诱苻坚淝水大捷

383年，东晋与前秦在淝水（今安徽寿县一带）进行的一次大战，是历史上著名的以弱胜强的战役。是年11月，前秦皇帝苻坚亲率步兵六十余万，骑兵二十七万，羽林郎（皇帝之近卫军）三万，号称百万大军，沿淝水西岸布阵。东晋都督谢石和大将谢玄等人率领骑兵八万，水军五千余人，与秦军隔水对峙。这两军在数量如此悬殊的情况下，若秦军指挥得法，晋军便毫无还手之力。但晋军大将谢玄利用苻坚骄傲轻敌的弱点，亲自拟出一纸战书，派使者送达秦军前锋主将苻融（系苻坚之弟），言称：“将军率部入晋地，却紧靠淝水布阵，此乃持久之计，并非速战速决。如果你把秦军阵地移动一下，稍向后撤，让出一片战场，晋军渡过淝水，即可一决胜负，不是很好吗！"当时，秦军众将领一致反对。然而，不可一世的苻坚却说："只要我们稍退一步，来个将计就计，趁晋军半数渡过淝水之时，即用精锐骑兵夹击砍杀，岂有不胜之理！"这样，双方约定，秦军后撤，晋军渡水。后撤之军，本是被迫征调来的汉族士兵和被奴役的民众，一听到撤退命令，便趁机奔逃，乱作一团。这时，有人乘势大喊："秦军败了！秦军败了！"秦后方部队信以为真，争相逃命，溃不成军。这时，谢玄带领晋军突击部队抢渡淝水，追杀秦军。大队晋军也随后渡水，猛追猛打。此时，秦军早已指挥不灵，指挥官苻融马倒人翻，死于乱军之中。蹲在寿阳城里的苻坚看到大势已去，慌忙骑马奔逃。秦兵人马十之七八都因自相践踏或冻饿而死。

深谋杯酒释兵权

赵匡胤在"陈桥兵变，黄袍加身"后，成为宋太祖。当年禁军（卫戍京师的军队）将领石守信、王审琦、高怀德等，都是赵匡胤的亲信，也是导演"黄袍加身"的首要人物，在军队都有很大的潜势力。

赵匡胤鉴于他们的势力太大，恐怕日后危及帝位，因此有意削了他们的兵权。

但怎样才可以把这班共过患难又拥戴他当皇帝的亲密战友的兵权夺回呢？

他真不愧一个老谋深算的奸雄，不想学刘邦那样以快刀斩乱麻的手法排除心腹隐患，他要政权巩固，也要写几句漂亮的历史，反正自己手上握着生杀大权，对这班笼里鸡，目的不外要他把兵权交出来，生要还或死要还不过这么回事。他懂得捉苍蝇用糖好过毒汁，文斗胜于武斗，于是来一个先礼后兵，不吃甜头的时候，再磨刀霍霍未迟。

七月的某一个晚上，赵匡胤特别邀宴石守信、王审琦、高怀德等禁军将领。正当酒酣耳热、谈笑风生的时候，赵匡胤忽然若有所感地停杯叹了口气，说：

"唉！自从你们拥戴我当皇帝后，我整日提心吊胆，时时担心有人要夺我帝位，真是寝食难安啊！还是你们自由自在，无拘无束！"

众将皆感诧异，忙问道：

"如今天下大势已定，有谁还敢存有异心，图谋不轨呢？"

"我知道你们对我都忠心耿耿，可是，如果你们的部下贪图富贵，也硬给你们黄袍加身，那时就由不得你们了。"

这一番打牛射马的话，语气很平常，但在各人听来，却如旱天霹雳，仓皇失色，慌忙不约而同地跪下来，向赵匡胤叩头请示："臣等太过愚蠢了，不知怎样才好，自问忠心耿耿为国的，从无越轨行为，陛下可否看在多年追随的份上，指示臣等今后一条应走的路？"

赵匡胤看这情形，心下暗喜，表面却装出一副悲天悯人的样子对他们说：

"人生一世，草木一秋，不过短短一梦，转眼便成云烟。如今各位都已建功立业，总算不虚此生了。今后的日子，若能平静地安享荣华富贵，没有国事的纷扰，那是最好不过了。"说到这里，故向大家扫一眼，见各人都像泥佛一样呆着，又摆出猫哭老鼠的脸孔继续说下去。"唉！我坐在这个位子上，已无法脱得身了，一桩桩的外事内务，正所谓一年三百六十日，日日忧患频相逼，要干吗？事情这么多；不干，又失天下臣民之望。我为这个问题，日夜担扰，虽为一国之君，但个中辛苦，外人是无法知道的，因此很不愿意我的好兄弟再掉进这个泥淖里，再干这些吃力不讨好的事情。唉——我是无法卸责的了，而你们还可来得及，我为大家设想，各位最好把公事统统放下，退居林下，什么都不要管，可以睡到日上山巅，再不理五更三点穿朝服，可以骑驴买酒过农家，不听争吵杀伐声，这种与世无争的宁静生活，确是神仙不如，世间难得。各位若愿意解甲归田，我会赐予大批财宝，让大家颐养天年。虽然这样一来，我会失去你们的扶助，但你们已辛劳了半辈子，应该让大家享享清福了。"

这一番软中带硬的话，这班拥有兵权正在显赫的将领们，听了当然明白是什么回事了，心里一万个不愿意，但他们都懂得历史上过桥抽板的教训，保得住脑袋光荣退休，已经是难得的了，只好三呼万岁，叩头谢恩了，第二天，便纷纷递表请求解甲归田，告老还乡。从此赵匡胤帝位更形巩固，高枕无忧地坐天下了。这就是"杯酒释兵权"的滑稽故事。

闯王"投降"破敌城

崇祯七年（1634），李自成率领高闯王统帅的农民起义军三万人掩护大部队撤退。因误入兴安（今陕西安康）附近的车箱峡，陷入官军的重围之中，三万人面临着覆没之灾。

这车箱峡位于黄河的上游，全长四十里。两岸悬崖峭壁，无法攀登，只有峡底沿河一条小路可以通行。农民军入峡后，才发现前面早已被明军堵住，而后边又有追兵，农民军陷入重围之中。李自成将人马分成两路，在峡谷两端修筑工事，分别挡住明军的进攻，但却无法突围了。

明军几次进攻都没有成功，便不再攻了，只是堵住谷口，想把农民军困死、饿死。农民军的粮食吃光了，马匹也有一半饿死。而这时偏又赶上夏季连雨，找不到一根能燃着的干树枝，不仅马肉不能烤熟充饥，就连弓箭也被雨水泡软。农民军几乎失去了战斗力。

李自成召集手下的头领们商量。铁匠出身的刘宗敏说："不能困死在这儿，他娘的跟他们拼了！"李自成的侄子李过说："咱们的弓箭都不能用，怎么能冲出去呢？""那就白白等死？"首领们七嘴八舌，但也想不出好办法。只有李自成坐在一块大石头上，摸着下巴沉思，刘宗敏急了，问他："大哥，你别光愣着不吱声，你是咱们的头儿，你得拿个主意呀！"李自成站起来说："好吧，那就投降！""什么？"十几个首领齐声惊问。"哈哈！"李自成笑了，"别急嘛，我说的是假投降。"

于是，李自成派李过带着掳获的珠宝，出谷去见明军主帅。恰好五省总督陈奇瑜也赶到这里。原来他调集了二十万大军，想一举消灭农民军。没想到却让农民军的主力跑掉了，只困住这三万人。他把李过传进帐中。李过道过姓名、身份后，没有说明来意，只把手中的包袱放到陈奇瑜案上。待包袱打开，陈奇瑜眼前一亮，只见包袱里全是晶莹闪耀的珍珠宝石。陈奇瑜一摆手，左右就把包袱收起来了。李过一看陈奇瑜把包袱留下，这才说明来意，要求解散归农。

陈奇瑜大喜，以为招抚了这三万人，是立了一大功，当即一口应允。于是农民军交出了武器，在陈奇瑜派的"安插官"的监视下，离开车箱峡，准备取道汉中，返回陕北家乡。

农民军赤手空拳、偃旗息鼓地走了几天，来到凤翔、宝鸡附近。夜里他们突然拿出暗藏的匕首等短兵器，将"安插官"全部杀死，重新举起义旗，接着攻破附近的麟游、扶风等七座县城。

李自成以"投降"为"上屋抽梯"之策，不仅拯救了三万人，还得到了七个县城。从此闯将李自成的声名大振。

上屋抽梯破疑案

那些惯于作案的凶徒，没有不狡猾的。他们往往利用办案人的疏漏，百般抵赖，为自己开脱罪责。清代张治堂所著《未能信录》中，收录了由他复审的一起杀人案。本来原审案情十分明显，定罪也很准确，只因下级办案人提交赃证时出现了失误，反而被罪犯钻了空子，将真案办成了假案。原想使案件更加稳妥扎实，却险些让杀人凶手溜出法网。

清朝时，广昌县内发生过一起窃贼拒捕杀人案。窃贼刚刚入室，被主人发觉，从后面紧抱窃贼，不肯放手，窃贼狗急跳墙，用刀连戳，失主松手倒地，当场丧命。报案后，县令亲自勘验，很快将凶手捕获。窃贼供认不讳，县里据此定案，按例报送州府、按察司，并将起获的血污短衫一件，无血青缎羊皮马褂一件，凶刀一把，随犯人一道解送。到了按察司，犯人却推翻原供，否认前罪。按察使又将案件发回重审。

上级委派南昌县同知张治堂接管此案。张治堂仔细阅读案卷，见其中血衣、凶刀均已起获，显然是真凶无疑。等到提审时，罪犯说："血污白布短衫。其实是被害人的衣服，并不是我的，衣上现有刀戳破的窟窿三处，可以验证。就是解送来的凶刀，也是捕役随后上交，并非从我身上搜出，也不是我供出放于何处才起获来的。我并非贼匪，实未杀人，都是捕役怕上司责罚，枉抓好人，平空裁赃陷害。"供词与原审大相径庭。张治堂重验物证，见血污白布短衫上，果然有三处刀戳破的痕迹，的确是被害人的血衣。张治堂当着犯人的面，问身旁的捕役说："你见过穿缎面羊皮衣服的小偷吗？"捕役突然被问，来不及思索，无法回答。张治堂又问罪犯："只怕这件马褂也不是你的衣服吧，是不是借人穿的？"罪犯说："这件马褂确实是我的衣服，我从不借人衣穿，别人也从未借穿我的。"张治堂问他有什么记号，罪犯说："衣领后面的合缝处有丝线绣成的'万'字为记号，靠领口的扣袢还是去年新换的。"张治堂拿起马褂反复细看，见缎面已旧，毛皮发黄，里和面像是被擦洗过，胸前一块皮板较硬，能敲打出声响，透过毛丛，可以看到明显的水痕。张治堂究问原因，罪犯说是雨淋湿的。问他雨水为什么不湿后背但湿前胸，罪犯结结巴巴地说不上来了。进一步追问，犯罪又谎称擦洗油腻造成的。用衣服上的油腻水无法擦掉来驳斥他，罪犯又低头不语了。张治堂命人将马褂拆开，见白布贴边上竟有四处指印大小的血点，当即递到罪犯面前，喝令他从实招供，并让他对照说明拒捕杀人的情形，罪犯一一供认，盗窃、行凶等过程，历历如绘。一桩疑案，终于真相大白。张治堂并未用刑逼供，却使罪犯甘心服罪，不再狡辩，也不再翻供了。

上级认为原审官吏用被害人的血衣顶替罪犯的衣服，致使罪犯翻供，准备向朝廷揭发。张治堂请求先问一问其中的隐情。据原审县令讲，当时勘验完毕，带回死者的血衣，原是为了对比刀痕，确认凶器，只因注意力集中在对比刀痕上，反而忘记查验罪犯衣服上有没有血迹，实在是疏忽冒昧。等起获凶刀之后，对比衣服破口处的刀痕，与案卷中记录的长短、宽窄，都很相符。但是用别的刀试着一比较，宽窄也很相似。考虑再三，自己反而对这把凶刀的可信程度产生了怀疑。因此和助手商量，放弃被害人的血衣，只把它当做窃贼的血衣，和凶刀一并报送上司。助手也认为此案情节真实，定罪正确，又没抓错正凶，若只报送凶刀和没有血迹的犯衣，恐怕要遭到上司的驳斥，追问为什么没有凶犯的血衣，案情反显得不严密。不如将被害人的血衣当做犯人的衣服，一起写到

公文里。况且起到凶刀，对比血衣，犯人并不在场，而上司验明是真正的血衣就行了，绝不会拿在手里细看。一心想使案情扎实充分，没料到会出这么大的差错。上司认为凶手既没弄错，过失出于无意，也有情可原，这才严厉警告一番，宽恕了县令等人的失职。

虽然原审办案人的过失，给了罪犯翻供的把柄，但是，罪犯消息的灵通、行事的刁钻，也是他一时得逞的重要原因。他竟能凭着一件血衣，将确凿的证据，昭然的罪行否得一干二净，这也足见他心机的狡诈。他否认血衣的理由，是相当充分的。短布衫是贴身的衣服，经血污又被刀刺破，纵使窃贼从容得手，也不会将他剥下来拿走。而且主人被杀身死，凶手逃脱犹恐来不及，哪有闲功夫剥这件血衣？说他在被害者死后剥取血衣，已经无法令人相信，更何况他逃跑之后，还能身穿一件染满鲜血的衣服么？张治堂心里明知罪犯就是真凶，由于根本不知道错出在哪，所以一时无法使罪犯屈服。物证中还有一件无血迹的马褂，它是找出犯罪迹象的惟一希望。倘若罪犯再否认马褂是自己的东西，要想查明疑案，恐怕还要大费周折，弄不好这惟一的希望也将破灭。所以必须不动声色，让罪犯先认定这一事实，才可以仔细查验。穿得起绸缎、羊皮衣服，家境想必富有，富有的人一定不会去做小偷小摸的事。这是人们通常的想法，其逻辑性并不十分严密。也许是罪犯过于自信。以为乾坤早已倒转，新来的长官无能为力，说了这么一句题外话。所以他也就装出未做亏心事的平静模样，

随口唠了几句家常。万没想到自己一时大意，刚刚起死回生，却又出生入死。正应了"机关算尽太聪明，反误了卿卿性命"这句话，反而中了张治堂"上屋抽梯"之计。问明了记号，罪犯便自动走上了绝路，此时想后退半步也是不可能的了。就好比一块烧红了的铁块，无论它从前是多么烫手，一旦被牢牢地钳住，稳稳地放在砧板上，就只有任人敲打的份了。张治堂步步紧逼，一问一驳，察言观色，一定能感觉到罪犯的理亏词穷，此时未必不可以用刑讯逼他招供，这样也可以尽快定案。但张治堂却显得很有耐心。为了避免罪犯再一次翻供，考虑到仅仅怀疑擦洗血迹，说服力不够，便将眼光仍落在罪犯的马褂上。擦洗和拆洗毕竟不同，擦洗外面，竟浸透了皮里，致使毛色有异，可见当时血污之多。马褂的面里之间，缝合之处，隔着缎面未必能一一洗净。这便是张治堂拆开马褂之前的一番想法。张治堂凭着过人的智谋，干戈未动，大获全胜。他却谦逊地解释为"冤魂不散"的缘故。我们不相信因果报应之说，却该相信"法网恢恢，疏而不漏"这一至理。

假戏真作赶国王

公元1世纪，斯里兰卡的王位传到了亚瑟手中。亚瑟是一个沉溺于酒色的浪荡王子，接位后整天在宫女们陪伴之下吃喝玩乐，过着奢侈淫逸的生活。他还经常出外以巡视为名，游山玩水。有一次他到玛黑央格那地区游玩，遇到了一个相貌和他极为相似的人。这人名叫苏伯。由于苏伯刚直倔强，聪慧过人，并且力大无比，亚瑟王对他十分感兴趣，把他带回宫中，并命他到家乡把妻室接到王都，分配他执行守卫宫门的任务。

不久，亚瑟王对宫中骄奢淫逸的生活感到腻烦。于是这个玩世不恭的国王想出了新花样：让苏伯戴上他的王冠，扮成国王坐在宝座上；他自己换上苏伯的衣服站在门口充当卫士。文武百官上朝见驾时竟然认假为真，向装成国王的苏伯三跪九叩，连呼万岁。退朝后两人才换回各自的衣服。这样的恶作剧使亚瑟王十分开心，他对苏伯也很满意，渐渐地两人关系比较密切，在没有第三者在场时，两个人可以无话不谈，没有一点顾忌。

他们俩在一起时，苏伯经常谈起他妻子，说她如何温柔贤慧，美丽动人。亚瑟国王本是一个色鬼，听了这番话，便产生了邪念。为达到他的欲望，他心生一计。一天他派苏伯到外省去出差。在夜深人静的时候，他就便衣出宫，悄悄地溜进苏伯的家中。不料，苏伯因故突然返回了都城。当他来到自己家门口时，隔窗看见屋里有两个人影在晃动。他屏住呼吸，靠近窗边，只听见屋里传来了一男一女的窃窃私语声。苏伯万万没有想到闯进他家中、勾引他妻子的竟是亚瑟王，而他妻子却又那么地趋炎附势。不一会他们两个黑影已靠在一起。

窗外的苏伯听了，实在按捺不住满腔怒火，他真想破窗而入，把亚瑟王砸个稀烂，可苏伯毕竟是个谨慎的人。他想，我何不先把他吓跑再想办法呢？想到这里，他假装刚从外边回来，什么也不知道，来到屋前大声叫妻子开门。屋内正想偷欢的亚瑟王被这突如其来的事变吓得魂不附体，仓皇越窗逃回宫中。通过这次事情，苏伯更加看清了国王的狼心兽性。想到自己受到偷妻之辱，他决心忍辱负重，报此大仇。

主意已定。第二天，他便装着若无其事，仍旧到王宫履行守卫宫门的职责，对国王的态度也一如既往，丝毫没有表现出怨恨的情绪。过了一段时间，亚瑟国王便真的以为苏伯对那件事没有察觉，也就放心了。他为了解闷，又叫苏伯和他一起表演那套恶作剧。

苏伯意识到时机已到，决心利用这次机会除掉亚瑟。他像往常一样和亚瑟换了衣服，各就其位。上朝时间一到，群臣来到宫中，双膝跪在国王的宝座之下，向万岁请安问好。在这庄严肃穆的气氛中，守卫在宫门的"卫士"——亚瑟，看到自己导演的这场滑稽戏演得如此逼真，高兴得不禁"噗嗤"笑出声来。大臣们回头一看，见是守门的"卫士"在讥笑圣上，齐声怒斥"卫士"无礼。

高居龙位的"国王"拍案而起，大怒道："胆大的奴才，竟敢如此放肆！来人，枭首示众！"一员武将冲过去，手起刀落，把"卫士"的脑袋砍落在地。苏伯接着又警喻百官要尽职尽忠，不准玩忽职守。就这样，苏伯不仅为己报了仇，为民除了害，而且还当上了国王。

苏伯深蒙辱妻之仇，但他并没有冲动行事，而是忍辱负重，终于上屋抽梯惩处了国王，担起了治国大业。

上屋抽梯除贝格

放置"梯子"有很大学问，对性贪之人，以利诱之；对莽撞之敌，设下埋伏使其中计；对于类似于布隆贝格这样的人，则通过给予生活上的鼓励和支持，诱其中计。因此在政界中，应当提防看似好意的诱惑，以免重蹈布隆贝格的覆辙。

希特勒在1935年自封为"德国领袖和总理"之后，变得更加独裁、专断，听不进任何反对意见。

当时任战争部长兼武装力量总司令的布隆贝格，是一位资深的元帅。1936年3月，希特勒命令德国军队进驻莱茵非军事区，布隆贝格表示反对。1937年，希特勒宣布了侵占奥地利和捷克斯洛伐克的计划后，布隆贝格又提出了反对意见，认为这样做会导致英法的干涉。希特勒强压怒火平息了争论，暗地里下决心要除掉这个讨厌的战争部长。

希特勒的亲信、空军元帅戈林是布隆贝格的下属。他表面上讨好布隆贝格，实际上却与希特勒配合，准备让布隆贝格自己跳入陷阱。

布隆贝格时年59岁，但从未结婚。戈林得知他与一位出身低下的妇女关系密切，就极力促成他们的婚姻。当时第三帝国对高级军官择偶有严格规定：出身低下的人不宜做高级军官的配偶。戈林巧舌如簧，劝布隆贝格打破旧习与成见，认为像布隆贝格这样资深的元帅在婚姻问题上不应受到规定的限制。在戈林的反复劝说下，布隆贝格决定结婚。

在布隆贝格结婚几天之后，戈林就在军官中散布说：布降贝格的太太出身太坏，做战争部长的配偶极不合适。消息在军队中很快传开，一时间弄得满城风雨。这时希特勒开始向布隆贝格施加压力，说他既然选择了这样的配偶，便不足以为部下的表率，希望他妥善处理此事。此时布隆贝格别无选择，只有辞职一条路可走。这样，希特勒与戈林密切配合，运用上屋抽梯的计谋，除掉了一名与自己意见相左的高级军官。

假之以便唆使前

1976年6月6日，伦敦豪华的萨顿宫中央大厅放着一具橡木棺材，世界头号富翁——琼·保罗·格蒂疲倦地躺在棺中。紧闭的嘴唇依然封闭住复杂的内心世界，微睁的蓝眼睛仍似看透一切地面对着冷漠的人生。

格蒂富有而又吝啬，60亿美元的遗产使儿孙个个都成为大富豪，却在萨顿宫中为客人和工作人员专设收费电话。他有父母、子孙，却极为孤独，一生几乎都在和亲人进行毫不留情的斗争。他有不少情人，给每个人都有馈赠，都没有一个终身相守的妻女，5次结婚5次离婚。他在庞大的石油王国里是至高无上的君主，却20年不到公司总部视事，用流浪式管理作无微不至的遥控。他令竞争对手憎畏，却又使对手说不清他是怎样的人。

1892年，在明尼阿波利斯市的一个律师的家中，乔治怀抱着刚刚出生的儿子，望着疲惫的妻子，高兴地说："我们的儿子，就叫他格蒂吧！"孩子的母亲微笑着点点头。40多岁的乔治望着儿子红红的小脸蛋，欢喜得不知道怎么好。

20年后，格蒂进了牛津大学，他性情十分孤独，学业不佳，四处游荡。父亲为了使他勤奋学习，下了很大的功夫，但格蒂照样不务正业，获得英国名牌大学文凭后，向父亲要回自己有限的资金，只身来到格尔萨开始了石油冒险。他把注意力放在了各大公司忽略的地区，果然发现了两块大油田，顺利地做成几笔租地转手买卖后，他创起几家小石油公司。日历还未翻过1906年，24岁的格蒂已当上了百万富翁。

1930年，格蒂的父亲——美国洛杉矶首富乔治去世。格蒂望着棺中的父亲，心中一阵阵恼火。乔治在生前的遗嘱中写明：遗产1000万美元归格蒂的母亲萨拉所有，家族公司2/3的股权由萨拉为首的委员会监管，公司的董事长由格蒂接管。格蒂对父亲只留给自己有限的管理权十分恼怒。他决心摆脱美国超级石油公司的支配和压榨，形成从原油开采到提炼、运输、出售的系列经营，气一气冥冥之中不信任自己的父亲。

格蒂为做成石油帝国之梦，冷酷阴毒地对员工们实施了上屋抽梯之计，他指示以资金短缺为由，解雇所有工人，真所谓"断其援应，陷之死地"。在工人生活无着之际，他又"假之以便，唆之使前"，用极低的工资再把工人雇回来，强迫他们卖命工作。他利用血腥剥削的剩余资金再次向下一目标冲击。终于在1931年底一举控制了太平洋石油公司，那年他39岁。

在机场通往市区的公路上，高大的椰树从车窗飞驰而过，格蒂坐在他的高级奥特轿车里，驶向王宫，去晋见沙特国王。

望着车窗外的热带丛林，格蒂又在精心盘算着他的宏伟计划。二战后，美国经济飞速发展，石油需求量直线上升，然而国内的两大产油地得克萨斯和俄克拉荷马已被各大公司分割一空。甚至中东产油区也被世界石油"七姐妹"瓜分完毕。此时，格蒂把眼光盯住了波斯湾以西 2200 平方英里的不毛沙漠。这里北接科威特，南邻沙特阿拉伯，是块边境线模糊的"中立区"。只是因为出油把握不大，世界几大石油公司才没有起劲地争夺开采取。此时，格蒂望了望自己的手提箱，里面放有美国最有权威的地质学家对这块沙漠之地出油情况的预测，而格蒂也把这种判断当做赌注，义无反顾地争夺开采权。来沙持之前，他的智囊团已为他制定了全套的上屋抽梯之计。

汽车驶进了王宫，宫廷侍者将格蒂引入内殿。

国王十分热情地接待了格蒂。

格蒂请求国王允许他开采石油，"我可以先将 800 万美元的订金献给国王，再付给沙特政府 950 万美元的现金。今后不论这块土地上能否开采出石油，我都每年支付给贵国 100 万美元，如果开采出石油我付的每桶开采费是其他公司的一倍半。"格蒂走出了第一步，即"假之以便，唆之使前"。

沙特国王听后微笑着说："格蒂先生的计划我很感兴趣，但至于我的国家允许谁来开采，我们还要权衡后再定。"

"亲爱的殿下，"格蒂笑着说："我还有一个计划是献给沙特人民的，我愿为贵国人民修建几项永久性社会设施，还可以培训技术人员，以此作为我与贵

国友好的诚意。"此时，格蒂使出了对其他竞争者"断其援应，置之死地"的第二步。

国王十分高兴，"格蒂先生，请你参观一下我的美丽的国家，至于您的请求，我想是会得到满意的答复的。"

1948 年底，沙特阿拉伯政府正式通知，将旷日持久的开采权争夺战的胜券授予了格蒂。雄心勃勃的格帝立即定下了 50 年代末成为世界首富的规划。

贪婪使人疯狂，疯狂叫人铤而走险。荒漠开钻整 3 年，滴油未见，一份份失败的报告使格蒂躁动不安，他夹着公文包奔波于无迹荒野，指挥掘井开钻。

在高高的钻井旁，格蒂身着工作服，满脸油垢地仰天躺在灼热的沙土上。汗水湿透了衣服，耳边只有钻机的隆隆声。

"这口井钻了有多深了？"格蒂问。

大胡子的总监举起茶杯喝了口水，说："已经钻了 3480 英尺了。"

格蒂坐起身子，一拳砸在身边的沙土上，大声喊道："继续钻！"

这时，从钻台上跳下一名钻工，一边往这边跑，一边喊："出油了！出油了！"

1953 年，美国《幸福》杂志爆出特大新闻："格蒂在中立区有了伟大的、历史性的发现！他的第六口井终于在 3482 英尺深处见到了含油沙层！"

当月，格蒂公司股票每股从 23 美元翻到 47 美元。倾刻之间，格蒂的财富增长了一倍多。

此后，格蒂的原油源源不断地涌进美国。他扩建了炼油厂、加油站，还购置了超级油轮，成了真正的石油大王。

1957年10月,一向默不作声的格蒂突然在《幸福》杂志上向全世界宣布:个人拥有纯财富已达10亿美元;超出了名噪一时的洛克菲勒家族、杜邦家族以及肯尼迪、丹尼尔、路德维格等家族。

他终于实现了全球首富的梦,也为长达20多年的上屋抽梯的计划打上了一个圆满的句号。

想方设法获证据

中国人有许多美德,诸如讲亲情不讲金钱等等。因此当朋友或亲戚开口借钱时,许多人往往毫不犹豫掏出钱来,却碍于亲情而不留任何凭据,结果为日后要钱带来无尽的烦恼。不过真遇上这种情况,也不是没有补救的办法,你可以通过函件来获取凭据。

干个体服装生意的老赵怎么也没想到,他当时出于一片同情心,借给表弟60000元人民币做买卖,因是亲戚,也没让表弟立什么字据,时至今日已整整4年了,虽然经多次上门讨要,可表弟总是说没钱,最后竟赖起账来。

老赵走投无路,最后请律师帮忙。律师听后说:

"法律重证据,没有证据官司怎会打赢?你要想打赢这场官司,只有取到有力证据。目前你可以给表弟写信去说。"表弟没复信,老赵只好又去找律师。

律师想了一会儿,说:

"欲速则不达,你也许是太性急了些。我看,不如再故意给他一些让步,告诉他,60000元钱只要他先还30000元看看他会有什么动静。"

老赵又照律师说的去做了,果然在他寄出第二封信不久,那位表弟就给他回了信,答应一有钱就还他。

老赵把这封信交给了律师,事情的结果非常简单,律师以此为证据,帮助老赵讨回了全部债款。此类"上屋抽梯"讨债谋略,企业经营者应该拿来学以致用。

抓战机令其出丑

借债还钱是天经地义的事,可是如今有不少企业只借钱,不还钱。讨债人以正当手段无法要回欠款,只得出一些狠毒的招数,置对方于绝境以达到目的。

东方面粉厂一直是省级名牌厂家。该厂生产的各种等级面粉深受消费者的欢迎。然而面粉加工业并不复杂,特别当粮价放开后,中小型面粉厂如雨后春笋般地涌出,市场的竞争将越来越激烈。李厂长发现如今生活水平高了,人们对细米白面的需求量呈下降趋势,对粗粮杂粮的需求反而越来越多。为此,他想出了一条新路,快定开辟一条粗粮精加工的生产线,生产出既有营养价值、又符合现代人口味的粗粮食品。

李厂长的提议得到领导班子的一致同意,但是经过初步预算,如果拿出厂里的全部资金投资的话,那么周转资金就成了问题。这时大家不约而同地想到了讨债。

原来3年前东方厂为响应省里的"一帮一"脱贫计划,借给市郊一家花生加工厂60万元。谁知偿还期超过了半年,还不见对方还钱。因为这件事是省里牵头的，东方厂越发觉得为难。

为此，厂领导在礼堂前贴了一张招贤布告。布告上说谁能讨回这笔欠款，本厂将取出欠债的1%作酬金奖给他。重赏之下，必有勇夫，小赵、小李两名职工当众揭下了这张布告。

他俩带着借条来到市郊，找到那家乡镇企业的财务科长说明来意，并一再说东方厂面临的困境。然而财务科长未等他俩说完，就哭爹喊娘一个劲叫穷……

第二天，他俩决定吸取教训，直接找厂长。谁知厂长早已听到财务科长的汇报，就是躲着不露面。小赵和小李仍不甘心，就住在该厂的招待所，每天坐在厂长办公室等人。一直等到第六天，也没见着人影。眼看带的钱快花完了，从没干过讨债工作的小赵和小李一时不知所措。

夜幕降临了，他俩无精打采地走出厂门。回到住处，两人买了几瓶啤酒，一瓶一瓶喝了起来。这时电视机里正播放着本市新闻：

"外商决定与市郊的花生加工厂经营，加工生产多种特产食品，3天后，市政府领导将陪同外商前往市郊花生加工厂签约……"

听到这个消息，小赵和小李精神为之一振。他俩合计了一番，立刻采办东西，行动起来。

第三天清晨，小赵和小李一左一右地站在花生厂大门前，他俩奇异的装扮，迅速吸引了前来上班的职工。

只见他俩手持一白布横幅，上写着"东方面粉厂讨债队"几个鲜红的大字。

再看小赵身披绶带，上写着"欠账不还信誉何在？"小李身上写着"谁还需要跟你再做买卖！"

花生加工厂厂长一大早也赶到厂里，他看到这种情景，气不打一处来，如果让市委领导和外商看到，合资一事不就黄了。他立刻想到通知保卫科去轰走这两个家伙了事，但又一想，真把事情闹大了，那可不是几十万元能挽求回来的，到时候市里领导怪罪下来可承担不起，而且还要永远背上不守信誉的包袱。

花生厂厂长无可奈何，看来惟一的办法就是归还欠款。于是他忍痛割爱，派财务科长把1张他亲笔签字的145000元的支票交到了小赵、小李的手中。

先尝后买送后卖

"先尝后买"这是一些经营者为吸引消费者，诱发其购买欲，从而达到"先送后卖"的目的的一种推销方式。

但是，这种推销方式亦有美中不足之外，就是只能吸引那些购买目的较明确的人，而无法把大多数人还没有意识到的潜在的购买欲望激发出来。

因为就一般人来说，当他还没有明显的购买欲望时，他是不太好意思先尝的。

能否主动"置梯"让顾客先尝，让他不得不买呢？

阿根廷首都布宜诺斯艾利斯的弗洛伊达大街，其热闹程度可与北京的王府井大街相媲美。一天，中国一个考察团的一行人到此观光。他们在不经意中走入了糖果店。刚进店门，老板就主动来作了一个欢迎的姿势。

紧接着，未等来人看清店内摆设，一位服务小姐已把一盘精美的糖果捧到了顾客的面前，并且柔声慢语地说到："这是本店特产，清香可口，甜而不腻，免费招待，请随便品尝，千万不要客气。"

如此盛情难却，几位远方来客自然恭敬不如从命。他们在糖果店里转了一圈，并没有发现什么非买不可的东西。但又觉得既然免费尝到了甜头，不买点什么也有点过不去，于是便一人买了半斤糖。

这位店老板的主动"置梯"，在营销中不能不说是一种周密的手法。

"不许偷看"巧售酒

在繁华的泰国首都曼谷，有一间豪华的"酒吧"。酒吧的老板为了吸引顾客，在门口放了一个巨型酒桶，外面写着四个醒目的大字：不许偷看。

这四个字，使来来往往的过路行人十分好奇，偏偏都想看个究竟。哪知道，走进一看桶里，却发现桶里别无他物，只是隐隐显现的一排字：本店美酒与众不同，请享用。但那清醇芳香的酒味，此际却已挑起了顾客的酒瘾。不少人大叫"上当"之后，粲然一笑，便进店去试饮几杯。其结果，这个"酒吧"的生意之兴隆可想而知。

这位酒吧的老板正是抓住了人们的好奇心理，巧妙地设置圈套，诱发起路人的酒瘾，从而使路人乖乖地成为酒吧的顾客，收到了意想不到的好效果。

第二十九计　树上开花

【原典】借局①布势，力小势大。鸿渐于陆，其羽可用为仪②也。

【按语】此树本无花，而树则可以有花。剪彩粘之，不细察者不易觉。使花与树交相辉映③，而成玲珑④全局也。此盖布精兵于友军之阵，完其势以威敌也。

【原典注释】①局：即阵，阵局，指战争中兵力的部署和阵地构成。

②鸿渐于陆，其羽可用为仪：出自《易经·渐卦》，其意思是：鸿雁飞起来逐渐落到山上，它落下的羽毛可以作为漂亮的装饰品。仪：威仪，装饰。

③辉映：映照，对比。

④玲珑：精巧细致。

【原典译文】借助别人的阵局摆布成阵势，兵力虽然弱小阵容却显得强大。正如鸿雁飞上高山，落下的羽毛，却可以用来当做漂亮的装饰一样，增色不少。

【按语译文】这棵树本来不开花，但是树却可以有花。若把彩色绸绢剪成花朵粘在树上，不仔细察看的人不容易发觉。让美丽的花朵和树枝互相映照，从而造成精巧细致的完整局面。这就是把精锐部队布置到友军的阵地上，形成声势壮大的阵势以慑服敌人的计策。

【传世典故　计名探源】树上开花原意为这棵树本来没有开出花，但是可以人为地使它开花。把五颜六色的绸绢剪成花朵粘在树上，不仔细察看的人就不易发觉，让美丽的假花和真树相互衬托，就可造成一个全新的巧妙逼真的完整假局面。该词义是从"铁树开花"转化来的。在军事上指借着别人的声势来壮大自己的军威，以慑服敌人的一种谋略。

本计计名来自古时一些战例。所谓"树上开花"，在军事上一般是指，在敌强我弱、遭到敌军攻击压力的形势下，我军采取某些方法，制造种种假象来壮大自己的声势，以迷惑敌军，或将其引走，或将其击退，或将其歼灭。三国时期，张飞在当阳桥以三十余名骑兵，吓退曹操追击刘备的数万大军，就是用的这种计谋。无人不知张飞是一员猛将，而他却是一个有勇有谋的大将。刘备起兵之初，与曹操交战，多次失利。刘表死后，刘备在荆州，势孤力弱。这时，曹操领兵南下，直达宛城。刘备慌忙率荆州军民退守江陵。由于老百姓跟着撤退的人太多，所以撤退的速度非常慢。曹兵追到当阳与刘备的部队打了一仗，刘备败退，他的妻子和儿子都在乱军中被冲散了。刘备只得狼狈败退，令张飞断后，阻截追兵。张飞只有二三十个骑兵，怎敌得过曹操的大队人马？那张飞临危不惧，临阵不慌，顿时心生一计。他命令所率的二三十名骑兵都到树林子里去，砍下树枝，绑在马后，然后骑马在林中飞跑打转。张飞一人骑着黑马，横着丈二长矛，威风凛凛站在长坂坡的桥上。

追兵赶到，见张飞独自骑马横矛站在桥中，好生奇怪，又看见桥东树林里尘土飞扬，以为树林之中定有伏兵追击的曹兵马上停止前进。张飞只带二三十名骑兵，阻止住了追击的曹兵，让刘备和荆州军民顺利撤退，靠的就是这"树上开花"一计。

【名家评点 破解方略】树上开花，是制造假象，迷惑敌人。树上原本无花，经过精心伪装，就会看上去有花。用在军事上就是通过伪装使自己看起来十分强大。

在此计中，"树"指那些被借来张势的东西，它可能是别人的声势，别人的力量，也可能是客观的形势。因此，在我方还没有找到可以借的"花"时，不妨先借"树"。"树"是"花"的依傍，所以，首先是选择好"树"，其次要将"花"布置得巧妙一些。善于伪装，以假乱真，以达到以强隐弱的目的，麻痹敌人，挫败敌人。

经典案例 锦囊妙计

千金买骨巧招贤

　　燕昭王登上王位后，摆在面前的是内乱外患留下的一个烂摊子，他很想振兴燕国，但燕国缺乏能担当各方面事务的人才。当时各国对人才的争夺是很激烈的，燕国没有任何优势。有一个叫郭槐的人，给燕昭王出主意说："从前有个国君，用千金购买千里马，三年都没买到。一个侍从请求去完成这项任务，结果很快就用五百金买回一堆死马骨头。国君大怒，说：'花了这么多钱买了一堆马骨，有什么用？'侍从说：'死马尚且用五百金购买，更何况活马呢？天下之人必然以为国君肯出高价买马，千里马会自动送上门来。'果然，不到一年工夫，就得到三匹千里马。现今大王真想广招贤士，就把我当千里马的骨头看待，从我开始。"燕昭王依计而行，为郭槐修建了华美的住宅，以师礼事之。各国未尽其才的贤士见燕昭王对郭槐如此器重，觉得自己才能超过郭槐，肯定会更受器重，于是纷纷来到燕国，其中包括赵国的名将乐毅、齐国的著名学者邹衍、谋士剧辛等人。燕昭王奋发图强，有了这么多贤人辅佐，燕国很快就强大起来了。

曹仁示虚瑜中计

　　魏将曹仁在守御荆襄的战役中，由于曹洪失守彝陵，犄角之势被攻破，被周瑜大军围困在南郡城中。

　　正当曹仁无计可施时，曹洪对曹仁说："现在南郡孤城难守，情势危急，丞相路过此地时，曾留下锦囊妙计，现在为什么不拿出来观看，以解眼下燃眉之急？"经曹洪一提醒，曹仁大悟，忙取出观看。看罢，连连点头。下令对众军说："今夜五更造饭，饭后军马分头出城，束包扎裹，城上多插旌旗，虚张声势。"

　　周瑜在城外，听说城内曹兵分三门而出，不知有什么企图，便亲自出营登高观望，只见城墙旌旗遍坚，声势极大。但仔细一看，旗下并无军兵把守，所在旌旗都是虚设。周瑜想，这是曹仁"虚则实之"的计谋。再仔细观察，他又发现每个曹兵腰间都束包裹，周瑜觉得，这一定是曹仁随时准备溜走的打算。于是他回营对众将说："看来南郡城内，不仅兵力虚，而且主将守城的心也虚，他们已做了退军准备。我们可乘势攻城。"

　　当吴兵发起进攻时，曹洪率军兵迎战，战几个回合后，迅速带兵败走，接着曹仁又出来迎战，战几回合后也率兵败走，都弃城向城外逃走。周瑜心想，曹仁、曹洪是顺势弃城逃走了，于是率军乘城门大开，带头杀入城去。

　　这时，守城的陈矫见周瑜率先入城，暗自高兴。一声令下，城内伏兵乱箭齐发。周瑜急勒住战马欲回，但左胁下中箭翻身落于马下。那些争先入城的军兵，都坠入陷坑内。城内牛金见周瑜落马，突然冲出，要活捉周瑜。与此同时，曹仁、曹洪也率兵左右两边杀来。吴兵大败而退，周瑜身中毒箭，在大将徐盛、丁奉的救护下逃回营中。吴兵遭到惨败。

曹仁用曹操留下的"实则虚之"的计谋，诱周瑜中伏，扭转了败势。

在这则运用"实则虚之"的计谋中，曹仁用再三示虚的方式，引诱周瑜中计。先是摆出"虚则实之"之形，故意让周瑜窥破，以计示之以虚。其次又令军兵各束包裹，佯做准备退兵之状。在守城信心上又以形示之以虚。再者，当吴兵攻入城时，诈败而退，又以动示之以虚。在这三种再三示虚的情况下，周瑜哪里还会料到城内还有埋伏？结果真的中了曹仁之计。

张仪设计骗楚王

战国时期，齐、楚、燕、韩、赵、魏、秦七雄并立，其中西部的秦国、东部的齐国和南部的楚国力量最强。张仪和他的师兄苏秦凭着三寸不烂之舌，游走于各国之间，合纵连横。大约在公元前313年前后，楚国与齐国结成联盟，共同对付秦国。

秦王想去伐齐，又怕楚国起兵帮助齐国，便想拆散他们的盟约。秦王把相国张仪召来问计，张仪回答说："凭着我的三寸不烂之舌，南游楚国，伺机向楚王进言，必定能使楚国与齐国继绝关系，而转而与秦国友好。"秦王听后很高兴。说："就按你的意见办吧。"

张仪拜辞秦王，来到楚国。楚王见张仪这个大名人来了，便命令把上等宾馆整理好，让张仪居住。楚王问张仪：

"你到敝国来，有何见教呢？"张仪说："我这次来楚国，是想让秦、楚建立起友好关系。"楚王说："我何尝不愿与秦结盟呢！但是秦国屡次出兵攻伐楚国，所以我也就不想和秦国结盟了。"张仪说："现在虽然有七国，但大国只有楚、齐与秦三家。秦与齐结盟，则齐国势力大增；秦与楚结盟，则楚国势力大增。不过秦国的心意，是想和楚国结盟。这是为何呢？因为齐与秦是婚姻之国，却多次负秦。而大王您却与齐交好，触犯了秦王的忌恨。现在大王如果能闭关与齐国断绝关系，秦王愿意把当年商鞅从楚国攻取的商之地六百里归还大王，还愿意把秦女嫁与大王为妾，这样秦、楚世为婚姻兄弟，共同抵御诸侯的侵犯。"楚王听了这话，很是高兴，说："秦国肯把旧地还给我，我怎么还会偏爱齐国呢！"当下答应下来。楚国的大臣们都认为楚国将要收回失去的故土了，纷纷向楚王称贺，只有客卿陈轸表示反对。楚王大怒说："我不发一兵一卒就能得到六百里地，群臣都祝贺，你为什么反对呢？"陈轸说："不然，以臣看来，商于之地得不到，齐、秦将要结盟了，齐、秦结盟，楚国的祸事来了。"楚王问："你这么说有何根据？"陈轸分析说："秦国所以看重楚国，是因为楚有齐这个盟友。现在如果与齐断交，则楚国就陷入孤立无援的境地了。秦国还有什么可重视楚国的，而会割让商于之地六百里？张仪回到秦国，必定食言，辜负大王。"楚王听了很不高兴，问："你说怎么办？"陈轸说："最好的办法，是表面上和齐国断交而暗中依然交好，派一名使节跟张仪去秦国。

如秦国给地，那时再与齐断交也不晚；如不给地，仍与齐交好，共同对付秦。"楚王说："希望你闭上嘴不要再多说，就等着看我得到土地吧！"

于是，楚王下令北关守将不要让齐国使节进入楚国，派将军逢侯丑随张仪到秦国接受土地。一路上，张仪与逢侯丑饮酒谈心，欢若兄弟。快到咸阳时，张仪假装醉酒，失足从车上跌下来。左右侍从忙将他扶起，他说："我的脚伤了，需要立刻医治。"便先乘车入城去了。向秦王汇报过，便躲在家里伪称养伤，一连三月不上朝。逢侯丑求见秦王，秦王不见，去见张仪，张仪推说伤未愈合，也不见。他只得上书秦王，把张仪许地之言说了一遍。秦王复书说："张仪如果有约，我一定会履行。不过听说楚与齐尚未决绝，我怕被楚国欺骗了。还是等张仪病愈入朝，弄清楚再说吧。"逢侯丑把秦王之言报告楚王，楚王说："大概秦国认为我没有彻底和齐国断绝关系吧？"于是派勇士到宋国，借宋之符，直到齐国边界，把齐王百般辱骂一番。齐王大怒，立即派人到秦请求交好。张仪听说齐国的使臣到，知道计谋已成，便称病愈入朝。在朝门遇到逢侯丑，张仪故作惊讶地说："将军为何还没有受地返国，尚淹留我国？"逢侯丑说："秦王只等你病愈面决，现在你病好了，就请进去向秦王禀报，早日划定地界，我也好回国复命。"张仪说："此事何须请示秦王？我所说的，是我的俸邑六里，愿献给楚王。"逢侯丑说："我受命于寡君，言商之地六百里，没听说只有六里。"张仪说："楚王大概听错了吧？秦国的土地

都是百战所得，岂肯以尺土让人，何况六百里土地呢！"逢侯丑回国一汇报，楚王大怒说："张仪真是反复无常的小人，我一定要生吃他的肉才解恨！"于是起兵伐秦，结果被秦齐联盟杀得惨败，汉中之地六百里反被秦国夺去。

张仪是战国时代著名的纵横家，诡计多端。他辅助秦王，实行远交近攻的策略。为了牵制秦国，楚国与齐国结成联盟，使秦国不敢放手行动。面对这种情况，张仪决定设计诓骗楚王，让楚王自己断绝与齐国的盟友关系。张仪非常了解楚王的心理和秉性，掌握了楚王的两大特点：第一，楚王虽然与齐结成联盟，但又觉得齐国远离楚、秦二国，倘若真的发生战事，不免有远水救不了近火之虞，而楚国与秦国毗邻，时刻处在秦国的威胁之下，倘能建立友好关系，则可缓解面前的危机；第二，楚王为人十分贪婪，又庸懦昏愦，缺乏主见，轻信人言。针对这两点，张仪投其所好，用"六百里地"在本来无花的树上做成一树假花，引得楚王跷足去摘。楚王的贪心给宿敌秦国带来莫大利益，秦国不费一兵一卒，仅凭着张仪的一张巧嘴，竟然拆散了齐楚联盟。使秦之仇敌、楚之盟友转变为楚之仇敌、秦之盟友，借局布势，强己弱人，真是树上开花之计的成功运用。

冯谖说秦助孟尝

齐王（湣王）被秦、楚的诋诽迷惑，认为孟尝君名望高过君主，而且在齐国专权，就废了孟尝君的职位（前298）。

孟尝君的门客一听说孟尝君被废，都走了。

冯谖没走，告诉孟尝君说："请借我一辆可以到秦国的车子，一定让你受国君重用，封地增加，你愿意吗？"

孟尝君于是准备车子、礼物，派他去秦国。

冯谖西入秦国，游说秦王（昭襄王）："天下的游士，驱车入秦，没有不希望使秦国强大而削弱齐国的；而驱车入齐的，没有不希望使齐国强大而削弱秦国。这是因为秦、齐势不两立，想一决雌雄，能称雄就能掌握天下了。"

秦王听了，单膝落地拜问说："如何能让秦国称雄呢？"

冯谖说："大王知道齐国废除孟尝君的职位吗？"

秦王说："听说了。"

冯谖说："使齐国在天下之间举足轻重，都是孟尝君的功劳。现在齐王听了他人诋诽的话，废了孟尝君的职位，孟尝君心中怀怨，一定会背弃齐国。如果他能制造秦国，那么齐国的人心自然倾向秦国，齐国领土就在掌握之中，岂只是称雄而已？大王赶紧差使者筹办厚礼去迎聘孟尝君，千万不要错失良机。否则一旦齐国觉悟，再重用孟尝君，那谁能称雄天下，就难说了。"

秦王很高兴，就派了十辆车子，载着百镒黄金去迎聘孟尝君。

冯谖辞别秦王先回到齐国，游说齐王说：

"天下的游士，驱车东入齐国的，没有不希望使齐国强大而削弱秦国；而驱车西入秦国的，没有不希望使秦国的强大而削弱齐国。就因秦、齐旗鼓相当，势不两立，秦国一旦强大，齐国自然就弱了。现在我听说秦国差遣使者，派了十辆车，载了百镒的黄金，来迎聘孟尝君。孟尝君不到秦国就罢了，一旦到了秦国，当上宰相，那就天下归附，秦国自然就称雄于天下，齐国大城临淄、即墨就危险了。大王何不在秦国使者还未到的时候，恢复孟尝君的职位，再扩充他的领地，向他表示谢罪之意？孟尝君一定欣然接受，秦国即使强大，又怎能强请他国之人去当宰相呢？"

齐王说："好！"

于是召见孟尝君，恢复他宰相的职位，赐予旧有的封地，另外又扩充了一千户。这时，秦国使者恰好到了齐国，一听说这件事，只好回去了。

越还熟谷骗吴国

春秋时期越王勾践卧薪尝胆，十年生聚，十年教训，终于灭掉强大的吴国，杀死曾使越国蒙受奇耻大辱的吴王夫差，这是流传千古的历史事件。在十年中，勾践为了麻痹吴国，保全越国，削弱吴国，富强越国，施展了一连串计谋，其中也包括树上开花之计。比如，有一年，越国发生饥荒，勾践命令大夫文种到吴国借贷了一万石粮食，用来赈济饥民。次年，越国风调雨顺，农业丰富，这倒使勾践犯了难，他觉得：如果不归还上年向吴国借贷的粮食，就会失掉信用，吴国也会以此为借口征讨越国；如果如数归还，就会使吴国更加富强而不利于越国。最后，他接受文种的建议，从粮食中把子大粒满的挑选出来，然后蒸熟，如数归还了借贷吴国的粮食。吴国人见越国人送来的粮食颗粒饱满，非常喜欢，以为这都是良种，于是都留到第二年春天做种子用，结果都未发芽，是年颗粒无收，吴国发生大饥荒，国力大为下降。在这里，勾践用熟粟装扮树上之花，引诱吴国人上当，而熟粟给勾践带来的利益，有过于一次大征伐。

张良妙计助太子

张良是汉高祖最重要的谋臣，在楚汉战争中，他运筹帷幄，决胜千里，立下殊勋。汉朝建立后，左右大臣多为山东（指函谷关以东）人，力主定都洛阳，张良则认为洛阳周围不过数百里，乃是四面受敌之地，不是建都的适宜场所，而关中沃野千里，地形封闭，乃是金城千里，天府之国。刘邦采纳了他的建议，定都长安。此后，朝端无事，张良因体弱多病，便闭门不出，练习气功。

忽有一日，吕后的弟弟建成侯吕泽派人把张良强邀到自己家里，说："你一直是皇上的谋臣，现在皇上想改立太子，你还能在家高枕而卧吗？"原来，刘邦非常宠爱戚夫人，想废掉早在做汉王时就被立为太子的吕后的儿子刘盈，改立戚夫人的儿子赵王刘如意为太子。大臣们多次谏争，所以刘邦迟迟未下决断。吕后为此事焦虑不安，却想不出一点办法。有人对她说："张良善于谋划，而且皇上很信任他。"听了这话，吕后便让吕泽强邀张良问计。张良知道了这些情况，说："过去皇上在危急之中，接受了我的计

策，现在天下安定了，皇上因自己的爱欲想易太子，这是骨肉之间的事情，就是有像我这样的一百个人，又有何用呢？"吕泽软磨硬逼说："无论如何也要想一个计策。"张良说："这件事难以凭口舌之利争辩。皇上想招致而又招不来的，天下共有四个人。这四个人年纪都很大了，都以为皇上轻慢侮人，故逃匿在山野之中，发誓不做汉臣。但是，皇上非常看重这四个人。现在你如果能不怕耗费金玉璧帛，让太子亲笔写信，派一个能言善辩的人前去恭请，这四人大概会来的。他们来了，奉以为太子宾客，时时随从太子入朝，让皇上看见他们，皇上必问，一问知是四个大贤人，这对太子必有帮助。"吕后听了，立刻让吕泽按张良所言，派人带着太子书信，卑辞厚礼，把四人请下山来，供养在吕泽家里。

汉十一年（前196），英布造反，正赶上刘邦患重病，便想让太子带兵攻讨。四个人商议说："我们来是保护太子的，太子带兵，地位就危了。"于是找到吕泽说："太子带兵，有功劳也不能再提高地位了，无功而返，从此就有祸事了。而且军中诸将，都是跟随皇上平定天下的枭将，现在让太子率领他们，就像让羊率领狼一样，他们必不肯尽力，无功而还是必然的。我们听说过'母爱者子抱'这样一句话，现在戚夫人日夜服侍皇上，赵王如意常抱在皇上面前，皇上说'总不能让不肖之子位居爱子之上'，这不是明摆着是要改立太子吗？你要赶快让吕后找机会向皇上泣涕进言说：'英布是一员猛将，善于用兵，现在诸将都是陛下

故旧，让太子率领他们，就像羊率领狼一样，必不肯尽力，让英布知道了这些情况，必定鼓行而西，直捣长安。陛下虽然患病，也应卧在辎车中亲征，诸将才不敢不出力。'"吕泽当夜就去见吕后，吕后找一个机会，按照四人的话向刘邦哭诉一番。刘邦说："我也觉得竖子没能力带兵，还是我自己去吧。"于是率兵而东。张良强起病躯，到刘邦军营说："我理应随陛下出征，可病得太重了。英布的士兵剽悍，不要与他们硬战。陛下去了，应当让太子做将军，监督关中兵马。"刘邦说："就按你的话办。你虽然重病在身。还是要尽力辅佐太子。"

第二年，刘邦得胜回到长安，病得更厉害了。他自知将不久于人世，更加急迫地要改立太子。张良进谏，不听。叔孙通博引古今，力陈不能易太子，刘邦表面上答应了他，内心还是想易太子。一天，刘邦举行宴会，太子侍坐。四个人跟随太子之后，他们都八十多岁了，头发胡须都白了，但衣冠甚伟。刘邦感到奇怪，问："你们是什么人？"四人趋前，自报姓名，乃是东园公、角里先生、绮里桑、夏黄公。刘邦大吃一惊，说："我派人访求你们数年，你们都躲避开我，现在你们为何跟随我的儿子呢？"四人都说："陛下轻视士人，每加辱骂，我们义不受辱，故而逃匿山野。听说太子为人仁孝，恭敬爱士，天下的人都愿意为太子赴汤蹈火，所以我们就来投奔了太子。"刘邦说："就烦请你们调护太子。"四人祝寿毕，快步离去。刘邦目送四人，召戚夫人，指着四人说："我想废掉太子，这四个人却辅助他，太子羽翼

已成，难以动摇了。"并作歌道："鸿鹄高飞，一举千里。羽翮已就，横绝四海。横绝四海，当可奈何！虽有矰缴，尚安所施！"歌毕，戚夫人唏嘘流涕，刘邦起身离去，中断宴会。太子转危为安，保住地位。不久，刘邦去世，太子登基做了皇帝。

在册立太子的问题上，尽管从周代就形成了立嫡立长的原则，但这一原则能否真正被遵循，还是因时因事因人而异，历朝历代，围绕太子之位总是不断发生明争暗斗，祸起萧墙的惨剧不绝于史。刘邦虽然早在战胜劲敌项羽之前就按照惯例，立嫡妻吕雉之子刘盈为太子，但他认为刘盈过于柔弱，不像自己，并不喜欢刘盈。后来他宠爱年轻貌美的戚夫人，觉着戚夫人所生的儿子刘如意刚毅果敢，与自己相类，便想寻机废掉刘盈，改立刘如意为太子。刘邦是君，刘盈是臣，刘邦是父，刘盈是子，刘邦身经百战、老练敢为，刘盈生长宫中、幼稚软弱，刘邦拥有决定一切的权力，刘盈虽贵为太子却没有自己的武装力量，在这种局势下，刘邦为刀俎，刘盈为鱼肉，刘盈似乎只能听凭刘邦的宰割了。刘邦并没有隐瞒自己改立太子的意图，满朝文武俱知，一些开国元勋和直言敢谏之士也曾力劝刘邦不要废太子，刘邦一概听不进去，很显然，文武官员在这件事上无法构成对刘邦的制约力量。如何才能保住刘盈的太子地位？当这个棘手的问题摆到足智多谋的张良面前时，他也颇费踌躇。按道理说，君主有过举，臣下只有劝谏一条路，但张良深知，尽管自己是刘邦最重要的谋臣，为汉朝的

建立立下赫赫功勋，然而现在已时过境迁，他的话不再有举足轻重的影响，特别是在皇家的内部"私事"上，更难发挥作用，就是他和满朝文武一齐进谏，恐怕也难扭转皇帝的心意，弄不好还会引起皇帝的猜疑，认为臣下结党营私，那样后果将不堪设想。在无现实力量可以利用的情况下，张良周密思索，想出一条树上开花的妙计，这就是与刘邦玩心理战，让刘邦相信太子已深深博得天下百姓的爱戴和拥护，人心所向，不可拂逆，倘若一意孤行，废黜太子，天下百姓必然会伤心失望，还可能生出不可预料的事变。为了制造这种效果，张良想起了"商山四皓"，这四个人并不是不想获得政治地位，只不过是因为刘邦对儒生一向傲慢无礼，甚至向儒冠中撒尿，名声太坏，他们怕投靠过来受到侮辱，故尔逃匿山林，刘邦数次聘请，坚不肯就。太子有仁厚之名，如果卑辞厚币迎请，他们是会下山的。皇帝请不到的人，太子却可以请到，这自然证明了太子名声是何等得好，太子的影响是何等得大，太子是何等地拥有民心的拥戴。果然，毫无实力、只有虚名的四位白发苍苍的老翁一下山，竟似乎有了神秘的力量，他们的一言，胜过满朝文武谏言万千，刘盈的太子地位转危为安，泰然无恙。张良因势利导，化虚为实，真乃千古一大智人！

诸葛妙计曹移营

孔明在率师兵伐汉中的争战中，所向披靡。先后攻取了天荡山、定军山，

劫了曹操的粮草，把曹操直逼到汉水东岸。双方隔江对峙，欲在此展开决战。

孔明心想，曹操在汉水岸边扎营，对我进兵极为不利。如果我军渡江，必受敌人阻击。若我搭桥，也会遭敌方破坏。思来想去，设计出一个使曹操移营的办法。他吩咐赵云说："曹操自从率军来汉中，还未打过一次胜仗，一听我军有举动就惊慌。现在你率五百军兵，去汉水上游。那里有座土山，你们埋伏在山后，白天睡大觉，夜幕降临后，只要听到我这边号炮一响，你们就擂鼓、吹号角，只是不要出击。"

当晚，孔明站在高山上，见曹操营中灯火刚熄不久，估计军兵们正欲休息，便下令发出号炮。赵云在土山后，听到号炮一响，令五百军兵一齐擂鼓，吹号角。方才还是寂静之夜，煞时间惊天动地。曹操以为是蜀军来劫营，急遣将出营迎战，谁知见营外却无一人，鼓角之声也消失了。及至曹兵回营刚欲歇息，鼓角又响了起来。曹操也不知道哪次擂鼓有兵到，只好整夜小心防备。如此这般一连三夜，搞得曹操心惊胆战。

曹操心想，孔明智谋极多，他现在用虚张之势计谋惊扰我，一旦我不做防备，他却会用实而实之的计谋出兵攻击我。我现在防也不是，不防也不是。于是便下令退军三十里，选择有利地势安下营寨。

孔明雕像退魏兵

当后主刘禅得到消息说，邓艾已经率军占领了涪城，距成都仅有三百多里

路时，顿时惊慌失措。最后，遣诸葛亮之子诸葛瞻率兵去守绵竹，凭险拒敌。

邓艾从阴平小路暗袭许都，一路不见有蜀军设防，感到万分侥幸。兵过阴平时，沿途见到昔日孔明在时留下的空寨，邓艾曾感叹地说："如果孔明尚在，我们怎么能到这里呢？早被困死在山谷之中了。"众将听后都感到有些毛骨悚然，敬而生畏。攻克涪城后，邓艾对众将说："事不宜迟，我们应马上去取绵竹，夺下关隘，若迟了，待蜀军守住关口，我们就前功尽弃了。"说罢，令师纂、邓忠率军去占领绵竹。

拒守绵竹的诸葛瞻，见魏兵来攻绵竹，未等敌军来攻关，就主动出城列阵，专候敌军来战。

魏军见蜀军已经有了防备，师纂、邓忠一齐向蜀军冲来。蜀将个个要出阵迎敌，诸葛瞻止住众将说："邓艾率军从阴平小路暗袭过来，如同窃贼的心情一样，心虚得很，只怕我们设防。现在他强打精神来战，我们不如再吓他一吓，不必大动干戈，他就会退兵。那时我们再追杀他岂不痛快？"说罢，派众将簇拥一辆四轮车出阵，车上端座一个人，纶巾羽扇，鹤氅方裾，车旁有一面黄旗，上面写着"汉丞相诸葛武侯"。

魏将师纂、邓忠以前只是听说过孔明的神威，未见过其人。现在一看，果然同传说的一模一样。又见纶巾飘动，羽扇轻摇。吓得二将对众军说："原来孔明还活着！这样的人当然不会死的。这回我们可上当了。"于是率军急退，向邓艾请示该怎么办。

诸葛瞻见魏兵不战而退，便挥军追

杀二十余里，怕城关有失，才收兵回城。

二将兵败回寨后，才知道车上坐的是孔明的木雕像，守城的是孔明之子诸葛瞻。

祖逖不战计退敌

西晋灭亡，晋元帝司马睿在江南建立东晋，中原人士大量南迁，祖逖也带着将曲逃到江南，被司马睿任命为豫州刺史。他屯驻在淮阴一带，制造兵器，招集士卒，聚集了数千人。当积蓄了一定力量后，他便上书要求北伐，获得批准，祖逖渡江北上，锐意恢复，收复了淮北的大片土地。在攻打东川之时，祖逖派部将韩潜与后赵大将桃豹相持，双方几经交战，胜负难分，相持四十余日，粮饷供给都发生困难。为了迷惑敌人，祖逖派人用布袋装满土，用一千多人一直送到韩潜军中，同时又派几个士卒挑着米谷在道旁休息。桃豹军发现了这几个零散士卒，派兵追赶，这几个士卒都扔下所挑担子逃命去了。桃豹军把担子抢了回去，一看都是粮食，以为韩潜军中粮食还很充足，而自己军中粮饷快要匮竭，于是不敢恋战，趁夜逃走了。论双方势力，韩潜与桃豹旗鼓相当，倘若展开决战，鹿死谁手尚未可知，而长期相持，对于供给线很长的祖逖军来说也是危险的事情，而祖逖施展树上开花之妙计，真真假假，虚虚实实，竟然不战退敌。

奇袭智取破敌城

1860年5月17日，加里波迪率领远

征军乘胜前进，从卡拉塔菲米挺进到离巴勒摩只有 30 英里的阿尔卡莫城。在这里，加里波迪颁布征兵令，组建了 8 个野战团队，准备集中全力，攻克西西里首府巴勒摩。

行军途中，加里波迪的部队与由波斯科少校率领的 6000 名那不勒斯军遭遇。他们从蒙雷阿莱倾巢而出，妄图阻挡远征军。为了保存有生力量进攻巴勒摩，加里波迪指挥部队避敌锋芒，虚虚实实地交了一会儿火，便边打边撤。同敌军周旋到傍晚时分，加里波迪决定兵分两路：由奥西尼上校率领炮兵、辎重、一个加强师以及部队西西里起义队伍取大道向科莱奥纳前进，加里波迪则率领司令部人员以及其余部队，向米西尔梅里方向前进。

当波斯科少校追上来时，发现远征军的大部队和炮兵早已向科莱奥纳撤走。他断定加里波迪绝不可能离开主力部队，便挥师紧紧追击奥西尼上校的队伍，而奥西尼则继续后撤，诱使波斯科穷追不舍。而加里波迪早已金蝉脱壳，率领精干部队挺进到米西尔梅里，这是一座可以俯瞰巴勒摩平原的小山村。

26 日，加里波迪把他的一些主要的军官、巴勒摩的几个市民以及各个游击队的领导人召集到身边。其实加里波迪并不习惯于举行军事会议。但是，他感到自己有责任与他们商量，因为将要做出的决定关系到西西里岛、甚至整个意大利的命运。他指出，供他们选择的只有两种作战方针：一是出其不意地攻占巴勒摩，一是后撤至西西里岛的内陆组建部队，积蓄力量。而他本人赞成奇袭，因为奇袭可以速战速决，立即决定这次远征的命运，并指出这件事必须迅速决定，不能花太多时间去讨论，否则便会贻误战机。

到会的多数人为这种大胆的战略设想感到吃惊，指出远征军兵力不足，又缺少弹药，贸然奇袭风险太大。加里波迪则强调说，面对兵强马壮的那不勒斯军队，不能靠火力去打败他们，而必须急速猛攻，既能节省弹药，又可以出奇制胜。经过激烈的争论，大家一致同意奇袭的方案。

此时，那不勒斯军队正在巴勒摩周围构筑堑壕，加固城墙，城里部署着22000 人的兵力，远远超过了加里波迪的8000 兵力。面对这种敌众我寡的形势，加里波迪不愧是一位杰出的将领，他巧施调虎离山之计，先以少数兵力在巴勒摩西南方向发动佯攻，诱使敌军大队人马出城作战，并尾随追击佯装败退的远征军部队。加里波迪则趁机乘着夜色完成侧翼行军，直抵巴勒摩城下，突然发动强攻。

巴勒摩居民早已按原定计划做好准备，一俟加里波迪兵临城下，便发动起义，与远征军里应外合，一举攻占巴勒摩。27 日凌晨，巴勒摩全城各教堂的大钟一起敲响，人们高喊着"永远自由！西西里万岁！"蜂拥着走上街头，与那不勒斯军队展开了激烈的巷战。当这场搏斗进入高潮时，加里波迪的部队高举着"意大利独立"的旗帜冲入城内，与起义居民一起，打得敌军四处逃散。当受骗出城的敌军主力第二天返回时，城市已经丢失了。气急败坏的敌军从陆上和海上向城内猛轰，加里波迪率领全城军民与敌军血战了两天，终于保住了巴勒摩，创造了神话般的英雄业绩。加里波迪在后来谈到这次战斗时感叹道："每个人都准备葬身在这座美丽城市的瓦砾之下，专制制度的 2 万名卫兵不得不向为数不多的城市居民投降，这应该说是一个奇迹。"

战场无情智者胜。以弱对强，不能强攻，只能智取。避敌锋芒，通过灵活多变的运动战，打乱敌军的战略部署，然后乘虚而入，集中优势兵力打击敌人，才有取胜的可能。

摆"迷魂"北非惑敌

1941 年 11 月初，英国第八集团军为了进攻德军在利比亚和埃及边境的防线，于空旷无际的沙漠里建立了一个大型铁路终点站，准备装卸和储备大批的汽油、弹药和轻重武器等作战补给品。为了迷惑德军，减少德军飞机对这个终点站的轰炸，英军总司令部在该站前方不远的地方，秘密设立了一个假补给基地，并且在其终点站与假补给基地之间，按正常的筑路速度铺设了一条假铁路，铁路上设有一辆辆机车、煤水车、棚车和油槽车，这些车辆时常重新组编，造成一种运输繁忙、车队流动不停的现象。基地的空地上，整齐地停放着大批卡车、装甲车、坦克和其它补给品，这些作战物资经常变换位置，给人一种货物搬运频繁、旧去新来之感。不过，基地内所有的车辆和作战物资都是假的，机车只是个模型，上面生了一个火炉，昼夜冒

烟、喷气。与此同时，英军还特地安排卡车运输队不停地在假基地内来往通行。假基地周围还配置了几个高炮连，既给假基地增强了真实感，又有效地阻止了德军侦察机的接近，以免看出破绽。英军摆出这"实则虚之"的迷魂阵，果然使德军中计。假基地牵制了德军大批轰炸机，不仅掩护了终点站的安全，从而为英军的作战行动保证了补给供应，还促使德军对英军的作战行动作出了错误的判断。

"实则虚之"意指本来力量强大，却伪装虚弱，麻痹对方，而后伺机胜敌。在现代战争中，为了能保障军队的最大活力，攻防双方都非常重视采取真假结合、虚实相兼的手法疑敌误敌，从而达到自己的目的。上述的例子就是采用了这种谋略。

出奇兵强行渡河

1943 年秋，法西斯德国在库尔斯克战役中遭到惨败，苏联最高统帅部决定在西南战线上展开一系列对德军的进攻性战役。这些战役就是卫国战争史上有名的"第聂伯河会战"。

希特勒下定决心，不惜一切代价阻挡苏军进攻，以保住第聂伯河以东的重要工业区。为此德军在纳尔瓦河、索日河、第聂伯河一线，急速构筑了一道被称为"东方壁垒"的战略防御区，企图依靠重兵和河流天险，拦阻苏联红军。

9 月底，苏军 4 个方面军抵达第聂伯河，迅速夺取了重要渡口，占领了有利地形。德军依托有利的天然屏障，以猛

烈火力拦阻苏军强渡大河。为了顺利跨过第聂伯河，苏军周详缜密地了解敌人沿河的防御状况，河流的水文特征以及河流两岸的地理环境。红军领导意识到，要想尽量减轻强渡河流时苏军受到的炮火压力，努力避免大量的牺牲，就必须采取隐蔽接敌的办法，以保证强渡的成功。

于是，在苏军强渡第聂伯河的几天里，每个深夜，都有无数支几百至上千人的苏军先遣队，在近千里长的河流不同地段，借着夜幕藏身，没有声息地悄然过河，然后突然袭击对岸驻守的德军，占领登陆场所。当德军从突袭中刚刚清醒过来的时候，苏军整师的部队就在黎明前和黎明时从同一地点渡河登陆。每个白天，长长的河上，都有许多地方忽然腾起烟幕，响起巨大的轰鸣和密集的枪炮声。这时，紧张的驻河德军以为苏军已经开始强渡，猛烈的炮火一齐向那些地方射去，军队也迅疾往该处集结。然而，就在此时，苏军大批步兵坦克却在另外地段安全渡河，从容登陆。原来这些烟幕、声响则是苏军实施的佯动和佯渡，为的是吸引敌人兵力火力，转移他们的视线，使苏军顺利过河。苏军指挥官常常选择在最艰难的地段上渡河，而德军几乎没有人能料到对方会从这里渡河，因而根本没有防御。而苏军强渡第聂伯河时，通常是整师甚至整军在10至16公里的河段上同时进攻，这样，防守的德军力量被分散，顾此失彼，难以集中兵力火力进行截堵。

苏军运用种种智谋，完成了从宽大正面强渡第聂伯河这样的战争史上罕见的大规模军事行动。

当面临着具有强大雄厚实力的敌人时，想尽办法分散其力量，使之不能集中优势兵力、火力，然后出其不意地向敌人发起突然行动，达到制胜的目的，这是重要军事谋略之一。

借力打力难政敌

1959年，尼克松作为美国副总统去参加在苏联莫斯科举办的美国国家展览会的开幕典礼。在尼克松动身去苏联之前不久，美国国会正好通过了所谓《被控制国家决议案》。这个决议案是针对苏联和东欧社会主义国家的，它攻击苏联的社会主义制度"压迫"、"奴役"人民，"剥夺"人民的自由。

赫鲁晓夫对《被控制国家决议案》十分愤怒，他认为这是美国对苏联的挑衅。而且，对尼克松长期以来坚持反共立场，指责苏联社会是"铁幕"，赫鲁晓夫也非常不满。他决定在尼克松这次访苏期间，利用种种机会，给尼克松上一课。但是，在外交场合中，这又不能做得太明显、直露。

美国国家展览会开幕式上，赫鲁晓夫陪同尼克松出席。一行人边谈边参观展览。大家走到展览的电视台模型前，一位青年技术人员走上来，提议把赫鲁晓夫和尼克松互相寒暄和谈话的镜头拍摄下来，以便在展览期间向参观的群众播放。在场的苏联观众围拢过来，兴致勃勃地看着这个场面。赫鲁晓夫发现时机到了，于是爬上讲台，开始讲话，并示意技术人员准备录相。

赫鲁晓夫对着摄像机问尼克松："美国存在多少年了？170年。好吧，大家请看，这就是她达到的水平。我们存在只不过42年，而再过7年，我们将达到同美国一样的发达水平！"在场的苏联观众被赫鲁晓夫的讲话吸引住了，他们振奋地热烈鼓掌。赫鲁晓夫继续情绪高昂精神焕发地讲着："当我们赶上你们并超过你们的时候，我们会向你们招手的！"说着，他回身向后挥着手，好像美国正在慢慢逝去。

赫鲁晓夫抓住偶然碰到的机会，敏锐地借题发挥，既奚落、挖苦了美国，难堪了尼克松，又大大振奋了在场苏联人的精神，提高了自己的威信。

尼克松访苏期间，有一次由赫鲁晓夫陪同乘游艇游览莫斯科河。游艇在河上行驶着，河上许多游客在畅游。赫鲁晓夫几次让人把船停下来，向附近的人招手致意。人们游过来，围着游艇，向赫鲁晓夫欢呼。赫鲁晓夫故意大声问他们："你们之中哪个是被控制、被压迫的？"河里的人们一齐大声回答："没有！"赫鲁晓夫又大声问："难道你们都是奴隶吗？"游泳者又异口同声喊："涅特！"——不是。赫鲁晓夫得意地用胳膊肘碰尼克松的胸脯，高声说："看看我们的奴隶们是如何生活的？"然后他又冲河里的人们说："有人非说你们是被奴役、没有自由的人，这可笑吗？"河里的人们"轰"地发出一阵嘲笑声。随同的苏联记者们将刚才的每一句话、每一个场景都记录下来，第二天就在各个报刊上发表了。在这一过程中尼克松窘迫得哑口无言。

赫鲁晓夫这种随时随地抓住一切机会，宣传苏联的成就、美好，借以回敬、驳斥、戏弄尼克松的做法，虽使得尼克松感到难堪，但却佩服其手腕的高明。他对赫鲁晓夫说："你知道，我真佩服你，你决不放过任何一个机会进行宣传。"赫鲁晓夫当即反驳他："不，不，我不是搞宣传，我说的是真话，是千真万确的真理。"

在访苏期间，尼克松参观、访问了许多工厂、农庄、市场。在每个尼克松要去的地方，赫鲁晓夫都安排布置好几个人。当尼克松来到的时候，这几个人就从人群中走出来，站在尼克松面前，自我介绍说："我是一个普通苏联公民。"然后，一连串地质问尼克松："为什么美国阻挠为停止原子弹试验所做的努力？""为什么美国想要战争？"或者："为什么美国拿在外国领土上建立军事基地来威胁我们苏联？"

尼克松明明知道这是陷阱和圈套，也只好硬着头皮往里跳，往里钻。他反反复复一遍遍讲着道理，回答着问题，弄得口干舌燥、疲惫不堪，最后也达不到任何效果。提问题者毫不在意听他的回答。

就这样，在访苏期间，尼克松常常被这种场面纠缠得苦不堪言，而第二天还要受苏联报刊诸如"苏联一工人质问尼克松，尼克松在正义面前无言以对"之类的题目控告、奚落。由于这些提问者都是以群众面孔出现，尼克松也无法向苏联当局抱怨，怕落个"美国领导怕见群众"的名声。

宣传，是一门高深的学问，里面包

含着丰富、复杂的智谋。聪明的宣传家，能够随时把握一切别人往往忽略的机会，从容、自然、顺势地进行宣传，以达到既扰乱、打击了敌人，又激励、鼓舞了自己，同时还抬高了宣传者本人的多重效果。

化敌为友召人心

1975年，撒切尔夫人当选为英国保守党领袖后，立即把目标对准了唐宁街十号的首相官邸。但是，刚刚过去的竞选斗争中，撒切尔夫人与希思两军对垒，裂痕颇深，保守党的内部团结受到了严重损害。

在英国这种国家，欲当首相必须是一个政党的党魁，因此，党内的夺魁斗争一向十分激烈。争夺各方常常是撕破脸皮，竭尽排斥、贬低和打击之能事。撒切尔夫人不赞成希思的政策主张，先是支持基思·约瑟同希思竞选，继而又亲自向希思挑战，使希思感到她有意与自己作对，心中大为不快。在竞选期间，希思的人马故意打出"我支持杂货商，但不支持他的女儿"的口号，把撒切尔夫人的家庭身世也翻出来，作为攻击目标。这种做法，当然使撒切尔夫人十分气恼。双方的对立情绪一度达到空前的程度。

撒切尔夫人当选后，认识到为了团结全部力量参加首相大选，必须弥合与失败者的裂痕，恢复保守党的团结，稳定自己的后院。由于希思在党内追随者不少，势力不能小视，他又在国际上声望较高，影响颇大。没有他的支持与合作，要战胜执政的工党，有较大困难。撒切尔夫人为了获得希思一派的支持，主动地捐弃前嫌，表现出一种虚怀若谷、不念旧恶的气量。

她获胜后的第一个行动就是去拜会希思，热情地邀请他参加她领导下的影子内阁。但被一口回绝。她不灰心，其第二个行动是请希思手下的总督导员怀特洛出任保守党副领袖，怀特洛接受了邀请。由于撒切尔夫人的做法符合许多保守党人的心愿，得到了广泛的支持。

接着，撒切尔夫人于1976年10月的保守党年会上再次主动发出和解的信号。她在讲话中赞扬希思过去的政绩。在政策主张上作了一些调整的修补，又采纳了希思的一些观点，使两派在对内对外政策上明显接近。在此情况下，希思也就发表了对撒切尔夫人"完全相信"，支持影子内阁的内外政策声明。至此，撒切尔夫人在党内的领袖地位便最终确立了，为登上首相宝座奠定了必不可少的基础。

统治者胸怀宽广，才能招天下人归服。一个统御他人的人，要最大限度地发挥自己的影响力，虚怀若谷既是重要思想作风，又是谋略手段。"君子之德如风"，宽容大度必能感召部属，赢得人心。撒切尔夫人的做法正是显示了一个优秀政治家的素质和风度。

心理战瓦解敌军

士气是构成部队战斗力的重要因素，士气的高低，对战争胜负具有重要影响。在伊拉克与美国进行的海湾战争中，双方通过运用多种多样的心理战而取得了枪炮与炸弹所不能达到的效果，为高技术战争下瓦解敌人士气而胜之，提供了最佳例证。

伊拉克通过巴格达电台以短波英语节目，加强对美军官兵进行心理战。他们从第二次世界大战中被称为"东京玫瑰"和"轴心茉莉"及越战期间被称为"河内之花"等广播员所作的广播中吸取经验，把专门对美军广播的英语节目区分为新闻、特别报道、音乐、讽刺剧等，其代号为"巴格达玫瑰"。这个节目每天播音一小时，其广播内容和播音技巧很精彩，很有涣散人心的作用。

如："亲爱的美国兵阿哥们，你们知道石油王国的王公贵族是怎样搞美丽的美国女孩的吗？他们用大把大把钞票把你们的女人弄到手，你难道不生气反而要来保护他们吗？"……

"在这酷热的沙特阿拉伯沙漠中的美国兵们，你们难道不怀念家中的冷气吗？你们不想妻子、儿女或情人吗？你们难道希望家人成为孤儿寡母吗？你们千里跋涉而来，为的是什么？你们可能还从未作战就先死于中暑。如果太阳晒不死你的话，你还得小心沙漠中的流沙。请多多保重，为家人珍惜自己。"等等。

"巴格达玫瑰"极富情调的声音和播音词，引起美军官兵的深思，促使他们怀念家乡、亲人，从而士气消沉、厌战，从而出现了活一天混一天的想法，致使男女官兵之间性搔扰泛滥。据说，整个海湾战争中，有64%的女兵，受到男兵的性骚扰，18%的男兵受到女兵的性骚扰。一位美国军官也不得不承认，开战

后，不断发生男兵钻进女兵帐篷，女兵钻进男兵帐篷的事。

在这方面，美国也不甘示弱，充分利用现代化的手段。瓦解伊拉克官兵及群众士气，激起他们的反战情绪。在海湾战争爆发前的1990年8月12日，美国总统布什就先后两次签署了对伊拉克进行心理战的秘密授权命令。海湾战争打响后，美国在对伊拉克进行猛烈轰炸的同时，通过卫星和广播电台向伊拉克播送反萨达姆的节目，诱导人们看清萨达姆发动侵科战争给科威特和伊拉克人民带来的灾难，并向伊拉克境内和伊军占领区散发了9000个多波段微型收音机，以便伊拉克军民收听到美国的广播节目，同时散发了大量的录音带和录相带，使伊拉克军民了解美国和其盟国强大的军事力量以及伊拉克孤立无援的困难处境，以使他们悲观失望，并投下了许多漂流瓶，漂向伊拉克海岸。美国还用飞机向驻科威特的伊拉克军队扔下了1400万张传单，告诉伊拉克军队：如果投降就受到善待，如果抵抗就面临死亡。传单详细告诉伊拉克士兵投降的方法：凡投降者接近多国部队的防线时，应右手挥动传单或其他白色东西，武器背在右肩，枪口必须朝下，还劝伊士兵趁早逃跑，不要坐以待毙。有些人士透露，伊军在受到多国部队沉重打击的同时，传单又如重型炸弹在他们的心灵深处爆炸。

在心理战方面美国还采取了蛊惑和造谣的手段。如：1991年1月18日，也就是海湾战争爆发后的第二天，美联社报道了一则传闻，说萨达姆总统已被打

死，其家属已逃出伊拉克，到了毛里塔尼亚，1月26日再度有消息说，萨达姆的妻子及9名家庭成员住在赞比亚总统的国宾馆，通过这些报道以瓦解伊拉克。在多国的广泛宣传和诱导下，伊军许多官兵的思想发生动摇。在美军及其盟军发起大规模地面反击之前，就有1200多名伊拉克士兵逃离部队，在大规模的地面战争打响以后，伊拉克军队的士兵竟然成营地向多国部队投降。

美、伊双方通过树上开花计谋的广泛使用，都相互涣散了军队的士气得到了自己预期的效果。

借亚运老窖飘香

50年代，法国白兰地酒为了打入美国市场，经周密策划，决定借助法美人民的情谊大做文章，时机选定为在任美国总统艾森豪威尔67岁寿辰。为此，他们通过不同媒介向美国人民宣布下列消息：

"法国人民为了表达对美国总统的友好感情，特选赠两桶极为名贵的、酿造已达67年之久的白兰地酒为贺礼。

……

美国各大报刊、电台连篇累牍地报道，抓住了千百万人的心，运送两桶白兰地的传说，立即成了华盛顿市民的热门话题。名酒运抵华盛顿的当天，机场通至白宫的沿途街道，挤满了数以10万计的观众，盛况空前，国内所有报刊对赠酒仪式的报道几乎覆盖了头版的版面。

就这样，法国白兰地酒在轰动的气氛中，挤掉了所有的竞争对手，大摇大摆，昂首阔步地摆上了美国的国宴及市民的餐桌上。

无独有偶，中国四川泸州老窖利用同样的时机抓住两次荣获国际大奖的机会，大力庆祝宣扬，提高了自己在全国、全世界的知名度和荣誉度，销量猛增。

四川泸州老窖酒厂，是一家历史悠久的酒厂。该厂生产的泸州老窖大曲酒，到1990年为止已4次荣获国际金奖。第一次是于1915年，荣获巴拿马国际食品博览会金奖，并5次蝉联国家金奖。

1987年9月，泸州老窖大曲酒荣获曼谷国际饮料食品展览会惟一金奖——金鹰杯奖。喜讯传来，厂领导和公关部门决定利用宣传活动拉开了序幕。首先，他们组织了迎金奖大游行。游行队伍敲锣打鼓，到火车站迎接金鹰奖杯。此举轰动了整个泸州城。市民们争睹金奖，纷纷夸赞泸州老窖酒厂为泸州人增了光，为国家增了光。其次，他们专门为此而向省、市领导报喜，感谢省、市领导的支持与指导。省政府马上发来了祝贺电。市政府则专门召开庆祝大会，邀请全国人大和政协的领导人，一些部委的领导人，以及首都各大新闻单位的记者到会同贺。会后，50多家新闻媒介发了专稿。泸州老窖的大名传遍了全国。

1990年，泸州老窖大曲酒又获得第14届巴黎食品博览会金奖，是中国惟一获金奖的白酒。泸州老窖酒厂对此更加大力庆祝宣扬。他们在全国许多大报上刊登大幅广告，在许多省级以上电视台播发长时间的广告，宣扬这次荣获国际金奖的消息，并表示衷心感谢国内外广大消费者的信赖和推崇。泸州老窖的美名又一次在长城内外大江南北震响，又一次在欧、美、亚、非、澳、南北美洲传播，成了饮料食品市场上的高档抢手货。

1990年，第11届亚运会将在北京举行。泸州老窖酒厂得到一条信息：中国广播音像出版社经第11届亚运会组委会批准，正筹备出版一套亚运会歌曲盒式录音带《亚洲雄风》和《亚洲的太阳》。为扩大影响，这家音像出版社准备寻找一个知名度较高的企业，联合举办亚运会歌曲传播有奖活动。

"我们泸州老窖酒厂怎样？"厂里的公关人员主动找上门来，表示出愿意赞助传播亚运歌曲。双方很快就签定了协议，泸州老窖酒厂拿出了10万元举办"泸州老窖杯"亚运歌曲传播有奖活动。

双方本着互惠互利的原则，在预计发行的200万盒《亚洲雄风》和《亚洲的太阳》盒式录音带中，每盒装一张选票卡，由消费者从22首创作歌曲中，评选出6首优秀歌曲，选中者将获得奖励。而每张选票卡后面都印着广告和祝词："历届中国名酒'泸州老窖'三次荣获国际金奖，五次蝉联国家金奖，中国四川泸州酒厂（现名中国泸州老窖酒厂）热烈祝贺第11届亚运会在北京隆重举行"。同时，在中央人民广播电台《今晚八点半》节目连续播放亚运歌曲时，每次都先播放"泸州老窖杯"亚运歌曲传播奖，是由中国音像出版社与四川泸州老窖酒厂联办，还特制了1万件"亚运衫"发给获奖者，每件运动衫上都印有"泸州老窖"……

"我们亚洲，山是高昂的头，我们亚洲，河像热血流……"

泸州老窖的酒香，借着韦唯、刘欢那高昂豪迈的歌声，飘游万里，四方回荡。

选票卡像雪片一样飞到北京，工作人员紧张地统计着。从1月22日到8月15日，评选办公室共收到包括台湾在内的全国31个省、市自治区投寄的选票10万多张，还收到了来自香港、日本、新加坡的选票。

"泸州老窖杯"亚运歌曲传播活动，经过8个月的听众评选，600多次中央人民广播电台的连续"广告"，几十家电视台、电台、报刊等新闻单位的广泛宣传，无疑对提高企业、企业产品的知名度，起了极大的作用。当年10月，在郑州举行的订货会上，泸州老窖一下就签订了供货合同1亿多元，现在已供不应求。台湾、新加坡、韩国的客商也纷纷要求订货。

借"御膳"搞活经营

坐落在北京北海公园琼岛北面的仿膳饭庄，至今已有200多年的历史。有一段时间，饭庄经营平淡，效益不高。为了提高效益，饭庄改变经营策略，在提高饭菜质量的同时，推出具有特色的经营方式。他们针对人们对皇帝的生活有一种神秘感的心态，决定经营"御膳"，以仿照皇帝吃过的饭菜为特色，来吸引广大顾客。为了增加吃宫廷饭菜的神秘感，他们还收集了许多关于宫廷膳食方面的传说，与经营的饭菜相搭配，编成一个个有趣的小故事，由服务员在给顾客上饭菜时加以介绍，使顾客备感新鲜，兴味更浓。1984年，美国华盛顿市市长在这家饭庄举行答谢宴会，服务员端上一盘点心，并介绍道："有一次，慈禧太后晚上做梦，梦见在吃肉末烧饼，碰巧，第二天早上的膳点正好也有肉末烧饼，慈禧太后对肉末烧饼大加赞赏，认为这是吉祥如意的象征。各位现在吃的就是西太后赞赏的那种肉末烧饼，愿大家也事事如意，岁岁吉祥！"服务员话音刚落，在座的宾主一齐鼓起掌来。北海公园仿膳饭庄借"皇帝吃过的饭菜"之石吸引顾客，招揽生意，促进了经济效益的提高。

酒赠总统扬美名

美国首都华盛顿白宫内。

法国最大的白兰地酒公司向美国国务卿呈上一份礼单。

"尊敬的国务卿阁下，法国人民为了表示对美国总统的敬意，将在艾森豪威尔总统67岁生日那天，赠送两桶窖藏67年的法国白兰地酒。请总统阁下接受我们的心意。"

美国国务卿握着法国代表的手说："我代表总统向法兰西人民致谢！"

第二天，为了引起两国公众的注目，法国白兰地公司宣布为这两桶酒办理保险手续，支付巨额保险金，又请法国最著名的艺术家精心设计酒桶，继而又征得法国政府的赞许，开亮外交渠道的绿灯。

紧接着，白兰地公司又在美法两国的报纸上宣布了贺礼赠送的程序：先用专机送往美国，再让精选的四名英俊的法国青年身着传统的法兰西宫廷侍卫服装，抬着礼品进入白宫，然后在白宫的南草坪上举行隆重的赠送仪式。

如此阵势，简直把白兰地酒抬到了十分尊贵的地位，既提高了商品的身价，又不露痕迹地让美国总统客串了一次最高级的推销员。

消息传到美国，仿佛平地一声惊雷，立刻成为千百万人街谈巷议的最热门话题，无不急切地盼望名贵礼品的来临，都想一睹它的惊人风采。

法国白兰地公司总经理室。

宽大的白色写字台的后面，史密斯总经理慢慢地放下了手中的报纸，嘴角露出了不易察觉的微笑。

他点燃了一支雪茄，轻轻地踱步到窗前。看着窗外的景色，他不禁想起了往事。

法国白兰地公司生产的白兰地酒在国内声名卓著，畅销不衰，但是，却难以在美国大量销售。为了占领巨大的美国市场，白兰地公司自50年代起耗巨资，邀请了各路营销专家调查美国的酒市场状况、美国消费者的饮酒习惯，制定了各种推销策略，但都因为促销手段过于直露和单调，收获甚微。

白兰地公司决定改弦更张，重金征求出人意料的推销妙法，让白兰地酒节奏明快地打入美国市场。

总经理室的门被推开，走进了一位名叫柯林斯的推销专家。他提出了可利用美国总统艾克（艾森豪威尔）67岁寿辰之际，来它个借局布势，树上开花。

总经理十分注重柯林斯的建议，迅

速召集专家研究美国公众对白宫班子的评价，分析总统在新闻界的形象。

公司公关部长在分析综述了全部情况后说："从所得的大量信息证明：艾克在美国公众心目中仍是个二次世界大战的英雄，战后在两大阵营的对峙中，他的强硬态度颇受众多上层人士的赞许，他的生日庆典将会隆重而热烈。"

总经理一锤定音，这是一个极为有利的促销局势，不利用实在可惜，用！

大计一定，总经理立即站起身来宣布："经过分析对比美法两国的民族差异、本公司与美国公众的心理距离，经过反复研究，我们现在要迅速调整我们的政策，实施要点有以下几条：首先要淡化白兰地的销售形象，要让它扮演疏通情感、传递友谊的友好使者的历史性角色。再者在它面对美国公众时，宣传重心是两国人民的传统友谊。最重要的还要最充分地利用两国传播媒介，迅速扩大影响。总之，此次我们要先法后美，由内向外全面辐射。"

一切准备就绪之后，白兰地公司亮出了向美国总统赠酒的秘密武器。

一阵电话铃声，打断了史密斯总经理的沉思。

秘书送来几份文件，史密斯迅速签上自己的名字，同时吩咐："下午召开会议，议题是研究赠酒的具体事宜。"

美国总统艾森豪威尔的生日终于到了。

庆典那天，美国首都华盛顿的主要干道上竖起了巨型标牌："欢迎您，尊贵的法国客人！""美法友谊令人心醉！"

各街道上空悬挂着美、法两国国旗。

商店的广告牌上画的是鲜艳夺目的美国鹰和法国鸡干杯，写的是："总统生日，贵宾驾临，美国人醉了！"

这种气氛，简直把总统的生日庆典变成了法国白兰地的光临仪式。

美国人确实醉了。

轿车、摩托车、自行车似过江之鲫涌向白宫，白宫四周人山人海，挤得水泄不通。

人们扬起笑脸，挥动着法兰西国旗，等待着"法国特使"的出现。

"来了！来了！"

仪态华贵的两桶白兰地酒终于亮相了！

顿时群情沸腾，欢声雷动。翘盼已久的美国人禁不住唱起了法国的《马赛曲》，他们似乎闻到清淳的酒香，品到了甘美的滋味……

庆典后，争购法国白兰地的热潮在美国倾刻掀起。一时间，国家宴会、家庭餐桌皆被法国白兰地占领。西方各国的订货单也都相继飞来。

法国酒昂首阔步地跨进美国市场之后，白兰地公司的总经理盛赞树上开花的妙计，面对喜不胜收的惊人效益，他一再惊叹："一本万利！一本万利！"

借名人推销产品

1964 年，日本洛腾口香糖公司由于销售疲软正处于举步维艰的境地。

就在那一年，曾演过佐罗的风靡全球的法国电影明星阿兰·德隆将要首访日本。

洛腾公司经理辛洛浩捕捉到这一信

息，立即派人八方"攻"关，想方设法邀请阿兰·德隆来厂参观。

终于功夫不负有心人，阿兰·德隆决定前来。

在阿兰·德隆参观时，辛格浩又精心安排数名怀揣微型录音机的职员热情地不离阿兰·德隆左右，同时还聘请了录相师从各个角度录相。

阿兰·德隆在车间里，尝了一个巧克力口香糖，随口吐了一句：

"我没想到日本也有这么棒的巧克力……"

这出于客气的一句话，真让辛洛浩心花怒放。

就从当天晚上开始，电视上天天都出现了下面这则极为"扯观念"的广告——

阿兰·德隆面带微笑地尝了一小块巧克力口香糖，边嚼边说：

"我没想到日本也有这么棒的巧克力……。"

这则广告立即勾住了日本数以万计的阿兰·德隆迷，随后又勾住全日本的民众，大家都以大嚼备受阿兰·德隆称赞的洛腾口香糖为荣。

不多久，所有商店的洛腾口香糖就被一抢而空。连堆积已久的库存也被清光。

巧用事故做广告

1988年7月20日晚10点，南京发生了全国惟一的一起电冰箱爆炸事件。140立升的沙松电冰箱在南京城西一用户家中突然爆炸。刚刚还运转正常的电冰箱瞬间就炸开了花。冰箱门飞出两米远砸在对面墙上，冰箱后座把紧挨冰箱的那面墙也砸了几个窟窿。冰箱内部冷藏的物品东奔西撞、四面开花。冰箱的主人一家四口更是侥幸捡了条命。上午刚刚出院的产妇搂着才出生四天的婴儿，就睡在紧挨冰箱的床上，侥幸没被伤着。男主人因当时正在另一处洗澡，才算逃过了厄运，否则，后果不堪设想。女佣人在几分钟前还站在冰箱前忙乎，幸好当时离开，才能幸免于难。

1988年7月22日，南京《扬子晚报》根据用户投诉，刊出了《一台沙松冰箱爆炸》的消息，还附有现场照片。这条"爆炸"新闻在南京几十万用户中掀起了一场轩然大波。他们纷纷给报社打电话询问冰箱爆炸的原因，一些用户则诚惶诚恐，急忙把冰箱搬出卧室。少数购买沙松冰箱的用户，则更是胆颤心惊，惶惶不可终日。一时间，"沙松"驻南京办事处挤满了前来询问冰箱爆炸原因的各界公众，有《扬子晚报》记者、《新华日报》记者，南京电视台记者、《中国消费者报》记者，还有众多的冰箱用户……

面对这一突发的"爆炸"事件，厂领导决定立即组织由该厂总工程师、法律顾问、日本技术专家和驻南京办事处主任组成的事件处理小组，日夜兼程赶赴南京。到那里后，他们不是急于作技术性说明，推诿有可能承担的责任，而是先在宣武门饭店包下了一个会场，专门接待"无冕皇帝"。他们一再向记者表示：爆炸原因查清楚后，一定公布于众，并将全部情况告知新闻单位。如果属于冰箱质量问题，一定向南京人民交待清楚，让几十万冰箱用户放心。为了增加透明度，事件处理小组决定，对爆炸现场进行的各项检查，都由南京电视台进行实况录相，并将其结果转播给公众。这种谦逊而富有诚意的态度，首先赢得了记者和用户各方公众的好感，使他们确信沙松电冰箱厂对"爆炸"事件的处理肯定会"让用户放心"。

经过调查，该冰箱爆炸，并非产品质量原因，而是用户缺少安全知识，将丁烷瓶放置冰箱内部所致。尽管如此，当那个用户提出赔偿的要求时，沙松电冰箱厂也还是一口答应了下来。调查过程还发现，已被炸掉了门的冰箱仍然在继续制冷。真相大白之后，该厂组织召开了由物价局、消费者协会、标准计量局、保险公司和制冷专家参加的论证会，各方记者也都应邀出席会议。会上，他们请那个用户自己讲出了真情，并将现场检查的实况录相公布于众，让公众了解了事件处理的全部过程。各家报纸又都纷纷刊出消息，替沙松冰箱洗清了不白之冤。南京电视台还在晚上黄金节目时间播放了论证会的实况录相。

南京市民们通过各种新闻媒介知道了事实真相后，他们得出的结论是："沙松够意思，仁至义尽"。"沙松冰箱质量不错，门都炸掉了，还在制冷"。沙松冰箱厂及其产品不仅没有因为这次"爆炸"事件毁掉形象和信誉，相反，其知名度和美誉度还大为提高，这可真是"塞翁失马，因祸得福"。

协调企业与外部公众之间的关系，解决矛盾，处理纠纷，这是企业公关的重要职能。当企业受到外部突发事件的冲击，有损企业利益，危害企业形象时，如何妥善处理，以缓解矛盾，扭转公众对企业的不利看法，这正是危机中公关的首要任务。沙松电冰箱总厂对冰箱爆炸这一事件的处理非常成功。他们遵循了"一切从维护消费者利益出发"、"让公众被告知"的公共关系原则，将解决问题的视点始终放在新闻媒介和消费者公众身上，诚心诚意地站在用户利益上考虑问题，不急于作技术性说明，不推诿可能承担的责任，而是虔诚地向公众表明：我们对这件事的处理一定会让用户放心。并将让用户放心的一系列解决问题的环节真实地告知各方公众，用事实真相消除了公众的误解，用诚恳的态度赢得了公众的信任。树立了企业良好的组织形象，提高了企业的信誉度和美誉度。

粘金币胶水"强力"

"强力胶水"问世后，老板为如何能让他的产品为世人所接受而绞尽了脑汁，最后，老板终于觅得一条绝技。

老板事先在一金店公开订制了一枚价值4500美元的金币，并大肆宣扬。当公众对这枚金币已在议论纷纭时，老板又请来一批贵宾和新闻界人士，举行了一次别开生面的"表演"：在摄像机的镜头前，老板拿出一瓶"强力胶水"，小心地打开瓶盖，将胶水涂在金币上，然后轻轻地把金币往墙上一贴，对贵宾和围观的人群说："诸位先生，诸位小姐，众所周知，这枚金币价值4500美元，现在已被我用本公司发明的强力胶水贴在了墙上。我宣布，如果哪一位先生、小姐能用手把它揭下来，这枚金币就将属于他！"

老板的话音刚落，一个又一个"先生"、"小姐"纷纷涌上前，跃跃欲试。但是，他们都失败了，而这一切都被摄像机拍了下来并通过电视播放出去。

最后，名闻遐迩的气功大师也来了。摄像机前，气功大师气沉丹田，缓缓运气，将气凝聚在扣住金币边缘的五个手指上，猛的"嗨！"一声喊，只见墙壁裂出一道细缝，但金币仍贴在墙上，熠熠闪光。

"强力胶水"，名不虚传！

"强力胶水"以此名播全世界，畅销全世界。

邓肯巧计吓色鬼

世界著名女舞蹈家邓肯到意大利演出，她的美妙的舞姿为许多意大利人所倾倒。其中，有一个色胆包天的色情作家登南遮一心想把邓肯弄到手。这个登南遮，既是写色情小说的专家，也是一名猎艳高手，他凭着相貌堂堂和三寸不烂之舌，自认为凡是他看上的女人，都

无法抗拒他的魅力。邓肯对此人的臭名已有所闻，所以当他故伎重演，向邓肯进攻时，邓肯决定给他点厉害。

在登南遮使出惯用手段之后，以为美丽的女舞蹈家上钩了，就说："我半夜时来。"邓肯并不说话，只微笑着点了点头。待色鬼走后，邓肯布置起来。她在房间里放满了丧礼用的白花，点上一些白蜡烛，选好肖邦的送葬曲。到半夜，登南遮果然来了。

一身素白衣装的邓肯把他让进屋后，一把将他推到椅子上，用白花撒满他一身，随即又让琴师奏起悲哀的送葬曲，她便按着节拍跳起舞来。一边舞一边逐次吹灭屋里的蜡烛，只留下登南遮脚旁的两支。整个屋里呈现一派哀乐惨影，那阴风寒气一阵紧似一阵。

登南遮被这突然而来的氛围和情景吓呆了，不禁毛骨悚然。眼看着邓肯像一个白色的幽灵舞到跟前，一口吹灭他脚下的蜡烛，正要把最后一支也要吹熄之时，浪荡子不禁恐怖地"啊呀"大叫一声，爬起来抱头鼠窜，夺门逃去。

邓肯巧妙运用"树上开花"之计，精心营造了一个恐怖的环境，终于吓跑了贪色鬼。

第三十计　反客为主①

【原典】乘隙插足，扼其主机。渐之进也②。

【按语】为人驱使者为奴，为人尊处者为客；不能立足者为暂客，能立足者为久客；客久而不能主事者为贱客；能主事则可渐握机要，而为主矣。故反客为主之局，第一步须争客位，第二步须乘隙，第三步须插足，第四步须握机，第五步乃成为主。为主，则并人之军矣。此渐进之阴谋也。

如李渊书尊李密③，密卒以败。汉高祖势未敌项羽之先④，卑事项羽，使其见信，而渐以侵其势。至垓⑤下一役，一举亡之。

【原典注释】①反客为主：客人反过来变成主人。指变被动地位为主动地位。

②渐之进也：《易经·渐卦》："彖曰：渐之进也，女妇吉也。"意思是说：渐渐地向前走，就像女子出嫁那样循序渐进，不要操之过急。

③李渊，李密：原都是隋朝将官，后反叛起兵。起初李密依据瓦岗寨，声势浩大，李渊依据晋阳（今太原），便写信尊奉李密为主，趁机进据关中，后来势力强大，便灭了李密，建立了唐朝，即唐高祖。

④汉高祖：即刘邦。与项羽皆为秦末农民起义军领袖。项羽即西楚霸王。

⑤垓下：地名，在今安徽省灵璧县东南。前202年，刘邦之部将韩信曾围攻项羽于此处，四面楚歌，项羽大败。

【原典译文】一有漏洞就乘机把脚插进去，控制它的主要机关。此事应该循序渐进。

【按语译文】受人差遣的是奴隶，受人尊养的是客人；不能站稳脚跟的是暂时的客人，能站稳脚跟的是长久的客人；长久当客人而不能主管事情的，是卑贱的客人；能主管事情就可以逐渐控制主要部门抓住大权而变成主人了。所以反客为主这盘棋的布局，第一步要争取客人的身份，第二步要会钻空子，第三步要插脚进去，第四步要控制主要部门，第五步就变成主帅了。做了主帅，也就兼并了他人的军队。这是循序渐进的阴谋。

比如：隋朝李渊，写信推崇李密，后来便消灭了李密。汉高祖刘邦在兵力不能和项羽敌对时，恭敬谦卑地事奉项羽，取得项羽的信任。之后却慢慢削弱项羽的兵力。到垓下会战时，便一举消灭了项羽。

【传世典故 计名探源】反客为主原意是主人不善于招待客，反受客人的招待，即主人的地位反被客人所取代。在军事上指利用某种机会或条件，兼并别人的力量，使对峙双方的地位发生变化，从而变被动为主动。

古人十分重视反客为主之计。《十一家注孙子》中说："我先举兵，则我为客，彼为主；为客则食不足，为主则饱有余。若夺其蓄积，掠其田野，因粮于敌，馆谷于敌，则我反饱，彼反饥矣，则是变客为主也。"

循序渐进是实施此计的要诀。首先要安于客位，时刻寻找机会。第二步要乘隙而入，将自己的势力逐渐向外渗透。最后一步是果断行动，变客位为主位。

袁绍与冀州牧韩馥是老朋友，他们曾共同讨伐董卓。话说一日袁绍屯兵河内，正在为缺少粮草发愁。忽然韩馥派人送来了粮草，袁绍很高兴。袁绍的谋士逢纪却说："大丈夫纵横天下，为啥等人送粮草！冀州是粮仓，为啥不去夺取呢？"袁绍问："你有啥良策？"逢纪说："公孙瓒假借讨董卓之名，引燕代之兵进入冀州境内，准备袭杀冀州牧韩馥。将军可派人送信与公孙瓒，约好与他共同打冀州，公孙瓒必须发兵。而韩馥属无谋之辈，他必须请将军去保卫冀州，冀州便唾手可得。"

袁绍听了逢纪的计谋十分高兴，便给公孙瓒发了书信。公孙瓒见信，得知与袁绍共同攻打冀州，可平分其地，大喜，即日发兵。

同时，袁绍又派说客去冀州。说客见到韩馥后说：公孙瓒已是势不可挡，袁绍也是一时之豪杰，如果二人联合攻城，恐怕此城难保。而袁绍是您的旧友，不如您把城让与袁绍，既保住了性命，又得了让贤之名。韩馥素来胆小怕事，便不顾部下反对，同意袁绍进冀州。

袁绍领兵是以客人的身份进入冀州的，但他逐渐任用自己的部下田丰、诅援、许攸、逢纪主管冀州之事，反客为主，尽夺韩馥之权。直到这时，韩馥才懊悔不及。他扔下一家老小，骑着一匹马，投奔陈留太守张邈去了。

【名家评点 破解方略】反客为主，是争取主动地位，是军事斗争的一个最高原则。能主动就可控制大局，被动则会始终任人摆布。在敌优我劣的情况下，无论如何都要想办法取得主动权，没有主动权，就不会取得胜利。

武术有所谓"擒拿"与"反擒拿"之说，正说明了主客之势的反复争夺，目的无非是争取控制权，只要占得了上风，就可以凭自己的意志去改变形势，最终击败对方。

经典案例　锦囊妙计

临难不避杀敌使

班超字仲升，是扶风平陵（今陕西咸阳市西）人，自小就很有志向。汉明帝时，奉车都尉窦固出击匈奴，让班超代理司马之职，另率一支部队进攻伊吾，大战于蒲类海，获得胜利。窦固看出班超是个有才干的人，便派遣他与从事郭恂一道出使西域。一行人到达鄯善国，鄯善王对他们恭敬备至。可是，过了不久，鄯善王忽然对他们疏远冷淡起来。班超便对随从人员说："你们是否觉得鄯善王对我们冷淡了？这一定是匈奴的使者来了，鄯善王心中犹豫，不知依附哪一方好。聪明的人在事情尚未萌芽时就已有感觉，何况现在事情很明显了呢？"

原来，汉朝和匈奴是相互敌对的两大势力，双方经常发生战争，又都想把西域置于自己的控制之下，以孤立对方，打击对方。西域存在着许多绿洲国家，但每个国家都不大，人口少，力量也较弱，对汉朝匈奴，哪一方都得罪不起，只能采取模棱两可的策略，哪一方力量强，威胁大，就依附哪一方。所以班超一行到达后，国王热情招待，而当不久后匈奴使者也到达时，鄯善王便不敢表现出与汉朝使者亲近，以免得罪匈奴。

知彼知己，百战不殆。班超虽然猜测匈奴使者已到，但还是要核实一下，以免误生枝节。他把服侍自己的鄯善人召来，诈他说："匈奴使者已到了好几天了，现在他们在哪里呢？"侍从突然被问，不知所措，只得把事情真相和盘托出，说："他们已到了三天了，现在住在三十里以外的地方。"得知这一确切消息，班超立即将侍从禁闭起来，召集起自己所带来的三十六名随员，与大家共饮，酒酣，他激怒大家说："你们和我现在都在万里异域，想建功立业。现在匈奴的使者才来了几天，鄯善王对我们就疏远冷淡了。如果匈奴人让鄯善王把我们逮捕送往匈奴，我们的骸骨恐为豺狼食矣！你们看怎么办？"众人都说："现在我们都处在危亡之地，是生是死就看你的了。"班超说："不入虎穴，焉得虎子？当今之计，只有趁夜用火攻击匈奴人，使他们不知我们人数多少，把他们全部消灭。消灭了匈奴人，鄯善人也就吓破了胆，我们的大功就告成了。"众人说："这事应当与从事郭恂商量一下。"班超发怒说："吉凶就决于今日。郭恂是文官，听到这个计谋必定害怕，倘泄露出去我们白白送死，还算什么壮士呢！"众人说："那就按你的办吧。"

初夜时分，班超率领众人偷偷摸到匈奴人的住地。这时正好刮起大风，班超让十个人拿着鼓藏在匈奴人住所后，对他们说："看到火点燃了，就一起鸣鼓大呼。"其他人则手持兵刃弓箭埋伏在门两边。班超顺风放起火来，埋伏在前后的人一起呐喊，鼓声震天。匈奴人突遇变故，大乱，纷纷向外逃窜，使者及三十余名随从被杀死，其他随员一百余人都被烧死。

第二天，班超把鄯善王召来，拿出匈奴使者的人头给他看，鄯善一国震恐，被班超的威势镇住了。班超好言好语，百般抚慰，劝鄯善王与汉朝交好，鄯善王便把儿子送到汉朝做人质。其后，班超奉命继续在西域从事外交活动，西域五十余国都送质子到洛阳，与汉建立起友好关系。

班超率领三十余人到鄯善，依靠汉朝这一后盾，他们受到了热情招待。但当一百数十人的匈奴使团到达时，这一切都改变了。匈奴在军事上并不比汉朝弱，而使团的人数，又大大超过了汉朝，对鄯善是一个现实的威胁，鄯善王心怀疑惧，疏远汉使，是必然的。在孤立和敌对的环境里，班超这三十余人就显得过于单薄，力量太弱了。如不抓住时机，争取主动，让匈奴人知道了消息，抢先下手，不仅班超这三十余人要埋骨荒野，鄯善也会投入匈奴怀抱，给汉朝对匈奴的整体战略造成重大损失。在这危急存亡之时，班超审时度势，认为鄯善王不会主动开罪汉廷，用不着担心，关键是对付匈奴人，战胜匈奴人则汉得鄯善，被匈奴人击败则汉失鄯善。在敌强我弱、敌众我寡的局面下，班超有勇有谋，毅然定计，利用匈奴人不了解情况的有利条件，以夜色做掩护，放火鸣鼓，猝然出击，一举而获全胜，威镇鄯善，反客为主，为汉朝立下赫赫功勋。

董卓易主夺政权

董卓，字仲颖，陇西临洮人。自幼游侠于羌中地带，膂力过人，左右驰射，箭无虚发。汉桓帝末年曾做羽林郎，后来从军做了司马。在征讨并州时依功被拜为郎中。相继任广武县令，蜀郡北部都尉，西域戊已校尉，并州刺史、河东太守、中郎将。在奉诏征讨黄巾军时，由于作战失利，被朝廷革职。当韩遂等人在凉州举义时，朝中又征用他为中郎将，前往西凉拒韩遂。由于作战有功，又被朝廷拜为前将军、鳌乡侯、西凉刺史。统帅西州军马二十余万。

汉灵帝亡故，少帝刘辩继位后，董卓在边关听说大将军何进欲诏请诸路兵马入京讨诛宦侍。心想，这可是我乘隙入京谋取朝政的大好时机，于是便令中郎将牛辅守住陕西，自己亲率大军向京都洛阳进发。

兵至绳池，谋士李儒谏曰："我们虽然是奉诏前来，但朝中情势多变。我们不如在此暂且按兵不动，先差人上表至京都，说明我们奉诏前来之意。明正言顺地入京后，先居住客位，然后再以反客为主之策成就大事。"董卓觉得此计更妙，于是便亲笔写奏表云："据我所知，汉天下所以乱逆不止，都是由于黄门侍郎张让等人侮慢无礼造成的。俗话说'扬汤止沸莫若去薪'。如今朝中诏我们入京清除张让等宦侍，实是社稷的幸事，吾等将竭力为之！"

董卓差人将奏表送去后却一直未听到回音，当他们正忧虑朝中有什么变故时，忽听探马回报说："朝中现在已发生内乱。大将军何进已被十常侍诱入宫内杀死。袁绍等率禁军正在追杀十常侍。少帝为避难已逃出京师。"

李儒听罢对董卓说："大将军已亡，少帝出京，朝中无主，不乘此时进京还等什么？"董卓心想，真是天助我也！遂急催军向京都进发。途中恰巧遇到逃难的少帝刘辩及陈留王刘协。于是便以保驾的名义，名正言顺地进了京都。

入京后，李儒与董卓计议说："现在我们名正言顺地入得京城，已居客位。但欲争得久客之位，还宜扩充实力。为什么不立即将何进部下收罗于我部，以扼住军权？"

董卓依李儒之谋，遂将何进部下诱招过来。未几日，朝中兵权已尽归董卓掌握，扼住了机要。

董卓见万事皆备，便问李儒说："吾欲废少帝立陈留王刘协为帝如何？"

李儒说："更立新君，扼主佐政，主公便可成为朝中之主了。现在乘朝中混乱之际，可速行此事。明日我们便在温明园中召集百官，宣告废立大事，如有不从者，可当场除掉他们。"

第二天，董卓依计行事。但由于荆州刺史丁原的阻止，李儒惧其手下大将吕布骁勇，未敢强行。后来，李儒设谋收买了吕布后，再召朝中公卿议废立大事。众文武惧董卓之势，只得依从。于是，董卓在嘉德殿废了少帝，封其为弘农王，更立了皇子刘协为帝。董卓自此做了相国，赞拜不名，入朝不趋，剑履上殿，一人之下万人之上，主持了朝政。

田氏乘隙代齐政

陈完是陈国的公子，因陈国内乱，他怕大祸及身，便逃到齐国，改姓田氏。到他重孙田须无时，步入仕途，在齐国已有一定地位。田须无去世后，其子田无宇继续事齐庄公，很受宠爱，地位益重。在齐国的贵族中，田氏与高氏、栾氏、鲍氏颇有四雄并立之势。其时高氏的家主是高强，栾氏的家主是栾施，鲍氏的家主是鲍国。高强之父高虿因驱逐高止，潜杀间邱婴，引起国人不满，高强继其父为大夫，也把国人的怨愤承袭下来。高强年少嗜酒，栾施也贪恋杯中物，两人很合得来，与田无宇、鲍国也就来往较少，四族遂分成二党。高强和栾施两人聚次，醉后常谈论田、鲍两家短长，两家闻知，渐生疑忌。一天，高强醉后鞭打一个仆人，栾施也帮着他打，仆人怀恨，连夜跑到田、鲍两家，说高强和栾施准备聚集家众突袭田、鲍二家，田无宇和鲍国急忙召集家众，分发盔甲武器。派人打探消息，回报说高强和栾施正在栾家痛饮，才知是仆人谎报情况。田无宇与鲍国商量说：仆人的话虽不可靠，可我们起兵的事他们必定知晓，产生怀疑。倘若他们先下手攻打我们，再后悔就来不及了。不如趁他们饮酒无备，前去袭击。"于是两家甲士杀往栾家，将栾府围住。栾施急忙点起家众迎战，从后门突围而出，高氏家众闻讯也赶来助战，双方都奔向王宫，相持不下，栾、高屯于宫门之右，田、鲍屯于宫门之左。齐景公闻变，紧闭宫门，命人召见晏婴，晏婴劝齐景公助田、鲍以攻栾、高，于是栾、高大败，逃奔鲁国去了。

田、鲍既胜，便将栾、高两家的财产对半分了。鲍国将家财据为己有，田无宇却别有打算，他将分得的土地财产造册登记，献给齐景公，齐景公大喜。他还给齐景公的母亲孟姬送了一份厚礼，孟姬对齐景公说："田无宇诛除强宗势族，以振兴公室，胜归于上，他这种谦让的品德应该得到报尝。你何不把高唐之邑赏赐给他呢？"齐景公按照母亲的话做了，田氏开始富足起来。田无宇还想进一步做好人，便对齐景公说："各位公子当年被高强之父高虿驱逐出来，实在是无辜受罚，应该把他们召回来。"齐景公答应了，田无宇以齐景公的名义派人分头去迎接流亡在外的子由、子商、子周等公子。并用自己的私财为他们置办幄幕器用以及随从人员的衣履。诸公子能够回到祖国，已是欢喜不尽，又见器具应有尽有，非常完好，知是田无宇送给他们的，个个都感激不尽。田无宇索性一不做二不休，大出家财，凡公子公孙没有俸禄的，都以私禄分给之，又访求国中有贫穷寡者，私下送给他们粮食。田无宇去世后，其子田乞继承了他的这些做法，极力施惠于民，向外借贷时，以大斗出，收回时，却以小斗入，贫不能偿者，则把债券焚毁。晏婴看出了田氏的野心，屡次劝谏齐景公，让他宽刑薄敛，给人民以实惠，以挽留人心，但齐景公执迷不悟，不肯听从。于是，田氏逐步获得齐国人心，宗族越来越强盛，势力越来越大，人民心归田氏，愿为田氏赴汤蹈火。

齐景公病重，命左右相国夏和高张立宠姬芮子之子荼为太子，到他死后，国夏和高张立荼为王。田乞与齐景公的另一个儿子阳生友善，对立荼一事很不满。他表面上对高张和国夏表示尊敬亲近，上朝时常与他们并车而行，对他们说："各位大夫都不想立荼为王。现在荼已立为王，您们辅助他，各位大夫人人自危，都想作乱。"又欺骗各位大夫说："高张很有威协性，不如先下手搞掉他。"诸大夫表示同意。于是，田乞联合鲍牧和各位大夫，率兵杀入王宫，经过激战，高张被杀，国夏逃奔去莒国，国王荼则逃奔鲁国去了，遂立阳生为王，是为齐悼公，由田乞为相专国政。

田乞死后，其子田常代立。鲍牧与齐悼公有嫌隙，杀掉悼公。悼公之子被立为王，是为齐简公，以田常和监止为左右相。田常一心想害监止，但监止很受简公宠爱，搞不掉他。于是田常重施其父故伎，大斗出，小斗入，收买人心。当基础牢固后，田常便起兵杀害了监止，并杀简公，立简公之弟为王，是为平公，田常为相。田常杀了简公，怕其他诸侯国起兵讨伐，便把过去侵夺的鲁、卫二国之地归还二国，遣使与晋国韩、赵、魏三氏及吴、越交好，对内则论功行赏，亲抚百姓，于是齐国安定无事。他对齐平公说："德施是人所喜欢的，由你来行，刑罚是人所厌恶的，由我来行。"如此五年，齐国的大权民心全部归于田常。田常势力既盛，起兵尽诛鲍氏、晏氏、监氏及公族之强盛者，把齐国自安平以东直至琅琊的土地都划为自己的封邑，封邑面积比齐平公拥有的土地要大得多。至此，齐国基本上已是田氏的了。其后，田常子田盘，田盘子田白，田白子田和世专齐政，田和最终取代齐康公，成为齐国的君主。

田氏自陈国逃到齐国，势单力孤。

经过数代经营，竟能在几大强宗并立的情况下发展出自己的势力，且脱颖而出，实在是方法得当，正合"乘隙插足，扼其主机，渐之进也"之言。纵观田氏代齐的过程，最值得注意的有两点：一是极力收拢民心，把民众的支持从公室拉到自己这边来；二是利用齐国贵族之间错综复杂的矛盾，寻找同盟，抓住时机，把有可能成为自己对手的强宗大族一一消灭。在代齐这件事上，田氏并不操之过急，而是从巩固基础入手，稳扎稳打，步步为营，循序渐进，经过几代人的不懈努力，终使田氏大盛，在齐国一枝独秀，最后水到渠成，瓜熟蒂落，由魏文侯替田和向周天子进言，由周天子正式册封田和为齐侯，既代齐国之政，又无篡夺之名，田氏之心机可谓深矣。

诸葛妙计取汉中

刘备兵进汉中，曹操自领大军前来防御，两军于汉水两岸隔河相对。诸葛亮查看地势，见汉水上游有一片丘陵地带，可以埋伏一千余人。便回到营房中吩咐赵云说："你可以带领五百人，携带战鼓号角，埋伏于上游的丘陵地带。无论何时，只要听到我军营中炮响，便可擂鼓扬威，只是不许出战。"赵云领命，带兵埋伏去了。第二天，曹兵前来挑战。蜀军只是不出，连弓箭也不放。曹兵无奈，只好回兵。到了晚上，诸葛亮见曹营灯火熄灭，军兵已经休息，随即放响号炮。赵云听到，立即下令鼓角齐鸣。曹兵以为敌人前来劫寨，急忙奔出准备防守，却哪里有一个蜀军人马，折腾了

半天，刚想回营再去休息，只听一声炮响，鼓角又鸣，蜀兵呐喊之声震天动地，山谷齐应。曹兵彻夜难安。一连三夜，夜夜如此。曹操心里发怵，便退后三十里扎营。诸葛亮遂请刘备亲自渡汉水，于水边扎起大寨，并嘱咐他如何行事。

第二天，曹操见刘备背水结营，便领兵前来交战。蜀将刘封出马，曹操命徐晃出阵。刘封敌不住徐晃，打了几下拨马便逃。曹操指挥大军追来，蜀兵尽望水边逃走，丢弃营寨，军器马匹散落满地。曹兵争相拾取，不战自乱。曹操一见，知道中计，急忙下令鸣金收兵。正在此时，只见诸葛亮号旗举起，刘备领兵返身杀回，黄忠、赵云也从两边杀来。曹兵大败而逃，蜀兵连夜追赶。曹操欲回守南郑，到了城下一看，南郑已被蜀将张飞、魏延攻占，只好仓皇逃到阳平关去了。

刘备来到南郑，问诸葛亮说："曹操善于用兵，这次前来，怎么这么快就败了呢？""曹操为人多疑，虽善用兵，我以疑兵迷惑他，他必然疑惧，所以不敢勇战以致速败。"刘备说："现在，曹操退守阳平关，你用什么办法去退他呢？"诸葛亮说："我早已想好了。"于是，便派张飞、魏延去截断曹操的粮道，又叫黄忠、赵云分兵两路去放火烧山。四位将军各自领兵去了。

再说曹操退守阳平关，急令哨兵外出打探消息。不久，哨兵回报。说蜀兵已将远近小路全部阻断，山里砍柴的地方全被敌人放火烧尽。曹操正在疑惑，又有人来报告，说张飞、魏延分兵两路，已把粮草劫去了。曹操大惊！因为粮草

被劫，则军中的后勤供应成了问题；山野被烧，无处砍柴，则部队的生火问题也出现了困难。曹操无奈，只好领兵出关来战，希望凭一战之功杀退蜀兵。这次曹军出阵的仍是徐晃，蜀兵出阵的也仍是刘封。刘封打了几下又连忙败走，曹操领兵来追。突听蜀营之中炮声不断，鼓角齐鸣。曹操怕有埋伏，急忙下令后退。曹兵惊慌失措，自相践踏，死伤极多。曹操退回阳平关，刚刚歇定，蜀兵已赶到城下。他们虽不攻城，却于东门放火，西门呐喊，南门放火，北门擂鼓，不知搞什么名堂。曹操心中大惧，阳平关是不敢呆下去了，急忙弃城出逃，在蜀兵的一路追杀之下，逃到斜谷界口去了。后来，曹操驻扎斜谷界口，见蜀兵又跟杀过来，心知此关也无法保住，勉强出战，又被魏延一箭射中，打掉了两颗门牙，只好索性放弃斜谷界口，整个汉中算是不要了，急忙逃奔许都而去。

刘备进攻汉中，诸葛亮的几番用计都非常精妙。他先是布置疑兵，鸣角击鼓恐吓敌人，疲惫敌人，迫使曹操自动后退三十里，继而，又过河背水结营，引诱曹操前来进攻，然后设伏兵杀敌。曹操退守阳平关，诸葛亮又釜底抽薪，放火烧山，抢劫粮草，然后故计重演，于阳平关的四座城门外放火的放火，呐喊的呐喊，击鼓的击鼓，弄得敌人心慌意乱，遂使曹操胆气丧尽，被迫又放弃了阳平关，最终又放弃了斜谷界口，使得整个汉中之地全部归入刘备的手中。

王莽沽誉建新朝

王莽字巨君，是汉元帝皇后王氏的侄子。汉朝外戚屡有专权之局，王莽的伯父、叔父在汉元帝、汉成帝的时候，居位辅政，一门竟有几个侯、五个大司马。王氏一门虽然贵显，但由于王莽的父亲王曼死得早，未能封侯。王莽的从父兄弟们极尽声色犬马之乐，惟独王莽家境孤贫。王莽虽然缺乏财富，但他的才智比从父兄弟们都高。他知道自己要想出人头地，就必须博得好名声，于是生活力求节俭，为人谦让。他在沛郡陈参门下研习《礼经》，十分刻苦，衣服被褥同其他贫寒的儒生一样。他侍奉母亲和守寡的嫂子，养育亡兄的独生儿子，非常精心周到。他广泛结交才俊之士，对各位伯叔父都很恭敬。

他的行为见到了效果。汉成帝阳朔年间，他的伯父王凤患病，王莽在王凤身边侍疾，尽心竭力，亲自为王凤尝药，蓬头垢面，一连几月未解衣安睡。王凤自然很欣赏他，临死的时候，把他托付给皇太后和皇帝，王莽因而被任命为黄门郎，升射声校尉。后来。他的叔父成都侯王商上书，表示愿意把自己的一部分食邑分封给王莽。长乐少府戴崇、侍中金涉、胡骑校尉箕闳、上谷都尉阳并、中郎陈汤都是当世名士，都为王莽说好话，于是王莽逐步受到皇帝器重，于永始元年（前16）被封为新都侯，食邑一千五百户。他的官职也不断迁升，至骑都尉、光禄大夫、侍中。

王莽尝到了沽名钓誉的甜头，更加注意表现自己，爵位越高，态度越谦虚，家里有钱就散与宾客，赈济别人，不留余财。他进一步结交名士，拉拢朝臣。他让侄子王光到博士门下受学，自己休假的时候，便带着羊酒去慰劳王光的老师，王光的同学们也都沾了光，都感念王莽的好处。王莽安排王光与自己的儿子同日结婚，宾客盈门，王莽故意让人每隔一会儿前来禀告，说他母亲某处疼痛，要吃某药。王莽听后，便起身去照料母亲，直到客人散尽也不出来，以显示自己的大孝。后将军朱博无子，王莽便买一婢女，对人说："我听说这个女子家中的人能生儿子，就为朱子元买下了。"当天就把婢女送到朱博家中。通过这些举动，王莽的声誉越来越高，朋友越来越多。当时，有官职的大臣纷纷推荐王莽，无官职的名士到处宣扬王莽的美德，王莽的声望已超越他的各位伯叔父之上。

其时，太后姐姐的儿子淳于长以才能为九卿，地位在王莽之上。王莽暗地里搜求他的罪过，通过大司马曲阳侯王根予以揭露，淳于长被杀，王莽被视为忠直之士。王根请求退休，推荐王莽代替自己，皇帝便提拔王莽为司马，时在绥和元年（前8），王莽年已三十八岁。王莽虽然已出类拔萃，身居辅政之位，但他并不以此为满足，一心想使自己的声誉超过前人，因而克己不倦，广泛聘贤良以为掾史，皇帝赏赐给他的邑钱都用来供养读书人，自己的生活却更加俭约。王莽的母亲病了，公卿列侯的夫人们纷纷前来探望，王莽的妻子出来迎接，穿着布短衣，仅仅遮住膝盖，别人以为她是王家的仆人，一问才知是王莽的夫人，无不惊讶。

担任辅政一年多，成帝驾崩，哀帝继位，皇太后王氏被尊为太皇太后。太后命王莽回自己的封地休养，以避哀帝外戚之家。王莽在家闭门不出，谨慎小心，以增加自己的令誉。一次，他的二儿子王获杀了一个奴仆。在当时，法律虽然规定不得擅杀奴仆，但这种事很多，没有人当做一回事。王莽却狠狠斥责王获一番，迫令他自杀，大家知道了，都说王莽公正无私。王莽在家呆了三年，这期间有数以百计的官吏上书为王莽鸣冤叫屈，说不应该让他在家闲着，应让他在朝执政。元寿元年（前2），发生了日食，这在当时被认为是上天示警的大事，贤良周护、宋崇等人趁机在对策中为王莽歌功颂德，汉哀帝便征王莽入朝。

王莽回到京师一年多，哀帝去世，没有儿子。其时傅太后、丁太后都已先死，政事仍须由太皇太后王氏主持，她即日驾临未央宫，收取玺绶，派人飞马招王莽，将军国大政都交他负责。太皇太后与王莽定策，迎中山王入继皇位，是为平帝，平帝年仅九岁，太皇太后临朝称制，代行皇帝职权，具体政务都付托给王莽。王莽暗中支使益州负责官员让塞外部落贡献白雉，元始元年（1）正月，他奏请太后下诏，把白雉献于宗庙，于是群臣纷纷上书，说周成王时，周公辅政，越裳人曾献白雉，现在王莽辅政，德高功大，致有白雉之瑞，正与周成王时事体相同。按照圣王的法度，臣下有大功生前就应得到美号，所以周公生前就托号于周，王莽有定国安汉之大功，应赐号安汉公，增加封户。太皇太后按照群臣建议，以王莽为太傅，号安汉公，益封二万八千户。

元始五年（五），平帝去世。当时汉

元帝的直系后裔没有在世者，而宣帝的曾孙中尚有活着的封王五人，列侯、广戚侯四十八人，应从他们中选择一位继任皇帝。但他们都是成年人，王莽怕继位后于己不利，就以"兄弟不得相为后"作借口，从宣帝玄孙中挑选了年龄最小的广戚侯子婴即位，年仅三岁。王莽给子婴取的年号是"居摄"，表明由自己摄政。太皇太后很信任王莽，诏令王莽朝见自己时称"假皇帝"，也就是"代理皇帝"。此时，王莽距帝位只有一步之遥了。梓潼人哀章在长安求学，他一向好说大话，见王莽欲据帝位，便制作了一个铜匮，写了两张标签，一张上写"天帝行玺金匮图"，一张上写"赤帝行玺刘邦传予黄帝金策书"。书中说王莽当为真天子，太皇太后应顺天命传位于王莽。王莽见此大喜，急忙到汉高祖庙中拜受神匮，声称自己不敢不顺从天命，于是即真天子位，改国号为"新"。到此，太皇太后王氏后悔莫及，大骂王莽，但已无济于事了。

王莽因篡汉之事，后世一直被骂为奸险之徒，观其行为，的确充满机巧。西汉后期，外戚在政治生活中的地位越来越重要，往往把持朝政。王莽出身外戚之家，一门九侯，大司马之职操于伯叔父之手，但王莽因父亲早死，在这个贵显之家却显得颇为孤单清贫。如果他与从兄弟们一样，是不会受人重视的，很难爬到重要职位上。在当时的社会环境中，除家族地位外，个人的才识德行能帮助人们博得声名，王莽既不能指望从家族地位中获利，便从建立声名入手，采取一切手段沽名钓誉，结果，在皇太后王氏的侄子们当中，王莽显得鹤立鸡群，也博得伯叔父们的青睐，在他们的提携下步入仕途。既入仕途，王莽的家庭背景就对他很有帮助了。有家庭背景的依托，再加上他不为暂时的成功所迷惑，而是循序渐进，折节下士，声名越来越高，地位越来越尊，朝野无又称颂，最后不用多费周折，瓜熟蒂落，帝位到手。

审机决断破东吴

在晋伐吴的战争中，晋军深入吴地，所到之处，攻无不克，势如破竹。晋主司马炎得到雪片似的报捷战表，心中十分高兴。

这时，贾充上奏说："我兵久劳于外，又不服水土，军中患病的极多，应召兵回师，再作后图。克吴并不是一朝一夕的事，请陛下三思。"张华听到这席话，对司马炎说："现在大军已近敌方巢穴，吴人已经胆寒，用不了一个月，吴主孙皓必然被我军擒获。此时回师，则必然前功尽弃。"贾充一听，这话是冲他来的，便依仗他曾助司马炎灭魏立晋之功，斥责张华说："你不懂天时地利妄邀功绩，坑害士卒，即使杀了你，也不能使我大军消恨。"张华也不甘示弱，据理反驳他说："在我军即将大获全胜之际，你如此极力主张回兵，欲放弃灭吴的军机，难道你暗中受吴恩贿了不成？"正当二人争执不下时，军兵报告说："都督杜预有奏表来到，请求急速进兵。"

司马炎在张、贾二人争执时，一直未表态，只是沉思不语。此刻得到前线杜预的奏章，心中有了底数，当即下令：各路大军一齐征进。

众军得令后，水陆一齐发起进攻。大将王濬率水军，顺水向石头城冲去。乘风破浪，直抵城下，迅速杀入城中。吴主孙皓听说吴兵已入石头城，也学蜀后主刘禅，自缚其身，率满朝文武归降。自此，晋统一了四方。

审时度势败李密

隋炀帝大业三年秋，李渊（唐高祖）连结突厥，率兵三万从太原出发，打着尊立代王的旗号，兴起义师，向关中进军。大队人马行至贾湖堡处，因遇大雨滂沱，不能行军，只得暂时驻扎下来。这时，李渊接到军报，说是魏公李密领众数十万，历数隋炀帝十大罪恶，布告天下，起兵反隋。李渊听知这一消息，不禁大吃一惊，便与儿子李世民商量对策。世民说道：李密兵多势大，不宜与之对敌，不如暂且与他联络，也可使我军免除东顾之忧。李渊同意了世民的献策。即命记室温大雅给李密写信，希望结成同盟，共图大事。信送去不久，便收到李密回信。李密信中言词十分傲慢，虽然表示愿意结为同盟，但李密自称是盟主，并要李渊亲自去河内缔结盟约。李渊父子二人看了李密的回信，心中很是不满。但李渊转念一想，迫于势力悬殊，还是忍让为好，便又对李世民说道：李密狂妄自大，即便订了盟约也未必实行，但我们现在正进军关中，如果断然拒绝结盟，与他绝交，只会又增加一个敌人，倒不如暂忍一时，先以卑谦之词

对他大大颂扬一番，让他更加志气骄盈，安住他的心，这样既可以利用他为我军塞住河洛一线，牵制隋军，又可以使我军专意西征，岂不是两全其美？待到我军平定关中后，便可"据险养威"，看着他与隋军鹬蚌相争，让我军坐收渔人之利，岂不更好?！李世民非常赞成父亲的用计，于是便再要温大雅给李密写信，大意是说：现在天下大乱，亟需有统一之主，您李密功高望重，这统一之主自然非您莫属。我李渊年事已高，对您表示诚心拥戴，只求您登位之后，仍然封我为唐王就行了……李密收到李渊的复信，心里甜滋滋的，别说有多高兴了，满口答应李渊的要求。这样，李渊免除了东顾之忧，便挥军西进了。一路上，攻霍邑、临汾，直取长安，把一个十三岁的代王侑拥立为皇帝，并且改元义宁，到第二年，隋炀帝被弑，又逼迫代王侑退位，自立为帝，称唐高祖。

且说李密自与李渊结盟后，率兵东进，所到之处，攻城掠地，节节胜利，除东都一地被隋将王世充坚衬受阻外，其余如永安、义阳、弋阳、齐郡等地，以及赵魏以南、江淮以北所有揭竿诸军都望风归附。于是，李密继续强攻东都，与王世充作最后决战。这时，唐高祖李渊也派李世民、李建成领兵来到东都，名为援兵，实际上是来争地盘的。李密进攻，李世民和李建成派兵从中阻挠，以致东都久攻不下。

俗话说：物极必反。正当李密踌躇满志，决心攻下东都自立为王时，却因他骄傲自大，刚愎自用，不听贾润甫、裴仁基与魏征等人的再三忠言劝告，以

致两次中了王世充的诡计，东都城下之战，竟然大败亏输，走头无路，数十万大军只剩下二万人马跟随李密惶惶退入关内投奔唐王李渊。当时李密还料想，李渊会念昔日结盟之情和灭隋之功，给自己封以台阁之位，说不定有朝一日，还能东山再起吧！可谁知这时已"反客为主"的唐主李渊却只封他一个光禄卿的闲职，另外还赐了一个刑国公的空头爵号，这使得李密大失所望。

且说李密降唐以后未得重用，心中很是不满。这一切李渊都心中有数，但表面上却格外加以羁縻，称李密为弟弟，并把舅女孤独氏嫁给李密为妻，也想是稳住他的心，可这些并不能满足李密的欲望，未过多久，他便与王伯当勾结，起兵反唐，结果被唐将彦师打败，全军覆没，李密、王伯当也都被杀死。

竹笼战法败法军

受法国国王的派遣，海军舰队司令李威利攻占了河内。刘永福率领的黑旗军再次应越南国王之请前往救援。在几次战斗中，法军连遭挫折，损失巨大。

李威利见步兵打了败仗，就改用骑兵。他的骑兵的马都是精心选来的洋马，又高又肥。骑兵手持马刀来往驰骋，非常厉害，骑兵司令韦鹭也智勇双全。所以李威利夸他的骑兵是"无敌骑兵"。

刘永福为破法国骑兵，思索好久，终于想出一条妙计来。

这天，刘永福命令军士们连夜砍来当地的许多竹子，命他们将大毛竹截成一段段的竹筒，细毛竹削成篾织成鸡笼，中号竹子破裂开编成猪笼。第二天黎明时分，刘永福兵分三路向法军进攻。

李威利得知黑旗军进攻的消息，就哈哈大笑地拍着骑兵司令的肩膀说："你这位无敌骑兵司令，今天就看你的了。一定要把刘永福擒来见我！"

韦鹭把胸脯一拍："司令尽管放心。刘永福只要来，定叫他有来无回！"

法军也将骑兵分三路迎敌。黑旗军见法军骑来，慌忙就向后退。李威利和韦鹭率领骑兵紧追不舍，直追到黑旗军逃进的山坳。

"刘永福！"韦鹭拍马舞刀大笑道："你逃到哪里我就追到哪里！看你往哪逃！"

李威利也大叫道："不要放走了刘永福！谁活捉了刘永福官升三级！"

他们拼命向山坳里追去。这时，一声炮响，山岗上扔下了成百上千个猪笼、鸡笼和竹筒。法军战马踩在竹筒上就被滑倒，踩到猪笼、鸡笼就被套住了马蹄，弄得马腿无法打弯，更不能行走。一匹匹连人带马被摔倒，前撞后倒，马嘶人喊，乱成一团。这时，黑旗军的大刀、鸟铳、擂木滚石大显神威。一直杀了三个时辰，"无敌骑兵"全军覆没，200多名骑兵被击毙，李威利、韦鹭以及手下30名军官也成了刀下之鬼。

刘永福的黑旗军以落后原始的武器击败拥有长枪骏马的法国骑兵。其主要原因在于刘永福善于发挥主观能动性，创造了有利于己方的形势，他知道要想打败法军，只能先断他们的足——马，另外还要诱近了打，使法军的武器优势无法发挥。由此，他采用竹笼战法困住敌军，并把他们诱进到预设的伏击圈里，此时，法军除了被动挨打，已经别无选择了。从此例中可以看出，发挥主观能动性，创造有利的作战态势，是反客为主取得战争胜利的一大因素。

果断登陆诺曼底

诺曼底登陆战是世界历史上规模最大的一次两栖作战——英美联军横渡英吉利海峡，在欧洲开辟了反法西斯战争的第二战场。

为了保证登陆战的成功，联军总司令艾森豪威尔投入了 8000 架轰炸机、284 艘军舰、4000 多艘登陆艇和其它舰只以及 300 万人马。在登陆的前一个星期，盟军炸毁了 82 个具有战略意义的铁路枢纽以阻止德国军队的增援。

但是，艾森豪威尔还是感到没有必胜的把握——天气，天气是无法以人的意志为转移的，恶劣的天气将使登陆部队失去空军的增援，会使登陆艇在靠近海岸前沉没，会使部队失去充沛的战斗力……

一切都准备妥当，艾森豪威尔最担心的事还是发生了——英吉利海峡，阴云密布、狂风骤起、巨浪涛天，已经入海的数千艘各类船只不得不退回港湾。一连四天过去，到了 6 月 4 日，海上的情况略有好转，早已急不可耐的蒙马哥利将军坚决要求："渡过去！战斗！"艾森豪威尔也以同样坚决的态度拒绝了：失去空军的增援，我们的部队并不占优势，而这样的天气，飞机是无法起飞的。

4 日晚 9 时 30 分，气象专家斯泰格上校给艾森豪威尔送去了一份最新的气象报告。"天气出现转机。"斯泰格说，"正在下着的倾盆大雨将在 3 小时内停止，然后会有 36 小时的好转天气，风力中等。"

"可以派出战斗机。"情报处长马洛里评论道，"但使用中型和重型轰炸机很危险。"

"不！可以派出大批战斗轰炸机。"艾森豪威尔纠正马洛里的话说。

但是，天有不测风云。

窗外，暴雨倾盆。空军司令怀特不安地望着窗外的雨柱，提醒艾森豪威尔："将军，我不得不提醒您，这是很危险的。"

艾森豪威尔背着手，低着头，在指挥部里踱过来，又踱过去。

9 时 45 分，艾森豪威尔在作战地图面前停了下来，冷静地说："我确信，是该下达命令的时候了。好，让我们干！"

艾森豪威尔以斩钉截铁的语气向海、陆、空三军下达了横渡英吉利海峡的作战命令。

艾森豪威尔对成功和失败都做了准备，他用铅笔写下了如下几行字："我决定在此时此地发起进攻，是根据所得到的最好的情报作出的……如谴责此次行动或追究责任，应由我一人承担。"

登陆是极其成功的——第一天，联军的 15 万 6 千名士兵就顺利地踏上了诺曼底，而更多的部队紧随其后。

倘若，艾森豪威尔推迟了登陆作战的时间呢？——其后的十多天，是"20 年来最坏的天气"，气象专家斯泰格在一场狂烈的暴风雨袭击了诺曼底沿岸并摧毁了一座人工港湾后，给艾森豪威尔写了一封信。艾森豪威尔当即给斯泰格写了回信：

"谢谢，感谢战争之神，我们在该出发时出发了。"

出其不意战阿登

1944 年秋，第二次世界大战已接近尾声。盟军对德国展开全面反攻，但由于战线过长，兵力不足，尚需重新调整部署。希特勒抓住这个机会，集中优势兵力，孤注一掷地向盟军最薄弱的阵线——阿登地区展开了最后反击。

希特勒看到当时形势对自己很不利，只守不攻，无异于坐以待毙。他冥思苦想，费尽心机，最后终于制订出一个大胆的作战计划：集中优势兵力，出其中意发动反攻，突破盟军的防线，直捣缪期河；再分兵两路，直插安特卫普和布鲁塞尔，夺取艾森豪威尔的主要供应基地，将欧洲盟军切成两半，消灭美军第一、九集团军、英国第二集团军和加拿大第一集团军。用这个办法一举夺回战略主动权，彻底解除德国西部边境的威胁。

为了组织兵力，希特勒下令全国实行"总体战"体制，凡年满 16 岁到 60 岁的男子，不准一人逃避兵役。到 12 月初，居然强行组织了 28 个师（其中有 9 个装甲师）的兵力，近 2500 辆坦克和重炮，戈林还答应凑足 3000 架飞机。这是一支相当可观的力量！经过仔细考虑，希特勒选定位于卢森堡、比利时和德国交界处的阿登地区作为反扑的突破口。

这是一片茂密的森林地带，全长 85 英里，是盟军长达 450 英里的路线上防御最薄弱的一段。

12 月 15 日晚，天特别黑，浓雾笼罩阿登森林地区，大雪覆盖着群山。在接连几天的恶劣气候掩护下，28 个师的德军悄悄进入了进攻阵地。美军第一集团军的两个军防守着阿登战线，他们共有 6 个师（仅有一个坦克师）约 8 万人。正在酣睡中的美军官兵做梦也没有想到，德军的绝对优势兵力正虎视眈眈地待命出击。就是在盟军最高统帅部中，也没有任何人想到，穷途末路的德军竟会突然发起凶狠的反扑。

1944 年 12 月 16 日晨，当时针指向 5 时 30 分整，密集的德军大炮突然喷出凶恶的火舌，几乎所有的美军阵地都遭到了猛烈轰击。惊恐的美军官兵慌乱地钻出睡袋，爬进掩体。电话线早被炸断，美军呆在掩体里，根本不知道是怎么一回事。炮击刚一停止，数百架德军探照灯"唰"地放光，美军还没反应过来，德军的坦克履带已经碾碎了残存的美军工事。阿登前线的美军被打得措手不及，几乎全线崩溃。

在中线进攻的德军进展神速。因为在这里防守的是正在休整补充的美军和从美国国内刚调来的新兵。12 月 17 日晚，美军第 106 师约 9000 人被德国包围，最后被迫全体投降。这是美军在欧洲战场上一次最惨痛的失败。

在南线，德军成功地建立起了一道壁垒，保护着中线德军的进攻。还在战斗刚打响之时，希特勒就命令党卫队分子奥托·斯科尔兹内指挥一个有 2000 人的会讲英语的德军特种旅，身穿美军制服，乘坐缴获的美军坦克和吉普车，伪装成美军潜入盟军后方。他们切断交通线，杀死盟军传令兵，在交通要冲胡乱指挥美军运输；他们还散布美军司令艾森豪威尔已遭暗杀，德军已获大胜的谣言；一些小股部队越过前线，控制了缪斯河上的桥梁，使德军装甲部队主力顺利通过。由于这些特种兵的破坏，美军前线情报乱成一团。到12月18日晚，盟军最高统帅部才搞清敌情，确定这是德军的一次大规模反攻。

到这时为止，在阿登战役中，德军占尽了主动，盟军付出了惨重代价。但当盟军稳住阵脚，组织力量反攻时，希特勒犯了一个致命的错误，把初步取得的战果化为泡影。当时面对强大的盟军，德军只有迅速撤退才能免遭围歼。但希特勒听不进任何有关撤退的建议，继续下令向前推进，直到1945年1月德军付出高昂的代价后，希特勒才不得不下令撤退。

单纯从军事角度来分析，德军的反击战略是成功的，它抓住了对方的弱点，乘隙而攻。反击战贵在出其不意，同时要审时度势，知进知退。

揭敌短总统当选

1988年，美国开始第41届总统竞选。进行的民意测验表明，民主党总统候选人杜卡基斯，比共和党总统候选人布什多出10多个百分点。但是，布什在公关专家的精心策划下，迅速扭转不利局面，在最后一次电视辩论后，取得了稳操胜券的优势。

布什的策略就是攻其要害，揭彼之短。他抓住对手的弱点，单刀直入，使其陷入窘境。杜卡基斯嘲笑布什是里根的影子，没有自己的见解，自身缺乏作为一个政治家的明显的政治标记。杜卡基斯用讥讽的口吻问："布什在哪里？"布什轻松地回击道："噢，布什在家里，同夫人巴巴拉在一起，这有什么错吗？"这句话表面上看来是平平常常的，却语义双关，暗点出杜卡基斯风流好色、生活不检点的毛病，揭了对方的疮疤。

杜卡基斯曾经自诩为民主党内的自由派，但他却始终不得不奉行民主党的一贯立场，不敢偏离半点，这样，使他的政治自诩黯然失色。布什抓住他言行自相矛盾之处给予淋漓尽致的揭露，使杜卡基斯在选民面前留下了一个"投机政客"的不良印象。

共和党还抓住杜卡基斯善于眨眼的习惯，炮制了一个布什与戈尔巴乔夫握手的画面，在电视屏幕上展现了布什富有经验、刚强果断的外交家和政治家的形象，画面旁白道："布什能与戈尔巴乔夫抗衡，两眼直视，坚定不移。而杜卡基斯，总是眨眼睛，说明他优柔寡断，我们怎么能相信总是眨眼的人，能够推行坚定的外交政策呢？"结果，布什的选票由落后转向优势，荣登美国第41届总统的宝座。

布什在与对手角逐的过程中，抓住对手好色、投机、好眨眼等缺点、毛病、习惯，攻其要害，施展自己的论辩才能，把对手逼得步步退却，从而使布什反客为主，赢得了这次总统竞选。

妙答问从容脱身

1972年5月，美苏举行了最高级会谈。27日凌晨一点，在美国国家安全事务特别助理基辛格下榻的莫斯科一家宾馆里，基辛格向随行的美国记者团介绍美苏关于签署限制战略武器四个协定的会谈情况。

基辛格微笑地向记者们透露说："先生们，苏联每年生产导弹的速度大约是250枚。如果在这里把我当间谍抓起来的话，那你们说该怪谁呢？"这时，有一位自作聪明的美国记者，想趁机探听美国军事秘密，便接过话头问道："请问基辛格博士，那我们有多少潜艇导弹在配置分导式多弹头？又有多少'民兵'导弹在配置分导式多弹头呢？"基辛格深知他自己身居要职，怎么能泄露国家军事机密呢？耸了耸肩，巧妙地回答说："刚才这位记者先生提的问题，对我来说，的确不知道正在配置分导式多弹头的'民兵'导弹的确切数字，至于说正在配置分导式多弹头的潜艇导弹嘛，具体数字我是知道的，但我的苦处是，不知道这是不是保密的？"那位记者高声说道："不是保密的，请基辛格博士说出来吧！"基辛格听这位记者这么一说，急转话头，反问道："真的不是保密的？那就请这位记者先生说一说是多少？"那位记者被基辛格这一反问，弄得瞠目结舌，只得"嘿嘿"傻笑。

基辛格巧转话题的妙处在于：当他在外交说辩的场合中处于不利的困境时，如他既不能泄露国家军事机密，又要回答那位记者所提的要求他说出军事机密的问题，为了顺利摆脱这种困境，只好施展巧转话题的手法，将这一难题转嫁给那位记者，以便从容脱身，叫那位记者无话可说，如果我们在实际生活中，遇到这种情况，既可将重点转移，引开别人的注意力，又可采用将难题推卸给对方，让他无言以对，取得致胜的效果。

盯国外战略发展

"低地之国"荷兰，是欧洲的一个小国，但却有三样东西世界闻名，即风光、鲜花和飞利浦公司。

100年前，飞利浦公司的创始人哈罗德·飞利浦在巴黎看到了爱迪生发明的电灯泡，灵机一动，回到荷兰创办了电灯公司。1912年正式命名为飞利浦电灯制造公司。目前这家公司已由单一生产电灯泡，扩展到生产电池类、家用声光类、家庭及个人生活用具类、专业电子设备类、工业用电子零部件类产品，一度还生产化工、药物产品等十几类，几千种产品。1991年该公司的销售额达到308.6亿美元，排列在世界工业公司的第28位。飞利浦公司在一个小国内是如何生长成一个巨大的公司的呢？现任飞利浦公司总裁科尔·库鲁特讲得好："正因为荷兰是一个小国，所以一开始就把眼睛盯住国外。"正是近百年来坚持这个传统，使飞利浦公司发展成为一个巨大的跨国公司。飞利浦扩展过程大致上经历了四个阶段。20年代，飞利浦公司在国外只建立销售机构，而没有投资建厂。30年代随着资本主义危机的爆发，各国对进口管制更加严厉，飞利浦公司开始在国外投资建厂，以避开进口管制的限制。50年代，飞利浦公司利用欧洲经济共同体成立的好时机，在其他成员国实现生产、研究和销售一体化。这时飞利浦公司的外向战略有了一个质的飞跃，具有了无国界的世界公司的形象。60年代，通过一系列兼并活动，壮大了自己的力量，先后兼并美固本电子公司，查普尔唱片公司，澳大利亚电子工业公司等。

目前飞利浦公司又瞄准世界公认难以打入的日本家用电器市场。该公司趁日元升值、出口减少的时机，力争在东南亚市场先站稳脚跟，然后进军日本市场。飞利浦公司的扩张战略中还有一条重要的方面，就是科技领先。飞利浦公司一度深受日本公司的冲击，如松下、索尼等公司，吃亏就在于产品不是最新的，技术不是领先的。痛定思痛，飞利浦公司决心在新产品、新技术方面和日本公司一争高低。虽然飞利浦公司生产的录音机、录像机等产品，在国际市场还十分畅销，但公司总裁库鲁特并不满足，他说："电视机这类东西，只能算'石器时代'的产品，我们着眼于高清晰度电视，数字式录音机等未来产品。"

创造误解赢谈判

一家美国公司在科威特王国获取一个大型炼油厂的承包工程项目后，公开以总承包商的身份，进行工程分包的招标谈判。西班牙的一家实力比较雄厚的技术公司参加了该项招标谈判。

双方多次磋商后，西班牙公司渐感中标的机会很大，可以满足美方提出的基本要求。所以该公司便想尽早与美方签约、结束谈判。不料，此时美方又节外生枝，提出要西班牙方面降价的要求，即要求在原工程承包总价的基础上降价2%，以降低自己的费用开支。美商告诉西班牙一方说道："我们开始进行分包工程招标时，对你方提出的分包总价采取了宽容的态度。根据本公司所进行的财务和技术估价，因各种因素，我们提出要你方降价2%。我方也对其它的竞争伙伴提出了同样的降价要求，一旦得到答复，即可定夺中标者。但我们还是诚恳盼望同贵公司合作，望你们能接受这一要求。"

西班牙公司代表听罢，一时拿不定主意，便提出暂时休会，容他们考虑一下。一个小时以后，西班牙公司代表又回到谈判桌前，一本正经，告诉美商说，他们已经根据美方所要求的价格将工程规格明细表编写完毕，接着便一一例举可以删除的项目以减少工程造价，达到2%的降价目标。

美商发现西班牙人误解了他们的意思，便说明他们无意变更原来已经商定的工程明细表。接着双方谈判的主旨便一直围绕着工程项目明细表兜圈子，撇开了合同总价下浮2%的问题。西班牙人紧紧抓住工程明细表的项目可否削减、如何削减的问题不放手，从而慢慢控制了谈判的主动权。最后，西班牙人提出能否就此结束谈判，向美商说："你们对有关降价问题还有哪些建议？"美国人耸耸肩毫无办法，说："如果我们要求贵公司削减成本，而又维持原有的工程项目明细表不发生变化，双方能否达到协议?"可见，美商已把降低价格和改变工程明细表混在了一起，原来的降价要求无法再坚持下去了。

在接下来的谈判中，西班牙人态度诚恳，向美方建议如何增加盈利、削减开支，令美商大感兴趣。西班牙方面又主动要求把监察管理方面的一部分工作分给他们，由西班牙的公司负担全部费用。至此，双方皆大欢喜，随即签署合约。

以古喻今促谈判

1984年，我方谈判代表针对深圳蛇口工业区合资经营新型浮法玻璃厂的有关事宜，与法国某家财团进行谈判。该项目计划，由法方提供所有技术和设备，设备价款作为法方的投资额。

谈判一开始，法方就根据其先进的技术和设备，向我方狮子大张口，漫天喊价，一度使谈判陷入僵局。针对这种情形，为缓和谈判气氛，冲淡这种僵持的紧张气氛，我方代表一转话题，向对方侃起中国的历史来了。我方开始介绍我国古代的四大发明，提出中国是一个文明古国，我们的祖先早在一千多年以前就把四大发明的生产技术无私贡献给了全人类，而不是垄断这些当时的先进技术，以进行所谓的有偿转让，从中获取暴利。这些伟大的发明，曾为整个人类社会的进步和繁荣做出了杰出的贡献。今天的中国正处在不断改革开放的历史进程时，我们急切需要利用世界上先进

的科学技术，但也并非奢望无偿地得到这些技术，只要价格公道合理，我们将毫不迟疑进口。

通过"以古喻今"这一谈判技巧的使用，我方迅速使相持不下的谈判气氛有所缓和，同时，也令对方了解我们发展经济，诚心诚意与法方合作的中肯态度。我们以此赢得了法方的信任，促成法方降低了专利转让价格，同我方携手合作。经过这次卓有成效的洽谈，双方达成了近亿美元的合资协议，大大降低了法方的投资比例，使我方避免了因法方夸大其技术成本费用，而可能导致的利润损失，维护了我方的利益和尊严。

无心插柳为豪富

70年代中叶，微机软件的开发，掀起了计算机领域里的一场大革命。

说起来叫人难以置信，促成这场革命的人是两名普通的美国青年史蒂文·乔切斯和斯蒂兰·沃兹奈克。

在美国硅谷的洛斯阿尔托斯镇的一间小小的汽车房里，沃兹奈克和乔切斯正在组装一台电器。原来是沃兹奈克需要一台计算机，但是又没有钱买到好的硬件，就请乔切斯买了一些便宜的元件，二人利用空余时间来到小汽车房，一块组装。

经过两个星期的努力，这台小小的微机组装完毕，二人一试机，效果不错。

"成功了!""成功了!"两位小伙子高兴地拥抱在一起。

第二天，两位年轻人带着自己组装的微机来到计算机资料公司，一位专家

仔细地看了看，高兴地对他们说："你们这个微机真不错，可以卖50美元。它的最大优点是便于程序设计！"

"啊！卖50美元？"两个年轻人瞪大了眼睛，因为他们买6502型芯片等元件只花了20美元。

"这么说可以有150%的盈利了。"在回家的路上，两个青年人做起了发财梦。

"乔切斯，我们卖卖看看有没有销路。"沃兹奈克说。

"行，如果有人买，我们可以继续组装。"乔切斯表示同意。

1976年6月的一天。乔切斯和沃兹奈克推开了当地贝蒂商店经理办公室的大门，请商店代为推销他们组装的第一台取名APPLE的微机。

五天后，乔切斯和沃兹奈克怀着忐忑不安的心情来到了贝蒂商店。

大胡子的贝蒂经理手里拿着一张纸，说："小伙子，这是你们的第一张订单，50台APPLE。"

乔切斯和沃兹奈克欢喜若狂。

50台产品上市销售一空。乔切斯和沃兹奈克便贷款购买厂房，扩大生产。贝蒂商店也随之生意兴隆，APPLE微机很快成为热门货，在美国各地畅销起来。

在新建的厂房里，乔切斯对沃兹奈克说："要使我们的产品经久不衰，关键是还要给它配上软件。"

"对，我们继续开发软件。"

在新成立的APPLE公司，数名软件专家和业余爱好者应邀前来公司设计程序，经过半年多的攻关，一台带有拼写、计算、绘图程序和用于会计核算、文字处理程序的APPLE2型微机终于问世。

1977年4月，"西海岸计算机交易会"在美国的旧金山开幕了。公司的代表乔切斯带着APPLE2型微机参加了交易会的公开展销。

"喂，沃兹奈克吗？"乔切斯兴奋地给公司打电话："告诉你一个惊人的喜讯，我们的APPLE2型微机刷新了交易会的微机销量纪录！"

"太好了！"守在电话机旁的沃兹奈克高兴得跳了起来。

"你赶紧组织扩大生产，我尽快把订单带回去。"

随着公司厂房内的机器轰隆声，到1976年底，APPLE2型的销售额达到了250万美元。

1978年是美国微机销售停滞的一年，全美有几十家微机公司先后倒闭，而APPLE2型的销售额却升为1500万美元。此后几年的销售额更是直线上升：

1978年是7000万美元；

1980年是1.17亿美元；

1981年是3.25亿美元；

1982年是5.83亿美元。

1982年，APPLE公司跨进了美国工商界最著名的"幸福五百家"行列。

在高大雄伟的APPLE公司大楼里，衣冠楚楚的乔切斯和沃兹奈克相对而坐，他们感慨万分，从在小汽车房里装配到组建公司批量生产，从着手设计软件到推出系列程序设计，从20美元本钱到亿万富翁，两个人仅仅用了5年时间。

软件设计原先是微机元件的外来客，但它因时而生，却成了主宰市场销售的主人。到1983年，APPLE机的程序已超过 15 万种，其中"文字明星"程序一直延用至今，用户达 30 多万，令每台单价升为 495 美元。"BASIC 语言"还成为各国微机初学者使用最广的程序语言，更使 APPLE 的销售如虎添翼，飞向市场。

1983 年，乔切斯和沃兹奈克创办的公司已有职工近 4000 人，其中有 300 人成了百万富翁。

逆反心理妙生财

人的思维很奇怪，越是不让干的事，他们就越是要干，例如不让吃的东西越是要吃，不让看的电视或书籍，想尽办法也要看几次或读几遍，这种心理就叫逆反心理。商战中，商人们常利用这种心理行为。

有家豆腐店，做了许多豆腐，就是卖不出去，扔掉又可惜，吃又吃不了那么多，怎么办才好呢？他们也想不出什么好办法，只好放在那里。几天后，刚好有个行乞的来到店门口，伙计们拿了几块豆腐说，好几天了，不知还能不能吃，随之闻到一股臭味。

那乞丐管不了许多，狼吞虎咽地吃了下去，越吃越有味，嘴里还说，真香，真好吃，吃完了几块还要吃。瞧那津津有味的样子，伙伴们便煮了几块试一下，果然味道真香。他们灵机一动，立即贴出海报："快来买呀，最新配方，又香又美的臭豆腐哟！"消息在左邻右舍传开后，很多人都想试一试，几天前积压下来的豆腐一抢而光。此后，他们故意把新鲜豆腐藏了起来，几天后才拿出来卖，天长日久，臭豆腐便名扬四海。

为什么新鲜的豆腐无人问津，而发酵变质的臭豆腐成了抢手货？这就是逆反心理在作怪。新鲜的豆腐谁都吃过，什么味道人人皆知，而臭豆腐许多人没有尝过，都说闻起来臭，吃起来香，于是就想亲身体验一下。豆腐店的生意就是利用了人们的逆反心理而扶摇直上的。

占据主动操胜券

商战酷似战争，在国际、国内错综复杂的商战中，要想立于不败之地，牢牢地掌握"致人而不致于人"这一斗争韬略，稳操行动的自由和主动权，是十分重要的。河南郑州亚细亚商场，能在强手如林，各有"高招"的激烈竞争中，独领风骚，固然因素众多，但归根结蒂还是他们能时时、处处由始至终地掌握了六大商场参战的主动权。第一，亚细亚商场的高明决策者，素有广告意识，不惜重金，先发制人在中央电视台播放广告，点燃了"广告大战"的烽火。并以其朗朗上口的语言"中原之行哪里去——郑州亚细亚"而名噪全国。接着郑州商业大厦做出快速反应，相继在中央电视台播出"鹤栖碧沙极胜处，人来绿城第一家"的广告。亚细亚搞儿歌大赛，编了 50 首儿歌，借孩子之口把"你拍一，我拍一，我上亚细亚坐电梯"的广告唱遍郑州大街小巷。华联商场则利用儿童节在门前广场举办儿童画大赛，几百个孩子聚集在商厦门前的广场上，你涂我画，五颜六色，招徕顾客。亚细亚人在庆祝开业三周年生日那天，发了 2000 张有奖彩票，奖品是印有亚细亚徽记的晴雨伞，也叫情侣伞。郑州街头立刻被这些晴雨伞笼罩着，把广告做到家喻户晓。又给亚细亚生日这天出生的3—6岁儿童，每人一套特制的亚细亚制服，幸运的孩子们穿上制服，无形中起到了宣传作用。第二是"服务大战"。在六大商场服务抗争中，亚细亚商场靠周到服务、微笑、热情和文明语言，礼貌待客赢得了顾客这个"上帝"。他们首创礼仪小姐仪仗队。选派体态窈窕，品貌俱佳，英姿飒爽的淑女，进京到国家仪仗队培训。又独具匠心地创造了融体操与舞蹈于一体的优美晨操，在"光荣与梦想"欢快、悦耳、节奏感强的乐曲伴奏下，展示了亚细亚全体职工青春勃发的风采和向上攀登的奋发精神，使人们一饱眼福，叹为观止。如今，郑州各商场的服务小姐比赛似的，一家比一家温柔，一家比一家漂亮。你走进商场，还没有靠近柜台，服务小姐就笑盈盈地上前搭话，你选购东西挑三捡四，不用担心有人给你"脸子"看；你买回家的东西不合适，可以理直气壮地到商场去退换。第三是"物美、价廉、货真、价实"大会战。郑州各大商场都有自己的生意经和经商高招，亚细亚打出的旗帜是"每天都有新太阳"；商业大厦自豪地宣称自己"货全就是摇钱树"；商城大厦历来认为自家商厦是"质优价廉客自来"；华联商厦则标榜自己"货真价实为顾客"。六大商场愈演愈烈，愈战愈猛。最后出售一台彩电只挣五角钱。第四，转换经营机制，加快改革开放力度大战。商业大厦推出了"四开放"：分配制度开放，实行全员工资浮动；用工制度开放，分为在岗、代岗、试岗制，并建立内部劳务市场，优胜劣汰、奖优罚劣；干部制度开放，实行干部聘用制，不论干部、工人，谁有本事用谁；调整机构，压缩编制，精减人员，将机关人员充实到第一线。商业大厦走的是亚细亚和老国营商场之间的一条新路，博得了商业战线有识之士的青睐。第五，有奖销售大战。亚细亚人开创了令人惊奇的巨奖销售活动。凡5月1日至8月1日在该商场购买50元商品，均可得到一张奖券，最后经过抽签，奖品是一辆价值20万元的红色桑塔纳轿车。亚细亚的巨额重奖，似强大的磁石，吸引着消费者，在侥幸心理的支配下，果然顾客陡然猛增，门庭若市，日销售额由三四十万元，竟上升到四五十万元。商业大厦也不甘示弱，有奖销售奖励的是价值5万元左右两室一厅住房一套。第六，售后服务鏖战。亚细亚组建了一支女子摩托车服务队，十几个服务小姐，专门负责小件礼品送货上门，这一新招，别开生面，其余各家商场望尘莫及。

巧借球赛售纸帽

1984年10月18日下午，将在武汉举行一场精彩的足球赛！

消息传到武汉某厂，厂领导便引导职工讨论：本厂能够为那天观球的球迷做些什么？人们为此议论纷纷：有的说，别看10月天，在武汉还是很热的，球迷最需要冷饮，可惜我厂不生产。有人说，观众需要介绍足球知识的小报。有人立即反对："球迷对足球知识都懂。"又有个小伙子说："烈日当头，观看球赛，我卖草帽，既遮太阳又当扇。"另一位小伙子搭腔："多少钱一顶"？答；"一元半。"旁边一位姑娘说："看一次球赛花一元半买你一顶草帽，用一次丢在一边，太不合算了。"在一旁静听议论的厂长听到此处灵机一动：我厂是印刷厂，有的是纸，何不做顶漂亮入时的纸帽。于是厂长把这构思拿到厂务会上进行研究、讨论和分析：如果生产纸帽，会不会有人买？需要什么样式的？什么时间，什么地点，球迷购买欲望最强，最迫切？与会者敞开思想各抒己见。最后厂长综合大家意见，决定生产一种供一次性消费的、廉价的、式样入时的纸太阳帽，每顶价钱不超过一角钱。比赛前在几个入场口设流动点叫卖最合适，生产数量要高于这次足球的售票数，因为周围观念见便宜、好玩，也会买。于是，厂长向有关科室、车间布置了生产观看球赛时的纸草帽任务。

果然，10 月 18 日这天下午足球赛时，在烈日高照、太阳似火的足球场上有两种商品最受人欢迎，一种是降温解渴的清凉饮料；另一种就是这个厂生产的一角钱一项的漂亮入时的纸草帽。观众在入场处排着长队竞相购买，该厂生产了高于球票数量一倍左右的纸草帽，竟被抢购一空，供不应求。

第六套 败战计

第三十一计 美人计

【原典】兵强者，攻其将；将智者，伐其情。将弱兵颓①，其势自萎②。利用御寇，顺相保也③。

【按语】兵强将智，不可以敌，势必事之。事之以土地，以增其势，如六国之事秦④；策之最下者也。事之以币帛，以增其富，如宋之事辽金⑤，策之下者也。惟事之以美人，以佚⑥其志，以弱其体，以增其下之怨，如勾践⑦以西施重宝取悦吴王夫差，乃可转败为胜。

【原典注释】①颓：委靡不振，衰败。

②萎：萎缩。

③利用御寇，顺相保也：见《易经·渐卦》："象曰：利用御寇，顺相保也。"意思是：利用控制敌人，顺利地保护自己。

④六国之事秦：六国，战国时齐、楚、燕、韩、赵、魏六个大诸侯国，合秦则为战国七雄。事，事奉，尊崇。

⑤宋之事辽金：宋，北宋、南宋；辽、金是与宋朝同时并存的北方强国，分别通过战争威胁，而与北宋、南宋朝廷订立盟约，获得大量金银财帛、茶叶等，成为宋朝人民的一项沉重负担。

⑥佚：使之佚，消磨。

⑦勾践：即春秋时越王勾践，他被吴王夫差打败后，自己甘愿为吴王奴役，还输送了美女西施迷惑吴王，卧薪尝胆，终于灭了吴王，报仇雪恨。

【原典译文】对付兵力强大的敌人，就要制服他们的将帅；将帅都是足智多谋的，就打击他的斗志。将帅斗志衰退，军士意志消沉，敌人的气势就自行萎缩。按照渐卦的原则：要利用敌人的弱点来控制敌人，顺利地保护自己。

【按语译文】对于兵力强大而将帅英明有智谋的部队，就不可以去和它对抗，只能顺应形势而服从他们。用割地去事奉他们，从而增强他们的实力，像战国时六国侍奉秦国那样，这是最下等的策略；用金钱布匹去事奉他们，从而增加他们的财富，像宋朝侍奉辽、金国那样，这是下等的策略；只有用美女去侍奉他，从而消磨他的志气，削弱他的体质，增加他部下对他的怨恨，像勾践用美女西施和名贵珠宝取得吴王夫差的高兴，那样，就可以转败为胜。

【传世典故 计名探源】美人计出自《韩非子·内储说下》："遗人……女乐二人，以荣其意而乱其政。"说的是公元前68年，晋献公派兵攻打虢国，而虞国是必经之道，晋军欲向虞国借路伐虢，怕虞君不肯，晋献公采纳大夫荀息的建议，把晋国屈地出产的良马和垂棘出产的美玉及女乐二人送给虞君。虞君生性贪婪，不顾宫之奇的反对，同意借道给晋国。晋国灭掉虢国，回师途中，轻而易举地灭掉虢国，捉住了虞君。"假道伐虢"是三十六计的第二十四计，但这一计是在美人计的成功基础上实施的。《六韬·文伐》中说，对于直接用武力不能征服的敌国，应"养其乱臣以迷之，进美女、淫声以惑之……"，就是说的美人计。

本计的特点是，用美色或其他财物诱惑敌人，尤其是敌方的将帅，消磨其斗志，分裂其核心，使其部队丧失战斗力，从而乘机取胜。

春秋时吴越之战，勾践先败于夫差。吴王夫差罚勾践夫妇在吴王宫里服劳役，借以羞辱他。越王勾践在吴王夫差面前卑躬屈膝，百般逢迎，骗取了夫差的信任，终于放他回到越国。后来越国趁火打劫，终于消灭了吴国，逼得夫差拔剑自刎。

那所趁之"火"是怎样烧起来的呢？原来勾践成功地使用了"美人计"。

勾践被释回越国之后，卧薪尝胆，不忘雪耻。吴国强大，靠武力，越国不能取胜。越大夫文种向他献上一计："高飞之鸟，死于美食，深泉之鱼，死于芳饵。要想复国雪耻，应投其所好，衰其斗志，这样，可置夫差于死地。"于是夫差挑选了两名绝代佳人：西施、郑旦，送给夫差，并年年向吴王进献珍奇珠宝。夫差认为勾践已被他臣服，所以一点也不加怀疑。夫差整日与美人饮酒作乐，连大臣伍子胥的劝谏也完全听不进去。后来，吴国进攻齐国，勾践还出兵帮助吴王伐齐，借以表示忠心，麻痹夫差。吴国打胜之后，勾践还亲自到吴国祝贺。

夫差贪恋女色，一天比一天厉害，根本不想过问政事。伍子胥力谏无效，反被逼自尽。勾践看在眼里，喜在心中。公元前482年，吴国大旱，勾践乘夫差北上会盟之时，突出奇兵伐吴，吴国终于被越所灭，夫差也只能一死了之。

【名家评点 破解方略】美人计就是用美女诱惑敌人，使敌人贪图安逸享乐，斗志衰退，从而造成其内部分崩离析，继而一举歼灭的策略。这一计策，不能只从字面理解，还要理解为通过敌人可以依赖的人和事，来左右敌方，使敌方斗志涣散，意志消退，从而一举战胜对方。

使用美人计，绝不会受时间空间限制，正所谓"衽席为战场，脂粉作甲胄，盼睐是枪矛，颦笑似弓刀"。有于战场上取上将之首级者，有于国会夺元首之魂者，有爷凭女贵，兄凭妹贵，甚至有甘戴绿帽而夫凭妻贵者。此计既可诱惑敌人，亦可作向上攀爬的阶梯，只是看怎样施计而行，此计是一种辅助手段，对于好色之徒或意志放荡者总有奇效。

经典案例　锦囊妙计

用西施勾践灭吴

自古以来，国与国之间，兵戎相见，胜而败，败而胜，生生灭灭地演变着。吴越两国的胜与败，败与胜，生出许多耐人寻味的故事，并且表现出在战败之后如何运用自辱其身，寻求胜机的美人之计的手法来。

吴王夫差之父阖闾，在与越王勾践的争战中重伤而死。夫差为报杀父之仇，守丧日毕，即命伍子胥为大将，伯嚭为副将，率倾国之兵，讨伐越国，且志在必胜。当吴军来到越境，勾践召集三万之兵与之对抗。结果，兵力众寡悬殊，越兵惨败，仅剩五千人退至会稽。在越国将亡之时，范蠡进言道："战至如此地步，惟一的办法就是送上丰厚的礼物，谦恭的哀求，讨得吴王的哀怜和同情。若其不允，君王只好自辱其身，去做吴王的奴仆，寻求时机，以图再举。"勾践令文种以范蠡之言前往，言卑情切地向吴王请求，且答应交出越国，越王和王妃供吴王驱使。吴王见此情景，本想允诺，而在侧的伍子胥，列举史例，劝阻吴王，且说若不趁此良机灭越，后患无穷。吴王以为其言有理，拒绝文种。

勾践得知夫差拒绝，万念俱灰。文种又进一策：以财色贿赂嫉贤妒能而又贪财好色的吴王宠臣伯嚭，投其所好，定能请和成功。勾践即令文种采办。文种火速带上八名美女、二十双白璧，入

吴军军营进献给伯嚭，果然顿时生效。次日伯嚭就领着文种叩见吴王。吴王仍持前议，决心彻底灭越，以慰父王在天之灵。伯嚭摇动如簧之舌，说什么允越求和，既可得越财富增强吴国实力，又可博得仁义美名，号召诸侯，名实俱获。否则，越国余兵，困兽犹斗，吴国虽不至于失败，但消耗人力物力，并非上策；倘有疏漏，还会贻笑于诸侯。吴王夫差为之心动，转而问文种，越王是否愿入吴侍奉。文种立即叩头，答称越王甘心情愿侍奉大王。夫差便应允越国讲和投降，伍子胥予以谏阻，吴王不听。文种回报越王，勾践立即挑选珍宝，又选三百三十名美女，装载上车，分送吴王和伯嚭，遂签订盟约。吴王十分满足，凯旋而归。

公元前四九二年年中，勾践怀着极其伤感和屈辱的心情，带着妻子在范蠡的陪同下入吴为奴仆。离开越都时，朝臣少不了一番劝慰，忍辱负重，以图来日东山再起。勾践心怀远图，认为暂时的坎坷，命中注定。入见吴王，跪拜俯首，感恩戴德之情，溢于言表，说得夫差也觉于心不忍、伍子胥得知勾践入事吴宫，其意不言自明，急速进谏吴王趁机诛杀勾践，以绝后患。吴王以"诛降杀服，祸及三世"为辞，回绝伍子胥。伯嚭在旁劝吴王勿食前言，夫差便饶恕勾践不死，在宫中为奴养马。

成大事者，必经磨难。勾践自辱其身，目的在于复国。因此，他与妻子、

范蠡在天宫中小心翼翼，不愠不怒。夫差派人去观察勾践的行动，只见他们穿的是破衣烂衫，吃的是粗糠野菜，勾践看马喂草，范蠡砍柴打草，勾践夫人做饭洗衣，个个安分守己，一副心甘情愿模样。吴王得知此情，也认为他们意志消磨殆尽，再无尊严可言。从而放松了对败国之君应有的警惕。

不觉一晃三年过去了，夫差反倒觉得勾践君臣十分可怜，生出恻隐怜悯之心，加上伯嚭的讲情，打算放他们回国。伍子胥赶来劝阻说："夏桀、殷纣囚成汤、文王而不杀，留有后患，结果夏被汤灭，纣被周亡。现在大王不仅不杀勾践，反令其回国，岂不是放虎归山，将重蹈夏桀和殷纣的覆辙吗！若不早除勾践，必悔恨终生！"夫差采纳其言，将勾践夫妇及范蠡重新囚禁石室。

文种在越国得到伯嚭传来信息，越王等不久将获赦免回国，接着又得知事有逆转，急忙派人携带珠宝美女贿赂伯嚭。伯嚭入见吴王，引经据典，对说吴王以仁德为重，方能成功霸业。夫差也觉其言不无道理，答应病愈之后，再议赦还勾践之事。

范蠡通医，知吴王疾病将很快好转，便建议勾践前往探病，要表现出对吴王的无限忠诚和谦恭，以便博得吴王的好感和信任。次日，勾践即通过伯嚭叩见吴王，显得十分忧虑，跪拜询问病情，恰在此时，吴王要大便，勾践便请饮溲尝便，判断病情。待尝过之后，高兴地对吴王说："大王的病很快就会痊愈。"吴王为之感动，当即答应勾践搬出石室，养马驾车，待病痊愈，赦其回国。

事也凑巧，不几日，吴王的病真的好了，临朝理事。一日，大摆宴席，待勾践以宾客之礼。伍子胥见此礼遇，挥袖而去。接受越国金贿的伯嚭为防止伍子胥再生枝节，使勾践顺利回国，便趁机在吴王面前大肆攻击伍子胥。第二天，伍子胥果然面见吴王，苦言相劝，一针见血地指出："越王入臣于吴，其谋深不可测；虚府库而不露愠色，是欺瞒我王；饮溲尝便，是食王之心肝。入吴为奴，是为灭吴！若不省悟，将大祸临头！"可是，吴王不悟，斥令伍子胥住口退下。就这样，因吴王一叶障目，不纳忠言，专信谀词，才使勾践及妻子、范蠡提心吊胆地回到越国京都，勾践感慨万端，复仇之志，坚定不移。

勾践回国后，千方百计地侍奉吴王夫差，发动男女采葛，织成十万细布进献给吴王，以满足他的嗜好，讨得他的欢心和信任。吴王高兴了，返还越国的八百里国土。而勾践暗暗地实施其复仇的计划，且以身作则。"日卧则攻之以蓼，足寒则渍之以水，冬常抱冰，夏还握火，愁心苦志，悬胆于户，出入尝之，不绝于口。"平日，勾践耕种，夫人织布，节衣缩食，出不敢荐，入不敢传，苦身劳心，取得百姓拥戴。同时对诸侯国的士民以礼相待。不久时间，越国人口增加，生产发展，民气日涨，实力日强。

当吴国伐齐凯旋的消息传到越国，文种向勾践进谋说："古人云高飞之鸟死于美食，深渊之鱼死于芳饵。大王若想伐吴复仇，仍要投其所好，参其所愿。"勾践精神为之一振，请文种详细说来。

文种侃侃而谈，提出九术之策：尊天地事鬼神以求其祸；重财帛以遗其君，多货贿以喜其臣；贵籴粟麦以虚其国，利所欲以疲其民；遗美女以惑其心而乱其谋；遗之巧工良材，使其起宫室以尽其财；遗之谀臣，使之易伐；强其谏臣，使之自杀；君王国富而修利器；利甲兵以承其弊。文种最后说："大王用此九术，破吴灭敌，报怨复仇，易如反掌。"勾践连连点头称妙，认真研究九术且逐步付诸实施。

说来也巧，吴王正在修建姑苏台，勾践立即命令搜集巧匠良材，送给吴王。吴王看到勾践送来的又长又大的木料，喜出望外，便根据良材的尺寸，重新设计宫殿规模，增派百姓服役，费时八年，才予完工，因而浪费人力、物力、财力，可谓劳民伤财。

接着又令文种和范蠡挑选越国最漂亮的女子西施和郑旦，送给吴王，投其淫而好色之癖。吴王见西施美如天仙，能歌善舞，多才多艺，顿时入迷。又为其建馆娃宫，铜构玉栏，珠玉装饰，富丽无比。馆娃宫外，又有鸭城、鸡城、鹅城、酒城之筑，耗资不计其数。此后，遂与西施在宫中淫乐，将朝政交给伯嚭。伍子胥多次劝谏，均遭斥责。

吴王西施挥金如土，致使百姓疲惫，国力日衰，勾践趁机派文种请籴吴国，伍子胥知文种用心，谏阻吴王说："虎狼不得委以食，蝮蛇不可恣其意。"伯嚭却以德义反驳伍子胥。吴王夫差正以勾践臣服得意，批准借给越国粟麦万石。次年，越国将粟麦蒸煮后还给吴国，夫差见颗粒硕大饱满，十分高兴，不仅由此

认为勾践讲信用，还要臣下将归还的粟麦留作来年的种子。结果，种子入土，没有发芽出苗，一年耕耘，颗粒无收，百姓饥困。夫差不知危难，仍骄横无羁，依恃勇武，准备兴兵伐齐，伍子胥再谏，惹恼吴王，令其往齐劝降。伍子胥知吴亡只在时日，便与儿子一起赴齐，托友人照顾，然后返回吴国。伯嚭趁机进谗言，把伍子胥赴齐托子之事大肆渲染一通，吴王听信不疑，令伍子胥自杀。伍子胥含泪从命，临死前对家人说："我死后，请把我的眼睛剜下来挂在东门城墙上，我要看看越国灭吴的大军。"吴王夫差得知此言，怒不可遏，即令侍卫用马革将伍子胥尸首包裹，抛入江中，净净良臣，了却一生，吴王再也听不到逆耳忠言。伯嚭遂进升为相国，朝政更加腐败。

公元前四八二年，勾践从西施传来的情报得知，吴王率精兵强将往黄池会诸侯，谋取盟主。只留太子及老将弱兵在国内把守。于是，勾践派兵遣将，讨伐吴国，吴军大败，吴王得知，惊得哑口无言，面如土色。赶紧与诸侯签订盟约，急忙赶回。见兵疲民困，只好向越国求和。勾践审时度势，慨然应允。由于吴王不从此一事件中吸取教训，在内仍重用伯嚭，宠爱西施，诛杀太子；在外又与齐、晋、楚以武力相对峙，兵力日渐消损。四年之后，勾践再次派兵攻打吴国，笠泽一战，吴军大败而逃，夫差奔至阳山，越军四面围困，伯嚭已经投降。夫差不得已，只好再次向勾践求和。范蠡与文种对勾践说："大王卧薪尝胆，愤发图强，熬了二十二年，今日定

要除掉夫差，以避后患！"勾践还记会稽之败，夫差不杀的恩德，派人告知夫差，给他甬东之地、三百仆役，以终其养。夫差羞愧难言，自杀而死。

数年后，勾践消灭了吴国，杀死伯嚭、扶同；范蠡多谋远虑，携西施远走高飞。只有文种，不听范蠡规劝，以为有功，终被勾践赐死。此为后话不赘。

吴越间的败而胜，胜而败，几经反复，多所曲折。仅就夫差和勾践而言，异同极为分明。其相同处表现在，当处于劣势之时，以复仇为目标，都能够忍辱负重，苦心积虑，时时警惕，不达目的势不罢休。如夫差为报杀父之仇，派专人在门庭外，迎其出入，却要提醒勾践杀阖闾之事。勾践兵败入吴为奴不愠不怒；回国之后，卧薪尝胆，以图再举。但两者的结果迥异：夫差羞愧自杀身亡，勾践消灭吴国，得到诸侯领袖的地位。这一差异，关键在于美人计的妙用。

当勾践兵败会稽，请求讲和而不得之时，是文种献策，以珠宝美人贿赂夫差宠臣伯嚭，且以入吴为奴为条件，才得以不死；继而被囚石室，伍子胥谏吴王立即处死，斩草除根之时，又是伯嚭，以仁义为辞，从中劝说，紧张情势，随之缓解；当勾践等小心翼翼，终日劳作，无悔无怨，引起夫差的怜悯，择日赦其回国，经伍子胥一番论说，而又重新将勾践等拘于石室之时，文种再次遣人以财色贿伯嚭，使勾践等解除囚禁，养马驾车，由于勾践有忠臣范蠡出谋划策，勾践探夫差之病，竟饮溲尝粪，以判吉凶。尽管夫差以胜利者自居，骄横傲慢，但这一举动，无论是在精神上，还是在

感情上，所起的作用是巨大的，它一方面使胜利者得到了精神上的满足，以为勾践表现得如此卑贱，精神崩溃，只能为奴仆，不会有东山再起之心；从而在感情上，夫差不得不出于怜悯寄予勾践以同情，以至放其回国。

再以臣僚间而言，夫差下有伍子胥、伯嚭，勾践下有文种、范蠡。伍子胥、文种、范蠡足智多谋，深思远虑，洞察一切；伯嚭贪财好色，舍利忘义。伍子胥的忠信，被伯嚭的奸邪抵消。君王偏听偏信，由胜转衰。而文种、范蠡，目标一致，精诚团结，竭尽全力，出谋划策。君王为摆脱困境，虚心求教，付诸实施，由弱转强。由此可以看出，胜国之君因其胜而骄，因其骄而暴露出对方可乘之隙；败国之君因其败而谦，因而谦而深藏不露，虚心倾听臣僚意见。尤其是勾践回国后的卧薪尝胆与文种所献以美人计为核心的取吴九术，可谓是美人计的精品。因勾践运用适时得当，终于实现了由弱变强，灭吴复仇的目标。这就是《周易》中说的渐卦九三爻变与巽卦示以柔顺之意。

舍得美人居相位

吕不韦知道，做生意得找一个可以买卖的最好的商品，有的东西干上一年也赚不了多少钱，而有的东西一年干一次也就行了。

嬴异人却是一件干一次而一辈子都享用不尽的商品。

这可真是奇货可居。

嬴异人是秦昭王的太子安国君的儿

子, 这个二十多岁的年青人, 长得是清秀俊雅, 可是由于这一阵赵王不断地派人骚扰, 让人看起来显得有点屠弱, 脸色也不好看。

自从秦国和赵国在渑池结盟以后, 他就被自己的爷爷派到了赵国, 当一名人质, 一开始的时候, 赵王还拿他当成个人看, 可是到现在, 他混得越来越没有个王孙的模样了。

嬴异人对于自己的命运已经丧失了希望, 他知道, 自己的父亲有好几个夫人, 而他的母亲又早就死了, 现在父亲最宠爱的是华阳夫人, 而且在父亲那二十几个儿子之中, 有他没他对于父亲而言, 是没有什么了不起的事, 已经一年了, 也没有接到父亲和秦国的一点消息, 只知道秦国和赵国的关系已经十分紧张。

他没有想到这时的他已经成了吕不韦的一块心病, 吕不韦整天想的都是他、一个落魄的秦国的王孙。

嬴异人万万没有想到, 赵国的大富翁吕不韦会给他送来他现在最想要的金子, 而且说想见见他。

"见就见罢, 就今天晚上如何?"嬴异人整天在家里反正也没有什么事, 对于吕不韦派来的家人吕三, 他看了看吕三送来的金光灿灿的金子, 马上就答应了他, 而且他从心里也想知道, 吕不韦要见他干什么。

邯郸的夜色十分的美丽, 天空好像是那样的低, 星星也好像一伸手就可摘一个下来。

吕不韦的牛车来到了嬴异人的家门口。

被异人迎进了家门的吕不韦, 一看见他家里的摆设, 就知道, 嬴异人的日子还真是不好过。

两人刚在几案前坐了下来, 吕不韦就单刀直入地说: "王孙, 我可以光大您的门庭。"

"哈哈哈哈!"异人一阵大笑。

"老兄, 还是先光大您自己的门庭吧!"异人虽然落魄, 但是一个商人和他说这种话, 他还是觉得十分可笑。

他看了看吕不韦, 吕不韦没有说话。

等异人笑完了, 吕不韦又说了: "王孙, 我的门庭要靠王孙才能光大起来!"这一回是异人不再说话了。

吕三把从家里带来的美酒拿了出来, 又拿出了赵国的美味, 两个人都乘这个机会想了一想自己的心事, 谁也没有说什么。

"王孙请。"吕不韦先端起来了酒杯。

"请。"异人还是那么的落落大方, 吕不韦心想, 异人虽然落魄, 但是王孙到底还是王孙。

"听说王孙是当今秦王的嫡亲王孙, 为什么反落到这么个地步。"吕不韦说话了, 他想要先打掉异人王孙的傲气。

这一问, 果然换来了王孙长长的叹息声。

"我虽然是王孙, 可是却是一个不讨人喜欢的王孙。"吕不韦的话, 一下就让嬴异人的头低了下来。

"不管怎么说, 你也是秦王的嫡王孙, 你为什么不把自己现在的处境向秦王和自己的父亲说一说呢?"吕不韦又问了。

"说又有什么用, 我是让他们当成一个牺牲品派到赵国来的。"说到这里异人更是十分地悲观。

吕不韦老长一阵没有说话。

"王孙难道不想改变一下现在的这种局面嘛？"

"改变？想又有什么用？"异人的头还是抬不起来，却大口地喝了一口酒。"王孙，你难道没有听人说过，塞翁失马，焉知非福，《易经》上也说过嘛，穷则变，变则通嘛！"

又是一声长长的叹气，异人什么也没有说。

"王孙，我能让你成为秦王孙里最受宠爱的一个！"吕不韦一下子就喝干了自己铜盏内的酒。

这一句话让异人瞪大了眼。

他死死地盯着吕不韦，好像一下子明白了许多。

"要是真是如此，我一定要好好地感谢您。"异人对吕不韦尊重起来。

"我还要让您当上秦王！"吕不韦又给自己倒了一杯酒。

"要是那样的话，秦国就是你我两个人的！"异人说的是那样的干脆！

"王孙的话说错了，我吕不韦哪里敢和王孙共有秦国的天下，我只不过是想在列国纷争的天下，做一个青史留名风云际会的贤臣罢了。"说完，吕不韦向异人长长地做了一揖。

异人不知道吕不韦如何才能兑现他所说的一切，但是一个家有万金的大富翁，非要给自己这个根本就没有什么把握当秦王的落魄王孙当臣下，也着实让他感动了。

"我看，我们还是做兄弟的好！"异人又长长地向吕不韦一揖。

吕不韦敢忙还了一揖，连声说："臣下哪里敢，臣下哪里敢啊！"

"哈哈哈哈！"异人又是一阵朗声长笑，说："老兄，我的秦王不一定当上，不过我倒是真心实意地想结交你这个大富翁啊！"

吕不韦答应了，他比异人大，当了兄长。

两个人长谈了一夜，吕不韦又留下了五百锭的金子走了，他告诉异人，他这就西去秦国为异人谋事。而这五百锭金子可以换成上万枚赵国的小刀币和布币。

十五天后，吕不韦来到了秦国的都城咸阳。

咸阳秦王宫的西首，有一条长长的小街，那里有一处十分高大的府弟，宽敞的屋子和秦王宫正好相配，只不过屋檐下的瓦当比秦宫的小了许多。

这里就是秦国太子华阳夫人姐姐的家。

吕不韦在这座宅子的外边徘徊着。

他的心里在不停地想着自己的计划。这个世界对于吕不韦而言，他自己觉得已经了然于胸了，作为一个商人，手里最有力量的东西莫过于钱了，有了钱就有了一切，人们说得好，有钱能使鬼推磨，有钱能买人的一切。

吕不韦笑了，他突然觉得这不过是过去父亲那一代商人的思想，这已经太落伍了，他要超越的就是这个钱的哲学。现在的吕不韦是这样想的，钱是一个好东西，但是不是万能的，能将钱、权、名，这些人们都想要的东西结合在一起，这才是一个完人，一个顶天立地的男人，一个可以主宰自己和一切人命运的人。

有钱还要有权，将钱变成权，再从权里变出钱来，而在这个过程中又将名，那个看不见摸不着，而人们又像疯了一样追求的东西像光环一样套在自己的头上，那才是千古一绝，那才是天下第一商人。

而天下第一商人又是天下第一政客。

这能不让吕不韦笑嘛。

"笑得太早了。"吕不韦又自言自语起来，他知道，要想做到这一点，一万里他刚走了第一步，以后的路还长着呢！

而更为重要的是，有的时候，让钱发挥作用的时候，单单地将钱送上去是没有用的，还要靠自己的聪明和才智。

所有的这一切他都有。

吕不韦信心十足地走进了华阳夫人姐姐的大门，三天前，吕三已经将一切打点好了，华阳夫人的姐姐已经收下了吕不韦送来的赵国的珍宝，对于这些东西，没有一个女人不喜爱。

吕不韦知道，送礼要会送，给男人送胭脂说不定会让人打出来，这就和给女人送宝剑一样。

今天的见面礼是一串他从齐国贩来的墨玉珠子，他知道华阳夫人的姐姐长得极是白皙清丽，而这一串墨色的珠宝，会让她觉得自己美如天仙。

果然，那串珠子让这位美艳的妇人爱不释手。

"夫人，我就开门见山的说吧，我是为两个人来的，这两个人关系到夫人家的荣华富贵！"吕不韦知道，他已经有了说话的权力了。

"哪两个人？"夫人一边把玩着那串珠子，一边问。

"华阳夫人和异人。"

"谁是异人？"夫人问。

吕不韦三言两语就让夫人知道了那个在赵国的落魄王孙。

"我是异人王孙的门客。"吕不韦说了一句谎话。"那真是一个让天下豪杰归心的王孙，一个在列国中有名的还算是有点钱的人，自愿地给他当门客这事我想您在列国中还没有听说过吧！"吕不韦话一出口，就让夫人觉得异人这人还真有两下子。

"夫人，您知道，华阳夫人是太子最宠爱的夫人，可是我不知道夫人知道不知道这么一句话？"吕不韦问了。

"什么话？"

"色衰爱弛！"吕不韦的话掷地有声。

"色衰爱弛！"夫人下意识地摸了摸自己的脸，没有哪一句话比这句话更能打动女人们的心了。

"夫人，华阳夫人，您的妹妹，现在是那样的美丽，但是她总有老的那一天，天下的美女就像春天的芳草一样，永远是那么地铺天盖地，我不知您想过没有，要是那一天到了，华阳夫人怎么办，而您家又会如何？"吕不韦的话总是那样的有力。

"您可千万别忘了，华阳夫人一个孩子也没有给太子生过，可是太子却有二十多个儿子，总有一天华阳夫人会老，而总有一天太子也会在自己的儿子里面找一个太子，人们都知道母由子贵这个道理，而到了那个时候，对于您和华阳夫人而言，天就塌下来了！"

"怎么办？"夫人放下那一串珠子。

"我今天来就是给您的妹妹和异人王孙说合的。"吕不韦顿了顿。

"夫人，华阳夫人没有孩子，而异人却是一个母亲早就死了又没有得到太子宠爱的王孙，可是异人是一个很有作为的王孙，在赵国和列国都有特别好的声誉，对于自己的父亲他是那样的思念，更为可贵的是，他知道父亲喜爱华阳夫人，就将华阳夫人当成了自己的母亲，您不知道，就因为您们家是楚人，在赵国的异人也穿的是一身的楚服，他天天向上天祷告，让老天保佑太子和华阳夫人永远恩爱，福寿永长！"

看着没有说话的夫人，吕不韦又说了两句："夫人，要是华阳夫人能真正地认异人为自己的儿子，让太子封异人为太子的话，那么华阳夫人就是再老，也不会因为色衰而爱弛啊！"吕不韦是一字一顿地说完最后这句话的。

夫人的心让吕不韦说动了，确实，他说的字字在理，而且方方面面都是给她们家打算的。

"异人是不会忘记自己'母亲'的！"华阳夫人的姐姐知道这句话的意思。

当天夜里，夫人就进宫找华阳夫人去了，将吕不韦的这些话告诉了自己的妹妹，当然也没有忘记给自己的妹妹带去远在赵国的异人送给自己"母亲"的厚礼。

人们说男人是征服世界的，而女人却是专门征服男人的。

谁也不知道华阳夫人用了什么手段，反正太子答应了她认异人为儿的请求，而且答应华阳夫人，封异人为嗣子，并且专门雕了一枚玉印。

玉印上刻着"嫡嗣异人"四个篆字。

吕不韦的第一步成功了。

现在，在赵国都城邯郸的吕宅里，吕不韦正在和他的兄弟异人喝酒，庆贺这一伟大的胜利。

对于两个人来说，有一个用不着说明的道理，俩人都心照不宣。那就是秦昭王死了天下就是异人爸爸的了，而异人的爸爸死了，天下就是异人的了。

望着吕不韦从秦国给他带来的金子，异人笑了。

"这些都是华阳夫人送给您的，送给嫡嗣儿子的。"吕不韦十分认认真真地说，而且按照账单一分不少地交给了异人。

异人心里一阵的感动。

两人开怀痛饮起来，天色越来越暗，吕不韦突然想起什么来了。

"老弟！今天真高兴，我倒忘记了，我有一个爱姬叫红吉，弹得一手好琴，跳得好舞，唱得好歌，让他给咱们助助兴，高兴高兴，你看如何！"

"那可太好了！"异人很长时间没有和女人亲近了，一听吕不韦说到女人，眼立即就放出光来。

一阵环珮之声，一个女子袅袅婷婷地走了出来。

异人看得呆了。

只见那女子粉妆玉琢，白嫩的脸上淡淡地抹了一点红红的胭脂，明亮的瞳仁就像是熠熠生辉的宝石。

她就像从梦里走近了吕不韦和异人，向两人长长的一揖，说"贱妾见过王孙。"声音如莺。

说完就在堂中边歌边舞起来。

……

关关雎鸠，

在河之洲；

窈窕淑女，

君子好逑。

……

天啊，这歌声就像是从天上飘下来的，世界上没有再比这动听的声音了。

异人从来没有见过这么充满了诱惑的身段，那长长的白色的袖子，就像是一支钓鱼的钩子，让异人的眼如死鱼一般。

"太美了！"异人心里在叫喊，而灯下的美人又让他什么也说不出来。

酒的力量使异人跪在了吕不韦的面前。

"大哥！求您将红杏赐给小弟吧！"

"什么！"吕不韦大怒！那满脸的怒气吓得异人的酒一下子就醒了。

"小弟失言，小弟失言！"异人连声说道。

就在这两句话之间，吕不韦的脑海里飞快地闪过了无数的念头。

这是个什么东西！

你还叫人！

杀了这个混蛋！

阉了这个色鬼！

……

送给他！将红杏送给他。

……

越到后来，后面这念头就越强烈。

做买卖要有资本，做大生意更要有资本，没有资本什么都没有。

无钱作力，吕不韦想起了父亲的话，

为什么无钱作力，不就是因为没有资本嘛！

少有斗智，饶时争时。

有了资本才能干大事，而今天的吕不韦能将自己的全部家财拿出来做这一桩奇货可居的大生意，不投入巨额的资本行嘛！

异人在吕不韦想事的时候告辞了，他知道，今天这事干得太傻了，没有吕不韦就没有他的今天，也可能没有他的明天，君子不夺人之爱，可是今天，他却要夺恩人所爱。

异人逃席而去。

他万万没有想到，第二天，吕不韦竟然将那个千娇百媚的红杏给他送来了。

异人觉得有点眩晕，世界上没有比他更幸福的人。

他不知道，这个美丽的女人已经怀孕了，肚子里有他大哥的孩子！

昨天夜里，吕不韦最后万分温存地和红杏睡了一夜，依偎着红杏的脸，他告诉她，"你跟着我，只会是一个商人妇，而嫁给他，说不定就是一个王后！"

"再说要是侥幸生了儿子，那就是未来的秦王啊！"

"红杏，那可是未来的秦王啊！"吕不韦摸着红杏的肚子，喃喃地说。

"再说什么能割断我爱你的情意啊！"吕不韦万分温柔。

她终于答应了。

纣宠妲己丧商朝

商汤灭夏桀，建立商朝。经过数百余年的争斗，最后传位至爱，人们称其

为纣。

商纣王统治时期，奢侈之风极盛，宫廷用度，入不敷出。惟一的办法，就是靠其天子之尊向各诸侯国勒索贡品。若不按时按量进贡，即兴兵讨伐。此时有个有苏氏，由于未如数交纳贡品，商纣王就亲率兵马勒逼。有苏氏国君得知，恐惧异常，心想如何保住国家才是当务之急。连年饥荒，已使有苏氏财力交困。要应付贪婪的纣王，只有另觅良策了。幸好有一女儿，名叫妲己，娇艳绝伦，权可忍痛作为贡品进献。于是一面搜罗有限的珍宝，一面唤出妲己，告以苦衷。然后派遣使者带上进献的贡册和妲己画像去向纣王求情。并表示若大王允准，以后如期进贡，再不延误。

纣王接过贡册，随意翻阅，所列珍宝奇物歌姬美女，数量可观，尤其是妲己画像，使纣王目不转睛，魂飞神驰，恨不得即刻把她揽入怀中。当纣王回过神来，表示允其承诺，尽快按贡册所列送到营帐。

妲己陪伴纣王返回商都，在旅途中，纣王醉眼凝望，妲己的举止，真若天仙般妩媚娇娆；与之交谈，声音悦耳动听。纣王满心欢喜地拥着妲己回到宫中。再看旧宠，一个个丑陋不堪，便一心一意爱怜妲己。把妲己的住处布置得极为豪华，服装用品都异常讲究。用象牙琢成精巧的筷子，还有五色斑斓的玉杯琼碗、瑶琕翠觚等器皿。与此相适应，供其娱乐的歌伎舞女日渐增多，服饰陈设，也日渐奢侈，不仅如此，又嫌宫室简陋，大兴土木，建造琼楼玉宇，历时七年，占地三里，名为"鹿台"，装点得富丽堂皇。接着又在鹿台周围，修筑花苑园囿，广集奇禽异兽、狗马等畜养其中。在沙邱一带营造离宫别馆，以满足妲己的欲望。

自妲己入宫，纣王百依百顺，言听计从，肆意挥霍，使得忠臣个个为之寒心。先是箕子默然叹息，深表忧患；继而是商容、比干一同劝谏，纣王不纳，商容只好告老还乡。

忠良之臣的沉默和引退，恰恰给纣王为所欲为的机会，对妲己更加宠爱；妲己也不忘父王的嘱托，放手怂恿纣王沉迷酒色淫乐，靡费资财。且看妲己美人的作为：

商朝的别都，奢侈之风极盛，贵族大贾终日歌舞，无止无休，因而有朝歌之称。妲己嫌商调缺乏韵味，时时流露出厌烦之意。纣王便令宫中乐师师延作北鄙之调，靡靡之音，音调窈眇飘荡，听得人心动神移。接着选拣民间美女，练舞习歌。还仿夏桀时的酒池荡舟和肉山脯林。所不同的是，当纣王与妲己泛舟酒池时，有成百上千的裸体少男美女在肉山脯林间追逐打闹，做出不少风流事，纣王受到感官刺激，也不由自主地搂抱妲己，脱衣宽带。

妲己对此并不满足，她要干预政事，在君臣之间惹起事端。一日，纣王闷闷不乐，妲己问其故，纣王说："鹿台虽然建造完工，倒还豪华壮丽，但园囿的珍离异兽、花鸟虫鱼及歌舞的少男美女还未齐备。诸侯们又停止进贡，使得花费供不应求。我欲兴兵讨伐，君臣反对，竟然对营建鹿台别馆提出异议。"妲己听罢，笑着对纣王说："此等区区小事，大王不必在意。诸侯停止进贡,只有讨伐一法,当年若不是大王亲征有苏国,我怎有机会入宫侍奉大王。而那些臣子敢对大王的作为说三道四,是大王太仁慈和刑法不严的缘故。"纣王以为妲己言之有理,心想讨代罢贡的诸侯,倒还好办;对辅佐自己的君臣施以严刑峻法,一时还难以有什么口实。妲己见纣王犹豫的神态,似有难言之隐,便进一步蛊惑道:"群臣对大王说三道四,是诽谤犯上。"同时设计出一种酷刑,即"炮烙之刑"。

这种刑具是用铜铸成长约五尺、宽约三尺的铜格(后改铸成铜柱),架在火炭上烧烤,令囚犯在上面行走,使其烤烫致死。

待炮烙刑具制成后,纣王便召来朝的诸侯和大臣。诸侯、大臣们进得宫来,见庭中用木炭燃起熊熊烈焰,上面的长方形铜格烧得通红,直冒青烟,个个疑惑不解,不知做何用途。施礼已毕,纣王高兴地说:"以往刑法太宽,致使诸侯不按时进贡,群臣不认真办事,百姓不服政令,多有诽谤。特制此炮烙刑具,借以严肃朝政。"诸侯和群臣听得此言,吓得浑身战栗。纣王看见此刑的威慑力,心中十分得意,便令侍卫从宫门外拖来两个百姓。纣王说:"这两个刁民肆意诽谤朝政,煽惑百姓犯上作乱,特处此刑。"侍卫便将两个百姓推上铜格。只见两人在铜格上大声惨叫,颠仆跳踯,顿时俯伏其上,皮焦肉烂,生出些许黑烟。诸侯、群臣面如土色,忧惧俱加,纣王却开怀大笑不止。

正当此时,敢于直言的诸侯梅伯,走出朝班说道:"大臣所言,多有不妥。

先王成汤仁及禽兽,网开三面,得到天下诸侯的拥戴。当今仁未及,政未周,惠未布。理应节财爱民,宽刑薄赋,广施恩泽。怎能设此酷刑,残杀百姓呢!"纣王一听此言,勃然大怒,厉声痛斥道:"你多次诽谤,我容忍不究。今日又来胡言乱语,可见与刁民是一丘之貉,严惩不贷。"纣王的话,并未使梅伯畏惧,继续奏道:"臣之所言,是不忍商朝的六百年社稷毁于一旦,大王若以忠言为诽谤,臣情敢受炮烙酷刑,使天下后世知臣之忠、君之暴!"纣王怒不可遏,令侍卫把梅伯推上铜格。好在比干等群臣苦苦求情,纣王才改口将梅伯推出斩首。又命将梅伯尸首剁成肉酱,分赐诸侯,下令若不按时进贡和诽谤朝政的,皆处以此刑。诸侯得到梅伯的肉酱,愤怒不满的情绪,更加浓重。九侯国君的女儿得知父王闷闷不乐的情由后,哀求入宫舍死进谏,结果,入宫仅一日,就被纣王绞死。九侯、鄂侯也做了纣王的刀下之鬼。

西伯姬昌,对纣王的暴虐,愤怒不已。岂料这一情绪被告发,纣王将其逮捕,囚于羑里。姬昌被囚期间,研究八卦图,推演出《周易》来,其子伯邑考为了搭救他,带上珠宝到商朝做人质。不料,未救出父亲,自己被害致死。残忍的纣王将伯邑考做成肉羹,赐给姬昌。最后,还是给纣王献上美女和奇珍异宝,再用百两黄金买通纣王宠臣费仲,才将姬昌搭救回国。姬昌深知纣王的残暴和贪财好色,就投其所好,借以麻痹纣王,使纣王失去警惕;趁机广施恩惠,联络诸侯王,势力日渐增强,连与商都朝歌临近的黎国也对周臣服。

纣王对周的举动熟视无睹，仍整日与妲己淫乐。不仅如此，又用燕地的红蓝花汁调制成一种化妆品——胭脂，供妲己涂抹，显得更加妖艳妩媚，纣王为之兴奋不已，面对美人，酒兴大发，欢饮不休，纣王醉卧数日，迷迷糊糊，不知天上人间。

纣王的暴虐无道，使比干和箕子、微子十分忧虑，多次苦谏，纣王无动于衷，依然故我。致使一些正直大臣，纷纷离商而去。为了保住商朝宗祀。比干和箕子力劝纣王的亲兄微子离开朝歌，微子依其言而去。结果不仅没有使纣王从亲兄出走一事中猛省，而且倒使他觉得少了一个絮絮叨叨的人，一如既往地与妲己痛饮纵欲，继续作恶。

一年隆冬，纣王和妲己登上鹿台赏雪，见城河边老少二位汉子负薪过河，年老者步履稳健，年少者缩手缩脚，纣王觉得奇怪。妲己信口说什么是二位汉子腿骨血髓充满与空虚的差别。纣王即刻令侍卫下楼将二位汉子的腿砍断，以验证妲己所言。恰在纣王与妲己察看骨髓时，比干入宫来见说："两个汉子被砍断双腿，犯有何罪？"纣王一时语塞，比干接着恳请纣王修德爱民，弃恶从善。纣王一听此言，勃然大怒，斥责比干退下。比干毫不畏惧，直视纣王、妲己，厉声说道："大王不理政事，听信狐女妖言，祸国殃民，残暴无道，导致商朝危在旦夕。今天大王不答应弃恶从善，臣决以死谏。"妲己听得此言，心中畏惧，再看纣王气得满脸通红，觉得可以借机离间，杀死比干，于是冷冷说道："照叔父说的意思，好像夫王是暴君，你是圣

人。听说圣人的心有七窍，不知是真是假？"纣王听到妲己的话，心领神会，便丧心病狂地令侍卫把比干开膛剖心来看。比干之妻赶到宫中求情，纣王见其怀有身孕，便与妲己打赌是男是女，当场剖腹检验。可怜比干之妻，救夫不成，反被开肠破肚，鲜血淋漓。当箕子赶到宫中，见此情景，大吃一惊，愤恨地对宫奴说："如此残暴，商朝岂能不灭！快快通报，我要当面苦谏。"纣王与妲己对饮得兴高采烈，得知箕子前来没有好听的，对宫奴随口说道："把箕子囚禁为奴。"

纣王的商朝所面临的，是诸侯背商服周：群臣中有的出走，有的被杀，有的被囚，有的被罢官为奴，就连其亲叔父比干也被剖心而死；百姓敢怒而不敢言，等待时机，推翻昏庸残暴之君。真是四面楚歌，危难迫在眉睫。

与此相反，继文王之位的武王姬发，礼贤下士，节俭爱民，势力日益强大。当武王得知比干被剖心而死，箕子被囚为奴时，认为灭商的时机已到，遂调集兵马，讨伐纣王。号令一出，各地诸侯纷纷响应，且拥戴武王为天子，浩浩荡荡，渡黄河向西进发。

纣王纵欲过度，难以重现昔日的英雄本色。匆忙中召集兵马，应召者寥寥无几。只好把奴隶和俘虏组织起来，驱赶着去迎战周兵。结果可想而知，牧野一战，商兵纷纷倒戈、溃散，纣王在恶来的保护下返回鹿台。

遭此惨败而又恶贯满盈的纣王，自知难为周兵和百姓所容。在他死到临头时，还要再次作恶。他命左右侍从把所有奇珍异宝都集中到鹿台，与妲己一起

披金挂银地衣戴整齐，双双端坐在珠宝之中，令侍从点火，焚毁鹿台。就这样，花费千百万穷苦百姓心血和汗水构筑的豪华无比的鹿台，连同纣王、妲己以及敲骨吸髓而得来的奇珍异宝，顿时化为灰烬，商朝灭亡。有苏国君若九泉有知，当为他施用美人计的成功而感到欣慰了。与此相联系，因美人妲己怂恿纣王作恶，带给穷苦百姓的苦难，也是有苏国君始料不及的。

上述两个事例，前提相同。即在己国将亡而又不甘心于灭亡之时所采取的美人之计，此计实施的步骤也如出一辙：通过美人妹喜和妲己怂恿夏桀和纣王沉迷淫乐，靡费资财，离间君臣关系，结果弄得众叛亲离，怨声载道，危机四伏，导致灭亡。诚然，夏、商两国的灭亡，是其国内日趋尖锐的矛盾的结果，而妹喜和妲己的怂恿，加速了它的灭亡。请看：第一步，以色迷人，沉溺淫乐，惑其志，弱其体。妹喜和妲己，称得上是绝代佳人。当她们被作为贡品入宫之后，夏桀与纣王视原来宠爱过的后妃们如敝履，钟爱集于美人一身，肆意淫乐，不理朝政。第二步，追求豪华奢侈，肆意挥霍，费其财，祸其国。夏桀时建豪华宫殿，造酒池脯林，裂帛；纣王筑鹿台，费时七年，占地三里，又有园囿之建，珍禽异兽，充于囿中。致使入不敷出，进而增加诸侯的贡献，勒索百姓，敲骨吸髓，结果，诸侯、百姓，怨声载道，人心背向。第三步，建立酷刑，招致怨恨，离间君臣，诛杀正直。夏桀的胡作非为，商纣的残暴无道，引起臣僚的不满，一批正直大臣如终古、关龙逢和梅

伯、比干等，纷纷直言劝谏，被妹喜、妲己迷惑的夏桀和商纣，不仅不予采纳，反而诬其诽谤，处于斩首。尤其是妲己怂恿制造的炮烙之刑，残酷无比。就连商纣的叔父比干，最后也难逃开膛剖心之刑。如此一来，君不君，国不国，不亡何待。

贪色失位亡己身

在吕不韦想秦王的事情的时候，远远的南方，黄歇正在分析着楚考烈王熊完，他那个学生。

黄歇的日子不好过。

熊完总是对他阴着个脸，过一段时间，黄歇就不知道熊完心里在想什么，而他每时每刻都在想着，一定要牢牢地掌握住熊完，要不一切就完了。

黄歇想起了屈原，那个年轻时代自己特别佩服的一个人，而现在他却觉得正是由于自己年轻时候佩服他，才给现在的他提供了这么好的经验，他已经走向屈原的反面。

黄歇在心里给自己找到了理由，只爱国而没有国王的支持那是傻爱，屈原就是一个例子。

有的时候他也想起老莱子，特别是上一回合纵未成，他领兵从前线回来的时候，在长江边上正好遇见了老莱子。

老莱子什么也不想和他说，只在他问他干什么去了的时候，那个欢快的老头才说："大月去太湖，大雪过长江。"

真美啊，黄歇马上就想到了太湖的大月亮和大雪时的长江，可是哪却不是他黄歇现在的生活，他已经在宦海里沉

的太深了!

看着熊完对自己阴沉的脸,黄歇的花样也越来越多起来。一开始他将楚王封给自己和齐国相连的封地回献给了楚王,让楚国在那里设立了郡县,他看出来了,楚王特别高兴。

楚王将过去的吴地又回封给了他。

看着楚王的脸色,黄歇又一次和山东五国商量,再一次搞合纵攻秦,由于春申君的名望和门客们的奔走,又一次搞成了。可是楚兵多年没有征战,成了秦兵的主要打击目标,是他第一个率军离开了合纵的前线,跑了回来。

合纵就这么失败了。

熊完又开始找他的麻烦。

这事源于山东五国派使者来问楚王,为什么楚国说搞合纵,可是又第一个跑了?

熊完叫黄歇进宫去盘问,黄歇是淌着汗从楚王那里回来的。

还得让楚王心里有事,得像水牛一样,用一根绳子牵着走。这就是这几年来黄歇对付楚王的办法,也是楚王离不开黄歇的原因。

正好门客朱英给他出了一个主意,说过去楚国之所以不怕秦国,主要是因为都城和秦国离得远,而现在楚都和秦境离得太近,而秦兵又如此强悍,不如迁都。

"不如迁都。"黄歇重复着这句话。

迁都可是大事,一年两年干不完。

黄歇笑了,这主意真好!他马上就又回到了楚王宫,将秦兵多么厉害,楚军这么多年没有打仗,在前线如何一触即溃,而现在楚国的都城多么的危险和

楚王说了一遍。

郢都失陷的惨景在熊完的眼中还历历在目。

楚王下定了决心,迁都,将都城再一次向南迁,离秦兵,离秦国越远越好,越远越安全。

楚国的都城一下子就从陈又迁到了寿春。这是楚国的第四次迁都了。

黄歇还有一个对付楚王的办法,就是给楚王找女人。

熊完并不十分好色,可是却特别需要女人,还要那些高胸大臀的女人,原因是这么多年来,熊完连一个孩子也没有,楚国就要绝后了。

黄歇就成了熊完的觅花使者,他知道,他是熊完的希望,也是楚国的希望。

可是,黄歇可没有想到在他这么费尽心思琢磨楚王的同时,一个自己的门客也在琢磨他。

真可谓是螳螂捕蝉,黄雀在后。

这个门客叫李园,一个长得水蛇腰,娘娘腔,总是让男人看着不顺眼的人。

李园看得出来这个男性的世界对他的轻蔑,而他也是一个男人,他时刻在想,臭男人们,你们现在笑吧,总有一天,我让你们永远也笑不出来。

他想出人头地,可是就是在黄歇的这些门客中,他也总是被人们嘲笑。

李园有个好妹妹,之所以说她好,那是因为她是一个人见人爱的大美人,人长得像天仙,又特别聪明,男人喜欢聪明的女人,更别说一个聪明而又漂亮的大美人了。

她的名字叫李嫣。

李园知道,自己的妹妹是一个见城

倾城，见国倾国的人物，可是那有机会让城见她，让国见她啊。

李园是赵人，他请求黄歇让他回一次家。

黄歇同意了，对于这个门客，黄歇心里觉得好笑，人长得像个女人，一切的一切都像是个女人，心也特别的细，可老天却偏偏让他是个男人。

说好了一个月就回来，可是又多过了十天，李园才从赵国回来。

黄歇觉得奇怪，这个人特别心细，从来都是守时的。

"你怎么回来晚了？"看着李园，黄歇随意一问。

"是这么回事，赵王的使者到了我家，我接待了一下，回来晚了。"李园不动声色。

"赵王的使者到你家干什么去了？"黄歇已经进了圈套。

"他想让我的妹子进宫。"

既然赵王去求，那么这个女人一定特别漂亮，而因为熊完的关系，黄歇对于漂亮的女人特别地关心。

"已经让赵王聘走了？"黄歇又问了一句。

"也就是说了说，别的什么还都没干呢！"李园还是不动声色。

"能让我见见嘛！"看着女人一样的李园，黄歇想他的妹妹该是一个什么样子啊。

"那有什么说的，我这就再回去一趟，让她来楚国一游。"李园心满意得地走了。

李嫣一下子就迷住了黄歇，这个楚国的才子，从来没有见过这么漂亮而又聪慧的女性，特别能让他动心的是这个女人有北方的那种豪迈的劲头，论喝酒，黄歇不是她的对手。

而且对于黄歇的要求，李嫣没有什么不好意思的，一夜狂欢，欲仙欲死，黄歇得到了从来没有过的满足。

他离不开李嫣了。

第二天，他给了李园两双白玉璧，五百镒金子。

让黄歇特别高兴的是，这个女人还从来不出门，以至于楚国上下竟然没有什么人知道他刚刚纳了个美姿。

刚刚三个月，李嫣怀孕了。

李嫣可是一个聪明的女子，以至于聪明到了对于男人的认识和其他女人的不同。别的女人只知道嫁汉嫁汉，睡觉吃饭。在李嫣的心里，这些女人太傻了。

她要的是能改变她命运的男人，她有着女人所必须的财富，那就是让男人一见就爱的美姿。而嫁给一个平常的人，也就只有睡觉吃饭了，而嫁给一个大官，那她就是夫人，要是嫁给一个国王呢？

李嫣想起了哥哥李园的话。

"做妾和做夫人哪个富贵？"

"当然是夫人。"

"夫人和王后哪个富贵？"

"当然是王后。"

"那就当一回王后。"李园说。

李嫣相信她的这个哥哥，这个比别的男人看起来弱小，可是心智却不比哪一个男人差的哥哥。

李嫣想，男人并不只需要强壮，而更重要的却是心智。

夜色已经笼罩了楚国的相国府，看着在自己身边无限依恋的黄歇，李嫣就觉得他还是个孩子，在感情上，哪一个男人也玩不过女人。

该行动了。

"夫君。"李嫣千娇百媚地叫了黄歇一句。

黄歇从头到脚觉得美。

"干什么？"黄歇觉得她要说些什么。

"夫君！楚王对您那么好，就是楚王的兄弟也比不过您，列国四大公子，也只有您不是王亲。"李嫣的话激起了黄歇的自豪感。

李嫣知道，男人在女人那里想得到什么，他们要虚荣，要女人的称赞。

"可是我真为您担心。"黄歇看见李嫣第一次皱了眉头，心里竟然觉得好痛。

"用不着为我担心。"

"我怎么能不为您担心呢。楚王无子，楚王一死，楚王的兄弟就是国王了，可是您当了楚国十几年的相国，那一个楚王的兄弟不看着您眼红啊！那一个您没有因为什么事得罪过他们啊，到了那一天，就不会有您和我的今天了！"

黄歇吃了一惊，这女人真是天下第一聪明的女子。他的事，她都知道，而且还能为他着想。

"那你说怎么办？"黄歇心想，不妨问问。

"我有一计，不仅可以为君免祸，而且还能为您增福。"

"什么计策，快说。"黄歇从床上爬了起来。

"可是我心里觉得羞愧，不敢说。"真真的千娇百媚，真真的欲擒故纵。

"说吧，我知道你是为了我好！"

"楚王无子，您为什么不将我送给楚王呢，我可是已经有了您的儿子了！"李嫣两眼死死地盯住黄歇。

一万个道道从黄歇的心里蹿了出来。

他却从来没有想到一条这么对付楚王的办法。

要真是那样，楚国的天下不就是自己的了嘛。不就不用整天这么担惊受怕了嘛，这是一条多么天衣无缝的妙计啊，一万个黄歇也想不出这个计来。

黄歇从心里佩服这个依偎在他怀里的女人。

"你可真是天下第一智妇啊。"李嫣听得出来，这话说得发自内心。

楚王一见盛装的李嫣，心飞天外。

没几天他又知道这个让人爱得要死的女人，竟然又怀孕了。

天大的喜事。熊完高兴得快疯了，大臣们从来没有见过这个阴阴的楚王脸上竟然还会泛出红光来。

十个月后，李嫣生了个儿子，这样的胎儿真是能在母亲肚子里等待，他比嬴政还多在肚子里待了一个月。

李嫣的目的达到了，她成了王后，而李园也一下就成了国舅。

楚王久于女色，现在又来了李嫣，一下子就不行了。

黄歇心中暗暗自喜，他比谁都高兴。

可是春申君的门客朱英，却是一个善于观察的人，这一阵他发现从春申君那里跳了龙门的李园，开始在列国中招募死士。

他要死士干什么。

朱英想来想去，知道了，这一定是为了春申君，李园是要和春申君争权，依靠自己的妹子，从春申君手里夺权。

朱英不知道李嫣和黄歇的密事。

他决定去见一见自己的主人。

"公子,您知道天下有无妄之福、无妄之祸和无妄之人嘛?"朱英说。

黄歇对于自己的这个门客还是十分欣赏的,他觉得在他那三千多门客中,也就这位还有头脑。

"什么叫无妄之福?"

"公子,算起来,您当楚国的相国已经有二十年了,名义上是相国,可您又是楚王的老师,实际上和楚王差不多,可是现在楚王已经病了,又病得挺重,太子又小,楚国还得靠您主政,日后楚王真行就认真地扶持他,不行就自立为王,这不就是无妄之福嘛!"

黄歇不动声色:"那么什么又是无妄之祸呢?"

"国舅李园多蓄死士,我想那是要向您夺权,这不就是无妄之祸嘛。"

黄歇听到这里笑了。

他心里想,就那个在腰上别了一把剑,走起路来摇晃不定,而让男人耻笑的李园,那里敢想和他争什么权势,这可不是什么无妄之祸,而应该是无妄之事。

"那什么叫无妄之人呢?"

"我就是无妄之人。"

"怎么说?"

"您让我带兵杀了李园,绝了后患,那我不就成了无妄之人了嘛!"

黄歇笑出声来了。

"你多虑了。"

他无论如何也不相信李园会对他怎么样,更何况他还有李嫣呢!朱英的话真是天方夜谈。

朱英跑了,黄歇也没觉得什么。

十七天后,楚考烈王熊完死了。

李嫣先通知了李园,李园让黄歇进宫安排楚王的后事。

黄歇进营的时候,正赶上王宫里穰鬼,楚王死了,要让他安全地回到阴间,诸鬼要远离楚王的灵魂,而王宫里要行傩,保证太子的安全。

傩的队伍阵容庞大,领头的全是宫里的宫人,他们身后一字排开了一百二十多名童男童女,人人头上扎着红色的头巾,身着黑衣,正好和楚王宫的建筑色彩一致。

驱鬼的主帅自然就是大名鼎鼎的方相氏,头戴黄巾四目的面具,身着熊皮,红裙黑衣,此外还有十名"神兽",那是方相氏的助手。

黄歇走进宫门的时候,傩调已经开始唱起来了,那些童男童女,在傩中被称为振子的孩子们也随之敲响了拨浪鼓,方相氏跳进了场内,率人驱打厉鬼。

只见那方相氏正咬牙切齿地对鬼魂进行咀咒,十二个神兽也跳起了近于疯狂的舞蹈,这些高冠长顶,手持利斧的神兽,更是带着张牙舞爪的面具大喊大叫,宫内一片混乱。

就在黄歇走过行傩的人们,而要进入大殿的时候,一个"神兽"上前一步就将黄歇的头砍了下来。

李园下令将太后讨伐黄歇谋反的布告贴满全城。

黄歇的头也被挂在了城门之上。

春申君的门客一逃而光。

他的封地也被收了回来,楚国从此成了李园的天下,李园和一个小小的孩子一个是太后，一个是楚王，而李园是相国。

从此楚国的国事不可收拾。

如姬窃符助信陵

魏安厘王二十年（前257），秦昭王打败赵国在长平的驻军以后，又进兵包围了赵国的国都邯郸。魏公子的姐姐是赵惠文王的弟弟平原君赵胜的夫人。因此赵王多次给魏王和魏公子写信，请求魏国出兵救援。魏王派大将晋鄙率领十万军队去救赵国。秦王听说后派使臣警告魏王说："我们攻打赵国，取胜已是早晚间的事了，如果诸侯国有敢援救的，在打败赵国以后，一定调集军队首先进攻它。"魏王害怕了，派人让晋鄙停止前进，驻军在邺城。名义上是救赵，实际上是左右不定，观望秦、赵两国的形势变化。……魏公子很为此事发愁，几次请求魏王传令进兵，并让自己的宾客、辩士以各种理由劝说魏王。可是魏王畏惧秦国，始终不听魏公子的劝告。魏公子估计终究不会得到魏王的答应，便决定不为了自己的苟活而使赵国灭亡，于是请宾客相助，筹集了一百多辆战车，打算率领门客众人去和秦军拼杀，与赵国同生死、共存亡。

魏公子带着众人出发，经过大梁东门时，遇见了守门的侯生。魏公子把自己去和秦军拼命的打算全都告诉了他，然后诀别上路。侯生说："公子努力吧，恕老臣不能跟随您了。"魏公子走了几里，心中很不愉快，自言自语地说："我对侯生一向恭敬周到，天下人没有不知道的。现在我去战场拼死，他竟连连一句鼓励我的话或半句劝阻我的话都没说，难道是我有失误的地方吗？"于是又驾车回来询问侯生。侯生微笑着说："我本来料到你会回来的。"接着又说："公子喜爱士人，名闻天下。如今有难，想不出别的办法，而去和秦军拼命。这就好比拿着肥肉去投饥饿的老虎，有什么功德呢？还用门客做什么呢？再说公子待我深厚，你要前去决一死战，而我竟没有送行。因此知道公子很不满意，必然要回来问个明白。"魏公子听罢再次拜谢，并向侯生请教。侯生叫旁边的人走开，悄悄地对魏公子说："我听说晋鄙的兵符经常放在魏王的卧室内，而如姬是他最宠爱的嫔妃，可以自由地出入卧室，是一定能够偷取兵符的。我还听说如姬的父亲遭人暗杀，如姬含恨三年，自魏王以下的许多人都想为她报杀父之仇，可是一直找不到仇人。如姬曾对公子哭诉，是公子派门客杀了她的仇人，将仇人头敬献给如姬。如姬感谢公子是可以尽死力而不推辞的，只是没有机会罢了。公子如果开口请如姬相助，她一定会答应的。那么你就可以得到兵符和夺取晋鄙的军队，然后北救赵国，西败秦国。这是春秋五霸一样的功业啊。"魏公子听从了侯生的计策，去请如姬帮忙。如姬果然偷取了晋鄙的兵符，交给了他。

魏公子一行赶到邺城，假借魏王的命令取代了晋鄙。然后挑选精兵八万人，大举进兵攻打秦军。秦军解围退去，于是救了邯郸，保存了赵国。

窃符救赵是魏公子一生最主要的功绩之一，这一成就的取得首先得力于侯生，窃符之计就是他想出来的，而妙计的成功则是利用了如姬对魏公子的报恩之情。显然如姬在这一计策的实施过程中扮演了女间谍的角色。侯生和如姬之所以肯为魏公子出谋尽力，是因为魏公子平时礼贤下士和有德于他们。即如司马迁指出的，他"能以富贵下贫贱，贤能诎于不肖"。俗话说"士为知己者死，女为悦己者容"。窃符救赵的成功，显然是魏公子仁而下士的必然结果。

美女图解白登围

公元前 200 年，汉高祖刘邦率领大军与匈奴交战。刘邦求胜心切，带领小股骑兵追击匈奴人，不料中了敌人的埋伏，被困在白登山。这时，汉军的后续部队已被匈奴人阻挡在各要路口，无法前去解围，形势万分危急。

到了第四天，被困汉军的粮草越来越少，刘邦君臣急得就像热锅上的蚂蚁，坐立不安。谋士陈平灵机一动，从匈奴单于的夫人阏氏身上想出了一条计策。

在得到刘邦允许之后，陈平派一名使者带着一批珍宝和一幅画秘密会见了阏氏。使者对阏氏说："这些珍宝是大汉皇帝送给您的。大汉皇帝欲与匈奴和好，特送上这些珍宝，请您务必收下，望您在单于面前美言几句。"使者又献上一幅美女图，说道："大汉皇帝怕单于不答应讲和的要求，准备把中原的头号美人献给他。这是她的画像，请您先过目。"

阏氏接过来一看，真是一个貌似天仙的美女：眉似初春柳叶，脸如三月桃花；玉纤纤葱枝手，一捻捻杨柳腰；满头珠翠，引得蜂狂蝶浪；双目含情，令人魂飞魄舞。阏氏心想：如果丈夫得到她，还有心思宠爱自己吗？于是，阏氏说："珍宝留下吧，美女就用不着了，我请单于退兵就是了。"阏氏打发走了汉军使者后，立即去见单于，她说："听说汉朝的援军就要到了，到那时我们就被动了。不如现在接受汉朝皇帝的讲和要求，乘机向他们多索要一些财物。"单于经过反复考虑，觉得夫人的话很有道理。

双方代表经过多次谈判，终于达成了协议。单于得到物质上的满足后，放走了刘邦君臣。陈平也因这次谋划有功，后来被刘邦封为曲逆侯。

"美人计"不一定是针对男子的。此例中，陈平利用女人善妒的习性，借献美女图之机，挑起阏氏的醋意，让其主动劝丈夫撤军，此乃"美人计"的变通之法，但是威力不减，刘邦轻松得以突围，陈平功不可没。

昭君出塞抚匈奴

在中国的北方，曾有一个游牧的民族，这就是匈奴。匈奴人善射，非常强悍，经常偷袭中原地区，使人们饱受侵扰之苦。秦始皇时修筑长城，就是为了抵御匈奴，汉朝时的高祖刘邦曾被匈奴围困于白登山，险些被俘。所以匈奴之患，一直是统治者大伤脑筋的事。

汉元帝时，匈奴内部发生了权利之争。后来南匈奴在汉朝军队的帮助下，统一了大漠南北。汉为安抚匈奴，便采取了"和亲"的策略。收呼韩邪单于为汉家女婿，结为亲戚，世代友好。

这时，有位深明大义，有远见卓识的宫女王昭君，为了匈奴与汉和好，使边塞百姓安宁，便自愿"请行"。皇帝就把她封为公主，嫁给了呼韩邪单于，并且送给了相当丰厚的嫁妆。呼韩邪单于见王昭君年轻貌美，非常感激汉元帝，特意为王昭君建立了一座汉家式的宫殿，并封其为"宁胡"阏氏。

由于王昭君来到匈奴，给匈奴人民带来了繁荣昌盛，匈奴人民也喜欢她、尊敬她。从此以后，不再来侵犯汉家边疆，胡汉两家和睦相处，有六十多年没有打仗。这就是"和亲"的威力，可以说王昭君一个可顶秦始皇的万里长城，可顶汉朝的十四万军队。

计用貂蝉除董卓

公元189年，在镇压黄巾起义中卓有"战功"的董卓，率兵进入了洛阳，废掉汉少帝，立献帝，独揽朝中大权。

董卓看出丁原是他专权的障碍，遂起杀机，收买了丁原的部将吕布，将丁原杀死。

从此，董卓权倾朝野，为所欲为，竟然犯下指挥士兵屠杀无辜百姓的暴行。董卓的残暴专横犯了众怒，统治集团内部产生了分裂。

司徒王允表面上效忠董卓，暗地里却对他恨之入骨，时刻想除掉他，但苦于一时没有良策，一直心情不畅。一天晚上独自在后花园中散步，忽闻花丛后有轻微的叹息声，王允顿觉奇怪，轻步上前一看，原来是养女貂蝉在叹息流泪。

貂蝉自幼丧父，来到王允府中学习演艺，不但长得出众，而且十分聪明伶俐，很得王允的喜欢，大了以后被王允收为养女。

貂蝉看王允来到近前，急忙起身拜见。王允爱怜地问道："是什么事使你这样伤心，夜深人静在这里叹息？"貂蝉回答说："这些年来您一直待我如亲生女，我今生今世也报答不完大人的养育之恩，总想着能有机会为您效力。近来看到您心事重重，好像有什么大事发生，但又不敢动问，所以只好在夜晚向上天祈祷，为大人分忧。"

一番话听得王允十分惊讶，万没想到平日只会跳舞弹琴的貂蝉，竟然暗自替自己分忧，于是道："你心里真是这样想的吗？"貂蝉见王允略有犹豫的意思，有些发急地说："只要能为您分忧解难，我就是粉身碎骨也在所不辞！"王允扶起貂蝉，心中颇有感触："想不到汉朝的复兴还要靠她呢！"

王允带着貂蝉来到内室，掩好门窗，然后说："董卓专权乱政，权倾朝野，恐怕汉室江山，要为他所得。为了先主的重托，保住汉室江山，惟一的办法就是尽快除掉董卓，这件事只有靠你了。"说完泪流满面，向貂蝉连连称谢。貂蝉急忙扶住王允说："只要是您的吩咐，就是刀山火海我也敢闯！"

于是王允授意貂蝉对付董卓之计。

时过不久，董卓义子大将吕布在府中宴请宾客，王允借机派人参加，并送去许多珍贵之物。吕布不知为何居司徒高位的王允，要给自己一个小小的骑都尉送厚礼，于是决定亲去王府，一是探明究竟，一是作为回拜。

吕布到王府后，受到热情款待。王允笑着说："您是天下的英雄，我不过是略表敬意而已，区区薄礼，实在不值得将军挂在心上。"吕布本是见利忘义之人，王允也正是投其所好，才选择他作为除掉董卓的突破口。

听到王允的称赞，吕布心里十分舒畅，话语也多了。王允命貂蝉前来献酒。经过刻意修饰过的貂蝉，容貌艳丽，楚楚动人，在侍女的搀扶下，由内室款款走出。吕布一见貂蝉不由得两眼发直，心中暗自说："真想不到天下竟有如此美女！"吕布看得愣住，直到王允和他说话，才发现自己失态，忙掩饰地问道："小姐是府中什么人？"王允漫不经意地回答说："是小女貂蝉。"随后让貂蝉为吕布敬酒。貂蝉为吕布斟满了一杯酒，装出一副羞涩的样子，双手献给吕布。吕布连忙接过酒杯，偷看貂蝉，正巧貂蝉也在看他，二人的目光碰到一起。王允见状心中暗喜，对貂蝉说："你陪将军多喝几杯，让将军尽兴，今后我们还要仰仗将军呢！"然后让貂蝉坐在身边。

席间二人眉来眼去，有王允在旁又不便开口说话，吕布显得有些急躁。王允见时机已到，就借故离开。王允一走只剩吕布和貂蝉二人，吕布心中高兴，对貂蝉问长问短，貂蝉都一一回答。这时王允回到席前，暗示貂蝉回避，貂蝉心领神会，起身告辞吕布走向内室。

吕布按捺不住地问王允："小姐真是美丽无比，不知何人有此大福，能娶她做夫人？"王允说："小女还不曾许配，我想高攀将军，不知您意下如何？"说完观察吕布的反应。吕布一听大喜过望，

急忙向王允参拜说："岳父大人在上，请受小婿一拜。"王允扶起吕布说："将军不必多礼，待选个良辰吉日，就将小女送过府去成亲。"吕布再次拜谢了王允，才满怀高兴地告辞。

吕布如此贪色，他中计也是理所当然的。不知忍女色，害身害己不说，更容易被别人利用。

第二天，散朝后王允、董卓走在一起，王允邀请董卓去府上喝酒做客，董卓很痛快地答应了。隔了一天，董卓在侍卫的簇拥下，来到了王允的府邸，王允以隆重的礼节欢迎董卓，然后摆上酒席，分宾主落座，边饮酒边交谈，气氛十分融洽。王允不断奉承董卓功德无量，功高盖世，听得董卓心花怒放，连连点头表示赞同对他的吹捧。

董卓与王允越谈越投机，酒兴也越来越浓。王允举手向侍从示意，音乐声徐徐响起，伴随着乐曲走出一队歌女，个个长得国色天香，婀娜多姿，尤其是领队的那位，更是容颜照人，美若天仙，看得董卓欲仙欲醉，就问王允："这位漂亮的歌女是谁啊？"王允说："是我新买来的歌女，名叫貂蝉。"董卓笑道："不但人美，名字也悦耳。"一曲终了，王允叫众人退下，留住貂蝉给董卓敬酒，貂蝉手捧酒杯缓步上前为董卓敬酒，董卓满脸堆笑问道："今年多大了？"貂蝉微笑不语，王允在旁说："今年已经十六岁了，您若是喜欢，就带回府去伺候您吧。"

董卓听后心中暗喜，但表面上却假意推辞说："君子不夺人之美，我怎能这样做呢？"王允说："如果您不嫌弃的话，

就请收下，这也是抬举我了。"董卓见王允确有诚意，就顺水推舟地说："如果我再推辞，就辜负了你的一片好意了，恭敬不如从命。"说完大笑不止。

王允将貂蝉先许吕布又许董卓，一箭双雕，然后又故意传出消息，让吕布知道此事。吕布果然中计，怒气冲冲找到王允指责道："您既然已将貂蝉许配于我，为何又送给董卓？"王允见状四周环顾，见没有人，就压低声音对吕布说："这里不便细说，请将军随我回府。"说完就同吕布一同回到王府。

吕布迫不及待地问道："有人亲眼看见貂蝉在太师府中，这难道是假的不成？"王允见吕布怒火中烧，更不急于回答，给吕布让坐后，又命人献茶，然后才一副无可奈何的架势说："前几天太师来我府中饮酒，席间说见见我的女儿，我不好拒绝，就让小女出来给太师敬酒。谁知太师见后，就十分喜爱，说府中缺人侍候，暂时让她过去，待找到合适的人，再送她回来，太师的要求我怎能违抗呢？"

吕布见王允说得合情合理，无可指责，就向王允赔罪，然后离去。

吕布回府后，坐卧不安，夜不能寐，第二天一早就借故来到太师府打探消息。侍卫告诉吕布，太师新得美人，还未起床呢，吕布听后心如刀割，但又不敢过于放肆，急得在大厅中团团转。

过了些时候，董卓来到大厅问吕布是否有事，吕布谎称刚刚听得到义父得了美人，特地前来贺喜。董卓听后，称赞吕布有孝心，并让貂蝉出来相见。貂蝉在吕布面前装出愁眉不展的样子，趁

董卓不备时，用手指向自己的心口，然后又指吕布。吕布领会貂蝉的示意，心中更加凄苦。董卓见已到上朝的时候，就和吕布一同而行。见过皇帝后，董卓留在朝中处理政务，吕布借机来到太师府找貂蝉。

二人相见百感交集，到了僻静处貂蝉泪流满面，痛不欲生对吕布说："我今天能见将军一面，死也甘心了，本想侍奉将军一生，看来今世是不可能了！"说完就要寻死。吕布急忙拉住貂蝉，流着泪说："请你放心，我一定将你救出来，否则的话誓不为人！"貂蝉听后扑向吕布说："将军待我真是恩重如山，如能将我救出来回到将军身边，就再也没人敢欺负我了。若不能实现，真就没什么盼头了。"貂蝉越说越伤心，哭泣不止。

正在二人难舍难分之际，董卓突然从外面进来，见到他们情意绵绵的样子，气得大喝一声直奔过来。吕布见势不妙，扔下貂蝉向外逃走。

董卓站在府门望着逃去的吕布，气得怒目横对。这时董卓的谋士李儒来到门前，看到董卓怒气冲冲的样子就问发生了什么事，董卓一言不发回身进府来到书房。李儒随后跟了进来，站立一旁，这时董卓才对李儒说明发怒的原因，扬言非杀了吕布不可。

李儒听完董卓的话，笑着劝道："太师怎么能为这点小事杀人呢？貂蝉不过是个歌女而已，吕布可是朝中猛将啊！不可以因小失大。我看不如来个顺水推舟，这样可使吕布感激您，一生都为您效劳。"这时董卓的气已经消了一半，觉得李儒的话确实有些道理，就来到了貂

婵的卧室想问清缘由。

董卓见貂婵仍在哭泣，就先劝慰了一番，然后说："既然吕布对你有意，我就成全你们吧。"刚刚止住哭声的貂婵，听了董卓的话又哭了起来，说自己并无意于吕布，而是他强行无理，自己是想诚心诚意伺候太师，如果真要将她送给吕布的话，宁可一死以报太师大恩。董卓听了貂婵的一番哭诉，以为自己所见到的并不是二人私情，气也全消了，又见貂婵对自己如此忠心，很是高兴，向貂婵保证以后再也没人敢欺负她。貂婵也破涕为笑。

董卓对李儒的话并没有完全听进去。他还是不能忍受已到手的美人成为他人怀中物。如果他此时不为女色所惑，毅然决然地把貂婵赐于吕布，哪里会有后来的杀身之祸？貂婵的几滴眼泪就让他把李儒的劝告抛到九霄云外去了，只图享乐，还忍什么？什么也不忍了。

第二天，王允将吕布请到府中，若无其事地与吕布闲谈，吕布满脸愁容，心情沮丧，王允假装不知，问吕布因何事而闷闷不乐，吕布就将昨天在太师府中发生的一幕，详细地告诉了王允。

王允听后，故意气愤地说："想不到董卓已经荒淫霸道到如此地步，连自己儿子的妻子都要强娶，这不但使我无脸见人，这是将军的侮辱啊！"

吕布愤恨地说："我真想杀了他，可又怕别人议论，终究我们有父子之名啊！"王允说："将军说得有道理，看来我们只好任人欺辱了。"王允的话听起来是在赞同吕布，实际上则起到了火上浇油的作用。他十分清楚吕布的为人，不

但不讲情义，素来以天下无敌手而自居，不将别人放在眼里，心胸狭窄，性格暴躁，这夺妻之恨怎能忍得下？

不出所料，王允的话音刚落，吕布就拍案而起，手握剑柄，满脸杀气，咬牙说道："我一定杀了他，报夺妻之仇！"王允见吕布决心已下，又烧了一把火，说："将军如果杀了董卓不但报了仇，重要的是为国家除去一害，可以名留千古啊！"吕布伏地而拜，表示愿意听从王允调遣。

等待数日，行动的机会终于来了。皇帝大病初愈，准备临朝召见文武官员，众臣奉命进朝拜见。

董卓由太师府乘车去未央宫，随身侍卫前呼后拥，道路两旁兵士林立。自从董卓专权以来，诛杀异己，暴虐百姓，知道树敌太多，为防暗算，每次出门外行，都内穿护身甲衣，以防不测。今天虽然有重兵护卫，仍然格外小心。

董卓的马车行至中途，王允的心腹李肃向众人发出了行动的暗号，紧接着飞步上前拔出佩剑，向董卓刺去，却不料坚实的甲衣挡住了利剑，董卓由车上迅速站起，将李肃击倒在地。这时另一人持刀上前向董卓砍去，董卓闪身躲过。情况危机，董卓大叫吕布护驾，吕布大声说道："圣上有旨，诛杀贼臣董卓！"话音未落，吕布的长戟已刺进董卓的咽喉，李肃上前一刀割下董卓的头。

董卓被杀的原因一是暴政专权，引起众愤，一是统治集团内部，争权夺势，相互倾轧。后一点是根本的原因。

当时王允和董卓在力量对比上，是敌强我弱，而且相差悬殊。如果以武力

达到除掉董卓的目的，希望甚微，于是王允采取了瓦解董卓内部势力的策略，利用貂婵制造董卓和吕布之间的矛盾，进而争取吕布。

王允正确地利用了董卓荒淫贪欲的弱点，以此作为突破口，最终达到了目的。

好色将军为色降

洪承畴是明代的名将，在松山城因叛徒出卖被俘。清太宗非常喜欢洪承畴的儒将风度，心想：若得洪承畴，使之成为清军的前锋，那么，荡平华北，南下中原几乎指日可待。所以清太宗想尽所有办法劝降洪承畴。听说洪好色，清太宗下令全国搜罗美女，最后选中十名给洪承畴送去，可都一一被洪退了回来。清太宗因此事而闷闷不乐。一日回宫，被皇后博尔济古特氏（即庄妃）看到，便问："国主因何事而不高兴呢？"

太宗说："爱妃你有所不知，我本想劝降明军主帅洪承畴，但谁知他却死活不降，我已想尽办法，如今已无计可施，我正为此事而不高兴。"

皇后皱眉沉思好一会儿，两颊晕红，似有话要说的样子。太宗问："爱妃有何奇谋？"她不出声，两眼汪汪地盯住太宗。太宗立即拥他入怀，在耳边低声说："如果有利于国家的，我不惜一切……"

皇后也在太宗耳边低声说起来，忽然太宗生气了，叫道：

"我身为一国之君岂可戴绿帽上朝？"

"我这样做无非为了国家嘛，如果不愿意就算了。"庄妃说。

太宗是个聪明人，想了一会儿，叹了口气说："为了国家前途，由你去干吧！——但要千万小心，莫要给任何人知道！"

于是皇后特别打扮一番，黄昏时候携起一个篮子秘密出宫，独自到监牢，见洪承畴正闭目危坐，一副凛然不可侵犯的神态，乃细声问："此位是洪将军吗？"声如出谷黄莺。洪承畴是一个对于声喉婉转、吹气如兰的女人特别敏感的英雄，不知不觉地就把眼张开。

但仍正色问："你是什么人，谁叫你来的？有什么事？"

她深深行了一礼，说："洪将军，我不是吃人的，怕什么？我知道将军是忠心耿耿，正准备以死殉国，你还有什么可怕的！"随之嫣然一笑，媚眼一抛。

洪承畴的刚气开始有些下降，说："我不是怕死，只是你来得太突然！"

"你且不要问，我此来是片好心，想拯救你脱离苦海的！"

她继续说："将军！你不轻视我，我虽女子，颇识大义，对将军这种英勇行为、殉节精神，忠心钦佩，岂忍夺将军之志！"

"那你来这里做什么呢？"

"唉，将军，我不是说过吗，是来救将军的。"她的话里充满同情，而又惹人爱怜，"将军不是绝食等死吗？但绝食起码要等七八日才会气绝的，未死之前，必会饿火中烧，心绪潮涌，头晕眼花，发冷发热，其中苦楚，甚于吊颈投河。我是佛门信徒，慈悲为怀，怎忍将军受此痛苦？所以煎好一包毒药来敬将军，将军现所求者不外一死，那绝食死和服毒死，究竟有什么不同？将军若不怕死，请饮了这毒药，不就减少死前痛苦吗？"说完捧壶送过去。

洪承畴经她这般一捧一跌、一怜一媚的摇荡之下，已身不由己，连呼："好，好！我饮，我饮，死尚不怕，何怕毒药！"立即接过壶来，张口狂饮，不料流急气促，咳嗽起来，弄得药沫飞溅，喷得美人衣襟尽湿。

洪承畴连忙向她道歉。她若无其事，谈笑自若，拿出香帕来慢慢擦拭，媚眼向洪承畴一抛说："看样子，将军的阳寿还未尽哩！"

"哪里哪里！我立志一死。不死不休！"再拿起药壶来，倒水一样倒落肚中。

"将军可为英勇之至，竟能视死如归，英雄英雄！"她说，"不过，我还有一句话告诉将军，你现在既已为国殉了节，但身丧异域，去家万里，丢了家人，哭望天涯，深闺少妇，望着浮云发呆，春风秋月，枕边弹泪，情何以堪？多情如将军，岂能闭眼不顾不念旧情呢？"

洪承畴被勾起心事，酸楚万分，想到毒药已下了肚，死期不远，不禁泪如泉涌，簌簌地落下来，长叹一声，说："死到临头，还有什么可说，什么可叹？可怜无一河边骨，犹如深闺梦里人！"

她知他已心动，复又挑逗着："决心殉国，将军可谓忠贞无贰，无愧臣节，但在我看，却是笨得可以。"

"什么，照你所说，难道失节投降，反是英雄好汉？"

"将军！你身为国家栋梁，明朝对你的希望正殷，这样一死，得了一个虚誉，

究竟对国家有何补益呢？如果是我的话，我会忍辱一时，渐图恢复，所谓忍辱负重，伺机报皇，断不会这般轻生，效匹夫匹妇所为，不过，士各有志，勉强不得。——我的话说得太多了，请不要见怪！将军已服了毒，也不该使垂死的人增加痛苦！"

她一边说，一边媚眼乱飞，使出浑身解数，媚态撩人，洪承畴虽然等死，但血脉格外畅通，既醉其美貌，又服其见识，心中忐忑，欲火已燃烧上蹿了。

她又说："将军死后，有什么话要转告家人？我两人既然相遇，亦算一段缘分，送佛送到西，我无论如何有此传递责任！"

洪承畴听此言，眼泪又流出来了。她再掏出香帕来，迎身靠过去替他拭泪："将军不要伤心，看把衣服弄湿了，唉！我也舍不得你这样离开的！"

一阵脂香粉气，四面袭击而来，洪承畴不由得顺手抚着她的玉臂，觉得滑如膏脂，柔若无骨。

洪承畴这时欲火正炽，把死置于脑后，一把将她搂住，说："只要毒药迟发一刻，牡丹花下死，做鬼也风流！"

她卟哧一笑，用指头在他额上一戳："傻瓜！服毒的只要洗洗胃就无事了！"

"那你就给我洗胃吧！"

于是青苔板为悲翠之床，罗即绣带，暂作鸳鸯之帐洛浦腾飞巫山雨，此时无声胜有声！

到天明，这位曾经为万民景仰、飨过国祭的大明经略大臣，显赫权臣洪承畴竟携手与庄妃共见清太宗去了。

洪承畴这样一个刀架在脖子上不动

摇、高官厚禄摆在眼前不动心，决心求死以保自己名节的英雄也终于被一个柔弱的女子打败了。这就是以柔克刚的道理。

色相诱惑窃情报

第一次世界大战期间，有一名被誉为"东方舞星"的德国女间谍被法国人枪毙了。她叫玛塔·哈丽，一个荷兰农场主和印度尼西亚爪哇女人的混血儿。她既有黝黑光洁的皮肤和一头东方人的黑发，又有丰满身躯的白种人风采。少女时代，玛塔·哈丽就充分地意识到自己对男人的巨大诱惑力，并深知如何运用诱惑的技巧。

她与丈夫离婚后回到了欧洲，在巴黎，跳起了印度尼西亚舞蹈，从此走红。德军统帅部的军官巴龙·冯·米尔巴赫在看到她为几个工业巨头作即兴表演时，感到这是一块难觅的间谍好料，于是，将她招募了。

玛塔·哈丽天姿聪颖。她很快将她的"表演"天才运用到她的新行当里，使她的谍报工作得心应手。她使用女间谍最强大的武器——柔顺的躯体，从那些贪图欢乐、迷恋女色的大臣、将军的口中源源不断地套取情报。

玛塔·哈丽还成功地窃取了俄国的作战计划。那是大战前夕，一天，一位年轻英俊的俄国军官登上了一辆开往柏林的快车，进了五号包厢，他抱着公文箱，内心十分紧张。里面是一份作战计划，事关俄国西线几十万士兵的生命。这位年轻的军官叫勒伯夫，这时他才发现对面坐着一位楚楚动人、姿容华贵的贵妇人。关上包厢门，贵妇人给他送来了一个秋波，俩人便愉快地交谈起来，交谈中，勒伯夫了解到这位是伯爵夫人，但她的家庭"不怎么幸福"。伯爵夫人给了他在柏林的地址，并邀请他去做客。

勒伯夫十分为难，他巴不得到伯爵夫人家去做客，无奈身不由己。这趟车到柏林是17时20分，而17时45分他必须踏上另一列开往巴黎的列车。

车到柏林后，他们恋恋不舍地告别了。勒伯夫若有所失地在站台上转了几圈就登上了开赴巴黎的快车。

发车时间到了，但列车还没有动。列车长抱歉地说："先生们，女士们，由于前方铁路故障，本次列车今夜不能运行了。"

天助我也！勒伯夫只觉得浑身热血沸腾，他跳下列车，叫了辆出租车，按着贵妇给的地址，急驶而去。

他的突然到来使贵妇人大喜过望。她热烈地拥抱了他，并轻轻地说："伯爵有事出去了。"说完，意味深长地盯着他。

伯爵夫人设宴款待他，微暗的灯光下，伯爵夫人更加容姿焕发。她几次把酒送到他嘴里，丰满的胸部有意无意地在勒伯夫肩上停留一会儿。

勒伯夫开怀痛饮，渐渐支持不住了。蒙眬中，他觉得伯爵夫人扶他上了床，解开了他的衣扣……

一觉醒来，勒伯夫想起了公文箱，就在床头柜上，他打开锁，文件一份不少，他放心地告别了伯爵夫人。

半个月后，勒伯夫突然被俄国秘密

警察逮捕了，他大惑不解。

"你光顾跟伯爵夫人睡觉，文件都让德国人拍了照。"警察冷冷地告诉他。勒伯夫这才明白上了伯爵夫人的圈套，一下子瘫在地上。

美女间谍立大功

1941年上半年，美国尚未正式参加世界大战，当时轴心国和同盟国纷纷派出间谍来到华盛顿等中心城市，展开了形式多样的谍报战。一名披着棕红色头发、长着碧绿大眼睛、身材婀娜多姿、脸蛋娇艳迷人的女间谍，也被英国情报机关安全协调局头目威廉·斯蒂芬森派到此地。

这位美貌的女间谍化名辛西亚。她的名字也是英国情报机关给取的，因为斯蒂芬森认为，使用化名可以避免许多麻烦。

她原名叫贝蒂·索普，生于美国一个高级海军军官家庭，19岁时嫁给近40岁的多病的英国外交官阿瑟·帕克。她随丈夫在马德里任职时，同一位西班牙高级军官勾搭上，并开始为英国提供情报。后来，她丈夫被派到华沙，她又奉英国间谍机关之命，用自己的色相诱惑了波兰外交部长贝克的机要副官。她通过这位其貌不扬的副官，从外交部长那儿获得了许多秘密文件，复制后便交给英国秘密情报局。

而波兰外交部长贝克上校与德国纳粹分子交往甚密，英国秘密情报局就指示她利用这一点，设法弄到德军的新密码系统。半个月后，一身艳装的辛西亚

与丑副官去布拉格和柏林旅行了一圈回到华沙，果然带回了这种密码系统的索引。这可是无价之宝啊。

当时各国情报机构为了弄清这种密码系统的奥秘花费了大量人力物力都没有结果，但这位以美色为武器的女人却轻易地得手了。英国首相为此也对她大加赞扬，说她是最出色的间谍。

英国情报协调局头目斯蒂芬森见辛西亚在谍界崭露头角，知其终非池中物，便说服她脱离了半死不活的丈夫，改名换姓，正式在自己手下做事。

辛西亚在1941年成为职业间谍后，更加热衷于以自己那勾魂的眼睛和迷人的身材向男性知密者进攻。当然，她的本领不仅仅在于使用美色这一"武器"上。她知识广博，敢于冒险，落落大方，且幽默风趣，善用计谋。

她先在美国华盛顿乔治城的一座寓所小试身手。她的猎物是意大利驻美国大使馆海军军官莱斯上将。这位好色之徒除了女人之外没有别的追求。只要有美人做伴，什么意大利与德国如何履行盟约，什么地中海海战，什么军事机密……统统都可以和盘托出或抛到一边。

辛西亚先让他在"温柔乡"里初尝甜头，尔后故意闭门谢客，多日不理莱斯，大吊其胃口，这一来，逼得莱斯简直要发疯。

为了要辛西亚做他的终身情侣，他向辛西亚提供了意大利海军的密码本。英国皇家海军凭着这份密码，破译了地中海东部意大利海军电报中的全部秘密。

1941年3月28日，意大利舰队在希腊南部的马塔潘角附近惨败于英国海军

手下，几艘巡洋舰都被英国海军击沉。自此，意大利海军在地中海东部对英国海军的威胁基本解除。斯蒂芬森兴奋地说："果然肉弹战胜了炮弹！"英国首相丘吉尔对此也十分满意。

但莱斯上将很快就被逐出华盛顿，回到意大利不久，便抑郁而死。

辛西亚不久又接受了新任务。

斯蒂芬森告诉她："法国维希政府驻华盛顿大使馆，是我们搜集情报的重要目标。如果能全部掌握他们与欧洲联络的外交信件和电报，我们就可能了解轴心国的战略部署。"

维希政府是 1940 年德军侵占巴黎后，由贝当等卖国者在法国南部城市维希成立的亲德傀儡政府。虽属傀儡，但也有其秘密警察组织，对内盯得很紧。外交信件和密码电报是他们驻华盛顿大使馆的核心机密，岂容他人觊觎？

辛西亚也感到与虎谋皮，绝非易事。但她面无难色，一口应允下来。

1941 年 5 月，辛西亚以一个亲贝当政府的美国记者身分，提出了采访维希政府驻美大使的请求。

大使馆新闻处负责人夏尔·布鲁斯上尉审查了辛西亚的申请表，打电话答复说："大使同意美国记者采访。"

辛西亚于是用心将自己打扮了一番。她深知，法国人很看重女性美丽的外表。别看她已 31 岁，但穿上镶有金线花边的连衣裙后，身段依旧格外苗条，一头蓬松的卷发则更使她显得年轻漂亮。她携带一架照相机，走进了维希政府驻美大使馆的花园式别墅。

布鲁斯上尉首先接待了他。对于他，辛西亚早在登门之前就进行过了解。此人原是法国海军航空兵战斗机驾驶员，一年前曾与英国皇家空军军官有过良好关系，对英国人有好感，而且布鲁斯相貌堂堂，长得一表人才。他是个容易被女子吸引的美男子，辛西亚着意打扮，多半也是为了他。

布鲁斯并不忙着将辛西亚引见给大使，他邀这位漂亮的女记者在自己办公室坐下，与她海侃神聊。

采访大使完毕，布鲁斯送别辛西亚。他在门口吻了她的手，约定了再次相见的时间。

第二天一早，辛西亚收到了象征爱情的瑰瑰花和一封上尉的约会信。接着，布鲁斯就被邀请到辛西亚充满温馨的寓所做客。

他俩的暧昧关系发展得太快了吗？不，在英国安全协调局头目斯蒂芬森的秘密指令中，似乎已经对辛西亚"按兵不动"略有微词了。

斯蒂芬森在指令中说："有消息说，英国舰队穿越大西洋行动的情报，正是维希政府驻华盛顿大使馆向德国提供的。务必迅速查明此事真相。难道大使馆那么难进吗？"

要进大使馆，要靠布鲁斯。可是布鲁斯不像个新闻部门负责人，倒像个机要部门负责人，对战事守口如瓶。

要出乎意料之外的是，维希政府经济拮据，下令削减驻外人员，布鲁斯正在被裁之列。他要求继续留在美国，大使表示，他若硬要留下，只能领 50% 的薪金。

布鲁斯陷入了两难境地，既接受不

了半薪待遇，又舍不得离开辛西亚，因为他已经深深地爱上了她。

英国安全协调局指示辛西亚，在经济上和感情上同时稳住布鲁斯。

斯蒂芬森的助手霍华德问辛西亚："说真的，你爱他吗？"

辛西亚谨慎的回答："准确地说，是他爱上了我。"

霍华德说："你得战胜他。"

辛西亚打电话约来布鲁斯，对他说："我俩要想共同生活在一起，看来已没有别的办法。如果我们能为美国情报机构干点什么，就能弄到足够的钱。"

辛西亚没敢说她自己是英国情报机构的人，而只说可以向美国出卖情报。

布鲁斯有些犹豫。辛西亚马上加强攻势，终于使布鲁斯心甘情愿地当上她的"俘虏"。从此，辛西亚能像大使馆官员一样，随意翻阅大使馆的外交邮件以及大使馆的每日简报。当然，她干这些事不是在大使馆，而是在自己的寓所。

布鲁斯从她那里得到了大大超过自己薪金的美元，也得到了她的百般温柔和甜蜜。他不再央求大使给他加薪，也不再担心与美人分开了。

英国安全协调局对于情报的需求是永无止境的。为了顺利实施进攻北非和占领马达加斯加的计划，上司又要辛西亚从维希政府驻美大使馆窃取海军通讯密码。

布鲁斯叫苦不迭："你让我拿回外交邮件，虽然冒点风险，终究还可以办到，但窃取密码就是另一回事了。我没有进入机要室的权利，也不可能打开保险柜。"

辛西亚说："我就喜欢干不可能的事情。"

辛西亚曾企图买通负责保管密码的人，但是连遭失败。她只能采取偷窃一法。

经过申请，英国安全协调局让美国战略情报局从中助一臂之力。美国从纽约监狱中放出一名会撬保险柜的惯偷，配合辛西亚行动。布鲁斯对撬锁贼尽量详细地介绍了保险柜的外形特征。那窃贼果然名不虚传，他马上判断说："这是莫斯勒型保险柜，打开它得用55分钟时间。"

但大使馆夜间有携枪者巡逻值班，还有警犬守门。不要说外人难进，就是馆内工作人员也不能呆在里边过夜。

辛西亚从上司那里弄来了催眠药，化在香槟酒内。布鲁斯又塞给值班员一叠钞票，给他耳语："这几天晚上，有位女朋友要与我做伴，请你行个方便。"见值班员没有反对，布鲁斯拎出一瓶香槟酒，满斟一杯，递过去说："今天是我与这位女友首次相遇的周年纪念日，我们共饮一杯！"

值班员推辞道："上尉，值班时间禁止喝酒……"

"怕什么？就只一杯！"

不料，一杯下肚，他就站立不住，到一旁伏案大睡去了。

布鲁斯一挥手，撬锁贼猫着腰就进了大使馆。

也许是心慌意乱手脚不十分麻利，等最后打开保险柜时，对密码拍照的时间已经不够了。他们怕催眠药药力不足值班员会提前醒来，只好依原样放回密码，锁上保险柜。在窃贼把如何开锁的方法告诉了辛西亚后，他们便悄悄撤出了大使馆。

次日夜间，辛西亚再次被布鲁斯带进大使馆。今天不能再让值班员喝药酒，只能乘他巡逻的空档快速下手窃密。糟糕的是，辛西亚拨动了保险柜的暗码，门却没有打开。只得再从纽约请窃贼。

第三次夜进大使馆，要使值班员不怀疑是很难的。他们摸进大使馆时，刚好碰上值班员巡逻。辛西亚急中生智，立即与布鲁斯在客厅沙发上紧紧搂在一起。

值班员走过来，无意中用手电筒照到了他们。他们没有什么不好意思，倒是值班员像做错了事似地连声道歉又低头退出，再也不来打搅他们。真是，脸皮薄的害怕脸皮厚的，没做错事的对不起做错事的。谁叫他拿了人家的钱嘴软呢？

窃贼又猫腰钻进大使馆，十分利索地打开了保险柜。辛西亚从窗户递出密码本，外面有英国安全协调局的间谍接应。他们在蒙得十分严实的汽车里将密码拍了照。

在值班员巡逻的空档，密码又悄然回到保险柜中。

1942 年 6 月，盟军轻易地占领了马达加斯加，接着，又成功地在北非登陆，几乎没有遇到维希政府军的任何抵抗。这一切，都与辛西亚的情报工作有着密切关系。

盟军名将蒙哥马利说："多亏搞到了密码，辛西亚是改变了战争进程的间谍。"

1944 年，布鲁斯离开自己的原配夫人与辛西亚结合。他们于 1946 年正式举行婚礼，然后在法国定居下来。

用美女倾倒大使

50 年代，戴高乐将军的高级助手、第二次世界大战中"自由法兰西"运动的领导人之一莫里斯·德让，奉命出任法国驻苏联大使。

苏联情报机关早在莫里斯上任前，就通过驻西方的情报机构掌握了莫里斯的全部情况，并且得知他是个十分贪恋女色的人。

在金碧辉煌的克里姆林宫，苏联最高领导人亲切会见了莫里斯，对这位反法西斯英雄给予了极高的评价，并许诺莫里斯可以享受到其他外交官所不能享受的许多特殊待遇。

莫里斯上任后，应苏联政府的邀请，他会见了苏联有影响的官员和社会名流，参加苏联盛大的庆祝宴会、舞会。每次活动，苏联人都特意安排十分漂亮的苏联女人服务在莫里斯的周围。

一次，莫里斯在参加了一位社会名流会见后，乘着酒兴，搂抱亲吻了侍候在他身边的漂亮姑娘。

在一次苏联人安排的莫里斯与他的崇拜者单独会见时，莫里斯的手伸进了这位美丽少女的胸前。

苏联情报机关总部。特里金中将向坐在他面前的第六行动组长交代说："通过我们的一系列尝试，现在可以对莫里斯执行 M6 行动计划。"

莫斯科大剧院的舞台上，四个小天

鹅正在河边高兴地戏水、起舞。莫里斯大使不时地向坐在他身边的苏联外交部的官员赞美苏联芭蕾舞演员的精湛的技艺。

幕间休息时，外交部的官员与一位漂亮女人打招呼。莫里斯只见这位金发女人蓝色的眼睛，高高的鼻梁，细细的腰肢，隆隆的胸脯，穿着一件黑色低胸的晚礼服，十分让人喜爱。

外交官向莫里斯介绍了这位芭柳霞夫人，芭柳霞夫人握着莫里斯的手说："十分荣幸相识尊敬的大使阁下。"

莫里斯盯着芭柳霞的前胸说："我也为有幸与这么漂亮的一位夫人认识而高兴。"

演出又开始了，莫里斯与芭柳霞十分友好地携手进入剧场。

自此后，在盛大的宴会上，莫里斯身边总是坐着芭柳霞。在悠扬的舞曲中，二人翩翩起舞在人群里。汽车里，二人相偎而坐。行路时，二人相挽而行。

在莫斯科大饭店的一套高级客房里，莫里斯肆无忌惮地拥吻着芭柳霞的光洁无瑕、曲线玲珑的裸体。芭柳霞伸直了修长的双腿，呼吸急促，头上浸出了晶莹美丽的香汗……

突然，房门大开，一名身着笔挺西服的大胡子男人闯了进来，从床上拎起芭柳霞，狠狠地扇了她一个耳光，"贱婊子！"随后向刚从床上爬起来的莫里斯扑过去，狠狠地朝他的脸上打了一拳，莫里斯仰天躺下，嘴和鼻子流出了鲜血。这个男人抓起莫里斯的头发，恶狠狠地说："你是什么人，为什么勾引我的夫人！"

莫里斯急促地喘着气说："别打，我是法国人！"

双手捂着高耸乳房的芭柳霞赶紧跪倒在莫里斯身边："别打了，他是法国大使。"

"呸！"大胡子男人站起身来，狠狠地踢了莫里斯一脚，然后从怀里掏出一个照像机。

随着一声声快门响，赤身裸体的两个男女的丑态被摄入了镜头。

突然，又有两个人闯进了卧室，原来是苏联外交部的两位官员。他们让大胡子把已穿好衣服的芭柳霞带走，房间里只留下莫里斯。

走出房门的大胡子轻轻地抚摩着芭柳霞青紫的脸，二人会心地笑了。

在这间客房里，苏联的一位高级官员会见了莫里斯大使，向他交底：只要他为苏联人办事，这个丑闻就可以不加追究。莫里斯无可奈何地低下了头。

不久，法国情报机关了解了大使落入圈套的详情，法国政府立即将莫里斯调回国内，才没有给法国的利益造成太大的损失。

痴堕情网泄情报

1985年前后，西德政府曾披露，近几年抓获的316名间谍里，为数最多的是以性取胜。仅仅在联邦政府里，就有10多名女秘书被拉下水。波恩有关部门在街头贴出了广告画，告诫人们："当英俊的小伙子向你微笑时一定要当心，这可能会使你因间谍罪入狱！"联邦政府各部门都贴着如下的布告："警惕暗中的唐璜般好色之徒，甜言蜜语能撬开保险柜！"

隆诺·海因兹百无聊赖地呆在公寓里，不知做什么好。这是一个周六的下午，姑娘们都出去约会游玩去了，而这个任西德外交部秘书的35岁老处女却早已没有男子的垂青了。正当海因兹寂寞难耐的时候，门铃响了。她打开门，吃了一惊：门口站着一个仪表堂堂、风度潇洒的男子，他手里捧着一束鲜艳的玫瑰花，脸上却有一种忐忑不安的神情。

"您好，格特弗里德小姐，"他看到海因兹迷惑不解的样子，有些窘迫地说："难道您不是格特弗里德小姐吗？那我一定是弄错了，看来我上了一个玩笑的当了。"陌生男子忙把手里的玫瑰花递过来："太抱歉了，请原谅我的失礼，把这些玫瑰收下吧！"

海因兹小姐从来没有遇到过这样的事情，她那刻板的生活始终被每天大量的机密文件所占据，她好奇地问："您来这找谁？"

男子温存文雅地递过一张名片："我叫谢特林，怎么说呢？说来话长……"

海因兹对他顿生好感，于是她微笑着请他进屋，喝一杯咖啡。

两个人坐下，谢特林详细讲了他来这里的经过。他是一个电影摄影师，工作使他一直漂泊不定，因此，现在虽已过40，仍然孤身一人。"前不久，我给报纸上的'寂寞的心'写信，后来收到了一个女人的回信，她寄给我照片和一个地址，我就按这个地址找到您这。谁料到，原来这是一个玩笑。唉，不知什么人在戏弄我这个不幸的人。"

两个孤独的中年男女由于浪漫的误会遇到一起，感到格外亲切，他们畅快地谈了起来。两个人发现，自己很久没有这种倾述心怀的渴望了。两个人都感到好像彼此早就非常熟悉，好像自己长期以来期待的就是对方。接下来，他们一起看电影、听音乐、吃饭、一起在温馨的夜风中漫步于莱茵河畔。谢特林对海因兹关怀倍至，体贴入微。很快，两个人宣布结婚，成就百年之好。这时，谢特林开始要求海因兹把外交部的机密文件拿回家里。被迟来的爱情弄得痴迷如醉的海因兹想尽办法满足丈夫的要求。她做了一个特殊的手提包，里面有一个夹层，每天上班时带上它，把文件偷偷放在里边，中午带回家，下午上班时再把文件放回去。这样整整6年，她为谢特林带回了3000多份秘密文件，其中包括北大西洋公约组织"法拉克斯"和"法拉克斯66"两次军事演习的详细情况，而这两次演习是为了检验西德武装力量的战斗准备情况和北约防御准备情况的。文件中还有1963年在加拿大举行的一次北约重要会议的备忘录，有西德为对付苏联情报活动而部署的每一个反间谍计划的材料。

有"美女计"，就必定会有"美男计"。除了进攻对手的性别不同外，二者在各方面同出一辙。女人在情感方面的需要比男性更迫切，因此以情感为诱饵，或直接或间接地拉其入伙，为己所用，一般对方是无法察觉更难以抵御的。

港姐淫诱囚关员

22岁的赖志海出生于广东的一个山

村，小时候，他整天放牛，家境十分贫困，他打心底里也没有想过穿金戴银的生活。他高中毕业，碰上海关招工，就去考，考上了，被分配到海关当关员，负责对入境货物征税。他十分清楚，在他的手上如果"松一松"，非法物品就会畅通无阻地进来，就会赚大钱，就会给国家带来莫大的损失。

他到海关工作整整一年，不曾痛痛快快休息过一天，几乎天天都要当班。一个风和日丽的星期天，领导见他有女朋友找上门来邀请他去玩，便批准他全休一天。他穿上一套崭新的制服，把皮鞋擦得锃亮，带着女友到风光明媚的西丽湖渡假村游玩。他俩跳进游泳池里来个鲤鱼跳龙门……快乐极了。

当他们进餐厅进午餐时，一位约35岁，长得风骚漂亮的女人，老盯着他俩，若有所思；这女人穿着半身衣，身上能够露出来的部分都露出来了。一会儿，她向他俩姗姗走来，坐在赖志海的女友陈秀珠的一旁，一只手亲热地搭在陈秀珠的胳膊上。陈秀珠此刻莫名其妙，正想推开这位女人的手时，这位女人就抢嘴说："喂，不认识啦！那天陈老板在江边酒楼举行生日庆祝会上，我不就和你碰过杯。"陈秀珠想了又想，才想起来。

这女人名叫葛玉珍，原香港一家玩具厂的职员，因不愿一天到晚地干那周而复始的活儿，前年，她辞了职，来到广东做"生意"。她曾以做生意为名，和100多名香港及内地男人发生性关系。她谈生意，不是把眼睛盯在货物的价格上，而是盯着有"实力"的人员。她表

面和赖志海的女友说话，但眼珠老直视着赖志海。

过了两天，葛玉珍去找赖志海。寒暄之后，她问起他的家庭情况和个人生活。他一一如实说了，她同情地说："你的家庭在农村，你又孑然一身在外工作，经济上又不宽裕，如果没有钱用，就说一声。""不用！不用！我每月200元工资够了。"

"哈哈哈……"葛玉珍大笑起来，"真是可怜，你200元工资，还不够我吃一顿饭，现在深圳的物价高，饮杯咖啡都要六七元！看你还吃青菜炒肥猪肉，像个啥……"葛玉珍临走时，从小包里拿出一张一百元面额的港币，硬往赖志海手里塞。以后，葛玉珍就一次又一次地找赖志海，赖志海也一次又一次地应邀出席或在家等候。

有时，她请他去酒家饮茶；有时，她给他一二百元港币；有时她送他一套西装；有时她送他一条金项链。

赖志海做梦也没有想到，能有这位港姐姐，真是天赐厚福，她是好心人。渐渐地，赖志海和女友陈秀珠疏远了，他对葛玉珍说："秀珠是工人，没啥出息，就算一天上24小时的班，也发不了财。她酸得很，一分钱掰两半用。"

一天傍晚，赖志海接到葛玉珍的电话："喂，老弟吗？我从香港过来，现在在大园宾馆304号房，今晚你来我这里一下……"

赖志海放下话筒看看表，还差一个小时才能下班。他多想时间走快一些啊。

下班了，赖志海便骑着单车直奔大园宾馆，敲响了304号房的门。门开了，

港姐葛玉珍着一套薄薄的透明睡衣迎他而来，赖志海初次见到葛玉珍这模样，不大好意思，葛玉珍笑了笑说："我很累，刚睡了一阵子，你把我敲醒了。"随即她关上门。葛玉珍突然把眼睛紧紧地一动也不动地看着赖志海，显得特别温柔，她像发现了什么似的，身子摇动了一下，说："志海，你还未吃饭吧，闻你一身汗味，快冲凉去，冲完凉去吃饭。"她边说边挨近他，用手来解他的衣扣，关心地说："后生仔要会打扮自己，干净一些，姑娘才看得上嘛。"赖志海有点慌了神说："用不着你帮忙解衣。"赖志海走进浴室。当他擦干身上的水，正要穿衣的时候，葛玉珍推开了浴室的门。赖志海不知所措，急急转过身去面对着墙壁。可这时葛玉珍已撮着嘴，双手伸向了他。

"吻我，抱我……"她命令地说。

"这，这……"他不知说什么好，只好勉强去吻她。

他们一边亲吻，葛玉珍一边把赖志海拉到了床上……她继继续续地说："赖弟，你爱我吗？我一看到你就想'这个'，我平时给你钱用也是想'这个'，你不嫌我年纪比你大吧，不过我才30岁多一点，我看，我比内地20岁的姑娘还显得年轻。"她把他搂得紧紧的，简直连气也喘不过来。

半小时以后，她从床上起来，拿起放在桌上的照相机，边调光边说："我们照一张合影作纪念好吗？"他不说话，由她说什么做什么，像是一匹被驯服的马。她调好自动快门后，随着"嚓"的一声，拍下了一张双双全裸的照片。她高兴极

了。对他说："快穿上衣服，一起去餐厅吃饭去。"

饭后，她带他回房里……他完全听她的摆布。快12点了他欲走，又停了脚步，似乎还有什么要说，却难以启口，久经沙场，善于察颜观色的葛玉珍，早就摸透赖志海贪财的心理，她知道他在想什么，就装糊涂地说："唉，都叫我给忘记啦！还没给你买彩色电视机呢。"说着，她便从小钱包里掏出五张一千元面额的港币递给他，说："深圳进口的彩电多的是，你拿这钱去买吧！"

她一手把钱递给他，一手拧着他的耳朵说："你现在又想摆阔气，又不会赚钱，靠领国家的200元钱，够啥用的，我没约束你吧！内部人有内部钱嘛！看你这个穷酸样！""老港姐"此时不再是刚才那么温柔了，两只火热的眼睛变成了一双冷眼。

赖志海接过钱后，心里自然喜滋滋的。他有时也想过，葛玉珍为啥对他这般好意？她现在分明是叫我赚钱，我凭什么办法赚钱呢？他不解地请教她，她狡猾地摸摸他那钥匙模样的肩章说："靠这个。"赖志海还不理解她的意思，她觉得现在还不是说破的时候，莞尔一笑，叫他回海关了。

赖志海和葛玉珍称姐道弟已有4个月了。可赖志海从不过问葛玉珍的详细家庭情况及她的历史，他只知道她是一位荡妇，又是一位穿金戴玉的好姐姐。可葛玉珍对赖志海是摸透了的。她知道他在海关，负责进出口货物的关税工作，她不知道他单位党支部研究过他入党的事，打算发展他为共产党员，他升迁的

可能很大。葛玉珍想，现在该是向赖志海"吐露真情"的时候了。一天晚上，她约赖志海到她的老客房304号。见面先来一番亲昵后说："老弟，我们做个生意，好不好！你有钱赚，我有财发，两全其美嘛。"赖志海从来没有沾过生意的边儿。听见"生意"两个字，脑子里就糊涂，好一阵子摇摇头说："我不会做生意。"

"我做生意是做你懂行的，只要你做个帮手，就会成功的。"葛玉珍说。

"我懂……"赖志海高兴地一笑。

"是的，你不是负责进出口货物打税这项的吗！"葛玉珍画龙点睛。

赖志海毕竟是读了10年书的人，也悟出"懂行"的真谛，说："走私?!"

"对！就干这个，不费吹灰之力，就可赚大钱。"葛玉珍说。

赖志海想了又想，心里确实有些害怕："万一被发现了，会坐牢的。"

"你知我知，如果你我不说，只有鬼才知道哇！"葛玉珍说。

"那你想做什么生意？"赖志海又胆怯又镇定地问。

"现在海外'的士'小车在内地畅销，是热门货，赚的钱又大，就做这个。"

她和他谈了大半夜，策划了一套行之有效的计划。她约好了时间地点后，又把入关的大货柜司机名字告诉他。

第二天一早，她就从香港开始发"的士"进关了。其实"老港姐"那边的货早就准备得差不多了，只等赖志海上钩就干。

下午3时，赖志海按约好的时间在如龙的车队入境通道上当班，心里背诵着葛玉珍告诉的一切，时刻准备"战斗"。

葛玉珍指定的香港司机把车开来了，这辆大货柜车上装有两台崭新的"的士"小车，他看看司机，司机看了看他，互相都心照不宣，他接过司机递给他《来往香港汽车进出境签证簿》后，故意认真看了几下，便利索地在本子上画了又画，当空车一样入关了，关税完全在他的笔下勾销了。

成功了。已在深圳等候的葛玉珍，又把这两台走私的"的士"马上卖给别人。然后，她按照1/3分成，把这个"一"交给了赖志海，这样，4万元"介绍费"不费吹灰之力地到了赖志海的手里。

赖志海毕竟不是生意老手，从来没见过这么多的钱，他拿着这笔钱心里有点害怕。他想，干这一次算了，不再做了。

可葛玉珍是个见钱眼红的人，她想，好不容易才找到这条"金钥匙"叫她怎能就此罢手呢！"万一……我就……"这下葛玉珍不像初次那样柔情绵绵苦口婆心地"开导"他了，也不称姐道弟了，她狡猾地说："你已经干了，我一告发你就完蛋！"说着，她又从衣袋里拿出一张和他合影的裸体照片："你看这是什么，不怕我说出去吗？"

赖志海这下愣住了，伸手把照片抢过来撕烂，但葛玉珍不慌不忙地说："你撕也没用，底片放在香港我家里，一分钟就可以洗出一百张来，给你们海关上上下下，当然也包括你的亲朋好友，每人都送一张去，到那时，我看……""老港姐"一阵狂笑。

在这个时候，赖志海如哑巴吃黄连，有苦说不出。他只好答应她。

一日，赖志海又如往常一样，站在进口车辆的检查通道上，等待着那位司机开车到来。可是已是上午10点半钟了，还差半个小时，下班顶班的关员就要来顶替了，但还不见那位熟悉的司机把大货柜车开来。他急了，不时地看葛玉珍送给他的那块高级石英纳格手表，不时地望香港那边公路，想在车队里寻找那位又高又瘦的司机。

还有5分钟就下班了，顶替他的关员来了，就在这时，司机开着大货柜车装着两台崭新"的士"来了。

怎么办，如果在这个时候干这"勾当"，肯定要被这位要顶班的关员发现。不干，这两台走私"的士"就会被没收，这位司机就会扣留，自己所干之事就会暴露。

在进退两难时刻，他急中生智，对那位要顶班的关员说："你顶班还差几分钟，你先到休息室喝杯茶再来吧！"那关员不知其中有鬼，见他这般关心，便到休息室里去休息了。

那位关员走后，赖志海三下五除二地为那位又高又瘦的司机办好手续。

然而，没有"不漏风的墙"。赖志海终于难逃法网。不过在罪行中还加了一条就是参与国际流氓团伙走私黄色录像带。

原来那位"老港姐"的"的士"里装满了来自世界各地的黄色录像带。案发后搜出来的就有100多盒。

运用女星占市场

70年代，香港社会的市场背景发生了变化，人们在不愁温饱的富裕社会中，对商品质量的要求在不断提高，一些廉价质劣的商品逐渐被包装精美、牌子响亮的产品所取代。香港的卫生巾市场这时充斥着劣质的卫生巾，主要是香港本地制造和从大陆进口的。其特点是：体积大、吸水能力差、质地粗糙，给使用者造成极大不便。即使是部分品质较佳的卫生巾，也缺乏推广宣传，其知名度甚低。在当时，厂家派工作人员到一些中学向初中生灌输生理知识，并顺便推荐介绍卫生巾产品，已经算是比较直接的形式，加上当时的超级市场较少，开放式的药房仍未普及，卫生巾的主要销售渠道是小药房，所以消费者只能靠互相口传，获得新产品的信息。当时的小药房多是封闭式的而且店员又以男性为主，因此连推销员口头推销也很困难，这样就使女性卫生巾市场成为一个半封闭式的地下市场。

70年代后期，香港的经济已起飞了近十年，个人收入增加，女性劳动人口增多。这个现象为市场推销人员提供了重要的信息，如何替这些职业妇女解决每月生理周期带来的不便和困扰，便是一个极具潜力的市场，飘然卫生巾的生产商及时发现了这个潜力庞大的市场，便决定推出优质的卫生巾用品争取市场占有率。

飘然首先在产品品质方面下了一番功夫，做到了体积小，方便女性使用和携带；吸水性强，减少了更换次数，并将卫生巾表面也做得柔软轻顺，强调"贴身享受"；随后又推出了"自动粘"装，可以粘固在衣物上，非常安全可靠。各种改良正切合新时期职业女性的需要，飘然把目标市场定位在职业女性，被塑造成时代女性的宠物。

品质改良以后，宣传推广就成了飘然走向市场的关键。飘然一反传统，决定堂堂正正地宣传这种在当时被传统观念认为是禁忌的商品。飘然卫生巾的广告在选角时，经过一番沉思，最后选中了由香港无线电视台举办的第一届香港小姐选美的冠军得主孙泳恩，她活跃在商界，曾多次参与主办地产展览而给人们留下时代女性和女强人的形象，由孙泳恩向她的职业姊妹们推荐介绍自然能收到事半功倍的效果。

在晚上的黄金时间，电视片的一集刚刚播映完毕，荧光屏上出现了一位香港人极为熟悉的面孔——第一届香港小姐冠军孙泳恩，她正快步走过斑马线，突然一辆汽车从旁驶来，孙小姐潇洒地伸出左手食指，正像古龙小说中的陆小凤使出平生绝技灵犀一点般指向驶来的汽车，汽车在孙小姐身旁戛然而止。这位漂亮迷人的小姐飘然走过斑马线。接着电视机里传来旁白介绍一种崭新的产品，一种可以令女性在"不方便"的日子里仍然如常活跃，神采飞扬的产品，这种新产品便是给女性的飘然卫生巾。

这则广告在当时的香港推出，使得飘然卫生巾和第一届香港小姐同时成为市民茶余饭后的话题。飘然敢于在当时仍受传统的中国世俗文化影响的香港社会打出旗号，隆重推出卫生巾的新产品，加上广告片的可观性和艺术性，令全香港市民都知道了飘然卫生巾这种新产品，飘然也就成了卫生巾的代名词。虽然播放飘然卫生巾广告令坐在电视机前的一家老小感到尴尬，有些女性可能被子女或弟妹追问飘然卫生巾是做什么用的，使其感到难为情，但重要的是，广告中所陈述的飘然卫生巾的优点，尤其是片中孙泳恩的飘然自在，深深印入她们脑海，在选购个人卫生巾时，试一试飘然便成为一种无可抗拒的冲动。

在成功地占有职业女性这个市场之后，飘然又加强了宣传攻势，攻入整个女性市场，市场占有率达到30%，独领风骚十多年，面对众多竞争对手的挑战，始终屹立不倒。直到美国的宝洁在香港推出护舒宝，飘然的大姐大地位才受到真正的威胁。

宝洁是美国一家非常成功的消费日用品制造公司，名列美国500家最大公司的前列。最初宝洁是以美国本土市场为主，但随着美国经济增长速度的放缓，世界市场对它变的日益重要。以生产个人卫生用品起家的宝洁，希望在香港占有一席之地。经粗略估算，香港要买卫生巾的适龄女性约150万人，以每人每月消费20元计算，这个市场的总生意额是3.6亿元。以纯利5%计算，一年获利可达400万元。如此丰厚的收益，宝洁便开始计划推出自己手上的一张皇牌护舒宝，要与飘然一决高低。

要想成功地推出护舒宝，对宝洁来说就要解决好两大问题。一是消费者对新产品的心理抗拒，尤其以食品和个人卫生用品为甚，卫生巾是最贴身的个人卫生用品，如何吸引消费者试用新产品便是一个大问题；二是进入一个牌子平均分散的市场较进入一个已有压倒优势牌子的市场容易，宝洁正是面对着一个已有压倒性优势牌子的市场。

针对这两个问题，宝洁实施三大战略：一是品质改革。护舒宝最重要的部分就是最底层的吸水垫，具有强力吸水功能，上面加两层干爽网，并把这三层物质厚度减至最小，做到了吸水力强、更替次数少，外面干爽柔软、体积小、使用和携带方便等。二是大规模分派免费赠品吸引试用。三是名人推荐介绍宣传。

护舒宝是以职业女性为首选对象，所以选择名人的身份和形象必须切合职业女性的标准。护舒宝的第一辑广告片由张艾嘉担任。她是影后，演技出众，形象有时代感，亦属事业型，这对飘然的目标市场有极大的影响。广告主题以轻快的调子衬托着现代生活的动感，张艾嘉在轻松洒脱的节奏中带出产品的优越性能。这则广告刚播映便引起了很大的反响，很多女性都跃跃欲试。

继张艾嘉之后，宝洁再请另一位巨星张天爱。她的父亲是华侨，活跃在香港商界，并先后出任香港市政局主席及立法局议员。张天爱在几年前香港小姐竞选中因表演芭蕾而一举成名，继而进军影视界为港人熟悉，后因故退出。但仍活跃于上流社会的社交场合。这次复出，以独白的形式为护舒宝推介，其名流的身份，更显措辞诚恳，护舒宝优良的品质得以信赖。

两位明星的推介，使护舒宝取得了骄人的，亦是惊人的成就，在短短的两年时间里，市场占有率直线上升到22%，直逼大姐大飘然的地位。飘然借助孙泳恩发家，十年辛苦经营所取得的成就，已被宝洁借助张艾嘉、张天爱推介的护舒宝撼得岌岌可危。

用丽人、佳媛为自己做广告、宣传，能达到可观的效果。从以上的两个例子中我们已看出，"飘然"用孙泳恩而成功的达到了女性卫生巾市场占有率的30%，且独领风骚十多年，面对众多竞争对手的挑战，始终屹然不动。"护舒宝"用张艾嘉与张天爱取得了骄人的成绩：两年间市场占有率上升到22%，而且严重动摇了"飘然"的地位。当然，并不是产品只要靠演美人计都能一炮打响，我们千万要走出这个误区。美人计是一种手段，长期占领市场，赢得消费者，产品质量是很重要的。"飘然"在仔细研究市场之后，首先在产品品质方面下了一番功夫，靠各种改良来方便消费者的使用需要；宝洁公司实施的第一大策略就是品质改革，做到了吸水性强、更替次数少、外面干爽柔软，体积小、使用和携带方便等。它是想消费者所想，所以才能成为旺销产品。

利用明星作广告

东洋螺莹公司由于原料库存多，而且合成纤维强韧，销路呆滞。正当公司决定以流行方式来推销时，恰好传来美国明星东尼·泰勒将要来日本的消息。东洋螺莹公司精心制定了一个广告计划，因泰勒曾主演影片《黑色闪电》引起轰动，给人以黑色的印象，所以东洋螺莹公司决定制作适合他的黑色雪衣，准备在赴日本时让了穿。这一广告计划分如下步骤开始实施：

（1）在两个月内，不断地在杂志、周刊上分别刊登以"泰勒的黑色"是今年的时尚为主题的广告；

（2）泰勒赴日后，以"泰勒来了"，"泰勒穿的雪衣"为标题，刊登报纸广告；

（3）召开记者招待会，请摄影记者照像，并把穿上"黑色雪衣"的泰勒的照片大肆渲染，在日本全国掀起了泰勒的热潮；

（4）百货公司前摆放身穿雪衣的泰勒的高大照片，零售商也开始了赠送照片的活动；

结果，东洋螺莹公司获得了巨大的成功，头一年仅卖七八十件的雪衣，第二年因泰勒的广告效应，一下子销售雪衣4万件、棉裤1万多条。

第三十二计　空城计

【原典】虚者虚之，疑中生疑。刚柔之际[1]，奇而复奇。

【按语】虚虚实实，兵无常势[2]。虚而示虚，诸葛而后，不乏其人。

如吐蕃[3]陷瓜州，王君焕[4]死，河西恟惧[5]。以张守珪[6]为瓜州刺史，领余众，方复筑州城。版干[7]裁立，敌又暴至，略无守御之具。城中相顾失色，莫有斗志。守珪曰："彼众我寡，又疮痍[8]之后，不可以矢石相持，须以权道制之。"乃于城上，置酒作乐，以会将士。敌疑城中有备，不敢攻而退。

又如齐祖珽[9]为北徐州刺史。至州，会有陈寇[10]，百姓多反。珽不关城门，守陴者皆令下城，静坐街巷，禁断行人鸡犬。贼无所见闻，不测所以，或疑人走城空，不设警备。珽复令大叫，鼓噪聒天，贼大惊，登时走散。

【原典注释】①刚柔之际：《易经·解卦》："象曰：刚柔之际，义无咎也。"意思是说：在既刚又柔，非刚非柔，刚柔混杂的情况下，往往不会受到大的伤害。即情况不甚明了，虚虚实实，使敌人摸不清情况，不敢贸然进犯。

②兵无常势：见《孙子·虚实篇》："水因地而制流，兵因敌而制胜。故兵无常势，水无常形。"即军队没有固定不变的状态。

③吐蕃：唐时生活在青藏高原一带的少数民族，建立了自己的国家，曾称雄一方。

④王君焕：唐将，字咸明。开元中为河西陇右节度使，因为击破吐蕃有功，升任大将军。后吐蕃攻陷瓜州，回纥等部叛变，君焕战死。

⑤河西恟惧：河西，唐代方镇，治所在今甘肃武威，管辖的地方相当于今甘肃省河西走廊。恟惧，恐惧，恐惧不安。

⑥张守珪：唐将，开元中为瓜州刺史。

⑦版干：版，夹板；干，是筑墙夹板两头所立的木桩。古时筑墙，两个板子相夹，当中放土，用杵春打实。

⑧疮痍：伤病，疾痍。指战争创伤。

⑨祖珽：北齐范阳人，字孝征，曾任北徐州刺史。北徐州：北齐设置，治所在今安徽凤阳东北。

⑩陈寇：陈，指南朝的陈国；寇，指进攻、入寇。

【原典译文】兵力空虚的，再故意显示出虚弱的样子，使敌人疑惑不定，摸不清你到底是强还是弱，因而不敢贸然行动。这是一种更加奇妙的计谋。

【按语译文】实实虚虚，虚虚实实，

用兵没有固定的方式。空虚时有意显示空虚，这种方法自诸葛亮以后，运用的人并不少。

如：公元727年，吐蕃人攻陷了瓜州（今甘肃省安西县），唐朝守将王君焕战死，河西地区的百姓非常恐慌。朝廷又派张守珪做瓜州刺史，他到任后立即带领没有逃走的军民修筑城墙。刚安置了木桩大板在打墙，吐蕃人又突然来袭击。大家没有一点防御工具，城里人你看我，我看你，惊慌失色，毫无斗志。守珪说："敌众我寡，我们又刚遭受过战争的创伤，不能用利箭、石块和他们相对敌，必须用谋略去战胜他们。"于是他命令在城上摆好酒席，和将士们饮酒作乐。吐蕃人怀疑城内有了准备，不敢进攻，撤兵而去。

又如，公元573年，北齐祖珽做北徐州刺史，刚到任时，就碰上南陈大举入侵，当地老百姓很多人参与暴乱。祖珽命令不要关闭城门，让守城的士兵全从城墙下来静静地坐在街巷里，禁止行人通行，连鸡犬也不能乱叫。南陈军队什么也看不到、听不到，不知道是什么缘故；有人还怀疑人都跑了，是座空城，无人防守。这时祖珽又命令士兵突然高声大叫，喊杀声震天动地。南陈军队大吃一惊，顿时逃散了。

【传世典故 计名探源】春秋时期，楚国的令尹（宰相）公子元，在他哥哥楚文王死了之后，非常想占有漂亮的嫂子文夫人。他用各种方法去讨好，文夫人却无动于衷。于是他想建立功业，显显自己的能耐，以此讨得文夫人的欢心。

公元前666年，公子元亲率兵车六百乘，浩浩荡荡，攻打郑国。楚国大军一路连下几城，直逼郑国国都。郑国国力较弱，都城内更是兵力空虚，无法抵挡楚军的进犯。

郑国危在旦夕，群臣慌乱，有的主张纳款请和，有的主张拼一死战，有的主张固守待援。这几种主张都难解国之危。上卿叔詹说："请和与决战都非上策。固守待援，倒是可取的方案。郑国和齐国订有盟约，而今有难，齐国会出兵相助。只是空谈固守，恐怕也难守住。公子元伐郑，实际上是想邀功图名，讨好文夫人。他一定急于求成，又特别害怕失败。我有一计，可退楚军。"

郑国按步詹的计策，在城内作了安排。命令士兵全部埋伏起来，不让敌人看见一兵一卒。令店铺照常开门，百姓往来如常，不准露一丝慌乱之色。大开城门，放下吊桥，摆出完全不设防的样子。

楚军先锋到达郑国都城城下，见此情景，心里起了怀疑，莫非城中有了埋伏，诱我中计？不敢妄动，等待公子元。公子元赶到城下，也觉得好生奇怪。他率众将到城外高地了望，见城中确实空虚，但又隐隐约约看到了郑国的旌旗甲士。公子元认为其中有诈，不可贸然进攻，先进城探听虚实，于是按兵不动。

这时，齐国接到郑国的求援信，已联合鲁、宋两国发兵求郑。公子元闻报，知道三国兵到，楚军定不能胜。好在也打了几个胜仗，还是赶快撤退为妙。他害怕撤退时郑国军队会出城追击，于是下令全军连夜撤走，人衔枚，马裹蹄，不出一点声响。所有营寨都不拆走，旌旗照旧飘扬。

第二天清晨，叔詹登城一望，说道："楚军已经撤走。"众人见敌营旌旗招展，不信已经撤军。叔詹说："如果营中有人，怎会有这样多的飞鸟盘旋上下呢?他也用空城计欺骗了我，急忙撤兵了。"

这就是中国历史上第一个使用空城计的战例。

【名家评点 破解方略】"空城计"是一种成功演绎的心理战术。在我方无力守城的情况下，故意向敌人暴露我方城内空虚，以引起敌方的猜疑，其惧怕城内有埋伏，从而犹豫不定，不敢贸然进攻。但这是悬而又悬的"险策"。使用此计的关键，就是要清楚地掌握敌方将帅的心理状况和性格特征。诸葛亮使用空城计解围，就是他充分了解司马懿谨慎多疑的性格特点才敢出此险策。

值得注意的是，运用此计时，必须慎之又慎，万万不可露出破绽，一旦为敌方识破，那将是险上加险，一败涂地。此外，"空城计"只是权宜之计，真正达到退兵目的，需要借助别人的力量;最后要战胜敌人，还得靠过硬的军事实力。

经典案例　锦囊妙计

成皋空城胜庞涓

韩国太子依照孙膑的嘱咐，撤回韩国境内后便安营扎寨，与国都的韩军形成犄角之势。

庞涓带领几个将军来到韩国太子的大营前察看虚实，太子大营营门紧闭。庞葱对庞涓道："叔父，孙膑多日来紧闭营门，他是不是想拖住我们？"

庞涓沉默了好一阵子，道："孙膑好像不在营内……"

庞葱不解，问道："叔父由何而知？"

庞涓道："孙膑作战，虚虚实实，他要是害怕我们，就会摆出不害怕的样子，不会紧闭营门而不出；他要是想拖住我们，就会摆出决战的样子，也不会紧闭营门不出的……"他突然想到什么，对庞葱："他一定是去了成皋……庞葱，我率大军立刻赶往成皋，你带一万人马留在这里，牵制韩国太子。"

孙膑夺取成皋后，知道庞涓不会善罢甘休，为了做好长期坚守成皋的准备，孙膑命令将军们留下少量军队，带大部士兵到城外征粮。他不放心太子，让钟离春骑快马前往国都方向，监视庞涓的大军。

钟离春很快就回来了，并给孙膑带来一个坏消息：庞涓的先头军队离成皋只有三十里路。

孙膑纵是谋略过人，也有些不知所措了，惊道："他们怎么来得这么快！"

钟离春道："看来，太子没能牵制住庞涓。"

孙膑非常后悔，道："真是一招不慎，满盘皆输……"

钟离春安慰他道："先生，鬼神还有失算的时候，何况人呢……还是赶快想个计策，对付庞涓吧。"

孙膑叹道："真没什么计策了……城里军队不多，而且大都是一些有伤病的士兵……"

钟离春道："速把征粮的军队叫回来。"

孙膑摇头道："来不及了……"

钟离春道："那放弃成皋，我们到城外集结征粮的军队。"

孙膑道："区区五千军队，再没有了城池，无法与庞涓的数万大军对抗。"

钟离春道："我们不与庞涓对抗，回国都与太子的大军汇合，重新夺回成皋。"

孙膑道："如果成皋第二次失陷，大王就不会再给我们夺取成皋的机会了。"

钟离春问："那……你说怎么办，留在成皋，束手待擒？"

孙膑沉默不语，巧妇难为无米之炊，一个没有士兵的将军战又战不得，跑又跑不得，那这个将军还不如一个平民百姓！

钟离春有些沉不住气了，催道："你说话呀，实在没办法，我们就走。"

钟离春这么一催，反而令孙膑平静下来了，他问道："我方才忘问你了，魏国的先头军队是轻装还是重载？"

钟离春回答："轻装。"

孙膑欣然道："我有主意了……"

钟离春问："什么主意？"

孙膑平静地道："打开大门，让士兵们全部隐蔽起来，放魏军进来……"

钟离春急了，道："打开大门，这叫什么计策？这跟束手待擒有什么区别？"

孙膑道："这也许是最好的退敌之计……"

孙膑命冯将军速往城外，命城外征粮军队停止征粮，隐蔽待命，然后招集城内的将军，把自己的计策告诉他们，随后解释道："……开城迎敌，并非我凭空想象，三百年前，楚国公子元率大军攻打郑国国都，郑国人在迫不得已的情况下，打开城门，诈退了楚军，而今我也是不得已而为之。庞涓的先头军队轻装直奔成皋，其意在打我们个措手不及，若用此计便会使他产生疑惑，不敢轻易进攻，我们再让城外征粮的军队装作伏兵，在埋伏中露出破绽，使其疑上加疑，他们退兵数十里。到那里，城外的军队立刻进城，立即做好守城准备。"

有将军道："军师，如果庞涓的将军看破你的计谋，我们就危险了！"

孙膑道："我向来用兵是虚中有实，庞涓是屡屡吃亏，这次我们虚中无实，他们还会以为是虚中有实。"

将军们认为孙膑说的确实有道理，便不再怀疑孙膑的计策。

不足一个时辰，魏国的先头军队就到成皋城外。领军的费将军见成皋城门大开，行人往来不断，好像一点防备的样子都没有，不由纳闷。随行的将军道：

"费将军，既然敌人没有防备，我们就来个突然袭击吧。"

费将军道："元帅说过，孙膑作战一向虚虚实实，城门大开，是装作毫无防备，诱我进攻，然后图之。"

费将军命令奸细马上混进城内，查明详情，同时派人到城外四周查探，看有没有伏兵。最后才命令军队，作好攻城准备。

随行将军不解，问："费将军，你不是说孙膑有诈嘛，为何还要攻城呢？"

费将军道："我也给他来个虚虚实实，真真假假。"

费将军的这一步棋确实令韩国的将军们惊恐不安，他们认为魏军已经看破了孙膑计策。

钟离春道："先生，现在把城门关上还来得及。"

将军们随声附和："若不关闭城门，庞涓的军队突然袭击，就麻烦了。"

孙膑沉思片刻，道："他们这是试探。"

将军们道："军师，还是小心为好。"

孙膑正色道："我从来不做没有把握的事……你告诉所有人，让他们按计策行事，违令者，斩。"

将军们虽心存疑惑，但还是按孙膑的命令而行。

人们都说孙膑有百战百胜之能，可他也是肉身凡人，是人就有人的弱点：脆弱。只不过孙膑善于掩饰人的弱点而已。当将军离开他的住处，他身边只有钟离春的时候，他再也无法掩饰了。

钟离春问他："先生，你是不是很有把握？"

孙膑道:"没有。"

钟离春又问: "那为什么要打开城门?"

孙膑道:"没有退路了。"

钟离春再问:"那庞涓的大军要是看出先生的计策,怎么办?"

孙膑道:"只好认了。"

钟离春急了。道:"先生,我现在带你悄悄离开。"

孙膑道:"不行,一个军队的统帅就是死也不能抛弃自己的军队,抛弃了军队就再也没有资格做军队的统帅,我是一个兵家,没有了军队,在这个世上还能做什么?还不如死了好。"

钟离春不无伤感,只喊了一声:"先生……"就说不出话来了。

孙膑忽然感到了从未有过的软弱与无奈,轻声道:"钟离姑娘,你一个人先走吧。"

钟离春断然道:"我不走。"

孙膑用命令的口气道:"你走吧!"

钟离春眼里含着泪,道:"我不走,我既然跟随先生,就要和先生在一起,生也在一起,死也在一起。"

也许每个人只有将要走完人生全部的历程时,才能领悟到爱情的可贵;也许每个人只有走到生命尽头的时候,才会说出心中最后的秘密。此时孙膑终于打开了关闭了很长时间的心扉,轻轻道:"钟离姑娘,我曾经伤害过你,别记恨我,在齐国的时候,我不该回绝你……"

钟离春装作无所谓地:"那已经是过去的事了,我们不再提它,好吗……"

孙膑道:"我心里放不下……"

钟离春道:"我知道你是为了我的自尊心……"

孙膑:"不,不是……其实我心里早就有你,当时我身有残疾,庞涓又四处追杀我,我不想让你跟我过颠沛流离的生活,所以我才不得不推辞你。"

钟离春极力控制着自己,但泪水还是从她眼中流了出来,她一头扑到孙膑的怀里,抽泣着:"孙先生,我……我早就盼着你……说喜欢我……"

孙膑抚摸着她的肩头,自语道:"但愿我们这一次能渡过危难……"

孙膑深情款款地抚摸着她,两人紧紧相拥,这真不知道这对孙膑意味着什么,是爱情的永恒,还是无可挽回的失败?也许上苍就是这样安排的吧……

费将军的士兵们做好了一切攻城的准备。费将军立在车上,望着前方,他在等待奸细的消息。

奸细的快马终于回来了,费将军迫不及待地:"怎么样?"

奸细道:"不出将军所料,孙膑早有所备,我混进城门,看到了隐蔽的韩军……"

费将军问:"有多少人?"

奸细道:"看上去不少,街两旁的院内,无处不有韩军的身影与旗帜。"

费将军的手下道:"将军,看来我们只有等待元帅的大军了。"

费将军没有表态,他还要等待成皋城外的消息。

一个将军骑马而来,他是方才受费将军之命派奸细到成皋周围查探伏兵的将军。那将军来到费将军面前,道:"费将军,在我们两侧,发现了孙膑的伏兵……"在场的将军们不由一惊。

有人问："有多少人？"

那将军道："奸细说很多，树林草丛中都是……而且正向我们这边移动……"

费将军冷冷一笑："幸亏我多长了一个心眼……"

他命令军队后撤三十里。

费将军的撤军给孙膑赢得了宝贵的时间，孙膑命令城外军队速速回城，征集来的粮食能带回多少，就带回多少，带不回来的，一定要藏好，不能让庞涓得到。同时征集城里青壮年百姓，把他们编入军队，把百姓家的粮草集起来，统一发放。当费将军知道自己中了孙膑的计谋时，庞涓大军已经到了。费将军向庞涓请罪道："元帅，小人无能，请元帅处罚。"

庞涓大度地："这不怪你，只能怪孙膑太狡诈了。"

他饶恕了费将军。费将军感激不已，请命率军攻打成皋。

庞涓道："我没打算攻打成皋，我要围困成皋，兵不血刃，活捉孙膑。"

庞涓命疤脸奸细想办法在魏国大军包围成皋之前，混进城内，打探孙膑到底有多少粮食，嘱咐他探不清楚不要回来报告。

韩国太子得知成皋被困，正打算率大军增援成皋，韩王派人送来急信，命他立即率军回国都新郑。

太子自负地对韩王派来的将军道："你告诉父王，将军在外，君命可以不受。"

将军劝道："大将军，你这话是死罪。"

太子很不服气地道："军师也说过这种话，父王并没处死他。"

将军道："孙膑是外邦之人，大王是为了利用他，你不同，你是太子，必须听大王的。"

太子道："如果因此成皋失陷，谁负责？"

将军道："大王负责。"

太子不信："父王说过这种话？"

将军道："大王的信中有这个意思。"

韩国太子无话可说，只得回师国都。

孙膑盼来盼去，迟迟不见韩太子的援军，成皋城内所有粮食集中起来也不足三十天所用，孙膑只得派钟离春回国都找申大夫。他对钟离春道："今夜，你带上我的信，立刻回国都找申大夫，让他协助太子率兵解救成皋之围。信中有退敌的计策，请申大夫想方设法劝太子按计策行事。路上千万小心，成皋的安危，全在你手中了……"

钟离春让孙膑放心，她说办这种事，万无一失。

韩王召集朝中大夫商议成皋被围之事，左大夫自作聪明道："魏军军队兵强马壮，庞涓又善于诡计，开始微臣就反对与其交战，如今孙膑被困成皋，微臣认为，这只是庞涓的诡计的开端，他还有更大的阴谋……"

韩王问："什么阴谋？"

左大夫道："孙膑守卫成皋区区不足五千人，庞涓十万之众，本可轻而易举攻克成皋，但他却不攻……"左大夫看了众人一眼，"微臣认为，他这是以成皋为诱饵，引诱大王的军队前往成皋，一举消灭，然后挥师南犯，直取国都……"

韩王颔首道："庞涓的用心，非常险

恶……"

申大夫："大王，左大夫所说毫无根据。庞涓所以围而不攻，一是怕孙膑，二是怕大王。成皋城池坚固，易守难攻，加之孙膑用兵如神，庞涓担心一旦攻城不克，魏军将元气大丧，若此时大王的军队兵临成皋，庞涓必败无疑。因此，大王应该立刻出兵解救成皋之围，才是上策。"

韩王沉思道："你说得也有道理……"他对司马大夫："司马大夫，说说你的看法……"

司马大夫道："庞涓围困成皋，大王理应派军队解救，可庞涓围困成皋，并非为难大王，而是为了孙膑，大王不如坐山观虎斗，若庞涓不能攻克成皋，待他疲惫之时，再发兵成皋，可稳操胜券；若庞涓攻克成皋，大王则顺手推舟，把敌视魏国的责任推到孙膑身上，庞涓围困成皋，本来就是为了私怨，他也可就此下台阶，与大王和好……"

申大夫道："此计不可取，成皋是大王的成皋，孙膑是大王的谋臣，大王怎么可以于成皋而不顾，坐山观虎斗呢？"

司马大夫道："庞涓有十万之众，孙膑声东击西也没赚到半点便宜，谁有把握战胜庞涓？"

有人在王宫门口道："我……"

大家侧身看去。

风尘仆仆的太子站在宫门口。太子上前向韩王叩头施礼后，对韩王道："父王，庞涓并不可怕，若不是父王急时招儿臣返回国都，儿臣早已杀回成皋，与庞涓一比高低。请父王下命，儿臣即刻率军杀奔成皋。"

韩王道："太子别急，待寡人与大夫们权衡利弊，再作决断。"

太子急道："军师常道：兵贵神速……而你们议来议去的，贻误战机，何人负责？"

韩王很是不快，骂道："放肆！他们都是寡人的谋臣，是寡人请他们来议论成皋被围之事。"

太子道："父王，儿臣可对宗庙内的祖先起誓，定败庞涓成皋城外！请父王发兵。"

韩王挖苦道："上次也是你起誓，成皋还是丢在你的手里。"

太子不服，道："儿臣用计牵制庞涓，军师趁此夺回成皋，儿臣已经将功补过。"

韩王道："你们中了庞涓诡计，还蒙在鼓里……庞涓是以成皋作诱饵，引诱孙膑上钩……"

太子道："父王，庞涓没有这么高明，父王可能是被庞涓吓住了。"

韩王是真的发火了："胡说！天下没人能吓得住寡人！"

见韩王真的发火了，太子只好收敛了锋芒。

大夫们离开后，韩王对太子道："寡人并不打算放弃成皋，也不准备抛弃孙膑，寡人之所以让大夫议论一番，是借他们的脑子，权衡利弊……这就跟商人做买卖一样，如计算不好，就会赔本，所不同的是，商人这次赔了，下次还能赚回来，可你若赔了，可就没有下一次了……"

太子道："父王，你怎么知道儿臣会赔呢？"

韩王道："天下大国的将军，除了孙膑，还没有一个人战胜过庞涓，如今孙膑又被困在成皋……为父不能不为你担心。"

太子很是不服气，道："父王，没有孙膑，儿臣一样可以打败庞涓。"

韩王道："太子，寡人欣赏你的勇气，但只是凭勇气是不能战胜敌人的，要战胜敌人必须靠智慧。"

太子问："这么说，父王不打算出兵解救成皋之围了？"

韩王道："不，兵要出，但不能鲁莽行事。"

太子不明白，问："那父王的意思是……"

韩王道："你率大军在距庞涓三十里外安扎营地，见机行事……若庞涓攻克成皋，你便按兵不动，为父想办法向庞涓要城；若庞涓久攻不克，你可乘其疲惫，与孙膑里应外合，设法退敌……"

太子惊道："这样做，太对不起孙膑了吧……"

韩王道："国家之争，只有国家利益，没有个人的感情……你知道这句话是何人所说吗？"韩王道："是你的母后……一个女人都尚能有如此见解，我们男人，尤其是执掌国家的男人，难道还不如一个女人吗？"

太子想了想，道："父王，儿臣明白了……"

太子是明白了，可是包括申大夫在内的所有的韩国的人都不明白为什么韩国的援军会在成皋三十里外按兵不动。成皋的将军们问孙膑，孙膑也不知道其中缘由。

刘备韬晦成大事

东汉末年，汉献帝建安元年（196）时，刘备集合起一万余人的部队，吕布认为受到威胁，就亲自出兵攻打刘备。结果刘备在沛城被吕布打败，失去了栖身之地。刘备失败，只好投奔曹操。曹操知道刘备不是甘居人下的人，便把他带到许昌，目的是要控制他。刘备为了防备曹操加害自己，便实行韬晦之计，在屋后开了一大片菜园，终日种菜浇园，想让曹操以为他是个胸无大志的人。

建安四年（199）夏季的一天，曹操请刘备喝酒，酒饮至半酣，忽然天色大变，乌云翻滚，暴风雨将至。于是，曹操由天外龙挂（闪电），而论说到当今的英雄之辈。曹操在酒席上，这时从容地对刘备说问谁可算得上是当世的英雄。刘备一一的述说了有袁术、袁绍、刘表等人，但曹操均一一否定。却用手先指刘备，后指自己说："如今天下的英雄，只有您和我罢了，袁绍之流，是算不上数的！"刘备听了，心头顿觉一惊，以为曹操看穿了自己的心思和政治图谋，于是正在吃东西的匙子和筷子，不觉跌落在地上。正巧这时遇到天上打了一声炸雷，骤雨将至。曹操便问他为什么掉了筷子和匙子，刘备便乘机加以急忙掩饰说："圣人说：'遇到迅雷和暴风，使人改变脸色。'真是这样啊！"以示自己胆小怯懦不堪，竟连雷声也会害怕。曹操一见此状，并听了回答后，对刘备冷笑了一声，以为刘备真是个无用之人，不堪重用，便从此逐渐放弃了对刘备在政治上东山再起的警惕性，任其自便。

事后，刘备眼看政治时机渐渐成熟，且对自己较为有利，于是决定尽快脱身。恰逢这时，曹操决定派遣刘备与朱灵去截击袁术，刘备不仅欣然领军受命，且一再表示要为曹操效劳，尽力完成此命，不负厚情款待之恩。但实际上，如蒙大赦一般，心中暗自高兴。而程昱、郭嘉、董昭等人，都劝阻曹操，说："不可派遣刘备率兵外出！"但军令一出，刘备恐夜长梦多，随时有变故，就连夜领军上路，带着曹操给他的军队开往徐州去了。曹操听了谋臣劝阻，也立即后悔起来，派人去追，却根本没有追上刘备和所率领的军队。此时，袁术向南退回寿春，而朱灵等则班师回朝。然刘备就杀死徐州刺史车胄，留关羽镇守下邳，代理下邳郡太守，自己则回到小沛。东海乱匪首领昌以及其他郡县多背叛曹操，归附刘备。使刘备很快便拥有部众数万人，派使者与袁绍联系会师。曹操则派遣司空长史、沛国人刘岱和中郎将、抚风人王忠率军进攻刘备，刘岱等则失利。刘备对刘岱等人和曹军说："像你们这样的，来上一百个，也不能把我怎么样；如果曹公亲自来，胜负就难以预料了。"可见，刘备离开了曹操后，如鱼得水，立即趁机乘势发展了自己的势力，终于为造成汉末的魏蜀吴三国鼎立的局势，奠定了基石。

刘备与曹操，虽同为汉王朝的臣属同僚，然却是争雄天下的潜在政敌、对手。而失去地盘、投身曹操的刘备，更是寄人篱下，受制于人，故又有上下之间的关系。一方面，刘备不得不看曹操的脸色行事，以求自存；另一方面，却又胸怀大志宏图，随时伺机以待实现。为此，他使用政治韬晦之计、空城之谋，以脱身自立。为此，关键的一步是要向曹操展示自己的空疏无能与无害之处，使之不防和放心，方才有化险为夷、脱身他图的可能。

刘备施用"空城计"的政治谋略，对付曹操的监视、控制，主要有如下的特点：首先，是"示空"（无害），他种菜浇园，空度时日，消磨精神，以示向曹操表明他早已倦于官场争斗，是一个胸无大志、无所企求的人，以防曹操的戒心，而实际上则是在观风察势，等待时机窥测政治方向；其次，是"示疏"（无图），当曹操设宴与刘备对饮论当今英雄时，刘备深知曹的政治试探用意，又故意"疏忽"而泛指三袁之辈，既表自己的粗疏无能，更表无心问鼎称雄的政治野心。而实际是行政治的韬晦之计，暂时潜藏自己，以防过早暴露政治目标；再次，是"示怯"（无用），刘备乍一听曹操所论，指明自己与曹才堪称当世英杰时，既惊且暗喜，深怕曹操识破他的政治目的和各种用计的良苦用心，故惊得来匙筷失手堕地。恰闻惊雷，才故作掩饰强辩，向曹示以胆怯无能之状。致使给曹留下刘备胆怯、怕事、无用的印象，且放松警惕，实际这给了刘备脱身以可乘之机；最后，是"示服"（无争），曹操派军队给刘备，要他去截击袁术，企图一箭双雕，借袁术之手消灭刘备，又可试验其本领和对己的忠心如何。而刘备则表示坚决服从，且连夜领军上路出击，以示"耿耿忠心"。实际上这是将刘备放虎归山、给虎添翼，刘备深恐有变，故造成难追之势。果如所料，曹操听部属的劝阻后，立即追悔莫及，但领军的刘备确实是"驷马难追"了。领曹军出击的刘备，不仅攻城略地，杀官斩吏，且乘势进行招抚部众，扩大队伍地盘，反过来又击败曹军，终成称雄天下之奠基。

始计空城郑退楚

春秋时期，楚国的令尹（宰相）公子元，在他哥哥楚文王死了以后，非常想占有漂亮的嫂子文夫人。他用各种方法去讨好，文夫人却无动于衷。于是他想建立功业，显显自己的能耐，以此讨得文夫人的欢心。

公元前 666 年，公子元亲率兵车六百乘，浩浩荡荡，攻打郑国。楚国大军一路连下几城，直逼郑国国都。郑国国力较弱，都城内更是兵力空虚，无法抵挡楚军的进犯。

郑国危在旦夕，群臣慌乱，有的主张纳款请和，有的主张拼一死战，有的主张固守待援。这几种主张都难解郑国之危。上卿叔詹说："请和与决战都非上策。固守待援，倒是可取的方案。我国和齐国订有盟约，而今有难，齐国会出兵相助。只是空谈固守，恐怕也难守住。公子元伐郑，实际上是想邀功图名，讨好文夫人。他一定急于求成，又特别害怕失败。我有一计，可退楚军。"

郑国按叔詹的计策，在城内作了安排。命令士兵全部埋伏起来，不让敌人看见一兵一卒。令店铺照常开门，百姓往来如常，不准露出一丝慌乱之色。大开城门，放下吊桥，摆出完全不设防的样子。

楚军先锋到达郑国都城城下，见此情景，心里起了怀疑，莫非城中有了埋伏，诱我中计？遂不敢妄动，等待公子元。公子元赶到城下，他觉得好生奇怪。他率众将到城外高地眺望，见城中确实空虚，但又隐隐约约看到郑国的旌旗甲士。公子元认为其中有诈，不可贸然进攻，先进城探听虚实，于是按兵不动。

这时，齐国接到郑国的求援信，已联合鲁、宋两国发兵救郑。公子元闻报，知道三国兵到，楚军定不能胜。好在也打了几个胜仗，还是赶快撤退为妙。他害怕撤退时郑国军队会出城追击，于是下令全军连夜撤走，人衔枚，马裹蹄，不出一点声响。所以有营寨都不拆走，旌旗照旧飘扬。

第二天清晨，叔詹登城一望，说道："楚军已经撤走。"众人见敌营旌旗招展，不信已经撤军。叔詹说："如果营中有人，怎会有那样多的飞鸟盘旋上下呢？他也用空城计欺骗了我，急忙撤兵了。"

这就是中国历史上第一个使用空城计的战例。

空城计既然是一种心理战术，在运用时便是冒险之举，因此应慎之又慎，万万不可露出破绽，一旦为敌人识破，那将是险上加险。

叔詹的安排周密细致，毫无破绽，才骗得公子元退兵。此外，空城计仅能做到缓兵，真正达到退兵目的还需要借助别的力量。

四面楚歌刎乌江

秦汉之际，楚汉相争之中，公元前203年（即汉高祖四年）末，汉王刘邦的部下韩信大将攻占了黄河下游的齐国地区。经过一年的政治治理与军事整训之后，于次年的十月，韩信领汉军并联合彭越、英布等部围歼项羽与楚军。至年底十二月时，三十余万汉军，将项羽所部紧紧围困在垓下（今安徽灵璧东南）一块狭窄之地。

垓下地处齐地不远，是淮河北岸平原上一块崛起的高岗之地，而项羽所率的十万楚军却被围在此地。当时，十万余部众，人困马乏，人缺粮，战马则无草料，加上正值严冬岁尾，寒风凛冽，景况更加悲惨凄绝。项王面对汉军的铁壁合围，目睹部众的景况，只得守着自己的营帐，长吁短叹，满脸愁云，束手无对应之策。一天夜里，项羽在帐中辗转难眠，久不能寐，突闻远处西风吹得树枝沙沙作响，且在风声中还夹杂着隐隐的阵阵歌声。当他步出营帐之外，披袍仔细辨听，原来歌声是从远处汉军营地里传来的。

汉军营地中传来阵阵楚歌之声，这原来是汉军大将韩信施用的对楚军将士的政治攻心之术，即"动迷"之举。当汉军合围楚军于垓下时，作为深谋远虑的政治家的韩信，他清醒地对彼此的政治、军事实力与态势，进行了客观的分析、剖辨，认为作为败军之首的西楚霸王项羽，一向骁勇过人，楚军则十万余众，强悍犹存，虽然敌寡我众，然困兽必作殊死拼斗挣扎，因此取胜的把握依然不是很大。但由于楚军长期奔杀，疲惫已甚，现今又被汉军久围长困，士气必然消沉低落。如果将此弱环加以套用与击碎，即可作为突破之口。这就是说，要在涣散军心、丧其斗志与勇气上狠下功夫，巧施计谋，这样来最后战胜楚军便会易若反掌。于是，韩信便决定使用空城计中的"动迷"敌心之术，在夜阑人静之时，他命自己率统的汉军士卒，在楚军营帐四周唱起楚歌。他还料定，楚军士兵听到楚歌，必定会思乡念亲而厌战。如此下去，楚军的军心必会大乱与动摇，导致大批士卒将不战而逃亡。同时，为了进一步强化政治攻心的效应，韩信还令汉军士卒吹起箫来，随歌伴箫而和之。这样一来，楚军营中所听之歌声，更加如泣如诉，字字饱含思乡之情，句句似诉别亲之凄苦。江东弟子听此哀歌悲曲，既感动人心魄，又联想起自身的处境，而无不肝肠欲裂。而当项羽听闻到楚歌之声时，则更加触景生情、心烦意乱，只得借酒浇愁，以消烦闷。这时，他望着依偎在身旁的佳人丽女虞姬，不禁英雄泪下，洒湿袍襟，并感慨万千地唱道："力拔山兮气盖世，时不利兮骓不逝。骓不逝兮可奈何？虞兮虞兮奈若何！"从而成为这位不可一世的盖世英雄战败后，所作的最后绝唱与生命断弦之响。至于楚军将士眼看着内无粮草，外无援兵，再拼下去只有死路一条，于是便另觅求生之途，更三五一伙地离营开小差逃走。项羽见士卒纷纷离己而逃散，深知大势已去，势难再挽回。便在万念俱灰、孤独绝望与四面楚歌之中，拔剑自刎而死，楚军亦随之瓦解覆亡。

在垓下之地的楚汉决战中，与其说是两军的最终决斗，倒不如说是一场政治大较量更为符合实际。身率汉军的大将韩信，将军事之争作为政治之战来打；更将两军对垒，作为政治攻心的好战场；甚至以文对武，以艺攻心，以动迷敌，以空对实，以虚幻敌志。此为三奇与多奇之处，再加上汉军的铁壁合围的军事实力、实胆、实势，更使楚军下下动摇，心无斗志，迅速瓦解。而韩信的空城之计动迷敌心之术的成功，关键在于他准确地把握住施计的时机与特定环境条件：一是"时"（年终岁尾，正是倍思亲念乡之际）；二是"势"（楚军被围，大势已去）；三是"景"（楚营人困马乏，内无接济，外无援军）；四是"情"（楚军听楚歌，闻歌生情、败军闻悲歌，摧其斗志、困兽四周唱哀歌，必不再斗）。致使不损一兵一卒，而获十万之众的楚军帅死卒降的胜利。这样，便为楚汉长期的政治军事相争，划上了一个圆满与成功的句号；更为空城之地、"动迷"惑敌之术，增添了一个美妙、生动的注脚。

冒顿施计困刘邦

西汉初年，北方的游牧民族匈奴首领冒顿，在用计谋将东胡首领和势力一举消灭之后，便成为军事与政治上的强国。而汉王朝由于刚刚建立，且由于秦末楚汉的长期相争和战乱，因此政治军事实力消耗甚巨。在这种状况下，面对强大的北方匈奴则暂时处于弱国的地位。

汉高祖七年（前200），虽然开国不久，但高祖刘邦却准备亲自率领大军去攻打北方的强敌匈奴。事前为了侦察、摸清匈奴军队的实力状况，刘邦便派了几个使臣前往匈奴，以顺便亲眼看看匈奴的军人和战斗力。匈奴单于冒顿，是一位颇有政治头脑和军事谋略的人物，一贯善于用计。他一眼就看出与知道了刘邦的用意，便将计就计，利用这些派来的汉王朝名为使者实为探子的人，向刘邦送回和传递假情报。他首先将自己的精锐部队，全部隐藏起来，而是用一些老、弱、病、残的士卒守卫军营，以示其虚弱困惫之状。使者果然被冒顿的"空城计"所蒙骗，返回长安后便将他们在匈奴所见一五一十地向刘邦作了报告。而刘邦更信以为真，认为此时正是匈奴内部空虚、军疲兵弱之时，恰是进攻克敌制胜的好机会。基于这种误判、误断与错觉，这年冬天，刘邦便亲率二十万汉军，浩浩荡荡地向北开。此时，谋臣刘敬认为匈奴其中定有诈伪之处，出来向汉高祖进行谏阻，劝其放弃进军的计划，以防中了匈奴冒顿单于的故施迷惑的"空城之计"。但刘邦却一意孤行，执迷而不悟，深信使臣所作的所谓匈奴军弱师疲的报告，加之汉军业已向北开拔，不仅不采纳刘敬的建议，反而怕刘敬的这些言论会影响汉军进攻的士气，于是竟下令将刘敬关了起来，自己则继续率军北上。一路上，正好碰上北国的天寒地冻的恶劣气候，南来的汉军一饥二寒三困四疲，不仅气候难以适应，且十之二三早已将手足冻伤冻坏。因而，大大影响了士气与作战的能力。于是，当刘邦率领汉军的先头部队到达平城（今山西大同东北）附近时，由东而来的匈奴冒顿单于早已率领四十万匈奴大军在此等候汉军与汉主的到达。待汉军与刘邦进入冒顿的计谋圈与隐蔽阵地时，匈奴军队便以绝对的优势，将刘邦的汉军与后续部队迅速地分割开来，加以包围。同时，更将刘邦紧紧地、死死地围困在白登山上，使得汉军首尾不能相顾，主帅与部将更难相通，处于被围被困而不能自救的危险境地。刘邦被匈奴军队围在山上整整七天七夜，汉军缺粮断水，几乎陷于绝境之地。幸亏汉军的大将陈平足智多谋，设计破敌，才使得刘邦得以死里逃生而冲出重围。

施联手三家分晋

战国时期，韩、赵、魏、智四家成为晋国最强的势力。当时，这四家中当权者是智伯瑶、赵襄子无恤、韩康子虎、魏桓子驹。智伯瑶势力最大，想独吞晋国，先打算削弱其余三家。他以奉晋侯之命，准备治兵伐越，恢复霸王的地位为借口，要每家拿出一百里的土地和户口来归“公家”。其实“公家”就是“智家”。

公元前455年，智伯自己率领中军，韩的军队担任右路，魏的军队担任左路，三队人马直奔赵家。赵襄子知道寡不敌众，便退据晋阳。不久，智、魏、韩三家的兵马，把晋阳城围住。而赵家却士气旺盛，坚守城池。双方在晋阳城外，相持近二年。到了第三年（前453），智伯想出一个办法，把晋水引到西南边来，用水淹晋阳城，不到几天，水漫晋阳城。

但赵家的军队宁可淹死，却决不投降，赵襄子又派谋臣张孟谈偷出晋阳城去拉拢韩、魏两家。张孟谈对韩康子、魏桓子说，唇亡齿寒，赵亡以后，灭亡的命运就轮到你们了。韩、魏两家的参战本来就是被迫的，又见智伯专横跋扈，恐怕以后智伯得势，危及自己，为了自身利益，决定投向赵襄子一起干。有一天晚上，韩、赵、魏三家用水反攻智伯，淹了智伯的军营，智伯驾着小船，准备逃命，结果没有逃出赵襄子的埋伏圈，被抓住后，三家军队将他杀掉了，接着又灭了智氏一族。赵、韩、魏三家平分了智氏一族的土地和户口，分别建立了三个封建的政权。

在韩、魏、赵三家联手施用“空城计”的“奇（空）阵”手法，以击灭智伯强敌的过程中，主要行一引、二诱、三导、四灭之策：一是段规以百里之地拱手相予政敌智伯，以引其贪心不止；二是任章以魏之万户之邑、百里之地相予，更诱其索欲难平；三是韩、魏派军随智伯围晋阳之地，以导入奇（空）阵之地；四是韩魏赵三家联手，出奇制敌，反用水攻智伯之军，使之措手不及，被擒杀消灭，且夷族分其土地。这是政治斗争中，以弱胜强，奇、空、险、绝，环环相扣，而置强敌于死地的最为典型的例证。

赵云偃旗摆空营

在诸葛亮收复汉中的战争中，赵云和黄忠得到诸葛亮的将令，去汉水旁的北山脚下烧曹操的粮草。

二将一同上路，赵云试探黄忠说："曹操有二十万大军屯扎在汉水，我们去夺他的粮草，是虎口拔牙。这可不是件小事，将军有什么妙计？"黄忠说："我自有劫粮办法，将军只候佳音就是了。"赵云说："还是我先去为好，老将军年迈，一旦有失，于军不利。"黄忠一听这话怒气冲天，一定要先去，对赵云说："丞相令你随我来，当然我要先去，这件头功还是由我来做吧。"赵云说："老将军一定要先去亦可以，我们还是约个时间为好，如果你午时不回来，我去接应你。"黄忠欣然应诺，便率兵去偷袭北山。赵云率军安营下寨。

当黄忠来到北山屯粮之地正要烧粮时，魏将张郃率军马杀到。黄忠只好回头迎敌。这时曹操又派大将徐晃、文聘去应援张郃。三支军马把黄忠围困在核心，情势十分危急。

赵云在寨中见午时已到，仍不见黄忠归来，便令张翼守寨，自己率三千军马去接应黄忠。一路逢敌将就杀，一直杀透重围，救出老将黄忠和部将张著。所到之处，无敌将敢正面迎战。

曹操正要把黄忠困死在重围之中，忽见赵云率兵救出了黄忠，恼怒已极。便亲自率二十万大军追击赵云、黄忠。

黄忠被赵云救出后，率兵离赵云营寨不远处安营扎寨。赵云回寨后，见后面尘土飞扬，知道是曹操率大军追来。部将张翼对赵云说："将军，我们是否关闭寨门，上敌楼上去防守？"赵云说："可大开寨门，把营内旌旗都扯下来，把刀枪都隐匿，人员都埋伏在壕沟里，准备弓弩，不许暴露目标，待我下令后，

再射敌。"于是自己单枪匹马站在营外。

张郃、徐晃带兵追击在军前，追到赵云营寨前，天色已晚，却见蜀营内偃旗息鼓，只有赵云单枪匹马，像木雕一样静立在营门外，寨门大开。二将见此情形，十分惊疑，便派人报告曹操。曹操亲自赶到军前，见此情形，自恃人多势众，下令众军一齐向前攻寨。众军得令后，大喊一声，杀到营前。这时仍见赵云不动声色，当赵云坐下战马一声长嘶，前面的曹兵吓得返身就往回跑。前军往回一退，后面的军将像得了号令一样，也回头就撤。这时，赵云下令出击，壕沟内弓弩一齐发射，喊声大震，鼓角齐鸣，赵云率蜀军随后向曹兵追杀过去。这时黄忠也乘势率军追袭。曹操也不知后面有多少蜀兵追杀，拼命溃逃，军兵自相践踏，一直退到汉水旁，落水淹死的就不计其数。经此一败，曹操只好收拾败军逃到南郑城中。

空城妙计退司马

孔明首次伐魏，失街亭，迫使孔明不得不另行安排人马布阵。却说司马懿占街亭后，召集众将。懿曰："今街亭已失，诸葛亮必走。公可速与子丹星夜追之。"郭淮从其言，出城而去。懿唤张郃曰："子丹、伯济，恐吾全获大功，故来取此城池。吾非独欲成功，乃侥幸而已。吾料魏延、王平、马谡、高翔等辈，必先去据阳平关。吾若去取此关，诸葛亮必随后掩杀，中其计矣。兵法云：'归师勿掩，穷寇莫追。'汝可从小路抄箕谷退兵。吾自引兵当斜谷之兵。若彼败走，

不可相拒，只宜中途截住，蜀兵辎重，可尽得也。"张郃受计，引兵一半去了。懿下令："竟取斜谷，由西城而进。西城虽山僻小县，乃蜀兵屯粮之所，又南安、天水、安定三郡总路。若得此城，三郡可复矣。"于是司马懿留申耽、申仪守列柳城，自领大军望斜谷进发。

孔明分拨已定，先引五千兵退去西城县搬运粮草。忽然十余次飞马报到，说："司马懿引大军十五万，望西城蜂拥而来！"时孔明身边别无大将，只有一班文官，所引五千军，已分一半先运粮草去了，只剩二千五百军在城中。众官听得这个消息，尽皆失色。孔明登城望之，果然尘土冲天，魏兵分两路望西城县杀来。孔明传令，教"将旌旗尽皆隐匿；诸军各守城铺，如有妄行出入，及高声大语者，斩之！大开四门，每一门用二十军士，扮作百姓，洒扫街道。如魏兵到时，不可擅动，吾自有计。"孔明乃披鹤氅，戴纶巾，引二小童携琴一张，于城上敌楼前，凭栏而坐，焚香操琴。

却说司马懿前军哨到城下，见了如此模样，皆不敢进，急报与司马懿。懿笑而不信，遂止住三军，自飞马远远望之。果见孔明坐于城楼之上，笑容可掬，焚香操琴。左有一童子，手棒宝剑；右有一童子，手执麈尾。城门内外，有二十余百姓，低头洒扫，傍若无人。懿看毕大疑，便到中军，教后军作前军，前军作后军，望北山路而退。次子司马昭曰："莫非诸葛亮无军，故作此态？父亲何故便退兵？"懿曰："亮平生谨慎，不曾弄险。今大开城门，必有埋伏。我兵若进，中其计也。汝辈岂知？宜速退。"

于是两路兵尽皆退去。孔明见魏军远去，抚掌而笑。众官无不骇然，乃问孔明曰："司马懿乃魏之名将，今统十五万精兵到此，见了丞相，便速退去，何也？"孔明曰："此人料吾生平谨慎，必不弄险；见如此模样，疑有伏兵，所以退去。吾非行险，盖因不得已而用之。此人必引军投山北小路去也。吾已令兴、苞二人在彼等候。"众皆惊服曰："丞相之机，神鬼莫测。若某等之见，必弃城而走矣。"孔明曰："吾兵止有二千五百，若弃城而走，必不能远遁。得不为司马懿所擒乎？"

空城计可以说是孔明首次伐魏谋略上的一步铤而走险的绝棋，它是失街亭后的直接后果，尽管是步绝棋，孔明善于用智玩险，险中取胜，成为千古美谈。

陆逊施计退大军

嘉禾五年（236），孙权北征，派右都督陆逊与中司马诸葛瑾攻襄阳。陆逊派亲戚韩扁怀揣奏疏上报朝廷，返回途中，在沔中遇到敌人，敌人抓获了韩扁。诸葛瑾听后，十分恐慌，写信给陆逊说："大驾已还，敌人得到韩扁，将我们的虚实全部打听清楚了。而且河水快干了，最好是赶快离去。"陆逊未作答复，仍催促人种葑豆（一种蔬菜），与众将领下棋射箭游戏，一如平常。诸葛瑾说："陆伯言足智多谋，他这样做一定自有考虑。"于是亲自来见陆逊。陆逊说："敌人知道大驾已还，再不用为此筹谋，便专心对付我们。如今敌人已经守卫了要害之处，兵将已经出动。我们自己应当首先镇定自如以稳住部队。然后再巧施计谋，退出此地。如果今天就向敌人表明我们要走，敌人会以为我们害怕了，必然会来威逼我们，那就是必败之势了。"于是秘密地与诸葛瑾定计，令诸葛瑾坐镇舟船，陆逊率领全部兵马向襄阳进发。敌人素来惧怕陆逊，见陆逊要攻襄阳，立即退回城中。诸葛瑾便引船而出，陆逊慢慢整顿好队伍，大张旗鼓地走上船。敌人不知究竟，不敢追击，于是陆逊全军安然退出。

佯示弱代宋称帝

萧道成出身平民布衣，刘宋末年，任建邺（今南京）令、中领军将军。乘诸王相互残杀，独掌朝廷兵权。宋明帝泰豫元年（472），在临终时任命他为右卫将军、兼卫尉，与袁粲等共同掌管朝廷大事，从而统领了中央禁卫军，成了朝中四位（萧道成、袁粲、褚渊、刘秉）显贵人物之一。尽管如此，他总是表现得故意小心谨慎、胸空无大志的样子，并说自己是个寻常之人，空无所求的普通人等等。

刘宋末年的后废帝、苍梧王刘昱，是个年仅十岁登基的小暴君。刘昱在当皇太子时，常常亲自动手，由漆帐竿，能爬到距地面一丈多的高处。他喜怒无常，侍从官员无法劝阻。明帝屡次让他的母亲陈太妃痛打他。刘昱即帝位后，对内害怕皇太后、皇太妃，对外害怕各位大臣，不敢放纵。可是，自从行过加冠礼后，宫内宫外对他逐渐失去控制，于是刘昱不断出宫游逛。最初出宫，还

有整齐的仪仗卫队。不久，便丢下随从车马，只带身边几个人，或跑到荒郊野外，或出入于街头闹市。陈太妃每次乘坐青盖牛犊车，尾随其后，监视、约束他，他便换乘轻装快马，一气奔跑一二十里，让太妃追赶不止。仪仗工队也畏惧大祸临头，不敢追寻刘昱的去向，只好把部队驻扎在另外一个地方，远远眺望而已。

当初，明帝曾经把陈太妃赏赐给宠信的弄臣李道儿为妻，后来又把她迎接回去，生下苍梧王。所以，刘昱每次改穿便服外出，就自称刘统，或自称李将军。经常穿短裤、短衫，无论军营、官府、街巷、田野，到处出入。有时夜晚投宿旅店，有时白天就睡在大路旁边，在下等人中间挤来挤去，跟他们做买卖，有时遭到怠慢侮辱也欣然接受。任何低贱的事情，像裁制衣服、制作帽子。只要看过一遍，就能够学会。笙笛他从来没有吹过，拿起来一吹，声音便合曲调。等到京口事变平息，刘昱骄纵横暴尤为严重，没有一天不出宫，不是晚上出去，凌晨回来，就是凌晨出去，晚上回来。随从人员手持短刀长矛，路上的行人，不管是男是女，不管是狗、猪、牛、驴，只要碰上，立即诛杀，无一幸免。百姓忧愁恐惧，店铺及行商，全都停止经营，家家户户，白天闭门，路上行人几乎绝迹。钳、锤、凿、锯不离刘昱左右，只要稍稍不合意，便顺手抓起凶器，当场杀人剖腹。一天不杀人，就闷闷不乐。宫廷侍从和朝廷官员，担忧惶恐，饮食作息，都不能安稳。阮佃夫与直阁将军申伯宗等，密谋趁刘昱到江乘打野鸡之

时，宣称奉皇太后命令，传唤仪仗卫队回京，关闭城门，派人逮捕刘昱，废黜，拥护安成王刘准。想不到密谋泄漏，宋顺帝升明元年（477）五月二日时，刘昱逮捕了阮佃夫等，斩首。

皇太后经常教训刘昱，刘昱很不高兴。正逢端午节，太后赏赐给刘昱一把羽毛扇，刘昱嫌它不够豪华，下令御医配制毒药，打算毒死太后。左右劝阻他说："如果真的这样做，陛下便要当孝子，怎么还能出入宫门玩耍游戏？"刘昱说："你这话很有道理。"于是打消主意。

宋顺宗升明元年（477）六月，二十二日，有人上告散骑常侍杜幼文、司徒左长史沈勃、游击将军孙超之，跟阮佃夫同谋。刘昱立即率领卫士，亲自突击三家，全部诛杀，砍断肢体，把肉一块块割下，连婴儿也不能幸免。沈勃正在家中守丧，卫队还没有到，刘昱抽刀独自一人冲在前面，沈勃知道不能避免，赤手空拳搏斗，猛击刘昱耳朵，唾骂道："你的罪恶，超过桀、纣，死在眼前。"于是被砍死。当天，下诏大赦。

一天，刘昱一直闯入领军府，当时天气炎热，萧道成正裸身躺在那里睡觉。刘昱把萧道成叫醒，让他站在室内，在他肚子上画一个箭靶，自己拉紧了弓，就要发射。萧道成收起手扳说："老臣无罪。"左右侍卫王天恩说："萧道成肚子大，是一个奇妙的箭靶，一箭射死，以后再也找不到这样的箭靶了。不如改用圆骨箭头，多射几次。"刘昱就改用圆骨箭头。一箭射去，正中萧道成的肚脐，他把弓扔在地上，得意地大笑，说："这一手如何！"刘昱对萧道成的威名十分畏

惧忌恨，曾亲自砺短矛，说："明天就杀萧道成。"陈太妃骂他说："萧道成对国家有大功，如果杀了他，谁还为你尽力！"刘昱才住手。

萧道成忧愁恐惧，与尚书令袁粲、中书监褚渊密谋废黜刘昱，另立新君。袁粲说："主上年纪还小，轻微的过失，容易改正。伊尹、霍光的往事，在这末世已难实行。即使成功，最后仍无安身之地。"褚渊沉默不语。领军功曹丹阳人纪僧真对萧道成说："现在，皇上凶残疯狂，无人可以自保，天下百姓的盼望，不在袁粲、褚渊，明公怎么能坐待被剿灭？存亡的关键，请深思熟虑。"萧道成同意。

有人劝萧道成回广陵起兵。萧道成的大儿子萧颐正任晋熙王刘燮的长史，兼行郢州事，萧道成打算命萧熙率郢州军顺长江东下，在京口会师。萧道成派他的亲信刘僧副，秘密通告党兄、代理青、冀二州刺史刘善明，说："很多人劝我北上据守广陵，恐怕不是长远的打算。现在秋风将起，你如果能跟垣荣祖联合，稍稍挑动胡虏，我的各种计划当可实施。"同时也告诉东海太守垣荣祖。刘善明说："宋国将亡，无论愚蠢人和明智人，都看得一清二楚。北虏如果有什么行动，反而会成为你的祸患。你的智慧韬略和英勇武功高过当世，只有一个办法，那就是安静地等待时机，再趁机猛烈出击，大业自然告成，不可以远离根本之地，自找灾祸。"垣荣祖也说："领府距离宫城，不过一百步，如果你全家出奔，别人怎么会不知道？如果单枪匹马，轻装前往，广陵官员万一关闭城门，

拒绝接纳，下一步将逃向哪里？你只要举脚下床，马上就会有人敲宫城的城门，向朝廷告发，你的大事就糟糕了。"纪僧真说："主上虽然凶暴丧失天道，可是刘家王朝几世建立的政权还算坚固。你百口之家，同时向北出奔，绝不可能。即使进入广陵，天子居住深宫之中，发号施令，指控你是叛逆，你有什么办法躲避！这不是万全之策。"萧道成的族弟、镇军长史萧顺之，以及黄道成的次子、骠骑从事中郎萧嶷，都认为："皇上喜爱单独出来乱窜，在这方面下手，比较容易成功。外州起兵，很少能够成功，反而徒然比别人先受灾祸。"萧道成这才取消原意。

东中郎司马、代理会稽郡事李安民，打算拥护江夏王刘跻，在东方起兵，萧道成加以制止。

越骑校尉王敬则主动暗中结交萧道成，一到夜里，王敬则就换上平民衣服，匍匐路旁，替萧道成侦察刘昱的行踪。萧道成命令王敬则秘密结交刘昱左右亲信杨玉夫、杨万年、陈奉伯等二十五人，他们都在宫城内殿中任职，窥探机会。

宋顺帝升明元年秋季，七月，初六日夜晚，刘昱身穿便装，走到领军府门口，左右侍从说："府里的人全都睡熟，我们为什么不跳墙进去？"刘昱说："今天晚上，我要到别的地方玩个痛快，明晚再来。"员外郎桓康等在领军府大门后全都听到。次日（初七日），刘昱乘坐露天无棚车，跟左右侍从前往台冈，比赌跳高。然后，前往青园尼姑庵。夜晚，来到新安寺偷狗，偷来狗找到昙度道人，煮吃狗肉。吃过狗肉，醉醺醺地回仁寿

殿睡觉。弄臣杨玉夫一向得到刘昱的宠信，这时候，刘昱忽然对杨玉夫大为痛恨，一看见他就咬牙切齿，说："明天就杀了你这小子，挖出肝肺！"这天深夜，命杨玉夫观察织女渡河，说："看见织女渡河时，马上叫醒我；看不见，就杀了你。"当时，刘昱出宫进宫，没有一定时间，宫中各阁门，夜间都不敢关闭，负责宫廷保卫的官员，惧怕跟皇帝见面，都不敢出门。禁卫军士卒更是躲得远远的，内外一片混乱，互不相关，没有人管理。当天夜晚，王敬则出营等候消息，杨玉夫等到刘昱呼呼大睡时，与杨万年合伙取下刘昱的防身佩刀，抹了刘昱的脖子。然后假传圣旨，命外庭演奏音乐。陈奉伯把刘昱的人头，藏在袍袖里面，跟往常一样，神色自若，宣称奉皇帝派遣，打开承明门出宫，把人头交给王敬则。王敬则飞马奔向领军府，敲开大喊，萧道成恐怕是刘昱的诡计，不敢开门。王敬则把人头从墙上扔进去，萧道成令人洗净血迹辨识，果然不错，这才全副武装，骑马而出，王敬则、桓康等都随从其后，直往宫城，到了承明门，宣称皇帝御驾回宫。王敬则恐怕守门官兵从门洞往外察看，用刀柄堵住门洞，同时咆哮催促。门打开，进入宫城。从前，每逢夜晚，刘昱闯出闯进，都急躁凶暴，守门卫士震恐，从不敢抬头。所以，今晚之事，没有一人怀疑。萧道成进入仁寿殿，殿中官员惊慌恐怖。但紧接着听到刘昱已死的消息，都高呼万岁。

七月初八日早晨，萧道成全副武装，站在殿前庭院中槐树下，以皇太后的命令召集尚书令袁桀、中书监褚渊、中书

令刘秉入殿举行会议。萧道成对刘秉说："这是你们刘家的事，应该如何决定？"刘秉还没有回答，萧道成顿时大怒，胡子翘起，双目发出凶光，如同闪电。刘秉说："尚书省的事，可以交付给我。军事措施，全依靠你。"萧道成依次让给袁粲，袁粲推辞不敢当。王敬则拔出佩刀，在座位旁跳起来，厉声道："天下大事，全都要萧公裁决，谁胆敢说半个不字，血染我刀！"说着亲手取出白纱帽，戴到萧道成头上，要求萧道成登基称帝，并威胁说："今天谁敢乱动？大事要趁热一气呵成。"萧道成板起面孔，呵止说："你什么也不明白！"袁粲打算开口说话，王敬则大声喝他闭嘴，他只好闭嘴。褚渊说："非萧公不足以办理善后！"就把处理一切事务的权交给萧道成。萧道成说："既然大家都不肯接受，我怎么可以推辞。"于是，提议：准备法驾，前往东府城，迎接安成王刘准继任皇帝。萧道成卫士抽出佩刀，筑成刀墙，命袁粲、刘秉起身，二人面无人色，离去。当天，萧道成又以皇太后的名义，发布命令，列举刘昱罪状，说："我密令萧道成暗中运用智谋。安成王刘准，应君临万国。"追封刘昱为苍梧王。皇帝仪仗队抵达东府门前，刘准命守门的人不要开门，等待袁粲的到来。袁粲到了之后，刘准才动身到金銮殿。七月十一日，刘准即皇帝位，即宋顺宗，改年号为升明元年（477），实行大赦。把刘昱安葬在南郊祭天神坛之西。

接着，萧道成又自封为司空、录尚书事、骠骑大将军，从而以侍中、司空、太尉独揽朝政大权。升明三年（479），

萧道成又自封为相国、齐王。不久，又旋即废掉宋顺帝刘准，自立为帝，改国号为齐。萧道成即南齐的开国之君齐高帝，且改年号为建元元年。

萧道成虽身为武将，然却有着颇具谋略的政治头脑，他在刘宋朝廷的后期，面临复杂多变的政治形势，在诛除残暴幼主、代宋称帝的政治斗争过程中，他巧用"空城计"的政治策略，与他的支持者一起，共同在君权与臣权对垒的政治斗争"棋盘"中，实现了关键性的三步棋，从而为臣权的胜局奠定了基础：

第一步"棋"——"佯空"、"佯弱"而暗实、暗强。面对刘昱小暴君的政治残暴行为，手握重兵、身为老臣的萧道成，却故作无动于衷、无所作为之状。表现出空无大志、弱不堪击的样子，既不救臣僚，更听任刘昱的恶作剧摆布，将大肚当作活箭靶以取乐，待刘昱要扬言杀他时，却又装作不能做乐靶，取悦于帝。实则在暗中积聚力量，等待时机。

第二步"棋"——"佯服"、"佯静"而暗结、暗动。为了消灭政敌刘昱，萧道成排除了用公开在广陵起兵反抗的办法，而是在表面上仍归服朝廷，装作一副无所动与举止的样子，以痹敌、懈敌。而在暗中却在与刘昱身边亲信、宫中主上左右的人，结成政治同盟，共同策划诛除政敌的周密计划。终于伺准机会，由杨玉夫、杨万年、王敬则等人一起，合伙将刘昱斩杀，并及时向萧道成报告，以准备下一步行动。

第三步"棋"——"佯谦"、"佯让"而暗控、暗夺。待萧道成与同伙将政敌刘昱诛杀以后，他立即以皇太后之

命召集其他三位朝廷元老重臣，商议军国大事。此时，他既箭拔弩张、威势逼人，却又故作谦让之状，以试探他们的政治态度。倘谁稍有沉默，便立即遭到喝斥、训戒，逼令作出拱手让权的表态才善罢甘休。同伙王敬则更为横蛮与表演得淋漓尽致，一面威胁群臣，谁敢说萧道成半个不字，便要血染兵刀；另方面更取出白纱帽，戴到萧道成头上，要他立即登基称帝，但却遭到萧的假模假样的制止。最后，大权集于萧道成一身后，他却又假谦、假让推辞说众命难违、众托难推。使之更加名正言顺地独揽朝廷大权，从而为代宋称帝作了最为重要的政治准备。

空城计惑敌败敌

第二次世界大战中的北非战场，既是交战双方瓜分殖民地和势力范围的厮杀，又是为了从南侧对地中海控制权的争夺，具有特殊的战略意义。到1942年8月，北非战场已经发生过五个回合的较量，英军与德、意轴心国军队打成三负两胜，英军暂时处于不利形势。

为了挽回败局，丘吉尔改组中东战区的军事领导，8月上旬任命伯纳德·蒙哥马利中将担任第8集团军司令。蒙哥马利到任后，立即整肃队伍，鼓舞士气，制订了周密的作战计划。并指挥部队经过一星期鏖战，击退了隆美尔指挥德军发起的狂涛般的进攻，迫使敌人转攻为守。

德意轴心国军的防御地带位于阿拉曼西南，蒙哥马利决定对阿拉曼发动大规模进攻。为保障战役的突然性，不让敌人摸清主攻方向，蒙哥马利在战线南段的后方排演了一场空城计，以吸引敌军注意力。英军制作、配置了大量的假辎重卡车、坦克和军火库，铺设了一条长达30公里的假输油管，修筑了一条与输油管平行的模拟铁路，还在那里频繁地使用电台，故意透露要从战线南段发起主攻。这样使得敌人天上的飞机侦察照相和地面的无线电侦听都受到空城计的迷惑。

1942年10月23日夜，英军在整个阿拉曼战线上发起全线进攻。交战双方打得很残酷，但由于英军成功地使用了空城计，始终占有主动。11月4日，德意军全线溃败。阿拉曼战役成为第二次世界大战中英军取得胜利的决定性重大战役，德国从此丧失了对北非和地中海的控制权。

负债扩张成巨子

负债经营是"空城计"在商业竞争中的一个表现形式，目前，有不少大型企业都在采用这种做法，但像英国报业巨子麦克斯韦尔这样"胆大妄为"，负债额达40亿美元的经营者确为少见。

麦克斯韦尔是亿万富翁，约有产业20亿美元。他拥有报纸，杂志，出版公司，私人喷气式飞机，豪华游艇等，其中《每日镜报》、《伦敦每日新闻报》均为很有影响力的报刊，麦克斯韦尔通讯公司则是这个报业集团的"旗舰"。

麦克斯韦尔出生于捷克斯洛伐克山区的一个农村小镇，家境贫寒，父母均为犹太人。他自幼只上过3年学，15岁时，他从德军集中营出逃参加了抵抗运动，后受了枪伤辗转法国，他的父母姐妹皆没逃出法西斯的魔掌。

战后，麦克斯韦尔开始了企业家的生涯，他的一生波澜迭起，充满传奇，他的企业，他的财产，他的报业王国均充满谜一般的神奇色彩。

战争的日子很沉闷，麦克斯韦尔从事了许多职业，但都有头无终，他觉得几乎没有一种职业能够适合他。

当年战场上的辉煌也不再被人提起，那用生命换来的十字勋章也失去了光彩，他感到沉重的失落感。他经常酗酒，以此麻痹自己。

他偶然遇到一位战友，当年在曼诺底登陆时，两人同乘一艘舰船。如今，这位战友在做出版生意，虽没有大发，但手头已很有些积蓄。

麦克斯韦尔没有什么文化，又完全不懂印刷技术，但他是个绝顶聪明的人，和战友几番相聚后，他已深领出版业的奥妙。

他决心投身于出版业。

正巧这时有消息传来，一家出版社因经营不善，准备拍卖。

麦克斯韦尔欣喜若狂，立即前往洽谈。

这是家英德合资专门出版科技书籍的小型出版社。拍卖价为1.3万英磅。

麦克斯韦尔身无分文，他去请求岳父的帮助，岳父很慷慨地应允了。

从此，麦克斯韦尔有了自己的事业——佩尔加蒙出版社。他努力工作，仅1964年一年，便出版了60种书籍，70种杂志。后来，他又努力把经营范围扩宽到其他领域。战后，英国文化事业飞速发展，使麦克斯韦尔如鱼得水，赢利丰厚。

麦克斯韦尔用岳父的资本获得了第一步成功后，忽然心中豁然开朗，其实许多事都可以这样作的。一般情况下，资本越雄厚，投资额越高，利润也越高，街头小贩无论怎样吃苦耐劳也无法走进大亨的行列。

那么这些巨额资本一定要先拥有再投资吗？假如把这个程序颠倒过来会怎么样呢？

麦克斯韦尔为自己这天方夜谭式的想法惊呆了，但这才是麦克斯韦尔，天才的冒险家。

从80年代开始，麦克斯韦尔的事业走向鼎盛期，利用各种途径融通巨额资金，然后开始一步步去实施他的计划。

1981年，他买下濒临倒闭的大不列颠印刷公司，推行现代化生产，麦克斯韦尔经营有方，很快使工厂扭亏为盈，更名为"英国印刷通讯公司"。

1984年，麦克斯韦尔买下英国镜报集团，在伦敦报纸市场的竞争中，他使镜报发行量从20万份上升到360万份，成为英国第二大报业集团。

1988年，麦克斯韦尔又买下了美国官方的《航空指南》。《航空指南》的买卖手续刚刚办妥三天，又以令人惊奇的高价买下麦克米伦出版公司。

1991年春，麦克斯韦尔又买下《纽约每日新闻报》，将其从困境中解脱出来，使日发行量从30万份回长到70万份。

麦克斯韦尔从此跨入世界出版巨子之列。

对于自己的这一作法，他没有高深的道理来解释，他只知道假如你把市场上这一类东西买光了，那么叫什么价就由你了。而且买的越彻底越好。

为了这些史无前例的收买活动，麦克斯韦尔大举借债，债务高达40亿美元。

麦克斯韦尔见惯不惊，负债经营负债扩张对于他已驾轻就熟，他甚至还想再借上一笔，只要有购买机会。他认为问题的关键是扭亏为盈。债务能增加压力，使人加倍努力工作，丝毫不敢松懈。

事实也正如他说，如果不是负债经营，麦克斯韦尔不可能在短短的二十年间摘取报王的桂冠。

他曾向妻子许诺要做"英国首相"，这个愿望最终没能实现，但作为世界报王，其荣耀一样非同寻常。

1991年11月5日，这位报业巨子猝死在他的豪华游艇上，死亡之谜久久轰动英伦三岛。

在他死后，公司清理他的巨额财产时，才发现这位报业巨子的种种经营内幕，人们只看见一个繁荣无比的巨大报业王国，根本不知道一切全是借债买来的。

40亿的巨款用什么偿还，稍有失误，便可能导致这个报业王国的破产。如今这个报业王国由他的两个儿子经营，其发展前景令人担忧。

人们不禁钦佩麦克斯韦尔的超人勇气，这个世界上，恐怕再没有第二个人能与之相比。假如他没有意外猝死，这40亿元的内幕将永远是个谜，直到完全偿还。

这个"空城计"似乎唱得有点太大，令人有些后怕，但他确实获得了成功，从一无所有的赤贫成为了亿万富翁。

他的那段军旅生涯难能可贵。

麦克斯韦尔是个非同寻常的人。

他一直与世界各国的政界要人保持着亲密友好的关系，他先后出访几十个国家，和许多元首和政府首脑合影留念，私交甚厚。

麦克斯韦尔把这诙谐地称为"先导性投资"，当然，也可能颗粒无收。不过，他从不这样想。

中印边境冲突事件后，麦克斯韦尔所掌握的报纸比较客观公正的报道了一消息，其立场态度在美国新闻界引人瞩目。

为此，周总理特意接见了他，在西华厅作了一番亲切的长谈。

中国改革开放后，麦克斯韦尔专程来华访问，达成了多项合作出版意向，出版了英文版《邓小平文集》。

麦克斯韦尔死后，许多国家领导人发出唁涵唁电，或派特使表示哀悼。英国首相梅杰发表电视讲话，称麦克斯韦尔为一代人杰。以色列总理沙米尔允许他安葬在耶路撒冷橄榄墓地，并亲临吊唁。

一个商界富豪死后，竟能获得这样的殊荣，牵动如此众多的政界要人，可见其生前与这个世界千丝万缕的联系。

麦克斯韦尔的去世太突然了，他的辛勤耕耘还未来得及收获，便踏入了另一个世界。这是报业王国无法估量的损失。

麦克斯韦尔谜一样地消失在大西洋之上。

他奇迹般的发家史，他空前绝后的负债经营，他的远见卓识，将成为商贸舞台上的宝贵财富，被无数的后来者仿效。

做广告门庭若市

做广告需要一定的资金，这对大厂商来说也许不成问题，而对小企业、小商店来说可是难上加难。如果不花钱同样起到广告的效果，岂不是无中生有，美事一桩。

台湾曾有一家饮食店，店开张营业后，由于资金不够，没有钱可做广告，于是老板就想了一个办法。他让专门端菜到顾客家里去的店员，拿着一个写着自己店名的空箱子，里面装着空碗，四处跑来跑去。附近的人看到店员这么忙碌的跑来跑去，就说："哦，什么时候开设了这家食堂呢？看他这样忙碌的端菜出去，生意可能不错，我也去吃吃看。"这种假装忙碌的宣传方式，结果收到了效果，各地方都有人来订菜，使这家饮食店成为风靡一时的食堂。

我国某城市有家个体服装店，刚刚开业，一点知名度都没有，门前冷冷清清，服装店老板在开店前几乎把资金用光，哪有钱去做广告，让人们知晓这家服装店呢？老板终于有了主意，一天他来到附近一家电影院，在电影开演前几分钟，他雇的店员前来找他，只听电影院的广播喇叭喊：××服装店的王老板，外面有人找。他听到第五遍时，便起身走出影院。一连几天，在附近的几个影院都如法炮制，随后的日子里，他开的服装店，门庭若市，生意不断。

广告并非一定要花钱，不花钱的广告同样有效，这就是无中生有。无中生有对新开业的生意人来说是宝中之宝。因为无论你开的是什么店，如果没有顾客上门，则一切免谈。可是大部分刚刚起步的人，在开业前就弹尽粮绝，甚至借款开业，哪有资金去做广告宣传，扩大知名度呢。对这些人而言，不花钱做广告才是他们的出路，如果开动脑筋，总会想出好的办法的。像上面所说的饮食店用写有自己的店名的空箱子做广告，服装店借助影院的广播做广告，都是绝妙的例子。但是运用这种无中生有的广告技巧，要特别注意两点：一是不要过分奇特，要让顾客能接受。二是如果是地域性生意，不要离地区太远宣传，要在附近实施。

空城计松下转机

日本许多大公司，最早将中国的三十六计用于商战，而且屡屡创出的新的战绩，令人刮目相看。

松下公司，是由松下幸之助创办的一个大型电器王国。但是，松下在创立的70多年的历史中，也多次遇到生存危机，但都能渡过难关，这全靠松下的谋略了。

50年代，日本出现经济大滑坡，不少企业已经难以支撑。为此，松下公司召开了董事会研究对策。

会上不少人提出，公司的产品卖不出去，已经没有钱发工资了，惟一的办法是减一半人。消息传出后，整个公司人心惶惶，许多职工感到，在这个时候离开松下也是没有出路的。

日本的一些别的大公司，为了减少开支，也在纷纷裁人，一时间社会上到处是失业的人。由于害怕失去工作，不少工会又组织了罢工，这样一来，劳资关系就更加紧张了。

一些与松下做生意的公司，也在看着松下如何动作，看松下用什么办法渡过难关。

可是，此时松下幸之助却有病躺在医院里。于是，商界传出许多谣传，说松下已经病倒了，松下公司对渡过难关没有什么办法了。

公司的武久和井植两位高级总裁到医院去看望松下。

"松下先生，我们现在很困难，已经拿不出什么办法了。"武久说。

松下问道："真的就没有什么好办法了吗？"

井植说："松下先生，办法还是有的，那就是首先把公司的职员减少一半。"

松下躺在床上没有说话，但是看得出来，他的心里早已经有办法了。

"我已经决定一个人也不减！"

武久和井植一听，大吃一惊。

松下看出了他们的疑惑，便说："如果我们减人，别人就看出了我们的困难。他们就会趁机和我们讲条件，如果我们不减人，则向外界表明，我们是有实力的，也是十分自信的，别人就不敢小看

我们，不敢和我们竞争。"

"松下先生，不减人当然好了，可是总要有个办法呀！"

"办法我也已经想好了，那就是改为半天上班，工资按以前的发全天的。"

"这个办法怕是不行吧，先生这样下去，公司用不了多久，就会成了一个空架子了。"

"哈……哈……"松下笑了："就这样办吧，你们不要担心，绝对不会像你们想得那样的！"

武久和井植半信半疑地走了。

两人回到总部，集合起全体员工，一级一级地向下传达松下先生的决定。员工们听到这个决定都高声欢呼起来。几乎所有的人，都发誓要尽全力为公司而战，公司上下出现了万众一心、共渡难关的场面。

当外界听到松下公司不减一人，而且只上半天班，发全天工资的做法，顿时感到松下不愧是日本第一大公司，定有灵丹妙药和回天之力。

更重要的是，这一决定稳定了军心，人人上阵，全力工作，只用了两个月，松下的产品又全部推销出去了。不但停止了半天工作制，而且还要加班加点才能把大批订货干出来。

松下不愧是经营之神，在黑云压城城欲摧之时，能够从容不迫，在本来自身已经困难的时候，大胆采用商战中的空城计的做法，干脆来个愈空愈敢空，大有一空到底的气概。别人反而不再怀疑，内部又更加齐心协力。于是，不利变有利，处处都是转机，抓住机遇，走出了困境，这便是松下高人一筹的地方。

只售一次售完止

意大利有一家专售首批新产品的市场，即莱尔市场。在这个市场上，你会看到每当一个新产品上市，就会出现顾客蜂拥而至，争相抢购的场面。原来这家市场对任何一种新产品，都是只售一次，售完为止，不再第二次进货。有些新产品，顾客很喜欢，抢到手的，喜上眉梢，没抢到手的，不无遗憾，要求市场再进一次货，可得到的却是令人遗憾的回答：很抱歉，本市场只售首批，卖完为止，不再进货，就是抢手货也是如此。对这样的回答做法，许多顾客难以理解并在闲谈中不断向别人诉说。可令人感兴趣的是：就是这些"不理解的顾客"、"听人诉说的顾客"经常光顾莱尔市场，见到喜欢的产品，当机立断，决不优柔寡断，这使莱尔销售不断创造出新纪录，出现盛况空前的局面。莱尔市场就是抢手货也决不进二次货的"忍痛割爱"高招，它留给顾客的不只是遗憾，而是强烈的印象——莱尔市场出售的都

是最新的产品。要想购买新产品，就到莱尔市场去买，遇到中意的产品，要当机立断，不要犹豫，否则在这个市场就再也买不到了。莱尔市场正是由此而成为享誉国内外的专业市场。

倒掉牛奶换信誉

某天，美国的一家超级商场，当着顾客的面把成桶的牛奶倒入污水沟里。人们看到浮白的牛奶倒掉了，非常惋惜，纷纷探询倒奶的原因。商场答道："牛奶已经过时，为了保障顾客的健康、安全，我们必须这样做。"可就在牛奶被倒入污水沟的过程中，卫生检验部门送来了化验结果。牛奶质量合格并没有过期，可以继续销售。在场的顾客听后，顿时哗然，人们为这家商场的质量信誉赞不绝口。次日，当地各大报纸均以显著位置对此事大加报道。一时间该商场老板精心策划导演的一场戏家喻户晓。老板知道牛奶并没有过时，而是故意这么做，以博得消费者的好感，满足消费者重视健康的心理。

第三十三计　反间计

【原典】疑中之疑。比之自内，不自失也②。

【按语】间者，使敌自相疑忌也；反间者，因敌之间而间之也。

如燕昭王薨，惠王③自为太子时，不快于乐毅。田单乃纵反间曰："乐毅与燕王有隙，畏诛，欲连兵王齐。齐人未附，故且缓攻即墨④，以待其事。齐人惟恐他将来，即墨残矣。"惠王闻之，即使骑劫代将，毅遂奔赵。

又如周瑜利用曹操间谍，以间其将；陈平以金纵反间于楚军，间范增⑤，楚王疑而去之。亦疑中之疑之局也。

【原典注释】①反间计，见《孙子·用间篇》："反间者，因其间而用之。"杜牧曰："敌有间来窥我，我必先知之。或厚赂诱之，反为我用；或佯为不觉，示之以伪情而纵之。则敌人之间，反为我用也。"这种运用敌人的间谍而达到自己目的的计策，叫做反间计。

②比之自内，不自失也：《易经·比卦》："象曰：比之自内，不自失也。"意思是：来自于内部的帮助，自己没有什么损失。比，依附，辅助。运用在此计中，有推动敌人生疑之意。

③燕惠王：战国时燕昭王的儿子。燕昭王时，乐毅受重用，公元前284年率军为燕国复仇，大破齐国，先后攻取七十多城，只留即墨和莒两城未攻下。后昭王死，燕惠王即位，中齐即墨守将田单反间计，改调大夫骑劫为将。乐毅被迫奔逃赵国。田单用火牛阵反攻，燕军大败。

④即墨：地名，战国时齐国重镇。即今山东平度。

⑤陈平间范增：陈平，汉朝名臣，有智谋。范增，项羽谋士。楚汉相争时，陈平为除去范增，巧设反间计，离间项羽和范增的关系。范增离军而亡。

【原典译文】在疑阵中再布置一层疑阵。利用敌人的间谍来为我服务，这样自己就不会受损失。

【按语译文】间，就是使敌人互相猜疑、忌恨；反间，就是诱使敌人的间谍去离间敌人。

例如：战国时，燕昭王死后，因为燕惠王自从做太子时，就对大将乐毅不满。齐将田单便使用反间计，说："乐毅和燕惠王有矛盾，害怕燕惠王杀他，想要联合齐国军队做齐国国王。只是因为齐国人还没有归顺他，所以他不急于攻打即墨，目的是等待时机成熟。现在齐国人只害怕燕国改派别的大将来，那么即墨就要失陷了。"燕惠王听后，立即改派骑劫去代替乐毅为统帅，乐毅只好逃到赵国去了。

又如：三国时，周瑜利用曹操派来的间谍蒋干进行反间活动，使曹操怀疑他的大将蔡瑁、张允并杀了他们。汉王刘邦的谋士陈平，用金钱收买楚军将士，散布谣言，离间西楚霸王和军师范增的关系。项羽因此怀疑范增，从而使范增离开了项羽。这也是在疑阵中再布疑阵的计策。

【传世典故 计名探源】 反间计，原文的大意是说：在疑阵中再布疑阵，使敌内部自生矛盾，我方就可万无一失。说得更通俗一些，就是巧妙地利用敌人的间谍反过来为我所用。在战争中，双方使用间谍，是十分常见的。《孙子兵法》就特别强调间谍的作用，认为将帅打仗必须事先了解敌方的情况。要准确掌握敌方的情况，不可靠鬼神，不可靠经验，"必取于人，知敌之情者也"。这里的"人"，就是间谍。《孙子兵法》专门有一篇《用间篇》，指出有五种间谍：利用敌方乡里的普通人作间谍，叫因间；收买敌方官吏作间谍，叫内间；收买或利用敌方派来的间谍为我所用，叫反间；故意制造和泄露假情况给敌方间谍，叫死间；派人去敌方侦察，再回来报告情况，叫生间。唐代杜牧解释反间计特别清楚，他说："敌有间来窥我，我必先知之，或厚赂诱之，反为我用；或佯为不觉，示以伪情而纵之，则敌人之间，反为我用也。"

三国时期，赤壁大战前夕，周瑜巧用计杀了精通水战的叛将蔡瑁、张允，就是个有名的例子。

话说孙刘结盟，共同抗曹。虽然在兵力数量上孙刘两家合起来，还是大大少于曹操，但孙刘联军发挥善于水战的特长，在长江水域初战告捷，挫了曹军锐气。

曹操的北方军队本来不懂水战，为一军事上的短处，便令精通水战的荆州降将蔡瑁、张允在长江中建立水寨，训练水军。而张、蔡二人因久居荆州，深知水战奥妙。所以，这两个人也自然成为东吴的心腹之患。当时，在东吴主管军事的是周瑜。周瑜精通兵法，足智多谋。在曹操眼里，他是灭吴的一大障碍。一天，曹操派部下蒋干，利用与周瑜旧时的交情，以访友为名，前往长江对岸敌营，试图劝说周瑜投降，顺便刺探军情。

瑜正为蔡瑁、张允在提高曹军水战能力而犯愁，得知蒋干来访，立即识破来意，顿时计上心来。

在款待蒋干的宴席上，周瑜解下佩剑说道："蒋兄是我的老同学、好朋友，我们今天只叙友情、不谈打仗，如果有谁敢谈论与交战有关的事，就用此剑杀了他。"这一来，也堵住了蒋干的嘴，只字不敢提劝降一事。大家只管尽情欢笑饮酒，周瑜也喝得醉意朦胧。

晚上，蒋干与周瑜同床共寝，蒋干翻来覆去睡不着，坐起身来，借着灯光看见案头上放着一封信，是蔡瑁、张允阴谋反曹、投降东吴的密信。蒋干回头看时，周瑜正醉酒沉睡，蒋干赶忙把信揣起来，连夜跑回荆州，把信交给曹操。

曹操看了蒋干带来的信，顿时火起，斩杀了蔡瑁、张允。随即，他又发现信是伪造的，他中了周瑜的反间计了，但为时已晚。杀了张允、蔡瑁之后，曹军中失去了熟知水战的得力战将，这也成了后来曹军赤壁大败的一个重要原因。

【名家评点 破解方略】反间计就是诱使敌方间谍为我军所利用。这是一种"以其人之道，还治其人之身"的智谋。敌人派来的间谍是为了刺探我们的情报，给我们设下陷阱，我们则利用敌人布下的疑阵再迷惑敌人，这就是用敌人的人迷惑敌人。

在发现了敌人派来的刺探情报的间谍后，我方可以用金钱等收买他，也可以装作没发现而故意将虚假情报透露给他，这样敌人的间谍就能为我所用了。应用反间计的关键在于不声不响中，诱敌人上钩，从而"以子之矛，击子之盾"，最终打败敌人。

经典案例　锦囊妙计

苏代离间丧白起

战国后期，秦将武安君白起在长平一战，全歼赵军四十万，赵国国内一片恐慌。白起乘胜一连攻下赵国十七城，直逼赵国国都邯郸，赵国指日可破。

赵国情势危急，赵国问群臣谁敢退秦兵，没有一个人敢应。平原君回家后，门客苏代自告奋勇愿去秦国游说，阻止秦军的进攻。

苏代带着厚礼来到咸阳拜见应侯范雎。范雎问他："你来我这儿是为什么事呢？是为赵国游说吧！"

苏代说："不，我是为你而来。"

接着，苏代又说："武安君用兵如神，身为秦将，夺了七十多个城池，杀敌军近百万。这次长平一战，尽显他的威风，现在又直逼邯郸，赵国就快要灭亡了，秦王就会成就霸业。秦王要是称帝，那武安君就是秦国统一天下的头号功臣。您现在的地位在他之上，可是将来您恐怕不得不居他之下了，您的日子可不好过了。"

范雎心中一震，连忙问道："你说我该怎么办呢？"

苏代说："现在赵国已经很衰弱了，您不如劝秦王暂时同意赵国割地议和。这样您既有割地之功，又解除了武安君的兵权，那您的位置可就稳如泰山了。"

范雎大喜，第二天一早便去上奏秦王说："秦兵在外很久了，已经十分劳累，需要修整一段时间。不如暂时答应赵国割地求和，这样我军也有休息时间，可以养精蓄锐，以备再战。"

秦果然同意了，结果赵国献出六城，两国便罢兵休战。

白起连战连胜，正要进兵围攻邯郸，忽然接到班师回朝的诏令，无奈只得回朝。回来才知道是应侯范雎的建议，便十分怨恨范雎，两人之间从此产生了仇怨。

白起回来后，对众人说："长平之战后，邯郸城内已经人心惶惶，若乘胜追击，一个月就可以把邯郸拿下。可惜应侯不识时机，下令班师，失去机会了。"

秦王听了，十分后悔，说："白起既知邯郸可以拿下，为什么不早奏呢？"于是又命白起为将，讨伐赵国，白起那时正好有病，便改令王陵为大将。

这时，赵国已起用老将廉颇，设防甚严，王陵屡败，邯郸一直不能攻克。

秦王准备用病愈的白起代替王陵攻打邯郸。可白起却说："赵国统帅廉颇可不是以前的赵括，他精通兵略，而邯郸又趁我们撤军之际，加强了防守，十分难攻。而且大王您又和赵国签订了和约，若反悔，岂不失信于诸侯，别的国家一定会联合起来攻打秦国。臣觉得这次出兵一定难以取胜。"

秦王见他不愿去，又派应侯范雎去劝他。白起由于范雎上次阻止他进兵，他仍旧怀恨在心，便称病不出。

秦王问范雎："武安君真病了吗？"

范雎说："不知是不是真病，但他不愿带军的想法却十分坚决。

秦王大怒，说："除了白起，难道我国就没有别人了吗？当初长平之战时，开始是王龁带的兵，难道王龁也不如他吗？"于是派王龁代替王陵继续攻打邯郸。

可王龁攻了五个月都没有攻下来。秦王又去请白起为大将出征，可白起仍然称病不受。秦王大怒，立即削去他的官职，贬为平民，并赶出咸阳。

范雎又对秦王说："白起走的时候，口出怨言，愤愤不平，如果让他跑到别国去，那就是秦国的祸害了。"

于是，秦王便立即派人赐剑白起，令他自刎。可惜为秦国立下汗马功劳的白起落得个"走狗烹"的下场。

苏代就是采用的"离间计"挑起范雎与白起窝里斗，使赵国赢得了宝贵的时间，暂缓了亡国之灾。

东吴用间败曹兵

东汉献帝建安十三年（208），赤壁大战前夕，这既是曹吴的军事较量准备阶段，又是双方政治间谍大战的序幕。蜀军的军师诸葛亮借来东风，东吴大将周瑜见出兵击曹的好时机到了，于是连忙调兵遣将。

在双方政治间谍战中，蔡中、蔡和是曹操派到吴军中来的两个间谍，他们时时都在刺探军情，不断暗中往曹营送情报。这时，见周瑜部署军马，估计要出兵打仗了。但为了将情报核实准确，他们便试探着向周瑜打听："周都督，东吴兵强马壮，粮草也很充足，人们都急着打仗立功呢？我们兄弟俩也恨不能马上杀进曹营。"周瑜对这两个家伙的身份，早已知晓。听了此话，便故意不动声色地对他们说："立功的时机到了，我正想要重用你们俩。"周瑜见左右闲杂来往人员太多太乱，便向他俩使了个眼色说："咱们出去一下吧，我有事要与你们商量。"于是，他们一行走出军帐，进入树林，又沿小路登上山顶。蔡中、蔡和见此处僻静无人，断定要谈军机大事，暗自高兴。但见周瑜突然拔出剑来，他俩心里一惊，以为身份暴露，周瑜要杀他们。周瑜将此一切都看在眼里，然后不慌不忙地对着一块山石磨起宝剑来了，一边磨一边说："养兵千日，用兵一时，今天晚上就要大破曹兵，我要重用你们俩人。"此二人才将上提的心放了下来，又进一步套周瑜的话说："我们俩人熟悉曹营的情况，都督想知道那里的什么情况，都能够说个清清楚楚，明明白白，不知道你是不是用得着我们俩？"周瑜没有回答，只顾埋头磨剑，直磨得雪亮闪光，才住了手。周瑜这时才来问他们："听说曹营的战船都连了起来，是吗？"他俩也不隐瞒，便说："是的，简直成了水上营寨，实在难攻得很呢！"周瑜一听，禁不住哈哈大笑起来说："我要放一把火呢？好大的东南风呀！这是天助我也。"蔡中、蔡和一听几乎吓得叫出声来，同时又急欲将此情报送回曹营。于是，便假惺惺地说："火攻必胜，我们二人愿做先锋。"说完正要告辞退走，周瑜却仰天大笑三声说："慢着！还有更重要的事情要重用你们俩人。"此二人立即跪拜，说："谢都督抬举，不知有何差遣？"
周瑜走近二人身旁说："我要借二位的
头，试我的剑！借二位的血，祭我的
旗？"迅即将二人斩杀，这两个政治间谍
在最后核实了重要情报后，也终于人头
落地。接着，赤壁大战便紧张地开始了。

周瑜对曹操派来的蔡中、蔡和这两
个政治间谍，在发现其身份后，既未秘
密审讯，也未捕获，而是暗中进行控制
其行迹。在大战前夕，他为了进一步核
实情报及用计的可行性，于是便施逼化
之计，将此敌间，用完之后逼杀，以化
害为利。其施计的步骤是：第一步，诱
间出帐，周瑜借二蔡试探军情之机，骗
以重用之事，诱以出帐上山；第二步，
试其心计，周瑜借当晚要大破曹兵之举，
试出二人对曹营情况的熟悉之事；第三
步，核其敌军情报，周瑜乘势问及曹军
战船连寨情况，二蔡只得吐露实情，且
自得地认为难攻难破，周瑜终于最后核
实情报；第四步，测其计之可行度，周
瑜借二间谍的反应，直接透露欲乘风用
火攻曹军战船，二蔡立即反应既惊且忧，
又急欲逃走送报。这一切终于使周瑜从
反面证实了此计的确乎出乎曹军所料，
大为可行。于是便按计行事。随即将两
个政治间谍斩杀，以防情报的泄漏。二
蔡虽害，但最终却在最关键时刻，被周
瑜巧施逼化之策，化害为利了。

穆公利化由余投

春秋时代，由余原来是晋国的一个
谋士，他聪明敏锐，学识广博，才华过
人。但在晋国时却长期怀才不遇，遭到

奸人忌妒，于是他便只得离开晋国，后
来辗转投奔到了秦国西边的西戎国，被
委以重任，成为国中的权臣。

秦国在西戎国的东边，当时西戎国
主赤班见近邻秦国日益强盛，便派遣权
臣由余，以使臣与间谍的双重身份，到
秦国去考察出访及打探政治军事实情。
由余奉命到达秦国之后，便得到盛情款
待与贵宾礼遇。秦穆公任好（前659—
621年在位），为显示秦国的富强并以此
相利诱，便亲自陪同由余参观御花园和
富丽堂皇的宫殿，但由余却笑而不语。
穆公对此疑惑不解，便问。他说："先生
对这些有何观感？"由余不作回答，且反
问说："请问大王，大王的花园是人工建
造？还是鬼神代劳所修的呢？"由余的反
问，颇有讽刺之意。秦穆公一听很不高
兴，便不耐烦地说："你们戎夷人不懂得
礼乐，又怎么能治理好国家呢？"由余则
冷冷地回答说："什么礼乐，它恰是中国
长期战乱的原因。古时圣人制礼作乐，
原本是约束民人，使其行为有所遵循。
但现在有权势的人，却将礼乐作为掩饰
自己劣迹的幌子。而我国戎国，人们不
受礼乐的拘束，上下真诚相待，君王无
为而治，不重刑、不扰民。这样，反而
达到圣人所言的境界。这样看来，礼乐
有何用。"结果，秦穆公听了之后，竟无
言可对。他回宫后便向大臣百里奚复述
了这一切。百里奚则说："由余原本是晋
国的大贤人，对此我早有所闻。"穆公又
说："邻国若有大贤人将威胁秦国，像由
余这样的贤人为西戎谋事划策，实在太
可惜呀！"百里奚则乘机禀告："内史廖
足智多谋，大王您可以请他商讨对策。"

内史廖见了穆公后，果然出奇谋说："西戎王赤班，身居边陲之地，孤陋寡闻，从未听过中国之乐声，若给他送去一队女乐，必使其沉迷于声色之中，而荒废政事。另外，可将由余盛情厚待，挽留一年，使其逾期不归。这样，戎王必然要对他心怀疑虑，而加以疏远。到那时，由余将会留仕秦国。"秦穆公采纳了他的建议，于是便精选了六名擅长音乐歌舞的宫中美女，送给西戎国王。戎王赤班一见，万分高兴，从此便每日白天狂歌欢舞，夜里则由美女伴寝，神魂颠倒，渐渐将政事疏忽了。而由余被秦国盛情款待一年之后，才回到西戎国。西戎国主怨他迟迟不归，且心有疑忌。加之由余归国后劝赤班不要过于迷恋女色音乐，更激起他的反感，便渐渐与他疏远。由余预感到西戎国难逃灭亡的命运，便有去投奔秦国之意。

不久，秦穆公派出间谍到西戎国与由余秘密见面，由余便投奔到了秦国。由余到了秦国以后，受到了秦穆公的召见，并封他为亚卿。由余在西戎是权臣，又参政多年，对该国的山川地形、军政内幕、人文实情、了若指掌。为了报答秦穆公的厚遇之恩，于是献出了攻破夺取西戎国的奇谋妙计，并请穆公派兵征讨。而秦军到达西戎国境后，由于敌情熟、山川地形又加以先前掌握，于是用兵有奇效显胜，迅即将西戎的十二国加以消灭。从此之后，秦国成为称雄西方的强国。

由余既是西戎国主派遣使秦的政治间谍，同时又是一位颇有才能、深知敌之内情的大贤人。因此，这样的人物，若为敌则将成害，贻患无穷，但若能利诱为己则将化害为利。秦穆公对此深有认识。他为了"利化"由余，采用如下手段。其一，以礼相款、盛情以遇来显示国之盛强与礼乐之道，以"礼"利化之；其二，施计换得留秦一年，迟迟归国，使之与国主离间有隙，而为避覆，有去秦之念，此乃以计利化之；其三，奔秦后，穆公召见，封以高官显职，使之有报效知遇之恩之意，此为以富贵利化之；其四，由余献灭西戎奇计谋略，秦王用之，收取大胜之效，此为化害而收实利。

陈平摆计除范增

楚霸王项羽率兵十万，围攻荥阳，汉王刘邦急召张良、陈平等谋士商议，说："项羽乘我兵力分散，城内空虚、率兵围虚，有什么办法拒敌？"

陈平说："项羽的得力干将，不外范增、钟离昧、龙沮、周殷这几个人，如果能够离间他们，使项羽起疑心组织，就可以解散项羽的核心，削弱他的进攻力量了。"

因此，刘邦把四万金子交陈平去做间谍活动的经费，派人混入楚营，散布谣言，说钟离昧等因功不得赏，想与刘邦同谋，灭楚分地称王。

项羽一向多疑，听到这个消息，便信以为真，遂不与钟离昧等议事，挥军把荥阳围得水泄不通，一连攻打三日，见城中防卫森严，毫不动摇，也不能越雷池一步，项羽十分躁急。

张良等谋士又向刘邦献计，说："项

羽攻城不下，正好派人去向他诈降，他必应允，遣人来讨条件，到时使用陈平之计，彻底离间他的君臣情感，就可以解围了。"

"他不接受和谈又怎么办？"刘邦怀疑地问。

张良说："项羽脾气暴躁，沉不住气，刚而无忍，连日攻城不下，心正焦急，若汉使一到，必然接受。"

刘邦依计，派萧何往楚营游说。见了项羽，厚礼甘言说了一通，说刘邦得封为汉王，已自满足，不敢与项王分庭抗礼，今愿讲和，各守封疆，共保富贵，割荥阳以东为楚界，荥阳以西为汉界！

项羽想到刘邦势力日大，韩信又善于用兵，继续打下去，亦未知鹿死谁手，不如趁早讲和，休养生息，等候机会。便召范增等商量，范增却反对这样做，他说："这是刘邦的缓兵之计，和谈不是本意，把战局拖住，专等韩信的救兵，今日正可猛攻快打，把刘邦消灭了，再去对付韩信。"

项羽犹豫起来，又召见萧何，说："你暂且回城去，待我再考虑一下就通知你！"

萧何吃惊了，心知必定是范增从中唆使，破坏和谈。乃对项羽说："在这个紧急关头，陛下自愿圣裁，左右的话，怕有私弊，因为战胜也好，战败也好，别人一样可以不当楚官当汉官，但陛下将怎样处理自己？况且汉王尚未势穷力尽，韩信的几十万大兵很快就会到来，内外夹攻，陛下师久粮尽，那时欲退不得，不是后悔莫及吗？依臣鄙见，倒不如及时讲和，化干戈为玉帛，这样，不

独汉王感恩戴德，老百姓也会讴颂陛下仁义呢！臣虽身在汉，旧实楚臣，这些都是肺腑之言，望陛下三思，不要被左右暗中出卖了！"

项羽听了这番话，很是喜欢，说："你说得透彻有理，就这样决定，你且先回去，我随后派人入城去讲和？"

萧何回去把情况告诉刘邦，刘邦转告陈平："楚使不日就要来和谈，你用何计对付！"

陈平附耳说如此如此，刘邦大喜，密令陈平去进行。

项羽不听范增的劝谏，派虞子期为和谈大使，指示他：要刘邦于三天之内出城当面谈判，再趁机会探听汉营虚实。

虞子期奉命带了几名能干的密探进入荥阳城，闻说刘邦夜饮大醉未起，便暂时到旅馆安歇，打发左右暗里去刺探情报，表面装出是去通报，那位负责通报的密探依命入了汉营。只有张良和陈平两人出来，见他们身穿的是楚服，便殷勤地把他邀进一间公馆里，用好酒好肉招待，那人说："我是项王的差使，不是亚父差来的。"张良，陈平两人一听，假装吃惊，说："我们以为你是亚父秘密差来的！"便叫一名小卒过来，把那人带到另外一间小馆里，改以淡菜粗饭招待，张良和陈平已不知转到哪里去了。

那人得了刘邦接见的消息，回来向虞子期报告，特别提出张良、陈平的话和态度，虞子期认为可疑，把这话藏在心里，乃整衣去见刘邦。可是刘邦还未梳洗，着萧何带他到一间密室休息，等候接见。密室里布置得很幽雅，设备齐全，萧何奉陪一会，托辞起身，说："虞

大使请多坐一会,待我去看汉王梳洗好否?"

萧何出去了,虞子期转身看看书桌,见有许多秘密文件,他即走过去翻,见有一封首尾不写名的信,内云:"项王彭城失守,提兵远来,人心不附,天下离叛,大兵不过二十万,势渐孤弱,大王切不可出降,急当唤韩信回荥阳,老臣与钟离眛等为内应,指日破楚必矣。黄金不敢拜领,破楚后愿裂土封于故国,子孙绵延百世,臣之愿也,名不敢具。"

虞子期大惊,暗思这信必是范增的了,最近听到亚父与刘邦私通的话,我尚不相信,今见此信,相信不会假的了。遂将该信藏在身边,准备回去亲呈项王邀功。

萧何进来了,说汉王召见,遂把他带到汉王那里。刘邦开口又把过去萧何在项羽面前说过的话重复一遍,愿与项王分土而治。虞子期说:"我项王已依尊命,只想欲与大王见面详谈,别无他意!"

"既然这样,"刘邦说:"先生请先回,我商议好日期后再约项王见面就是了!"

虞子期回见项羽,传达了刘邦意见。更悄悄地密报在城内所听到的情况,张良、陈平的态度,及在密室里偷回的匿名信呈给项羽。

项羽看罢密信,大怒起来,说:"老匹夫居然想出卖我?务要查出实情,决不饶恕!"

范增知道了,在项羽面前力辩并无其事,且说这是陈平的反间计,离间君臣。

无论怎样,项羽已听不进去,立即炒他鱿鱼,贬范增回乡。范增走到半途,忽然背生毒瘤,就这样冷清清死去。

借蒋干行间除敌

东汉末年,北方的曹操为了消灭东吴,率领大军和船队,于公元 208 年(即汉献帝建安十三年),占领了荆州。但由于曹军士兵均为北方人,不习惯于水战,便及时起用了荆州的降将蔡瑁、张允二人,他俩不仅懂得水战的诀窍和战术,而且积极为曹军操练水军,以便为攻灭吴军做准备。这样,蔡、张两人不仅使曹军如虎添翼,而且也成为东吴实行政治军事方略的巨大障碍,必须予以消除此患,才能使政敌曹操陷于孤立无援的境地。面对曹军进行抗衡是东吴的都督周瑜,此人年青有为,足智多谋,精通战技战法,且颇有政治眼光和头脑。曹操懂得,周瑜这位青年政治家兼吴军统帅,是他灭吴取胜的难以逾越的阻碍、难以对付的政治对手,必须先用计加以制服才行。这时,曹操发现自己的军中,有一位名叫蒋干的人,不仅与周瑜过去就有许多旧的交情和友谊,而且此人也跃跃欲试,见曹操一筹莫展时,多次向曹操请求亲自到东吴军中去说降周瑜。曹操于是大喜过望,便立即同意并令他火速启程到吴军中去。待蒋干奉曹之命,到了吴军中,见到了都督周瑜。二人一见面,周瑜很快就明白了蒋干的政治间谍身份,便对蒋说:"子翼(蒋干的名号)不辞辛苦,远道而来,是为曹操当说客的吧?"蒋干心里一惊,好半天才定神后，慌忙回答说："我们俩是老朋友，今日难得有幸相逢，怎么能这么说呢？倘过样，我就告辞。"周瑜却笑着说："既然不是为曹操当说客而来的，那又何必马上就起身告辞呢？"接着，便命人召集吴军的将士部众，举行盛大宴会，款待老朋友蒋干。宴席间，蒋干几次想劝说周瑜投降曹操，但见周瑜态度严正不苟，且不卑不亢，迫于威势，便很难启齿开口。过了一会儿，周瑜却主动热情地拉着蒋干的手说："大丈夫生于世上，倘若遇到知己之主时，更需要竭尽忠心，外托君臣之义，内结骨肉之恩，言必听，计必从，祸福与共，纵使有像苏秦、张仪、陆贾、郦生那样的人再生出来，口若悬河，舌如利剑，无论多么动听的话语，也不能动摇我的心啊！"说完之后，又立即拔出剑来，在宴席上边舞边唱。接着，又与蒋干痛饮起来，一醉方休，直到众人都酩酊大醉之后，酒席才散。晚上，蒋干与周瑜同榻而寝卧，他翻来覆去睡不着，于是干脆坐起身来，想着下一步该如何办。突然，他借着灯光，发现案几上放着一封信。再看四周无人，而周瑜正鼾声如雷，睡得十分香甜，于是便拿起信来一看，却是蔡瑁、张允与周瑜联系投降的事情的一封信。蒋干一见，心中不觉大吃一惊，四下张望后，赶紧连忙把这封信揣到怀里，连夜跑出吴军营帐，回到荆州，把信亲手交给了曹操。曹操一向多疑诡诈，最容不得部下叛他而去。他一见此信，便信以为真，以为蔡瑁、张允二人竟然敢准备降吴，且有此信为凭，便在一怒之下，不辨真伪，将蔡瑁、张允二将斩杀，以除心腹之患。但是，过了不久，曹操才逐渐地醒悟过来了，他说："我中了周郎的计了。"由于周瑜反间计的成功，致使曹操杀了谙习水军的蔡瑁、张允二员大将，如同在关键时刻，斩了自己的左右二膀。终于遭到了火烧赤壁，几乎全军覆没的惩罚。而周瑜通过蒋干的"巧示"而行反间计，赢得大胜。

这是古代政治斗争中，在使用反间计而赢得政治军事大胜利的著名事例。

商鞅诈和魏中计

商鞅，卫国人，又称卫鞅，善用智谋韬略。起先在卫国谋事，因不能施展才华，便到魏国，遂委身相国公叔痤，公叔痤知道卫鞅才华出众，曾向魏惠王推荐，尚未被重用。后来，其友公子印向魏惠王极为引见卫鞅，惠王仍然未予任用。公叔痤病死之后，卫鞅听说秦孝公下令招贤，遂离开魏国到秦国，得到重用，实行变法，数年之间，使秦国大变，由弱变强，威震关东。

公元前 353 年，齐国与魏国交战，魏师大败。消息传到秦国，卫鞅知道这是削弱魏国的天赐良机，趁势向秦孝公说："秦魏比邻之国，势不两存，非魏并秦，即秦并魏，魏大败于齐，可以乘机伐魏，魏不能抵挡，必然东迁，这样秦国可据山河之固，向东争取各诸侯，到那时秦国自然成为中国的霸主。"孝公欣然听从他的建言，任命卫鞅为大将，公子少官为副手，调兵遣将讨伐魏国。

秦军从咸阳出发，浩浩荡荡向东挺进，魏国驻西河守臣得到警报，急速向魏惠王告急求援，魏惠王召集文武群臣商讨御秦卫国之策，公子卬自我介绍说："当年卫鞅在魏国时，与我友善，我曾向大王推荐卫鞅，大王不听，臣愿领兵前往，先与讲和，如若不许，然后固守城池，向韩、赵求救。"百官群臣都赞同他的意见。魏惠王当即拜任公子卬为大将，率兵五万，奔救西河。魏军行抵吴城安营扎寨，一切安排就绪，公子卬正要派人往秦营送信，请求卫鞅息兵罢战。守城将士前来禀报："见有秦国大将卫鞅差人送信，正在城外恭候。"公子卬急忙命缒城而上，拆书一看，原来是卫鞅的亲笔信，大意如下："我与公子相得甚欢，亲如手足。今虽各事其主，为两国之将，怎能忍心动武，互相残杀，我想与公子相约，双方撤兵；相会于玉泉山，乐饮而罢。使后人称我们两人之友情，如同管鲍。公子如肯俯从，幸示其期！"公子卬读罢信，喜形于色，非常感慨，说道："正合我意，英雄所见略同。"于是厚待使者，立即回信，约定三日内相会。

卫鞅接到复信，知道公子卬已经上钩，说道："我的计划就要实现。"再派信使入城确定会面日期，并告："秦兵前营已经后撤，所乘兵马已派到左近山岭打猎。只待与将军相会，便全部撤回秦国。"同时派人携带旱藕、麝香赠送公子卬，说这两种物品是秦国的特产，旱藕有益于健康，麝香可以辟邪，聊志昔日之情，以表永结友好。公子卬更加感激卫鞅的情义，回信致谢。

卫鞅得到回信，确信公子卬无疑，将大军埋伏在玉泉山下，只听山上放炮为号，便从四面八方杀出，擒获魏国来人，不许放走一人。

到了相会的日子，卫鞅首先派人入城向公子卬禀告，他只带三百卫士，已经赶到玉泉山恭候。公子卬信以为真，也仅带三百人携带酒食，乘车前往玉泉山与卫鞅相会。卫鞅在山下列队相迎，公子卬见卫鞅的随从人员很少，并且没有兵器，坦然不疑，以为不是圈套。相见之际，各叙昔日交情，并谈到今日两国和解休战的重要性与迫切性，好不欢喜。两边都备有酒席，公子卬是东道主，首先向卫鞅敬酒，卫鞅叫两个手下人回敬公子卬。这两个人都是秦国有名的勇士，一个叫乌获，一个叫任鄙。他们正互相敬酒沉浸在友善气氛中时，卫鞅以目视左右暗示，瞬时只听山顶一声炮响，山下亦炮声相应，声震山谷。公子卬大惊，问卫鞅："怎么会有炮声，你是否在欺骗我？"卫鞅笑着说："暂欺一次，尚容告罪！"公子卬发现受骗，于是想逃跑，被乌获紧紧按倒在地，动弹不得，任鄙指挥左右把魏国的随从人员全部捉拿。

卫鞅吩咐将士把公子卬押上囚车，送到秦国，然后把魏国随从释放，并赐酒压惊，仍用原来车仗，让他们跟随乌获和任鄙进入吴城，谎称主帅赴会回来，让他们打开城门。从命者有重赏，抗命者斩首。公子卬的随从，谁不怕死，个个俯首听命。一切安排妥当，乌获假扮公子卬坐于车中，任鄙作护送使臣，乘车随后，城上魏军认得是自家随从，即时开门，让"公子卬"进城，那两员勇将一混进城，便杀散了守城士兵。随后卫鞅率领大军赶来，杀进城去，顿时城内魏军大乱，各散逃命，卫鞅纵军乱箭射杀。魏军听说大将被俘，溃不成军，弃城逃遁，卫鞅于是占领吴城，长驱而入，直逼魏国都城安邑。魏王闻讯，大惊失色，匆忙派遣大夫龙贾往秦军求和，卫鞅说："魏王不能用我，我才出任秦国。蒙秦王之厚爱，尊为卿相，并以兵权交我，若不灭魏，有负重托。"龙贾说："人常言'良鸟恋旧林，良臣怀故主'。魏王虽不能任用足下，然父母之邦，足下安得无情?"卫鞅沉思良久，言道："若要我班师，除非将西河之地尽割于秦方可。"龙贾应诺向惠王报告。惠王只得屈从，当即令龙贾奉西河地图，献于秦军买和。卫鞅按图受地，凯旋而归。公子卬于是不得不降于秦。魏惠王感到安邑接近秦国，难以固守自安，于是迁都到大梁（河南开封市）。这是卫鞅利用他和魏国公子卬的旧交，玩弄因间计谋，诈和诱敌擒将，大败魏国，迫使魏惠王举国迁都的事例。

从计谋的实施过程看：公子卬听说秦军主帅是卫鞅，自告奋勇率军前来就有实施因间谋略的初衷，因为他的真实意图被诡计多端的卫鞅揣摸看穿，所以不但没有成功，反而被卫鞅所乘，因间而用，竟然没有察觉，结果以己身被擒而告失败。卫鞅反施因间之谋的高明之处在于：一是顺势利导，积极呼应，首先修书，以甜言蜜语，畅叙思念阔别之情，假示无意为敌，只想讲和休战，不断以所谓的友情为幌子，施放烟幕，麻痹对方，掩饰真正意图；二是派使馈赠礼物，奉上秦国所出特产，以示不忘昔日之情，以表永结友好，假示面晤之切，

借势谎称秦军主力已经撤回，无意与其对阵鼓垒，进一步麻痹公子卬，使其信以为真；三是巧设"鸿门宴"，调虎离山，使公子卬落入精心策划的圈套，无法施展英雄用武之本色，犹如牢笼中的困兽，听人摆布，不得不束手就擒，坐以待毙。四是巧借"公子卬"，深入虎穴，里应外合，深谙诡道与兵不厌诈之术的活用以及政敌对抗的真谛。

曹操抹字间韩遂

建安十六年（211）九月，曹操指挥部队全部渡过了渭水。马超等多次挑战，曹操都置之不理。马超又坚持割让土地讲和，送儿子做人质。曹操的谋士贾诩认为可以假意答应他。曹操又问计策如何，贾诩说："离间他们罢了。"曹操说："明白了!"

韩遂请求与曹操相见，曹操与韩遂有些老关系，遂在阵前，马头相交着谈话，谈了好久。但所谈皆非军事，只说些京都旧故，说到高兴处，拍手大笑。当时，汉人、胡人观看的，里三层外三层，曹操笑着对他们说："你们想看曹操吧？他也是个人，并没有四个眼睛两张嘴，只是多一点智慧而已!"事后，马超问韩遂："曹操说了什么？"韩遂说："没说什么。"马超等开始怀疑韩遂。另有一天，曹操又写给韩遂一封信，信上多处涂抹删改，就好像是韩遂涂改过的；马超等更加不相信韩遂。曹操便与马超约定日期会战，先用轻装部队挑逗马超部队，激战许久，然后投入猛虎般的骑兵夹击，大败马超军。

曹操素以足智多谋著称，此计也用得与众不同。他先是抓住韩遂主动要求阵前会晤的机会，故作亲密，谈一些说不清道不明的事情，致使马超顿生疑心。继而又写信叙旧，且在信上涂涂抹抹，似有隐意可究，遂使马超疑心加重。待到马超与韩遂心有隔阂时，他便趁机与之决战，终使马超败北。

萧衍施间救司州

建武二年，北魏将领王肃、刘昶进攻南齐司州刺史萧诞，战事危急。齐明帝调遣左卫将军王广之前往援救，萧衍为偏帅，隶属王广之指挥。

军行至熨斗洲时，距萧诞的防地仅有百里。众将因为魏军强大，不敢再进。萧衍大展威略，对诸将说："现在我们如果屯兵于下梁城，堵塞凿岘的险道，防守于雉脚之路，占据贤首山，借以连通西关，俯临贼垒，形成三面犄角之势，然后攻其不备，必定破贼。"可惜这一战略计划，没有被王广之等人采纳。

其后，王广之派徐玄庆进据贤首山，魏军截断了齐军的粮道。齐军诸将恐惧，不敢赴援玄庆，唯有萧衍自告奋勇，请求带兵领先援救。于是，王广之为其增配了精良的武器。萧衍遂衔枚夜行，在前开路。

进军途中，迷失方向。正当不知所措之际，忽见前面有像是持着两个火炬的人影，便跟随其后，果然找对道路，然后抄小路登上贤首山。广之的军队遂得以前进。

萧衍扎营未稳，魏军即来威逼，萧衍坚壁不出。王萧独自攻城，一鼓即退。刘昶得知，顿起疑心，萧衍乘机写信给他，施以反间之计，加深王、刘之间的隔阂。

一天早上，忽然刮起西北风，阵云随之而来，不久，直达王萧营地的上空。不久风回云转，还向西北。萧衍说："这就是所谓归气，魏军要逃跑了！"于是下令："望麾而进，听鼓而动。"王肃倾巢而出，率领所部十万之军，列阵于水北。萧衍亲自挥旗击鼓，声震山谷，勇敢的先锋将士，执短刀先登，其他将士，以长戟掩护他们，大家奋勇争先，英勇杀敌。城中见援军已到，也冲出城门，配合作战，魏军腹背受乱，因而大败。此役梁军斩获魏军以千计。战场上，尸体遍地，血流成河，王肃、刘昶单骑而逃。

巧使反间败突厥

隋文帝即位后，对突厥十分无礼冷淡，突厥非常怨恨。千金公主因为隋朝灭了自己的宗族，日夜向沙钵略进言，请他为北周宇文氏复仇。于是沙钵略对他的大臣们说："我是北周帝室的亲戚，现在隋文帝代周自立，而我却不能制止，还有何面目再见夫人可贺敦呢？"于是突厥与原北齐营州刺史高宝宁合兵进犯。隋文帝忧惧，就下敕书命令沿边境增修要塞屏障，加固长城，又任命上柱国武威人阴寿镇守幽州，京兆尹虞庆则镇守并州，驻军数万以防备突厥。

当初，奉车都尉长孙晟奉命送北周千金公主入突厥成婚，突厥可汗爱慕他的箭法，留他在突厥整整一年，让自己的子弟和部落贵族与长孙晟结交往来，希望能学到他的箭法。沙钵略可汗的弟弟处罗侯称作突利设，深得民心，由于受到沙钵略的猜忌，就秘密派遣心腹与长孙晟结盟。长孙晟曾和他到处游猎，顺便察看突厥的山川形势和部众强弱，他将这些全部牢记在心。

现在突厥兴兵入侵，长孙晟上书说："当前华夏虽然安定，但是北方突厥仍然不遵王命。如果兴兵讨伐，条件还不成熟；如果置之不理，突厥又时常侵犯骚扰。因此，我们应该周密谋划，制定出一套制胜的办法。突厥达头可汗玷厥相对于沙钵略可汗摄图来说，兵虽强大但地位低下，名义上虽然臣于摄图，其实内部裂痕已经很深了；只要我们加以煽动离间，他们必定会自相残杀。其次，处罗侯是摄图的弟弟，虽然诡计多端，但势力弱小，所以他虚情矫饰以争取民心，得到了国人的爱戴，因此也招致摄图的猜忌，心中常忐忑不安，表面上虽然竭力弥缝自己行事的过失，但内心深感恐惧。再者，阿波可汗大逻便首鼠两端，处在玷厥和摄图之间。因为惧怕摄图，受到他的控制，这只是由于摄图的势力强大，他还没有决定依附于谁。因此，当前我们应该远交近攻，离间强大势力，联合弱小势力，派出使节联系玷厥，劝说他与阿波可汗联合，这样摄图必然会撤回军队，防守西部地区。然后再交结处罗侯，派出使节联络东边的奚、霫民族，这样摄图就会分散兵力，防守东部地区。使突厥国内互相猜忌，上下离心，十多年后，我们再乘机出兵讨伐，必定能一举灭掉突厥。"隋文帝看了长孙

晟的奏疏，大为欣赏，因此召长孙晟面谈。长孙晟又一次一边口中分析形势，一边用手描绘突厥的山川地理，指示突厥兵力分布情况。文帝十分惊奇，全部采纳了他的建议。于是派遣太仆卿元晖经伊吾道出使达头可汗，赐给他一面上绣有狼头的大旗；达头可汗的使节来到长安，隋朝让他坐在沙钵略可汗使节的前面。又任命长孙晟为车骑将军，经黄龙道出塞，携带钱财赏赐奚、铺、契丹等民族，在这些人的引导下，才得以到达外蜀侯住地。长孙晟与处罗侯作了推心置腹的交谈，规劝他率领所属部落臣服隋朝。隋朝的这些反间计实行之后，突厥沙钵略可汗与其他部落果然互相猜忌，离心离德。

反间不成巧成拙

北魏太武帝时，南朝宋国大将到彦之、檀道济屡次进犯淮颖地区，大肆抢掠。北魏大将王慧龙与之奋力厮杀，宋军几次大败，锐气顿减。到彦之在给好友萧斌的信中说："魏朝大将中，鲁轨刚愎自用，马楚粗鄙狂妄，只有王慧龙和韩延之实在让人畏惧。原以为他俩只不过一是书生一是懦夫而已，没想到老子我竟怕了他们。"

因为王慧龙深谋远虑，而且勇猛过人，所以宋朝很难占上便宜。于是，宋文帝只好施反间计，派人潜入魏朝，大肆宣扬，说王慧龙自以为功绩卓越，对朝廷给予的俸禄待遇，深为不满，想挟持安南大将军司马楚之反叛，通敌卖国。

太武帝听到这些传闻，断然说："这

纯粹是无稽之谈，这就像古时齐国人畏惧燕人乐毅而施反间计一样。"于是，他立即亲赐王慧龙加盖御印的书信，写道："刘义隆害怕将军您就像畏惧老虎一样，于是，想施反间计陷害您，我很清楚他的诈谋。对于那些谣传我全然不信，请将军也不要介意。"这样，宋文帝的反间计不但没有成功，反而增进了北魏君臣之间的信任，真可谓此计一出，反倒弄巧成拙。

李靖行间突袭敌

李靖，字药师，京兆三原（陕西三原县）人，精通兵法，深谙用间之道。唐太宗李世民为保卫边疆，打击突厥的侵扰，于公元629年命李靖为行军总管，以张公瑾为副，以李世勣、薛万彻等为诸道总管，领兵十万，分道北进，攻击突厥。李靖率轻骑三千，自马邑出兵，直趋恶阳岭，颉利可汗大惊道："兵不倾国来，李靖胆敢率孤军至此？"惶恐不安。李靖侦察到这一情况，便派出间谍前去策反，颉利可汗的亲信将领康苏密投降并献出隋萧后及炀帝之孙杨正道。接着在夜间率军袭击定襄，大获全胜，颉利可汗逃往碛口，正准备营垒自固，李世勣又率兵杀来，颉利料知碛口无坚难守，狼狈逃往铁山。唐太宗接到捷报，立即进封李靖代国公（后改封为卫国公）。称赞他："李靖反以三千骑兵蹀血虏庭，夺取定襄，这真是自古未有的奇迹，这一胜仗，足可洗刷我渭水之耻！"

颉利失败后，派出执失恩力，来到唐都长安谢罪，并愿举国降附，唐太宗派遣唐俭等出使突厥，对颉利进行安抚，并派李靖前往迎接颉利入朝。李靖在出发前向副将张公瑾说道："颉利虽然战败，但不是势穷力竭，力量尚强大，若让他得到喘息之际，伺机逃入漠北，犹如纵虎归山，极难对付消灭。现在我们派去使者安抚，颉利必然放松警惕，以为我朝真得与他休战睦和，有机可乘。若选骑兵一万，出其不意，攻其不备，必然取胜。"张公瑾说："陛下已下诏准其投诚归降，派出的使者正在突厥行使君命，若出兵突袭，固然可以取胜，但我们的使者一定会被杀害！"李靖说："机不可失，时不再来，当年韩信破齐，就用此策，只要击败突厥，唐俭又何足惜！"

李靖当机立断，连夜发兵，直奔颉利大营而来，沿途所遇的突厥兵一律予以擒获，以防走漏风声。唐俭来到突厥军营，颉利可汗亲自接见，得知唐太宗已恩准投诚向北，甚感欣慰，正在设宴款待，忽然探马火速前来禀报："李靖大军直趋军营而来，离这里只有十多里了。"颉利听后惊惶万分，迷惑不解，向唐俭问道："这是怎么回事，大唐天子已颁诏准许我归顺唐朝，为什么又出兵？"唐俭茫然不知所措，急忙起座道："可汗不必惊疑，我来时未和李总管（李靖）见面，想必他不了解可汗已经归附，待我出去说明情况，他一定会撤军的。"说完，两个肩并肩携手出帐，跨马驰去。颉利一听这话，信以为真，眼巴巴盼望着李靖撤军。

岂曾料知，警报络绎传来，说李靖所率大军正全速前进，相距只有五里，

颉利困惑不解，便出帐遥望，果然李靖率大军浩浩荡荡疾驰而来，自知来不及整军抵抗，慌忙跨上轻骑连夜出逃，部众见可汗狼狈而去，群龙无首，顿时四处逃命。李靖率大军如入无人之境，直入突厥军营，共斩杀一万多人，俘虏十万，颉利的妻子义成公主被杀，其子叠罗支被擒获。颉利可汗遁逃后被大同道行军总管张宝相活捉，押送京城长安。被李靖作为死间的唐俭最后脱身生还。自此，东突厥被消灭，从阴山到北部大沙漠统归唐朝管辖。这是唐代名将活用反间与死间的计谋策略两次突袭突厥可汗颉利重创与战胜击败他的经过。第一次使用反间计策反突厥将领，瓦解并争取到了颉利可汗的亲信将领康苏密投降，从而大大削弱了颉利的战斗力，为重创其创造了极佳的战果。第二次利用唐太宗派往突厥军营的安抚使唐俭为死间，乘颉利可汗麻痹松懈以及准备不足与渴望媾和的心理，发动突然袭击，使颉利猝不及防，仓皇逃命，其部则全军覆没，其本人也成了唐朝的俘虏。而唐俭作为死间，虽不知唐朝为何突降神兵，直冲而来，然而由于他的机智勇敢，随机应变，非但没有身遭杀戮之祸，而且"临刑"蒙混脱逃，起死回生。

行反间除去强敌

日本最高执政官丰臣秀吉在侵朝战争中（壬辰战争）设计陷害了朝鲜水军最高统帅李舜臣。日本的侵朝战争，由于李舜臣的朝鲜舰队在海上的突出表现，使日本的"水陆并进"计划破产，在陆上取得的巨大战果（已侵占平壤以北的大片土地）也毁于一旦。1553年4月，丰臣秀吉以假和谈稳住朝鲜以后，终于悟出一个道理：只有确保制海权，才能保住海上运输线，这样才能使兵源和补给从日本不断地运往前线，才能取得最后的胜利。但是，要做到有制海权，不除掉朝鲜水军统帅李舜臣是定然不行的，日本海军已是李舜臣的手下败将，从未赢过。于是丰臣秀吉决意，先从李舜臣下手，除掉他。

丰臣秀吉的方法是：施用反间计，利用历来封建君主对大功臣固有的不信任感，陷害李舜臣。

李舜臣由于屡次打败日本海军，挫败日本侵略朝鲜的企图，战功赫赫，被朝鲜国王李昖封为二品正宪大夫，三道（全罗、庆尚、忠清）水军统制使（据说是专为他而设立的职衔，即水军最高统帅）。1597年年初，一个日本间谍在京城（汉城）散布谣言：李舜臣欺瞒国王，放走敌将加藤清正，李居功自恃，阴谋篡夺王位等。当时朝鲜统治集团内部党派斗争激烈，因李舜臣是由朝鲜的南人党推荐的，北人党和西人党便乘机陷害李舜臣，说他图谋不轨。国王本来就担心李舜臣功劳、地位显赫而威胁他的王位，加上一些海军败将的嫉妒，昏庸的国王偏听偏信，1597年2月，以"放走敌将"为罪名，下令逮捕李舜臣，免去他的一切职务，贬为士兵，白衣从军。丰臣秀吉的阴谋得逞了。

1597年3月，丰臣秀吉以议和破裂，派出小西行长，加藤清正统领14万陆军，数百艘战舰，再次大举进犯朝鲜。8

月，日本舰队突袭朝鲜水师，无能的朝鲜水师统帅元均猝不及防，遭到惨败，日军乘胜前进，攻占闲山岛。朝鲜水师一败再败，损失大部分舰只，导致全军濒临崩溃。国王自食其果，李氏王朝再次出现岌岌可危的局面。

妙布迷阵退强敌

第二次世界大战爆发后，德国人为使他们入侵英国的计划顺利得手，便开始千方百计地利用一切机会，刺探有关英国的国防情报。到了1940年10月，机会终于来了，德国人同西班牙的长枪党分子串通一气，策划把一名"西班牙青年运动"的代表派往英国，表面上是考察英国童子军运动，实际上却是为德国军方收集情报。但是，这一情况被英军的情报机构所获得，于是英国人便顺详敌意，迎接了这位远道来的"客人"。

这位"客人"被安排在雅典娜宫廷旅馆里，在他的住房里早已设置了暗藏的话筒和电话窃听器。那时整个伦敦只有三个防空炮群，有关当局将其中的一个调到这家旅馆附近的海德公园内，而且下令只是遇到空袭，不管敌机是否飞临，都要不停地射击。亲眼目睹了这一防空群，这位"客人"已经相信，伦敦到处都像海德公园那样高炮林立。一次"客人"乘飞机去苏格兰参观，他在空中不时看到一个中队又一个中队的"喷火"式战斗机接踵飞过。这是英国人的精心安排的，实际上，只有一个中队战斗机在奉命一次又一次地出现在那架客机的视野里。这样就会使人认为，尽管英国十分缺乏战斗机，但是英国从南到北到处都有飞机在领空中不停地巡逻。

当"客人"被带到海港参观时，又看到各种各样的军舰停泊在该港内。这一系列的参观，无疑为德国"客人"树立了一个坚不可摧的英国形象。英国人真可谓煞费苦心。后来英国当局获悉这位"客人"在给柏林的报告中，发出了不要进行任何入侵尝试的警告。他宣称所谓英国缺乏防备的说法纯粹是英国情报机构设下的圈套，其目的是诱使德国发动一场将导致毁灭灾难的进攻。英国人利用此事大做文章，加上其他迷惑手段，确实收到了良好的效果，最终使德国人下决心取消了入侵英国的计划。

将计就计破谍网

第二次世界大战中，美军采用将计就计的谋略，抓获了隐蔽在美海军内部，代号"卓别林"的双重间谍，并逐个清除了美军内部的里通外国分子，保卫了美军的机密。

1941年春天，一个没有外交特权，姓立花的日本人，来到日本驻美大使馆海军武官处，要求得到一笔秘密活动经费。据称，有个自称是太平洋舰队司令金梅尔属下的会计军士的美国人，对立花说，金梅尔的命令一般由他分送给其他军官。目前因他搞了个女人，需要用钱，如果在钱上给他方便，他可以把机密文件拿出来。当时日本的海军武官横山，思虑再三，怕是圈套，但副武官寺井却持积极态度。最后还是同意给立花一笔活动经费。立花用这笔钱，搞来了美军巡洋舰夜间射击训练的资料，并称还可搞到美国战列舰射击的资料。实际上，立花的行动早在美国海军情报部门的掌握之中，立花所利用的会计军士是个双重间谍，代号"卓别林"，此人的活动，也尽在美国联邦调查局的掌握之中。而美军采取将计就计，放手让其活动，适当时机再收网。立花藏在其住所的文件全部被搞去了副本，甚至他与来访者的谈话也全部录了音。尔后正当毫无察觉的立花，去洛彬矶码头取战列舰射击资料时，美军情报人员将其和会计军士双双抓获。

德国反间攻荷兰

德寇占领荷兰期间，其反间谍组织担负着侦破荷兰地下抵抗运动组织的任务。他们策划了一个狡诈险恶的阴谋，抓获荷兰秘密电台的报务人员，加以利用为德国服务，使他们继续收发电报，这样，既彻底破坏荷兰地下组织，又避免被发现采取挽救措施。这是一条既毒辣又狡猾的反间计。

在海牙市郊，德国赫尔曼·吉斯克斯少校领导的反间谍机构加紧侦破荷兰地下组织。1942 年 3 月，青年军官休伯塔斯·劳威尔斯被捕，经过严厉残酷的审讯，被迫供出了电台密码表。不久，吉斯克斯逼劳威尔斯向伦敦特别行运署发报。请对方空投补给品，劳威尔斯在电报中故意隐藏了一个告警暗号向伦敦暗示。不幸的是伦敦方面检查不严，居然以为一切正常，回电通知了下一次空投计划。致使空投的 5 箱物资器材全部

被德国人截获。此后，吉斯克斯的爪牙渐渐地伸向整个荷兰地下组织。最多时他们控制了 14 处地下秘密电台。吉斯克斯通过这些电台不断向英国人送去假情报，并利用回电了解荷兰地下组织的机密，回电中与重大军事行动有联系的情报甚至直接交希特勒过目，还一次次向英国伦敦特别行动署请求援助。1942 年，一名英国情报机构的报务员从荷兰的德国监狱里潜逃出来，向英国当局报告说德国已经打入特别行动署在荷兰的许多无线电台，但仍未引起重视。

就这样，德国人瞒着英国人达三年之久，这期间，德国反间谍机构与伦敦特别行动署荷兰科一直保持着无线电联系；由英国所支持的荷兰从事的谍报活动都被德国人完全掌握；英国空投到荷兰境内的特工人员以及武器、弹药、现金、电台等援助品，统统成了德国反间谍战的战利品。更不幸的是误中反间计圈套，导致荷兰抵抗运动地下组织有 1200 人丧生，空投到荷兰的 52 名英国特工人员中 47 人被杀。这是多么惨痛的教训！

国际影后做间谍

主演过《茶花女》、《安娜·卡列尼娜》的瑞典女影星葛丽泰·嘉宝，在世界电影史上，作出过重大贡献，饰演过许多成功的艺术角色，一生主演了 10 部默片和 4 部有声影片，曾四次获得奥斯卡提名，一次获特别奖。嘉宝在《茶花女》中的表演自然流畅，恰如其分，她拥有一大批狂热的崇拜者。

可是，很少有人知道，这位演技精湛的"国际影后"，曾经做过间谍。在嘉宝从影生涯中，曾在几部影片中扮演过女间谍的角色，演得柔中有刚，坚贞不屈。也许正是她在银幕中的间谍形象，引起了盟军情报部门的注意，在第二次世界大战刚刚爆发时，便吸收她参加地下抵抗运动，并任命她为情报部门的军官。嘉宝也不负厚望，充分利用自己广泛的社会关系，以及拥有一大批影迷（其中包括德军中的崇拜者）的有利条件，在西欧建立了一个庞大的情报网。在嘉宝的行李箱中，就有一架先进的发报机。有一次，在通过德军占领区时，她的发报机被德军查出，正当危急之时，刚好遇上了一位嘉宝的狂热崇拜者，他是负责这个哨所的德军军官，竟把嘉宝一行人放行，使影星逃过了劫难。

嘉宝在从事反法西斯间谍工作中最大功绩，是她使希特勒制造世界上第一颗原子弹的梦想化成泡影。当时正值第二次世界大战后期，德军节节败退，气急败坏的希特勒孤注一掷，利用丹麦核物理学家波尔博士的研究成果，加紧制造原子弹，企图挽回败局。盟军得到这一情报，立刻命令嘉宝劝说波尔博士，逃离德军的魔掌。嘉宝写了一封密信，晓之以理，动之以情，规劝波尔。这封重要的信件，通过秘密渠道到了波尔的手中。波尔博士认识到自己的错误，在盟军情报人员的指点和帮助下，潜逃到英国，使希特勒的梦想彻底破灭。这段史实，在美国影片《无畏者》中得到了真实的展示，而影片中的女主角，就是以嘉宝为原型而塑造出来的。

窃密码缩短战争

"辛西娅"是美国女朗贝蒂·索普的化名。这是一个充满传奇色彩的名字。

贝蒂的间谍才能是英国情报局大名鼎鼎的威廉·斯蒂芬森发现的。当时，贝蒂随丈夫帕克一起在华沙工作，她巧妙地窃取了德国伊尼格默密码机的详图，这使英国和美国情报机关高兴得几乎发狂。斯蒂芬森把贝蒂召到纽约，给她起了一个"辛西娅"的化名，然后把她派到了华盛顿，让她设法获取意大利海军的军用密码。

辛西娅这个名字要比"贝蒂"富有诗意得多。美丽聪明的辛西娅利用自己的美色很快就把意大利驻华盛顿的海军武官艾伯托·莱斯上将捕获。根据辛西娅提供的军事密码本和译成密码所用的图表，英国皇家海军破译了意大利海军的来往电文，把意大利驻地中海的舰队彻底击溃，其中有三艘巡洋舰被击沉。英国首相丘吉尔说："这一仗在此关键时刻清除了轴心国对地中海东部英国制海权的一切挑战。"

1941年5月，斯蒂芬森又交给辛西娅一个任务："我们要得到（法国）维希政府驻华盛顿大使馆和欧洲之间来往的全部邮件——函电、私人信件和明码电报。"辛西娅冷静地接受了任务，选择了维希法国驻华盛顿大使馆主管新闻事务的查尔斯·布鲁斯作为自己的进攻对象。布鲁斯是一位爱国者，当他的上司通知他搜集英、美两国的情报，并把这些情报送给德国人时，布鲁斯愤怒了，他变成了辛西娅最忠实、最勤奋的情报提供人。"法国人没有给德国人当密探的义务。"他这样解释自己的所作所为。

为了夺取被法国占领的马达加斯加和实施北非登陆计划，英国海军急需获取维希法国海军的密码，而这些密码是深藏在机要室的保险柜中的，只有大使本人和首席译电员才知道保险柜的暗码。

辛西娅在接受任务时对上司说："这不可能。但我乐意干不可能的事。"

事实证明辛西娅的判断是正确的。辛西娅极尽所能，包括跟机要员"上床"干那种事，但都一无所获。最后，只剩下惟一的途径了：偷。

斯蒂芬森亲自参与到窃取密码的行动中来，他在美国联邦调查局的帮助下，从纽约的一所监狱中找到了一个绰号叫"窃贼乔治亚"的人，让"窃贼乔治亚"配合辛西娅和布鲁斯的工作。

布鲁斯对大使馆保安人员说："他有一大堆积压下来的事情要干，要加几个夜班，而且有一个女朋友要跟他做伴。"布鲁斯边说边给了保安人员一笔可观的"小费"，保安人员当然懂得"朋友"的含义，点点头，同意了。

如何把"窃贼乔治亚"带入使馆呢？保安人员巡视的规律是：每转一圈，约需一个小时。

辛西娅突然有了主意：她把衣服全部脱光，又让布鲁斯脱得一丝不挂，然后，俩人紧紧搂抱在一起……保安人员巡视到布鲁斯的房间，只看了一眼，便悄悄地退了回去。"多不好意思！人家根本不避讳我，我却去打扰人家。"保安人员边走边想，于是，他再也不来"打扰"了。

辛西娅迅速地把"窃贼乔治亚"引入使馆，潜入机要室。"窃贼乔治亚"只用几秒钟就打开了保险柜，窃取了一册又一册沉甸甸的密码本，并一一拍了照。英国人用它们破译了敌国的所有密码。

1942年6月，盟军攻占了马达加斯加；11月，盟军成功地在北非登陆。

英国情报部门的一位高级官员不无感慨地对辛西娅说："多亏你搞到了密码，战争的进程缩短了！"

佯不觉示假为用

荷兰鹿特丹市某旅馆被德国的间谍完全渗透和控制，门卫是德国间谍的眼线，任务是识别有特殊身份、特别使命的客人，一旦发现，便报告给他的上司，然后配合其它间谍对客人采取特别行动。德国间谍的这些情况早就掌握在英国情报部门的手中，为了迷惑、欺骗敌人，英国决定向其传递假密电本，传递密电本的地点便选择于此。

扮演传递密码本角色的是一位熟悉荷兰情况的青年人加依·洛高克。一天下午他扮做英国政府文职官员的模样，不无紧张地走进了这家旅馆。

门卫凭经验一眼便认出了来人是一个带着特殊使命的外交信使，在他出示证件的时候监视者发现在洛高克的手提包中还藏有一个专门用以装放公文的公文包，这个包和他形影不离。选择5月22日这一天到达鹿特丹，是因为这一天是星期六，23日是星期天，信使可能要去英国大使馆。按惯例星期天不办公，

24日是个盛大的宗教节日，很可能也不办公，这就是说洛高克要在此停留1天或2天半时间。

洛高克要了一间二楼临街的房间，住下之后便百无聊赖地倚在窗口看街景，一站便是很久，偶然也到楼下花园中和附近的街头溜达，但是，很快便又跑回了房间。他在街头一个堆放了许多铁桶的地方发现，这里既能隐身，又能清楚地看到自己房间的窗户，甚至能看到挂衣服的衣架，他回房间后便把手提包挂到了衣架上。

星期天的晚饭后，他在门口溜达了一会儿，便懒洋洋地躺在门厅的沙发上翻报纸。"好心"的门卫上前搭话，告诉他自己像他这样岁数时一个人外出旅行，是何等地自由自在，感叹青春多么美好，劝洛高克应当及时行乐，并告诉他本城就有几处这种美好地去处。

两人侃侃而谈，甚是投机。忽然，青年信使跳起跑回到房间，换了一身整洁的服装，跑下楼来和门卫挤了挤眼，便匆匆离去，手上竟没有携带上那个手提包。

洛高克绕了个圈子，发现确实没被人跟踪，便藏身于街头那堆铁桶后边，眼睛盯着窗户。恰在此时，他看到自己房间的灯亮了，有两个身影晃了几下，灯又熄。洛高克知道，公文包中那本密电码已经到了德国人手中，他们只需用照相机拍下来就行了。过了些时候灯又亮了，不到两分钟时间又灭了，这表明物归原处，密电码又送回来了。

洛克高知道自己的任务已经完成，只剩下最后一幕：午夜时分，洛高克醉醺醺地回到旅馆，抓住门卫竭力想告诉他自己度过了一个多么美好的夜晚，可惜舌头已经不听使唤，接着便仆到门卫身上，大睡起来，还吐了门卫一身。

为了增加德国人对"窃取"到的密码本的真实性坚信不疑，一年后洛高克又出现在这家旅馆，任务是向德国间谍"传递"上次密码本的"增订本"。这一次洛高克是被对方收买的，以500英镑的代价"借"给他们一阅。"增订本"的出现使德国人坚信英国人对上次密码本的泄密一事一无所知；德国间谍千方百计收买洛高克的"增订本"，也说明德国人对到手的密码本深信不疑。为使德国人对截听并解读的密电内容相信，英国反间谍机关还有计划地通过特务间谍泄露假情报，进行相互印证。

在这个案例中，英国人为了引诱德国间谍上钩，获取英国的假情报，采取了以下步骤：其一，洛高克在向门卫出示证件时，公文包形影不离，以引起敌人的注意；其二，到楼下花园或附近街头溜达，然后很快便跑回房间，以示自己身上确实带有保密的东西，增加敌人怀疑的可信度；其三，借机与门卫侃侃而谈，寻找让敌间谍行动的机会；其四，洛高克穿戴整齐外出，为敌间谍窃密留下时间空档；其五，洛高克醉醺醺返回，使敌人相信，他确实离开了；其六，为了进一步迷惑敌人，使之相信他弄到手的情报是真的，一年后，洛高克又送来了密电本的"增订本"。上述这些步骤是英国人精心安排筹划的，但德国人却相信自己的行动天衣无缝，其实，他只不过是在围着英国人的指挥棒转而已，这正是"佯为不觉，示假为用"的高明之处，也是反间计运用精妙所在。

巧用间乱敌军心

日俄战争中，日本人巧妙地通过间谍战，多次让俄国人吃尽了苦头。

1904 年，一支由罗日杰斯特文斯基海军上将率领的俄国舰队，从波罗的海的几个港口出发，经地中海驶向远东，准备给日本海军一次毁灭性的打击。

出发不久，俄国舰队就收到了一份情报。有人向俄国人透露，说日本谍报机关通过一个在阿姆斯特丹和比戈之间活动的葡萄牙走私贩子，已经暗暗地在多格尔沙州一带的浅海水域里部署了监视俄国舰队的日本鱼雷艇，蓄谋伏击他们。原来，俄国人一直在利用一个走私贩子给他们送情报，该走私贩子在西班牙沿海进行走私越货的勾当，当时在直布罗陀海峡的各港口以至地中海沿岸都有他收买下的暗探。就是这个走私贩子给俄国舰队送的情报。

俄国人收到情报后大为紧张。10 月其舰队在北海驶近了多格尔沙州。正巧，这天海上突然起了弥天大雾，微茫中，他们忽然发现前方有许多小船。"日本鱼雷艇！"俄国人下意识地联想起日本人将要在这里攻击他们的情报来，顿时惊慌失措，未及仔细辨认便胡乱地开了火。那些小船不一会儿，就有几条中弹沉没了。但等他们驶近一看，却一下子傻了眼——

原来，俄国人轰击的小船不是日本的鱼雷艇，而是英国的渔船。俄国同英国的关系原来就很紧张，这一来可不捅了马蜂窝了！英国政府要求俄国做出解释，并予以赔偿。俄国无奈，只好同英国达成一个协议，由法国、美国和奥匈帝国的海军将领们组成一个国际委员会，代表当事者双方对这一事件进行调查。翌年 2 月，该委员会作出裁决，判定俄国赔偿 65000 英镑。

实际上，所谓日本人将要用鱼雷艇突袭俄国舰队，完全是日本间谍搞的假情报。在那时，日本海军尚未强大到足以进行远距离作战的地步。日本人利用俄国的间谍网，巧妙机智地制造假情报，其目的就是要扰乱俄国海军的军心，把他们拖垮。果然，俄国舰队一见到英国渔船就认定是日本的鱼雷艇，船上的渔民就是日本的间谍，于是盲目地大打出手，结果给自己找了一大堆麻烦，铸成了大错。

日本人的这出反间计真是令人叫绝。他们掌握了俄国海军士气低落的心理，摸清了俄国间谍网的活动目的，将计就计地透露出假情报，使俄国人以假当真，乱了阵脚，从而达到了扰乱敌人军心的目的。

用敌间传假情报

在错综复杂的间谍战中，如何才能巧用反间计战胜对方，对企业的决策者来说，的确是个严峻的考验。这是"智者无敌"的最高体现，也是修炼到"无形无色"的厚黑最高境界后迸发出的智慧光芒。

在美国铁路争霸战的激烈争夺中，

铁路巨头古尔德巧用反间计，战胜了老对手范德比尔特，为反间计谱写了辉煌的一页。

萨斯克哈拉铁路是煤炭、钢铁、石油的黄金通道，华尔街的后起之秀古尔德和脾气暴烈的风云人物范德比尔特都虎视眈眈，企图将这条铁路据为己有。

范德比尔特为增加自己竞争的实力，特地把古尔德的大仇人第尔拉了来，结成了联盟，一致对付古尔德。古尔德前景不妙，明显处于不利地位。

第尔与古尔德曾有很深的渊源，在争夺伊利铁路的收购战中，第尔施展诡计，让古尔德顺利得手，不料古尔德忘恩负义，等到大功告成，就将第尔一脚踢开，因此第尔对古尔德恨之入骨，发誓要报昔日的一箭之仇。

古尔德面对不利局面，决定使用反间计，反败为胜。他对第尔的为人有深刻的了解，知道此人惟利是图，为了金钱连父母都可以出卖，因此决定用重金策反第尔，让第尔为自己所用。

果不出古尔德所料，一大沓花花绿绿的钞票顿时让第尔双眼放光，把双方昔日的仇恨都忘到了九霄云外，满口答应了与古尔德合作的要求，充当了间谍的角色。

第尔向范德比尔特献计，收购古尔德的伊利铁路股票，可以让古尔德顾此失彼，阵脚大乱。范德比尔特信以为真，掏出巨资大量购买该股票。古尔德为此专门设立了一个小型印刷厂，大量印刷这种假股票，在很短的时间里，就以一堆废纸骗取了范德比尔特700万美元。等范德比尔特察觉，古尔德一伙人已将这笔巨款换成金块，连夜偷渡越境。

范德比尔特暴跳如雷，可也无计可施。古尔德的重金策反的方式，把第尔收买过来，反间计大获成功。

这是反间计的第一种方法。

美国环球航空公司以"优质服务"的举措吸引乘客，引起了老对手太平洋航空公司的深深不安，于是太平洋航空公司派出间谍帕克前去刺探。

环球航空公司得知情况，不动声色，暗中掌握了帕克的一举一动，发现帕克常常以乘客的身份，在候机大厅里观察公司公布的周内旅客搭乘人员数字。于是环球航空公司故意公布一些假数字，让周内旅客人数在1万上下波动，显示出了极其平稳的状态。而事实上，"优质服务"已显示出了神奇的效果，周内旅客人数已接近3万，且以迅猛的态势增加不已。

帕克却信以为真，得出了"优质服务"不值得过虑的结论，太平洋航空公司因此放松了戒备。环球航空公司抓住这一良机，养精蓄锐，壮大了实力。当环球航空公司已有足够的实力战胜对方时，才猛然石破天惊地公布了"3万"的数字，令太平洋航空公司大为震动。于是，惊心动魄的降价竞争开始了，太平洋航空公司终因实力不济，以破产倒闭的下场宣告了失败。

帕克是太平洋航空公司派出的间谍，环球航空公司虽然知道得清清楚楚，却故意不加惊动，反而向他传递假情报，迷惑了太平洋航空公司，从而不动声色地壮大了自己，战胜了对手。

这是反间计的第二种方法。

反间计的这两种方法，各有千秋，都是巧用对方间谍，向对方传递假情报，造成对方的错觉，从而使对方作出错误的决策，我方就可以神鬼莫测地达到成功。

市场竞争说到底也是智慧的较量，谁能技高一筹地使用反间计，谁就能在市场中力克群雄，拔得头等。

派出我方间谍猎取对方情报本就相当困难，利用对方间谍达到我方目的更是难上加难。市场竞争波诡云谲，没有过人的眼光，没有辨别真伪的深刻洞察力，没有驾驭复杂局面的高超技能，是万万不可的。

破烂间谍拣情报

阿汉姆·施耐德尔是美国驻西德"鹰式"和"尼克式"导弹军火库的司炉工。他虽然长相难看，但他的女儿瑟尔娃却美丽动人，因而瑟尔娃便成了美国军官竞相追逐的目标。最后，一个青年美国士兵把琴尔娃弄到手，并住在军火库的军眷宿舍里。所以施耐德尔也取得了美军的充分信任。

东德国家安全部用重金收买了施耐德尔，利用他收集情报。施耐德尔每天工作之余，就到垃圾箱里拣"破烂"。拣到有价值的情报就偷偷带回家里，等积存到一定数量之后，就用不同的花纸把情况资料包成礼物一样的小包，由妻子送到柏林市中心区的一个火车站包裹寄存处，接着再打电话让秘密联络员去取。在十多年时间内，施耐德尔通过垃圾箱前后搞到"北大西洋公约组织驻欧洲的

兵力配备"、"北约武器弹药库的库存清单"、"美国在西欧储备的各种导弹规格和用法"、"驻西欧美军官兵能力鉴定表"等很多重要情报。

1951年的一天，施耐德尔从垃圾里拣到三本"鹰式"导弹说明书和维护须知，封面上印着醒目的"导弹"二字。东德拿到这份绝密文件后，除发给施耐德尔一大笔赏金外，还给他颁发了勋章。施耐德尔每交一次情报，就可以得到1500西德马克的津贴。不久，西德国家安全机关经长期侦察后，逮捕了这个拣"破烂"的大间谍。

日本行间遭报复

19世纪末，日本全部的船舶都是在德国和英国定购的。日本在英国定购船舶后，仔细"研究"全部的说明书，然后拒绝购买。英国造船厂的主管工程师作全世界旅行时，居然在澳大利亚港口看到了他自己设计的日本船，那时他是多么诧异啊！

工程师回家后，把一切向公司董事会汇报了。他们决定不掀起轩然大波。当日本船主又出现在克莱德，并且定购改进了构造的商船时，厂方根据他的要求，向日本寄去了所有技术说明书。同样的一幕重演了，船主废除了定货，并且感激地归还了说明书。过了一年，英国使馆的代表出席了在横滨造船厂制造的日本新船下水典礼。新船根本就是英国工程师在克莱德设计的轮船的孪生兄弟。开始是庄重的致词，祝贺，最后戴着礼帽的主人在船头打碎了传统的香槟

酒瓶，轮船慢慢滑入水中。然后发生了使人大为震惊的事情。

轮船溅起了一团浪花进入水中。在几百名观众的注目下，很快船身就开始慢慢倾斜，翻了个底朝上。英国使馆的代表给伦敦发了电报。那个准备了假计算资料的苏格兰工程师满意了，由于他实现了报复，而那个造出了轮船的日本同行却剖腹自杀了。

巧行反间胜东方

清晨，亚太大酒店的总经理尹升照例象往常一样提前来到办公室，沏上一杯茶，然后拿起一份当天的《中原工商时报》翻看。突然，报上登载的一条消息使他松弛的神经一下子紧张起来。

"本报记者报道，本市某著名的东方大酒店将从今日起推出住宿——游乐一体化服务，来酒店投宿的顾客只需交少量的费用，即可参加酒店为其提供的旅行项目，游览项目包括：深圳——珠海——汕头——厦门特区游；桂林——漓江山水游；昆明——西双版纳热带雨林游；宜昌——三峡游；泰缅边境、俄罗斯边境游；世界公园——八达岭；承德避暑山庄——黄金海岸、张家界、九寨沟、黄果树瀑布风景名胜游，还可以游览市区和近郊的所有景点。该店总经理称，这项服务在本市旅店业中尚属首次推出，定会受到广大顾客的欢迎，目前他们已同旅游部门达成有关协定，一切准备工作已经就绪……"

尹升为什么会紧张？原来，《中原工商时报》上所报道的住宿——游乐一体化服务正是亚太大酒店准备推出的一个新项目。由于本市地处中原腹地，距首都北京仅一天的路程，单从旅游资源来说，在全国并不占优势，加之近年来市内又建起了东方、和平、银都等几家大酒店，使本来客源就少的旅店业竞争更加激烈，除每年春、秋的全国性商品定货会能使床位达到饱和外，其他时间有多半床位空闲，酒店的效益连年滑坡。正是在这种情况下，尹升才组成筹备小组，根据从 5 月 1 日起施行双休日，工薪阶层有更多的休闲时间这一特点，决定开办这一新的项目，筹备小组已经制出了详细的计划，只是因为最近一段时间，酒店因承办了春季商品定货会，接着又接待了几个大型旅游社团，放慢了计划的实施步伐，不想却被东方大酒店抢先推出。

为什么东方大酒店的做法与我们的构想完全相同，且旅游线路和服务项目等一些细节都很相似，时间上又不相上下，难道真的是巧合？酒店的住宿——游乐一体化服务的计划是在秘密状态下制定的，东方大酒店怎么会知道？难道酒店内会有东方大酒店的人在做间谍？尹升疑虑重重，越想越不对劲儿。

上班时间到了，尹升不动声色地通知住宿——游乐一体化服务筹备小组的成员中止一切筹备活动，此项计划取消。暗地里却派自己的助手了解东方大酒店的情况，并开始清查酒店内的间谍。两天后，东方大酒店传来消息，住宿——游乐一体化服务组织混乱，漏洞百出，这更证实了尹升的怀疑，说明东方大酒店的住宿——游乐一体化服务是在窃取了亚太大酒店的计划后仓促推出的。又过了几天，秘密清查工作也有了结果，筹备小组高级职员刘某被列为重点怀疑对象。

一周之后，尹升找来刘某和另一位筹备小组成员，吩咐道："虽然东方大酒店先我们一步推出了住宿——游乐一体化服务，但通过我们的调查，他们的收费依然很高，依我看，至少可以再下调15%。所以，我同董事会商量决定恢复这项服务的筹备工作，用较低的收费来战胜对手。请你们二位来，是想请你们制定一个周密的计划。"

布置完任务后，尹升派人日夜监视刘某的行踪，终于获得了确凿的证据。两天之后，东方大酒店宣布把住宿——游乐一体化的收费标准下调20%。这样低的标准几乎使这一服务项目无利可图。

尹升总经理又把刘某叫来，通知他由于东方大酒店调低了收费标准，所以酒店再终止住宿——游乐一体化服务的准备活动，以后也不打算再搞了，请他另辟新路，设计其他服务项目。消息传到东方大酒店，酒店总经理乐不可支，通知下属恢复原来的收费标准，刘某自然得到了丰厚的奖赏。

第二天，东方大酒店就恢复了原来的收费标准。第三天清晨，亚太大酒店举行记者招待会，宣布从即日起推出多路线，多形式，低收费的住宿——游乐一体化服务，可以根据顾客的不同需要，提供不同形式、不同价格的服务，也可以提供其中的食宿、购票等单一单项的服务。这一项目一推出，马上就受到欢迎，加上已施行双休日，工薪阶层有了更多的休息时间，亚太大酒店周密的组织工作和优质的服务，使这服务项目很快获得成功。而东方大酒店的住宿——游乐一体化服务项目因价格一降一升引起了顾客的反感，而且服务形式单调，收费又比亚太大酒店高，参加的人越来越少，没过多久便不得不宣布放弃这一服务项目。

在这个案例中，亚太大酒店总经理尹升为了弄清真相，首先采用了"佯为不觉，示假为用"的策略，把降低收费标准的决定通过重点怀疑对象刘某传递给东方大酒店，从而既证实了自己的怀疑，又使东方大酒店即使开办这些项目也无利可图。其次，又采用了反渗透的方法，把自己的助手派到东方大酒店了解情况，并清查自己酒店内潜伏的间谍。

选间不慎日立败

日本在电脑工业方面起步较晚，在软件方面，日本的技术大概落后于美国五年左右，在大型电脑方面，美国更是遥遥领先。历来实行"拿来主义"的日本公司，决定私下出高价购买美国先进电脑的有关技术资料，或索性设法窃取。

1980年11月20日，IBM公司出现了一次意外事件，一件有关电脑设计秘密的技术文件竟从保险箱中不翼而飞。负责公司保安工作的法律顾问理查德·卡拉汉是一个足智多谋的反间谍老手。1981年10月的一天，卡拉汉的老朋友——刚刚从日本访问归来的美国某顾问公司经理佩里登门拜访。交谈中，佩里讲出IBM公司被盗文件的下落，并把该文件的影印件送给了卡拉汉。

原来，佩里访问日本期间，得到与他的公司有长期业务往来的日立公司的盛情接待。席间，日立公司的主任工程师林建治有意向他透露了他们获取一份 IBM 最新电脑"IBM3081K"的设计手册，并希望进一步获得这一机型的全部资料，并希望"多多关照"，却不料佩里回国伊始便原原本本地告诉了卡拉汉。

卡拉汉决心要大大报复日本人。他直接找到联邦调查局的好朋友——特别侦探阿兰·贾特兰逊。

密谋的结果是 IBM 公司没有起诉，而是由贾特兰逊装扮成 IBM 公司的专家——格莱曼公司的经理哈里逊去同林建治打交道。狡猾的贾特兰逊虚虚实实，步步设饵引诱林建治。终使日立公司在这场"日美电脑战"中失败。

1982 年 6 月 22 日上午 9 点 30 分，携带尖端技术资料准备回国的日本三菱电机公司的工程师木村富藏在旧金山国际机场被捕，与此同时，日立公司主任工程师林建治在格莱曼公司门前被捕，与此案有关的日立和三菱公司的另外十几名驻美人员也被联邦调查局全部捕获。

IBM 公司和联邦调查局的这一策略，既保住了本行业务的机密和领先地位，又沉重地打击了竞争对手，无疑是大获全胜的。

间谍渗透破巨案

国际信用商业银行是一个被国际黑社会及其某些国家的达官要人严重渗透和控制的银行，主要罪行是参与诈骗活动及走私武器、贩卖毒品、为黑社会洗钱等，是寄居在西方国家经济肌体上的一个巨大毒瘤。该行创建于 1972 年，创业时注册资本为 1000 万美元，在短短的 19 年时间里，资本迅速膨胀到 200 多亿美元，被国际经济学家誉为世界金融界的一颗"超级新星"，而外界却很少有人知道，其绝大部分资本是靠非法活动所得。对此英美情报机关通过渗透到黑社会和金融界的间谍早有察觉，只是抓不到有力的把柄。

为加快侦察步伐，1986 年 MI—5 派出两名高级反间谍人员打入该行总部（总部设在伦敦），通过上下结合的方法，取得了银行决策层的信任，坐上了两个重要部门经理的宝座。随着秘密调查的深入，他们发现存在的问题远比他们想的要严重得多，涉及的犯罪团伙也不仅仅是国际黑社会犯罪团伙，一些国家的政府要员，尤其是中东一些国家的政府要员、皇亲贵族如沙特阿拉伯、伊拉克、科威特及巴基斯坦、巴拿马等则陷得更深，他们通过自己的代理人，实际上是产业间谍，对银行业务包括信息进行控制，从而为他们走私军火、毒品以及洗钱大开方便之门。一些阿拉伯国家上层人物利用外交邮袋走私黄金、贵重首饰和工艺品，逃避海关检查，几乎是公开的秘密。如法国情报部门反间谍官员在对外交邮袋做手脚时，就曾不止一次地发现，外交邮袋中并非装着外交函件、资料或物交物品，而是贵重走私品。对于他们参与走私武器和洗钱则知之不多。早在 1988 年 2 月美国迈阿密州和联邦大陪审团就发现巴拿马总统诺列加多次参与走私军火、贩毒、勒索、洗黑钱、与黑社会相勾结等严重罪行，并一再提出惩治警告。1989年12月，布什总统下令，将其抓到美国受审。在其诸多犯罪事实中，其中之一就是利用国际信用商业银行洗钱。这些情况，美英反间谍人员及时进行了沟通。MI—5投鼠忌器，一方面深感问题惊人，另一方面又怕揭露真象后伤害一些国家的军政要人，甚至引起微妙的外交关系危机。

CIA对MI—5的工作进度不满，1988年将自己的几名反间谍人员渗入进该银行。为首的间谍罗伯特·马佐尔，原是CIA派驻美国海关总部的高级间谍。马佐尔等人在确实掌握证据之后，秘密建议CIA对该银行的5名基层负责人实行秘密逮捕并起诉，CIA接纳建议起诉成功，进一步打开了侦破的缺口，加快了侦破速度。

经过美英反间谍人员通力合作，前后达5年之久，克服了来自于官方和黑社会势力以及其他国家的种种阻力，终于查明了该银行资本高速积累的底细和来龙去脉，并拟订计划，准备对其采取行动。1991年7月5日下午1时，伦敦警方十多辆警车呼啸来到伦敦国际信息商用银行大楼前，从车上跳下一群荷枪实弹的警察，迅速将大楼围住，另一群警察则冲进银行的门厅、走廊和机要室、计算机室、会计室、金库等要害部门，命令所有工作人员立即放下手中工作，起立、离位、听候命令、顾客退出，银行官员、职员面面相觑，不知所措。这时，一位文职官员用广播高声宣布："女士们、先生们，请不必惊慌！我代表英国国家银行清盘委员会，奉命前来查封国际信用商业银行，请各位配合我们，全部库存资金一律冻结，全部文书档案查封。交结完毕之后各位尽可回家，但必须随时听候传唤。至于原因，对不起，无可奉告，有关方面会正式宣布。"

银行官员、职员听完宣告如晴空霹雳，炸作一团，一些人痛哭失声，一些人当场晕了过去。因为他们知道所谓"清盘"是怎么一回事，这意味着不仅可能丢掉饭碗，而且在该银行里的毕生积蓄、股票，此刻被冻结，将来还可能化为乌有。与此同时，国际信用商业银行在英国本土上的25家分行，也都上演了与刚才相同的一幕。然而，以上这些仅仅是这次席卷全球金融大风暴的一场小小的序幕。7月6日，卢森堡金融管理局采取行动，查封了该银行集团设在卢森堡的总部，紧接其后的是美国、法国、西班牙、瑞士相继采取行动，冻结资产总额200亿美元。再接着，日本、香港、泰国、新加坡……69个国家和地区的200多家分行被停止营业活动。这样，这颗国际金融市场上的"超级新星"被打翻在地了。

第三十四计　苦肉计

【原典】人不自害，受害必真。假真真假，间以得行。童蒙之吉，顺巽也①。

【按语】间者，使敌人相疑也；反间者，因敌人之疑，而实其疑也。苦肉计者，盖假作自间以间人也。凡遣与己有隙者以诱敌人，约为响应，或约为共力者，皆苦肉计之类也。如郑武公伐胡②，而先以女妻胡君，并戮关其思。韩信下齐而郦生遭烹③。

【原典注释】①童蒙之吉，顺以巽也：《易经·蒙卦》："象曰：童蒙之吉，顺以巽也。"意思是：愚昧的儿童虚心顺从老师的教诲，是吉祥的。运用在此计中，指要善于顺从敌人的心意行使计谋，就会成功。

②郑武公：春秋时郑国的一位国君。胡，当时的边地胡人。关其思，主张伐胡的郑大夫。

③韩信：西汉大将军。楚汉相争时，率大军征伐齐国。郦生，即说客郦食其。刘邦曾先派郦食其入齐劝齐王田广投降，齐王便撤掉城防，韩信趁机攻击，齐王便威胁郦食其阻止韩信出兵，郦食其不从，齐王便烹杀了他。韩信一举攻取齐国。

【原典译文】人不会自己伤害自己，遭受伤害必然是真实情况。我们有意识创造一种真实情况，使敌方信以为真，离间计就可以实施了。按照蒙卦的启示，要善于顺从敌人的心意行使计谋，必然成功。

【按语译文】离间，就是使敌人互相猜疑；反间，就是利用敌人原有的猜忌心理，而使他们的猜忌变成现实。行使苦肉计的，是假作自己内部有了分裂而去诱惑离间敌人。凡是派遣与自己有仇恨的人去迷惑敌人，不论是相约作为内应的，还是相约共同起事的，都属于苦肉计一类的计谋。

如战国时，郑武公要讨伐胡国，却先把自己的女儿嫁给胡国国君，又杀了主张伐胡的大夫关其思。楚汉相争时，韩信进攻齐国，而郦食其却遭到烹杀。

【传世典故　计名探源】人们都不愿意伤害自己，如果说被别人伤害，这肯定是真的。己方如果以假当真，敌方肯定信而不疑。这样才能使苦肉之计得以成功。此计其实是一种特殊作法的离间计。运用此计，"自害"是真，"他害"是假，以真乱假。己方要造成内部矛盾激化的假象，再派人装作受到迫害，借机钻到敌人心脏中去进行间谍活动。

"苦肉计"是指故意伤害自己，以让敌人相信，使反间计得以成功的策略。

春秋战国时期，姬光利用专诸杀死

了吴王僚，自立为吴王，这就是阖闾。吴王僚有个儿子叫庆忌，善走如飞，非常勇猛。父亲被杀，庆忌逃亡在外，寻找机会，收罗人马，准备报杀父之仇。阖闾为此忧心忡忡，想派人去行刺，可一时又没有合适的人选。

阖闾的大夫伍员终于找来了要离。阖闾一见，要离高不足五尺，腰大貌丑，大失所望。伍员介绍说：要离虽然其貌不扬，但机敏过人，且对吴王十分忠诚，是可以重用。阖闾相信伍员的话，与要离密谈。阖闾问要离有何妙计刺杀庆忌。要离充满信心地说，庆忌正在招纳亡命之徒，为父报仇，我打算诈称是"罪臣"去投奔他，但为了使他相信我，请大王斩断我的右手，杀死我的家人，这样就能取得庆忌的信任，因而也就可以乘机行刺了。

阖闾起初不忍无故斩去要离的右手，也不忍杀死他的家人，但又看到要离的态度十分坚决，而且思之再三，觉得除此以外，别无良策，于是便同意了。

第二天，伍员与要离入朝，当着文武百官的面，保荐要离为将军，率军攻打楚国。阖闾闻奏，怒斥伍员："你保荐的这人身矮力微，怎能带兵打仗？"要离当面顶撞阖闾："大王真是太忘恩负义了，伍员为你安定了江山，你却不派军队替伍员报仇。"阖闾大怒，命人把要离的右臂砍掉了，并押进大牢，拘留他的妻子。伍员叹息而出，群臣一时也莫名其妙。过了几天，伍员悄悄叫人放松了对要离的监视，让要离趁"机"越狱跑了，阖闾便下令把要离的妻子斩首示众。

要离逃出以后，四处鸣冤叫屈。听说庆忌在卫国，便跑到卫国求见庆忌。

庆忌疑他有诈，不肯收容，要离便脱掉衣服给庆忌看那只被斩断了的右臂。正当庆忌将信将疑之际，庆忌的心腹又来报告要离的妻子被斩的消息，庆忌这时便完全相信要离与阖闾确有深仇大恨了。

要离向庆忌表示自己与他一样有复仇的决心，并愿意充当向导。还说伯嚭是无谋之辈，不足为虑；伍员虽智勇双全，但他之所以帮助阖闾，目的是想借兵伐楚，以报父兄之仇。眼下，阖闾安于王位，从不提为伍员报仇的事，所以伍员与阖闾已有隔阂，只要庆忌报仇后肯为伍员报仇，伍员愿为内应。如此等等，一番话说得庆忌深信不疑，便立即派要离训练士卒，修治兵船。

三个月后，要离怂恿庆忌出兵，水陆并进，杀往吴国。庆忌与要离同乘一条船，驶到中流，要离趁庆忌到船头观看船队的机会，一戟刺在庆忌的心窝上。到这时，庆忌才明白，自己是中了要离的苦肉计，抱恨而死。要离杀死庆忌后，自己也饮剑自尽了。

【名家评点　破解方略】 "苦肉计"，顾名思义，关键核心在两个字：一个是"苦"，另一个是"肉"。所以，我们注意到，施用此计的人所苦的是自己的肉体，而不是自己的心志。他们为了达到某种特殊的目的，可以故意伤害自己的身体，但他们的精神却是因为作出了这样有意义的牺牲，从而显得更加崇高。

苦肉计不仅是一个"苦"计，而且还是一个"险"计。如果敌人是铁石心肠或识破真相，不但自我伤害之苦要白白付出，而且连性命也保不住。因此，在可用可不用之时，尽量不用本计。

经典案例　锦囊妙计

勾践尝粪求脱身

战国时期，吴国兴兵讨伐越国，吴王夫差屡败越军，越王勾践只得投降，他把国事委托给大夫文种管理，便率大夫范蠡到吴国去伺奉夫差。

勾践为了尽快逃离吴国，东山再起，兴越灭吴，便装作苟且偷生的样子，其实却在暗中积蓄力量。他住在山洞中，每日蓬头垢面，低三下四，为夫差做仆役。有人在他身后指点着说："这就是当年的越王勾践呀！"他听到了仍装作满不在乎，毫不反感。

有一次，夫差染病，卧床不起。勾践得知此病不久便可痊愈，就亲见夫差祝贺道："恭喜大王，您的病近几天就能好转。"夫差不解地问："你怎么知道？"勾践回答说："我曾学过一种本领，只要尝一尝粪便，便可知道人的生死寿数。我刚才尝过大王的粪便，味酸而稍有点苦，得了'时气之症'！此病很快就能痊愈，大王不用担心。"夫差听后非常感动，被勾践的"关切"之情迷惑住了，认为勾践已无反叛之心，就放心地下令放勾践回国了。

纪信捐躯脱刘邦

汉王三年（前204）四月，项羽包围了汉王驻守的荥阳，汉王刘邦请求议和，答应割荥阳以西作为汉的领地。亚父范增劝项羽速攻荥阳，刘邦为此忧虑。陈平用反间计，项羽果然怀疑范增。范增愤怒地离去，患病而死。

五月，汉将军纪信对刘邦说："情况紧急了，请您让我诳骗楚王，您趁机脱身。"于是，陈平在夜里让两千余名妇女从城东门冲出，楚王项羽的军队四面围攻。纪信便乘坐着张着黄色伞盖的汉王御车从城中出来，说："城里的粮食全都吃光了，汉王出城投降。"楚王的军队都高呼万岁，纷纷到城东观看。趁此时机汉王刘邦带领几十名骑兵从西门逃跑了。让御史大夫周苛、魏豹、枞公等人守荥阳。项羽看见纪信，问道："汉王刘邦在哪儿？"纪信说："早就出城了。"项羽烧死了纪信。

"舍车保帅"，冒死救主，这样的故事在中国的历史上屡见不鲜。纪信冒充刘邦就是其中十分典型的一例。项羽大兵压境，荥阳城危在旦夕，刘邦是据守无兵，突围无力，大有被项羽瓮中捉鳖之势。在此危亡之际，纪信挺身而出，用假象调动了项羽的军队，从而使刘邦脱身逃去。

程婴杵臼救赵武

晋景公宠用佞臣司寇屠岸贾，整天游猎饮酒，不理朝政。这时梁山突然无故崩塌，屠岸贾乘机诬陷相国赵朔，晋景公就派屠岸贾率兵前去诛杀赵朔。赵朔的妻子庄姬是晋景公的妹妹，她身怀

有孕，即将临产，赵朔自知难于幸免，就让庄姬到宫中母亲处避难，临别时，赵朔与庄姬约定，将来生下男孩，就取名为赵武，并委托家臣程婴养育。庄姬刚走，屠岸贾就领兵到来，将赵朔及其家人一百多口全部杀死。屠岸贾见单单少了庄姬，又听说庄姬有孕，就向晋景公要求搜宫。景公考虑到自己的母亲很喜欢庄姬，不便搜宫，但答应如果庄姬生下男孩，就将男孩处死。过不多久，庄姬在密室中生下了一个男孩即赵武。屠岸贾在宫廷内外密布明哨暗探，严密搜查，但每次庄姬都机智地将赵武藏过。屠岸贾找不到赵武，就悬赏千金捉拿赵武。

程婴见赵武在宫中处境十分危险，就同赵朔的另一个家臣公孙杵臼商量，定下了调虎离山之计，用牺牲他们的生命和荣誉来救赵武出宫。

一天，程婴跑去对屠岸贾说："庄姬生下赵武后，找了个老太婆暗中抱出宫来，托我和公孙杵臼两个养育。我和公孙杵臼都是赵朔的家臣，我想万一公孙杵臼出面告发，那他就会得到千金的赏赐，而我却白白地断送了自己和家人的性命。因此我就来告发了。"他悄悄地告诉屠岸贾，公孙杵臼把赵武藏在首阳山深处，不久就要逃到秦国去。只有屠岸贾亲自出马立即前往，才能抓到。屠岸贾就让程婴领路率领大批人马直扑首阳山。经过迂回曲折的漫长道路，才在首阳山深处一条小溪旁边找到一座茅屋。程婴指着茅屋对屠岸贾说："公孙杵臼和赵武就躲在这里。"程婴先上前敲门，杵臼开门出来，看见有这么多士兵，转身

就想逃跑。程婴叫道："你走不了啦，司寇已经知道赵氏孤儿藏在这里，现在亲自来捉拿，你还是赶快将赵武交出来吧！"兵士们一拥而上，把杵臼捆绑起来。屠岸贾问杵臼："赵武在哪里？"杵臼说："这儿没有赵武。"屠岸贾命令士兵搜查，在壁室中找到了一个婴儿，抱出一看，这婴儿的穿戴完全与权贵人家的婴儿一样。公孙杵臼一见婴儿被找到，就奋力来夺，但被士兵们死命抓住不能脱身。杵臼大骂道："程婴，你这个卑鄙的小人！赵朔全家被杀时，我要你一同去与赵朔死在一起，你说为了养育赵氏孤儿应该活下去，现在主母把赵武托付我二人，你又贪图千金之赏，出卖了赵氏后代。我死算不了什么，看你死后有何面目去见赵朔。"公孙杵臼千小人、万小人地骂程婴，程婴羞愧得无地自容，就请求屠岸贾杀死杵臼。屠岸贾命令士兵砍下了杵臼的头颅，接着屠岸贾接过婴儿，使劲掷在地上，只听得一声啼哭，这婴儿就变成了一块肉饼。这时，程婴表面上显得若无其事，但内心深处却像刀绞一般痛苦。朋友的死难，世人的唾骂，更兼着被摔死的，正是程婴的亲生儿子，为了让赵武能出晋宫，程婴将自己的一个与赵武同月出生的儿子交给杵臼，冒充赵武，将屠岸贾引出都城。

屠岸贾离开都城后，对晋宫的监视就放松了，加上又找到了赵氏的孤儿，就更松懈了对出入宫廷人员的盘查。一向与赵朔很要好的大夫韩厥乘机派心腹人员，假扮医生进宫给庄姬治病，把赵武藏在药箱里带出晋宫，藏在韩厥家中。程婴随同屠岸贾回到都城后，不愿领取

千金之赏，也不愿做屠岸贾给他的官，悄悄地抱着赵武逃到盂山深处养育。程婴抛弃家庭，背负着千百万人的误解、唾骂，亲自耕作，教赵武学习文化知识，历尽了千辛万苦。经过十五年的艰苦历程，好不容易把赵武养育成人。晋悼公执政后为赵氏平了反，诛杀了屠岸贾等人，任命十五岁的赵武为司寇，嘉奖了程婴、杵臼的忠贞。

苏秦车裂捉刺客

燕易王的母亲是燕文公的夫人，与苏秦私通。燕易王知道后竟然越发厚待苏秦。苏秦害怕被杀头，便对燕易王说："我住在燕国，而不能使燕国的力量加强，如果允许我到齐国，我则一定努力增强燕国的国力。"燕易王说："那就按先生自己所打算的去办吧。"于是，苏秦便假装得罪了燕王而逃奔到齐国，齐宣王让他做客卿。

齐宣王去世，齐湣王环即位。苏秦劝湣王厚葬宣王，以表明自己的孝心，又怂恿齐国大兴土木，扩建宫室，开辟园林，以此表示自己称心得意，苏秦企图以此使齐国衰败，从而有益于燕国。燕易王死后，燕哙做了国君。后来齐国的大夫中有许多人与苏秦争宠，他们派人刺杀苏秦，苏秦没被立即刺死，带着重伤逃跑了。齐湣王命令手下的人缉拿凶手，但没捉到。苏秦在弥留之际，对齐湣王说："臣下就要死了，请在我死后您让人在街头把我五马分尸示众，并扬言'苏秦为了燕国在齐国作乱'，这样就可抓获刺杀我的凶手。"齐湣王依苏秦的

计谋行事，暗杀苏秦的人果然露了面，齐湣王便派人把他干掉了。燕王听说这件事说："齐国为苏秦报仇，做法也够狠的。"

苏秦活着的时候，凭着三寸不烂之舌，周游列国，以善言巧辩闻名于天下，并为自己挣得一份荣华富贵，他的计谋也确实高人一头。他以替人着想的姿态出现，劝人厚葬以明孝，大兴土木以明得意，并以此博得了齐湣王的宠信，而齐国却因此走上了衰败的道路。即使在他生命将要结束之际，也不放过齐国的刺客。他让齐湣王对他"下毒手"，借五马分尸来制造齐湣王痛恨他的假象，诱骗刺客出来邀功请赏。果不其然，刺客真的自投罗网。这真是死苏秦捉住活刺客。

要离博信刺庆忌

春秋时期，吴王阖闾刺杀了吴王僚登上王位以后，吴王僚的儿子庆忌，逃奔在国外，招募勇士，伺机复仇。阖闾深知庆忌胆量与武艺高强过人，故对他经常活动极为忧虑，为除政治隐患与强敌，决定派勇士行刺庆忌。对此，伍子胥向他推荐身材矮小、腰大貌丑的勇士要离。要离为"博信"庆忌，便采用了苦肉计。故意智激吴王以残己。

有一天，伍子胥与要离一起，入朝拜见吴王，并要举荐要离为将军，统率吴军去进攻楚国。吴王一听，便怒斥伍子胥："此人身矮力弱，杀鸡无胆，骑马无威，怎能带兵打仗？"要离则呈奏说："大王可谓忘恩到极点了，伍子胥为大王

安定了江山，大王却不肯替他报楚王的父杀之仇。"吴王听后，便勃然大怒，说："这是国家大事，非你所知，居然还敢当面责辱寡人，真是岂有此理。"当即命人将要离的右臂砍了，且下狱治罪，并拘留了他的妻子。

过了不久，伍子胥暗叫狱官放松对要离的监视，要离趁机越狱跑了，吴王则趁机下令将要离的妻子斩首示众，以示惩戒。而当要离逃出吴国后，探知庆忌在卫国，便投奔而去，且沿途逢人便诉说自己的冤情。到了卫国见到庆忌后，庆忌先是怀疑诡诈，不肯收容，直到亲见他被吴王致残的右臂，方才相信，且问他投奔自己的意图何在。要离则说："臣闻阖闾杀了公子的父亲，夺了王位，现在公子联合诸侯，想复仇雪恨，所以特跑来投靠您，虽不能替公子冲锋陷阵，但做向导还可以，因为我对吴国的山川地形还是十分熟悉的。只要能为公子报仇，我亦雪了吴王杀妻之恨，也就算是心满意足了。"但庆忌仍未敢对他深信，直至心腹报告了，要离之妻确被吴王斩首示众了，这时，庆忌才对要离逐渐深信不疑。接着，庆忌便要要离献如何才能复仇之计。庆忌说："阖闾用伍子胥和伯嘉为谋士，选将练兵，国内大治，我兵微力寡，怎能与他抗衡？"要离则回答说："伯嘉不过是个无谋之辈，只有伍子胥算个智勇皆备的人才，但却与阖闾貌合神离。"庆忌则追问其原因。要离答道："伍子胥之所以尽力帮助阖闾，目的在于想借吴兵以伐楚，为其父兄报仇雪耻。但现在楚平王已死，仇人费无极也亡故了。阖闾则要安于王位，天天只顾

沉湎于酒色之中，不想替伍五胥复仇了。前不久，伍子胥曾保荐我率兵去伐楚，吴王便曾当面斥责他，且加罪加害于我。由此伍子胥便对阖闾积怨颇深。这次越狱逃跑，也是伍子胥买通狱官才成功的。他曾当面叮嘱我：'你此去先面见公子，察看动静。若肯为我伍子胥报仇，愿做内应，以赎过去杀君之罪。'公子如果现时还不肯发兵入吴，更待何时呀？"说完便在地上撞头，且俯地大哭。庆忌听罢，则表示愿听他的话，答应在短期内伐吴起兵。接着，又将要离带回自己的根据地艾城，将他作为心腹，且委派他去负责训练军士，修治兵船。三个月之后，庆忌果然兴兵伐吴，分水陆两路向吴国进军。进军中，庆忌与要离同坐在一条兵船上，船到中流，但后面的船却忽然跟不上来。于是，要离趁机对庆忌说："公子可在船头坐镇，这样，船工们便不敢不卖力了。"只见庆忌坐在船头，要离则用一只手持戟侍侧于一旁。突然水上起了一阵怪风，而要离则转过身去，猛然一戟插在庆忌的心窝之上，直穿出后背。庆忌见自己遇刺，便拼命反抗，将要离两脚倒提在水中沉溺三次，再苦笑说："你可算是个勇士，连我都敢行刺。"左右兵士要将要离刺死，但庆忌则说："此乃勇士也，放他走好了。"说完，自己也因流血过多，伤势过重，倒地而死。而要离见自己所施苦肉计，已获成功，任务已经完成，便也夺剑自刎身死了。

要离为了完成自己身肩的政治使命和任务，首先是必须接近吴王的政敌庆忌；其次则是要取得他的信任；最后，则是为其出谋划策，牵着他的鼻子走，

且乘其不防，攻其不备，置之于死地。为"博信"于庆忌，要离使用了颇为高妙，且具极大迷惑性的"苦肉计"政治手段：一是佯激吴王，使之激怒，然后为其断右臂，以示惩戒；二是使吴王狱系要离，使之成为阶下囚；三是吴王斩杀要离之妻以示众，使之更欠政治血债。这三部曲中，导演是伍子胥（伍员），引荐者、放囚者、诡称"离德者"（与吴王）均是他。此三步曲实施后，果然庆忌对要离深信不疑，并将他视为政治"知己"，引为心腹；接着，便按要离所设"伐吴"政治圈套行事。在"伐吴"途中的船上，要离则乘庆忌不防不备，将其刺死。而自己在实施此计中，也付出了断臂、妻斩、杀身的沉重代价。

冯谖焚券买民心

冯谖到孟尝君门下做食客已经一年，可什么话也没说过。孟尝君此时担任齐国宰相，在薛邑受封一万户。他有食客三千人，封邑的收入不够食客的费用，就派人到薛邑放债。由于薛地年成不好，借钱的人多数不能偿付利息，食客的给养眼看就没有了，孟尝君为此深感忧虑。他问左右侍从说："可以派谁到薛邑去要账？"舍馆负责人说："上等客房里的冯先生看形状相貌好像能说会道，有长者风度，他没有别的技能，应该让他去收债。"于是孟尝君请冯谖进来，对他说："宾客们不知道我无德无能，来我这里的仍有三千多人，封邑的收入不够宾客的费用，所以在薛邑放了些债。薛地年成不好，有不少人不偿付利息。如今宾客

们的费用恐怕不足，希望先生前去索要欠款。"冯谖说："好吧。"冯谖告别孟尝君，来到薛邑，把借过孟尝君钱的人都召集在一起，收上息钱十万。他就多酿好酒，购买肥牛，召集所有借钱的人，不管是能偿利息还是不能偿利息的人都来，让他们带着借钱的债券来查验核实。他要求大家一起集会，这天杀牛摆宴。酒喝得正高兴时，冯谖拿出债券到席前一一核实，能付息的约定期限，付不起利息的，就收缴他们的债券用火烧掉。他对众人说："孟尝君放债的目的，就是要帮助没钱的人去进行农业生产；其所以要索取利息，是为供养宾客。现在对富裕人约定期限，对穷苦人就烧掉债券免除债务。各位请努力加餐。你们有这么好的主人，难道能辜负他吗！"在座的人都站起身来，接连跪拜了两次。

孟尝君听说冯谖收债烧了债券，就生气地派人把他找来。冯谖到来，孟尝君说："我有食客三千，所以才在薛邑放债。我的采邑少，而且还有许多人不按时偿付利息，宾客的费用就难以供给，所以请先生去讨收欠债。但听说先收到钱就用来置办酒宴，又烧了债券，这是怎么回事？"冯谖说："是这样。不置办丰盛酒宴，人们就不能全部集合，也就无从了解他们的贫富。富裕的人，同他们限定了还期；贫苦的人，就是坐守、催讨上十年也怕白搭，利息多了，他们一急之下，反会用逃亡的办法来摆脱债务。如果催逼很急，他们最终又没能力偿还，上头会认为您贪财好利，不爱士人和百姓；下边的人民也会落个背叛、触犯长上的罪名，这不是勉励大人和百

姓、显扬您名声的做法。烧掉没用的空头债券，捐弃无法收到的空头账目，让薛邑人亲附于您，从而显扬您的仁爱名声，您对此还有什么不满意的呢！"孟尝君听后拍着手向冯谖道谢。

李广装死痹敌兵

西汉汉武帝元光六年（前129）时，武帝刘彻派出四路大军出击匈奴。大将军李广率领汉军一路出雁门，不巧碰上了匈奴军队的主力，并在多次战斗中了敌军的埋伏之计，汉军寡不敌众，奋战到最后全军覆没，而受重伤的李广也被匈奴军队捉住了。匈奴骑兵将俘获的汉军大将军李广，放在一个用绳子编织的大网兜里，架在两匹马中间抬着往前行进。李广深知，自己若被抬进匈奴的军中大帐，若再想逃脱生还，是根本不可能的。因此，只有在路途之中，实施计策，麻痹敌人，才能有脱逃的机会。为了痹敌，李广便在网兜中躺着纹丝不动，假装已经死去的样子。行进中，李广则斜着眼睛，侦察得知旁边有一个匈奴骑兵骑着一匹好马，便灵机一动，猛地突然挣扎起身，一跃而跳上那匹好马，从骑兵手中迅速夺取了箭，将那匈奴兵推下马去，掉转马头，便迅疾飞跑。这一连串的动作只发生在瞬息之间，使匈奴兵防不胜防，躲不及躲，也追不及追。待猛然间醒悟过来时，李广已飞身骑上好马逃向远方了。

这是李广被俘后，运用苦肉之计，死里逃生的故事，也是运用苦肉之计，在政治斗争中，转败为胜的典型事例。

李广用装死的办法，用以松懈、麻痹匈奴骑兵，使之不防不备，然后，猛然间运用自己的奇技绝巧，夺马而逃生。这是李广能时时抓住战机的结果，也是他将苦肉之计成功地运用在关键时刻的又一胜利。

周瑜黄盖苦肉计

赤壁大战前夕，东吴兵马总督周瑜召集众将说："曹操率百万之众，连营三百余里，与我们隔江对峙已近月余，看来这不是一时可以决胜的战役。诸将可领三个月的粮草，做长期御敌的准备。"老将黄盖说："别说三个月，就是三十个月的粮草，东吴也支付得起。不过，当初都督在我主面前夸下海口说，不日即可破曹。如今却要迁延三个月之久。我看一个月内能破便破，不能破敌，不如依张昭之言，弃甲倒戈，北面降曹算了。我跟随吴主三世，纵横南北，还从未打过这样的窝囊仗呢！"

周瑜见黄盖在众将面前如此抢白他，怒发冲冠，厉声说："吾奉主公之命，督军破曹，主公有言在先，军中敢有人言降者必斩，你今天在两军交战之际，动摇军心，不杀你难以服众。"当即喝令左右将黄盖推出帐外斩首。黄盖见周瑜要杀他，便大声怒斥说："黄口孺子，我打江东祖业之时，哪有你来？你今天却在我面前逞威，主公在我面前还要让三分。"

大将甘宁劝周瑜说："黄将军是东吴老将，请都督宽恕他吧。"周瑜转而斥责甘宁说："你怎么敢在军政大事上多言多语，乱我军法度？"说着下令让军士把甘宁打出帐外。

此刻在座所有众将都跪地求周瑜说："黄盖违令乱法固然该杀，但大敌当前，先杀大将恐于军不利，请都督先记下这桩罪过，待破了曹操之后，再杀他也不晚。"周瑜转而指着黄盖说："如果不是众官求情，今天就斩了你，待破了曹操，定斩无疑。"说罢，命左右军士先打黄盖一百杀威棒。打了五十之后，众官又求情，周瑜对黄盖说："你还敢小看我吗？暂且先寄下五十军棍，如有怠慢，二罪并罚。"说罢，带着怒气进了寝帐。

众将扶起黄盖，见被打得皮开肉绽，心中无不惨然。在扶其回寨的途中，竟昏厥了几次。黄盖醒来时，只是长吁短叹，只字不语。

军机参谋阚泽来看黄盖时，黄盖令左右侍从统统退出，阚泽问黄盖说："你过去与都督有仇吗？"黄盖说："没有。"接着又恳切地对阚泽说："你我二人情同手足，别人不是我的心腹，我这有降书，求你替我转送给曹操。"阚泽说："我愿为你效力。"黄盖一听他答应得如此痛快，激动得从榻上滚下来，向阚泽拜谢。黄盖被打的消息，在周瑜营中做内间的曹将蔡中、蔡和早已用密书报告了曹操。阚泽向曹操献书，也得到了曹操纳降的应允，并遣阚泽回江东，为黄盖归降传递信息。

阚泽回来后，与黄盖商议一番，马上写密书告诉曹操说："黄将军欲来，只因难得方便，寻到机会后，再告知丞相。"

几日之后，黄盖又遣人给曹操捎信说："周瑜这几天守关严谨，因此一直不能脱身，今有鄱阳湖运粮军到，周瑜差遣我巡哨，我因此得便，今夜三更左右，我乘机杀掉运粮吴将，劫粮去降丞相，船上插青龙牙旗的便是所劫的粮船。"曹操接信息后十分高兴，于是专候黄盖船到。

当晚，东南风初起，有人报告曹操说："江南有一簇帆幔，顺风而来，船上插的都是青龙牙旗，其中一面大旗上写着先锋黄盖的名字。"曹操笑着说："黄盖投降，真是天助我呵！"

这时，在一旁观望良久的谋士程昱对曹操说："丞相，来船必有诈，不能让他靠近我寨。"曹操问："你怎么知道？"程昱说："粮在船中，必定是稳而重，我看这船却是轻而浮，再加上今夜是东南风，如果敌人用火来攻，怎么抵挡？"曹操说："粮船是稳而重，草船也是浮而轻的，黄盖所劫之船粮草皆有，草船快，必然行在前，这有何可疑？"程昱说："周瑜既然痛打了黄盖，怎么又能用其为先锋呢？他打先锋旗号而来，必定是率军来火烧我水寨的！"曹操听罢，方有所悟，于是派大将文聘率水军去阻击。

文聘刚出水寨阻击，就被来船射倒在船中，船上一阵大乱。这时只见来船直冲入曹营水寨，各船一齐发火，船上军兵都纷纷跃入水中。顿时曹军水寨燃起了大火。

此时此刻，曹操才知道自己中了黄盖的苦肉计。

原来，周瑜本欲往曹营派内间，以控制和把握曹操发起总攻的时机。但用谁为间，一直想不出办法。这时，黄盖来营中议事，周瑜便把自己的苦衷说了出来。黄盖慷慨地说："我愿为都督行此计。"周瑜说："你是东吴旧将，无故降曹，他怎肯信呢？"黄盖说："依都督的意思应当怎么办？"周瑜说："看来只有用苦肉计了。"黄盖说："我受孙氏恩赐多年，今天即使是肝脑涂地我也无悔。"周瑜激动地说："将军肯行苦肉计，是我江东的造化，也是孙氏的大德呵。"黄盖说："都督不必多言，只管吩咐如何行计就行了。"周瑜说："我江东也少不了有曹操的奸细在此，你在这里受苦，曹操也一定会知道，你自己设法用计就行了。"二人如此商议好后，才有了上面的那段精彩表演。

这是中国古代政治斗争中，周瑜所施的典型的苦肉计及成功的范例。此计在实施中，有如下特点：一"苦"则苦在黄盖苦劝周瑜率部降曹遭拒；二"苦"则苦在枉遭重杖，直打得老将军血肉模糊，皮开肉绽，苦委其刑；三"苦"则在黄盖多次给曹操的投降信表的良苦用心和实施计谋。终使曹操不仅不疑，且任听黄盖的摆布，最后在不防不御中间，上当受骗。在苦肉计中深隐中计，全军覆没。

假意鞭主双脱难

东、西魏激战邙山。东魏丞相高欢，统领大军十万，来到黄河北岸迎战。关西大都督宇文泰火烧河桥，企图阻止高欢南渡，但未能成功。高欢遂率军抢渡黄河，据邙山为阵。

西魏大统九年四月十八日黎明，宇文泰同李穆偷袭邙山失败，东魏军乘胜反击，西魏军丢盔弃甲争相逃命，三万将士阵亡。战斗中宇文泰的战马身中流矢，突然惊叫一声，前蹄扬起，把宇文泰掀翻在地，情况十分危急。他还未来得及爬起来，东魏追兵已经赶到，士兵左右散开，把他团团围住。这时，被一同围住的李穆翻身下马，急中生智，高举马鞭狠狠地抽打宇文泰，并破口大骂："笼东（指西魏）军士，你们主人宇文泰在哪里？你为什么独自留下？"东魏围军见李穆敢于鞭打宇文泰，就不怀疑鞭下的宇文泰就是西魏重将。互相看了看，丢下宇文泰继续向前追击。

第二天，宇文泰、李穆经过一番化装，离开邙山，平安脱险。返回驻地后，二人相对痛哭，宇文泰深深感谢李穆的救命之恩，对他左右的人说："能够助我成就大事业的人就是李穆。"之后，又援李穆为武卫将军、仪同三司，进封安武郡公。前后赏赐，不可胜计。宇文泰说："人最宝贵的是生命，李穆能舍身保护我，是爵位、金银、玉帛所无法报答的。"后来，特赐李穆以铁券，赦以十死。

刘备掷子感猛将

刘备为避免与曹操十万大军交战，弃樊城，带领百姓往江陵进发，在当阳长坂坡与曹追兵展开血战，赵云单骑救主，突出重围，望长坂桥而走。赵云到得桥边，人困马乏，见张飞挺矛立马于桥上，云大呼曰："翼德援我！"飞曰："子龙速行，追兵我自当之。"云纵马过桥,行二十余里,见玄德与众人憩于树下。云下马伏地而泣。玄德亦泣。云喘息而言曰:"赵云之罪,万死犹轻!糜夫人身带重伤,不肯上马,投井而死,云只得推土墙掩之。怀抱公子,身突重围;赖主公洪福,幸而得脱。适来公子尚在怀中啼哭,此一会不见动静,多是不能保也。"遂解视之,原来阿斗正睡着未醒。云喜曰:"幸得公子无恙!"双手递与玄德。玄德接过,掷之于地曰:"为汝这孺子,几损我一员大将!"赵云忙向地下抱起阿斗,泣拜曰:"云虽肝脑涂地,不能报也!"

关于《演义》中这则刘备掷阿斗之事,人们评论各异。有的说,这是刘备故意作态演戏给众将看的,目的是为了笼络周围的将心。因此,便有"刘备摔孩子——收买人心"的歇后语流传。但也有人认为,刘备弃子之举,是他爱将胜爱子的心理写照。还有人认为,刘备摔其子,如果用力摔,则表明他当时爱将胜子之心;如果是轻轻地摔,则是惺惺作态,故意演戏。但是,用力也好,不用力也罢,这都是次要的,关键是孩子的确是赵云从地上捡起来的。因此,不能否认刘备当时是轻父子之情而重君臣之义的。也可以说这是"苦肉计"。

在当时的刘备心目中,究竟阿斗重要还是赵云重要呢?若让他只选其一,他当然是要择赵云了。赵云是他得以成势的依靠,有了势,其子才能显贵;若无势,刘备自身尚且难保,其子又能怎样呢?再说,失去了一个婴儿,还可以再娶再生,若失去一个良将可就难求了。由此看,刘备当时爱将胜子的心情是可

以理解的。试想,刘备当时如果接过儿子吻个不停,周围众将的心能不冷吗?还能在败势之际为他这个只顾自家性命不问众将危难的人卖命吗?如果刘备仅对赵云说几句表功的语言,那么作为败势的刘备,这种话又能占多大分量呢?所以当时刘备接儿子,将其掷在地上,以示对爱将之爱,并非做作。

牺牲幼女害皇后

唐朝的铁血皇后武则天,手段十分残忍。

武则天从寺院回到唐高宗身边时,只是一般的妃子,她用尽手段,很快获得了高宗的宠爱。此时,武则天有两个情敌,一个是王皇后,一个是萧皇妃。

武则天一心想夺得皇后的位子。

入宫以后,高宗与武则天男欢女爱,十分快活。武则天经承帝恩,身怀六甲,生下一个女孩。

一日,王皇后来看武则天,武则天心生一计,她躲入内室。王皇后来到西宫,众宫女出来迎接,王皇后问武氏可在,宫女说是往花园采花去了,一会儿就会回来。王皇后在宫中坐下,听到床上婴儿哭声,就走到床前,抱起武氏的女儿,抚弄一会儿,女孩一经怀抱,就不哭了,一会儿慢慢睡去,王皇后仍将女孩放下,用被盖好,见武氏仍不回来,也不再等,就出宫回去了。

王皇后一走,武则天就从侧室出来,悄悄地到了床前,掀开被子,女孩正熟睡,她狠下心肠,扼住女孩喉咙,将女孩扼死。然后仍用被子盖好,专等高宗

下朝。

.时间不长，高宗就来到西宫，武则天拈着花朵，迎高宗入宫，二人闲聊几句，高宗问："女儿还在睡吗"？

武则天说："已睡了一大会儿，想必该醒了。"即令侍女去抱女孩。

侍女上前掀开被子一看，吓得说不出话来。武则天问："还睡着吗？为何不把她抱来？"侍女口中才说了个"不"字。武则天佯作不解，亲自到床前去抱女孩，手未及婴儿尸体，就哭了起来，高宗连忙向前，仔细一看，婴儿已经死了。

武则天问侍女："我往御园看花，不过隔了片刻，好好的一个婴儿，怎么会闷死呢？你们快讲个明白。难道是你们与我有仇，害死我女儿吗？"

众侍女赶紧跪下，连说："不敢"。

武则天又道："你们都是好人，难道有鬼吗？"

众侍女道："只有正宫娘娘到此，曾见她坐床抚摩，过一会儿便去了。"

武则天顿足大哭，说是王皇后害了她女儿，高宗初不相信，经不住武则天煽动，最后竟发怒，要废去王皇后。但王皇后并没有过失，害死婴儿的事又无证据，大臣们反对废后，此事只得作罢。

又过了一段时间，武则天又生下一个男孩。争当皇后的资本又多了一些。为了早日夺得皇后的位子，就买通王皇后身边的宫女，将一木偶写上高宗姓名，及生年月日，钉上铁钉，埋入王皇后床下。然后密告高宗，高宗令内侍去挖，挖出木偶。

高宗终于以王皇后无子、嫉妒、行巫术为由废去王皇后，武则天被立为皇后。

武则天在这场斗争中成了胜利者，但她对失败者毫不手软。王皇后和萧淑妃被关在冷宫中，用一把大锁锁着门，只留一个小洞，从小洞中传送食物。

一日，高宗独自一人路过冷宫，看到这一切，心中怀念旧情，对着里面喊道："皇后、淑妃安在。"王皇后、萧淑妃听到是皇帝的声音，悲喜交加。二人哭着说："妾等有罪被废，怎得尚有尊称。"高宗道："你等虽已被废，朕却尚是忆着。"王皇后说："陛下若有情，令妾等死而复生，重见日月，望改此院为迥心院，方见圣恩。"高宗说："朕自有处置。"说完返回。

这件事很快被武则天的耳目报告给武则天，武则天当面诘问高宗，高宗抵赖不敢说实话。武则天竟下一道矫诏，令杖二人百下，又把手足截去，投入酒瓮之中。二人宛转哀号，历数日方才毙命。

萧淑妃临死前恨骂武则天："愿后世我生为猫，阿武为鼠，时时扼阿武喉，方泄我恨。"

武则天得到手下的报告后，就禁止宫中养猫，改王皇后姓为蟒，萧淑妃姓为枭。王皇后和萧淑妃的家人还被充军到边疆。

害死王皇后和萧淑妃后，武则天常常梦到王皇后、萧淑妃披头散发，浑身是血，向她索命，为此她改居蓬莱宫，后来干脆不住长安，而改住洛阳。

武则天所用是"苦肉计"，"人不自害，自害必真。"谁不爱自己的女儿，哪一个母亲肯害死自己的女儿，因此，皇帝相信是王皇后害死了武则天的女儿。

王佐断臂伪降金

南宋时期，宋金对峙，互为敌国，两军交战，各有胜负。高宗时，金军主帅兀术率金兵南下，与岳飞率领的宋军在朱仙镇对阵交锋。其中，金军中有一年轻小将，名陆文龙，是兀术收养的宋潞安州节度使陆登的儿子以做义子。文龙不知自己的身世背景，但在金军中却以骁勇善战而闻名。此次朱仙镇战斗中，他曾多次斩杀宋军的重要将领，致使宋军一时颇为失利。

恰在此时，原为杨幺的部属、后投归宋军的部将王佐，见岳飞因失利而愁闷时，便欲援引苦肉计策，以破敌营。但为博得金军的信赖，必须作为受迫害的样子，方能释疑消惑。于是，便用"自伤""自残"之法，他取剑狠心咬牙，将自己的右臂砍下，又将药敷于伤口之上以止血。之后连夜去见主帅岳飞，说明施计的全部意图。岳飞见此，不禁潸然泪下，说："事已如此，你只管去好了，所有亲眷及家事，我自会好好照应。"于是，王佐连夜赶至金营，见到守卫金兵，说明来意，并求见兀术。当见了兀术之后，王佐哭诉说："小臣王佐原是洞庭湖杨幺的部臣，曾受封为侯。只因杨幺事败，小臣无路可走，才不得不归顺了宋营。现今大军到此，大败宋军，又连斩数将。岳飞无计可施，只得挂起免战牌。昨夜他聚集诸将领商议军务，小臣进言说，如今金兵二百万南下，如

同泰山压顶，如若再战，犹如以卵击石，实难对敌。不如差人讲和，庶可保全，方为上策。不断岳飞一听，竟勃然大怒，反说臣怀有二心，命人将臣砍去一臂。且要小臣前来降顺报信，说他即日就要来擒捉狼主，杀到黄龙府，踏平金国。臣若不来，他则要再断另一臂，因此特来哀告恳求狼主。"说完故意放声哭泣，且从袖中取出断臂呈上给兀术验看。兀术听了，心中大为哀怜，就对王佐说："为你吾家断了此臂，受此大难。现封你为苦人儿之职，在此养活你一生。"又传命军中："今后苦人儿到处居行，任他行走，违令者斩!"从此之后，王佐每日得以在金军中，随意穿营入寨，行动自由自在，毫无阻拦与顾忌。

有一天，王佐来到陆文龙营中，见有一老妇坐着，便向老人问候。又询及老人何处人士，老妇说是河间府人。王佐又问："既是中原人，又为何来到此处?"老人则叹息道："听你口音，也像是中原人士。现今是他乡遇故人了，现说与你听其中原委，想不碍事，只是不可泄露与外人知晓。这陆文龙小殿下可是吃我的奶长大的。他原是潞安州陆登老爷的公子，被狼主抢到此间，做了义子，已经有十三年了。"王佐听罢，心中暗喜，但却安慰老人一番，起身告辞。又过数日，王佐有意随陆文龙的坐骑后行走，文龙一见，便招呼道："苦人儿，你进来吾家营中吃饭。"王佐便随之进营帐，文龙问："你既是中原人，那么中原人有什么故事，快讲两个说与我听听。"王佐连声答应，且绘声绘色地给陆文龙讲了西施随"越鸟南归"返回故国，以

及"骓骝向北"等怀念故土旧主的故事，使文龙听罢感叹唏嘘不已。从此，便要王佐经常给他讲故事以消闲。有一日，王佐又到陆文龙营帐之中，且声称要讲一个最为精彩的故事给他听，然只能殿下一人听讲，外人不能听闻。于是，陆文龙立即斥退左右侍者，恭候听讲。接着，王佐从衣内取出一幅图画给陆文龙看。画中大堂上地下死着一个将军，一位妇人，且又有一小孩在那妇人身边啼哭，周围则站着许多金兵。陆文龙看完画，不解其意，但见画中为首的一位金军主帅，颇像自己的父王兀术。于是，便要王佐详加解释。王佐则说："这画中故事所在，正是中原潞安州。画上死的老爷，乃潞安节度使陆登。这死去的妇人，则是老爷的谢氏夫人，这个公子，则叫陆文龙。"陆文龙一听此言，不觉大惊，便问："此人怎么也叫陆文龙？"王佐则说："殿下听着，那年金军攻破潞安州，老爷尽了忠，夫人殉了节。兀术见公子幼小，便叫乳母带着，认做义子，现今已十三年了。可叹这陆文龙不但现在不给自己的父母报仇雪恨，反倒认仇做父，好不令人痛心呀！"陆文龙追问道："难道你说的是我吗？！"王佐道："对，说的认仇做父的正是你。你若不信，请问奶娘便可知晓实情。"话犹未尽，只见那奶娘走了进来，哭啼说："将军之话，句句是真，老爷夫人死得好惨哟！"陆文龙听罢，于是哭着下拜说："不孝之子，那知有这般实情。今日知晓，怎不与父母报仇？"说完便拔剑要去杀兀术，王佐却立即阻止说："公子千万不可莽撞，且再容几时，等待时机成熟，

再报仇之后，归返宋营，方是上策。"陆文龙便答应一切听候王佐的调遣和安排。恰在此时，金军中新增"铁浮陀"的轰天大炮，金军统帅兀术大喜之余，传令在天黑时，将此炮调运至宋军营地周围，备好火药，待夜半时进行轰击，妄图将岳家军一举消灭。陆文龙获悉此重要军事情报后，便立即禀告王佐。王佐与陆文龙商定后，决定设法通知岳飞加以防范，其具体办法则是用"箭书"加以通报。于是，当晚陆文龙便将载有金军情报的"箭书"射进宋军营垒之中。岳飞接报后，便立即命令各部人马，撤往凤凰山躲避。待到三更时分时，金营中果然射出轰天大炮，火光冲天，地动山摇。岳飞站立在凤凰山头，见此烟火腾空的情状，不禁叹惜说："多亏陆文龙的一封箭书，及时相告。也更惜王佐的一条断臂，方才挽救了宋军六七十万人马的性命。"不仅如此，待次日天将明时，陆文龙、王佐与奶娘，也趁天色未明，金军营中混乱之际，逃出金营，投归宋军岳飞营地而来。

王佐断臂诈降金，是中国古代政治斗争中，使用自伤、自残之术，以"博赏"政敌，实施"苦肉计"而获大胜的典型事例。在此计的实施过程中，施计者为王佐，行计的对象则是金军主帅兀术与战将陆文龙。其行计中，真真假假，假假真真，目的则在于离间兀术与陆文龙的关系，策划陆文龙反正而归宋，同时又兼做内应获取军事情报，进而获得在战场上难以取得的胜利。究其施计的具体特点，则是如下几点：其一，王佐断臂诈降金，断臂是真，但诡称为岳飞

加害则是假；其二，到达金营后，见到兀术，呈其断臂是真，然诈称为此遇害，不得不避祸降金则是真中有假、假中有真；其三，兀术因王佐断臂而"博赏"于他，封为"苦人儿"之职，准其在军营中自由行动，这一切是真。而王佐因其真"苦"之血"肉"，诈称之因由收到了奇计之妙用；其四，兀术与陆文龙的义父义子关系，既是真来又是假，即真中有假、虚中有实。而王佐揭其陆文龙的本来身世，呈其实情，则是真。又以其真，戳穿其假，从而达到策反陆文龙的政治目的。进而为宋军获取与传递重要军事情报，避免了重大的损失与伤亡。同时，王佐在完成自己的政治使命和任务后，则得以与陆文龙、奶娘一起，胜利返归宋营。可见，在施用"苦肉计"策略时，王佐先是以真伤假情，"博赏"于金军主帅兀术。次则真情真事，呈示给陆文龙，以揭其假义父、假义子的"伪情"。在"博"的手法上，前者是以假"博"真（信赖），后者则是用真（情）揭假（义）"博"真（反正）。足见其政治手法技巧之多样化与艺术化。

"苦计"软语折英雄

朱武、杨春、陈达三位好汉在少华山聚众，与官府作对。为图远计，打算去华阴县"借粮"。去华阴必经之地有个史家村，史家村里有位九纹龙史进。陈达自恃勇武，硬要去闯史家村，遂不听朱武、杨春劝告，引一队喽罗来战史进。结果不下三五回合，被史进生擒活捉。小喽罗急报朱武、杨春。朱武为救陈达便采用了一条"苦计"。

史进捉了陈达，斗志正旺，忿怒未消，发誓要捉了朱武、杨春一并解官请赏。这时庄客飞报：山寨里朱武、杨春亲自来了。史进一边整装备马，一边令人敲梆聚众，决意再显神勇，捉此二将。正待出庄门，只见朱武、杨春步行到庄前，两个双双跪倒在地，眼里流着泪。史进下马喝道："你两个跪下是怎么回事？"朱武哭道："小人等三个，都被官府逼迫，不得已上山落草，当初发愿，不求同日生，只愿同日死。虽不及关羽、张飞、刘备义气，其心则同。今日小弟陈达不听劝阻，误犯虎威，已被英雄擒捉。在下无计恳求，今来一径就死，望英雄将我三人，一发解官请赏，誓不皱眉。我等就英雄手内请死，并无怨心。"史进听了这番言语，寻思道："他们这样讲义气，我若拿他们解官请赏，反教天下好汉们耻笑我不英雄。自古道：'大虫不吃伏肉'。我怎么能捉束手就擒的人呢！"遂引朱武、杨春至后厅，朱武、杨春一再让史进绑缚，跪地不起。史进三五回叫他们起来，他俩哪里肯起。惺惺惜惺惺，好汉识好汉。史进道："你们既然如此义气深重，我若送你们见官，不是好汉，我放陈达还你们如何？"朱武道："休连累了英雄，我们情愿让你解官请赏。"至此，史进已被彻底软化，遂放出陈达，后厅上座，置酒设席，款待三人。朱武、杨春、陈达拜谢史进，酒罢回山去了。

朱武的这条"苦计"，不仅救了陈达性命，而且结识了史进，变相地壮大了自己的力量，可谓一举两得。"苦计"之所以能够成功，首先在于朱武熟悉这些绿林英雄欺硬怕软，急强好胜的心理心性。大凡铮铮铁骨的男子汉，把骨气和面子看得比性命还重要。你要跟他来硬的，他硬是不信那个邪，结果不是鱼死，就是网破。可你要跟他来软的，顺势多奉承他几句，他就会美滋滋，飘飘然，对你手下留情，甚至成为你的朋友。当史进捉了陈达，要是按杨春的意见：我们尽数都去，与他死拼如何？不仅救不了陈达，朱武、杨春也还得搭上。可当朱武、杨春束手就缚，拜见史进，一番话，既用三人患难与共的江湖义气感化史进，又给史进戴了一大堆高帽子，使史进痛痛快快地放了陈达。

丢卒保车考文垂

1940年11月12日上午，英国情报机关利用已掌握的"超级机密"，破译了德国空军一份极为重要的作战计划，即"月光奏鸣曲"计划：1940年11月14日至15日，德国空军将对英国内陆的中心城市考文垂进行猛烈的空袭。实施这次空袭的目的，是报复英国皇家空军前不久对德国慕尼黑进行的空袭。1940年11月8日，当英国皇家空军得知希特勒将前往慕尼黑的勒文鲍恩啤酒馆，参加"啤酒馆暴动"17周年的纪念活动时，对慕尼黑进行了一场小规模的空袭。这次空袭，虽然因希特勒提前离开了勒文鲍恩啤酒馆而未能将其炸死，但却将在希特勒心目中具有纪念意义的啤酒馆炸毁了。因此，希特勒决定"以牙还牙"，"要对英国进行特别报复"，这就是"月光奏鸣曲"计划。

考文垂，距伦敦90英里，拥有约25万人口，是一个具有悠久历史的、重要的文化、工业城市。在考文垂，有很多著名的古建筑：14世纪建造的圣迈克尔大教堂是英格兰特垂直式建筑最美观的式样，16世纪初期建造的半木材建筑福特医院，14世纪圣玛利商会修建的市民活动中心、圣玛利大厅以及散落在全市的众多狭小、古老的街道，街道两旁砖木结构的房屋和商店等等，都充满着浓郁的英国古典城市建筑的风格，是英国古代建筑的杰作。在工业上，考文垂更是具有极大的重要性：这里，有制造轰炸机的阿姆斯特朗——惠特沃斯工厂，有制造飞机引擎的阿尔维斯厂，有制造装甲车、载重汽车和小轿车的戴姆勒、希尔曼和标准汽车厂，有世界上产量最大的机床厂，还有生产精密仪器、电子和通讯装备的英国活塞环公司、压力机公司等。可以说，考文垂，是英国的最主要的军火库。这个城市对于处于战争中的英国来讲，实在是太重要了！

正因为如此，情报机关破译了"月光奏鸣曲"计划后，立即火速将情报送到英国的最高指挥机关。如何应付德军的这次空中打击，成了英国首相丘吉尔及其顾问们急需解决的最重要的问题。根据已破译的情报，德军对考文垂的空袭，将由著名的战斗机第100大队作前导。战斗机100大队将在无线电导航器的制导下飞往考文垂，然后投下燃烧弹引起大火，作为主要轰炸机群寻找目标的标记。大批的轰炸机将从法国的奥利、夏尔特尔和埃夫勒以及比利时、荷兰等国的数个机场起飞，按规定的航线和时间，采取波浪式轰炸战术，实施袭击。战斗机 100 大队的轰炸所引起的大火，不仅可以作为轰炸机群寻找目标的标记，而且还可以破坏救火队要使用的总水管，从而使救火队无法及时扑灭大火，使火灾扩大。然后轰炸机将交替使用燃烧弹和高爆炸弹，加大对城市的打击程度。计划规定，这次空袭，将投下约 15 万枚燃烧弹，1400 枚高爆炸弹和数百枚降落伞地雷。看到这个计划，丘吉尔及其顾问们不由得倒吸一口冷气：1940 年 5 月 14 日，德国空袭鹿特丹，只用了 57 枚高爆炸弹，就将这个古老的城市夷为平地，并炸死了 900 平民。如果听任希特勒肆意轰炸考文垂而不采取必要的防范，考文垂的命运也就可想而知了！

丘吉尔的高级顾问们随后向丘吉尔提供了几个可供选择的保护考文垂的措施：

第一，调动一切可以调动的作战飞机，采取代号为"冷冲"的行动计划，挫败德国的袭击。英国空军利用"超级机密"和皇家空军的无线电技术情报，已经准确、详尽地了解驻扎在西欧的德国空军各部队的位置和实力。因此，英国皇家空军可以在德国轰炸机最易受攻击的时机——如装弹、集合和起飞时，对其发动攻击；然后，在德军轰炸机群飞向考文垂的途中，对其进行袭扰，迫使他们把炸弹丢在海里或旷野，或打乱他们的战斗队形，使其无法按计划飞往考文垂。

第二，加强考文垂的空防：将英国的 400 余门可以机动的高射炮火速运到考文垂，集中使用高射炮火，探照灯和烟幕防御，以迫使德国空军只能在高空飞行，不能接近目标。

第三，向考文垂发出秘密警告，提前采取必要的疏散和防护。撤离城内的居民，特别是老人、儿童和医院中的病人。对重要的工业设施采取紧急防护措施。

毫无疑问，不管采取上述哪一条措施，都将减轻考文垂的损失，但是，无论采取哪一条措施，也都得面临着同一个问题，那就是危及"超级机密"的安全：一旦德国人得知英国已经采用了特殊的措施来保卫考文垂，就必会怀疑英国已经得到了空袭考文垂的计划，并对其可能的泄密渠道进行检查，最终将会发现他们的通信密码已经被英国破译。而一旦德国人得出他们的通信密码已经被突破的结论，甚至一旦他们对密码的安全性产生怀疑，都势必会更换新的密码系统，英国手中的王牌"超级机密"也将因此而失去。"超级机密"的安全与一个重要的工业、文化名城的存亡，哪个更重要呢？这个问题，只有丘吉尔本人能够回答。

面对这一两难选择，丘吉尔不得不作出一项悲剧性的决定，即为了保护"超级机密"的安全，任何人都不得泄露考文垂将遭德军袭击这一情报，也不采取任何特别的措施来保卫考文垂，"对这次空袭的一切反应都必须合乎常情"。

1940 年 11 月 14 日夜，考文垂城沐浴在明亮的银白色的月光之中。一切都像平常一样。晚 7 时，一阵急促的空袭警报，惊动了刚刚工作了一天，正在休息的人们，警报发出后几分钟之内，一批批德国飞机开始飞临上空，燃烧弹像雨点般地落遍全城，接着就是高爆炸弹的沉重的爆炸声。"月光奏鸣曲"计划，正像丘吉尔等人事先了解的那样按计划实施着。圣迈克尔大教堂——考文垂最负盛名的建筑物燃起了熊熊大火。到第二天早晨空袭结束后，除了教堂的尖顶和四壁外，一切都荡然无存，与这个古老的建筑物的命运一样，16世纪用半木半砖建造的福特医院只剩下一堆烧焦的木头。全市被摧毁的房屋总计达5万余所。标准汽车厂与散热器和压力机公司，以及大约12个与飞机生产有关的工厂遭到致命破坏。约500家商店遭到破坏。将近200个煤气总管道破裂，遭到破坏的输电线、自来水总管道、污水处理系统和电讯设施不计其数。所有铁路都被阻塞。所有的公园都堆满了碎石瓦块。一个星期之后，几处着火的地方仍在徐徐燃烧。考文垂像是一个遭地震破坏的城市，变成了一片废墟。"月光奏鸣曲"计划完成了它的使命。

一个原本能够采取措施避免更大损失的城市，却因为要保守"超级机密"而眼看着毁灭了。也许人们要问，用一个重要的工业、文化名城的毁灭和数以千计的市民的鲜血来换取"超级机密"的安全值得吗？回答是肯定的：值。在此之前的几个月中，英、德两国之间的空战结果，已经证明了"超级机密"具有的巨大的军事价值。保住这个机密，将有助于英国在今后的长期对德作战中取得优势。考文垂是重要的，考文垂人的生命和鲜血是宝贵的，然而，如果不

付出这昂贵的代价，就无法保住"超级机密"，尽而失去这一事关对德作战全局的"王牌"武器。没有考文垂的损失，没有考文垂人的生命与鲜血的付出，就将会有更大的损失，更多的人付出生命和鲜血。相比之下，考文垂是"卒"，"超级机密"是"车"，为了全局的利益，必须"丢卒保车"。在此之后的一系列作战中，"超级机密"所发挥的重大作用表明，丘吉尔当时的"丢卒保车"的决策是正确而英明的。

苦肉计唤醒民众

众所周知的日本偷袭珍珠港事件，对日本而言，是其不宣而战、突然袭击的成果；就美国来说，其海军太平洋舰队蒙受了惨重损失，但却使举国上下对日美关系上的和平幻想迅速破灭，从而万众一心，团结奋战。近50年来，世界各国军事家、历史学家对日本偷袭珍珠港曾发表过各种各样的评论，其中一种说法甚为流传：促使日本突然袭击珍珠港获得成功的是美国总统罗斯福的计谋，是罗斯福的苦肉计。

当时，德、意、日法西斯开始在欧洲、亚洲等地正挥舞着战争的大棒，到处侵略，气焰十分嚣张，但他们却有意避开美国这个强大的工业国家，企图使它处于战争的中立状态，留待最后聚而歼之。美国总统罗斯福识破了这一阴谋，为了避免出现这种情况，他希望美国早日同英国、苏联等反法西斯国家站在一起，联合打败未来的敌人。因此，对美国参战抱着积极的态度。但是，美国国

内却存在着强烈的反战情绪，维护狭隘民族利益的孤立主义势力影响较大，他们对形势的严重性远没有像美国总统那样深刻的认识，甚至连一些军人也有一种盲目的安全感。怎样才能扭转这一局面呢？

其实，以罗斯福为首的美国最高决策集团，在日美开战前，一直非常清楚地掌握着日本的外交和军事动向。因为美军情报机关凭借先进技术工具破译了日本外务省与驻美大使馆之间从1941年7月1日开战期间的电报达273份之多；日本驻檀香山总领事馆发出的有关珍珠港美军情报的电报，也一份不漏地全被截获和破译。但美军并未相应地采取必要的防范措施。这是罗斯福总统故意留给日军进攻机会的一个苦肉计。

珍珠港（位于太平洋中部夏威夷群岛的瓦胡岛南部，是美国在太平洋上的主要军事基地）偷袭战，是第二次世界大战期间日本和美国之间发生的一场战争。

苏德战争爆发后，第二次世界大战的形势发生急剧变化。日本军国主义认为，苏德开战正是日本进一步向外扩张的大好时机。1941年11月5日，日本军国主义者在御前会议上通过了对美、英、荷开战的决定，以便独霸太平洋地区。

空袭珍珠港，是日本联合舰队司令山本五十六大将主持拟定的，是日本发动太平洋战争的战略计划中一个重要组成部分。日军企图是：以突然袭击的方式发动战争，在开战的第一天消灭美太平洋舰队的大型舰只和航空兵，使其在短期内难以恢复参战，从而改变日美双方在战争初期的海上兵力对比，夺取制海权和制空权，为日本南进夺取诸战略要地解除海、空威胁，以实现其"大东亚"的迷梦。袭击的主要目标是航空母舰，其次是战列舰、港口设备和几个主要基地上的飞机。参加突袭的兵力共有各型舰艇60艘，组成两个编队：突击编队33艘，其中航空母舰6艘、战列舰2艘、巡洋舰3艘、驱逐舰11艘、潜艇3艘和油船8艘，舰载飞机360架，司令是海军中将南云忠一；先遣编队由第6舰队的27艘潜艇组成，担任对夏威夷及其附近的侦察、监视任务。

为了确保偷袭成功，日本大本营采取了大量的欺骗和伪装措施，并进行了周密的组织准备：一、日本在加紧备战的同时，大耍和谈骗局。直到突袭珍珠港前夕，日本的谈判代表还去会见美国务卿，照会美国政府，表示日本不拒绝和谈机会。二、在战略战役上，采取了保密、伪装和欺骗措施。偷袭珍珠港的计划长时间内只有山本和一、二个军官知道。为隐蔽战略意图，日本大本营在东山举行大规模演习，制造准备进攻苏联的假象。在航线选择上，选定了虽然距离较远、气象不好、补给困难，然而便于隐蔽以达成突然性的北航线，并规定在航行中保持无线电静默。突击时间选在星期日早晨美舰周末返港停泊疏于戒备的时刻。部队的演练、集结都是在严格保密条件下进行的。三、进行反复演练，着重解决偷袭的战术和技术问题。担任突袭的部队除了多次进行图上作业和沙盘演习以外，还于1941年8月中旬起，选择和珍珠港地形相似的日航空基地樱岛进行战术技术训练。11月中旬，各编队又在佐伯湾进行了综合性攻击演习。四、日军为了确切掌握情况，对珍珠港进行了不间断的侦察。日本驻夏威夷领事馆积极搜集目标区情况，及时进行汇报。日本还派出大批间谍，并以潜艇进行侦察和监视，使突击部队及时掌握美军动向。

1941年11月18日，日海军先遣编队驶离日本，向夏威夷出发，执行侦察监视任务。突击编队于11月22日在千岛群岛的单冠湾秘密集结完毕，26日由单冠湾出航，经过12天的航行，完成了3200海里的航程，于12月7日黎明到达珍珠港以北230海里海域，开始组织进攻。从6时起，日本舰载机354架分两个突击波先后起飞，对珍珠港实施突击。

12月7日清晨，珍珠港风和日晴，海波不兴。当日，美太平洋舰队泊港舰只共86艘，其中战列舰8艘、巡洋舰7艘、驱逐舰20艘、潜艇5艘。瓦胡岛上各机场共停放飞机387架。舰上的水兵有的刚刚起床，有的在用早餐或在甲板上散步。7时30分，一个水兵发现有20架飞机向珍珠港飞来，他认为可能是进行演习的飞机而没有在意。稍后，有人看见一架飞机从北低空飞过福特岛，并听到一声爆炸，人们仍认为是一次什么事故。直至日本飞机对美军机场和舰只实施集中突击时，珍珠港的美军才如梦初醒，看清了飞机的标志，发出了警报。福特岛美军司令部广播："飞机袭击珍珠港，这不是演习！"

日军第一突击波飞机183架，于7时55分开始攻击，首先轰炸和压制了希卡姆、惠勒机场和福特航空站，同时对福特岛东西两侧停泊舰只进行攻击。日机还对瓦胡岛上其他机场进行扫射和轰炸。珍珠港刹时间浓烟滚滚，烈火熊熊，爆炸声、警报声响成一片。第一突击波历时45分钟。8时45分，日军第二突击波171架飞机开始攻击，以扩大第一突击波的战果，持续时间约1个小时。驻岛美军由于毫无准备，因而在日机开始攻击时惊慌失措，难以进行有组织的抗击。空袭5分钟后，高炮才零星射击，岛上32个高炮连，仅有4个连开火。8时15分，才有4架战斗机起飞迎战。此后陆续起飞了25架，但由于仓促应战，协同不好，因而不是被日机击落就是被自己的高炮击毁，整个基地陷于被动挨打的境地。

日军经过约2小时的作战，炸沉炸伤美各类舰艇40余艘，其中炸沉战列舰5艘、巡洋舰1艘、驱逐舰2艘，炸伤战列舰3艘、巡洋舰3艘、驱逐舰1艘、辅助舰5艘；击毁飞机260余架，毙伤美军4500多人。日军损失飞机29架、潜艇6艘，死伤约200人。

日军这次作战组织严密，行动果敢，代价小，战果大，是战争史上成功的突袭战例之一。但这次突袭并未完全达到预定的目的，突袭的主要目标——美国太平洋舰队的3艘航母当天不在港内。其次，日机忽视了对修船厂和油库的破坏，这些设施对美国太平洋舰队尔后的恢复和作战活动都起了很大作用。南云在两次攻击得手以后，已是大喜过望，他拒绝了实施第三波轰炸的建议，匆忙收兵溜回日本。

美军失利的重要原因是麻痹大意和判断失误。早在1941年1月，美驻日大使就向本国政府报告，一旦美、日关系处于困难状态，日本将突然袭击珍珠港。11月下旬，美国务卿赫尔提醒内阁，情势已非外交所能控制，日本会以偷袭的方式来开始战争，他建议太平洋守军要注意防卫。12月6日晚，美国截获并破译了日本外相发给驻美大使的《对美通牒》，这通牒意味着战争。美总统罗斯福看后找海军作战部长商谈，作战部长正在看戏，罗斯福就把这份重要情报搁在一边。美军统帅机构在敌情判断上轻敌思想严重。他们低估日本海军的能力，认为日本的主要目标是进攻南洋诸岛，日本舰队的主要任务是为南方作战提供海上支援。由于上层麻痹轻敌，致使珍珠港驻军丧失警惕，毫无戒备。在日美谈判破袭、战争即将爆发的前夕，太平洋舰队所属舰只仍于周末密集停泊在港口，舰上人员照常休假，没有防潜和防空袭的准备。基地飞机也是密集停放，高炮连缺少常备弹药。侦察巡逻计划没有付诸实施，警戒报知系统麻痹松懈。

美军当日没有派出巡逻机，多数雷达没有开机，对发现的敌情误判、漏报、延误极为严重。7日凌晨3时，美艇发现并追踪1艘袖珍潜艇，但直至击沉前未作通报。有一台雷达两次发现飞机接近，值班军官却断定是自己的飞机，未作及时的处置，竟开玩笑似的对雷达兵说："把这件事儿给忘了吧!"因此，在日机猛烈突袭下，珍珠港的美军慌作一团，飞机不能起飞，舰艇不能开动，高炮只有少数开火射击，通讯失灵，指挥瘫痪。

美太平洋舰队遭此沉重打击，半年多未能恢复元气。

日军这次作战在夺取制海权的斗争中取得了很大胜利，对战争初期的进程产生了重大影响。但这次偷袭也暴露了日军在战略上的冒险和短见。太平洋战争爆发了。从此时起，美国开始了空前规模的人力、物力动员，决心把反法西斯的战争进行到底。

1941年12月8日，日军对美国珍珠港的海军基地狂轰滥炸，惊醒了美国国民的和平梦想。日本法西斯挑起的太平洋战争，几乎一夜之间就激怒了美国各阶层人民，他们对日本法西斯的仇恨陡然增长，甚至较之对德意法西斯的仇恨有过之而无不及，他们强烈地要求政府集中力量打败日本人。当时的一次民意测验表明，主张先打败日本的占62%。珍珠港事件发生后不到24小时，罗斯福就在美国国会发表演说，把这一天称为"一个将永远负着耻辱的日子"，动员向日本法西斯开战。这篇讲话仅几分钟，却数次被掌声所打断，博得空前一致的支持和响应。至此，美国人民同仇敌忾，投入战争，罗斯福总统的苦肉计达到了预期的目的。

牺牲自己行欺骗

1944年3月31日，800余架英国皇家空军的轰炸机先后起飞，去执行轰炸德国城市纽伦堡的任务。但是，当执行突袭任务的主力机群还没有接近目标时，便遭到了大批的德国空军战斗机有组织的拦截，预先有准备的德国空军毫不客气地大开了杀戒。这些勇敢的皇家空军做梦也没有想到，他们中的许多人成为英军一项战略欺骗计划的殉难者。

原来，早在这次突袭前，英国伦敦监督处（英国欺骗战总部）就预先把突袭计划告诉给德国人，目的在于使德国人更加信任一个双十委员会的特工人员，而这个人是盟军准备在实施"尼普顿"计划时用他来蒙蔽德军最高统帅部的。在这次突袭中，英国皇家空军损失飞机178架，伤亡飞行员745人，被俘195人。而德军仅损失飞机5架，伤亡人数，军民加在一起共192人。失败是惨重的，但伦敦监督处更知道数百万人参加的军事行动的成败可能取决于一二个重要的间谍是否得到信任是至关重要的。为了使德军以后能相信盟军在短时间内不会有大的行动的谎言，先把这次突袭纽伦堡的计划如实地告诉德国人是欺骗计划中重要的一环。事实证明这次牺牲代价在战略上是值得的，它使数以万计的盟军士兵在诺曼底登陆时免于死在海滩上，更重要的是使对方措手不及，从而赢得了战略主动权。

自毁产品保信誉

在第一次世界大战期间，由于原料缺乏，丹华火柴厂有一次使用精制过的土硝（KNO_3）制造火柴，起初质量似乎不错，后来把货运到绥远，经过一个夏季之后，有些反潮，发现有的火柴划不着火。丹华火柴厂闻讯后赶快派人查实，把几十箱火柴当众烧掉，换给新货，并补偿杂费，不叫经销商店吃亏。还有一次，因为制造火柴用的胶料货源不足，改用一种可溶性淀粉制成的胶粉，也是经过夏天潮湿天气后，发现有划不着火的，丹华火柴厂同样派人去调查，查清后，也当众把不合格产品焚毁，并赔偿了一切损失。由于丹华火柴厂始终保证产品质量，坚持自毁不合格产品，信誉不断提高，经销商和群众都愿意购买丹华产品，因此，丹华厂的火柴销售量与日俱增。

一条腿换一座厂

一位日本人只身来到世界上最先生产啤酒的国家丹麦，他想获取有关啤酒制造的信息。当时丹麦的啤酒厂是严格保密的，不许外人进去，他在工厂门外转了好几天也无法进去。后来他发现啤酒厂老板每天乘坐一辆黑色轿车进出大门，于是日本人见景生情，想出了主意。

一天，这位日本人在啤酒厂大门外不远处作好了"伏击"，当老板的黑色轿车驶来时，日本人装成横穿马路突然跌倒的样子，故意将自己的一条腿伸到车轮下，结果腿被压断了。

日本人被送进医院抢救，啤酒厂老板十分抱歉地说："很对不起，你客居异乡，今后打算怎么办？"他说："没关系，等我的伤完全好了以后，你就让我看大门好了。"就这样，他在那家啤酒厂看了三年大门，把整套酿酒工艺记熟后就不辞而别了，回到日本，开了一家很大的啤酒厂。

木村借残盗情报

60年代初，日本的汽车工业远远落

在美国的后面。为了振兴汽车工业，日本想了很多办法，都没有起到很大的作用。为此日本一家汽车公司想出了一个办法，从公司的高级职员中选出一批人才送到美国去学习。学习是假，实为借此获取情报。

木村到了美国一家汽车公司，学习了一年多，但是，这家汽车公司对他十分注意，从来不让他接近关键的设备。眼看着就要回国了，还没有得到要害的东西，为此木村的心里十分着急。

这一天，木村接到了日本国内来的电报，打开一看是公司来的。电报内容如下：木村先生，如果你拿不到我们需要的东西，就不要再回日本来了，本公司也将不再录用你。

这对木村是个很大的压力，因为当时到美国来，公司要出很大的一笔钱。木村现在一无所获，公司没有向他要债，已经相当不错了。

到了这天晚上，木村一个人到酒店去喝酒，由于心情沉闷，不知不觉就喝醉了。昏昏沉沉之中想来想去，也没有想出什么好办法。

等他走到街上的时候，他突然想到了自杀，在美国这个地方结束自己的生命，也是一个很有意思的事情，反正不成功便成仁，这也没有什么不好。正当他想着的时候，一辆高级轿车迎面开了过来，木村借着酒劲，一头撞了过去。汽车立刻刹车，可是已经来不及了，车轮从木村的一条腿上压了过去。木村疼得一下子昏了过去，等他醒过来的时候，发现自己躺在医院的病床上。

这时候，有一个美国人走了过来：

"先生，你好些了吗？"

木村对那个美国人看了一眼，就再也不理他了。这个美国人告诉他，他是美国一家汽车公司总经理的秘书，是总经理的车撞了他，问他有什么要求。

木村说："我没有什么要求，我只想快一点死在美国！"

秘书连连说："木村先生，请你不要这样，你有什么要求可以尽管提，我们总经理说了，只要有可能我们会尽量满足你的。"

木村这时候想到了苦肉计，这不是机会来了吗？如果不是一头撞到总经理的车上，能有这个好机会吗？想到这里，他便对秘书说："我的一条腿已经没有了，到别处怕是连工作也不好找了，能不能给我在公司里找一个终身的工作，我可以一直干到退休。"

过了几天，秘书来告诉他："总经理说可以为你养老，不必来公司工作。"

木村一听急了，说："我不想让别人养活，我可以到公司里干清洁工，如果不同意我的意见，那我只有死路一条！"

总经理看到木村态度很是坚决，只好同意了他的请求。

从此，木村到公司里当了清洁工，他工作十分卖力，常常加班加点，全厂每一个角落都被他打扫得干干净净。一些重要设备车间他也常常去打扫。开始有的人对他不放心，后来一想，这是他的终身工作，像他这样一个残疾人，离开了公司也是无法生活的。

一年之后，木村提出了回国探亲的要求，公司为他买了飞机票。临走时，又派人秘密检查了他的行李，没有发现可疑之处。

回到日本，木村从假腿中取出了微型胶卷。两年之后，大量的日本汽车拥入美国，压得美国人喘不过气来，直到有一天，当美国汽车公司的总经理，在谈判桌上看到日本公司首席代表——一条腿的木村先生时，这才恍然大悟，可是已经晚了。

自我攻击挫群雄

在计算机市场上，IBM是一支实力雄厚强大的计算机集团，它一直占据着这一行业的领先地位，其成就令人瞩目。

IBM不断将它挑战的竞争对手打倒在地，并踩上一只脚，令对手永世不得翻身。这一竞争态势咄咄逼人，大有弱肉强食的残忍和刀光剑影的血腥。

战场上是不能讲慈悲仁爱的，商业竞争也是如此。

IBM计算机集团从诞生至今已经历过好几次计算机市场的生死搏斗，在这些关键时刻，假如它没有奋起抗争，甚至不惜采用自己攻击自己的苦肉计的话，那么现在濒于失败和破产的早已是它自己了。

IBM在战胜兰德公司后，很快又遭到陆续强大起来的竞争对手的联合攻击。

这次围攻前所未有，所有的竞争对手都将目标直接指向IBM。不顾一切大作广告。

锹蒙森公司的广告这样说：只需花与IBM个人计算机不相上下的钱，便可买到锹蒙森——最有价值的个人计算机。

另一家广告这样说：只花×××美元无法买到IBM个人用计算机，请选用变色龙系列。

著名的王安电脑公司也以不示弱：我们正全力追赶IBM，我们渴望着与IBM一决雌雄，我们已经为此做好了准备。

一家先锋公司大言不惭：1983年秋日的某个星期一，人们发现先锋个人计算机在技术上超过了IBM产品，价格却只有IBM的一半。

门罗公司则宣扬"IBM产品过时"的理论。

这场围攻IBM广告大战，仅广告支出就高达三十亿美元。面对众多的竞争对手，IBM该怎么办？四面出击，八方迎敌吗？

IBM采取了最优秀的防御策略，调转枪口，攻击自己！这种策略曾使吉列刀片风靡全球，也使通用汽车雄跨汽车之冠。它也能使IBM转危为安，保持领先地位。

所谓的攻击自己，是指不断推陈出新，用更新型更优良的产品取代自己的旧产品。IBM提出一个流传甚广的广告词：比IBM更便宜，更好。不断移动的新目标加大了攻击者攻击的难度，而且在顾客中的声誉也进一步提高。新产品向顾客传达着这样的证明，IBM的产品始终占据着计算机行业的最高峰。

首先推出的新产品是XT型个人计算机，它具有硬盘装置，能够储存5000页资料。

不久，装备有全新微处理机的AT型个人计算机又问世了。有关专家认为这项新产品的功能已远远超过现有的计算机，而且价格又非常便宜，预料其销量将超过原有产品的总和。

在计算机新产品展示会上，十万观众目瞪口呆，IBM推出的AT型个人计算机大放异彩，没有一家计算机公司能与之抗衡。

个人计算机制造业陷入危机之中，导致这次危机的是IBM公司，无数的计算机公司被迫倒闭或严重亏损。

IBM用攻击自己的策略取得巨大胜利。

自我揭短扬家丑

人常说："家丑不外扬。""苦肉计"却反其道而行之，有意把自己的短处、丑闻开诚布公地宣讲出来，表面看来损害了自己的形象，在公众心目中造成了不好的影响。其实结果往往出人意料，由于开诚布公，却反而使公众相信了我方的真诚，从而对我方的形象及产品又重新树立了信心。

有一家经销香烟的英国老板，特意在自己商店门口书写了大幅广告："请不要购买本店的卷烟，因为本店经营的卷烟中尼古丁、焦油含量都比其他店的产品高出千分之一。"这还不够，还接着写道，某某人由于吸了他的卷烟而死亡了。

这够骇人听闻的了吧，按说看了这幅广告，消费者应该对他退避三舍才对。谁知恰恰相反，消费者恰恰因为这幅广告极其诚恳，而纷纷到他的店里购买卷烟。尼古丁、焦油高出千分之一算什么，难道真能抽死人？于是，他的生意日益兴隆，令附近几家烟店大惊失色。

不是消费者不怕死，而是这个老板的"苦肉计"抓住了消费者的心。看似自我揭短家丑外扬，其实这种以诚为本的态度，深深打动了消费者，远比那些哗众取宠、夸夸其谈的广告更能博得人们的信任。

无独有偶，美国一家饭店也在自己的店门外书写了大幅广告："本饭店经营最差的食品，由差劲的厨师烹调。"还同时在饭店的招牌旁边，用硕大的字体写着："最糟糕的食品"。

自称是"最糟糕的食品"却没有使消费者敬而远之，反而纷纷前来品尝。

真是"不尝不知道，一尝忘不掉"。饭菜可口，让人食欲大开，"最糟糕的食品"尚且如此吸引顾客，那么美味佳肴不知道会美到什么程度了。

"最糟糕的食品"一传十，十传百，不胫而走。顾客纷至沓来，生意好上加好。

这个饭店以"苦肉计"的方式，在一片自吹自擂的虚假广告中博得了消费者的信任，赢来了好评，取得了成功。

与此相类似的是，有许多厂家一旦发现自己的产品中出现不合格的现象，就马上把不合格产品集中起来，在大庭广众之中大张旗鼓地销毁。

这同样是一招高明的"苦肉计"，现在已被越来越多富有远见的厂家所采用。

本来的目的是消除不合格产品，如果仅仅达到这个目的，悄无声息地自行处理了也就是了。如此大张旗鼓，不怕当众出丑，完全是为了用这个方式博取消费者的信任，在社会公众面前树立真诚维护消费者利益的美好形象，从而使消费者乐于购买自己的产品，扩大销路，创造财富。

有一个食品厂就曾刊出了这么一个"致歉广告"：由于本厂产品脱销严重，致使到本厂提货的百余辆汽车排成长蛇阵，阻塞了交通，给广大人民带来了不便，本厂特表示深深的歉意。本厂决定更新生产线，扩大生产，以满足消费者的需要。鉴于本厂销售科科长擅自将50吨紧俏食品批发给个体商贩，进一步加重了脱销的局面，特给予该同志撤职处分。

这则"致歉广告"以诚恳认错的态度，暗示了该厂产品走俏市场、供不应求的盛况，使消费者无形中产生了极强的购买欲望。本来该厂尚有一部分产品积压，由于这则广告的作用，这些积压产品也被抢购一空。

诚恳道歉再加上对销售科科长撤职查办，都是"家丑"，却不惜广而告之，原因很简单，就是要用这种"苦肉计"博取消费者的好感，达到推销自己产品的目的。

并不是在任何时候企业的运转都处于正常的状态中，事实上，一个企业的经营每时每刻都会出现一些问题。这些问题积少成多，会在某一天爆发成一场危机。有的企业怕而又怕，只怕家丑外扬会损害企业的形象，极力加以掩盖，谁知越捂越盖，问题越多。

必要的时候实施"苦肉计"恰如其分地自我揭短，使家丑外扬，反而能使企业很快脱胎换骨，更快走上健康发展的道路。

血本降价乱中胜

1988年春季，全国百货钟表订货会在济南召开，当时全国机械手表大量滞销、积压，连续三次降价，仍不见市场好转。因此，很多厂家都担心订货会变成"血本甩卖会"。上海是全国钟表行业的元老，各地钟表公司的眼光都盯着上海，纷纷探听消息；"你们降不降价？"上海保密工作做得很好，"阿拉上海表降价要由市委批，你放心。"大家看上海表不降价，都放心了，原来打算降价的厂家也改变了主意，全部亮出了老价钱。

订货会开了两天，商家在会上转来转去，只问价，不订货，厂家们心里犯嘀咕："哎呀，这个价钱卖不动，如何是好？"

正在大家忧虑焦躁、举棋不定之际，上海在第3天一清晨，突然挂出了所有沪产表降价30%的牌子，这一"杀手锏"，把各地钟表公司都打败了。敢不敢跟着上海也降价30%呢？不敢！各厂来开会的都是销售科长或搞经营的，掉这么大的价做不了主。于是纷纷打电话请示厂里。厂长也不敢贸然做主，又是开会研究，又是向上级请示，待各地的"指令"飞来后，两三天的时间又过去了，上海把生意全做完了。

商场如战场，是你死我活的竞争，没有什么情面好讲的。上海商人早就做好了降价准备，只是不到时候不能公开罢了。各地钟表公司的这次大惨败，归结起来，一是毫无思想准备，二是太轻信上海表商的话，三是没有经营自主权。

所以在上海表商先隐后现的突然降价诈术面前，乱了手脚，束手无策，败下阵来。突然降价是一厉害而十分有效的"苦肉计"战术。在步入市场经济后，要在对手林立的竞争中取胜，上海人的这一手既可参考又应防范，如何防范？上面归结的三点原因，反过来用便是了。

第三十五计　连环计

【原典】将多兵众，不可以敌，使其自累，以杀其势。在师中吉，承天宠也①。

【按语】庞统②使曹操战舰勾连，而后纵火焚之，使不得脱。则连环计者，其法在使敌自累，而后图之。盖一计累敌，一计攻敌，两计扣用，以摧强势也。如宋毕再遇③，尝引敌与战，且前且却，至于数四。视日已晚，乃以香料煮黑豆，布地上，复前搏战，佯败走。敌乘胜追逐，人马已饥，闻豆香，乃就食，鞭之不前。遇率师反攻，遂大胜。皆连环之计也。

【原典注释】①在师中吉，承天宠也：《易经·师卦》："象曰：在师中吉，承天宠也。"意思是：统帅若能持中不偏，没有差错，就受到天子的宠爱，吉祥。运用在此计中，指统帅若能正确运用此计，就会取得战争的胜利。如同得到天神的帮助一样。

②庞统：三国时人，字士元，号凤雏。当时与诸葛亮齐名。后归刘备为谋士。赤壁之战时，却假装投奔曹操，为他设连环战舰之计，曹操中计，遭周瑜火攻，大败。

③毕再遇：南宋名将，字德卿，有勇有谋。

【原典译文】敌军的将领众多，兵力强大，不能够和他硬拼，应当想法使他们自相牵制，从而削弱他们的威力。将帅若能正确运用计谋，战胜敌人，就会如同得到天神帮助一样。

【按语译文】三国时，庞统怂恿曹操把舰船用铁链勾连起来，而后周瑜却纵火焚烧，使舰船不能逃脱。可见连环计的方法就是先让敌人自相箝制，然后再谋取他们。一计箝制敌人一计攻击敌人，两计前后配合运用，用来摧毁强大的敌人的威胁。

再如宋代抗金名将毕再遇，曾经引诱敌人和他作战。他忽而前进，忽而后退，一连四次。看看天色已近黄昏，他便命令把用香料煮好的黑豆撒在阵地上，又上前挑战，并假装败退。敌人乘胜追击，但他们的战马已经饥饿，嗅到豆子的香味，立即觅食起来，用鞭子抽打也不肯走动。这时，毕再遇率领部队反攻，于是大获全胜。这些都是连环计的运用。

【传世典故　计名探源】连环计，指多计并用，计计相连，环环相扣，一计累敌，一计攻敌，任何强敌，无攻不破。此计正文的意思是如果敌方力量强大，就不要硬拼，要用计使其目相钳制，借以削弱敌方的战斗力。巧妙地运用谋略，就如有天神相助。

此计的关键是要使敌人"自累"，就

是指互相钳制，背上包袱，使其行动不自由。这样，就给围歼敌人创造良好的条件。

赤壁大战时，周瑜巧用反间，让曹操误杀了熟悉水战的蔡瑁、张允，又让庞统向曹操献上锁船之计，又用苦肉计让黄盖诈降。三计连环，打得曹操大败而逃。

东吴老将黄盖见曹操水寨船只一个挨一个，又无得力指挥，建议周瑜用火攻曹军；并主动提出，自己愿去诈降，趁曹操不备，放火烧船。周瑜说："此计甚好，只是将军去诈降，曹贼肯定生疑。"黄盖说："何不使用苦肉计？"周瑜说："那样，将军会吃大苦。"黄盖说："为了击败曹贼，我甘愿受苦。"

第二日，周瑜与众将在营中议事。黄盖当众顶撞周瑜，骂周瑜不识时务，并极力主张投降曹操。周瑜大怒，下令推出斩首。众将苦苦求情："老将军功劳卓著，请免一死。"周瑜说："死罪既免，活罪难逃。"命令重打一百军棍，打得黄盖鲜血淋漓。

黄盖私下派人送信给曹操，大骂周瑜，表示一定寻找机会前来降曹。曹操派人打听，黄盖确实受刑，现正在养伤。他将信将疑，于是，派蒋干再次过江察看虚实。

周瑜这次见了蒋干，指责他盗书逃跑，坏了东吴的大事。这次过江，又有什么打算？周瑜说："莫怪我不念旧情，先请你住到西山，等我大破曹军之后再说。"把蒋干给软禁起来了。其实，周瑜想再次利用这个过于自作聪明的呆子，所以名为软禁，实际上又在诱他上钩。

一日，蒋干心中烦闷，在山间闲逛。忽然听到一间茅屋中传出琅琅书声。蒋干进屋一看，见一隐士正在读兵法，攀谈之后，知道此人是名士庞统。他说，周瑜年轻自负，难以容人，所以隐居在山里。蒋干果然又自作聪明，劝庞统投奔曹操，夸耀曹操最重视人才，先生此去，定得重用。庞统应允，并偷偷把蒋干引到江边僻静处，坐一小船，悄悄驶向曹营。

蒋干哪里会想到又中周瑜一计！原来庞统早与周瑜谋划，故意向曹操献锁船之计，让周瑜火攻之计更显神效。

曹操得了庞统，十分欢喜，言谈之中，很佩服庞统的学问。他们巡视了各营寨，曹操请庞统提提意见。庞统说："北方兵士不习水战，在风浪中颠簸，肯定受不了，怎能与周瑜决战？"曹操问："先生有何妙计？"庞统说："曹军兵多船众，数倍于东吴，不愁不胜。为了克服北方兵士的弱点，何不将船连锁起来，平平稳稳，如在陆地之上。"曹操果然依计而行，将士们都十分满意。

一日，黄盖在快舰上满载油、柴、硫、硝等引火物资，遮得严严实实。他们按事先与曹操联系的信号，插上青牙旗，飞速渡江诈降。这日刮起东南风，正是周瑜他们选定的好日子。曹营官兵，见是黄盖投降的船只，并不防备，忽然间，黄盖的船上火势熊熊，直冲曹营。风助火势，火乘风威，曹营水寨的大船一个连着一个，想分也分不开，一齐着火，越烧越旺。周瑜早已准备快船，驶向曹营，只杀得曹操数十万人马一败涂地。曹操本人仓皇逃奔，捡了一条性命。

【名家评点 破解方略】连环计指多计并用，计计相连，环环相扣，一计累敌，一计攻敌，任何强敌，无攻不破。此计原来的意思是如果敌方力量强大，就不要硬拼，要用计谋使其自相钳制，借以削弱敌方的战斗力。巧妙地运用这一谋略，就如有天神相助。

此计的关键是要使敌人"自累"，就是指互相钳制，背上包袱，使其行动不自由，战斗力大大减弱。这样，就给围歼敌人创造良好条件。

战场形势复杂多变，对敌作战时，使用计谋，是每个优秀指挥的本领。而双方指挥官都是有经验的老手，只用一计，往往容易被对方识破。而一计套一计，计计连环，作用就会大得多，就能取得更大的胜利。

经典案例　锦囊妙计

张仪连横破合纵

　　战国时期，文人说客纵横天下，纷纷穿梭于秦楚燕韩赵魏齐这战国七雄之间，凭三寸不烂之舌，或合纵，或连衡，把七个诸侯国玩弄于股掌之间。提议连衡的著名人物张仪做了秦国的宰相。为了破坏六国的合纵联盟，秦王要离间合纵国中的两个主要成员——齐国和楚国，他便问计于张仪。张仪回答："我凭三寸不烂之舌去楚国游说，借机进言，一定使楚王与齐国绝交而亲近秦国"。（当时楚王是合纵国的"纵约长"）。秦惠文王同意了张仪的计划，张仪便辞去相国职位前往楚国。他知道怀王有个宠幸的大臣叫靳尚，时刻在怀王左右，怀王对其言无不从，就先给靳尚送了重礼。然后去见怀王。怀王看重张仪的名望，到郊外亲自迎接他。楚怀王问他："先生屈尊光临敝国，能教导我什么吗？"张仪回答："我这次前来，要使秦、楚两国和好！"楚怀王说："我难道不愿意同秦国结交吗？但秦国侵略征战从不停止，所以不敢亲近。"张仪回答："现在天下的诸侯国虽然有七个，但没有比楚国和齐国更大的，再加上秦国，可以说三国鼎立，秦国与东面齐国合作，齐国就势大力强；与南面的楚国合好，楚国的势力就强大。我们国君私下的意思，是欲和楚国友好而不是齐国。为什么呢？因为齐国本来是与秦国有婚姻关系的国家，

却有负秦国太多了。我们国家想与大王结纳，就是我也愿意做大王手下的仆从。大王与齐国友好，触犯了我们国君的忌讳。大王真能与齐国断绝往来，我们国君愿意归还楚国商于的六百里土地，并使秦女做大王的姿妃侍奉大王。秦国与楚国结为兄弟，世代通婚，共同解救诸侯国的危难，希望大王能够接受！"楚怀王十分高兴地说："秦国若肯还回楚国的故地，我对齐国还有什么偏爱的呢？"群臣都认为楚国又得到故地，纷纷称颂庆贺。只有客卿陈轸挺身而出，说道："不能答应！依我看来，这件事应该吊唁而不应当庆贺！"楚怀王不解地问："我不费一兵一卒，坐在朝中得到六百里土地，群臣都称贺，你反而说吊唁，这是什么原因？"陈轸回答："大王认为张仪的话能相信吗？"楚怀王笑着说："为什么不相信？"陈轸说："秦国所以重视楚国，是因为有齐国的原因。现在如果与齐国断交，那么楚国就孤立了。秦国为什么重视一个孤立的国家，却割舍六百里土地奉送吗？这是张仪的诡计。倘若与齐断交而张仪又有负大王，不给土地，齐国又怨恨大王，反而依附秦国，齐、秦两国合兵进攻，楚国的灭亡就指日可待了！我所说的应该吊唁的话就是为这个原因。大王不如先派一个使臣随张仪去秦国接受土地，等土地归入楚国后再与齐断交也不晚。"大夫屈平也进言说："陈轸的话很对。张仪是个反复无常的小人，决不能相信。"宠臣靳尚说："不与

齐绝交，秦国怎么能给我们土地呢？"楚怀王点头说："张仪很明显不会辜负我，陈先生不要再说了，请看我收回土地吧。"楚怀王把相印授给张仪，又赐给他黄金两千两，好马四十匹，同时命令北关守将不要再与齐国往来，并派逢侯丑随张仪去秦国接受土地。

张仪与逢侯丑一同赶往秦国，一路之上，张仪与逢侯丑饮酒谈心，相处得情同骨肉一般。快到咸阳时，张仪假装酒醉失足，掉下马车。左右的人慌忙扶起来，张仪说："我脚骨受伤，要快点找医生"。便先躺在车上入城，并悄悄上书秦王，汇报了此次楚国之行的情况。而逢侯丑却被留在宾馆之中。张仪每天闭门养病，根本不上朝。逢侯丑要求见秦王不得，去探问张仪，又被张仪以养病推拖。这样一直等了三个月，逢侯丑万般无奈，只好给秦王写信，述说张仪答应还地的事。惠文王回信说："如果张仪真的答应了，我一定兑现。但听说楚国与齐国还没绝交，我怕楚国欺骗我，非得等张仪病好以后，才能断定。"逢侯丑再去张仪家，张仪仍然不见。逢侯丑不得不派人回去把秦王信上的话报告楚王，楚怀王说："秦国还认为楚国与齐国仍有来往吗？"便派勇士宋遗假道宋国，借宋国的关符到齐国境内，辱骂齐湣王。湣王十分愤怒，便派使者到秦国，表示愿意与秦国一同攻打楚国。张仪听说齐国使者已经到了，自己的计策开始见效，便声称病好上朝。在朝门口遇见逢侯丑，他故意惊讶地问："将军为什么不去接受土地，还停留在我们国中？"逢侯丑说："秦王专等相国当面决定，现在多亏相国

玉体无恙，请进去和秦王说明，早些定好地界，我也好回去向我们国君交待"。张仪说："这件事何必需要向秦王说呢？我所说的是我的俸邑六里，自愿献给楚王"。逢侯丑说："我们国君给我说的是商阌的土地六百里，没有听说是六里"。张仪说："楚王大概听错了吧？秦国的土地都是用无数战斗得来的，怎么可以把一寸的土地让给别人？何况六百里呢？"逢侯丑目瞪口呆，只好回去报告楚怀王。楚怀王怒发冲冠，骂道："张仪果然是反复无常的小人，我抓住他，一定要生吃他的肉！"随即下令派兵攻打秦国。陈轸进言说："我今天可以开口说话了吗？"怀王说："我不听先生的话，所以被狡诈小人欺骗，您现在有什么妙计？"陈轸说："大王已经失去齐国的帮助，现在要攻打秦国，没有什么好处。不如割舍两座城贿赂秦国，与它合兵进攻齐国，这样虽然给了秦国土地，还可以从齐国得到补偿。"怀王说："欺骗楚国的本是秦国，齐国又有什么罪！与秦国联合进攻齐国，人们都会笑话我。"当天就拜屈匄为大将，逢侯丑为副将，带兵十万，从天柱山西北进军，袭击蓝田。秦王一面命令魏章为大将，甘茂为副将，起兵十万迎敌，一面派人到齐国借兵。齐将匡章率兵助战。屈匄虽然勇猛，即抵挡不住两国夹攻，连战连败。秦、齐两国的兵马一直追到丹阳，屈匄聚集残兵败将再战，被甘茂斩首。楚兵前后共被斩首级八万多，被杀名将包括逢侯丑等共七十多人，汉中一带土地六百里也被占领，楚国举国震惊。韩国、魏国听说楚国失败，也打算袭击楚国。楚怀王十分害怕，

便派屈平到齐国请罪。派陈轸到秦军中，献上二座城求和。

秦将魏章派人向秦王请求指示，如何回复陈轸。惠文王说："我要得到黔中的土地，请用商阏的土地交换，如果答应了，就可以撤兵"。魏章让陈轸把这些话转告楚王。楚怀王说："我不愿要土地，愿意得到张仪！如果贵国肯把张仪给楚国，我情愿献出黔中的土地作为谢意"。秦惠王左右忌恨张仪的人都说："用一个人换几百里土地，太合算了！"秦王说："张仪如我的股肱一般，我宁可不要土地，也不忍心放弃他"。谁知张仪自己却向秦王请求："我愿意去！"秦王说："楚王对先生恨之入骨，只等您一去就要杀您，所以我才不让您去"。我一个人被杀，秦国却得到黔中的土地，我虽死犹荣！何况还不一定死呢！"

秦王见张仪执意要去，就问："您有什么计策脱身吗？请说给我听一听。"张仪说："楚王的夫人郑袖，相貌美丽，为人机智，为楚王所宠爱。我从前在楚国的时候，听说楚王又新宠幸一个美人，郑袖对美人说：'大王讨厌人鼻孔中的气吹着他，你见到大王时一定要捂住鼻子。'这个美人相信了他的话。楚王不解地问郑袖：'美人一见我就捂住鼻子，这是为什么？'郑袖回答：'她嫌大王身上有臭味，所以不愿意闻'楚王一听，大发雷霆之怒，下令割掉美人的鼻子。从此郑袖又得到专宠。楚王还宠爱一个臣子叫靳尚，他常常向郑袖献媚，他们二人一里一外，相互勾结，而我和靳尚关系很好，估计能借他们的力量保护自己，免掉一死。大王只要下令让魏章等仍留在汉中，作出要进攻

的样子，楚王一定不敢杀我。"秦王见张仪满有把握，就派他去了。

张仪一到楚国，就被抓了起来，楚王要选定一个好日子祭告祖庙，然后再杀死他。张仪派人打通了靳尚的关节。靳尚进后宫对郑袖说："大王对夫人的宠爱不会长久了，该怎么办呢？"郑袖忙问为何，靳尚说："秦王不知道大王恨张仪，所以让他前来。现在听说大王要杀张仪，秦王就会归还楚国的土地，还要让自己的女儿嫁给楚王，让一些能歌善舞的美女作陪嫁，用来为张仪赎罪。秦女一到，楚王一定会对他毕恭毕敬，夫人还想得到大王的宠爱吗？"郑袖大吃一惊，问道："你有什么妙计，能制止这件事？"靳尚说："夫人假装不知道这件事，把得罪秦国的利害对大王说清楚，让张仪回秦国，问题就解决了。"于是郑袖就在半夜里哭泣着对怀王说："大王要用地换张仪，秦国还没有得到土地，张仪已经先来了，这是秦王对大王的尊重。秦兵席卷汉中，本来就有吞灭楚国的势头，如果再杀掉张仪触怒他们，一定会增兵添将进攻楚国，那时我们夫妇不能团聚，为此我心如刀绞，好几天也吃不好。而且做臣子的各为其主，张仪是天下有名的智士，他在秦国为相国的时间最长，向着秦国又有什么值得责怪的？大王如果厚待张仪，他就会像对待秦国一样对待楚国。"楚怀王虽然没有立即同意郑袖的看法，但内心已经动摇。第二天，靳尚对怀王说："杀死一个张仪，对秦国没有什么损害，却失掉了黔中几百里的土地。不如留下张仪，把他作为和秦国讲和的资本。"怀王自己也心痛黔中的土

地，并不舍得给秦国，因此放出张仪，热情款待。张仪借机劝说怀王与秦国重新和好。怀王听了张仪的话，把他放回秦国，并与秦国建交。

屈平出使齐国归来，听说张仪已经走了，便劝怀王说："从前大王被张仪欺骗，这次他来，我以为大王一定会把他的肉煮熟了吃掉，现在不但放了他，还听信他的胡言乱语，率先与秦国和好。普通百姓都不忘自己的仇恨，何况堂堂的君王？现在没有得到秦国的欢心，却先触怒了天下人的公愤，我认为大王的作法不明智。"怀王听后，后悔不已，派人驾轻车去追。可是张仪已经连夜逃走，离开两天了。张仪回到秦国，魏章也班师回国。有史臣写诗道：

张仪反复为嬴秦，朝作俘囚暮上宾。

堪笑怀王如木偶，不从忠计听谗人。

张仪回到秦国后，对秦王说："我九死一生，才能够见着大王。现在楚王对秦国很害怕，但这样也不要让我对楚国失信。大王分割汉中土地的一半给楚国，再与楚王通婚，我借楚国为由游说六国，让他们一同听命秦国。"秦王便把汉中的五个县让给楚国，派人与楚和好。求怀王把女儿嫁给太子荡为妃，还答应把自己的女儿嫁给怀王的小儿子子兰。楚怀王大喜，认为张仪果然没有欺骗他。

至此，张仪连施妙计，终于把合纵联盟打开了缺口，而且把"合纵长"征服得心服口服。总结这一连环计的妙用，关键在于"使其自累"四字。张仪买通靳尚，在楚国内部安下了一枚向着自己说话的关键棋子。随后通过诈称献地六百里，诱使楚王与齐国断交，从而使楚

王自断一臂，失去了盟友的支持。楚军大败后，张仪不但不怕楚王迁怒于己，而且敢于再次深入虎穴，盖因他已非常清楚敌已"自累"，楚国内部已有两位相当有分量的人可以为自己说话，所以他才能毫不迟疑地再入楚国。当然，作为一名政治家，张仪不忘要秦王陈兵汉中，这才是他有恃无恐的坚强后盾！

更为让人称叹的是，张仪全身而回后并不到此为止，而是建议秦王对楚施以小惠，并互相通婚，给了楚王很大的面子，使楚王得以向国人证明自己并未受张仪欺骗，从而使楚王不但不对此前一系列的上当受挫怀恨在心，而且还要继续坚持自己的政策，与秦国和好。这样做既抓住了楚王不愿认错又好面子的心理，又通过一系列的又打又拉给列国诸侯上了一课，从而为他下一步实施"连横"战略制造了一个良好的开端。

将计就计巧守城

在孙权与张辽攻守合淝的战役中，孙权首战受挫，大将宋谦阵亡，心中十分懊恼。这时大将太史慈对他说："我手下偏将戈定的弟弟在张辽军中，因平时经常受屈辱，要来投降我们。他哥哥为给宋谦报仇，已同他弟弟一起混入城内，今天夜间在城内放火，谣言军中造反，搞乱曹军，约我们里应外合，乘机取城。如果他们在城内得手，还可乘机刺杀张辽。"孙权也急于为宋谦报仇，便答应了太史慈的攻城计谋，拨五千军马去城外伺机攻城，他率大军随后接应。

张辽昼间在阵上取胜，回城后，大

犒军兵，傍晚，刚要歇息，忽然听说后寨起了大火，随即城中叫喊造反的声音嚷作一团，百姓到处乱跑，军兵也不知所措，顿时像开了锅一样。张辽出帐上马，对身边的将官说："哪有全城都造反的道理，这一定是造反者故意扰乱军心的煽动，想趁乱取事。凡乱动乱喊的一律就地斩首。"号令一传出，不多时混乱的局面就平静了。与此同时，戈定及其弟弟也被捉来问罪，张辽亲自问明情况后，把他俩杀死在马前。

在城内起火的同时，城外也传来鸣锣击鼓的声音，呐喊攻城声音不断。张辽说："这一定是孙权预谋的内应外合的计谋。我们可将计就计打败城外吴兵。"于是，下令在城门内再放起一把火，打开城门，放下吊桥，大喊造反。城外吴将太史慈见此情景，以为是戈定兄弟二人在城内鼓动的内变，便亲自率兵抢先向城内冲去。不料，刚接近城池，一声炮响之后，城上敌箭一齐射下来。这时，太史慈才知中计。刚欲下令退兵，但为时已晚，身上早已中数箭，此刻张辽又率兵从城内杀出来，幸亏孙权率兵及时赶到，把曹兵打退，救回太史慈。但因太史慈伤势过重，回寨后就死去了。孙权伤感的说："子义之死，我之过啊！"

这则运用"将计就计"的特点是：张辽在敌方已经开始施计用谋之中，才发现敌方计谋的。然后，随机应变将敌方的"内应外合"计，就己方的"诱敌中伏"计，而获胜。

一箭五雕行连环

子贡是孔子的学生，在常人眼里不过是一介书生，但却因心中有纵横之计而名扬天下。

这一天，孔子正在讲学，一个弟子慌慌张张地跑了进来："先生，不好了，不好了！齐国的田常要出兵打鲁国了！"

孔子一听顿时出了一身冷汗："这个，这个，我的祖坟全在鲁国，你们可要出来管一管呀！"

这时，子路站了起来："先生，让我去吧，我会让他们收兵的。"

"你，你不行啊！"

子石说："先生，那就让我去吧。"

"你也不行，我看还是子贡去吧。"孔子点了子贡的将。

于是，子贡坐着马车前往齐国，见到了田常便说："将军要打鲁国，那绝对是错误的。"

"你说错在什么地方？"田常问。

"你看它的城墙又破又低，它的土地又小又穷，它的国君又蠢又笨还不仁义，它那一帮大臣也都是没用的东西，它的士兵和老百姓也都不乐意打仗，就凭这些你也不能和他们打呀！"

田常看着子贡，越听越不明白，只好耐着性子听他说下去。

"你不如去打吴国，吴国的城墙又高又厚，土地宽广肥沃，兵甲坚固，士兵都是经过专门训练的，这些都是吴国容易被攻克的原因。"

田常听了大怒："你这是什么混帐道理，这就是你想告诉我的吗？"

子贡说"你不要生气，你听我说，打鲁国是好取胜，可是取胜之后，必然要使国君骄傲起来，君臣也就会更加放肆，这样一来齐国就危险了。如果去打吴国不能取胜，士兵和将官死在外边，国内没有强臣做你的对手了，下边也没有人指责你的过错，治理齐国也就只有你了！"

田常一听连连点头："可是我已经把兵派到鲁国去了，再叫他们去吴国已经来不及了。"

"这个好办啊，我去见吴王，叫他们出兵救鲁伐齐，你那时再出兵战吴国。"

子贡又匆匆跑到了吴国，一见到吴王，他就振振有词地说道："我听说，做国君的不能没有后代，称霸业不能有强大的对手，如今齐国要占领鲁国与吴国争霸了，我私下里为大王担心啊！如果解救了鲁国，就等于困住了齐国。"

吴国想了想说："这样好是好，可是我正准备打越国，还是等我打完了越国再说吧！"

"这就是大王的不对了，越国的强大不如齐国，大王进攻小小的越国，而不敢进攻齐国，这可不算勇敢啊！再说了，如果解救了鲁国，别的国家都知道大王的实力，便会竞相归顺，大王的霸业也就成了，如果大王不愿放过越国，我可以去劝越王随大王一块儿出兵。"

吴王一听十分高兴，就叫子贡去越国当说客。

子贡到了越国，越王勾践听说子贡来了，大老远的修了一条路，并跑到郊外来迎接他，亲自驾车接到了宫中。子贡说："吴国现在正要和齐国打仗，如果它战胜了齐国，必然要进攻晋国，这时大王就可以趁机进攻吴国了。"

越王听了子贡的话，连连称是，并送了许多黄金给子贡，子贡全都谢绝了。

子贡回到吴国，向吴王说："我已经把大王的话告诉了越国，越王十分恐惧，他说吴王的功德，他到死也不敢忘记，哪里还敢图谋不轨啊！"

吴王听了子贡的话，哈哈大笑起来。

于是，吴王率领九郡的兵力去进攻齐国。

这时子贡又赶到了晋国，对晋国国君说："如今吴国就要与齐国打仗了，如果吴国打败了齐国，吴国必将兵临晋国。"

晋国国君大惊，问道："那我们应当怎么办呢？"

子贡说："没有别的办法，修造武器，休养兵士，做好与吴国打仗的准备！"

吴国的军队在艾陵与齐国军队展开了大战，齐军大败，吴军一连活捉了齐军七员大将，并一鼓作气攻到了晋国。

吴晋两国军队在黄池相遇了，吴王因打了胜仗并不把晋军放在眼里。而晋军因听从了子贡的劝告，早已作好了战斗准备。两军一阵厮杀，晋军越战越勇，吴军吃了败仗。

越王听到吴军被打败的消息，马上带领部队渡江进攻吴国。

吴王听说越王进攻到了吴国，破口大骂起来："勾践这个无耻小人，看我这次非杀了他不可！"吴王率残部急急返回吴国。在五湖正遇上进犯的越军，一连三战，吴军越打越无力，而越军越战越强，一直杀进了王宫，吴王夫差被杀死在宫中。

灭亡吴国之后，越国开始在东方称霸。

子贡一次出使,本意在保全鲁国,却由此引起一串连锁的反应。鲁国平安无事,齐国却遭战乱之苦,吴国彻底灭亡了,晋国成了战胜国,日益强大起来,越国从亡国中再次崛起,成为霸主。子贡一番连环计,可谓前无古人;一番巧舌如簧,十年之中,五个国家各有千秋,出现了命运大回转。

白起连环败赵军

公元前262年,秦国大将王龁在进攻赵国时被赵国大将廉颇阻挡在长平。后来赵王中了秦国的离间计,由只会纸上谈兵的赵括代替廉颇为主将,秦国也改派白起前去指挥王龁的部队,从而爆发了历史上著名的大规模歼灭战——长平之战。

白起来到长平后,针对赵括轻敌骄狂的弱点,制订了诱敌深入、分割包围的连环之计。他先令诱敌部队佯败逃走,暗中却派遣两支奇兵埋伏在左右两翼。赵括果然不识白起计谋,急欲求成,只管指挥赵军追击,直达秦军腹地。这时秦军阵营鼓声大振,两翼伏兵齐出,截断了赵军退路,佯败之军也返回将赵军包围起来。与此同时,白起又派出五千骑兵直捣赵军营垒,把赵军主力与营垒分割为互不相应的两部分,分别包围,并派部队切断了赵军的粮道。

赵军被围后,多次突围未成,只得就地筑垒,坚守待援。然而赵括望眼欲穿,也不见援兵踪影。在秦军的严密封锁下,赵军粮道已断,出现人吃人的惨象。赵括见待援无望,决定拼死突围,

他亲率一支敢死队冲击秦军,遭到秦军有力打击,赵括当场被秦军乱箭射死,赵军全军覆没。

用连环不韦居相

吕不韦是战国末年的政治家,大约生于公元前290年至公元前280年之间,他是卫国人,后经商至韩国,成为阳翟(今河南禹县)“家累千金”的大商人。他以商人的头脑和政治家的魄力,把赌注下在一个尚为人质的秦国王孙身上,通过一连串处心积虑的计谋的实施,不但当上了强秦的丞相,而且使自己成为事实上的国父。通过商人的投机而窃得一个国家,吕不韦的生意可以说做得亘古未有,空前绝后!

吕不韦是如何做到这一切的呢?

公元前265年,吕不韦经商来到赵国都城邯郸。他在街谈巷议中得知,秦国安国君的儿子、秦昭王的孙子异人正在赵国做人质。异人的父亲是秦国太子安国君。安国君有二十多个儿子,都是诸姬妾所生。异人既不是长子,他的生母夏姬又不受宠爱,而且已早死,所以异人做人质后,秦国没有人关心询问他。当王翦讨伐赵国时,赵王迁怒于人质,想杀掉异人。平原君劝告说:“异人并不受宠爱,杀他又有什么用?只会白白让秦国找到借口,断绝了以后和好之路。”赵王的怒气还是不能平息,于是就把异人安置在丛台,派大夫公孙乾陪伴他,出入都加以监视,又削减了他的廪禄,异人出门没有车马,日用没有余财,终日郁郁寡欢。然而吕不韦了解到,秦昭

王已经年老，安国君是太子，秦昭王死后，王位定会传给安国君，而安国君最宠爱的华阳夫人却又没有亲生儿子，将来势必会在安国君的二十多个儿子中挑选一个华阳夫人最喜欢的人来当继承人。吕不韦了解到这些，他的头脑变得异常睿智、异常活跃——俗话说："奇货可居"，这异人不正是一块"奇货"吗？别忘了，"人弃我取"是做生意的诀窍！

吕不韦于是用一百两黄金结交了公孙乾。两人相互往来，渐渐熟悉，有时见到异人，吕不韦假装不认识他，却向公孙乾询问他的来历，公孙乾如实相告。一天，公孙乾置酒宴请吕不韦，吕不韦说："酒席上又没有其他客人，既然秦国的王孙在此，何不请来同坐？"公孙乾听从了他的话，当即请来异人与他相见，同席饮酒。酒至半酣，公孙乾起身如厕。吕不韦乘机低声对异人说："秦王如今老了。太子所爱的是华阳夫人，而夫人又无子。殿下的二十几个兄弟，也没有爱到专宠的，殿下何不在此时回归秦国，侍奉华阳夫人，请求做他的儿子，以后还有被立为太子的希望。"异人含泪回答说："我也期望能这样！每次提起故国，我便心如刀绞，只恨没有脱身之计罢了。"吕不韦说："我家虽贫，但也愿意用千两黄金为殿下去一次秦国，去劝说太子和夫人，救殿下回国，你看如何？"异人说："倘若得到富贵，一定与你共同享有。"话刚说完，公孙乾就回来了，问道："吕君刚才说什么？"吕不韦说："我问王孙秦国珠玉的价钱，王孙回答我说，他也不知道。"公孙乾不再怀疑，三人继续把盏饮酒，尽欢而散。这以后吕

不韦与异人便时常相见，暗地里吕不韦又将五百两黄金送给异人，让他买通左右，结交宾客。公孙乾经常接受异人赠送的黄金丝帛，就像自己家人一样，也不再怀疑监视他了。吕不韦又用五百两黄金买了许多珍奇礼品，告别公孙乾和异人，独自去了咸阳。在咸阳他探听到华阳夫人有个姐姐，也嫁在秦国，就先买通了她的家人，通话给她说："王孙异人在赵国，思念太子和夫人，有孝顺的礼物，托我转交，另外还有一些小礼物，也是王孙异人奉献姨娘的。"吕不韦将一盒金银珠宝献上，夫人的姐姐大喜，自己走出了后堂，在帘内见客，她对吕不韦说："这些虽是王孙的一片心意，但也有劳你远道送来。如今王孙在赵国，不知他是否还思念故土？"吕不韦说："我就住在王孙公馆的对面，有什么事王孙都对我说，我完全了解他的心思，他日夜思念太子和夫人，曾说自己从小没有母亲，夫人就如同他的母亲，愿意回来奉养夫人，以尽孝道。"夫人的姐姐问："王孙一向还好？"吕不韦说："因为秦兵屡次讨伐赵国，赵王好几次都想杀他，幸亏臣民们都奏请保他，才保住性命，所以他思归之情越来越急迫。"夫人的姐姐又问道："臣民们为什么要保他？"吕不韦说："王孙贤孝无比，每次秦王、太子和夫人的奉诞，每到新年和初一、十五，必定清斋淋浴，焚香向西跪拜遥祝，赵国人对他没有不知道的。而且又好学重贤，交结诸侯宾客，遍于天下，天下人都称赞他的贤德孝顺，所以才为他保奏。"吕不韦说完，又将价值五百两黄金的金玉珠宝献上说："王孙不能归来亲自

侍奉太子和夫人，献上这些薄礼聊表孝顺之心，请您转交。"夫人的姐姐嘱咐自己的门客款待吕不韦酒食，自己便进宫去告诉华阳夫人。夫人见到了这些珍奇贵重的礼物，以为王孙真的在思念自己，心中十分高兴。夫人的姐姐回复吕不韦，吕不韦故意问道："夫人有几个儿子？"夫人的姐姐说："没有儿子。"吕不韦说："我听过这样一句话：'以姿色侍奉别人的人，姿色衰退，爱也会随着衰弛。'如今夫人侍奉太子很得宠爱，却又无子，到了现在她应该在诸子中挑选一个贤孝的为子，待到太子百年之后，所立的儿子为王，最终也不会失势。要不然的话，一旦色衰爱弛，后悔就来不及了！如今异人贤孝无比，又故意依附夫人，夫人如果诚意立他为自己的嫡子，在秦国不就世世有宠爱了吗？"夫人的姐姐又将这些话告诉了华阳夫人，夫人说："这个客人说得对。"一天夜里，夫人与安国君对饮正欢，忽然涕泣起来，太子感到很奇怪，就问他为什么哭泣。夫人说："我有幸在你的后宫为姬，不幸的是没有自己的儿子，您的儿子中只有异人最贤孝，诸侯宾客往来，对他都赞不绝口。我请求你，让他作为我的嫡子，我也能有个后嗣。"太子答应了。夫人又说："您今日答应了我，明日一听其他姬妃的话，又该忘了。"太子说："夫人若不相信，愿刻符为誓！"拿过玉符，就在上面刻了"嫡嗣异人"四字，又将玉符从中间剖开，与夫人各留一半，以为信物。随后，华阳夫人又恳求太子想办法让异人回国。当时秦昭襄王正在怨怒赵国。太子请求让异人回国的事没有得到秦王的支持。

吕不韦打听到王后的弟弟杨泉君此时正得到秦王的重要信任，就用黄金贿赂他的家人，要求拜见他。见到杨泉君，吕不韦便对他说："您已经犯了死罪，您自己知道吗？"杨泉君大惊失色道："我有什么罪！"吕不韦说："您的门下，无不居高官，享厚禄，骏马满厩，美女满屋；而太子的门下，没有一个富贵得势的人。大王年事已高，一旦去世，太子继位，他的门下必然非常怨恨您，您的危亡指日可待了！"杨泉君说："该想个什么计策呢？"吕不韦说："我倒有个计策，能使您享寿百岁，地位稳如泰山，您愿意听吗？"杨泉君跪地请教吕不韦。吕不韦说："大王年事高了，而太子又没有嫡生的儿子，如今王孙异人贤孝闻名于各地诸侯，而又被丢弃在赵国，日夜思归，您可以请王后劝说秦王，让异人归来，使太子立异人为嫡子，这样的话，异人无国却已经拥有了国家，华阳夫人无子却已经有了儿子，太子和王孙对王后恩德的感念，世世无穷，您的爵位自然也能够长久地保住了。"杨泉君对吕不韦的话言听计从，当天就把这番话转告了王后，王后又告诉了秦王。秦王说："等到赵国来求和，我自会迎异人回国的。"太子只好召吕不韦问计，吕不韦叩道说："太子如果真的立王孙为后嗣，小人我不惜千金家业，去贿赂赵国的当权者，必定能将王孙救回来。"太子与夫人都非常高兴，交给吕不韦六千多两黄金，让他转交异人作为结交宾客的费用。王后也拿出自己的四千多两黄金，一起交给吕不韦。夫人又为异人做了一箱衣服，赠送给吕不韦二百两黄金。太子拜吕不韦为异人的师父，让吕不韦转告异人，回国相见，只是早晚问题，不必忧虑。吕不韦回到邯郸，先准备礼物拜访了公孙乾，然后又见了王孙异人，将王后、太子和夫人的话一一评述，又将黄金和衣服献上，异人惊喜万分，对吕不韦说："衣服我留下，黄金麻烦先生拿去，如果有什么花费，只管拿去用，只要能救我回国，我就感激不尽了。"

吕不韦以前娶了一个邯郸美女，号为赵姬，能歌善舞，此时已有两个月的身孕。吕不韦心生一计，他盘算王孙异人回国，必有继立为王的名分，如果把赵姬献给他，再生一男孩，就是我的嫡子，这个男孩如果承嗣为王，那么嬴氏的天下，便由吕氏的后代来掌握，这个买卖可就做大了！于是吕不韦挑选了一个日子，把异人和公孙乾请到家中喝酒，酒到半酣，吕不韦说："我新纳了一个小姬，能歌善舞，想让他来奉劝一杯，你们不要嫌唐突。"说完就让两个青衣丫鬟唤赵姬出来。赵姬轻移莲步，与两位贵客见了礼，吕不韦让她手捧金杯，向异人敬酒。异人久居客地，原来忧郁不得志，现在前途有望，又看到赵姬确实漂亮，不禁目乱心迷，神摇体荡。赵姬劝完酒后，就回内室去了。宾主又相互劝酒，公孙乾不觉大醉，就在坐席上睡着了。异人心念赵姬，借着酒兴，就请求吕不韦说："我孤身一人在此做人质，独处客馆寂寞无聊，想跟你求得赵姬作为妻子，满足我平生的愿望。不知赵姬的身价多少，我理当奉纳"。吕不韦假装发怒说："我好意请你喝酒，还唤出自己的爱妻出来劝酒，以表敬意，殿下却要夺

我所爱，这是什么道理？"异人羞惭得无地自容，立即跪下说："我妄想用客中孤苦来要先生割爱，实在是醉后狂言，请先生千万不要怪罪！"吕不韦急忙扶他起来说："我为了让殿下能回归秦国，千金家产尚且可以用尽，毫不吝惜，如今又何必吝惜一女子。但这女子年青害羞，恐怕她不同意，如果她愿意，即当奉送殿下，让她给殿下尽铺床抹席之务。"异人又一次下拜称谢。

这天夜里，吕不韦对赵姬说："秦王孙十分爱你，求你为妻，你觉得怎么样？"赵姬说："我既然已经以身侍奉你，而且又有身孕，你为什么要抛弃我，让我去侍奉别人？"吕不韦悄声告诉她说："你跟随我终身，也不过是个商人的妻子而已，王孙将来有立为秦王的名分，你得到他的宠爱，必然会成为王后。如果上天保佑生个男孩，这个孩子就成了天子，我和你以后就会是秦王的父母，富贵都会无穷的。你就念在我们夫妻之间的情意上，委屈听从我的计策吧！不过，千万不要向外人泄露。"赵姬说："你所谋划的是大事，我怎敢不从命！但我们夫妻之间的恩爱，又怎么忍心割绝呢？"吕不韦安慰她说："你若是不忘我们的情意，以后得到秦家天下，我们还是夫妻，永不分离，这不是很好吗？"二人于是对天起誓。第二天，吕不韦对异人说："承蒙殿下不嫌小妾丑陋，愿意娶为妻子。我再三劝说，她现在已勉强从命。今日良辰，即送到殿下的寓所陪伴。"异人说："先生的高尚义节，我粉身碎骨也难以报答！"公孙乾说："既然有这样的良姻，我应当为媒。"便命令左右备下喜

筵。当晚，吕不韦用车将赵姬送给异人成亲。后人有诗云：

新欢旧爱一朝移，花烛穷途得意时。
尽道王孙能夺国，谁知暗赠吕家儿！

十月满怀，赵姬生一男婴，因生于正月，故取名正，这就是日后的秦始皇嬴政。

当嬴政长到三岁时，秦兵围攻邯郸，情况危急。吕不韦对异人说："赵王如果再次迁怒于你怎么办？不如赶紧逃回秦国去。异人说："这件事全仗先生筹划了。"吕不韦于是拿出自家的六百斤黄金，用三百折贿赂南门守城的所有将军，骗他们说："我举家从阳翟来，在这里经商，没有想到秦兵来攻打，包围邯郸城这么长时间，我的思乡之情越来越迫切，现在将所存的家财，全部分散给各位，只要你们做个方便人情，放我一家出城，回阳翟去，我将感激不尽！"守将答应。接着又拿一百斤黄金送给公孙乾，述说自己想回阳翟的心意，反过来又故意央求公孙乾去与南门守将说个方便。守将和军座都受了贿赂，乐得做个顺水人情。吕不韦预先让异人将赵姬母子悄悄送到她母亲家。这一天，吕不韦置办了酒席宴请公孙乾，说："我就在这三天内出城，特备一杯薄酒与你话别。"席间将公孙乾灌得烂醉，连公孙乾身边的人也都吃饱喝足各自睡去。到了半夜，异人穿着便服混在吕家仆人中间，跟着吕不韦走到南门，守将不知就里，私自开城门，放他们出去了。

秦军的大营本设在邯郸西门外，而南门是通往阳翟的，吕不韦只能从南门出去。他们连夜奔走，拐了一个大弯后往西而去，投奔到秦军的大营。秦军又把他们送到秦王的行宫，秦王见了异人，欢喜之极，他说："太子日夜都在想你，今日你总算逃脱虎口了。现在你先回咸阳去，以安慰父母的思念之情。"异人告别了秦王，与吕不韦直奔咸阳而去。

他们一行一来到咸阳，就有人报告了太子安国君。安国君对华阳夫人说道："我们的儿子回来了！"两人并坐在中堂等待异人。吕不韦对异人说："华阳夫人是楚国人，殿下既然已是她的儿子，就该穿楚服进去相见，用以表示依恋之情。"异人听从了他的话，当时改换了衣装，来到东宫，先拜了安国君，又拜了夫人，哭泣着说道："不孝儿与父母亲分离多年，不能在你们跟前侍养尽孝，望父母亲恕儿不孝之罪！"夫人见异人一身楚国人的装束，惊奇地问道："你在邯郸，怎么会一身楚国人的装束？"异人跪拜禀告说："不孝儿日夜思念母亲，所以特别做了楚服，以表思念之情。"夫人感动地说："我是楚国人，你真是我的儿子！"安国君说："我儿可改名子楚。"异人拜谢。安国君问子楚："你是怎么回来的？"子楚便把吕不韦破家行贿之事，细述一遍。安国君当即召来吕不韦，非常感激地对他说："要不是先生的话，我险些失掉这个贤孝的儿子。现在我将东宫俸田二百顷，以及宅第一所，黄金一百两送给你，权且作为安家的费用。待大王回国，再给你加官赠禄。"吕不韦谢恩而去。子楚就在华阳夫人的宫中居住。而那个醉酒酣睡的公孙乾一觉醒来，发现异人与吕不韦早已远去，惭悔交加，遂拔剑自刎了。

秦昭襄王在位五十六年，后患病去世。太子安国君接位，是为孝文王。孝文王即位后，把一位赵国女子策立为王后，立子楚为太子。孝文王即位三天，就忽然神秘地死去。秦国上下都怀疑客卿吕不韦为使子楚早日登上王位而用重金收买秦王周围的人，将毒药偷偷放入酒中，使孝文王中毒而死，但由于大家心中都惧怕他，所以并没有人敢发这样的议论。于是吕不韦同群臣一起奉子楚继位，这就是庄襄王。庄襄王即位后，把华阳夫人奉为太后，立赵姬为王后，立其子政为太子。当时的丞相蔡译知道庄襄王非常赏识吕不韦，有让他做丞相的意思，就借口身体不适，将相位让给了吕不韦。吕不韦做了秦国丞相，被封为文信侯。至此，吕不政治经商的连环大计圆满完成。

连环计的妙用就在于"百计迭出"、"灵活机动"。吕不韦把异人立为秦王继承人，本已达到了最初的目标，但他并没有就此止步，而是进一步明送美人，暗"赠吕儿"，使吕氏的后裔成为秦王位的继承人，这才是他最厉害的一计！只可惜他没有想到"运巧必防损"，到头来把自己的性命最终葬送在了自己亲生骨肉的手里。

周瑜用计烧赤壁

东吴兵马都督周瑜，自从率军与曹操百万大军隔江对峙以来，接连得计、三江口水上作战逞威，遏住了曹操的锋锐；暗窥曹操水寨，了解了敌方虚实；用反间计行借刀杀人之谋，除掉了曹操

的水军都督蔡瑁和张允；其间，孔明还用计骗得了曹操十余万枝箭；最后，又用反间计，助使黄盖诈降成功，把握了决战的主动权。至此，周瑜觉得应着手策划如何讲攻曹军了。

一天，周瑜把孔明请来商议说："我主孙权来信催我进兵，与曹操尽早决战。现在我还没想出什么妙计，请先生赐教。"孔明说："我是一个碌碌无为的庸才，哪有什么妙计？"周瑜说："我侦察了曹操水寨，见他用兵有法，不是平庸之辈，我想了一计，不知可否，说出来请先生斟酌。"孔明笑了笑说："请都督先不要说出，我们各自写在手上，看我们的想法能不能一致。"周瑜听了，也很感兴趣，于是两个人各自写好，出示给对方看，两个看罢不禁欣然大笑。原来他们手上都写着一个"火"字。

当时，襄阳贤士庞统也在江东寓居，平时与鲁肃交往颇厚。鲁肃知道他才学非凡，常向周瑜推荐他。当鲁肃又提起庞统时，周瑜对他说："眼下，我正要与曹军决战，你可先问问他，要破曹兵，宜用何谋？"鲁肃见过庞统，回报周瑜说："庞统说：欲破曹兵，须用火攻。但大江之上，一船着火，余船皆散，恐怕不能取大姓，欲彻底打败曹军，除非用连环计，一计以火攻敌，一计使敌自累。这累敌之计，就是要设法让曹操把他们的战船连在一起，遇火不能解脱。"周瑜一听、对鲁肃说："庞先生真贤人也。看来欲用连环计，必须设法遣庞统过江，让他向曹操献连船计，使之把船连在一起。"

周瑜正在为无机会遣庞统过江而发

愁时，忽听蒋干又来江东为曹操打探消息。于是再行反间计，用蒋干把庞统带到了江北，引见给曹操。庞统在曹操面前，以北方军士不习水战为由，向曹操献了"连船计"。曹操十分感激地采纳了庞统的这个计谋。当有谋士提醒曹操应防火攻时，曹操胸有成竹的说："现在是隆冬季节，只有西北风，哪有东南风？他若用火攻，岂不是自己烧自己吗？"就这样，曹操无所顾忌地把战船都用铁环连在一起。

周瑜见庞统"献计"成功，以为万事俱备，只待进兵了。一日，他突然发现，现在是隆冬季节，刮的都是西北风。心想，我做了这么长时间的准备，怎么把如此大的事情忽略了呢？既然没有东南风，这火攻计划就要落空。一着急，口吐鲜血，当时就昏了过去。醒来后，也是食不思，茶不饮。

孔明得知周瑜病后，对鲁肃说："看来都督的病只有我来医了。"鲁肃把孔明请到周瑜床前，并斥退左右从人。孔明问周瑜说："几日不见，都督怎么病成如此模样？"周瑜见孔明亲自来问病，支撑起来回答说："人有旦夕祸福，谁能自料其病？"孔明接着说："天有不测风云，岂是人皆知？"周瑜觉得孔明话里有话，便激孔明说："我怕是不行了，请先生亲自为攻曹军谋划吧，不然只好回军。"孔明未理周瑜的话茬，却说："都督的病源我已诊出。"周瑜说："请先生明言。"孔明拿过纸笔写了十六个字给周瑜看。只见上面写着："欲破曹兵，宜用火攻，万事俱备，只欠东风。"周瑜说："先生既知病因，可有良药来医吗？请先生赐

教。"孔明乘机骗周瑜说："我有呼风唤雨之术，你要用东南风，可令军士在南屏山筑一座台，名曰'七星坛'。我可借三天三夜的东南风给你用。十一月二十日甲子时，开始祭风，至二十三日丙寅时风息，你看如何？"周瑜听罢大喜，即刻从床塌上起身，召集众将开帐议事。

周瑜一面派兵去南屏山筑坛，供孔明祭风，一面调兵遣将，准备发起总攻，并特别吩咐黄盖说："你可先写一封密书给曹操，告诉他次日黄昏后，劫了粮草船只去降他。总攻时，你率先乘舟前往。曹操以为你是去归降，可乘其不备，直冲曹操水寨，纵火船烧敌寨，我率大军随后接应。"

曹操得到黄盖书信后，十分得意地在船上迎候。当他发现黄盖所乘之舟浮而轻，不似粮船，顺风而来时，再欲遣水军阻击，已经来不及了。只见黄盖所率之舟及近水寨时，突然发火。此时，东南风越刮越紧，刹时间，曹操水寨燃起大火，欲乘舟躲闪，船已被铁环锁住。这时，曹操方知道自己采用庞统的"连船计"，是中了周瑜"连环计"了。只好率军溃逃。及至在华容道向关羽乞求生路时，百万大军已只剩三百余骑了。

就这样，周瑜用"连环计"，赢得了赤壁大战总攻的胜利，创造了历史上以少胜多的战例。

双假连环败敌军

北周叛将尉迟迥的一名属将席毗罗，聚兵十万屯扎沛县，欲攻打徐州。大将于仲文原打算进攻沛县，而后探知席毗

罗的家眷和部属住在金乡，随即改变计划。他命令一部属假扮席毗罗的军使，来到金乡，诈称："明日午前，尉迟迥要派人前来宣布将令，同时犒劳守城将士，望尔等及早准备迎接。"守城官徐善净毫不怀疑，连连称是。翌日，一支人马打着尉迟迥的番号先行，于仲文率大军随后，向金乡进发。徐善净在城楼上望见尉迟迥旗号，急忙率文武官员迎出城来。行至近前才发现是诈，但为时已晚，不得不听敌调遣，带领敌军进入金乡城。于仲文未动干戈占领席毗罗老巢，料他必定来攻，便将自己的精兵埋伏在麻田里，仅以少部排列于城外，等候迎战敌军。席毗罗率军赶到，见于仲文兵力单薄，加之夺城心切，即刻挥军而上，不成想麻田里突然杀出伏兵，将席军截成数段，大砍乱杀，席军溃败而逃。

于仲文此一仗，避免与敌十万重兵正面交战，而先假扮敌使轻而易举拿下敌将老巢，进而摆迷阵待敌上当。这惑敌、诱敌双假连环之策，关键在于巧扮敌使、智取敌策，致使敌人一错再错，实乃攻心战。

解连环麻城破案

清朝雍正年间，湖北麻城知县汤应求为人怯懦，但居官却也清正。一天，有人击鼓鸣冤，他立即命衙役将喊冤人带上堂来。鸣冤人为郎舅二人，一个叫杨五荣，声称自己姐姐嫁涂家后，屡遭虐待，一月前被打失踪，定是被其丈夫暗害了；另一个叫涂如松，其妻杨氏入门后，常回娘家，一月前出走不归，定

是杨家设下圈套，陷害于他。汤应求听了两人陈述，决断不下，就命两人各自回去，听候处置。退堂后，他与刑房书吏李献宗商议如何破案，李献宗略作思索，回答说："生要见人，死要见尸，若知真伪，先找女子。"汤连连点头，即发下签票，命他查找杨氏三姑的下落。

显然，无论谁是谁非，汤应求面前必然存在着一个圈套。若涂如松说的是实话，那么杨五荣设下的是"瞒天过海"计；若杨五荣说的是实话，那么涂如松施用的就是"指鹿为马"计。这两种计谋都属于欺骗术，都是制造骗局，以假象掩盖事物的真相。李献宗的破译方法完全正确，只要找到杨三姑，不管是死是活，都能揭除假象，明辨是非，这是用的"去伪存真"之计。

经过几天查防，李献宗已掌握下列实情：涂如松是个老实农民，杨三姑却是个水性杨花的"小狐狸"。她在嫁到涂家之前，就与同村人杨同范有勾搭，后又与富户王祖儿的外侄冯大发生了奸情。杨氏嫁到涂家不久，就寻衅吵闹，以回娘家为借口，实际上是去会奸夫的。眼下，追踪的线索很快集中到王家庄的冯大身上，但因没有找到杨三姑，一时也难以破译。对于破译者来说，发现不等于解除，更何况关键人物杨三姑尚未查获，此"谜"仍无法解出。

那杨三姑确实躲在冯家，与冯大整天鬼混。冯大只有一个老母，怕此事张扬出去，儿子要吃官司，因此守口如瓶。但冯大做贼心虚，见李献宗经常在村里转悠，怕丑事泄露，便决定破点财，将三姑送回杨家。然而杨五荣是个无赖，

从冯大处诈得二十两银子，仍不去官府销案，怕白白挨一顿杖责。他忽然想起三姑与杨同范早有勾搭，便采取"移花接木"之计，将三姑送到杨同范家。杨同范虽有三房妻妾，但对这"小狐狸"始终不能忘怀，眼下白白送上门来，不禁喜出望外，急忙将三姑藏在后宅夹墙房中，成天寻欢作乐。他怕涂家得到风声，决计寻找机会，非将涂如松置于死地不可。

机会终于来了。一天，杨同范听说村外有一具无主尸体，被野狗扒出，面目已经全非。于是与杨五荣密谋一番，以"偷梁换柱"之计，冒认为杨氏尸，让杨五荣去县衙报案；与此同时，杨同范又想以金钱买通仵作李荣。被李荣一口回绝。当李献宗按知县吩咐去现场验尸时，心中明知有诈，却将计就计，依然装作深信不疑的样子，带领李荣去村外坟地验尸。尸体虽已腐烂，但从骨胳、毛发上辨认，分明是个尚未成年的男子。这次验勘，由于对方毫无防备，使李献宗完全掌握实据：杨五荣系假尸冒领，嫁祸于人；杨同范公然行贿，则要仵作以假说道，开脱罪责。当下，李献宗吩咐将尸体埋了，并在坟上暗暗立杆标记。

至此，杨五荣等人计谋已全部识破，只要将真相公诸于世，谁是谁非，昭然如揭。但由于客观事物的复杂性，以及当事人的非分之欲，社会之不公正，造成该破的不破，该解除的却无法解除。于是出现新的矛盾，一个新的计谋又形成了，而且是以前一个计谋为基础；这样，破译工作依然存在，只不过主体与对象的地位发生了转化。

那杨同范仗着腰缠万贯，当地一霸，见此计不成，又生一计。他找到当时的湖广总督迈柱的门生高仁杰，并贿以重金，到总督府走了后门。拿着总督府的公文，高仁杰便匆匆赶到麻城县任主审官。上任伊始，未作任何审理，就把涂如松、汤应求先行羁押，而后派遣另一名已受杨同范贿赂的仵作，重新挖坟验尸，并一口咬定这是具女尸。接着又用重刑将李荣活活打死，将涂如松屈打成招，供认自己杀了妻子，然后将李献宗杖责一百，逐出衙门。李献宗怎能咽下这口冤气，私下来到冯大家，用计赚知杨三姑藏在杨同范家的确切消息后，又一次将计就计，取得实证后，准备拼死越级上告。

这天，李献宗来到杨府附近。恰逢杨同范的妻子将要临娩。李献宗就与住在杨府隔壁的老隐婆商议停当，趁此机会，来个"引蛇出洞"计，查明三姑究竟藏于杨府何处。不一会，杨家丫鬟匆匆赶来，说是她家大娘子难产，大爷唤她速请老隐婆帮忙接生。老婆子跟随丫鬟进了产房，见产妇"哇哇"直喊，便拉开嗓门喊叫："快去唤人帮忙！你家大娘子没命啦！"丫鬟急昏了头，忙朝墙壁大叫三姑出来救大娘的命。只听"啪嗒"一声响，墙上一墙暗门开了，蹿出一个浓妆艳抹的女子。老隐婆认出她就是杨三姑，只装不知，而杨三姑却不认识她。

李献宗得知此事，向老隐婆行过大礼，感谢她深明大义。接着又匆匆起程直奔黄安县，等到钦差巡抚吴应棻奉旨前来时，他拦轿喊冤，呈上状子。那吴应棻见了状子，一心想从这冤案中捞点好处，扳倒总督迈柱，图个加官晋爵，于是派人前去捉拿三姑。李献宗急忙劝阻，他怕打草惊蛇，一旦杀人灭口，此案永无昭雪之日。吴听了觉得有理，连忙讨教对策。李献宗劝吴暂不去麻城，以免惊动高仁杰，自己则随同黄安县令陈鼎去麻城见机行事，非要搞个水落石出不可。

再说李献宗等人回到麻城时，只见麻城百姓街谈巷议，对此冤案愤愤不平。杨同范听到风声，终日心神不安，寻求对策，后来居然被他想出一条毒计：欲将三姑杀了，毁尸灭迹，便可死无对证了。但因一时找不到合适女子供他淫乐，于是派人四处张罗。李献宗得知此事，便将计就计，诱他上钩。这天一早，杨同范正在漱洗，忽听说有个年轻女子找上门来，急忙来到客厅，果见那女子貌似天仙，便笑嘻嘻地问："娇客何来？"那女子泪流满面地说："小女子本是良家女，后被人拐卖至青楼之中。因不愿沦于烟花，偷偷逃出，恳请杨老爷救救奴家。"杨同范听了，真是喜出望外，当即将她留下。那女子跪倒在地，娇滴滴道："杨大爷大恩大德，奴家愿以身相报。"杨同范哪里按捺得住，正想将她搂入怀里，忽听仆人来报："外面来了一个官员，带头几个公差，已闯进后宅，要追查一名逃跑了的暗娼。"杨同范听说是官员带人追查，情急之中，忙把那女子推入夹墙暗室里，赶快迎了出去。就在这里，陈鼎带领捕快已到面前，喝令："搜！"忽听到夹墙里传出喊声："我是逃犯，别难为了杨老爷！"众人循声纷拥而至，一举毁了夹墙，杨三姑也就乖乖

被擒。杨同范这时才知中计，但为时已晚，立即被套上铁链带走了。原来这是李献宗用的"抛砖引玉"计，才能将人犯一举擒获，经开堂复审，这桩千古奇冤总算得到了昭雪。

至此，一桩层层施计、处处设防的"连环计"才全部破译了。

施连环诱敌出兵

1805 年 11 月，被法国在乌尔姆击败的俄奥联军在长距离撤退后，终于在奥洛穆地区停驻下来。沙皇亚历山大一世来到军中，与奥皇弗兰西斯会晤。联军得到俄国援军，数量上已超过法军。普鲁士王国已经派出使臣，向拿破仑发出最后通牒，如果法国不在一个月内撤出奥地利，普鲁士就要宣布对法作战。而且，普军 10 万部队已在运动之中。对拿破仑来说，形势非常险峻，时间对他极为不利。如果不在普鲁士参战前进行一次决战，对峙下去，法军的失败是不可避免的。法军只有想办法促使俄奥联军主动进攻，才有可能夺取胜利。

为了诱使俄奥联军尽快来攻，拿破仑没有消极等待。他通过严密的间谍组织，及时获悉了情报。原来，俄奥联军在是否与法军决战的问题上，分成了两派。一派以联军总司令、俄国老将库图佐夫为代表。这派认为，联军尽管数量上占有优势，仓促决战并无胜利把握，如能等待普鲁士参战，那么胜利将是必然的。另一派以沙皇亚历山大和联军总参谋长魏洛尔为代表，包括许多年轻的俄、奥军官，其中就有沙皇的侍卫长、

年轻的彼得·道戈路柯夫公爵。他们认为，法军长途奔袭，已经到了精疲力竭的程度，拿破仑已是进退维谷，联军有足够的力量，趁机进行决战。如果拖延等待，那就是继续向拿破仑示弱了。

拿破仑详细分析敌情，认识到敌人的内部矛盾可资利用，最好的办法是促使亚历山大等主张速战的一派得到支持，而库图佐夫的老谋深算无法得逞。为此，拿破仑命令法军从某些前沿阵地开始后撤，做出被迫退兵的样子，并故意散布法军兵力不足、需要收缩战线的流言。同时，他采取主动措施，特地派遣自己的侍从武官萨瓦金做特使，到奥洛穆茨要求谒见沙皇，建议进行停战谈判。他指示萨瓦金，务必谦卑恭顺，恳求沙皇同意与拿破仑单独会晤，如果沙皇不同意此时同拿破仑见面，那就建议沙皇派一位全权代表，来法营进行商谈。

拿破仑的这些行动，在联军司令部里引起了激烈的争吵，显然促使主张速战的一派占了上风。亚历山大判断，拿破仑不到万不得已的时候，是绝对不会这样低声下气求人的。因此，他冷冷地拒绝了拿破仑关于进行单独会晤的要求，但也决定派侍卫长道戈路柯夫公爵进行回访，作象征性的谈判，同时也嘱咐自己的这位心腹，注意观察拿破仑的动静。

拿破仑高兴地抓住了这个有利机会。他在会见道戈路柯夫公爵时，成功地演出了一出滑稽剧。首先，他故意装出一副精疲力竭的样子，好像他有明显的忧虑：法军的景况不太顺利。当然，他的表演是恰到好处的。因为，拿破仑知道，过分做作也会露出马脚，可能反而引起

怀疑。其次，在会谈中，他又故意摆出大国皇帝的架子，以示不能丢弃尊严。他巧妙地拒绝了沙皇使者提出的要求，坚持不能放弃意大利等地。不过，他拒绝时是吞吞吐吐地表达的，因而加深了俄国使者的印象：拿破仑已是信心不足了。结果，刚愎自用的道戈路柯夫把这些虚假的信息，连同他自己对一些表面现象的肤浅观察，一古脑儿灌输给了沙皇。亚历山大一世更加坚定了决心：尽快发起对法军的进攻。他认为，不必等待普鲁士的参战，完全可以用俄奥联军把拿破仑打败；如果久等援军的到来，说不定拿破仑还要逃过多瑙河了。这正中了拿破仑下怀。

纵横捭阖统一德

从17世纪以来，德意志一直处于四分五裂的封建割据状态。到19世纪上半叶，普鲁士成为各邦中力量最强的王国，俾斯麦任普鲁士首相后，提出要通过战争实现德意志的统一。

当时的国际形势对俾斯麦发动战争十分有利。俄国在克里米亚战争中力量遭到削弱，尚未恢复元气。奥地利在这场战争中没有支持俄国，反而与英法缔结联盟，致使俄、奥关系不和。法国的力量比较强大，而英国害怕法国独霸欧洲，于是支持普鲁士，牵制法国。

法国希望普奥交战，准备坐收渔利，俾斯麦认清形势后，决定采用连环计，施展外交手段，扫清统一德意志的外部障碍。

奥地利是德意志各邦中力量很强的

一个邦，明里暗里与普鲁士争夺统一的领导权。俾斯麦用欲擒故纵计谋，把矛头第一个对准了奥地利。

1863 年，丹麦军队开进德意志邦联成员国荷尔斯泰因公国和石勒苏益格公国。俾斯麦以此为借口，拉拢奥地利共同出兵。战争结束后，普鲁士占领了石勒苏益格公国，俾斯麦把荷尔斯泰因公国大大方方地送给了奥地利。

俾斯麦此举有三点用意：第一，联合奥地利出兵是为了孤立奥地利，一旦普鲁士转向对奥地利作战，丹麦肯定不会援助奥地利的。第二，在丹麦战争上，俾斯麦摸清了奥地利军队的底细，从而为战胜奥地利打下基础。第三，荷尔斯泰因从来就不属于奥地利，也不和奥地利接壤，名义上划给奥地利，其实奥地利很难有效地对该地加以统治。

在发动对奥地利的战争之前，俾斯麦极力争取法国在这次战争中保持中立。为此他采取抛砖引玉的外交手腕，反复向法国暗示：战争结束后，普鲁士将划给法国一定的领土。稳住法国后，俾斯麦与奥地利的仇家——意大利结成同盟，于 1866 年 6 月悍然发动对奥地利的战争。

由于普鲁士军队蓄谋已久，在战争上势如破竹，奥军全线崩溃。俾斯麦这时清醒地认识到，彻底打垮奥地利并不是目的，最后的目标是实现德意志的统一。法国一直反对德意志的统一，是普鲁士最危险的敌人。如果适时结束对奥地利的战争，奥地利一定会感恩戴德，在普法开战后起码会保持中立。俾斯麦说服了反对者，主动撤兵结束普奥战争。

俾斯麦在外交上进一步孤立法国，巧改"埃姆斯电文"，激怒了法国。1870 年 7 月 19 日，普法战争全面爆发。最后，这场战争以法国的全面失败而告终。俾斯麦扫清了统一道路上的最后一个障碍，于 1871 年 1 月 18 日终于实现了自己的梦想，建立了统一的德国。

俾斯麦巧妙利用敌对国之间的矛盾，先施欲擒故纵之计，拉拢奥地利，从而达到孤立它的目的；再施抛砖引玉之计，稳住法国，以便对其宣战；最后施展"偷梁换柱"之计，激怒法国，从而完成统一大业，整个过程又贯穿着远交进攻的谋略，如此纵横捭阖，俾斯麦不愧为一代"铁血宰相"。

既是"连环计"，使用的时候便要环环相扣，周密计划，缺一不可。

连环用计败意军

1890 年，意大利根据不平等条约，欲将埃塞俄比亚划入它的殖民地。埃塞俄比亚人民严正拒绝这一要求，埃皇曼涅里克二世向意政府宣布：1894 年 5 月 2 日，埃国将不再履行这个不平等条约。7 月 17 日，意大利组建一支 1.4 万人的军团，由巴拉蒂埃里将军指挥，武装入侵埃塞俄比亚。1895 年，意大利军连续获胜，并占领了一些重要地区。为了打击意大利侵略军，到年底曼涅里克已组建了一支 12 万人的埃军。并在 12 月 7 日的安巴—阿拉吉附近的战斗中首次获胜，埃军开始反攻。

埃皇曼涅里克一心要打败意大利军。他进行了周密的战前准备，他设计了一个连环计,要让敌人一步一步进入他的圈套。首先,他要派遣一支小部队佯攻意大利占领的沿海港口,造成意军错觉,诱使意军在埃军攻占沿海港口的必经战略要地阿杜瓦阻截埃军;与此同时,他让一些人化装成当地农民,给意大利军传送假情报,坚定敌人前往阿杜瓦的决心;尔后,针对意军对当地复杂地形不熟悉的弱点,让士兵化装成当地居民给意军作向导,将敌人引入他在阿杜瓦附近设好的埋伏圈,一举将意军击败。

实际行动正如曼涅里克所料。1892年2月,当埃塞俄比亚的小股部队出动后,意军首领巴拉蒂埃里将军错误地认为埃军是要袭击沿海要地。他当即命令意军放弃一些其他地区,集中兵力向阿杜瓦进军。由于行军仓促,粮草不济,加上埃军小股部队的袭扰,意军产生急躁的情绪,只想尽快赶到阿杜瓦。这时,意军又从埃塞俄比亚人的假情报中得知,圣母玛丽娅节将临,埃军大批官兵已前往古城阿克苏姆朝圣,军中空虚,战机难得。巴拉蒂埃里信以为真,立即将他的主力1.7万人分成三个纵队,分别由阿尔伯东尼、阿里蒙德和达博米达少将指挥,强行军前往抢占阿杜瓦的制高点。2月29日,大雨倾盆,意军在泥泞中艰难行进,天色漆黑。阿尔伯东尼的纵队迷失方向,当地"居民"主动为他们带路。这位向导领着意军在山地里转了两天,仍然没有到达目的地,却进入了埃军的伏击圈。疲惫不堪的意军哪能经得起埃军的突袭,战斗仅1小时就将阿尔伯东尼纵队全歼,他本人也被俘。接着,埃军骑兵出动,将阿里蒙德纵队全歼于安巴—拉约地区。傍晚,达博米达纵队在阿杜瓦城东被击溃。至此,曼涅里克指挥的埃军大获全胜,意军伤亡1.1万人,4000人被俘;埃军伤亡1万多人,意军统帅巴拉蒂埃里躲入草丛,才免于一死。

曼涅里克一连串的计谋得以如期实现,在于他对意大利军队作战特点的了解及对指挥官的深刻研究。再加上他熟悉有利的地形,这就使他能知己知彼,战而获胜。

将计就计布疑阵

1940年的某个时候,英国秘密情报处从驻国外的情报员那里获得一份情报:德国人同西班牙的长枪党分子串通一气,策划把一名"西班牙青年运动"的代表派往英国,表面上是去考察英国的童子军运动,实际上是去刺探有关英国国防和防御德国入侵的情报。果然,1940年10月,佛朗哥政府请求英国准许该长枪党分子进行访问。英国秘密情报处经过周密考虑,决定将计就计。他们说服外交部批准了这一请求,随后与军情五处合作,共同拟定了接待这位来客的计划。

这个长枪党分子受到了隆重的接待,他被安排在雅典娜宫廷旅馆下榻。在他的住房里早已设置了暗藏的话筒和电话窃听线路。那时整个伦敦地区只有3个防空炮群,有关当局将其中一个调到这家旅馆附近的海德公园内,而且下令只要遇到空袭,不管敌机是否飞临该地上空,都要不停地开炮射击。军情五处还让这个间谍亲眼目睹了这一防空炮群,以便使他相信，伦敦到处都像海德公园一样高炮林立。随后他又被带往温莎宫，就在宫外，当时英伦诸岛上仅剩的一个装备齐全的坦克团突然展现在他的面前。当他对如此壮观的阵势表示诧异时，有人告诉他这只不过是一个皇家仪仗卫队而已。另一次，当他乘飞机前往苏格兰时，他在空中不时可以看到一中队又一中队的"喷火"式战斗机接踵飞过。这也是秘密情报处精心安排的，实际上，一共只有一个中队战斗机，它奉命一次又一次地出现在那架客机的视野内。这样就会使人以为，尽管那时英国十分缺乏战斗机，但是英国从南到北到处都有飞机在领空中不停地巡逻。

当他被带到一个海港参观时，秘密情报处又设法使那个港口内泊满了大大小小、形形色色的军舰。为了制造一个武装到了牙齿、防御及于纵深的坚不可摧的英国形象，英国人真可谓煞费苦心。后来英国当局获悉这个间谍在给柏林的报告中，发出了不要进行任何入侵尝试的警告。他宣称所谓英国缺乏防备的说法纯粹是英国情报机构设下的圈套，其目的是诱使德国发动一场将导致毁灭性灾难的进攻。

英国人利用这件事大做文章，加上其它迷惑手段的辅助作用，确实起到了很好的效果，最终使德国人下决心取消了入侵英国的计划。

灵活机动巧安排

战争是一场生死的较量，有运筹谋划，优胜劣败的问题。生产经营同样也存在克"敌"制胜的谋略。经营者在竞争，应注意市场调查和预测，根据市场需求形势的变化采取灵活机动的应变措施，把握市场竞争的主动权。

几年前，沈阳自行车公司积压了10多万辆自行车，在这巨大的压力下，公司一筹莫展。当一位新的销售经理上任后，只用不到两个月的时间，就使这庞大的积压库存一销而光。

他采用的策略是：在沈阳市场上实行赊销，在深圳市场上降阶出售，在北京则大张旗鼓地开展销会，为产品鸣锣开道。

由于沈阳是该厂所在地，市场上自行车的需求并非达到饱和，而是顾客手中现金不够充足，赊销可以扩大需求；深圳是开放地区，顾客手中有钱，市场上自行车品牌多，竞争激烈，以降价为竞争手段，可压倒其他品牌，为自己争得市场；北京是各种名牌货集中的地方，要使顾客注意到这较陌生的品牌，就得扩大宣传，设法提高知名度。经过这一系列的"连环"施计，针对不同市场采用不同的策略，统筹安排，沈阳自行车公司获得了成功，积压的10万辆自行车终于全部销向社会。

"三招"连环"达胜"王

有位农民企业家，经过五年的努力，组建了以他生产的"达胜"皮鞋为龙头，包括18个不同行业企业在内的横跨江、浙、沪的企业集团，"达胜"皮鞋占领了20多个省、市的市场，并打进了国际市场，被称为"皮鞋大王"。他成功主要靠

"三招"。

一是钻市场：他开始钻上海市场，是靠在淮海路"国营"皮鞋店门口摆鞋摊。由于质量不错，"小生意"做得很红火，得到国营鞋店经理的青睐。随后，他和国营商店合作，把皮鞋打入了上海市场。

二是跟市场：近几年来，消费领域变化大，节奏快，为了适应市场需求，他向全国各大城市派出了几十名信息员，广为收集各种新皮鞋样式，随时用电报、电话汇报情况。功夫不负苦心人，在皮鞋市场竞争中，他们厂花样翻新速度之快，使同行业的一些大厂也瞠目结舌。

三是创市场：就是推出自己独创的产品。他向设计人员提出了"领导皮鞋新潮流"的口号，到1986年，"达胜"皮鞋就达到了"一天出个样，三天小批量，七天上市场"的创新水平。

"皮鞋大王"运用的就是"连环计"的谋略思想，数计连用，环环相套，从而守取了竞争的胜利。

救名牌化险为夷

美国市场及至国际市场上，有一种名叫泰勒奴（Tyleno）的镇痛药，由于它不含阿司匹林，治疗效果较佳，所以十分行销，多年来占据着镇痛药市场的1/3以上。泰勒奴镇痛药是美国的约翰逊公司所创的名牌产品，长期畅销美国和海外。

商场如战场，一个名牌的出现，必然引来各方面的竞争，甚至会出现一些意料不到的中伤和争夺。1982年，正当泰勒奴生意节节上升之时，9月20日在芝加哥有7人因服了泰勒奴镇痛药而中毒死亡。这一消息迅速传遍全国，不但使泰勒奴镇痛药再没有人问津，而且导致约翰逊公司在纽约的股票于第二天就跌下了7个百分点。来势之突然和凌厉，眼看要置该名牌于死地了。

这一不测风云的出现，许多人甚至著名的经济专家都认为约翰逊公司再无出头之日了，还有人断言说，与泰勒奴名称沾边的其他药品，再也卖不出去了。

在这个打击面前，约翰逊公司的决策者和同事们不愧为生产镇痛药的行家，很快镇定下来。他们并不惊慌失措，决心化险为夷。所谓化险计谋，就是在于不间断的决策，或者叫"连环计"决策，及时纠误取正，在风险中寻觅利润的机遇，把风险转到有利方面去。他们决心保住名牌。

在抢救泰勒奴中，约翰逊公司首先从内研究分析本公司出产的镇痛药是否有使人致死之毒，在科学证实与那7位死者无关之时，立即请求警察局给予协助，验明死因。结局发现死者所吃的泰勒奴镇痛药是被人注入氰化物的，与药本身成分毫无关系。

约翰逊公司抓住这一线索，立即通过各种新闻机构发布消息，证实泰勒奴镇痛药本身是安全可靠的。但为了防止他人给该药注入氰化物而坑害公众，约翰逊公司将免费给购有胶囊泰勒奴镇痛药的顾客换回有安全封口的该药片，以利明辨是非。约翰逊公司还悬赏10万美元缉拿放毒犯。

在抢救泰勒奴的措施中，约翰逊公

司不惜代价，将胶囊镇痛药从各个销售网点撤回来，敦促大家不再出售这种胶囊药，并登报声明停止生产胶囊片。

公司的总裁还在电视上对因泰勒奴镇痛药发生的不幸事故表示遗憾，同时亦解释该牌子的药确实无毒，镇痛效果甚佳。重新推出可防他人作伪的安全封口泰勒奴镇痛药。

约翰逊公司为了解脱这次危机，共耗资1亿多美元，到1983年5月，终于完全走出困境。它通过卫星对美国30个大城市同时举行电视记者招待会，宣布公司已经恢复正常生产和经营。与此同时，又开展大张旗鼓的广告宣传活动。经过一系列的艰苦工作，泰勒奴起死回生了。1983年末，美国公共关系协会授予约翰逊公司"银砧奖"，奖励它"对社会责任有异常出色的反应"。约翰逊公司抓住这一时机，开展促销攻势，从1984年以后，泰勒奴恢复了原先的市场占有率。

约翰逊公司大难不死说明：要创立名牌极不容易，而要毁掉一个牌子却易如反掌。因此，一切经营活动都必须兢兢业业，绝不能掉以轻心。

"半球"广告连环势

广东半球实业集团公司是一家大型家电企业，公司生产经营制冷器具、电热器具、降温器具、照明器具、清洁美容器具、电工电料7大系列100多个品种、规格的产品。在浙江市场，公司集中精力推出的是厨房家电产品。

近几年来，同是来自广东的"爱德牌"、"万家乐牌"厨房家电产品源源打入浙江市场，生产这些产品的企业广告投放量大，市场上的指名购买率及销量都比较高。而半球公司由于近几年放松了在浙江市场的广告宣传，故而企业以及半球产品的知名度都比较低，半球厨房家电要在浙江市场东山再起并扩大市场占有率，首先必须迅速提升企业及其产品在浙江消费者心目中的知名度。为此，半球集团聘请了"阳光广告创意组合"（公司）为半球产品进行广告宣传，使半球产品重返浙江市场。"阳光广告创意组合"特为半球集团成立了"半球专户小组"，专户小组以提高"半球"企业和产品知名度为突破口，设计了整套行销企划。

半球广告专户小组制定的行销策略是利用杭州作为全省政治、经济、文化中心的优势，重点在杭州展开市场攻势，以求重新获得杭州市场，进而再以杭州在浙江省内的领导消费作用，拓展、巩固外地市场。在杭州展开市场攻势的广告策略是"梯度推进"，广告活动由3个部分铺陈而成，每个部分互为基础，层层递进。

第一步，五六月间以大量的、有效的广告活动，迅速提高"半球"在浙江消费者心目中的知名度，为以后的广告活动打好基础。

第二步，根据浙江自7月起天气越来越热，人们不愿呆在厨房里的实际情况，在七八月间推出以电饭煲为重点的广告迅速占领杭州市场，为半球众多的产品打开市场突破口。

第三步，利用"十·一"前后的结

婚高峰期和消费热潮，借助前两步广告活动在消费者心中形成的印象积累，推出"半球新系列"，推出半球公司以前未在浙江露面的产品，扩大市场占领。

半球公司1992年在浙江的广告宣传是按此3步做的，效果颇佳，其中，第一步广告活动所花的精力最多，效果也最显著。

第一步广告活动由3个内容组成，自5月25日开始至6月21日结束，持续将近1个月。

第一个内容是以报纸广告刊出"半球标志填色游戏"。这个内容的报纸广告分三期，第一期以"久别胜新知"为题，正文中指出半球公司与浙江消费者阔别多日之后又重返浙江，半球公司将给浙江消费者献上一份特殊的礼物。这期广告主要是为了勾起消费者对"半球"的回忆，同时设置悬念——特殊礼物，以吸引读者留意近期半球广告。

第二期以"半球生日的礼物——邀请您参加电视现场直播"为题，推出"半球标志填色游戏"，即请读者在广告中半球标志的小半圆中填上它的标准色，同时告诉读者，将有100名填色正确者作为"半球嘉宾"被邀请出席杭州电视台现场直播的"半球夏之风"商标广告文艺晚会。

第三期以"节目预告"为题，将广告中心的大电视画面为视觉核心，综艺晚会几部分内容的简介、半球填色游戏的正确答案、晚会现场问答的"大哥大"号码、现场问答答对有奖的信息以及主办协办单位等都围绕着它进行"爆炸式"的编排。这期广告信息量极大，但又都

简洁明了，编排又比较巧妙，所以引起了人们的关注，评价也较高。

第二个内容是"半球夏之风"商标广告综艺晚会。晚会由杭州工商局、杭州广告协会、杭州保护注册商标协会、杭州电视台主办，半球公司协办，于6月20日晚8时，在杭州新落成的东坡大剧院举行，覆盖杭州地区一市七县的杭州电视台现场转播，一周后，又重播了录像。

由于晚会前专户小组专门印制一批有半球标志的广告衫，对100名填色准确并抽奖得中的幸运儿每人赠送一件，要求他们穿着这件广告衫出家门参加晚会。晚会进行到知识竞赛内容时，舞台上"半球电器队"穿的就是这种广告衫，舞台下，观众席中座位比较好的一块区域坐着100名幸运儿，穿的也是这种广告衫，电视转播时，他们频频抢答，半球广告衫频频出现于画面，起到了预期的宣传效果。

这场晚会《杭州日报》、《钱江晚报》都配照片发了消息。晚会进行过程中，专户小组通过电话查询的方法调查了收视率有将近60%，考虑到杭州电话的普及率，最低的估计收视率将有40%（不计重播），这对于至少有5个频道可供选择的杭州电视观众而言，是相当可观的收视率了。

第三个内容是"半球夏之风"商品广告知识宣传周。从6月15日开始到6月21日结束，与第一、第二内容平行。宣传周由半球公司与杭州工商行政管理局等单位联合举办。在这7天中，《杭州日报》、《钱江晚报》每天都在显著版面

刊登一篇有关商品广告知识的文章。每篇文章都刊出报花，注明"半球电器特约刊登"，与此同时，"半球夏之风"商标广告知识宣传周的招贴画也布满了杭州的大街小巷。

总之，第一步的广告活动，在杭州掀起了一股"半球"风，效果是很理想的，也为下两步广告活动奠定了基础。

五计连款生意成

鲜伯良是30年代的"面粉大王"。他早年从家乡西充出来闯天下，只带了十几元路费。他起初在川康督办署经管财务，有了一定的积蓄后，便与人合伙经办企业。后来，他开设银行并经营复兴面粉厂，历经几度风雨，终于垄断了当时重庆的面粉市场。他的成功，取决于他的灵活多变的计谋。

远交近攻击败同行。复兴面粉厂是在1934年7月承接面临困境的新丰面粉厂改组而成立的。新丰面粉厂是1925年由天津人单松年在重庆创办的第一家机制面粉厂。鲜伯良于1927年以3000元入股，任常务监察、协理等职。1929年，由于资本主义世界爆发周期性经济危机，日本生丝大量倾销中国，致使中国民族资本的生丝工业纷纷停产。当时的淑和渝丝厂见新丰厂生产面粉供不应求，随改建为先农面粉厂。岁丰面粉厂也在同一时期建成。重庆的面粉业成三足鼎立之势。由于机制面粉供大于求，加之土制面粉较机制面粉售价低，导致机制面粉销路不畅，三个厂连年亏损。为了改变这一不利局面，三厂于1930年组成重

庆三益面粉公司，以求共渡难关。但因管理不善，使机制面粉质次价高，经营更趋恶化，联营共救遂告失败。1934年，新丰厂因贷款抵押品不实，被中国银行查封。鲜伯良集资承顶，改名复兴面粉厂，并解决了生产中的关键性技术问题，提高了面粉质量和产量，采取薄利多销的营销策略，使工厂渡过难关，开始显露生机。但重庆还有先农和岁丰两个同行与复兴竞争，为了击败他们，鲜伯良在市中心专门建立了20多个特约承销店，又利用顺水轮船运输之便，在长寿、涪陵、万县等地设庄推销。完整的行销网络的建立，使复兴面粉厂的销量占整个机制面粉市场的一半以上，盈利大增。与复兴厂相反，先农厂历年亏损，虽增资亦不能扭转其劣势。到1935年上半年，已陷入濒于倒闭的边缘。鲜伯良考虑先农与复兴仅一江之隔，倘若有人助其复活，定会多一个竞争对手，遂决定乘机将先农置于自己控制下。为达到兼并该厂的目的，鲜伯良以关心同行的名义，与该厂主管邹烈三经过协商，达成协议，由复兴厂拨给先农资金，供应原料，保证其产品的销售，而复兴厂派两人分管先农的业务和会计；同时，在利益分配上，先农不负亏损责任，如有盈余，按复兴六、先农四的比例分成。这种扶危救难的义举，使先农深为感激，而复兴由于控制了面粉市场的两大企业，三分天下已有其二，已在同行竞争中居于领先地位。而且，这种"义举"看似帮助了先农厂，实质上是控制了该厂的命运。该厂有盈余，则复兴占大头，先农得小利；该厂不赚钱，则正好给复兴

让出了市场。同时复兴却又在世人面前树起了良好的形象。这种一箭三雕的策略，最终击垮了先农厂。1937年，因抗日战争爆发，重庆人口巨增，面粉需求量加大，先农遂中止了复兴的合作，开始独立经营。而复兴厂施展竞销策略，在先农和岁丰厂附近分设分销店，夺取了两厂在郊区的部分销售市场。同时，在原料收购上，以压倒优势之价排挤两厂。1938年，先农厂终因无力经营而被复兴厂以4万元承接，改名为复兴二厂。鲜伯良在该厂增加设备，提高产量，开始与一贯和平相处的岁丰厂竞争。

树上开花抢占土制面粉市场。在复兴厂和先农厂合并时，机制面粉只占全市面粉市场的1/4。鲜伯良决定从批发和零售两个方面扩大机制面粉的市场。在零售方面采取三项措施：其一，在交通要道售馍。用上好的机制面粉制成白糖蒸馍零售，并兼以免费供应茶水，结果顾客盈门；其二，用次等面粉制成切面，贱卖给沿江码头上的劳动人民；其三，做成各种等级的干面，委托各糖果食品店代销，零售价格一律按批发计算，做到薄利多销。当时，从零售推销出去的面粉就占了复兴总产量的1/5。

釜底抽薪降服切面店主。当时重庆市区共有切面店60多家，每月需用面粉达40万斤以上。机制面粉做的面条，只供应特殊顾客，获利虽高，但数量少，绝大多数切面以土制面粉为原料。为了扩大机制面粉在切面店的销量，鲜伯良特邀了各切面店的老板到复兴厂参观，宣传机制面粉的好处和良好的销售前景，希望他们使用复兴的机制面粉。但事后大多数切面店持观望态度。针对这种情况，复兴厂在市区自设10家切面店，切面按土制面粉出售。同时大量散发传单，大力宣传这10家切面店的与众不同。此外，鲜伯良还停止供应公司职工的晚餐，改为每人发2角钱，让他们上街吃面食，以顾客身份指责土制面粉的缺点，夸赞机制面粉的优点。继而声称，如果切面店改用复兴面粉，复兴厂所设的切面店立即撤销；否则，继续增开切面店，（直到把售土制面粉的切面店挤垮为止，）切面店主们眼看无力抗衡，再加上抗战后小麦价格波动，手工劳动力缺乏，只好使用机制面粉为原料。

对症下药搞推销。南方人饮食以大米为主，这成了复兴推销面粉传统上的障碍。为了改革这一习惯，复兴做了大幅广告，宣传面粉所含营养较大米丰富，并以外国人、北方人身体健壮在于以面粉为主食为例进行宣传。当时的中医见到病人常说："面粉烧心，要忌食面。"这又成了推销面粉的一个障碍。复兴为此开展了公关业务，备下盛宴诚请医师，向他们介绍面粉的营养价值，希望他们改变"忌面食"的偏见。由于宣传得力，在很大程度上起到了促销作用。

反间计争夺原料，垄断面粉市场。1936年，四川干旱，粮商囤积居奇，重庆粮价高涨，影响了复兴的原料收购。而此时汉口粮价仍显平稳，如果从汉口购小麦到重庆，可稳获利。为保证这一措施的实施，鲜伯良先施放烟幕声东击西：一面派人从汉口购买面粉3000包，赶运重庆出售；一面假造与汉口福新厂订购10万包面粉的合同由汉口寄回重庆。他将假合同当成保密文件保存，但同时又让与粮商有关系的人栗玉泉有窃见的机会。粮商们果然中了鲜伯良的"蒋干盗书"之计。他们见面粉从汉口源源不断地运来，又不见复兴在市场上购麦，谁也不敢再囤积小麦，竞相脱手。而复兴购料，又采用逢贵不进，遇贱多购的方针，很快掌握了足够的原料。为了进一步控制原料市场，以满足复兴厂对原料不断增长的需求，鲜伯良把收购点进一步扩大到产区，并聘请有一定社会地位的人帮助收购原料，同时聘请有相当经济实力的人代理业务，使小麦收购工作进行得十分顺利。很快，全四川主要小麦产区的原料市场，全被鲜伯良控制在手中。由于原料充足，价格低廉，复兴厂的生产蒸蒸日上，很快又建成了南充面粉厂，这样，复兴三个厂的面粉日产量达2800包，稳稳地垄断了重庆的面粉市场。

第三十六计　走为上

【原典】全师避敌①，左次无咎，未失常也②。

【按语】敌势全胜，我不能战，则必降、必和、必走。降则全败，和则半败，走则未败。未败者，胜之转机也。

如宋毕再遇与金人对垒，度金兵至者日众，难与争锋。一夕拔营去，留旗帜于营。预缚生羊悬之，置其前二足于鼓上。羊不堪倒悬，则足击鼓有声。金人不觉为空营，相持数日。及觉，欲追之，则已远矣。可谓善走者矣！

【原典注释】①避敌：避开敌人，指有计划地撤退。

②左次无咎，未失常也：《易经·师卦》："象曰：左次无咎，未失常也。"意思是：暂且撤退，免遭伤害，也没有失去用兵的常理。

【原典译文】全军有计划地退却，以避免和强敌对抗而遭受损失。这么做并未脱离正常的用兵法则。

【按语译文】如果敌方形势占绝对优势，我方不能战胜他，那只有投降、讲和、退却三条路可走。投降，是彻底的失败；讲和，是一半失败；退却，是没有失败。没有失败，就是取胜的转机。

例如宋朝毕再遇建造工事和金人对抗，估计前来攻打的金兵日益增多，难

以抵抗，他便在一夜之间全军撤离阵地，只留下旗帜在军营里。并预先把活羊倒吊起来，将前边两条腿放在鼓上。羊忍受不了，两条腿不停乱动，把鼓敲得咚咚直响。金人因此而不知已是一座空营，还相持了几天，等金人发觉后，想要追击时，宋军已去得很远了。这可以说是善于退却的战例了。

【传世典故　计名探源】走为上，指敌我力量悬殊的不利形势下，采取有计划的主动撤退，避开强敌，寻找战机，以退为进。这在谋略中也应是上策。

这句话，出自《南齐书·王敬则传》："檀公三十六策，走为上计。"其实，我国战争史上，早就有"走为上"计运用得十分精彩的例子。

春秋初期，楚国日益强盛，楚将子玉率师攻晋。楚国还胁迫陈、蔡、郑、许四个小国出兵，配合楚军作战。此时晋文公刚攻下依附楚国的曹国，明知晋楚之战迟早不可避免。

子玉率部浩浩荡荡向曹国进发，晋文公闻讯，分析了形势。他对这次战争的胜败没有把握，楚强晋弱，其势汹汹，他决定暂时后退，避其锋芒。对外假意说道："当年我被迫逃亡，楚国先君对我以礼相待。我曾与他有约定，将来如我返回晋国，愿意两国修好。如果迫不得

已,两国交兵,我定先退避三舍。现在,子玉伐我,我当实行诺言,先退三舍(古时一舍为三十里)。"

他撤退九十里,已到晋国边界城濮,仗着临黄河,靠太行山,足以御敌。他已事先派人往秦国和齐国求助。

子玉率部追到城濮,晋文公早已严阵以待。晋文公已探知楚国左、中、右三军,以右军最为薄弱,右军前头为陈、蔡士兵,他们本是被胁迫而来,并无斗志。子玉命令左右军先进,中军继之。楚右军直扑晋军,晋军忽然又撤退,陈、蔡军的将官以为晋军惧怕,又要逃跑,就紧追不舍。忽然晋军中杀出一支军队,驾车的马都蒙上老虎皮。陈、蔡军的战马以为是真虎,吓得乱蹦乱跳,转头就跑,骑兵哪里控制得住。楚右军大败。晋文公派士兵假扮陈、蔡军士,向子玉报捷:"右师已胜,元帅赶快进兵。"子玉登车一望,晋军后方烟尘蔽天,他大笑道:"晋军不堪一击。"其实,这是晋军诱敌之计,他们在马后绑上树枝,来往奔跑,故意弄得烟尘蔽日,制造假象。子玉急命左军并力前进。晋军上军故意打着帅旗,往后撤退。楚左军又陷于晋国伏击圈内,又遭歼灭。等子玉率中军赶到,晋军三军合力,已把子玉团团围

住。子玉这才发现,右军、左军都已被歼,自己已陷重围,急令突围。虽然他在猛将成大心的护卫下,逃得性命,但部队丧亡惨重,只得悻悻回国。

这个故事中晋文公的几次撤退,都不是消极逃跑,而是主动退却,寻找或制造战机。所以,"走",是上策。

【名家评点 破解方略】三十六计,走为上策,是指在我不如敌的情况下,为保存实力,主动撤退。所谓走为上,不是说"走"在三十六计中是上计,而是说,在敌强我弱的情况下,我方有几种选择:一、求和;二、投降;三、死拼;四、撤退。在这四种选择中,前三种是完全没有出路的,是彻底的失败。只有选择第四种——撤退,可以保全实力,以图卷土重来,东山再起,这才是最好的抉择。因此说,"走"为上。

当然,"走为上"并不是形势不利者使用的专利。作为一种趋利避害的计谋,它适用的范围很广泛。在双方旗鼓相当、势均力敌之时,可以通过"走"来调动敌人,引诱敌人进入我预设的埋伏圈,这也是"走"经常使用的一种手法,很值得今人研究。

经典案例 锦囊妙计

鸡鸣狗盗助孟尝

秦王听说齐国的孟尝君贤能，就派自己的弟弟泾阴君到齐国做人质，请孟尝君到秦国去，辅助秦王治理国家。孟尝君来到秦国，秦王让他做了丞相。

有人对秦王说："孟尝君做秦国的丞相，必然遇事先为齐国打算而后为秦国打算，秦国不是很危险吗？"秦王想想也有道理，就封楼缓为丞相，把孟尝君抓了起来，打算杀掉他。孟尝君派人向秦王宠爱的侍妾请求解救，这个侍妾说："我想得到孟尝君的狐白裘。"孟尝君确有一件狐白裘，但已经献给了秦王，没有别的来满足秦王宠妾的要求。孟尝君就让他的一个精于偷盗的门客潜入秦王收藏宝物的地方，盗出了狐白裘献给了那个宠妾。这宠妾就在秦王面前为孟尝君说情，使秦王放了孟尝君。可是，秦王刚刚放走孟尝君就立即反悔起来，派人追赶孟尝君。孟尝君逃至边关，边关的规矩是每天鸡叫的时候才开关放出游客，当时时间尚早，关门未开，秦王派来追赶孟尝君的人快要来到。孟尝君门客中有人善于摹仿鸡叫。他这么一叫，四周的鸡也都跟着叫了起来，这样才骗开了门。孟尝君得以逃脱灾难而回到齐国。

张良退身修大道

张良在辅佐刘邦建立汉王朝以后，自请告退，专心修道养身。促使张良激流勇退的原因主要有三个，其中既有主动的成分，也含被迫的因素。第一，张良参加刘邦反秦，主要是他的祖父、父亲曾连续任战国时韩国的宰相，但韩被秦国所灭，他要为韩报仇。当刘邦建立汉朝论功行封时，张良辞让了刘邦令其自择齐国三万户为食邑的封侯，而自请封给与刘邦相遇的留地，故称张良为留侯。张良为韩报仇灭秦的政治目的和"封万户、位列侯"的个人目标都已达到。第二，张良看到彭越、韩信等开国元勋功臣被诛杀的悲惨结局，联想到范蠡、文种兴越后或隐居或被诛杀，他深深领悟"狡兔死，走狗烹；高鸟尽，良弓藏；敌国灭，谋臣亡"的政治哲理，深怕韩信等人的命运落到自己头上。第三，张良虽谋略过人，但身体素质较差，体弱多病，身患多种疾病，为了健身益体，故让权于人，潜心养精蓄气，延年益寿，这实在是军事谋略家高人一等之举。

重耳避祸游诸国

春秋时，晋献公得到新宠骊姬姐妹，姐妹各生一子，这样就涉及到继承人为谁的问题。晋献公有八个儿子，其所谓贵生者有五个，即长子申生，次子重耳，三子夷吾，以及骊姬姐妹生的奚齐、悼子。

献公在未得到骊姬时，就将长子申

生立为太子，成为法定的继承人。在母以子贵、妻以夫荣的古代，妇女所依托的就是子与夫。现在献公年老，在世时间无多，而骊姬正年轻，所寄希望的当然是在己生之子奚齐身上。然而，奚齐为公子，终不能继承公位，一旦献公撒手而去，奚齐所得甚少，骊姬也难得显贵，其害太子而谋己子继承，也自然就付诸行动。

在骊姬姐妹的怂恿下，献公有了废太子之心。在当时太子为国之本，无故废太子是要受到多方面的责难和制约的，献公也不能马上决定，故此采用如下步骤：

首先，献公建立上下二军，自己将上军，让申生将下军，明为重用，实欲寻找申生的过失，以便废之有名。这一点为大夫苪看出，对别人说："太子不得立矣。君主改其制，而不让太子公患难；轻视太子所任，而不考虑太子的危险。君主有疑心，太子怎能久在其位？"于是他为申生出了一计，"与其勤而不入，不如逃之。"就是走为上。申生对父亲抱定愚忠，不肯离去，结果"谗言弥兴"，处境危险。

其次，献公让太子帅师，赐予他自己所穿的衣服，佩以金印，按照君主的待遇出征。这样做看是推崇，实是欲加罪于他。当时大夫狐突认为："君有心矣。"梁余子养认为："死而不孝，不如逃之。"当然，申生是不能接受这种建议，而是采取"修己而不责人，则免于难"的对策，暂时渡过这次危机。

再次，献公命太子去曲沃，重耳去薄城，夷吾去屈邑，奚齐去绛地，分别

驻守在外，在表面上看是一视同仁，实际上是在疏远太子，以便寻找其过失。当时仆人赞说："太子殆哉！君赐之奇，奇生怪，怪生无常，无常不立。"更何况君主"恶其心，必内险之；害其身，必外危之。危自中起，难哉！"

经过如上步骤，献公认为可以废掉太子，另立骊姬之奚齐，并将此想法告诉骊姬，希望骊姬高兴。不想骊姬听而泣下说："太子之立，诸侯皆已知之，而数将兵，百姓附之，奈何以贱妾之故废嫡立庶？君必行之，妾自杀也。"献公讨个没趣，却因此对骊姬更加信任。

其实骊姬何尝不想让自己的儿子当继承人？只不过她的手法比献公更高明一些，采用的是"佯誉太子，而阴令人潜恶太子"的策略。

公元前656年，骊姬对太子申生说："君梦见齐姜（申生生母），太子速祭曲沃，归厘（祭品）于君。"申生怎敢违背后母之命，便赶到曲沃祭祀，将所祭的肉类贡献给父亲。是时献公出猎未归，祭品放了两日，使骊姬得以从容下毒。献公回来，看见儿子送来的祭品，便欲食之，骊姬急忙拦阻说："昨所从来远，宜试之。"便将酒泼于地上，地上马上隆起；将肉喂犬，犬即刻便死；与在旁的小臣食，小臣也死。这时骊姬便哭泣道："太子何忍也！其父而欲弑代之，况他人乎？且君老矣，但暮之人，曾不能待而欲弑之！太子所以然者，不过以妾及奚齐之故。妾愿子母辟之他国，若早自杀，毋使母子为太子所鱼肉也。"凄凄切切，早使献公心疼不已，杀太子之意也就由此而生。

骊姬所言，有人告之申生，申生登时不知所措，急忙逃回自己驻守的曲沃城。急来一走，实不是上计，故当时有人对申生说："为此药者乃骊姬也，太子何不自辞明之。"申生辩白说是不想招父怒，故而出走。人劝说道："既然要走，可奔他国。"申生想了一阵，实在难有出路，便说："被此晋名以出，人谁内我？我自杀耳。"竟自杀以报生父。

正在此时，重耳和夷吾来朝。这二人现在是奚齐继位的竞争对手，骊姬当然不能放过，便在献公面前谮害二人。二人听到风声，连父亲也不见，急忙出走，各回自己的驻守地，严兵自守。

以一封地之力对抗一国之力，当然是难以抵挡，不得不自谋生路。当献公之兵临薄地之时，重耳逾垣而走，逃往翟国，而后游历各国，在秦国的支持下回国嗣位，是为晋文公。献公之兵压向屈邑时，夷吾凭借坚城，顽强抵抗，坚持一年而溃，最后逃往梁国；献公死后，国内大乱，奚齐、悼子先后被杀，夷吾在秦穆公发兵护送下回国即位，是为晋惠公。

范蠡弃官营定陶

春秋末期政治家、军事谋略家、越国大夫范蠡，在越国为吴国所败时，他曾跟随越王勾践赴吴国做过两年人质；回越后，与文种等谋臣协助越王勾践发愤图强，于公元前473年灭亡吴国，越国一时成为中原诸侯的一霸。当勾践在姑苏城吴王宫召开庆功大会时，范蠡却带着倾国倾城的美人西施隐居起来了。

为了免遭杀身之祸，安乐而终，范蠡离开越王勾践时，故意制造出自杀的假象：当勾践派人去接收范蠡的军队，防止范蠡变心时，范蠡把自己的外衣扔在太湖旁边，并在衣兜里留下写给勾践的一封信，其大意是说，今天大王灭了吴国，当上了霸主，我的本分总算尽了。可是还有两个人，留着他们大王没有好处，一个是西施，她迷惑了夫差，弄得吴国灭亡了，如果留着她，也许能迷惑大王，因此，我把她去了；另一个就是我范蠡，他帮助大王灭了吴国，留着他，他有可能扩大自己的势力，因此，我把他也去了。勾践看完这封信后知道范蠡杀了西施之后，范蠡自己便自杀了。勾践这才放心了。其实范蠡并没有死，他带着西施和一些财宝珠玉，弃官经商，改名更姓，跑到齐国去了。后来又搬到当时人口众多、交通便利、买卖发达的大城镇定陶，称为朱公，即后来成为百万富商的陶朱公。范蠡离开越王勾践不久，曾托人送过一封信给他的好友文种，信上说："你还记得吴王夫差说过的话吧，'狡兔死，走狗烹；敌国灭，谋臣亡'。越王这个人能够容忍敌人的欺负，可不能容有功的大臣。我们只能够同他共患难，可不能同他享安乐。你现在不走，恐怕将来想走也走不了。"果然不出范蠡所料，勾践在灭了吴国之后，对那些和他一起共过患难的人，慢慢地疏远了，对于文种这样有才干的人，更是疑心重重，最后，他竟逼文种自杀了。文种临死前夕，还对天长叹，痛悔自己没有听范蠡的话，而落下兔死狗烹的结局。

扬雄撰文褒王莽

扬雄是汉朝旧臣，亲身经历了王莽篡政。他看到国家会断送在王莽手中，便抽身隐退，不愿意同那些高官显贵们去为幼主殉死。扬雄是和晏子一样的忠臣，王莽篡政后，有些儒士认为他写文章美化朝廷、褒扬王莽，就贬低他的气节。这种看法是非常糊涂的。扬雄处在这个环境中，是不得已用隐晦的笔法来写文章的。他颂扬王莽的"圣德"，只能对暴秦加以赞美。他的用心不是一般人能理解的。说王莽圣配五帝、明比三王，开天辟地从来没有等等，实际是直言戏虐王莽。假如扬雄善于阿谀奉承，他可以写王莽是真命天子，去称颂他拯救汉室的功德，这样完全可以邀取宠幸，争得国师重臣一样的显赫地位。为什么他就那样不得志？

文公败楚退三舍

春秋初期，楚国日益强盛，楚将子玉率师攻晋。楚国还胁迫陈、蔡、郑、许四个小国出兵，配合楚军作战，此时晋文公刚攻下依附楚国的曹国，深知晋楚之战迟早不可避免。

子玉率部浩浩荡荡向曹国进发，晋文公闻讯，分析了形势。他对这次战争的胜败没有把握，楚强晋弱，其势汹汹，他决定暂时后退，避其锋芒。于是对于外假意说："当年我被迫逃亡，楚国先君对我以礼相待。我曾与他有约定，将来如我返回晋国，愿意两国修好。如果迫

不得已，两国交兵，我定先退避三舍。现在，子玉伐我，我当实行诺言，先退三舍（古时一舍为三十里）。"

他撤退九十里，仗着临黄河，靠太行山，相信足以御敌。他又在事先派人往秦国和齐国求助。

子玉率部追到城濮，晋文公早已严阵以待。晋文公已探知楚国左、中、右三军，以右军最薄弱，右军前头为陈、蔡士兵，他们本是被胁迫而来，并无斗志。子玉命令左右军先进，中军继之。楚右军直扑晋军，晋军忽然撤退，陈、蔡军的将官以为晋军惧怕，才要逃跑，就紧追不舍。忽然晋军中杀出一支军队，驾车的马都蒙上老虎皮。陈、蔡军的战马以为是真虎，吓得乱蹦乱跳，转头就跑，骑兵哪里控制得住。楚右军大败。晋文公派士兵假扮陈、蔡军士，向子玉报捷："右师已胜，元帅赶快进兵。"子玉登车一望，晋军后方烟尘蔽天，他大笑道："晋军不堪一击。"其实，这是晋军诱敌之计，他们在马后绑上树枝，来往奔跑，故意弄得烟尘蔽日，制造假象。子玉急命左军并力前进。晋军上军故意打着帅旗，往后撤退。楚左军又陷于晋国伏击圈内，遭到歼灭。等子玉率中军赶到，晋军三军合力，已把子玉团团围住。子玉这才发现，右军、左军都已被歼，自己已陷重围，急令突围。虽然他在猛将成大心的护卫下，逃了性命，但部队伤亡惨重，只得悻悻回国。

这则故事中晋文公的几次撤退，都不是消极逃跑，而是主动退却，寻找或制造战机。所以"走"，是上策。

刘琦请计走江夏

东汉末年，刘表趁天下大乱之时，在江南发展势力，很快拥有雄兵十余万，地方数千里，在荆湘一代称霸，"居处服用，僭拟乘舆焉。"群雄争霸，都是子承父业，刘表多病，继承问题就更加引人注目。

刘表有两个儿子，长子刘琦是前妻所生；次子刘琮是后妻蔡氏所生。蔡氏当然是爱自己所生而恶其所仇。蔡氏的弟弟蔡瑁，外甥张允，因蔡氏之宠，在刘表手下为官，很得刘表信任。按中国传统，长子继承，刘琦身为长子，自然应该取得继承权，这样对蔡氏当然不利。于是，这三人内外煽惑，陷害刘琦而夸誉刘琮。

身处这种地位的刘琦，内不能与父通言，外没有亲信可交，内心十分不安。正在此时，刘备三顾茅庐请来诸葛亮。刘琦深知诸葛亮的谋略过人，便向他请谋自安之术。继承问题乃是家事，涉及此事，弄不好会招致其家上下怨恨，诸葛亮当然不轻易为之设谋。刘琦请谋不成，乃同诸葛亮同升高楼，然后让人把梯子撤去，对诸葛亮说："今日上不至天，下不至地，言出子口，而入吾耳，可以言未？"诸葛亮见此状，也不得不说话了，但他没有直接讲刘琦的家事，而是用前面所讲的例子来影射说："君不见申生在内而危，重耳居外而安乎？"仅此一句，刘琦便领会其中用意，向其父请为外任，到江夏就任太守之职，避开遭害的可能。

由上可见，申生、重耳、夷吾、刘琦，都使用了走为上计，但所得的结果却是不一样，这里就包括为何而走，走向何方，如何来走，是否走得脱，走后干什么等诸多问题。

申生之走，出于害怕，完全没有什么思想准备，故在冷静下来之后，感觉到没有出路，便走上自绝之路。这是不善使用走为上计者。

重耳之走，出于避祸，有一定的思想准备，故在策略上，一面采用严兵自守，一面谋求下一步出走的地方，所以达到免祸图存的目的。这仅仅是能够使用走为上计者。

夷吾之走，同重耳一样，但比重耳要高明一些。一是他在屈地顽强抵抗年余，给晋国臣子以很深的印象。二是在兵溃出走之时，将走向何方，如何来走，是否走得脱，走后干什么等诸多问题都考虑在内。夷吾原想去翟国投奔重耳，其近臣冀芮说："不可，重耳已在矣，今往，晋必移兵伐翟，翟畏晋，祸且及。不如走梁，梁近于秦，秦强。吾君百岁之报可以求入焉。"这里就包括许多问题，走梁国为安，靠秦国可脱祸，更重要的是走后还要回来争夺继承权，考虑的非常周全。因此，夷吾能在重耳之前就任晋君。这是善于使用走为上计者。

刘琦之走，出于避祸自全，完全是经过"阴规出计"的深思熟虑，因此能够保全自己，并得到一定的实力。而这些实力在以后不但保证自己的安全，而且还救下刘备，成为赤壁之战中的一支重要力量，这虽不算是善于使用者，但也算是应用的比较得体。

以退为进谋天下

东海王司马越字元超，是高密王司马泰的长子。贾后发动消灭杨骏的政变时，司马越有功，封五千户侯。后来受封东海王。成都王颖攻长沙王乂时，洛阳城内殿中诸将和三部司马疲于战守，推司马越为主，拘禁司马乂，向外求和。惠帝征司马颖时，司马越被任命为大都督。六军败于荡阴，司马越逃回封国。当时司马颖下令召他，不追究他率军攻邺之罪，但他不应命。后来又用他为太傅，他也辞让不接受。

司马越回到东海国后，东海国中尉刘洽劝他征发军队以防备司马颖。司马越听了这个建议。徐州都督、东平王司马楙听说司马越起兵后，因害怕而让出了徐州。司马越有两个弟弟是占据一方的宗室王：司马略为都督青州诸军事、兼青州刺史，司马腾为都督并州诸军事、并州刺史。所以他的潜在势力很大，司马颖不治其罪而要延揽他、司马楙肯让出徐州，原因当出于此。后来成为司马越重要谋士的孙惠，听说司马越起兵下邳，便诡称自己是南岳逸士秦秘之，写信给司马越，为他划策说：

"……孟明三退，终于致果；勾践丧众，期于擒吴。今明公名著天下，声振九域，公族归美，万国宗贤。加以四王齐圣，仁明笃友，急难之感，同奖王室，股肱爪牙，足相维持。……以明公达存亡之符，察成败之变，审所履之运，思天人之功，武视东夏之藩，龙跃海嵎之野。西谘河间，南结征镇，东命劲吴锐

率之富，北有幽并率义之旅　宣喻青徐，启示群王，旁收雄俊，广延秀杰，纠合携贰，明其赏信。……目想不世之佐，耳听非常之辅，举而任之，则元勋建矣。"（《晋书·孙惠传》）

司马越看了孙惠的信，在路过张榜录求他，孙惠便脱去隐士外衣，投靠了司马越。孙惠是吴国富阳人，是孙贲的曾孙。他原来在司马颖的手下，和陆机是同乡，当他看到陆机兄弟被杀，很悲伤遗憾，又擅自杀掉了司马颖的牙门将梁俊，害怕被治罪，所以隐姓埋名躲藏起来。孙惠的信一方面为司马越分析以退为进的好处，用孟明、勾践来比喻目前司马越的处境；再说明司马越兄弟四人都很英明，如果联起手来同奖王室，是肯定可以成事的。他出谋划策要司马越在东海国和东方各地活动。收兵下邳以后，西面联合河间王司马颙，南边联合管豫州的征南将军司马虓，管荆州的镇南将军刘弘；东边命令扬州刺史刘准率领劲吴锐卒赴义；北边有司马越的弟弟司马腾和党徒幽州刺史王浚；告诉负责青州的司马越的弟弟司马略和晓喻徐州都督司马楙，再告知各宗室王，收罗英雄俊杰，纠合反对司马颙的所有力量，一定可以报荡阴之耻，建立功勋。因为这封信所说的正中司马越下怀，所以司马越才会那么急于找到他，一旦找到，又委以重任。

孙惠的计策还没来得及实行，司马颖便被王俊和司马腾的军队打败，逃离邺城。他挟惠帝逃到洛阳，洛阳当时已被司马颙的大将张方占领，司马颖无军队便无权，被张方挟持与惠帝一起去了

长安。这既给司马越扩大势力制造了一个很好的机会，又给他拥兵讨伐司马颙、奉迎天子制造了口实。司马越及其兄弟在关东的势力，使许多朝士投奔到他的门下，这大大壮大了他的力量。司马越倡议奉迎大驾，还复旧都，立即得到关东地区的多方响应。他率军三万，西行到萧县，被党于司马颙的豫州刺史刘乔阻拦；范阳王司马虓派兵响应司马越，击溃刘乔军队，与司马越一起到达阳武。山东军队阵容强大，司马颙感到很害怕，便将其挟持惠帝到长安的大将张方斩首，向司马越求和。司马越率各路诸侯和鲜卑兵迎惠帝返回洛阳。很自然，他成了掌握朝权的人。司马越想直接夺取皇位，所以他在惠帝所吃饼中下毒，将惠帝毒死。但继位者是张方所立的皇太弟司马炽，即晋怀帝。司马炽是武帝最小的儿子，于名分上继承皇位理所当然。司马越想控制朝权进而称帝，遇到很大的阻力。当时吏部郎周穆，是清河王司马覃的舅舅，又是司马越的表兄弟，他和其妹夫诸葛玫劝司马越立司马覃为太子，触动了司马越的隐衷，被司马越下令斩首。晋怀帝亲政后，留心庶事，司马越很不高兴，他又采取以退为进的策略，请求离开京城，到外面藩卫京城。怀帝不答应。但他仍自作主张，出镇许昌。他从许昌出兵，打败了汲桑。怀帝下诏让司马越做丞相，督辖兖、豫、司、冀、幽、并六州。司马越辞让丞相，不接受。因为一旦为相，做皇太子就难了。他怕清河王司马覃最终做了储君，便假传诏令，将其抓到金墉城，不久又将其杀害。

司马越外出，意即以退为进。所以

当他看到朝中没有立他为继承人的迹象后，便又返回洛阳。他诬蔑怀帝的舅舅王延等作乱，派王景率甲士三千入宫逮捕王延等，将其杀害。将殿中的宿卫之士全部罢遣，代之以东海国兵，将怀帝牢牢控制起来。他杀掉王延等人后，大失众望，怕在京城发生不测，又启请外出，说讨伐石勒，镇集兖、豫以援助京师。怀帝说："今逆虏侵逼郊畿，王室蠢蠢，莫有固心。朝廷社稷，倚赖于公，岂可远出以孤根本！司马越回答说："臣今率众邀贼，势必灭之。贼灭则不逞消残，已东诸州职贡流通。此所以宣畅国威，藩屏之宜也。若端坐京华以失机会，则衅弊日滋，所忧逾重。"（《晋书·东海王越传》）司马越这次外出，上表以行台随军，带领四万甲士屯驻项城。他本意肯定想消灭石勒，建功立业，以成霸业。若事情不顺利，退回东海封国，也可割据一方，东山再起。但面对眼前公私罄乏，到处寇乱，州郡离心，上下神离的局面，他难以应付，因而忧惧成疾，于永嘉五年（311）病死项城。

司马越是西晋最后一位权臣，是"八王之乱"最后一位宗室王，也是内乱恶果的吞食者。他至死未变初衷——夺取帝位，因而执政中的举措非以国家民族大局为重，屡用以退为进计策要挟朝廷。无国便无家，他最后想保自己，却家国俱亡，警示千古！

孝宽用计脱险境

公元580年，北周隋公杨坚被封为左大丞相。自此权大震主，野心勃勃。

相州部管尉迟迥看出杨坚心怀叵测，欲代周自立，准备出兵讨伐杨坚。杨坚也感到尉迟迥对自己是个很大的威胁，就派自己的亲信韦孝宽去替换他。

韦孝宽素知尉迟迥的为人，预感到执行这项使命可能遭到不测，因此边走边考虑如何对付的计谋。尉迟迥果然对韦孝宽来替换自己又气又恨，准备置韦孝宽于死地，于是便主动派人催促韦孝宽上任。韦孝宽看情况不妙，就假装有病，慢慢磨蹭，在途中故意拖延时间，还派人以求医找药为名，到尉迟迥所在地暗中探察情况。

当时韦孝宽的侄子韦艺任魏郡太守，受尉迟迥统领，两人结为死党，尉迟迥就派他去催促韦孝宽。韦孝宽知道尉迟迥没怀好意，就追问韦艺这次来催的真实目的，见韦艺不肯说实话，就以死相威胁。韦艺是个胆小的人，一恐吓就说了实话。韦孝宽意识到尉迟迥很快就会派人来追杀他，便决定立即向西逃跑。韦孝宽担心被追上，在逃跑过程中，使出一条拖延敌人的计谋，他根据尉迟迥好酒贪杯的弱点，采用了盛宴滞敌的办法。

韦孝宽每到一个驿站，都对驿站的管事说："蜀公尉迟迥大人将要到来，你们赶快准备迎接他，要用好酒好菜招待他。"并在临走时把驿站的好马全部牵走。

尉迟迥果然派仪同大将军梁子康带着几百人马来追韦孝宽。他们看到每个驿站都有好酒好菜招待，还以为尉迟迥大人威震四方，连驿站也殷勤备至，乐得一路好吃好喝，便尽情地享受这一顿

又一顿的美餐，因此大大拖延了追赶韦孝宽的时间。每当他们吃饱喝足，准备换马时，驿站里尽是些老弱残马，他们没有办法，只得慢慢前进。韦孝宽就这样得以逃脱了尉迟迥的追击。

韦孝宽陷于险境，只有脱逃。为迟滞强大的追兵，他利用驿站仅有的条件，一是殷勤招待，一是偷换马匹，尽其诈谋之能事，居然使追敌高高兴兴地中了诡计。

退避敌锋待机攻

三国时，魏文帝黄初三年（222）正月至六月，东吴大将陆逊率军与刘备率领的蜀军相持于夷道猇亭（今湖北宜都县西北）。当时，汉主刘备举军东下，锐气正盛，且乘高守险，难以抵御。陆逊主张实施战略退却，"奖励将士，广施方略，以观其变"。陆逊的部下多是东吴的功臣宿将和公室贵戚。他们自命不凡，或自恃功高，对陆逊这位年轻统帅既不服气，又不尊重。对于陆逊实施退却更是很不理解，以为这是陆逊怯懦无能的表现。

这时，刘备命令军队从巫峡建平起到彝陵七百里间，接连设营，以冯习为大都都，张南为前部都督。从正月到五月，与东吴相持不下。刘备要求决战不得。于是派吴班带领数千人在平地立营，想以此引诱吴军出战。陆逊非但拒不出战，还连续退却七百里。任你蜀军怎样讨战，坚持不予理睬。并且劝告众将说："吴班讨战，其中必有诡计，我们姑且观望一下吧！"刘备见诱敌之计不成，只好

把埋伏在山谷中的八千伏兵撤出来。这时，陆逊上书孙权说："彝陵这个要害地方，是东吴的重要关口。虽然容易攻取，也很容易失守。一旦失去，连荆州也难以保住。所以，今天我们争夺这个战略要地，定要一举成功，一劳永逸；开始时，我顾虑刘备水陆大军同时前来，那样，我们势必要分兵抵抗。现在，他不要水军，单用陆路，又在七百里内，处处结营，分散兵力，看来，刘备这一布置对我军十分有利，所以，请您放心，不需再为攻打刘备的事而挂心了。"

闰五月，陆逊观察形势，准备由退却、防御转为进攻。将领们认为，要进攻刘备，应当在初来的时候，如今我军步步退却，他们却在我们国境六七百里内到处设有重兵把守，这时进攻一定不会有好处。陆逊则说：我军连续退却，他们找不到我们的空隙，他们的士兵已经很疲惫，士气低落，又想不出打败我们的计划。现在，正是我们用计打败刘备的时候。于是，便先派兵攻打刘备一个大营，没有成功，又改变战术，命令士兵每人拿一把茅草，用火攻的方法，袭击蜀军，得手后，陆逊便率领全军人马同时发起进攻，斩了蜀将张南、冯习及少数民族武装首领沙摩柯，攻破蜀军四十多个大营，蜀军将领杜路、刘宁等被迫投降，刘备逃上马鞍山，将军队沿山列队，进行困守。陆逊督促所有将领四面猛攻，蜀军全军溃散，死伤数以万计，刘备又连夜逃走，靠着沿途焚烧辎重器械，堵塞山路隘口，才阻住吴军的追击，得以匆忙地逃进白帝城。

陆逊以"走"为上计，实施战略退却，等待时机，终于转入反攻，大获全胜；刘备兵败彝陵，也以"走"才保住了性命。

预揭名片脱险关

1900 年，八国联军攻入北京，慈禧太后母子遁逃陕西。当时年仅 20 岁的于右任正在陕西中学堂读书。中学堂改作行宫，学校无形解散。学堂还严令学生穿戴整齐出城跪迎圣驾光临，学生在路旁跪了一个多钟头。于右任从清政府的腐败联想到外国列强入侵，国家受辱，领土沦丧，生灵涂炭，愧愤的岩浆燃起心中万丈怒火。他忽发奇想，要上书陕西巡督岑云阶，令其刺杀西太后，扶持光绪皇帝掌权，重新实行新政。回到宿舍，于右任愤而疾书，写好"上书"，可是此事被同窗友好王麟生发现，他死命相劝于右任不要冒险徒送性命，于右任才取消了此念。

于右任回到故乡三原，读书、教馆、写诗、作文，继续进行革命宣传，行动几近"狂妄"。他照了一张照片，散披着头皮、袒露着臂膀，右手提一把刀；身右，自题一副对联："换太平以颈血，爱自由如发妻。"于右任平日最憎恨那一帮陈腐愚蠢、死啃理学的封建卫道士，指责斥骂，毫不隐晦，遭到了嫉恨和暗算。有个姓米的理学先生，闻听于右任骂自己，就拿着于的像片、诗集向上告密。三原县令德锐见此书，认为大逆不道，于是又拿到省上去见巡抚恩寿。巡抚一见大怒，急忙向陕甘总督升允告密。升允以"逆竖倡言革命大逆不道"等语密奏清廷，慈禧下令缉捕于右任就地处决。

总督把公文送到陕西巡抚，巡抚又把公文下到三原。三原县令旗人德锐是个昏头，只知于右任是个生员，就行文三原县学，要于右任。其时于右任正在开封赴会试场。于右任的邻居听到消息，立即去见于右任的父亲，告知此事，老太爷吓得手足无措，只是连声说"这该怎么办？"商量来商量去，最后确定雇一个跑邮差的知己专程送信。三原距开封有14天路程。让送信人日夜兼程，限7天送到。结果送信人第9天赶到了开封，正在街上急急忙忙寻找，于右任因烦闷上街散心，恰巧彼此相遇了。于右任听到消息，立即赶回旅馆收拾行装。秦豫各地风俗，新岁贺年，客人的大红名片都贴在墙壁上。临行，于右任从墙上揭下20多张名片，作为自己的通行证，沿途遇人盘问，就随手取一名片，以片中姓名应付，居然闯过一个个难关。

送信人赶到的时候，官府的行文也到了开封府。于右任出城后不久，警察赶到旅馆里搜捕，结果扑了空，他们追至巩县还是没有抓到人。参加会试的同乡好友、陪送于右任考试的家仆，被拘留拷问了好几个月，也没有查出于右任的下落。愚蠢昏聩的官吏们哪里知道，爱国青年于右任已赴上海，渡日本，在孙中山资产阶级民主革命的大旗下冲锋陷阵，大展鸿图。

主动退却反攻胜

1708年，瑞典皇帝查理打败了奥古斯都二世。随即，瑞典投入更大规模的兵力进行对俄国的战争。秋天，两支瑞典军队在俄国登陆。一支有13000人，另一支43000人的部队，由查理亲自统率，查理率领的军队迅速越过维斯杜拉河，向莫斯科推进。彼得一世带领俄军在斯摩棱斯克迎击查理，双方一场激战，彼得被打得惨败。

击败彼得一世后，查理十二的军队既不向莫斯料继续推进，也没有去占领波罗的海诸省，却挥戈南下，进军乌克兰。就在不久以前，俄国刚发生了两次大叛乱。查理进军乌克兰目的就是与在那里的由马泽帕率领的30000哥萨克和波兰、鞑靼人叛军会合。

彼得在斯摩棱斯克战败后，把兵力退入俄国腹地，避免与瑞典军队再次接触，任由查理长驱南下乌克兰。彼得知道，这个时候自己没有力量与瑞典军队直接交锋，必须避其锐气，等待时机。与此同时，彼得一世派大臣门希科夫奔赴乌克兰，说服乌克兰人效忠沙皇。门希科夫巧妙地将绝大部分乌克兰人再度拉回到彼得大帝一边。当查理十二世与马泽帕会合时，只有4000名哥萨克支持他，连波兰人和鞑靼人都拒绝给予他们任何帮助。这时，彼得开始了在瑞典军队占领区附近的清野工作，并派出小股游击部队不断骚扰、袭击瑞典军队。瑞典人天天紧张不安，心惊肉跳。查理沉不住气了，他命令瑞典国内迅速派兵赶来增援。

1708年10月，瑞典增援部队14000人到达俄国境内的列斯那雅。已在这里等候多时的俄军乘瑞军立足未稳之机，展开了猛烈的还击。瑞典军队吃了败仗，所有军需供应均被俄军掳获。查理绝望无奈，只好在乌克兰过冬。天也不助，那年的冬天是 100 年以来最寒冷的一个冬天。严寒、疾病、饥饿、不间断地袭击，使瑞典军队狼狈不堪、惨不忍睹、死伤大半。瑞典军队的武器弹药大部分也失去效力。瑞典部队此时已混乱到失去了战斗力的地步。此刻，彼得大帝看到反攻时机已到，毫不迟疑地展开了猛烈的攻击。1709 年，彼得的 40000 名大军在波尔塔瓦围歼瑞典军队。查理残余的兵马大部投降，他自己仅和几个随从逃到土耳其。

在形势有利于敌，不利于我的情况下，采取主退却，避开敌军锋芒，创造条件，相机再战，夺取胜利，这是战争中常有的事。在俄军与瑞军作战中，俄军统帅彼得一世采取了这种谋略，获得了成功。

存实力胜利逃亡

1940 年 5 月 10 日，晨雾从法兰西的江河上向着葱郁的草地和茂密的葡萄园弥漫开来，预示着一个欢乐明媚的春日即将来临；就在这时，一场可怕的暴风雨猛烈袭来。经过了 8 个月的只宣不战的"静坐战争"，德国对西方发动了闪电进攻。

发动这场进攻的德军共有 136 个训练有素的师，担任前锋的是 10 个装甲师，另外，还有一批又一批的重型轰炸机、俯冲轰炸机、战斗机、伞兵运输机以及满载突击队的滑翔机。纳粹德国依仗这支庞大的钢铁洪流，开始了对荷兰、比利时、卢森堡和法国的入侵。

德国人毫无顾忌地将中立的荷、比、卢三国置于总体战狂涛之中。鲍克和伦斯德将军手下的 70 个师，以伞兵部队、袭扰部队、俯冲轰炸机和装甲师为先导，潮水般地席卷而来。与此同时，克莱斯特将军的集团军长驱直入，一群群坦克、装甲车、火炮、装甲运兵车以及卡车载的步兵部队横冲直撞，以迅猛的速度向前推进。喷吐着火舌的装甲车汇成一股骇人的洪流冲向防守部队。装甲车队前面，一批批弯翼的施图卡俯冲轰炸机用高爆炸弹对守军猛烈轰炸。样子丑陋的黑色施图卡飞机，咆哮着俯冲，进行低空投弹——这种垂直俯冲起到了咄咄逼人的恐怖效果。毫无经验的法国部队开始瓦解了。德国装甲部队几乎不费吹灰之力就闯过了马斯河防线。

德国装甲部队的矛头已威胁到英国远征军的后方。很明显，他们的目标并不是巴黎，而是英吉利海峡各港口。他们企图将英军压向海边迫使英军背水一战，然后聚而歼之。

随着战局日益严重，盟军处境岌岌可危，除了从海上撤退，已别无选择。于是，盟军统帅部决定从 5 月 20 日起，开始执行"发电机"行动计划，要在德军的眼皮底下，实施规模空前的"海上大逃亡"。

当时谁也不知道会有多少英国远征军撤到敦刻尔克海边。但要把他们接回英国，必须动员所有的船只，而且必须在短短的几天内完成。最后决定用驱逐舰执行这个任务，因为它速度快，一天可以往返好几次，而且装有高射炮，可以抵挡德军的俯冲轰炸机。但是，当时英国能够运用的驱逐舰，仅有41艘，于是，客运船、拖网渔轮、消防艇都出动了，甚至老式的明轮船和泰晤士河上的带帆驳船，也加入了运输船队的行列，此外，法国、荷兰和比利时的船只，也都应召赶来，共同组成了一支五花八门、奇形怪状的舰队，云集在英国东海岸的多佛尔和朴次茅斯一带。

这些船要横渡海峡，绝非易事，德国潜艇像一群海狼，在海峡一带出没无常，整个海峡都已布满水雷。晚间，海面上一片漆黑，所有的浮标和船灯全都熄灭了。此外，德军已在加来海岸一带架设了大炮，威胁着海峡的大片水域。因此，船只渡越海峡异常艰难危险。

此时在陆在上，德军已经逼近敦刻尔克。德军装甲部队，在摧毁了布伦与加来守军的防线以后，于5月24日推进到敦刻尔克附近。那里有一条约30码宽的运河，暂时挡住了坦克的前进。5月25日早晨，德军工兵在运河上架起了浮桥，一部分坦克渡过了运河，然而就在这时，希特勒突然命令装甲部队停止前进。

这道命令使第二次世界大战的进程发生了戏剧性变化。英国远征军本来前有大海，后有追兵，已经到了山穷水尽、全军覆没的地步，而希特勒却给他们留下通向海边的道路，使他们得以绝处逢生。

究竟什么原因，使希特勒突发奇想，作出这一令人费解的决定，恐怕只有希特勒本人知道。历史学家的种种猜测，更增添了这一插曲的神秘性。

英军充分利用这一千载难逢的良机，抓紧在敦刻尔克外围部署了强大的反坦克火力，建立了比较稳固的桥头阵地；从加来至敦刻尔克，尤其是在格拉夫林一线，建立了重要的洪水防线，将敦刻尔克和加来之间沿海一带的水闸打开，让大水淹没周围的低地。这样，当希特勒下令恢复进攻时，沿着海岸迅速北上向海峡港口推进的装甲部队，就被洪水挡住了去路。当有些地域的洪水逐渐退却之后，只剩下一些不太深的积水，德军的集群坦克便呼啸着向积水冲来。突然，炮声隆隆，积水中溅起无数高大的水柱。刹那间，一片汪洋似的积水变成了一片火海。原来，这里是盟军的"水困火攻"的防御阵地。他们在积水中倒进了大量的汽油和酒精。炮弹和燃烧弹一打进水中，便熊熊燃烧起来了。烈焰吞没了德军的坦克群。有的驾驶员惊慌失措，在烈焰中乱冲乱窜；有的驾驶员被烧昏了。坦克停在烈焰中任其焚烧，成了活棺材；有的坦克在烈焰中吸不进空气，发动机停止了转动。一支德军装甲部队的攻击就这样在烈焰中瓦解了。

与此同时，德军的轰炸机仍在空中肆虐，敦刻尔克全城都燃起熊熊大火，海港设备已大部被破坏，只剩下一条防波堤，可供较大的运输船停靠。等候撤退的士兵行列，从这条堤上一直排到海滩，形成弯弯曲曲的长蛇阵。士兵们已精疲力尽，有些人要靠旁人搀扶，才能勉强站稳。

当德军飞机来到敦刻尔克上空时，防波堤上的人群无处躲藏，只得躺在地上，听天由命。飞机投下的炸弹，震撼海港,炸碎船只。一枚炸弹击中了明轮汽船"费纳拉"号。该船刚刚装满600名士兵,许多人当场牺牲。然而,任凭轰炸机在头上咆哮嘶吼,一条条船还是在海峡上穿梭来往,日夜不停,在几天时间里,就将英国远征军主力运过了英吉利海峡。

这时德军的包围圈已越来越紧,德军先头部队已遥遥在望,甚至可以用肉眼看见飘扬的德国军旗。几名英国将领匆匆来到和他们并肩战斗、浴血奋战的法军第一集团军指挥部,劝法军将领们赶快随英军撤退。但这些将领们斩钉截铁地说:"撤退就是逃跑,就是怕死鬼,我们宁愿将最后一滴血洒在法国的土地上,也决不撤退!"两天后,法国第一集团军一部被德军围歼,5万多人被俘,数以万计的将士在法国的国土上,洒尽了最后一滴血。其中有几名将官,带领四五万名法军士兵拼死苦战,踏着尸体和热血杀出重围,在敦刻尔克登船,同英国远征部队一起撤退了。

到6月4日下午5点23分,盟军总共从敦刻尔克港和海滩上,撤走了33.8万人。历史上最大规模的"海上大逃亡"行动顺利完成,从而为日后埋葬"第三帝国"保存了实力,留下了掘墓人。难怪英国著名历史学家亨利·莫尔要说:"德国的失败和欧洲的光复始于敦刻尔克。"

护航战以进求退

1941年底,英国第8集团军在蒙哥马利元帅的指挥下,在北非地区以迅雷之势向德军发起了反击,德国隆美尔元帅的非洲军团已是强弩之末,陷入了困境,急待物资补给,企图挽回颓势。

意大利人在柏林方面的一再催促下,准备组织力量跨越地中海,为隆美尔军团输血。意大利海军总部分析了有利的海战区形势,决心在派遣潜艇、驱逐舰等轻重兵力进行隐蔽穿梭补给的同时,组织规模较大的护航运输队,运送这些德军急需的燃油、弹药,以扭转不利的北非战局。

1941年12月16日,一支由4艘大型运输船及8艘驱逐舰组成的护航运输队从那不勒斯起航了,目的地是利比亚的班加西和的黎波里。为保障其安全,意海军组成了2个海上掩护舰队。第一个舰队由战列舰"多里奥"号、巡洋舰"阿奥斯塔公爵"号、"蒙特丘科利"号、"阿坦多洛"号及4艘驱逐舰组成,同日从墨西拿出发,在墨西拿海峡以南海域展开,进行近海掩护任务。第二个舰队由战列舰"利托里奥"号、"杜伊里奥"号、"恺撒"号,巡洋舰"戈里多亚"号、"特兰托"号及10艘驱逐舰组成,16日晚从塔兰托出发,进行远海掩护任务。这两只舰队统一由亚基诺海军上将指挥。对此次海上的运输活动,德、意都非常重视,除意大利海军的舰队几乎倾巢出动外,驻该地区的德、意空军部队也协同作战,派航空兵实施空中掩护。

17日上午9时,亚基诺接到情报参谋送来的一份报告:一架德军侦察机发现,在亚历山大港附近海区有一支英国海军编队,包括战列舰1艘,巡洋舰3

艘，驱逐舰10余艘，正在向西航进。不久又有报告：马耳他岛的巡洋舰也出动了，正在向东前进。

亚基诺判断英舰编队一东一西相向而行，意图将是对其护航运输队形成夹击之势。于是命令各舰："准备投入战斗！"

其实英舰编队也是个护航运输队，其核心是一艘满载燃油的"布雷坎郡"号油轮（德军侦察机误认为是战列舰），在维安海军少将率领的驱逐舰群的护航下，由亚历山大港驶向马耳他岛。而马耳他岛的巡洋舰则是准备在中途接替护航任务，护送油船安全到达目的地。

对于意舰群已出海的消息，英国海军地中海舰队司令坎宁安海军上将早已得到了一艘在塔兰托港附近潜伏侦察的英国潜艇的报告。坎宁安将军因为没有足够的驱逐舰为其保驾，不便亲自出征，只好坐镇亚历山大港指挥。他虽然对意舰大批出动的真正意图不摸底细，但为保证船队安全，他指令护航舰队司令维安海军少将，尽可能避免与敌遭遇，待完成护航任务后，利用暗夜条件再伺机对意舰队实施攻击。

在两只舰队相距250海里时，一架侦察机向亚基诺报告了英国海军编队位置，同英舰编队的避战态度相反，这位意大利将军则积极求战，亚基诺大声命令："掩护舰群各舰注意！航向东南，航速24节，注意接敌！"

维安的侦察机也很快通报了意大利舰队的动向，根据坎宁安的指示，他立即指挥各舰转向，规避意舰。17日17时许，亚基诺派出的侦察机又一次报告了

英舰队的位置，距离意舰队尚远，亚基诺思忖：日落前看样子是难以追上敌舰了，马塔潘角一战的教训不可不记，英国人的军舰装有雷达，夜暗中难免不遭其暗算，还是小心为妙。于是要参谋长发出命令："给各舰发出信号，减速向英舰开进，准备转入夜间防御部署。"

17时30分，"利托里奥"号的瞭望哨突然观察到，有防空炮火的闪光在东方隐约出现，立即向亚基诺做了报告，亚基诺大喜，无疑德国人的飞机已经和英国舰队交上火了，德国人这次还算是守了信用。这是难得的海空协同作战的机会，火花就是命令。亚基诺命令："各舰注意！左舵80，航向170，全速向英舰攻击前进！"利托里奥"号战列舰率先转向，向英舰队猛冲过去，17时35分，当两舰队相距32000米时，"利托里奥"号的380毫米主炮就首先喷出火焰，其余舰只的炮口也相继发出了恐怖的闪光。

维安只顾对付德国飞机的空袭，并未太留心海上的情况，突如其来的炮击，简直打得他措手不及，一时之间手忙脚乱，难以组织有效的抗击。维安海军少将只好下令各舰边施放烟幕，边机动规避，尽快脱离接触。同时命令索尔克海军中校率领两艘驱逐舰"坎得逊"号和"比开亚"号前出执行箝制任务，阻止意舰向船队靠近。接到命令后，两艘驱逐舰在索尔克海军中校的指挥下，面对意大利战舰的猛烈炮火，虽然接连受伤，却利用速度快的特点，像两条凶猛的鲨鱼，忽东忽西，忽南忽北，坚持完成了掩护任务，随后施放烟幕并高速撤出了战斗。

18 时 04 分，英舰在夜暗中全部消失了，亚基诺上将虽然觉得有些遗憾，但在暮色中，还得顾及己方运输船只的安全，他也不敢贸然地下令追击。

离开了敌舰的火力范围后，维安少将心里稍觉踏实，好在终于保证了油船的安全，经过两小时的航行后，终于遇到了马耳他岛前来接应的巡洋舰和驱逐舰编队，移交船队后，在向亚历山大港返回时，维安少将方才觉得一身轻松。

维安虽未利用夜暗发起攻击，但前来接应的马耳他英国海军舰队在完成护航任务后，在班克鲁兹少将的指挥下却杀了回来，企图对继续开往的黎波里的意大利船队实施奔袭。但不幸的是，当舰队距离的黎波里港 15 海里时，却闯入了意大利人早已布好的陷阱——海上雷区，"海王星"号巡洋舰、"坎达哈尔"号驱逐舰触雷后相继沉没，巡洋舰"日光女神"号、"贞妇"号也遭到了重创，英国人冒失致祸，吃了大亏，这也是战争期间意大利人不厌其烦地布设了 5 万余枚水雷后，获得的一次重大回报。

英、意经过了首次锡尔特湾的海上遭遇战后，双方虽然都完成了各自的护航任务。意大利舰队的损失无疑要小得多，因而士气大振。而英舰队则毁伤严重，使整个地中海的形势更趋不利，对马耳他岛的支援也更加困难了。

此后两个多月，德、意海空军对马耳他岛的封锁更加严密，小岛陷入弹尽粮绝的境地，打破封锁提供补给，已成了燃眉之急，尽管困难重重，坎宁安将军还是决定组织有力的护航运输队开赴马耳他。

1942 年 3 月 20 日早晨 7 时，由 4 艘运输船、1 艘防空巡洋舰及 6 艘驱逐舰组成的一支护航运输编队，在晨雾中驶离了亚历山大港。

为支援这只护航运输编队，维安海军少将率领另一只海上舰队，于当日晚间出港，在护航船队后跟进。这只舰队由巡洋舰"埃及女王"号、"尤里亚汤斯"号、"狄多"号及 4 艘驱逐舰组成，此外，还有 6 艘驱逐舰已提前出发，在海上执行反潜警戒任务。

21 日拂晓，各编队前出到此次航程的第一道关口——克里特岛与昔兰尼加突出部之间的海域。这是个多事的海区。原预料护航舰队经过这里时会受到德、意海空兵力的袭击，可此次却平安无事。不过，维安海军少将紧绷的神经未敢放松，他走出了指挥舱，登上舰桥，想亲自观察一下海空情况。登上主桅瞭望台，只见海天一色，并无异常情况。他暗想："这要多亏了坎宁安的调虎离山之计。"原来，坎宁安已向英中东司令部提出申请，为保障缺少空中掩护的护航运输队的安全，必须采取广泛的佯动措施。因此，21 日中午时分，英国第 8 集团军在北非发起虚张声势的出击，把德国前线航空兵都吸引到了陆战场。北非地区的皇家空军和舰队航空兵也从 3 月 18 日频繁出动，袭击昔兰尼加地区和克里特岛的德、意机场，直布罗陀的萨默维尔海军中将的舰队也前出到了巴利阿里群岛海域，以积极的行动牵制了意舰队。

可是好景不长，维安编队的行动仍然很快被意方察觉了。派赴东地中海执行游猎任务的潜艇"普拉诺"号和"昂尼切"号，于 21 日午后发现了以"埃及女王"号为核心的英舰群，随即向意海军总部作了报告。

作战指导思想一贯保守的意海军总部在收到潜艇报告后，在地中海有利战况的鼓舞下，这次迅即下达了舰队出击的命令，首先指令驻墨西拿的第 3 分舰队，（编有巡洋舰"戈里齐亚"号、"拜德尼尔"号、"特兰托"号及 4 艘驱逐舰）尽快出航；随后指令驻塔兰托的战列舰"利托里奥"号带领 4 艘驱逐舰截击英舰群。出海的两只舰群在海上会合，统由亚基诺海军上将指挥，第 3 分舰队司令帕龙纳海军少将担任副总指挥，并率巡洋舰编队在战列舰前方 60 海里搜索前进。

亚基诺根据潜艇的报告，命令巡洋舰高速向锡尔特湾方向开进。其任务是发现、拖住敌舰队，诱使其向主力舰队靠近。作为意大利舰队的司令官，亚基诺同英国地中海舰队曾交手多次，但输多赢少，脸上无光。这一次，他是多想打个漂亮的海上歼灭战啊！他在指挥室中，一边凝视着大幅的海图，一边思考着：手中已有了制空权，不必顾虑马耳他岛的侦察机；老对手坎宁安正囊中羞涩，既无航母，又缺少战列舰；再说此次行动快速隐蔽，不致被英方发现等等。想到此，亚基诺不再狐疑多虑，简直觉得胜券在握了。不过，逐渐强劲起来的东南风卷着海浪，猛击着舰舷，冲上甲板，打得舷窗啪啪作响，又使亚基诺多少有些不安的感觉。

出乎亚基诺将军的预料，3 月 22 日 5 时许，在塔兰托的南海区执行巡逻侦察任务的英潜艇 P—36 号发现了"利托里奥"号战列舰和其他几艘意舰，并向英护航编队作了通报。这一情报意味什么呢？维安少将十分清楚，其编队远离基地，已得不到岸基航空兵的掩护，随时都可能受到敌方空袭。因此，他立即下达了防空袭的战斗部署。果然不出所料。9 时 30 分，几架意大利空军的轰炸机飞临了编队上空，由于预先有所准备，英护航舰艇组织了严密的对空火网，迫使这几架飞机不敢向船队接近，只在远处役射鱼雷后，便很快溜走了，对护航编队未造成任何损伤。

维安少将判断，空袭开始后，意水面舰艇决不会袖手旁观，肯定会很快包抄上来的。因此，他立即决定按作战预案调整部署：4 艘运输船在 6 艘反潜驱逐舰和马耳他的巡洋舰的警戒下继续向马耳他挺进，其他战斗舰艇组成 6 个战斗分队，第 1—5 分队作为打击力量，昼间与意舰队进行周旋，缠住意舰队，使意舰不得对船队使用火力，待夜晚伺机发起反击，第 6 分队则负责施放烟幕，掩护舰船的活动。

22 日 14 时稍过，前出的帕龙纳海军少将的巡洋舰编队发现了英国巡洋舰。几乎同时，担任前卫的"哈沃克"号驱逐舰的瞭望哨也发现了东北方的意军舰艇。维安得讯后立即发出指令："各战斗分队航向西北，迎击意军舰队；驱逐舰护送编队航向西南，掩护 4 艘运输船转向同敌舰拉开距离；第 6 分队施放烟幕，利用东南风来遮蔽我舰队机动，尽力阻碍敌舰队的靠近。"

14 时 35 分，英舰刚一施放烟幕，帕龙纳少将的巡洋舰队即开始了第一波齐射，英舰的各战斗分队也不示弱，立即予以回敬。大海之上，炮声隆隆，硝烟四起，意舰机动规避，保持着不即不离的攻击态势。此时，德国空军的十几架容克—88 式轰炸机也飞来助兴，而且专门选择运输船进行攻击。波峰浪谷之中，运输船拼命逃避，幸好机动得当，加之警戒舰艇的对空火力密集，才使运输船未受到太大损伤。见此情况，维安立即命令："第 1 分队的 4 艘驱逐舰去加强船队的直接护航兵力，务必保证船队安全！"

16 时 18 分，亚基诺的战列舰也赶了上来，但风急浪大，烟雾弥漫，战列舰上的瞄准手难以捕捉住目标。此时英舰高速穿行在浓烟之中，驰骋于己方运输船与意方主力舰之间，死死地拖住了意舰，成功地屏蔽住了运输船。洋面上刮来的东南风以每小时 20 海里的速度把烟雾吹向西北，很快弥漫到大片海域，这帮了英国人的大忙。意大利军舰害怕受到鱼雷攻击，不敢进入烟区，只好在下风处对时隐时现的英舰开火，却很难命中。

直到 16 时 40 分时，烟雾渐渐散开，"利托里奥"号战列舰和"戈里齐亚"号、"特兰托"号两艘巡洋舰终于在烟幕的空隙处抓住了英舰，连续进行三波猛烈的齐射，把英国巡洋舰"埃及女王"号、"尤利阿里斯"号的上层建筑打得七零八落，"埃及女王"号舰长哈曼中校刚喊了句："注意，左舵……"就被炸得无影无踪，只剩一顶军帽全是破洞还冒着烟火，挂在一根已弯曲的钢管上荡来荡

去。甲板上，血水和尸体狼藉一片。驱逐舰"哈沃克"号、"金斯顿"号也同样遭到了重创，好在动力系统尚未受到致命的损害，经过高速机动，退出了战斗海区。这样一来，意战列舰"利托里奥"号更加靠前，英国的几艘运输船已处在其大口径火炮的射程之内。在这千钧一发之际，维安果断命令："各舰注意，成锲形队形，冲出烟幕，全速迎向敌舰，准备实施鱼雷攻击！"

在 6000 米的距离上，十几艘英国军舰像发狂的野牛，直向意舰冲杀过来，双方离得越来越近了，这种拼死一搏的气势，一下了把意舰给镇住了。亚基诺见势不妙，慌忙对"利托里奥"号舰长内多罗尼命令道："转向，退进烟幕，通知各舰注意规避。"

这样一来，一下子就使意舰与英国运输船脱离了接触，维安的目的达到了，意大利人失去了一次突击英运输船的绝好机会，为此亚基诺事后也曾自责不已。

18 时 50 分，夜幕渐渐垂下。这时意海军总部命令亚基诺率部返回。一年前马塔潘角海战中，意舰队因夜战吃了亏。真是一朝被蛇咬十年怕井绳！8 分钟后，无雷达装备的意大利军舰全部开始北返，退出了战斗。

意舰队于 23 日分别回到塔兰托和墨西拿军港。返港后，亚基诺向海军总部作了报告："此战贯彻了既定作战意图，发现目标，迅速西行接敌，虽未能拦截住敌船队，但迟滞了其行动，破坏了英运输船拂晓前到达马耳他的企图，为航空兵的尔后攻击创造了条件。另外，重创敌战斗舰艇 5 艘，己方只有战列舰受

轻微损伤。但是非战斗损失严重，数般驱逐舰在返航途中被狂涛恶浪毁伤，有的沉没。"

维安率领的护航掩护舰群于 24 日返回亚历山大港。返航途中，不少舰艇也因风浪损伤严重。英方认为，在敌强我弱，无制空权的条件下能保障船队的安全，损失虽较重，但仍不失为一次成功的护航战斗。

退为进实现目标

1952 年日本松下电器公司与荷兰菲利浦公司就有关技术合作问题进行商务谈判。菲利浦公司提出技术转让使用费的提成率为销售额的 7%。松下幸之助先生经艰苦的努力，把提成率压价到 4.5%。但菲力浦公司又提出了新的要求作为提成率优惠的条件：专利转让费定为 55 万美元，并且必须以总付形式一次付清。

当时的松下公司资本总额不过 5 亿日元，55 万美元相当于 2 亿日元！这笔专利转让费对松下公司来说的确是一个相当沉重的负担。对方的要求、条件能否接受呢？

妥协和退让值不值得做呢？松下幸之助感到极度的犹豫，合同文本是由菲利浦公司拟就的，其中的违约和处罚条款的订立也都有利于菲利浦公司。松下幸之助在形势对己不利的情况下考虑到：如果做些妥协、退让，接受对方的条件和要求，付出这笔钱，对松下公司的发展，对日本电子工业的发展都是有益的。

松下先生为保证技术合作项目的效益稳定，又对菲利浦公司做了深入细致的调查研究。在调查中，他发现菲利浦公司拥有一个 3000 名研究人员的研究所。他们设备先进，人员精良，每天都在进行着世界最新技术和最新产品的开发研究。松下幸之助暗自思忖，如果创造一个同样规模、同等水平的研究所，要花上几十亿日元和几年的时候，而现在，以 2 亿日元为代价，便可以充分利用菲利浦公司研究所的人员和设备，这事何乐而不为呢？于是，松下先生毅然同菲利浦公司签订了合作合同。从此，松下电器公司创立并发展，菲利浦公司派出了技术骨干前去赴任，他们把技术、知识和管理经验传授给了松下公司。在双方的合作期间，松下公司便利、迅速地获得了菲利浦公司最新的技术发展。双方的合作，为松下公司发展成为驰名全日本乃至全世界的公司打下了坚实的基础。

松下电气公司与菲利浦公司的这场谈判，松下幸之助先生运用了以退为进的技巧，做出了妥协和让步，接受了菲利浦公司的巨额专利转让费和不公正的违约和处罚条款。但松下先生的让步，换回的是公司发展的强大的助推力——菲利浦公司世界称雄的技术实力，松下公司最终发展成了世界著名的电子工业公司。

此案例也说明，如果谈判者在商务谈判中能够灵活巧妙地运用，"以退为进"技巧，将会较顺利地实现谈判目标。运用这种技巧，就是谈判者要放弃一些眼前的、微小的利益，以换取长远的、宏大的利益，妥协和退让的目的是进和取；如果将这种技巧运用在谈判陷入僵持局面时，效果会更显著，它是打破僵局，使谈判重现生机的良策之一。

还本销售引顾客

从古至今，从外到内，纵然商人中有许许多多的推销技术，但无一能与还本销售术这一"走"的谋略相比拟。

还本销售术，即某种耐用品使用若干年后，厂商广告通知把原商品收回，付给一定比例的现金（本钱）给消费者，作为补偿，或者不要回原商品也付给一定比例的现金，以此吸引消费者来购买这种产品。

在全国家用电器市场销售出现滑坡的情况下，柳州市冷柜厂果断推出还本销售的新招。从1989年9月18日到10月3日，仅半个月的时间内，就销售本厂生产的都乐冷柜、冰箱8000多台，销售额达1000多万元，是这个厂头9个月销售量的25%。

"还本销售"即买一台都乐电冰箱使用5年后，可凭票据证明到销售部门领回货款的90%左右。这一新招出台后，各方客户纷纷云集该厂销售点，一时间车水马龙，门庭若市。

柳州市冷柜厂第一次搞还本销售取得成功后，使全厂的生产经营一下子活了起来。现在他们又组织人马奔赴各地，准备创造更多的促销办法，进一步把企业搞活。

还本销售的成功，证明了一点，那就是迎合了顾客一种"划算心理"。一台冰箱或冷柜，用了五年，还了90%的本

钱，这不是很划算吗？但是，就厂家来说，5年前的产量、销量有多大，心中自然有数。如果产量很大，销量很多，肯定是付不起这笔庞大费用的。

这家厂商这么做的实质是吃小亏占大便宜，这次推出还本销售术，取得极大成功，但再过5年，我敢保证他们不敢这么做，因为他根本没那么多的钱来支付消费者90%的本钱。还本销售只能是一次性的诈一回，不可能延续下去的。

降价竞销挤对手

竞争在商场上是残酷的，80年代开始，世界上掀起一种不正常的推销术，降价"竞销"，一时风靡全球，也波及到中国。

这场"竞争"由百佳超级市场集团打响第一枪。1984年4月26日，在香港拥有79家分店的"百佳"集团，突然刊登减价广告，宣布几十种商品削价出售，减价幅度10%到30%不等。拥有78家分店的另一超级市场集团——"惠康"立即作出应战的姿态，把商品的价格压得比"百佳"还低。它所有的分店午夜关门之后，连夜更改价格标签，第二天早市，顾客们就发现价格大幅度下降。竞争越演越烈，从食品到日用品，降价的商品越来越多。

"百佳"、"惠康"分属两个财团，互相之间早有激烈竞争。近几年，香港超级市场越开越多。1982年4月，香港有超级市场393家，商场涌起，而消费能力总是有限的，必然使竞争白热化。同时，这几年香港市场物品增加，供过

于求，加上货物进港渠道增多，许多工厂都希望到香港推销产品，而香港市民购买力没有什么提高，这就造成滞销积压。为了刺激消费者，吃掉许多"小鱼"，就爆发了这次降价竞销大战。

这两家集团所以敢发动降价竞销大战，因为它们货源与银期均占优势。香港目前的超级市场都向洋行订货，由于数量大，成交价十分优惠，售价削它十元八元还不亏本。它们的银期也较长，通常付款期是 60 天，如果是包购包销，可延长到 120 天。

商战开始后，两大超级市场集团的营业额直线上升，第一轮减价中，"惠康"的销量增长 2 倍。中小型超级市场无力降价，门可罗雀。有些中小企业也不甘心束手待毙，纷纷联合图存。

降价竞销使广大消费者得到好处，当然受群众的欢迎。商场大战中，价格降得越低，他们越高兴。企业在产品价格上往下"走"，往往可以提高自己的竞争力，打败对手。

走为上策赢谈判

1984 年 7 月，我国与突尼斯 SIAP 公司的商务代表、技术代表就在我国兴办化肥厂的关事项进行谈判。中突双方都非常重视这个建设项目。双方动员 10 多名专家，历时 3 个多月，耗资 20 多万美元，完成了可行性研究报告。经有关人员的反复论证，选择了具有优越港口条件的秦皇岛市作为建厂地点。可行性研究报告刚刚结束，科威特石油化学公司得此消息，便立即表态，愿参与此项目，与中方合资办厂。

此后，谈判由双边变成了三边。形势变得极其复杂化。科威特方面在第一次谈判中就派出了公司董事长做主谈。该公司董事长声威显赫，是国际化肥组织的主席，在科威特的地位仅次于石油大臣。他的公司在突尼斯的不少企业中拥有大笔的股票。

董事长富有谈判经验，聪明干练。我方代表刚介绍完中突双方进行的项目前期工作，他就断然表示："厂址选在秦皇岛不合适，你们所做的一切工作都是毫无用处的，要从头开始！"

董事长的话无异于晴空一声霹雳，中突双方的谈判代表都感到愕然。此项目的前期工作已耗费了相当的人力、物力、财力啊！可是，面对这位赫赫有名的董事长，中突代表又难以提出反驳意见，谈判陷入了僵局。气氛十分紧张、沉闷。此时，我方的一位秦皇岛市的政府代表猛地起身发言："我代表地方政府声明：为了建设这个化肥厂，我们安置了一处挨近港口、地理位置优越的厂地。也为了增进我们的友谊，在许多合资企业希望得到这块土地的使用权时，我们都拒绝了。如果按董事长今天的提议，事项要无限地拖延下去了，那我们也只好把这块地让出去！对不起，我还有别的事情需要料理，我宣布退出谈判，今天下午我等候你们最后的决定！"中方这位地方政府代表说完这番话，就拎起了皮包走出了谈判室。中方的一位化工厅长担心谈判破裂，急忙追了出来，希望我们这位代表快回去。地方政府代表胸有成竹地笑着说道："我不是真的要走，我去别的房间躲一会，我保证下面的戏准好唱。"

30分钟之后，我方人员兴致冲冲地跑来向秦皇岛市政府代表报告消息：你这一招真管用、真灵！这一炮放出去，形势急转直下，那位董事长已表态，快请市长先生回来，我们强烈要求快速征用秦皇岛的厂地！以后的谈判进展顺利，在厂址选择问题上，中突双方的要求得到了满足，避免了中突双方的大量的努力工作付诸东流。

当科威特石油化学公司的董事长全盘否定了中突双方的历时三个多月、耗资巨大的前期工作之后，中突双方代表慑于董事长的权威，不能直接反驳他的意见，使得谈判进入僵局。此刻，我方地方政府代表分析了谈判形势，权衡了利害关系，毅然采取了"走为上"的谈判技巧，退出了谈判。此举扭转了谈判局面，改变了董事长的主张，形成了有利于中突两方的谈判结果。

在谈判中，如果谈判者能掌握火候，要在对己方不利的条件下，避免同对方直接冲突，"走"在各种谋略之中确属上乘计谋。实践证明，"走为上"谈判策略，确实能为使用者带来利益。

此策略在运用过程中也应注意一些问题：如在双方合作态度较坦诚的情况下，不宜使用此策略；另外，"走"是实现谈判目的的手段，因此，在采用此策略之前，一定要筹划好下一步的措施，以使谈判能够继续进行。